四庫全書

五

清·乾隆钦定

精注精译版

主编◎赖　咏

中国书店

目 录

子 部

管 子

盐 铁 论

论 衡

集　部

昭明文选

设论

辞

序

颂

论

吊文

子部

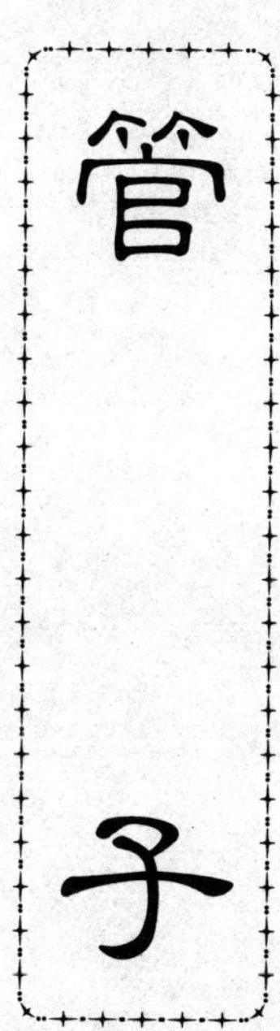
管
子

管子

牧 民[①]

凡有地牧民者，务在四时[②]，守在仓廪[③]。国多财则远者来[④]，地辟举则民留处[⑤]；仓廪实则知礼节，衣食足则知荣辱；上服度则六亲固[⑥]，四维张则君令行[⑦]。故省刑之要，在禁文巧[⑧]；守国之度，在饰四维[⑨]；顺民之经[⑩]，在明鬼神，祇山川，敬宗庙，恭祖旧。不务天时则财不生，不务地利则仓廪不盈。野芜旷则民乃荒[⑪]，上无量则民乃妄，文巧不禁则民乃淫，不障两原则刑乃繁[⑫]。不明鬼神则陋民不悟，不祇山川则威令不闻，不敬宗庙则民乃上校[⑬]，不恭祖旧则孝悌不备。四维不张，国乃灭亡。

右国颂[⑭]。

国有四维，一维绝则倾，二维绝则危，三维绝则覆，四维绝则灭。倾可正也，危可安也，覆可起也，灭不可复错也[⑮]。何谓四维？一曰礼，二曰义，三曰廉，四曰耻。礼不逾节[⑯]，义不自进，廉不蔽恶，耻不从枉[⑰]。故不逾节则上位安，不自进则民无巧诈，不蔽恶则行自全，不从枉则邪事不生。

右四维。

政之所行[⑱]，在顺民心；政之所废，在逆民心。民恶忧劳，我佚乐之[⑲]；民恶贫贱，我富贵之；民恶危坠，我存安之；民恶灭绝，我生育之。能佚乐之，则民为之忧劳；能富贵之，则民为之贫贱；能存安之，则民为之危坠；能生育之，则民为之灭绝。故刑罚不足以畏其意，杀戮不足以服其心。故刑罚繁而意不恐，则令不行矣；杀戮众而心不服，则上位危矣。故从其四欲，则远者自亲；行其四恶，则近者叛之。故知予之为取者，政之宝也。

右四顺。

错国于不倾之地。积于不涸之仓[⑳]。藏于不竭之府。下令于流水之原。使民于不争之官[㉑]。明必死之路。开必得之门。不为不可成。不求不可得。不处不可久。不行不可复。

错国于不倾之地者，授有德也。积于不涸之仓者，务五谷也。藏于不竭之府者，养桑麻育六畜也。下令于流水之原者，令顺民心也。使民于不争之官者，使各为其所长也。明必死之路者，严刑罚也。开必得之门者，信庆赏也。不为不可成者，量民力也。不求不可得者，不强民以其所恶也。不处不可久者，不偷取一时也[㉒]。不行不可复者，不欺其民也。故授有德，则国安。务五谷，则食足。养桑麻育六畜，则民富。令顺民心，则威令行。使民各为其所长，则用备。严刑罚，则民远邪。信庆赏，则民轻难。量民力，则事无不成。不强民以其所恶，则诈伪不生。不偷取一时，则民无怨心。不欺其民，则下亲其上。

右十一经[㉓]。

以家为乡，乡不可为也；以乡为国，国不可为也；以国为天下，天下不可为也。以家为家，以乡为乡，以国为国，以天下为天下。毋曰不同生[㉔]，远者不听；毋曰不同乡，远者不行；毋曰不同国，远者不从。如地如天，何私何亲；如月如日，唯君之节。

御民之辔㉕，在上之所贵；道民之门，在上之所先；召民之路，在上之所好恶。故君求之则臣得之，君嗜之则臣食之，君好之则臣服之，君恶之则臣匿之。毋蔽汝恶，毋异汝度，贤者将不汝助。言室满室，言堂满堂，是谓圣王。城郭沟渠不足以固守，兵甲强力不足以应敌，博地多财不足以有众，唯有道者能备患于未形也，故祸不萌。

天下不患无臣，患无君以使之；天下不患无财，患无人以分之。故知时者可立以为长，无私者可置以为政㉖，审于时而察于用，而能备官者，可奉以为君也。缓者后于事，吝于财者失所亲㉗，信小人者失士。

右六亲五法。

【注释】

①牧民：统治人民或治理人民。②四时：指春耕、夏耘、秋收、冬藏等四时农事。③守在仓廪，犹言要守护粮仓、米廪。④远者：远方的人，即指其他诸侯国的人们。⑤辟举：全面开垦或开垦周遍。辟，开辟，开垦。举，尽或全的意思。⑥六亲固：六亲团结。君主六亲团结，即统治阶级减少磨擦与争夺之意。⑦四维：系在网四角上的绳索。藉助于四维，网的纲、目才可以提起张开，比喻其重要。本文把礼、义、廉、耻，称作国之四维。⑧文巧：指奇技淫巧，即奢侈品的生产与制造。禁文巧，即禁止奢靡之意。⑨饰：通饬，整饬，整顿。⑩顺：通训，教训。经：指常规、常法，即带根本性的措施与办法。⑪荒：荒唐怠惰，不务正业。⑫障：障碍，堵塞。⑬校：通较，抗拒。⑭国颂：本篇第一部分的小标题。本部分是韵文，类似诗中“颂”体。内容又是讲治国之道，故称国颂。原文竖排，自右至左，小标题在文后，故题前有“右”字。⑮错：通措。⑯礼不逾节：应解释为“有礼则不逾节”。前人注书，有的把“不逾节”盾成礼的定义，似不合本文原意。因为这里不是专门讲述定义、概念，而是阐明四苇与所谓牧民治国的关系。下文：义、廉、耻，皆同。⑰枉：邪曲，此处指坏人。⑱行：原文为兴，据《管子集校》改。⑲佚：通逸。⑳不涸（hé），不枯竭。引申为取之不尽。㉑官：此处指职事、岗位、行业。㉒时：原文为世。㉓十一：原文误合为“士”，据《管子集校》改。㉔生：通姓。㉕辔：马的缰绳。由于牵动缰绳可以驱引方向，所以，这里的“辔”有管方向的涵义。㉖政：通正，官长。㉗㐭：同吝。

【译文】

凡是拥有国土治理人民的君主，务求注重四时农事，保证粮食贮备。国家财力充足，远方的人们就能自动归顺；荒地开发得好，本国的人民就能安心留住。粮食富裕，人们就懂得遵守礼节；衣食丰足，人们就懂得光荣与耻辱。君主的服用合乎法度，六亲就可以团结；国家的四维（礼、义、廉、耻）能够发扬，君令就可以贯彻。所以，减少刑罚的关键，在于禁止奢靡；巩固国家的准则，在于整饬四维；教训人民的根本办法，则在于：尊敬鬼神、祭祀山川、敬重祖宗和宗亲故旧。不注意天时，财富就不能增长；不注意地利，粮食就不会充足。田野荒芜废弃，人民就会不务正业。君主挥霍无度，人民就胡作妄为。不禁止奢靡，人民就放纵淫荡。不堵塞这两个根源，犯罪的人就多了。不尊敬鬼神，小民就不能感悟；不祭祀山川，威令就不能远播；不敬法祖宗，老百姓就会犯上作乱；不尊重宗亲故旧，孝悌就不完备。四维（礼、义、廉、耻）不发扬，国家就会灭亡。

以上是国颂。

国有四维，少了一维，国家就不稳；少了两维，国家就危险；少了三维，国家就颠覆；少

了四维，国家就会灭亡。不稳还可以扶正，危险还可以挽救，颠覆还可以再起；只有灭亡了，那就什么办法都没有了。四维是什么呢？一是礼，二是义，三是廉，四是耻。有礼，人们就不会超越应守的规范；有义，就不会妄自求进；有廉，就不会掩饰过错；有耻，就不会趋从坏人。人们都不越出应守的规范，统治者的地位就安定；不妄自求进，人们就不会巧谋欺诈；不掩饰过错，行为就自然端正；不趋从坏人，邪乱的事情也就不会发生了。

以上是四维。

政令之所以能推行，在于顺应民心；政令之所以废弛，在于违背民心。人民怕忧劳，我要使他安乐；人民怕贫贱，我要使他富贵；人民怕危难，我要使他安定；人民怕灭绝，我要使他生育繁息。因为我能使人民安乐，他们就可以为我承受忧劳；我能使人民富贵，他们就能为我忍受贫贱；我能使人民安定，他们就能为我承当危难；我能使人民生育繁息，他们也就不惜为我牺牲了。因此，靠刑罚是不足以使人民真正害怕的，靠杀戮是不足以使人民心悦诚服的。刑罚繁重而人心不惧，法令就无法推行了；杀戮多行而人心不服，统治者的地位就危险了。所以，满足人民的上述四种愿望，疏远的自会亲近；强行上述四种人民厌恶的事情，亲近的也会叛离。由此可知，“予之于民就是取之于民”这个原则，是治国的法宝。

以上是四顺。

把国家建立在稳固的基础上。把粮食积存在取之不尽的粮仓里。把财货贮藏在用之不竭的府库里。把政令下达在好像流水的水源上。把人民使用在无所争议的岗位上。向人民指出犯罪必死的道路。向人们敞开立功必赏的大门。不强干办不到的事。不追求得不到的利。不可立足于不能持久的地位。不去做不可再行的事情。

所谓把国家建立在稳固的基础上，就是把政权交给有道德的人。所谓把粮食积存在取之不尽的粮仓里，就是要努力从事粮食生产。所谓把财富贮藏在用之不竭的府库里，就是要种植桑麻、饲养六畜。所谓把政令下达在好像流水的水源上，就是要使令顺民心。所谓把人民使用在无所争议的岗位上，就是要各尽其所长。所谓向人们指出犯罪必死的道路，就是刑罚严厉。所谓向人们敞开立功必赏的大门，就是奖赏信实。所谓不强干办不到的事，就是要度量民力。所谓不追求得不到的利，就是不强迫人民去做他们讨厌的事情。所谓不可立足于不能持久的地位，就是不贪图一时侥幸。所谓不去做不可再行的事情，就是不欺骗人民。如此一来，把政权交给有道德的人，国家就能安定。努力从事粮食生产，民食就会充足。种植桑麻、饲养六畜，人民就可以富裕。能作到令顺民心，威令就可以行通。使人民各尽所能，用品就能齐备。刑罚严厉，人民就不去干坏事。奖赏信实，人民就不怕死难。量民力而行事，就可以事无不成。不强迫人民干他们厌恶的事情，欺诈作假的行为就不会发生。不贪图一时侥幸，人民就不会抱怨。不欺骗人民，人民就爱戴君上了。

以上是十一经。

按照家的要求治理乡，乡不能治好；按照乡的要求治理国，国不能治好；按照国的要求治理天下，天下不可能治好。应该按照家的要求治家，按照乡的要求治乡，按照国的要求治国，按照天下的要求治理天下。不要由于姓氏不同，不听取外姓人的意见；不要由于不同乡，不采纳外乡人的办法；不要由于不同国（指诸侯国），不听从别国人的主张。象天地对待万物，没有什么偏私偏爱；象日月普照一切，才算得上君主的度量。

驾驭人民奔什么方向，看君主重视什么；引导人民出什么门路，看君主倡导什么；号召人民走什么途径，看君主的好恶是什么。君主追求的东西，臣下就想得到；君主爱吃的东西，臣

下就想尝试；君主喜欢的事情，臣下就想实施；君主厌恶的事情，臣下就想规避。所以，不要掩蔽你的过错，不要擅改你的法度；否则，贤者将无法帮助你了。在室内讲话，要使全室的人知道；在堂上讲话，要使满堂的人知道。这样开诚布公，才称得上英明的君主。仅靠城郭沟渠，不一定能固守；仅有强大的武力和装备，不一定能御敌；地大物博，群众不一定就拥戴。只有有道的君主，能够防患于未然，才可以避免灾祸。

天下不怕没有能臣，怕的是没有君主去使用他们；天下不怕没有财货，怕的是无人去管理它们。因此，通晓天时的，可以任用为官长；没有私心的，可以安排作官吏。通晓天时，善于用财，而又能任用官吏的，就可以奉为君主了。处事迟钝的人，总是落后于形势；对财物吝啬的人，总是无人亲近；偏信小人的人，总是要脱离贤能之士的。

以上是六亲六法。

形　势①

山高而不崩，则祈羊至矣；渊深而不涸，则沈玉极矣②。天不变其常，地不易其则，春秋冬夏不更其节，古今一也。蛟龙得水，而神可立也；虎豹托幽③，而威可载也。风雨无乡④，而怨怒不及也。贵有以行令，贱有以忘卑，寿夭贫富，无徒归也。衔命者君之尊也，受辞者名之运也。上无事则民自试，抱蜀不言而庙堂既修⑤。鸿鹄锵锵，唯民歌之；济济多士，殷民化之⑥。飞蓬之问⑦，不在所宾；燕雀之集，道行不顾。牺牷圭璧，不足以飨鬼神。主功有素，宝币奚为？羿之道⑧，非射也；造父之术⑨，非驭也；奚仲之巧⑩，非斲削也。召远者使无为焉，亲近者言无事焉，唯夜行者独有也⑪。

平原之陉⑫，奚有于高。大山之限，奚有于深。訾讆之人⑬，勿与任大。谯巨者可与远举⑭，顾忧者可与致道⑮。其计也速而忧在近者，往而勿召也。举长者可远见也；裁大者众之所比也⑯；欲人之怀⑰，定服而勿厌也。必得之事，不足赖也。必诺之言，不足信也。小谨者不大立，訾食者不肥体⑱。有无弃之言者⑲，必参之于天地也⑳。坠岸三仞㉑，人之所大难也，而猿猱饮焉。故曰，伐矜好专，举事之祸也。

不行其野，不违其马㉒。能予而无取者，天地之配也。怠倦者不及，无广者疑神㉓；疑神者在内㉔，不及者在门；在内者将假㉕，在门者将待㉖。曙戒勿怠㉗，后稺逢殃。朝忘其事，夕失其功。邪气入内，正色乃衰。君不君则臣不臣，父不父则子不子。上失其位则下逾其节。上下不和，令乃不行。衣冠不正则宾者不肃，进退无仪则政令不行。且怀且威，则君道备矣。莫乐之则莫哀之，莫生之则莫死之。往者不至，来者不极。

道之所言者一也，而用之者异。有闻道而好为家者，一家之人也。有闻道而好为乡者，一乡之人也。有闻道而好为国者，一国之人也。有闻道而好为天下者，天下之人也。有闻道而好定万物者，天地之配也㉘。道往者其人莫来，道来者其人莫往。道之所设，身之化也。持满者与天㉙，安危者与人。失天之度，虽满必涸；上下不和，虽安必危。欲王天下而失天之道，天下不可得而王也。得天之道，其事若自然；失天之道，虽立不安。其道既得，莫知其为之，其功既成，莫知其释之。藏之无形，天之

道也。疑今者察之古，不知来者视之往。万事之生也[30]，异趣而同归，古今一也。

生栋覆屋[31]，怨怒不及[32]。弱子下瓦，慈母操箠[33]。天道之极，远者自亲；人事之起，近亲造怨。万物之于人也，无私近也，无私远也。巧者有余，而拙者不足。其功顺天者天助之，其功逆天者天违之。天之所助，虽小必大；天之所违，虽成必败。顺天者有其功，逆天者怀其凶，不可复振也。乌鸟之狡[34]，虽善不亲；不重之结[35]，虽固必解。道之用也，贵其重也。毋与不可，毋强不能，毋告不知。与不可，强不能，告不知，谓之劳而无功。见与之友[36]，几于不亲；见爱之交[37]，几于不结；见施之德，几于不报。四方所归，心行者也。独王之国[38]，劳而多祸；独国之君，卑而不威；自媒之女，丑而不信。未之见而亲焉，可以往矣。久而不忘焉，可以来矣。日月不明，天不易也。山高而不见，地不易也。言而不可复者，君不言也。行而不可再者，君不行也。凡言而不可复，行而不可再者，有国者之大禁也。

【注释】

①形，指事物的外形或现象；势，指事物的发展趋势。②沈玉：投入水中祭神的玉石。古人投玉于水即祭祀河川，求神庇佑之意。③托：原文为“得”，据《管子集校》改。④无乡：没有既定的方向，即无偏无私。乡：通向。⑤蜀：祠器，祭器。既：尽。⑥原文在“殷民化之”之后，有“纣之失也”四字，依文意，乃古之注文窜入正文之误。据《管子集校》一说删。⑦飞蓬：根底不牢随风飞动的枯草。比喻没有根据的事物。⑧羿：后羿，传说是我国古代的射箭能手。⑨造父：传说是我国古代驾车、驯马的能手。⑩奚仲：传说是我国古代的一位能工巧匠，善于造车。斲（zhuó）：砍削。⑪夜行：即后文之所谓“心行”，内心里认真行德之意。⑫陉：原文为隰，据《管子集校》改。⑬訾譽：訾是诽谤好人，譽是吹捧坏人。⑭谯巨者可与远举：谯：通谋，谋虑。巨，原文为臣；与，原文为以，据《管子集校》改。⑮顾忧：见识高超。顾：看，观察。忧：读作优，优越，高超。⑯裁：古通材。⑰欲人之怀：即希望人们感怀自己。《形势解》：“欲民之怀乐己者定服道德而勿厌也”。欲，原文为美，今改。⑱訾食：挑拣吃的。訾，原文为“訾”，据《管子集校》改。⑲有无弃之言者：有不放弃（或不忘掉）这些格言的。之，同是，同此。⑳必参之于天地也：“之”字原无，据《管子集校》补。㉑坠岸三仞：从很高的河岸往下跳。坠：落，跳下。仞：古代七尺为一仞。㉒违：弃，丢掉。㉓无广：通无旷，不旷日费时，即勤奋之意。疑神：同拟神，可比于神明，即神速有效之意。㉔疑：原文无，据《管子集校》补。㉕假：通暇，闲暇，从容。㉖待：通殆，疲惫。㉗戒：指戒鼓。天将曙，戒鼓鸣。曙戒即指黎明。㉘天地：原文为“天下”，据《管子集校》改。㉙与：随，顺从。㉚生：读作性。㉛生栋：生木材做成的屋柱。生栋覆屋，即新伐木材，日久干裂变形，因而使房屋倒坍。㉜怨怒不及：此语在本文中共出现两次。一是“风雨无乡而怨怒不及也”，二是“生栋覆屋怨怒不及”。前者指怨怒不及于风雨，后者指怨怒不及于生栋。前后句法一致。㉝箠：棍子，鞭子。㉞狡：通交，交往。㉟重：读作“重复”的“重”。不重之结虽固必解，指用绳子打结，只打一次而不重合起来，即使牢固也一定能被解开。比喻用人不经过反复慎重了解，是不会可靠的。㊱见与之友：外表上显示友好的朋友。见，通现，显示于外。与，亲与，友好。友，原文为“交”，据《形势解》改。㊲见爱之交：原是“见哀之役”，据《形势解》改。㊳独王：独断专横。

【译文】

山高而不崩颓，人们就会来烹羊设祭；渊深而不枯竭，人们就会来投玉求神。天不改变它的常规，地不改变它的法则，春秋冬夏不改变它的节令，从古到今都是同样的。蛟龙得水，才可以树立神灵；虎豹凭借深山幽谷，才可以保持威力。风雨没有既定的方向，谁也不会埋怨

它。位高的人发号施令，位低的人忘掉卑贱，长寿、短命、贫穷、富有等等，都不是无因而至的。臣下能执行命令，是因为君主地位的尊严；臣下能接受指令，是因为君臣名分的作用。君主不亲自过问，人民也会自己去做事；手执祭器不说话，朝政也会普遍地修明。天鹅发出动听的声音，人们会普遍赞美；西周人材济济，殷朝的遗民也会被感化。可是对于没有根据的言论，就不必听从；对于燕雀聚集的小事，行道者不屑一顾。用牛羊玉器来供奉鬼神，不一定得到鬼神的保佑，只要君主的功业有根基，何必使用珍贵的祭品？后羿射箭的功夫，不在射箭的表面动作；造父驾车的技术，不在驾车的表面动作；奚仲的巧妙，也不在木材的砍削上。使远方的人归顺，单靠使者是没有用的；亲近国内的人，光说空话也无济于事。只有内心里认真行德的君主，才能够独得治国的功效。

平原上的小坡，怎能算高？大山上的小沟，怎能算深？专挑好人毛病专说坏人好话的人，是不能委之以重任的。谋虑远大的人，可以同他共图大事；见识高超的人，能同他一起致力于治国之道。可是，对于那种只图速效而只顾眼前利害的人，走开了就不要召他回来。注重长远利益的人，影响也就深远；材器伟大的人，会得到众人的信赖；要人们感怀自己，一定要行德而不可厌倦。不应得而求必得的事情，是靠不住的；不应承诺而完全承诺的语言，是信不得的。但是谨小慎微也不能成大事，就好比挑拣食物不能使身体胖起来一样。能够不放弃以上这些格言的，就能与天地比美了。从三仞高的崖岸上跳下来，人是很难做到的，但猴子却毫不在乎跳下来喝水。因此说：骄傲自大，自以为是，乃是行事的祸患。

即使不到野外跑路，也不要把马丢掉。能够作到给人们以好处而不向人们索取报酬的，那就同天地一样伟大了。懒惰的人总是落后，勤奋的人总是办事神速有效。倘若说，办事神速的已经进入室内，那么，落后的还在门外。进入室内的可以从容不迫，在门外的必将疲惫不堪。因此，黎明时玩忽怠惰，日暮时就要遭殃；早上忘掉了应作的事情，夜晚就什么成果也没有。一个人邪气侵入体内，正色就要衰退。君主不象君主的样子，臣子当然就不象臣子；父亲不象父亲的样子，儿子当然就不象儿子。君主不依照他的身份办事，臣子就不遵守法度。上下不和，政令就无法推行。君主的衣冠不端正，礼宾的官吏就不会严肃。君主的举动不合乎仪式，政策法令也就不容易贯彻。一方面关怀臣民，另方面再有威严，为君之道，才算完备。君主不能使臣民安乐，臣民也就不会为君主分忧；君主不能使臣民生长繁育，臣民也就不会为君主牺牲生命。君主给予臣民的，不确实兑现，臣民对待君主，也是不会全力以赴的。

关于“道”，它的理论是一致的，而运用起来则有所不同。有的人明白道而能治家，他便是治家的人材；有的人明白道而能治乡，他便是一乡的人材；有的人明白道而能治国，他便是一国的人材；有的人明白道而能治天下，他更是天下的人材。有的人懂得道而能使万物各得其所，那便和天地一样伟大了。失道者，人民不肯来投；得道者，人民不肯离去。道之所在，自身就应该与之同化。凡是始终保持强盛的，就因为顺从天道；凡是能安危存亡的，就因为顺从人心。违背天的法则，尽管暂时丰满，最终也必然枯竭；上下不和，虽然暂时安定，最终也必然危亡。想要统一天下而违背天道，天下就不可能被他统一起来。掌握了天道，成事就很自然；违背了天道，尽管成功也不能保持。已经得道的，往往不觉察自己是怎样做的；已经成功了，往往又不觉察道是怎样离开的。就好像隐藏起来而没有形体，这就是“天道”。可是，对当今有怀疑则可以考察古代，对未来不了解，则可以查阅历史。万事的本性，内容尽管有所不同，但总是同归一理，从古到今都是一样的。

用新伐的木材做屋柱而房子倒坍，谁也不怨恨木材；小孩子把屋瓦拆下来，慈母就会打棍

子。顺天道去做，远者都会来归顺；事起于人为，近亲也要怨恨。万物之于人，是没有远近亲疏之分的。灵巧的人用起来就有余，笨拙的人用起来就不足。顺乎天道去做，天就帮助他；反乎天道去做，天就违背他。天之所助，弱小可以变得强大；天之所弃，成功可以变为失败。顺应天道的可以得其成效，违背天道的就要招致灾祸，而无可挽救。乌鸦般的交谊，看着友善，其实并不亲密；不重合的绳结，即使坚固，也一定能被解开。所以，道在实际运用的时候，贵在慎重。不要交付不可靠的人，不要强给做不到的人，不要告知不明事理的人。交付不可靠的、强予做不到的、告知不明事理的人，就叫作劳而无功。表面上十分友好的朋友，也就接近于不亲密了；表面上十分亲爱的交谊，也就接近于不结好了；表面上十分慷慨的恩赐，也就接近于不得所报了。只有内心里认真行德，四面八方才会归附。独断专横的国家，一定疲于奔命而祸事多端；独断专横国家的君主，一定卑鄙而没有威望。这就好比独自议定婚姻的妇女，一定名声不好而没有信誉。但对于未见面就令人有亲近之心的君主，应该去投奔；对于久别而令人难忘的君主，应该来辅佐。日月有不明的时候，但天是不会变的；山高有看不见的时候，但地是不会变的。说起话来，那种只说一次而不可再说的错话，君主就不应该说；做起事来，那种只做一次而不可再做的错事，君主就不应该做。凡是那些不可再说的言论和那些不可再做的事情，都是君主的最大禁忌。

权 修①

万乘之国，兵不可以无主；土地博大，野不可以无吏；百姓殷众，官不可以无长②；操民之命，朝不可以无政。

地博而国贫者，野不辟也；民众而兵弱者，民无取也③。故末产不禁则野不辟④，赏罚不信则民无取。野不辟，民无取，外不可以应敌，内不可以固守。故曰，有万乘之号而无千乘之用，而求权之无轻，不可得也。

地辟而国贫者，舟舆饰，台榭广也；赏罚信而兵弱者，轻用众，使民劳也。舟车饰，台榭广，则赋敛厚矣；轻用众，使民劳，则民力竭矣。赋敛厚，则下怨上矣；民力竭，则令不行矣。下怨上，令不行，而求敌之勿谋已，不可得也。

欲为天下者，必重用其国；欲为其国者，必重用其民；欲为其民者，必重尽其民力。无以畜之⑤，则往而不可止也；无以牧之，则处而不可使也。远人至而不去，则有以畜之也；民众而可一，则有以牧之也。见其可也，喜之有徵⑥；见其不可也，恶之有形⑦。赏罚信于其所见，虽其所不见，其敢为之乎？见其可也，喜之无徵；见其不可也，恶之无形。赏罚不信于其所见，而求其所不见之为之化，不可得也。厚爱利足以亲之，明智礼足以教之。上身服以先之⑧，审度量以闲之⑨，乡置师以说道之⑩。然后申之以宪令⑪，劝之以庆赏，振之以刑罚⑫。故百姓皆说为善，则暴乱之行无由至矣。

地之生财有时，民之用力有倦，而人君之欲无穷。以有时与有倦，养无穷之君，而度量不生于其间，则上下相疾也。是以臣有杀其君、子有杀其父者矣。故取于民有度，用之有止，国虽小必安；取于民无度，用之不止，国虽大必危。

地之不辟者，非吾地也；民之不牧者，非吾民也。凡牧民者，以其所积者食之⑬，不可不审也。其积多者其食多，其积寡者其食寡，无积者不食。或有积而不食者，则民离上；有积多而食寡者，则民不力；有积寡而食多者，则民多诈；有无积而徒食者，则民偷幸。故离上、不力、多诈、偷幸，举事不成，应敌不用。故曰，察能授官，班禄赐予[14]，使民之机也。

野与市争民，家与府争货，金与粟争贵[15]，乡与朝争治[16]。故野不积草，农事先也；府不积货，藏于民也；市不成肆，家用足也；朝不合众，乡分治也。故野不积草、府不积货、市不成肆、朝不合众，治之至也。

人情不二，故民情可得而御也。审其所好恶，则其长短可知也；观其交游，则其贤不肖可察也。二者不失，则民能可得而官也。

地之守在城[17]，城之守在兵，兵之守在人，人之守在粟。故地不辟则城不固。有身不治，奚待于人？有人不治，奚待于家？有家不治，奚待于乡？有乡不治，奚待于国？有国不治，奚待于天下？天下者，国之本也[18]；国者，乡之本也；乡者，家之本也；家者，人之本也；人者，身之本也；身者，治之本也。故上不好本事[19]，则末产不禁；末产不禁，则民缓于时事而轻地利；轻地利而求田野之辟，仓廪之实，不可得也。

商贾在朝，则货财上流[20]；妇人言事[21]，则赏罚不信；男女无别，则民无廉耻。货财上流、赏罚不信、民无廉耻，而求百姓之安难，兵士之死节，不可得也。朝廷不肃，贵贱不明，长幼不分，度量不审，衣服无等，上下凌节，而求百姓之尊主政令，不可得也。上好诈谋闲欺，臣下赋敛竞得，使民偷壹[22]，则百姓疾怨，而求下之亲上，不可得也。有地不务本事，君国不能一民[23]，而求宗庙社稷之无危，不可得也。上恃龟筮[24]，好用巫医，则鬼神骤祟。故功之不立，名之不章[25]，为之患者三：有独王者，有贫贱者，有日不足者。

一年之计，莫如树谷；十年之计，莫如树木；终身之计，莫如树人。一树一获者，谷也；一树十获者，木也；一树百获者，人也。我苟种之，如神用之，举事如神，唯王之门。

凡牧民者，使士无邪行，女无淫事。士无邪行，教也；女无淫事，训也。教训成俗而刑罚省，数也。凡牧民者，欲民之正也。欲民之正，则微邪不可不禁也。微邪者，大邪之所生也。微邪不禁，而求大邪之无伤国，不可得也。凡牧民者，欲民之有礼也。欲民之有礼，则小礼不可不谨也。小礼不谨于国，而求百姓之行大礼，不可得也。凡牧民者，欲民之有义也。欲民之有义，则小义不可不行。小义不行于国，而求百姓之行大义，不可得也。凡牧民者，欲民之有廉也。欲民之有廉，则小廉不可不修也。小廉不修于国，而求百姓之行大廉，不可得也。凡牧民者，欲民之有耻也。欲民之有耻，则小耻不可不饰也[26]。小耻不饰于国，而求百姓之行大耻，不可得也。凡牧民者，欲民之谨小礼、行小义、修小廉、饰小耻[27]、禁微邪，此厉民之道也。民之谨小礼、行小义、修小廉、饰小耻、禁微邪，治之本也。

凡牧民者，欲民之可御也。欲民之可御，则法不可不重[28]。法者，将立朝廷者也。将立朝廷者，则爵服不可不贵也。爵服加于不义，则民贱其爵服，民贱其爵服，则人

主不尊；人主不尊，则令不行矣。法者，将用民力者也。将用民力者，则禄赏不可不重也。禄赏加于无功，则民轻其禄赏；民轻其禄赏，则上无以劝民；上无以劝民，则令不行矣。法者，将用民能者也。将用民能者，则授官不可不审也。授官不审，则民闲其治[29]；民闲其治，则理不上通；理不上通，则下怨其上；下怨其上，则令不行矣。法者，将用民之死命者也。用民之死命者，则刑罚不可不审。刑罚不审，则有辟就[30]；有辟就则杀不辜而赦有罪；杀不辜而赦有罪，则国不免于贼臣矣。故夫爵服贱、禄赏轻、民闲其治、贼臣首难，此谓败国之教也。

【注释】

①权修：修重权力，即加强或巩固君主的政权。②长：疑读为常，指常规、常法。③取：读为趣，督促。④末产：指与奢侈品有关的工商业。⑤畜：饲养，养活。畜民、牧民，把人民比作牲畜，这都是古代统治阶级蔑视人民的用语。⑥徵：徵验，实际表示，此处指给予实际奖赏。⑦形：表现。实际表现。此处指给予实际惩罚。⑧先：先导，表率。⑨度量：长短、多少的标准，引申为法规、制度。闲：挡门的栅栏，引申为防范、控制。⑩师：指乡师，即乡的长官。说道：教导。道，同导。⑪申：申明。此处指申明法令加以约束。⑫振：同震，震慑。⑬积：通绩，功绩、劳绩。食（sì）：供给吃的。此处指给予俸禄奖赏。⑭班：位次，等级。引申为等级差别。⑮争贵：争夺贵贱。指金（货币）与粟（粮食）争夺地位。市场商业发达，则货币地位重要，即金贵。自然经济则粮食地位重要，即粟贵。这里作者认为限制商业使市不成肆才是“治之至也”。⑯争治：指乡（地方）与朝（中央）互争治理权限。这里作者认为发挥地方分治，让朝廷政务不繁，甚至“朝不合众”，才是“治之至也”。⑰守：保卫，引申为保障。⑱之：同是。以下六句中的“之”字，均同是。⑲本事：指农业。⑳货财上流：指财货通过贿赂流进朝廷或官僚手中。㉑妇人言事：原文作“妇言人事”，据《管子集校》改。妇人，指君主爱宠的妇人，非指一般妇女。㉒偷壹：偷取一时之功，即不虑长远。㉓君国：君临国家或即统治国家。君，在此处作动词用。㉔龟筮：龟甲和蓍草，都是求神问卜的用品。㉕章：同彰，显著。㉖饰：通饬，整饬，整顿。下同。㉗谨小礼、行小义、修小廉、饰小耻：原文为“修小礼，行小义、饰小廉、谨小耻”。㉘重：原文为“审”，据《管子集校》改。㉙闲：同间，非议，反对。㉚辟就：同避就。避重就轻或避轻就看，言坏人逃罪与好人受冤。都是刑罚不审的后果。

【译文】

拥有万辆兵车的大国，军队不能没有统帅；土地博大，田野不能没有官吏；人口众多，官府不能没有常规；掌握着人民命运，朝廷不能没有政令。

地大而国家贫穷，是由于土地没有开辟。人多而兵力薄弱，是因为人民缺乏督促。因此，不禁止奢侈品的工商业，土地就不得开辟；赏罚都不信实，人民就缺乏督促。土地没有开辟，人民缺乏督促，对外就不能抵御敌人，对内就不能固守国土。因此说，空有万辆兵车的大国虚名，而没有千辆兵车的实力，还想君主权力不被削弱，那是办不到的。

土地开辟了，而国家仍然贫穷，那是君主的舟车过于豪华，楼台亭阁过多的原故。赏罚信实而兵力仍然薄弱，那是轻易兴师动众，使民过劳的原故。由于，舟车豪华，楼台亭阁过多，就会使赋税繁重；轻易兴师动众，使民过劳，就造成民力枯竭。赋税繁重则人民怨恨朝廷，民力枯竭则政令无法推行。人民怨恨，政令不行，而求敌国不来侵略，那是办不到的。

若想治好天下，必须重惜本国国力；想要治好国家，必须重惜国内人民；想要治好人民，必须重惜民力之耗尽。君主没有办法养活人民，人们就要外逃而不能阻止；没有办法治理人民，即使留下来也不能使用。远地的人们来而不走，是由于有效地养活了他们；人口众多而能统一号令，是由于有效地治理了他们。见到人们做好事，喜悦而要有实际奖赏；见到人们做坏事，厌恶而要有具体惩罚。赏功罚过，对于亲自受到的人们确实兑现了，那末，没有亲身经历的也就不敢胡作非为了。倘若见到人们做好事，空自喜悦而没有实际奖赏；见到人们做坏事，空自厌恶而没有具体惩罚；赏功罚过，对于亲自经历的人，都没有兑现，要指望没有经历的人们为之感化，那是办不到的。君主可以付出厚爱和厚利，就可以亲近人民；申明知识和礼节，就可以教育人民。要以身作则来引导人民，审定规章制度来防范人民，设置乡的官吏来指导人民。然后再用法令加以约束，用奖赏加以鼓励，用刑罚加以威慑。如此来，百性就都愿意做好事，暴乱的行为便不会发生了。

土地生产财富，受时令的限制；人民花费劳力，有疲倦的时候；但是人君 的欲望则是无止境的。以“生财有时”的土地和“用力有倦”的人民来供养欲望无穷的君主，这中间若没有一个合理的限度，上下之间就会互相怨恨。于是臣杀其君、子杀其父的现象产生了。所以，对人民征收有度，耗费又有节制的，国家虽小也一定安宁；对人民征收无度，耗费没有节制的，国家虽大也一定危亡。

有土地而不开辟，等于不是自己的土地；有人民而不治理，等于不是自己的人民。凡是治理人民，对于按劳绩给予奖赏的问题，不可不审慎从事。劳绩多的奖赏多，劳绩少的奖赏少，没有劳绩的就应该不得奖赏。如果有劳绩而没有奖赏，人们就离心离德；劳绩多而奖赏少，人们就不努力工作；劳绩少而禄赏多，人们就弄虚作假；无劳绩而空得禄赏，人们就贪图侥幸。凡是离心离德、工作不力、弄虚作假、贪图侥幸的，举办大事不会成功，对敌作战也不会卖力。所以说，根据人的能力授予官职，按照劳绩差别赐予禄赏，这是用人的关键。

农田与市场往往争劳力，民家与官府往往争财货，货币与粮食往往争贵贱，地方与朝廷往往争治理权限。所以，让田野不积杂草，就得把农业放在首位；让官府不积财货，就得把财富藏于民间；让市场店铺不成行列，就得做到家用自足；让朝廷不聚众议事，就得做到分权到乡。田野无杂草，官府无积货，市场店铺不成行列，朝廷不聚众议事，这些都是治国的最高水平。

人的本性没有什么两样。所以，人的思想性情是可以掌握的。知道他喜欢什么和厌恶什么，就可以了解他的长处和短处；观察他同什么样的人交往，就能判断他是好人还是坏人。把握住这两点，就能够对人民进行治理了。

国土的保障在于城池，城池的保障在于军队，军队的保障在于人民，而人民的保障在于粮食。所以，土地不开辟，也就会造成城池不巩固。君主不能治理自身，怎么能治理别人？不能治人，怎能治家？不能治家，怎能治国？不能治国，何能治理天下？而天下又是以国为根本，国以乡为根本，乡以家为根本，家以人为根本，人以自身为根本，自身又以治世之道为根本。因此，君主若不重视农业，就不肯禁止奢侈品的工商业，不禁止奢侈品的工商业，人们就会延误农时农事而轻忽土地之利。在轻忽地利的情况下，还指望田野开辟、仓廪充实，那是不可能的。

商人在朝中掌权，财货贿赂就流往上层；妇人参与政事，赏功罚过就不能准确；男女没有界限，人民就不知廉耻。在货财上流、赏罚不信、民无廉耻的情况下，要求百姓为国家甘冒危难，兵士为国家献身死节，是不可能的。朝廷不整肃，贵贱无区别，长幼不分，制度不明，服制没有等级，君臣都超越应守的规范，这样，要求得百姓尊重君主的政令，是不可能的。君主

好搞阴谋欺诈，官吏争收苛捐杂税，使役人民只偷取一时之快，以致百姓怨恨，这样，要求得人民亲近君主，是不可能的。拥有土地而不注重农业，统治国家而不能统一号令人民，这样，要求国家不发生危机，是不可能的。君主行事依靠求神问卜，好用巫医，这样，鬼神反而会经常作起怪来。总之，功业不成，名声不显，将产生三种祸患：一是养成独断专横的君主；二是成为贫穷卑贱的君主；三是成为政务混乱，整日里疲于奔命的君主。

作一年的打算，最好是种植五谷；作十年的打算，最好是种植树木；作终身的打算，最好是培育人材。种谷，是一种一收；种树，是一种十收；培育人材，则是一种百收的事情。倘若我这个君主能够这样作，其效用将是神奇的；而举办大事也会收得神效，这是称王天下的唯一门路。

凡是治理人民的，应该使男人没有邪僻行为，使女人没有淫乱的事情。使男人不行邪僻，要靠教育；使女人没有淫乱，要靠训诲。教训形成风气，刑罚就会减少，这是自然的道理。凡是治理人民的，都要求人民走正道。要求人民走正道，就不能不禁止小的坏事。因为，小的坏事是大的坏事产生的根源。不禁止小坏事而想要大坏事不危害国家，是不可能的。凡是治理人民的，都要求人民有“礼”。要求有礼，就不可不重视小礼。因为，在国内不重视小礼，而要求百姓能行大礼，是不可能的。凡是治理人民的，都要求人民有“义”。要求有义，就不可不实行小义。因为，在国内不行小义，而要求百姓能行大义，是不可能的。凡是治理人民的，都要求人民有“廉”。要求有廉，就不可不重视小廉。因为，在国内不重视小廉，而要求百姓能行大廉，是不可能的。凡是治理人民的，都要求人民有“耻”。要求有耻，就不可不整顿小耻。因为，在国内不整顿小耻，而要求百姓能行大耻，是不可能的。凡治理人民，要求人民谨小礼、行小义、修小廉、饬小耻、禁止小的坏事，这都是训练人民的办法。而人民能够作到谨小礼、行小义、修小廉、饬小耻并禁止小的坏事，又正是治国的根本。

凡是治理人民的，都要求人民服从驱使。想要人民服从驱使，就不可不重视“法”的作用。法，是用来建立朝廷权威的。要建立朝廷权威，就不可不重视爵位。倘若把爵位授给“不义”的人，人民就轻视爵位。人民轻视爵位，君主就没有威信。君主没有威信，命令就不能推行了。法，是用来驱使人民出力的。驱使人民出力，就不可不重视禄赏。倘若把禄赏授给“无功”的人，人民就轻视禄赏。人民轻视禄赏，君主就无法劝勉人民。君主无法劝勉人民，命令也就无法推行了。法，是用来使用人民才能的。使用人民才能，就不可不慎重地委派官职。如果委派官职不慎重，人民就背离其治理。人民背离治理，则下情不能上达。下情不能上达，人民就怨恨君主。人民怨恨君主，命令也就无法推行了。法，是用来决定人民生死的。决定人民生死，就不可不审慎地使用刑罚。倘若刑罚不审慎，就会使坏人逃罪和好人蒙冤。坏人逃罪和好人蒙冤，就会出现杀无辜而赦有罪的事情。杀无辜而赦有罪，国家就难免被贼臣篡夺了。因此，爵位被鄙视，禄赏被轻视，人民背离统治，贼臣发动叛乱，这些都是国家败亡的教训。

立　政[①]

国之所以治乱者三，杀戮刑罚，不足用也。国之所以安危者四，城郭险阻，不足守也。国之所以富贫者五，轻税租，薄赋敛，不足恃也。治国有三本，而安国有四固，而富国有五事，五事，五经也[②]。

君之所审者三：一曰德不当其位，二曰功不当其禄，三曰能不当其官。此三本者，

治乱之原也。故国有德义未明于朝者，则不可加于尊位；功力未见于国者，则不可授以重禄；临事不信于民者，则不可使任大官。故德厚而位卑者谓之过，德薄而位尊者谓之失。宁过于君子，而毋失于小人。过于君子，其为怨浅；失于小人，其为祸深。是故国有德义未明于朝而处尊位者，则良臣不进；有功力未见于国而有重禄者，则劳臣不劝；有临事不信于民而任大官者，则材臣不用。三本者审，则下不敢求。三本者不审，则邪臣上通，而便辟制威[3]。如此则明塞于上，而治壅于下[4]，正道捐弃，而邪事日长。三本者审，则便辟无威于国，道涂无行禽[5]，疏远无蔽狱[6]，孤寡无隐治[7]。故曰刑省治寡，朝不合众。

右三本。

君之所慎者四：一曰大德不至仁[8]，不可以授国柄；二曰见贤不能让，不可与尊位；三曰罚避亲贵，不可使主兵；四曰不好本事，不务地利，而轻赋敛，不可与都邑[9]。此四固者[10]，安危之本也。故曰卿相不得众，国之危也；大臣不和同，国之危也；兵主不足畏，国之危也；民不怀其产，国之危也。故大德至仁，则操国得众；见贤能让，则大臣和同；罚不避亲贵，则威行于邻敌；好本事，务地利，重赋敛，则民怀其产。

右四固。

君之所务者五：一曰山泽不救于火[11]，草木不殖成[12]，国之贫也；二曰沟渎不遂于隘[13]，障水不安其藏[14]，国之贫也；三曰桑麻不植于野，五谷不宜其地，国之贫也；四曰六畜不育于家，瓜瓠荤菜百果不备具[15]，国之贫也；五曰工事竞于刻镂，女事繁于文章，国之贫也。故曰山泽救于火，草木殖成，国之富也；沟渎遂于隘，障水安其藏，国之富也；桑麻殖于野，五谷宜其地，国之富也；六畜育于家，瓜瓠荤菜百果备具，国之富也；工事无刻镂，女事无文章，国之富也。

右五事。

分国以为五乡[16]，乡为之师。分乡以为五州，州为之长。分州以为十里，里为之尉。分里以为十游，游为之宗。十家为什，伍家为伍，什伍皆有长焉。筑障塞匿[17]，一道路，抟出入[18]。审闾闬[19]，慎筦键[20]，筦藏于里尉。置闾有司[21]，以时开闭。闾有司观出入者，以复于里尉。凡出入不时，衣服不中，圈属群徒不顺于常者[22]，闾有司见之，复无时[23]。若在长家子弟、臣妾、属役、宾客[24]，则里尉以谯于游宗，游宗以谯于什伍，什伍以谯于长家。谯敬而勿复[25]，一再则宥，三则不赦。凡孝悌、忠信、贤良、俊材，若在长家子弟、臣妾、属役、宾客，则什伍以复于游宗，游宗以复于里尉，里尉以复于州长，州长以计于乡师，乡师以著于士师[26]。凡过党[27]，其在家属，及于长家；其在长家，及于什伍之长；其在什伍之长，及于游宗；其在游宗，及于里尉；其在里尉，及于州长；其在州长，及于乡师；其在乡师，及于士师。三月一复，六月一计，十二月一著。凡上贤不过等，使能不兼官，罚有罪不独及，赏有功不专与。

孟春之朝，君自听朝，论爵赏校官，终五日。季冬之夕，君自听朝，论罚罪刑杀，亦终五日。正月之朔，百吏在朝，君乃出令，布宪于国。五乡之师，五属大夫[28]，皆受宪于太史[29]。大朝之日，五乡之师，五属大夫，皆身习宪于君前。太史既布宪，入

籍于太府，宪籍分于君前。五乡之师出朝，遂于乡官[30]，致乡属[31]，及于游宗，皆受宪。宪既布，乃反致令焉[32]，然后敢就舍。宪未布，令未致，不敢就舍；就舍谓之留令，罪死不赦。五属大夫，皆以行车朝，出朝不敢就舍，遂行。至都之日，遂于庙，致属吏，皆受宪。宪既布，乃发使者致令，以布宪之日，早宴之时。宪既布，使者以发，然后敢就舍。宪未布，使者未发，不敢就舍；就舍谓之留令，罪死不赦。宪既布，有不行宪者，谓之不从令，罪死不赦。考宪而有不合于太府之籍者，侈曰专制，不足曰亏令，罪死不赦。首宪既布[33]，然后可以行宪[34]。

右首宪。

凡将举事，令必先出。曰事将为，其赏罚之数，必先明之。立事者谨守令以行赏罚，计事致令，复赏罚之所加。有不合于令之所谓者，虽有功利，则谓之专制，罪死不赦。首事既布，然后可以举事。

右首事[35]。

修火宪，敬山泽林薮积草[36]；天财之所出[37]，以时禁发焉，使民足于宫室之用[38]，薪蒸之所积[39]，虞师之事也[40]。决水潦，通沟渎，修障防，安水藏，使时水虽过度，无害于五谷，岁虽凶旱，有所秎获[41]，司空之事也[42]。相高下，视肥硗，观地宜，明诏期，前后农夫，以时钧修焉[43]；使五谷桑麻皆安其处，司田之事也[44]。行乡里，视宫室，观树艺，简六畜，以时均修焉；劝勉百姓，使力作毋偷，怀乐家室，重去乡里，乡师之事也。论百工，审时事，辨功苦，上完利[45]，监壹五乡，以时均修焉，使刻镂文采，毋敢造于乡，工师之事也。

右省官[46]。

度爵而制服，量禄而用财。饮食有量，衣服有制，宫室有度，六畜人徒有数，舟车陈器有禁。生则有轩冕、服位、谷禄、田宅之分[47]，死则有棺椁、绞衾、圹垄之度[48]。虽有贤身贵体，毋其爵不敢服其服；虽有富家多资，毋其禄不敢用其财。天子服文有章，而夫人不敢以燕以飨庙[49]，将军大夫以朝，官吏以命[50]，士止于带缘。散民不敢服杂采，百工商贾，不得服长鬈貂。刑余戮民，不敢服丝[51]，不敢畜连乘车[52]。

右服制。

寝兵之说胜，则险阻不守。兼爱之说胜，则士卒不战。全生之说胜，则廉耻不立。私议自贵之说胜，则上令不行。群徒比周之说胜，则贤不肖不分。金玉财货之说胜，则爵服下流。观乐玩好之说胜，则奸民在上位。请谒任举之说胜，则绳墨不正。谄谀饰过之说胜，则巧佞者用。

右九败。

期而致，使而往，百姓舍己以上为心者，教之所期也。始于不足见，终于不可及，一人服之，万人从之，训之所期也。未之令而为，未之使而往，上不加勉，而民自尽竭，俗之所期也。好恶形于心，百姓化于下，罚未行而民畏恐，赏未加而民劝勉，诚信之所期也。为而无害，成而不议[53]，得而莫之能争，天道之所期也。为之而成，求之而得，上之所欲，小大必举，事之所期也。令则行，禁则止，宪之所及，俗之所被，如百体之从心，政之所期也。

右七观。

【注释】

①立政：立读为“莅”，立政即莅政、临政之意。②五经：五项纲领性措施。③便辟：同便嬖，指君主左右受宠的近臣、坏人。④壅：堵塞，不通。⑤涂：同途。⑥蔽狱：冤狱。蔽，蒙蔽，蒙蔽真相。⑦隐治：隐藏在胸中无法申诉的不白之冤。治，同辞，讼词。⑧大：尊崇，崇尚，此处作动词用。⑨都邑：地方行政中心。⑩固：原文为“务”，根本节题目改。⑪救：救止，引申为防止。⑫殖：原文为植，据《管子集校》改。⑬不遂于隘：狭隘之处不通。沟水狭处不通则全线壅塞，因此，可视为全线不通。⑭障：围障，此处指堤坝。藏：蓄藏。此处指蓄水的池塘，犹今之水库。⑮瓠（hù）：指葫芦一类的瓜菜。荤：指葱蒜类的蔬菜。⑯国：此处指城市，即都城城郊以内的地区。⑰匿：读为匿空的匿，指围墙上的“缺口”。⑱抟：同专，专一。原文为“博”，据《管子集校》改。⑲闬（hàn）：指里门。⑳筦：同管，锁钥。键：关门的插关。㉑闾有司：看守里门的小官。㉒圈属群徒：圈，古眷字，眷属即指下文的子弟臣妾等人；群徒即指下文的属役宾客等人。由是，圈属群徒即泛指里内居民及里外的其他人。㉓复：回复，回报。㉔长家：即家长。㉕敬：同儆，儆戒，警告。㉖士师：官名。在朝中执掌刑狱的官。㉗过党：犯有罪过的徒党。㉘五属：都城城区以外的广大地区分为五属，与都城城区以内分五乡相同，都是当时的行政区划。㉙太史：掌管典籍、记录历史的官。㉚乡官：同乡馆，即乡师办事处。㉛“致”下原有“于”字，据《管子集校》删。㉜致令：交回君令，即事后报告。㉝首宪：颁布于事前的根本法令。㉞行：原文为布，据《管子集校》改。㉟首事：发布于事前的具体办事法令。㊱薮（sǒu）：水少多草的沼泽之地。㊲天：原文为“夫”，据《管子集校》改。㊳足：原文无，据《管子集校》补。㊴蒸：细薪，细柴。㊵虞师：主管山林湖泽的官。㊶粉（fēn）：收割。㊷司空：主管水利及建筑工程的官。㊸钧：通均。下同。㊹司田：主管农业的官。㊺上完利：提倡完全精致。上同尚，提倡。完对缺言，利对钝言；完与利即指产品品种完全与质量精致。㊻省官：即检查官吏是否尽职。省：视查，检查。㊼“生”前原有“修”字，据《管子集校》删。㊽绞衾：指死人的衣被。绞，捆尸衣的带子。衾，被子。㊾燕：燕服。即燕居（闲居）之服。指常服而言。㊿命：命服，即按官位等级规定应穿的衣服。51丝：原文为絲，据《管子集校》改。52畜连：同蓄辇，备置小车。53议：读为俄，倾败。

【译文】

国家之治或乱，取决于三个因素，靠杀戮刑罚是不管用的。国家之安或危，取决于四个因素，靠城郭险阻是不足以固守的。国家之贫或富，取决于五个因素，只用轻收租税、薄取赋敛的办法是不足以依靠的。这就是说，治理国家有“三本”，安定国家有“四固”，而富国则要做五件事情——这五件事情也是五项纲领性措施。

以上为三本。

君主需要审查的问题有三个：一是臣子的品德与地位是否相称，二是臣子的功劳与俸禄是否相称，三是臣子的能力与官职是否相称。这三个根本问题是国家治乱的根源。因此，在一个国家里，对于德义没有显著于朝廷的人，不可授予尊高的爵位；对于功业没有表现于全国的人，不可给予优厚的俸禄；对于主持政事没有取信于人民的人，就不能让他做大官。所以德行深厚而授爵低微的做法，叫作“有过”；德行浅薄而授爵尊高的做法，叫作“有失”。宁可有过于君子，而不可有失于小人。因为，有过于君子，带来的怨恨浅；有失于小人，带来的祸乱深。所以，在一个国家里，倘若有德义不显于朝廷而身居高位的人，贤良的大臣就得不到进用；如果有功劳不著于全国而享有重禄的人，勤奋的大臣就得不到鼓励；倘若有主持政事并未

取信于民而做了大官的人，有才能的大臣就不会出力。只有把这三个根本问题审查清楚了，臣下才不敢妄求官禄。倘若对这三个根本问题不加审查，奸臣就会与君主接近，君主左右那些受宠的近臣就会专权。这样，在上面君主耳目闭塞，在下面政令不通，正道被抛弃，坏事就要一天天地多起来。而若审查好这三个根本问题，君主左右那些受宠的近臣就不会专权，道路上就看不到在押的犯人，与官方疏远的人们就不会蒙受冤狱之害，孤寡无亲的人们，也不会存在不白之冤了。这就叫作：刑罚减少，政务精简，甚至朝廷都无需召集群臣议事了。

以上为四固。

君主要谨慎对待的问题，有四个：一是对尊崇道德而不真正行仁的人，不能授予国家大权；二是对见到贤能不推让的人，不可能授予尊高爵位；三是对掌握刑罚躲避亲贵的人，不能让他统帅军队；四是对那种不重视农业，不注重地利，而轻易课取赋税的人，不能让他做都邑的官。这四条巩固国家的原则是国家安危的根本。应该说，卿相得不到群众拥护，是国家的危险；大臣不协力同心，是国家的危险；军中统帅不足以令人畏惧，是国家的危险；人民不怀恋自己的产业，是国家的危险。因此，只有崇尚道德而能真正行仁，才可以胜任国事而取得众人拥护；只有见到贤能就进行推让，才能使大臣们协力同心；只有掌握刑罚不避亲贵，才能够威震邻敌；只有重视农业、注重地利，而不轻易课税，才能使人民怀恋自己的产业。

以上为五事。

君主必须注意解决的问题，有五个：一是山泽不能防止火灾，草木不能繁殖成长，国家就会贫穷；二是沟渠不能全线通畅，堤坝中的水泛滥成灾，国家就会贫穷；三是田野不发展桑麻，五谷种植没有因地制宜，国家就会贫穷；四是农家不养六畜，蔬菜瓜果也不齐备，国家就会贫穷；五是工匠追逐刻木镂金，女红也繁求文饰花样，国家就会贫穷。这就是说，山泽能够防止火灾，草木繁殖成长，国家就会富足；使沟渠全线通畅，堤坝中的水不泛滥，国家就会富足；田野发展桑麻，五谷种植也能因地制宜，国家就会富足；农家饲养六畜，蔬菜瓜果也能齐备，国家就会富足；工匠不追逐刻木镂金，女红也不追求花饰，国家就会富足。

以上为首宪。

把都城地区分为五个乡，乡设乡师。把乡分为五个州，州设州长。把州分成十个里，里设里尉。把里分成十个游，游设游宗。十家为一什，五家为一伍；什和伍都设什长和伍长。要修建围墙，堵塞缺口，只定一条进出的道路，只设一个进出的门户。要仔细看管里门，注意关锁，钥匙由里尉掌管。任命“闾有司”，按时开闭里门。闾有司要负责巡察出入的人们，向里尉报告情况。凡是进出不遵守时间，穿戴不合时宜，家眷亲属及其他人中有行迹异常的，闾有司发现，要随时上报。倘若问题出在本里家长的子弟、臣妾、属役和宾客身上，那么，里尉要训斥游宗，游宗要训斥什、伍长，什、伍长要训斥家长。只给训斥和警告而不必上报，初犯、再犯可以宽恕，第三次就不赦免了。凡发现孝悌、忠信、贤良和优秀人材，假如出在本里家长的子弟、臣妾、仆役和宾客，那么，就要逐级由什、伍长上报游宗，游宗上报里尉，里尉上报州长，州长再汇总上报于乡师，乡师登记备案上报到士师那里去。凡责罚与犯罪有牵连的人，问题出在家属的，应连带及于家长；出在家长的，应连带及于什、伍长；出在什、伍长的，连带游宗；出在游宗的，要连带里尉；出在里尉的，连带州长；出在州长的，连带乡师；出在乡师的，也要连带于士师。每年三个月一上报，六个月一汇总，十二个月来一次登记备案。凡是推举贤才不可越级，使用能臣不可兼职；惩罚有罪，不独罚犯罪者自身；赏赐有功，不专给立功者本人。

正月初起，国君要亲自临朝听政，评定爵赏，考核官吏，一共用五天时间。腊月末尾，国君也要临朝听政，议定罚、罪、刑、杀，也用五天。正月初一日，百官在朝，国君向全国颁布法令。五乡乡师和五属大夫都在太史那里领受法令典籍。又在全体官吏会集在朝的那天，五乡乡师和五属大夫都要在国君面前学习法令。太史宣布法令以后，底册存入太府，在国君面前把法令和简册分发下去。五乡乡师出朝以后，就到乡办事处召集本乡所属官吏，直至游宗，同来领受法令。法令公布完毕，要及时回报，然后回到住处。法令没有公布，报告没有交回，不敢到住处休息。否则，叫作“留令”，那是死罪不赦的。五属大夫，都是乘车来朝的，但出朝也不能到住处休息，需要立即出发。到达都邑的当天，就在祖庙里召集所属官吏，同来领受法令。法令公布后，便派遣使者回报。遣使应在公布法令的当天，不论早晨晚上。法令公布完，使者派出去，然后才敢到住所休息。法令没有公布，使者没有派出，不能到住所休息。否则，也叫“留令”，死罪不赦。法令公布后，有不执行的，叫作“不从令”，死罪不赦。检查法令文件，有与太府所存不符的，多了叫作“专制”，少了叫作“亏令”，也是死罪不赦。这个所谓“首宪”的法令颁布以后，各地就可以执行了。

以上为首事。

凡将办事，法令一定先出。这叫作事情开始，其赏罚办法就必须明示于前。负责其事的人总是要严守法令以掌握赏罚，检查工作并向君主上报的时候，也必须报告执行赏罚的情况。倘若办事不合于法令的意旨，即使事有成效，也叫“专制”，那是死罪不赦的。这个所谓“首事”的命令一经发布，然后就可以遵照执行了。

以上为省官。

制定防火的法令，戒止山泽林薮之处堆积枯草；对自然资源的出产，要按时封禁和开放，以使人民有充足的房屋建筑用材和柴草贮备，这是“虞师”的责任。排泄积水，疏通沟渠，修整堤坝，以保持蓄水池的安全；做到雨水过多时无害于五谷，年景干旱时，也有收成，这是“司空”的责任。观测地势高下，分析土质肥瘦，查明土地宜于何种作物的生长，明定农民应召服役的日期，对农民生产、服役的先后，按时作全面安排；使五谷桑麻的种植，各得其适，这是“司田”的责任。巡行乡里，察看房屋，观察树木、庄稼的生长，视查六畜的状况，并能按时作全面安排；做到劝勉百姓，使他们努力耕作而不偷闲，留恋家室而不轻离乡里，这是“乡师”的责任。考核各种工匠，审定各个时节的作业项目，分辨产品质量的优劣，提倡产品完全和精致，统一管理五乡，按时作全面安排；使那种刻木、镂金、文饰、彩绘之美的奢侈品工艺，不敢在各乡作业，这是“工师”的责任。

以上为服制。

按照爵位制定享用等级，根据俸禄规定花费标准。饮食有一定标准，衣服有一定制度，房屋有一定限度，六畜和奴仆有一定数目，车船和陈设也都有一定的限制。活着的时候，在乘车、戴帽、职位、俸禄、田宅等方面，有所分别；死了的时候，在棺木、衣被、坟墓等方面，也有所规定。尽管是身份高贵，没有那样的爵位也不敢穿那样的衣服；尽管是家富钱多，没有那样的俸禄也不敢作那样的花费。天子衣服的花纹样式有明文规定，夫人不能穿常服祭祀宗庙，将军大夫穿朝服，一般官吏穿命服，“士”只在衣带边缘上有所标志。平民不敢穿杂有文彩的衣服，工匠、商人不得穿羔皮和貂皮的衣服。受过刑和正在服刑的人不能穿丝料的衣服，也不敢有车和坐车。

以上为九败。

废止军备的议论占优势，城池险阻就不能固守。泛爱人类的议论占优势，士卒就不肯作战。全生保命的议论占优势，廉耻之风就不能建立。私立异说、清高自贵的议论占优势，君主政令就无法推行。结交朋党的议论占优势，好人、坏人就不易分清。金玉财货的议论占优势，官爵服位就滥流到下边。观乐玩好的议论占优势，奸邪之辈就攀援到上位。托拜保举的议论占优势，用人标准就不会正确。阿谀奉承、文过饰非的议论占优势，好巧言而奸佞的人就会出来干事了。

以上为七观。

征召就马上来到，派遣就立刻前往，老百姓舍弃自己而以君主之心为心，这是教化所期望的结果。开始还看不出迹象，最后则成效不可比拟；君主一人行事，臣民万人随从，这是训练所期望的结果。不加命令而主动办事，不加派遣而主动前往，不用上面劝勉，而人民自己就能够尽心竭力，这是树立风俗所期望的结果。君主的好恶才在心里形成，百姓就化为行动；刑罚未行人民就知道害怕，奖赏未发人民就得到劝勉，这是实行诚信所期望的结果。做事不产生恶果，成事之后也没有失败，得到的成果没有人能够争夺，这是遵守天道所期望的结果。行事即成，有求即得，君主所要求的，大小事情都能实现，这是办事所期望的结果。有令就能推行，有禁就能制止，凡是法令所及和风俗影响到的地方，就象四肢百骸服从意志一样，这是为政所期望的结果。

法　禁[①]

法制不议，则民不相私；刑杀毋赦，则民不偷于为善；爵禄毋假，则下不乱其上。三者藏于官则为法，施于国则成俗。其余不强而治矣。

君一置其仪[②]，则百官守其法；上明陈其制，则下皆会其度矣。君之置其仪也不一，则下之倍法而立私理者必多矣[③]。是以人用其私，废上之制而道其所闻。故下与官列法，而上与君分威，国家之危必自此始矣。昔者圣王之治其民也不然，废上之法制者，必负以耻。厚财博惠以私亲于民者[④]，正经而自正矣[⑤]。圣王既殁，受之者衰。君人而不能知立君之道[⑥]，以为国本，则大臣之赘下而射人心者必多矣[⑦]。君不能审立其法以为下制，则百姓之立私理而径于利者必众矣。

昔者圣王之治人也，不贵其人博学也，欲其人之和同以听令也。《泰誓》曰[⑧]：“纣有臣亿万人，亦有亿万之心。武王有臣三千而一心。”故纣以亿万之心亡，武王以一心存。故有国之君，苟不能同人心，一国威，齐士义，通上之治以为下法，则虽有广地众民，犹不能以为安也。君失其道，则大臣比权重以相举于国[⑨]，小臣必循利以相就也。故举国士以为己党[⑩]，行公道以为私惠，进者相推于君，退则相誉于民，各便其身，而忘社稷，以广其居，聚徒成群[⑪]，上以蔽君，下以索民，此皆弱君乱国之道也。故国之危也。

乱国之道[⑫]，易国之常，赐赏恣于己者，圣王之禁也。

擅国权以深索于民者，圣王之禁也。

其身毋任于上者，圣王之禁也。

进则受禄于君，退则藏禄于室，毋事治职，但力事属，私王官，私君事，去非其人而私行者[13]，圣王之禁也。

修行则不以亲为本，治事则不以官为主，举毋能进毋功者，圣王之禁也。

交人则以为己赐，举人则以为己劳，仕人则与分其禄者，圣王之禁也。

交于利通而获于贫穷[14]，轻取于其民而重致于其君，削上以附下，枉法以求于民者[15]，圣王之禁也。

用不称其人，家富于其列[16]，其禄甚寡而资财甚多者，圣王之禁也。

拂世以为行，非上以为名，常反上之法制以成群于国者，圣王之禁也。

饰于贫穷而发于勤劳[17]，权于贫贱，身无职事[18]，家无常姓[19]，列上下之间，议言为民者，圣王之禁也。

壶士以为己资[20]，修甲以为己本[21]，贼臣之养[22]，私必死[23]，然后矢矫以深与上为市者[24]，圣王之禁也。

审饰小节以示民，时言大事以动上，远交以逾群，假爵以临朝者，圣王之禁也。

卑身杂处，隐行辟倚[25]，侧入迎远[26]，遁上而遁民者，圣王之禁也。

诡俗异礼，大言法行[27]，难其所为而高自错者，圣王之禁也。

守委闲居，博分以致众，勤身遂行，说人以货财，济人以买誉，其身甚静，而使人求者，圣王之禁也。

行辟而坚，言诡而辩，术非而博，顺恶而泽者，圣王之禁也。

以朋党为友，以蔽恶为仁，以数变为智，以重敛为忠，以遂忿为勇者，圣王之禁也。

固国之本[28]，其身务往于上[29]，深附于诸侯者，圣王之禁也。

圣王之身，治世之时，德行必有所是，道义必有所明。故士莫敢诡俗异礼，以自见于国[30]；莫敢布惠缓行，修上下之交，以私亲于民[31]；莫敢超等逾官[32]，渔利苏功，以取顺于君。圣王之治民也，进则使无由得其所利，退则使无由避其所害，必使反乎安其位，乐其群，务其职，荣其名，而后止矣。故逾其官而离其群者必使有害，不能其事而失其职者必使有耻。是故圣王之教民也，以仁错之[33]，以耻使之，修其能致其所成而止。故曰：绝而定[34]，静而治，安而尊，举错而不变者，圣王之道也。

【注释】

① 法禁：立法以行禁。② 一：统一集中。仪：指仪法，意即法度。③ 倍：同背。④ 厚财：原文为“财厚”。“厚财”与“博惠”为对文。⑤ 经：此指常规常法而言。“正经”，即整顿国家常法。⑥ 立：树立。立君，指树立君主地位或权威。⑦ 赘：通缀，连缀，连合。射：猎取。⑧ 泰誓：《尚书》的一篇。引文不见于今《尚书·泰誓》。⑨ 比：比附，勾结。⑩ 国士：原文为“国之士”，据《管子集校》删去“之”字。己：原文为“亡”，形近而误，据《管子集校》改。⑪ 成：原文为“威”，形近而误，据《管子集校》改。⑫ 自“乱国之道”至“圣王之禁也”十九字，原在上文“正经而自正矣”句下，因是法禁之一，故据《管子集校》移至此处。⑬ 去非其人而私行：原文在“私行”之前有“人”字，据《管子集校》删。⑭ 利通：犹利达，利达之人，即指有权势者。⑮ 求：通赇，意同贿。⑯ 列：班位，爵位。⑰ 发：通废。⑱ 职：意同常，“职事”即常业。⑲ 姓：通生。指产业。“家无常生”，犹言家无恒产。⑳ 壶士：指供养游士。㉑ 甲：原文为“田”，形近而误，据《管子集校》改。㉒ 贼臣之养：之，同是，读为“贼臣是养”

贼臣，原文为“则生”，据《管子集校》改。㉓ 必：原文为“不”，据《管子集校》改。㉔ 矢：原文为“失”，形近而误。据《管子集校》改。㉕ 辟倚：邪僻。辟，通僻，下文，“行辟而坚”的辟，亦同僻。倚，也指不正行为。《版法》：“倚革邪化，令往民移”。㉖ 侧人：原注“侧身而入国”，即潜入别国之意。远：远者，概指其他诸侯国的人。㉗ 法：与废通。《尔雅·释诂》：“废，大也”。法行，即矜大其行，高傲之意。㉘ 固：通锢，锢塞或闭塞之意。㉙ 往：通诳，欺骗。㉚ 见：通现。自现，意即自我表现。㉛ 私：原文为“和”，形近而误。据上文：“私亲于民者”改。㉜ 莫敢：原文为“故莫敢”，据《管子集校》删“故”。㉝ 错：同措。下“举错而不变者”的“错”同。㉞ 绝：通截，即斩钉截铁的“截”，表示坚决的意思。

【译文】

法令制度不容非议，民众就不敢相互营私；刑罪不容宽赦，民众就不敢忽视为善；授爵赐禄的大权不假送于人，臣下就不会反叛君主。这三事掌握在官府，就是“法”；实施到全国民众，就成为习俗。其他事情不用费力就能够治好国家。

国君统一立法，百官就都能守法；上面把制度公开，下面行事就能合于制度。倘若国君立法不能统一，下面违公法而另立私理的人就必然增多。这样人人都行其私理，不行上面法制而宣传个人的主张。因此，百姓与官法对立，大臣与君主争权，国家的危险，一定从这里开始。从前，圣王治理人民就不是这样，对于不执行君主公法的，一定给予惩处。这样做，用大量钱财和恩惠来收揽人心的人，因整顿公法就自然纠正过来了。圣王既死，后继者就差多了。统治人民而不懂立君之道，以为立国的根本，大臣们拉拢下级而收买人心的，就一定多了。为君而不能严密地确立国法，以为下面的规范，百姓中自立私理而追求私利的，也就一定多了。

从前，圣王在考治人材的时候，不着重他的博学，而却希望他能与君主一致而听从君令。《泰誓》说：“殷纣王有臣亿万人，也有亿万条心；周武王有臣三千人，却只有一条心。”因此，纣王因亿万心而亡，武王因一心而存。因此，一国之君，如不能使人心归己，统一国家权威，统一士人意志，使上面的治理措施贯彻为下面的行为规范，那么，虽有广大的国土，众多的人民，还不能算是安全的。君主失道的时候，大臣就联合权势在国中互相抬举，小臣们也一定为私利而趋从他们。所以，他们便举用国士作为私党，利用公法完成私利；在君前互相推崇，在民间互相吹捧；各图己便，忘掉国家，以扩大私人地位；结聚徒党，上以蒙蔽国君，下以搜刮百姓。这都是削弱君主破坏国家的做法。所以是国家的危险。

破坏国家正道，改变国家常法，封赐与禄赏之事全随个人意志决定，是圣王所必须禁止的。

擅专国权以严重搜刮人民，是圣王所必须禁止的。

不肯为朝廷任职作事，是圣王所要禁止的。

在朝廷领受俸禄于君主，回家来积藏俸禄于私室；不干自己应办的公事，只努力发展部属；私用国家官吏，私决君主大事；排除不该排除的人，但却私下行事，是圣王所要禁止的。

修养不以事亲为根本，办事不以奉公为主旨，举用无能的人，荐引无功之辈，是圣王所要禁止的。

为国家结交人材当作自己的恩赐，推荐人材当作自己的功劳，任用人材又从中分取俸禄，是圣王所必须禁止的。

既结交权势，又收揽穷人；轻取于民而重求于君，削上就下，枉法收买人民，是圣王所必须禁止的。

享用与本人身份不相称，家产超过爵位的等级，俸禄很少而资财很多，是圣王所必须禁止的。

干违背时代潮流的事情，靠非议君上来猎取名声，经常反对朝廷的法制，并以此结聚徒党于国内，是圣王所必须禁止的。

打扮成贫穷的样子，而不肯辛勤劳动，暂时安于贫贱，自身没有常业，自家没有恒产，活动于社会上下之间，而声称是为了人民，是圣王所必须禁止的。

供养游士和修治武器作为自己的政治资本，豢养贼臣和私藏敢死之徒，然后强直不让而严重地与君主讨价争权，是圣王所必须禁止的。

注意修饰小节以显示于人民，经常议论大事以打动国君，广泛结交以凌驾群僚，凭借自己的地位以控制朝政，是圣王所必须禁止的。

屈身于人群之中，暗行不正之事，潜入别国或接纳外奸，欺瞒君主又欺瞒人民，是圣王所必须禁止的。

实行奇怪的风俗和反常的礼节，夸大其言又矜大其行，把自己所做过的事，说得非常难做，借此以抬高自己，是圣王所必须禁止的。

握有积蓄，生活安逸，广为施舍以收买民众，忙忙碌碌行事顺从人意，用财货收买人心，用救济沽名钓誉，政治上稳坐不动而让人主动拥护，是圣王所必须禁止的。

行为邪僻而坚持不改，把奇谈怪论讲得头头是道，办法错误而数量很多，支持邪恶而善于辩解，是圣王所必须禁止的。

以结纳朋党为友爱，以包庇罪恶为仁慈，以投机善变为有智，以横征暴敛为忠君，以发泄私忿为勇敢，是圣王所必须禁止的。

闭塞国家根本：既努力蒙蔽国君，又密切勾结其他诸侯国，是圣王所必须禁止的。

作为圣王，处在治世的时候，德行和道义都一定有个明确的准则。所以士人们不敢推行怪异的风俗和反常的礼节在国内自我表现；也不敢布施小惠，缓行公法和修好上下以收揽民心；也不敢越级僭职，谋取功利以讨好于国君。圣王的治理人民，向上爬的总是要使他无法得利，推卸责任的总是要使他无法逃避惩罚。必须使人们回到安其职位、乐其同人、努力于职务、珍惜其名声的轨道上来，才算达到目的。所以，对于超越职权而脱离同事的人，应当使之受害；对于不胜任而失职的，必须使之受辱。因此，圣王的教育人民，就是用仁爱来保护他们，用惩罚来驱使他们，提高他们的能力使之有所成就而后止。所以说：坚决而镇定，稳定而图治，安国而尊君，有所举措而不朝令夕改，这都是圣王的治世之道。

重　令[①]

凡君国之重器，莫重于令。令重则君尊，君尊则国安；令轻则君卑，君卑则国危。故安国在于尊君，尊君在于行令，行令在于严罚。罚严令行，则百吏皆恐；罚不严，令不行，则百吏皆喜[②]。故明君察于治民之本，本莫要于令。故曰：亏令则死，益令则死，不行令则死，留令则死，不从令则死。五者死而无赦，唯令是视。故曰：令重而下恐。

为上者不明，令出虽自上，而论可与不可者在下。夫倍上令以为威[③]，则行恣于己以为私，百吏奚不喜之有？且夫令出虽自上，而论可与不可者在下，是威下系于民

也。威下系于民，而求上之毋危，不可得也。令出而留者无罪，则是教民不敬也。令出而不行者毋罪，行之者有罪，是皆教民不听也。令出而论可与不可者在官，是威下分也。益损者毋罪，则是教民邪途也。如此则巧佞之人，将以此成私为交；比周之人，将以此阿党取与[4]；贪利之人，将以此收货聚财；懦弱之人，将以此阿贵富，事便辟[5]；伐矜之人，将以此买誉成名。故令一出，示民邪途五衢，而求上之毋危，下之毋乱，不可得也。

菽粟不足，末生不禁[6]，民必有饥饿之色，而工以雕文刻镂相稺也[7]，谓之逆[8]。布帛不足，衣服毋度，民必有冻寒之伤，而女以美衣锦绣綦组相稺也[9]，谓之逆。万乘藏兵之国，卒不能野战应敌，社稷必有危亡之患，而士以毋分役相稺也，谓之逆。爵人不论能，禄人不论功，则士无为行制死节，而群臣必通外请谒[10]，取权道，行事便辟，以贵富为荣华以相稺也，谓之逆。

朝有经臣[11]，国有经俗，民有经产。何谓朝之经臣？察身能而受官，不诬于上；谨于法令以治，不阿党；竭能尽力而不尚得，犯难离患而不辞死；受禄不过其功，服位不侈其能，不以毋实虚受者，朝之经臣也。何谓国之经俗？所好恶不违于上，所贵贱不逆于令；毋上拂之事，毋下比之说，毋侈泰之养，毋逾等之服；谨于乡里之行，而不逆于本朝之事者，国之经俗也。何谓民之经产？畜长树艺，务时殖谷，力农垦草，禁止末事者，民之经产也。故曰：朝不贵经臣，则便辟得进，毋功虚取；奸邪得行，毋能上通。国不服经俗，则臣下不顺，而上令难行。民不务经产，则仓廪空虚，财用不足。便辟得进，毋功虚取；奸邪得行，毋能上通，则大臣不和。臣下不顺，上令难行，则应难不捷。仓廪空虚，财用不足，则国毋以固守。三者见一焉，则敌国制之矣。

故国不虚重，兵不虚胜，民不虚用，令不虚行。凡国之重也，必待兵之胜也，而国乃重。凡兵之胜也，必待民之用也，而兵乃胜。凡民之用也，必待令之行也，而民乃用。凡令之行也，必待近者之胜也，而令乃行。故禁不胜于亲贵，罚不行于便辟，法禁不诛于严重，而害于疏远，庆赏不施于卑贱，而求令之必行[12]，不可得也。能不通于官[13]，受禄赏不当于功，号令逆于民心，动静诡于时变[14]，有功不必赏，有罪不必诛，令焉不必行，禁焉不必止。在上位无以使下，而求民之必用，不可得也。将帅不严威，民心不专一，阵士不死制，卒士不轻敌，而求兵之必胜，不可得也。内守不能完，外攻不能服，野战不能制敌，侵伐不能威四邻，而求国之重，不可得也。德不加于弱小，威不信于强大，征伐不能服天下，而求霸诸侯，不可得也。威有与两立，兵有与分争，德不能怀远国，令不能一诸侯，而求王天下，不可得也。

地大国富，人众兵强，此霸王之本也，然而与危亡为邻矣。天道之数，人心之变。天道之数，至则反，盛则衰。人心之变，有余则骄，骄则缓怠。夫骄者，骄诸侯；骄诸侯者，诸侯失于外；缓怠者，民敌于内。诸侯失于外，民乱于内，天道也。此危亡之时也。若夫地虽大，而不并兼，不攘夺；人虽众，不缓怠，不傲下；国虽富，不侈泰，不纵欲；兵虽强，不轻侮诸侯，动众用兵必为天下政理[15]，此正天下之本而霸王之主也。

凡先王治国之器三，攻而毁之者六。明王能胜其攻，故不益于三者，而自有国、正天下。敌王不能胜其攻，故亦不损于三者，而自有天下而亡。三器者何也？曰：号令也，斧钺也[16]，禄赏也。六攻者何也？曰：亲也，贵也，货也，色也，巧佞也，玩好也。三器之用何也？曰：非号令毋以使下，非斧钺毋以威众，非禄赏毋以劝民。六攻之败何也？曰：虽不听，而可以得存者；虽犯禁，而可以得免者；虽毋功，而可以得富者。凡国有不听而可以得存者，则号令不足以使下；有犯禁而可以得免者，则斧钺不足以威众；有毋功而可以得富者，则禄赏不足以劝民。号令不足以使下，斧钺不足以威众，禄赏不足以劝民，若此则民毋为自用[17]。民毋为自用则战不胜，战不胜而守不固，守不固则敌国制之矣。然则先王将若之何？曰：不为六者变更于号令，不为六者疑错于斧钺，不为六者益损于禄赏。若此则远近一心，远近一心则众寡同力，众寡同力则战可以必胜，而守可以必固。非以并兼攘夺也，以为天下政治也，此正天下之道也。

【注释】

① 重令：即重法令。② 喜：同嬉，玩忽的意思。③ 倍：同背。④ 与：相与，相好。阿党取与，指勾结同党，争取同盟；即党同伐异的意思。⑤ 阿贵富，事便辟：原文为“阿贵事富便辟”，据《管子集校》改。便辟，指阿谀逢迎受君主宠信的近臣。⑥ 末生：指奢侈品生产。⑦ 稺：稚的异体字，幼稚的意思。相稺，即互相指斥为幼稚，指相轻或相争的意思。⑧ 逆：背逆。⑨ 纂组，指美丽的彩带装饰。⑩ 请谒：请托拜见的意思。请谒与通外连文即指结交外国。⑪ 经：经常，根本。此处引申为正经，正当。⑫ 而求令之必行：原文为“二三而求令之必行”。宋本无“二三”两字。⑬ 能不通于官：指有才能的人不能进入官府。通，意同达。⑭ 动静：“动”指兴举，“静”指停止。此处指国家兴举或停止的大事。诡：违背。⑮ 政：同正。⑯ 斧钺：刑器，引申为刑罚。⑰ 自：自己，指君主自身。

【译文】

所有治理国家的重要手段中，没有比法令更重要的。法有权威则君主尊严，君主尊严则国家安定；法令没有权威则君主不尊严，君主不尊严则国家危险。因此，安国在于尊君，尊君在于行令，行令在于严明刑罚。刑罚严、法令行，则百官畏法尽职；刑罚不严、法令不行，则百官玩忽职守。所以，圣明的君主深知治民的根本，其根本没有比法令更要紧的。所以说：私自删减法令者，处死；私自增添法令者，处死；不执行法令者，处死；扣压法令者，处死；不服从法令者，处死。这五种情况都应是死罪无赦，一切都只看法令行事。所以说：法令有权威，下面就畏惧了。

君主若昏庸不明，法令尽管由上面制定，而议论其是否可行的权限就落到下面了。凡是能违背君令以自揽权威的，就能够达到为个人而肆意妄为的目的，百官哪有不玩忽职守的呢？况且，法令尽管由上面制定，而议论其是否可行却取决在下面，这就是君主的权威被下面的人牵制了。权威被下面的人们牵制，而希望君主没有危险，是办不到的。法令发出，而扣压者无罪，这就是让人不尊敬君主；法令发出，而不执行者无罪，执行的有罪，这就是让人不听从君主；法令发出，而论其是否可行之权在百官，这就是君权下分；擅自增删法令者无罪，这就是让人们寻找邪路。照此下去，诡诈奸佞的人们将由此勾结营私；善于结党的人们，将由此党同伐异；贪利的人们，将由此收贿聚财；懦弱的人们，将由此逢迎富人贵者，并趋奉国君左右的小臣；骄矜自夸的人们，将由此沽名钓誉以成其虚名。因此，法令一出，就给人敞开五条邪

路，而想要君主还不危亡，臣下还不作乱，是办不到的。

粮食不足，奢侈品生产不禁止，人们必定要挨饿，而工匠们还以雕木镂金相夸耀，这就叫作“逆”。布帛不足，衣服却没有节制，人民一定要受冻，而女人们还以衣着美丽、锦绣纂组相夸耀，这就叫作“逆”。有万辆兵车的大国，士卒不能野战应敌，国家必然有危亡之患，而武士们还以免服兵役相夸耀，这就叫作“逆”。不依才能授官，不依功劳授禄，武士们就不肯执行命令、为国牺牲，而大臣们还一定要交结外国、实行权术、趋奉君侧小臣、以升官发财为光荣来互相夸耀，这也叫作“逆”。

朝廷要有“经臣”，国家要有“经俗”，人民要有“经产”。什么叫作朝廷的“经臣”呢？按个人能力授受官职，不欺骗君上；严肃执行法令治理国家，不袒护私党；尽力办事，不追求私利；遇到国家患难，不贪生怕死；受禄不超过自己的功劳，当官不越过自己的才能，不平白领受官禄的，就是朝廷的经臣。什么叫作国家的“经俗”呢？人们的喜好和厌恶，不违背君主的准则；重视和轻视的事情，不违背法令的规定；不做与君主意见相反的事，不说偏袒下级的话，不过奢侈的生活，没有越级的服用；在乡里要有谨慎的行为，而不违背本朝政事的，就是国家的经俗。什么叫作人民的“经产”呢？饲养牲畜，搞好种植，注意农时，增产粮食，努力农事，开垦荒地，而禁止奢侈品的生产，就是人民的经产。因此说，朝廷不重视经臣，则嬖臣得进，无功者空得官禄；奸邪得逞，无能者混入上层。国家不施行经俗，则臣下不顺，而君令难以推行。人民不注重经产，则仓廪空虚，财用不足。嬖臣得进，无功者空得官禄，奸邪得逞，无能者混入上层，这就会造成大臣的不和。臣下不顺，君令难行，在国家应付危难的时候，就难得取胜。仓廪空虚，财用不足，国家就不能固守。三种情况出现一种，国家就将被敌国控制了。

所以，国家不是凭空就能强大的，军队不是凭空就能打胜仗的，人民不是凭空就能服从使用的，法令不是凭空就能贯彻下去的。凡是国家的强大，一定要依靠军队能打胜仗，然后，国家才能强大。凡是军队的打胜仗，一定要依赖人民服从使用，然后，军队才能打胜仗。凡是人民的服从使用，一定要法令贯彻下去，然后人民才能服从使用。凡是法令的贯彻，必须使君主所亲近的人遵守，然后，法令才能贯彻下去。因此，禁令不能制服亲者和贵者，刑罚不肯加于君侧的嬖臣，法律禁令不惩罚罪行严重者，只加害于疏远者，庆赏不肯给予出身低贱的人们，如此一来，还指望法令一定能够贯彻，是办不到的。有能力的人不使之进入官府，受禄赏的人不符合本人功绩，所发号令违背民心，各项措施不合时代潮流，对有功的不坚决行赏，对有罪的不坚决惩办，出令不能坚决实行，发禁不能坚决制止，身在上位没有办法役使臣下，还指望人民一定服从使用，是办不到的。将帅没有威严，民心不能专一，临阵的将士不肯死于军令，士卒不敢蔑视敌人，还指望军队一定能打胜仗，是办不到的。对内固守不能保持国土完整，对外攻战不能征服对方，野战不能克制敌军，侵伐不能威震四邻，还指望国家强大，是办不到的。德惠没有施加于弱小的国家，威望不能取信于强大的国家，征伐不能制服天下，还指望称霸诸侯，是办不到的。论国威，有和自己并立的对象；论军事，有和自己抗争的敌军；德惠不能笼络远方的国家，号令不能统一众多的诸侯，还指望称王天下，是办不到的。

地博国富，人众兵强，这自然是称霸、称王的根本。然而，至此也就与危亡接近了。天道的规律和人心的变化就是这样的：就天道的规律说，事物发展到尽头则走向反面，发展到极盛则走向衰落；就人心的变化说，富有了，则产生骄傲，骄傲则松懈怠惰。这里所说的“骄傲”，指的是对各国诸侯的骄傲。对各国诸侯骄傲，在国外就脱离了各诸侯国；而松懈怠惰的结果，又将在国内造成人民的叛乱。在国外脱离诸侯，在国内人民叛乱，这正是天道的体现，也正是走到危亡的时刻了。倘若国土虽大而不进行兼并与掠夺，人口虽多而不松懈、怠惰与傲视臣民，国家虽富而不奢侈纵欲，兵力虽强而不轻侮诸侯，即使有军事行动也都是为伸张天下的正理。这样，才是匡正天下的基础，而是成就霸、王之业的君主。

先代君主治国的措施有三个；遇到破坏和毁灭国家的因素则有六个。圣明的君主能够克服其六个破坏因素，因此，治国措施虽然不超过三个，却能够保有国家，而匡正天下。昏乱的君主不能克服六个破坏因素，所以，治国措施虽然不少于三个，却是有了天下而终于灭亡。三种措施是什么？就是：号令、刑罚、禄赏。六种破坏因素是什么？就是：亲者、贵者、财货、美色、奸佞之臣和玩好之物。三种措施的用途在哪里？回答是：没有号令无法役使臣民，没有刑罚无法威慑群众，没有禄赏无法鼓励人民。六个破坏因素的败坏作用在哪里？回答是：虽不听君令，也可以平安无事；虽触犯禁律也可以免于刑罚；虽没有功绩也可以捞得财富。凡是国家有不听君令而照样平安无事的，号令就不能使役臣民；有触犯禁律而免于刑罚的，刑罚就不能威慑群众；有无功而捞得财富的，禄赏就不能鼓励人民。号令不足以役使臣民，刑罚不足以威慑群众，禄赏不足以鼓励人民，这样，人民就不肯为君主效力了。人民不肯为君主效力，作战就不能取胜；作战不胜，国防就不巩固；国防不巩固，敌国就来控制了。那么，先代君主对此是怎样处理的呢？回答是：不因为上述六个因素而变更号令，不因为上述六个因素而疑虑或废置刑罚，不因为上述六个因素而增加或减少禄赏。这样一来，就可以做到远近一心了；远近一心，就可以达到众寡同力了；众寡同力，就可以做到作战必胜，防守必固了。而所有这些都不是为侵吞土地和掠夺财富，而为的是把天下政事治理好，这正是匡正天下的准则。

法　法[①]

不法法则事毋常，法不法则令不行。令而不行则令不法也，法而不行则修令者不审也，审而不行则赏罚轻也，重而不行则赏罚不信也，信而不行则不以身先之也。故曰：禁胜于身则令行于民矣。

闻贤而不举，殆；闻善而不索，殆；见能而不使，殆；亲人而不固，殆；同谋而离，殆；危人而不能，殆；废人而复起，殆；可而不为，殆；足而不施，殆；机而不密[②]，殆。人主不周密，则正言直行之士危；正言直行之士危，则人主孤而毋内[③]；人主孤而毋内，则人臣党而成群。使人主孤而毋内，人臣党而成群者，此非人臣之罪也，人主之过也。

民毋重罪，过不大也，民毋大过，上毋赦也。上赦小过，则民多重罪，积之所生也。故曰：赦出则民不敬[④]，惠行则过日益。惠赦加于民，而囹圄虽实，杀戮虽繁，奸不胜矣。故曰：邪莫如早禁之。凡赦者[⑤]，小利而大害者也，故久而不胜其祸。毋赦者，小害而大利者也，故久而不胜其福。故赦者，奔马之委辔；毋赦者，痤疽之砭石也[⑥]。文有三侑[⑦]，武毋一赦。惠者，多赦者也，先易而后难，久而不胜其祸；法者，先难而后易，久而不胜其福。故惠者，民之仇雠也；法者，民之父母也。太上以制制度，其次失而能追之，虽有过亦不甚矣。赦过遗善，则民不励。有过不赦，有善不遗；励民之道，于是乎用之矣。故曰：明君者，事断者也。

君有三欲于民，三欲不节，则上位危。三欲者何也？一曰求，二曰禁，三曰令。求必欲得，禁必欲止，令必欲行。求多者，其得寡；禁多者，其止寡；令多者，其行寡。求而不得，则威日损；禁而不止，则刑罚侮；令而不行，则下凌上。故未有能多求而多得者也，未有能多禁而多止者也，未有能多令而多行者也。故曰：上苛则下不听，下不听而强以刑罚，则为人上者众谋矣。为人上而众谋之，虽欲毋危，不可得也。号令已出又易之，礼义已行又止之，度量已制又迁之，刑法已错又移之[8]。如是，则庆赏虽重，民不劝也；杀戮虽繁，民不畏也。故曰：上无固植[9]，下有疑心，国无常经，民力不竭[10]，数也。

明君在上位，民毋敢立私议自贵者，国毋怪严[11]，毋杂俗，毋异礼，士毋私议。倨傲易令，错仪画制，作议者尽诛。故强者折，锐者挫，坚者破。引之以绳墨，绳之以诛僇，故万民之心皆服而从上，推之而往，引之而来。彼下有立其私议自贵，分争而退者，则令自此不行矣。故曰：私议立则主道卑矣，况夫倨傲易令[12]，错仪画制，变易风俗，诡服殊说犹立？上不行君令，下不合于乡里，变更自为，易国之成俗者，命之曰不牧之民。不牧之民，绳之外也。绳之外诛。

使贤者食于能，斗士食于功。贤者食于能，则上尊而民从；斗士食于功，则卒轻患而傲敌。上尊而民从，卒轻患而傲敌，二者设于国，则天下治而主安矣。

爵不尊禄不重者，不与图难犯危，以其道为未可以求之也[13]。是故先王制轩冕所以著贵贱[14]，不求其美；设爵禄所以守其服[15]，不求其观也。使君子食于道，小人食于力。君子食于道，则上尊而民顺；小人食于力，则财厚而养足。上尊而民顺，财厚而养足，四者备体，则胥时而王不难矣[16]。

明君制宗庙，足以设宾祀，不求其美；为宫室台榭，足以避燥湿寒暑，不求其大；为雕文刻镂，足以辨贵贱，不求其观。故农夫不失其时，百工不失其功，商无废利，民无游日，财无砥墆[17]。故曰：俭其道乎！

令未布，而民或为之，而赏从之，则是上妄予也。上妄予则功臣怨，功臣怨而愚民操事于妄作，愚民操事于妄作，则大乱之本也。令未布，而罚及之，则是上妄诛也。上妄诛则民轻生，民轻生则暴人兴、曹党起而乱贼作矣。令已布，而赏不从，则是使民不劝勉、不行制、不死节。民不劝勉、不行制、不死节，则战不胜而守不固；战不胜而守不固，则国不安矣。令已布，而罚不及，则是教民不听。民不听则强者立，强者立则主位危矣。故曰：宪律制度必法道，号令必著明，赏罚信必[18]，此正民之经也。

凡大国之君尊，小国之君卑。大国之君所以尊者，何也？曰：为之用者众也。小国之君所以卑者，何也？曰：为之用者寡也。然则为之用者众则尊，为之用者寡则卑，则人主安能不欲民之众为己用也？使民众为己用，奈何？曰：法立令行，则民之用者众矣；法不立，令不行，则民之用者寡矣。故法之所立，令之所行者多，而所废者寡，则民不诽议；民不诽议则听从矣。法之所立，令之所行，与其所废者钧[19]，则国无常经；国毋常经则民妄行矣。法之所立，令之所行者寡，而所废者多，则民不听；民不听则暴人起而奸邪作矣。

计上之所以爱民者，为用之爱之也。为爱民之故，不难毁法亏令，则是失所谓爱民矣。夫以爱民用民，则民之不用明矣。夫善用民者[20]，杀之，危之，劳之，苦之，饥之，渴之；用民者将致之此极也，而民毋可与虑害己者，明王在上，道法行于国，民皆舍所好而行所恶。故善用民者，轩冕不下儗[21]，而斧钺不上因。如是，则贤者劝而暴人止。贤者劝而暴人止，则功名立其后矣。蹈白刃，受矢石，入水火，以听上令，上令尽行，禁尽止，引而使之，民不敢转其力；推而战之，民不敢爱其死。不敢转其力，然后有功；不敢爱其死，然后无敌。进无敌，退有功，是以三军之众皆得保其首领，父母妻子完安于内。故民未尝可与虑始，而可与乐成功。是故仁者、知者、有道者，不与人虑始[22]。

国无以小与不幸而削亡者，必主与大臣之德行失于身也，官职、法制、政教失于国也，诸侯之谋虑失于外也，故地削而国危矣。国无以大与幸而有功名者，必主与大臣之德行得于身也，官职、法制、政教得于国也，诸侯之谋虑得于外也。然后，功立而名成。然则，国何可无道？人何可无贤[23]？得道而导之，得贤而使之，将有所大期于兴利除害。期于兴利除害莫急于身，而君独甚。伤也，必先令之失。人主失令而蔽，已蔽而劫[24]，已劫而弑。

凡人君之所以为君者，势也。故人君失势，则臣制之矣。势在下则君制于臣矣，势在上则臣制于君矣。故君臣之易位，势在下也。在臣期年，臣虽不忠，君不能夺也；在子期年，子虽不孝，父不能服也。故春秋之记，臣有弑其君子有弑其父者矣。故曰堂上远于百里，堂下远于千里，门庭远于万里。今步者一日，百里之情通矣，堂上有事，十日而君不闻，此所谓远于百里也；步者十日，千里之情通矣，堂下有事，一月而君不闻，此所谓远于千里也；步者百日，万里之情通矣，门庭有事，期年而君不闻，此所谓远于万里也。故请入而不出谓之灭[25]，出而不入谓之绝，入而不至谓之侵，出而道止谓之壅。灭绝侵壅之君者，非杜其门而守其户也，为政之有所不行也。故曰：令重于宝，社稷先于亲戚，法重于民，威权贵于爵禄。故不为重宝轻号令，不为亲戚后社稷，不为爱民枉法律，不为爵禄分威权。故曰：势非所以予人也。

政者，正也。正也者，所以正定万物之命也。是故圣人精德立中以生正，明正以治国。故正者，所以止过而逮不及也。过与不及也，皆非正也，非正则伤国一也。勇而不义伤兵，仁而不正伤法[26]。故军之败也，生于不义；法之侵也，生于不正。故言有辨而非务者[27]，行有难而非善者[28]。故言必中务，不苟为辩；行必思善，不苟为难。

规矩者，方圜之正也[29]。虽有巧目利手，不如拙规矩之正方圜也。故巧者能生规矩，不能废规矩而正方圜。虽圣人能生法，不能废法而治国。故虽有明智高行，背法而治，是废规矩而正方圜也。

一曰[30]：凡人君之威严，非德行独能尽贤于人也[31]；曰人君也，故从而贵之，不敢论其德行之高卑有故。为其杀生急于司命也，富人贫人使人相畜也，贵人贱人使人相臣也。人主操此六者以畜其臣，人臣亦望此六者以事其君，君臣之会，六者谓之谋[32]。六者在臣期年，臣不忠，君不能夺；在子期年，子不孝，父不能夺。故春秋之记，臣有弑其君，子有弑其父者，得此六者，而君父不智也[33]。六者在臣则主蔽矣。主蔽者，失其令也。故曰令入而不出谓之蔽，令出而不入谓之壅，令出而不行谓之牵，令入而

不至谓之瑕[34]。牵瑕蔽壅之君者[35]，非敢杜其门而守其户也，为令之有所不行也。此其所以然者，由贤人不至而忠臣不用也。故人主不可以不慎其令。令者，人主之大宝也。

一曰：贤人不至谓之蔽，忠臣不用谓之塞，令而不行谓之障，禁而不止谓之逆。蔽塞障逆之君者，非杜其门而守其户也，为贤者之不至，令之不行也。

凡民从上也，不从口之所言，从情之所好者也。上好勇则民轻死，上好仁则民轻财，故上之所好，民必甚焉。是故明君知民之必以上为心也，故置法以自治，立仪以自正也。故上不行则民不从，彼民不服法死制，则国必乱矣。是以有道之君，行法修制，先民服也。

凡论人有要：矜物之人，无大士焉。彼矜者，满也。满者，虚也。满虚在物，在物为制也。矜者，细之属也。凡论人而违古者[36]，无高士焉。既不知古而易其功者，无智士焉。德行未成于身而违古[37]，卑人也。事无资，迂时而简其业者，愚士也。钓名之人，无贤士焉。钓利之君，无王主焉。贤人之行其身也，忘其有名也；王主之行其道也，忘其成功也。贤人之行，王主之道，其所不能已也。

明君公国一民以听于世，忠臣直进以论其能。明君不以禄爵私所爱，忠臣不诬能以干爵禄。君不私国，臣不诬能，行此道者，虽未大治，正民之经也。今以诬能之臣，事私国之君，而能济功名者，古今无之。诬能之人易知也。臣度之先王者，舜之有天下也，禹为司空，契为司徒，皋陶为李[38]，后稷为田。此四士者，天下之贤人也，犹尚精一德以事其君。今诬能之人，服事任官，皆兼四贤之能。自此观之，功名之不立，亦易知也。故列尊禄重无以不受也，势利官大无以不从也，以此事君，此所谓诬能篡利之臣者也。世无公国之君，则无直进之士；无论能之主，则无成功之臣。昔者三代之相授也，安得二天下而私之[39]。

贫民伤财莫大于兵，危国忧主莫速于兵。此四患者明矣，古今莫之能废也。兵当废而不废，则惑也[40]；不当废而欲废之[41]，则亦惑也。此二者伤国一也。黄帝唐虞帝之隆也，资有天下，制在一人，当此之时也，兵不废。今德不及三帝，天下不顺，而求废兵，不亦难乎？故明君知所擅，知所患。国治而民务积，此所谓擅也。动与静，此所患也。是故明君审其所擅以备其所患也。

猛毅之君，不免于外难；懦弱之君，不免于内乱。猛毅之君者轻诛，轻诛之流，道正者不安；道正者不安，则材能之臣去亡矣。彼智者知吾情伪，为敌谋我，则外难自是至矣。故曰：猛毅之君，不免于外难。懦弱之君者重诛，重诛之过，行邪者不革；行邪者久而不革，则群臣比周；群臣比周，则蔽美扬恶；蔽美扬恶，则内乱自是起。故曰：懦弱之君，不免于内乱。

明君不为亲戚危其社稷，社稷戚于亲；不为君欲变其令，令尊于君；不为重宝分其威，威贵于宝；不为爱民亏其法，法爱于民。

【注释】

① 法法：以法行法。前“法”为动词，即用法的手段执行；后“法”为名词，即指法度而言。② 机：原文为“几”，同机。③ 内：亲近，亲信。④ 敬：同儆。⑤ 自“凡赦者”至“痤疽之砭石也”五十一字，

原在下文“爵不尊禄不重者，不与图难犯危”之前。据前后文意，应是跳简，故移至此处。⑥ 疽（jū）：原文为“睢”，据《管子集校》改。痤疽，即痈疽或痤疮之类的病症。砭：原文为矿，据《管子集校》改。砭石，石针，古人以石针刺病称“砭”。⑦ 自“文有三侑”至“虽有过亦不甚矣”七十三字，原在下文“明君制宗庙，足以设宾祀”上。据前后文义，应是跳简，故移至此处。三侑：三种宽宥。侑，通宥，把可宽宥的事情有三种。《周礼》：“三宥之法，一宥曰不识，再宥曰过失，三宥曰遗忘”。⑧ 错：通措。⑨ 植：通志。⑩ 不：原文为“必”，据《管子集校》改。民力不竭，指人民力量不肯全部拿出来，即不肯竭尽全力的意思。⑪ 严：怪诞。⑫ 夫：原文为“主”，形近而误。又本句所谓“倨傲易令”等事，也非指君主而言。“主”字显系错误。据《管子集校》改。⑬ 求：索取，发掘。此处引申为调动。⑭ 轩冕：古时卿大夫的车服。轩指乘车，冕指礼帽，都有等级区别，表示待遇。⑮ 服：服御，指车马、衣服、仪仗等待遇。⑯ 胥时：待时。⑰ 砥：读为“底”，停滞。《左传·昭公元年》：“勿使有所壅蔽湫底”，杜预注：“底，滞也。”⑱ 必：坚定，坚决。赏罚信必，即指赏罚信实而坚决。必，原文为密，据《管子集校》改。⑲ 钧：同均，相等。⑳ 善：原文为至，据《管子集校》改。㉑ 儗：意即打算。轩冕不下儗，指赏赐不考虑往下打折扣，即不随意减赏的意思。下文“斧钺不上因”，即不随意增刑的意思。赏不吝，刑不滥，都是说准确地执行赏罚，不打折扣。㉒ 人：原文为大，据《管子集校》改。㉓ 贤：原文为求，下文“得贤而使之”即承此意。据《管子集校》改。㉔ 劫：劫制，强力胁制的意思。㉕ 请：读为情，即指情况，情事。“请”与“情”古通。㉖ 仁而不正伤法：原文为“仁而不法伤正”，据下文“法之侵也，生于不正”文意改。㉗ 辨：通辩。㉘ 难：敬惧，恐惧。㉙ 圜：同圆。㉚ 一曰：一种说法。这是编书者把内容接近的别篇文章，作为附录，录入本篇。用“一曰”加以区别。㉛ 非德行独能尽贤于人也：原文“德行”两字，不在本句中，在上句“威严”二字之前。据《管子集校》改。㉜ 谓之谋：即为之媒。古“为”通谓，“媒”与“谋”亦声近意通。㉝ 智：同知。㉞ 瑕：抵触的意思。㉟ 牵瑕蔽壅之君者：原文为“牵瑕蔽壅之事君者”。据《管子集校》删去“事”字。㊱ 违：原文为远，形近而误。据《管子集校》改。下文同。㊲ 德行未成于身而违古：原文为：“德行成于身而远古”。据《管子集校》补加“未”字，并改“远”为“违”。㊳ 李：通理。审判治狱的官。㊴ 私：原文为“杀”，据《管子集校》改。㊵ 则惑也：原文为“则古今惑也”，据《管子集校》删“古今”。㊶ 不当废而欲废之：原文为“此二者不废而欲废之”，据《管子集校》改。

【译文】

不用强制手段来行法，事情就无常规；法不用强制手段来实施，命令就不能执行。君主发令而不能推行，是由于命令没有成为强制性的法；成为强制性的法而不能推行，是由于起草命令不慎重；慎重而不能推行，是由于赏罚太轻；赏罚重而不能推行，是由于赏罚还不信实；信实而不能推行，是由于君主不以身作则。因此说：禁律能够管束君主自身，命令就可以行于民众。

知道有贤才而不举用，要失败；听到有好事而不调查，要失败；见到能干的人而不任使，要失败，亲信于人而不坚定，要失败；共同谋事而不团结，要失败；想危害人而不能，要失败；已废黜人而再用，要失败；事可为而不为，要失败；家已富而不施，要失败；机要而不能保密，要失败。人君行事不严加保密，正言直行的人就危险；正言直行的人危险，君主就孤立无亲；君主孤立无亲，人臣就结成朋党。使君主孤立无亲，人臣结成朋党的，责任不在人臣，而是君主自身的过失。

人民没有重罪，是由于过失不大；人民没有大过，是由于君主不随意赦免。君主赦小过，则人民多重罪，这是逐渐积累所形成的。因此说，赦令出，人民就不加儆惕；恩惠行，错误就日益增多。把恩惠和宽赦政策加于人民，监狱虽满，杀戮虽多，坏人也不能制止了。所以说，

邪恶的事不如早加禁止。凡行“赦”，总是小利而大害的，故久而不胜其祸；“不赦”，则是小害而大利的，故久而不胜其福。因此，“赦”，好比奔马的丢弃缰绳；“不赦”，好比痈病的针灸治疗。对文人只有三宥，对武人一赦都不能有。所谓“惠”，就是多赦，行起来先易后难，久而不胜其祸；所谓“法”，则是行起来先难后易，久而不胜其福的。因此，“惠”，是人民的仇敌；“法”，是人民的父母。最上等的是事先用法制规范人的行止，其次是有过失而能制止，虽有过也不致严重。赦过、忘善，人民就不能勉励；有过不赦，有善不忘，勉励人民的政策，这就发挥作用了。所以说：英明君主，就是要掌握这善恶的裁决。

君主对人民有三项要求，三项要求不节制，君主地位就危险。三项要求是什么呢？一是索取，二是禁阻，三是命令。索取总是希望得到，禁阻总是希望制止，命令总是希望推行。但索取太多，所得到的反而少：禁阻太多，所制止的反而少；命令太多，所推行的反而少。索取而不得，威信就日益降低；禁阻而不止，刑罚将受到轻视；命令而不行，下面就欺凌君上。从来没有多求而多得，多禁而多止，多令而能多行的。所以说：上面过于苛刻，下面就不听命；下不听命而强加以刑罚，做君主的就将被众人谋算。君主而被众人所谋算，虽想没有危险，也办不到了。号令已出又改变，礼仪已行又废止，度量已定又变换，刑法已行又动摇。这样的话，赏赐虽重，人民也不勉力；杀戮虽多，人民也不害怕。所以说：上面意志不坚定，下面就有疑心；国家没有常法，人民就不肯尽力，这都是规律。

英明的君主在上，人民自然不敢私立异说而妄自尊大。国家没有荒诞的事情、杂乱的风俗、怪异的礼节，士人就也没有私立异说的。对于傲慢不恭、改变法令、自己立法定制、制造异说的都加以诛罚，那么，强硬的屈服，冒尖的受挫折，顽固的也可以攻破。再用法度来引导，用杀戮来管制，因而万民之心都会服从上面，推之而往，引之自来的。如果，下面私立异说，妄自尊大，纷争而不肯进前，君令就在此无法实行。所以说，私人异说一立，君主威信就低，何况还有傲慢不恭、改变法令、自行立法定制、改风俗、变服装、奇谈怪论的存在呢？那种上不行君令，下不合于乡里，随意独行，改变一国既成风俗的，叫作“不服治理的人”。不服治理的人是跑到法度以外了。法度以外的人，应该杀。

应当使贤者靠能力用事，斗士靠战功用事。贤者靠能力用事，则君主尊严而人民顺从；斗士靠战功用事，则士卒不怕患难而蔑视敌人。君主尊严而人民服从，士卒不怕患难而蔑视敌人，两者既立于国内，则天下得治而君主得安了。

爵位不尊，俸禄不重，就不会有人为他赴难冒险，因为他的办法还不足以调动人们这样做。因此，先王规定轩冕，是用来区别贵贱，不是求其美；设立爵禄，是用来定其待遇，不是求其好看。要使君子（指统治阶级的人）靠治国之道来生活，小人（指劳动人民）靠出力劳动生活。君子靠治国之道生活，则君主尊严而人民顺从：小人靠出力劳动生活，则财物丰厚而生活富裕。君主尊严，人民顺从，财物丰厚，生活富裕，四个条件具备，就不难待时而成王业了。

英明的君主建造宗庙，足以殡尸设祭就行了，不求它的美；修筑宫室台榭，足以防避燥湿寒暑就行了，不求它的大；雕制花纹，刻木镂金，足以分辨贵贱等级就行了，不求它的壮观。这样，农夫不耽误农时，工匠能保证功效，商人没有失利的，人民没有游荡的，财货没有积压的，所以说：节俭才是正道呵！

法令没有正式公布，人民偶然做到了，就加以行赏，那是君主的错误赏赐。君主进行错赏，会使功臣抱怨；功臣抱怨则愚民从事于胡作非为。愚民从事于胡作非为，这是大乱的根源。法令没有正式公布，就给予惩罚，那是君主的错罚。君主进行错罚，则人民轻生；人民轻生，暴人就要兴起，帮派朋党就要出现而乱贼就要造反了。法令已经公布，而不能依法行赏，这就是叫人民不勉力从公，不执行军令，不为国死节。人民不勉力从公，不执行军令，不为国死节，则战不能胜而守不能固；战不胜而守不固，国家就不会安全了。法令已经公布，而不能依法行罚，这就是叫人民不服从法令。人民不服从法令，强者就要兴起；强者兴起，君主地位就危险了。所以说：法律制度一定要合于治国之道，号令一定要严明，赏罚一定要信实坚决。这些都是规正人民的准则。

凡是大国的君主地位都高，小国的君主地位都低。大国君主何以地位高呢？回答是：被他使用的人多。小国的君主地位何以低呢？回答是：被他使用的人少。既然，被他用的多就高，用的少就低，那么，君主那有不希望更多的人民为己所用呢？要使人民多为已用，怎么办？回答是：法立令行，人民服用的就多了；法不立，令不行，人民服用的就少了。所以，成立的法律和行通的命令多，而所废者少，人民就不非议；人民不非议就听从了。成立的法律和行通的命令，如果与所废者均等，国家就没有正常的准则；国家没有正常的准则，人民就去胡作非为了。成立的法律与行通的命令少，而所废者多，人民就不肯服从。人民不服从法令，暴人就要兴起而奸邪之辈就要作乱了。

考察君主之所以爱民，乃是为了使用他们而爱的。为了爱民的原故，不怕毁坏法度，削减命令，那就失去爱民的意义了。单用爱民的办法使用人民，则人民不服使用，这是很明显的。善于使用人民的，他可以用杀戮，危险，劳累，辛苦，饥饿，口渴等办法；用民者可以用这种极端的手段，而人民没有考虑以为害已的，是因为明王在上，道和法通行全国，人民都能做到舍弃爱干的私事而做不爱干的公务。所以，善于使用人民的，总是赏赐不打折扣，刑罚不任意增加。这样，贤人知所勉力而暴人平息。贤人勉力而暴人平息 功业就随之而立了。人们可以踏白刃，受矢石，赴汤蹈火来执行君令，君令可以尽行，禁律可以尽止，召来使用，人民不敢转移力量；送去战争，人民不敢爱惜生命。不敢转移力量，然后可以立功；不敢爱惜生命，然后可以无敌。进无敌，退有功，于是三军之众都能够保全首领，使父母妻子完好安居于国内。所以，对人民不必同他商量事业的创始，而可以同他欢庆事业的成功。因此，仁者、智者、有道者，都是不与人民商量事业之开始的。

国家从来没有因为小和不幸而削弱危亡的，一定是因为君主和大臣自身失德，国内的官职、法制、政教有失误，国外对诸侯国的谋虑有失误，因而地削而且国危。国家也没有因为大和侥幸而成功立名的，一定是因为君主和大臣自身有德，国内官职、法制、政教有成就，国外对诸侯国的谋虑有成就。然后功立而且名成。既然如此，治国怎么可以没有正道？用人怎么可以不用贤人？得正道而引导之，得贤才而使用之，将是对于兴利除害大有希望的。希望兴利除害，没有比以身作则更急需的了，而国君尤为重要。如事业受到损害，那一定首先是法令有错误。人主将因法令错误而受蒙蔽，因蒙蔽而被劫制，因受劫制而被杀。

凡人君之所以成为人君，因为他有权势。所以，人君失掉权势，臣下就控制他了。权势在下面，君主就被臣下所控制；权势在上面，臣下由君主控制。所以，君臣的地位颠倒，就因为权势下落。大臣得势一整年，臣虽不忠，君主也不能夺；儿子得势一整年，子虽不孝，父亲也不能制服。所以《春秋》记事，臣有杀君的，子有杀父的。所以说：堂上可以比百里还远，堂下可以比千里还远，门庭可以比万里还远。现在，步行一天，一百里地之内的情况就知道了，堂上有事，过十天君主还不知道，这就叫作比一百里还远了，步行十天，可以了解一千里地的

情况，堂下有事，过一月君主还不知道，这就叫比一千里还远了；步行百天，可以了解一万里地的情况，门庭有事，过一年君主还不知道，这就叫作比一万里还远了。所以，情况进而不出，叫作“灭”；情况出而不进，叫作“绝”；情况报上去而不能达到君主，叫作“侵”；情况下达而中途停止，叫作“壅”。有了灭、绝、侵、壅问题的国君，并不是杜绝或封守了他的门户，而是政令有所不能推行的原故。所以说：政令重于宝物，国家先于亲戚，法度重于人民，威权重于爵禄。所以，不可为重宝而看轻政令，不可为亲戚而把国家放在后面，不能为爱民而歪曲法律，不能为爵禄而分让权威。所以说：权势是不能给予他人的。

政，就是“正”。所谓正，是用来正确确定万物之命的。因此，圣人总是精修德性，确定中道以培植这个“正”字，宣扬这个“正”字来治理国家。所以，“正”，是用来制止过头而补不及的，过与不及都不是正，不正都一样损害国家。勇而不义损害军队，仁而不正损害法度。军队失败，产生于不义；法度的侵蚀，就是产生于不正。说话有雄辩而不务正的，行为有敬惧而不善良的。所以，说话必须合于务正，不苟且强为雄辩；行为必须考虑良善，不苟且保持敬惧。

规矩，是矫正方圆的。人虽有巧目利手，也不如粗笨的规矩能矫正方圆。所以，巧人可以造规矩，但不能废规矩而正方圆。圣人能制定法度，但不能废法度而治国家。所以，虽有明彻的智慧、高尚的品德，违背法度而治国，就等于废除规矩来矫正方圆一样。

有一种说法：人君的威严，不是因为他的德行特别能比一切人都好；而因为他是人君，因而人们尊崇他，并不敢计较他德行的高低。因为他有杀和生的大权，比司命之神还厉害；他还有致人贫富，并使之互相赡养的大权；还有致人贵贱，并使之互相服从的大权。君主就是掌握这六项权限来统治臣下，臣下也看此六者来事奉君主，君臣的结合，便靠这六者为媒介。这六者掌握在大臣手里一年，臣虽不忠，君主也不能夺；在儿子手里一年，子虽不孝，父亲也不能夺。所以《春秋》记事，有臣杀君的，有子杀父的，就因为得此六者而君父还不知道的原故。六项权限落在臣下手里，君主就受蒙蔽了。君主受蒙蔽，就是失其政令。所以说：令入而不出叫作“蔽”，令出而不入叫作“壅”，令出而不行叫作“牵”，令入而不能到达君主叫作“瑕”。有了牵、瑕、蔽、壅问题的君主，不是谁敢杜绝和封守他的门户，而是令不能行的原故。这种情况之所以出现，是因为贤人不来而忠臣不用。所以，君主对于令不可以不慎重。令，是君主的大宝。

有一种说法：贤人不来叫作“蔽”，忠臣不用叫作“塞”，令而不行叫作“障”，禁而不止叫作“逆”。有了蔽、塞、障、逆问题的君主，并不是杜绝和关闭自己的门户，而是贤人不来，令不能行的原故。

凡人民趋从君主，不是趋从他口里说的什么话，而是趋从他性情之所好。君主好勇则人民轻死，君主好仁则人民轻财，所以说上面喜爱什么，下面就一定爱好什么，而且更厉害。由此，明君知道人民一定是以君主为出发点的，所以要确立法制以自己治理自己，树立礼仪以自己规正自己。所以，上面不以身作则，下面就不会服从；如人们不肯服从法令，不肯死于制度，国家就一定要乱了。所以，有道的君主，行法令、修制度，总是先于人民躬行实践的。

凡评定人物都有要领：骄傲的人，没有伟大人物。骄傲，就是自满。自满，就是空虚。行事有了自满与空虚，事情就被限制。骄傲，是渺小的。凡评价人物而违背古道的，没有高士。既不知古道而轻易作出论断的，没有智士。德行未成于自身而违背古道的，是卑人。事业无根底，遇机会就简弃其业的，是愚人。猎取虚名的人，没有贤士。猎取货利的君主，没有立王业的君主。贤人立身行事，不想到要出名；成王业的君主行道，也不计较成败。贤人行事，成王业的君主行道，都是自己想停下来不做也不可能的。

明君以公治国统一人民来对待当世，忠臣以直道求进来表明他的才能。明君不肯私授爵禄给所爱的人，忠臣不冒充有能来猎取爵禄。君主不以私对国，大臣不冒充有能，能够这样做的，虽不能大治，也合于规正人民的准则。当前，以冒充有能的大臣，事奉以私对国的君主，这样而能完成功业的，从古至今都不会有。冒充有能的人是容易识破的。我想了想先王的情况，舜有天下的时候，禹为司空，契为司徒，皋陶为治狱的官，后稷为农业的官。这四人都是天下的贤人，还仅只各精一事服务于君主。现在冒充有能的人，做事当官，都是身兼四贤的职责。由此看来，功业之不成，也就容易理解了。所以，那些对高爵重禄无不接受，对势利官大无不乐从的人，用他们为君主服务，就是所谓冒充有能、篡取财利的大臣。世上没有以公治国的君主，就没有以直道求进的士人；没有识别贤能的君主，就没有成就功业的大臣。从前三代的授受天下，哪有第二个天下可供营私的呢?

劳民与伤财，莫过于用兵；危国与伤君，也没有比用兵更快的。这四者之为害是很明显的，但古往今来兵都不能废。兵当废而不废，是错误的；兵不当废而废之，也是错误的。这两者之为害于国家，都是一样。黄帝、唐尧、虞舜的盛世，资有天下，权操于一人，这时，兵备都没有废除。现今，德行不及上述三帝，天下又不太平，而求废除兵备，这不是太难了么？所以，英明的君主懂得应该专务什么，防患什么。国治而人民注意积蓄，这就是所谓专务的事；动静失宜，这就是所要防患的。因此，明君总是审慎对待所专务的事，而防范其所患。

猛毅的君主，不免于外患；懦弱的君主，不免于内乱。猛毅的君主轻于杀人，轻杀的流弊，就是使行正道的人不安；行正道的人不安，有才能之臣就要出亡国外。这些智者知道我们的虚实，为敌国谋取我们，外患就从此到来了。所以说：猛毅的君主不免于外患。懦弱的君主姑惜刑杀，姑惜刑杀的错误，就是使行邪道的人不改；行邪道的人久而不改，群臣就结党营私；群臣结党营私就隐君之善而扬君之恶；隐善扬恶，内乱就从此发生了。所以说：懦弱的君主，不免于内乱。

明君不为亲戚危害他的国家，关怀国家甚于关怀亲戚；不为个人私欲改变法令，尊重法令甚于尊重君主；不为重宝分让权力，看重权力甚于看重宝物；不为爱民削弱法度，爱护法度更甚于爱人。

地　图[①]

凡兵主者，必先审知地图。轘辕之险[②]，滥车之水[③]，名山、通谷、经川、陵陆、丘阜之所在，苴草[④]、林木、蒲苇之所茂，道里之远近，城郭之大小，名邑、废邑、困殖之地[⑤]，必尽知之。地形之出入相错者[⑥]，尽藏之。然后可以行军袭邑，举错知先后，不失地利，此地图之常也[⑦]。

人之众寡，士之精粗[⑧]，器之功苦，尽知之，此乃知形者也。知形不如知能，知能不如知意，故主兵必参具者也[⑨]。主明、相知、将能之谓参具。故将出令发士，期有日数矣[⑩]；宿定所征伐之国，使群臣、大吏、父兄、便辟左右不能议成败，人主之任也。论功劳，行赏罚，不敢蔽贤有私；行用货财，供给军之求索，使百吏肃敬，不敢懈怠行邪，以待君之令，相室之任也。缮器械，选练士，为教服，连什伍[⑪]，遍知

天下，审御机数，此兵主之事也。

【注释】

① 地图：指行军作战之地图。② 轘辕：指路形如辕而又甚环曲。③ 滥车：翻覆的意思。④ 苴草：枯草。《楚辞·九章》："草苴比而不芳"，王注："生曰草，枯曰苴。" ⑤ 困殖："困殖之地"，指荒瘠地与可耕之田。军事上明此情况，与筹运粮草有关。⑥ 出入相错：谓国境线犬牙交错的状况。⑦ 常：通长，长处，引申为意义。⑧ 粗：粗的异体字。⑨ 参：同三。⑩ 期：限定。"期有日数"，即限定日期之意。⑪ 什伍：古代军队编制。

【译文】

凡军中主师，必须先熟悉地图。盘旋的险路，覆车的深水，名山、大谷、大川、丘陵、大陆、小山、平原之所在，枯草、林木、蒲苇茂密的地方，道里的远近，城郭的大小，名城、废邑、贫瘠之地及可耕之田等等，都必须完全了解。地形的出入交错，也必须心中完全有数。然后，就可以行军袭邑，举措先后得宜而不失地利，这都是地图的意义。

人数的多少，士兵的精粗，武器的优劣，都应全部了解，这便是所谓"知形"。知形不如"知能"，知能不如"知意"。所以，用兵一定要具备三个条件。君主明、宰相智、将帅能，就叫作三个条件具备。所以，出令、发兵，都限定日期实现；预定所伐之国，使群臣、大官、父兄、便嬖左右都不能妄议成败，这是君主的任务。论功劳，行赏罚，不敢有私心埋没贤才；动用财货，供给军需，使百吏严肃不敢懈怠行邪，这样来完成君令，是宰相的任务。备齐武器，选拔战士，实行教练，编制什伍，全面了解天下情况，明确掌握战机与策略，这是将帅的职责。

君臣上①

为人君者，修官上之道②，而不言其中；为人臣者，比官中之事，而不言其外。君道不明，则受令者疑；权度不一，则循义者惑③。民有疑惑贰豫之心而上不能匡，则百姓之与间④，犹揭表而令之止也⑤。是故能象其道于国家⑥，加之于百姓，而足以饰官化下者⑦，明君也。能上尽言于主，下致力于民，而足以修义从令者，忠臣也。上惠其道⑧，下敦其业，上下相希，若望参表，则邪者可知也。

吏啬夫任事，民啬夫任教⑨。教在百姓，论在不挠⑩，赏在信诚，体之以君臣，其诚也以守战⑪。如此，则民啬夫之事究矣。吏啬夫尽有訾程事律⑫，论法辟⑬、衡权、斗斛、文劾，不以私论，而以事为正。如此，则吏啬夫之事究矣。民啬夫成教，吏啬夫成律之后，则虽有敦悫忠信者不得善也⑭；而戏豫怠傲者，不得败也。如此，则人君之事究矣。是故为人君者因其业，乘其事，而稽之以度。有善者，赏之以列爵之尊，田地之厚，而民不慕也。有过者，罚之以废亡之辱，僇死之刑，而民不疾也。杀生不违，而民莫遗其亲者，此唯上有明法，而下有常事也。

天有常象，地有常形，人有常礼。一设而不更，此谓三常。兼而一之，人君之道也；分而职之，人臣之事也。君失其道，无以有其国，臣失其事，无以有其位。然则

上之畜下不妄，而下之事上不虚矣。上之畜下不妄，则出法制度者[15]，明也；下之事上不虚，则循义从令者，审也。上明下审，上下同德，代相序也。君不失其威，下不旷其产，而莫相德也。是以上之人务德，而下之人守节[16]。义礼成形于上[17]，而善下通于民，则百姓上归亲于主，而下尽力于农矣。故曰：君明、相信、五官肃、士廉[18]、农愚、商工愿，则上下体，而外内别也；民性因[19]，而三族制也。

夫为人君者，荫德于人者也；为人臣者，仰生于上者也。为人上者，量功而食之以足；为人臣者，受任而处之以敬[20]。布政有均，民足于产，则国家丰矣。以劳受禄[21]，则民不幸生。刑罚不颇，则下无怨心。名正分明，则民不惑于道。道也者，上之所以导民也。是故道德出于君，制令传于相，事业程于官[22]，百姓之力也，胥令而动者也。

是故君人也者，无贵如其言；人臣也者，无爱如其力。言下力上，而臣主之道毕矣。是故主画之，相守之；相画之，官守之；官画之，民役之；则又有符节、印玺、典法、筴藉以相揆也。此明公道而灭奸伪之术也。

论材、量能、谋德而举之，上之道也；专意一心，守职而不劳，下之事也。为人君者，下及官中之事，则有司不任；为人臣者，上共专于上[23]，则人主失威。是故有道之君，正其德以莅民，而不言智能聪明。智能聪明者，下之职也；所以用智能聪明者，上之道也。上之人明其道，下之人守其职，上下之分不同任，而复合为一体。

是故知善，人君也。身善，人役也。君身善，则不公矣[24]。人君不公，常惠于赏，而不忍于刑，是国无法也。治国无法，则民朋党而下比，饰巧以成其私。法制有常，则民不散而上合[25]，竭情以纳其忠。是以不言智能，而朝事治[26]，国患解，大臣之任也[27]。不言于聪明，而善人举，奸伪诛，视听者众也。

是以为人君者，坐万物之原，而官诸生之职者也。选贤论材，而待之以法。举而得其人，坐而收，其福不可胜收也。官不胜任，奔走而奉，其败事不可胜救也。而国未尝乏于胜任之士，上之明适不足以知之。是以明君审知胜任之臣者也。故曰：主道得，贤材遂，百姓治。治乱在主而已矣。

故曰：主身者，正德之本也；官治者，耳目之制也。身立而民化，德正而官治。治官化民，其要在上。是故君子不求于民。是以上及下之事谓之矫[28]，下及上之事谓之胜[29]。为上而矫，悖也；为下而胜，逆也。国家有悖逆反迕之行[30]，有土主民者，失其纪也。是故别交正分之谓理，顺理而不失之谓道。道德定而民有轨矣。有道之君者，善明设法而不以私防者也。而无道之君，既已设法，则舍法而行私者也。为人上者释法而行私，则为人臣者援私以为公。公道不违，则是私道不违者也。行公道而托其私焉，寝久而不知，奸心得无积乎？奸心之积也，其大者有侵偪杀上之祸，其小者有比周内争之乱。此其所以然者，由主德不立，而国无常法也。主德不立，则妇人能食其意[31]；国无常法，则大臣敢侵其势。大臣假于女之能，以规主情[32]；妇人嬖宠，假于男之知[33]，以援外权。于是乎外夫人而危太子，兵乱内作，以召外寇。此危君之征也。

是故有道之君，上有五官以牧其民[34]，则众不敢逾轨而行矣；下有五横以揆其官[35]，则有司不敢离法而使矣。朝有定度衡仪，以尊主位，衣服绖绕[36]，尽有法度，则

君体法而立矣[37]。君据法而出令，有司奉命而行事，百姓顺上而成俗，著久而为常，犯俗离教者，众共奸之，则为上者佚矣。

天子出令于天下，诸侯受令于天子，大夫受令于君，子受令于父母，下听其上，弟听其兄，此至顺矣。衡石一称，斗斛一量，丈尺一綧制[38]，戈兵一度，书同名[39]，车同轨，此至正也。众顺独逆[40]，众正独辟[41]，此犹夜有求而得火也，奸伪之人，无所伏矣。此先王之所以一民心也。是故天子有善，让德于天；诸侯有善，庆之于天子；大夫有善，纳之于君；民有善，本于父，庆之于长老。此道法之所从来，是治本也。是故岁一言者[42]，君也；时省者，相也；月稽者，官也；务四支之力，修耕农之业以待令者，庶人也。是故百姓量其力于父兄之间，听其言于君臣之义，而官论其德能而待之。大夫比官中之事，不言其外；而相为常具以给之。相总要，者官谋士[43]，量实议美[44]，匡请所疑。而君发其明府之法瑞以稽之[45]，立三阶之上，南面而受要。是以上有余日，而官胜其任；时令不淫，而百姓肃给。唯此上有法制，下有分职也。

道者，成人之生也[46]，非在人也。而圣王明君，善知而道之者也。是故治民有常道，而生财有常法。道也者，万物之要也。为人君者，执要而待之，则下虽有奸伪之心，不敢试也[47]。夫道者虚设，其人在则通，其人亡则塞者也。非兹是无以理人，非兹是无以生财。民治财育，其福归于上。是以知明君之重道法，而轻其国也。故君一国者，其道君之也。王天下者，其道王之也。大王天下，小君一国，其道临之也。是以其所欲者能得诸民，其所恶者能除诸民。所欲者能得诸民，故贤材遂。所恶者能除诸民，故奸伪省。如冶之于金，陶之于埴，制在工也。

是故将与之惠，厚不能供；将杀之严，威不能振。严，威不能振；惠，厚不能供，声实有闲也。有善者不留其赏，故民不私其利；有过者不宿其罚，故民不疾其威。赏罚之制[48]，无逾于民，则人归亲于上矣。如天雨然，泽下尺，生上尺。

是以官人不官，事人不事，独立而无稽者，人主之位也。先王之在天下也，民比之神明之德。先王善收之于民者也[49]。夫民别而听之则愚，合而听之则圣。虽有汤武之德，复合于市人之言。是以明君顺人心，安情性，而发于众心之所聚。是以令出而不稽[50]，刑设而不用。先王善与民为一体，与民为一体则是以国守国，以民守民也。然则民不便为非矣。

虽有明君，百步之外，听而不闻；闲之堵墙，窥而不见也。而名为明君者，君善用其臣，臣善纳其忠也。信以继信，善以传善。是以四海之内，可得而治。是以明君之举其下也，尽知其短长，知其所不能益，若任之以事[51]。贤人之臣其主也，尽知短长与身力之所不至，若量能而授官[52]。上以此畜下，下以此事上，上下交期于正，则百姓男女，皆与治焉。

【注释】

① 君臣上：《管子》有君臣上、下两篇，主要是讲述君道、臣道及其相互关系诸问题，故名“君臣”。② 官上：处在众官之上，即管理众官。③ 循：原文为“修”，据《管子集校》改。下同。④ 间：间隔，引申为阻碍。原注：“间，谓隔碍不通也。人心有疑，君不能正，故其所与为多碍而不通也。”⑤ 表：标

示，告示。原注：“表，谓以木为标有所告示也。”⑥ 象：形象的“象”。“象其道”，即把为君之道形象起来，或树立起来的意思。⑦ 饰：通饬，整顿，治理。⑧ 惠：顺，顺从。“上惠其道”，上面顺从君道，意即按君道办事。⑨ 民啬夫：原文为“人啬夫”，据《管子集校》改“人”为“民”。“民啬夫”与“吏啬夫”都是官名。下同。⑩ 挠：枉曲为挠。此处指枉法行私。⑪ 诚：古通成，此处指成效、成就。⑫ 訾：计量，计算。程：规章法式。⑬ 辟（pì）：法，刑。《说文·辟部》：“辟，法也。”⑭ 善：通缮，修补，引申为增补。⑮ 出法制度者：即指君主而言。人君颁布法令制度，故称出法制度者。⑯ 节：节度，本分。此与《牧民》：“礼不逾节”的“节”，含意相同。⑰ 形：同型，典型，典范的意思。⑱ 廉：廉直，《管子》中的廉，多指廉直而言。《牧民》篇“廉不蔽恶”（有廉就不掩饰过错），是其证。⑲ 性：通生。因：因依，谓有所依靠。⑳ 敬：原文为“教”，据《管子集校》改。㉑ 受：通授。㉒ 程：计量，考核，引申为裁定。㉓ 共专：指侵分国君的权利，或共分国君专有的权限。㉔ 不公：不公正。此言君主事必躬亲，自专自用，其处理问题反而不能照顾全面，处理公正。㉕ 不散：不分散，意指不分帮分派。民不散而上合，与上文“民朋党而下比”相对而言。朋党而下比，即结成帮派而在下面相勾结。不散而上合，即不结帮派而与上面相合作。㉖ 朝：原文为“顺”，据《管子集校》改。㉗ 之：同是。㉘ 矫：违背。言上而及臣下之事，则违背为上之道。㉙ 胜：言下而及上之事是一种欺陵君主的行为。㉚ 迕（wǔ）：背逆，违反。㉛ 食：通伺。窥伺，观察。㉜ 规：古窥字，刺探的意思。㉝ 知：同智。㉞ 五官：五种官职。应为：大行、大司田、大司马、大司理、大谏等五官。㉟ 横：读为衡，与纠察之义相同。原注：“横，谓纠察之官，得入人罪者也。五官各有其横，曰五横。”㊱ 绎绕：指国君的衣帽。㊲ 立：通莅。莅政，临政的意思。㊳ 綧：古“准”字。原注：“谓丈尺各有准限也。”㊴ 名：指文字。㊵ 众：原文为“从”，据《管子集校》改。下同。㊶ 辟：同僻，邪僻，偏邪。㊷ 一言：问事一次。“岁一言”，指君主每年布置检查国务，只有一次。㊸ 者：通诸，诸官，即众官。㊹ 议：原文为“义”，据《管子集校》改。㊺ 瑞：指印信。㊻ 成人之生也：原文为“诚人之姓也”，据《管子集校》改。㊼ 试:原文为“杀”，据《管子集校》改。㊽ 赏：原文为“威”，据《管子集校》改。㊾ 收:吸取。原文为“牧”，据《管子集校》改。㊿ 稽：稽留，阻碍不通之意。51 若：通乃。52 授：通受。

【译文】

做人君的，要讲求使用管理众官的方法，而不要干预众官职责以内的事务；做人臣的，要善于处理官吏职责以内的事务，而不要干预到职责以外去。君道不明，奉令干事的人就产生疑虑；权限法度不划一，奉公守法的人就感到迷惑。倘若人民有疑惑犹豫的心理，上面不能加以规正，那末百姓对国事的阻碍，就象明帖告示叫他们去阻止一样。因此，为国家树立君道，用于百姓，而能够治官化民的，那就是明君。向上对君主尽言，对下为人民出力，而能够奉公守法，服从命令的，那就是忠臣。上面顺从君道，下面谨守职责，上下相互观察，就象看着测验日影的木表一样，有谁不正，就可以分别出来了。

“吏啬夫”担任督察的事，“民啬夫”担任教化的事。教化应当面向百姓，论罪应当不枉法行私，行赏应当信诚，体现出君臣的精神，其成效表现为人民的守国和作战方面。这样，民啬夫的职责就完成了。吏啬夫充分掌握着计量的规章和办事的法律，审议刑法、权衡、斗斛、文告与劾奏，都不以私意论断，而是据事实为准。这样，吏啬夫的职责就完成了。民啬夫制成规训和吏啬夫制成律令以后，那末，纵使谨朴忠信的人也不许增补，而游乐怠惰的人更不许破坏。这样，君主的职责就完成了。所以，做人君的要根据吏啬夫和民啬夫的职务和职责，按照法度来考核他们。有好成绩的，就用尊贵的爵位和美厚的田产来奖赏，这样，人民就不会有侥幸心理。有犯过错的，就用撤职的耻辱和诛死的刑法来处罚，这样，人民就不敢有疾怨情绪。生与杀都不违背法度，人民也就没有敢于遗弃父母的。要做到这些，只有依靠上面有明确的法

制和下面有固定的职责才行。

天有经常的气象，地有经常的形体，人有经常的礼制，一经设立就不更改，这叫做三常。统一规划全局的是人君之道；分管各项职责的，是人臣的事。人君违背了君道，就不能够保有他的国家；人臣旷废了职责，就不能够保持他的官位。既然如此，那么君养臣能够真诚，臣事君也就老实。君养臣真诚，就是说立法定制的君主是英明的；臣事君老实，就是说奉公行法、服从命令的臣子是审慎的。上面英明，下面审慎，上下同心同德，就相互形成为一定的秩序。君主不失其威信，臣下不旷废事业，谁也不用对谁感恩怀德。因此，在上的人讲求道德，在下的人谨守本分，义礼在上面形成了典范，美善在下面贯通到人民，这样，百姓就都向上亲附于君主，向下致力于农业了。所以说：君主英明，辅相诚信，五官严肃，士人廉直，农民愚朴，商人与工匠谨厚，那么，上下就有一定的体统，内外有一定的分别；人民生活有依靠，而农、商、工三类人也都有所管理了。

做人君的，就是要用德来庇护人们的；做人臣的，就是要依赖君主生活的。做人君的，要考核功绩而发放足够的俸禄；做人臣的，要接受任务而严肃认真地执行。行政注意均平，人民的产业能够自足，国家也就富裕了。按劳绩授予俸禄，人民就不会侥幸偷生；刑罚不出偏差，下面就不会抱怨。名义正，职分明，人民对于治国之道就不会有疑惑了。所谓“道”，就是君主用来引导人民的。所以，道与德出自君主；法制和命令由辅相传布；各种事业由官吏裁定；百姓的力量，是等待命令而行动的。

所以，做人君的，再没有比言语更贵重的了。做人臣的，再没有比才力更令人珍爱的了。君主的言语下通于臣，人臣的才力上达于君，君臣之道就算完备了。所以，君主出谋划策，官吏遵守执行；官吏出谋划策，人民就要去出力服役。然后又有符节、印玺、典章、法律、文书和册籍，作为互相考核的凭据，这都是用来辨明公道和消除奸伪的办法。

评选人材，衡量能力，考虑德行，然后加以举用，这是做君主的“道”。专心一意，谨守职务而不自以为劳苦，这是做人臣的“事”。做人君的，如果向下干预官吏职责以内的事务，则主管官吏无法负责；做人臣的，如果向上分夺君主的权柄，则君主丧失威信。所以有道之君，总是端正自己的道德来领导人民，而不讲究智能和聪明。智能和聪明之类，是臣下的职能所要求的；如何去使用臣下的智能聪明，才属于为君之道。在上的要阐明君道，在下的要谨守臣职，上下的职分，在任务上是不同的，而它们又合成为一体。

所以，知人善任的是人君，事必躬亲的是给人使役的人。君主也事必躬亲，就不能够公正了。君主不公正，就往往喜爱行赏，而不忍运用刑罚，这样，国家就没有法制了。治国而无法制，人民就会搞帮派而在下面相勾结，搞虚伪巧诈而去完成他个人的私利。如法制行之有素，人民就不会分帮分派而能够靠拢朝廷，全心全意贡献其忠诚。所以，君主不讲究智能，却能使朝中之事得治，国家之患得除，这是因为任用大臣的原故。君主不讲究聪明，却能使善人得用，奸伪之人被诛，这是因为替国家监视听察的人更多的原故。

所以，做君主的，是掌握万事的原则，而授予众人的职事的。选拔贤良，评选人材，并且要依照法度来对待使用他们。如果举用人材正确得当，就可以坐而治国，好处是不可尽收的。如果官吏不能胜任，即使奔走从事，他们所败坏的事情，也是很难补救的。国家并不缺乏能够胜任的人才，只是君主的明察还不能够知道他们。所以，英明的君主，总是清楚了解胜任的人臣的。所以说，君道正确，则贤才得用，百姓得治。国家的治乱只在乎君主而已。

所以说，君主自身是规正德行的根本，官吏好比耳目，是受这根本节制的。君主立身，人

民就受到教化；君主正德，官吏就能管好。管好官吏和教化人民，其关键在于君主。所以，君子是不要求于人民的。因此，上面干预下面的职务，叫“矫”；下面干预上面的事情，叫作“胜”。在上的人“矫”，就是悖谬；在下的人“胜”，就是叛逆。国家如有悖逆违抗的行为，那就是拥有国土统治人民的君主丧失了纲纪的结果。所以，区别上下关系，规正君臣职分，叫作“理”；顺理而行，没有错误，叫作“道”。道德规范一确定，人民就有轨道可循了。有道之君是善于明确设立法制，而不用私心来阻碍的。但是无道的君主，就是已经设立法制，也还要弃法而行私。做人君的弃法而行私，那么做人臣的就将以私心作为公道。所谓不违公道，实际上也就是不违私道了。表面执行公道而实际寄托私图，若是日久而不被发觉，其奸恶思想怎能不愈积愈大呢？奸恶思想愈积愈大，那么，往大里说就会有侵逼和杀害君主的祸事，往小里说也将有相互勾结，发生内争的祸乱。这类事情所以产生，正是由于君主的道德没有树立而国家没有常法的原故。君德不立，妇女就能够窥伺他的主意；国无常法，大臣就敢于侵夺他的权势。大臣利用女人的作用来刺探君主的意图，被宠爱的妇人利用男人的智谋来援引外国的力量。这样下去的结果，君主就会废夫人而害太子，内部发生兵乱，因而招来外寇。这都是危害国君的表现。

所以有道的君主，在上面设立五官以治理人民，民众就不敢越轨行事了；在下面有五衡之官以纠察官吏，执事官吏就不敢背离法制而行使职权了。朝廷有一定的制度和礼仪，以尊奉君主地位，君主的衣服，也都有法度规定，君主就可以依法而临政了。人君据法而出令，官吏奉命而行事，百姓顺从而成风，这样日久形成常规，如果有违犯习俗背离礼教的人，群众就会共同加罪于他，做君主的就可以安逸无事了。

天子向天下发布命令，诸侯从天子那里接受命令，大夫从本国国君那里接受命令，儿子从父母那里接受命令，下听其上，弟听其兄，这是最顺的秩序。衡石的称计是统一的，斗斛的量度是统一的，丈尺的标准是统一的，武器的规格是统一的，书写文字相同，车辙宽窄相同，这是最正的规范。如果大家都顺，而一人独逆，大家都正，而一人独偏，这就象黑夜之中找东西而见到火光一样，奸伪之人是无法隐藏得住的。这就是先王为什么坚持统一民心的原因。所以，天子有了成就，就要把功德归让于上天；诸侯有了成就，就要归功于天子；大夫有了成就，就要奉献给本国国君；人民有成就，就追溯它的来源于父亲，并归功于长辈和老辈。这就是“道”和“法”所以产生的根源，也是治国的根本。因此，按年考察工作的是君主，按四时考察工作的是辅相，按月进行考核的是百官，从事劳动专务农业以等待上面命令的是一般平民。所以，对于平民百姓，应当在他们的父兄中间评量其劳动，应当就君臣的大义上面来听取其言论，然后官吏评选其德才，献给君主。大夫只安排官职以内的事务，而不论及职责以外的事情；至于辅相，就要定出经常的条例来给百官做依据。辅相总揽枢要，百官谋士们根据实际情况评议好的措施，有所疑问则请辅相匡正。君主则调发大府内有关的法令和珪璧瑞玉，来进行稽考查验，只站在三层台阶之上，面向南接受辅相呈上的政事枢要就行了。这样，君主有余暇的时日，而百官胜任其职务；四时的政令不出错误，而百姓严肃地完成对于上面的供应。这都是因为上有法制而下面各有职分的结果。

道，是人的生命之所出，不是由人而生的。圣王明君是善于了解它和说明它的。所以，治民有经常的道，生财有经常的法。“道”是万物的枢要，做人君的掌握这个枢要来处理事情，下面就是有奸伪之心也是不敢尝试的。“道”是存在于虚处的，行道的人君在，道就通行无阻；行道的人君不在，道就闭塞起来。没有道就不能治民，没有道就不能理财。民治财育的结果，

福利还是归于君主。这样，明君看重道和法而看轻国家，也就可以理解了。所以，君主统治一个国家就是他的为君之道在那里统治；帝王统治天下，就是他的帝王之道在那里统治。无论大而统治天下，小而统治一国，都是他们的道在那里起作用。因此，他所要求的就能够从人民那里得到，他所厌恶的就能够从人民那里除掉。所求者能在人民那里得到，所以贤能的人材就可以进用；所恶者能在人民那里除掉，所以奸伪的分子就能被察觉。好像冶工对于金属，陶工对于粘土，想要制作什么都是由工匠掌握的一样。

所以，将要行赏，过于厚反而不能供应；将要行杀，过于严，反而不能立威。杀过严而不能立威，赏过厚而不能供应，都是由于处理的名义和实际情况不符造成的。做好事的人，不扣留他应得的奖赏，人民就不会考虑私利；有过失的，不拖延对他的惩罚，人民就不会抱怨刑威。赏罚的制定，不超过人民所应得的，人民就归附和亲近君上了。这就象天下雨一样，天降下一尺的雨量，大地里的禾苗就向上生长一尺。

所以授人官职而自己不居官，给人职事而自己不任事，独立行动而无人考核的，这就是君主的地位。古代先王主持天下的时候，人民就把他的德行比作神明。先王也是善于吸收人民意见的。关于人民的意见，只个别地听取，就会是愚蠢的；全面综合地听取，就将是圣明的。即使有商汤、周武王的道德，也还要多方搜集众人的言论。因此，英明的君主，顺从人心，适应人的性情，行事都从众人共同关心的地方出发。这样，命令布置下去，就不会阻碍；刑罚设置了，却用不着。先王就是善于同人民合成一体的。与民一体，那就是用国家保卫国家，用人民保卫人民，人民当然就不去为非作歹了。

虽然是明君，距离在百步以外，也照样听不到；隔上一堵墙，也照样看不见。但能够称为明君，是因为善于任用他的臣下，而臣下又善于贡献出他的忠诚。信诚导致信诚，良善导致良善，所以四海之内都可以治理好。因此，明君举用下面的人材，总是完全了解他的短处和长处，了解到他的才能的最高限度，才委任给他的职务。贤人事奉他的君主，总是完全认识自己的短处和长处，认识到自己力所不及的限度，才量度能力而接受官职。君主按照这个原则来收养臣下，臣下也按照这个原则来事奉君主，上下都互相想着公正，那末，百姓男女就都能治理好了。

君臣下①

古者未有君臣上下之别，未有夫妇妃匹之合②，兽处群居，以力相征。于是智者诈愚，强者凌弱，老幼孤独不得其所。故智者假众力以禁强虐，而暴人止。为民兴利除害，正民之德，而民师之。是故道术德行，出于贤人。其从义理兆形于民心，则民反道矣③。名物处，韪非分④，则赏罚行矣。上下设，民生体⑤，而国都立矣。是故国之所以为国者，民体以为国；君之所以为君者，赏罚以为君。

致赏则匮⑥，致罚则虐。财匮而令虐，所以失其民也。是故明君审居处之教⑦，而民可使居治、战胜、守固者也。夫赏重，则上不给也；罚虐，则下不信也。是故明君饰食饮吊伤之礼，而物属之者也⑧。是故厉之以八政⑨，旌之以衣服，富之以国禀⑩，贵之以王禁，则民亲君可用也。民用，则天下可致也。天下道其道则至⑪，不道其道则不至也。夫水波而上，尽其摇而复下，其势固然者也。故德之以怀也，威之以畏也，则天下归之矣。有道之国，发号出令，而夫妇尽归亲于上矣[12]；布法出宪，而贤人列士尽归功能于上矣[13]。千里之内，束布之罚[14]，一亩之赋，尽可知也。治斧钺者不敢让刑[15]，治轩冕者不敢让赏[16]，隤然若一父之子[17]，若一家之实，义礼明也。

夫下不戴其上，臣不戴其君，则贤人不来。贤人不来，则百姓不用。百姓不用，则天下不至。故曰：德侵则君危，论侵则有功者危，令侵则官危，刑侵则百姓危。而明君者，审禁淫侵者也。上无淫侵之论，则下无冀幸之心矣[18]。

为人君者，倍道弃法[19]，而好行私，谓之乱。为人臣者，变故易常，而巧言以谄上[20]，谓之腾[21]。乱至则虐，腾至则北[22]。四者有一至，败，敌人谋之。故施舍优犹以济乱[23]，则百姓悦。选贤遂材，而礼孝弟，则奸伪止。要淫佚[24]，别男女，则通乱隔。贵贱有义，伦等不逾[25]，则有功者劝。国有常式，故法不隐[26]，则下无怨心。此五者，兴德、匡过、存国、定民之道也。

夫君人者有大过，臣人者有大罪。国所有也，民所君也，有国君民而使民所恶制之，此一过也。民有三务，不布其民，非其民也。民非其民，则不可以守战。此君人者二过也。夫臣人者，受君高爵重禄，治大官。倍其官[27]，遗其事，穆君之色，从其欲，阿而胜之[28]。此臣人之大罪也。君有过而不改，谓之倒。臣当罪而不诛，谓之乱。君为倒君，臣为乱臣，国家之衰也，可坐而待之。是故有道之君者执本，相执要，大夫执法，以牧其群臣。群臣尽智竭力，以役其上。四守者得则治，易则乱。故不可不明设而守固。

昔者，圣王本厚民生，审知祸福之所生。是故慎小事微，违非索辩以根之。然则躁作、奸邪、伪诈之人，不敢试也。此正民之道也[29]。

古者有二言："墙有耳，伏寇在侧。"墙有耳者，微谋外泄之谓也。伏寇在侧者，沈疑得民之道也[30]。微谋之泄也，狡妇袭主之请[31]，而资游慝也。沈疑之得民也者，前贵而后贱者为之驱也。明君在上，便辟不能食其意，刑罚亟近也[32]；大臣不能侵其势，比党者诛，明也。为人君者，能远谗谄，废比党，淫悖行食之徒，无爵列于朝者，此止诈、拘奸、厚国、存身之道也。

为人上者，制群臣百姓，通中央之人[33]。是以中央之人，臣主之参。制令之布于民也，必由中央之人。中央之人，以缓为急，急可以取威；以急为缓，缓可以惠民。威惠迁于下，则为人上者危矣。贤不肖之知于上，必由中央之人。财力之贡于上，必由中央之人。能易贤不肖而可成党于下[34]。有能以民之财力上啖其主[35]，而可以为劳于上[36]；兼上下以环其私，爵制而不可加；则为人上者危矣。先其君以善者，侵其赏而夺之惠者也[37]。先其君以恶者，侵其刑而夺之威者也。讹言于外者，胁其君者也。郁令而不出者，幽其君者也。四者一作，而上不知也[38]，则国之危，可坐而待也。

神圣者王，仁智者君，武勇者长，此天之道，人之情也。天道人情，通者质[39]，穷者从[40]，此数之因也。是故始于患者不与其事，亲其事者不规其道。是以为人上者患而不劳也，百姓劳而不患也。君臣上下之分素，则礼制立矣。是故以人役上，以力役明，以刑役心[41]，此物之理也。心道进退，而形道滔迁[42]。进退者主制[43]，滔迁者主劳。主劳者方，主制则圆。圆者运，运者通，通则和。方者执，执者固，固者信。君

以利和，臣以节信，则上下无邪矣。故曰：君人者制仁，臣人者守信。此言上下之礼也。

君之在国都也，若心之在身体也。道德定于上，则百姓化于下矣。戒心形于内，则容貌动于外矣。正也者，所以明其德。知得诸己，知得诸民，从其理也。知失诸民，退而修诸己，反其本也。所求于己者多，故德行立。所求于人者少，故民轻给之。故君人者上注，臣人者下注。上注者，纪天时，务民力。下注者，发地利，足财用也。故能饰大义，审时节，上以礼神明，下以义辅佐者，明君之道。能据法而不阿，上以匡主之过，下以振民之病者，忠臣之所行也。

明君在上，忠臣佐之，则齐民以政刑，牵于衣食之利，故愿而易使，愚而易塞。君子食于道，小人食于力，分也[44]。威无势也无所立，事无为也无所生。若此则国平而奸省矣。

君子食于道，则义审而礼明。义审而礼明，则伦等不逾，虽有偏卒之大夫[45]，不敢有幸心，则上无危矣。齐民食于力则作本，作本者众，农以听命。是以明君立世，民之制于上，犹草木之制于时也。故民迂则流之，民流通则迂之。决之则行，塞之则止。唯有明君[46]，能决之，又能塞之。决之则君子行于礼，塞之则小人笃于农。君子行于礼，则上尊而民顺。小民笃于农，则财厚而备足。上尊而民顺，财厚而备足，四者备体，顷时而王不难矣。

四肢六道，身之体也。四正五官，国之体也。四肢不通，六道不达，曰失。四正不正，五官不官，曰乱。是故国君聘妻于异姓，设为侄娣[47]、命妇[48]、宫女，尽有法制，所以治其内也。明男女之别，昭嫌疑之节，所以防其奸也。是以中外不通，谗慝不生，妇言不及宫中之事，而诸臣子弟无官中之交，此先王所以明德圉奸，昭公威私也[49]。

明立女宠后[50]，不以逐子，伤义。礼私爱驩，势不并伦。爵位虽尊，礼无不行。适为都佼[51]，冒之以衣服，旌之以章旗，所以重其威也。然则兄弟无间郄，谗人不敢作矣。

故其立相也，陈功而加之以德，论劳而昭之以法，参伍相德而周举之[52]，尊势而明信之。是以下之人无谏死之诋，而聚立者无郁怨之心。如此，则国平，而民无慝矣。其选贤遂材也，举德以就列，不类无德；举能以就官，不类无能。以德弇劳，不以年伤[53]。如此，则上无困，而民不幸生矣。

国之所以乱者四，其所以亡者二。内有疑妻之妾[54]，此宫乱也。庶有疑适之子，此家乱也。朝有疑相之臣，此国乱也。任官无能，此众乱也[55]。四者无别，主失其体。群官朋党，以怀其私，则失族矣。国之几臣，阴约闭谋以相待也，则失援矣。失族于内，失援于外，此二亡也。故妻必定，子必正，相必直立以听，官必中信以敬[56]。故曰：有宫中之乱，有兄弟之乱，有大臣之乱，有中民之乱[57]，有小人之乱。五者一作，则为人上者危矣。宫中乱曰妒纷，兄弟乱曰党偏，大臣乱曰称述[58]，中民乱曰訾谆[59]，小民乱曰财匮。财匮生薄[60]，訾谆生慢，称述、党偏、妒纷生变。

故正名稽疑，刑杀亟近，则内定矣。顺大臣以功[61]，顺中民以行，顺小民以务，则国丰矣。审天时，物地生[62]，以辑民力；禁淫务，劝农功，以职其无事，则小民治矣。上稽之以数，下十伍以征[63]，近其巽升[64]，以固其意；乡树之师以遂其学。官之以其能，及年而举，则士反行矣。称德度功，劝其所能，若稽之以众风[65]，若任以社稷之任。若此，则士反于情矣[66]。

【注释】

① 君臣下：见前篇《君臣上》注①。② 妃：配偶。妃四，也是配偶的意思。③ 反：同返。④ 名物处韪非分：辨别名物，分清是非。处，辨别的意思。韪非，意同是非。⑤ 体:此处意为“主体”或“根本”。“民生体”，即谓民生得其本。下文“民体以为国”，也是民为邦本的意思。⑥ 致：通至。致赏，奖赏过多的意思。⑦ 居处之教：平居时的教育，即日常教育。⑧ 物：分辨。“物属之”，犹言“类别之”，有分别对待的涵义。⑨ 八政：八种政事或八种官职。一般以“食”、“货”、“祀”、“司空”、“司徒”、“司寇”、“宾”、“师”为八政。⑩ 禀：古廪字。⑪ 天下道其道则至：原注：“君得君道，则天下至。”意即君主行君道，则天下人归心。⑫ 夫妇：泛指男男女女而言。⑬ 列士：同烈士。古时泛指有志功业或重视自己信念而轻生的人为烈士。⑭ 束布：十块布。束布之罚，指轻微惩罚。⑮ 让:通攘，偷窃。⑯ 轩冕：大夫以上官吏享用的车子和冠服。“治轩冕者”，指主管行赏的人。治，通司。⑰ 隤（tuí）然：顺从的样子。⑱ 冀：原文为“异”。⑲ 倍：同背。⑳ 巧言：原文为“巧官”，据《管子集校》改。㉑ 腾：僭越、跋扈的意思。㉒ 北：同背，背叛。㉓ 故施舍优犹以济乱：“故”上原有“则”，衍文，今删。“优犹”，通优游，宽容大度的样子。济乱，止乱的意思。㉔ 要：约束、禁止的意思。㉕ 逾：超越。伦等不逾，指不超越等级，或等级不乱的意思。㉖ 故法：指成法、常法。㉗ 倍：同背。㉘ 胜:克制、控制。㉙ 正民：原文为“礼正民”，“礼”字误衍，据文义删。㉚ 沈疑：沈，谓阴险。疑，通拟，谓僭拟。“沈疑”，即指阴险僭拟的阴谋家之流。道：读如“不可道也”的“道”。“之道”，与上文“之谓“同。㉛ 请：通情。㉜ 亟：急的意思。“刑罚亟近”，言刑罚先加于近臣。㉝ 通中央之人：原文为“通中央之人和”，据《管子集校》删“和”字。㉞ 成：原文为“威”，形近而误。㉟ 有：同又。㊱ 上：原文为“下”，据《管子集校》改。㊲ 惠：原文为“实”，据上下文义改。㊳ 而上不知：原文为“而上下不知”，据古本、刘本删“下”字。㊴ 质：主体。原注：“质，主也。”㊵ 穷：原文为“宠”，据《管子集校》改。㊶ 刑：通形，形体。㊷ 滔迂：滔，指流通。迂，指迂回。滔迂，指身体的俯仰屈伸。㊸ 主制：主管发号施令。主制者，指君主。下句“主劳者”，指臣下。㊹ 也：原文为“民”，篆文两字形近，据《管子集校》改。㊺ 偏卒：偏，指兵车的编制单位；卒，指士兵的编制单位。偏卒，泛指武装。㊻ 唯：原文为“虽”，古“虽”通唯，今改。㊼ 娌娣:古代国君娶妻，其随妻从嫁的妻侄女和妻妹。称为“娌娣”。㊽ 命妇：有封号的妇女，此处指国君的妃嫔等。㊾ 威：意同灭。原文为“威”，形近而误，据《管子集校》改。㊿ 明立女宠后：原文为“明立宠设”，宋本为“明妾宠设”，“妾”为“立女”两字之误合，“设”与“後（后）”形近致误。故据《管子集校》改。“明立女宠后，不以逐（胄）子”，即明立女宠之子为后，而不立长子。“逐”借为“胄”。胄子，长子。[51] 适为都佼：适子（嫡长子）应是地位最高，最受尊敬的。意即适子应该是首要的。[52] 参伍：参验比较，或考核比较。伍，伍偶，含有比较的意思。德：通得。相得，相当，适合的意思。[53] 不以年伤：原文为“不以伤年”，据文意改。原注：“不以年少为之伤也”，亦应作“不以年伤”为是。[54] 疑：同拟，僭拟，以下拟上，争夺地位的意思。下段“正名稽疑”的疑，亦同拟。[55] 众：据上文文意，此处指众官或百官而言。[56] 中：通忠。[57] 中民：指百吏。原注：“指百吏之属也”。“中民之乱”，即指上文之“众乱”。[58] 称述：称，指称举，喜好。述，古通术。称述，喜用权术的意思。[59] 讋（zhé）：议论。讋谆，指对上诽议不满。谆，憎恶的意思。[60] 薄：薄德，指不讲礼义的薄德行为。[61] 顺：次第，排列。[62] 物地生：考察土地性质。物，物色，考察。生，通性。[63] 十伍：居民基层组织。[64] 巽升：巽，通选。近其选升，言使选拔升举之期缩短，则士受鼓舞。故谓“近其巽升，以固其意”。“巽升”，原文为“罪

伏”，据《管子集校》改。㊺ 若：乃。风：同讽，舆论，意见。㊻ 情：诚实。

【译文】

古时，人们没有君臣上下的分别，没有夫妻配偶的婚姻，象野兽一般成群地生活着，以强力相互争夺。于是智者诈骗愚者，强者欺凌弱者，老、幼和孤、独的人们都是不得其所的。所以，聪明的人就出来依靠群众力量禁止强暴行为，强暴的人们就这样被制止了。由于替人民兴利除害，并规正人民的德性，人民便把这聪明人当作导师。所以道术和德行是从贤人那里产生的。道术和德行所表现的义理开始形成在人民心里，人民就都归于正道了。辨别了名物，分清了是非，赏罚便开始实行。上下有了排定，民生有了根本，国家的都城也便建立起来。所以，国家之所以成为国家，是由于人民这个根本才成为国家；君主之所以成为君主，是由于掌握赏罚，才成为君主的。

行赏过多则导致国贫，行罚过重则导致暴虐。财力贫乏和法令暴虐，都是会丧失民心的。因此，明君总是严肃进行对于人民平时的教导，这样可以使人民平时得治，出战取胜，防守也牢不可破。行赏过多了，上面就不能供应；行罚太暴了，人民就不会信服。所以，明君就要讲究饮宴、吊丧的礼节，对人们分别等级给予不同的礼遇。所以，明君还用八种官职来勉励他们，用不同品秩的衣服来表彰他们，用国家俸禄来满足他们的生活，用国家法度来抬高他们的地位。这样，人们就都会亲附君主，可以为君主所用。人民可用，那末天下就会归心了。君主行道，天下就来归附；不行其道，天下就不归附。好比浪头涌起，到了顶点又会落下来，这是必然的趋势。所以，用恩德来安抚人们，用威势来震慑人们，天下就会归心了。一个有道的国家，通过发号出令，国内男女都会亲附于君主；通过宣布法律和宪章，贤人列士都会尽心竭力于君主。千里之内的地方，哪怕是一束布的惩罚，一亩地的赋税，君主都完全可以了解。主管刑杀的不敢私窃刑杀的权限，主管赏赐的不敢偷窃行赏的权限，人们服帖地象一个父亲的儿子，象一个家庭的情况一样，这是由于义礼分明的原故。

在下的不拥护在上的，臣子不拥护君主，贤人就不会出来做事。贤人不出，百姓就不肯效力。百姓不效力，天下就不会归顺。所以说，施行德政的权力被侵削，君主就危险；论功行赏的权力被侵削，有功的人就危险；发令的权力被侵削，官吏就危险；行刑的权力被侵削，百姓就危险。贤明的君主是周密禁止这种不正当的侵削行为的。上面没有不正当的侵夺君权的议论，下面就不会有侥幸投机的心理了。

做人君的，违背君道抛弃法制而专好行私，这叫作“乱”。做人臣的，改变旧制，更易常法，而用花言巧语来谄媚君主，这叫作“腾”。“乱”的行为发展到极点就会“暴虐”，“腾”的行为发展到极点就会“背叛”。这四种现象存一种，就会失败，敌人就会来图谋这个国家。因此，国君多行施舍，宽容大度以防止祸乱，则人民喜悦；选拔贤者，进用人材而礼敬孝悌的人，则奸伪之徒敛迹；禁止淫荡懒惰，分清男女界限，则淫乱私通者隔绝；贵贱区分合理，等级不乱，则立功者受到鼓励；国家有确定规范，常法向人民公开，则人民没有怨心。这五个方面，都是振兴道德、改正错误，保存国家和安定人民的办法。

为人君的可能有大过，为人臣者也可能有大罪。国家归君主占有，人民归君主统治，有国有民而竟让人民所憎恶的人去掌权管理，这是人君的第一个过失。人民有春、夏、秋三个季节的农事，君主不适时下令，向人民布置生产，那就不是他的人民了；既然不是他的人民，就不能用来守国作战，这是人君第二个过失。做人臣的，受国君高爵重禄，负责大的职务，然而却背其职守，放弃职责，逢迎君主的颜色，顺从君主的私欲，通过阿谀的手段而控制君主，这便是人臣的大罪。君有过而不改，叫作“倒”；臣有罪而不诛，叫作“乱”。如果君主是“倒君”，人臣是“乱臣”，那么国家的衰亡，就可以坐着等待到来了。因此，有道的君主要掌握治国根本原则，辅相要掌握重要政策，大夫执行法令以管理群臣，群臣尽心竭力为主上服务。这四种职守都能完成得好则国家治；疏忽了，则国家乱。所以，这四种职守都是不可不明确规定和坚决遵守的。

古时候，圣明君主总是把提高人民生活作为根本，慎重了解祸福产生的原因。所以，对于微小的事情都十分谨慎，对于违法非法都详细辨别，并追究根底。这样，轻举妄动、奸邪和诈伪的人们就不敢尝试做坏事了。这正是规正人民的途径。

古时候有两句话：“墙上有耳，身旁有暗藏的贼寇。”所谓墙上有耳，是说机密的谋划可能泄露在外。所谓身旁有暗藏的贼寇，是说阴谋家可能争得人心。机密谋划的泄露，是由于狡猾的宠妇刺探君主内情去帮助暗藏的奸细。阴谋家争得人心，是由于从前受到贵宠后来沦为低贱的人愿意为他奔走效劳。英明的君主执政，宠臣内侍不敢窥伺君主的意图，因为刑罚首先施行于亲近；大臣不能侵夺君主的权势，因为勾结私党的人要被杀，这是非常英明的。做人君的能够远离谗言谄语，废除拉帮结党，使那些淫邪悖乱和游荡求食之徒，不能混入朝廷为官，这是防止诈伪，限制奸邪，巩固国家和保全自身的途径。

做君主的，统治群臣百姓，是通过左右大臣实现的。所以左右大臣是群臣与君主之间的中间参与者。制度法令向人民布置，必须经过左右的大臣。左右大臣把可以缓办的命令改为急办，就可以因为急办对人民猎取权威；又把应当急办的命令改为缓办，就可以因为缓办对人民表示恩惠。君主的权威与恩惠转移到左右大臣的手里，做君主的就危险了。把官吏的贤能或不肖报告君主的，必定经过左右的大臣；把各地方的民财、民力贡献给君主的，也必定经过左右的大臣。左右大臣能把贤能说成不肖，把不肖说成贤能，而可以在下面结成私党。又能用民财与民力去诱惑君主，而可以在上面邀取功劳。同时在君主和臣民中间两头谋求私利，致使官爵和法制对他都不起作用，做君主的就危险了。先于君主来行奖，这是侵夺君主的行赏大权和恩惠；先于君主来行罚，这是侵夺君主的惩罚大权和威严；在外面制造谣言，这是威胁君主；扣压命令不公布，这是封锁君主。这四种情况全部发生，而君主还不知道，国家的危险就可以坐着等待到来了。

神圣的人做王，仁智的人做国君，威武勇敢的人做官长，这本是天道和人情。依照天道和人情，通显的人做君主，卑穷的人做臣仆，这是规律性所决定的。所以，主管谋划的人，不参与具体事务；亲身参与事务工作的，不管掌握原则。所以，做君主的只谋虑思患而不从事劳作；做百姓的只从事劳作而不管谋虑思患。君臣上下的职分明确定下来，礼制就建立起来了。所以，用人民来服事君上，用劳力来服事贤明，用形体来服事心灵，这就是事物的道理。心的功能考虑举止动作，形体的功能是实践俯仰屈伸。考虑举止动作的主管号令，实践俯仰屈伸的主管劳力。主管劳力的要方正，主管号令的要圆通。圆的长于运转，运转的能变通，变通就可以和谐。方的往往固执，固执的能坚定，坚定就可以信诚。君主用物利协调群臣，群臣用守本分来表示诚信，上下就不会有偏差了。所以说，做君主的要主持宽仁，做臣子的要谨守信用，这就是所说的上下之礼。

君主在国都，如同心在身体一样。道德规范树立在上面，百姓就在下面受到教化。戒慎之心形成在里面，容貌就在外面表现出来。所谓“正”，是表明君主德行的。知道怎样适合自己，

就知道怎样适合于臣民，这是顺从道理来考虑问题的结果。如果发现有不适合臣民的地方，就回过头来修正自己，这是返回到根本的方法。对自己要求的多，德行就可以树立；对人民要求的少，人民就乐于供应。所以，做君主的要向上注意，做人臣的要向下注意。向上注意，即掌握天时去安排民力；向下注意即开发地利去增长财富。所以能整饬治国大义，研究天时季节，向上礼敬神明，向下义待大臣，这才是明君的治国之道。能够依法办事而不迁就逢迎，上面用来纠正君主的过失，下面用来救济人民的困难，这才是忠臣的行为。

明君在上位，加上忠臣的辅佐，就可以用政策和刑罚来整治人民，使人民都关心衣食之利，这样，人民就朴实而容易使用，愚昧而容易控制。君子依靠治国之道来生活，平民依靠出力劳动来生活，这就是本分。君子没有什么权势，就无从树立个人的威望；小人没有什么作为，就无从生产财富。按这个本分去做，国家才能安定，坏人才能减少。

君子靠治国之道来生活，义理就可以详备，礼制就可以彰明。义理详备，礼制彰明，伦理的等级就没有人敢于超越，即使拥有兵车和士卒的大夫也不敢存在侥幸作乱的心理，这样，君主就可以没有危险了。平民靠出力劳动生活，则从事基本的农业生产；从事农业生产的人多了，则勤勉而听从命令。所以，明君治世，人民受君主的节制，就象草木受天时的制约一样。所以人民偏于保守，就要使他们开通一些；人民偏于开通，就要使他们保守一些。开放之则流通，堵塞之则停止。唯有明君是既能开放又能堵塞的。开放，则能使君子遵守礼制；堵塞，则能使小民专心务农。君子遵守礼制，则君主尊严而人民从顺；小民专心务农，则财物丰厚而贮备充足。上尊、民顺、财厚、备足，这四者全都齐备，在短时间内称王于天下，就不困难了。

四肢和六道（耳、目、口、鼻、前阴和后阴）是人身的躯体；四正（君、臣、父、子）和五官是国家的躯体。四肢不关联，六道不通畅，这叫作身体失调；四正不端正，五官不管事，这叫作国家混乱。所以，国君从不同姓的国家娶妻，还设置有侄娣、命妇和宫女，都按法度进行，这为的是治理好宫内之事。明定男女的分别，宣示嫌疑的礼节，这为的是防止奸邪。所以，宫内外不得私通，谗言、恶事不准发生，妇人说话不得涉及朝廷政事，群臣子弟不得与宫内交往，这都是先王用来彰明德行、制止奸邪、昭示公道、消灭私图的措施。

明立女宠之子为后，而不立长子，这是伤义的事情。优礼和私爱自己喜欢的庶子，但不能使他的地位、权力与嫡长子平等。庶子的爵位尽管尊贵，但嫡庶的礼制不能不执行。嫡长子是首要的，要用美好的衣服来装饰他，用文彩的旗帜来旌表他，为的是提高他的威望。这样嫡庶兄弟之间就可以没有隔阂，挑拨离间的人也就不敢动作了。

所以，君主在设立辅相的时候，罗列他的功绩也同时考虑他的德行；论定他的劳绩也同时查看他是否合于法度。经过比较考核，各方面都合适，然后举用他，尊重他的权威，坦白地信任他。因此，下面的人臣就没有进谏怕死的顾虑，聚立在朝的小吏也没有抑郁怨恨的心理，这样，国家就可以太平而人民也没有邪恶了。君主在选拔贤材的时候，要举拔有德行的人进入爵位的行列，不可以包括无德之人；要举拔有才能的人担任适当的官职，不可以包括无能之辈。把德行放在功劳之上，不因为资历年限而加以抑制。这样，君主就没有困难，而人民也不会侥幸偷生了。

国家所以衰乱的原因有四－所以灭亡的原因有二。宫里面有与嫡妻争夺地位的宠妾，这是宫中的乱；庶子里有与嫡子争夺地位的宠子，这是家中的乱；朝廷里有与辅相争夺地位的宠臣，这是国中的乱；任用的官吏无能，这是众官的乱。对上述四乱都不能辨别，君主就失去其体统了。群官结党营私，君主就丧失宗族的拥护；国家的机密大臣，暗中策划阴谋，对付君主，君主就丧失人民的支援。内部丧失宗族拥护，外部丧失人民支援，这就是灭亡的两个原因。所以嫡妻必须固定，嫡子必须确立，辅相必须以正直态度听政，百官必须以忠信态度严肃认真地办事。所以说，有宫中之乱，有兄弟之乱，有大臣之乱，有百官之乱，有小民之乱。五者一发作起来，做人君的就危险了。宫中之乱是由于妻妾嫉妒纷争，兄弟之乱是由于诸子结党偏私，大臣之乱是由于他们喜用权术，百官之乱是由于他们对上诽议不满，小人之乱是由于他们财用贫乏。财用贫乏就产生薄德的行为；对上诽议不满就产生傲慢法制的行为。喜用权术，结党偏私和嫉妒纷争，则会产生变乱。

所以，正定嫡庶名分，稽查妻妾嫌疑，诛杀奸诈的近臣，宫内就可以安定了。根据功绩安排大臣的次序，根据德行安排百官的次序，用劳动安排小民的次序，国家就可以富裕了。详细观察天时，察看土地性质，以合理使用民力，禁止奢侈品生产，奖励农业耕作，使无业之民都有事做，小民就得到治理了。上面核定一定的数额，下到“什伍”的居民组织来征集人材，并缩短选升的期限，以坚定士人的意志；然后每乡设立教师，使士人得到学习；依据才能任官授职，到了年限就荐举使用，这样，士人都归于修德的途径了。衡量德行和功绩，鼓励其所能，再考察众人的舆论，然后把国家的重任委托给他。这样，士人都归于诚实了。

心术上①

心之在体，君之位也；九窍之有职②，官之分也。心处其道，九窍循理；嗜欲充益，目不见色，耳不闻声。故曰：上离其道，下失其事。毋代马走，使尽其力；毋代鸟飞，使弊其羽翼。毋先物动，以观其则。动则失位，静乃自得。

道，不远而难极也，与人并处而难得也。虚其欲，神将入舍；扫除不洁，神不留处③。人皆欲智而莫索其所以智④。智乎，智乎，投之海外无自夺。求之者不及虚之者⑤。夫圣人无求之也⑥，故能虚⑦。

虚无无形谓之道，化育万物谓之德，君臣父子人间之事谓之义，登降揖让、贵贱有等、亲疏之体谓之礼；简物、小大一道⑧，杀僇禁诛谓之法。

大道可安而不可说。真人之言不义不颇⑨，不出于口，不见于色。四海之人，又孰知其则？

天曰虚，地曰静，乃不忒⑩。洁其宫，开其门，去私毋言，神明若存。纷乎其若乱，静之而自治。强不能遍立，智不能尽谋。物固有形，形固有名，名当，谓之圣人。故必知不言之言⑪，无为之事，然后知道之纪。殊形异執⑫，不与万物异理，故可以为天下始。

人之可杀，以其恶死也；其可不利，以其好利也。是以君子不怵乎好⑬，不迫乎恶，恬愉无为，去智与故。其应也，非所设也；其动也，非所取也。过在自用，罪在变化。是故有道之君子⑭，其处也若无知，其应物也若偶之。静因之道也⑮。

“心之在体，君之位也；九窍之有职，官之分也。”耳目者，视听之官也，心而无与于视听之事，则官得守其分矣。夫心有欲者，物过而目不见，声至而耳不闻也。故曰：“上离其道，下失其事。”故曰：心术者，无为而制窍者也。故曰“君”。“毋代马走”，“毋代鸟飞”，此言不夺能能⑯，不与下试也⑰。“毋先物动”者，摇者不定，趮者

不静[18]，言动之不可以观也。“位”者，谓其所立也。人主者立于阴，阴者静，故曰“动则失位”。阴则能制阳矣，静则能制动矣，故曰“静乃自得”。

道在天地之间也，其大无外，其小无内，故曰“不远而难极也”。虚之与人也无间，唯圣人得虚道，故曰“并处而难得”。世人之所职者精也[19]。去欲则宣，宣则静矣，静则精。精则独立矣，独则明，明则神矣。神者至贵也，故馆不辟除，则贵人不舍焉。故曰“不洁则神不处”。“人皆欲知而莫索之”[20]，其所知[21]，彼也；其所以知，此也。不修之此，焉能知彼？修之此，莫能虚矣[22]。虚者，无藏也。故曰去知则奚求矣[23]，无藏则奚设矣[24]。无求无设则无虑，无虑则反复虚矣。

天之道，虚其无形。虚则不屈，无形则无所低赶[25]，无所低赶，故遍流万物而不变。德者，道之舍[26]。物得以生生，知得以职道之精[27]。故德者得也。得也者，其谓所得以然也以[28]。无为之谓道，舍之之谓德，故道之与德无间，故言之者不别也。间之理者，谓其所以舍也。义者，谓各处其宜也。礼者，因人之情，缘义之理，而为之节文者也。故礼者谓有理也。理也者。明分以谕义之意也。故礼出乎理，理出乎义[29]，义因乎宜者也[30]。法者所以同出[31]，不得不然者也，故杀僇禁诛以一之也。故事督乎法，法出乎权，权出乎道。

道也者，动不见其形，施不见其德，万物皆以得，然莫知其极。故曰“可以安而不可说”也。真人[32]，言至也。不宜[33]，言应也[34]。应也者，非吾所设，故能无宜也。不颇，言因也。因也者，非吾所取[35]，故无颇也。“不出于口，不见于色”，言无形也；“四海之人，孰知其则”，言深囿也。

天之道虚，地之道静。虚则不屈，静则不变，不变则无过，故曰“不忒”。“洁其宫，开其门”[36]：宫者，谓心也。心也者，智之舍也，故曰“宫”。洁之者，去好过也[37]。门者，谓耳目也。耳目者，所以闻见也。“物固有形，形固有名”，此言名不得过实[38]，实不得延名。姑形以形[39]，以形务名，督言正名，故曰“圣人”。“不言之言”，应也。应也者，以其为之者人也[40]。执其名，务其所以成[41]，此应之道也[42]。“无为之事”[43]，因也。因也者，无益无损也。以其形因为之名，此因之术也。名者，圣人之所以纪万物也。人者立于强，务于善[44]，未于能[45]，动于故者也。圣人无之，无之则与物异矣[46]。异则虚，虚者万物之始也，故曰“可以为天下始”。

人迫于恶，则失其所好；怵于好，则忘其所恶。非道也。故曰：“不怵乎好，不迫乎恶。”恶不失其理，欲不过其情，故曰：“君子。”“恬愉无为，去智与故”，言虚素也。“其应非所设也，其动非所取也”，此言因也。因也者，舍己而以物为法者也。感而后应，非所设也；缘理而动，非所取也。“过在自用，罪在变化”：自用则不虚，不虚则仵于物矣[47]；变化则为生[48]，为生则乱矣。故道贵因。因者，因其能者言所用也。“君子之处也若无知”，言至虚也。“其应物也若偶之”，言时适也，若影之象形，响之应声也。故物至则应，过则舍矣。舍矣者，言复所于虚也。

【注释】

① 本篇前经后解，经与解各有六段文字。解文是对经文的说明和阐发。② 九窍：口、耳、鼻、目等

人体器官的九个孔穴。③ 神：同道，在《心术》、《内业》诸篇中，道与神、精等往往通用。此处“虚其欲神将入舍，扫除不洁神不留处”等神字，均指道言。④ 人皆欲智而莫索其所以智：原文智下有“乎”字，据《管子集校》删。⑤ 求之者不及虚之者：原文为“求之者不得处之者”，据《管子集校》一说改。⑥ 圣人：原文为“正人”，据《管子集校》改。⑦ 虚：原文为“虚无”，据《管子集校》删去“无”字。⑧ 小大：原文为“小未”，据《管子集校》改。⑨ 真：原文为“直”，据《管子集校》一说改。义：通俄，偏斜。颇：偏颇。“不颇，言因也。因也者，非吾所取，故无颇也。”二个“颇”字原皆为“顾”，形近致误，据《管子集校》改。⑩ 忒：原文为“伐”，形近致误，据文意改。后之解文“故曰不忒”，同。⑪ 不言之言：原文无“之言”，据后面解文增补。本文所谓“不言之言”、“无为之事”，都体现其无为而治思想。⑫ 埶：同势，形态，姿势。“殊形异势”，言万物千差万别。⑬ 怵（chù）：引诱，利诱。原文为“休”，形近致误，据后之解文改。⑭ 君子：原文为“君”，后之解文谓“君子之处也若无知”，据改。⑮ 静因：虚静与因依。“静因之道”，言排除主观的嗜欲成见，完全依照客观事物自身的规律行事。⑯ 能能：能者的功能。“不夺能能”，言不可取代各个能者的功用。⑰ 试：做，操作。《形势》篇谓“上无事则民自试”，“试”字义与此同。试，原文为诚，形近致误，据文意改。⑱ 趮：同躁，趮，急躁。⑲ 职：记。《史记·屈原传》：“章画职墨兮，前度未改。”《索隐》：“《楚词》‘职’作‘志’。志，念也。”⑳ 人皆欲知而莫索之：知，通智。此句乃复举上文“人皆欲智而莫索其所以智”。㉑ 其所知：原文为“其所以知”，“以”字涉下句而衍。据文意删。㉒ 能：读为“而”，“而”与“如”古通用。“莫能”，意即“莫如”。㉓ 去知：不要智慧。此与前文“智乎，智乎，投之海外无自夺”涵义相应。奚求：原文为“奚率求”，衍“率”字，据《管子集校》删。㉔ 设：设计，筹划。㉕ 低赶（wǔ）：同抵牾，意即抵触。“低”，原文为“位”，据《管子集校》改。㉖ 舍：施舍，实施，此指体现。㉗ 职：通识，认识。㉘ 以：同已。㉙ 礼出乎理，理出乎义：原文为“礼出乎义，义出乎理”，据《管子集校》改。㉚ 义因乎宜：原文为“理因乎宜”，据《管子集校》改。㉛ 出：指参差不齐。同出，意即划一或统一不齐的社会行动。㉜ 真：原文为“莫”，形近致误，据文意改。此处“真人”，乃复举上文之“真人”。上文误为“直人”，此处误为“莫人”。㉝ 宜:此宜通义，义借为“俄”，偏斜之意。下“故能无宜也”，同。㉞ 应：适应。下文“因”，意即因依。因、应，都是指尊重事物自身，不加人为的干预与修饰。㉟ 取：原文为“顾”，据《管子集校》改。㊱ 开：原文为“阙”，据上文“开其门”改。㊲ 好过：意同好恶，指个人好恶。㊳ 名不得过实：原文无“名”，据《管子集校》增补。㊴ 姑：通诂，解释。㊵ 为之者人也：原文为“为之人者也”，“人者”两字误倒，据文意改。㊶ 务其所以成：原文为“务其应所以成”，据《管子集校》删“应”字。㊷ 此：原文为“之”，据《管子集校》改。㊸ 无为之事：原文为“无为之道”，据上文改。㊹ 善：通缮，修治，修饰。㊺ 未:疑作“味”，玩味，欣味。译文从“味”。㊻ 与：随同。与物异，意即随物而异，适应万物自身的不同。㊼ 仵：违背，抵触。㊽ 为：通伪。变化则伪生，意即随意改变则产生违背客观事物的假象。下“为”字同。

【译文】

心在人体，处于君的地位，九窍的各有功能，有如百官的各有职务。心的活动于正道相符，九窍就能按常规工作；心充满了嗜欲，眼就看不见颜色，耳就听不到声音。因此说：在上位的脱离了轨道，居下位的就荒怠职事。不要代替马去跑，让它自尽其力；不要代替鸟去飞，让它充分使用其羽翼。不要先物而动，以观察事物的运动规律。动则失掉为君的地位，静就可以自然地掌握事物运动规律了。

道，离人不远而难以探其穷尽，与人共处而难以掌握。使欲念空虚，神（道）就将来到心里；欲念扫除不净，神（道）就不肯留处。人人都想得到智慧，但不懂得怎样才能获得智慧。智慧呵，智慧呵，应把它投之海外而不可空自强求。追求智慧不如保持心的空虚。圣人就是无

所追求的，所以能够做到“虚”。

虚无无形叫作道，化育万物叫作德，摆正君臣父子这类人间的关系叫作义，尊卑揖让、贵贱有别以及亲疏之间的体统叫作礼，繁简、大小的事务都用道来划一，并规定杀戮禁诛等事叫作法。

大道，可以顺应它而不能说得明白。真人的理论不偏不颇，不从口里说出，不在表情上流露，四海的人，又谁能明白他的法则呢？

天是虚的，地是静的，所以没有差错。清扫房屋（指心），开放门户（指九窍），排除私欲，不要主观成见，神明就似乎出现了。事物总是纷杂地好像很乱，静下来就自然有条不紊。能力再强也不能把一切事情都办起来，智慧再高也不能把所有事情都考虑周到。物的自身本来有它一定的形体，形体自身本来有它一定的名称，立名正合于实际，就叫作圣人。因此，必须懂得什么是不由自己去说的理论，不用亲自去做的事业，然后才知道的要领。尽管万物的形态千差万别，但从不违背万物自身的规律，所以能成为天下的始祖。

人可以用杀戮来镇压，这是因为他们怕死；可以用不利之事来阻止，这是因为他们贪利。所以君子不被爱好之事所诱惑，不被厌恶之事所胁迫，安闲无为，消除了智谋和故巧。他的处事，不是出于他自己的主观筹划；他的行动，不是出于他自己的主观择取。有过错在于自以为是，发生罪过在于妄加变化。因此有道的君子，他在自处的时候，象是没有知识；他在治理事物时，象是只起配合的作用。这就是静因之道。

“心在人体，处于君的地位；九窍各有的功能，有如百官的职务一样。”这是说耳目是管视听的器官，心不去干预视听的职守，器官就得以尽到它们的本分。心里有了嗜欲杂念，那就有东西也看不见，有声音也听不到。所以说：上离其道，下失其事。所以说：心的功能，就是用虚静无为来管辖九窍的。所以叫作“君”，“不要代替马去跑”，“不要代替鸟去飞”，这是说不要代替各个能者的功用，不要干预下面的操作。所谓“不要先物而动”，是因为摇摆就不能镇定，躁动就不能平静，就是说“动”就不可能好好观察事物了。“位”，指所处的地位。人君是处在阴的地位，阴的性质是静，因此说“动则失位”。处在阴的地位可以控制阳，处在静的地位可以掌握动，所以说“静乃自得”。

道在天地之间，无限大又无限小，因此说“不远而难极也”。虚与人之间没有什么距离，但只有圣人能够做到虚，所以说“并处而难得”。人们所要记住的是心意专一。清除欲念则心意疏通，疏通则虚静，虚静就可以专一。心意专一则独立于万物之上，独立则明察一切，明察一切就到达神的境界了。神是最高贵的，馆舍不加扫除，贵人就不肯居住。因此说“不洁则神不处”。所谓“人皆欲知而莫索之”，就是说，人们所认识的对象是外界事物（彼），而人们认识的主体是心（此），不把心修养好，怎么能认识外界事物？修养心的最好办法，莫如使它处于虚的状态。虚，就是无所保留。所以说，能做到连智慧都抛掉，就没有什么可追求的了；能做到无所保留，就没有什么可筹划的了。不追求又不筹划就可以做到无虑，无虑就回到虚的境界了。

天道，是虚而无形的。由于虚，就不受挫折；由于无形，就无所抵触。无所抵触，所以能普遍流通于万物之中而不变。德，是道的体现。万物依赖它得以生长，心智依赖它得以认识道的精髓。所以，“德”就是“得”。所谓得，那就等于说是所要得到的东西已经实现了。无为叫作道，体现它就叫作德，所以道与德没有什么距离，谈论它们往往不加区别。硬是要问它们有所距离的道理，还是说德是用来体现道的。所谓义，说的是各行其宜。所谓礼，则是根据人的感情，按照义的道理，而规定的制度和标志。所以，礼就是有理。理是通过明确本分来表达义的。因此，礼从理产生，理从义产生，义是根据行事所宜来定的。法，是用来划一不齐行动而不得不这样实行的，所以要用杀戮禁诛来划一。事事都要用法来督察，法要根据权衡得失来制定，而权衡得失则是以道为根据的。

所谓道，动作时看不见它的形体，布施时看不到它的德惠，万物都已经得到它的好处，但不知它的究竟。所以说“可以安而不可说”。“真人”，言其水平最高。“不偏”，说的是“应”。所谓应，即不是由自己主观筹划，所以能做到不偏。“不颇”，说的是“因”。所谓因，即不是由自己主观择取，所以能做到不离。“不出于口，不见于色”，讲的是道的无形；“四海之人，孰知其则”，讲的是蕴藏极深。

天的道是“虚”，地的道是“静”。虚就没有曲折，静就没有变动，没有变动就没有失误，所以叫作“不忒”。“清扫室屋，开放门户”：室屋，指的是心。心是智慧的居处，所以称作“室屋”（宫）。清扫它，即清除喜好与厌恶的意思。门，指的是耳目。由于耳目是听、看外部事物的。“物的自身本来有它一定的形体，形体自身本来有它一定的名称”，这是说名称不得超出事物的实际，实际也不得超过事物的名称。从形体的实际出发阐明形体，从形体的实际出发确定名称，据此来考察理论又规正名称，所以叫作“圣人”。“不由自己亲自去说的理论”，意思就是“应”。所谓应，是由于它的创造者是别的人。抓住每一种名称的事物，研究它自身形成的规律，这就是“应”的做法。“不用自己亲自去做的事业”，意思就是“因”。所谓因，就是不增加也不减少。是个什么样，就给它起个什么名，这就是“因”的做法。名称不过是圣人用来标记万物的。一般人行事总是立意强求，专务修饰，欣味逞能，而运用故巧。圣人则没有这些毛病。没有这些就可以随万物之不同而不同了。随万物而不同就能做到虚，虚是万物的开始，因此说：“可以为天下始。”

一般的人往往被迫于所厌恶的事物，而失掉他应喜好的东西；或者被诱惑于所喜好的东西，因而连可恶的事物都忘记了。这都是不合于道的。所以说：“不怵乎好，不迫乎恶。”厌恶要不丧失常理，喜好要不超越常情，所以叫作“君子”。“安闲无为，消除了智谋和故巧”，说的是保持空虚纯洁。“他的应事不是出于他自己的主观筹划，他的行动不是出于他自己的主观择取”，这是说“因”的道理。所谓因，就是撇开自己而以客观事物为依据。感知事物而后去适应，就不是由自己所筹划的了；按照事物的道理采取行动，就不是自己所择取的了。“有过错在于自以为是，发生罪过在于妄加变化”：自以为是就不能够做到虚，不能虚，主观认识就与客观事物发生抵触了；妄加变化就会产生虚伪，产生虚伪就陷于混乱了。所以，道以“因”为贵。因，就是根据物自身的所能来发挥它应有的作用。“君子自处时象是没有知识”，说的是最虚境界。“他在治理事物时象是只起配合的作用”，说的是经常适应事物，好比影子与形体相似，回响与发声相随一样。所以，事物一到眼前就去适应，过去就舍开了。所谓舍开，说的是又回到虚的境界。

心术下[①]

形不正者，德不来[②]；中不精者，心不治。正形饰德[③]，万物毕得。翼然自来，神莫知其极，昭知天下，通于四极。是故曰：无以物乱官，毋以官乱心，此之谓内德[④]。是故意气定，然后反正。气者身之充也[⑤]，行者正之义也[⑥]。充不美则心不得，行不正

则民不服。是故圣人若天然，无私覆也；若地然，无私载也。私者，乱天下者也。

凡物载名而来，圣人因而财之[7]，而天下治；实不伤，不乱于天下，而天下治。

专于意，一于心，耳目端，知远之近[8]。能专乎？能一乎？能毋卜筮而知凶吉乎？能止乎？能已乎？能毋问于人而自得之于己乎？故曰，思之。思之不得，鬼神教之。非鬼神之力也，其精气之极也。

一物能变曰精[9]，一事能变曰智。募选者所以等事也[10]，极变者所以应物也。募选而不乱，极变而不烦，执一之君子执一而不失，能君万物，日月之与同光，天地之与同理。

圣人裁物，不为物使。心安是国安也，心治是国治也。治也者心也，安也者心也。治心在于中，治言出于口，治事加于民，故功作而民从，则百姓治矣。所以操者非刑也，所以危者非怒也。民人操，百姓治，道其本至也。至不至无[11]，非人所而乱[12]。

凡在有司执制者之制[13]，非道也。圣人之道，若存若亡，援而用之，殁世不亡。与时变而不化，应物而不移，日用之而不化[14]。

人能正静者，筋肕而骨强[15]，能戴者大圆[16]，体乎大方，镜者大清，视乎大明。正静不失，日新其德，昭知天下，通于四极。全心在中不可匿[17]，外见于形容，可知于颜色。善气迎人，亲如弟兄；恶气迎人，害于戈兵。不言之言，闻于雷鼓。全心之形，明于日月，察于父母。昔者明王之爱天下[18]，故天下可附；暴王之恶天下，故天下可离。故赏之不足以为爱[19]，刑之不足以为恶。赏者爱之末也，刑者恶之末也。

凡民之生也，必以正平。所以失之者，必以喜乐哀怒。节怒莫若乐，节乐莫若礼，守礼莫若敬。外敬而内静者，必反其性。

岂无利事哉？我无利心。岂无安处哉？我无安心。心之中又有心。意以先言，意然后形，形然后思，思然后知。凡心之形，过知失生。

是故内聚以为泉原[20]。泉之不竭，表里遂通；泉之不涸，四支坚固。能令用之，被及四圄[21]。

是故圣人一言解之，上察于天[22]，下察于地。

【注释】

① 心术下：心术的涵义见上篇注释①。② 不：意同无，同禾。“形不正者，德不来”，言外形不端正者是由于内德没有来到（即没有内德）。③ 饰：通饬。④ 内德：《内业》篇作“内得”，《管子》朱本、刘本正作“内得”。译文从“得”。⑤ 充：指充实于内部的东西，意即内容。⑥ 义：同仪，仪器，标准。⑦ 财：通裁，裁断，裁决。⑧ 近：原文为“证”，据《管子集校》改。“知远之近”，意同知远若近。“之”意为“若”。《内业》篇作“虽远若近”。⑨ 物：原文为“气”，据《内业》篇“一物能化谓之神”改。“精”与“神”在本文与《内业》篇中都被看作性质相同的东西，含义相通。⑩ 募：原文为“慕”，据《管子集校》一说改。募选，谓广求而加以选择。等：等第，等次。⑪ 不：通丕，巨大。⑫ 非人所而乱：“而”通能，意即“非人所能乱”。原文“人所”两字误倒为“所人”，据文意改。⑬ 制：原文为“利”，据《管子集校》一说改。⑭ 化：据《管子集校》一说，应作“伤”，译文从“伤”。⑮ 肕：通韧，强韧。⑯ 戴者大圆：原文为“戴大圆者”，据《管子集校》一说改。者，同诸。此即读为“戴诸大圆”。大圆指天，下文“大方”指地。《内业》作“乃能戴大圆而履大方”，两处含义相同，有顶天立地之意。又下句之

大清，指清水。⑰ 全：原文为“金”，据《内业》篇“全心在中不可蔽匿”改。下“全心之形”，同。⑱ 明王之爱天下：疑当作“明王之心爱天下”，加“心”字文义始足。下文亦当作“暴王之心恶天下”。译文从之。⑲ 赏：原文为“货”，形近致误。赏与刑为对文，据文意改。《内业》篇“赏不足以劝善，刑不足以惩过”是其证。下文“赏者爱之末也”，同。⑳ 泉：原文无，据《内业》篇“内藏以为泉原”补。下两“泉”字正承此。㉑ 被及四圄：原文为“被服四固”，据《管子集校》改。圄，通圉，指边疆言。㉒ 察：古与“际”声同意通，遇合或到达之意。

【译文】

外表不端庄的人，是由于德没有养成；内里不专一的人，是由于心没有治好。端正形貌，整饬内德，使万物都被领会理解，这种境界好像是飞鸟自来，神都不知道它的究竟。这样就可以明察天下，达到四方极远的地域。因此说，不让外物扰乱五官，不让五官扰乱心，这就叫作“内得”（内有所得）。因此，先作到意气安定，然后才能使行为端正。气是充实身体的内容，行为是立身持正的准则。内容不美则心意不安，行为不正则民众不服。因此，圣人总是象天一样，不为私被覆万物；象地一样，不为私载置万物。私，是乱天下的根源。

事物都是带着它的名称而来到世间的，圣人就是根据它本身的情况来裁定它，天下便治理好了。定名无害于实际，使它不在天下发生混乱，天下便治理好了。

专心一意，耳目端正，那就知远事如在近旁。能专心么？能一意么？能做到不用占卜而知吉凶么？能做到要止就止么？能做到要了就了么？能做到不求于人而靠自己解决问题么？因此说，必须进行思考。思考不得，鬼神将给予教导。这不是鬼神的力量，而是精气的最高作用。

一概听任于物而能掌握其变化叫“精”，一概听任于事而能掌握其变化叫“智”。广求而加以选择，仅是给事物分分等类；善于改变方法，仅是为适应事物特点。广加选择而自己不可陷于混乱，善于改变而自己不可陷于烦扰。一个坚持专一的君子，坚持专一而不放松，就能够统率万物，使日月与之同光，天地与之同理了。

圣人裁定事物，不受外物所支配。保持心安，国也安定；保持心治，国也治理。治理在于内心，安定也在于内心。内里有一个治理好的心，口里说的就会是“治言”，加于民众的就会是“治事”，因而事业振兴而人民顺服，百姓就算治理好了。这样，用来掌握百姓的不是刑罚，用来畏惧百姓的不是发怒。掌握人民，治理百姓，道是最根本的。道，最伟大又最虚无，不是什么人能够败坏它的。

凡在官府各部门所实行的制度办法，都不是道。圣人的道，若有若无，拿过来运用，永世也用不完。它帮助时世变化，而自身并不改变；适应万物发展，而自身并不转移。人们天天使用它都不会有所损耗。

人如能进到正和静的境界，身体也就筋韧而骨强，进而能顶天立地，目视如同清水，观察如同日月。只要不失掉这正与静，其德行将与日俱新，而且能遍知天下事物，以至四方极远的地域。内里有一个完整周全的心是不可能掩蔽的，这将表现在形体容貌上，也能在颜色上看得出来。善气迎人，相亲如同兄弟；恶气迎人，相害如同刀兵。这种不用自己说出来的语言，比打雷击鼓还响亮震耳。这完整周全的心的形体，比日月还更光亮，体察事情比父母了解子女还更透彻。从前，明君的心爱天下，故天下归附；暴君的心恶天下，故天下叛离。所以，光是赏赐不足以代表爱护，光是刑罚不足以代表厌恶，赏罚不过是爱恶的微末表现而已。

人的生命，一定要依靠中正和平。其所以有所差失，必然是由于喜乐哀怒。制止忿怒，什么都比不上音乐；控制享乐，什么都比不上守礼；遵守礼仪，什么都比不上保持敬慎。外守敬

而内虚静，就一定能恢复人的本性了。

怎么说没有好事呢？只怕自己没有好心；怎么说没有安宁之处呢？只怕是自己没有安宁之心。心之中又有心。这个心先生志意，再说出话来，有了志意然后形成一个具体的概念，有了具体概念然后即加以思考，经过思考然后即有了知识。大凡心的形体，求知过度则失其生命。

因此，内部的聚集才是泉源。泉源不枯竭，表里才能通达；泉源不干枯，四肢才能坚固。能使人运用这个道理，就有益于四面八方了。

因此，圣人对于道有一个字的解释，就是能够上通于天，下及于地的。

正　世①

古之欲正世调天下者，必先观国政，料事务，察民俗，本治乱之所生，知得失之所在，然后从事。故法可立而治可行。

夫万民不和，国家不安，失非在上，则过在下。今使人君行逆不修道，诛杀不以理，重赋敛，竭民财，急使令，罢民力②，财竭则不能毋侵夺，力罢则不能毋堕倪③。民已侵夺、堕倪，因以法随而诛之，则是诛罚重而乱愈起。夫民劳苦困不足，则简禁而轻罪，如此则失在上。失在上而上不变，则万民无所托其命。今人主轻刑政，宽百姓，薄赋敛，缓使令，然民淫躁行私而不从制，饰智任诈，负力而争，则是过在下。过在下，人君不廉而变④，则暴人不胜，邪乱不止。暴人不胜，邪乱不止，则君人者势伤而威日衰矣。

故为人君者，莫贵于胜⑤。所谓胜者，法立令行之谓胜。法立令行，故群臣奉法守职，百官有常。"法不繁匿"⑥。万民敦悫，反本而俭力。故赏必足以使，威必足以胜，然后下从。

故古之所谓明君者，非一君也。其设赏有薄有厚，其立禁有轻有重，迹行不必同，非故相反也，皆随时而变，因俗而动。夫民躁而行僻，则赏不可以不厚，禁不可以不重。故圣人设厚赏，非侈也；立重禁，非戾也。赏薄则民不利，禁轻则邪人不畏。设人之所不利，欲以使，则民不尽力；立人之所不畏，欲以禁，则邪人不止。是故陈法出令而民不从。故赏不足劝，则士民不为用；刑罚不足畏，则暴人轻犯禁。民者，服于威杀然后从，见利然后用，被治然后正，得所安然后静者也。夫盗贼不胜，邪乱不止，强劫弱，众暴寡，此天下之所忧，万民之所患也。忧患不除，则民不安其居；民不安其居，则民望绝于上矣。

夫利莫大于治，害莫大于乱。夫五帝三王所以成功立名，显于后世者，以为天下致利除害也。事行不必同，所务一也。夫民贪行躁，而诛罚轻，罪过不发，则是长淫乱而便邪僻也。有爱人之心，而实合于伤民。此二者不可不察也。

夫盗贼不胜则良民危⑦，法禁不立则奸邪繁。故事莫急于当务，治莫贵于得齐⑧。制民急则民迫，民迫则窘，窘则民失其所葆⑨；缓则纵，纵则淫，淫则行私，行私则离公，离公则难用。故治之所以不立者，齐不得也。齐不得则治难行。故治民之齐，不可不察也。圣人者，明于治乱之道，习于人事之终始者也。其治人民也，期于利民而止。故其位齐也[10]，不慕古，不留令，与时变，与俗化[11]。

夫君人之道，莫贵于胜。胜，故君道立；君道立，然后下从；下从，故教可立而化可成也。夫民不心服体从，则不可以礼义之文教也。君人者不可以不察也。

【注释】

① 正世：匡正当世，即治国、治世之意。② 罢：同疲，下“力罢”同。③ 堕：通隋。“堕倪”，疲惰傲慢。尹注：“倪，傲也。”④ 廉：考察，查访。⑤ 胜：优胜，压倒。此言君主对臣民须保持优胜压倒的地位，其具体表现即法令通行无阻。⑥ 繁：滋长，繁多。“法不繁匿”，意即有法即不利于奸恶的滋长。此似古代成语，说明法度是制止奸恶的有力工具。匿同慝，奸恶。⑦ 危：不安定。本书《治国》：“民贫则危乡轻家”，尹注：“危，谓不安其居也。”⑧ 齐：适中。《尔雅》：“齐，中也。”此处指掌握政策须缓急适中。⑨ 葆：通保。⑩ 位：通立，确立。⑪ 俗：指国人或民众的习俗。

【译文】

古时想要匡正当世治理天下的人，一定要先考察国家的政情，分析国家的事务，知道人民的习俗，查明治乱根源与得失所在，然后着手进行。如此一来，法制才能成立，政治措施才能推行。

大概人民不团结，国家不安定，过错不在君主，就在下边。假若君主不讲求治国原则而倒行逆施，惩治杀戮不依据理法行事，重收赋税，枯竭民财，暴征徭役，疲困民力，那么民财枯竭就不免发生侵夺，民力疲困就不免怠惰轻慢了。人民已经到了侵夺、惰慢的地步，再用刑法来惩罚他，那就是刑罚越重，祸乱越起。人民一陷入劳苦和穷困，就无视禁令和刑罪，这就叫作过失在于君主。过在君主而君主不改，万民就无法依靠他安身立命了。倘若君主对人民轻刑，宽待，薄收赋税而缓征徭役，人民却放纵行私而不听从节制，取巧行诈，以力相争，那么过失就在下边了。过在下边，君主若不能明察而加以纠正，那么暴乱分子就不能制止，邪乱之事就不会停息。暴人不制服，邪乱不停息，则统治人民的君主，其势力将受到损害，而权威日见下降。

因此，作为君主，最重要的是一个“胜”字。所谓胜，法度能成立，政令能贯彻，就叫做“胜”。因为法度能成立而政令能贯彻，群臣就守法尽职，百官也有法可依。“法度总是不利于恶人滋长的”。万民会由此敦厚诚朴，安心农业而节俭勤劳。如此一来，赏与罚就一定能够起到推动与克制的作用，然后下面就能归服统治了。

古时之所谓英明君主，并非仅只一人。他们立赏有薄有厚，行禁有轻有重，做法不一定相同，但并非故意使之不同，而是随着时势的发展而变化，依据人们风俗而行动的。人民急躁而行为邪僻，立赏就不可不厚，行禁就不可不重。故圣人设厚赏不能算作过分，行重禁不能算作暴戾。赏薄则人们不以为利，禁轻则恶人无所恐惧。设立人们不以为利的轻赏，想要役使人们做事，则不肯尽力；规定人们不以为惧的轻禁，想要禁止人们作恶，则恶人不会平息。因此，颁布法令，人民也不会听从了。因此，赏赐不足以令人激励，士民就不会为君主出力；刑罚不足以使人畏惧，坏人就轻于违法犯禁。人民，畏于刑杀然后才能服从，得到好处然后才能听用，被治理然后才走正路，安居乐业然后才安定无事。如果盗贼不能镇压，邪乱不能禁止，强者劫持弱者，多数欺侮少数，这是天下所最忧虑，百姓所最害怕的。忧患不能除，人民就不得安居；人民不得安居，他们对君主就绝望了。

国家最大的利益莫过于安定，最大的危险莫过于动乱。五帝三王之所以成功立名显于后世，正因为他们能为天下兴利除害。他们的所作所为不一定相同，但努力的目标是一致的。人民是贪利而性行急躁的，如果刑罚太轻，罪过不得举发，这就是助长淫乱而有利于邪僻的行为。看起来有爱民之心，实际上正好是伤害人民。这两者是不可不认真考虑的。

盗贼不能镇压，良民就生活不安；法禁不能建立，恶人就大量出现。所以行事最要紧的是解决当前大事，治国最可贵的是掌握缓急适中。管理过急则人民困迫，困迫则无所适从，无所适从则人民失去生活的保障；管理过缓则人民放纵，放纵则淫邪，淫邪则行私，行私则背公，背公就难以使用了。所以，一个国家政治措施之所以立不住，就是因为没有得到这个"适中"。不得适中，措施就很难推行。所以治民的"适中"政策，是不可不认真体察的。所谓圣人，就是懂得治乱规律，深悉人事终始的人。他治理人民，只求有利于人民就完了。所以他确立这个"适中"政策的时候，不迷信古代，也不拘泥于今天，而是随着时代和国人习俗的发展而变化的。

统治人民的方法，莫贵于"胜"。只有保持这种"胜"，君主的一套制度才能确立；君主制度确立了，然后下面才可以服从；下面服从，教化才能够开展而有成效。如果人民不是思想和行动都完全服从，就不可能用礼义的各种规则来教化他们。这一点是统治者不可不认真体察的。

治　国[①]

凡治国之道，必先富民。民富则易治也，民贫则难治也。奚以知其然也？民富则安乡重家，安乡重家则敬上畏罪，敬上畏罪则易治也。民贫则危乡轻家[②]，危乡轻家则敢凌上犯禁，凌上犯禁则难治也。故治国常富，而乱国常贫。是以善为国者，必先富民，然后治之。

昔者，七十九代之君[③]，法制不一，号令不同，然俱王天下者，何也？必国富而粟多也。夫富国多粟生于农，故先王贵之。凡为国之急者，必先禁末作文巧[④]。末作文巧禁则民无所游食，民无所游食则必农。民事农则田垦，田垦则粟多，粟多则国富。国富者兵强；兵强者战胜；战胜者地广。是以先王知众民、强兵、广地、富国之必生于粟也，故禁末作，止奇巧，而利农事。今为末作奇巧者，一日作而五日食。农夫终岁之作，不足以自食也。然则民舍本事而事末作。舍本事而事末作，则田荒而国贫矣。

凡农者月不足而岁有余者也。而上征暴急无时，则民倍贷以给上之征矣[⑤]。耕耨者有时，而泽不必足，则民倍贷以取庸矣。秋籴以五，春粜以束[⑥]，是又倍贷也。故以上之征而倍取于民者四[⑦]，关市之租，府库之征粟十一[⑧]，厮舆之事[⑨]，此四时亦当一倍贷矣。夫以一民养四主，故逃徙者刑而上不能止者，粟少而民无积也。

嵩山之东[⑩]，河汝之间，蚤生而晚杀[⑪]，五谷之所蕃熟也。四种而五获[⑫]。中年亩二石，一夫为粟二百石。今也仓廪虚而民无积，农夫以粥子者[⑬]，上无术以均之也。故先王使农、士、商、工四民交能易作，终岁之利无道相过也。是以民作一而得均[⑭]。民作一则田垦，奸巧不生。田垦则粟多，粟多则国富。奸巧不生则民治。富而治，此王之道也。

不生粟之国亡，粟生而死者霸，粟生而不死者王。粟也者，民之所归也；粟也者，财之所归也；粟也者，地之所归也。粟多则天下之物尽至矣。故舜一徙成邑，二徙成都，参徙成国[15]。舜非严刑罚重禁令，而民归之矣，去者必害，从者必利也。先王者善为民除害兴利，故天下之民归之。所谓兴利者，利农事也。所谓除害者，禁害农事也。农事胜则入粟多，入粟多则国富，国富则安乡重家，安乡重家则虽变俗易习、驱众移民，至于杀之，而民不恶也。此务粟之功也。上不利农则粟少，粟少则人贫，人贫则轻家，轻家则易去，易去则上令不能必行，上令不能必行则禁不能必止，禁不能必止则战不必胜、守不必固矣。夫令不必行，禁不必止，战不必胜，守不必固，命之曰寄生之君[16]。此由不利农少粟之害也。粟者，王之本事也，人主之大务，有人之途，治国之道也。

【注释】

① 治国：治理国家。② 危：尹注："危，谓不安其所居也。" ③ 七十九代：不详从何时算起。其一般含义，则泛指历朝历代。④ 文巧：奇技淫巧。⑤ 倍贷：借一还二的高利贷。尹注："倍贷，谓借一还二也。" ⑥ 束：古代以"十"数为束。束为"五"之两倍，指粮价言。⑦ 倍取于民者四：倍取，即成倍索取，与上文之"倍贷"含义相同。"倍取于民者四"，包括上文的三项"倍贷"与下文之一项"倍贷"，合而为四，具体内容为：(一) 上征暴急无时，倍贷以给上之征；(二) 倍贷以取庸；(三) 秋籴以五，春粜以束；(四) 关市之租，府库之征，粟什一，厮舆之事，此四时亦当一倍贷矣。⑧ 粟什一：粮食收成的十分之一。此指田赋的征收十分中取其一。⑨ 厮舆：劈柴、驾车的劳役。《汉书·严助传》："厮舆之卒有一不备而归者。"注："厮，析薪者。舆，主驾车者。" ⑩ 嵩：原文为"常"，两字形近致误，据《管子集校》一说改。"嵩山"之东加上"河汝之间"方可成为一个区域。河汝之间，指黄河汝水之间，今河南中部一带。⑪ 蚤：通早。⑫ 四种而五获：依尹注："四种谓四时皆种，五获谓五谷皆宜而有所获。" ⑬ 粥（yù）：通鬻，卖。⑭ 作一：专务一业，此即指专务农耕。⑮ 徙：迁徙。⑯ 寄生：依尹注："谓暂寄为生，不能长久。"

【译文】

大凡治国的道理，一定要先使人民富裕。人民富裕就容易治理，人民贫穷就难以治理。为什么这样说呢？人民富裕就安于乡居而爱惜家业，安乡爱家就恭敬君上而畏惧刑罪，敬上畏罪就容易治理了。人民贫穷就不安于乡居而藐视家业，不安于乡居而轻家就敢于对抗君上而违犯禁令，抗上犯禁就难以治理了。因此，治理得好的国家往往是富的，乱国往往是穷的。所以，善于主持国家的君主，一定要先使人民富裕起来，然后再加以治理。

以往，历代的君主，法度不一，号令不同，可是都能统一天下，这是什么原因呢？必定是国富而粮多的原故。国富粮多来源于农业，所以先代圣王都是重视农业的。凡属于治国之急务，一定要先禁止奢侈性的工商业和奢侈品的制造。禁止了这些，人民便无法游荡求食，人民无法游荡求食，就只好从事农业。人民从事农业则土地得到开垦，土地开垦则粮食增加，粮食增加则国家富裕，国富则兵力可以强大，兵强则战争可以取胜，战胜则土地也广阔了。所以，先代圣王懂得人口多、兵力强、国土广和国家富都一定来源于粮食，因而都禁止奢侈性的工商业和奢侈品的制作，以利于发展农业。如今从事奢侈性的工商业和奢侈品制作的人们，干一天可以吃用五天，农民终年劳动，却不能维持自家生活。这样，人民就放弃农业而从事奢侈性的

工商业。弃农而从事奢侈性的工商业，那就土地荒芜而国家贫穷了。

凡是农业，其收入的特点是按月算往往不足，按年算才可能有余。然而，官府征税却急如星火，没有定时，农民只好借“一还二”的高利贷来应付上面征课。耕田锄草都有季节限制，但雨水不一定及时够用，农民又只好借“一还二”的高利贷来雇人浇地。商人秋天买粮的粮价是“五”，春天卖粮的粮价是“十”，这又是一项“一还二”的高利贷。所以，把上面的征索算进来，成倍（一取二）索取农民的地方就达到四项，因为关市的租税、府库的征收、十分之一的征粮和各种劳役放在一起，一年四季加起来，也等于一项“一还二”的高利贷了。一个农民要养四个债主，所以对于外逃者处以刑罪，国君也不能制止外流这，就是粮少而农民没有积蓄的原故。

从嵩山东麓到黄河、汝水之间，作物生长期早，凋落期迟，是粮食增产的好地方。四季皆种而五谷皆收。中等年成亩产两石粮食，一个劳力可以耕百亩收二百石。如今国家粮仓空虚而百姓没有积存，农民卖儿卖女，其缘由就在于君主没有办法均衡人们的收入。因此先代圣王总是让农、士、商、工四民交换他们的技能和劳动，使他们每年的收入不要相差悬殊。这样，农民就可以专一务农而收入可以与其他各业均衡。农民专一务农田野就得到开垦，奸巧之事也不会发生。田野开垦则粮食增多，粮食多则国家富裕。没有奸巧之事人民又会安定。富裕而安定，这正是统一天下的道理。

不生产粮食的国家要灭亡，生产粮食而吃光用尽的国家仅能称霸，生产粮食而又能食用不尽的国家才可以称王天下。粮食，能吸引人民；粮食，能招引财富；粮食，也能使领土开拓。粮食一多，则天下的物产都来了。因此，舜第一次率民迁徙发展农耕建成“邑”，第二次迁徙建成“都”，第三次迁徙建成“国”。舜没有采用严重的刑罚和禁令，而人民都跟定他了，由于离开他必然受害，跟着他必然有利。先代圣王，正是善于为人民除害兴利，所以天下人民都归顺他。所谓兴利，就是有利于农业。所谓除害，就是禁止危害于农业。农业发展则粮食收入增多，粮食收入增多则国富，国富则人民安于乡居而爱惜家业，安乡爱家则虽然改变他们的风俗和习惯，对他们驱使和调遣，以至于有所杀戮，人民都是不憎恶的。这都是致力于粮食生产的功效。君主若是不发展农业，则粮食必少；粮少则人民贫困，贫困则轻视家业，轻家则容易外逃，人民轻易外逃则君令不能做到“必行”，君令不能必行则禁律也不能做到“必止”，禁律不能必止则战争不能做到必胜，防守也不能做到必固了。法令不能必行，禁律不能必止，出战不能必胜，防守不能必固，这叫作寄生的君主。这都是不发展农业缺少粮食的危害。所以增产粮食乃是成王业的根本大事，是人君的重大任务，是招引民众的途径和治国的道路。

地　员[1]

夫管仲之匡天下也，其施七尺[2]。

渎田息徒[3]，五种无不宜。其立后而垂实[4]，其木宜蚖、苍与杜、松[5]，其草宜楚棘。见是土也，命之曰五施，五七三十五尺而至于泉。呼音中角。其水仓，其民强。

赤垆，历强肥[6]，五种无不宜。其麻白，其布黄，其草宜白茅与雚，其木宜赤棠。见是土也，命之曰四施，四七二十八尺而至于泉。呼音中商。其水白而甘，其民寿。

黄唐[7]，无宜也，唯宜黍秫也。宜县泽[8]。行廥落[9]，地润数毁，难以立邑置廥。其草宜术与茅[10]，其木宜檏、榎、桑[11]。见是土也，命之曰三施，三七二十一尺而至于泉。呼音中宫。其泉黄而糗[12]，流徙。

斥埴[13]，宜大菽与麦。其草宜苬、雚，其木宜杞。见是土也，命之曰再施，二七一十四尺而至于泉。呼音中羽。其泉咸，水流徙。

黑埴，宜稻麦。其草宜苹、蓨[14]，其木宜白棠。见是土也，命之曰一施，七尺而至于泉。呼音中徵。其水黑而苦。

凡听徵，如负猪豕觉而骇[15]。凡听羽，如鸣马在野。凡听宫，如牛鸣窌中。凡听商，如离群羊。凡听角，如雉登木以鸣，音疾以清。凡将起五音凡首[16]，先主一而三之，四开以合九九[17]，以是生黄钟小素之首[18]，以成宫。三分而益之以一，为百有八，为徵。不无有三分而去其乘[19]，适足，以是生商。有三分，而复于其所，以是成羽。有三分，去其乘，适足，以是成角。

坟延者[20]，六施，六七四十二尺而至于泉。陕之旁[21]，七施，七七四十九尺而至于泉，阸陕八施[22]，七八五十六尺而至于泉。杜陵九施[23]，七九六十三尺而至于泉。延陵十施，七十尺而至于泉。环陵十一施，七十七尺而至于泉。蔓山十二施，八十四尺而至于泉。付山十三施[24]，九十一尺而至于泉。付山白徒十四施[25]，九十八尺而至于泉。中陵十五施，百五尺而至于泉。青山十六施，百一十二尺而至于泉，青龙之所居，庚泥不可得泉。赤壤𫷷山十七施[26]，百一十九尺而至于泉，其下清商[27]，不可得泉。陘山白壤十八施[28]，百二十六尺而至于泉，其下骈石，不可得泉。陡山十九施[29]，百三十三尺而至于泉，其下有灰壤，不可得泉。高陵土山二十施，百四十尺而至于泉。山之上，命之曰悬泉，其地不干，其草如茅与走[30]，其木乃樠[31]，凿之二尺，乃至于泉。山之上，命曰复吕，其草鱼肠与莸[32]，其木乃柳，凿之三尺而至于泉。山之上，命之曰泉英，其草蕲[33]、白昌，其木乃杨，凿之五尺而至于泉。山之侧[34]，其草兢与蔷[35]，其木乃格[36]，凿之二七十四尺而至于泉。山之侧，其草葍与蒌[37]，其木乃区榆[38]，凿之三七二十一尺而至于泉。

凡草土之道，各有穀造[39]。或高或下，各有草土。叶下于𦶇[40]，𦶇下于莞[41]，莞下于蒲，蒲下于苇，苇下于雚，雚下于蒌，蒌下于荓[42]，荓下于萧，萧下于薜，薜下于萑[43]，萑下于茅。凡彼草物，有十二衰，各有所归。

九州之土，为九十物。每土有常[44]，而物有次。

群土之长，是唯五粟。五粟之物，或赤或青或白或黑或黄。五粟五章。五粟之状，淖而不肕，刚而不觳，不泞车轮，不污手足。其种，大重细重[45]，白茎白秀，无不宜也。五粟之土，若在陵在山，在隫在衍[46]，其阴其阳，尽宜桐柞，莫不秀长。其榆其柳，其檿其桑，其柘其栎，其槐其杨，群木蕃滋，数大条直以长[47]。其泽则多鱼，牧则宜牛羊。其地其樊[48]，俱宜竹、箭、藻、龟[49]、楢、檀。五臭生之[50]：薜荔、白芷，蘪芜、椒、连[51]。五臭所校[52]，寡疾难老，士女皆好，其民工巧。其泉黄白，其人夷姤[53]。五粟之土，干而不格[54]，湛而不泽[55]，无高下，葆泽以处。是谓粟土。

粟土之次，曰五沃。五沃之物，或赤或青或黄或白或黑。五沃五物，各有异则。五沃之状，剽忞橐土[56]，虫易全处，忞剽不白，下乃以泽。其种，大苗细苗，𥞩茎黑秀箭长[57]。五沃之土，若在丘在山，在陵在冈，若在陬，陵之阳，其左其右，宜彼群

木，桐、柞、枎、椿，及彼白梓。其梅其杏，其桃其李，其秀生茎起。其棘其棠，其槐其杨，其榆其桑，其杞其枋，群木数大，条直以长。其阴则生之楂藜，其阳安树之五麻[58]，若高若下，不择畴所。其麻大者，如箭如苇，大长以美；其细者，如雚如蒸，欲有与名[59]。大者不类[60]，小者则治，揣而藏之[61]，若众练丝[62]。五臭畴生，莲、舆[63]、蘪芜，藁本、白芷。其泽则多鱼，牧则宜牛羊。其泉白青，其人坚劲；寡有疥骚，终无痟酲。五沃之土，干而不斥[64]，湛而不泽，无高下，葆泽以处。是谓沃土。

沃土之次，曰五位。五位之物，五色杂英，各有异章。五位之状，不塥不灰[65]，青�以落[66]。及其种，大苇无细苇无[67]，赨茎白秀。五位之土，若在冈在陵，在陨在衍，在丘在山，皆宜竹、箭、藻、龟[68]、楢、檀。其山之浅，有茏与介[69]。群木安逐[70]，条长数大：其桑其松，其杞其茸[71]，橦木[72]、胥、容、榆、桃、柳、楝。群药安生，薑与桔梗，小辛、大蒙[73]。其山之枭[74]，多桔、符[75]、榆；其山之末，有箭与苑[76]；其山之旁，有彼黄宝[77]，及彼白昌，山藜苇芒。群药安聚，以圉民殃。其林其漉[78]，其槐其楝，其柞其谷[79]，群木安逐，鸟兽安族[80]。既有麋麃[81]，又且多鹿。其泉青黑，其人轻直[82]，省事少食。无高下，葆泽以处。是谓位土。

位土之次，曰五隐[83]。五隐之状，黑土黑菭，青怵以肥[84]，芬然若灰。其种，櫑葛[85]，赨茎黄秀恚目[86]，其叶若苑。以蓄殖果木，不若三土以十分之二，是谓隐土。

隐土之次，曰五壤。五壤之状，芬然若泽[87]、若屯土。其种，大水肠[88]、细水肠，赨茎黄秀以慈[89]。忍水旱，无不宜也。蓄殖果木，不若三土以十分之二，是谓壤土。

壤土之次，曰五浮。五浮之状，捍然如米。以葆泽，不离不坼。其种，忍隐[90]。忍叶如雚叶，以长狐茸。黄茎黑茎里秀，其粟大，无不宜也。蓄殖果木，不如三土以十分之二。

凡上土三十物，种十二物。

中土曰五忞。五忞之状，廪焉如壏[91]，润湿以处。其种，大稷细稷，赨茎黄秀以慈[92]。忍水旱，细粟如麻[93]。蓄殖果木，不若三土以十分之三。

忞土之次，曰五纑。五纑之状，强力刚坚。其种，大邯郸细邯郸[94]，茎叶如枎椿，其粟大。蓄殖果木，不若三土以十分之三。

纑土之次，曰五壏。五壏之状，芬焉若糠以肥。其种，大荔、细荔，青茎黄秀。蓄殖果木，不若三土以十分之三。

壏土之次，曰五剽。五剽之状，华然如芬以脆[95]。其种，大秬、细秬，黑茎青秀。蓄殖果木，不若三土以十分之四。

剽土之次，曰五沙。五沙之状，粟焉如屑尘厉。其种，大萯、细萯[96]，白茎青秀以蔓。蓄殖果木，不如三土以十分之四。

沙土之次，曰五塥。五塥之状，累然如仆累，不忍水旱。其种大穋杞[97]、细穋杞，里茎黑秀。蓄殖果木，不若三土以十分之四。

凡中土三十物，种十二物。

下土曰五犹。五犹之状如粪。其种大华[98]、细华，白茎黑秀。蓄殖果木，不如三土以十分之五。

犹土之次，曰五壮[99]。五壮之状如鼠肝。其种，青梁，黑茎黑秀。蓄殖果木，不如三土以十分之五。

壮土之次，曰五殖。五殖之状，甚泽以疏，离拆以臞埆埆[100]。其种，雁膳黑实[101]，朱跗黄实[102]。蓄殖果木，不如三土以十分之六。

五殖之次，曰五觳。五觳之状娄娄然，不忍水旱。其种，大菽、细菽，多白实。蓄殖果木，不如三土以十分之六。

觳土之次，曰"五舄"[103]。五舄之状，坚而不骼[104]。其种，陵稻：黑鹅、马夫[105]。蓄殖果木，不如三土以十分之七。

舄土之次，曰五桀，五桀之状，甚咸以苦，其物为下。其种，白稻长狭。蓄殖果木，不如三土以十分之七。

凡下土三十物，其种十二物。

凡土物九十[106]，其种三十六[107]。

【注释】

①地员：《说文》："员，物数也"。② 施：尺度名。尹注："施者大尺之名也"。③ 渎田：渎，指河川。④ 立后：通粒厚。立借为粒，后借为厚。垂：指穗，谷穗。原文为"手"，草书形近而误，据《管子集校》一说改。⑤苍：枪的假借字，苍树。⑥ 赤垆：指赤垆土。垆，指黑色坚硬的土壤。历：此指干疏。⑦ 唐：疑即"溏"，指泥浆。"黄唐"，指黄色泥湿的土壤，故下文言其"地润"。⑧ 县：同悬。"县泽"，即竭泽而使其干涸。⑨ 庿：同墙。下同。⑩ 术：山蓟。原文为"黍秫"，不应列入草中。疑"术"误为"秫"，又衍"黍"字。据文意改。⑪ 櫄：同椿，椿树。⑫ 糗：假为"臭"。⑬ 斥埴：盐碱粘土。"斥"，盐碱之地；"埴"，通指粘土。⑭ 苹：赖蒿。《尔雅·释草》"苹，赖萧。"郭璞注："今赖蒿也，初生亦可食。"⑮ 猪：古时特指小猪。⑯ 凡首：凡，乃"风"字之省借。意指风律。首，指"调"，凡乐之一调，诗之一篇皆称"首"。"五音凡首"，犹言五音风调。⑰ 开：指推衍或推算。"四开"，指推算四次，即：一为三，三为九，九为二十七，二十七再乘以三为八十一。⑱ 黄钟：十二律之一。⑲ 乘：依尹注："乘亦三分之一也。""不无有三分而去其乘"，即再用三除，而在原数上减其三分之一。有通又，"不无又"，意仍是"又"。⑳ 坟延：指水边一带地区。高地曰坟，水涯曰坟。此处言最低之地，以释作水边为宜。延，指延伸，延展，即其延展地区（或称水边一带）。㉑ 陕：狭的本字，俗亦作峡。此处疑指狭谷，译文从之。旁：侧面。原文为"芳"，据《管子集校》一说改。㉒ 阨：原文为祀，据《管子集校》改。"阨陕"，指狭谷。㉓ 杜：读同土"杜陵"，指纯土之丘陵。㉔ 付：通附，附属。㉕ 白徒：白土地区。徒，通土。㉖ 骜：山多小石为骜。㉗ 清商：依尹注："清商，神怪之名"。㉘ 陴：磊之伪字。《说文·阜部》："陴，磊也。"磊，多石之意。㉙ 陡：原文为"徒"，据《管子集校》一说改。陡山，意即陡峻之山。㉚ 如茅：疑即《尔雅·释草》之所谓："茹虑、茅蒐。"此乃一物之二名，即今之茜草。译文从之。㉛ 樠：据《说文》为"松心木"。《汉书·西域传下》："（乌孙国）山多松樠"，颜师古注："樠，木名，其心似松。"㉜ 鱼肠：竹的一种。按宋僧赞宁《笋谱》以为其竹细而屈，故名鱼肠。竹，古称草类，《说文》："竹，冬生草也。"㉝ 蕲：当归，一种草药。㉞ 侧：原文为"材"，据《管子集校》一说改。㉟ 兢：殆"莶"。莶，草名。㊱ 格：读为椵（jiǎ）：一名山楸。格乃"椵"之借字。古音相近，故得通用。㊲ 蔄：一种多年生的蔓草，又名"小旋花"。地下茎可蒸食，有甘味。㊳ 区榆：即刺榆，一种灌木，生于山麓或近山平地。原文为"品榆"，据《管子集校》改。㊴ 谷：训"善"、"好"。"谷造"，谓好的归趋。㊵ 蘩：古芰字，今之菱。㊶ 莞：水葱。原文为"苋"，据《管子集校》一说改。㊷ 萑：草名，马帚。《尔雅·释草》："萑，马帚。"今亦名铁扫帚。㊸ 萑：通蓷，今之益母草。㊹ 土：原为州，据《管子集校》改。㊺ 重：先种后熟的一种作

物名称。㊻ 隤：此指水边。㊼ 数：同速。下文在“条长数大”下尹注：“数，谓速长。”㊽ 樊：此指山边。《淮南子·精神训》高注：“樊，崖也。”㊾ 龟：意为“楸”，一种蒿类植物。㊿ 臭：此指香味，古臭可反训为香。《易·系辞上》：“同心之言，其臭如兰。”51 连：兰的借字，古连、兰多通用。兰为香草。下节中“莲舆、蘪芜”的“莲”，亦读为“兰”。52 校：疑为“效”，译文从“效”。53 夷：通怡，喜悦。《诗·郑风·风雨》：“既见君子，云胡不夷?”姤：即逅，亦有悦畅之意。《诗·绸缪》：“见此邂逅”，《传》：“邂逅，解说之貌。”此处以解释“邂”，以说释“逅”。说，即悦。54 格：当为垎，此指坚硬。《说文》：“垎，水干也，一曰坚也。”55 泽：古通释，脱解，散解。56 剽忞橐土：依尹注：“剽，坚也；忞，密也；橐土，谓其土多窍穴若橐。”57 箭：此指禾杆。58 安树之五麻：原文为“则安树之五麻”，“则”字衍。“安”意同则，据《管子集校》删“则”字。59 欲：婉顺貌。《礼记·祭义》：“其荐之也敬以欲。”有：丰富，多。名：分明。《释名》：“名，明也。”此指行列分明。“名”，原文为“各”，据《管子集校》改。60 类：古通戾，疵节。61 揣：通团，积聚貌。此言把剥制好的麻团集起来。62 练：指把丝麻或布帛煮得柔软洁白。63 舆：疑指一种香草，又名“揭车”。64 斥：同坼，干裂，裂开。65 塥：依尹注：“塥谓坚不相著”。66 菭：依尹注：“音苔。”又注：“菭，地衣也。”下文“五隐之状，黑土黑菭”同。67 苇无：薇菜。据《管子集校》所录尹桐阳说：“苇，薇也。无，芜也。韦无谓薇之茂生者，《说文》：‘‘薇，菜也’，则今野豌豆也。”68 藻龟：参据上文“藻龟楢檀”改。69 茏：草名。又：“红，茏古。”郝懿行义疏疑是一物，即水红。译文从之。介：指芥菜。原文为“斥”，据《管子集校》一说改。70 安：连词，于是。71 茸：通楫，木名。《广韵》：“楫，木名，似檀”。72 姜：原文为“种”，据《管子集校》一说改。73 小辛：即细辛，草药名。大蒙：草药名。74 山之枭：指山颠。尹注：“枭犹颠也。”不孝鸟也’，日至，捕枭磔之，从鸟头在木上，故尹解枭为颠”。75 苻：当作“苻”，鬼目草。76 箭：竹之一种，其叶可入药。下文苑，通菀，即紫菀，也是一种草药。77 虻：草药名，即贝母。78 漉：通麓，山麓。79 谷：楮木，有的地区称为谷桑或楮桑。《说文》：“谷，楮也。”80 族：意指族类繁多。原文为“施”，据《管子集校》改。81 麃（páo）：兽名，鹿属。82 轻直：指廉洁。尹注：“言其性廉，省事少食。”83 隐：原文为“蒕”，据《管子集校》改。下同。84 怺：同忞，细密。85 樠葛：一说，当作“樠葛”，指一种稻禾而言。86 恚目：依尹注：“意指壳实怒开也。”87 泽：假为“萚（tuò），草木脱落的皮叶。88 水肠：指一种水稻。稻非水不生，并以肠状稻穗，故名。89 慈：通滋，意即多。90 忍隐：尹注：“忍隐，草名”。疑是一种蔬菜，可供食用，或可充粮。91 廪：通凛。寒冷的样子。92 秫茎黄秀以慈：“慈”读为“滋”，原文无“以”，据前后文例补。93 如麻：依尹注：“其繁美若麻也。”94 邯郸：本为地名，疑此处指一种粮食名称。“邯郸自古宜稻粱”，故可能以地为名。95 芬：通粉。脆，原文为“赈”，据《管子集校》改。96 茵：草名。在此处，一说茵为小豆。97 穋杞：禾名。后种先熟的一种谷类为“穋”。98 华：黍的别名。99 壮：原文为“弡”，据《管子集校》改。100 臞（qú）：瘦。“堵堵”，言土质贫瘠。101 雁膳：指安胡，即菰。菰（安胡），多年生，水生宿根草本。嫩茎作蔬菜，俗称茭白。颖果可煮食，名为雕胡米。102 朱跗：一种米名，今所谓红米粘，吴语谓之赤米。103 舄：通泻，此指泻卤，即盐碱地。原文为“皃”，据《管子集校》一说改。104 骼：土质坚硬。105 黑鹅马夫：承上“陵稻”而言。陵稻，即陆稻。黑鹅与马夫，疑是陆稻的两个品种。106 土物九十：指上中下土各三十种，共为九十。物，种类。107 其种三十六：指上中下土各宜种植十二种作物，合计为三十六种。

【译文】

管仲治理天下，规定地深七尺为一施。

河川沃土，种五谷无不相宜。这里谷粒肥厚而谷穗充实。这里种树宜于杬、枪、杜梨和松树。种草宜于牡荆和商棘。见到这种土壤，称之为五施之土，即土深五七三十五尺而与地下泉水相接。呼音相当于“角”声。这里水呈青色，居民强壮。

赤垆土，干疏、坚硬而肥沃，种五谷无不相宜。这里种麻则麻色洁白，织出布来则布色润黄。这里种草适于白茅与芄兰，种树适于赤棠。见到这种土壤，称之为四施之土，即土深四七二十八尺而与地下泉水相接，呼音相当于“商”声。这里水白而甜，人民长寿。

黄唐土，不适合种植什么作物，只好种黍和高粱。还应当枯竭水泽排水。修造围墙时，地湿易毁，难以筑城砌墙。这里种草适于山蓟和白茅，种树适于椿、檍、桑树。见到这种土壤，称之为三施之土，即土深三七二十一尺而与地下泉水相接。呼音相当于“宫”声。这里泉水黄而有臭味，易于流失。

斥埴土，适于种植大豆和麦。这里种草适于蒉和芄兰，种树适于杞柳。见到这种土壤，称之为两施之土，即土深二七一十四尺而与地下泉水相接。呼音相当于“羽”声。这里泉水味咸，易于流失。

黑埴土，适于种植稻、麦。这里种草适于赖蒿和蓨，种树适于白棠。见到这种土壤，称之为一施之土，即地深七尺而与地下泉水相接。呼音相当于“徵”声。这里水黑而味苦。

凡是听“徵”声，就好像听到小猪被背走而大猪惊叫的声音。凡是听“羽”声，就好像荒野的马叫。凡是听“宫”声，就好像地窖里的牛鸣。凡是听“商”声，就好像失群的羊叫。凡是听“角”声，就好像山鸡在树上鸣唱，声音又快又清。凡是要起奏五音风调，先确立一变为三，经过四次推演以合成九九八十一之数，由此产生黄钟小素的音律，便成为宫声。三除八十一而将其三分之一加在八十一上，便得一百零八，就是徵声。不可不再用三除而在一百零八上减去三分之一，正够七十二，由此而产生商声。再用三除（七十二），并加在它的原数上，由此产生羽声（九十六）。再用三除并在九十六上减去三分之一，正够六十四之数，由此而产生角声。

水边的土地，土深六施，即六七四十二尺而见到地下泉水。狭谷旁侧的土地，土深七施，即七七四十九尺而见到地下泉水。狭谷的土地，土深八施，即七八五十六尺而见到地下泉水。土陵，九施，即七九六十三尺而见到地下泉水。丘陵的延伸地带，十施，即七十尺见到地下泉水。丘陵的周围地带，十一施，即土深七十七尺而见到地下泉水。山岗的延伸地带，十二施，即八十四尺见到地下泉水。山岗的附属地带，十三施，即九十一尺见到地下泉水。山岗附属地带的白土区，十四施，即九十八尺见到地下泉水。丘陵正中地区，十五施，即一百零五尺见到地下泉水。青山，十六施，即一百一十二尺见到地下泉水，但在青龙的居处，其硬泥部分则没有泉水。红土而多小石的山，十七施，即一百一十九尺见到地下泉水，但下面清商的居处没有泉水。多石山的白土区，十八施，即一百二十六尺见到地下泉水，下面骈石并列的部分没有泉水。陡山，十九施，即一百三十三尺见到地下泉水，下面灰土的部分没有泉水。高陵土山，二十施，即一百四十尺见到地下泉水。山顶上，有一种名为“悬泉”的地方，土不干燥，所生的草是茜草和蔖草，树是樠树，凿地二尺即可见到泉水。山顶上，有一种名为“复吕”的地方，所生的草是鱼肠竹和莸草，树是柳树，凿地三尺就可以见到泉水。山顶上，有一种名为“泉英”的地方，所生的草是当归和菖蒲，树是杨树，凿地五尺可以见到泉水。山侧面，所生的草是白荅和蔷薇，树是落树，凿地二七一十四尺可以见到泉水。山侧面。所生的草是蔃草和蒌蒿，树是刺榆，凿地三七二十一尺才可以见到泉水。

大凡草类与土地的结合特点，各自都有其最好的归趋。或在高处，或在低处，各有不同的草类和土壤。只有叶的海生植物（海带之类）比菱角的生长地域低，菱角比水葱的生长地域低，水葱比水蒲的生长地域低，水蒲比芦苇的生长地域低，芦苇比芄兰的生长地域低，芄兰比蒌蒿的生长地域低，蒌蒿比马帚的生长地域低，马帚比艾蒿的生长地域低，艾蒿比薜荔的生长

地域低，薜荔比益母草的生长地域低，益母草比白茅的生长地域低。那些草类，一共有十二个等次，它们是各有所归的。

九州的土壤，有九十种。每一种土壤都有它固定的特征，其物产不尽相同。

各类土壤中最上等的，是五种粟土。五种粟土的颜色，是红、青、白、黑、黄。即五种粟土有五种标记。五种粟土的性状，湿而不黏，干燥而不瘠薄，不泥阻车轮，也不污浊手脚。它种植作物，宜于大穜和细穜，白茎白花，无不适合。五种粟土，无论在丘陵或在山地，在水边或在平原，在阴面或在阳面都可种桐树和柞树，而无不长得秀美和长大。这里的榆、柳、桑、柘、栎、槐、杨等等，各种树木的滋长，快而且大，其枝条直而且长。这里的池泽多鱼，这里的牧场适于牛羊。这里的土地，这里的山边，都适合生长竹、箭、藻、楸、柔木和檀木。这里还生长五种有香味的植物：薜荔、白芷、麋芜、椒树和兰花。五香植物所产生的效益，使人少病而推迟衰老，士女都生得美，民众都巧妙。那地方泉水呈黄白色，人民容颜润嫩。五粟土，干燥而不坚硬，湿润而不散脱，无论高地低地，都经常保持水分。这就是所谓粟土。

粟土的下一等土壤，是五种沃土。五种沃土的颜色，是红、青、黄、白、黑，也就是五种沃土有五种颜色，各有区别。五沃土的性状，坚实、细密而带有孔窍，容易藏居虫类，坚实而不干白，底下保持湿润。它种植作物，宜于大苗和细苗，红茎黑花而禾秆长大。五种沃土，无论在丘在山，在陵在冈，无论在边角之地，或在丘陵阳面，左右两侧，都适宜于下列树木：桐、柞、扶树和椿树，此外还有白梓。至于这里的梅、杏、桃、李，也是树花滋长枝干挺拔的。这里的棘、棠、槐、杨、榆、桑、杞树和檀树，都长得快而且大，枝条直而且长。这地方的阴处生长山楂和梨树，阳面则可以种各种麻，不管高处和低处，不择地区。这地方所产的麻，大的象箭竹或芦苇，又大又长又美；细的象芄兰或细薪，又顺又多又行列分明。大的麻没有疵节，小的麻条理易治，积聚而加以贮藏，就象漂练好的白丝一样。这里还生有五种带香味的植物：兰花、揭车、蘼芜、藁本和白芷。这里的池泽多鱼，牧场则宜于牛羊。这里的泉水白而青，人民坚劲有力，既少疥疾，又无头痛眩晕之病。五沃土，干燥而不旱裂，湿润而不脱散，无论高地低地，都经常保持水分。这就是所谓“沃土”。

沃土的下一等土壤，是五种位土。五种位土的颜色，也是五色相杂，各有不同标志。五种位土的性状，不硬不灰，色青细密而有青苔。至于它种植作物，适于大苇无和细苇无，赤茎白花。五种位土，即使在土岗或在丘陵，在水边或在平原，在小丘或在高山，都适合生长竹、箭、藻、楸、楢树和檀树。在山的低处，还有水荭和芥菜。各种树木生长强盛，枝条长而发育又快又大，例如桑、松、杞树和椲树，穜树、楢树和榕树，榆、桃、柳树和苦楝等等。各种药材也生长起来，例如姜和桔梗，细辛和大蒙等等。这里的山顶，多产桔梗、鬼目草和地榆；这里的山下，产有竹箭与紫苑；这里的山旁，产有贝母、白昌、山藜、苇芒。各种药材丛生，使人们免于疾病。这里的山林和山麓，这里的槐树林和苦楝林，这里的柞林和楮桑林，群树茂盛，鸟兽也种类繁多。既有麋麃，而且又多产鹿。这里的泉水青黑，这里的人性爽直，省事少食。无论高地或低地的土壤，都经常保持着水分。这就是所谓“位土”。

位土的下一等土壤，是五种隐土。五种隐土的性状，黑土上长有黑苔，色青细密而肥沃，粉解的样子有如草木灰一般。它种植作物，适于樠葛，赤茎黄花而谷实怒开，叶子有如紫苑。就养殖果木来说，比前三类土壤（粟、沃、位土）相差十分之二。这就是所谓“隐土”。

隐土的下一等土壤，是五种壤土。五种壤土的性状，粉解的样子有如草木脱落的皮叶，又如堆积的粪土。它种植作物，适于叫做大水肠和细水肠的稻，赤茎黄花而多产。性耐水旱，所

种无不适合。养殖果木，比起前三类土壤（粟、沃、位土）要差十分之二。这就是所谓“壤土”。

壤土的下一等土壤，是五种浮土。五种浮土的性状，坚硬得土粒如米。由于保有水分，不脱散也不干裂。它种植作物，适合忍蔥。忍蔥的叶子象芄兰叶，因为它长着狐毛一样的茸毛。黄茎、黑茎、黑花，其粟粒都长得大，种植无不适合。养殖果木比前三类土壤要差十分之二。

总之，上等土壤三十种，可种植十二类作物。

中等土壤首先是五种忞土。五种忞土的性状，凛然有如盐粒，保有润湿状态。它种植作物，可种大稷、细稷，赤茎黄花多产。性耐水旱，细粟繁美如麻。养植果木，比前三类土壤相差十分之三。

忞土的下一等土壤，是五种垆土。五种垆土的性状，强力而坚硬。它种植作物，适于大邯郸和细邯郸，茎叶如枤树、櫄树，其粟粒较大。养殖果木，比前三类土壤差十分之三。

垆土的下一等土壤，是五种壏土。五种壏土的性状，粉解的样子有如米糠而比较肥沃。它种植作物，适于大荔和细荔，青茎黄花。养殖果木，比前三类土壤差十分之三。

壏土的下一等土壤，是五种剽土。五种剽土的性状，白白如粉而且土质较脆。它种植作物，适于大秬（黑黍）和细秬，黑茎青花。养殖果木，比前三类土壤差十分之四。

剽土的下一等土壤，是五种沙土。五种沙土的性状，细碎得有如粉尘飞动。它种植作物，适于大秠和细秠，白茎青花而生有枝蔓。这种土养殖果木，比前三类土壤差十分之四。

沙土的下一等土壤，是五种塥土。五种塥土的性状，团粒堆积得象是蜗牛（仆累），不耐水旱。它种植作物，适于大穋杞和细穋杞，黑茎黑花。养殖果木，比起前三类土壤差十分之四。

总之，中等土壤三十种，可种十二类作物。

下等土壤首先是五种犹土。五种犹土的性状，外貌象粪一样。它种植作物，适于大华、细华，白茎黑花。养殖果木，比前三类土壤差十分之五。

犹土的下一等土壤，是五种壮土。五种壮土的性状，有如鼠肝。它种植作物，适于青梁，黑茎黑花。养殖果木，比前三类土壤差十分之五。

壮土的下一等土壤，是五种殖土。五种殖土的性状，非常散落而疏松，有裂隙而且贫瘠。它种植作物，适于黑粒的“菰”和黄粒的朱跗。养殖果木，比前三类土壤差十分之六。

五种殖土的下一等土壤，是五种觳土。五种觳土的性状，是十分空疏的，不耐水旱。它种植作物，宜于大菽（豆）和细菽，豆粒多为白色。养殖果木，比前三类土壤差十分之六。

觳土的下一等土壤，是五种舄土。五种舄土的性状，坚实而不过硬。它种植作物，适于陆稻、黑鹅、马夫。养殖果木，比前三类土壤差十分之七。

舄土的下一等土壤，是五种桀土。五种桀土的性状，味极咸而苦。它是最下等的土壤。它种植作物，适于白稻，其米粒细长。养殖果木，比前三类土壤差十分之七。

总之，下土共三十种，可以种十二种作物。

总之，全部土壤类别为九十，可以种三十六种作物。

弟子职①

先生施教，弟子是则，温恭自虚，所受是极。见善从之，闻义则服。温柔孝悌，

毋骄恃力。志毋虚邪，行必正直。游居有常，必就有德。颜色整齐，中心必式②。夙兴夜寐，衣带必饰；朝益暮习，小心翼翼。一此不解③，是谓学则。

少者之事，夜寐早作。既拚盥漱④，执事有恪⑤。摄衣共盥⑥，先生乃作。沃盥彻盥⑦，汎拚正席，先生乃坐。出入恭敬，如见宾客。危坐乡师⑧，颜色毋怍⑨。

受业之纪，必由长始；一周则然，其余则否。始诵必作，其次则已。凡言与行，思中以为纪⑩，古之将兴者，必由此始。后至就席，狭坐则起⑪。若有宾客，弟子骏作⑫。对客无让⑬，应且遂行，趋进受命。所求虽不在，必以反命。反坐复业。若有所疑，奉手问之⑭。师出皆起。

至于食时，先生将食，弟子馔馈。摄衽盥漱，跪坐而馈。置酱错食⑮，陈膳毋悖。凡置彼食：鸟兽鱼鳖，必先菜羹。羹胾中别⑯，胾在酱前⑰，其设要方。饭是为卒，左酒右浆⑱。告具而退，奉手而立。三饭二斗，左执虚豆⑲，右执挟匕⑳，周还而贰㉑，唯嗛之视㉒。同嗛以齿，周则有始，柄尺不跪㉓，是谓贰纪。先生已食，弟子乃彻。趋走进漱㉔，拚前敛祭㉕。

先生有命，弟子乃食，以齿相要，坐必尽席㉖。饭必奉揽㉗，羹不以手。亦有据膝，毋有隐肘㉘。既食乃饱，循咡覆手。振衽扫席㉙，已食者作，抠衣而降。旋而乡席，各彻其馈，如于宾客。既彻并器㉚，乃还而立。

凡拚之道：实水于盘，攘臂袂及肘，堂上则播洒，室中握手。执箕膺揲，厥中有帚。入户而立㉛，其仪不忒。执帚下箕，倚于户侧。凡拚之纪，必由粤始㉜。俯仰磬折㉝，拚毋有彻㉞。拚前而退，聚于户内。坐板排之，以叶适己。实帚于箕。先生若作，乃兴而辞。坐执而立，遂出弃之。既拚反立，是协是稽㉟。

暮食复礼。昏将举火，执烛隅坐㊱。错总之法㊲，横于坐所。栉之远近㊳，乃承厥火，居句如矩㊴。蒸间容蒸㊵，然者处下㊶，奉碗以为绪。右手执烛，左手正栉。有堕代烛㊷，交坐毋倍尊者㊸。乃取厥栉，遂出是去。

先生将息，弟子皆起。敬奉枕席，问所何趾；俶衽则请㊹，有常则否㊺。

先生既息，各就其友。相切相磋，各长其仪㊻。

周则复始，是谓弟子之纪。

【注释】

① 弟子职：弟子的常规。② 式：法式，规范。③ 一：专一。解：通懈。④ 拚：扫除。⑤ 恪：恭敬。⑥ 摄衣：提起衣襟。古时穿长袍，提起衣襟走动是为防止跌倒，并表示恭谨有礼。共：通供。⑦ 沃盥：以水浇手而洗。沃，浇水。此谓先生起后，弟子服侍先生洗漱。⑧ 乡：通向。⑨ 怍：变动面色。尹注："怍，谓变动容貌。"⑩ 中：意指中和之道。"思中以为纪"，尹注："思合中和，以为纲纪。"⑪ 狭：通挟，在旁称挟。"挟坐"，意即旁坐。⑫ 骏：迅速。《诗·周颂·噫嘻》："骏发尔私。"郑玄笺："骏，疾也。"⑬ 让：通攘，排斥，抗拒。此处引申为失礼。⑭ 奉手：拱手。下"奉手而立"同。⑮ 错：同措，安放。下"错总"同。⑯ 胾（zì）：据尹注："胾，谓肉而细切。"⑰ 胾在酱前：指摆设饭桌时，使肉菜在前，酱碟在后。尹注："远胾近酱，食之便也。"⑱ 浆：原文为酱"，据《管子集校》改。古饮宴之后，以浆（水）漱口称漱。⑲ 豆：古代食器。"虚豆"，犹今言空碗。为添食之便，弟子手里需要拿一空碗。⑳ 挟：筷子。匕：饭匕，取饭之具，即如今之饭板、饭勺。㉑ 贰：再，重复，此处意为增添，指添饭而言。㉒

嗛：缺乏，缺欠。㉓ 柄尺：指饭勺柄长盈尺。饭勺柄长，跪而进食不便，故谓："柄尺不跪。"㉔ 漱：疑指承接漱口之用的漱器（如痰盂之类），而非指漱口用水。因前文已有"左酒右浆"为漱口之用，此处不当重复。㉕ 祭：指祭品。古每食必祭。"敛祭"，即指饭后把祭品收拾起来。㉖ 尽席：依尹注："所谓食坐尽前。"㉗ 奉揽（lǎn）：以手捧执。奉通捧。㉘ 隐（yìn）：凭倚。"隐肘"，谓两肘凭靠案上作大伏状，有失礼貌。㉙ 振衽：抖振衣襟。此言食毕下席时，恐衣襟被别人别物所压，故需抖动，再起立离席。扫席：推开坐褥或坐垫。"席"，指坐垫或坐褥。㉚ 并：屏之省文，意为"藏"。㉛ 立：意指少事站立。"入户而立"，指一事未完，恐先生别有他命，故少事站立等待之。㉜ 奥：室内西南角称奥。古时尊长所居也是祭神的方位。㉝ 磬折：背折如磬。此指在室内洒扫劳动时屈腰折背的状态。㉞ 彻：依伊注："彻，动也。"㉟ 协：相合。稽：相合，一致。㊱ 烛：火炬，古代照明以薪柴麻布等物燃火，成为火炬。此处非指蜡烛。㊲ 总：薪柴或麻结成束称"总"。错（措）总，意即安放柴束。为免于妨碍人们走动，安放柴束需要沿墙横放，故谓"错总之法，横于坐所。"㊳ 栉：指烛烬，即火炬燃烧剩下的部分。远近：意同长短。㊴ 句：依尹注："谓著烛处。""居句如矩"，谓如法放在置烛的原处。矩，尹注："法也。"㊵ 蒸：《说文》："析麻中干也。"蒸亦释为细薪。"蒸间容蒸"，谓每束之中留出可容一蒸的空隙，空松便于燃烧。㊶ 然：燃的本字。㊷ 堕：通惰，疲怠。㊸ 交坐：意即交错执烛。上文谓"执烛隅坐"，故两人替换时，即称交坐。倍：通背。㊹ 俶：开始。㊺ 则：原文为"有"，据《管子集校》改。㊻ 仪：通义，义理。

【译文】

先生施教，弟子遵照学习。谦恭虚心，所学自能彻底。见善就跟着去做，见义就身体力行。性情温柔孝悌，不要骄横而自恃勇力。心志不可虚邪，行为必须正直。出外居家都要遵守常规，一定要接近有德之士。容貌端庄整齐，内心必须合于规范。早起迟眠，衣带必须整饬；朝学暮习，总是要小心翼翼。专心遵守这些而不懈怠，这些就叫作学习规则。

少年学子的本分，要注意晚睡早起。晨起清扫席前而后洗手漱口，做事要注意恭敬谨慎。轻提衣襟小心地把盥洗之器进献在先生面前，先生便起来漱洗。服侍先生洗完便撤下盥器，又洒扫室屋摆好讲席，先生便开始坐入讲席。弟子出入都要保持恭敬，其情景就如同会见宾客。端正地坐着面向老师，不可随便地改变容色。

接受先生讲课的次序，一定要从年长的同学开始；第一遍这样进行，以后则不必如此。首次诵读必须站起身来，以后也无需如此。一切言语、行动，以牢记中和之道为准则，古来成大事的人，都是由此开始。后到的同学入席就坐，旁坐的就应及时站起。若是有宾客来到，弟子要迅速起立。对客人不可失礼，边应边走，快进来向先生请示。即使来宾所找的人不在，也必须回来告知。然后回原位继续学习。学习中若有疑难，便拱手提出问题。先生下课走出，学生一律起立。

及至用饭之时，先生将食，弟子把饭菜送上。挽起衣袖洗漱之后，跪坐把饭菜献给师长。摆放酱和饭菜，饭桌陈列不可杂乱无章。凡一般上菜程序：肉食（鸟兽鱼鳖）之前，必先上蔬菜羹汤。羹与肉相间排列，肉放在酱的前方，其席面应摆成正方形状。饭则上在最后，左右放漱口用的酒、浆。饭菜上完即可退下，拱手站立一旁。一般是三碗饭和两斗酒，弟子左手拿着空碗，右手拿着筷勺，将酒饭轮流添上，注意着杯碗将空的师长。多人空碗按年龄分别先后，周而复始，用长勺就无需跪着送上，这叫作合乎添饭的规章。待先生吃饭完毕，弟子便撤下食具。赶忙为先生送来漱器，再清扫席前并把祭品收起。

先生吩咐之后，弟子才开始进餐。按年龄坐好，坐席要尽量靠前。饭须用手捧食，羹汤自不能用手拿拣。可以使两手凭靠膝头，不可使两肘依伏桌面。待至吃完吃饱，用手拭净咀边。

抖动衣襟移开坐垫，吃完者即可起来，提衣而离开桌面。过一会又需回到席前，各自撤下所食，就象替宾客撤席一般。撤席后就要把食器收起，弟子又回去垂手站立。

关于洒扫的做法：把清水打进盆里，把衣袖挽到肘部，堂屋宽广可以扬手洒水，内室窄小应当掬手近泼。手拿畚箕使箕舌对着自身，畚箕里要同时放进扫帚。然后到屋里站立一会，其仪止不容差错。拿起扫帚就同时放下畚箕，一般是把它靠在门侧。凡按照洒扫的规矩行事，必须从西南的角落扫起。在屋里俯仰躬身进退，扫除时不要碰动其他东西。从前边往后边退着洒扫，最后把垃圾聚在门里。蹲下来用木板排进垃圾，注意使箕舌对着自己。然后还要把扫帚放进畚箕。先生若此时出来做事，便起来上前告止。再蹲下取箕帚又站起来，然后便出门倒掉垃圾。洒扫完仍然回来站立，这才是按照规矩行事。

晚饭时仍按此礼节行事。到黄昏就准备点燃火炬，弟子要执火炬坐在屋的一隅。要注意安放柴束的方法，应当是横放在所坐之地。要看着“烛烬”的长短，对火炬进行接续，如法在原处安放上去。柴束之间还要留有可容一柴的空隙。燃烧的灰烬往往落下，要捧碗来盛装火绪余灰。右手拿着火炬，左手修整“烛烬”，一人累了由另一人及时接替，轮番交坐不可背向老师。最后把余烬收拾起来，到外边把它们倾倒出去。

先生将要休息，弟子要起来服侍。恭敬地奉上枕席，问老师足向何处；第一次铺床要问清楚，以后就则无需再提。

先生已经休息，弟子还会同学友学习。互相切磋琢磨，各自增进其所学的义理。

以上要周而复始地坚持下去，这乃是弟子的规矩。

山国轨①

桓公问管子曰：“请问官国轨②。”管子对曰：“田有轨，人有轨，用有轨，人事有轨③，币有轨，乡有轨④，县有轨，国有轨。不通于轨数而欲为国，不可。”

桓公曰：“行轨数奈何？”对曰：“某乡田若干？人事之准若干？谷重若干？曰：某县之人若干？田若干？币若干而中用⑤？谷重若干而中币？终岁度人食，其余若干？曰：某乡女胜事者终岁绩，其功业若干？以功业直时而杠之⑥，终岁，人已衣被之后，余衣若干？别群轨⑦，相壤宜⑧。”

桓公曰：“何谓别群轨，相壤宜？”管子对曰：“有莞蒲之壤⑨，有竹箭檀柘之壤⑩，有汜下渐泽之壤⑪，有水潦鱼鳖之壤。今四壤之数，君皆善官而守之⑫，则籍于财物，不籍于人。亩十鼓之壤⑬，君不以轨守，则民且守之。民有通移长刀⑭，不以本为得，此君失也。”

桓公曰：“轨意安出⑮？”管子对曰：“不阴据其轨，皆下制其上。”桓公曰：“此若言何谓也？”管子对曰：“某乡田若干？食者若干？某乡之女事若干？余衣若干？谨行州里⑯，曰：‘田若干，人若干，人众田不度食若干。’曰：‘田若干，余食若干。’必有轨程⑰。此谓之泰轨也⑱。然后调立环乘之币⑲。田轨之有余于其人食者，谨置公币焉⑳。大家众，小家寡。山田、间田，曰终岁其食不足于其人若干，则置公币焉，以满其准。重岁，丰年，五谷登。谓高田之萌曰：‘吾所寄币于子者若干？乡谷之杠若干？请为子什减三。’谷为上㉑，币为下。高田抚㉒，间田山不被，谷十倍。山田以君寄币，振其不赡，未淫失也。高田以时抚于主上，坐长加十也。女贡织帛[23]，苟合于国奉者，皆置而券之。以乡圹市准曰：'上无币，有谷。以谷准币。'环谷而应策[24]，国奉决。谷反准。赋轨币，谷廪，重有加十[25]。谓大家委赀家曰：'上且循游[26]，人出若干币。'谓邻县曰：'有实者皆勿左右。不赡，则且为人马假其食于民[27]。'邻县四面皆圹，谷坐长而十倍。上下令曰：'赀家假币，皆以谷准币，直币而庚之。'谷为下，币为上。百都百县轨据。谷坐长十倍。环谷而应假币。国币之九在上，一在下，币重而万物轻。敛万物，应之以币。币在下，万物皆在上。万物重十倍。府官以市圹出万物，隆而止[28]。国轨，布于未形，据其已成，乘令而进退，无求于民。谓之国轨。"

桓公问于管子曰："不籍而赡国，为之有道乎？"管子对曰："轨守其时，有官天财[29]，何求于民。"桓公曰："何谓官天财？"管子对曰："泰春民之功繇[30]，泰夏民之令之所止[31]，令之所发。泰秋民令之所止，令之所发。泰冬民令之所止，令之所发。此皆民所以时守也，此物之高下之时也，此民之所以相并兼之时也。君守诸四务。"

桓公曰："何谓四务？"管子对曰："泰春，民之且所用者，君已廪之矣；泰夏，民之且所用者，君已廪之矣；泰秋，民之且所用者，君已廪之矣；泰冬，民之且所用者，君已廪之矣。泰春功布日[32]，春缣衣[33]、夏单衣、捍、笼、累、箕、縢、籯、筲、稷[34]，若干日之功，用人若干？无赀之家皆假之械器。縢、籯、筲、稷、公衣。功已而归公[35]，折券[36]。故力出于民，而用出于上。春十日不害耕事，夏十日不害芸事，秋十日不害敛实，冬二十日不害除田。此之谓时作。"

桓公曰："善，吾欲立轨官[37]，为之奈何？"管子对曰："盐铁之策，足以立轨官。"桓公曰："奈何？"管子对曰："龙夏之地，布黄金九千[38]，以币赀金，巨家以金，小家以币。周岐山至于峥丘之西塞丘者，山邑之田也，布币称贫富而调之。周寿陵而东至少沙者，中田也，据之以币，巨家以金，小家以币。三壤已抚，而国谷再什倍。梁渭、阳琐之牛马满齐衍[39]。请区之颠齿[40]，量其高壮，曰：'国为师旅，战车驱就敛子之牛马，上无币，请以谷视市圹而庚子。'牛马在上[41]，粟二家。二家散其粟，反准。牛马归于上。"

管子曰："请立赀于民，有田倍之。内毋有，其外皆为赀壤[42]。被鞍之马千乘，齐之战车之具，具于此，无求于民。此去丘邑之籍也[43]。"

"国谷之朝夕在上，山林、廪械器之高下在上，春秋冬夏之轻重在上。行田畴，田中有木者，谓之谷贼。宫中四荣[44]，树其余曰害女功。宫室械器非山无所仰。然后君立三等之租于山，曰：握以下者为柴楂，把以上者为室奉，三围以上为棺椁之奉；柴楂之租若干，室奉之租若干，棺椁之租若干。"

管子曰："盐铁抚轨，谷一廪十，君常操九，民衣食而繇，下安无怨咎。去其田赋，以租其山：巨家重葬其亲者服重租，小家菲葬其亲者服小租；巨家美修其宫室者服重租，小家为室庐者服小租。上立轨于国，民之贫富如加之以绳，谓之国轨。"

【注释】

① 山国轨：轨通会，总计或统计之意。② 官：读为"管"。后文"官天财"，"善官而守之"，同。③

人事：指常费。④ 乡有轨：原文误在"国有轨"之下。但据文意，乡、县、国三者应顺次排列，故移至此外。⑤ 中：相当，适合。《轻重丁》篇尹注："中，丁仲反，合也。"⑥ 直：同值。"直时而扩之"，意即按照时价而计算其总值。⑦ 群：群体，与单项相对。"群轨"，即一组或一套统计项目，指下文四种土地状况而言。⑧ 壤宜：即地宜，谓土地对于种植之物各有所宜。"相壤宜"，即调查土地所宜的具体情况。⑨ 莞蒲：即白蒲。白蒲生于沼泽，故"莞蒲之壤"，指沼泽地而言。⑩ 箭：竹之一种。竹与箭为竹，檀与柘为木。竹箭檀柘多生于山地，故"竹箭檀柘之壤"，指山地而言。⑪ 汜下：污下。《广雅释诂》三："汜，污也。""汜下渐泽"，言污下而潮湿。⑫ 守：掌握，控制。此处指控制产品购销。下文"君不以轨守，则民且守之"，"守"字义与此同。⑬ 鼓：古量器。《地数》篇尹注："鼓，十二斛也"。"亩十鼓之壤"，指亩产百二十斛的上等土地。"鼓"，原文为亩，据《管子集校》改。⑭ 通移长刀：原文为"过移长力"，据《管子集校》一说改。"通移"、"长刀"，均指钱币而言。古齐之法币作长刀形。⑮ 意：预料，预测。《论语·先进》："赐不受命，而货殖焉，亿则屡中。"⑯ 行：行视，巡视。⑰ 轨程：指调查统计所得的标准数据。据马非百说。⑱ 谓：原文为"调"，据《管子集校》改。泰轨：即大轨，指总体或全局上的统计。本书泰、大常通用，下文"泰春"、"泰秋"，同。⑲ 调：计算，算度。环：周遍，全面。"环乘之币"，指经过对上述各项需要的全面计算而确定发行的货币。⑳ 置：意同寄、放，此处意为贷放。㉑ 谷为上：指谷价（粮价）上涨。㉒ 抚：指据有或掌握。㉓ 贡:通工。㉔ 环谷：同还谷。上文谓已经立契（券）用粮谷购买织帛，故即需偿还粮谷。策：即指上文之"券"，意即契据。"应策"，即支付契据上所定的货款，犹今言清偿购货合同。"应"在此处，意指支应或支付。㉕ 有：通又。㉖ 循：通巡，原文为修，形近致误，故改。㉗ 假其食于民：原文无"于"字，据《管子集校》补加。㉘ 隆：通降，谓物价下降。隆、降古字通用。㉙ 有官天财：有，通又；官，通管。意即再管好自然资源。㉚ 功繇：农功与徭役。㉛ 止：禁止，指对山泽的封禁。下文"令之所发"，指对山泽的开放。㉜ 功：指农功，农事。布：布置，安排。㉝ 缣衣：意同兼衣，与单衣相对，即双层的夹衣。㉞ 捍：指竿子，农家用的竹竿、木杆。 笼：筐篮。原文为"庞"，据刘本、朱本改。 累：绳索。 箕：畚箕。 幐（tēng）：口袋。原文为"胜"，据《管子集校》一说改。 籯：筐笼一类的盛物竹器。 筲：竹盒或盛饭的竹器。原文为"屑"，据《管子集校》一说改。下句同。 稯：稯绳，用以束禾。㉟ 归公：原文为"归公衣"，衍"衣"字，据《管子集校》删。㊱ 折券：借贷以竹简为契据（券），清偿时折毁废除，称为折券。㊲ 轨官：统计理财的官府或机构。成立此种机构，其业务活动需要资金。故谓"盐铁之策足以立轨官"，意即依靠盐铁专营政策的收入来兴办此种机构。㊳ 布：贷放，指贷放预购粮食的款项。㊴ 梁渭、阳琐：假托的两个姓氏。一为梁渭，一为阳琐。㊵ 区："区之颠齿"，在头顶及牙齿上加以区别，即判别马之老少。㊶ 在上：指在国家手中，或为国家所有。原文为"为上"，据文意改。㊷ 其外：言内地之外，即指边远地区。边地盛产牛马，故应"皆为赀壤"。原文为"其外外"，衍一"外"字，据《管子集校》删。立赀，即订立合同。参据马非百说。㊸ 丘邑：古代划分田地、区域的单位。《周礼·地官·小司徒》："九夫为井，四井为邑，四邑为丘。"㊹ 荣：屋翼。"宫中四荣"，谓院内房屋之四周，古代房屋四周均植桑树养蚕。此处则要求只准种桑，种植其他杂木者，以危害女功（养蚕）为名取缔之。

【译文】

桓公问管仲说："请问关于国家统计理财工作的管理。"管仲回答说："土地有统计，人口有统计，需用有统计，常费有统计，货币有统计，乡有统计，县有统计，整个国家有统计。不懂得统计理财方法而想要主持国家，是不行的。"

桓公说："实行统计理财方法应该怎么办？"回答说："一个乡有土地多少？用费的一般标准多少？粮食总值多少？还有：一个县的人口多少？土地多少？货币多少才合于该县需要？谷价多高才合于货币流通之数？全年计算供应人食后，余粮多少？还有一乡的女劳力，全年进行纺织，其成品多少？应当把成品按时价算出总值，全年，供全部人口穿用后，余布多少？还要有另外一组统计项目，调查土地的情况。”

桓公说：“为什么要用另一组统计项目，调查土地情况呢？”管仲回答说：“有生长莞蒲的沼泽地，有生长竹箭檀柘的山地，有污下潮湿的低洼地，有生鱼鳖的水溏地。这全部四种土地，君主若都善于管理和控制，就可以从产品上取得收入，而不必向人们征税。至于亩产十鼓的上等土地，君主若不纳入统计来控制其产品，富民商人就要来控制。他们手里有钱，从不以务农为重，这便是君主的失策了。”

桓公说：“统计预测的内容怎样产生？”管仲回答说：“此事如不保守机密，朝廷就将受制于下面的富民商人。”桓公说：“这些话是什么意思呢？”管仲回答说：“一个乡土地多少？吃粮人口多少？一乡从事纺织的妇女有多少？余布有多少？认真巡视各州各里后，有的情况是：‘地多少，人多少，粮食不够有多少。’有的情况是：‘地多少，粮食剩余有多少。’必须调查出一个标准数据来。这叫作总体的统计。然后就计划发行一笔经过全面筹算的货币。对于预计其土地收成超过口粮消费的农户，就主动借钱给他们。大户多借，小户少借。山地和中等土地的农户，是全年口粮不够消费的，也要借钱给他们，以保持其最低生活水平。次年，年景好，五谷丰登。官府就对据有上等土地的农户说：‘我所贷给你们的共多少钱？乡中粮食的现价多少？请按照十成减三的比例（即十分之七）折价还粮。’这样粮价就会上涨，币值就会下跌。因为上等土地的余粮被官府掌握起来，中等土地又无法补足山地的缺粮，故粮价将上涨十倍。但山地农户因已有国家贷款，接济其不足，也不至于过分损失。只是上等土地的余粮及时被国家掌握，使粮价坐长了十倍。这时对妇女所生产的布帛，只要合于国家需用，都加以收购并立下契据。契据按乡、市的价格写明：‘官府无钱，但有粮。用粮食折价来收购。’这样又用卖回粮食的办法清偿买布的契据，国家需用的布帛便可以解决。接着粮价又降回到原来水平了。再贷放经过统筹发行的货币，再进行囤集粮食，粮价又上涨十倍。这时通告豪富之家和高利者们说：‘国君将巡行各地，尔等各应出钱若干备用。’还通告邻近各县说：‘有存粮的都不准擅自处理。如果巡行用粮不够，国君将为解决人马食用向民间借粮。’邻县四周都由此影响粮价，粮价又坐涨十倍。国君便下令说：‘从富家所借的钱，一律以粮食折价偿还。’这样，粮食的市价又会降下来了，币值又要上升了。全国的百都百县，其统计理财工作都可按此法行事。首先使粮价坐长十倍。其次用粮食支付借款。再其次因国家货币的九成在官府，一成在民间，币值高而万物贱，便收购物资而投出货币。再其次因货币放在民间，物资都集在官府，万物价格乃上涨十倍；府官便按照市价抛售物资，至物价回降而止。这样的国家统计理财工作，发布在事情未成之前，占有成果在事情已成之后，运用国家号令而收放进退，不必向民间直接求索。所以叫作国家的统计‘理财’。”

桓公问管仲说：“不征收赋税满足国用，有办法么？”管仲回答说：“统计理财工作做得及时，又能管好自然资源，何必向民间征税呢？”桓公说：“何谓管好自然资源？”管仲回答说：“除春天是人民种地与服徭役的时节外，夏天就要明令规定何时禁止、何时开发山泽，秋天与冬天也都要明令规定何时禁止、何时开发山泽，这都是富民乘时控制市场的时节，这些时节又都是物价涨落、贫富兼并的时节。君主一定要注意掌握‘四务’。”

桓公说：“什么叫作四务呢？”管仲回答说：“大春，人民将用的东西，君主早有贮备了；大夏，人民将用的东西，君主早有贮备了；大秋，人民将用的东西，君主早有贮备了；大冬，人民将用的东西，君主早有贮备了。大春安排农事的时候，就计算好：春天的袂衣、夏天的单

衣、竿子、蓝子、绳子、畚箕、口袋、筐子、竹盒、捆绳等物品，使用多少天，使用的人有多少。凡无钱的农家都可以租借这些工具器物：口袋、筐子、竹盒、绳子和公衣等。完工后归还公家，并毁掉借券。所以，劳力出自百姓，器用出自国家。春季最紧要的十天不误耕种，夏季最紧要的十天不误锄草，秋季最紧要的十天不误收获，冬季最紧要的二十天不误整治土地，这就叫作保证按照农时进行作业了。"

桓公说："好，我想筹办一个统计理财的机构，该怎么办呢？"管仲回答说："利用盐铁专营的收入，就足够办好这个机构了。"桓公说："怎么办？"管仲回答说："在龙夏地区，贷放黄金九千斤，可以用钱币辅助黄金，大户用金，小户用币。在歧山周围至峥丘以西的塞丘地区，是山地之田，只贷放钱币，而且按贫富分别调度。在寿陵周围往东至少沙一带，是中等土地，也用贷款控制，大户用金，小户用币。三个地区的出产（粮食）都已掌握起来以后，粮价就可以涨二十倍。梁渭、阳琐两家的牛马遍齐国田野，请去区分一下牛马的岁口，验看一下它们的高壮程度，然后就对这两家说：'国家为建设军队，将把战车赶来征购你们的牛马，但国家手里无钱，就用粮食按市价折算偿付。'这样，牛马为国家所有，粮食归此两家。两家把粮食出卖以后，粮价回到原来的水平，但牛马则落到国家手中了。"

管仲接着说："要与人民订立合同，有田者加倍贷放预购款。内地可不办，边地都是订合同的地区。这里可用之马足够配备千辆兵车，齐国战车的置办，就在这里解决，不必向民间求索。这也就免除按丘、邑等单位向居民征课马匹了。"

"国内粮价的涨落决定于国家，山林和库藏物资的价格涨落决定于国家，春秋冬夏的物价高低也决定于国家。下一步还要巡行各地的农田，凡在田地里面植的树，都把它叫作粮食之害来禁止。凡房屋四周不种桑树而种其他杂木的，都斥为妨害妇女养蚕禁止之。使盖房子、造器械的人们，不靠国家的山林就没有其他来源。然后，君主就可以确定三个等级的租税：树粗不足一握的叫小木散柴，一把以上为建筑用材，三围以上是制造棺椁的上等木材；小木散柴应收税若干，建筑用材应收税若干，棺椁用材应收税若干。"

管仲接着说："用经营盐铁的收入来办理统计理财事业，可以使粮食经过囤积而一涨为十，国家得利九倍，人民还照常衣食服役，安而无怨。现在又免除田赋，收税于山林资源，富户厚葬者出高价，小户薄葬者出低价；富户盖好房子出高价，贫户盖小房子出低价。君主设立统计制度于国内，就象用绳索一样控制人民的贫富，这就叫作国家的统计理财工作。"

山权数①

桓公问管子曰："请问权数。"管子对曰："天以时为权②，地以财为权，人以力为权，君以令为权。失天之权，则人地之权亡。"桓公曰："何为失天之权则人地之权亡？"管子对曰："汤七年旱，禹五年水。民之无檀有卖子者③。汤以庄山之金铸币，而赎民之无檀卖子者；禹以历山之金铸币，而赎民之无檀卖子者。故天权失，人地之权皆失也。故王者岁守十分之参④，三年与少半成岁。二十七年而藏十一年与少半⑤。藏三之一不足以伤民，而农夫敬事力作。故天毁埊⑥，凶旱水泆，民无入于沟壑乞请者也。此守时以待天权之道也。"桓公曰："善。吾欲行三权之数⑦，为之奈何？"管子对曰："梁山之阳绡茜⑧、夜石之币⑨，天下无有。"管子曰："以守国谷，岁守一分，以行五年，国谷之重什倍异日⑩。"管子曰："请立币，国铜以二年之粟顾之⑪，立黔

落[12]。物重与天下调[13]。彼重则见射[14]，轻则见泄，故与天下调。泄者，失权也，见射者，失策也。不备天权，下相求备，准下阴相隶[15]。此刑罚之所起而乱之之本也。故平则不平，民富则贫[16]，委积则虚矣。此三权之失也已。”桓公曰：“守三权之数奈何?”管子对曰：“大丰则藏分[17]，阨亦藏分。”桓公曰：“阨者，所以益也。何以藏分?”管子对曰：“隘则易益也，一可以为十，十可以为百。以阨守丰[18]，阨之准数一上十，丰之策数十去九，则吾九为余。于数策丰[19]，则三权皆在君，此之谓国权。”

桓公问于管子曰：“请问国制[20]。”管子对曰：“国无制，地有量。”桓公曰：“何谓国无制，地有量?”管子对曰：“高田十石，间田五石，庸田三石，其余皆属诸荒田。地量百亩，一夫之力也。粟贾一[21]，粟贾十，粟贾三十，粟贾百。其在流策者[22]，百亩从中千亩之策也。然则百乘从千乘也，千乘从万乘也。故地无量[23]，国无策。”桓公曰：“善，今欲为大国，大国欲为天下，不通权策，其无能者矣。”

桓公曰：“今行权奈何?”管子对曰：“君通于广狭之数，不以狭畏广；通于轻重之数，不以少畏多。此国策之大者也。”桓公曰：“善。盖天下[24]，视海内[25]，长誉而无止，为之有道乎?”管子对曰：“有。曰：轨守其数，准平其流，动于未形，而守事已成。物一也而十，是九为用。徐疾之数，轻重之策也，一可以为十，十可以为百。引十之半而藏四，以五操事，在君之决塞。”桓公曰：“何谓决塞?”管子曰：“君不高仁，则国不相被；君不高慈孝，则民简其亲而轻过。此乱之至也。则君请以国策十分之一者树表置高[26]，乡之孝子聘之币，孝子兄弟众寡不与师旅之事。树表置高而高仁慈孝，财散而轻[27]。乘轻而守之以策，则十之五有在上。运五如行事，如日月之终复。此长有天下之道，谓之准道。”

桓公问于管子曰：“请问教数[28]。”管子对曰：“民之能明于农事者，置之黄金一斤，直食八石。民之能蕃育六畜者，置之黄金一斤，直食八石。民之能树艺者[29]，置之黄金一斤，直食八石。民之能树瓜瓠荤菜百果使蕃育者[30]，置之黄金一斤，直食八石。民之能已民疾病者，置之黄金一斤，直食八石。民之知时：曰‘岁且阨’，曰‘某谷不登’曰‘某谷丰’者，置之黄金一斤，直食入石。民之通于蚕桑，使蚕不疾病者，皆置之黄金一斤，直食八石。谨听其言而藏之官，使师旅之事无所与[31]，此国策之大者也[32]。国用相靡而足，相揲而澹[33]。然后置四限[34]，高下令之徐疾[35]，驱屏万物[36]，守之以策，有五官技[37]。”桓公曰：“何谓五官技?”管子曰：“诗者所以记物也，时者所以记岁也，春秋者所以记成败也[38]，行者道民之利害也[39]，易者所以守凶吉成败也，卜者卜凶吉利害也。民之能此者皆一马之田，一金之衣。此使君不迷妄之数也。五家者[40]，即见[41]：其时，使豫先蚤闲之日受之[42]，故君无失时，无失策，万物兴丰；其春秋[43]，远占得失，以为末教；诗，记人无失辞；行，殚道无失义[44]；易，守祸福凶吉不相乱。此谓君棅。”

桓公问于管子曰：“权棅之数吾已得闻之矣，守国之固奈何?”曰：“能皆已官，时皆已官，得失之数，万物之终始，君皆已官之矣。其余皆以数行。”桓公曰：“何谓以数行?”管子对曰：“谷者民之司命也。智者民之辅也。民智而君愚，下富而君贫，下贫而君富，此之谓事名二。国机，徐疾而已矣。君道，度法而已矣。人心，禁缪而已

矣[45]。”桓公曰：“何谓度法？何谓禁缪？”管子对曰：“度法者，量人力而举功。禁缪者，非往而戒来。故祸不萌通而民无患咎。”桓公曰：“请闻心禁。”管子对曰：“晋有臣不忠于其君，虑杀其主，谓之公过。诸公过之家毋使得事君。此晋之过失也。齐之公过，坐立长差[46]，恶恶乎来刑[47]，善善乎来荣。戒也。此之谓国戒[48]。”

桓公问管子曰：“轻重准施之矣，策尽于此乎？”管子曰：“未也。将御神用宝。”桓公曰：“何谓御神用宝？”管子对曰：“北郭有掘阙而得龟者[49]，此检数百里之地也[50]。”桓公曰：“何谓得龟百里之地？”管子对曰：“北郭之得龟者，令过之平盘之中[51]。君请起十乘之使，百金之提，命北郭得龟之家曰：‘赐若服中大夫。’曰：‘东海之子类于龟，托舍于若。赐若大夫之服以终而身，劳若以百金。’之龟为无赀，而藏诸泰台[52]，一日而衅之以四牛，立宝曰无赀。还四年，伐孤竹。丁氏之家粟可食三军之师行五月，召丁氏而命之曰：‘吾有无赀之宝于此。吾今将有大事，请以宝为质于子，以假子之邑粟。’丁氏北乡再拜，入粟，不敢受宝质。桓公命丁氏曰：‘寡人老矣，为子者不知此数。终受吾质！’丁氏归，革筑室，赋籍藏龟[53]。还四年，伐孤竹，谓丁氏之粟中食三军五月之食。桓公立贡数：文行中七千金[54]，年龟中四千金，黑白之子当千金。凡贡制，中二齐之壤策也。用贡：国危出宝，国安行流。”桓公曰：“何谓流？”管子对曰：“物有豫[55]，则君失策而民失生矣，故善为天下者，操于二豫之外。”桓公曰：“何谓二豫之外？”管子对曰：“万乘之国，不可以无万金之蓄饰[56]；千乘之国，不可以无千金之蓄饰；百乘之国，不可以无百金之蓄饰；以此与令进退，此之谓乘时。”

【注释】

① 山权数：数，通术。权术，即通权达变的理财之术。② 时：指天时水旱。“天以时为权，地以财为权，人以力为权”，此中时、财、力的基本含义与后文内容有关。时，指天时水旱，参见“守时以待天权”节。财指财物（产品）多寡，参见“请问国制”节。力，指提供知识能力，参见“请问教数”节。③ 有：原文无，据《管子集校》补。④ 参：同叁，同三。⑤ 七：原文为“一”，据《管子集校》改。⑥ 埅：同地。⑦ 三权：指天、地、人三权，此处从君主的角度出发，故不言“君权”。⑧ 绡茜：染色草。《说文》：“绡”，赤缯也，以茜染，故谓之绡。”“茜”，多年生蔓草，根赤色，可作染料。⑨ 币：通璧。⑩ 国谷之重什倍异日：此承上文“岁守一分，以行五年”而言。意即经过五年之积蓄，则国家可以掌握社会商品粮食的五分（即一半）。有此一半粮食在手，经过囤积涨价，即可使粮价比往日提高十倍。⑪ 顾：通雇，雇佣。⑫ 黔落：黔，黑色。落，村落或部落。疑指冶铜铸币的场所。⑬ 物：原文为“力”，疑“物”字残坏，所余部分与“力”相似，因而致误。现据上下文义改。“物重与天下调”，谓国家“立币”之后，就必须确定物价，此物价水平之高低又必须与天下各诸侯国保持堪与竞争的比例。“物重”，即物价之水平。“与天下调”，即与别国保持适当比例。⑭ 射：射利，取利。“重则见射”，谓本国物价偏高，则别国即运来商品到此处倾销，射取高利。相反，如物价偏低，别国即将到本国市场抢购，使本国商品泄散外流。故谓“轻则见泄”。⑮ 准：此处与“中”字的用法相同。“准下阴相隶”，使人民私相奴役。⑯ 民富则贫：原文为“民富则不如贫”，据上文“平则不平”，下文“委积则虚”文例，“不如”两字当衍，故删。⑰ 分：一半。“大丰藏分，阸亦藏分”，指长期贮备而言。上文谓“三十七年而藏十一年与少半”。三十七年中有丰有歉。此言丰年完成贮备的一半，歉年也同样完成一半。其方法即利用歉年谷贵的条件，动用过去的库存，卖谷藏币，待以后丰年谷贱时购进之。如此利用谷价差额，使国家得其大利，故虽在歉年也意味着可以完成一半贮备任务。阸，同厄，困穷，此指歉收之年。⑱ 以阸守丰：即以歉年粮价控制或掌握丰

年粮食。⑲ 于数策丰：于，意同以。以数策丰，即运用轻重理财之术策划丰年粮食的经营。⑳ 制：成法，准则。此指经久不变的定法。㉑ 贾：通价。此处四种粟价与上文四类土地（高田、田间、庸田、荒田），恰成反比。意即产量愈高粮食愈富的地区，则当地粮食市场的价格愈低。否则反之。㉒ 在：观察，明察。流策：指经营商品流通的理财之策。上文谓地区不同粮价悬殊，故此所谓“流策”，当指异地运销之类的措施。如使高田地区的低价粮食运销于下田地区的高价市场，封建国家自可赢得大利。㉓ 无：原文为“有”，据宋本改。“地无量，国无策”，意即土地产量无分别，则地区粮价无差异，在此固定不变的局面下，国家也就无法实行理财赢利的政策。此正呼应本节开始时所谓国家没有固定不变的理财方法（国无制）。㉔ 盖：通盍，即“合”。《尔雅释诂》：“盍，合也”。“合天下”，即统一天下之意。㉕ 视：读如“视事”的“视”，意同治理。㉖ 树表置高：树表，指树立表柱或牌坊，置高，指建置高大门闾，都是用作标识，以示表彰。㉗ 散：散布，施散。“散而轻”，意即国家提倡仁爱慈孝，社会乐于以财物互相赠送，于是财物由于施散而轻贱。㉘ 教：教育或传授知识。此处谓收罗并优待有知识技能的人才，使他们通过提供知识经验，为国家理财出力，故称“教数”。数，仍指理财方法。㉙ 树艺：指栽植树木的技艺。古凡一般种植均称树艺，但上文已提到农事，下文又提到瓜瓠荤菜百果，此处当指林木而言。㉚ 育：同裕。㉛ 与：通预，干预，牵累。㉜ 大：原文无，据《管子集校》补。㉝ 相揲而澹：原文为“相困揲而澹”，据《管子集校》改。《广雅》：“揲，积也”。“澹”，古“赡”字。㉞ 四限：指四境。“置四限”，言对物资流通设置东西南北四限，以便在境内调节。㉟ 高下：此处意似“伸缩”，谓灵活掌握。㊱ 驱屏：“驱”，驱出；屏，指掩藏或收藏。“驱屏万物”，意即投放或囤集物资。㊲ 五官技：五种有专门技艺的官职。㊳ 春秋：古编年史的通称，此指懂历史的人。㊴ 行：行路，出行。本文谓懂得出行道路之事，疑即指掌祭行神的人。行神，即道路之神。“行者道民之利害也”，即谓掌祭行神之人可以指导人民在行路时之吉凶利害，使百姓之出行者知所趋避。㊵ 五家：指一诗，二时，三春秋，四行，五易。上文虽“易”后有“卜”，但易与卜相通，两家属于一家。五家与五官技应相合。“五”，原文为“六”，据《管子集校》一说改。㊶ 即：立时，即时。“即见”，言可以及时发现问题，有预见性。㊷ 受：通授。㊸ 其春秋：上文言“其时”，此言“其春秋”，下则分述诗、行、易，正合五官技之数。㊹ 殚：通阐，阐明，阐述。“阐道”与“记人”为对文。㊺ 缪：通谬，乖错，引申为邪恶。㊻ 坐：指定罪。“坐立长差”，即罪定主从。有长有差，亦即有主有从区别对待之意。㊼ 来：给予。㊽ 国戒：国家的戒律。㊾ 掘阙：疑是“掘阅”之误。古“阅”通穴。掘阅，即穿地之穴。㊿ 检：比，同。“此检数百里之地也”，尹注：“检，犹比也，以此龟为用者，其数可比百里之地。”一说，据此尹注“检数”两字当互易，原句应为“此数，检百里之地也。”(51) 过：放置。尹注：“过之犹置之也。”(52) 泰台：大台。(53) 赋籍：铺放席子。尹注：“赋，敷也。籍，席也。”(54) 文行中七千金：原文为：“文行中七”，据《管子集校》加“千金”两字。“文行”，疑是一种龟名。依本文：“文行、年龟、黑白之子”三个品种来看，文行为龟之最上者，年龟（一说为千年之龟）次之，黑白之子则序列第三。(55) 豫：欺骗。“物有豫”，即市场物价有投机诈骗现象。(56) 蓄饰，指库存的龟宝。《史记·平准书》：“而珠玉龟贝银锡之属为器饰宝藏”，故龟宝可称为“饰”。此谓国家先运用权术立龟为宝，然后则进行贮备。使存有龟宝如同存有大量粮食财物一样，起调节市场，制止投机诈骗的作用。

【译文】

桓公问管仲说：“请问通权达变的理财方法。”管仲回答说：“天以天时水旱为权变，地以财物多寡为权变，人以提供能力为权变，君主以发号施令为权变。君主如不能握掌天的权变，人、地的权变也无从掌握。”桓公说：“为什么不掌握天权，人地之权就无从掌握？”管仲回答说：“商汤在位时有七年旱灾，夏禹在位时有五年水灾。人民没有饭吃以至有出卖儿女的。商汤只好用庄山的金属铸币，来赎救人民没有饭吃而出卖儿女的；夏禹只好用历山的金属铸币，来赎救人民没有饭吃而出卖儿女的。所以，君主对于天时水旱不能掌握防备（天权失），人力

和土地财物也都无从掌握了（人地之权皆失）。因此，成王业的君主总是每年贮蓄粮食十分之三，三年多就能有相当于一年的贮备。三十七年就能有相当于十一年多一点的贮备。每年贮蓄三分之一不至于伤害民生，还可以促进农民重视农业并勤奋努力。即使天灾毁坏土地生产，发生凶旱水涝，百姓也不会有死于沟壑或沿街乞讨的了。这就是掌握天时以对待天的权变的办法。”桓公说：“好。我想实行掌握‘三权’的理财方法，该怎么办?”管仲回答说：“梁山南面所产的绢茜和山东掖县一带的石璧，是天下稀有的珍宝。”管仲接着说：“用这些东西换取粮食，每年贮备一分（十分之一），行之五年（即贮备十分之五或一半），国家就有力量使粮价比以前上涨十倍。”管仲接着说：“要铸钱立币，拿出两年的贮备粮雇人采铜，建立冶铜铸币的场所。但物价的水平则要与别国保持一致。因为商品价格偏高，别国就来倾销射利；商品价格偏低，物资会泄散外流。所以要注意比价一致。物资泄散外流，就等于本国失权；被人射利（取利），就等于本国失策了。国家不能防备天时水旱之变，民间遭灾只好互相借贷以求自备，等于使人民私相奴役。这是刑罚所起和乱国的根本原因。均平变为不均平，富裕沦为贫穷，国家积累陷于空虚。这就是天地人三种权变都没有掌握的表现。”桓公说：“掌握‘三权’的理财方法如何?”管仲回答说：“大丰收的年份，完成国家长期贮备的一半；歉年也完成一半。”桓公说：“歉年应当补助，为什么也要完成一半呢?”管仲回答说：“歉年则粮价容易增高，一可为十，十可为百。用歉年掌握丰年（即歉年动用贮备卖粮，以此收入在丰年购粮），歉年的粮食价钱，一斤可以买上十斤粮；丰年的收粮数字，十斤可以省下九斤钱。国家就有九倍的赢利。然后再用轻重之术策划丰年粮食的经营，‘三权’都将由君上掌握了。这就是国家的通权达变。”

桓公问管仲说：“请问国家固定不变的理财方法。”管仲回答说：“国家没有固定不变的理财方法，因土地有产量的差别。”桓公说：“何谓国家没有固定不变的理财方法，是因土地有产量之别呢?”管仲回答说：“上等地亩产十石，中等地亩产五石，下等地亩产三石，其余都属于荒地。一个农民，一般种田百亩。市场粮价在上述四类地区必然反过来分别表现为一、十、三十和一百。那种精通商品流通（异地贩运）理财之法的国家，百亩地的收益就可以赶上并等于千亩地的收益数字。那么，百乘之国就赶上千乘之国，千乘之国就赶上万乘之国了。所以，土地若没有各种不同的产量，国家就不存在所谓理财之策（自然没有什么固定不变的方法）。”桓公说：“好。如今想成为大国，进而由大国主持天下，不懂得通权达变的理财之策，看来是无所作为的了。”

桓公说：“现在我们就来实行权变之策，该怎么办?”管仲回答说：君上若通晓广狭的理财之术，就不致因为国土小而怕国土大的；若通晓轻重之术，就不会因为资财少而怕资财多的。这乃是国家理财政策的大事。”桓公说：“好。那么要用它统一天下，治理海内，并永远垂誉无穷，有办法做到么?”管仲回答说：“有。那就是：使经济统计工作掌握理财方法，使物价调节工作能平衡商品流通，采取措施在事情尚未形成以前，控制成果在事情已成之后，使财物一变为十，九倍为国家赢利。号令缓急的方法与轻重之策的作用，就在于使财物一个增长为十个，十个增长为一百。然后再把十成的收入对开，用半数的五分之四为贮备，另外的半数则用来搞理财措施，由君主操纵经济上的开放与收闭。”桓公说：“什么叫开放与收闭?”管仲说：“君主不提倡仁，国人就没有互助的风气；君主不提倡慈孝，人们就怠慢双亲而轻于犯过。这是最大的祸乱。君主就要把上述理财的成果中的十分之一，用来树表柱立高门表彰仁孝。对于乡中的孝子都送礼聘问，孝子的兄弟不论多少都免服兵役。由于树表柱立高门提倡仁与慈孝，社会财物将广为施散而轻贱下来。国家乘此轻贱之机而运用理财之策掌握之，十分之五的财物又进到国家之手。再运用五成财物继续按照从前的办法去做，象日月不停地运转一样进行。这便是长久享有天下的办法，也可以称之为“平准之道。”

桓公问管仲说：“请问利用教育（传授知识）的理财方法。”管仲回答说：“百姓中凡有精通农事的，为他立黄金一斤的奖赏，值粮八石；有善养牲畜的，立黄金一斤的奖赏，值粮八石；有精通园艺树木的，立黄金一斤的奖赏。值粮八石；有善种瓜果蔬菜使其产量提高的，立黄金一斤的奖赏，值粮八石；有善于治病的，立黄金一斤的奖赏，值粮八石；有通晓天时的，即能预言将有灾情，预言某种物作歉收或丰收的，立黄金一斤的奖赏，值粮八石；有懂得养蚕而使蚕不生病的，也都设立黄金一斤的奖赏，值粮八石。要认真听取这些专家的讲授并把记录保存在官府，要使兵役之事对他们无所干扰。这是国家理财之策的一件大事。这样做可保证国家财用上下消费都很充足，各级积蓄都很充裕。然后就给物资流通划定四方限界，在境内灵活掌握号令的缓急，吞吐物资，用理财之策来控制经济。为做好这些还需要五种有技艺的官。”桓公说：“何谓五种有技艺的官？”管仲说：“懂诗的可用来记录事物，懂时的可用来记录年月，懂春秋的可用来记录国事的成败，懂出行的可指导人们行路的顺逆，懂易的可用来掌握吉凶与成败，懂卜的则可预测凶吉与利害。百姓中凡有上述技艺者，都赐给一匹马所能耕种的土地，一斤金所能买到的衣服。这是有助于国君摆脱蒙昧愚妄的一种措施。这五家都可以及时发现问题，懂‘时’的官，使他在事前在更早的时候说明情况，君主就不致借过时机，错行理财之策，而带来财源兴盛的结果。懂‘春秋’的官，可以远占得失，以为后来的教训。懂‘诗’的官，记述人们的行动而免于差错。懂‘出行’的官，详述道路的情况而免生误解。懂‘易’的官，可以掌握祸福凶吉，不至于发生错乱。管理这些人应是君主的权柄。”

桓公问管仲说：“利用权柄的理财方法，我已经明白了，要维护国家巩固又该怎么办呢？”回答说：“有专能的人材既已授官使用，懂时节的人材既已授官使用，通晓得失律规、万物终始的人材，君上都已经授官使用了，其余则依照正常道理行事就行了。”桓公说：“何谓按正常道理行事？”管仲回答说：“粮食是人们生命的方宰，知识是人们治事的帮助。但百姓知识多了君主就可能被愚弄，就好像民富则君贫，民贫则君富一样。这叫作看到事情的两个方面。国事的关键，全在于缓急运用得当；为君之道，全在于设计法度得宜；人心的整治，全在于禁止邪恶产生。”桓公说：“何谓设计法度得宜？何谓禁制人心邪恶？”管仲回答说：“设计各种法度，要注意量力行事；禁制人心邪恶，要注意惩前毖后。这样，祸事就不会发生，百姓也没有犯罪的忧虑了。”桓公说：“再请谈一谈禁制人心的邪恶。”管仲回答说：“晋国有臣不忠于国君，想杀害君主，属于政治性的大罪。对所有犯罪的各家，晋国一律（不分轻重）都判定他们不准任职事君。这就是晋国的不对了。齐国处理此等事件，则按照主从分别定罪。惩治坏人用刑罚，表彰好人用奖赏，这就是戒止人心邪恶的做法。这种做法也可以称之为‘国戒’。”

桓公问管仲说：“上述轻重平准之法都付诸施行以后，理财之策是否就此结束了呢？”管仲回答说：“没有，还有御神用宝。”桓公说：“何谓御神用宝？”管仲回答说：“北郭有人掘地而得龟，用这龟就可得到相当于百里土地的利益。”桓公说：“何谓得龟相当于百里之地？”管仲回答说：“让得龟者把龟放在大盘里，君上立即派出使臣，配备十乘马车，携带黄金百斤，到得龟人的家下令说：‘国君赏赐给您中大夫的官服。’还说：‘这是东海海神的后代，样子象龟，寄居在你的家里，赐给您中大夫的官服，终身享用，并给你百斤黄金的报酬。’于是把这龟奉为无价的贵物而收藏在大台之上，每天要血祭四条牛，立名为无价之宝。过四年后，征孤竹

国，了解到富户丁家所藏的粮食，足够三军五个月吃用。便把丁家主人召来向他说：‘我有一件无价之宝在这里，现在我有出征的大事，想把这个宝物抵押给你，借用你的粮食。’丁氏向北再拜领命，送到粮食，但不敢接受这个作为抵押的神宝。桓公便对丁氏说：‘我老了，儿子又不了解这里的前前后后，你一定要收下这个抵押品。’丁氏回家后，便改建房屋，铺设垫席，把龟收藏起来了。过四年，在兵伐孤竹的时候，即可公开宣布丁家粮食确实满足三军吃了五个月。桓公再举办一种以龟为贡的理财办法。确定文行（龟之一种）价值七千金，年龟价值为四千金，黑白子的龟价值为一千金。凡按贡的制度所得收入，相当两个齐国领土的数字。贡龟的使用，在国家危难的时候就把它作为宝物抵押出去；在国家安定的时候就让它在物资流通中起作用。”桓公说：“何谓在流通中起作用？”管仲回答说：“市场物价若出现投机诈骗的现象，则国无理财之法而民无生活之路。所以，善治天下者，要掌握粮食、钱币两大投机对象以外的物资。”桓公说：“何谓两个投机对象以外的物资？”管仲回答说：“万乘之国不可以没有价值万金的库藏龟宝，千乘之国不可以没有价值千金的库藏龟宝，百乘之国不可以没有价值百金的库藏龟宝。利用这种后备的宝物，同国家政策号令的进退配合掌握，这就可以不失时机地取缔投机诈骗。”

山至数①

桓公问管子曰：“梁聚谓寡人曰②：‘古者轻赋税而肥籍敛③，取下无顺于此者矣。’梁聚之言如何？”管子对曰：“梁聚之言非也。彼轻赋税则仓廪虚，肥籍敛则械器不奉。械器不奉，而诸侯之皮币不衣④；仓廪虚则倳贱无禄⑤。外，皮币不衣于天下；内，国倳贱。梁聚之言非也。君有山，山有金，以立币。以币准谷而授禄，故国谷斯在上⑥，谷贾什倍。农夫夜寝早起，不待见使，五谷什倍。士半禄而死君，农夫夜寝早起，力作而无止。彼善为国者，不曰使之，使不得不使，不曰用之⑦，使不得不用。故使民无有不用不使者⑧。夫梁聚之言非也。”桓公曰：“善。”

桓公又问于管子曰：“有人教我，谓之请士。曰：‘何不官百能？’”管子对曰：“何谓官百能？⑨”桓公曰：“使智者尽其智，谋士尽其谋，百工尽其巧，若此则可以为国乎？”管子对曰：“请士之言非也。禄肥则士不死，币轻则士简赏⑩，万物轻则士偷幸。三怠在国，何数之有？彼谷七藏于上⑪，三游于下，谋士尽其虑，智士尽其知，勇士轻其死。请士所谓妄言也。不通于轻重，谓之妄言。”

桓公问于管子曰：“昔者周人有天下，诸侯宾服，名教通于天下，而夺于其下。何数也：”管子对曰：“君分壤而贡入，市朝同流⑫。黄金，一策也；江阳之珠，一策也；秦之明山之曾青⑬，一策也。此谓以寡为多，以狭为广。轻重之属也⑭。”桓公曰：“天下之数尽于轻重之属也？”管子曰⑮：“今国谷重什倍而万物轻，大夫谓贾人⑯：‘子为吾运谷而敛财。’⑰谷之重一也，今九为余。谷重而万物轻，若此，则国财九在大夫矣。国岁反一，财物之九者皆倍重而出矣。财物在下，币之九在大夫。然则币谷羡在大夫也。天子以客行⑱，令以时出⑲。熟谷之人亡，诸侯受而官之。连朋而聚与⑳，高下万物以合民用㉑。内则大夫自还而不尽忠㉒，外则诸侯连朋合与，熟谷之人则去亡，故天子失其权也。”桓公曰：“善。”

桓公又问管子曰："终身有天下而勿失，为之有道乎？"管子对曰："请勿施于天下，独施之于吾国。"桓公曰："此若言何谓也？"管子对曰："国之广狭、壤之肥垸有数，终岁食余有数。彼守国者，守谷而已矣。曰：某县之壤广若干，某县之壤狭若干，则必积委币，于是县州里受公钱[23]。泰秋，国谷去参之一，君下令谓郡县、属大夫里邑皆籍粟入若干。谷重一也，以藏于上者。国谷三分则二分在上矣。泰春，国谷倍重，数也。泰夏，赋谷以市栚，民皆受上谷以治田土。泰秋，曰[24]：'谷之存子者若干[25]，今上敛谷以币。'民曰：'无币以谷。'则民之三有归于上矣[26]。重之相因，时之化举，无不为国策。君用大夫之委，以流归于上。君用民，以时归于君。藏轻，出轻以重，数也。则彼安有自还之大夫独委之？彼诸侯之谷十，使吾国谷二十，则诸侯谷归吾国矣；诸侯谷二十，吾国谷十，则吾国谷归于诸侯矣。故善为天下者，谨守重流，而天下不吾泄矣。彼重之相归，如水之就下。吾国岁非凶也，以币藏之，故国谷倍重，故诸侯之谷至也。是藏一分以致诸侯之一分[27]。利不夺于天下，大夫不得以富侈。以重藏轻，国常有十国之策也[28]。故诸侯服而无正[29]，臣从而以忠[30]。此以轻重御天下之道也，谓之数应[31]。"

桓公问管子曰："请问国会[32]。"管子对曰："君失大夫为无伍[33]，失民为失下。故守大夫以县之策[34]，守一县以一乡之策，守一乡以一家之策，守家以一人之策。"桓公曰："其会数奈何？"管子对曰："币准之数，一县必有一县中田之策，一乡必有一乡中田之策，一家必有一家直人之用。故不以时守郡为无与，不以时守乡为无伍。"桓公曰："行此奈何？"管子对曰："王者藏于民，霸者藏于大夫，残国亡家藏于箧。"桓公曰："何谓藏于民？"管子曰[35]："请散栈台之钱[36]，散诸城阳；鹿台之布，散诸济阴。君下令于百姓曰：'民富君无与贫，民贫君无与富。故赋无钱布，府无藏财，赀藏于民。'岁丰，五谷登，五谷大轻，谷贾去上岁之分，以币据之，谷为君，币为下。国币尽在下，币轻，谷重上分。上岁之二分在下[37]，下岁之二分在上，则二岁者四分在上。则国谷之一分在下，谷三倍重。邦布之籍[38]，终岁十钱。人家受食，十亩加十[39]，是一家十户也。出于国谷策而藏于币者也。以国币之分复布百姓，四减国谷[40]，三在上，一在下。复策也。大夫聚壤而封，积实而骄上，请夺之以会。"桓公曰："何谓夺之以会？"管子对曰："粟之三分在上，谓民萌皆受上粟，度君藏焉。五谷相靡而重去什三，为余以国币谷准反行[41]，大夫无计于重[42]。君以币赋禄，什在上。君出谷，什而去七。君敛三，上赋七，散振不资者，仁义也。五谷相靡而轻，数也；以乡管重而籍国[43]，数也[44]；出实财，散仁义，万物轻，数也。乘时进退。故曰：王者乘时，圣人乘易。"桓公曰："善。"

桓公问管子曰："特命我曰：'天子三百领，泰啬[45]。而散大夫准此而行[46]。'此如何？"管子曰："非法家也。大夫高其垄，美其室[47]，此夺农事及市庸，此非者，国之道也。民不得以织为缪绡而貍之于地[48]。彼善为国便乘时徐疾而已矣。谓之国会。"

桓公问管子曰？"请问争夺之事何如？"管子曰："以戚始。"桓公曰："何谓用戚始[49]？"管子对曰："君人之主，弟兄十人，分国为十；兄弟五人，分国为五。三世则昭穆同祖[50]，十世则为祏[51]。故伏尸满衍，兵决而无止。轻重之家复游于其间。故曰：

毋予人以壤，毋授人以财。财终则有始，与四时废起。圣人理之以徐疾，守之以决塞，夺之以轻重，行之以仁义。故与天壤同数，此王者之大辔也[52]。”

桓公问管子曰：“请问币乘马。”管子对曰：“始取夫三夫之家[53]，方六里而一乘，二十七人而奉一乘。币乘马者，方六里，田之美恶若干，谷之多寡若干，谷之贵贱若干，凡方六里用币若干，谷之重用币若干。故币乘马者，布币于国，币为一国陆地之数。谓之币乘马。”桓公曰：“行币乘马之数奈何？”管子对曰：“士受资以币，大夫受邑以币，人马受食以币，则一国之谷资在上，币赀在下[54]。国谷什倍，数也。万物财物去什二，策也。皮革、筋角、羽毛、竹箭、器械、财物，苟合于国器君用者，皆有矩券于上[55]。君实乡州藏焉[56]。曰：‘某月某日，苟从责者[57]，乡决州决’。故曰：就庸一日而决[58]。国策出于谷轨，国之策货[59]，币乘马者也。今刀布藏于官府，巧币[60]、万物轻重皆在贾人。彼币重而万物轻，币轻而万物重，彼谷重而金轻[61]。人君操谷、币、金衡，而天下可定也。此守天下之数也。”

桓公问于管子曰：“准衡、轻重、国会，君得闻之矣。请问县数[62]。”管子对曰：“狼牡以至于冯会之口[63]，龙夏以北至于海庄，禽兽羊牛之地也，何不以此通国策哉？”桓公曰：“何谓通国策？”管子对曰：“冯市门一吏书赘直事[64]。若其事庾圉牧食之人养视不失折殂者[65]，去其都秩与其县秩。大夫不乡赘合游者[66]，谓之无礼义[67]，大夫幽其春秋[68]，列民幽其门、山之祠。冯会、龙夏牛羊牺牲月价十倍异日[69]。此出诸礼义，籍于无用之地，因栏牢策也[70]。谓之通。”

桓公问管子曰：“请问国势[71]。”管子对曰：“有山处之国，有氾下多水之国，有山地分之国，有水泆之国，有漏壤之国。此国之五势，人君之所忧也。山处之国常藏谷三分之一[72]。氾下多水之国常操国谷三分之一。山地分之国常操国谷十分之三。水泉之所伤，水泆之国常操十分之二。漏壤之国谨下诸侯之五谷。与工雕文梓器以下天下之五谷[73]，此准时五势之数也。”

桓公问管子曰：“今有海内，县诸侯，则国势不用已乎？”管子对曰：“今以诸侯为管公州之余焉[74]，以乘四时，行栏牢之策，以东西南北相被[75]，用平而准。故曰：为诸侯，则高下万物以应诸侯。遍有天下，则赋币以守万物之朝夕，调而已。利有足则行，不满则有止。王者乡州以时察之，故利不相倾，县死其所[76]。君守大奉一，谓之国簿[77]。

【注释】

① 山至数：至，极，最。至数，意即最高水平的理财方法。② 梁聚：作者假托的人名。下文中之请士、特，同。③ 肥：古“俷”字，薄的意思。④ 皮币：皮货与丝帛。币，指帛。“诸侯之皮币不衣”，意指齐国的皮货丝帛不能输出国外，各诸侯国也就穿不到齐国皮帛。皮帛生产与“械器”有关。械指兵器，为狩猎取得毛皮所必需；器指生产工具，为织造丝帛所必需。⑤ 俥：通士。⑥ 斯：皆，全部。“国谷斯在上”，言国库之谷，原为发放俸禄之用，今“以币准谷而授禄”，则仍然全部在国家手中掌握。⑦ 用：原文为“贫”，据《揆度》篇：“毋曰用之”改。⑧ 用：原文为“得”，据《管子集校》一说改。⑨ 官百能：原文无“官”，据文意补。此承上文“官百能”发问。故补。两“官”字同读为“管”。⑩ 币轻：指币值低。以币为赏，币值低则赏亦低，故谓“币轻则士简赏”。⑪ 七：原文为“十”，据文意改。“七藏于

上，三游于下”，言粮食七成在国家，三成在民间。如此，则君主有充分的物资力量保证俸禄来源与调节市场物价，即可解决“禄肥（薄）、币轻、万物轻”等各项问题。⑫ 市朝：市集，市场。⑬ 曾青：即所谓铜精。色极青，可供绘画。⑭ 轻重：原文为“轨出”，乃“轻重”之残文，据《管子集校》改。下“轻重”同。⑮ 管子曰：原文无。据文意补。⑯ 贾人：原文为“贾之”，据《管子集校》一说改。后文有“巧币、万物轻重皆在贾人”，“人”字原亦为“之”，同改。⑰ 运：贩运，此处引申为卖出。敛：收聚，此处引申为购进。“敛财”，指收购货物。“财”，在此指粮食以外的其他物资。下“国财”同。⑱ 客行：言主位被夺，退居客位。即大权旁落之意。⑲ 令：指大夫。“令以时出”，言天子无权，大夫则经常出头露面，甚为得势。⑳ 与：援助。㉑ 合：此处意指关闭。此处引申为控制、包揽。㉒ 还：同环。“自环”，意即自营，或自谋私利。㉓ 受：通授。“授公钱”，即指发放贷款。㉔ 曰：原文为“田”，据《管子集校》改。㉕ 子：原文为“予”，据《管子集校》改。㉖ 有：通又。㉗ 致：招引，引来。㉘ 十国：十个国度，此处引申为十个财政年度。㉙ 正：通征。㉚ 臣从而以忠：原文为“臣杙从而以忠”，衍“杙”字，《据管子集校》一说删。㉛ 数应：“数”谓理财之法，“应”谓效果，意即实行理财之法的效果。㉜ 会：读为“会计”的“会”，总计或统计之意。“国会”，指国家的统计理财工作。㉝ 失:指失去控制。“失大夫”与下文“守大夫”（控制大夫），含义相对。㉞ 策：计算，筹划。“守大夫以县之策”，言控制大夫的经济，必须依靠对一个县的调查计算。㉟ 管子曰：原文无此三字。下文全是管子的语言，故据文意补。㊱ 栈台：此指存放钱币之处。本文栈台、鹿台，都是作者假托的存钱之所。城阳、济阴，都是作者假托的发放贷款之地。㊲ 上岁之二分在下：本文自此句至“谷三倍重”一段，义甚难解。据马非百诠释如下：“‘上岁’指去年，‘下岁’指本年。四分国谷，上岁之二分在下，则二分在上。下岁之二分在上，则二分在下。二分加二分共为四分，故曰‘则二岁者四分在上’也。‘则国谷之分在下’者，因在上之四分可以积存不用，而在下者则上年之二分早已消耗无存。故二岁者，可以四分在上，而在下者则仅为二分。在上之四分加在下之二分，合为六分。六分之中，在下者只二分，计为六分之二，即三分之一，故曰‘国谷之一分在下’也。‘谷三倍重’者，谓谷价可涨至三倍也。”㊳ 邦布之籍：指国家按人口征收的赋税，即所谓“口钱”。本文认为从粮食专卖加价中取得国家财政收入远胜于此种税收形式。㊴ 十亩：指十亩田所产的粮食。“十亩加十”，即自十亩田的粮食中加价获利十钱。一夫百亩（《山权数》：“地量百亩，一夫之力也。”），按一夫之家的产量试算，便可获利百钱，等于十户的邦布之籍。故谓“是一家十户也。”㊵ 减：意为“除”或“分”。㊶ 为余：上文谓“四减国谷”，又谓“粟之三分在上”，则此处“为余”，当指四分之一部分，指大夫握有的存粮。此项粮食，由国家以降低下来的价格收购（以国币谷准反行），大夫即无法从事投机。㊷ 计：原文为“什”，据《管子集校》改。㊸ 管：原文为“完”，应作“筦”，同管。据《管子集校》改。㊹ 数：方法。此处三“数也”，乃总结上文控制大夫经济财利的三项办法。㊺ 泰：同太。㊻ 散：分散，削减。“散大夫”与上节之“守大夫”句式相同。守大夫，指控制大夫的经济财利。散大夫，即指分散或削减大夫的经济财利。㊼ 室：此指墓室。㊽ 缕：覆在棺上的丝织物。㊾ 用：意与“以”同。此乃询问争夺之事始于近亲的原因。㊿ 昭穆：古宗法制度，宗庙或墓位排列，以始祖居中，二、四、六世位于左称昭，三、五、七世位于右称穆。后来泛指家族的辈分。(51) 祏（shí）:宗庙藏神主（牌位）的石匣。(52) 辔：马的缰绳。牵动辔绳可决定马的行止，故此处引申为权能。(53) 三夫：原文为“三大夫”，不合文意。据《乘马》篇：“二田为一夫，三夫为一家”改。(54) 赀：“资”的异体字。资财。(55) 矩：刻划以留标记称矩。“矩券”，指刻写的契券（合同）。古时无纸，以刀刻竹木为契券。(56) 实：谷实，粮食。(57) 责：通债。上文谓国家与皮革、筋角等物的所有者立契收购，则后者在交货之前即称之为“从债者”。(58) 就：读为“僦”。运载。“僦庸”，指雇人或车从事运载，以便交售物资，购取粮食。(59) 策货：谋取财货，此指用涨价十倍的粮食购取降价二成的各项货物。(60) 巧币：意即用奸巧之法于钱币，如使货币重量不足或币质不纯等行为。(61) 金：原文为“谷”，据下文“人君操谷币金衡”文意改。(62) 县：祭名。(63) 口：原文为“日”，据《管子集校》改。狼牡、冯会口、龙夏、海庄等地，据文意当是山地丘陵，不宜种谷而适于畜牧。(64) 冯市门：疑是上文“冯会之口”的别称。市与会、门与口，含义相通，译

文依“冯会口”译出。⑥⁵ 庾（sōu）：庾人，古代掌管国家马圈的小吏。原文为“唐”，据《管子集校》一说改。圉：圉人，古代管理牲畜饲养的小吏。折：原文为“扦”，据《管子集校》一说改。⑥⁶ 合游：使牛马牝牡群游于牧地风合配种。⑥⁷ 义：同仪，下同。“礼仪”，指祭祀之礼仪。饲养牛羊直接为祭礼提供牺牲，故与祭祀之礼仪有关。⑥⁸ 幽：禁止。⑥⁹ 月价十倍：谓使月价上涨十倍。此言国家采取加强管理及大力繁殖等措施之后，国营牧场的牛羊即迅速大量增加，从而可以垄断牲畜市场，有力量操纵牛羊价格，使之上升十倍。⑦⁰ 因栏牢之策：原文为“因扪策牢”，据《管子集校》改。下文“行栏牢之策”同。“栏牢”本为管制牛马的栅圈，此处借喻为对于市场价格的管制与垄断。⑦¹ 国：古国、域字通作“或”，指地域。“国势”指地势，即自然地理条件。⑦² 常：通尚。⑦³ 与：援助，扶助。⑦⁴ 今以诸侯为管公州之余：原文为“今以诸侯为笇公州之饰”，义难解，姑参据《管子集校》改。⑦⁵ 被：原文为“彼”，形近而误，参据《轻重丁》篇“若此则东西之相被”文意改。⑦⁶ 县死：牵引甚为牢固，或谓极为稳定。县，同悬。⑦⁷ 簿：即《汉书·倪宽传》“上畜簿”及《贡禹传》“习于计簿”之“簿”。

【译文】

桓公问管仲说：“梁聚对我讲：‘古时候实行轻税而薄征，这算是税收政策中最好的了。’梁聚的意见如何？”管仲回答说：“梁聚的话不对。轻赋税则国家仓廪空虚，薄征收则兵器工具不足。兵器、工具不足则皮、帛不能出口，国家仓廪空虚则战士低贱无禄。对外，皮货和丝帛不能输出于天下各国；对内，国家的战士又处境低贱。梁聚的话显然是错误的。国君有山，山中产铜，可用铜铸造钱币。如能用钱币折算粮食发放全国俸禄，粮食就全都囤集在国家手里，粮价可上涨十倍。农民晚睡早起，不用驱使就可以成十倍地增加生产。这样一来，战士只要有从前一半的粮食俸禄，就可以为国效命（因粮价已上涨十倍）；农民又晚睡早起而努力耕作不止。所以，善于主持国家的人，不必用言语驱使百姓，而百姓不得不为所驱使；不必用言语利用百姓，而百姓不得不为所利用。这样，使百姓没有不为他所用、为他所使的。梁聚的意见是错误的。”桓公说：“好。”

桓公又问管仲说：“有一个名叫请士的人对我说：何以不对各种有才能的人进行管束？”管仲说：“何谓管束有才能的人？”桓公说：“就是为了使智者全部拿出智慧，谋士全部拿出谋略，百工全部拿出技巧。这样做，就可以治国么？”管仲回答说：“请士的话是错误的。俸禄轻，士人就不肯死难；币值低，士人就轻视奖赏；物价低（谋生易），士人就苟且偷生。国家有此三种怠惰现象，还有什么办法呢？如果把粮食的七成操纵在国家手里，只让三成在下面流通，谋士就可以用尽他们的谋划，智士就可以用尽他们的智慧，勇士也就不惜生命了。请士的话是错误言论，因为不懂得轻重之术，就只能叫作错误的言论。”

桓公问管仲说：“从前周朝享有天下，诸侯宾服，名教行于天下，然而竟被下面篡夺了。下面是用的什么办法呢？”管仲回答说：“国君在不同地区得到贡产，是放在市场上自由买卖的。这样，利用黄金买卖是一个办法，利用江阳之珠买卖是一个办法，利用秦地明山所产的曾青是一个办法。这叫作以少变多，以小变大，也属于轻重之数的范围。”桓公说：“天下的理财方法全属于轻重之术么？”管仲说：“例如现在粮价上升十倍而其他物资价格尚低，大夫便把商人找来说：‘请替我贩卖粮食而收购其他物资。’如果粮食原价为一，这就有九倍盈利。由于粮贵而其他物资尚贱，这样，大夫就买进来九倍的物资。待粮价恢复原状，又把这九倍的物资加价销出去。货物推销到民间，九倍的货币又进入大夫之手。结果钱、粮的赢利都归大夫了。天子成了客位，大夫却随时出头露面。精通粮食业务的管员外逃，被别国诸侯接纳为官。他们结聚朋党，操纵物价，包揽市场民用。就国内说，大夫自谋私利而不肯尽忠；就国外说，诸侯串通结聚朋党，精通粮食的官员则外逃。所以天子便丧失了他的政权。”桓公说：“讲得好。”

桓公又问管仲说：“保证终身享有天下而不失，有办法做到么？”管仲回答说：“这办法不要先在普天下实行，只可先在本国实行。”桓公说：“这话是什么意思？”管仲回答说：“国内土地的大小和土壤的肥瘠是有定数的，全年粮食的消费和剩余也有定数。主持国政的，只需经营好粮食就行。也就是说，无论某县的土地多大，也无论某县多小，都必须有一笔货币贮备，在该县州里向农民贷放公款。到了大秋，粮价下降三分之一，国君便下令通告郡县和大夫管辖的里邑都来向政府交售粮食。粮价与时价相同，为国家把粮食贮藏起来。结果，国内粮食如果算作三分，有二分掌握在国家手里。翌年春天，粮价成倍上涨，就是因为此法。夏天，便把粮食按市价发放于民间，此时百姓也正需要粮食经营农事。到了大秋，就对农民说：‘过去存在你手里的粮食是多少，现在国家要求折成钱数归还。’百姓说：‘手里无钱，只好还粮。’结果农民剩下的十分之三的粮食又归国家了。这样，利用粮价的上涨，掌握季节的变化，无不是国家的理财之道。君主取用大夫的存粮，是通过流通拿到国家手里的；取用百姓的粮食，是通过季节价格变化拿到手里的。囤积低价的粮食，再用高价卖出去，这都是有效的办法。这样做，哪里还容有自谋私利的大夫独自囤积粮食呢？至于各诸侯国的粮食，如果他们的粮价是十，我们是二十，那么各诸侯国的粮食就流归我国了。如果他们是二十，我们是十，我们的粮食就流归各诸侯国了。所以，善治天下者，必须严守高价流通政策，各诸侯国就无法泄散我国的粮食。粮食流向高价的地方，就象水往低处流一样。我们国家并不是发生灾荒，而是投放货币加以囤积，使粮价加倍提高，所以各诸侯国的粮食就来到了。这就是我们藏一分就可以吸取各诸侯国的一分。财利不致被外国所夺，大夫也不能占有粮食过多。这种‘以重藏轻’的政策，使国家可以常保十个财政年度的收入。所以诸侯服从而不会发生征战，本国臣子也服从而尽其忠心。这就是以轻重之术驾御天下的办法。谓之为理财方法的实效。”

桓公问管仲说：“请问国家的统计理财工作。”管仲回答说：“国君对大夫经济失去了解，等于没有部属；对百姓经济失去了解，等于没有基础。掌握大夫经济情况要根据一个县的调查计算，掌握县要根据一个乡的调查计算，掌握乡要根据一个家庭的调查计算。”桓公说：“其统计理财方法如何？”管仲回答说：“货币流通的标准数量，在一个县须有适合于该县土地的调查数字，在一乡须有适合于该乡土地的调查数字，在一家必须有适合于一家人口用度的数字。所以不及时掌握郡的情况就等于无人相与，不及时掌握县的情况就等于没有部属。”桓公说：“怎样实行？”管仲回答说：“成王业的藏富于民，成霸业的藏富于大夫，败国亡家则是把财富收藏在匣子里。”桓公说：“何谓藏富于民？”管仲说：“请拿出栈台所存的钱币，贷放在城阳一带；拿出鹿台的钱币，贷放在济阴一带。国君还向百姓下令说：‘百姓富君主不会穷，百姓穷君主不会富，因此国家不向百姓征收钱币，府库也不积累钱财，把财富都藏在百姓手里。’等到年景丰收，五谷丰登，粮价大降，比上年降低一半，就要用这笔贷款收购，使粮食归国家，货币散在民间。这样因钱币都投在民间，币值下跌，粮价则又上升一半。上年的粮食有两分在下(剩下两分在上)，下年的粮食有两分在上，两年有四分粮食在上。则只有一分在民间流通，粮价可继续上涨到三倍。国家按人口征税，每户一年才收十钱。如每家都向政府买粮，把每十亩地所产粮食加价十钱，就可以从一户得到相当于十户的人口税收入。这正是来自粮食销售政策和利用货币的作用。然后用国家所掌握的货币的半数，再次发放于百姓，分粮食为四分，使之三分在国家，一分在民间，就又形成此项政策的再一次反复。至于大夫，由于他封地多，囤积粮食而对抗君主，也请用统计理财方法来剥夺他。”桓公说：“何谓用统计理财方法来剥夺？”

管仲回答说："统计有四分之三的粮食掌握在国家手里时，就通知百姓都来买粮，按照君主之所藏尽量出卖。粮价就会互相影响而跌落十分之三。剩下（四分之一）的粮食（包括大夫的存粮）以国币收购，粮价按跌落回来的标准，大夫也就无法抬高粮价了。国君发放俸禄也用钱而不用粮，大夫的全部粮食就都被国家掌握起来。最后国君把其中十分之七的粮食拿出来，也就是留三成，贷出七成，赈济贫民，也是一种仁义的举动。这样，采取措施使粮价跌落，是对付大夫的一个办法；靠乡的市场管住粮价，而对大夫所住的城市进行收取，是对付大夫的又一个办法；投出粮食与物资，既博得仁义之名，又平抑其他物资价格，是对付大夫的最后一个办法，一切都要掌握时机而决定进退。所以说：成王业者善于掌握时机，称圣人的善于掌握变化。"桓公说："好。"

桓公问管仲说："特告诉我：'把天子的葬衣定为三百件，固然太吝啬了，但要想削减大夫财富，则可以照此而行。'这项使大夫花钱厚葬的主意如何？"管仲说："这不是法家的办法。让大夫把坟墓修得很高，把墓室修得很美，必然侵夺农事和市场上的佣工，不是利国之道。百姓死后也不可用彩帛作为覆棺之物，而埋于地下。善于治国的人，只需掌握市场时机而采取有缓有急的措施，就可以控制大夫了。也就是说，要运用国家的统计理财工作。"

桓公问管仲说："请问国家的争夺之事是怎样出现的？"管仲回答说："是从宗戚开始的。"桓公说："何谓由宗戚开始？"管仲回答说："一国的国君，生下弟兄十人，就分封为十个国家；生弟兄五人，就分封为五个国家。他们传了三代以后，彼此仅是同族同祖的关系而已。传了十代以后，仅是祖宗牌位放在一起的关系而已。所以争夺起来闹得伏尸满地，动兵决斗不止。理财的轻重家们还从中乘机谋利。所以说：不可把土地分封予人，不可把财富资源授让予人。财富资源是终而复始地生产消费，随四时运动而发展消灭的。圣人总是统一用号令的缓急来掌握它，用政策的开闭来控制它，用轻重理财之术来夺取它，用仁义之道来支配它。所以，能够与天地共同命运。这正是一统天下君主的巨大权能。"

桓公问管仲说："请问关于货币的计算筹划。"管仲回答说："当初是三夫为一家的生产单位，占用六里见方的土地，出兵车一辆，配备二十七人。所谓货币的计算筹划，就是以六里见方的土地为单位，计算其好地瘠地各有多少，产粮多少，粮价高低多少，六里见方土地需要货币多少，以及就其粮食价格来计算应需要货币多少。因此，货币的计算筹划，就是把这个需要量推算于全国，使货币的数字与全国的土地数量相适应，这就叫作货币的计算筹划。"桓公说："货币计算筹划的理财方法，应该怎样实行？"管仲回答说："士的俸禄用货币支付，大夫封邑的租税也用货币，官府人夫、马匹等一切开支也用货币支付，这样，粮食就全部留存在国家手里，货币就散布在民间流通。粮价将上涨十倍左右，就是因为此法；其他物资因粮贵而降价二成左右，也是这项政策的结果。然后就对皮革、筋角、羽毛、竹箭、器械及其他财物，如合乎国器规格和君主需用的，都订立收购合同。国君的粮食本来就是贮藏在各乡各州的。于是就发出通告说：'某月某日，凡与国家有合同债务关系的，即可在本乡本州就近解决。'这就是说，雇用车马人夫运物领粮，只需一天时间就可以办完。国家理财政策，固然是出于粮食的统计，但国家谋取上述物资（皮革、筋角等），也是货币计算筹划的作用。如今，钱币虽然贮藏在官府，但巧法使用货币和拨弄物价的却都是商人作乱。市场上凡币值上升则物价下降，币值下降则物价上升，粮价上升则金价下降。人君能够掌握好粮食、货币、黄金的平衡关系，天下的经济秩序就可以安定了。这也是控制天下的一种办法。"

桓公问管仲说："平准之法、轻重之术以及国家的统计理财，我都知道了。请问利用祭祀的理财方法。”管仲回答说：“从狼牡到冯会口，从龙夏以北到海庄，是禽兽牛羊生长的好地方，何不利用这个条件来贯彻国家理财之策呢？”桓公说：“何谓贯彻理财之策？”管仲回答说：“在冯会口这类牧场设一官吏，负责记载牛羊繁育并查管牧养事务。若是从事牧养的官员，照料牛马没有折损死亡的，就从‘都’一级提升为县级。若是查到大夫不肯提供种牛种马配种繁殖的，就叫作目无祭祀礼仪，禁止他春秋两季用牛羊进行祭祀。一般百姓有此行为的，禁止他祭祀门神与山神。由于加强管理，冯会、龙夏一带牛羊的月价将比往日上涨十倍。这项政策，是从祭祀礼仪出发的，取得收入于山林无用之地的，垄断牛羊市场的政策。这就是对理财政策的一种‘贯彻’。”

桓公问管仲说：“请问国内的地势问题。”管仲回答说：“有山区，有低洼多水地区，有山陵平原各占一半的地区，有常年溢水为害的地区，有土壤漏失水分的地区。这五种不利地势，是人君所忧虑的事。山区尚可贮备粮食三分之一，低洼多水地区尚可贮备粮食三分之一，山陵平原对开的地区尚可贮备粮食十分之三，被水泉伤害，常年溢水地区尚可贮备粮食十分之二，唯有土壤漏失水分的地区，就只好努力掌握外国（其他诸侯国）粮食。发展手工业的精美木器生产来掌握各诸侯国的粮食，这就是调节商品时价和解决五种不良地势问题的办法。”

桓公问管仲说：“如海内统一，控制了天下诸侯，解决地势的政策就不用了么？”管仲回答说：“现今还是诸侯掌握天下各州的余财，还要利用四时的变化，实行操纵市场的办法，使东西南北相补助，为取得一致而加以调节。所以说：在诸侯分立条件下，则直接掌握物资贵贱来联系各诸侯国；在天下统一的条件下，则利用货币掌握物价涨落，使之调平就是了。东西充足则使之调出，不足则制止之。统一天下的君主按时视察各乡、各州的经济情况，故百姓谋求财利不至于互相倾轧，生活极为稳定。国君则掌握大局奉行利出一孔的原则，这叫作国家整体的经济谋算。”

盐铁论

力　耕

大夫曰：王者塞天财①，禁关市，执准守时，以轻重御民②。丰年岁登，则储积以备乏绝；凶年恶岁，则行币物；流有余而调不足也③。昔禹水汤旱，百姓匮乏，或相假以接衣食④。禹以历山之金，汤以庄山之铜，铸币以赎其民⑤，而天下称仁。往者财用不足，战士或不得禄⑥，而山东被灾⑦，齐、赵大饥⑧，赖均输之畜，仓廪之积，战士以奉⑨，饥民以赈。故均输之物，府库之财，非所以贾万民而专奉兵师之用，亦所以赈困乏而备水旱之灾也。

【注释】

①塞：掌握，控制。天财：自然资源。②轻重：指秦、汉时一些理财家的轻重经济思想和经济政策。它包括的内容很广泛，其核心是要求国家运用行政和经济力量，调节物资的供求和价格水平，以巩固新兴地主阶级的统治。御：管理。③流：调配。调：周济。④接衣食：用借贷来的货币或粮食接济衣食的需要。⑤赎：原作赠，今改。赎，用钱或财物换回抵押品。⑥禄：粮饷，给养。⑦山东：汉人常用语，泛指函谷关以东。被灾：遭受水灾。山东被灾，指汉武帝元狩三、四年（公元前120——前119）发生的大水灾。⑧齐、赵：春秋和战国时诸侯国名。“齐”，位于今山东省东北部。“赵”，位于今山西省中部、陕西省东北角、河北省西南部。此指齐、赵过去管辖的地区。⑨奉，俸给。

文学曰：古者，十一而税，泽梁以时入而无禁①。黎民咸被南亩而不失其务②。故三年耕而余一年之蓄，九年耕有三年之蓄。此禹、汤所以备水旱而安百姓也。草莱不辟③，田畴不治④，虽擅山海之财⑤，通百末之利，犹不能赡也⑥。是以古者尚力务本而种树繁⑦，躬耕趣时而衣食足⑧，虽累凶年而人不病也⑨。故衣食者民之本，稼穑者民之务也⑩，二者修，则国富而民安也。《诗》云：“百室盈止，妇子宁止”也⑪。

【注释】

①泽梁：“泽”湖泊、鱼塘；“梁”，水塘拦水的土堰。②被（pī）：到。南亩：田地。不失其务：指不荒废农事。③草莱：杂草。④田畴（chóu）：农田。⑤擅：据有。⑥赡：此为富足的意思。⑦尚力务本：奖励从事农业劳动。种树：种植。⑧趣：同趋，趣时，即赶时节，指不误农时。⑨累：遭受，遭到。病：忧虑，害怕。⑩稼穑（sè）：种植和收割。⑪百室：百家。盈：满，富足。止：语尾助词，表示肯定的语气。

大夫曰：圣贤治家非一宝，富国非一道①。昔管仲以权谲霸，而纪氏以强本亡②。使治家养生必于农，则舜不甄陶而伊尹不为庖③。故善为国者，天下之下我高，天下之轻我重。以末易其本，以虚易其实④。今山泽之财，均输之藏，所以御轻重而役诸侯也。汝、汉之金⑤，纤微之贡⑥，所以诱外国而钓胡、羌之宝也⑦。夫中国一端之缦⑧，得匈奴累金之物，而损敌国之用。是以骡驴馲驼⑨，衔尾入塞，驒騱騵马⑩，尽为我畜，鼲鼦狐貉⑪，采旃文罽⑫，充于内府，而璧玉珊瑚琉璃⑬，咸为国之宝。是则外国之物内流，而利不外泄也。异物内流则国用饶，利不外泄则民用给矣。《诗》曰：

“百室盈止，妇子宁止。”

【注释】

①道：方法，途径。②纪，西周时诸侯国名，在今山东省寿光县东南，春秋时被齐国灭掉。后来，纪国人以国为姓，故称纪氏。这里指国王。据《管子》上记载：纪氏注意发展农业，但不能很好管理，粮食流出境外，终于被齐国灭掉。③甄陶：用土烧制陶器。相传舜为本部落首领以前，烧过陶器。伊尹：商汤的大臣。④易原作荡，今据张敦仁说校改。易，交换。⑤汝：汝水，位于今河南省境内。汉：汉水，在今湖北省境内。⑥纤微：精细的丝织品。⑦胡：汉人对匈奴的称呼。羌：我国古代西部的少数民族。⑧端：古代的度量单位，长短各说不同，有说两丈为一端的（《小尔雅》），有说六丈的（《集韵》），有说一丈六尺的（《六书故》）。缦（màn）：无文彩的丝绸。⑨驼：同骆。驼驼，即骆驼。⑩騱（xī）：野马。騵（yuán）：黄色白腹的马。⑪鼲（hún）：灰鼠，皮可做皮袄。貂：同貂。⑫采旃：彩色的毡子。旃古通毡。文罽（jì）：有花纹的毯子。⑬璧玉：平圆形中间有孔的玉。珊瑚：一种腔肠动物所分泌的石灰质的东西，形状像树枝，多为红色，可以作装饰品。琉璃：一种用铅和钠的硅酸化合物烧制成的釉料。

文学曰：古者，商通物而不豫[①]，工致牢而不伪，故君子耕稼田鱼[②]，其实一也。商则长诈，工则饰骂[③]，内怀闚窬而心不怍[④]，是以薄夫欺而敦夫厚。昔桀女乐充宫室，文绣衣裳[⑤]，故伊尹高逝游薄[⑥]，而女乐终废其国。今骡驴之用，不中牛马之功[⑦]，鼲貂旃罽，不益绵绨之实。美玉珊瑚出于昆山[⑧]，珠玑犀象出于桂林[⑨]，此距汉万有余里。计耕桑之功，资财之费，是一物而售百倍其价一也，一揖而中万钟之粟也[⑩]。夫上好珍怪，则淫服下流[⑪]，贵远方之物，则财货外充。是以王者不珍无用以节其民，不爱奇货以富其国。故理民之道，在于节用尚本[⑫]，分土井田而已。

【注释】

①豫：诳诈，欺骗。②田鱼即佃渔，古通；打猎，捕鱼。③饰骂：骂应为玛（mǎ），“饰玛”即饰巧，作假。④闚窬（kuīyú）：同窥窬，就是窥伺的意思。此指商人窥伺时机投机取利。怍（zuò）：惭愧。⑤裳：女人穿的裙子。文绣：衣裙上所绣的文采。⑥薄：同亳，商朝国都，位于今河南省商丘县西南。高逝：远走。⑦不中（zhòng）：不相当，比不上。⑧昆山：即昆仑山。⑨玑（jī）：不圆的珠子。桂林：秦汉时郡名，位于今广西壮族自治区。⑩揖：同挹。一楫，此指一棒东西。钟：古量器名，合六十四斗。⑪淫服：奇装异服。此指奢侈的习气。⑫节：节俭。

大夫曰：自京师东西南北，历山川，经郡国，诸殷富大都，无非街衢五通，商贾之所臻，万物之所殖者。故圣人因天时，智者因地财，上士取诸人[①]，中士劳其形[②]。长沮、桀溺[③]，无百金之积，跖跻之徒[④]，无猗顿之富[⑤]，宛、周、齐、鲁[⑥]，商遍天下。故乃商贾之富，或累万金，追利乘羡之所致也[⑦]。富国何必用本农，足民何必井田也？

【注释】

①上士：指聪明的人。②中士：指不聪明、能力较差的人。形：身体。这是桑弘羊的“上智下愚”思想的表现。③长沮、桀溺：春秋时楚国的两个农民。孔丘到楚国去，路过他们身边，要子路去向他们打听

渡口的所在。结果，被他们嘲笑了一顿。④跖：穿，踩。跻（qiáo）：草鞋。跖跻，此指普通劳动人民。⑤猗顿：春秋时鲁人，因在猗氏县（今山西省安泽县东南）经营煮盐及畜牧致富，故名猗顿。⑥宛：西汉县名，即今河南省南阳市。周：指东周的京都，即今河南省洛阳市。齐：此指临淄，即今山东省临淄县。鲁：指曲阜，即今山东省曲阜市。宛、周、齐、鲁，是汉时的四大都市，都是大商人产生和聚居的地方。⑦羡：盈余。乘羡，谋取超额利润。

文学曰：洪水滔天，而有禹之绩，河水泛滥，而有宣房之功①。商纣暴虐，而有孟津之谋②，天下烦扰，而有乘羡之富。夫上古至治，民朴而贵本，安愉而寡求。当此之时，道路罕行，市朝生草③。故耕不强者无以充虚，织不强者无以掩形。虽有凑会之要，陶、宛之术④，无所拖其巧。自古及今，不施而得报，不劳而有功者，未之有也。

【注释】

①宣房：汉武帝元封二年（公元前109年），黄河在瓠（hù）子口（今河南省濮阳县西南）决口，堵塞后，在坝上建筑一座宫殿，取宣泄防备的意思，名叫宣房宫。②孟津：又叫盟津，古渡名，位于今河南省孟县西南河阳渡。周武王伐纣，与诸侯会盟于此，故名。③市朝：此指古代官吏办公事的地方，也是众人聚集之地。④陶：即陶朱公（范蠡），战国时，他辅助越王勾践打败吴国后，离开越国，隐瞒姓名，经商做买卖，到陶地，自称朱公，后人称他陶朱公。宛原作室，今据孙诒让说校改。宛，指宛孔氏，战国时以冶铁经商致富的大商人。

【译文】

大夫说："君王应该封禁自然资源，管制关卡集市，掌握平衡物价的权力，抓住机会，用轻重之策统治百姓。丰收之年，就储存积蓄物资以备缺乏时使用；灾荒之年，就发放货币和物资，使积存的钱物流通来补给不足。从前，夏禹时发生水灾，商汤时发生旱灾，百姓穷困，有人靠借贷来支撑生活。夏禹用历山的金，商汤用庄山的铜，铸造钱币来救济百姓，天下人都说这是仁的行为。以前，国家的物资不能满足需要，有些军队得不到俸禄，然而崤山以东又遭了灾，齐、赵两地发生严重饥荒，然而，依靠施行均输法所带来的积蓄和国家仓库的粮食，军队得到了给养，饥饿的百姓得到了救济。所以，施行的均输法所积累的物资和国家仓库中的财富，并不是从百姓那里收来专门供应军队开销，而是也用来救济贫困，防备水灾和旱灾。"

文学说："在古代，交纳十分之一的赋税，按时节到湖泊鱼塘里捕鱼而国家并不禁止，百姓全都在田地里劳动而不荒废农事。因此，耕作三年就多一年的存粮，耕作九年就多三年的存粮。这是夏禹和商汤用来预防水旱灾害而使百姓安居乐业的方法。假如荒地不开辟，农田不耕种，纵然掌握山海的资财，开通各种取利的途径，还是不能使国家富足。所以，古时候人们注重加强农业而多种庄稼，耕作紧随时节而丰衣足食，纵然灾荒连年，人们也不害怕。穿衣吃饭是老百姓的根本，耕种粮食是老百姓的要务，这两方面做好了，那么国家就富强，人民就安居乐业。正如《诗经》所说：'家家户户富足，妇女小孩安宁。'"

大夫说："圣贤之人治家的妙法不只一个，富国强国的途径不只一种。从前，管仲用权术和诡诈的办法使齐桓公成就霸业，而纪氏却因为大搞农业而亡国。如果为了一家的生活必须从事农业，那么舜就不应去制作陶器，伊尹就不应去做厨师。因此，善于治国的人，尊贵天下人

认为卑贱的事物，重视天下人所轻视的事物。拿农产品换工商业产品，用虚的东西换来实的东西。现在，从山林川泽取得的财富，通过均输法而获得的积蓄，都用来推行轻重之法以役使诸侯。汝、汉地区的金子，各地进献的丝麻，可以引诱外国人和换取胡人、羌人的珍宝。用我们的两丈丝绸，可以换得匈奴价值许多金子的物品，从而耗损了敌国的财富。这样，骡、驴、骆驼就会源源不断地进入我们的关塞，各种良马就会全都成为我们的牲畜，鼠皮、貂皮、狐貉等皮料，色彩鲜艳的毛毡、花毯，就会装满我们的仓库，璧玉、珊瑚、瑠璃，就会都成为我们的宝物。这样，外国的东西流入了我国，而我国的财物却不往外流。外国的东西流入我国，国家就富有，自己的财物不外流，就能满足百姓的需求了。这才如《诗经》所说：'家家户户富足，妇子小孩安宁。'"

文学说："古时候，商人流通货物而不诈欺，工匠制造牢固的器物而不作假。所以，君子无论从事农业耕种还是打猎、捕鱼，都一样勤劳诚实。然而现在，商人则擅长欺诈，工匠则作假，内心怀着非分之想却不感到惭愧，致使刻薄的人变得欺诈，敦厚老实的人变得刻薄。从前，夏桀用美女歌舞充斥宫室，衣着华贵，所以伊尹离开他，远游到商都亳，而美女歌舞最后使夏桀亡了国。如今，外来骡驴的用处比不上我们的牛马，鼠皮、貂皮、彩毡、花毯，也比不上我们的锦缎丝绸。美玉、珊瑚的产地在昆山，珍珠、犀角、象牙出产在桂林，这些地方距离汉朝有一万多里。用种田养蚕的收获来计算购买这些物品的费用，那么一件物品要换取百倍的代价，一捧东西要值万钟谷子。朝廷喜好珍奇，那么下面就会有奢侈的风气；朝廷以远方的东西为贵，那么财物就会外流。所以帝王不喜好那些没有用的东西，以使百姓节俭；不喜好那些稀奇的东西，以使国家富强。治理百姓的方法，只在于节俭并且重农，分地实行井田制罢了。"

大夫说："从京城向东西南北四方，经过高山、大河和各郡、各封国，所有繁华富裕的城市，无一不是道路四通八达，商人云集，各种货物汇聚。所以，圣人顺应天时，智者顺应地利，聪明的人从别人那里获取财富，不聪明的人靠自己的体力劳动。长沮、桀溺不会有百金的积蓄，盗跖、庄蹻不能像猗顿那样富庶。宛、周、齐、鲁等地，商人遍及天下。所以商人很富有，有的财产多达数万金，这正是追求财利获取盈余的结果。因此，使国家富足为什么必须要以农为本？使百姓富足为什么一定要用井田制呢？"

文学说："因为发生了严重的洪灾，才有大禹治水的功绩；因为黄河泛滥，才有宣房宫的修建；因为商纣王凶暴残酷，才使周武王与诸侯在孟津共谋讨伐；因为天下混乱，商人才乘机取利致富。在远古时代，天下治理得最好，百姓朴实而重农，安定欢愉而没有什么要求。当时，路上很少有行人，公众聚会的地方长出了荒草。在那种情况下，不努力种田的人就没有办法吃饱，不努力纺织的人就会没有衣服穿。即使有把各种货物聚集起来的妙法，有用土烧造房子的本事，也没有地方去施展这些技巧。从古到今，不付出而得到收获，不劳动而有收获，这样的事情是不存在的。"

晁　错

大夫曰：《春秋》之法，"君亲无将，将而必诛。"故臣罪莫重于弑君，子罪莫重于弑父。日者[①]，淮南、衡山修文学[②]，招四方游士，山东儒、墨咸聚于江、淮之间，讲议集论，著书数十篇[③]。然卒于背义不臣，使谋叛逆，诛及宗族。晁错变法易常，不用制度，迫蹙宗室[④]，侵削诸侯，蕃臣不附，骨肉不亲，吴、楚积怨，斩错东市[⑤]，以

慰三军之士而谢诸侯。斯亦谁杀之乎？

【注释】

①日者：从前。②淮南、衡山：指汉武帝时淮南王刘安和衡山王刘赐，二人因叛乱被汉武帝镇压。③著书数十篇：指《淮南子》。书中大旨以道德为标榜，而纵横曼衍，多所旁涉。《汉书·艺文志》列之杂家。④室原作族。迫蹙：强迫威胁。⑤东市：古代杀人必于市，以其在长安东，故称东市。

文学曰：孔子不饮盗泉之流[1]，曾子不入胜母之闾[2]。名且恶之，而况为不臣不子乎？是以孔子沐浴而朝，告之哀公[3]。陈文子有马十乘，弃而违之[4]。《传》曰："君子可贵可贱，可刑可杀，而不可使为乱。"若夫外饰其貌而内无其实，口诵其文而行不犹其道[5]，是盗，固与盗而不容于君子之域。《春秋》不以寡犯众，诛绝之义有所止，不兼怨恶也。故舜之诛，诛鲧[6]；其举，举禹。夫以玙璠之玼而弃其璞[7]，以一人之罪而兼其众，则天下无美宝信士也。晁生言诸侯之地大，富则骄奢，急则合从。故因吴之过而削之会稽，因楚之罪而夺之东海[8]，所以均轻重，分其权，而为万世虑也。弦高诞于秦而信于郑，晁生忠于汉而仇于诸侯。人臣各死其主，为其国用。此解杨之所以厚于晋而薄于荆也[9]。

【注释】

①盗泉：古泉名，位于今山东省泗水县东北。流：指泉水。②曾子：名参，字子舆，孔丘弟子。胜母：邑里名。闾：巷口的大门，常做里、巷的代称。③孔子沐浴而朝，告之哀公：沐浴，指洗澡斋戒。朝，朝见国君。告之哀公，指齐国陈成子杀了齐简公，孔丘马上去朝见鲁哀公，要鲁哀公发兵讨伐。④陈文子有马十乘，弃而违之：陈文子，春秋时齐国大夫。乘，每车四匹马为一乘。据记载，齐国大夫崔杼杀死齐庄公后，陈文子有四十匹马，舍弃不要，离开齐国。⑤犹：通由，按照、奉行的意思。⑥鲧（gǔn）：古人名，相传为大禹的父亲。⑦玙璠（yúfān）：两种美玉。玼：通疵，玉中的斑点。璞（pú）：没有雕过的玉石。⑧汉景帝时，晁错为御史大夫，建议削夺吴、楚等国封地。结果，削去楚王东海郡，又削去吴王豫章郡及会稽郡。会稽郡，今江苏省东南部及浙江省东部、南部地区。东海郡，今山东省兖州到江苏邳县以东至海边一带。⑨解杨：一作解扬，字子虎，春秋时晋人。春秋末期，楚军包围了宋国国都，宋国派人向晋国告急，晋国派解杨为使者，去告诉宋国：晋国的救兵马上就要到了，不要投降。解杨路过郑国时，郑人把他捕送给楚国。楚王给了他大量东西贿赂他，叫他说假话诱骗宋国投降。他假装答应，结果还是把晋国的真正命令传达给宋国了。楚王无奈，释放了解杨，解除了对宋国的包围。荆：春秋时楚国的别称。

【译文】

大夫说："《春秋》书上规定：'存心要杀害君主和双亲，但是尚未实行，或者由别人代为实行，这样的人都要被判处死刑。'所以大臣犯罪没有比杀害国君罪重的，儿子犯罪没有比杀害父亲罪重的。从前，淮南王刘安、衡山王刘赐研究西周文献典籍，招收各方游学之士，山东儒家、墨家学派的人士都集中在长江、淮河一带，讲学论议，编写了几十篇文章。然而他们到头来背叛朝廷，密谋犯上作乱，连他们的家族也遭到杀戮。皇帝授权晁错改掉旧制变更法令，削弱同姓王的势力，剥夺削减各诸侯的力量，结果却使诸侯王不亲附皇上，对皇上骨肉不亲，吴王、楚王等诸侯对晁错恨之入骨，要求'清君侧'，逼迫汉朝中央政府在长安城东市上处死晁错，用来安慰三军将士，并辞谢参加叛乱的各诸侯王，这又是谁杀的晁错呢？”

文学说：“孔丘不肯喝盗泉的流水，曾子不进胜母小巷。好恶尚且如此，更何况不做忠臣孝子呢？所以孔子洗完澡斋完戒再上朝面君，拜见鲁国君主鲁哀公。陈文子有四十匹马而舍弃不要，能够洁身自好不参加齐国内部的叛乱。《礼记》上说：‘君子既可以富贵，也可以贫贱，可以受刑，也可以被杀，就是不能犯上作乱。’假如外表装饰得十分好，可是其内心却不真实，口头上说仁义却不去按仁义规定的道理去办，这就好比盗贼总是和盗贼在一起，而不能与君子呆在一起。《春秋》书上不因为少数人有罪而杀害多数人，斩尽杀绝的事有所制止，不使无辜的人们结下仇恨。所以虞舜杀了治水失利的鲧，却任用治水有方的鲧之子禹。如果由于宝贵的美玉里有些斑点就抛弃含有玉的宝石，由于一个人有罪而牵扯其他的人，那么天下就没有宝玉和忠诚信士了。晁错说诸侯的封地太大，财富多就会淫逸骄奢，形势紧迫关头，诸侯王们就会联合起来对抗中央政府。因此朝廷因为吴王刘濞有过错就趁机削去他的会稽郡；因为楚王刘赐犯有罪行就夺去他在东海的封地，通过这种办法来平均各诸侯的势力，削弱诸侯王的权力，但为国家造成了世代的忧虑。弦高欺骗秦国入侵军队而忠于郑国，晁错忠诚于汉朝而事实上却仇视诸侯。做臣子的应当各为他们的君主而死，对他们各自的国家效力。这就是解杨为什么忠于晋国而冷淡楚国的原因。”

刺　　权

大夫曰：今夫越之具区①，楚之云梦②，宋之钜野③，齐之孟诸④，有国之富而霸王之资也。人君统而守之则强，不禁则亡。齐以其肠胃予人，家强而不制，枝大而折干，以专巨海之富而擅鱼盐之利也。势足以使众，恩足以恤下，是以齐国内倍而外附⑤。权移于臣，政坠于家，公室卑而田宗强⑥。转毂游海者，盖三千乘⑦，失之于本而末不可救。今山川海泽之原，非独云梦、孟诸也。鼓铸煮盐，其势必深居幽谷，而人民所罕至。奸猾交通山海之际，恐生大奸。乘利骄溢，散朴滋伪，则人之贵本者寡。大农盐铁丞咸阳、孔仅等上请⑧：“愿募民自给费，因县官器，煮盐予用，以杜浮伪之路。”由此观之，令意所禁微，有司之虑亦远矣。

【注释】

①具区：湖名。又名震泽，即今江苏省的太湖。②云梦：湖泊名。古云梦本为二泽，分跨今湖北省大江南北，江南为梦，江北为云，面积广八、九百里。③钜野：湖泊名。位于今山东省钜野县北。④孟诸：湖泊名。位于今河南省商丘县，今已淤没。⑤倍：同背，背叛。⑥公室：古代阶级社会，君主世袭，以国为国君所有，往往以公室代表国家。田宗：指陈氏家族。田齐的祖先本出自陈氏。春秋时，陈厉公子完以国乱奔齐，子孙世为齐卿。公元前481年，田常杀死齐简公而立平公，任相国，掌握了齐国大权。⑦毂(gǔ)：车轮中心有孔可以插轴的圆木，此指车子。⑧大农：即大农令，又叫大司农，汉武帝时掌管国家租税、盐铁、钱粮等财政收支的官吏。盐铁丞：大农属官，掌管有关盐铁官营的事宜。咸阳：即东郭咸阳，齐地的大盐商。孔仅：南阳的大冶铁商。两人都家累千金。汉武帝元狩三年（公元前120年），被大司农郑当时推荐为盐铁丞。次年，上书武帝募民自出资金，用官家器具煮盐，再由官家收购，实行专卖。这是实行盐铁官营的开端。

文学曰：有司之虑远，而权家之利近，令意所禁微，有僭奢之道著[①]。自利官之设，三业之起[②]，贵人之家云行于涂[③]，毂击于道[④]，攘公法，申私利，跨山泽，擅官市，非特巨海鱼盐也；执国家之柄，以行海内，非特田常之势，陪臣之权也；威重于六卿，富累于陶、卫[⑤]，舆服僭于王公，宫室溢于制度，并兼列宅，隔绝闾巷，阁道错连，足以游观[⑥]，凿池曲道，足以骋骛[⑦]，临渊钓鱼，放犬走兔，隆豺鼎力[⑧]，蹋鞠斗鸡，中山素女抚流徵于堂上[⑨]，鸣鼓巴俞作于堂下[⑩]，妇女被罗纨，婢妾曳绨纻[⑪]，子孙连车列骑，田猎出入，毕弋捷健[⑫]。是以耕者释耒而不勤，百姓冰释而懈怠。何者？己为之而彼取之，僭侈相效，上升而不息，此百姓所以滋伪而罕归本也。

【注释】

①僭（jiān）奢：过分奢侈腐化。②三业：指盐铁、酒榷、均输三种官营事业。③涂：同途。④毂击：车辆互相碰撞，形容车辆之多。⑤陶、卫：陶，陶朱公，即范蠡。卫，指子贡。⑥阁道：复道。古代宅第中以木架于空中以通往来者。游观：游鉴。游、观古同义。⑦骋骛（chěngwù）：驰骋，奔跑。⑧隆豺：隆借作哄，豺借材字。哄材，好斗之材的意思。⑨中山素女抚流徵：中山，战国时国名，后为赵武灵王所灭，汉景帝又置中山国，即今河北省中部偏西北一带的地方。素女，善歌舞的美女。抚，同拊，拍。流，婉转。徵（zhǐ），古代五音宫、商、角、徵、羽之一。抚流徵，是指弹琴。⑩巴俞：即巴渝舞，传说为汉高帝刘邦所作。俞同渝，指渝水（今嘉陵江）。⑪绨纻（zhū）：绨，细葛布。纻，苣麻布。⑫毕弋：打鸟用的网和箭。这里指打鸟。

大夫曰：官尊者禄厚，本美者枝茂。故文王德而子孙封，周公相而伯禽富[①]。水广者鱼大，父尊者子贵。《传》曰："河海润千里。"盛德及四海，况之妻子乎[②]？故夫贵于朝，妻贵于室，富曰苟美，古之道也。《孟子》曰："王者与人同，而如彼者，居使然也。"居编户之列而望卿相之子孙，是以跛夫之欲及楼季也[③]，无钱而欲千金之宝，不亦虚望哉！

【注释】

①伯禽：周公的儿子，周公任丞相后，伯禽受封于鲁国。②之：当"其"字讲。③楼季：战国时魏文侯的弟弟，善于行走攀登。

文学曰：禹、稷自布衣[①]，思天下有不得其所者，若己推而纳之沟中，故起而佐尧，平治水土[②]，教民稼穑。其自任天下如此其重也，岂云食禄以养妻子而已乎？夫食万人之力者，蒙其忧，任其劳。一人失职，一官不治，皆公卿之累也。故君子之仕，行其义，非乐其势也。受禄以润贤[③]，非私某利。见贤不隐，食禄不专，此公叔之所以为文[④]，魏成子所以为贤也[⑤]。故文王德成而后封子孙，天下不以为党，周公功成而后受封，天下不以为贪。今则不然。亲戚相推，朋党相举，父尊于位，子溢于内，夫贵于朝，妻谒行于外[⑥]。无周公之德而有其富，无管仲之功而有其侈，故编户跛夫而望疾步也。

【注释】

①稷：后稷，周的始祖，初名弃，被尧封于邰，故地位于今陕西省武功县境。②平治水土：指禹事。③润贤：培养贤才的意思。④公叔之所以为文：公叔，复姓，此处指卫国大夫，卫献公之孙，名枝，谥号“文”，故叫公叔文子。公叔文子的家臣僎，由于公孙枝的推荐，做了卫国大夫。孔丘知道以后，说：“公孙枝可以谥为‘文’了。”⑤魏成子：战国时魏国人，曾经做魏文侯的丞相。据说他用十分之九的俸禄去招聘“贤士”。⑥谒（yè）：拜见，请托。妻谒，妻室弄权而多所请托。又作“妇谒”、“女谒”。

【译文】

大夫说：“现在吴越地区的具区湖，楚地的云梦湖，宋地的钜野湖，齐地的孟诸湖，都是能使国家富强称霸的宝贵自然资源。圣贤英明的君主统一管理使用这些自然资源，国家就会富强，如果不禁止诸侯和人民使用，国家就会削弱灭亡。过去，齐国像一个人把自己的肠胃给别人那样，随便让人们开发自然资源，使得士臣大夫富强而国家不能加以管制，仿佛树枝畸形增生，成长超过树干，本大于末，这便是诸侯士大夫垄断了四海的自然资源，独占了鱼盐之利的缘故。他们的经济雄厚了，其势力足可以役使许多人，还常用小恩小惠来收买民心。因此。齐国内部分崩离析，造成国家政权从君王手里落入大臣手里，政事被大夫们所掌握，齐国姜姓君主权势衰微，而田氏家族宗亲却势力强盛。他们用于贩卖鱼盐的车子高达三千辆，齐国既丢掉了农业，又不能控制手工业和商业，致使政权旁落，无可救药。如今山川湖海的资源十分多，不单单是云梦、孟诸这些湖泊了。冶铁煮盐势必在偏远的山谷，交通不便很少有人去那里。奸诈狡猾的人来往于山川湖海之间，如果不加以控制的话，恐怕就要发生大祸害。他们凭借财利骄横跋扈、败坏风气，使忠诚朴实的人变得虚伪了，重视农业的人也减少了。大司农盐铁丞东郭咸阳、孔仅等人向朝廷上书：‘希望汉武帝募民自筹资金，用官府发给的煮盐器具制盐，供给社会使用。用这种策略来堵塞豪强奸商投机谋利的不规之路。’由此看来，国家禁止人民私营盐铁的决策用意深远，有关主管官员对此考虑得也相当深远。”

文学说：“有关主管官员考虑这些事情的确是很长远的，可是，有权有势的人却容易获取私利。国家的法令是想把不好的事情杜绝在萌芽状态，但是现在过分奢侈的行为举止却更为明显了。自从设置了兴利的官吏，盐铁、酒榷、均输三种事业兴起，有权有势的人家熙熙攘攘地在路途上奔波行走，车辆在路上拥挤撞碰，扰乱了国家颁布的法令，竭力谋取私利。他们跨越山泽，垄断国家政府的市场，这就不只是谋取大海中的鱼盐之利了。他们动用掌握的国家政权，横行天下，其权势不是当年田常和陪臣大夫们所能攀比的。这些人的威风高于过去晋国的六卿，财产多于范蠡和子贡，穿衣和乘车超过了王公贵族，建造的房屋超过了国家的礼制和规定的标准。权贵的住宅一幢连着一幢，占用的房地太宽，致使闾巷交通为之隔绝，宅第中用木头架设的复道往来交错，完全可以供人游玩观赏，穿地为池、曲折的道路完全可以供人驰驱车马。在水边可钓鱼，在陆地可放狗捉兔子、驯服野兽、举鼎比武、踢球或者斗鸡取乐。在殿堂上，中山国地区的能歌善舞的美女弹琴奏乐；在殿堂下，鼓声中跳着汉高帝刘邦作的巴渝舞。他们的妻女穿着丝绸细绢质地的华贵的衣服，众妾婢女身上也拖着细葛布或苎麻布衣服。他们的后代子孙们乘坐的车马成群结队，出外打猎远游，捕鸟敏捷矫健。所以，种地的农民放下农具不肯干活，老百姓像冰块溶化那样消极涣散、懒惰和懈怠。为什么会这样呢？因为他们的劳动果实被权贵人家夺走了，大户人家竟相奢侈，互相仿效，而且这种奢侈风气越涨越高，上升不息，无人能够制止。这就是百姓们滋长虚伪作风，而很少能够老老实实从事农业耕种的原

因。”

大夫说：“官职大的人，俸禄也就优厚，树干强壮的植物，枝叶也必然茂密。因为周文王有德行，他的子孙才能得到分封；周公旦因为能摄政辅佑周成王治理国家，他的儿子伯禽才能富贵。水面宽阔的地方，鱼类就肥大，父亲地位高的，儿子也就尊贵。《公羊传》一书上说：‘大河大海的水可以滋润千里的土地。’如今皇帝的大恩大德布满整个国家，更何况大臣的妻子儿女呢？因此大臣在朝廷中做了高官，他的妻子在家中也能享受荣华富贵，发了大财就得讲究一些才行，这是自古就有的道理。孟轲说：‘君王和普通人一样都是人，他之所以富贵，就是因为他所处的地位不同才使他和一般人不一样。’处身于平民之列，却仰慕卿相子孙那样的富贵豪华，这就像腿瘸的人想像楼季那样善于登高跳远。没有钱的人想得到千金之宝物，这不也是妄想吗？”

文学说：“夏禹和周族始祖后稷起自平民百姓。他们看到天下有许多人不能安居乐业，好像是自己把他们推到深沟里去的一样，所以起来帮助首领唐尧平治水土，指导人民耕种，他们就是这样的把治理天下当作自己的责任并极其重视它，怎么能说得到俸禄只是为了养活自己的妻子儿女呢？受万人劳动力供养的人，应该承受大家的忧虑，分担平民百姓的劳苦。一个人失业而流离失所、一个官吏治理不好政事，都是公卿们的过错。所以，君子当官是实行礼和仁义，并非无端地炫耀自己的权势。吃国家的俸禄就要培养贤人而不是为了谋求个人的私利。不埋没贤才志士，不把俸禄占为己有而独享，这就是公叔文谥号为‘文’、魏成子成为贤人的理由。所以，周人用仁德为武器取得天下，他们的子孙后代也因此能够被分封到各地，天下之人不认为这是结党营私；周公旦辅佐成王平治理天下，功成名就，其后代伯禽也因此受封东土，天下之人不认为周公贪婪。现在的情形却不同，亲戚之间相互推荐任官。一些人为了自私目的结成朋党，相互勾结和抬举；父亲地位高贵，他的儿子在家中奢侈淫逸；丈夫为官显贵于朝廷，可他的妻子则向外地的官吏到处请托。这些人并没有周公高尚的品德却占有许多财富；他们没有管仲那样为国家立功，却极尽奢侈。因而，编户也想赶超权贵之子，瘸子也想和正常人一样猛追猛赶了。”

论 儒

御史曰：文学祖述仲尼，称诵其德，以为自古及今，未之有也。然孔子修道鲁、卫之间，教化洙、泗之上①，弟子不为变，当世不为治，鲁国之削滋甚。齐宣王褒儒尊学②，孟轲、淳于髡之徒，受上大夫之禄，不任职而论国事，盖齐稷下先生千有余人③。当此之时，非一公孙弘也。弱燕攻齐④，长驱至临淄，湣王遁逃，死于莒而不能救；王建禽于秦⑤，与之俱虏而不能存。若此，儒者之安国尊君，未始有效也。

【注释】

①洙、泗：洙，洙水，泗水的支流。源有二，一出山东曲阜市北，南合沂水入泗。一出费县北，西流入泗。泗，泗水，发源于山东省泗水县。孔子讲学于鲁，故后人遂以洙、泗为儒家学派的代称。②齐宣王：齐威王之子，名辟强，在位十九年（公元前 342——公元前 324 年）。③稷下：战国时齐国都城临淄（今山东省临淄县）西门外的地方。齐宣王继齐威王之后，在此扩置学馆，招儒生，淳于髡等七十余人都受到尊礼，赐列第为上大夫，不作实际工作，专任顾问。一时到者达千余人。孟轲也到过齐国，游说过齐

宣王。④燕攻齐：公元前二八四年，秦、楚、燕、韩、赵、魏共同伐齐。其中燕国将军乐毅率兵长驱直入，攻破齐国都城临淄。齐滑王出逃到莒（今山东省莒县），被楚人杀死。⑤王建：即齐王田建，战国时齐国的最后一个国君。公元前221年，秦始皇灭齐，俘虏齐王建，统一天下。

文学曰：无鞭策，虽造父不能调驷马①。无势位，虽舜、禹不能治万民。孔子曰："凤鸟不至，河不出图，吾已矣夫②！"故轺车良马③，无以驰之；圣德仁义，无所施之。齐威、宣之时，显贤进士，国家富强，威行敌国。及滑王，奋二世之余烈，南举楚、淮，北并巨宋，苞十二国④，西摧三晋⑤，却强秦，五国宾从，邹、鲁之君，泗上诸侯皆入臣。矜功不休，百姓不堪，诸儒谏不从，各分散，慎到、捷子亡去⑥，田骈如薛⑦，而孙卿适楚⑧。内无良臣，故诸侯合谋而伐之。王建听流说，信反间，用后胜之计⑨，不与诸侯从亲，以亡国，为秦所禽，不亦宜乎？

【注释】

①造父：传说中古代善于赶车的人。②凤鸟：传说中的凤凰。河图：传说伏羲时黄河里出现龙马，身上有图，即河图。③轺（zhāo）车：古代用一匹马拉的轻便马车。④苞：征服。⑤三晋：春秋时，晋国的赵、魏、韩三家卿大夫，先后灭了其他卿大夫，瓜分晋国，各立为国，是为三晋。地在今山西、河南及河北西南部。⑥慎到：战国时赵国人，学黄老道德之术，著有《慎子》四十二篇。《汉书·艺术志》列入法家。捷子：一作"接子"，战国时齐国人，著有《接子》二篇，《汉书·艺文志》列在道家。⑦田骈（pián）：战国时齐国人，又叫陈骈，著有《田子》二十五篇。《汉书·艺文志》列入道家。⑧孙卿：即荀卿。⑨后胜：齐王建的相国，主张齐不救五国之难，不与秦国交战，后被秦国所俘。

御史曰：伊尹以割烹事汤①，百里以饭牛要穆公②，始为苟合，信然与之霸王，如此，何言不从？何道不行？故商君以王道说孝公，不用；即以强国之道，卒以就功，邹子以儒术干世主③，不用；即以变化始终之论，卒以显名。故马效千里，不必胡、代④；士贵成功，不必文辞。孟轲守旧术，不知世务，故困于梁、宋。孔子能方不能圆，故饥于黎丘⑤。今晚世之儒勤德，时有乏匮，言以为非，困此不行。自周室以来，千有余岁，独有文、武、成、康，如言必参一焉⑥，取所不能及而称之，犹躄者能言远不能行也⑦。圣人异涂同归，或行或止，其趣一也。商君虽革法改教，志存于强国利民。邹子之作，变化之术，亦归于仁义⑧。祭仲自贬损以行权⑨，时也。故小枉大直，君子为之。今硁硁然守一首⑩，引尾生之意⑪，即晋文之谲诸侯以尊周室不足道，而管仲蒙耻辱以存亡不足称也。

【注释】

①伊尹以割烹事汤：旧说伊尹是厨子出身，给汤作菜，希望得到汤的信用。②百里以饭牛要穆公：传说百里奚以喂牛取得秦穆公的信用。③邹子：邹衍，一作"驺衍"，战国时齐临淄人。他看到各国统治者都不务道德，遂著书十多万言，详论阴阳长消终始大圣的道理，当时名重诸侯，齐人称为"谈天衍"。④胡、代：胡，指匈奴。代，古时代国。战国时赵灭代，置代郡，秦汉仍之，位于今山西省东北部及河北省蔚县附近地。两地均以出产良马著称。⑤黎丘：古地名，位于今河南省虞城县北。⑥参一：参考往事，而定于一。⑦躄（bì）者：双脚残废的人。⑧这是司马迁对邹衍的评语。⑨祭仲自贬损以行权：祭仲，春秋时

郑国宰相，郑庄公死后，祭仲立公子忽（昭公），后来宋庄公派人诱捕祭仲，逼迫他另立公子突（厉公），祭仲屈服于宋国的压力暂时答应了。但不久又赶走公子突，迎立公子忽。⑩硁硁（kēng）然：浅见固执的样子。⑪尾生：古时讲信用的人。相传他和一女子相约在桥下相会，在桥下等候，女子过期没来，正好山洪暴发，他还不肯走，抱桥柱死守，终被淹死。

文学曰：伊尹之干汤①，知圣主也。百里之归秦，知明君也。二君之能知霸王，其册素形于己，非暗而以冥冥决事也②。孔子曰："名不正则言不顺，言不顺则事不成。"如何其苟合而以成霸王也？君子执德秉义而行，故造次必于是，颠沛必于是③。孟子曰："居今之朝，不易其俗而成千乘之势，不能一朝居也。"宁穷饥居于陋巷，安能变己而从俗化？阖闾杀僚，公子札去而之延陵，终身不入吴国④。鲁公杀子赤，叔眄退而隐处，不食其禄⑤。亏义得尊，枉道取容，效死不为也。闻正道不行，释事而退，未闻枉道以求容也。

【注释】

①干：求合。②冥冥：糊里糊涂。③造次：匆促，急忙。颠沛：动荡，变乱。④阖闾杀僚，公子札去而之延陵，终身不入吴国：春秋时，吴王寿梦死，四个儿子诸樊、余祭、余昧、季札传让王位，诸兄欲立季札，季札不受。于是从诸樊起不传子而传弟，欲以次第于季札。及余昧死，又欲立季札，季札逃去。吴人乃立余昧子僚为王，诸樊的儿子光不服，与伍子胥合谋，派专诸刺杀吴王僚，公子光即位，即吴王阖闾。季札认为阖闾杀死吴王僚是不义，便回到他的封地延陵（今江苏省武进县境），终身不入吴国。⑤鲁公杀子赤，叔眄（miǎn）退而隐处，不食其禄：鲁公，春秋时鲁文公的庶子（妾所生的儿子）鲁公子俘杀文公长子公子赤后，自立为王，即鲁宣公。叔眄以为不仁，不满宣公终身不受其俸禄。

御史曰：《论语》："亲于其身为不善者，君子不入也。"有是言而行不足从也。季氏为无道①，逐其君，夺其政，而冉求、仲由臣焉。《礼》："男女不授受②，不交爵。"孔子适卫，因嬖臣弥子瑕以见卫夫人③，子路不悦。子瑕，佞臣也，夫子因之，非正也。男女不交，孔子见南子，非礼也。礼义由孔氏，且贬道以求容，恶在其释事而退也。

【注释】

①季氏：春秋时鲁国大夫季平子。他勾结孟孙、叔孙一起攻逐鲁昭公。昭公奔齐，后死于乾侯（今河北省成安县东南），鲁国大权都归季氏掌握。②冉求、仲由：冉求，鲁人，字子有，孔丘弟子，给季平子的孙子季康子当过家臣，管理赋税。仲由，鲁卞（今山东省泗水县东南）人，字子路，也当过季康子的家臣。③因嬖臣弥子瑕以见卫夫人：嬖臣，受君主宠幸的臣子。弥子瑕，春秋时卫灵公的宠臣。卫夫人，卫灵公的夫人南子。

文学曰：天下不平，庶国不宁，明主之忧也。上无天子，下无方伯①，天下烦乱，贤圣之忧也。是以尧忧洪水，伊尹忧民，管仲束缚，孔子周流，忧百姓之祸而欲安其危也。是以负鼎俎、囚拘、匍匐以求之②。故追亡者趋，拯溺者濡③。今民陷沟壑，虽欲无濡，岂得已哉？

御史默不对。

【注释】

①方伯：古代一方有势力的诸侯，如春秋五霸。②鼎俎（zǔ）：古代烹煮用的锅叫“鼎”，古代切菜用的砧（zhēn）板叫“俎”。传说伊尹曾负鼎，以滋味说汤。匍匐：此指孔子周游。③濡：沾湿。

【译文】

御史说：“文学们都尊崇孔仲尼的学说，称颂其德行，认为他是从古到今独一无二的大师。但是，孔丘在鲁国、卫国一带宣讲治人处世的道理，在洙水、泗水流域实施教育感化，他的弟子门徒并没有变好。当时的天下并没有因此而治理成理想的社会，鲁国反而衰弱得更厉害。齐宣王称赞儒家学术，尊重游士，孟轲、淳于髡一类的人享受上大夫的俸禄，不担当具体官职而议论国家政治大事，当时，在齐国都城临淄西门稷下学宫有这样的各派学者达一千余人。在那个时候，可不仅仅是一个公孙弘式的人物。但是弱下的燕国攻打齐国，竟然长驱直入，攻占国都临淄，齐湣王被迫出逃，最后死在莒地而儒生们却没有办法营救。战国末期齐国最后一个国君田建听从丞相后胜的策略，放下武器，率兵投降秦国，结果那些儒生们都和王建一样做了秦国的俘虏，连自身都难保。像这样，儒生治国安邦、协助统治者巩固王位，是从没有过什么效果的。”

文学说：“没有鞭子，纵然像造父那样的驾车高手也不能驾驭四匹马。没有权势地位，就是像虞舜、夏禹那样的贤君也治理不好天下的平民百姓。孔子说过：‘凤凰不飞来，河图不出现，我可就要完了！’因此，轻车好马无法奔驰；圣明的仁德礼义无法实行。齐威王、齐宣王之时，重用贤人，招徕人才，国家富强，威震各诸侯国。到了齐湣王继位时，继承了齐威王、宣王二代的功业，南面占据了楚国领土淮河北部，北面吞并了强大的宋国，使泗水一带十几个诸侯国家归附于齐。西面，齐国威胁韩、赵、魏三国，打退了势力雄厚的强秦，使其他五国都依顺齐国，邹国、鲁国的国君及泗水一带的诸侯们也都到齐湣王面前朝拜称臣。但是，由于齐湣王贪功无厌，不断对外用兵，国内老百姓难以忍受，苦不堪言。不少儒生劝谏，齐湣王拒绝不从，他们也就四处走散了。慎到、捷子也离开齐国，田骈去了薛地定居，荀况更是南下到达了楚国。那时，齐国国内没有了贤良的大臣，所以各个诸侯联合起来策划攻打齐国。齐王田建昏庸无能，听信流言蜚语，中了秦国反间计，采纳了丞相后胜的建议，不去与其他诸侯国联合起来合纵抗秦，因此齐国灭亡。齐王田建也被秦国所俘虏，难道这不也是应该的吗？”

御史说：“伊尹为商汤宰割烹调，百里奚为秦穆公饲养牛群，两人都是先设法取得商汤和秦穆公的赏识、信用，而后才和君主一起讲求治理国家谋求霸业的道理。假使像他们君臣那样作，有什么话听不进去？有什么治国大道不能够顺利推行？所以，商鞅初到秦国时入见秦孝公，首先游说以帝道、王道，不用，又说以使秦国富国强兵的强国之道，秦孝公很快乐，因而起用商鞅，实行变法措施，秦国的霸业终于取得成就，邹衍起初用儒家学术的观点游说各国诸侯，没有被君主采纳，他即把儒家学术改换以阴阳五行终始理论进行宣讲，也最终取得成功，名重诸侯。所以，马匹只要能奔驰千里以外，就不一定非得要骑匈奴族和代国地区产的名马。人贵在做事取得成功就行，不在于能否会说话。孟轲墨守陈规，不识时务，因此才被困在梁、宋国境。孔丘处世做人不圆通，所以才在黎丘挨饿。现在你们这些后世的儒生，努力修养仁义道德，经常陷入窘境之中，却说不这样作是不行。自西周王朝建立以来有一千多年了，你们眼

里只有文王、武王、成王、康王，每每发表议论都要比照他们当中的一位，把不能够做到的事情拿出来加以歌颂褒扬，就仿佛腿瘸的人嘴里说能走得很远，事实上却不能走路一样。有聪明才智的人治理国家、教化人民可以采取各不相同的政策、手段、方法和措施，不管他们做还是不做某一件事情，他们最终的目标还是一样的，可谓殊途同归。商鞅虽然变法改革，其目的是使秦国繁荣昌盛，兴利于人民。邹衍提倡'五德终始'变化之说，其最终目的也是为了达到仁义礼治的理想社会。祭仲暂时牺牲自己的政治主张而被迫曲从宋国之言，废掉公子忽，拥立公子突为郑君，这是因为他识时务。所以，在一些小的方面让步受些委屈，在大的方面就能保持正直，这才是君子应当作的。如今你们狭小鄙贱，认识短浅而又固执，死守儒道，不知圆通，就像尾生那样死不回头，在你们这些儒生眼里，就是晋文公用权势使诸侯们尊崇周王室也是十分渺小的事；管仲蒙受耻辱辅佐齐桓公称霸也是不值得称颂的。"

文学说："伊尹求合辅佐商汤治理国家，这是因为他知道商汤是一个圣贤之王。百里奚归附投奔秦国，这是因为他知道秦穆公是个贤明的君主。伊尹、百里奚二人之所以能够知道商汤王与秦穆公可成就霸业和王道，是因为他们的谋略向来就在君主身上清楚地表现出来，而不是糊涂、不明事理地作出有关国家大事的决定。孔子说过：'名分不正，讲起话来就不会顺当合理；讲起话来要是不顺当合理，所要作的事就不会办成。'怎么可能随随便便地拼合在一起就能够成就霸业和王道呢？君子遵行道德仁义，仓促匆忙时如此，颠沛流离时亦是如此。孟子说：'处在当今这个时代，不改变目前的风俗习惯而发展成千乘兵力的人，我是不能和他同处一个早晨的。'宁可忍饥挨饿住在破房和简陋的小巷里，也不改变自己的政治主张去与世俗同流合污！过去吴国公子光刺杀吴王僚，公子季札就离开吴国都城来到延陵一地，一辈子也不再返回吴国为官。鲁宣公是在襄仲杀害鲁文公长子赤后被拥立为鲁君的，叔眄不肯服侍宣公，遂辞官隐居不仕，终生不食鲁宣公的俸禄。损毁礼义以求取富贵尊荣，歪曲自己的正确主张而博取主子的欢心，这是正人君子虽死也不能做的。只听说自己的正直见解没有得到执行或采纳，就要放弃官职引退回家，没有听说过能够歪曲自己的政治见解而去苟且求取主子欢心的。"

御史说："《论语》云：'人有亲自做了不好的事情的，正直的君子就不会去他的国家。'孔子虽然口头上是这么说，但实际上这话是能说却不能那样做，鲁国的权臣季氏昏庸无道，干了损害道德规范的事，用武力赶走了鲁君昭公，夺取了鲁国大权。可是孔子的门徒冉求和仲由却做了季氏的家臣。《礼记》上规定：'男子与女子身体不可以接触，不可以在一起饮酒碰杯。'可是孔子游说到了卫国，却通过宠臣弥子瑕进见卫君夫人南子，子路见了很不高兴。弥子瑕是一个奸诈邪恶的佞臣，孔子通过他拜见卫夫人南子，这是与正统规范不相符合。男子与女子不应该交往，可孔子却求见南子，这无疑违背了周礼。礼义道德原本是孔子自己所竭力提倡的，他却还离开道德委曲求全以便容身于社会，哪里还谈得上什么正直的主张得不到推行就辞官引退的呢？"

文学说："天下不太平，国家不安定，这是贤明君主所担忧的事情。如果国家上面没有天子，下面没有诸侯之长，天下一片混乱，这也是圣贤之士所忧虑的。因此，唐尧担忧洪水祸害人民，伊尹为百姓担忧，管仲遭到囚禁，孔子周游列国，到处奔走，都是担心平民百姓遭受天灾人祸的侵害，而想方设法减免他们的危难啊。所以，他们不惜做厨师、遭监禁、四处奔走以拯救天下的平民百姓。所以，要想追捕逃亡的人，自己就必须赶快走；要想援救溺水的人，自己就要亲自下水，不能怕沾湿衣服。现在天下民众掉进了溪谷里，在水中受淹，而我们要拯救他们，帮助他们脱离窘境，如果想不沾湿衣服，但这又怎么可能呢？"

御史听了文学的话沉默良久，没有回答。

忧　边

大夫曰：文学言："天下不平，庶国不宁，明王之忧也。"故王者之于天下，犹一室之中也，有一人不得其所，则谓之不乐[①]。故民流溺而弗救[②]，非惠君也。国家有难而不忧，非忠臣也。夫守节死难者，人臣之职也；衣食饥寒者，慈父之道也。今弟子远劳于外，人主为之夙夜不宁，群臣尽力毕议，册滋国用。故少府丞令请建酒榷，以赡边，给战士，拯救民于难也。为人父兄者，岂可以已乎？内省衣食以恤在外者，犹未足，今又欲罢诸用，减奉边之费，未可为慈父贤兄也。

【注释】

①谓：古通为。②流溺：受水淹，比喻处在困境之中。

文学曰：周之季末，天子微弱，诸侯力政[①]，故国君不安，谋臣奔驰。何者？敌国众而社稷危也。今九州同域，天下一统，陛下优游岩廊[②]，览群臣极言至论，内咏雅、颂，外鸣和、銮[③]，纯德粲然，并于唐、虞、功烈流于子孙。夫蛮貊之人，不食之地，何足以烦虑，而有战国之忧哉？若陛下不弃，加之以德，施之以惠，北夷必内向，款塞自至[④]，然后以为胡制于外臣，即匈奴没齿，不食其所用矣[⑤]。

【注释】

①力政：即力征，专以武力征伐。②岩廊：高廊，指宫殿。③和、銮：都是铃铛。"和"挂在车前的横木上，"銮"挂在车架上。④款塞：敲开塞门，表示愿意前来归附，服从统治。⑤用：为，即行为。

大夫曰：圣主思念中国之未宁，北边之未安，使故廷尉评等问人间所疾苦，拯恤贫贱，周赡不足，群臣所宣明王之德，安宇内者，未得其纪[①]，故问诸生。诸生议不干天则入渊[②]，乃欲以闾里之治，而况国家之大事，亦不几矣[③]。发于畎亩[④]，出于穷巷，不知冰水之寒，若醉而新寤，殊不足与言也。

【注释】

①纪：要领，纲纪。②不干天，则入渊：干，接触。比喻说话脱离实际。③不几：几通冀，"不几"犹言"无希望"，这里是说诸生有点妄想的意思。④畎亩：田间，田地，指农村。

文学曰：夫欲安国富民之道，在于反本，本立而道生。顺天之理，因地之利，即不劳而功成。夫不修其源而事其流，无本以统之，虽竭精神，尽思虑，无益于治。欲安之适足以危之，欲救之适足以败之。夫治乱之端在于本末而已，不至劳其心而道可得也。孔子曰："不通于论者难于言治，道不同者，不相与谋。"今公卿意有所倚[①]，故文学之言不可用也。

【注释】

①倚，通踦，偏的意思。

大夫曰：吾闻为人臣者尽忠以顺职，为人子者致孝以承业。君有非，则臣覆盖之。父有非，则子匿逃之。故君薨，臣不变君之政，父没，则子不改父之道也。《春秋》讥毁泉台[①]，为其隳先祖之所为，而扬君父之恶也。今盐、铁、均输，所从来久矣，而欲罢之，得无害先帝之功，而妨圣主之德乎[②]？有司倚于忠孝之路，是道殊而不同于文学之谋也。

【注释】

①泉台：台名。春秋时鲁庄公所建，供其享乐，后被他的孙子鲁文公毁掉了。《公羊传》认为鲁文公折毁泉台，是暴扬了先祖之恶，故《春秋》书而讥之。②圣主：指汉昭帝刘弗陵。

文学曰：明者因时而变，知者随世而制。孔子曰："麻冕，礼也，今也纯，俭，吾从众[①]。"故圣人上贤不离古，顺俗而不偏宜。鲁定公序昭穆，顺祖弥[②]，昭公废卿士，以省事节用[③]，不可谓变祖之所为而改父之道也。二世充大阿房以崇绪[④]，赵高增累秦法以广威，而未可谓忠臣孝子也。

【注释】

①麻冕：以缁布制的礼帽。以三十升布做成，每升八十缕，则其经为二千四百缕，细密难成，不如用丝制作省约。纯：丝。②鲁定公序昭穆，顺祖弥：鲁定公，春秋时鲁国国君，鲁昭公之弟，因鲁昭公死在外，鲁定公继其王位。昭穆，古代的宗庙制度。祭祀时，始祖庙居中，以下是父为昭，子为穆。昭居左，穆居右。弥，父庙。鲁文公二年（公元前625年）举行祭礼时，忽然把僖公提升，排在闵公上面。僖公是闵公的庶兄，但僖之立是以臣继君，如同以子继父，依照昭穆制度，僖公应列在闵公的右边。今把次序颠倒，故《公羊传》认为这是"先弥而后祖"，是一种违背礼仪的"逆祀"。到了定公八年（公元前502年）举行祭祀时，才把这个颠倒了的次序再颠倒过来，因而《公羊传》称之为"顺祀"。③昭公废卿士以省事节用：昭公，春秋时鲁国国君，鲁襄公之子，名裯（shào）。据《公羊传》记载，鲁昭公五年（公元前537年），曾废掉鲁襄公设置的中军卿士。④崇绪：继承功业。

【译文】

大夫说："文学曾经讲过：'天下不太平，国家不安宁，这是贤明君主所忧虑的事情。'所以君主治理天下政事，就如同一家之长一样，有一个人得不到妥当的安置，他本人心里就感到不安。由此，平民百姓遭受困难却不去救助，他就不是一位好君主。国家遭受了困难而不忧虑分担，他就不是一位忠臣。坚守节操，为国殉难，这是臣子应尽的职责；给忍饥挨饿的人分发衣粮，帮助他们抵御饥寒，这是做慈父的人应当做的。目前士兵们在偏远的边地守卫征战，劳累非常，皇上思念他们，日夜不安。大臣们也在竭力谋划，研究对策，增加国库资财以供守卫戍边战士们的需用。因此少府丞、少府官令丞等官员上书皇帝请求国家把酒类专卖，用酒榷的收入供给边防战士使用，以拯救灾难中的平民百姓。作为百姓们的父兄，你们怎么能够提议罢止盐铁官营等政策呢？现在内地节衣缩食供给边疆将士们的费用还不够，如今却有人又想废除盐铁官营、酒榷、均输各项政策，试图削减边地作战将士的供给，这可不像做慈父贤兄的样子啊！”

文学说：“周王朝末期，天子权势衰退，诸侯凭实力征讨、主政，所以天子和一些诸侯国君都不得安宁，谋臣四处奔走。这是为什么呢？敌国太多使周王朝政权受到危害的缘故。现在中国九州连成一片，天下统一，皇上可以在高峻的廊庙里悠闲自乐，批阅朝廷群臣送来的公文奏章，在宫廷中，讨论《诗经》中的《雅》、《颂》诗篇，出行时，人马相随、车铃鸣响，皇上美德鲜明，可以与唐尧、虞舜相媲美，功名业绩流芳后世，子孙相传。至于对南方和北方周边地区的少数民族，那些寸草不生的不毛之地，皇上又何必担忧出现的战乱局面呢？如果皇帝不想抛弃他们，只要对他们施行仁政，适当给一些恩惠，北方匈奴等少数民族必然心向汉朝，敲打关门，自动前来依顺。然后，使他们保留自己胡族的那一套体制，皇上把他们作为外臣而加以统治驾驭，这样匈奴等族人们永远也不会对于归服中原汉王朝的行为反悔了。”

大夫说：“圣明的圣主思虑担忧的是中原地区还没有彻底安宁，北部边地也还没有安定。所以，皇上曾经派廷尉王平等五位大臣到各地去访民疾苦，安抚周济那些穷困的贫民。群臣们宣传君主的英德，安抚天下的人民，但仍还没找到要领，所以才要讨教各位儒生。你们这些儒生议论不是上天就是入地，说话不符合当前的客观实际，竟想用治理一闾一里的办法来治理国家大事，谈不中要害，显然也是没有查察世情的原因。你们来自农野乡村，生长于穷街陋巷里，好比喝酒过多刚刚才清醒来，根本就没有办法同你们探讨政事。”

文学说：“要想求得安民富国的方法，在于回到礼义这个根本上来。礼义广泛建立，那么治国安天下的方法自然而然就会产生。顺从苍天的意志，依靠田野等自然资源，就是不用劳作也能成就功业。假如不治理根本源流，只注意事情的小节，那就没有最本质的东西进行统率，即使耗尽精力，绞尽脑汁，对治理国家政事也没有什么好处。本想使国家安定，可恰恰给整个国家带来危难；本想拯救国家，却恰恰败坏了国家。治理好国家，首先要正确处理好根本和支末的关系，这样无须劳苦心机就可以得到治国的正确方法。孔子说过：‘不明白道理的人，难以和他谈论治国问题，志向不同的人不能在一起讨论谋划。’而今，你们公卿官员自认为办事有依靠，那么，我们这些文学的话对你们来说也就起不了什么作用了。”

大夫说：“我曾经听说做大臣的应当对国君尽忠尽职，做孝子的应当孝敬父母继承前辈所从事的事业。君主有错误，臣子应当遮掩起来，父亲有错误，儿子应当予以包庇遮挡。所以君主驾崩了，臣子不应该改变先君的统治政策；父亲去世了，儿子也不应该改变对父亲的孝道。《春秋》一书讽刺鲁文公拆毁鲁庄公修的泉台，为的是他毁掉了他先人庄公修建的东西，暴扬了先祖的丑陋。如今，盐铁官营、均输法，实行由来已久，你们想废除他们，难道不是有损于了汉武帝的功绩和汉昭帝的圣德了吗？各机构官员办事依靠的是忠孝之道。由于我们走的道路不同，所以我们也就不可能接纳你们的主张见解。”

文学说：“聪明的人随着时事的变迁而改变策略；有智慧的人随着当世的情况来规定管理的方法。孔子说过：‘从前用麻布来制作礼帽，那时是符合周礼的。现在人们都用丝来制作了。这样做节约简俭，我是赞成的。’所以圣人崇尚贤明之士不必抛开旧有的传统，依从世俗却不必过于迎合时宜。鲁定公纠正鲁文公的举止，重新按次序排列昭穆祭祀制度，把文公颠倒了的次序再整理过来；鲁昭公废掉中卿、三士来节省开支，不能说是改变祖先的行为或背离父辈的成规旧俗。秦朝皇帝二世胡亥扩建阿房宫以示尊重秦始皇未完成的事业，赵高增置秦朝法律条

文以扩大威严，这两者都算不上是忠臣孝子所应做的事。”

园 池

大夫曰：诸侯以国为家，其忧在内。天子以八极为境①，其虑在外。故宇小者用菲，功巨者用大。是以县官开园池，总山海，致利以助贡赋，修沟渠，立诸农②，广田牧，盛苑囿。太仆、水衡、少府、大农、岁课诸入田牧之利，池籞之假③，及北边置任田官④，以赡诸用，而犹未足。今欲罢之，绝其源，杜其流，上下俱殚，困乏之应也，虽好省事节用，如之何其可也？

【注释】

①八极：八方极远的地方。这里指全国的疆域而言。②诸农：指大司农属官。③池籞（yù）之假：池籞，池，水塘。籞，禁苑。假，指园池出租所得的税收。④田官：屯田官。

文学曰：古者制地足以养民①，民足以承其上。千乘之国，百里之地，公侯伯子男，各充其求，赡其欲。秦兼万国之地，有四海之富，而意不赡，非宇小而用菲，嗜欲多而下不堪其求也。语曰：“厨有腐肉，国有饥民，厩有肥马，路有馁人②。”今狗马之养，虫兽之食，岂特腐肉肥马之费哉！无用之官，不急之作，服淫侈之变，无功而衣食县官者众，是以上不足而下困乏也。今不减除其本而欲赡其末，设机利，造田畜，与百姓争荐草③，与商贾争市利，非所以明主德而相国家也。夫男耕女绩，天下之大业也。故古者分地而处之，制田亩而事之。是以业无不食之地，国无乏作之民，今县官之多张苑囿、公田、池泽，公家有鄣假之名④，而利归权家。三辅迫近于山、河⑤，地狭人众，四方并凑，粟米薪菜，不能相赡。公田转假，桑榆菜果不殖，地力不尽。愚以为非。先帝之开苑囿池籞，可赋归之于民，县官租税而已。假税殊名，其实一也。夫如是，匹夫之力，尽于南亩，匹妇之力，尽力麻枲⑥。田野辟，麻枲治，则上下俱衍，何困乏之有矣？

大夫默然，视其丞相、御史。

【注释】

①制地：按照规定分配给农民土地。此处指井田制度。②馁（něi）同馁，饥饿。③荐草：茂盛的牧草。④鄣假：鄣同障，遮蔽。此处指国家控制出租的山泽田园。⑤三辅：西汉时以京兆尹、左冯翊、右扶风合称为三辅。山河：山，指华山。河，指黄河。⑥麻枲（xǐ）：枲，大麻的雄株，只开雄花，不结果实。此处指纺织。

【译文】

大夫说：“诸侯以自己的封国为家，他担心的只是内部的事务；天子管辖的地方很远，幅员辽阔，他所担心的是如何才能对付外部的威胁。所以，如果国家领土小的所需的经费也少，国家领土管辖大的所需要的费用也就相应的多。因此，官府机构开发园池，统一管理山海自然资源，把所得到的财富用来弥补征税上的不足。并且兴修水利，广泛发展农业、林业和畜牧业，汉武帝时建立起水衡、少府、大农、太仆、大司农等官吏，每年征收上来各项赋税，包括农业、畜牧业的赋税和租给民众的陂池禁苑而收取佃租，加上在北部边地的屯田官所收的赋税，以此来供给政府各个方面的费用。尽管如此，还是无法满足需要，仍感到费用不充足。现在大家想要废除这些行之有效的制度，无疑是截断了上述收入的来源，杜绝了补充费用不足的渠道，这样会使国家和平民百姓的费用全都枯竭，困乏短缺随之而来。你们儒生虽然喜好少做事情，企图节省费用，但怎么可以这样做呢?"

文学说："古时候实行的井田制度就足能够养活百姓，老百姓生产的东西也足够奉养国家。诸侯有千辆战车，辖地方圆百里，取得公、侯、伯、子、男五种爵位的人各自都能使自己的需要得到满足，而且也能满足自己的各种欲望。秦始皇兼并六国，占领六国旧有的土地，拥有天下不尽的财富，但是他心里还不满足，并不是疆域小消费不够用，而是嗜好和欲望膨胀，贪得无厌，天下百姓不堪容忍它的苛刻要求。《孟子》一书上说：'厨房里剩有腐烂的肉，国家有饥饿的平民百姓；马棚里养有肥壮的战马，道路上有饥饿的民众。'现在官史们所饲养的狗马等动物的费用以及虫兽所吃的食物，难道单单是腐烂的肉和供养马匹的费用吗？国家政府设置不起作用的庸官，修建一些无关紧要的土木工程，服饰穿著花样翻新，生活奢侈风气流行，造成没有功劳而享受朝廷俸禄的人越来越多。所以，国家政府费用不足，平民百姓生活贫困缺乏。如今朝廷不从根本上解决上述问题，却企图从枝节上做文章，设置各种机关，并取财利，发展林业，畜牧业，同平民百姓争夺牧草，与大商人争利益，这不是发扬君主的圣德来治理国家的好办法。男子耕地种田，妇女织布，这是普天下的根本大业。因此古时候的土地采用分封的方法来管理，根据井田制度让农民耕种。这样，国家没有不长出粮食的土地，疆域里也没有无事可作的人民。眼下政府官员开了许许多多的苑囿、公田、池泽，朝廷只有出租收税的虚名，事实上开办上述设施的财利却落入官吏之手，三辅地区靠近华山黄河，地少人多，四面八方的人们都从各地聚集到这里，造成粮食、柴草、蔬菜紧张，供不应求。国家出租给人们的公田，大多数无法种植桑树、榆树、蔬菜和果木植物，田地的生产能力不能得到充分的发挥。我们愚见认为凡不是汉武帝建设的苑囿、池陂、禁苑都应该退还给平民百姓，朝廷只须征收田赋就行了。这样，佃租和田赋，名称虽然不同，但是实质则是一样的。如果这样实行了，男子可以全心全意耕种田地，妇女也可以尽力纺织。荒田得到开垦，麻丝得到纺织，国家政府同平民百姓一样都能够富足有赢余，哪里还会有什么穷困贫乏呢?"

大夫听了默默不语，只看着在坐的丞相史和御史等官员。

地　　广

大夫曰：王者包含并覆，普爱无私，不为近重施，不为远遗恩。今俱是民也，俱是臣也，安危劳佚不齐[1]，独不当调耶？不念彼而独计此，斯亦好议矣？缘边之民，处寒苦之地，距强胡之难，烽燧一动，有没身之累。故边民百战，而中国恬卧者，以边郡为蔽扞也[2]。《诗》云："莫非王事，而我独劳。"刺不均也。是以圣王怀四方，独苦，兴师推却胡、越，远寇安灾，散中国肥饶之余，以调边境，边境强则中国安，中国安则晏然无事，何求而不墨也?

【注释】

①佚：同逸。②蔽扞：蔽，掩护。扞，同捍，保卫。

文学曰：古者，天子之立于天下之中，县内方不过千里，诸侯列国，不及不食之地，《禹贡》至于五千里[①]；民各供其君，诸侯各保其国，是以百姓的均调，而徭役不劳也。今推胡、越数千里，道路回避[②]，士卒劳罢。故边民有刎颈之祸，而中国有死亡之患，此百姓所以嚣嚣而不默也[③]。夫治国之道，由中及外，自近者始。近者亲附，然后来远；百姓内足，然后恤外。故君臣论或欲田轮台[④]，明主不许，以为先救近务及时本业也。故下诏曰："当今之务，在于禁苛暴，止擅赋，力本农。"公卿宜承意，请减除不任，以佐百姓之急。今中国弊落不忧，务在边境。意者地广而不耕，多种而不耨，费力而无功。《诗》云："无田甫田，维莠骄骄。"其斯之谓欤[⑤]。

【注释】

①《禹贡》：《尚书》中的一篇，战国时期根据大禹治水的传说写成，是我国最早的地理书。②回避：即回辟，迂回辟远。③嚣嚣：同嗷嗷，怨愁的声音。④轮台：地名，位于今新疆维吾尔自治区轮台县。田轮台，指公元前89年（征和四年），桑弘羊建议派兵在轮台一带屯田守边，汉武帝没有采纳。⑤欤：语气词，同吧、吗。

大夫曰：汤、武之伐，非好用兵也；周宣王辟国千里，非贪侵也；所以除寇贼而安百姓也。故无功之师，君子不行，无用之地，圣王不贪。先帝举汤、武之师，定三垂之难[①]，一面而制敌，匈奴遁逃，因河山以为防，故去砂石咸卤不食之地，故割斗辟之县[②]，弃造阳之地以与胡[③]，省曲塞，据河险，守要害，以宽徭役，保士民。由此观之：圣主用心，非务广地以劳众而已矣。

【注释】

①三垂：西方、南方、东方。②斗辟：斗，险绝。斗辟，指突出孤立于边境，和中原地区距离远。③造阳：地名，战国时属燕国，今河北省怀来县。

文学曰：秦之用兵，可谓极矣，蒙恬斥境，可谓远矣。今逾蒙恬之塞，立郡县寇虏之地，地弥远而民滋劳。朔方以西，长安以北，新郡之功，外城之费，不可胜计。非徒是也，司马、唐蒙凿西南夷之涂[①]，巴、蜀弊于邛、筰；横海征南夷，楼船成东越[②]，荆、楚罢于瓯、骆[③]，左将伐朝鲜[④]，开临屯，燕、齐困于秽貉[⑤]，张骞通殊远，纳无用，府库之藏，流于外国；非特斗辟之费，造阳之役也。由此观之：非人主用心，好事之臣为县官计过也。

【注释】

①司马：司马相如。汉代成都人，字长卿。唐蒙：汉代番阳令。《史记·平准书》说："唐蒙、司马相如开路西南夷，凿山通道千余里，以广巴蜀，巴蜀之民罢焉。"②横海征南夷，楼船成东越：横海，横海

将军韩说。楼船，楼船将军杨仆。汉武帝平定南越东越，韩说和杨仆都是战争的指挥者。③瓯、骆：西汉时南方的两个部落。④左将：汉代左将军荀彘（zhì）。⑤秽：古代对我国东北部少数民族的称呼。貉：古代对我国北方少数民族的称呼。

大夫曰：挟管仲之智者，非为厮役之使也。怀陶朱之虑者，不居贫困之处。文学能言而不能行，居下而讪上[①]，处贫而非富，大言而不从，高厉而行卑，诽誉訾议，以要名采善于当世[②]。夫禄不过秉握者[③]，不足以言治，家不满檐石者[④]，不足以计事。儒皆贫羸，衣冠不完，安知国家之政，县官之事乎？何斗辟造阳也！

【注释】

①讪，讥笑。②采善：讨好。③禄不过秉握：形容俸禄微薄。秉，一束禾。握，一撮粟。④家不满檐石：即“家无担石之储”的意思。檐、担通用。石，容量单位，一石合十斗。

文学曰：夫贱不害智，贫不妨行。颜渊屡空，不为不贤。孔子不容，不为不圣。必将以貌举人，以才进士，则太公终身鼓刀[①]，宁戚不离饭牛矣[②]。古之君子，守道以立名，修身以俟时，不为穷变节，不为贱易志，惟仁之处，惟义之行。临财苟得，见利反义，不义而富，无名而贵，仁者不为也，故曾参、闵子不以其仁易晋、楚之富[③]。伯夷不以其行易诸侯之位，是以齐景公有马千驷，而不能与之争名。孔子曰：“贤哉回也！一箪食，一瓢饮，在于陋巷，人不堪其忧，回也不改其乐。”故惟仁者能处约、乐，小人富斯暴，贫斯滥矣。杨子曰：“为仁不富，为富不仁。”苟先利而后义，取夺不厌。公卿积亿万，大夫积千金，士积百金，利己并财以聚；百姓寒苦，流离于路，儒独何以完其衣冠也？

【注释】

①鼓刀：指屠宰牲口。相传姜太公曾在朝歌（今河南省淇县）当过屠夫，遇周文王而得举。②宁戚：春秋时卫国人。宁戚未遇时，到齐国经商，宿齐东门外。齐桓公夜出，宁戚正饲牛而歌，桓公闻而知其贤，举为客卿。③曾参、闵子：都是孔丘的弟子。曾参，鲁南武城（今山东省费县西南）人，字子舆。闵子，闵损，鲁人，字子骞。

【译文】

大夫说：“君王包容一切，博爱无私，不因为关系亲近就多次奖赏，不因为关系疏远就遗忘施予恩惠。如今，都是皇上的百姓，都是皇上的臣子，安危劳逸却不一样，难道不应当调整吗？不考虑彼而只考虑此，这也是你们所爱好的议论啊。沿边境的百姓生活在寒冷困苦的地方，抵抗着强大的胡人造成的灾难，烽火燧烟一旦出现，就有杀身的危险。因此，边境人民身经百战而内地人民安然睡卧的原因，在于边境郡县是屏障啊。《诗经》说：‘俱为天子事，唯我独辛劳’，这是在讽刺不平等。因此圣明的君王挂念四方边民特有的苦难，出兵击退胡人和越人，使敌寇远离边境。平定灾难，运送内地丰富物资的多余部分来调剂边境。边境力量强大内地就平安，内地平安则国家安然，这样还要求什么而不沉默！”

文学说：“古代的天子，在天下的正中建立国家，境内方圆不超出千里，诸侯列国不封在

不能出产食物的地方。《禹贡》所载天下方圆只五千里，百姓各自奉养自己的国君，诸侯各自保护自己的国家，所以百姓贫富相当，徭役也不繁重。现在，攻击胡人越人于数千里之外，道路曲折绵远，士卒劳苦疲敝。因此边民有斩首的祸患，而内地百姓也有死亡的灾害，这就是百姓喧哗吵闹而不沉默的原因。治理国家的方针，应该由里到外，从近的开始。邻近的亲近归附了，然后去招徕远方；国内百姓富足了，然后周济境外。所以群臣的建议中有的要在轮台屯田，圣明的君主不允许，认为首先能拯救目前局势的，是农业，因而下诏说：'现在的任务，在于禁止苛刻侵扰，免除随意加收的赋税，致力于农业生产。'公卿应当顺从皇上的意愿，请求减少和废免百姓无力承受的负担，以此帮助百姓解除急难。现在对国内贫困衰弱不加忧虑，却致力于边境，人们认为土地扩大而不耕耘，大量播种而不锄草，这是白费力气而无成效。《诗经》说：'不耕耘那些广阔的田地，田中就会野草萋萋'，难道不正是说的这种现象吗？"

大夫说："商汤周武王的征伐，不是喜好战争；周宣王开拓国土千余里，不是贪婪侵略，他们是以此来扫除敌寇和强盗而抚慰百姓的。所以，没有功劳的出征，君子不进行；没有用处的土地，圣明的君王并不贪求。武帝出动商汤周武王那样的军队，平定东西南三方边界的暴乱，北面则制服敌人，使匈奴逃遁。汉朝借助大河高山来设置防御，故意丢掉沙石盐卤等无法获取食物的土地，故意割让特别偏远的地方，放弃造阳送给胡人。减少偏远的要塞，占据大河之险，守卫要害之处，以此减免徭役，安抚兵民。由此看来，圣明君主的用意，不是只追求扩大土地、劳累百姓就罢了啊。"

文学说："秦朝使用军队，可说是达到高峰了；蒙恬开拓边界，可说是很远了。现在越过蒙恬建立的边塞，在敌寇的地界内设立郡县，地方越远百姓就越增加劳苦。朔方郡以西，长安以北，建设新郡县的工程，修造外部城防的费用，不可胜计。不仅如此，司马相如、唐蒙开凿了通往西南夷的道路，巴蜀地区因邛、筰交通的开凿而困乏；横海将军韩说征伐南夷，楼船将军杨仆守卫东越，荆楚地区因瓯、骆的战事而疲惫；左将军荀彘征讨朝鲜，设立临屯郡，燕齐地区因攻打秽貉而贫穷；张骞出使遥远之地，征收无用之物，国库的财物流散于外国，这些可不是开拓偏远地区的费用、兴建造阳的工程啊。由此看来，不是皇上不用心良苦，而是好事的大臣为朝廷策划造成的过错。"

大夫说："具有管仲那样智慧的人，不会做奴仆那样的差事；怀着陶朱那样谋略的人，不会生活在贫困的地方。文学只能说而不能做，身居下层而诋毁上级，生活于贫困之中而诽谤富有者，满嘴豪言壮语却不依从他人，外表高大严肃实际行为卑鄙，毁谤人们所赞誉的，非议他人的意见以便在社会上沽名钓誉。俸禄不超过手能拿得动的数量的人不足以商论治理国家，家中粮食不够一石的人不足以讨论国事。儒生全都贫寒，衣帽不整齐，哪里知道国家的管理、政府的事情呢？还谈论什么偏远之地造阳之事。"

文学说："低贱不妨碍智慧，贫穷不妨碍品行。颜渊屡次家无分文，不能因此说他不是贤人；孔子不容于世，不能因此说他不是圣人。如果一定要凭相貌举荐人才，凭财产选拔士人，那么姜太公将终生操刀为屠夫，宁戚也终身不会离开喂牛的地方。古代的君子恪守正道以树立名望，修养自身以等候时机，不因为困窘而改变节操，不因为低贱而变更志向。只与仁相处，只以义行事。面对钱财苟且获得，见到利益便背离仁义之道，不讲仁义的富有，没有名分的尊贵，有德行的人是不去追求的。所以曾参、闵子不拿自己的品行换取晋国和楚国的富贵；伯夷不用自己的德行换取诸侯的高位。所以，齐景公虽有可拉千辆四马大车的马却不能与伯夷争名。孔子说：'品德高尚啊，颜回！一竹篮食物，一瓢水，身居于狭僻小巷，别人无法忍受这

种忧苦，颜回他却不改变自己的志向。’因此，只有有德行的人才能安于清贫之乐，而小人富有就会显山露水，贫穷就会一塌糊涂。杨子说：‘做好事者不会富，富有者不会做好事。’假如把利放在前，把仁义放在后，攫取掠夺而不知满足，公卿积财亿万，大夫积财千金，士积财百金，有利于自己就数种财货一同聚敛，而百姓却贫寒痛苦，流离失所，儒生又有什么办法唯独使自己衣帽整齐呢？”

贫　富

大夫曰：余结发束修①，年十三，幸得宿卫②，给事辇毂之下③，以至卿大夫之位，获禄受赐，六十有余年矣。车马衣服之用，妻子仆养之费，量入为出，俭节以居之，奉禄赏赐，一二筹策之，积浸以致富成业。故分土若一，贤者能守之；分财若一，智者能筹之。夫白圭之废著④，子贡之三至千金，岂必赖之民哉？运之六寸⑤，转之息耗⑥，取之贵贱之间耳！

【注释】

①束修：送给老师的报酬。(古时称干肉为修)。此为初上学的意思。②宿卫：皇宫中值宿禁卫。③辇毂（niǎngǔ）：皇帝乘坐的车子。④白圭：战国时魏人，提出贸易致富的理论，主张采用“人弃我取，人取我与”的办法经商，掌握时机，运用智谋。废著：即贱买贵卖。⑤运之六寸：指运用算法而言。六寸，古标法。⑥息耗：盈虚的意思。

文学曰：古者事业不二，利禄不兼，然后诸业不相远，而贫富不相悬也。夫乘爵禄以谦让者，名不可胜举也；因权势以求利者，人不可胜数也。食湖池，管山海，刍荛者不能与之争泽①，商贾不能与之争利。子贡以布衣致之，而孔子非之，况以势位求之者乎？故古者大夫思其仁义以充其位，不为权利以充其私也。

【注释】

①刍荛（chúráo）：指割草打柴的人。

大夫曰：山丘有饶，然后百姓赡焉；河海有润，然后民取足焉。夫寻常之污①，不能溉陂泽②，丘阜之木，不能成宫室。小不能苞大，少不能赡多。未有不能自足而能足人者也。未有不能自治而能治人者也。故善为人者，能自为者也，善治人者，能自治者也。文学不能治内，安能理外乎？

【注释】

①寻常：古代长度单位，八尺为寻，倍寻为常。形容面积小。污：小池塘。②陂（bēi）泽：湖泽。

文学曰：行远道者假于车，济江海者因于舟。故贤士之立功成名，因于资而假物者也。公输子能因人主之材木，以构宫室台榭，而不能自为专屋狭庐，材不足也。欧

冶能因国君之铜铁，以为金炉大钟，而不能自为壶鼎盘杅，无其用也。君子能因人主之正朝，以和百姓，润众庶，而不能自饶其家，势不便也。故舜耕于历山，恩不及州里，太公屠牛于朝歌，利不及妻子，及其见用，恩流八荒[①]，德溢四海。故舜假之尧，太公因之周，君子能修身以假道者，不能枉道而假财也。

【注释】

①八荒：八方极远的地方。

大夫曰：道悬于天，物布于地，智者以衍，愚者以困。子贡以著积显于诸侯，陶朱公以货殖尊于当世。富者交焉，贫者赡焉。故上自人君，下及布衣之士，莫不戴其德，称其仁。原宪、孔伋[①]，当时被饥寒之患，颜回屡空于穷巷，当此之时，迫于窟穴，拘于缊袍[②]，虽欲假财信奸佞，亦不能也。

【注释】

①原宪：字子思，也称原思，孔丘弟子。孔伋（jí）：字子思，孔丘的孙子。②缊（yùn）袍：以乱麻为絮的袍子。

文学曰：孔子云："富而可求，虽执鞭之事，吾亦为之；如不可求，从吾所好。"君子求义，非苟富也。故刺子贡不受命而货殖焉。君子遭时则富且贵，不遇，退而乐道。不以利累己，故不违义而妄取。隐居修节，不欲妨行，故不毁名而趋势。虽付之以韩、魏之家，非其志，则不居也。富贵不能荣，谤毁不能伤也。故原宪之缊袍，贤于季孙之狐貉，赵宣孟之鱼飧[①]，甘于智伯之刍豢[②]，子思之银佩，美于虞公之垂棘[③]，魏文侯轼段干木之闾[④]，非以其有势也；晋文公见韩庆下车而趋，非以其多财，以其富于仁，充于德也。故贵何必财，亦仁义而已矣！

【注释】

①赵宣孟：即赵盾，春秋时晋卿，谥宣子。孟，尊称。飧原作食，今据卢文弨说改正。《公羊传·宣公六年》载晋灵公使勇士杀赵盾，勇士见赵盾正在吃鱼，心服其俭约，不忍杀，自刎而死。②刍豢：用草饲养的牛羊叫刍，用粮食喂养的猪狗叫豢。此指丰富的肉食。③虞：春秋时国名，位于今山西省平陆县一带。垂棘：春秋时晋国地名，以产美玉出名，此指代美玉。④魏文侯：战国时魏国国王，名斯。轼：古代车厢前面用作扶手的横木。此处作动词用，即伏在横木上，表示对别人的敬重。段干木：魏人，隐居不仕，魏文侯每过段干木的家门，就扶轼表示对他的敬重。

【译文】

大夫说："我少年入学读书，十三岁时幸运地得以服侍皇上，服务于皇上身边，以至达到卿大夫这样的地位，获取俸禄享受赏赐，六十多年了。对车马衣服等费用，妻儿奴仆的花销，我量入为出，节省地生活，俸禄和赏赐，都一一计算，通过积累才达到富有建成家业。所以，分到的土地相同，有道德的人能保留住它；分到的钱财相同，有智慧的人能计划好它。白圭的倒买倒卖，子贡的数次积累千金，难道必定是取之于百姓吗？计划于心中，计算盈亏，获利于贵卖贱买之间罢了。”

文学说：“古代的人们不兼从两种职业，谋利与为官不能同时进行，这样，各行各业的收入才没有很大差别，而贫富相差也不悬殊。那些借助爵位俸禄而谦逊礼让的人，名望之高无法再加抬举；凭借权势而追求财利的人，其收入已不可胜数。取食湖泊池塘，管制山海资源，樵夫不能与官府争好处，商人不能与官府争财利。子贡以普通人的地位致富，而孔子仍旧责备他，何况以权势地位追求财利的人呢？因此，古代的大夫渴望仁义来满足自己的职责，不做计较财利来满足自己私欲的事。”

大夫说：“山岳物产富饶，百姓才能得到供给；河海资源充足，人民才能从中取得并得到满足。窄小的水坑里的水，不能灌满宽大的池泽；土丘小岗上的树木，不能营造宫殿。小不能包容大，少不能供给多。世上没有连自己都不能满足却能满足别人的人，也没有连自己都不能管理却能管理别人的人。因此，善于控制别人的人一定能控制自我，善于管理别人的人一定是能自我管理的人。文学不能管理自身和家务，又怎么能管理外界的大事呢？”

文学说：“走远路的人借助车子，渡江海的人凭借舟船，因此贤士的立功成名，既凭借天赋也借助客观条件。公输盘可以利用君主的木料和树木，来构造宫室台榭，却不能自己建造小房窄屋，因为木料不够；欧冶子能够利用国君的铜铁，来铸造金炉大钟，却不能够自己制成壶鼎盘盆，因为没有那些原料；君子能够利用君主的国政，来调理百姓，施恩黎民，却不能使自家富有，因为情况有所不便啊。因此舜在历山耕田时，他的乡里没有得到他的恩惠；姜太公在朝歌杀牛时，他的妻儿也没有得到过他的好处。等到他们受到了重用，恩惠却遍布八方，仁德却弥漫四海。所以，舜是借助尧，姜太公是利用周人，君子能借道修养自身，却不会借助财利歪曲道。”

大夫说：“道高悬于苍天，万物广布于大地，聪明人因为它们而富足，愚蠢者因为它们而贫困。子贡因积蓄在诸侯中显达；陶朱公因经商在当世受到尊重。富人和他交往，穷人受他供给。因此，上自君主下到平民百姓，没有谁不曾感受过他的恩德、称赞过他的仁义的。原宪、孔伋在当时身受饥寒的困扰，颜回在偏僻的小巷中几次家无分文，在那时候，他们的住所近似于山洞地穴，衣服仅限于绵袍，就算想假借财利、信用奸佞，也是不可能啊！”

文学说：“孔子说：‘富有如果可以求得，即使持鞭赶车之类的事，我也会做；如果不可以求得，那就按照我自己的愿望做。’君子追求道义，不是苟且地贪恋富贵。因此孔子责备子贡不顺从命运而去经商。君子遇到时机就富贵，没遇到时机就隐退以修身养性为乐趣。不因财利而牵连自己，所以不会违背道义而胡乱索取；隐居修养节操，不想损害德行，所以不会毁坏名声而追逐权势。即使给他韩、魏两家那样的住宅，要是不是他的心愿，他也不住。富贵不能冲昏他的头脑，诋毁不能损害他的形象。所以，原宪的绵袍，比季孙的狐貉皮衣优良；赵盾的鱼饭，比智伯的家畜肉还要甘美；子思的银佩，比虞公的美玉‘垂棘’更漂亮。魏文侯向段木干的家行礼，不是因为段木干有权势；晋文公见韩庆时，下车急走上前，不是由于韩庆有丰富的财产，因为他富有的是仁义，充足的是道德。所以，尊贵为什么非得要有钱财？只要有仁义就够了。”

毁　学

大夫曰：夫怀枉而言正，自托于无欲而实不从，此非士之情也？昔李斯与包丘子

俱事荀卿[①]，既而李斯入秦，遂取三公，据万乘之权以制海内，功侔伊、望[②]，名巨泰山；而包丘子不免于瓮牖蒿庐[③]，如潦岁之蛙[④]，口非不众也，然卒死于沟壑而已。今内无以养，外无以称，贫贱而好义，虽言仁义，亦不足贵者也。

【注释】

①李斯：战国时楚上蔡人，荀况的学生。他入秦后，帮助秦始皇统一了天下，废封建，立郡县，徙豪强，销兵器，修弛道，同文书，在政治、经济、思想文化各个方面进行了一系列改革。始皇死后，他误听阴谋家赵高之计，矫诏杀害了扶苏，立胡亥为二世皇帝。不久，他自己也被赵高杀害了。包丘子：又名浮丘伯，亦作"鲍丘"，秦末汉初的儒生，曾与李斯一起求学于荀况。荀卿：即荀况，战国末赵人。汉人避汉宣帝讳，称为孙卿。②侔（móu）：相当。伊、望：伊尹和吕望。③瓮牖（yǒu）：以破瓮做窗户，形容房屋简陋。蒿庐：简陋的草房。④潦岁：多雨水的灾年。

文学曰：方李斯之相秦也，始皇任之，人臣无二，然而荀卿谓之不食[①]，睹其罹不测之祸也。包丘子饭麻蓬藜[②]，修道白屋之下，乐其志，安之于广厦刍豢，无赫赫之势，亦无戚戚之忧。夫晋献垂棘[③]，非不美也，宫之奇见之而叹，知荀息之图之也。智伯富有三晋，非不盛也，然不知襄子之谋之也。季孙之狐貉，非不丽也，而不知鲁君之患之也。故晋献以宝马钓虞、虢，襄子以城坏诱智伯[④]。故智伯身禽于赵[⑤]，而虞、虢卒于并晋，以其务得不顾其后，贪土地而利宝马也。孔子曰："人无远虑，必有近忧。"今之在位者，见利不虞害，贪得不顾耻，以利易身，以财易死。无仁义之德而有富贵之禄，若蹈坎阱，食于悬门之下[⑥]，此李斯之所以伏五刑也[⑦]。南方有鸟名鹓鶵，非竹实不食，非醴泉不饮，飞过泰山，泰山之鸱俯啄腐鼠，仰见鹓鶵而吓[⑧]。今公卿以其富贵笑儒者，为之常行，得无若泰山鸱吓鹓鶵乎？

【注释】

①谓、为古通用。不食：指吃不进去饭。②饭麻：麻，当作糜，粥。蓬藜：是两种野草，即上文之"蒿庐"，谓贫贱者之居。③晋献垂棘：春秋时晋献公为攻打虢国和虞国，先派荀息将垂棘之璧和一匹良马送给虞国国君，请求借路去攻打虢国。虞国大夫宫之奇劝虞君不要答应，指出虞、虢两国是唇齿相依的邻邦，唇亡则齿寒。虞君不听，宫之奇就带全族出走了。不久，晋灭虢，回军又灭了虞。④襄子以城坏诱智伯：智伯，春秋末、战国初晋六卿之一，名瑶，势强益骄。他强迫韩、赵魏割城给他，韩、魏献了城。赵襄子却不肯，智伯怒，遂率韩、魏合攻赵。赵襄子奔到晋阳，智伯引汾水灌晋阳。后来赵与韩、魏密谋联合，里应外合消灭了智伯，共分其地，建立了韩、赵、魏三个国家。⑤禽：通擒。⑥悬门：吊在空中的一种沉重的能上下开合的闸门。⑦五刑，五种刑罚。古代刑法规定：当三族者，都先在鼻子上刺字，再斩去左右脚趾，再用竹板打死，再砍掉脑袋，最后把全身骨肉剁成肉酱，放到集市中去示众。李斯就是具五刑而死的。⑧鹓鶵（yuànchú）：古代传说中一种像凤凰的鸟。醴泉：甘美的泉水。鸱（chī）：猫头鹰。

大夫曰：学者所以防固辞[①]，礼者所以文鄙行也。故学以辅德，礼以文质[②]。言思可道，行思可乐。恶言不出于口，邪行不及于己。动作应礼，从容中道。故礼以行之，孙以出之。是以终日言，无口过；终身行，无冤尤。今人主张官立朝以治民，疏爵分禄以褒贤，而曰"悬门腐鼠"，何辞之鄙背而悖于所闻也。

【注释】

①固辞：鄙陋的语言。

文学曰：圣主设官以授任，能者处之；分禄以任贤，能者受之。义贵无高，义取无多。故舜受尧之天下，太公不避周之三公；苟非其人，箪食豆羹犹为赖民也[①]。故德薄而位高，力小而任重，鲜不及矣[②]。夫泰山鸱啄腐鼠于穷泽幽谷之中，非有害于人也。今之有司，盗主财而食之于刑法之旁，不知机之是发，又以吓人，其患恶得若泰山之鸱乎？

【注释】

①箪食豆羹：原意指简单的饭食，此指微薄的俸禄。赖：通厉，有害于的意思。②力小原作"力少"。

大夫曰：司马子言[①]："天下穰穰，皆为利往[②]。"赵女不择丑好，郑妪不择远近[③]，商人不媿耻辱[④]，戎士不爱死力，士不在亲，事君不避其难，皆为利禄也。儒、墨内贪外矜，往来游说，栖栖然亦未为得也[⑤]。故尊荣者士之愿也，富贵者士之期也。方李斯在荀卿之门，阘茸与之齐轸[⑥]，及其奋翼高举，龙升骥骛[⑦]，过九轶二[⑧]，翱翔万仞，鸿鹄华骝且同侣，况跛牂燕雀之属乎[⑨]！席天下之权，御宇内之众，后车百乘，食禄万钟[⑩]，而拘儒布褐不完，糟糠不饱，非甘菽藿而卑广厦[⑪]，亦不能得已。虽欲吓人，其何已哉！

【注释】

①司马子：即司马迁，字子长，汉代夏阳（今陕西省韩城县）人，我国历史上著名的历史学家和文学家，《史记》的作者。②穰穰（ráng）：忙忙碌碌。③郑妪：即郑女，为避免和上文"赵女"重复，故变言"郑妪"。④媿：同愧，羞惭。⑤栖栖（xī）然：忙碌不安的样子。⑥阘茸（tāróng）：这里指地位卑下的人。轸（zhěn）：古代车子后面的横木。这里指车子。⑦骥骛（jìwù）：骥，骏马。⑧过九轶（yì）二：九，九重天。轶，超过。"二"，指龙和马。即直上九重天，超过龙和马。⑨跛牂（bǒzāng）：瘸足母羊。⑩钟：古代容量单位，六斛四斗。⑪菽藿：豆叶。

文学曰：君子怀德，小人怀土，贤士徇名，贪夫死利。李斯贪其所欲，致其所恶。孙叔敖见于未萌，三去相而不悔[①]，非乐卑贱而恶重禄也，虑患远而避害谨也。夫郊祭之牛，养食期年[②]，衣之文绣，以入庙堂[③]，太宰执其鸾刀[④]，以启其毛；方此之时，愿任重而上峻坂，不可得也。商鞅困于彭池，吴起之伏王尸[⑤]，愿被布褐而处穷鄙之蒿庐，不可得也。李斯相秦，席天下之势，志小万乘；及其囚于囹圄，车裂于云阳之市，亦愿负薪入东门，行上蔡曲街径，不可得也。苏秦、吴起以权势自杀，商鞅、李斯以尊重自灭，皆贪禄慕荣以没其身，从车百乘[⑥]，曾不足以载其祸也！

【注释】

①孙叔敖：春秋时楚国令尹（相当丞相）。三去相：孙叔敖三次为令尹而三次被罢免，但他不懊悔。

②朞（jī）年：即一周年。朞同期。③庙堂：举行祭祀的屋子。④太宰：古代掌管王室膳食的官。鸾刀：即刀环带铃的刀。⑤伏王尸：吴起为楚悼王变法，楚国日以富强。悼王死，楚国贵族群起而攻之，把他射杀在楚悼王尸旁。吴起拔矢插入悼王尸中，伏尸而死。⑥从车，上文作后车，义同。

【译文】

大夫说："心怀邪念却谈论正直，自我归类到没有贪欲的人中而事实上不相同，这不是士人的真实情况吗？从前李斯与包丘子都从师于荀子，后来李斯到了秦国，就获得了三公的地位，掌握国家大权来统治天下，功劳可与伊尹吕望相比，威名比泰山还高。而包丘子却不能摆脱用瓦罐做窗户用蒿草盖房子的贫困交加的生活。如同水灾之年的青蛙，数量不是不多，却最终死在沟壑里罢了。如今，你们对家人没有办法供养，在外又没有事业值得称道，贫穷低贱而喜欢议论，虽然讲的都是仁义，也不值得推崇啊。"

文学说："当李斯在秦国担任丞相时，秦始皇倚重他，大臣中没有第二个人受到那样的重用，但荀子却为他连饭都吃不下，因为看到他会遭到难以预料的大灾难。包丘子吃粗粮野菜，在简陋的房屋下修道养行，倾心于自己的志向，安然处之如同住广厦吃家畜肉，没有显赫的权势，也没有悲切的忧愁。晋献公的宝玉'垂棘'，不是因为不美，宫之奇见到宝玉就叹息，是因为他知道荀息正谋取宝玉；智伯具有韩赵魏三家的财富，不是不强盛，但却不知赵襄子正在图谋他；季孙的狐貉皮衣，不是不华丽，却都不知鲁君正在嫉妒它。因此晋献公用宝马勾引虞国虢国，赵襄子用城池诱惑智伯，因而智伯被赵襄子捕获，虞国虢国最终被晋吞并，因为他们都致力于获得而不考虑后果，贪图土地追求宝马啊。孔子说：'人无远虑，必有近忧。'现在在位的人，见到利益就不考虑祸害，贪求获得就不顾廉耻，用身体换取利益，用生命换取钱财。没有适合仁义的品德却有导致富贵的俸禄，就如同踩在陷阱之上，在悬门下吃饭，这就是李斯身遭刑杀的原因。南方有一种鸟叫鹓鸰，它除了竹米外别的不吃，除了甘美的泉水外别的不喝。它飞越泰山时，泰山的鸱鹰正低头啄食腐鼠，抬头望见鹓鸰而叫道'吓！'如今，公卿凭借自己的富贵耻笑儒生，变成他们的一贯做法，这岂不是像泰山的鸱鹰恐吓鹓鸰吗？"

大夫说："学问是防止浅陋的言辞的工具，礼仪是修饰粗野行为的手段，因而，用学习来辅助德行，用礼仪来修饰野性，说话考虑符合道德，行动考虑符合规范。这样，闲言恶语不会说出口，丑行就不会涉及自己。做事时适合礼的要求，闲暇时适合道的境界，于是礼因而得以施行，谦逊因而得以体现。所以，整日讲话没有失言，终生做事没有后悔。如今，君主设置官位建立朝政来治理百姓，分封爵位分配俸禄来嘉奖贤能，你们却说这些仿佛'悬门腐鼠'，你们的言辞怎么这么庸俗悖理而不同于所听到过的呢？"

文学说："圣明君主设立官位来下放权力，有能力的人担任它；分配俸禄来任用贤士，有能力的人接受它。因仁义而取得的尊贵地位再高也不嫌高，用仁义取得的收获再多也不嫌多。因此，舜接受尧的天下，姜太公不推让周朝的三公之位。如果不是那样的人，即使享有一竹篮一碗羹的俸禄也是会有害于百姓的啊。因而德行浅薄而地位显赫，能力弱小而责任重，很少有称职的。泰山的鸱鹰在闭塞的水泽、幽深的峡谷中啄食腐鼠，对人并没有所损害。现在的官吏，窃取君主的财物却享乐于刑法之外，不知弓弩机关上的箭正是向他们发射，却又以此来恐吓别人，他们的灾祸，泰山的鸱鹰怎么能相比呢？"

大夫说："司马迁说：'天下人匆匆忙忙行走，都为财利奔波。'赵国的女子嫁人，不理会对方相貌美丑；郑国的少女择偶，不看对方住家远近。商人不憎恨耻辱，军人不留恋生命，士

人不关心亲人，他们服侍君主而不逃避君主的灾难，都是为了利禄啊。儒墨之人内心贪婪外表矜持，往来游说，匆匆忙忙的还不是为了有所得。所以，尊贵荣耀是士人的心愿，富有显达是士人的希望。当李斯在荀子的门下时，贫穷的人与他同车，等到他展翅高飞，龙腾虎跃，上云天越大地，翱翔于万仞高空时，大雁骏马尚且不能够与他同行，何况是跛脚母羊、燕雀之类呢！手握天下大权，统辖宇内百姓，出行时身后跟随百辆车子，享受着万锺俸禄，可执着的儒生，粗布短衣不整齐，糟糠吃不饱，这不是因为喜欢粗粮野菜和卑夷宽敞的房子，只是不能得到而已。即使想要威胁别人，他们用什么呢？"

文学说："君子思念道德，小人贪恋田土；贤士为名而死，贪婪者为利舍生。李斯贪恋他所想的东西，却得到他所讨厌的结果。孙叔敖提前预见到尚未发生的灾害，三次离开相位却不悔恨，他不是喜欢低贱和厌恶高薪，而是思虑未来而躲避灾害的严厉啊。那些用来祭祀的牛，喂养了一周年，给它披上带花绣的衣服送进庙堂，太宰手执鸾刀，拨开它的毛，此时，牛即使情愿背驮重物去攀登险峻山坡，也不可能了；商鞅在彭池被困、吴起伏在楚悼王尸体上时，即使愿意身穿短布衣居住闭塞简陋的草房，也不可能了；李斯在秦国为相时，凭借天下的势力，心中把万乘大国看得很小，等到他在牢狱中被禁锢、在云阳的街市上被车裂时，即使愿意身背柴薪进入东门，步行在故乡上蔡的曲折的街巷中，也已经不能够了。苏秦、吴起因有权势而杀害自己，商鞅、李斯因显贵而毁灭自身，都是因为贪图俸禄思念荣华导致丧失性命的。就算身后跟随百辆车子，都不够装载他们的灾难啊！"

褒　贤

大夫曰：伯夷以廉饥，尾生以信死。由小器而亏大体，匹夫匹妇之为谅也，经于沟渎而莫之知也[①]。何功名之有？苏秦、张仪[②]，智足以强国，勇足以威敌，一怒而诸侯惧，安居而天下息。万乘之主，莫不屈体卑辞，重币请交，此所谓天下名士也。夫智不足与谋，而权不能举当世，民斯为下也。今举亡而为有，虚而为盈，布衣穿履，深念徐行，若有遗亡，非立功成名之士，而亦未免于世俗也。

【注释】

①谅：此指小节、小信。经：缢，用绳子勒死。沟渎：水沟。②张仪：战国时魏人，曾游说六国，主张连横以归附秦国。

文学曰：苏秦以从显于赵，张仪以横任于秦，方此之时，非不尊贵也，然智士随而忧之，知夫不以道进者必不以道退，不以义得者必不以义亡。季、孟之权，三桓之富，不可及也，孔子为之曰"微"[①]。为人臣，权均于君，富侔于国者，亡。故其位弥高而罪弥重，禄滋厚而罪滋多。夫行者先全己而后求名，仕者先辟害而后求禄。故香饵非不美也，龟龙闻而深藏，鸾凤见而高逝者[②]，知其害身也。夫为乌鹊鱼鳖，食香饵而后狂飞奔走，逊头屈遰[③]，无益于死。今有司盗秉国法，进不顾罪，卒然有急，然后车驰人趋，无益于死。所盗不足偿于臧获[④]，妻子奔亡无处所，身在深牢，莫知恤视。方此之时，何暇得以笑乎？

【注释】

①为，通谓。这是引用孔子的话“故夫三桓之子孙微矣”。②“鸾凤”，鸾鸟和凤凰。③逊头屈遰（dì）：缩头躲避。④臧获：古时由于犯罪而被没收财产做了官家奴仆的人。奴曰臧，婢曰获。

大夫曰：文学高行，矫然若不可卷①；盛节絜言，皦然若不可涅②。然戍卒陈胜释挽辂③，首为叛逆，自立张楚④，素非有回、由处士之行⑤，宰相列臣之位也。奋于大泽⑥，不过旬月，而齐、鲁儒墨缙绅之徒，肆其长衣⑦——长衣，容衣也——负孔氏之礼器《诗》、《书》，委质为臣⑧。孔甲为涉博士⑨，卒俱死陈⑩，为天下大笑，深藏高逝者固若是也。

【注释】

①矫然：正直的样子。②皦（jiǎo）然：洁白的样子。涅：染黑。③戍卒：防守边境的士兵。陈胜：秦代阳城（今河南省登封县东南）人，字涉。秦二世时，与阳夏（今河南省大康县）人吴广同戍渔阳（秦郡名，治渔阳县，故城在今密云县西南），失期当斩，乃发动所属士兵，揭竿起义抗秦。各郡县苦秦苛法，纷纷响应。胜乃自立为楚王，国号张楚。这是我国历史上第一个农民政权。后为秦将章邯所败，陈胜、吴广亦被杀害。然秦卒以此亡国。挽辂（lù）：拉车的意思。④张楚：又称大楚，后世称汉为大汉、唐为大唐，如此等等，盖原于此。⑤回：即颜回。由：即子路。处士：古代称有才德而隐居没做官的人。⑥大泽：大泽乡。秦代属蕲（qí）县，在今安徽省宿县北。⑦长衣：即深衣，古代制服。⑧委质：委，弯曲。质，身体。古代初次做官，依法，须先把自己的姓名写在竹简上，然后曲身跪拜，表示忠诚，这就叫做委质。⑨孔甲：孔丘的第八世孙，名鲋，甲是其字。陈胜为王，拜孔甲为博士。胜败，甲与同死。⑩陈：陈胜所建张楚国的都城，即今河南省淮阳县。

文学曰：周室衰，礼义坏，不能统理天下，诸侯交争相灭亡，并为六国，兵革不休，民不得宁息。秦以虎狼之心，蚕食诸侯，并吞战国以为郡县，伐能矜功①，自以为过尧、舜而羞与之同。弃仁义而尚刑罚，以为今时不师于文而决于武。赵高治狱于内，蒙恬用兵于外，百姓愁苦，同心而患秦。陈王赫然奋爪牙为天下首事②，道虽凶而儒墨或干之者，以为无王久矣，道拥遏不得行③，自孔子以至于兹，而秦复重禁之，故发愤于陈王也。孔子曰：“如有用我者，吾其为东周乎！”庶几成汤、文、武之功，为百姓除残去贼，岂贪禄位哉？

【注释】

①伐能矜功：夸耀自己的才能和功劳。②爪牙：党羽。此处指和陈胜同行的戍卒。首事：首倡其事，带头起义。③拥遏：拥挤和堵塞。

大夫曰：文学言行虽有伯夷之廉，不及柳下惠之贞①，不过高瞻下视，絜言污行，觞酒豆肉②，迁延相让③，辞小取大，鸡廉狼吞④。赵绾、王臧之等⑤，以儒术擢为上卿，而有奸利残忍之心。主父偃以口舌取大官⑥，窃权重，欺绐宗室⑦，受诸侯之贿。卒皆诛死。东方朔自称辩略⑧，消坚释石，当世无双；然省其私行，狂夫不忍为！况无东方朔之口，其余无可观者也？

【注释】

①柳下惠：春秋时鲁人，即展禽，名获，字季，居柳下，谥号惠，曾为士师官，三次被罢免而不离去。人问之，他说："直道而事人，焉往而不三黜？枉道而事人，何必去父母之邦？"②豆：古代盛肉或其他食品的器皿。③迁延：拖延，此指互相推让。④鸡廉狼吞：比喻小廉大贪。鸡廉，鸡寻找食物，有所选择，不是见东西就吃，故称小廉如鸡。狼吞，狼吃东西时，都是大口大口地吞咽，比喻贪婪。⑤赵绾(wǎn)：汉代代县（今河北省蔚县东）人，汉武帝初即位时曾任御史大夫。王臧：汉代兰陵（今山东省峰县）人。汉武帝初即位时为郎中令。赵绾和王臧筹划在长安城南建立明堂（即进行儒家礼仪政教的地方），窦太后（景帝的母亲）不好儒术，令武帝罢逐赵绾、王臧，后来二人自杀了。⑥主父偃：汉代临淄（今山东省临淄县，在广饶县南）人，汉武帝时任中大夫，曾向汉武帝建议削弱诸侯王的割据势力，迁移豪民，建立朔方即。他还揭发过一些诸侯王的罪行，因此诸侯王对他恨之入骨，公孙弘借故诬害了他。⑦欺绐(dài)：欺负，哄骗。⑧东方朔：字曼倩，汉代厌次（今山东省惠民县东）人。汉武帝时，为太中大夫，善辞赋，性格诙谐滑稽。

文学曰：志善者忘恶，谨小者致大。俎豆之间足以观礼[①]，闺门之内足以论行。夫服古之服，诵古之道，舍此而为非者，鲜矣。故君子时然后言，义然后取，不以道得之不居也。满而不溢，泰而不骄。故袁盎亲于景帝[②]，秣马不过一驷；公孙弘即三公之位，家不过十乘；东方先生说听言行于武帝，而不骄溢；主父见困厄之日久矣[③]，疾在位者不好道而富且贵，莫知恤士也，于是取饶衍之余以周穷士之急，非为私家之业也。当世嚣嚣，非患儒之鸡廉，患在位者之虎饱鸱咽[④]，于求览无所孑遗耳[⑤]。

【注释】

①俎豆：古代祭祀时放祭品的器皿，此指祭祀。②袁盎：一作爰盎，汉代楚人，字丝。汉文帝时为郎中，曾参与吴楚七国的叛乱，是杀害晁错的主谋之一。③见：与被意同。④鸱：一种凶猛的鸟，也叫鹞鹰。⑤求览：向自己腰包里塞。求，需索。览，同揽，把持。孑（jié）遗：遗留，余剩。

【译文】

大夫说："伯夷因廉洁而饥饿，尾生因守信义而死亡，都是因为小器而损害大局。如同普通男女为了固执己见，自杀于水沟中而无人知晓他一样，哪有什么功名？苏秦、张仪才智完全能使国家强盛，勇力完全可以威慑敌人，发怒则诸侯畏惧，闲居则天下无事。各国的君主，没有不用躬身施礼、谦虚卑下的言辞、丰厚的礼物等手段请求与他交往的，这就是所谓的天下名士。那些才智不配参与谋划，权谋不能超出当世的人，在百姓中也是下等的。如今你们把无当成有，把空虚当作充实，穿着布衣裳和露脚的鞋，沉思缓步，似乎是遗失了东西，这不是建立功名的名士，而是没有脱离世间俗气的人。"

文学说："苏秦因合纵显达于赵国，张仪因连横受到秦国重用，这个时候，他们不是不尊贵啊，但明智的人随即就为他们担忧，因为知道那些不因道德进用的人肯定不会因修养品行而隐退，不因仁义而获得的东西一定不会因施行仁义而失去。季孟的权力，三桓的富有，他人是不能够赶上的。但孔子说他们'衰弱了'。做别人的臣子，权力与君主相同，财富与国家媲美，只有灭亡。因此，其地位越高，罪过越重；俸禄越优厚，罪过就越多。做事应首先保全自己然

后追求名誉，做官应先躲避灾祸然后追求俸禄。所以，香饵不是不好吃，但龟龙闻到它就深深隐藏，鸾凤见到它就高飞，因为知道香饵会伤害自己。那些乌鹊鱼鳖，吃掉香饵后疯狂地奔跑，缩头潜逃，但对挽救死亡却没有帮助。如今官员窃取官位执掌国法，钻营而不考虑是否犯罪，一旦有紧急的变故，才车疾驰人快逃，但已经无法挽救死亡了。所盗取的钱财不足以偿还脏物，妻子儿女奔命流亡没有生活的处所，自己身陷大牢，也没有人体贴关照。这个时候，还有时间笑吗?”

大夫说：“文学行为高尚，正直得仿佛不可以弯曲；气节伟大言语纯真，洁白得好像不可以玷污。但戍边的小卒陈胜放下车子，带头叛逆，自立张楚政权，平常他没有颜回、仲由那样隐士的品行，也没有宰相大臣那样的地位，在大泽乡起义没超过十天半月，齐鲁一带的儒墨官绅人等，脱掉他们的官衣——长衣，官员的服装——带着孔子的礼器诗书，委身于张楚政权做了臣子。孔甲担当了陈胜的博士，最后与陈胜都死在陈地，被天下人无情地嘲讽，深藏高飞的人原来是这样吗?”

文学说：“周王室衰微，礼义败坏，不能统辖治理天下，各诸侯国交相争斗，彼此灭亡，最后合并为六国，然而战争仍未停止，人民不得安宁平静。秦国以虎狼般的心肠，蚕食诸侯，吞并了战国时的六国划为郡县，吹嘘能力夸耀功劳，自以为超过尧舜，而耻于和他们一样。抛弃仁义崇尚刑罚，以为秦的局面不是师承于文治而是取决于武力的结果。赵高在国内管理刑狱，蒙恬在边外使用军队，百姓忧愁悲苦，同心痛恨秦朝的统治。陈胜忿然挥动手臂成为天下首先起事的人，这种做法虽然危险，而儒墨之人有的仍参加到里面，原因在于没有真正的君王已经很久了。正道堵塞不能通行，从孔子那时起一直到秦朝，而秦朝又严格禁止它，所以儒生们投靠陈胜以发泄怒气。孔子说：‘如果有任用我的国家，我将使其成为东方的周朝!’这是期望成就商汤周文王周武王那样的功业，为百姓扫除凶暴去掉祸害，哪里是贪求俸禄追求地位呢?”

大夫说：“文学的言行纵然有伯夷那样的清廉，但仍不及柳下惠那样贞洁，只不过是眼高手低，言语纯洁行为污秽，一杯酒一碗肉，谦让不已。这是推辞小的掠取大的，鸡挑食式的廉洁狼吞肉式的贪婪。赵绾、王臧等人，因为儒术被提拔为上卿，却怀着追求私利凶暴残忍的心。主父偃凭借口才当上大官，窃取重权，欺骗宗室，接受诸侯的贿赂，最终全都被杀死。东方朔自称能言善辩有谋略，可以使硬物消失石头粉碎，当世无双，但考察他私下里所做的事，连疯癫都不忍做！何况除了东方朔的那张利嘴，别的就没有值得看的了吧?”

文学说：“心意善良的人能够忘记丑恶，认真做小事的人可以成就大业，俎豆之间完全可以观看礼仪，家门之内完全可以议论品行。那些穿古代的衣服，背诵古代的道理的人中，能够抛弃所爱而为非作歹的人，很少啊。所以，君子时机成熟才说话，符合礼义才取得，不用正道获得的东西绝不占有。满而不流出来，显达而不傲慢，因此，袁盎被景帝宠爱，所养的马不超过四匹；公孙弘达到三公的高位，家里的车不超过十辆；武帝对东方朔先生言听计从，东方朔却不自傲。主父偃身受困窘艰难的时间很长了，他痛恨当权的人不爱好道德反而富有尊贵，却无人知道体恤士人，于是分取丰厚的俸禄的一部分周济穷困士人的危难，不是为了自家的产业啊。现在世人喧哗吵闹，不是担心儒生鸡挑食式的清廉，而是忧虑当权者像猛虎饱餐、鹞鹰咽食式的贪婪，把控制的东西侵吞得毫无剩余啊。”

讼 贤

大夫曰：刚者折，柔者卷。故季由以强梁死[①]，宰我以柔弱杀。使二子不学，未必不得其死。何者？矜己而伐能，小知而巨牧[②]，欲人之从己，不能以己从人，莫视而自见，莫贾而自贵，此其所以身杀死而终菹醢也。未见其为宗庙器[③]，睹其为世戮也。当此之时，东流亦安之乎？

【注释】

①强梁：强横不讲理。②巨牧：大官。此指重用。③宗庙器：宗庙里祭祀用的器具，古时视为十分珍贵的东西。这里比喻有用的人材。

文学曰：骐骥之挽盐车，垂头于太行之坂，屠者持刀而睨之[①]。太公之穷困，负贩于朝歌也，蓬头相聚而笑之。当此之时，非无远筋骏才也[②]，非文王、伯乐莫知之贾也[③]。子路、宰我生不逢伯乐之举，而遇狂屠，故君子伤之。若“由不得其死然”，“天其祝予”矣[④]。孔父累华督之难[⑤]，不可谓不义。仇牧涉宋万之祸[⑥]，不可谓不贤也。

【注释】

①睨（nì）：斜着眼睛看。②远筋骏才：筋，筋的俗字，筋骨。远筋，可行远路的筋骨。远筋骏才，指好马和有才能的人。③伯乐：春秋时秦国人，又名孙阳，善于相马。④祝，断绝。⑤孔父累华督之难：孔父即孔父嘉，是孔丘的祖宗，任宋殇公的大司马。华督（宋殇公的太宰）要杀宋殇公，认为孔父嘉在不好下手，于是先攻打孔父的家，宋殇公知道后，赶去救孔父，结果两人都被华督杀死。⑥仇牧涉宋万之祸：宋万，宋闵公的大将，姓南宫，名万。宋万杀了宋闵公捷，仇牧（宋闵公的大夫）闻讯去救，也被宋万杀死。

大夫曰：今之学者，无太公之能，骐骥之才，有以蜂虿介毒而自害也[①]。东海成颙、河东胡建是也[②]。二子者以术蒙举，起卒伍，为县令。独非自是，无与合同。引之不来，推之不往，狂狷不逊[③]，忮害不恭[④]，刻轹公主[⑤]，侵陵大臣。知其不可而强行之，欲以干名。所由不轨，果没其身。未睹功业所至而见东观之殃[⑥]，身得重罪，不得以寿终。狡而以为知，讦而以为直，不逊以为勇[⑦]，其遭难，故亦宜也。

【注释】

①虿：蝎子一类的毒虫。也，通者。②成颙（yóng）：人名，生平不详。胡建：西汉河东（今山西省西南部）人，字子孟，汉昭帝时任守军正丞和渭城县令。曾以追捕刺客为名，包围和搜查汉昭帝的姐姐盖长公主的宫室。盖长公主上书告发，因而被捕自杀。③狂狷（juān）：狂妄急躁。④忮（zhì）害：嫉妒。⑤轹（lì）：欺压。⑥东观之殃：指孔丘杀害少正卯于东观之下事而言。此处代指杀身之祸。⑦讦（jié）：攻击别人。

文学曰：二公怀精白之心，行忠正之道，直己以事上，竭力以徇公[①]，奉法推理，不避强御，不阿所亲，不贵妻子之养，不顾私家之业。然卒不能免于嫉妒之人，为众枉所排也[②]。其所以累不测之刑而功不遂也。夫公族不正则法令不行，股肱不正则奸邪兴起。赵奢行之平原[③]，范雎行之穰侯[④]，二国治而两家全。故君过而臣正，上非而

下讥⑤，大臣正，县令何有？不反诸己而行非于人⑥，执政之大失也。夫屈原之沉渊，遭子椒之谮也⑦；管子得行其道，鲍叔之力也⑧。今不睹鲍叔之力，而见汨罗之祸，虽欲以寿终，无其能得乎⑨？

【注释】

①徇（xùn）公：不讲私情，一切为公。②众枉：很多不正直的人。③赵奢：战国时赵国的大将，曾任田部吏，主收租税。平原：平原君，赵武灵王子，名胜，封于平原（赵邑，今山东省德州市南），故以为称。平原君家不肯交纳租税，赵奢依法杀掉平原君家管事的九个人。平原君以为贤，言于赵惠文王，王使治国赋，国赋大平。④范雎（jū）：战国时魏人，字叔，初事魏中大夫须贾，以事被笞逐，乃化名为张禄，入秦。秦武王死后，秦昭王年幼，昭王母宣太后把持政权，任用他的弟弟穰侯（魏冉）为宰相，华阳君、泾阳君、高陵君佐之，称为四贵。范雎拜见秦昭王，献上治国的方法，说明太后任用穰侯等人，秦国有亡国的危险。昭王听了范雎的话，连声称好，废掉太后，驱逐穰侯、高陵、华阳、泾阳君于关外，任范雎为宰相。⑤非：错误。讥：讽谏，批评。⑥反诸己：自我检查。行非于人：指责别人的不是。⑦子椒：楚司马，与令尹子兰同谮屈原。谮（zèn），说坏话，陷害别人。⑧鲍叔：即鲍叔牙，少时与管仲为友。同贾南阳，知管仲贤而贫，分财多与。后鲍叔牙事齐桓公，乃推荐管仲为齐桓公的丞相，辅佐桓公成就霸业。⑨无其能得乎："无其"，连用语词，古书或作"亡其"。

【译文】

大夫说："刚硬的东西容易被折断，柔软的东西容易弯曲。所以子路因强硬而死，宰予因软弱被杀。假使二人不向孔子学习，不一定会不得善终。这是为什么呢？自高自大、夸耀才能，只有很小的才智却承担重大的职责，希望别人服从自己，自己却不能去服从别人，没有人关注却要自我表现，没有人购买却自抬身价，这就是他们招致杀身之祸和被剁成肉泥的原因。人们没有见到他们成为国家柱石，世人只知道他们被杀戳。在那个时候，东流的江河上的有浆有舵的船就被控制住了吗？"

文学说："千里马拉着运盐的车，低头在太行山上的陡坡行走，屠夫拿着刀窥视它。姜太公困窘不得志时，在朝歌挑担贩货，蓬头垢面的穷人聚在一起嘲笑他。那个时候，姜太公不是没有能远行的筋骨和高尚远才，但除了文王和伯乐无人能把他们的才能发掘并发挥价值的。子路、宰予没受到伯乐那样的人的举荐，却遇到了癫狂的屠夫，所以孔子为他们遇人不淑而悲伤。'仲由不得善终'，'老天断送了我啊。'孔父嘉在华督作乱时受国君连累而死，不能说不仁义；仇牧在宋万为祸时为保护守卫宋殇公被杀，不能说不贤德。"

大夫说："当今的儒士没有姜太公的能力，没有千里马的本领，却有像蜂蝎甲壳虫那样害人害己的方法。东海郡的成颙、河东郡的胡建便是典型。此二人因智术被举荐，在军队中被起用，后来又升为县令。他们以己意为是非标准，没有人能与他们在一起工作；招之不来，挥之不去；狂妄急躁而不谦逊，嫉贤妒能而无礼貌；欺压公主，凌辱大臣。明知有些事不可为却尽力而为，想要以此获得声名。走的路不合乎正道，结局自然是丧失性命。没有看到他们建功立业，却看到了少正卯在东观被杀，身犯重罪，不能够寿终正寝。把狡诈当做智慧，把攻讦当作耿直，把不谦让当作勇敢，他们的死难，本来也是应该的。"

文学说："成颙、胡建二公怀着纯洁无瑕的信念，推行赤诚公允的正道，端正自己的品行来侍奉君王，竭尽全力来维护国家，遵照法令审案理事，不畏强暴，不袒护亲朋，不关照妻儿的生活，不打理自家的产业。但最后无法躲避嫉妒者，受邪恶小人的排挤而惨遭厄运，这就是他们遭受意外刑罚而不能成就功业的原因。诸侯的本族不守规矩，法令就不能行得通，国家重臣不守正道则奸佞坏人得志。赵奢得到平原君的支持，范雎得到秦昭王的支持，于是赵、秦二国得到治理而赵、范两家都得以保存幸免。所以，君主的过失应由大臣纠正，上级有错，应由下级批评，如果大臣能纠正君主过错的话，何须县令来做？自己不反省自我却委过于人，这是执掌政事者的错误所在。屈原的投江，是因受到子椒的诬陷，管仲之所以能发挥他的才干，是因有鲍叔牙的推荐，现在，见不到鲍叔牙式的推荐，却只有屈原投汨罗江式的灾祸。成颙、胡建二人即使想要颐享天年而终能做到吗?"

论诽

丞相史曰：晏子有言："儒者华于言而寡于实，繁于乐而舒于民，久丧以害生，厚葬以伤业，礼烦而难行，道迂而难遵，称往古而訾当世①，贱所见而贵所闻。"此人本枉，以己为式②。此颜异所以诛黜③，而狄山死于匈奴也④。处其位而非其朝，生乎世而讪其上⑤，终以被戮而丧其躯，此独谁为负其累而蒙其殃乎？

【注释】

①訾：毁谤非议。②式：模范，榜样。③颜异：汉武帝时人，曾任济南亭长，因廉直而官至九卿，后因反对汉武帝制造"白鹿皮币"（一种贵重货币）而被杀。④狄山：汉武帝时博士，力主和亲，与主战派御史大夫张汤发生争论。武帝是坚决主张抗击匈奴的，见狄山主张和亲，便派他去边界守卫一个城堡，终于被匈奴所杀。⑤讪：毁谤。

文学曰：礼所以防淫，乐所以移风，礼兴乐正则刑罚中。故堤防成而民无水灾，礼义立而民无乱患。故礼义坏，堤防决，所以治者，未之有也。孔子曰："礼与其奢也宁俭，丧与其易也宁戚①。"故礼之所为作，非以害生伤业也；威仪节文，非以乱化伤俗也。治国谨其礼，危国谨其法。昔秦以武力吞天下，而斯、高以妖孽累其祸，废古术，隳旧礼，专任刑法，而儒墨既丧焉。塞士之涂，壅人之口，道谀日进而上不闻其过，以秦所以失天下而殒社稷也。故圣人为政，必先诛之，伪巧言以辅非而倾覆国家也。今子安取亡国之语而来乎？夫公卿处其位不正其道，而以意阿邑顺风②，疾小人浅浅面从③，以成人之过也。故知言之死，不忍从苟合之徒，是以不免于缧绁④。悲夫。

【注释】

①易：指丧礼的仪式周到。戚：悲哀。②顺风：看风使舵，也是曲从的意思。③浅浅：即花言巧语。④缧绁（léixiè）：捆绑犯人的绳索，此处指坐牢受刑。

丞相史曰：檀柘而有乡①，萑苇而有丛②，言物类之相从也。孔子曰："德不孤，必有邻。"故汤兴而伊尹至，不仁者远矣。未有明君在上而乱臣在下也。今先帝躬行仁圣之道以临海内，招举俊才贤良之士，唯仁是用，诛逐乱臣，不避所亲，务以求贤而

简退不肖，犹尧之举舜、禹之族、殛鲧放驩兜也[3]，而曰“苟合之徒”，是则主非而臣阿，是也？

【注释】

①乡：指檀柘生长的地方。②萑（huān）苇：芦苇。丛：这里指芦苇聚生的地方。③殛（jí）：杀死。鲧，夏禹的父亲，奉舜命治水，因用筑堤的方法，九年未治好，舜把他杀死于羽山。驩（huān）兜：传说是尧的大臣，因凶恶奸邪，舜即位后将他流放于崇山（今湖南省沣县）。

文学曰：皋陶对舜：“在知人，惟帝其难之。”洪水之灾，尧独愁悴而不能治，得舜、禹而九州宁。故虽有尧明之君，而无舜、禹之佐，则纯德不流。《春秋》刺有君而无臣[1]。先帝之时，良臣未备，故邪臣得间。尧得舜、禹而鲧殛驩兜诛，赵简子得叔向而盛青肩诎[2]。语曰：“未见君子，不知伪臣。”《诗》云：“未见君子，忧心忡忡，既见君子，我心则降[3]。”此之谓也。

【注释】

①有君而无臣：《公羊传·僖公二十二年》：“宋襄公与楚人期战于泓之阳。……已陈，然后襄公鼓之，宋师大败。故君子大其不鼓不成列，临大事而不忘大礼，有君而无臣。”②赵简子：即赵鞅，春秋时晋大夫，赵景叔子。公元前493年攻取了范氏、中行氏的都邑，扩大了封地，奠定了赵国的基础。叔向：据《史记·赵世家》文应为“周舍”，赵简子的谋士，好直谏。盛青肩：人名，未详。诎：同黜，罢免。③降：放心的意思。

丞相史曰：尧任鲧、驩兜，得舜、禹而放殛之以其罪，而天下咸服，诛不仁也。人君用之齐民。而颜异，济南亭长也[1]，先帝举而加之高位，官至上卿。狄山起布衣，为汉议臣[2]，处舜、禹之位，执天下之中，不能以治，而反坐讪上[3]。故驩兜之诛加而刑戮至焉。贤者受赏而不肖者被刑，固其然也。文学何怪焉？

【注释】

①亭长：秦的乡官，汉代因之。大率一里一亭，十亭一乡。亭有乡，以禁盗贼。②议臣：议论国家政事，给皇帝提建议的官。③而反：连词，意即反而。

文学曰：论者相扶以义，相喻以道，从善不求胜，服义不耻穷。若相迷以伪，相乱以辞，相矜于后息[1]，期于苟胜，非其贵者也。夫苏秦、张仪，荧惑诸侯，倾覆万乘，使人主失其所持；非不辩，然乱之道也。君子疾鄙夫之不可与事君，患其听从而无所不至也。今子不听正义以辅卿相，又从而顺之，好须臾之说，不计其后。若子之为人吏，宜受上戮[2]，子姑默矣！

【注释】

①后息：终止发言的意思。指在辩论时最后压制了对方。②上戮：最重的刑罚。

丞相史曰：盖闻士之居世也，衣服足以胜身，食饮足以供亲①，内足以相恤，外不求于人。故身修然后可以理家，家理然后可以治官。故饭蔬粝者不可以言孝②，妻子饥寒者不可以言慈，绪业不修者不可以言理③。居斯世，行斯身，而有此三累者④，斯亦足以默矣！

【注释】

①供亲：供养父母。②粝：粗糙的米。③绪业：事业，功业。修原作备，今从陈遵默说校改。④三累：指不孝，不慈，不理。

【译文】

丞相史说："晏子有句话说：'儒士话说得漂亮但实用的东西很少，讲究礼乐却忽视百姓的治理，长期的守丧妨害了生活，丰厚的陪葬损伤了家业，繁文缛节使其他行为难以实施，道理迂腐难以遵从，称赞古代而非议时政，轻视目睹的现实而重视听到的传闻。'自己歪斜，却看别人不正，把自己当做衡量别人的标准，这就是颜异被杀、狄山死于匈奴之手的根源。处于那样的位置却反对朝政，生活在今世却毁谤皇帝，最终因遭杀戮而丢掉性命，这难道是别人故意让他们无辜担当罪责蒙灾受难的吗？"

文学说："礼仪是用来防止淫邪的，音乐是用来反映风俗的，礼仪建立音乐纯正则刑罚恰当。所以堤防筑成百姓不受水灾；礼仪设立没有百姓叛乱之患。礼仪破坏，堤防决口，而能治理好国家的，是不可能的事。孔子说：'礼仪，与其奢侈不如节俭。丧事，与其办得体面周到不如内心悲伤。'所以，制定礼仪，不是要妨害生活损伤家业；隆重的仪式严明的程式，不是要败坏风俗。治理得好的国家尊崇礼仪，秩序混乱的国家推崇法律。从前，秦国用武力吞并天下，而李斯、赵高用邪恶手段堆积着秦国的灾难，废除古代治国方法，毁坏旧的礼仪，单一使用刑罚，于是儒墨之道被完全抛弃不用。阻隔儒士的前途，堵塞人们的议论，阿谀之言日进，而皇帝听不到过失，这就是秦朝失去天下、丧失社稷的原因。所以，圣人执掌政事，必先排除虚伪巧诈之言，因为它能够助长错误而使国家倾覆。现在，你使用能让国家灭亡的语言进行辩论怎么行呢？公卿身处高位而不端正执政的原则，却专心曲意奉迎，可恨你也花言巧语见风使舵，助成他人的错误。所以，我们虽知道说了就会死，也不能容忍顺从苟合之徒，就算不免牢狱之灾也在所不辞。真是可悲啊！"

丞相史说："檀柘有檀柘聚生的地方，芦苇有芦苇丛生的处所，这就是所谓的物以类聚。孔子说：'有德行的人不会孤立，必定会有朋友帮助。'所以商汤兴起，伊尹就来到了，而不仁者便远离他们了。没有圣明君主在上而乱臣能够在下的事。武帝亲自实行仁义之道来统治天下，招贤纳士，只凭仁义用人，诛杀放逐乱臣，不回避任用有能力的亲友，尽一切可能获取任用贤能而罢斥不贤，就像唐尧举用舜禹等人，杀死鲧放逐驩兜。你们说大臣是'苟合之徒'，那就是批评皇帝错误而臣下曲意奉迎吧？"

文学说："皋陶回答舜说：'在于知人，而帝王也感到知人善任很困难。'洪水成灾之时，尧独自忧虑却不能治理，获得了舜禹则九州安宁。所以，即使有像尧那样圣明之君，而无舜禹那样的臣下的辅佐，至美之德也不会通行。《春秋》上也有讥刺只有明君而无贤臣的记载。武帝的时候，良臣还没有聚集来，所以邪臣有空隙可钻。尧得到了舜禹，而杀死鲧放逐驩兜。赵简子得到叔向，则盛青肩屈服。俗语说：'不见真正的贤臣就不知道什么是奸臣。'《诗经》说：

‘没见到君子，我忧心忡忡；见到君子，我心神安宁。’说的就是这个道理。”

丞相史说：“尧曾任用鲧和驩兜，得到舜和禹后就把鲧和驩兜照他们的罪行或放逐或杀死，天下都服从，因为这是惩罚坏人。而且皇帝也对平民加以任用。颜异，济南郡的一个亭长，武帝提拔并给他显耀的官爵，官至上卿；狄山由平民百姓而被擢升任用，做了汉朝的议臣。他们身居舜禹般的高位，执掌中央朝政，却不能在其位谋其政治理好国家，反而犯了诽谤皇帝的罪。他们也象驩兜那样受到杀头之罚。贤者受奖励，不肖者遭刑法，本来是应当的。文学又有什么好奇怪的呢？”

文学说：“辩论问题的人应当用义相互辅助，用道相互启发。听顺正确适当的而不求必胜，信服义而不以词穷为耻。如果用虚假相互迷惑，用言辞相互扰乱，以用最终发言压服对方为骄傲，甚至希望用不正当的方式取胜，这不是可取的辩论方式。那苏秦和张仪迷惑诸侯，导致国家颠覆并失去政权。苏秦和张仪不是不能言善辩，但这正是致乱的根源。君子痛恨卑鄙者与自己共侍君主，担心他们的话被听从后会发生不幸的事。现在你不听从正确的意见用以辅佐卿相，却顺从他们的意思，只爱讲眼前对你们有利的话，根本不管后果。像你这样给别人当僚属的，应受最重的惩罚。你暂且闭嘴吧！”

丞相史说：“听说士活在世间，应该是衣服足够遮体，食物足够奉养父母，对内有足够能力互相照顾，对外不向他人乞怜。所以本身具备品德才能持家，家庭管理好了才能治国。因而，给父母吃草籽糙米的人，不能称为孝敬；让妻儿忍饥挨冻的人，不能称为慈爱；家业没有治理妥当，不能称得上善于管理。生活在这个社会里，为人处事，而有不孝不慈不理这三种恶名的人，同样也完全更应该住嘴了！”

孝　养

文学曰：善养者不必刍豢也[①]，善供服者不必锦绣也。以己之所有尽事其亲，孝之至也。故匹夫勤劳，犹足以顺礼，歠菽饮水[②]，足以致其敬。孔子曰：“今之孝者，是为能养，不敬，何以别乎？”故上孝养志，其次养色，其次养体[③]。贵其礼，不贪其养，礼顺心和，养虽不备，可也。《易》曰：“东邻杀牛，不如西邻之禴祭也[④]。”故富贵而无礼，不如贫贱之孝悌[⑤]。闺门之内尽孝焉，闺门之外尽悌焉[⑥]，朋友之道尽信焉，三者，孝之至也。居家理者，非谓积财也，事亲孝者，非谓鲜肴也，亦和颜色，承意尽礼义而已矣。

【注释】

①刍豢：此指肉食。②歠（chuò）菽饮水：形容饮食坏，即粗茶淡饭的意思。歠，吃。③养志：承顺父母的意志办事。养色：和颜悦色。养体：保养父母身体。④禴（yuè）：夏祭，字又作礿。礿，薄。夏时百谷未熟，可以用来祭祀的东西不丰厚，比喻贵礼不贵物。⑤悌：尊敬兄长。⑥闺门：内室的门。指父母的内室。

丞相史曰：八十曰耋，七十曰耄。耄，食非肉不饱，衣非帛不暖。故孝子曰甘毳以养口[①]，轻暖以养体。曾子养曾皙[②]，必有酒肉。无端绕[③]，虽公西赤不能以为容[④]。无肴膳，虽闵、曾不能以卒养。礼无虚加，故必有其实然后为之文。与其礼有余而养

不足，宁养有余而礼不足。夫洗爵以盛水[5]，升降而进粝[6]，礼虽备，然非其贵者也。

【注释】

①曰：通爰，于是。毳（cuì）：同脆。甘毳，又甜又脆的食物。②曾皙（xī）：曾参的父亲，名点，字皙，也是孔丘的弟子。③端：玄黑色礼服。绕（wèn）：同冕，礼帽。端绕，丝绸衣帽。④公西赤：姓公西，名赤，字子华，春秋时鲁人，孔丘的弟子。⑤爵：酒杯。⑥升降：指父母升堂高坐，儿女起伏敬拜的样子。

文学曰：周襄王之母非无酒肉也[1]，衣食非不如曾皙也，然而被不孝之名，以其不能事其父母也。君子重其礼，小人贪其养。夫嗟来而招之[2]，投而与之，乞者由不取也。君子苟无其礼，虽美不食焉。故礼主人不亲馈[3]，则客不祭。是馈轻而礼重也。

【注释】

①周襄王：周惠王子，姓姬名郑。姬郑亲母早死，继母叫惠后。惠后生叔带，曾经与姬郑争王位。惠王死后，姬郑即位（襄王），养其继母，叔带勾结戎、翟攻打襄王，襄王向晋国求救，晋文公杀了叔带。②嗟来：喂，来吧！不敬的口气。③馈：古代祭祀的供品。

丞相史曰：孝莫大以天下一国养，次禄养，下以力。故王公人君，上也，卿大夫，次也。夫以家人言之，有贤子当路于世者[1]，高堂邃宇[2]，安车大马，衣轻暖，食甘毳。无者，褐衣皮冠，穷居陋巷，有旦无暮，食蔬粝荤茹[3]，媵腊而后见肉[4]。老亲之腹非唐园[5]，唯菜是盛。夫蔬粝，乞者所不取，而子以养亲，虽欲以礼，非其贵也。

【注释】

①当路：身居显要地位、执掌权力的意思。②邃（suì）宇：深广的住宅。邃，深远的意思。③荤：指葱韭等蔬菜。茹：吃。蔬粝荤茹，形容吃粗粮杂菜的意思。④媵（lǚ）：春秋时楚国的风俗。以二月祭饮食之神曰“媵”。腊：冬季十月间祭祀百神的节日（秦始皇改在十二月）。⑤唐园：指蔬菜园子。

文学曰：无其能而窃其位，无其功而有其禄，虽有富贵，由跖、跻之养也[1]。高台极望，食案方丈[2]，而不可谓孝。老亲之腹非盗囊也，何故常盛不道之物？夫取非有非职，财入而患从之，身且死祸殃，安得媵腊而食肉？曾参、闵子无卿相之养，而有孝子之名；周襄王富有天下，而有不能事父母之累。故礼菲而养丰，非孝也。掠困而以养，非孝也。

【注释】

①由，同犹。跖、跻：即柳下跖和庄跻。②食案方丈：比喻丰富的食物。食案，一种短足的饮食用具。

丞相史曰：上孝养色，其次安亲，其次全身。往者，陈余背汉，斩于泜水[1]，五

被邪逆[②]，而夷三族。近世主父偃行不轨而诛灭[③]，吕步舒弄口而见戮[④]，行身不谨，诛及无罪之亲。由此观之，虚礼无益于己也。文实配行，礼养俱施，然后可以言孝。孝在于实质，不在于饰貌；全身在于谨慎，不在于驰语也。

【注释】

①陈余：秦朝大梁人，与张耳都以罪为秦始皇所悬赏通缉，后投机混入陈胜、吴广农民起义队伍，他主张分封六国贵族后代，遭到陈胜拒绝。刘邦联合他攻打项羽时，他背信弃义，后在泜水被韩信所杀。②五被：即伍被，五、伍古字通。被：西汉楚人，曾任淮南王刘安的中郎，因参加刘安叛乱，妄图搞分裂割据，未遂，被杀，他的三族也被诛灭。③主父偃：汉代齐国临淄人。西汉文帝时，他因告发燕王、齐厉王作风败坏，被儒生公孙弘谋害。④吕步舒：西汉广川（今河北省枣强县）人，董仲舒的弟子，曾任丞相长史。弄口，搬弄是非。

文学曰：言而不诚，期而不信，临难不勇，事君不忠，不孝之大也[①]。孟子曰："今之士，今之大夫，皆罪人也。皆逢其意以顺其恶。"今子不忠不信，巧言以乱政，导谀以求合。若此者，不容于世。《春秋》曰："士守一不移，循理不外援，共其职而已。"故位卑而言高者，罪也，言不及而言者，傲也。有诏公卿与斯议，而空战口也。

【注释】

①《礼记·祭义篇》："曾子曰：'身也者，父母之遗体也，行父母之遗体，敢不敬乎？居处不庄，非孝也，事君不忠，非孝也，莅官不敬，非孝也，朋友不信，非孝也，战陈无勇，非孝也。五者不遂，灾及于亲，敢不敬乎？"

【译文】

文学说："善于奉养父母的不一定就供给他们肉食；善于供给服装的不一定就供给带有刺绣的丝绸。尽自己所有来侍奉父母，就是最大的孝。所以普通百姓辛勤劳作，仍然能够基本上符合礼的要求；吃粗粮喝白水也能表达他们的敬意。孔子说：'现在所说的孝，是指能够奉养恭敬父母。如对父母不恭敬，那与犬马有何异之有呢？'所以，最高层次的孝是顺承父母的心愿办事，其次是对待父母和颜悦色，再次是照顾父母的身体健康。以礼为贵，不以物质供养为标准，符合礼的要求，让父母心情和乐，供养的物品虽不齐备，也是无可厚非的。《周易》说：'东邻杀牛的肉，不如西邻夏祭的菜蔬甘美'，所以，富贵但没有礼，不如贫贱讲究孝悌。内室对父母尽孝，内室之外尊敬兄长，对朋友履行诺言，这三方面，是孝的极至。治家有方，不光看财富有多少，奉养父母对父母孝顺，不是指鲜美的肉食。而是和颜悦色，顺承父母心意，合乎礼义而已。"

丞相史说："八十岁为耋，七十岁为耄。耄者，没有肉就吃不饱，没有帛就穿不暖。所以，孝子每日用松软营养的食品供给父母吃，拿轻而暖的衣物保护父母身体。曾子供养他父亲曾皙，每餐必有酒肉。没有礼服礼帽，即使公西赤也不能认为有仪容；没有佳肴，即使闵子骞、曾子也不能实现奉养父母的目的。礼不是空口说说的，一定有相应的实际内容才能做到有礼。与其礼有余而供养的物品不足，不如供养的物品有余而礼不足。洗净饮酒用的爵来盛水，请父母升座自己躬身呈进的却是糙米饭，礼虽完备，那根本称不上是孝。"

文学说："周襄王的母亲不是没有酒肉，衣服膳食不是不如曾皙，但是周襄王却身蒙不孝的恶名，因为他不能亲自侍奉孝顺他的父母。君子重视礼，小人贪求物。用'喂，过来'这样的态度呼喝他人，用扔过去的方式施舍别人，讨饭者也不会接受。假如没有相应的礼即使再好吃君子也不会吃它。所以礼是：主人不亲自馈赠，则客不食用祭品，这是赠物轻而礼节重。"

丞相史说："孝没有比用整个天下的收入来奉养父母更大的；其次是用俸禄来奉养；最次等的是用劳动所得来奉养。所以王公君主最孝，卿大夫其次。以一家人为例说明，有个贤子身居高官，就能住高大的堂屋和深广的宅院，乘坐安车大马，穿轻而暖的衣服，吃甜而脆的食物。没有贤子就得穿粗布衣，戴兽皮帽，住在偏僻的居所窄陋的街巷中，有上顿无下顿，饥一顿饱一顿的，吃草籽糙米素菜，冬春过节才吃点肉。年老父母的肚子不是庭园，只盛菜蔬根本受不了。草籽糙米，讨饭者也不要，而子女用来供养父母，即使按照礼来侍奉，也不是那可贵的孝。"

文学说："没有那种能力却窃取高位，没有那样的功劳却享有俸禄，即使有富贵，也是盗跖、庄蹻的那种供养。让父母住可以远眺的高楼，用一丈见方的餐桌，也不能说是孝。年老父母的肚子不是盗贼的口袋，怎么能盛得下那些不义之财呢？获取不是自己应有的和份内的财物，财物到手祸患也随之而来。人将死于灾祸，甚至在冬春过节时才吃点肉的机会都没有了呢？曾子、闵子骞没有卿相那样的供养，但有孝子之名；周襄王富有天下，却有不孝敬父母的恶名。所以，礼疏而物丰，不是孝。抢夺大仓粮食来奉养父母，也根本不能算是孝。"

丞相史说："最高层次的孝首先是和颜悦色使父母高兴，其次是让父母生活安定，再次是保全自己身体。从前，陈馀背叛汉朝被斩于泜水并牵连自己的父母；伍被邪恶谋逆，被夷灭三族。近期，主父偃做违法的事情而灭族；吕步舒搬弄口舌而被杀。做事不谨慎，连累无罪的亲人。由此看来，空乏的礼无益于自己及亲人。形式与内容结合，礼与供养并行，才可以称为孝。孝在于内容真实，不在于装扮外表；保全自身在于谨慎，不在于纵谈。"

文学说："说话却不真诚，允诺而不守信用，面对危难不勇敢，侍奉君主不忠诚，这是不孝的最根本的四大基本内容。孟子说：'现在的士，大夫，都是有罪之人，都迎逢君主的意愿，顺应苟同纵容君主的恶行。'现在你不忠不信，用假话扰乱朝政，以阿谀获取嘉许。像这样的人，社会是不能容纳的。《春秋》说：'士应恪守常理不加改变，遵循原则不追求额外的东西，履行自己本职就可以了。'所以职位低却谈论高深理论的人，有罪过；谈话没涉及到自身却发言的人，是急躁。皇帝有诏书让公卿参加这次会议，你说什么都是没有用处的呀！"

救　匮

贤良曰：盖桡枉者以直①，救文者以质②。昔者，晏子相齐③，一狐裘三十载。故民奢，示之以俭，民俭，示之以礼。方今公卿大夫子孙，诚能节车舆④，适衣服，躬亲节俭，率以敦朴，罢园池，损田宅，内无事乎市列，外无事乎山泽，农夫有所施其功，女工有所粥其业⑤。如是，则气脉和平⑥，无聚不足之病矣。

【注释】

①桡（náo）：纠正。枉：弯曲。桡枉者以直，犹言矫枉者以直。②救：禁止，制止。文：虚饰。这里指奢侈。质：敦朴，朴实。③晏子：即晏婴。儒家吹捧他辅助齐国时，懂得礼义，一件狐皮袄穿了三十

年。④诚：如果，假使。车舆：车子。⑤事：治。此处是限制、管理的意思。市列：市场。这里指桑弘羊实行的平准、均输等经济政策。粥（yù）：同鬻，卖的意思。⑥气脉和平：呼吸、血脉流通舒畅。这里比喻贫富调均，社会安定。

大夫曰：孤子语孝，躄者语杖，贫者语仁，贱者语治。议不在己者易称，从旁议者易是，其当局则乱。故公孙弘布被①，倪宽练袍②，衣若仆妾，食若庸夫。淮南逆于内③，蛮、夷暴于外，盗贼不为禁，奢侈不为节。若疫岁之巫，徒能鼓口舌，何散不足之能治乎？

【注释】

①公孙弘：见《刺复篇》注释。布被：用粗布来作被子，表示俭朴。②练袍：用白绢来作长袍，这里指朴素的衣服。③淮南逆于内：公元前122年，汉武帝推行削弱藩王的“推恩法”不久，淮南王刘安串通衡山王刘赐，阴谋发动武装政变，汉武帝及时镇压了这次未遂政变。

贤良曰：高皇帝之时，萧、曹为公①，滕、灌之属为卿②，济济然斯则贤矣。文、景之际，建元之始③，大臣尚有争引守正之义④。自此之后，多承意从欲⑤，少敢直言面议而正刺，因公而徇私。故武安丞相讼园田⑥，争曲直人主之前。夫九层之台一倾，公输子不能正；本朝一邪，伊、望不能复。故公孙丞相、倪大夫侧身行道⑦，分禄以养贤，卑己以下士，功业显立，日力不足，无行人子产之继⑧。而葛绎、彭侯之等隳坏其绪⑨，纰乱其纪⑩，毁其客馆议堂，以为马厩妇舍⑪，无养士之礼，而尚骄矜之色，廉耻陵迟而争于利矣⑫。故良田广宅，民无所之。不耻为利者满朝市⑬，列田畜者弥郡国⑭。横暴掣顿，大第巨舍之旁，道路且不通，此固难医而不可为工⑮。

大夫勃然作色，默而不应。

【注释】

①萧：萧何。曹：曹参。公：三公。②滕：即滕公夏侯婴。灌：灌婴。卿：九卿。③建元：汉武帝年号。④争引：争而引之，使归于正。⑤承意：迎合君主的心意。⑥武安丞相讼园田：武安丞相，即田蚡（fén），汉武帝时封武安侯，曾任丞相。讼，打官司。这里指田蚡当丞相时，想霸占魏其侯窦婴的土地，魏其侯、灌夫（魏的好友）不肯，双方结下私仇。后田蚡与灌夫发生纠纷，田蚡欲害灌夫，魏其侯为救灌夫上告到汉武帝，在汉武帝面前与田蚡争辩是非。⑦侧身：反躬，反求诸己。行道：实行儒家学派所谓的治道。⑧行人：春秋时官名，掌管朝见和询访的事。此处指公孙挥，字子羽，春秋时郑国人，与子产同时佐助郑简公，官至“行人”。⑨葛绎（yì）：即公孙贺，汉武帝太初年间为丞相，封葛绎侯。彭侯，即澎侯，指刘屈氂（同氂），汉武帝征和年间为丞相，封澎侯。⑩纰（pī）乱：错乱。⑪妇舍：奴婢住的屋子。⑫陵迟：衰落，衰败。⑬朝市：指京城。⑭列：瓜分、霸占的意思。⑮工：治理。

【译文】

贤良说：“矫正弯曲就要用取直的工具，制止虚浮就要倡导质朴。从前晏婴在齐国为相，一件狐皮大衣穿三十年。所以，民风奢侈，就要用节俭来限制引导；民风俭朴了，再用礼仪加以引导。当今公卿大夫子弟如真能少用车辆，穿质朴的衣服，亲身实行节俭，把纯朴做为标准，缩减花园亭台，田园住宅用于农耕，在内不限制工商经营，在外不限制山海资源的开发。农夫能在土地上劳作，妇女有市场出卖她们的纺织品。如果这样，就会天下和乐，没有聚敛百姓有限的财力物力的弊病了。”

大夫说：“孤儿谈论孝道，瘸子谈论拐杖；穷人谈论仁慈，才智低下的人谈论治理国家。议论的事不涉及自己怎么说都是没关系的，在一旁评论某事易条条是道，但要是他们作为当事者做事就会毫无条理。所以公孙弘盖着粗布被子，倪宽穿用本色丝做的袍子，吃穿都同奴仆一样。而那时淮南王刘安照样叛乱于国内，蛮夷人照样侵扰国境。盗贼不因此而绝迹，奢侈不因此而制止。儒生就像瘟疫之年的巫医，只逞口舌之利罢了，怎能医治浪费有限的财力物力的弊病呢?”

贤良说：“高皇帝的时候，萧何、曹参为国公，滕公夏侯婴、灌婴为卿，都是贤人，文帝景帝的时候，建元初年，大臣还有规劝引导他人向善、坚持正义的，但是后来，大臣多数顺承君主的旨意依顺君主的意愿，很少能有当面提意见的。这是在假公济私。所以武安侯田蚡与魏其侯窦婴为宅地争讼，在皇帝面前争论是非曲直。九层高台一旦倾斜，连公输盘也不能纠正；现今的朝廷大多风气歪斜，伊尹、吕望也无法恢复。所以，公孙弘、倪宽恭谨地做事，拿出俸禄供养贤人，不端架子结交贤士，他们的功业显著，但因年老而时间精力不够，又没有子羽、子产接班。而后来的葛绎侯公孙贺、澎侯刘屈厘等人破坏了他们开创的基业，打乱了他们设立的法纪，毁掉他们的客馆和议事厅，改成马圈、妇女的居所。毫无保养贤士的礼节，表现出骄傲自大的态度，廉耻之心殆尽而只知争夺财利了。所以，到处有良田和宽广的宅第，但百姓无家可归。不以牟利为耻辱的人满朝满野，大片占有田地牧场的人遍布郡县和诸侯国。蛮横粗暴地驱使百姓，宽广的宅第高大的房舍旁边，道路不允许通过。这本来就难以医治也无法进行医治。”

大夫的脸上立刻现出怒色，沉默不答话。

箴　石

丞相曰：吾闻诸郑长者曰：“君子正颜色，则远暴嫚；出辞气，则远鄙倍矣[①]。”故言可述，行可则。此有司夙昔所愿睹也。若夫剑客论、博奕辩[②]，盛色而相苏[③]，立权以不相假，若有司不能取贤良之议，而贤良、文学被不逊之名，窃为诸生不取也。公孙龙有言曰[④]：“论之为道辩，故不可以不属意。属意相宽，相宽其归争。争而不让，则入于鄙[⑤]。”今有司以不仁，又蒙素餐，无以更责雪耻矣。县官所招举贤良文学，而及亲民伟壮[⑥]，亦未见其能用箴石而医百姓之疾也。

【注释】

①暴嫚：同暴慢，凶暴，傲慢。辞气：说话的口气。②博，六博局之戏。各投六著，行六棋，故曰六博。弈，围棋。博奕：泛指赌博。③相苏：相向争斗。④公孙龙：有二人，一为春秋时卫人，亦曰楚人，字子石，孔丘弟子，见《史记·仲尼弟子列传》。一为战国时赵人，字子秉，持坚白异同之说，平原君甚厚之。见《史记·平原君传》。这里的公孙龙，当指字子秉的公孙龙，与字子石的儒家无关。⑤属（zhǔ）意：固执己见。相宽：互相谦让。归争：回到正常的辩论上来。⑥伟壮：能为百姓办事的高官。

贤良曰：贾生有言曰："恳言则辞浅而不入，深言则逆耳而失指[1]。"故曰："谈何容易。"谈且不易，而况行之乎？此胡建所以不得其死，而吴得几不免于患也[2]。语曰："五盗执一良人[3]，枉木恶直绳[4]。"今欲下箴石，通关鬲[5]，则恐有盛、胡之累[6]，怀箴橐艾[7]，则被不工之名。"狼跋其胡，载疐其尾[8]。"君子之路，行止之道固狭耳。此子石所以叹息也[9]。

【注释】

①指：同旨，宗旨，目的。②吴得：疑即娄敬因之以见汉高帝之虞将军。虞、吴古通，其名为"得"也。③执：咬定的意思。④枉木：此处比喻坏人。直绳：此处比喻正直的人。⑤关鬲（gē）：一种病，中医认为是阴阳俱盛引起的。⑥盛，同成，即《讼贤》中的"东海成颙"。胡：胡建。⑦橐艾：将艾草（中药）包藏在口袋里。与"怀箴"同义。即把自己的意见隐藏起来不发表。⑧"跋"、"疐"，都是踩、践踏的意思。胡：兽颈下的垂肉。载：就。贤良引用这首诗，比喻进退两难。⑨子石：他因为到处碰壁不受重用，曾哀叹仕途艰难。

【译文】

丞相说："我听郑长孙说：'君子面容端正就可免除粗暴和傲慢，说话讲究语言和口气就可不显得蛮不讲理。'所以，言论值得传播，行为值得效法。这是官府很久以来就希望见到的现象。若像那剑客论剑、博奕双方的争辩，忿怒的面孔相向，各持己见互不相让，既让官府无法采纳好的建议，又使贤良文学蒙上不谦让的名声，我希望诸位不要那样做。公孙龙有句话说：'争论是为了弄清是非，因而不能使双方意见贯通，连接贯通对方意见就要加以烦琐的文辞，加以的文辞就会引起争论，争论各不相让，就会陷入粗俗。'现在官府由于不够仁德，如果再有一些白吃饭的，没有办法改正过失洗去耻辱啊。朝廷所选拔的贤良文学若去担任官职管理事务，也不一定能见到他们有办法医治百姓的疾苦。"

贤良说："贾谊有句话说：'诚恳的意见说浅了不法入耳，说深了就会让别人感到刺耳因而影响意图的实现。'所以说：'说话很不容易。'说话尚且不容易，何况实际做呢？这便是胡建不得善终，吴得几乎死于祸患的原因。俗话说：'五个强盗制服一个好人，弯曲的木材讨厌取直的墨绳。'现在，我们想要下箴石，打通关节和隔膜，却怕有成颙、胡建那样的灾难；把箴揣进怀中，把针灸用的艾绒放进口袋，以为就会有医术不高的恶名。'狼向前则踩踏自己项下的垂肉，后退则踩踏自己的尾巴'，君子之路，前进之道本来就是狭窄的。这正是子石所叹息的呀。"

除 狭

大夫曰：贤者处大林，遭风雷而不迷。愚者虽处平敞大路，犹暗惑焉。今守、相亲剖符赞拜[1]，莅一郡之众[2]，古方伯之位也[3]。受命专制，宰割千里，不御于内[4]；善恶在于己，己不能故耳，道何狭之有哉？

【注释】

①守：官名。汉制一郡之长曰郡守，又称太守。相：官名。汉制诸侯王国设丞相，景帝时改丞相曰

相。剖符：古代中央政府任用各郡国相时，用竹、木、玉、铜等刻上文字，分成两半，各执一半，以为凭证，即“剖符”。赞拜：相被任用时，朝拜天子的礼节。②莅：古代官吏上位叫“莅官”，此为统治的意思。③方伯：古时一方诸侯之长。④不御于内：不受朝廷的约束。

贤良曰：古之进士也[①]，乡择而里选[②]，论其才能，然后官之，胜职任然后爵而禄之。故士修之乡曲，升诸朝廷，行之幽隐，明足显著[③]。疏远无失士[④]，小大无遗功。是以贤者进用，不肖者简黜[⑤]。今吏道杂而不选，富者以财贾官，勇者以死射功[⑥]。戏车鼎跃[⑦]，咸出补吏[⑧]，累功积日，或至卿相。垂青绳[⑨]，擐银龟[⑩]，擅杀生之柄，专万民之命。弱者，犹使羊将狼也，其乱必矣。强者，则是予狂夫利剑也，必妄杀生也。是以往者郡国黎民相乘而不能理[⑪]，或至锯颈杀不辜而不能正。执纲纪非其道[⑫]，盖博乱愈甚。古者封贤禄能，不过百里；百里之中而为都，疆垂不过五十，犹以为一人之身，明不能照，聪不得达，故立卿、大夫、士以佐之，而政治乃备。今守、相或无古诸侯之贤，而莅千里之政，主一郡之众，施圣主之德，擅生杀之法，至重也[⑬]。非仁人不能任，非其人不能行。一人之身，治乱在己，千里与之转化，不可不熟择也[⑭]。故人主有私人以财[⑮]，不私人以官，悬赏以待功，序爵以俟贤[⑯]，举善若不足，黜恶若仇雠，固为其非功而残百姓也[⑰]。夫辅主德，开臣途，在于选贤而器使之[⑱]，择练守、相然后任之[⑲]。

【注释】

①进士：选拔当官的人。②乡：周朝的行政单位，一万二千五百家为一“乡”。里：古时五家为一“邻”，五“邻”为一“里”。③明足：此指当官。④失（yì）：同逸，遗失，失掉。⑤简黜：检查罢免。⑥射：逐取，追求。⑦戏车：汉代杂技的一种，即表演车技。《汉书·卫绾传》：“以戏车为郎。”师古曰：“戏车，若今之弄车之伎。”鼎跃：举鼎跳跃，也是战国秦汉时人的一种杂技。⑧补吏：充任官吏。⑨垂：挂下。青绳：即青绶，古时卿、相一类官员用来拴在印钮（龟形）上的青色绸带。⑩擐：联络，贯穿。银龟：卿、相用的银印龟钮。⑪相乘：互相侵凌。⑫纲纪：封建国家的政纲和法纪，即国法。⑬生重：任务非常重大。⑭熟择：深思熟虑地进行挑选。⑮私：恩赐。⑯序爵：制定和安排官爵。⑰固：于是的意思。⑱器使：指重用。⑲择练：练，同拣，选择，挑选。

【译文】

大夫说：“有才智的人身陷深山密林，遭遇狂风雷雨也不迷失方向。愚昧的人即使身在平坦宽阔的大路上，仍然糊涂迷惑不知东南西北。现在，郡守及诸侯国的相参加过朝廷赐符、拜见天子，统治一郡的百姓，这原本是古代诸侯之长的职位。奉命独断行事，管辖千里，不受朝廷牵制，好坏在于自己。事情做不好，是自己能力不够，怎么能怪道路狭窄呢？”

贤良说：“古代推荐贤士，乡中选择里中推举，评判他的才能，然后授以官职，有能力完成职责的再封爵位给俸禄。所以，士在偏僻的地方修养德行，也会有机会跻身到朝廷；在暗处做事，其光辉显现出来。关系疏远也不会埋没贤士，功大功小都不会遗漏。所以有才能的人得到赏识重用，无才能者罢免。

“现在，官路堵塞而不选任才能，富人用钱财买官，蛮夫靠武力卖命追求功名。表演车技的举鼎跳跃的，都出来充当官吏，各类所谓“功劳”积累日久，有的甚至做上了卿相。身上佩

戴着青色绶绳穿挂的银龟印，掌握生杀予夺，操纵万民的生命。其中能力低劣之人，如同让羊管理豺狼，动乱不可避免；强暴的人，那就是把利剑给了疯子，定会胡乱荼毒生灵。因此，过去郡国百姓互相欺凌而不能治理，有的甚至锯断无辜者的脖子也照样不被治罪。执行国家政纲法纪不能按照原则去做，所以动乱更加严重。

“古代分封贤士掌赐才能，其封地方圆不超过百里，方圆百里的中央为国都，边境距国都不超过五十里，即使这样，仍然认为受封者一个人精力有限，有目不能达耳不能及的事情，所以设立卿、大夫、士来辅佐他。这样统治机构才完备容易治理有方。

“现在，郡守和诸侯国的相有些人没有古代诸侯那样的才能，却将千里方圆归于管辖之下，主持一郡的人民，实施圣明君主的恩德，掌握生杀的大权，有极为重要的职责。不是仁人不能担任其职务，不是仁人不能履行其职责。而是因为只此一人，安定混乱均在他自己，方圆千里随着他变化，所以不可不谨重挑选。古代君主可以把钱财私自赠给别人，但不把官职随便赏赐别人，而是公开规定赏格以对待奖赏有功之人，排列爵位以等待有才能的人，选举贤能总好像做得不够，罢黜恶人像对待仇敌，是因为坏人不仅无功而且残害百姓。辅佐君主的德政，开通臣下的道路，在于在选贤善用，区别挑选郡守和诸侯国的相再任用他们。”

疾　　贪

大夫曰：“然。为医以拙矣，又求多谢①。为吏既多不良矣，又侵渔百姓②。长吏厉诸小吏③，小吏厉诸百姓。故不患择之不熟，而患求之与得异也；不患其不足也，患其贪而无厌也。

【注释】

①谢：报酬，谢礼。②侵渔：掠夺，剥削。③长吏：指俸秩较高的县吏。厉：欺压，虐待。小吏：位在丞、尉以下的官吏。

贤良曰：古之制爵禄也，卿大夫足以润贤厚士，士足以优身及党①；庶人为官者，足以代其耕而食其禄。今小吏禄薄，郡国徭役，远至三辅②，粟米贵，不足相赡。常居则匮于衣食，有故则卖畜粥业③。非徒是也，徭使相遣，官庭摄追④，小计权吏⑤，行施乞贷⑥，长使侵渔，上府下求之县，县求之乡，乡安取之哉？语曰：“货赂下流⑦，犹水之赴下，不竭不止。”今大川江河饮巨海⑧，巨海受之，而欲溪谷之让流潦⑨，百官之廉，不可得也。夫欲影正者端其表，欲下廉者先之身。故贪鄙在率不在下，教训在政不在民也。

【注释】

①党：此指家族。②三辅：见《园池篇》注释。③畜：牲畜。粥（yù）：变卖。④摄追：追逼很紧。⑤小计：汉代郡县管账目的小官。权吏：此处指俸禄微薄的小官。⑥行施：行贿赂。贷：宽免。⑦货赂：贿赂。⑧饮：流入的意思。⑨流潦：路边流动的积水。

大夫曰：贤不肖有质，而贪鄙有性，君子内洁己而不能纯教于彼。故周公非不正管、蔡之邪[①]，子产非不正邓晳之伪也[②]。夫内不从父兄之教，外不畏刑法之罪，周公、子产不能化，必也。今一一则责之有司，有司岂能缚其手足而使之无为非哉？

【注释】

①管、蔡：管叔鲜、蔡叔度。两人都是周武王的弟弟。武王灭商后，封管叔于管（今河南省郑州市）、蔡叔于蔡（今河南省上蔡县）。武王死后，成王年幼，周公摄政，管、蔡不服，勾结武庚进行叛乱，后被周公旦平定，管叔被杀，蔡叔被放逐。②子产：见《非鞅篇》注释。邓晳，一作“邓析”，春秋时郑国大夫。邓析欲改郑刑书，而另创为新刑，并把它写在竹简上，称为“竹刑”。相传为子产所杀。事见《吕氏春秋·离谓篇》。又一说邓析是郑驷歂（chuān）所杀，与此不同。事见《左传·定公》九年。

贤良曰：驷马不驯，御者之过也。百姓不治，有司之罪也。《春秋》刺讥不及庶人，责其率也[①]。故古者大夫将临刑[②]，声色不御[③]，刑以当矣，犹三巡而嗟叹之[④]。其耻不能以化而伤其不全也。政教暗而不著，百姓颠蹶而不扶[⑤]，犹赤子临井焉[⑥]，听其入也。若此，则何以为民父母？故君子急于教，缓于刑。刑一而正百，杀一而慎万。是以周公诛管、蔡，而子产诛邓晳也。刑诛一施，民遵礼义矣。夫上之化下，若风之靡草[⑦]，无不从教。何一一而缚之也？

【注释】

①《春秋》：此处指《公羊春秋》。②临刑：监督行刑。③声色不御：不近娱乐女色。④三巡：再三审察。⑤颠蹶：跌倒，栽跟头。⑥赤子：婴儿，孩童。⑦靡，倒下的意思。

【译文】

大夫说：“是的。行医原本其医道已经很不高明了，又索取过多的报酬；做吏已经有很多坏处，又侵夺百姓利益。长吏欺压小吏，小吏欺压百姓。所以，问题关键不在于选择是否仔细，而担心我们所期望的与实际得到的不一样；不担心他们费用不够，而担心他们贪婪无度。”

贤良说：“古代爵位俸禄制度，卿大夫的俸禄足够供养贤能优待士人；士的俸禄足够让自己及亲族过上优裕的生活；平民做官的俸禄足够使他获得与耕田同样多的收入。现在，小吏的俸禄微薄，郡国的徭役远出至京畿地区，粮缺价高，所得俸禄不够开支。平时则缺少衣食，有意外的事就得卖掉牲畜变卖家产。不仅如此，还有管徭役的官吏指派他征收徭役、官府令其代为追索财物、向郡国的会计和有权的官吏行贿乞求减免擢升、长吏的掠夺侵吞。县以上的官府向县索取，县向乡里索取，乡向谁去索取呢？俗语说：‘财物向下流散，犹如水往下流，不枯竭不会停止。’如今海纳百川，有容乃大，而想要小河谷拒绝路边的流水，这和让百官廉洁一样，不可能啊。若想影子直必先端正自己，若要下级廉洁的人先从自身做起。所以贪婪卑鄙的原因在上司不在下级，应该受教育诲改的是官府不是人民。”

大夫说：“贤与不贤由他们的本质，而贪婪卑鄙有天性来决定，君子对内可以使自己清白使别人也同样。所以，周公不是不纠正管叔鲜、蔡叔度的邪恶，郑子产不是不纠正邓晰的非法行为。那些在家不听从父兄的管教，在外不害怕刑罚处罚的人，周公和郑子产不能教化是必然的。现在，每个人做了坏事都责备官府，可官府怎么能全部捆住他们的手脚而让他们不做坏事

呢?”

贤良说：“驾车的马不驯服，是赶车人的过错。百姓没治理好，是官府的罪过。《春秋》中不讽刺庶民，而归罪于他们的上级。所以，古代的大夫监督行刑之前，音乐女色都不亲近。刑罚已经很恰当了，仍要反复多次查验。他感到耻辱的是不能用教化却是用刑法，同时痛心受刑者尸身不能保全。政治与教化黑暗而不让他们清楚明白事理，百姓跌倒而不搀扶起来，就如同婴儿走到井边不阻止，听凭他掉进去一样。像这样，算什么百姓的父母官？所以君子把教化摆在前，把刑罚放在后。如果用刑就要惩处一人使百人改正邪恶，杀一儆百。因此，周公杀管叔鲜、蔡叔度，郑子产杀邓晰。刑和杀一施行，百姓就遵守礼义了，由上级教化下面的，如同草上刮风根根倾倒一样，没有不服从教化的。一个个地捆绑又有何必要呢?”

后 刑

大夫曰：古之君子，善善而恶恶[①]。人君不畜恶民[②]，农夫不畜无用之苗。无用之苗，苗之害也；无用之民，民之贼也[③]。钼一害而众苗成，刑一恶而万民悦。虽周公、孔子不能释刑而用恶。家之有姐子，器皿不居[④]，况姐民乎！民者敖于爱而听刑。故刑所以正民，钼所以别苗也。

【注释】

①善善而恶（wù）恶：喜爱好人而憎恨坏人。②畜：养育。③贼：对人民有危害的人。④器皿不居：家具用品不能安稳。形容全家不得安宁。

贤良曰：古者，笃教以导民，明辟以正刑[①]。刑之于治，犹策之于御也。良工不能无策而御，有策而勿用。圣人假法以成教[②]，教成而刑不施。故威厉而不杀，刑设而不犯。今废其纪纲而不能张，坏其礼义而不能防。民陷于网，从而猎之以刑，是犹开其阑牢[③]，发以毒矢也，不尽不止。曾子曰：“上失其道，民散久矣，如得其情，即哀矜而勿喜。”夫不伤民之不治，而伐己之能得奸[④]，犹弋者睹鸟兽挂罻罗而喜也[⑤]。今天下之被诛者，不必有管、蔡之邪、邓晳之伪，恐苗尽而不别，民欺而不治也。孔子曰：“人而不仁，疾之已甚，乱也。”故民乱反之政，政乱反之身，身正而天下定。是以君子嘉善而矜不能[⑥]，恩及刑人，德润穷夫，施惠悦尔，行刑不乐也。

【注释】

①辟：法，法律。②假：假借，利用。③阑牢：关野兽的栏圈。④伐：自夸有功。⑤弋（yì）者：用带绳的箭射鸟的人。罻（wèi）罗：捕鸟的网，小者曰晢。⑥矜，同情，怜悯。

【译文】

大夫说：“古代的君子喜爱好人而憎恨坏人，君王不养恶劣懒惰的百姓，农民不养无用的杂草。无用的杂草是禾苗的祸害；无用的人是人民的敌人。铲除一株害草其他好的禾苗就可以得与存活，惩处一个坏人而万千人民会欢欣鼓舞。即使是周公、孔子也不能放弃刑法而纵容坏人。家中有骄横的子女，器皿都会不安定，何况社会上有骄横的百姓呢！人民是那种受宠爱就会傲慢但却能够遵守法律的人。所以刑法是用来让人民祛邪归正的，锄头是用来使杂草与禾苗分离的。”贤良说：“古代全力推行教化来引导人民，明白清晰地宣传法律来端正刑法的实施。刑法对于治理来说，如同马鞭对于赶车人一样。优秀的赶车人没有马鞭也无法赶车，而是有马鞭子不使用。圣人借助刑法来推行教化，教化成功后刑法就不实行了。所以，严苛却不滥杀无辜，刑法设立但没有人随意触犯。现在，废弃了过去的政纲法纪而不能发扬，毁坏了过去的礼义而不能维护。人民犯下罪过就用严苛的刑法整治，这就像打开了圈门放出牲畜，再射毒箭射杀它，牲畜不杀光不会罢手。曾子说：‘统治者背离了正道，人民离心离德已经很久了，如果了解到他们犯罪的真实原因，就会可怜他们而不是尽量惩罚。’不哀痛人民没治理好，却夸耀自己能够整治奸邪，就如同射猎的人看见鸟兽被罗网挂住而喜悦一样。现在许多被杀戮的人不见得象管叔鲜蔡叔度那样的邪恶、邓晳那样的非法妄为，这样做，恐怕禾苗锄尽也不能区别优劣，人民欺诈也不能治理。孔子说：‘对不仁善的人，对他过分记恨，就会引起祸乱。’所以人民动乱就应回头从政治上找原因，政治混乱就应从统治者自身找原因。统治者自身行为端正，天下也就安定了。因此，君子赞美善良的人而怜悯没有行善的人，恩惠施给犯人，益处普及到平民百姓，给人好处自己心里就喜悦，施用刑法自己就不痛快。”

水　旱

大夫曰：禹、汤圣主，后稷、伊尹贤相也，而有水旱之灾。水旱，天之所为，饥穰，阴阳之运也，非人力。故太岁之数[①]，在阳为旱，在阴为水。六岁一饥，十二岁一荒。天道然，殆非独有司之罪也。

【注释】

①太岁：我国古代天文学家虚构的一颗星，把它的运行和岁星（木星）的轨道相同而方向相反，并把它运行一周的轨道分为十二个区域，配合子丑寅卯等十二地支，以便纪年。太岁之数：太岁在当年运行所至的区域。在阳、在阴，是古代根据太岁当年的干支并配合其他星象推算出来的阴阳属性。这种推算方法是不科学的。

贤良曰：古者，政有德，则阴阳调，星辰理，风雨时。故行修行于内，声闻于外，为善于下，福应于天。周公载纪而天下太平[①]，国无夭伤，岁无荒年。当此之时，雨不破块，风不鸣条[②]，旬而一雨，雨必以夜。无丘陵高下皆熟。《诗》曰：“有渰萋萋，兴雨祁祁[③]。”今不省其所以然，而曰“阴阳之运也”，非所闻也。《孟子》曰：“野有饿殍，不知收也；狗豕食人食，不知检也；为民父母，民饥而死，则曰，非我也，岁也，何异乎以刃杀之，则曰，非我也，兵也[④]？”方今之务，在除饥寒之患，罢盐、铁，退权利，分土地，趣本业[⑤]，养桑麻，尽地力也。寡功节用，则民自富。如是，则水旱不能忧，凶年不能累也。

【注释】

①载纪：与载已通，即修己的意思，是说周公修己以行化，其身正，不令而行，不禁而止。②雨不破

块：形容雨下得均匀细小，打不破土块。鸣：响。条：树枝。③湕：云雾翻卷的样子。萋萋：形容阴云密布。祁祁：形容雨下得缓慢、细密。④饿殍（piáo）：饿死的人的尸首。兵：兵器。⑤趣：致力于。本业：农业。

大夫曰：议者贵其辞约而指明，可于众人之听，不至繁文稠辞[①]，多言害有司化俗之计，而家人语[②]。陶朱为生[③]，本末异径，一家数事，而治生之道乃备。今县官铸农器，使民务本，不营于末，则无饿寒之累。盐、铁何害而罢？

【注释】

①不至：不必。②家人语：与国家大事无关的话，家常话。③陶朱：见《力耕篇》注释。

贤良曰：农，天下之大业也；铁器，民之大用也。器用便利，则用力少而得作多，农夫乐事劝功。用不具，则田畴荒，谷不殖，用力鲜[①]，功自半。器便与不便，其功相什而倍也[②]。县官鼓铸铁器，大抵多为大器，务应员程[③]，不给民用。民用钝弊，割草不痛。是以农夫作剧[④]，得获者少，百姓苦之矣。

【注释】

①鲜：尽。②相什而倍：即相差十倍的意思。什同十。③员程：规定的数量和期限。④作剧：劳动繁重。

大夫曰：卒徒工匠，以县官日作公事，财用饶，器用备。家人合会，褊于日而勤于用[①]，铁力不销炼[②]，坚柔不和。故有司请总盐、铁，一其用，平其贾，以便百姓公私[③]。虽虞、夏之为治[④]，不易于此。吏明其教，工致其事，则刚柔和，器用便。此则百姓何苦？而农夫何疾？

【注释】

①褊（biǎn）：本指衣服狭小，这里指时间不多。勤：通堇，少的意思。②销炼：销熔，精炼。③公私：公家和百姓。此处主要指公家。④虞：虞舜。夏：夏禹。

贤良曰：卒徒工匠！故民得占租鼓铸、煮盐之时[①]，盐与五谷同贾，器和利而中用。今县官作铁器，多苦恶，用费不省，卒徒烦而力作不尽。家一相一[②]，父子戮力，各务为善器。器不善者不集。农事急，挽运衍之阡陌之间[③]。民相与市买，得以财货五谷新弊易货；或时贳民[④]，不弃作业。置田器，各得所欲，更繇省约[⑤]。县官以徒夏作[⑥]，缮治道桥诸发[⑦]，民便之。今总其原，壹其贾[⑧]，器多坚䃘[⑨]，善恶无所择。吏数不在，器难得。家人不能多储，多储则镇生[⑩]。弃膏腴之日[⑪]，远市田器，则后良时。盐、铁贾贵，百姓不便。贫民或木耕手耨[⑫]，土櫌淡食[⑬]。铁官卖器不售，或颇赋与民[⑭]。卒徒作不中呈[⑮]，时命助之。发征无限，更繇以均剧，故百姓疾苦之。古者，千室之邑，百乘之家，陶冶工商，四民之求，足以相更。故农民不离畦亩，而足乎田器，工人不斩伐而足乎材木，陶冶不耕田而足乎粟米。百姓各得其便，而上无事焉。是以王者务本不作末，去炫耀，除雕琢，湛民以礼⑯，示民以朴，是以百姓务本而不营于末。

【注释】

①占租：卖酒者依法向政府交纳租税。此指卖酒等私营事业。②相一：集中一处的意思。③衍：延伸，引申为散布。④贳（shì）：赊欠。⑤更繇（yáo）：定期更换的徭役。繇，同徭。⑥复作：汉制弛刑徒名。有赦令诏书除去其钳（颈上戴的铁钳子）、钛（套在脚上的铁夹子）和赭（zhě）衣（犯人穿的红褐色的衣服），得与普通人同样待遇，但仍须为官劳作，满其本罪月日。⑦发：兴办。⑧贾：同价。⑨坚䃘（kēng）：坚硬，形容铁器质量不好。⑩镇，皆指铁器生锈而言。⑪膏腴：原意为肥沃的土地。形容良好的农时。⑫耨（nòu）：锄草。⑬土耰（yōu）：古代弄碎土块使土地平坦的简易农具。⑭颇：不公平。赋与民：配售给人民。⑮不中呈：没有完成预定指标。⑯湛：同沉，沉浸。湛民以礼：使人民沉浸于礼义之中的意思。

【译文】

大夫说："大禹和商汤是圣明君主，后稷和伊尹是贤德之相，但是他们统治的时候，仍有水旱之灾。水灾和旱灾是上天造成的，歉收丰收是阴阳交替的结果而不是人为造成的。所以太岁之数在阳就有旱灾，在阴就有水灾。六年一歉十二年一荒。天道如此，这大概不仅仅是官府的罪过。"

贤良说："在古代，政治清明就会阴阳和协星辰得位，风雨及时。所以，在自家行为高尚，声名能在社会上远播；在人间做好事，上天就能降福下来。周公修养自身则天下太平、国家没有伤残早死，年年没有饥荒。那时候，细雨浇不碎土块，微风吹不响树枝，十天下一次雨，并且是夜里降雨。不论小土丘、大土丘或高或低，庄稼都能丰收。《诗经》说：'阴云飘飘，细雨蒙蒙。'"现在，不追究这些现象出现的原因，却说'是阴阳交替的结果'，从未听说过这种道理啊。《孟子》说：'荒野上有饿死者的尸体不知道去收葬，狗和猪吃了人的粮食不知道去约束，身为百姓的父母官，百姓饥饿而死，却说这不怪我，是年景不好。这和用刀子杀了人，却说不是我杀的是刀杀的，有什么区别?'现在应该做的，是消除百姓饥寒的病根，废除盐铁官营，限制工商，分配土地，促进农业，养殖桑蚕，尽其地力。减少兴建节约财用，百姓自然就富了。这样，即使水灾旱灾就不会让百姓担忧，荒年也不会使百姓遭受祸害。"

大夫说："议论问题贵在言简意赅，易于为公众接受，不要使用繁复的辞句，妨碍官府移风易俗。民间传说陶朱公谋生，经商而非务农，一个家庭从事多种行业，谋生之道才算齐备。现在朝廷铸造农具，让百姓致力农业生产，没有饥寒之迫，不准私人经商。盐铁官营为什么要被废除呢?"

贤良说："农业，是天下最重要的职业；铁器，是百姓最有用的工具。工具便利适用，就会少力多获，农夫也就热爱本职努力耕作。工具不齐备，就会田亩荒芜，五谷不长，有力无处使收效甚微。工具适用不适用，其效果相差十倍。政府铸造的铁器，大都是大型器物，只追求与规格相符，不适合百姓使用。百姓使用的工具不锋利而且破损，割草都困难。因此农业劳动繁重，收获很少，百姓为此很苦恼啊。"

大夫说："役夫囚徒和工匠听顺政府的命令，每天为别人劳动，资金充足，设备齐全。而

平民合作炼铁，时间短促资金设备缺乏，铁不能销熔精炼，刚柔须不适度。所以官府请求官营盐铁，统一规格，协调售价，以方便百姓和国家。即使舜和禹进行治理，也不会要求改变。官吏宣讲铸铁的技术，工匠努力完成工作，因而销熔的铁刚柔合适，铸造的工具合适使用。像这样百姓有什么可苦恼的，农夫有什么可憎恨的？"

贤良说："过去百姓以纳税换得私营炼铁煮盐的时候，盐和五谷价格几乎一致，铁器刚柔合适，便利适用。现在政府制造的铁器，大多质量恶劣，耗费很多，役夫囚徒烦躁而不尽力工作。平民合作炼铁，父子同心合力，人人追求做出高质量的铁器，铁器质量不高的不能出售怕砸了牌子。农忙时节，拉铁器贩卖的车子散布在田野间的路上，百姓争相购买，有的可以用财物、粮食购买，也可以用旧铁器换新铁器，有时甚至还可以赊欠给百姓，百姓贻误农时，购买了农具，都得到了满足，徭役也减少了。政府使用囚徒劳作来铺筑修缮道路桥梁，那些本应征发的百姓感到这办法有利。

"现在，官营盐铁，统一价格，铁器多数坚硬，无从选择好坏。卖铁器的吏经常不在岗位，铁器难以买到。家中又不能多储存，多储存就会生锈。浪费大好时光，到很远地方购买农具，从而错过了良好的农时。盐铁价高，百姓感到十分不方便。贫穷的百姓有的用木制农具耕田，用手拔草，用土块击打来平整农地，吃没有盐的食物。铁官的铁器卖不掉，就对百姓加收赋税以补偿损失。役夫囚徒完不成任务，官府经常命令百姓全部投入完成。征发没有限制，徭役更加繁重，所以百姓对此感到痛苦。

"古代，占有千户人家的封邑里，具有百乘战车的领地中，制陶器的、炼铜铁的、手工业的、经商的这四种需求完全可以相互交换。所以，进行农业生产的百姓不必要离开田亩，却农具充足；从事手工业的人不去伐木而陶器铁器充足，不耕田而粮食充足。百姓各得其便。而君王也不必为百姓的生活而担忧。因此，君王致力于农业而不从事工商业，去掉自夸毛病，扫除雕琢的习气，用礼义浸润百姓，用质朴教化百姓。所以百姓努力从事农业而不经营工商业。"

取　下

大夫曰：不轨之民[①]，困桡公利[②]，而欲擅山泽。从文学、贤良之意，则利归于下，而县官无可为者。上之所行则非之，上之所言则讥之，专欲损上徇下，亏主而适臣，尚安得上下之义，君臣之礼？而何颂声能作也？

【注释】

①不轨之民：不遵守法令的人。桑弘羊指的是富商大贾和地方豪强。②困：制造困难。桡（náo）：阻挠。

贤良曰：古者，上取有量，自养有度[①]，乐岁不盗[②]，年饥则肆[③]，用民之力，不过岁三日。籍敛，不过十一[④]。君笃爱，臣尽力，上下交让，天下平。"浚发尔私[⑤]"，上让下也。"遂及我私"，先公职也。孟子曰："未有仁而遗其亲，义而后其君也。"君君臣臣，何为其无礼义乎？及周之末涂[⑥]，德惠塞而嗜欲众，君奢侈而上求多，民困于下，怠于上公，是以有履亩之税[⑦]，《硕鼠》之诗作也[⑧]。卫灵公当隆冬兴众穿池，海春谏曰："天寒，百姓冻馁，愿公之罢役也。"公曰："天寒哉？我何不寒哉？"人之

言曰："安者不能恤危，饱者不能食饥。"故余粱肉者难为言隐约⑨，处佚乐者难为言勤苦⑩。夫高堂邃宇、广厦洞房者⑪，不知专屋狭庐⑫、上漏下湿者之瘠也。系马百驷、货财充内、储陈纳新者，不知有旦无暮、称贷者之急也。广第唐园⑬、良田连比者⑭，不知无运踵之业⑮、窜头宅者之役也⑯。原马被山⑰、牛羊满谷者，不知无孤豚瘠犊者之窭也⑱。高枕谈卧、无叫号者，不知忧私责与吏正戚者之愁也⑲。被纨蹑韦⑳，抟粱啮肥者㉑，不知短褐之寒㉒、糠粝之苦也㉓。从容房闱之间㉔、垂拱持案食者㉕，不知跖耒躬耕者之勤也㉖。乘坚驱良、列骑成行者，不知负担步行者之劳也㉗。匡床旃席㉘、侍御满侧者，不知负辂挽舩㉙、登高绝流者之难也㉚。衣轻暖、被美裘、处温室、载安车者，不知乘边城㉛、飘胡、代乡清风者之危寒也㉜。妻子好合㉝、子孙保之者㉞，不知老母之憔悴㉟、匹妇之悲恨也。耳听五音、目视弄优者㊱，不知蒙流矢㊲、距敌方外者之死也㊳。东向伏几㊴、振笔如调文者㊵，不知木索之急㊶、箠楚之痛者也㊷。坐旃茵之上㊸、安图籍之言，若易然㊹，亦不知步涉者之难也。昔商鞅之任秦也，刑人若刈菅茅㊺，用师若弹丸；从军者暴骨长城，戍漕者辇车相望㊻，生而往，死而旋㊼，彼独非人子耶？故君子仁以恕，义以度，所好恶与天下共之，所不施不仁者。公刘好货，居者有积，行者有囊。太王好色，内无怨女，外无旷夫。文王作刑，国无怨狱。武王行师，士乐为之死，民乐为之用。若斯，则民何苦而怨，何求而讥？

【注释】

①自养：指周天子的消费。②盗：此处作多取讲。③肆：缓，指缓征赋税。④籍敛：征收田税。籍敛不过十一，即《公羊传·宣公十五年》"古者什一而籍"之意。⑤浚：《毛诗》作骏，古字音义都通。骏，大。发：开垦。私：指民田。⑥末涂：后期。⑦履亩之税：即税亩。春秋末期新兴地主阶级的田赋制度，即按土地面积征收赋税。鲁宣公十五年（公元前594年）鲁国实行"初税亩"，它承认了土地私有的合法性，意味着奴隶制的井田制破产，有其历史进步意义。⑧《硕鼠》：国人患其君重敛，与患大鼠贪吃粮食一样，故作诗刺之。⑨隐约：饥渴。⑩佚：同逸。乐：快乐。⑪洞房：宽大的房子。⑫专屋狭庐：简陋狭窄的房子。⑬第：房舍。唐园：菜园。⑭连比：相连的意思。⑮无运踵之业：没有挪移脚跟的地方，即无立锥之地的意思。⑯窜头宅：没有住宅到处流浪的意思。⑰原马：即骡马，黄色白腹的马。⑱瘠犊：瘦弱的小牛。窭（lóu）：贫穷。⑲责，同债。戚：借蹙字，蹙迫的意思。⑳蹑（niè）：踩。韦：去毛加工鞣制的皮鞋。㉑抟：用手抓饭吃，是周、秦时的习俗，今少数民族中还有吃抓饭的习俗。啮（niè）：咬。㉒短褐：短小的粗布衣服。此指普通的老百姓。㉓粝，张敦仁校为"粝"（hè），即糠。㉔闱（wéi）：宫殿的侧门。㉕垂拱：垂衣拱手，指不须劳动。㉖跖耒：见《未通篇》注释。㉗檐：通担。负担，挑担子。劳原作难，今据《治要》引改。下文云：不知负辂挽舩、登高绝流者之难也。"也用"难"字，不当重。㉘匡床旃席，原作同床旃席：《治要》作"匡床荐席"，今据改。匡床：安安稳稳的床。旃席：以毛毡为席。㉙负辂：推车子。舩，音义同船。㉚绝流：涉水。㉛乘：登上城头防守。㉜乡，同向。清：寒冷的意思。㉝妻子好合：好合，和好。㉞子孙保之：保，守护。㉟憔悴：忧愁。㊱弄优：古代的一种杂技。㊲蒙：冒着，迎着。㊳距：同拒，抵抗，抵挡。方外：远方。㊴东向：古时帮助主要官员办公的官吏，办公时面向东而坐。几：古代办公时用的一种矮桌子。㊵如，同而。㊶木：指三木。索，指缧绁。都是古代的刑具。㊷箠（chuí）：鞭子。楚：荆条。都是古代的刑具。㊸旃茵：古代车上坐的毡垫。㊹安，同按。图籍：图书。若易然：好像容易的样子。㊺刑人：处罚罪犯。刈（yì）：割。菅（jiān）茅，原作菅芳，今据王先谦说校改。菅茅：两种草。㊻辇（niǎn）车：运输粮食的车。㊼旋：同还。

公卿愀然[①]，寂若无人。于是遂罢议，止词。

奏曰："贤良、文学不明县官事，猥以盐、铁为不便[②]。请且罢郡国榷沽[③]、关内铁官[④]。"

奏，可。

【注释】

①愀（qiāo）然：神色不快的样子。②猥（wěi）：同卒，终于。"盐铁"下原衍"而"字，据卢文弨说校删。③榷沽：即酒榷，酒类专卖。④关内：地区名。古代位于陕西建都的王朝，通称函谷关或潼关以西、京城长安附近叫"关内"。

【译文】

大夫说："不遵守法令的豪民，横生事故，制造麻烦，阻挠公家的财利，且想独占山泽的利益。如果依从你们文学、贤良的主张，那么，取利的权力就得交给不遵守法令的豪民，这样朝廷还会有什么作为呢。朝廷做的事你们就非议，朝廷说的话你们就讥讽，你们只是想损害国家的利益而曲从富商大贾和地方豪强，损害君主的利益而适合地方势力的要求，这样哪里还有上下区别、君臣之间的礼仪呢？而颂扬赞美的声音又响起又有何益呢？"

贤良说："古时候，朝廷按一定数量征收赋税，天子的花费也有节制，丰年也不多取，饥馑的年成则缓其征敛。老百姓服徭役，每年不超过三天。征得田税，不超过十分之一。君主深挚地爱护臣子，臣下尽职尽责，上下互相谦让，天下太平。'快点儿带着你的农具'，这是帝王爱护百姓。'雨也落在我们国土上'，说明百姓首先想到的是国家。孟子说：'没有讲仁义的人而遗弃他的父母的，也没有讲礼义的人而怠慢他的君主的。'像这样，作君的像君，作臣的像臣，怎么能说是没有礼义？周朝衰亡的时代，恩惠德政松懈了，追求享受的人多了，国君生活奢侈，征收的赋役随之增多，老百姓生活困难，对国家的政事安排不再积极关心，因此开始实行按亩征税的办法。《硕鼠》这样的诗也问世了。卫灵公隆冬时节命令老百姓为他开挖池塘，他的臣子海春劝告他说：'天寒地冻，老百姓饥寒交迫，期望您停止这项工程。'卫灵公说：'天气寒冷吗？我为什么不感到寒冷呢？'谚语说：'自己平安的人不能对危难之人表示同情，自己饱了的人不能分给饥饿者以粮食。'所以细粮鱼肉吃不完的人很难理解穷困的滋味，生活安逸享乐的人很难知道劳苦。住在高楼深院、大厦厂屋的人，不知道身居狭小简陋、屋顶漏雨地面潮湿的人的困境。车马很多、财物满屋、新谷压着旧谷的人，不知道吃了上顿没有下顿、负债累累的人的焦躁。拥有大量住房、菜地和良田的人，不知道没有立锥之地、给头人公馆里当差的人的劳苦。马匹满山、牛羊满谷的人，不知道一无所有的人的贫穷。高枕而卧、谈笑风生、家里没有催租讨债声音的人，不知道忧虑债主逼债和乡官逼税的人的忧愁。身穿着光滑丝绸、腿穿鞣制皮鞋、手抓粱饭口嚼肉食的人，不知道穿短小粗布衣服、吃糠咽菜的人的寒苦。从容不迫来往于宫门之间，垂衣拱手，端案吃饭的人，不知道用脚踩耒、劳作耕种的人的劳苦。乘坚车、驱赶良驹、随从排列成行的人，不知道挑着担子赶路人的劳累。睡在以毛毡为席的床上，妻妾仆婢站满了身边的人，不知道推车拉船、跋山涉水的人的艰难。穿着柔软暖和的衣服、披着华美的皮袍、居住在暖房里或乘坐在安车上的人，不知道守卫边疆城池、飘泊胡代地方、冒风顶雨的人的危险和寒冷。妻子儿女和好、子孙得以生存养活的人，不知道服役者的母亲思念儿子和妻子想念丈夫的悲哀痛苦。欣赏音乐歌舞的人，不知道在国境之外，冒着飞来的锐箭，抵挡敌人的灾难。身子朝东伏案，挥笔用公文只知从下面调用财产物品的，不知道寻求的急切和鞭子荆条抽打的痛苦。坐在毡垫上，按照地图和户籍看各处觉得达到很容易，也是不知道跋山涉水的艰难。从前商鞅为秦国所任用，施刑于人如割草，用兵如抛弹丸，出征牺牲者抛尸城外无人掩埋，屯戍和漕运的车船往来相望，人们活着去，死了也回不来。难道只有他们不是父母所生养的吗？所以君子用仁爱之心来宽恕别人的过失，用正义来忖度别人的心理状态，爱憎和天下人，只有对不仁的人才不施仁政。公刘喜好财物，老百姓家里有积储的粮食，出门口袋里有干粮。太王喜好女色，但是老百姓中没有找不着丈夫的老处女，也没有找不着妻子的老光棍。周文王制定了刑罚，国内就没有被冤枉的判罪。武王率军作战，士兵都甘愿为他战死，老百姓也乐意为他出力。如果这样，那么老百姓还痛苦怨恨什么，还要求和讥讽什么呢？”

三公九卿都神色异常，会场上寂静得像无人一样。于是宣布散会，停止讨论。

向皇帝上奏说：“贤良、文学不了解朝廷事，认为盐铁官营不方便。现在暂定上奏皇上取消各郡各封国的酒类专卖和函谷关以内的铁官。”

奏章上去，批准下来。

和　亲

大夫曰：昔徐偃王行义而灭，鲁哀公好儒而削[①]。知文而不知武，知一而不知二。故君子笃仁以行，然必筑城以自守，设械以自备，为不仁者之害己也。是以古者搜狝振旅而数军实焉[②]，恐民之愉佚而亡戒难。故兵革者国之用，城垒者国之固也；而欲罢之，是去表见里，示匈奴心腹也。匈奴轻举潜进，以袭空虚，是犹不介而当矢石之蹊[③]，祸必不振。此边境之所惧，而有司之所忧也。

【注释】

①《淮南子·人间篇》：“夫徐偃王为义而灭，燕子哙行仁而亡，哀公好儒而削，代君为墨而残。”高诱注：“哀公，鲁君。”《刘子新论·随时章》也说：“鲁哀公好儒服而削。”这件事春秋三传皆不载，当是孔丘“为尊者讳”，把它删去了。又《淮南子·氾论篇》云：“徐偃王被服慈惠，身行仁义，陆地之朝者三十二国。然而身死国亡，子孙无类。”高诱注：“偃王于衰乱之世，修行仁义，不设武备，楚王灭之，故身死国亡也。”与大夫所引，用意正相符合。②搜：指古代春天打猎。狝（xiǎn）：指古代秋天打猎。数（shǔ）：点数，这里有训练的意思。军实：指战车、兵器等。《左传·隐公五年》：“故春搜、夏苗、秋狝、冬狩，皆于农隙以讲事也。三年而治兵，入而振旅，归而饮至，以数军实。”这是古时训练军队的方法，就是备战的意思。③介：盔甲。当：站在。蹊（xī）：路。

文学曰：往者通关梁[①]，交有无，自单于以下，皆亲汉内附，往来长城之下。其后王恢误谋马邑[②]，匈奴绝和亲，攻当路塞，祸纷拏而不解[③]，兵连而不息，边民不解甲弛弩[④]，行数十年，介胄而耕耘[⑤]，钽耰而候望[⑥]，燧燔烽举，丁壮弧弦而出斗[⑦]，老者超越而入葆[⑧]。言之足以流涕寒心，则仁者不忍也。《诗》云：“投我以桃，报之以李。”未闻善往而有恶来者。故君子敬而无失，与人恭而有礼，四海之内，皆兄弟也。故内省不疚，夫何忧何惧[⑨]！

【注释】

①关梁：边疆市场。②王恢：汉武帝大行官。马邑：汉代县名，在今山西省朔县。王恢谋马邑，乃汉武帝元光二年（公元前133年）事。史称武帝诏问公卿："朕饰子女以配单于，赂之甚厚，单于待命加嫚，侵盗无已，边境被害，朕甚悯之。今欲举兵攻之，何如？"大行王恢建议宜击，帝从之。即使马邑下人聂壹为间，逃至匈奴。佯为卖马邑城，以诱单于。单于信之，而贪马邑财物，乃以十万骑入武州塞。汉伏兵三十余万马邑旁，以伏击单于。单于入塞，未至马邑百余里而觉之。自是之后，匈奴绝和亲。③纷氾：互相纷争的意思。④弛弩：放松弓弩的弦。⑤介胄（zhòu）：盔甲。⑥钽：同锄。耰（yōu）：古代弄碎土块的农具。⑦弧：弓。⑧葆：同堡，塞堡。⑨内省：自己检查。不疚：没有做亏心事。

大夫曰：自春秋诸夏之君会聚相结①，三会之后②，乖离相疑，伐战不止；六国从亲③，冠带相接④，然未尝有坚约。况禽兽之国乎！《春秋》存君在楚，诘鼬之会书公⑤，绐夷狄也⑥。匈奴数和亲，而常先犯约，贪侵盗驱，长诈谋之国也。反复无信，百约百叛，若朱、象之不移⑦，商均之不化⑧。而欲信其用兵之备，亲之以德，亦难矣。

【注释】

①春秋：时代名。孔子作《春秋》，起鲁隐公元年（公元前722年），讫鲁哀公十四年（公元前481年），凡十二公，计242年。世因称此为春秋时代。②三会：多次会盟。③从亲：从，即合纵，指战国时齐、楚、燕、赵、韩、魏联合起来抗拒秦国。④冠带：帽子和腰带，或指吏人。或泛指有礼教的人民，别于夷狄而言。这里指各国信使。⑤诰鼬（yóu）：即浩油，又作"皋鼬"，春秋时郑国地名，位于今河南省临颍县南。春秋时诸侯曾在此会盟。⑥绐（dài）：欺骗。⑦朱：丹朱，尧的儿子。象：舜的弟弟。⑧商均：舜的儿子，被禹封于商。

文学曰：王者中立而听乎天下，德施方外，绝国殊俗，臻于阙庭。凤皇在列树①，麒麟在郊薮，群生庶物，莫不被泽。非足行而仁办之也，推其仁恩而皇之，诚也。范蠡出于越，由余长于胡②，皆为霸王贤佐。故政有不从之教，而世无不可化之民。《诗》云："酌彼行潦，挹彼注兹③。"故公刘处戎、狄，戎、狄化之。太王去豳④，豳民随之。周公修德，而越裳氏来⑤。其从善如影响。为政务以德亲近，何忧于彼之不改？

【注释】

①凤皇：即凤凰。②由余：见《相刺篇》注释。③酌：舀起。行潦：路上的积水。挹（yì）：引的意思。④太王：见《备胡篇》注释。豳（bīn）：古国名，周之先祖公刘所立，故城位于今陕西省郊县一带。⑤越裳氏：见《崇礼篇》注释。

【译文】

大夫说："从前徐偃王推行仁义招致灭亡，鲁哀公喜欢儒术却使国家衰弱。这是因为他们只知道文而不知道武，只知其一不知其二。所以君子既要坚守仁义实行不懈，也必定要修筑城墙来保卫自己，准备好兵器来防护自身，这是防止不仁义的人会伤害自己，因此，古代举行春搜秋狝等练兵形式来整治军旅并陈列军事装备，唯恐百姓因快乐安逸而丧失戒备和警惕。所以，军队是国家的保护工具，城防和堡垒是国家的屏障，如果要废除它们，那无异于剥去外壳袒露内里，向匈奴展示心腹。匈奴悄悄起兵暗中地前进，来袭击中心空虚之地，这如同不穿甲胄而站在箭石纷落的路上，灾祸必然无法挽救，这种情况是边境上所害怕的，也是朝廷所担忧的。”

文学说：“从前开放关卡桥梁，互通有无，匈奴自单于到百姓，都亲近汉朝归附内地，往来于长城之下。后来王恢错误地阴谋设计在马邑消灭匈奴单于而未成功，迫使匈奴断绝和亲，攻打交通要塞，才致战祸频仍，争斗接连不止，边境百姓身不解甲弓不弛弩，将近数十年。他们穿着甲胄耕耘田地，边拿着锄头边放哨了望，一旦燧烟升腾烽火燃起，青壮年手持弓箭出战，老人跳爬着躲入堡垒。谈到这些足以令人流泪寒心，这是仁义的人所不能容忍的。《诗经》说：‘投之以桃，报之以李。’没听说善意前往而招至恶意回报的。所以，君子办事稳重而没有差错，待人谦恭而彬彬有礼，四海之内都是兄弟啊！因而，如果自我反省没有可惭愧的事，还有什么可忧虑可害怕的！”

大夫说：“自春秋以来中原各国的国君聚会联合，虽经多次会盟，仍相互离间猜疑，征伐攻战不止，战国时六国合纵相亲，官员联系不断，但从来未曾有过牢固的盟约，更何况禽兽般的国家呢！《春秋》记载慰问滞留楚国的鲁襄公突发情况，国内没有丝毫战备，就不能抵御敌人。《诗经》说：‘正告百姓，谨守法度，防备意外。’所以有文治，必须一定还要有武备。从前宋襄公轻信楚国不加防备，以致遭受奇耻大辱，自身被囚禁而国家几乎灭亡，所以纵然有真诚和讲信义的心意，但不知道随机应变，就是走入危亡的途径啊，《春秋》中不赞成夷狄之人擒拿内地的诸侯，因为他们没有信义可言，匈奴如同贪婪的饿狼，专门等待时机成熟而行动，一旦条件的许可便马上出击，像狂飙突起，闪电骤至，如果仅凭真诚信义之心，金银丝帛等宝物，来相信没有信义的欺骗，那就犹如亲近盗跖庄跷、扶助猛虎一样愚蠢。”

文学说：“《春秋》中曾讲过‘称王的人没有对手’这样一句话，是说他的仁义深厚，德行美好，天下的人都顺服，没有谁敢拂逆他啊。德行延伸到境外，凡是车船能行至的地方，人的足迹能走到的地方，无处不承受恩泽的，虽然像蛮、貊这样与内地显著不同的国家，也经过多重翻译自动来到。那时，天下和谐大同，君臣同心同德，内外相互信任，上下和睦亲近，兵器陈列而不动用，军械入库而不使用。老子说：‘犀牛无处使用它的角，螯虫无处施放它的毒。’所以君主仁德臣民没有人不仁德的，君主仁义臣民没有人不仁义的，世上哪里能找得到盗跖庄跷并且得以亲近他们呢？”

大夫说：“表诉衷肠，交流情感，信义、真诚在内心流淌，义气就会表现在脸上，宋国的华元和楚国的司马子反阵前相见，二人如同符契一样相合，实在是因为双方有可以相互信赖的地方。现在匈奴胸藏无信无义的心肠，心怀不可揣测的欺骗，唯利是图，趁方便就奋起，偷偷地前进守候在边境，借以袭击没有防备的地方，这如同把贵重的宝物搁置在道路上却不看管它，想让它不丢失，怎么能够呢？”

文学说：“真诚信义显露于天下，善良美好的德行流传于四海，那么，周围的人用歌唱来赞美他，远方的人拿着珍禽来朝拜他，因此纠正邻近国家的错误不用武力威慑，招徕远方的国家不用武力，只靠道德仁义的实行和任用贤良的人就够了。这样，老百姓对待事业，必然会放弃安逸致力于劳作；对待财富，必然会推辞多的而追求少的，上下相互谦让，路上的行人也如

同群雁飞行一样井这件事时尊称他为‘君’，诰鼬之会的记载则书写为‘公’，这只是为了欺骗夷狄。匈奴与汉多次和亲，而匈奴总是首先违背誓约，贪婪地侵夺，强盗般的掠夺，因为他们是善长于阴谋欺骗的国家。这种反复无常不讲信义，百约百叛的行为，如同猪和象那样不能改变、商均那样不能教化。如果想要徒劳的相信他们使用兵器是自卫，从而用仁德来亲近他们，也太难了。”

文学说：“王者身在国中却能治理天下，恩德传播境外，引得极边远的国家和风俗迥异的人，全都来到朝廷，凤凰生在丛林，麒麟栖在野泽，众生万物，无不承受恩泽。这一切并不是由称王者亲自履行而是由他人办理的，是人们推广其仁义恩德，扩大其真诚信用的结果。范蠡出生于越国，由余成长于胡地，他们都是霸主的好帮手。所以。国家政治有不可遵从的教令，而世上却没有不可教化的百姓。《诗经》说：‘用舀取来那流水，从那里舀出来浇灌到这里。’所以公刘居住在戎狄之地，戎狄被他感化；太王离开豳地，豳地百姓也跟随着他离去。周公修养德行，于是越裳氏来朝，他们追随善行就好比影子、回音追随形体、声响一样，管理政事只要致力于用仁德亲近邻国，何须担心它不发生变化呢?”

论　　勇

大夫曰：荆轲怀数年之谋而事不就者①，尺八匕首不足恃也②。秦王惮于不意③，列断贲、育者④，介七尺之利也。使专诸空拳⑤，不免于为禽；要离无水⑥，不能遂其功。世言强楚劲郑，有犀兕之甲，棠溪之铤也⑦。内据金城，外任利兵，是以威行诸夏，强服敌国。故孟贲奋臂，众人轻之；怯夫有备，其气自倍。况以吴、楚之士，舞利剑，蹶强弩⑧，以与貉虏骋于中原？一人当百，不足道也！夫如此，则胡无守谷，貉无交兵，力不支汉，其势必降。此商君之走魏⑨，而孙膑之破梁也⑩。

【注释】

①荆轲：战国时齐人，历游卫、燕，好读书击剑。燕太子丹客之，欲令劫秦王，返诸侯侵地。不可，因而刺杀之。荆轲持秦亡将樊於期首，怀匕首及燕所献督亢地图以行。至秦，献见秦王，图穷而匕首见，轲以匕首掷秦王，不中，遂遇害。②尺八：战国时一尺约合今七寸，尺八约合现在一尺二寸。③惮：《史记集解》引作操。④列：同裂。裂断，分成两断。贲：孟贲。育：夏育。都是战国时卫国的勇士。⑤专诸：春秋时吴勇士，曾替吴公子光刺杀吴王僚，使公子光夺得吴国王位（即阖闾）。⑥要离：春秋时吴勇士。公子光既弑吴王僚。僚子庆忌以勇闻，时在卫。光忧之，使要离往刺之。要离至卫，诡言请与庆忌俱渡江回吴，夺光之国。既至江中，拔剑刺之，中其要害而死。⑦棠溪：古地名，出利剑。铤：金属铸造的兵器，此指剑。⑧蹶强弩：用脚踏强弩的机关。⑨商君之走魏：商鞅在公元前340年，用计战胜魏军，俘魏公子卬，迫使魏国割河西之地与秦讲和。后魏国迁都到大梁（今河南省开封市，故“魏”又称“梁”）。⑩孙膑之破梁：公元前341年，齐国大将孙膑率军和魏国作战，用计引诱魏军追击，当魏军到马陵（今河北省大名县东南）险要地带时，全歼魏军，俘虏魏将庞涓和魏太子申。

文学曰：楚、郑之棠溪、墨阳①，非不利也，犀軸兕甲②，非不坚也。然而不能存者，利不足特也。秦兼六国之师，据崤、函而御宇内，金石之固，莫耶之利也③。然陈胜无士民之资，甲兵之用，钼耰棘橿④，以破冲隆⑤，武昭不击⑥，乌号不发⑦。所谓金城者，非谓筑壤而高土，凿地而深池也。所谓利兵者，非谓吴、越之铤，干将之剑也。言以道德为城，以仁义为郭[8]，莫之敢攻，莫之敢入。文王是也。以道德为軸，以仁义为剑，莫之敢当，莫之敢御。汤、武是也。今不建不可攻之城，不可当之兵，而欲任匹夫之役，而行三尺之刃，亦细矣！

【注释】

①墨阳：韩地名，其地出好剑。今地不详。韩都新郑，为故郑地，故曰“郑之墨阳”。②軸（zhòu）：同胄，头盔。③莫耶：好剑名。相传吴王阖闾使干将造剑二把，一曰干将，一曰莫耶。④钼耰，见《和亲篇》注释。棘：通戟。橿（jiāng）：锄柄。⑤冲隆：古代一种战车。⑥武昭：为汉人习惯用语，指装备精良，旗帜鲜明，即所谓军容甚盛之意。此谓是秦兵军容甚盛，但不能出击。⑦乌号：良弓名。⑧郭：在城的外围加筑的一道城墙。

大夫曰：荆轲提匕首入不测之强秦，秦王惶恐失守备，卫者皆惧[1]。专诸手剑摩万乘，刺吴王，尸孽立正[2]，镐冠千里[3]。聂政自卫[4]，由韩廷刺其主[5]，功成求得，退自刑于朝，暴尸于市。今诚得勇士，乘强汉之威，凌无义之匈奴，制其死命，责以其过，若曹刿之胁齐桓公[6]，遂其求。推锋折锐，穹庐扰乱[7]，上下相遁[8]，因以轻锐随其后。匈奴必交臂不敢格也[9]。

【注释】

①卫者：卫士。②尸：此处作动词用，埋葬。孽：庶子，指吴王僚。立正：嫡子，即立公子光为国君。③镐冠：镐古通缟（一种白色的丝织品）吊丧戴的白色帽子。④聂政：战国时韩国轵人，因杀人而逃到齐。韩烈侯时，韩国严遂和相国韩傀争权结仇，逃跑到卫国。后严遂去齐国用黄金百镒（每镒二十两）求聂政为他报仇，聂政未答应。聂政在母死后，去卫国见到了严遂，后到韩国相府刺死韩傀，他也当场自杀身死。⑤韩廷：即韩傀相府。⑥曹刿，即曹沫。⑦穹庐：指匈奴。⑧遁：逃跑。⑨交臂：反缚。格：敌，抗拒。

文学曰：汤得伊尹，以区区之亳兼臣海内[1]，文王得太公，廓酆、軸以为天下[2]。齐桓公得管仲以霸诸侯，秦穆公得由余，西戎八国服[3]。闻得贤圣而蛮、貊来享[4]，未闻劫杀人主以怀远也。《诗》云：“惠此中国，以绥四方。”故“自彼氐羌，莫敢不来王[5]”。非畏其威，畏其德也。故义之服无义，疾于原马良弓[6]；以之召远，疾于驰传重驿[7]。

【注释】

①区区：微小。亳：即薄。②廓：扩大。酆：即丰，古地名，位于今陕西省户县东。周灭商后曾在此建都。鄗，即镐。③西戎八国：指陇以西的绵诸、绲戎、翟、豲，岐梁山泾漆之北的义渠、大荔、乌氏、朐衍。见《史记·匈奴传》。④享：进贡。⑤王：指归附统治。⑥原马：即骡马，见《力耕篇》注释。⑦驰传：古代用来传递朝廷文书或接送重要官吏的一种马车。重驿：沿途各站，依次轮驰。

【译文】

大夫说："荆轲心中策划刺杀秦国君主嬴政的阴谋有好几年的时间，之所以没有取得成功，是因为他仅仅凭借的是三尺匕首。当年荆轲刺杀秦王的时候，秦王嬴政面对这一未曾料到的突发事件，镇定下来，沉着应战。嬴政以裂断孟贲和夏育的非同一般的勇气，依仗身上佩带的七尺长的锋利宝剑进行还击，格斗混乱之中，杀死荆轲。同样，吴国大力士专诸奉公子光等人之命刺杀吴王僚，如果他赤手空拳、不带任何武器前去行刺，那也难免会被吴王僚及其臣僚生擒活捉；要离如果不凭借着江水做掩护，那他也不可能在船上刺杀吴公子庆忌。世间的人们都常说楚国强大，郑国军队战斗力很强，那是因这两个国家出产犀牛皮制的优质护身盔甲等防御物，更有堂溪生产的锋利兵器如刀剑战戟等物。楚国和郑国国内修建有坚固的城池防御系统，对外敌作战，其军队又配备有锐利无比的兵器。凭借这些优势，郑国、楚国所向披靡，威震华夏，用武力手段迫使敌对国家降服。虽然孟贲力大无比，但如果他不使用别的东西光是挥动手臂，大家也会轻视他。相反，胆小的人如果做事提前有所准备，那么，他的勇气自然就会成倍增加。更何况我们国家现在是以吴地、楚地的战将勇士们挥动着锋利的宝剑兵器，脚踏强弩，与北方匈奴少数民族厮杀争斗呢？我们国家的战士，可以以一抵百；这是毋庸讳言的了。如果这样的话，那么北方的匈奴等少数民族就无法凭借山谷地形来进行有效的防守，就无法前进与我们国家军队交战。匈奴的国力有限，无法与我们强大的汉王朝持久作战，其最终结果必然是匈奴少数民族臣服。这就好像当年商鞅用计策战胜魏国军队，迫使其割地同秦国合谈、孙膑围魏救赵战胜魏军统帅庞涓一样。"

文学说："楚国和郑国棠溪、墨阳两地生产的武装兵器，并不是不优质锋利；他们国家生产的犀牛皮质地的盔甲也并不是不坚固结实。但是，楚国和郑国的政权并没有维持延续下来。看来锐利的兵器是靠不住的。秦国兼并六国军队，占据险要的崤山、函谷关而号令天下，城池高大雄伟，像金汤一般坚固，其军队武器装备也都像莫邪所铸的宝剑一样锋利。然而，陈胜在没有低层贵族官吏的支持与帮助下，手无寸铁，只用种田耕地时使的农具就冲破强大秦军的兵车阵营。同时，陈胜领导的农民起义军不用刀枪剑戟击刺，不施发强弓硬弩，就把装备精良的秦王朝政府派来镇压他们的军队打得落荒而逃。我们这里所说的坚固防御设备，并不仅仅指的是取土营筑高大宽厚的城墙、掘土开挖宽深的护城河道。我们所说的锐利武器，也并不是一般人所理解的吴越地区擅长铸炼的刀枪或干将、莫邪夫妇制造的宝剑锋刃。而是要说：应该采用先王的道德造城，用仁义来修建城郭。这样，世界上就没有人敢来进攻我们，也不可能有敌人来侵略我们的国家。周文王就是如此做的。同样，人们如果把道德作为甲胄，以仁义为利剑，那么就不会有人敢于阻碍我们前进，也不会有敌人敢于反抗我们。商汤王和周武王就是这样做的。现在不去努力建造坚不可摧的道德之城，不去组建正义之师，而只想凭借个人的勇敢，使用短把匕首，那真是太微不足道了。"

大夫说："荆轲亲自暗带匕首来到吉凶未卜的强大秦国谒见秦王。秦王嬴政在接见荆轲时没有料到他敢行刺，顿时惊慌失措，来不及进行防备，连秦王的卫士个个也都非常害怕。专诸手持利剑来到吴国首都，在宴会进行中毅然刺杀吴国国王僚，一举成功。虽然他自己在行刺后被乱刃杀死。但是那时，方圆千里内的人们都披麻戴孝，悼念这位勇士。聂政从卫国来到韩国境内，成功地在韩国丞相府衙刺杀丞相韩傀。事成之后认为此行已达目的，退回来后当即自杀身亡，他的尸体被人们丢弃在大街上。现在国家若能得到真正的勇士，凭借强大的汉王朝的威势，完全可以击败不讲信义的匈奴族人，并把他们彻底击败，置于死地，惩罚匈奴族过去的种种罪行，就像当年曹刿用匕首威胁齐国君主桓公，强逼齐国满足他提出的条件一样。要是我们刀枪并举金鼓齐鸣，大举进攻匈奴族军队，匈奴族人就会惊慌失措，其国内上下涣散，做鸟兽散。那时，我们汉朝再用精锐的骑兵部队紧追不舍追击掩杀，则匈奴军队必然不敢再与汉朝军队接触交战，只能束手待毙，归降内地。”

文学说：“过去，商汤王谋得贤人伊尹之后，积极改革政治，扩展势力，仅仅依靠一块小小的亳地向外开拓，最后终于打败夏王朝军队，统一天下，建立商王朝；周文王得到姜太公吕尚，以丰、镐为基地逐渐向外发展，最后终于由周武王灭商建立周政权。春秋时期，齐桓公启用管仲改革国家内政外交，使得齐国九合诸侯，一匡天下，成为诸侯国中的霸主。秦穆公也正是由于得到由余这样的贤人，采纳由余西拓的正确策略，才使得秦国成功地打败西戎少数民族，迫使八个西戎国向秦国投降称臣。我们听说一个国家只有有了圣明的君主治理国家，南方和北方、西方等地的少数民族民众才肯会前来进贡朝拜。没有听说过残杀人家的君主并以武力可以招抚远方的国家和民族的事情。《诗经》一书上就说过：‘中原地区的君主们宽厚仁德，四方边地的诸侯们个个倾慕向往内地。’所以《诗经·商颂·殷武》上又说：‘来自边远的西方的氐羌等少数民族首领，都归降商王朝，前来称贡谒拜商王。’我们认为这并不是仅仅少数民族害怕华夏民族国家的强大威力，而主要是害怕华夏族人们的宽厚仁德。因此，用仁义文明去征服那些无义之人，比骑马射箭的速度还要迅捷；同样，用仁义去招降国家边地的远民，也比驿站使者传递皇帝的诏书还要快。”

论　功

大夫曰：匈奴无城廓之守①，沟池之固，修戟强弩之用，仓廪府库之积，上无义法，下无文理②，君臣嫚易③，上下无礼，织柳为室，旃廗为盖④。素孤骨镞⑤，马不粟食。内则备不足畏，外则礼不足称。夫中国，天下腹心，贤士之所总⑥，礼义之所集，财用之所殖也。夫以智谋愚，以义伐不义，若因秋霜而振落叶。《春秋》曰：“桓公之与戎、狄，驱之尔。”况以天下之力乎？

【注释】

①廓：同郭。②文理：正常秩序。③嫚易：互相欺侮。④廗：与席古字通，此盖六朝唐人习用之俗字。“旃席为涑”，就是旃帐。（旃同毡）。⑤素孤：不涂漆、不绘画的木弓。骨镞（zú）：用兽骨制造的箭头。⑥总：聚集，集中。

文学曰：匈奴车器无银黄丝漆之饰，素成而务坚。丝无文采裙袆曲襟之制①，都成而务完。男无刻缕奇巧之事，宫室城郭之功。女无绮绣淫巧之贡，纤绮罗纨之作。事省而致用，易成而难弊。虽无修戟强弩，戎马良弓；家有其备，人有其用，一旦有急，贯弓上马而已。资粮不见案首②，而支数十日之食，因山谷为城郭，因水草为仓廪。法约而易辨，求寡而易供。是以刑者而不犯，指麾而令从。嫚于礼而笃于信，略于文而敏于事。故虽无礼义之书，刻骨卷木，百官有以相记，而君臣上下有以相使。群臣为县官计者，皆言其易而实难，是以秦欲驱之而反更亡也。故兵者凶器，不可轻

用也。其以强为弱，以存为亡，一朝尔也[3]。

【注释】

①丝：指用丝织物做成的衣服。袆（huī）：本指古代男人遮蔽膝盖的东西。本文指男子的下衣。曲襟：弯曲而互相交叠的衣襟。本文指男女上衣。②案首：盛粮食的器具。③一朝：意即顷刻之间。尔：语气词，罢了。

大夫曰：鲁连有言[1]："秦权使其士，虏使其民。"故政急而不长。高皇帝受命平暴乱，功德巍巍，惟天同大焉。而文景承绪润色之[2]。及先帝征不义，攘无德，以昭仁圣之路，纯至德之基，圣王累年仁义之积也。今文学引亡国失政之治，而况之于今[3]，其谓匈奴难图[4]，宜矣！

【注释】

①鲁连：即鲁仲连，战国时齐人。好画策，而高蹈不仕。游于赵，会秦围赵急，魏使新垣衍入赵，请尊秦为帝，以求罢兵。仲连不以为然，见衍责以大义。秦将闻之，为退军五十里。②承绪：继承未完成的事业。润色：增加色彩。本文指发展功业。③况：作动词，比拟。④难图：难以战胜。

文学曰：有虞氏之时，三苗不服，禹欲伐之。舜曰："是吾德未喻也。"退而修政，而三苗服。不牧之地，不羁之民，圣王不加兵，不事力焉，以为不足烦百姓而劳中国也，今明主修圣绪，宣德化，而朝有权使之谋，尚首功之事[1]，臣固怪之。夫人臣席天下之势，奋国家之用，身享其利而不顾其主，此尉佗、章邯所以成王[2]，秦失其政也。孙子曰："今夫国家之事，一日更百变，然而不亡者，可得而革也。逮出兵乎平原广牧，鼓鸣矢流，虽有尧、舜之知，不能更也[3]。"战而胜之，修礼礼义，继三代之迹，仁义附矣。战胜而不休，身死亡国者，吴王是也。

【注释】

①尚首功，《史记索隐》："秦法，斩首多为上功。"尚、上古通。本文指对敌作战。②尉佗：即赵佗，秦代真定人。始皇时为南海龙川令。二世时，南海尉任嚣死，佗代行尉事，故曰尉佗。秦之后，自立为南越武王。章邯：秦二世时少府。二世二年，陈胜所遣周章等将西至戏，兵数十万。二世乃使章邯将郦山徒击破周章军。后以赵高用事，邯有所请，不用，遂降项羽，被项羽封为雍王。③今本《孙子兵法》及山东临沂银雀山汉墓新出土的《孙膑兵法》均无此文。

大夫曰：顺风而呼者易为气[1]，因时而行者易为力。文、武怀余力，不为后嗣计，故三世而德衰[2]。昭王南征[3]，死而不还。凡伯囚执而使不通[4]，晋取郊、沛王师败于茅戎[5]。今西南诸夷，楚庄之后[6]，朝鲜之王，燕之亡民也。南越尉佗起中国，自立为王，德至薄，然皆亡天下之大[7]，各自以为一州，倔强倨敖，自称老夫[8]。先帝为万世度，恐有冀州之累[9]，南荆之患[10]，于是遣左将军楼船平之[11]，兵不血刃，咸为县官也。七国之时，皆据万乘，南面称王，提珩为敌国累世[12]，然终不免俯首系虏于秦。

今匈奴不当汉家之巨郡，非有六国之用，贤士之谋。由此观难易，察然可见也。

【注释】

①气：声气，此处指声音。②三世：指周昭王姬瑕。由成王、康王到昭王，恰为三世。③昭王：周康王子，名瑕。时周室渐衰，昭王南巡至汉水。船人以胶船进王，王乘船至中流，胶船溶解，王及祭公都没入水中而死。④凡：周时诸侯国名，位于今河南省辉县境。⑤茅戎：即贸戎，居今山西省平陆县。⑥《史记·西南夷传》："始楚威王时，使将军庄蹻将兵循江上略巴、蜀、黔中以西。庄蹻者，故楚庄王苗裔也。蹻至滇黔池，地方三百里，旁平地肥饶数千里，以兵威定属楚，欲归报；会秦击楚巴、黔中郡，道塞不通，因还以其众王滇，变服，从其俗以长之。"⑦亡：与忘古通。⑧老夫：南越王尉佗答汉文帝书自称。这是表示尉佗不承认他和汉文帝有君臣关系。⑨冀州：即天下。⑩南荆之患：指昭王南巡不复事。⑪左将军：指荀彘。楼船：指楼船将军杨仆。元封二年（公元前 109 年），朝鲜王攻杀辽东都尉，汉武帝派楼船将军杨仆、左将军荀彘将应募罪人往讨之。又元鼎五年（公元前 112 年），南越王相吕嘉反，杀死汉使者及其王、王太后。武帝派伏波将军路博德、楼船将军杨仆等将罪人及江淮以南楼船十万人讨平之。⑫提珩(héng)：珩，同衡，势均力敌。

文学曰：秦灭六国，虏七王[①]，沛然有余力，自以为蚩尤不能害，黄帝不能斥。及二世弑死望夷[②]，子婴系颈降楚[③]，曾不得七王之俯首[④]。使六国并存，秦尚为战国，固未亡也。何以明之？自孝公以至于始皇，世世为诸侯雄，百有余年。及兼天下，十四岁而亡[⑤]。何则？外无敌国之忧，而内自纵恣也。自非圣人，得志而不骄佚者[⑥]，未之有也。

【注释】

①七王：韩王安、赵王迁、魏王假、荆王负刍、燕王喜、代王嘉、齐王建。代王嘉乃赵公子自立为代王者，虽为代王，仍属赵国，不得另立为一国，故但言灭六国。②望夷：秦时宫名。秦二世三年（公元前 207 年），赵高弑二世于此。故址位于今陕西省咸阳市、泾阳县交界处之睦村。③子婴：秦二世兄子。赵高杀二世，立子婴。子婴刺杀赵高，夷三族。楚将沛公刘邦入秦，子婴系颈以绳，白马素车，奉天子玺降于沛公。后被项羽所杀。④曾(zēng)：副词，表示意外，即竟、竟然。⑤十四岁而亡：秦始皇二十六年（公元前 221 年）统一天下，三十七年（公元前 210 年）死于沙丘，二世三年（公元前 207 年）秦亡，共 14 年。⑥骄佚：佚，同逸，骄奢淫逸。

【译文】

大夫说："匈奴族人没有城郭可供防守，也没有深险的沟池工事；没有长戟、强弓等先进武器，更没有丰富的粮仓与国库积蓄。国家上臣官吏和贵族没有仁义，也没有法律制度，平民百姓中间没有正常的社会秩序，君主和臣民之间相互蛮横不讲理，上下毫无礼节。用柳枝构造居室，用毛毡制成毡帐屋顶。军队使用落后的木骨弓箭，也不喂战马粮食。其防备没有什么值得一提，我们根本就不必惧怕；他们的外交活动也不拥有什么隆重的礼仪制度。目前，中国汉王朝是世界的统治中心，贤能智士云集，各种礼仪制度周备完全，国家府库财物充足，人民生活富裕。对我们来说，攻打北方的匈奴族，是以智慧智取愚笨，以正义征伐不义，就如同秋天的树叶打落霜降一样。《春秋公羊传》庄公三十年上说：'齐桓公率军攻打戎、狄少数民族，把他们打败以后并驱逐出去。'更何况现在我们汉朝是倾尽全力来对付匈奴族人了，成功是没有

什么问题的!”

文学说:“匈奴族人的车辆器具不用金、银、丝绸、油漆装饰,务求简朴、结实耐用。他们穿的衣服没有绚丽灿烂的花纹、色彩,男子的衣裳虽然和女子的服装没有什么区别,但却大方完整。匈奴族男子们没有雕刻奇巧物品的工艺技术,也不去营造用于防御的宫室城郭。匈奴族女子不会纺织刺绣华丽多彩的丝织品以贡纳首领君主,也不会制做纤细柔软的绫罗绸缎。凡是他们做的事都希望省事而结实耐用,制的东西容易制造而又难以损坏。虽然匈奴族人没有青铜等金属制作的剑戟硬弩,也没战马良弓的装备。但他们每家却都有准备,人人各有各的任务,能发挥个人的作用。一旦国家遇有战事,他们只需挂上弓箭跃身上马就行了。虽然匈奴族人没有装盛粮食的器具,但却可以拥有能供十几天吃的食物。他们把山谷当做防御的城郭,平素以水草为粮仓。法津制度简陋而单一,容易被大家理解。国家上层统治者在征税方面实行了薄敛,税收少,而下面也比较容易给付。所以,匈奴族人平常很少动用刑罚惩罚。人们那时也没有犯罪的,匈奴首领只要一挥手臂,大家就当即服从命令。他们不重视礼节,却能忠诚于信用。匈奴族的文字十分简单,但他们行动做事却很敏捷。因此,匈奴族人固然没有华夏族人那样讲究礼仪、仁义的文献典籍,却也会在骨头或木头上雕刻一些记事符号,大小官员都能记读注释理解这些记事符号,并且其国君臣之间、权贵与民众之间都可以相互指使。在今天我们汉朝管辖的范围里,群臣当中善于为朝廷前途考虑的人都纷纷表示攻打北方少数民族匈奴一事,表面看起来似乎容易,但一旦付诸实施时,却是相当困难的。正是因为匈奴族不好对付,所以秦王朝虽然试图把匈奴族赶走,结果反而加速了自己国家的灭亡。因此,我们认为战争、兵戈实际上就是凶器,是不能够随随便便任意动用的。倘若哪个人或哪个国家轻松治等形势变化无常,让人难以应付。可是,国家不灭亡的原因是什么呢?关键所在就是要进行改革,不能一味向后拖延。假如等到外国的军队侵人本国,其兵士已经遍布原野,战鼓齐鸣、乱箭飞射的时候,即使当政的君主真的具有唐尧、虞舜那样的聪明才智,也无能为力了。’战胜敌国以后,兵戈相息,施行礼义,沿着夏、商、周三代所确定的统治模式进行,仁义就会随着政治清明而到来。相反,如果战胜了敌国却不主动纷争占息,与民众休养生息,那么,春秋战国之际的吴王夫差便是一个虽然战胜了敌人,却又导致自己身死国亡的最具有说服力的典型例子!”

大夫接着说:“顺着风的方向呼喊的人,他的声音容易传播得很远很远;循机而动的人,最容易取得成功。周文王和周武王本来力量强大,但他们却没有竭力替他们的子孙后代着想,致使三代以后,西周王朝政治衰败颓废。周昭王率领王师渡过汉水,向南攻打荆楚,结果船胶融化,船只解体,周昭王和大部分兵马溺死于汉水中而无法返回中原。少数民族(戎人)扣留了凡伯,结果,周天子派出的使者就无法顺利通行过去。晋国曾经攻打过周王室所统治的郊地和柳地,结果堂堂周天子的军队却被茅戎击溃。现在汉朝西南地区的少数民族就正是楚庄王的后代,而朝鲜地区的国王则是战国时期燕国百姓的后代。至于我们国家南方的赵佗原来也是中原地区人士。赵佗到了南方后,乘机自立门户。他道德极为浅薄,妄自尊大,独自占据一州,强横傲慢,平常自称为‘老夫’。汉武帝刘彻为国家千秋大业着想,恐怕天下再会留有后患,重蹈当年周昭王南征荆楚不返的灾难,于是毅然派遣左将军荀彘和楼船将军杨仆等名将率领中央政府军队南下平叛。结果,国家军兵的兵器还没有沾触敌人的鲜血,这些地方就降服归顺,成了朝廷的州县。战国时期,七个诸侯大国各自都拥有兵车无数,各自也都称王,势力不相上下。彼此之间相互征战攻伐,然而终究还是被秦始皇平灭,其国君臣民不得不垂头丧气、俯首称臣,沦为秦国的俘虏。现在的情况不同,匈奴国的疆域或力量还比不了我们汉王朝的一个大郡，更没有六国那样的财力物力以及为君主出谋划策的贤能智士。从这些方动用了，那么，它就会使自己的国家由强变弱，由盛而衰，由生而亡。这个转化的时间是异常迅速的，一个早晨就行了。”

大夫说：“战国时齐国人鲁仲连曾经清清楚楚地指出：‘秦国国君借助强权任意役使兵士，还采取暴虐的高压政策或手段压榨其国内的平民百姓’，所以，一个政权统治如果暴虐苛刻，那么这个国家就没有前途可言，政权的存在就不会长久。秦末，汉高祖刘邦秉承天意起兵平治天下的暴乱，创建大汉王朝，德勋并著，就像苍天那样高大，只有天才比得上汉高祖。刘邦之后，汉文帝、汉景帝执政。这两位君主继承和发展了汉高祖的功勋伟业，这就是著名的‘文景之治’。到了汉武帝刘彻统治时期，君主派军队讨伐不义之人，攻打败德坏义的坏人，使汉高祖刘邦奠定的圣途更加光彩照人，同时，汉王朝美好的道德的基业也更显得纯洁干净。可是现在，你们这些文学却拿国家已经灭亡，政权已经失掉的秦王朝来比拟我们今天的雄伟大业，得出汉王朝难以战胜北方匈奴族的荒谬结论，那也是以错犯错的必然啊！”

文学说：“在远古的虞舜时期，南方的三苗族不服从中原地区的统治，大禹准备派兵征服。这时，虞舜对大禹说：‘三苗族不愿归顺我们的统治，这归因于我自己施政以来的仁德还没有能感化他们。’后来，虞舜加倍实行感召人民的贤德政治。结果三苗族感到中原地区礼仪完备，政治清明，君主仁德，便主动归顺于华夏族。对那些无法耕种垦辟的土地和那些不愿受拘束的平民百姓，真正圣明的君主是不动用暴力，不尽全力的。圣君明主认为对他们完全用不着麻烦或劳累内地的百姓。现在，贤主明君继承了圣人的宏业，倡导仁德教化。可是，朝廷里的一些有权有势大臣却出谋划策，崇尚武力征服。所以，我们这些文学之士深深以之为怪，并反对这种对国家政治不负责任的做法。有的大臣执掌着国家的政权，却任意行使权力，滥用国家的府库钱财。他们自己高高在上，享受着朝廷赐予的官俸，却不肯为皇帝尽忠效命，这好比是赵佗、秦将章邯所以趁乱自立为王，是秦王朝灭亡的重要原因啊！军事家孙武曾经说过：‘现在国家政面来分析汉朝与匈奴的各自情况，我认为发现国家政治不足之处是很容易的。不过，考察汉朝战胜北方匈奴族一事的难易程序也是明明白白的。”

文学说：“秦始皇灭六国，俘获七君，秦王朝的国力充足有余。秦始皇自认为即使是蚩尤在世也不能伤害他；即是使黄帝本人来攻打，对他无可奈何。可是才过了不久，到二世胡亥被赵高杀死在望夷宫，以及秦王子婴将王印玺挂在脖子上降于西楚霸王项羽后，竟然连以前剿灭六国时七位君主被俘的下场也得不到。假使六个国家仍然存在，那么，秦国还可以作为一个强大的战国之雄，是不会那么迅速灭亡的。从何得知呢？从秦国君主孝公一直到秦始皇嬴政，世世代代都在诸侯中称雄，无敌于天下，绵延一百多年。可是到了秦始皇兼灭六国，一统天下，却只过了十四年就被推翻了。这是什么缘故呢？完全是因为秦始皇外面没有了敌对国家的侵袭劫掠等忧愁，就内心放纵疏忽大意的结果。自己不是圣人，事业成就后而不骄奢淫逸的人，还没有过先例啊！”

论 灾

大夫曰：巫祝不可与并祀，诸生不可与逐语①，信往疑今，非人自是。夫道古者稽之今，言远者合之近。日月在天，其征在人②，灾异之变③，夭寿之期，阴阳之化，四时之叙④，水火金木⑤，妖祥之应⑥，鬼神之灵，祭祀之福，日月之行，星辰之纪⑦，

曲言之故[⑧]，何所本始，不知则默，无苟乱耳[⑨]。

【注释】

①逐：追随。逐语：随声附和。②征：征兆。③灾异：指水、旱、兵、荒、虫、疫等所造成的灾祸。④叙：同序，次序。⑤水火金木：指五行言。为取句法整齐，省去“土”字。⑥妖祥：凶吉。⑦纪：运转。⑧曲言：详细说明。之：其。⑨乱耳：乱人听闻。

文学曰：始江都相董生推言阴阳[①]，四时相继，父生之，子养之，母成之，子藏之。故春生、仁，夏长、德，秋成、义，冬藏、礼。此四时之序，圣人之所则也。刑不可任以成化，故广德教。言远必考之迩，故内恕以行[②]。是以刑罚若加于己，勤苦若施于身。又安能忍杀其赤子以事无用[③]，罢弊听恃而达瀛海乎？盖越人美蠃蚌而简太牢[④]，鄙夫乐咋唶而怪韶濩[⑤]。故不知味者以芬香为臭，不知道者以美言为乱耳。人无夭寿，各以其好恶为命。羿、敖以巧力不得其死[⑥]，智伯以贪狼亡其身[⑦]。天灾之证，祯祥之应，犹施与之望报，各以其类及。故好行善者，天助以福，符瑞是也[⑧]。《易》曰：“自天祐之，吉无不利。”好行恶者，天报以祸，妖灾是也。《春秋》曰：“应是而有天灾。”周文、武尊贤受谏，敬戒不殆[⑨]，纯德上休[⑩]，神只相况[⑪]。《诗》云：“降福穰穰，降福简简[⑫]。”日者阳，阳道明；月者阴，阴道冥[⑬]；君尊臣卑之义。故阳光盛于上，众阴之类消于下；月望于天[⑭]，蚌蛤盛于渊。故臣不臣，则阴阳不调，日月有变；政教不均，则水旱不时，螟螣生[⑮]。此灾异之应也。四时代叙而人则其功，星列于天而人象其行。常星犹公卿也[⑯]，众星犹万民也。列星正则众星齐[⑰]，常星乱则众星坠矣。

【注释】

①江都：汉武帝为诸侯王刘非的封地。邑都在江阴（今江苏省扬州市）。董生：即董仲舒，汉代广川人。少治《公羊春秋》，景帝时为博士。武帝时屡对策，为帝所重，拜为江都相。后废为中大夫。复因言灾异，下狱论死，获赦。后为胶西王相，以病免。董仲舒为汉代儒家学派代表人物，主张“废黜百家，独尊儒术”，宣扬“天人感应说”及“天不变道亦不变”论，反对汉武帝的盐、铁官营政策。著有《春秋繁露》等书。董仲书所著《春秋繁露》中，有《阴阳经》、《阴阳终始》、《阴阳义》、《阴阳出人》等篇。②内恕：设身处地为别人考虑。③赤子：婴儿。这里指人民。④蠃通螺，俗称田螺。太牢：古代称牛、羊、豕凡三牲曰太牢。今独称牛为太牢。⑤咋（zé）：吆喝。唶（jì）：大声呼喊。韶濩（hù）：商汤时的乐曲名。⑥羿（yì）：即后羿，传说是夏代有穷国的君主，以善射著称。灭夏后相而篡其位，后为其臣寒浞所杀。敖：即奡，《左传》作浇。传说中的古代大力士。巧：指善射。⑦智伯：解见《毁学篇》注释。⑧符瑞：古称天降吉祥的预兆以为人君受之应，叫做符瑞。⑨殆：与怠同，松懈。⑩休：喜欢。⑪神只（qí）：古代称天神为神，地神为只。况：同贶，恩赐。⑫穰穰：多的意思。简简：大的意思。⑬冥：昏暗。日阳明，月阴冥，比喻君尊臣卑。⑭月望：即望月，指阴历每月十五日。⑮螟螣：田间害虫，此指虫灾。⑯常星：即恒星。汉朝避汉文刘恒讳，改恒为常。⑰列星：旧时对恒星的别称，又称为经星或定星。

大夫曰：文学言刚柔之类，五胜相代生[①]。《易》明于阴阳，《书》长于五行。春生夏长，故火生于寅木，阳类也；秋生冬死，故水生于申金，阴物也。四时五行，迭废迭兴，阴阳异类，水火不同器。金得土而成，得火而死，金生于巳，何说何言然乎[2]？

【注释】

①五胜：古代以五行生克为帝王嬗代之应。②何：疑为“可”之误。

文学曰：兵者，凶器也，甲坚兵利，为天下殃。以母制子[1]，故能久长。圣人法之，厌而不阳[2]。《诗》云：“载戢干戈，载櫜弓矢，我求懿德，肆于时夏[3]。”衰世不然。逆天道以快暴心，僵尸血流以争壤土，牢人之君，灭人之祀，杀人之子若绝草木，刑者肩靡于道[4]。以己之所恶而施于人。是以国家破灭，身受其殃，秦王是也。

【注释】

①母：此处指儒家所谓的根本道德。子：这里指打仗。②之：代词，指“以母制子”。厌：抑制。不阳：不使阴变为阳（“以母制子”则指以阳制阴）。③载：乃，于是。戢（jí）：聚集，收藏起来。櫜（tuó）：古时装弓箭的袋子。此处是装起来的意思。肆：布满。时：即此。夏：即中原，指周统治下的黄河中、下游地区。④靡：同摩。肩靡，肩与肩互相摩擦，形容人很多。

大夫曰：金生于巳，刑罚小加，故荠麦夏死[1]。《易》曰：“履霜，坚冰至[2]。”秋始降霜，草木陨零[3]，合冬行诛，万物毕藏。春夏生长，利以行仁。秋冬杀藏，利以施刑。故非其时而树[4]，虽生不成。秋冬行德，是谓逆天道。《月令》：“凉风至，杀气动，蜻蛚鸣，衣裘成。天子行微刑，始貙蒌以顺天令[5]。”文学同四时，合阴阳，尚德而除刑。如此，则鹰隼不鸷[6]，猛兽不攫，秋不搜狝[7]，冬不田狩者也[8]。

【注释】

①荠（jì）：荠菜，二年生草本植物，花白色，茎叶嫩时可以吃，夏天成熟枯死。②履：踩。③陨零：凋谢零落。④树：种植。⑤《月令》，《礼记》篇名。蜻蛚（liè）：蟋蟀。貙（chù）蒌：即貙膢，祭名。貙，动物名，虎属。常以立秋日祭兽。国君也以此日出猎，还以祭祀宗庙，故有貙膢之祭。⑥隼（sǔn）：一种凶猛的鸟。鸷（zhì）：凶猛的鸟。此处作动词用。不鸷，不捕食小鸟。⑦搜狝（xiǎn）：古时指秋天打猎。⑧狩（shòu）：古时指冬天打猎。

文学曰：“天道好生恶杀，好赏恶罚。故使阳居于实而宣德施，阴藏于虚而为阳佐辅。阳刚阴柔，季不能加孟[1]。此天贱冬而贵春，申阳屈阴。故王者南面而听天下，背阴向阳，前德而后刑也。霜雪晚至，五谷犹成。雹雾夏陨，万物皆伤。由此观之：严刑以治国，犹任秋冬以成谷也。故法令者，治恶之具也，而非至治之风也。是以古者明王茂其德教，而缓其刑罚也。网漏吞舟之鱼，而刑审于绳墨之外[2]，及臻其末，而民莫犯禁也。”

【注释】

①季：末尾。孟：开始。兄弟排行，有时用伯、仲、叔、季作次第，孟是开始的，季是结尾的，所以

说“季不能加孟”。②绳墨：木匠画直线用的工具。此处比喻规矩或法度。

【译文】

大夫说：“正人君子不可以和巫婆、男巫一道参加祭祀活动，也不可以与你们这些书生讨论问题。因为你们这些人多半迷恋古老的过去，经常对现实质疑，否定别人的成果、见解，总是自认为自己的学术观点或见解是唯一正解无误。在这里我要说，议论古代发生过的事情时必须也要考察分析今天的现实；议论远方的事情同样也要联系眼前的实际生活。太阳和月亮虽然都在宇宙中运行，但是它们运动的征兆在人世间却是可以观察得到的。自然界中天灾人祸等的异常变化，人们生老病死寿命的长短，阴阳二物的互化，春夏秋冬四季交替的顺序，自然界中水火金木各种不同物质成份，吉凶魔祥的报应，鬼神的灵验程度，太阳、月亮的运行，宇宙间星辰的运转，详详细细地述说它们的情况，以及这些大自然现象发展演变的原因，你们这些儒生如果不懂就应缄口，不要随随便便胡说，否则，只会混淆社会民众的视听。”

文学说：“从江都相董仲舒起开始推演阴阳之间的变化，春、夏、秋、冬四季的更换周而复始，就好像父生子，子养父；母育子，子养母一样。所以，大自然中，春天里万物发芽新生象征着人间的仁；夏季植物枝叶繁茂象征着人世间的德；秋天里五谷成熟自然象征着人间的义；到了冬天，万物收藏便又象征着人世间要尊行的礼。四个季节的次序是古往今来圣人都要奉行不背的。国家的刑法无法完成教化，所以君主官僚要对民间老百姓广泛进行德化教育的宣传。讨论远古的政事也必须考察世易时移。所以，一个人在行动之前首先要仔细思量一番，然后再行动。因此，当他对别人施行刑罚时，就好像是把刑罚加于自身一样，使别人劳苦工作就像自己真正地去从事辛勤的劳动一样。只要能够如此，他又怎么能忍心去杀掉他的民众而去干一些无用的事情，耗费他自己所依靠凭借的力量而到遥远的海外去拓展疆土呢？南方的百越民族祭祀神灵时常常喜欢用螺蛳、蚌蛤一类的物品为贡牲，而不用牛、羊、猪等牲畜。浅薄的人们常常喜欢大喊大叫以发泄自己的情绪，却不喜欢商汤王在位时时髦的著名乐曲《韶濩》。所以，那些不知道味道为何物的人会把芬芳的花香认为是难闻的臭味，那些不明白深奥哲理的人即使听到了十分美好的言辞也会把这些话当成是胡言乱语。人们的寿命长短，完全决定于各自的喜好、厌恶来。后羿和敖二位古代大力士依仗着他们各自的射箭技巧、盛气大力而不得好死，春秋末期的晋国权臣智伯由于贪婪狠毒、挤压晋国其他卿士，断送了自己的美好前程。大自然中天灾祸难的证明，人世吉凶祸福的报应，就好像施舍什么东西，就能获得什么东西一样，善有善报，恶有恶报，完全由人们行为做事的好坏性质确定。所以，乐善好施的人，上天总要赐福于他，这是上天的最好报应。《周易》一书上说：‘如果靠上天来疪佑你，那么只有吉祥，绝不会有什么不利的结果。’平常喜欢做恶的人，上天就会降临灾祸给他，这就是出现天灾人祸的原因。《春秋公羊传》宣公十五年说：‘因为这样做了，所以才有天灾报应他的作为。’过去，周文王、周武王尊贤重才，接受他们的良言善谏，恭敬而谨慎地处理事务，从不荒怠国政。这样，周文王、周武王二人的厚道德行感动了上天，天地之神也就把恩惠降临于他们。《诗经·周颂·执兢》一诗上说：‘上天降临下来的福祥很多，上天所降临的福瑞也广大。’相对自然界中的事物来说，太阳为阳，阳自然是象征光明的东西；月亮为阴，阴自然象征是黑暗的东西。这就暗示着君主治国必须首先要知晓主尊臣卑的道理。因此，阳气强盛于上，而众阴则消失在下。圆圆的月亮高悬在天上，丰满的蚌蛤自然也就生长繁衍在水中。所以，做为臣僚的人不像一个臣僚，那么，阴阳就会出现不和谐，太阳与月亮就会由此发生某种变异。就国家和社会而言，如果朝廷政治与教化上不调和，那么，大自然中的水灾、旱灾就会时时降临人间，威胁人们的生命财产安全，同时，虫灾也会经常发生。这就是天帝神灵对人间灾难的不同。所以，人们如果严格遵照春、夏、秋、冬四季的变化规律来工作劳动，那么他们就会有所成就。星辰在宇宙间分布运行，人们也就摹拟它们来行动生活。所以，恒星好比人世间朝廷中的公卿大官，闪烁的群星则好比天子的亿万臣民。恒星如果端正不阿，那么，群星自然也就整齐规矩。倘若恒星的位置混乱了，那么，与恒星相协调的群星自然就会因秩序紊乱而坠落。"

大夫说："文学们刚才讨论了阴阳的变化以及五行相生相克的关系。《周易》对于阴阳之间的变化说得很清楚，《尚书》里对五行学说也阐述得十分明确。春天万物萌生，到夏天草木茁壮成长，所以，春天之后必然紧接是夏天，春、夏二季显然属于阳一类的事物；秋天果实累累，到冬天则大部分凋零死亡，所以，秋天过去以后紧接着必然是冬天，秋、冬二季显然都属于阴一类的事物。一年中四季和五行即水、火、土、木、金时废时兴时旺时衰，不断更替，不断运转，阴阳两物是相互对立的两类不同事物，就好像水和火二种物质无法放在同一个器皿里一样。金这种物质只有遇到土才能生成，倘若遇到火，它就会死亡败灭。但是秋天偏偏是生在夏之后，对此你们这些儒生该如何解释呢?"

文学说："兵刃是凶器啊。铠甲坚固、兵刃锋利，这些都是天下祸之所倚。只有运用仁义道德的力量才能够真正制止住战争，国家的统治才能长治久安。圣人君子正是因为认识到这一点，所以纷纷效仿。他们也认为武器令人憎恨，虽然使用兵器，但不拼命宣传、发展它们。《诗经·周颂·时迈》一诗上说：'收藏起兵器，装配好弓箭，追求美德，让恩惠遍布中原。'然而，衰微的朝代却恰恰相反，他们违逆上天的旨意，去满足自己的残暴之心，牺牲人们的死亡和流血来争夺别国的领土，拘禁别国的君主，捣毁人家祭祀的祖庙，屠杀敌国的后代就如同砍伐草木、非要斩草除根一样残酷无情。旅途上，遭受刑法处置的刑徒成群结队，络绎成行。他们把自己所厌恶、痛恨的东西强加于别人身上。所以，暴虐行为必然导致国家破灭，自身也深受其害，最突出的例子就是秦王朝的最高统治者嬴政本人。"

大夫说："秋是由夏孕育生成，刑罚措施也是逐步贯彻执行。所以荠菜、麦子逢复就死掉。《周易》上又说："脚如果踩着了秋霜，那么昭示着寒冷的坚冰时代就要来临。'秋天开始下霜，天气渐冷，草木凋零。冬天是封杀的时候，万物都开始收藏起来。春、夏则是自然界万物萌生长大的时候，有利于仁政的施行；秋天和冬天是收藏的时候，有利于刑罚的实施，所以，人们如果依循季节的更替来种植作物，那么，虽然也能够生长，但是根本无法长大成熟。同样，秋天和冬天里施行仁政无疑就是违背自然界变化的常理。《礼记·月令篇》中说：'凉风一到，寒气也就马上袭来。如果此时室外的蟋蟀鸣叫了，那么人们就要准备制做皮被以御严寒。天子采用轻微刑罚，放宽统治，举行隆重的立秋祭祀，希望以此来表达人间君臣顺应上天的指令。'你们文学不分了四季行事的准则，硬把阴阳拉扯到一起，崇尚仁德而废除刑法。如果照你们所言，鹰隼就不凶猛，凶猛的野兽也就无法捕捉食物，秋天、冬天也就用不着外出打猎了。"

文学说："上天的性格总要喜好生存而厌恶残杀，喜欢奖赏而厌恶惩罚。所以上天总是一直让阳居于实处施行弘扬德政，又让阴在虚处位居来做为实处阳的一种补充与辅助。阳的性质刚烈而阴的性质温柔，就如同末梢的东西无论如何是不能够换到前面一样。这是由于上天轻视冬季而偏爱春天，有意申张阳而抑制阴。所以，国家的君主夺得天下的统治权后总是会坐北面南来号令天下和倾听国事，背靠阴而面向阳，首先看重德政，其次才是刑罚惩戒。或许有的时候，霜雪来的较晚，即便如此，五谷也都会生长成熟。有时候夏天里也难免起大雾或降落冰

雹，大自然中的万物也会因此而受伤害。以这些大自然中的现象来看人间发生的事情，我们就会得到以下结论：采用严刑酷法来治理国家，就如同秋天或冬天里成熟的谷物。因此国家的刑法律令仅仅只是惩治邪恶的力量的一种有效手段，而绝对不是产生天下大治的和煦春风。因此，古时候的圣人明君大多非常重视对平民百姓仁德的教育和感化，而不主张施行严刑酷法。不仅如此，他们还常常采用放宽刑罚的办法来治理朝政。你们编织的大网会漏掉能淹没舟船的大鱼，同时刑罚也会偏离于国家法律之外。你们放着大犯要犯不抓，反而一味地追究那些细小的错误，以这样的办法来统治国家，怎么会有人民没有不犯罪、没有不犯法的！”

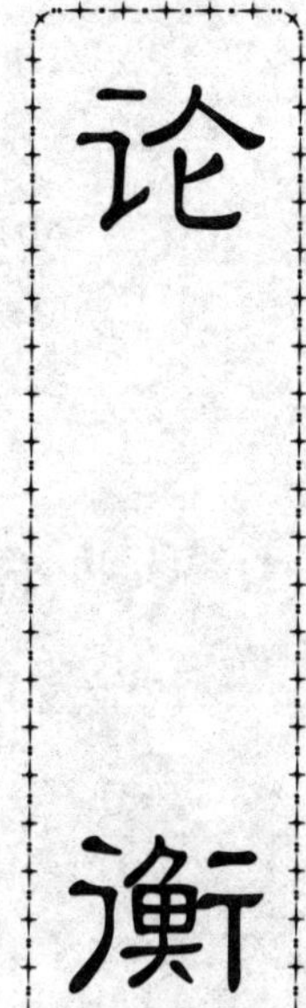
论衡

逢遇篇

操行有常贤，仕宦无常遇。贤不贤，才也；遇不遇，时也；才高行洁，不可保以必尊贵；能薄操浊[①]，不可保以必卑贱。或高才洁行，不遇，退在下流[②]；薄能浊操，遇，在众上；世各自有以取士，士亦各自得以进[③]。进在遇，退在不遇。处尊居显，未必贤，遇也；位卑在下，未必愚，不遇也。故遇，或抱洿行[④]，尊于桀之朝[⑤]；不遇，或持洁节，卑于尧之廷[⑥]。所以遇不遇非一也：或时贤而辅恶；或以大才从于小才；或俱大才，道有清浊；或无道德，而以技合；或无技能，而以色幸。

【注释】

①薄：微，少。浊：浑浊。此处指操行恶劣。②下流：地位卑贱。③进：升。指当官或被重用提拔。④抱：持有。洿（wū）：同污。⑤桀（jié）：夏朝最后一个君主。名履癸。据传残暴荒淫。后被商汤打败，出奔南方而死。⑥尧：传说中陶唐氏部落酋长，炎黄联盟首领。名放勋，史称唐尧。

伍员、帛喜[①]，俱事夫差[②]，帛喜尊重，伍员诛死，此异操而同主也。或操同而主异，亦有遇不遇，伊尹、箕子是也[③]。伊尹、箕子才俱也，伊尹为相，箕子为奴，伊尹遇成汤[④]，箕子遇商纣也[⑤]。夫以贤事贤君，君欲为治，臣以贤才辅之，趋舍偶合，其遇固宜。以贤事恶君，君不欲为治，臣以忠行佐之，操志乖忤[⑥]，不遇固宜。

【注释】

①伍员（yún）：伍子胥（？～公元前484年），春秋末楚国人，由于父兄遭楚平王杀害逃往吴国而任吴国大夫。②夫差：春秋末吴国君主，越灭吴后自杀而死。公元前495～前473年在位。③伊尹：商初大臣。名伊，尹是官名。传说是商汤王妻子有莘氏女的陪嫁奴隶。④成汤：卜辞作唐。又称汤、成唐，原名履天乙，卜辞作太乙，高祖乙。子姓。商朝的开国君主。⑤纣：名辛，商朝最后一个君主。⑥乖：违背，不和。忤（wǔ）：抵触。

或以贤圣之臣，遭欲为治之君，而终有不遇，孔子、孟轲是也[①]。孔子绝粮陈、蔡[②]，孟轲困于齐、梁[③]，非时君主不用善也，才下知浅，不能用大才也。夫能御骥騄者[④]，必王良也；能臣禹、稷、皋陶者，必尧、舜也。御百里之手，而以调千里之足[⑤]，必有摧衡折轭之患[⑥]；有接具臣之才[⑦]，而以御大臣之知，必有闭心塞意之变。故至言弃捐，圣贤距逆，非憎圣贤，不甘至言也。圣贤务高，至言难行也。夫以大才干小才[⑧]，小才不能受，不遇固宜。

【注释】

①孔子（公元前551～前479年）：名丘，字仲尼。春秋时鲁国陬（zōu）邑（位于今山东省曲阜县东南）人。是春秋末期思想家、政治家、教育家，儒家的创始者。②陈：春秋时的小国，位于今河南淮阳一带。蔡：春秋时的小国，位于今河南新蔡一带。③齐：指齐国，位于今山东北部。梁：指大梁（位于今河南开封），魏国的都城，所以魏国也称为“梁”。④骥（jì）：千里马。騄：騄耳，马名，周穆王八骏之一。

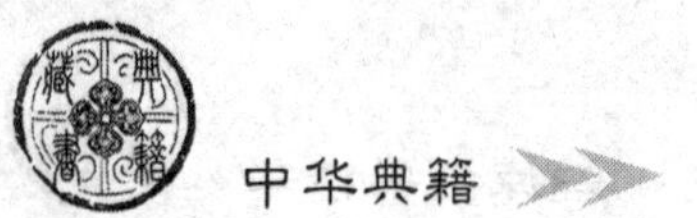

⑤调：调理。足：此处指马。⑥衡：车辕头上的横木。軛（è）：马具，形状略作人字形，驾车时套在马的颈部。⑦接：是使用的意思。具：聊备其数。具臣：充数之臣。⑧干（gān）：求。

以大才之臣，遇大才之主，乃有遇不遇，虞舜、许由，太公、伯夷是也[①]。虞舜、许由俱圣人也，并生唐世[②]，俱面于尧，虞舜绍帝统[③]，许由入山林。太公、伯夷俱贤也，并出周国，皆见武王，太公受封，伯夷饿死。夫贤圣道同、志合、趋齐[④]，虞舜，太公行耦[⑤]。许由、伯夷操违者，生非其世，出非其时也。道虽同，同中有异；志虽合，合中有离。何则？道有精粗，志有清浊也。许由，皇者之辅也[⑥]，生于帝者之时[⑦]；伯夷，帝者之佐也，出于王者之世，并由道德，俱发仁义。主行道德，不清不留；主为仁义，不高不止，此其所以不遇也。尧混舜浊；武王诛残，太公讨暴，同浊皆粗，举措钧齐，此其所以为遇者也。故舜王天下[⑧]，皋陶佐政，北人无择深隐不见[⑨]；禹王天下，伯益辅治[⑩]，伯成子高委位而耕[⑪]。非皋陶才愈无择，伯益能出子高也。然而皋陶、伯益进用，无择、子高退隐，进用行耦，退隐操违也。退隐势异，身虽屈，不愿进；人主不须其言，废之，意亦不恨，是两不相慕也。

【注释】

①虞舜：即舜。许由：一作许繇。太公：周代齐国的始祖。姜姓，吕氏，名望，一说字子牙。伯夷：商末孤竹君长子，墨胎氏。②唐世：尧当政时期。③绍：继承。④趋齐：主要目的和意图一致。⑤耦（ǒu）：合。⑥皇者：指传说中的“三皇”。⑦帝者：指传说中的“五帝”。⑧王（wàng）：统治。⑨北人无择：人名。传说舜想让位给他，他感到是耻辱，投深渊而死。⑩伯益：又称为大费。古代嬴姓各族的祖先。相传善畜牧和狩猎。为禹重用，助禹治水有功，被选为继承人。⑪伯成子高：人名。传说尧治天下，立他为诸侯。禹治天下，对禹不满，辞官务农。委：丢弃。

商鞅三说秦孝公[①]，前二说不听，后一说用者：前二，帝王之论；后一，霸者之议也。夫持帝王之论，说霸者之主，虽精见距；更调霸说，虽粗见受。何则？精，遇孝公所不得[②]；粗，遇孝公所欲行也。故说者不在善，在所说者善之，才不待贤，在所事者贤之。马圄之说无方[③]，而野人说之[④]；子贡之说有义，野人不听。吹籁工为善声[⑤]，因越王不喜，更为野声[⑥]，越王大说。故为善于不欲得善之主，虽善不见爱；为不善于欲得不善之主，虽不善不见憎。此以曲伎合，合则遇，不合则不遇。

【注释】

①商鞅（yāng）（约公元前390～前338年）：姓公孙，名鞅，战国中期卫国人，又叫“卫鞅”。后到秦国辅佐秦孝公，因为变法和作战有功，受封于商，号“商君”，也叫“商鞅”。②根据文意，疑“不”后夺一“欲”字。得：愿意。此处有喜欢的意思。③马圄（yǔ）：养马的人。④野人：住在城郊野外的人，此处指农民。说（yuè）：通悦，喜欢。⑤籁：旧时一种管乐器。吹籁：指吹籁的人。⑥野声：指民间乐曲。

或无伎，妄以奸巧合上志，亦有以遇者，窃簪之臣[①]，鸡鸣之客是[②]。窃簪之臣，亲于子反[③]。鸡鸣之客，幸于孟尝。子反好偷臣，孟尝爱伪客也。以有补于人君，人君赖之，其遇固宜。或无补益，为上所好，籍孺、邓通是也。籍孺幸于孝惠，邓通爱

于孝文，无细简之才④，微薄之能，偶以形佳骨娴⑤，皮媚色称⑥。夫好容，人所好也，其遇固宜。或以丑面恶色称媚于上⑦，嫫母、无盐是也⑧。嫫母进于黄帝⑨，无盐纳于齐王⑩。故贤不肖可豫知，遇难先图⑪。何则？人主好恶无常，人臣所进无豫，偶合为是，适可为上。进者未必贤，退者未必愚，合幸得进，不幸失之。

【注释】

①簪（zān）：旧时男女用来卡住发髻或把帽子别在头发上的一种针形首饰。窃簪之臣：指春秋时楚将子反的一个部下。②鸡鸣之客：指战国时齐国贵族孟尝君手下一个善于学鸡叫的食客。③亲：爱。子反：公子侧，字子反，春秋时楚国的大将。④细简之才：形容学问浅薄。⑤偶：双方一致，此处指符合君主心意。娴（xián）：文雅，优美。骨娴：体型优美。⑥称：美好。⑦称：赞颂。⑧嫫（mó）母：传说是黄帝的次妃，相貌极丑，但贤德。又作"嫫姆"、"蓦母"。无盐：姓钟离，名春，传说战国时齐国无盐（位于今山东东平东）人。相貌极丑，四十岁还未嫁人，自请见齐宣王，陈述齐国四点危难，被宣王采纳，立为王后。⑨黄帝：指传说中的"五帝"之一，为中央之神。⑩齐王：此处指齐宣王田辟疆，战国初齐国君主，⑪先图：预测。

世俗之议曰："贤人可遇，不遇，亦自其咎也。生不希世准主①，观鉴治内②，调能定说③，审词际会④，能进有补赡主，何不遇之有？今则不然，作无益之能，纳无补之说，以夏进炉，以冬奏扇，为所不欲得之事，献所不欲闻之语，其不遇祸幸矣，何福祐之有乎？进能有益，纳说有补，人之所知也。或以不补而得祐，或以有益而获罪。且夏时炉以炙湿，冬时扇以翣火⑤。世可希，主不可准也；说可转，能不可易也。世主好文，己为文则遇；主好武，己则不遇。主好辩，有口则遇；主不好辩，己则不遇。文王不好武，武主不好文；辩主不好行，行主不好辩。文与言，尚可暴习；行与能，不可卒成。学不宿习，无以明名。名不素著，无以遇主。仓猝之业，须臾之名，日力不足，不预闻，何以准主而纳其说，进身而托其能哉？昔周人有仕数不遇，年老白首，泣涕于涂者⑥。人或问之："何为泣乎？"对曰？"吾仕数不遇，自伤年老失时，是以泣也。"人曰："仕奈何不一遇也？"对曰？"吾年少之时，学为文。文德成就，始欲仕宦，人君好用老。用老主亡，后主又用武，吾更为武。武节始就，武主又亡。少主始立，好用少年，吾年又老。是以未尝一遇。"仕宦有时，不可求也。夫希世准主，尚不可为，况节高志妙⑦，不为利动，性定质成，不为主顾者乎？

【注释】

①希世：迎合社会风气。准：估量，揣测。②治内：此处指君主辖境内的情况。③调（tiáo）能：调节专长。④司（sì）：同伺，探察，窥测。际会：遇合，时机。⑤翣（shà）：古时仪仗中用的大掌扇。此处是扇的意思。⑥涂：通途。⑦妙（miǎo）：通渺。

且夫遇也，能不预设，说不宿具，邂逅逢喜，遭触上意，故谓之遇。如准推主调说，以取尊贵，是名为揣，不名曰遇。春种谷生，秋刈谷收①，求物得物，作事事成②，不名为遇。不求自至，不作自成，是名为遇。犹拾遗于涂，摭弃于野③，若天授地生，鬼助神辅，禽息之精阴庆④，鲍叔之魂默举⑤，若是者，乃遇耳。今俗人既不能定遇不遇之论，又就遇而誉之，因不遇而毁之，是据见效，案成事，不能量操审才能也。

【注释】

①刈（yì）：收割。②得物：疑“物得”之误倒。“求物物得”与下文“作事事成”，文例一律，可证。③摭（zhí）：拾取。④禽息：春秋时秦国大夫，向秦穆公推荐百里奚被拒绝，撞头而死穆公被感动，于是任用百里奚，秦国得以强盛。阴庆：暗中推荐。⑤鲍叔：鲍叔牙，春秋时齐国大夫。以知人著称。

【译文】

人的操行有始终贤能的，而入仕做官却不会常有机遇。一个人是否贤能，是才干问题；而是否有机遇，则是时运问题。才智超群而品行纯洁，不能保证他必然尊贵；能力平庸而操行污浊，不能断定他一定卑下。有的人高才洁行，不得机遇，位居在下流卑贱之地；有的人低能浊行，碰巧机遇了，高踞于众人之上。不同的时代各有其选拔人才的标准，人们也各自有得以进身取荣的途径。进身在于机遇，退守在于没有机遇。处于尊位居于高职者未必贤能，只不过碰巧机遇而已；处于卑位居于下流者未必愚拙，也只因为没有机遇罢了。所以说，碰到机遇者可能身有浊行劣迹而受尊于夏桀的朝廷，不遇其主者或许保持高洁品节而遭贬在尧舜的朝廷。人们之所以有机遇或者没机遇，情况是千差万别的。或一代贤才辅佐着顽劣的君主；或以雄才大略而服从于小才；或君臣上下都是大才，而思想主张、道德情操有清浊纯杂之分；或君臣上下均无才无德，而仅以技巧谋术相投合；甚至连技巧谋术也没有，而只是凭借色相换取恩宠和信任。

春秋时期，伍员与伯嚭共同事奉吴王夫差，伯嚭受尊重而伍员被诛死，这是操守品节不一样而事奉同一君主的例子。也有操守品节相一致而事奉不同君主，却有有机遇或没机遇的情形，商代的伊尹与箕子便是如此。伊尹与箕子，才干都一样，伊尹当了国相，而箕子却沦为奴隶，只不过是因为伊尹碰巧遇上了汤王，而箕子恰恰遇上了纣王罢了。说起以贤才辅佐贤君，君主有心要治理好国家，臣子以贤才来辅佐他，君臣爱好一致、志趣相投，其机遇是必然的。至于以贤才事奉顽劣的君主，君主不想好好治理国家，臣子以忠诚行为来帮助他，双方志趣抵触，好恶相背离，其没有机遇也是必然的了。或者，凭贤圣之臣，碰上了一心要治理好天下的君主，然而终于不能得到机遇，孔子、孟子便是这样。孔子绝粮于陈、蔡之间，孟轲困顿于齐、魏两国。并不是当时君主不用人才，是因为他们才智低下，不能任用大才啊！能驾驭千里骏马者，必定是像王良一样的高手；能够任用大禹、后稷、皋陶者，必定是圣君尧舜。一个只能使唤百里马的驭手，让他去调教千里之驹，必然会有翻车折辕的祸患；一个只会接纳些滥竽充数的臣子的君王，让他去驾驭大臣的胆识与才智，必然会有闭塞心智、堵决贤良的恶果。之所以至理之言被抛弃而圣贤之才遭拒绝，并不是当时的君主憎恨圣贤而不欣赏高明之见啊，圣贤所从事、所追求的太高太远，而至理明见难以实行啊。那种用大才去干求小才，小才容受不了，其不相投机便是当然的了。也可能是栋梁之才，遇上了圣明之主，竟也有投机或者不投机的情形。大舜与许由，姜太公与伯夷便属于这种情形。大舜和许由，都是圣人，同时生在唐尧时期，一样面对着尧帝，大舜继承了尧的帝位，而许由进入了山野。姜太公与伯夷，都是贤才，同时都在周国，也都见到了周武王，姜太公受了封爵而伯夷却饿死了。那贤圣之间，志同道合、其行一致，大舜与太公的言行与时世相耦合了。而许由和伯夷的操守与现实要求则相违

背了。其原因在于他俩生非其世，出非其时啊。贤圣道虽同，同中有异；志虽合，合中也有离。为什么呢？思想理论之道有精粗深浅之别，兴趣爱好之志也有高尚与庸俗之分。许由是上古三皇的辅佐之才，却生在讲德化禅让的五帝时期；伯夷，是五帝的辅佐之才，却生在讲天命征伐的三王时期。一样地出于道德，一样地发于仁义，君主推行道德，不完美纯净就不肯留下；君主遵行仁义，不理想高尚就不肯合作：这便是许由、伯夷之所以不能得到机遇的缘由。在道德上，尧浑而舜浊；武王诛凶残而太公讨暴虐，俩俩同浊而皆粗，举止行为完全一致，这是尧与舜、武王与太公所以耦合的原因所在。所以，舜统治天下，皋陶辅佐其政事，而北人无择则深隐不出；禹统治天下，伯益辅佐政事，伯成子高却抛下爵位种地去了。并不是皋陶的才干超过了北人无择，伯益的能力超过了伯成子高。然而皋陶与伯益进用了，北人无择与伯成子高隐居了。进用是因为行为耦合了，而退隐是因为操守相背离啊！退隐后事势不同了，身虽屈在下位，但不愿进身；而人主也不须采纳他的建议，抛弃他，心中也无遗憾：这就叫互不相求而两不相慕啊。

商鞅三次向秦孝公提建议，前两次没有被听取，后一次被采纳了。其原因是：前两次讲的是礼治德政的做帝称王之理，后一次讲的是富国强兵的得道称霸之论。拿着帝王之论，进说霸者之主，即使讲再精辟透彻也只能被拒绝。重新改换成霸者之说，虽然说的粗浅疏陋却被采纳了。为什么呢？精辟透彻之论恰巧碰上了不合秦孝公的心意，粗浅之说却遇上了秦孝公的志在必行啊。所以说进言的人不在于说得有多么好听，而在于听言的人的是否欣赏他；才干也不必具备贤能，而在于用人的人的认为贤能。养马人的话说得不在路数，而农夫喜欢听；子贡的话说得有道理，农夫却不予理睬。吹籁者擅长吹奏高雅的乐曲，因为越王不喜欢听，更换成粗俗的民间乐曲，越王十分高兴。所以行善于根本不想得到善的君主面前，虽然善也不会被喜爱，行不善在想要不善的君主面前，虽不善也不会遭到讨厌。这是以不讲原则的小技相迎合，迎合上的便得机遇，迎合不上便得不到机遇了。

也许根本就没有什么技能，荒谬地用其奸诈虚伪迎合主子的兴趣，也有因此而获得机遇的。那位善于偷窃别人簪子的小臣，那位能伪装鸡鸣的食客便是这样的。偷簪小臣受亲信于楚将子反；鸡鸣之客得宠于孟尝君。子反喜欢会偷窃的小臣，孟尝欣赏会伪装的食客。因为他们对主子多少有点用处，人君依赖着他，其得到机遇是当然的。有一种人没有什么用处，却为君上所宠幸，汉代的籍孺、邓通便是如此。籍孺受宠幸于汉惠帝，邓通被教帝所重用，他们没有一点学问，也没有一点才干，只是偶尔地生就了一副奴容媚骨、细皮美色便得到君主的欢心罢了。当然，美的容貌，是人们所喜爱的，他们的机遇也算合乎情理。有人还以其丑陋的面孔被君主所宠爱，嫫母与无盐就是这样。嫫母进身于黄帝，无盐被纳于齐宣王。所以人的贤与不肖可以预知，而机遇则难以预先知晓。为什么呢？人主的好恶是无常的，人臣所能敬奉于君上的却无从预备。偶尔与君主相投合便是“好”，恰巧与君上心意一致便是“上策”了。高升者未必贤能，受贬者未必愚蠢。机遇宠幸者得以进身，不受信用者失去一切。

世俗有一种说法：“贤人本是可以和君上相耦合的；之所以不耦合，也是因为他们本身的过错造成的。生在世上要能够迎合世风、揣度人主，按照现实需要而调节自身，改变主攻的方向，确定自己的主张，认真地观察时世，很好地把握时机，能够进身时立刻就给主上带来实际利益，那又怎么会发生得不到机遇的情况呢！而现在却不是这个样子：敬献些无益于世的本事，说些于事无补的话，夏天送上火炉，冬天帮煽扇子，尽干些让人讨嫌不愿看到的事，说些语不中听的话。这种人不遇祸患就十分幸运啦，哪里还会有什么福麮呢！”

进用贤才有益，采纳意见有补，这是众所周知的。有人以无补而得福嬻，有人因有益而获罪名。再说，夏天也可以用炉子烘烤潮湿，冬天也可用扇子煽风燃火。世风可以迎合，而君主的心意却是难以揣测呀，言辞可以是更换的而自身的志趣却是不可随意改变呀。当世君主好文，你也从事于文那就能有机遇；当世君主好武，你就不能得到机遇。君主好辩，你有好的口才就能有机遇；君主不好辩，你就不能得到机遇。崇尚文之主不好武，爱好武之主不崇尚文；口辩之主不讲实行，实行之主不爱口辩。文与言，还可以快学速成，品行与能力，却不可以朝夕成就。才学不由平素学习积累，就可以成名；名声不由往日长期流传，就可以遇合主上；仓猝中学到的本领，短时间树立的名声，时间不充分，功夫不到家，没有机会参与政事，怎么能把握君主的所思所想所憎所恶而献计献策呢？又怎么能获得到进身的机会而发挥作用呢？当初周人中有一位屡次入仕而屡次不遇，年老白头而哭泣于道好人，有人问他说："为什么伤心落泪呀？"他回答说："我想当官却总是不能如愿，自己伤心年纪老了，时光错过了，这才在这儿自个儿伤心落泪。"旁人说："怎么会老做不了官呢？"他回答说："我年轻时学文，文章德业有成就了，就打算入仕当官，而人君好用老者。爱用老者的君主去世了，继位的君主好武，我就弃文学武。武艺刚学成，爱武的君主又死了。年轻的小君王刚登基，好用少年，而我的年纪又老了。因此一辈子没碰上一次机遇。"看来一个人的仕宦之途自有时运，不可强求。那迎合世风，揣度君主的事尚且做不到，何况节操高尚，才高志远，不为利欲所动，性格已定，品质已成，根本就不为君主所看重的人呢？

再说，就机遇的本义来讲，才能不是预先特地准备好的，主张也不是事先谋划成的，偶然碰巧遇到了君上的高兴，迎合了君上的胃口心意，这才叫做机遇。如若事先摸准了君上的意愿而筹谋好自己的说辞，从而谋取禄位那就叫做"揣摩"了，不是"机遇"。春天播种五谷生长，秋天收割稻谷入仓，求物得物，作事事成，这种人为地刻意追求也不叫"机遇"。不求而自至，不做而自成，这才叫做"机遇"，犹如在大路上偶然捡到别人丢失的财物，在山野荒原里偶然拾到别人遗失的物品，似乎是老天赐予的、土地让出的，鬼使神差一般就得到了好处。禽息以精诚暗暗地推荐百里奚，鲍叔用精诚默默地举荐管仲，这样才叫作"机遇"呀！现在世俗之人既不能正确区分什么是机遇、什么不是机遇，又拿机遇来盲目称扬投机迎合之人，用不能得到机遇来胡乱指责别人。这只是根据现有成效，按照照既成的状态发议论而已，不可能正确地度量别人的操守而衡量别人的才干啊。

累害篇

凡人仕宦有稽留不进[①]，行节有毁伤不全，罪过有累积不除，声名有暗昧不明[②]，才非下，行非悖也，又知非昏，策非昧也，逢遭外祸，累害之也[③]。非唯人行，凡物皆然。生动之类，咸被累害。累害自外，不由其内。夫不本累害所从生起[④]，而徒归责于被累害者，智不明，暗塞于理者也[⑤]。物以春生，人保之；以秋成，人必不能保之。卒然牛马践根，刀镰割茎，生者不育，至秋不成。不成之类，遇害不遂，不得生也。夫鼠涉饭中，捐而不食。捐饭之味，与彼不污者钧[⑥]，以鼠为害，弃而不御[⑦]。君子之累害，与彼不育之物，不御之饭，同一实也[⑧]。俱由外来，故为累害。

【注释】

①稽留：停留。②暗昧：昏暗。③累：毁伤，祸害。④本：探究，推原。⑤暗塞：愚昧不明。⑥钧：通均，同样的。⑦御：进食，食用。⑧实：等。

修身正行，不能来福；战栗戒慎，不能避祸。祸福之至，幸不幸也。故曰：得非己力，故谓之福；来不由我，故谓之祸。不由我者，谓之何由？由乡里与朝廷也。夫乡里有三累，朝廷有三害。累生于乡里，害发于朝廷，古今才洪行淑之人遇此多矣。何谓三累三害？凡人操行，不能慎择友。友同心恩笃①，异心疏薄，疏薄怨恨，毁伤其行，一累也。人才高下，不能钧同。同时并进②，高者得荣，下者惭恚③，毁伤其行，二累也。人之交游，不能常欢。欢则相亲，忿则疏远，疏远怨恨，毁伤其行，三累也。位少人众，仕者争进，进者争位。见将相毁④，增加傅致⑤，将昧不明，然纳其言，一害也。将吏异好，清浊殊操⑥。清吏增郁郁之白⑦，举涓涓之言⑧，浊吏怀恚恨，徐求其过，因纤微之谤，被以罪罚⑨，二害也。将或幸佐吏之身，纳信其言。佐吏非清节，必拔人越次⑩，迕失其意，毁之过度。清正之仕⑪，抗行伸志⑫，遂为所憎，毁伤于将，三害也。夫未进也，身被三累，已用也，身蒙三害，虽孔丘、墨翟不能自免⑬，颜回、曾参不能全身也⑭。

【注释】

①恩笃：感情深厚。②并进：此处指一起去做官。③恚（huì）：怨恨。④将：指东汉郡的最高行政长官太守，因太守同时又兼管军事，当时习惯上称作“将”。⑤傅：通附，附盖，增益，过分。⑥清：清高，此处指品德好。浊：此处指品德坏。⑦郁郁：此处形容品行非常清白。⑧涓涓：此处指高明。⑨被：加。⑩越次：不遵照常规，任意提拔。⑪仕：通士，这里指官吏。⑫抗：通亢，高尚。伸：展开。⑬墨翟（dí）：墨子（约公元前468～前376年），名翟。⑭颜回（公元前521～前490年）：字子渊，春秋末鲁国人，孔子学生。曾参（shēn）：曾子（公元前505～前436年），名参，字子舆。春秋末鲁国武城（位于今山东省费县），孔子的学生。

动百行，作万事，嫉妒之人，随而云起，枳棘钩挂容体，蜂虿之党啄螫怀操①，岂徒六哉②！六者章章③，世曾不见。夫不原士之操行有三累④，仕宦有三害，身完全者谓之洁，被毁谤者谓之辱；官升进者谓之善，位废退者谓之恶。完全升进，幸也，而称之；毁谤废退，不遇也，而訾之。用心若此，必为三累三害也⑤。论者既不知累害者得行贤洁也，以涂搏泥⑥，以黑点缯⑦，孰有知之？清受尘，白取垢，青蝇所污，常在练素。处颠者危，势丰者亏，颓坠之类，常在悬垂。屈平洁白⑧，邑犬群吠⑨，吠所怪也，非俊疑杰，固庸能也⑩。伟士坐以俊杰之才，招致群吠之声。夫如是，岂宜更勉奴下，循不肖哉！不肖奴下，非所勉也。岂宜更偶俗全身以弭谤哉⑪！偶俗全身，则乡原也⑫。乡原之人，行全无阙⑬，非之无举，刺之无刺也⑭。此又孔子之所罪⑮，孟轲之所愆也⑯。

【注释】

①虿（chài）：蝎子一类有毒的动物。党：朋辈。啄：叮，咬。螫（shì）：蜂、蝎子等用毒刺刺人或动

物。操：疑“惨”形近而误。②六：此处指三累三害。③章：通新，明显，显著。④原：推究，考察。⑤为（wèi）：助长。⑥涂：稀泥。搏：拍。此处指抹上去。⑦点：污。缯（zēng）：旧时丝织品的泛称。⑧屈平：屈原（约公元前340～约前278年），名平，字原。战国时楚国人，楚国大夫，是著名的诗人和政治家。⑨邑：村。⑩能（tài）：通态。⑪弭（mǐ）：止，息。⑫乡原（yuàn）：外表诚实，实与流俗合污的伪善者。⑬阙（quē）：通缺，过错，缺点。⑭刺：斥责。⑮罪：谴责。⑯愆（qiān）：罪过。

古贤美极，无以卫身。故循性行以俟累害者，果贤洁之人也。极累害之谤，而贤洁之实见焉。立贤洁之迹，毁谤之尘安得不生①？弦者思折伯牙之指，御者愿摧王良之手。何则？欲专良善之名，恶彼之胜己也。是故魏女色艳，郑袖鼻之②；朝吴忠贞③，无忌逐之④。戚施弥妒⑤，蘧除多佞⑥。是故湿堂不洒尘，卑屋不蔽风；风冲之物不得育，水湍之岸不得峭。如是，牖里、陈蔡可得知⑦，而沉江、蹈河也。以轶才取容媚于俗⑧，求全功名于将，不遭邓析之祸⑨，取子胥之诛，幸矣。孟贲之尸⑩，人不刃者⑪，气绝也。死灰百斛⑫，人不沃者，光灭也。动身章智，显光气于世；奋志敖党⑬，立卓异于俗，固常通人所谗嫉也。以方心偶俗之累⑭，求益反损。盖孔子所以忧心，孟轲所以惆怅也。

【注释】

①伯牙：春秋时楚国人，以精于琴艺著名。②郑袖：战国时楚怀王的王后。鼻：疑是劓之误。劓（yì）：旧时一种割掉鼻子的刑罚。③朝吴：春秋时蔡国大夫。④无忌：费无忌，春秋时楚国大夫。⑤戚施：比喻阿谀谄媚的人。此处指心怀嫉妒的人。弥：充满，多。⑥蘧（qú）除：同蘧篨（qú chú），善于低声下气讨好别人的人。此处指看人脸色行事，善于奉承的人。佞（nìng）：巧言谄媚。⑦牖（yǒu）里：牖通羑。牖里，即羑里，古地名，位于今河南汤阴北，羑水经城北东流。⑧轶（yì）才：超群的才能。⑨邓析（公元前545～前501年）：春秋末郑国人，曾任郑国大夫，为法家之先驱。⑩孟贲（bēn）：战国时的大力士。说他“水行不避蛟龙，陆行不避虎兕（sì）（旧时犀牛一类的兽名），发怒吐气，声响动天”。与秦武王比试举鼎，折断膝盖骨而死。⑪刃：杀，砍。⑫斛（hú）：旧时容量单位，汉代十斗为一斛。⑬敖：通傲。⑭方心：心地正直。偶：同遇。

德鸿者招谤，为士者多口。以休炽之声，弥口舌之患，求无危倾之害①，远矣。臧仓之毁未尝绝也②，公伯寮之溯未尝灭也③。垤成丘山④，污为江河矣⑤。夫如是，市虎之讹⑥，投杼之误⑦，不足怪，则玉变为石，珠化为砾，不足诡也。何则？昧心冥冥之知使之然也。文王所以为粪土，而恶来所以为金玉也⑧。非纣憎圣而好恶也，心知惑蔽。蔽惑不能审，则微子十去⑨，比干五剖⑩，未足痛也。故三监谗圣人⑪，周公奔楚⑫；后母毁孝子，伯奇放流⑬。当时周世孰有不惑乎？后《鸱鸮》作而《黍离》兴，讽咏之者，乃悲伤之。故无雷风之变⑭，周公之恶不灭；当夏不陨霜，邹衍之罪不除⑮。德不能感天，诚不能动变⑯，君子笃信审己也，安能遏累害于人？圣贤不治名，害至不免辟，形章墨短，掩匿白长，不理身冤，不弭流言，受垢取毁，不求洁完，故恶见而善不彰，行缺而迹不显。邪伪之人，治身以巧俗，修诈以偶众。犹漆盘盂之工⑰，穿墙不见⑱；弄丸剑之倡⑲，手指不知也。世不见短，故共称之；将不闻恶，故显用之。夫如是，世俗之所谓贤洁者，未必非恶；所谓邪污者，未必非善也。

【注释】

①危倾：此处形容祸害极严重。②臧（zāng）仓：战国时鲁国人，鲁平公宠信的近臣。③公伯寮（liáo）：姓公伯，名寮，字子周。春秋时鲁国人，孔子的学生。曾向季桓子诽谤子路，孔子很不高兴。④垤（dié）：小土堆。⑤污：停积不流的水，也指池塘。⑥讹（é）：谣言。⑦杼（zhù）：织布机上的梭子。投杼之误：有个与曾参同名者杀了人，有人告诉曾参的母亲，说她儿子杀了人。她不信，仍然继续织布。接连又有两个人来报信，她就相信了，于是扔下手中的梭子，跳墙逃跑。⑧文王：周文王。商末周族领袖，姬姓，名昌，在位五十年。恶来：商纣王的大臣，力大，能裂虎兕。喜欢进谗言。武王伐纣，恶来被杀。⑨微子：商纣王庶兄，名启，封于微（位于今山东梁山西北）。因为数谏纣王不听，弃官逃走。周灭商，被封于宋，为宋国之始祖。⑩比干：商纣王的亲属，官至少师。传说纣淫乱，比干犯颜强谏，劝纣王修善行仁，纣大怒，剖其心而死。与箕子、微子称殷之三仁。⑪三监：周武王灭商后，将商王旧地分给他的弟弟管叔、蔡叔、霍叔监管，总称“三监”。圣人：此处指周公旦。⑫周公：姬旦，周武王的弟弟，一称叔旦，因封于周，所以称周公。⑬伯奇：周宣王贤臣尹吉甫之子，因后母进谗言，被父亲放逐。⑭风雷之变：传说周武王病，周公祈祷，愿替武王死，祈毕将祷词保存好。成王时，周公惧谗言奔楚，时天降风雷。成王发现周公祷词，知其忠心，于是把他召回。⑮行：十五卷本作“衍”。邹衍（约公元前 305～前 240 年）：战国时齐国临淄人，哲学家，阴阳五行家的代表人物。历游魏、燕、赵等国。⑯变：变异。指自然界的奇异现象。⑰盂：盛水的器皿。工：手工艺工人。⑱墙：墙壁。此处指“盘盂”的边壁。穿墙不见：指盘盂的边壁上原来有洞，一涂上漆就看不出来了。⑲倡：指气人。

或曰：“言有招患，行有召耻，所在常由小人。”夫小人性患耻者也，含邪而生，怀伪而游，沐浴累害之中，何招召之有！故夫火生者不伤湿①，水居者无溺患。火不苦热，水不痛寒，气性自然，焉招之？君子也，以忠言招患，以高行招耻，何世不然！然而太山之恶②，君子不得名③；毛发之善，小人不得有也。以玷污言之，清受尘而白取垢；以毁谤言之，贞良见妒，高奇见噪；以遇罪言之，忠言招患，高行招耻；以不纯言之，玉有瑕而珠有毁。焦陈留君兄，名称兖州④，行完迹洁，无纤芥之毁⑤，及其当为从事⑥，刺史焦康绌而不用⑦。夫未进也被三累，已用也蒙三害，虽孔丘、墨翟示能自免，颜回、曾参不能全身也。何则？众好纯誉之人，非真贤也。公侯已下⑧，玉石杂糅。贤士之行，善恶相苞⑨。夫采玉者破石拔玉，选士者弃恶取善。夫如是，累害之人负世以行，指击之者从何往哉！

【注释】

①湿：据文意，疑“燥”之误。下文“火不苦热”，意与此同，可证。②太山：即泰山，在山东省中部，主峰玉皇顶位于今山东泰安北。古称“东岳”，一称岱山、岱宗。太山之恶：此处形容罪恶大。③名：占，有。④名称：声望。兖（yǎn）州：州名，位于今山东西南部，河南东部。⑤芥：小草。纤芥：细微。⑥从事：官名，刺史的属吏。⑦刺史：官名。西汉武帝以后，全国分为十三部（州），每州设一名监察官对地方进行监督，叫做“刺史”。官阶低于郡守。⑧已：通以。⑨苞：通包。

【译文】

凡人入仕做官有停滞不前而不得提拔者，品行节操有被损毁而不得保全者，罪过有重复累积而不能消除者，名声有被遮盖而不得传颂者。才干并不低庸，行为并不荒谬，而且智力又不

昏蒙，谋划又不糊涂，只是遭受了外来的祸患，受了累害的原因啊。不仅人有这种情况，天下万物都是这样。凡有生命能活动的物种，都会遭遇累害。累害来自外界，并不在事物自身。那种不考察累害是怎样发生的，而只是把责任归结于受累害的事物自身的作法，是智慧不明，不通晓事理的表现。草木春天生长，人们可以保证，到秋天成熟，却不是人们所能保证的了。忽然间有牛马践踏它的根株，镰刀割断它的茎杆，生长期不能正常发育，到了秋天也就不会成熟了。不能成熟的物种，遇上了累害，它不能顺利成长，所以不能实现其生长周期。老鼠从饭里爬过，人便弃了那饭不吃。这被弃的饭的味道，跟那没受糟蹋的饭是完全一样的，因为鼠害，就弃而不吃了。君子的遭遇累害，跟那不能发育成熟的物种、抛弃不吃的饭食一样，都出于同一缘由：祸患都由外界而来，所以成为累害。

修身正行，不能招来福气；小心谨慎，不能消除祸殃。祸福的来临，就看幸运还是不幸运了。所以说：得到福利，不是因为自己的力量，就叫做福；遭遇灾祸，不是自身的原因招来，就叫做祸。那么，不是由于自己己，是何故而来的呢？来自乡里与朝廷。说起乡里，有三大牵累；谈到朝廷，有三大妨害。牵累生于乡里，妨害发于朝廷。古往今来才智高超品行贤良的人，遇上这三累三害的情况很多呀。那么什么叫三累三害呢？人们的日常操行，不能时时注意慎重选择朋友，友人同心者感情浓厚诚挚，不同心者关系疏远淡薄，疏远淡薄者就产生怨恨，于是就损毁其品行，这是一累。人的才智有高有低，不可能平齐，同时并进，一起去作官，才高者得到宠幸，才低者惭愧怨恨，便损毁其品行，这是第二累。人们的交游，不可能始终欢乐融洽，欢乐时相亲相近，忿争时相互疏远。疏远就生怨恨，于是损毁其品行，这是第三累。国家官位少而求官的人很多，入仕的人争着求进，进身者争夺高位，见到将官便互相攻击诽谤，添醋加油，捕风捉影，州郡将官糊涂不清，相信并接受这些诽谤之言，这是第一害。州郡佐吏志趣爱好各不相同，操守品行有清有浊。清吏一天天增加其纯洁清明，不断提出高明正确的见解；浊吏心怀不满，慢慢地寻机找岔，往往借一星半点的诽谤之辞，加上罪名给予惩罚，这是第二害。将官或许会宠信一两个亲近佐吏，采纳听取他们的各种意见。佐吏本身节操不清白，就必然要越级提拔贴心之人。一旦连失其意，违拗其心，又竭力加以毁损。清正纯洁的吏员，坚守节操不肯委曲求全，伸张正义不肯违背原则，于是就遭到他们的憎恶，在将官面前百般侮灭攻击，这是第三害。一个人居家未做官时，受到乡里亲友的三大牵累，入仕做官后，又遭到朝廷官府的三大妨害，即使是孔丘墨翟也难以自免于累害，颜回曾参也不能保证全身免祸啊！

从事各种行业，嫉妒之人随之便蜂拥而来，种种荆棘针刺钉挂得周身遍体，毒蜂蛇虫叮咬螫啮着清白之躯，岂止只有三累三害而已。三累三害分明存在着，世人竟然不闻不见，不去探究贤才的操行有三大牵累、入仕当官有三大妨害，人身未受侮辱者被视为纯洁的完人，横遭诽谤中伤者被视为卑下的贱人；官爵升迁者被称为善，职位废黜者被说成恶。没有受侮辱而升进者不过是侥幸而已，却受到称颂赞美；遭到诽谤而废退者，不过是没有遇其主罢了，却受到怀疑责骂。如此用心，如此论世，必定要增加三累三害的危害。论者既不知累害是怎样产生的，又不知被累害之人的品行节操的高尚纯洁，在土墙上糊泥巴，用墨色去染素绢有谁知其原色原相？清者容易污染，白者容易玷污，苍蝇所污损的往往是洁白的素绢。处在巅峰地位的十分危险，处在圆满状态的容易亏损，坍塌坠落者，总是那高高悬挂着的东西。屈原为人方正洁白，他说：邑落里的狗儿群起狂吠，是吠其所怪。非难贤俊，怀疑英才，原本就是一种庸俗的世态。伟人常常因其卓越超群的才智招致群犬的狂吠。既然是这样，又怎么能再去勉励驽下之人、劝诱不肖之徒去从善、去进取呢？不肖与驽下之人是不在劝勉之列了，那么君子自身又怎

么能再去迎合世俗、保全自身以求消谤免祸呢？那迎合世俗保存自己全身的人是一种“乡愿”啊！作为乡愿之人，行为看上去完美无缺，批评他似乎没有过错，讥刺他似乎没有短处，然而这种人，又正是孔子所谴责、孟子所反对的人呀！

古代贤圣高尚极了，他们无以保全自身。所以那种坚持按本性去行动而招致累害的人，确实是真正的俊贤高洁之人。越是横遭累害的诽谤中伤，越能显示出俊贤高洁之人的高尚品质。树立起贤洁的节操声名来，毁诽谤毁损的灰尘又怎么会不产生呢？搞弦乐的人企图折断著名琴师伯牙的手指，当驭手的人希望摧折杰出人才王良的手臂，为什么呢？希望专享技艺高超的美名憎恨别人的超过自己啊！正因为如此，魏国美人漂亮得宠，楚王的夫人郑袖便设毒计割了她的鼻子；大夫朝吴忠贞于楚王，被大臣无忌驱逼出境。癞蛤蟆最能嫉妒别人，巧言令色者最擅长诋毁贤良。所以潮湿的房屋不飘灰尘，低矮的茅房不挡风雨。大风袭击的植物不能正常生长，水流湍激的堤岸不会陡然挺立。正因为这样，周文王的羑里之囚，孔夫子的陈蔡遇难，便可想而知；屈原的自沉汨罗，申屠狄的投河而死，也就不足为怪。以超逸不羁之才去寻得世俗的认可，去求得将官的赏识而给予功名，不横遭邓析那种建言被采纳而身亡之祸，不自取子胥那种功成名就而被诛之灾，就是万幸了。猛士孟贲的尸体，别人不会动刀子去割剖，是因为他断气了；大堆大堆的死灰，别人不会去用水泼浇，是因为火灭了。一个人行动起来，充分发挥他的才智，展现其光彩生气于世俗面前，奋发英志，笑傲乡党，树立其卓越超群形象于庸夫俗子之间，这当然要受到一般人的憎恨嫉妒了。以其刚正不阿之心去遭逢世俗之累害，求益反损，取福招祸，这正是当年孔子之所以忧心、孟轲之所以悲伤的原因所在啊！道德宏大者常招非议，学业成就者常招致口舌，凭借自己美好高尚的盛名去消除口舌之患，企求不受诬陷之害，实在是相差太远、无法做到啊！臧仓式的毁谤世间从来都没有绝迹过，公伯寮的诬告世间也从未消失过。小土堆能说成高山，死水潭能说成江河。这样，“集市中有老虎”的误听讹传，扔下织梭逃跑者相信谣传，就不足为怪了。那么，美玉变成顽石，珍珠变为瓦砾，也就不足为奇了。为什么呢？是因为心智昏愦、糊涂无知，才使得他们这样啊。周文王的被视为粪土，而恶来之所以被视为金玉，并不是商纣王主观上憎恨圣人而爱好丑恶，而是由于他的心智被蒙蔽了，被蛊惑了。心智受了蒙蔽蛊惑就不能正确分析认识事物。那么，微子即使离开十次，比干即使被剖五回，也不能引发纣王的痛心。因此，周公的弟弟管叔、蔡叔、霍叔三人串通武庚散布流言陷害周公这样的圣人，周公没办法只好逃亡楚国；周代大夫尹吉甫的儿子伯奇，因受到后母的谗言毁害，被放流于边远地区。当时周人又有谁没有受谗言的蒙蔽欺骗呢？后来《鸱鸮》之诗作而《黍离》之诗成，诵读歌咏这两首诗的人，才为周公之忠伯奇之孝所感动而深深地同情他们。因此，若没有风雷的突异变故，周公的“罪恶”便无法洗刷了；若没有盛夏降霜的变异，邹衍的罪名也就免除不了了。其实，人的德行不能感动上天，诚意也不能引发变异，君子虔诚地深信大道、严格要求自己，又怎么能遏止别人的施加累害之祸呢！

圣贤不致力于求取名声，累害发生也不加回避。外面暴露自己的错处短处，而掩盖自己的清白与优长。不辩白自己的冤屈，不消除流言蜚语，受到诬陷与诽谤，也不求声名的清白与完美，因此恶显而善不得彰，品行短缺而事迹不得显。邪伪奸巧之徒，治身行诈，取巧媚众，就如同漆盘盂的一样：上漆之后，四壁穿孔就都见不着了；就如同耍弄丸剑的艺人，手指灵巧让人看不出机关。世人不见其短，因而一起称赞他，将官没听说过他的丑行，因而非常地信任他。正因为这样，世俗认为的贤能高洁之人，未必不是丑类；而所谓邪恶卑贱之类，也未必就不是好人。有人说：“言语有招致祸患的，行为有招来耻辱的。祸患与耻辱的所在，常常在小人一边。"其实，那小人的本性就是祸患与耻辱，他们含邪气而生存，怀奸诈而交往，全部身心都浸沉在累害之中，有什么招灾惹祸引耻取辱的呢？因此，那些火中产生的东西不怕潮湿，水里生活的动物不会有淹死的灾难。火不以热为苦，水不因寒而痛，这是事物的气性自然所致啊！而招祸取辱，是君子的行径：以忠言招祸，以高行取辱，哪个时代不是如此呢？然而泰山一般的巨恶大逆，君子不会沾边；毫毛一般的细微善良，小人不会具备。拿被沾污来说，清者受污而白者易垢；以遭诽谤来说，忠贞善良者受嫉妒，而高洁卓异者被叫骂；拿蒙受罪名来说，忠言招祸，高行招耻；从纯洁方面来说，白玉有暇而珍珠有缺。一句话，人无完人。焦氏陈留人某兄，名声传扬兖州，平生行迹完美无缺，没有一点闪失。等到他该选拔为州府的从事时，刺史焦康却排斥他不予任用。一个人没有进身时受到三大牵累，已经进身后受到三大妨害，即便孔丘墨翟般的圣贤也不能幸免，颜回曾参般的贤明也不能保全。为什么呢？众人喜欢纯净美名的人，但不是真正的贤哲。公侯以下，玉石混杂；贤士之行，善恶相包。采玉之人，总是要破石取玉，选士之人应该能弃恶取善。假如真能这样做的话，受累害者将不顾世俗非议，坚持自己的操行。那么，指责攻击诽谤祸害他们的人，又怎么能得逞呢？

命禄篇

凡人遇偶及遭累害①，皆由命也。有死生寿夭之命，亦有贵贱贫富之命。自王公逮庶人②，圣贤及下愚，凡有首目之类，含血之属，莫不有命。命当贫贱，虽富贵之，犹涉祸患矣。命当富贵，虽贫贱之，犹逢福善矣。故命贵，从贱地自达；命贱，从富位自危。故夫富贵若有神助，贫贱若有鬼祸。命贵之人，俱学独达，并仕独迁；命富之人，俱求独得，并为独成③，贫贱反此，难达，难迁，难成，获过受罪，疾病亡遗，失其富贵，贫贱矣。是故才高行厚，未必保其必富贵；智寡德薄，未可信其必贫贱。或时才高行厚，命恶，废而不进；知寡德薄，命善，兴而超逾。故夫临事知愚，操行清浊，性与才也；仕宦贵贱，治产贫富④，命与时也。命则不可勉，时则不可力，知者归之于天⑤，故坦荡恬忽⑥。虽其贫贱，使富贵若凿沟伐薪，加勉力之趋，致强健之势⑦，凿不休则沟深，斧不止则薪多，无命之人，皆得所愿，安得贫贱凶危之患哉？然则或时沟未通而遇湛⑧，薪未多而遇虎。仕宦不贵，治产不富，凿沟遇湛、伐薪逢虎之类也。

【注释】

①遇偶：此处指碰巧迎合了君主或上司的心意而受到赏识和重用。累害：即三累三害，指受到来自乡里和朝廷的损害。②逮（dài）：至，到。③为：做，干。此处指从事某种营利事业。④治产：此处指经营某项事业来积累财富。⑤天：王充说的"天"，是一种物质实体，与汉儒有意志、能赏罚的"天"不同。他认为，每个人胚胎于母体时所承受的"气"，是"天"自然而然施放的，而这种"气"又形成了人的"命"，因此此处说"知者归之于天"。⑥恬（tián）忽：心中安然，忽视外界的事物。⑦致：给予，施加。⑧湛（zhàn）：大水。

有才不得施，有智不得行，或施而功不立，或行而事不成，虽才智如孔子，犹无成立之功。世俗见人节行高，则曰："贤哲如此，何不贵？"见人谋虑深，则曰："辩慧

如此，何不富?”贵富有命福禄[①]，不在贤哲与辩慧。故曰：富不可以筹策得，贵不可以才能成。智虑深而无财，才能高而无官。怀银纡紫[②]，未必稷、契之才；积金累玉，未必陶朱之智[③]。或时下愚而千金，顽鲁而典城[④]。故官御同才[⑤]，其贵殊命；治生钧知[⑥]，其富异禄。禄命有贫富，知不能丰杀[⑦]；性命有贵贱，才不能进退。成王之才不如周公[⑧]，桓公之知不若管仲[⑨]，然成、桓受尊命，而周、管禀卑秩也。案古人君希有不学于人臣，知博希有不为父师。然而人君犹以无能处主位，人臣犹以鸿才为厮役。故贵贱在命，不在智愚；贫富在禄，不在顽慧。世之论事者，以才高当为将相，能下者宜为农商。见智能之士官位不至，怪而訾之曰[⑩]：“是必毁于行操[⑪]。”行操之士，亦怪毁之曰：“是必乏于才知。”殊不知才知行操虽高，官位富禄有命。才智之人，以吉盛时举事而福至，人谓才智明审；凶衰祸来，谓愚暗。不知吉凶之命，盛衰之禄也。

【注释】

①福：疑衍文。本篇以“命禄”为题，可一证。下文有“宦御同才，其贵殊命；治生钧知，其富异禄”，“命”、“禄”对言，可证。命禄：此处指禄命。②银：指银质图章。汉代御史大夫和俸禄比二千石以上的官用这种印章。纡（yú）：系结。紫：指系在印纽上的紫色丝带。汉代的相国、丞相、太尉、将军、列侯用的金印上都束有紫色丝带。怀银纡紫：这里指当上大官。③陶朱：即范蠡（lǐ），字少伯，楚国宛（位于今河南南阳县）人。④顽：质地粗劣的。鲁：愚钝。典：主管，统辖。⑤官御：疑作“宦御”。⑥治生：谋生计。钧：通均。知：智慧，本领。⑦丰杀：增减。⑧成王：周成王。西周国王，姓姬，名诵。武王死时，年幼，由叔父周公旦摄政。⑨桓公（？～公元前643年）：春秋时齐国国君，五霸之一。姓姜，名小白。公元前685～前643年在位，是位有作为的政治家。管仲（？～公元前645年）：名夷吾，字仲，亦敬仲。春秋时齐国颍上（颍水之滨）人。齐国大夫，政治家，辅助齐桓公成为春秋时第一霸主，被齐桓公尊为“仲父”。知：同智。⑩訾（zǐ）：非议。⑪毁：坏，缺陷。

白圭、子贡转货致富[①]，积累金玉，人谓术善学明。主父偃辱贱于齐[②]，排摈不用，赴阙举疏[③]，遂用于汉，官至齐相。赵人徐乐亦上书[④]，与偃章会，上善其言，征拜为郎[⑤]。人谓偃之才，乐之慧，非也。儒者明说一经，习之京师，明如匡稚圭[⑥]，深如赵子都[⑦]，初阶甲乙之科，迁转至郎、博士，人谓经明才高所得，非也。而说若范雎之干秦明[⑧]，封为应侯，蔡泽之说范雎[⑨]，拜为客卿[⑩]，人谓雎、泽美善所致，非也。皆命禄贵富善至之时也。

【注释】

①白圭（guī）：战国魏文侯时人，善经商。子贡（公元前520年～?）：姓端木，名赐，字子贡。春秋时卫国人，孔子的学生。能言善辩；善经商，家累千金，所至之处和王侯贵族分庭抗礼。曾任鲁、卫相。转货：转移货物，指做买卖。②主父偃（yǎn）（？～公元前127年）：姓主父，名偃。西汉临菑人。齐：汉初分封的诸侯王国，位于今山东北部。③阙：皇宫门前两边的楼，后作为皇宫或皇门的代称。疏：大臣言事的奏章。④赵：汉初分封的诸侯王国，位于今河北南部。徐乐：西汉无终（位于今天津蓟县）人。曾上书给汉武帝阐明自己的政治主张，被任命为郎中。⑤郎：古时官名，为帝王侍从官的通称。⑥匡稚圭：匡衡，字稚圭，西汉东海承（位于今山东苍山兰陵镇）人。家贫，为人佣作。⑦深：精通。⑧范雎（jū）（？～公元前255年）：一作范且，作范睢，字叔，战国时魏国人。因事为须贾所诬，被魏相魏齐派人笞击

折胁。后化名入秦，游说秦昭王，受到赏识和重用，并任为相，封于应（位于今河南宝丰西南），称应侯。干（gān）：求取。此处指通过游说希望受到重用。⑨蔡泽：战国时燕国人，曾游说范雎，范雎把他推荐给秦昭王，被任命为客卿和相国。⑩客卿：战国时各诸侯国授给从别国来本国任职的一种官名。意思是以客礼相待。

孔子曰："死生有命，富贵在天。"鲁平公欲见孟子①，嬖人臧仓毁孟子而止②。孟子曰："天也!"孔子圣人，孟子贤者，诲人安道，不失是非，称言命者，有命审也。《淮南书》曰③："仁鄙在时不在行，利害在命不在智。"贾生曰④："天不可与期，道不可与谋。迟速有命，焉识其时?"高祖击黥布⑤，为流矢所中，疾甚。吕后迎良医⑥，医曰："可治。"高祖骂之曰："吾以布衣提三尺剑取天下，此非天命乎！命乃在天，虽扁鹊何益⑦!"韩信与帝论兵⑧，谓高祖曰："陛下所谓天授，非智力所得。"扬子云曰⑨："遇不遇，命也。"太史公曰⑩："富贵不违贫贱，贫贱不违富贵。"是谓从富贵为贫贱，从贫贱为富贵也。夫富贵不欲为贫贱，贫贱自至；贫贱不求为富贵，富贵自得也。春夏囚死，秋冬王相，非能为之也；日朝出而暮入，非求之也，天道自然。代王自代入为文帝⑪，周亚夫以庶子为条侯⑫。此时代王非太子，亚夫非适嗣⑬，逢时遇会，卓然卒至。命贫以力勤致富，富至而死；命贱以才能取贵，贵至而免。才力而致富贵，命禄不能奉持，犹器之盈量，手之持重也。器受一升，以一升则平，受之如过一升，则满溢也；手举一钧⑭，以一钧则平，举之过一钧，则蹶仆矣。前世明是非，归之于命也，命审然也。信命者，则可幽居俟时，不须劳精苦形求索之也，犹珠玉之在山泽。

【注释】

①鲁平公：战国时鲁国国君，公元前314～前296年在位。②嬖（bì）人：受宠爱的人。③《淮南书》：即《淮南子》，西汉淮南王刘安及其门客苏非、李尚、伍被等著。书中以道家思想为主，糅合了儒、法、阴阳五行等家，一般认为是杂家著作。④贾生：贾谊（公元前200～前168年）：西汉洛阳（位于今河南洛阳东）人，时称贾生，是著名的政论家、文学家。曾上书给汉文帝，建议削弱诸侯势力，加强中央集权，受到汉文帝的重视。⑤高祖：汉高祖刘邦（公元前256～前195年），字季，沛县（位于今属江苏）人，西汉王朝的建立者（公元前202～前195年）在位。⑥吕后（公元前241～前180年）：汉高祖皇后，名雉，字娥姁（xǔ）。⑦扁鹊：姓秦，名越人，渤海鄚（位于今河北任丘）人。战国时代著名医学家，学医于长桑君，有丰富的医疗实践经验，擅长各科。因治秦武王病，被太医令李醯妒忌杀害。⑧韩信（？～公元前196年）：汉初诸侯王。淮阴（位于今江苏清江西南）人。初属项羽，继归刘邦，被任为大将，后封为齐王。汉朝建立改封楚王。后有人告他谋反，降为淮阴侯。又被告与陈豨（xī）勾结在长安谋反，为吕后所杀。帝：指汉高祖刘邦。⑨扬子云：扬（杨）雄（公元前53～公元18年），字子云，蜀郡成都（位于今属四川）人。王莽时校书天禄阁，官为大夫。西汉著名文学家、哲学家、语言学家，著有《法言》、《太玄》、《方言》等书及《长杨赋》、《甘泉赋》、《羽猎赋》等赋。⑩太史公：司马迁（公元前145～前86年左右），字子长，夏阳（位于今陕西韩城南）人。西汉著名史学家、文学家、思想家。继父职任太史令，所以称做太史公。著有我国最早的通史《史记》。⑪代：汉初分封的诸侯王国，位于今河北西部、山西东北部。代王：汉文帝登基前的封号。文帝是惠帝的异母弟弟，曾经被封为代王。惠帝、吕后死后，大臣们拥立他为帝。⑫周亚夫（？～公元前143年）：西汉名将。沛县（位于今属江苏）人。西汉初绛侯周勃的儿子，被封条（位于今河北景县）侯。后又任太尉，带兵讨平吴楚等七国之乱，迁升为丞相。庶子：指妾生的儿

子。这种人按封建时代的规定很少有继承王位或爵位的可能，但周勃的嫡子因私买御物获罪被免除爵位，所以周亚夫才被选中封侯。⑬適（dí）：通嫡，指妻生的儿子。嗣（sì）：继承人。⑭钧：旧时的重量单位，每钧三十斤。

天命难知，人不耐审[①]，虽有厚命，犹不自信，故必求之也。如自知，虽逃富避贵，终不得离。故曰："力胜贫，慎胜祸。"勉力勤事以致富，砥才明操以取贵[②]，废时失务，欲望富贵，不可得也。虽云有命，当须索之。如信命不求，谓当自至，可不假而自得，不作而自成，不行而自至？夫命富之人，筋力自强；命贵之人，才智自高，若千里之马，头目蹄足自相副也。有求而不得者矣，未必不求而得之者也。精学不求贵，贵自至矣。力作不求富，富自到矣。

【注释】

①耐（néng）：通能。②砥（dǐ）：磨，磨炼。明：培养。

富贵之福，不可求致；贫贱之祸，不可苟除也。由此言之，有富贵之命，不求自得。信命者曰："自知吉，不待求也。天命吉厚，不求自得；天命凶厚，求之无益。"夫物不求而自生，则人亦有不求贵而贵者矣。人情有不教而自善者，有教而终不善者矣。天性，犹命也。越王翳逃山中[①]，至诚不愿，自冀得代。越人熏其穴，遂不得免，强立为君。而天命当然，虽逃避之，终不得离。故夫不求自得之贵欤！

【注释】

①越王翳（yì）：春秋时越国太子翳，他不愿意继承王位，逃到山洞中去躲避，后来越人用火熏山洞，强迫他出来，立他为王。

【译文】

凡是人能有机遇或者遭受累害，都是由他的命所决定的，世人有死生寿夭之命，有富贵贫贱之命。从王公大人到普通百姓，从圣贤之人到凡夫俗子，凡有头有眼有血有肉之躯，无不有命。命中该当贫贱，就是给了他富贵，也还是会遇上祸患的；命中该当富贵，既便是使他贫贱，也总是能遇上幸福的。所以命贵者会从卑贱自达于高贵，命贱者虽居于高位也难免自招倾危。因此说富贵好像有神助，贫贱似乎有鬼差。命贵之人，与别人一起从学而独能通达，一起入仕而独能升迁；命富之人，与别人共同求利而独获厚利，一起努力而独能成功。命中贫贱的人与此相反，难达难升难获难成，反而会惹祸遭罪，得病丧财，忘贵失富，终于贫贱下来。所以说才高品优者未必能保其必定富贵，智弱德寡者不可料定其必定贫贱。或者是才高品优而命恶，被废弃不得进用；而智弱德寡者命善，发展起来得到越级提升。因而那遇事时表现出的聪明还是愚蠢，操行的清白还是污浊，是一个人的德性与才干问题。至于仕宦的贵贱，财富的多寡，则是一个人的天命与时运问题。命运是不可勉强的，时机是无法力求的，聪明人把它归之于天，因而心胸坦荡宽阔，无思无欲，虽然贫贱也不刻意苦求。若使富贵可求，像凿沟开渠，砍柴伐薪一样，拼命地去干，凭借强健的体魄坚持砍凿，凿之不歇则沟渠深，砍之不止则薪柴多。无命的人都得其所愿，那世间又怎么会有贫贱凶险的祸患呢？然而，或许沟渠未凿通就遇

上久雨不止，薪柴未砍多就遇上野兽猛虎。入仕当官受挫折，治家治产遭灾害，就如凿沟遇久雨，砍柴遭猛虎一般。有才不得施展，有智无法实行，或者施展了却不见成功，实行了事情未见结果，虽则才如孔子，也仍然没有建功立业的实效。

世俗之人见到品节高尚的人，就说："如此贤能明哲的人，怎么就不能荣华富贵呢？"见到谋虑深远的人，就说："如此聪慧巧捷的人，怎么就不能大发其财呢？"其实，贵与富自有命和禄在，而不在于贤能明哲聪明巧捷之类。所以说，财富不会因筹划而得，高贵不会因才能而就。智虑深邃的人没财富，才能高超的人没禄位。怀银印而佩紫绶，未必就有稷契的才干；积金银而贮珠玉，未必就有陶朱公的智巧。或者为人下愚而有千金，为人顽劣而统领城邑。因而百官同才，其贵者在于命的悬殊；百贾同智，其富者在于禄的差别。禄有贫富，智巧不能使其增减；命有贵贱，才干不能使其进退。周成王之才不如周公，齐桓公之能不及管仲，然而成王与桓公禀受了尊贵之命，而周公管仲则禀受了卑贱之命啊。考查古代人君，没有不向臣下学习的，知识广博者也少有不为人师的；然而人君照旧以真无能而坐在主子的高位上，人臣依然凭其鸿材大智而受人驱使。所以说贵贱在命不在智愚；贫富在禄，不在愚鲁或聪慧。世上一般论事者，认为才高者就应当作将作相，才低者就应该务农经商。一旦见到智能之士官职没有达到称心的地步，他便大惊小怪而责备说："这人一定毁于操行不良！"而对操行品节好的，他就又指责说："这人肯定缺少才智。"殊不知才智品行虽高，而官位富禄则由命。才智之人，在吉祥兴旺时办成事业而幸福降临，人们便夸赞其才智明慧；一旦凶祸袭来，又说是其才智低下昏庸所致。这都是因为不知道吉凶有命，盛衰有禄的道理。

白圭与子贡，靠贩运财货而致富，积金累玉，人们就说他们发财有方，深明经营之道，其实并不是这样。主父偃在齐受尽屈辱，被废弃不得进用，到京城上了一封奏疏，便被汉家朝廷录用，官至齐相。赵人徐乐也上书，与主父偃奏疏一齐呈上，皇上认为其主张有道理，就将他任命为郎中。人们便说主父偃有才，徐乐聪明，其实也并非如此。读书人读通一本经书，从师于京城，明达如匡衡，深钻似赵广汉，一开始从甲科、乙科入选，步步迁转升为郎和博士，人们认为是由于他们经学明、才智高的缘故，其实也不对。而进说的人，像范雎进说秦昭王，被封为应侯；蔡泽劝说范雎，被拜为客卿，人们说这是因为范雎蔡泽巧于辨慧所致，其实也不然。所有这一切，都是命禄该当贵富而好运气恰巧适时来临而已。孔子说："人的死生在于命，富贵在于天。"鲁平公打算前往孟子处，因为亲信臧仓说了孟子的坏话而打消了去见孟子的念头。孟子知道后，叹气说："这都是天的安排啊！"孔子圣人，孟轲贤者，他们教人安分守己，的确是是非准则，他们都称引自天命，可见命的存在是确实无疑的。《淮南子》中说："贵贱仁鄙在于时运，而不在品行；利害得失在于天命，而不在智能。"贾谊也说："天的变化不可预测，道的实现不可先知。达到目标的快慢自有天命，哪里管它时运的到来与否！"汉高祖攻打黥布，被流箭射中，疼得厉害。吕后请来了高明的医生，医生说："可以治好。"高祖破口就骂："老子靠农夫身份手提三尺剑打天下，这不是天命么？我的命在天帝那儿，即使扁鹊来了，又能怎么样！"韩信与高祖谈论用兵作战之事，韩信对高祖说："您皇上是天帝授予的，不是人的智力所能达到的。"扬子云也说过"有机遇还是没有机遇，是命啊！"太史公司马迁说："富贵离不开贫贱，贫贱伴随着富贵。"这是说富贵可转化为贫贱，贫贱也可以转化为富贵。富贵不企求贫贱，贫贱自至；贫贱不求为富贵，富贵自得。春夏二季，五行有囚死废休者；秋冬二季，五行有旺相胎育者，人力是不能左右它的。太阳早晨升起，傍晚落下，人也是不能左右它的。这就是天道自然。代王从代出发，进京后成了汉文帝；周亚夫以庶出之子的身份意外地封

为条侯。当时代王并不是皇太子，周亚夫也不是正妻所生并无爵位继承的资格，正巧赶上时机，碰到合适的条件，好运气就极鲜明、极特殊地来到了。命中该贫穷的，以努力奋斗而致富，一富就死去；命中该卑贱的，凭才干突出而当官，一宠贵就会被罢免。凭才力而致的富贵，命禄不能保持；就如同升斗只容得下一定数量，双手只提得起一定重量一样。能容得下一升的，装了一升就齐平了，再多了就会溢出；能提得动一钧的，举起三十斤就行了，再重了就会摔倒在地了。

前代哲人明于是非，将一切归之于命，命的存在是确凿无疑的。相信命的人就可以静居待时，不必劳精费神苦苦追求。正如珠玉在深山大渊之中，不求贵价，人自然珍视它。天命难知，人们一般都不肯认真审察，虽有厚命，也不自信，所以一定要苦苦去追求。如果自知其命，即使逃避辞让其富与贵，也终于摆脱不掉。所以说“努力可以胜贫，谨慎可以免祸”，努力勤奋而致富，砥砺才学修明德行而显贵，农夫努力耕作而得谷多，商贾勤于经营而得大利。丧失良机，要想富贵，是办不到的。虽说有命，还得人们去争取它。如果相信命而不去争取，认为自然而然会得到一切，可以不凭努力而自然而然地会得到，不靠认真从事而自然而然地成功，不去行动就会自己来到，是不对的。其实，那命富之人，体魄自然强健；命贵之人，才智肯定超群。如同千里之马，头目蹄足自然与千里之行的要求相应相称啊。世上事物，有争取而自然不能得到的，但没有不经争取而获得的。精思博学而不求尊贵，尊贵自然来到；努力劳作而不求富，富自然来到。富贵的福气，不可强求而致，贫贱的祸患，不可能随意免除。由此说来，有富贵之命，不求自得。相信命的人就要说了：“自知吉利，就不必去追求了。天命吉利优厚，不求自得；天命凶险多恶，求它也没有用。”其实，物有不求而自生的，人也有不求贵而自贵的。人的情况是：有不教而自善的人，也有教而终于不善的人，这天性也就与天命没有两样了。越王翳逃入深山，诚心不愿再当国王，希望有人能顶替他。越人放火焚烧他住的洞穴，于是不能摆脱烦恼，仍然做了国王。天命该他为王，终于逃不脱。这不就是他不求自得的富贵么？

气寿篇

凡人禀命有二品：一曰所当触值之命①，二曰强弱寿夭之命。所当触值，谓兵、烧、压、溺也②。强寿弱夭，谓禀气渥薄也。兵、烧、压、溺，遭以所禀为命，未必有审期也。若夫强弱夭寿，以百为数，不至百者，气自不足也。夫禀气渥则其体强，体强则其命长；气薄则其体弱，体弱则命短，命短则多病，寿短。始生而死，未产而伤，禀之薄弱也。渥强之人，不卒其寿③。若夫无所遭遇，虚居困劣④，短气而死，此禀之薄，用之竭也。此与始生而死，未产而伤，一命也。皆由禀气不足，不自致于百也。

【注释】

①当：方，值。触：接触，遭受。值：逢，遇。②兵、烧、压、溺：指被兵器杀死，火烧死，土压死，水淹死。③不：疑作必。卒：尽。④劣：弱。指人气短力绌。

人之禀气，或充实而坚强，或虚劣而软弱。充实坚强，其年寿；虚劣软弱，失弃其身。天地生物，物有不遂；父母生子，子有不就。物有为实，枯死为堕；人有为儿[1]，夭命而伤。使实不枯，亦至满岁；使儿不伤，亦至百年。然为实、儿而死枯者，禀气薄，则虽形体完，其虚劣气少，不能充也[2]。儿生，号啼之声鸿朗高畅者寿，嘶喝湿下者夭[3]。何则？禀寿夭之命，以气多少为主性也。妇人疏字者子活[4]，数乳者子死[5]。何则？疏而气渥，子坚强；数而气薄，子软弱也。怀子，而前已产子死[6]，则谓所怀不活，名之曰怀。其意以为，已产之子死，故感伤之子失其性矣。所产子死，所怀子凶者，字乳亟数[7]，气薄不能成也。虽成人形体，则易感伤，独先疾病，病独不治。

【注释】

①为：造，形成。人有为儿：有的婴儿出生了。②充：满，足。此处指充满整个果实或婴儿身体。③嘶喝：声音沙哑。湿下：此处指声音低小。④字：怀孕，生育。⑤数（shuò）：频繁，多。乳：生育。⑥而：如果。⑦亟（qì）：屡次，多。

百岁之命，是其正也。不能满百者，虽非正，犹为命也。譬犹人形一丈，正形也。名男子为丈夫，尊公妪为丈人。不满丈者，失其正也。虽失其正，犹乃为形也。夫形不可以不满丈之故，谓之非形，犹命不可以不满百之故，谓之非命也。非天有长短之命，而人各有禀受也。由此言之，人受气命于天，卒与不卒，同也。语曰：“图王不成[1]，其弊可以霸[2]。”霸者，王之弊也。霸本当至于王，犹寿当至于百也。不能成王，退而为霸；不能至百，消而为夭。王霸同一业，优劣异名；寿夭或一气，长短殊数。

【注释】

①王：王业。指像夏禹、商汤、周文王、武王所建立的功业。②弊：败。此处是退一步、次一等的意思。霸：霸业。指像齐桓公等“五霸”所建立的功业。汉代一般认为“王业”比“霸业”高一等。

何以知不满百为夭者？百岁之命也，以其形体小大长短同一等也。百岁之身，五十之体，无以异也。身体不异，血气不殊。鸟兽与人异形，故其年寿与人殊数。何以明人年以百为寿也？世间有矣。儒者说曰：太平之时，人民侗长[1]，百岁左右，气和之所生也[2]。《尧典》曰：“朕在位七十载。”求禅得舜，舜征三十岁在位。尧退而老，八岁而终，至殂落九十八岁[3]。未在位之时，必已成人，今计数百有余矣。又曰：“舜生三十，征用三十，在位五十载，陟方乃死[4]。适百岁矣。文王谓武王曰：“我百，尔九十，吾与尔三焉。”文王九十七而薨，武王九十三而崩。周公，武王之弟也，兄弟相差不过十年。武王崩，周公居摄七年[5]，复政退老，出入百岁矣[6]。邵公[7]，周公之兄也，至康王之时[8]，尚为太保[9]，出入百有余岁矣。圣人禀和气[10]，故年命得正数[11]。气和为治平[12]，故太平之世多长寿人。百岁之寿，盖人年之正数也，犹物至秋而死，物命之正期也，物先秋后秋，则亦如人死或增百岁或减百也。先秋后秋为期，增百减百为数。物或出地而死，犹人始生而夭也。物或逾秋不死，亦如人年多度百至于三百也。传称老子二百余岁，邵公百八十。高宗享国百年[13]，周穆王享国百年[14]，并未享国

之时，皆出百三十、四十岁矣。

【注释】

①侗（tōng）长：高大。②气：此处指阴阳之气。③殂（cú）落：死亡。④陟（zhì）方：帝王到各地巡游。传说舜到南方巡游时死去。⑤居摄：代理未成年君主执政。⑥出入：特指呼吸。此处是活的意思。⑦邵公：即召公、召康王。周文王的儿子姬奭（shì）。⑧康王：周康王，成王之子姬钊。⑨太保：官名，西周设置，职务是负责辅导君主。⑩和气：王充指的是阴气、阳气协调和谐之气，他认为承受了这种气就可以长寿。但有时他又认为这种气具有道德属性，“圣人”就是承受过这种气的。⑪正数：正常寿限，指一百岁。⑫治平：社会安定，天下太平。⑬高宗：商朝国君武丁，死后被祀为高宗。从公元前1254年起在位五十九年。享国：享有其国，指帝王在位。⑭周穆王：姓姬，名满。西周国君，在位五十五年。

【译文】

世人所禀受的命有两种：一种是所当触值之命，另一种是强弱寿夭之命。所谓所当触值，就是说碰上意外凶祸而死于非命，如遭兵刃而死、遇焚烧而死，压死、淹死等等；所谓强弱寿夭，就是指人在母体中所禀受的元气有厚薄优劣的不同。兵刃焚烧与压溺而死，遭逢所禀受的薄劣之气而为命，不一定有一个确切的时限。至于强弱寿夭，一般以百年为期，不到百年者，是因其所禀之气有所不足的原因。那禀受丰厚之气者体魄就强壮，禀受单薄之气者体魄就消弱，体魄强壮者寿命长，体魄虚弱者寿命短，命短就多病早死。刚生下来就死了，没有生出来就送命了，那是禀气过于单薄的原因。禀气丰厚体魄强壮之人必定能活满百年之期。至于那些并没有遭受祸患，空虚无聊地呆在家里却软弱无力，甚至短气而死者，这是由于他禀受的元气单薄而耗用得又太多的缘故。这跟那种生下来就死去，未生下来已送命的夭折者，是一样的薄命，都是由于禀受的元气不足，不能自致于百岁之期。人们禀受的元气，或充实而坚强，或虚劣而薄弱。充实坚强者寿命长久，虚劣薄弱者寿命夭短。天地生物，物有不能顺遂滋养发育的；父母生子，子女有不能成长健壮的。草木有结了种子而中途枯死坠落的；父母有养育子女而中途夭折伤亡的。若种子不枯萎也能长满时日，若小儿不夭折，也能活到百年。然而种子与幼儿之所以枯死夭折，是因为禀气太薄，虽然形体完全，但他体中虚弱而气少，不能充实他的肌体。孩子生下来时，啼哭之声洪亮朗畅者活得久长，嘶哑滞涩者必定不能长命。为什么呢？人所禀受的寿夭之命，就是以其气的多少为主宰啊。妇人子女稀少者孩子就活得健壮，儿女生得又多又密者中途夭折的多。为什么呢？生得稀少者禀气丰厚，孩子就体魄就强壮；生得多而密者禀气薄弱，孩子自然就虚弱了。怀孕时如果前胎已生之子死了，那么所怀之子也活不好，因而称之为“殡”，其意思是说：已生之子死了，所以父母感伤中所胎育的孩子也会失其本性。所产之子已死，所怀之子又凶，原因在于胎孕频繁，禀气太薄不能长寿。即使形成了人的形体，也容易感伤，偏偏会多得疾病，一病就难以治疗。

百岁之命，是人的正常寿命；不能活到百岁，虽正常寿命，但也是一种命。例如人的躯体，一丈高是正常身材，所以称男子为丈夫，尊岳父为丈人，凡不满一丈者，就失其正常应有的身材了；虽失其正常的身材，仍然是人的躯体。人体不会因不满一丈就视为“非人形”，这就如同人寿不满百者，不可以称为“非命”一样。不是天意规定了什么长短之命，而是人在胎育时各自禀受了厚薄各异的元气。由此说来，人禀受气与命于上天，至于能否终其天年，都是一样的。俗语说：“图谋称王称不成，退一步还可以称霸。”可见霸业位于王业的次位，霸者本

当成为王者，就如寿命本当活到百岁一样。不能成王，退而为霸；不能百岁，减轻压抑以免于夭伤。王业霸业都是治国之业，只是优劣不同罢了；长寿短命都是活着，只是长期短期有所不同罢了。凭什么说不满百岁而夭折者，也是百岁之命呢？是根据其身材体魄的长短大小齐平等同来说的。百岁之身，与五十之体，长短大小没有什么根本差别，身体没有差异，血气相差不悬殊啊。鸟兽与人形体差异悬殊，其年寿就跟人大不一样了。

凭什么说人的年寿以百岁为期呢？世人原本就有这种情况。儒生们说："太平时期，人民身体高大强壮，能活百岁左右。"这是社会上的"和气"的产物啊。《尚书·尧典》中说：尧在位七十年，寻求禅让对象而得到舜。舜被征用三十年而后继位。尧年老退休，八年之后死。这么说来，尧从即位到死亡活了九十八年，其未在位之时，必已成人，这样计算其寿数，就该是百岁以上了。《尚书》又说：舜是在三十岁时被征用的，征用三十年后即位，在位四十年，巡游四方而死。也可以算是一位百岁老人了。周文王对周武王说："我有百岁的寿限，你有九十岁的寿期，我让给你三岁好了。"结果文王活到九十七岁，武王活到九十三岁。周公是武王的弟弟，兄弟相差不过十岁，武王死后，周公代理国政七年后还政于成王，退休养老，其寿命也在百岁上下了。召公，是周公的兄长，直到周康王时还任太保，活到一百多岁了。圣人禀受了天的和气，所以年寿能得百岁的正数。气和而致太平，太平之时人寿年丰。百岁之寿，看来是人的正常寿命，就如草木到了秋天便凋零，那是草木的正数。草木有先于秋天或后于秋天而死的，那也就如像人的不到百岁或过了百岁而死。先秋后秋的死亡期限，与增百减百的年寿岁数，都算是正常的。草木有萌芽即死的，正如人的刚生即死；草木有过了秋天不死的，也如同人的过了百岁甚至于三百岁。旧书上称老子李聃活了二百余岁，召公活了一百八十岁。高宗在位百年，周穆王在位百年，加上未即位之前的时间，都超出一百三、四十岁啦。

无形篇

人禀元气于天，各受寿夭之命，以立长短之形，犹陶者用土为簋廉[①]，冶者用铜为柈杅矣[②]，器形已成，不可小大；人体已定，不可减增。用气为性，性成命定。体气与形骸相抱，生死与期节相须。形不可变化，命不可减加。以陶冶言之，人命短长，可得论也。

【注释】

①土：疑"埴"的坏字。埴（zhí）：粘土。簋（guǐ）：旧时装食物的器皿。庑（wǔ）：通甒（wǔ），旧时装酒的陶器。②柈（pán）：通盘，盘子。杅（yǔ）：同盂，盛水的器皿。

或难曰[①]："陶者用埴为簋廉，簋廉壹成，遂至毁败，不可复变。若夫冶者用铜为柈杅，柈杅虽已成器，犹可复烁，柈可得为尊[②]，尊不可为簋。人禀气于天，虽各受寿夭之命，立以形体，如得善道神药[③]，形可变化，命可加增。"

【注释】

①难（nàn）：驳斥。②尊：旧时的酒具。③善道：指所谓可以使人延年益寿，长生不死的道术。神药：指仙丹。

曰：冶者变更成器，须先以火燔烁，乃可大小短长。人冀延年，欲比于铜器，宜有若炉炭之化，乃易形；形易，寿亦可增。人何由变易其形，便如火烁铜器乎？《礼》曰："水潦降①，不献鱼鳖。"何则？雨水暴下，虫蛇变化，化为鱼鳖。离本真暂变之虫，臣子谨慎，故不敢献。人愿身之变，冀若虫蛇之化乎？夫虫蛇未化者，不若不化者。虫蛇未化，人不食也；化为鱼鳖，人则食之。食则寿命乃短，非所冀也。岁月推移，气变物类，虾蟆为鹑②，雀为蜄蛤③。人愿身之变，冀若鹑与蜄蛤鱼鳖之类也？人设捕蜄蛤，得者食之，虽身之不化，寿命不得长，非所冀也。鲁公牛哀寝疾七日④，变而成虎。鲧殛羽山⑤，化为黄能。愿身变者，冀牛哀之为虎，鲧之为能乎？则夫虎，能之寿，不能过人。天地之性，人最为贵。变人之形，更为禽兽，非所冀也。凡可冀者，以老翁变为婴儿，其次，白发复黑，齿落复生，身气丁强⑥，超乘不衰，乃可贵也。徒变其形，寿命不延，其何益哉？

【注释】

①潦（lǎo）：大雨。②虾蟆：蛤蟆。鹑（chún）：鸟名，即鹌（ān）鹑。③雀：麻雀的别称。蜄（shèn）：大蚌。蛤（gé），蛤蜊。④公牛哀：姓公牛，名哀，春秋时鲁国人。⑤鲧（gǔn）：传说是禹之父。居于崇，号崇伯。奉尧命治水，以筑堤防水九年未平，被舜杀于羽山（位于今山东郯城东北）。神话说他神化为黄能（一种类似熊的兽）。殛（jí）：诛杀。羽山：旧时山名，传说位于今山东省郯城东北。⑥丁：健壮。强：强健，有力。

且物之变随气，若应政治，有所象为。非天所欲寿长之故，变易其形也，又非得神草珍药食之而变化也。人恒服药固寿，能增加本性，益其身年也。遭时变化，非天之正气，人所受之真性也，天地不变，日月不易，星辰不没，正也。人受正气，故体不变。时或男化为女，女化为男，由高岸为谷，深谷为陵也，应政为变。为政变，非常性也。汉兴，老父授张良书①，已化为石②，是以石之精为汉兴之瑞也；犹河精为人持壁与秦使者，秦亡之征也。蚕食桑老，绩而为茧③，茧又化而为娥④，娥有两翼，变去蚕形。蛴螬化为复育⑤，复育转而为蝉，蝉生两翼，不类蛴螬。凡诸命蠕蜚之类。多变其形，易其体。至人独不变者，禀得正也。生为婴儿，长为丈夫，老为父翁，从生至死，未尝变更者，天性然也。天性不变者，不可令复变；变者，不可不变。若夫变者之寿，不若不变者。人欲变其形，辄增益其年⑥，可也。如徒变其形而年不增，则蝉之类也，何谓人愿之？龙之为虫，一存一亡⑦，一短一长，龙之为性也，变化斯须⑧，辄复非常。由此言之，人，物也，受不变之形，不可变更，年不可增减。

【注释】

①老父：老头。张良（？～公元前186年）：字子房，传为城父（位于今安徽省亳县东南）人。汉初大臣。其祖与父是韩国贵族，秦灭韩，张良结交刺客，刺杀秦始皇未遂。传说他逃至下邳（位于今江苏睢宁北），遇黄石公，得《太公兵法》。后参加秦末农民起义，是刘邦的主要谋士。汉朝建立，封为留候。事参见《史记·留侯世家》。②已：随后，不久。化为石：传说黄石公是块石头变的，后来又复原为石头。③

绩：把麻搓成线。此处指吐丝。④娥：通蛾。⑤蛴螬（qícáo）：金龟子的幼虫。复育：蝉的幼虫。⑥辄（zhé）：总是，就。⑦一：时而。⑧斯须：一会儿。

传称高宗有桑穀之异①，悔过反政，享福百年，是虚也。传言宋景公出三善言②，荧惑却三舍③，延年二十一载，是又虚也。又言秦缪公有明德④，上帝赐之十九年，是又虚也。称赤松，王乔好道为仙，度世不死，是又虚也。假令人生立形谓之甲，终老至死，常守甲形。如好道为仙，未有使甲变为乙者也。夫形不可变更，年不可减增。何则？形、气、性，天也。形为春，气为夏⑤。人以气为寿，形随气而动。气性不均，则于体不同。牛寿半马，马寿半人，然则牛马之形与人异矣。禀牛马之形，当自得牛马之寿，牛马之不变为人，则年寿亦短于人。世称高宗之徒⑥，不言其身形变异，而徒言其增延年寿，故有信矣

【注释】

①高宗：指商朝君主武丁。穀（gǔ）：木名，构树，又名楮（chǔ）树。②宋景公：名头曼。春秋末宋国君主，公元前516～前451年在位。③荧惑：即火星。由于火星呈红色，荧荧像火。在天空中运行，时而从西向东，时而从东向西，情况复杂，令人迷惑，故称为荧惑。却：退避，移开。④秦缪公：即秦穆公（？～公元前621年），名任好。春秋时秦国国君，五霸之一，公元前659～前621年在位。⑤形为春，气为夏："形"是外表，"气"是动因。春天使植物萌芽，具备外形，夏天由"气"作动因，促使植物发育成长。⑥高宗之徒：指殷高宗、宋景公、秦穆公一类人。

形之血气也，犹囊之贮粟米也。一石①，囊之高大亦适一石。如损益粟米，囊亦增减。人以气为寿，气犹粟米，形犹囊也，增减其寿，亦当增减其身，形安得如故？如以人形与囊异，气与粟米殊，更以苞瓜喻之②。苞瓜之汁，犹人之血也；其肌，犹肉也。试令人损益苞瓜的汁，令其形如故，耐为之乎③？人不耐损益苞瓜之汁，天安耐增减人之年？人年不可增减，高宗之徒谁益之者，而云增加？如言高宗之徒，形体变易，其年亦增，乃可信也。今言年增，不言其体变，未可信也。何则？人禀气于天，气成而形立，则命相须以至终死。形不可变化，年亦不可增加。以何验之？人生能行，死则僵仆，死则气减，形消而坏。禀生人，形不可得变，其年安可增？人生至老，身变者，发与肤也。人少则发黑，老则发白，白久则黄。发之变，形非变也。人少则肤白，老则肤黑，黑久则黯④，若有垢矣。发黄而肤为垢，故《礼》曰"黄耇无疆⑤。"发变异，故人老寿迟死，骨肉不可变更，寿极则死矣。五行之物⑥，可变改者，唯土也。埏以为马⑦，变以为人，是谓未入陶灶更火者也。如使成器，入灶更火，牢坚不可复变。今人以为天地所陶冶矣⑧，形已成定，何可复更也？

【注释】

①石（dàn）：容量单位，十斗为一石。②苞瓜：即匏（páo）瓜，俗称瓢葫芦，是葫芦的一个变种。③耐（néng）：通能。④黯：深黑。此处是指皮肤干枯，不光润。⑤黄：指人老头发变黄。耇（gǒu）：指老人脸色暗黑。黄耇：九十岁。泛指年老。⑥五行：木、火、土、金、水。⑦埏（shān）：揉和（粘土）。⑧以：通已，已经。

图仙人之形，体生毛，臂变为翼，行于云，则年增矣，千岁不死。此虚图也。世有虚语，亦有虚图。假使之然，蝉娥之类[①]，非真正人也。海外三十五国，有毛民、羽民，羽则翼矣。毛羽之民土形所出，非言为道身生毛羽也。禹、益见西王母[②]，不言有毛羽。不死之民，亦在外国，不言有毛羽。毛羽之民，不言不死；不死之民，不言毛羽。毛羽未可以效不死，仙人之有翼，安足以验长寿乎？

【注释】

①娥：疑为蛾之误。②西王母：神话中的女神。旧时中西交通传闻中，往往以为在西方绝远处有西王母之邦。

【译文】

人从上天禀受元气，各自领得一份寿夭之命，从而确立其高矮不同的躯体。就好像陶工用粘土作瓦钵，冶工用铜料作盆盂一样，器形一旦成型，就不能改变了。人体也一样，确立之后就不能更改了。人因为禀受元气而具有生命，生命已具则寿夭确定。体气和躯体相依存，生死和寿命相一致。用陶冶的事物来推论，人命的短长，是否能长生不老，是否能成神成仙，也可以讲清楚了。

有人指责说："陶工用粘土作成瓦钵，瓦钵一旦烧制好了，直至砸坏，也不能再变成其他形状。至于冶工用铜料作盘盂，盘盂虽然已经成形，还可以重新烧熔，再作成酒盅，成了酒盅还可以再作成盘盂。人禀受着上天的元气，虽然各有一份寿夭之命，确定了他的身材体形，如果得到延年益寿、长生不死的妙方神术或灵丹妙药，那么，躯体也可以变化而寿命还可以增加。"

我说："冶工改变已成的器皿，必须先用高温烈火来熔铸，这才可以改变它的大小方圆。人希望延年益寿，要比拟于铜器，那就应有炉炭一类的变化条件，这才可以变其身形。身形改变了，寿命也就可以增加了。人又怎么去改变自已的身形，就好像烈火高温的熔铸铜器呢？《礼记》里说："大雨降临的季节，不献鱼鳖于神灵。"何以如此呢？据说大雨降下时，蛇虫变形，化为鱼鳖，那离开其原有真相而临时变成的动物，臣子谨慎，因此不敢献祭。人们愿意自已的变化，难道就希望像虫蛇那么变化么？那虫蛇的变化者，不若没有变化的，虫蛇没变时，没有人敢去吃它，变化成鱼鳖之后，人就要吃它了。吃它它的寿命就缩短了，这不是人所希望的。岁月推移，气变物类，蛤蟆变成鹌鹑，麻雀变成蛤蜊，人们愿意身子变化，难道就如同鹑雀蛤蜊鱼鳖之类么？人设法捕捉蛤蜊，捉到就吃。即使身子不变化，寿命不延长，这种结局也不是它所希望的吧！鲁国公牛哀病倒了一天，变成了一只老虎。鲧被杀于羽山，变成了一头黄熊。愿意身子变化的人，想让自已像公牛哀的变虎、鲧的变熊么？然而老虎和黄熊的寿命不比人长。天地之间，人最为贵。把人的形体变成禽兽，不是大家所希望的。人们所愿意企求的，是将白发老翁变成婴儿，其次是白发变成黑发，牙齿脱落了再生，身子骨变的健强，腾跃上车也十分轻捷，那才可贵。但是只改变其形貌，寿命又不增加，哪又有什么用处呢？

再说，物的变化，随气而行，如若与政事相呼应，那就是有所象征的了。并不是天所欲使之长寿永存而特意变更其形的，也不是得了什么灵丹妙药吃了之后而变化其形的，人常常服食药物本来就可以延长寿命，因为可以增强其固有的性命而增加其寿命。至于遭逢时变而变异，那不是天的正气，也不是人所禀受的真性。天地不变，日月不换，星辰不没。这叫做正气。人禀受正气，所以身形不会变化。有时偶尔发生男变为女、女变为男的稀罕事，犹如高岸变为深谷，深谷变为高岸。适应政事的变化而变化，叫做“政变”，这不是天的常性。汉朝兴起时，有位老夫送给张良一本书，自己则化成黄石一片，这可以说是石精了，它是汉朝兴起的瑞应。这就像河精的变化成人，拿着璧玉送给秦的使者，成为秦灭亡的前兆一样。蚕食桑叶，老而结茧、茧化为蛾，蛾有双翼，完全改变了蚕的形体。金龟子的幼虫蛴螬化为蝉的幼虫复育，复育又化为蝉。蝉有双翼，不似蛴螬。大凡各种蠕动能飞的虫类，大多都能改变其形貌与躯体。只有人唯独不变的原因，是人禀得天地之正气啊。生下来为婴儿，长大了成为丈夫，年老了成为老翁，从生到死，从来不改变人形，这是天性使其如此的啊。天性不变的，也不能让他再变；天性该变的，不可以令其不变。而那些能变形的东西的寿命，不比不能变形的人类长。人要变其形，同时就增其寿，那是可以的，如果只是变化其外形，而寿命不增加，那只不过是蝉蛾之类罢了，那么人们怎么会愿意呢？龙这种生物，或存或亡，或短或长。龙的天性是变化快易、转换无常。由此说来，人也是一种物，作为物，禀受了不变之形，形体不可改变，寿命也就不可以增减了。古书中说：“商高宗时，发生过一次桑树与构树的奇异生态变化，高宗引此为告诫而悔过变法，结果享福百年。这是虚构的。古书上又说：宋景公说了三句有仁义之心的话，荧惑星为之退移三舍之地，宋景公因此而延长寿命二十一年。这也是一条虚假传闻。又说秦公穆有好德行，上帝赐给他十九年寿命，这同样是虚假的。旧书上说赤松子与王子乔好道成仙，能永世不死，这照样是假的。假如一个人生来有了他的既成身躯称之为某甲，那么从老到死，也都是某甲的身体。如果得道成仙，可没有能使某甲变为某乙的事啊。人的身体不可改变，年寿不能增减呀！何以这样说呢？因为人的身形、元气、性命，是天赋的，身形为春，元气为夏，人以元气定寿命，身体随元气而动作。气性不一样，那就有不同形体。牛的寿命是马的一半，马的寿命是人的一半，这样的话牛马之形就与人不同了。禀受牛马的身形，自当得牛马之寿，牛马不能变成人，因而其寿命也短于人。世人称道商高宗宋景公这些人，不谈其身形的变化，只说其寿命的增加，这就能够取信了么？

人体的包蕴血气，就像布袋的装粟米，能装一石的袋子的高大形体，正装进一石粟米。如果要增减粟米，那么口袋也就要随着增减其高度。人以气为寿，气等于谷米，身等于口袋，增减其寿数，也就要增减其身材，身形怎么能保持原样不变呢？如果说人体与口袋不是一类，气和粟米也不相同，那就换成苞瓜来打比喻好了。苞瓜的汁，就好比人身的血，苞瓜的皮肉，就好比人的肌肉。试着增减苞瓜的汁，让其形体不发生变化，能做到吗？人不能增减苞瓜的汁，天又怎么会增减人的寿命呢？人都不能增减，那么高宗、景公这些人是谁增加了他们寿命的呢？为什么非要说增加了呢？如果说高宗这些人形体变化了，说寿命随着增添了，似乎还可相信。现在说他年岁增加了，没人说形体变化了，实在是不可以相信的。为什么呢？人禀气于天，气成而体形确立，形命相依，直至老死。形体不可变化，寿命也不可增加。拿什么来证实它呢？人生而能行，死了就僵硬倒地。死了就是气消散了，形体也腐烂了，禀气而生人，形体不可变，其寿命怎么可以增加呢？人生至老身形可以变化者，唯有毛发皮肤而已。人年少时头发黑，年老时头发白，白久了就变黄，头发变了，身形没有变。人年少则皮肤白，年老肤黑，黑久就失去光泽，如有积垢一般。发黄肤垢，所以以《仪礼》中有“黄耇无疆”、老人长寿的说法。发肤变易，所以人老寿时发肤迟死，而骨肉不变；寿限一到头，骨、肉就衰朽了。五行之物，可以改变形体的，就唯有土了。土可以和成泥捏成马，又捏成人，这是指没有进窑烧制

之前；如果作成器皿，入窑烧制，那就坚固而不可再改变了。现在人已经经过了天地的陶冶制作，身形已经定型了，怎么可以再变化呢？

人们绘画神仙的形象，身上长羽毛，双臂变为双翼，行走于云端，寿命也增长了，千年不死，其实这是虚假的图象。世上有虚假不实的言语，也有虚假不实的图画。如果真的那样，不过是蝉蛾之类罢了，而不是真正的人。传说海外有三十五国，有毛民国，有羽民国，羽就是翼了。毛羽国的老百姓，是当方身形所天然生出的，不是如所说的那样修道养性之后新生出的毛羽。禹和益都曾两次见到过西王母，也没有说西王母有毛羽的事。不死之民，也生在海外，也并没有听说过他们有毛羽。有毛羽之民，也没听说过不死；不死之民，也没听说过有毛羽。毛羽并不能证明可以不死呀，那么仙人的长羽翼，又怎么能证明其长生不老呢？

率性篇

论人之性，定有善有恶。其善者，固自善矣；其恶者，故可教告率勉，使之为善。凡人君父，审观臣子之性，善则养育劝率，无令近恶；近恶则辅保禁防，令渐于善[①]。善渐于恶，恶化于善，成为性行[②]。

【注释】

①渐（jiān）：浸染。此处指逐渐变化。②性：本性，天性。此处是天生的意思。

召公戒成曰：“今王初服厥命，於戏[①]！若生子，罔不在厥初生[②]。”“生子”谓十五子[③]，初生意于善，终以善；初生意于恶，终以恶。《诗》曰：“彼姝者子[④]，何以与之?”传言：“譬犹练丝[⑤]，染之蓝则青，染之丹则赤。”十五之子其犹丝也，其有所渐化为善恶，犹蓝丹之染练丝，使之为青赤也。青赤一成，真色无异。是故杨子哭歧道[⑥]，墨子哭练丝也，盖伤离本，不可复变也。人之性，善可变为恶，恶可变为善，犹此类也。蓬生生麻间[⑦]，不扶自直；白纱入缁[⑧]，不练自黑[⑨]。彼蓬之性不直，纱之质不黑，麻扶缁染，使之直黑。夫人之性犹蓬纱也，在所渐染而善恶变矣。

【注释】

①於戏（wūhū)：同呜呼。②罔（wǎng)：无，没有。③十五子：旧礼规定，君主十二岁行冠礼，十五岁生孩子。生子谓十五子：此处的“生子”是指刚开始独立生活的十五岁的君主。④姝（shū)：美好。子：人。⑤练丝：洁白的丝。⑥杨子：杨朱，战国时魏国人，战国初哲学家。又称：阳子居，阳生。相传他反对墨子的“兼受”和儒家的伦理思想，主张“贵生”，“重己”，“全性葆真，不以物累形”，重视个人生命的保存，反对别人对自己的侵夺，也反对侵夺别人。⑦蓬：草名，即飞蓬，一种容易倒伏的草本植物。生：疑重出。⑧纱：轻薄的丝织物。⑨练：此处是染的意思。

王良、造父称为善御，不能使不良为良也。如徒能御良，其不良者不能驯服，此则驵工庸师服驯技能[①]，何奇而世称之？故曰：王良登车，马不罢驽[②]；尧舜为政，民无狂愚。传曰：“尧舜之民，可比屋而封；桀纣之民，可比屋而诛。”“斯民也，三代所以直道而行也。”圣主之民如彼，恶主之民如此，竟在化不在性也。闻伯夷之风者，贪

夫廉而懦夫有立志；闻柳下惠之风者，薄夫敦而鄙夫宽[③]。徒闻风名，犹或变节，况亲接形，面相敦告乎[④]！孔门弟子七十之徒，皆任卿相之用[⑤]，被服圣教[⑥]，文才雕琢，知能十倍，教训之功而渐渍之力也。未入孔子之门时，闾巷常庸无奇。其尤甚不率者，唯子路也。世称子路无恒之庸人[⑦]，未入孔门时，戴鸡佩豚[⑧]，勇猛无礼。闻诵读之声，摇鸡奋豚，扬唇吻之音[⑨]，聒贤圣之耳[⑩]，恶至甚矣。孔子引而教之，渐渍磨砺，阖导牖进，猛气消损，骄节屈折[⑪]，卒能政事，序在四科[⑫]。斯盖变性使恶为善之明效也。

【注释】

①驵（zǎng）：粗。驵工庸师：此处指一般的马夫。服驯：使马顺服。②罢（pí）：通疲。驽（nú）：劣马，跑不快的马。③柳下惠：姓展，名获，字禽。春秋时鲁国大夫，食邑在柳下，谥号惠。以善于讲究贵族礼节著称。④敦：诚恳地。⑤用：才能。⑥被服：蒙受。⑦子路：即仲由（前542～前480年），春秋末年鲁国卞（位于今山东泗水东）人，孔子得意门人之一，以政事见称。⑧鸡：指似雄鸡头式的帽子。豚（tún）：猪。此处指似公猪尾巴式的东西。⑨杨：此处是噘起的意思。吻：嘴唇。⑩聒（guō）：嘈杂，刺耳。⑪节：事。屈：屈服。折：折服。⑫序：排定秩序。此处是列入的意思。四科：孔子把他的得意学生，按其特长，分为"德行"、"言语"、"政事"、"文学"四类。以后儒家评论人物皆按此分类，叫做四科。序在四科：指子路被列入"政事"之中。

夫肥沃垸埆[①]，土地之本性也。肥而沃者性美，树稼丰茂。垸而埆者性恶[②]，深耕细锄，厚加粪壤，勉致人功，以助地力，其树稼与彼肥沃者相似类也。地之高下，亦如此焉。以䦆、锸凿地[③]，以埤增下[④]，则其下与高者齐。如复增䦆、锸，则夫下者不徒齐者也，反更为高，而其高者反为下。使人之性有善有恶，彼地有高有下，勉致其教令，之善则将善者同之矣。善以化渥，酿其教令，变更为善，善则且更宜反过于往善，犹下地增加䦆、锸，更崇于高地也。"赐不受命而货殖焉"。赐本不受天之富命，所加货财积聚，为世富人者，得货殖之术也[⑤]。夫得其术，虽不受命，犹自益饶富。性恶之人，亦不禀天善性，得圣人之教，志行变化。世称利剑有千金之价。棠溪、鱼肠之属[⑥]，龙泉、太阿之辈[⑦]，其本铤[⑧]，山中之恒铁也，冶工锻炼，成为铦利，岂利剑之锻与炼乃异质哉？工良师巧，炼一数至也[⑨]。试取东下直一金之剑，更熟锻炼，足其火，齐其铦[⑩]，犹千金之剑也。夫铁石天然，尚为锻炼者变易故质，况人含五常之性，贤圣未之熟锻炼耳，奚患性之不善哉！古贵良医者，能知笃剧之病所从生起[⑪]，而以针药治而已之。如徒知病之名而坐观之，何以为奇？夫人有不善，则乃性命之疾也，无其教治而欲令变更，岂不难哉！

【注释】

①沃：灌，浇。垸（qiāo）：土地瘠薄。埆（què）：土地不平而贫瘠。②垸（qiào）：土地不平。③䦆（jué）：大锄。锸（chā）：铁锹。④埤（pì）：矮墙。此处指高处的土地。⑤在前面《命禄篇》中，王充认为"命"是不能改变的，端木赐"转货致富"是命定的，而不是因为他"术善学明"。此处又说他未受天命而是"得货殖之术"致富。前后关于"命"的观点有矛盾。⑥棠溪（xī）：即堂溪，旧时地名。位于今河南省西平县西。以出铜铁，铸造利剑著称。⑦龙泉、太阿：古时二种名贵宝剑。⑧铤（tǐng）：未经冶铸的铜铁。

⑨一：专心。⑩铦：锋利。⑪笃（dǔ）剧：病危。

天道有真伪，真者固自与天相应，伪者人加知巧，亦与真者无以异也，何以验之？《禹贡》曰“璆琳琅玕”者，此则土地所生，真玉珠也。然而道人消烁五石[①]，作五色之玉，比之真玉，光不殊别；兼鱼蚌之珠，与《禹贡》璆琳，皆真玉珠也。然而随侯以药作珠[②]，精耀如真，道士之教至[③]，知巧之意加也[④]。阳遂取火于天，五月丙午日中之时[⑤]，消炼五石铸以为器[⑥]，磨砺生光，仰以向日，则火来至，比真取火之道也。今妄以刀剑之钩月，摩拭朗白，仰以向日，亦得火焉。夫钩月非阳遂也，所以耐取火者[⑦]，摩拭之所致也。今夫性恶之人，使与性善者同类乎？可率勉之，令其为善；使之异类乎？亦可令与道人之所铸玉，随侯之所作珠，人之所摩刀剑钩月焉，教导以学，渐渍以德，亦将日有仁义之操。

【注释】

①消烁（shuò）：熔化。②随侯：指周代汉水东岸姬姓随国的一个君主。③教：法术。④意：意义，含义。加：超过。⑤五月：复历五月，古人认为是一年中阳气最盛的时节。丙午：古人用天干（甲、乙……壬、癸）与地支（子、丑……戌、亥）相配纪日。今人记日说，五月某日；古人记日则说，五月丙午日。按阴阳五行说，丙和午都属火，故认为“五月丙午”这天是一年中阳气火气最旺盛的日子。⑥消炼：熔化。⑦耐（néng）：通能。

黄帝与炎帝争为天子[①]，教熊、罴、貔、虎以战于阪泉之野[②]，三战得志，炎帝败绩。尧以天下让舜，鲧为诸侯，欲得三公[③]，而尧不听，怒其猛兽，欲以为乱，比兽之角可以为城，举尾以为旌[④]，奋心盛气，阳战为强[⑤]。夫禽兽与人殊形，犹可命战，况人同类乎！推此以论，百兽率舞[⑥]，潭鱼出听，六马仰秣[⑦]，不复疑矣。异类以殊为同，同类以钧为异[⑧]，所由不在于物[⑨]，在于人也。

【注释】

①黄帝：传说是中原各族的共同祖先。姬姓，号轩辕氏，有熊氏，以云为官。少典之子。炎帝：传说是上古姜姓部族首领。②罴（pí）：兽名，熊的一种。貔（pí）：古籍中的一种猛兽。③三公：周代三公有两说：一说司马、司徒、司空，一说太师、太傅、太保。西汉以丞相（大司徒）、太尉（大司马）、御史大夫（大司空）合称三公。东汉以太尉、司徒、司空合称三公。为共同负责军政的最高长官。④旌（jīng）：古时竿头缀旄牛尾，下有五彩析羽的旗子。用以指挥或开道。以后作为旗子的通称。⑤阳：仗恃。为：助。⑥率：一概，一律。⑦秣（mò）：马料。此处是马吃料的意思。⑧钧：通均。⑨所由：古时办事必经胥吏和差役之手，所以称他们为所由。此处是关键的意思。

凡含血气者，教之所以异化也。三苗之民[①]，或贤或不肖，尧舜齐之[②]，恩教加也。楚越之人，处庄、岳之间[③]，经历岁月，变为舒缓，风俗移也。故曰：齐舒缓，秦慢易，楚促急，燕戆投[④]。以庄、岳言之，四国之民，更相出入，久居单处，性必变易。夫性恶者，心比木石，木石犹为人用，况非木石！在君子之迹，庶几可见。

【注释】

①三苗：亦称有苗、苗民，传说是古时南方的一个部族。②齐之：使他们变得整齐。此处指使不贤变贤。③庄、岳：齐国国都临淄城里的两条街。④戆（gàng）：愚而刚直。投：借为“豉”（chù）。

有痴狂之疾，歌啼于路，不晓东西，不睹燥湿，不觉疾病，不知饥饱，性已毁伤，不可如何，前无所观[①]，却无所畏也。是故王法不废学校之官[②]，不除狱理之吏[③]，欲令凡众见礼义之教。学校勉其前，法禁防其后，使丹朱之志亦将可勉。何以验之？三军之士[④]，非能制也，勇将率勉，视死如归。且阖庐尝试其士于五湖之侧[⑤]，皆加刃于肩，血流至地。句践亦试其士于寝宫之庭[⑥]，赴火死者不可胜数。夫刃，火非人性之所贪也，二主激率，念不顾生[⑦]。是故军之法轻刺血，孟贲勇也，闻军令惧。是故叔孙通制定礼仪[⑧]，拔剑争功之臣，奉礼拜伏，初骄倨而后逊顺，教威德，变易性也。不患性恶，患其不服圣教，自遇而以生祸也。

【注释】

①观（quàn）：通劝，劝勉，鼓励。②学校：汉时郡国曰学，县、道、邑、侯国曰校。③狱理之吏：管理牢狱的官吏。此处指司法的官吏。④三军：先秦时各国多设中、上、下（如晋国），或中、左、右（如楚国）三军。这里此处泛指军队。⑤阖庐（hélú）（？～公元前496年）：一作阖闾。名光，春秋末年吴国君主。公元前514～前496年在位。试：试验。此处是训练的意思。五湖：太湖的别名。⑥句（gōu）践（？～公元前465年）：春秋末越国君主。公元前497～前465年在位。⑦念：顷刻。⑧叔孙通：姓叔孙，名通，汉初薛县（位于今山东滕县东南）人，曾任秦博士。秦末，先任项羽部属，后归刘邦，为博士，称稷嗣君。汉初根据秦法替汉高祖刘邦制定朝仪，整顿朝廷秩序。

豆麦之种与稻粱殊，然食能去饥。小人君子禀性异类乎？譬诸五谷皆为用，实不异而效殊者，禀气有厚泊，故性有善恶也。残则授不仁之气泊，而怒则禀勇渥也。仁泊则戾而少愈[①]，勇渥则猛而无义，而又和气不足，喜怒失时，计虑轻愚。妄行之人，罪故为恶，人受五常，含五脏，皆具于身，禀之泊少，故其操行不及善人，犹或厚或泊也，非厚与泊殊其酿也，曲蘖多少使之然也。是故酒之泊厚，同一曲蘖；人之善恶，共一元气。气有少多，故性有贤愚。西门豹急[②]，佩韦以自缓[③]；董安于缓[④]，带弦以自促。急之与缓，俱失中和，然而韦弦附身，成为完具之人。能纳韦弦之教，补接不足，则豹、安于之名可得参也。贫劣宅屋，不具墙壁宇达[⑤]，人指訾之。如财货富愈。起屋筑墙，以自蔽鄣[⑥]，为之具宅，人弗复非。

【注释】

①戾（lì）：凶暴。愈：慈，可从。②西门豹：战国魏文侯时邺（位于今河北省临漳县西南邺镇）令。姓西门，名豹。曾破除当地“河伯娶妇”的迷信，开水渠十二家，引漳水灌溉，改良土壤，以发展农业生产。③韦：皮带。④董安于：春秋时晋国人，晋国大夫赵孟的家臣。⑤宇：屋檐。达：窗户。⑥鄣（zhàng）：同障，遮。

魏之行田百亩，邺独二百，西门豹灌以漳水[①]，成为膏腴[②]，则亩收一钟[③]。夫人

之质犹郧田，道教犹漳水也，患不能化，不患人性之难率也。雒阳城中之道无水[4]，水工激上洛中之水[5]，日夜驰流，水工之功也。由此言之，迫近君子，而仁义之道数加于身，孟母之徙宅[6]，盖得其验。人间之水污浊，在野外者清洁。俱为一水，源从天涯，或浊或清，所在之势使之然也。南越王赵他[7]，本汉贤人也，化南夷之俗，背畔王制，椎髻箕坐[8]，好之若性。陆贾说以汉德[9]，惧以圣威，蹶然起坐[10]，心觉改悔，奉制称蕃[11]。其于椎髻箕坐也，恶之若性。前则若彼，后则若此。由此言之，亦在于教，不独在性也。

【注释】

①漳水：漳河，位于今河北南部。②膏腴（yú）：指肥沃的土地。③钟：旧时容量单位。春秋时齐国的“公量”以六十四斗为一钟。战国时魏，秦等国也兼用这种量器。④雒（què）阳：即东汉都城洛阳，位于今河南省洛阳市东北。⑤激：阻遏水势。洛：章录杨校宋本作雒，可从。⑥孟母：指孟柯的母亲。徙（xǐ）：迁移。⑦赵他（tuó）（？～公元前137年）：又作赵佗，直定（位于今河北省正定县）人，南越国王。⑧椎髻（zhuījì）：像椎形的发髻。箕坐：坐时两腿伸直张开，形似畚箕。⑨陆贾：战国末期楚国人，汉初的政论家、辞赋家。⑩蹶（guì）然：急速。⑪藩：属国。

【译文】

大凡人的德性，一定有善有恶，其中德性善的，固然他本身就已经是善的了，其中德性恶的，原本也是可以通过教育告诫诱导和规劝，从而使他弃恶从善的。凡人君父，都要审慎仔细地观察臣子的德性，善的就加以教育引导，不要让他接近丑恶；丑恶的人，就要加以疏导保护、约束防范，使他逐步转化为善。善的不转化为恶，恶的转化为善，从而成为好的德性与品行。召公告诫周成王说：“如今你大王刚刚接受这天命而为天下之主。哦呵，就像生育子女一样，没有什么事不是从新生儿开始打基础的。”所谓生育子女，是指十五岁的小青年。孩子刚生，意念向善，终生为善。初生时意念向恶，终生为恶。《诗经》中说：“那美丽柔顺的人儿呀，拿什么来和他交往呢？”古书上说，就像素洁的丝帛，用蓝草去染就变青，用丹砂去染就变红。十五岁的青年，他就跟素丝一样，他的有所转化变迁，也就好像蓝草与丹砂的染素丝能使其变青变红一样，青红之色一旦形成，就会与本色没有什么不同，正因为如此，杨朱为歧路而泣，墨子为染丝而哭：他们也就是伤心其脱离本色而不能复原啊。人的性善，可以变为恶，性恶也可以变成善，也是这样的情况。蓬草生于麻丛中，不扶它自然直立，白纱投进黑里，不染也会变黑。那蓬草的本性原不是直立的，素丝的本色原来也不是黑色的，麻扶它、黑染它，才使它变直变黑了。人的品行也如蓬草素丝一样，在于他所接触习染的东西而变成或善或恶的了。王良与造父，称为善御的人，不能使不良之马变为良马，如果只是会驾驭良马，那不良的马就不能驯服。也不过是一个平常的马夫而已，其技能有什么希罕，而得到世人对他们的赞誉呢？所以有道是“王良登车，马不疲驽。尧舜为政，民无狂愚”。古书上说：“尧舜之民，可挨家挨户地封爵；祭纣之民，可以挨家挨户地诛罚。”“这样的百姓，正是夏商周三代之所以能正道直行的原因所在啊。”圣主之民如彼，恶君之民如此，关键在于如何去教育而不在于其天性如何。听说了伯夷的清廉之风者，贪婪的人会变得清廉，懦夫也会立定志向；听说了柳下惠的崇高的风格的人，吝啬的人会变得敦朴，而鄙狭的人也会变得仁厚。只是听说好的风节名声就会变化自己的品性，何况亲自接触其本人面对面地聆听其教导和规劝呢？孔门弟子七十多位，都能任卿相之职。他们尊奉圣教，文才出众华丽，智能增长十倍，这是由于孔夫子的教导之功，平时薰染之力啊。未入孔子之门时，他们也不过是民间街巷中的凡夫俗子而已，没有什么特别的，其中特别不守规矩的就只有子路了。世人传说子路本是一位平庸无志向无恒心的人。未入孔门时，他戴着公鸡冠饰，佩着公猪尾饰，傲慢无礼，听到读书之声，就摇动鸡冠，奋击猪尾，破口喊叫，恶声聒噪着孔夫子的耳朵，真是顽劣到极点了。孔子把他带在身边，慢慢教导他，逐步影响他，耐心启发他，悉心诱导他，使其顽气消损，骄气收敛，终于能够办理政事了，而且列在孔门四科的优等生的行列之中，这是改变品性，使恶德转化为善行的典型范例啊。

肥沃与贫瘠，是土地的不同属性。肥沃的土壤其性美，种植的庄稼丰盛茂密，贫瘠的土壤其性恶，但如查深耕细锄，厚施肥料，努力加工来培植地力，那么所种的庄稼同样也可以长得茂密丰盛，与肥沃的土地没有区别。地势的高低，也是这般。拿大锹锄头去取土，用凸起地面的土去填低下之地，那么低处就可以与高处齐平；如果再继续挖垫下去，那么低下处不仅能与高处齐平，倒反而会更高些，而凸起处倒反而会低下去。倘若人性有善有恶，如同那地面的有高有低，如果努力进行教诲防范，不善者就能与善者相同。善者已经变得很实在了，再认真完善其教令，会使之变得更善更美。那么，这时的善就可以远远地超过往日的善了，就像低地增加锄铲之工，会比原有的高地更高一样。《论语》上说：“子贡没有禀受富禄之命而经营商贸大发其财。”子贡本来没有禀受上天给予的富命，他之所以能不断增加财富，积聚而为当代富豪，在于他掌握了商贸的门道。只要得其要领，虽不受天命，也能日益富裕起来。那么，性恶之人，同样没有禀受上天的善性，但只要能得到圣人教诲，品行也是会起变化的。世人称利剑有价值千金之贵，那棠溪剑、鱼肠剑、龙泉剑、太阿剑之类，原本是山中常见的铁啊，只是通过工匠冶炼锤锻，才成为锋利无比的宝剑。难道利剑的冶炼锻造了什么特殊品质么？只是因为工师良匠，专心致志地反复锻造才使其身价倍增啊！试取胸中只值一钱的劣质之剑，再精熟地加以锻造，升足火候，磨治好它的刃口，那同样也会成为千金利剑的。那铁石是天然的，尚且能被能工巧匠加以锻炼而逐步改变其品性，何况人具有仁义礼智信五常之性，只是没有经过贤圣的多多锤炼而已，哪里还要担心其天性的不善呢？古人敬重良医，在于他能够知道沉重剧烈的病痛原因何在，并且能用针药去治疗好病痛。如果只知道病名而坐视其痛苦，这样的医生有什么可值得敬重的呢？那么人身上有了不善，这才是性命攸关的病呢？没有相应的教育良方、不加相当的教诲之工，而企望其改恶向善，岂不难哉？

事物生成的原理与途径，有天然地产生的，也有人为地制造的。天然的固然本来就和自然相符合，人造的因为加上了人的智能工巧，也就与天然的没法区别了。拿什么来证明它呢！《尚书·禹贡》篇说？某地生璆、琳、琅、玕四种美玉，都是天然的美玉啊，是一方土地所自然产生的。然而修道炼丹的人，消融丹砂、雄黄、白矾、曾青与磁石等五种石料，作成五色之玉，比起天然的玉来，其光亮皎洁没有任何不同。还有那鱼蚌腹中所生的珍珠，与《禹贡》所说的璆玕一样，是天然自生的。然而随侯用药丸作珍珠，精致光亮就如同天然一般。这是道人的术数用到了妙处，人的智巧加在了其上的缘故啊。凹面的铜镜阳燧可以用来从天上取火，农历五月丙午日中午时刻，将消融的五石铸成器皿，磨砺生光，仰着朝向太阳，那么火就来到了。这是一种天然的取火之道。现在随便地将刀剑尖端弯如新月的部分擦拭得洁白光亮，也仰置着朝向太阳，同样可以得到火。这剑端并不是阳燧，之所以能够取到火，是由于擦拭之功得到的呀。现在那些恶的人，如果他与性善者是同一类，一样是人，就可以引导规劝他，使得他

向善。如果他与善人不是一类呢？也可以让他跟道人所铸的玉、随侯所造的珠，人们所擦拭的剑端一样，用学问来教导他，用德行来陶冶他，他也将会一天天滋生培养出仁义的品行来。

黄帝与炎帝争夺天子之位，黄帝教熊罴虎豹战于坂泉之野，经三次激战，黄帝终于得手，炎帝大败。尧把天下禅让给舜，鲧当时只是一个诸侯，一心想得三公之位而尧不答应，鲧就激怒手下的猛兽，打算借此叛乱，排列兽之角可以成城，高举兽之尾可以为旗，心狠气盛地投入战争，斗胜争强。按说禽兽与人本不属同类，尚且可以教其战争，何况人的同类呢？由此推论下去，所谓百兽随乐曲起舞，渊鱼出水听奏瑟，六马仰头倾听伯牙抚琴等等，也就不足为怪了。异类以其不同而转化为一致，同类以其相同而转化为歧异，其关键不在事物本身，而在于人。凡含血气的人，教导他是为了使其相异之处转化过来啊。南方三苗族的老百姓中有贤者也有不贤者，尧舜同时对他们进行教育，是加上了恩德化育之功啊。楚越之人性情轻狂，使之生活于齐都临淄的庄岳大街上，连年累月之后，也会变得和缓起来，风俗移人呀。所以说：齐人和缓，秦人轻慢，楚人急促，燕人愚莽。以庄岳大街能改变人的品性的例子来看，四方之民，相互出入，交替往返，只要长期地单独生活在异国他乡，其性情必然会发生变化。人们说性恶之人心比木石，木石也能为人所用，何况根本不是木石呢？关键在于用君子的行迹薰染他，由此也就可以知其要领了。

有一种疯癫痴狂之病，患者嚎哭呼叫于路，不明白西东，也看不见燥湿，不感觉自己的病痛，不知道自己的饥饱，其人的本性本能全都损伤了，人们对他不可如何，他是前无所观、后无所畏、进退都一样了。正因为如此，国家制度中不废除学校之官，不废除治狱之吏，正是要让平民百姓都能接受礼义的教导。学校教育引导于其前，刑狱防范禁止于其后，即使丹朱那样性恶之人，也是可以劝勉的。用什么来证明呢？三军之士，不是容易控制的，但如果有一名勇将来统帅他们，劝勉他们，他们就可以做到视死如归。再比如：吴王阖庐曾操练其勇士于太湖之滨，一个个加刃于肩，血流遍地；越王勾践也曾试练其勇士就寝宫大殿，扑到大火中死去的人，不计其数。那刀与火，并不是情所贪求的，两位国王率领激发他们，他们就能奋不顾身、视死如归。因此军中之法轻刺血而重杀伤。孟贲是著名勇士，但他听到军令也感到害怕。因此叔孙通为汉高祖制定礼仪，那些拔剑争功的臣子一个个都奉礼拜伏了，当初狂傲而最后驯服，圣教威德使其改变了性情啊。不担心其性恶，就怕不服圣教，自行其是而招祸惹患。豆麦之种，与稻粱完全不一样，然而吃了同样能充饥，小人与君子，禀性就不一样么？好比五谷都为人所用，实质无异而功效不同，其原因大于禀气有厚薄，所以品性有善恶啊。凶残者所禀受的仁义之气薄，而奋发者所禀受的勇猛之气足啊。仁心单薄就为人乖戾而少慈厚，勇气有余则为人刚猛而缺乏义理，少恩缺义而又和气不中，喜怒失常，考虑问题轻率愚妄，妄行之人，其罪当然至于恶了。

人承受五常之性，含五脏之器，皆齐集于一身。禀受得薄而少，那么其操行就不如善人，这也好像酒味的或醇或薄，或浓或淡。并不是酒味厚薄是由于酿造上有什么区别，而是由于用的酒曲多少有所区别造成这种情形的啊。所以酒味的醇薄，出于同一种酒曲；人的善恶，同样禀受着一种元气。气有多少之别，所以品行有好坏之分。西门豹性急，就在身上佩上韦带来时刻约束提醒自己；董安于性慢，就在身上佩带弓来经常鞭策警醒自己。性急与性缓，都失去中和之美，然而佩上韦或弦，就成了完美之人了。能采纳韦弦式的教诲规劝，弥补自己的不足，那么西门豹、董安于之名后可以并列出第三个来了。贫困人家的屋子破，墙壁门窗不完备，不明白人就指责它。如果家里财货富足，砌屋筑墙，来自行掩蔽护障，成为一个完好的住宅，人们就不会再指责批评了。战国时，魏国配给土地每个男人百亩，独有邺地有一个男人二百亩，西门豹开渠引漳水来灌溉，成为一片沃壤，一亩田能收一钟粮食，即六十四斗粮食。要说人的品性，就像这邺田一样，道德教育就如同漳水，可忧虑的是你不能去教育他，不必担心人性的难以劝诱引导。洛阳城北水渠中本来没有水，水工提汲而上，洛中之水便日夜奔流了。这是水工的功劳。由此说来，努力接近君子，就能让仁义之德经常地影响自己了。孟轲母亲不惜三次迁居来教导儿子，就得到了这种效验。居民区的水流污浊，而在野外的就清洁。同样是水，源头从天边而来，或清或浊，是因为所处的地势环境不同使其有清浊之分啊。南越王赵他，本来是汉家贤才，同化于南夷的习俗，背离王制礼法，伸腿叉脚而坐，编发为椎，爱好这些习俗就好像天生的一样。汉大夫陆贾出使南越，用汉廷的威德礼法来说服威吓他，他猛然警醒起坐，下决心痛改前非，奉行汉制而上表称藩。这时，他对编发为椎，伸腿叉脚而坐就十分厌恶了，也同样像出自本性一般。以前是那个样子，现在又是这般情景，由此看来，一个人的善恶，确实在于教导，而不在于其天性啊。

吉验篇

凡人禀贵命于天，必有吉验见于地。见于地，故有天命也。验见非一，或以人物，或以祯祥①，或以光气。

【注释】

①祯（zhēn）：吉祥。

传言黄帝妊二十月而生，生而神灵。弱而能言。长大率诸侯，诸侯归之。教熊罴战，以伐炎帝，炎帝败绩。性与人异，故在母之身留多十月；命当为帝，故能教物，物为之使。

尧体就之如日，望之若云。洪水滔天，蛇龙为害，尧使禹治水，驱蛇龙，水治东流，蛇龙潜处。有殊奇之骨，故有诡异之验①；有神灵之命，故有验物之效。天命当贵，故从唐侯入嗣帝后之位②。

【注释】

①诡异之验：指上文的“就之如日”、“望之若云”等征兆。②唐：旧时地名。侯：诸侯。后：天子，君主。

舜未逢尧，鳏在侧陋。瞽瞍与象①，谋欲杀之：使之完廪②，火燔其下；令之浚井，土掩其上。舜得下廪，不被火灾；穿井旁出，不触土害③。尧闻征用，试之于职，官治职修，事无废乱。使入大麓之野，虎狼不搏，蝮蛇不噬④，逢烈风疾雨，行不迷惑。夫人欲杀之，不能害；之毒螫之野，禽虫不能伤。卒受帝命，践天子祚⑤。

【注释】

①瞽瞍（gǔ sǒu）：传说是舜的父亲。②廪（lǐn）：贮藏米的库房。③触：蒙受。④蝮蛇：别称“草上飞”、“土公蛇”，是一种毒蛇。⑤践：升，登。祚（zuò）：君位，皇位。

后稷之时，履大人迹，或言衣帝喾之服，坐息帝喾之处，妊身。怪而弃之隘巷，牛马不敢践之。置之冰上，鸟以翼覆之，庆集其身[①]。母知其神怪，乃收养之。长大佐尧，位至司马[②]。乌孙王号昆莫[③]，匈奴攻杀其父[④]，而昆莫生，弃于野，乌衔肉往食之。单于怪之；以为神而收长。及壮，使兵，数有功，单于乃复以其父之民予昆莫，命令长守于西城。夫后稷不当弃，故牛马不践，鸟以羽翼覆爱其身[⑤]，昆莫不当死，故乌衔肉就而食之。

【注释】

①庆：疑“麇”形近而误。麇（qún）：通群，成群地。②司马：官名。其职务是掌管军政和后勤。西周开始设置，春秋、战国沿用，西汉置“大司马”，后世用作兵部尚书的别称。尧时根本没有司马之官，是后人妄以“周官”作比，汉儒未深究而信之，所以王充也据以为说。③乌孙：古时族名。最初在祁连、敦煌之间。汉文帝后元三年（公元前161年）左右西迁到现今的新疆的伊犁河和伊塞克湖一带，首都设在赤谷城。④匈奴：古时族名，又称胡。⑤爱：隐藏。

北夷橐离国王侍婢有娠[①]，王欲杀之。婢对曰：“有气大如鸡子。从天而下，我故有娠。”后产子，捐于猪溷中[②]，猪以口气嘘之[③]，不死。复徙置马栏中，欲使马借杀之，马复以口气嘘之，不死。王疑以为天子，令其母收取奴畜之[④]，名东明，令牧牛马。东明善射，王恐夺其国也，欲杀之。东明走，南至掩淲水，以弓击水，鱼鳖浮为桥，东明得渡，鱼鳖解散，追兵不得渡。因都王夫余[⑤]，故北夷有夫余国焉。东明之母初妊时，见气从天下，及生，弃之，猪马以气吁之而生之。长大，王欲杀之，以弓击水，鱼鳖为桥,。天命不当死，故有猪马之救；命当都王夫余，故有鱼鳖为桥之助也。

【注释】

①此夷：我国古时对北方各民族的泛称。橐（tuó）离国：汉代北方民族建立的一个国家。②猪溷（hùn）：猪圈。③嘘（xū）：缓慢地出气。④畜（xù）：留养。⑤夫（fú）余：古时族名，又称扶余，凫臾。

伊尹且生之时，其母梦人谓己曰：“臼出水，疾东走，母顾。”明旦，视臼出水，即东走十里，顾其乡皆为水矣。伊尹命不当没，故其母感梦而走[①]。推此以论，历阳之都，其策命若伊尹之类[②]，必有先时感动在他地之效。

【注释】

①走：离去。②策命：君主封后妃、侯、王、将相、大臣的命令。

齐襄公之难[①]，桓公为公子，与子纠争立[②]。管仲辅子纠，鲍叔佐桓公。管仲与桓公争，引弓射之，中其带钩。夫人身长七尺，带约其要，钩挂于带，在身所掩不过一寸之内，既微小难中，又滑泽铦靡[③]，锋刃中钩者，莫不蹉跌[④]。管仲射之，正中其钩中，失触因落[⑤]，不跌中旁肉。命当富贵，有神灵之助，故有射钩不中之验。

【注释】

①齐襄公：春秋时齐国君主。公元前697～前686年在位。后被其堂兄弟杀死。②子纠：公子纠，齐襄公之弟，齐桓公之兄，曾经与桓公争君位。失败后，奔鲁，不久被鲁君杀于笙渎。③靡：细腻。④蹉（cuō）跌：失足跌倒。比喻差错，失误。此处指从带钩上滑到旁边去。⑤固：随着。

楚共王有五子[①]：子招、子圉、子干、子晳、弃疾[②]。五人皆有宠，共王无適立[③]，乃望祭山川[④]，请神决之。乃与巴姬埋璧于太室之庭[⑤]，令五子齐而入拜。康王跨之[⑥]；子圉肘加焉；子干、子晳皆远之；弃疾弱，抱而入，再拜皆压纽。故共王死，招为康王，至子失之。圉为灵王，及身而弑。子干为王，十有余日；子晳不立，又惧诛死，皆绝无后。弃疾后立，竟续楚祀，如其神符。其王日之长短，与拜去璧远近相应也。夫璧在地中，五子不知，相随入拜，远近不同，压纽若神将教跽之矣。

【注释】

①楚共（gōng）王：春秋时楚国君主，公元前590～前560年在位。②子招：又作子昭，即楚康王。公元前559～前545年在位。子围：即楚灵王。公元前540～前529年在位。子干：又称子比。灵王死后，被立为王，很快被其弟弃疾逼迫自杀。子晳：曾任楚国令尹，后被其弟弃疾逼迫自杀。弃疾：名居，即楚平王。公元前528～前516年在位。③適（dí）：通嫡，正统，正宗的继承人。④望：古时祭名。指对山川之祭。⑤巴姬：楚共王的宠妾。璧：玉器名。平而圆，中央有孔，边比孔大一倍。太室：太庙的中室。⑥康王：即子招。

晋屠岸贾作难[①]，诛赵盾之子[②]。朔死[③]，其妻有遗腹子，及岸贾闻之，索于宫，母置儿于裤中，祝曰：“赵氏宗灭乎，若当啼；即不灭，若无声。”及索之而终不啼，遂脱得活。程婴齐负之[④]，匿于山中。至景公时[⑤]，韩厥言于景公[⑥]，景公乃与韩厥共立赵孤，续赵氏祀，是为文子[⑦]。当赵孤之无声，若有掩其口者矣。由此言之，赵文子立，命也。

【注释】

①屠岸贾：春秋时晋国大夫。晋灵公时受宠，景公时为司寇，作乱，擅领诸将在下宫杀了赵盾全家。作难：作乱。②赵盾：春秋时晋灵公的大夫。③朔：赵朔，赵盾之子，晋成公的姐夫。④程婴：春秋时晋国人，赵朔的好友。⑤景公：晋景公，春秋时晋国君主。公元前599～前581年在位。⑥韩厥：即韩献子。春秋时晋国大夫，景公时官至司马，后为卿。⑦文子：赵文子，赵朔之子赵武，死后谥号“文”。

高皇帝母曰刘媪[①]，尝息大泽之陂[②]，梦与神遇。是时，雷电晦冥，蛟龙在上。及生而有美。性好用酒，尝从王媪、武负贳酒[③]，饮醉，止卧，媪、负见其身常有神怪。每留饮醉，酒售数倍。后行泽中，手斩大蛇，一妪当道而哭[④]，云：“赤帝子杀吾

子[5]”。此验既著闻矣。秦始皇帝常曰：“东南有天子气。”于是东游以厌当之。高祖之气也，与吕后稳于芒、砀山泽间[6]。吕后与人求之，见其上常有气直起，往求辄得其处。后与项羽约，先入秦关王之。高祖先至，项羽怨恨，范增曰[7]：“吾令人望其气，气皆为龙，成五采，此皆天子之气也，急击之。”高祖往谢项羽，羽与亚父谋杀高祖，使项庄拔剑起舞[8]。项伯知之[9]，因与项庄俱起。每剑加高祖之上，项伯辄以身覆高祖之身，剑遂不得下，杀势不得成。会有张良，樊哙之救[10]，卒得免脱，遂王天下。初妊身有蛟龙之神。既生，酒舍见云气之怪。夜行斩蛇，蛇妪悲哭[11]。始皇、吕后望见光气。项羽谋杀，项伯为蔽，谋遂不成，遭得良、哙。盖富贵之验，气见而物应，人助辅援也。

【注释】

①高皇帝：指刘邦。媪（ǎo）：对老妇人的敬称。②陂（bēi）：岸。③贳（shì）：赊欠。④妪（yù）：老妇。⑤赤帝：中国古时神话中的五位天帝之一。⑥芒、砀（dàng）：两座山名，都位于河南省永城县东北。砀山北八里是芒山。⑦范增（公元前277～前204年）：项羽的主要谋士，被尊为亚父，他屡劝项羽杀刘邦，项羽不听。后项羽中刘邦的反间计，削其权力，忿而离去，途中病死。⑧项庄：项羽的部下。⑨项伯（？～公元前192年）：名缠，字伯。秦末下相（位于今江苏省宿迁县西南）人。楚国贵族出身。项羽的叔父。因与刘邦的谋士张良是好友，曾经多次帮刘邦脱险。西汉建立后，赐姓刘，封射阳侯。⑩樊哙（kuài）（？～公元前189年）：秦末沛县（位于今江苏）人。⑪蛇妪：即上文“当道而哭”的老妪。传说她是西方白帝之妻，刘邦砍杀的蛇是她儿子变的，故此处称为蛇妪。

窦太后弟名曰广国[1]，年四五岁，家贫，为人所掠卖，其家不知其所在。传卖十余家[2]，至宜阳[3]，为其主人入山作炭。暮寒，卧炭下，百余人炭崩尽压死，广国独得脱。自卜数日当为侯。从其家之长安[4]，闻窦皇后新立，家在清河观津[5]，乃上书自陈。窦太后言于景帝，召见问其故，果是，乃厚赐之。文帝立，拜广国为章武侯[6]。夫积炭崩，百余人皆死，广国独脱，命当富贵，非徒得活，又封为侯。

【注释】

①窦太后（？～公元前135年）：西汉文帝皇后。清河观津（位于今河北衡水东）人。吕后时，为代王（文帝）姬。代王为皇帝，被立为后。景帝继位，尊为皇太后。好黄老之学。②传：转。③宜阳：县名，位于今河南省宜阳县西。④长安：西汉都城，位于今陕西西安市西北。⑤清河：郡名，位于今河北东南，山东西北部。⑥章武：县名，在位于今河北沧州市东。

虞子大陈留东莞人也[1]，其生时以夜。适免母身，母见其上若一匹练状，经上天[2]。明以问人，人皆曰：“吉，贵。”气与天通，长大仕宦，位至司徒公[3]。

【注释】

①虞子大：虞延。汉光武帝刘秀时任司徒。陈留：郡名，位于今河南省东北部。②经：径直。③司徒公：三公之一，东汉时丞相称司徒。

广文伯河东蒲坂人也[1]，其生亦以夜半时。适生，有人从门呼其父名。父出应之，不见人，有一木杖植其门侧，好善异于众。其父持杖入门以示人，人占曰："吉。"文伯长大学宦，位至广汉太守[2]。文伯当富贵，故父得赐杖。其占者若曰："杖当子力矣。"

【注释】

①广文伯：人名。河东：郡名，位于今山西西南部。蒲坂，县名，位于今山西省永济县西。②广汉：郡名，位于今四川省北部。

光武帝[1]，建平元年十二月甲子生于济阳宫后殿第二内中[2]，皇考为济阳令[3]，时夜无火，室内自明。皇考怪之，即召功曹吏充兰，使出问卜工[4]。兰与马下卒苏永俱之卜王长孙所[5]。长孙卜，谓永、兰曰："此吉事也，毋多言。"是岁，有禾生景天备火中，三本一茎九穗，长于禾一二尺，盖嘉禾也。元帝之初，有凤凰下济阳宫，故今济阳宫有凤凰庐。始与李父等俱起[6]，到柴界中[7]，遇贼兵，惶惑走济阳旧庐。比到[8]，见光若火正赤，在旧庐道南，光耀憧憧上属天[9]，有顷不见。王莽时[10]，谒者苏伯阿能望气[11]，使过春陵，城郭郁郁葱葱。及光武到河北，与伯阿见，问曰："卿前过春陵，何用知其气佳也?"伯阿对曰："见其郁郁葱葱耳。"盖天命当兴，圣王当出，前后气验，照察明著。继体守文，因据前基，禀天光气，验不足言。创业龙兴，由微贱起于颠沛若高祖、光武者，曷尝无天人神怪光显之验乎!

【注释】

①光武帝（公元前6年～公元57年）：即刘秀，字文叔，南阳蔡阳（位于今湖北省枣阳县西南）人。汉高祖九世孙，东汉建立者。公元25～57年在位。②建平：西汉哀帝年号。建平元年：公元前6年。③皇考：宋以前对死去父亲的尊称。此处指刘秀的父亲刘钦。济阳：县名，位于今河南省兰考县东北。令：县的行政长官。汉制，万户以上县的长官称"令"，万户以下称"长"。④卜工：以占卜为业者。⑤马下卒：县令出行时充当护卫和开道的士兵。⑥李公：指曾和刘秀一同起兵反王莽的李通、李轶兄弟。⑦柴界：地名，不详。⑧比：等到。⑨憧憧（chōng）：摇曳不定的样子。属（zhǔ）：连接。⑩王莽（公元前45～公元23年）：字巨君。汉元帝皇后的侄儿。新朝建立者。公元8～23年在位。后汉宗室刘玄兵入长安，王莽登渐台，被商人杜吴所杀。⑪谒（yè）者：官名。开始于春秋，为国君掌管传达。汉制郎中令属官有谒者，少府属官有中书谒者令（后改称中谒者令）。谒者掌傧赞受事，其长官称谒者仆射。望气：古时方士的一种占术，以望云气来预测吉凶。

【译文】

人们要是在上天禀受了贵命，就必定有吉祥的兆头出现在大地。如果在地上有了吉祥的征兆，那么就证明已经禀受了天命了。吉兆的表现方式可有不同，或通过人物，或通过瑞物，或通过光和气。古书上说：黄帝是怀孕二十个月之后才降生的，生下来就很神灵，幼小时就会说话，长大之后统率诸侯，诸侯归服于他，还驯养虎豹熊罴来打仗，讨伐炎帝，并打败了炎帝。由于他的天性和一般人不同，所以在母腹中多呆了十个月，天命该当他作君主，所以能教化万物，万物也就能为他所用。尧的身子，靠近他就像太阳般温暖，瞻望他像云霞般慈祥。洪水滔

天，蛇虫害人，尧派遣禹治洪水，驱蛇虫，结果将水治成东流归海，蛇虫驱走深渊潜藏。尧有特殊奇异的骨法，因此就有不同凡响的吉验，有神灵的天命，所以有治理万物的效验。天命该当尊贵，所以尧能从唐侯升而为帝，继承炎黄之位。舜还没有遇上尧的时候，孤独地生活在偏侧狭陋的境地，他的父亲瞽与弟弟象同谋想杀害他，叫他去盖仓顶，却从下面点火企图烧死他，让他去掘井，却从上面投土想要压死他，舜能够下得仓顶，不被火烧死，穿穴旁出，不遭土压亡。尧听说后就征用了他，试用他处理职事，官府的事他都办得有条有理，没有耽误一件事。又让他进入荒原林莽，虎狼不追击他，蟒蛇不缠咬他，疾风雷雨都不能使他迷路。有人要杀他，却不能害他；在布满毒蛇猛兽的荒野，猛兽毒蛇也不伤害他，他终于接受尧的禅位，登上了帝位。后稷之时他母亲踩了巨人的脚印，有的说是穿了帝喾的衣服，歇息在帝喾的坐过的地方，于是怀孕生子。她的家人十分惊奇，于是将儿子抛弃在僻巷中，牛马不敢践踏他，将他丢到冰面上，群鸟飞来覆盖他，一齐集聚在他身边。母亲知道此儿神奇，就收养了他，长大后辅佐尧帝，官至司马。乌孙王号为昆莫，匈奴攻杀他的父亲时，昆莫刚出生，无奈被抛弃在野外，乌鸦唧了肉来喂养他。匈奴单于非常奇怪，收养扶育他长大，及至身强力壮时，让他带兵打仗，结果多次获胜立功，单于就重新把他父亲的属民划归昆莫统领，命令他长期驻守于西城一带。那后稷不该被抛弃，所以牛马不践踏他，鸟儿会护佑他；昆莫不该死，所以乌鸦唧肉喂养他。

北方夷人有个橐离国国王，其侍婢怀孕了，大王想杀了她，她说："有一团气，如鸡蛋般大小，从天而降，我这才怀孕的。"后来生了孩子，被抛在猪圈中，猪用口气吹吁他使他不死，又把他移放到马厩中，打算让马踩死他，马又用口气吹吁他使他不死。国王怀疑他是上天之子，就让其母把他收回当成奴隶来抚养，起名叫东明，让他放牛牧马。东明精于射箭。国王怕他篡夺王位，就想杀死他，东明就向南逃跑，一直跑到掩施水。他就拿弓击水，于是鱼鳖浮上来连成桥，东明就得以渡河，待东明过河之后鱼鳖解散，追兵没法渡河，因而东明就建都称王于扶余，从此东夷就有了扶余国，东明母亲刚刚怀孕时，见有气从天而降，及至怀孕生子，抛弃他，猪马都用口气吹吁他使他活下来。长大后，国王要杀他，他用弓击水，鱼鳖作桥。说明天命不该他死，所以有猪马的救护，命中该建都称王于扶余，所以有鱼鳖作桥的帮助啊。伊尹快出生时，他母亲梦见有人对她说："石臼出水时，赶快向东跑，不能回头看。"次日一早，果然见石臼出水，他母亲就向东猛跑了十几里路。待回头看时，家乡已是一片汪洋了。伊尹命不该死，所以其母有感于梦而奔跑。由此推断下去，历阳县城中，有那天命如伊尹之类的人，是有先期征兆之感而逃在他乡的情况。齐襄公被堂兄弟杀死时，其弟桓公当时是位公子，与公子纠争夺帝位，管仲帮助子纠，鲍叔辅佐桓公。管仲与桓公争斗，弯弓一射，箭头射中桓公腰间带钩。一个人身高八尺，带子扎在腰中，钩挂在带子上，系在身子所掩遮着的地方，不过一寸左右大小，既微小难以射中，又光滑坚挺，刀砍着也会失手伤人。管仲射击，正中带钩，箭头坠落在地，没有伤及皮肉。可见齐桓公是命该富贵，有神灵的护佑，所以会有射钩而不伤其身的吉验。

楚共王有五个儿子：子昭，子围、子干、子皙与弃疾。五人都没能得到楚王的宠爱，楚王拿不定主意到底该立谁为继承人，于是便祭奠山川，请神灵来作决断。于是和巴姬一起，在太室殿埋下一块宝玉，让五个儿子斋戒了入殿拜祭。康王子昭双足跨在玉上，子围手肘触及玉上，子干、子皙都远离埋玉之处。弃疾还很幼小，让人抱着进殿，一拜再拜都压着玉纽。所以楚共王死后，子昭为康王，传至其子而失国；子围继位为灵王，在位被杀；子干为王，仅十来天；子皙未立为王，又怕被杀害，兄弟俩都没有后代。弃疾最后被立为王，竟能接续楚王香火，就和神意一样。五个人为王之日的长短，都跟拜祭时离玉的距离相一致。那玉埋在地里，五个人都不知道，一一相跟着进殿跪拜，远近不同，而弃疾的压着玉纽就好像是有神灵在教他跪拜一般。晋国屠岸贾发难，杀了赵盾的儿子赵朔，赵朔之妻有遗腹子，等到屠岸贾听说了，就到晋王宫中来搜查，母亲将小儿放在裤裆之间，祈祷说："赵氏宗族该当绝灭的话，你就啼哭，假如不当灭绝，你就不要出声。"等屠岸贾来搜查时，那小儿始终没有啼哭，于是得以脱险活了下来。程婴背着他逃往深山。到晋景公时，韩厥向景公说明了情况，景公就和韩厥一起立赵氏孤儿承袭世卿，接续赵氏宗祠，这就是赵文子。当孤儿噤声不哭时，似乎有人掩着他的嘴巴一样。由些看来，赵文子的被立为王，也是天命啊。

汉高祖皇帝的母亲叫刘媪，曾在大泽的坡岸上歇息，梦见与神龙交媾。当时雷电大作，天色阴沉，蛟龙在上。及至生子而有美质，性好饮酒，曾到王媪、武妇家赊酒喝，喝醉了倒头就睡，两位酒店主人见其身上常有神怪，每每留他痛饮，酒比别人多给好几倍。后来行走在大泽之中，亲手斩了条大白蛇。有位老婆婆挡路而哭说："赤帝子杀了我的白帝子啦！"这个吉验早就闻名天下了。秦始皇帝常说："东南方有天子气。"于是决定东游以制胜它。高祖所有的这种气，早年于吕后隐伏于芒砀山中时，吕后与人寻找他，见其头上常有一股气直冲云天，前去找就一定能找到。后来与项羽约定：先入秦关的人就为王。高祖先到咸阳，项羽怨恨，他的谋臣范增说："我派人观望刘邦的气，气都成龙形，而且有五彩之色，这都是天子之气啊，必须赶快消灭他，绝不能错过时机！"高祖前往项羽处致歉，项羽与范增谋杀高祖，让项庄拔剑起舞，项伯知其用意，就和项庄一齐起舞，每当剑舞到高祖头上时，项伯就用身子作掩护，项庄之剑也就砍不下来，总不得下手，恰好张良樊哙来救，终于脱险，进而统一了天下。起初孕育之时有蛟龙在上的神验，出生后又有酒店说他怪异，夜行斩蛇，蛇媪悲泣。始皇吕后都望见他的光气，项羽谋杀有项伯屏蔽着，阴谋于是不能得逞，正好又碰上张良樊哙的救护。这一切，都是富贵命的应验：光气现，瑞物应，人相助，辅相援。

窦太后的弟弟名叫窦广国，年纪在四、五岁时，家贫，被人所掠卖，他家中不知孩子到哪儿去了。转卖十余家，到了宜阳，替主人进山烧炭，天黑了，很冷，便躺卧在积炭之下，结果炭崩了，一百多人尽都压死了，只有广国一个人独得脱险。自已去占卜，说是不久就会封侯。随其主人到了长安，听说窦皇后刚册封，家在清河县的观津，他便上书诉说身世，窦后告诉了皇帝，召见，问其经过原因，果然是亲姐弟，就给了丰厚的赏赐。景帝即位后，拜窦广国为章武侯。那积炭崩坍时，百余人都压死了，唯有广国一人免祸。命当富贵，不仅能活下来，而且又被封为侯。虞子太，陈留郡东莞县人氏。他是夜半出生的，落地时，刚离母体，母亲见有一道白光，就像白练一样直冲青天。天亮后拿这事来问人，人们都说是吉兆，贵气与天相通，长大后必定为高官。后来果然官至司徒。广文伯，是河东蒲坂人，也是午夜出生的。出生时，有人从门外唤其父名，父出门应答，却不见有人，只见一木杖侧立门旁，光洁适用不同于一般木杖。其父拿回给众人看，大家都预测说是吉兆。广文伯长大后入仕做官，官至广汉太守。文伯该当富贵，所以他父亲得到神灵赐予的木杖，因为手杖象征着能得一个好助手呀！

光武皇帝于建平元年十二月甲子日生于济阳宫的第二间后院房，其父当时为济阳令，当时正值夜间，没有灯光，而室内突然光亮。他父亲很奇怪，就召来功曹吏充兰，让他去找卜师问问吉凶，充兰和马下卒苏永一起，来到卜师王长孙处。长孙占卜后，对苏永、充兰说："贵！不可言！不得乱说！"有一种禾苗名叫景天，是吉祥草生于庭院中，可以避火灾，三株一茎九

穗，比一般的禾草高出一、二尺，是嘉禾呀！元帝初年，有凤凰下集济阳宫，所以至今济阳宫还有庐。开始，光武帝与李老汉李通共同起义，走到柴界中时遇上贼兵，害怕了，奔至济阳旧居。刚刚赶到，见大光如火，呈正红色，在旧屋道南，光耀闪闪上连着天，过了一会儿又不见了。王莽时，谒者苏伯阿能够望气，他出使走到春陵，见城郭郁郁葱葱。等到光武帝来到河北，见到苏伯阿，问道："你先前经过春陵时凭什么说那一方的气很好呢?"苏伯阿回答说："只是见那里郁郁葱葱罢了。"看来是天命当兴，圣王当出。前后的气验都非常明白。继位的君主守着前人建立的制度，因世袭据守着前人的基业和天命，上承天的光气，其吉验本不足谈。而创业龙兴之主，由卑贱之位起于颠沛流离之中，像光武帝汉高祖这样的人，又何尝没有天人神异光显吉祥的效验呢?

偶会篇

命，吉凶之主也。自然之道，适偶之数，非有他气旁物厌胜感动使之然也[①]。

【注释】

①厌（yā）：通压。压胜：压制。

世谓子胥伏剑，屈原自沉，子兰、宰嚭诬谗[①]，吴、楚之君冤杀之也。偶二子命当绝，子兰、宰嚭适为谗，而怀王、夫差适信奸也。君适不明，臣适为谗，二子之命偶自不长。二偶三合，似若有之，其实自然，非他为也。夏、殷之朝适穷，桀、纣之恶适稔[②]；商、周之数适起，汤、武之德适丰。关龙逢杀[③]，箕子、比干囚死，当桀、纣恶盛之时，亦二子命讫之期也[④]。任伊尹之言，纳吕望之议，汤、武且兴之会，亦二臣当用之际也。人臣命有吉凶，贤不肖之主与之相逢。文王时当昌，吕望命当贵；高宗治当平[⑤]，傅说德当遂[⑥]。非文王、高宗为二臣生，吕望、傅说为两君出也，君明臣贤，光曜相察[⑦]，上修下治，度数相得[⑧]。

【注释】

①子兰：战国时楚国令尹，曾经派人在楚顷襄王面前陷害屈原。宰嚭（pǐ）：即帛喜。②稔（rěn）：庄稼成熟。这里指桀、纣已恶贯满盈。③关龙逢（páng）：夏桀的大臣。桀通宵饮酒玩乐，关龙逢以《黄图》进谏，立而不去。桀讨厌他"胡说八道"，于是烧了《黄图》，把他杀了。④讫（qì）：完毕。⑤高宗：指商君主武丁。治：治期。⑥傅说（yuè）：传说奴隶出身，曾经作筑墙苦役。⑦曜（yào）：通耀，照耀。察：昭著，明显。⑧度数：即数。相得：此处是相互一致的意思。

颜渊死，子曰："天丧予。"子路死，子曰："天祝予[①]。"孔子自伤之辞，非实然之道也。孔子命不王，二子寿不长也。不王、不长，所禀不同，度数并放，适相应也。二龙之祆当效[②]，周厉适闿椟[③]，褒姒当丧周国，幽王禀性偶恶[④]。非二龙使厉王发孽[⑤]；褒姒令幽王愚惑也，遭逢会遇，自相得也。僮谣之语当验[⑥]，斗鸡之变适生；鸜鹆之占当应[⑦]，鲁昭之恶适成[⑧]。排僮谣致斗竞，鸜鹆招君恶也，期数自至，人行偶合也。尧命当禅舜，丹朱为无道；虞统当传夏，商均行不轨。非舜、禹当得天下能使二子恶也[⑨]，美恶是非适相逢也。

【注释】

①祝：断绝。②袄（yāo）：通妖，指妖象。③周厉：周厉王（？～公元前828年），西周君主。姓姬，名胡，夷王之子。在位三十七年。他在位时横征暴敛，激起"国人"暴动，他逃至彘（位于今山西霍县）。共和十四年（前828年）死。闿（kāi）：打开。椟（dú）：木匣。④幽王：周幽王（？～公元前771年），西周最后一位君主。姓姬，名宫涅（shēng）。公元前781～前771年在位。⑤发：放出。发孽：指周厉王打开匣子放走妖孽黑蜥蜴。⑥僮：即童。⑦鸜鹆（qú yù）：鸟名，又称"八哥"。⑧鲁昭：鲁昭公，春秋时鲁国君主。公元前541～前510年在位。⑨能：而。

火星与昴星出入[①]，昴星低时火星出，昴星见时火星伏，非火之性厌服昴也，时偶不并，度转乖也。正月建寅，斗魁破申，非寅建使申破也，转运之衡偶自应也[②]，父殁而子嗣，姑死而妇代，非子妇代代使父姑终殁也，老少年次自相承也。

【注释】

①火星：又名荧惑、大火。二十八宿之一。昴（mǎo）星：星名，二十八宿之一。②衡：玉衡，北斗七星的第五颗星。此处指北斗。

世谓秋气击杀谷草，谷草不任，凋伤而死。此言失实。夫物以春生夏长，秋而熟老，适自枯死，阴气适盛[①]，与之会遇。何以验之？物有秋不死者，生性未极也[②]。人生百岁而终，物生一岁而死[③]。死谓阴气杀之，人终触何气而亡？论者犹或谓鬼丧之。夫人终鬼来，物死寒至，皆适遭也。人终见鬼，或见鬼而不死；物死触寒，或触寒而不枯。坏屋所压，崩崖所坠，非屋精崖气杀此人也，屋老崖沮[④]，命凶之人，遭居适履[⑤]。月毁于天[⑥]，螺消于渊。风从虎，云从龙。同类通气，性相感动。若夫物事相遭，吉凶同时，偶适相遇，非气感也。

【注释】

①阴气：指秋气，寒气。②生性：生命。③物：此处指一年生的草本植物。④沮（jǔ）：坏。⑤履：踩，踏。⑥毁：亏缺。

杀人者罪至大辟。杀者罪当重，死者命当尽也。故害气下降，囚命先中；圣王德施，厚禄先逢。是故德令降于殿堂[①]，命长之囚出于牢中。天非为囚未当死，使圣王出德令也。圣王适下赦，拘囚适当免死，犹人以夜卧昼起矣。夜月光尽，不可以作，人力亦倦，欲壹休息[②]；昼日光明，人卧亦觉，力亦复足。非天以日作之，以夜息之也，作与日相应，息与夜相得也。

【注释】

①德令：施恩的命令。此处指赦免令。②壹：专一。

雁鹄集于会稽[①]、去避碣石之寒[②]，来遭民田之毕，蹈履民田，喙食草粮。粮尽食索，春雨适作，避热北去，复之碣石。象耕灵陵[③]，亦如此焉。传曰："舜葬苍梧[④]，象为之耕；禹葬会稽，鸟为之佃。"失事之实，虚妄之言也。

【注释】

①鹄（hú）：天鹅。会（guì）稽：会稽山，位于浙江省中部绍兴、嵊县、诸暨、东阳之间。②碣石：山名，位于今河北省昌黎县北。③灵陵：地名，位于今湖南省宁远县东南。象耕灵陵：相传舜死后葬在灵陵的苍梧，由于舜是圣王，天就叫象在他的墓地为他耕田。④苍梧：山名，即九嶷山，位于今湖南省宁远县东南。

丈夫有短寿之相，娶必得早寡之妻；早寡之妻，嫁亦遇夭折之夫也。世曰："男女早死者，夫贼妻，妻害夫。"非相贼害，命自然也。使火燃，以水沃之，可谓水贼火。火适自灭，水适自覆，两名各自败，不为相贼。今男女之早夭，非水沃火之比，适自灭覆之类也。贼父之子，妨兄之弟，与此同召[①]。同宅而处，气相加凌[②]，羸瘠消单，至于死亡，何谓相贼。或客死千里之外，兵烧厌溺，气不相犯，相贼如何？王莽姑姊正君许嫁二夫，二夫死，当适赵而王薨[③]。气未相加，遥贼三家，何其痛也？黄公取邻巫之女，卜谓女相贵，故次公位至丞相。其实不然，次公当贵，行与女会；女亦自尊，故入次公门。偶适然自相遭遇，时也。

【注释】

①召：招致，造成。②加：加上。凌：凌驾。③适：出嫁。

无禄之人，商而无盈，农而无播，非其性贼货而命妨谷也，命贫，居无利之货；禄恶，殖不滋之谷也。世谓宅有吉凶，徙有岁月[①]。实事则不然。天道难知，假令有命凶之人，当衰之家，治宅遭得不吉之地，移徙适触岁月之忌。一家犯忌，口以十数，坐而死者[②]，必禄衰命泊之人也。推此以论，仕宦进退迁徙[③]，可复见也。时适当退，君用谗口；时适当起，贤人荐己。故仕且得官也，君子辅善；且失位也，小人毁奇。公伯寮诉子路于季孙，孔子称命。鲁人臧仓谗孟子于平公，孟子言天。道未当行[④]，与谗相遇；天未与己，恶人用口。故孔子称命，不怨公伯寮；孟子言天，不尤臧仓[⑤]，诚知时命当自然也。推此以论，人君治道功化，可复言也。命当贵，时适平；期当乱，禄遭衰。治乱成败之时，与人兴衰吉凶适相遭遇。因此论圣贤迭起，犹此类也。

【注释】

①岁、月：泛指时间。此处指有关时间方面的禁忌。②坐：触犯。③迁徙：此处指职务调动。④道：思想，学说。此处指政治主张。⑤尤：怨恨，归咎。

圣主龙兴于仓卒，良辅超拔于际会[①]。世谓韩信、张良辅助汉王，故秦灭汉兴，高祖得王。夫高祖命当自王，信、良之辈时当自兴，两相遭遇，若故相求。是故高祖起于丰、沛，丰、沛子弟相多富贵，非天以子弟助高祖也，命相小大适相应也②。赵简子废太子伯鲁③，立庶子无恤④。无恤遭贤命，亦当君赵也。世谓伯鲁不肖，不如无恤。伯鲁命当贱，知虑多泯乱也。韩生仕至太傅⑤，世谓赖倪宽⑥，实谓不然。太傅当贵，遭与倪宽遇也。赵武藏于裤中，终日不啼，非或掩其口，阏其声也；命时当生，睡卧遭出也。故军功之侯必斩兵死之头，富家之商必夺贫室之财。削土免侯，罢退令相，罪法明白，禄秩适极⑦。故厉气所中⑧，必加命短之人；凶岁所著⑨，必饥虚耗之家矣⑩。

【注释】

①际会：遇合，恰好碰上。②大小：好坏。③赵简子（？～公元前477年）：赵鞅，又名志父，亦称赵孟，春秋末晋国的卿。在晋卿的内讧中打败范氏、中行氏，其后扩大封地，奠定了建立赵国的基础。伯鲁：赵简子的儿子。④庶子：不是正妻生的儿子。无恤（？～公元前425年）：即赵襄子，赵简子的庶子。据说他小时候被认为相好命贵，因而赵简子废掉嫡子伯鲁，立他为太子。后他与韩魏合谋，灭掉晋国，三分其地。⑤韩生：西汉人，事迹不详。太傅：官名。汉时为辅佐皇帝的高官，次于太师。⑥倪宽：西汉武帝时的御史大夫。据说他与韩生是同学，很要好，当御史大夫后便举荐韩生做官。⑦秩：官秩，官职的等级。⑧厉：通疠，瘟疫。⑨凶岁：荒年。著：中（zhòng）。⑩虚耗：空虚耗尽。虚耗之家：此处指命中注定要贫困的人家。

【译文】

命，是吉凶的主宰，是自然而然的道，是偶会巧遇的数。没有别的什么气或者物能够压倒制服控制或影响它，而使它这样的。世人传说伍子胥伏剑而死，屈原自沉汨罗江而亡，是由于子兰伯嚭诬陷谗害，吴王楚王枉杀了他们。其实，是偶然地他二人的命该绝于此时，子兰、伯嚭恰巧在此时进谗言，而怀王、夫差正巧听信了奸佞之言。国君赶巧不明，佞臣正巧进谗，两位贤士的寿命恰恰不能延长。这样，两偶相会，好像是有意识的安排，其实是自然而然的命运该当如此，而不是其他原因造成的。夏商的统治正好到了尽头，桀纣的罪恶恰恰发展到了顶端，商周的气运刚好该当兴起，汤王、武王的德业正当丰厚兴旺之时，关龙逢被杀而亡，箕子比干被囚而死。当桀纣恶贯满盈之时，正是二人寿终正寝之日。信用伊尹的策略，采纳姜尚的筹划，汤王武王的王道当兴之时，也正是伊尹姜尚该当重用之际。人臣之命有吉有凶，人主有贤也有不肖，正好与之相逢。文王此时该当昌盛，吕望之命该当富贵，高宗治国该当清平，傅说德行该当成立。不是文王高宗为二臣而生，也不是吕望傅悦为二主所出。君主圣明而辅臣贤良，光耀相辉映，上修明而下治理，命运气数正好相应啊。

颜渊死了，孔子悲哀地说："老天在要我的命啊！"子路死了，孔子悲伤地说："老天在断绝我的活路啊！"这是孔子自我悲怆的话，事实上并不是这个道理。孔子自己的命不应该为王，颜渊、子路二人的寿命也不当延长，不该当为王与不该当延长，所禀受的元气各自不同，命运气数都出于自然，正好相应罢了。二龙的妖变该见效验，周厉王恰好打开了木匣子；褒姒该当葬送周王室，周幽王的德行恰巧是可恶的。不是二龙有意地使周厉王打开木匣放出孽种来，也不是褒姒有能耐能让幽王迷惑，双方各自按自己的气数运行，恰好会合交叉了，这叫做偶会适逢，自然之数。童谣里说的话自当应验，而斗鸡的变故恰好发生；八哥鸟儿的占卜该当见效，

鲁眙公的罪恶刚好形成。不是童谣招来斗鸡之变，不是八哥鸟儿招致鲁君之恶，只是由于各自气数自然发展到了一定阶段，人的行为偶然相合而已。尧的贵命该当传让于舜，綦丹朱自己引为无道，舜的帝位该当传让给禹，綦商均的行为不轨。不是舜禹当得天下，就使得丹朱、商均变恶了。只是由于各自的善恶是非，正巧运行到这里相互交会罢了。

火星与昴星相出入。昴星低伏时火星出现，火星低伏时昴星出现，不是火星的禀性压服了昴星，而是各自运行的时刻恰好不是同时，运行轨道上的度数正好相互对立罢了。以寅月为正月，北斗星的斗柄正好指向寅方，而北斗星的斗魁便冲着申方了，人们便说是“斗魁破申”，其实并不是正月建寅就有意识地使斗魁去破申，而是由于北斗星自身运转的规律，此刻斗魁就正巧运行到相应的申方而已。父亲死了儿子继承，婆婆去世媳妇替代，并不是儿子与媳妇的继承替代使父亲与婆婆死亡，而是老少年辈的自然相承相代自然规律所致啊。世人都说秋气击杀了五谷百草，五谷百草经不住凋零摧残而死，这话不符合实际。那植物春生夏长秋熟。正好这时自然枯死，阴气这时正巧旺盛，跟禾草的枯死正好相遇了。拿什么来证明呢？草木也有至秋不凋零枯死的，那是因为它禀受的本性还不到终结之时。人生百岁而终，物生一岁而死，说物死是阴气侵犯了它，那么人终又是触了什么气呢？论者或许要说是鬼使人死亡的，人终而鬼来，物死而寒至，都是恰巧遭遇呀。人终见鬼，有人见鬼而不死；物死触寒，有物触寒而不枯。坏屋所压，崩岩所坠，不是屋精岩气杀了这个人。房屋老朽了，岩石风化了，命凶的人正好住在里面，碰巧走到上面，于是死去。月缺于天，蚌螺消缩于渊，风随虎至，云从龙行，同类事物，其气相通，其性相互感应。至于不同性类的事物相遭逢，同时产生吉凶变故，那是偶会巧合，不属于同类相感的范围。杀人的人罪当判处死刑，杀人者其罪当重，该死，被杀的那人寿命也恰巧到了尽头，所以上天的害气下降时，囚命之人先中害气。圣王的恩德施放时，禄命丰厚的人先遇其恩。故而恩令出于大堂之上，命长的囚犯就能从牢狱中走出。上天并不是因为囚人不当死才下令让君王赦免的，而是君王自己正好在颁发赦令，而囚人正该活下去，两相遇会了。这也如同人们的夜伏昼起：夜里太阳光尽，没法干活，而人力正好疲倦了，需要休息；白日光明，人也正好睡醒，精力充沛。不是上天安排人白天作事，夜间睡觉，而是工作与白日相适应，休息与夜晚相配合啊。

大雁飞集于江南会稽，以躲避北方碣石的寒冷，飞来时正好碰上秋收结束，大雁来往于民田，啄食草籽食粮。草粮吃光了，春雨正好不断地下起来了，大雁就避热向北方飞去，再回碣石。大象耕于零陵，也是这种自然活动。古书上说：“舜死后葬在苍梧岭上，大象替他耕耘；大禹葬于会稽山上，鸟儿为他佃耕。”这种说法不符合事实，纯属虚妄之言。男子有短寿的命相，娶妻必遇该当早寡的女子；早寡的女子，出嫁必然遇上该当早死的丈夫。世人说：“男女早死者，不是丈夫克妻子，就是妻子克丈夫。”其实不是夫妻相互残害，而是命中自然如此啊。假如火烧着，拿水去泼它，可以说是水灭了火；假如火正巧自灭了，水正好泼出去了，双方各自毁损了自己，就不叫作相互克害。这里所说的男女早夭，不是以水灭火之类，是正巧各自灭损之类啊。所谓克父之子，妨兄之弟，与此同类。同一间房子里住着，生命之气相互影响着，各自消瘦衰弱甚至于死亡，怎么能说是相克相仿的结果呢？甚至有的客死他乡，被刀砍火烧土埋水淹而死，双方连气也无法相互影响，又怎么相克相妨呢？王莽的姑姑王政君，先后许嫁了两个丈夫，两个丈夫都死去了，该当嫁给赵王了，而赵王又死了。政君和这三个人的气并没有相凌犯相影响，竟毫无相干地接连“妨克”了三家，怎么会如此严重呢？黄霸娶邻巫之女，卜人说此女贵相，所以黄霸位至丞相，其实不然。黄霸自该当贵，正巧与该女子相会；该女子自该当尊荣，正好进了黄家的门。偶会适遇自相逢，时运如此啊。

命中无禄之人，种田没有收成，经商不能赚钱。不只是因为他的品性有碍于贩卖而且有妨于禾苗。命贫，囤积的正是无利之货；禄恶，播种的正是不能滋长的种籽。世人说宅基地有吉有凶，迁徙必须有一定的时辰。实事也不是这样。天道难知，假使有命凶之人，该当衰败之家，盖房子正巧赶上不吉利的基地，迁徙时又碰上不好的时辰，一家触犯忌讳。全家人有十几、几十个，因此而死亡的人，必定是其中禄衰命薄之人。由此推断下去，当官与否，进退与否，迁徙与否，也都可以见其自然了。时运赶巧该你退下了，国君就恰好听信了谗言；时运赶巧该你进身了，贤臣就恰好推荐保举了你。所以入仕将要做官时，有君子来辅助善人，到快失去职位时又会有小人来毁损你。公伯寮诬告子路于季孙民，孔子说是“命”；鲁人臧仓谗害孟子于平公面前，孟子说是“天”。圣道不当推行，跟谗言正相遇会，天命没有给自己，恶人嘴巴得逞，所以孔子称命，不埋怨公伯寮。孟子呼天，不怨恨臧仓。他们确实知道天命正该自然如此啊。由此推论下去，人君的治国之道，功业教化，也是可以论说明白的了。天命该贵，时事正好平安宁静；期数该当衰乱了，命禄也到了衰歇之时。治乱成败的时运，与人的兴衰吉凶，正巧相遭遇逢会，由此而推论圣贤的更迭而起，道理也是如此啊。

圣明的君主，振起奋发于纷乱仓猝之间；贤良的辅佐，越级超拔于风云际会之时。世人说韩信张良辅佐汉王，所以秦朝灭了，汉朝兴起了，高祖统一了天下。说来是高祖自己命该为王，韩信张良一班人，时运该当自己兴起。君臣两相遇会，就像有意相求一般。所以高祖起兵于丰县沛县一带，丰沛子弟的面相多富贵之人，这不是天有意地让丰沛子弟辅助高祖，各自的命相大小贵贱，正巧相应和相配合啊。当年赵简子废了太子伯鲁，立庶出的小儿子无恤为后。无恤正好的碰上有好品行，命中该当尊贵作赵王。世人说伯鲁不肖，不如无恤贤良。其实是伯鲁命当卑贱，所以他的智虑谋划多有愚昧错乱呀。韩生入仕当官，一直做到太傅，有人说，这是多亏了倪宽。其实不然。韩太傅本人自当该贵，只是恰巧碰上与倪宽相遇相识而已。赵武婴儿时藏在母亲裤裆中，终日不哭不啼，不是有谁掩住他的口，堵住了他的声音，而是他命当该活下来，当时恰巧来了瞌睡而已。所以那些命该立下军功的侯王，必定能斩杀那些命当战死者的头颅。富裕人家的商贩，命中必当夺得贫室之财。凡削去封土，免除侯爵，罢免守令，黜退将相，一方面是由于国家刑律明白确切，该当处置；一方面是由于当事人命禄已经到头，恰巧该败。所以厉疫之气所击中的，必然是那些命短之人；凶年灾害所集聚的，必定要饥饿那些命中该当虚耗丧亡的人家。

骨相篇

人曰命难知。命甚易知。知之何用？用之骨体。人命禀于天，则有表候于体。察表候以知命，犹察斗斛以知容矣。表候者，骨法之谓也。

传言黄帝龙颜①，颛顼戴午②，帝喾骈齿，尧眉八采，舜目重瞳，禹耳三漏，汤臂再肘，文王四乳，武王望阳，周公背偻，皋陶马口，孔子反羽③。斯十二圣者，皆在帝王之位，或辅主忧世，世所共闻，儒所共说，在经传者，较著可信。

【注释】

①龙颜：形容面部眉骨凸出、高鼻，像龙的样子。②颛顼（zhuān xū）：号高阳氏。传说中上古部族的首领。生于若水，居于帝丘（位于河南濮阳西南）。戴午：据本书《讲瑞篇》“戴角之相，犹戴午也”来看，疑是头上长了类似角的东西，具体情况不详。③羽：通宇，屋檐。反羽：翻过来的屋顶。此处形容头顶中间凹陷，像翻过来的屋顶。

若夫短书俗记[1]，竹帛胤文[2]，非儒者所见，众多非一。苍颉四目[3]，为黄帝史。晋公子重耳仳胁[4]，为诸侯霸。苏秦骨鼻，为六国相。张仪仳胁，亦相秦、魏。项羽重瞳，云虞舜之后[5]，与高祖分王天下[6]。陈平贫而饮食不足[7]，貌体佼好，而众人怪之，曰：“平何食而肥?”及韩信为滕公所鉴[8]，免于鈇质[9]，亦以面状有异。面状肥佼，亦一相也。

【注释】

①短书：汉代，儒家经书用二尺四寸竹简书写，一般书籍用一尺左右长的短竹简书写，所以称短书。记：记载事物的书籍或文章。②胤（yìn）：流传。③苍颉（jié）：传说黄帝时为左史，曾经创造过文字。长相特殊，身体类象形，有四只眼睛，能辨鸟兽之迹。④重耳：即晋文公。仳（pǐ）胁：肋骨长成一片。⑤虞：传说中远古部落的名称，即有虞氏。舜就是该部落的领袖。⑥高祖：汉高祖刘邦。分王天下：楚汉相争时，项羽称西楚霸王，刘邦称汉中王，二人分治天下。⑦陈平（？～公元前178年）：秦末阳武（位于今河南省原阳县东南）人。少时家贫，好黄老之术。刘邦的主要谋士之一。⑧滕公：即夏侯婴，秦末沛县人。与汉高祖交情甚厚，为汉立有殊功，汉初为滕令奉车，所以称滕公。又封汝阴侯。后与大臣共立文帝，复为太仆。鉴：赏识。⑨鈇（fū）：斩刀，古代的一种刑具。质：同锧，垫在受刑人身下的木砧（zhēn）。鈇质：腰斩的刑具。

高祖隆准、龙颜、美须[1]，左股有七十二黑子。单父吕公善相[2]，见高祖状貌，奇之，因以其女妻高祖，吕后是也。卒生孝惠王、鲁元公主。高祖为泗上亭长[3]，当去归之田，与吕后及两子居田。有一老公过，请饮，因相吕后曰：“夫人，天下贵人也。”令相两子。见孝惠曰“夫人所以贵者，乃此男也。”相鲁元，曰：“皆贵。”老公去。高祖从外来，吕后言于高祖。高祖追及老公，止使自相。老公曰：“乡者夫人婴儿相皆似君，君相贵不可言也。”后高祖得天下，如老公言。推此以况，一室之人，皆有富贵之相矣。

【注释】

①隆：高。准：鼻子。②单父（shàn fǔ）：古时地名，位于今山东省单县。吕公：名文，字叔平，魏国人。③泗：泗水，位于今山东省中部。源出山东泗水县东蒙山南麓，四源并发，所以称泗水。古时泗水流经苏北（包括沛县东）入淮河。上：岸边。亭长：古时官名。战国时开始在国与国之间的邻接地方设亭，置亭长，以防御敌人。秦汉时在乡村里每十里设一亭。亭有亭长，其职务是掌治安警卫，兼管停留旅客，治理民事。

类同气钧，性体法相固自相似。异气殊类，亦两相遇。富贵之男娶得富贵之妻，女亦得富贵之男。夫二相不钧而相遇，则有立死；若未相适[1]，有豫亡之祸也[2]。王莽姑正君许嫁，至期当行时，夫辄死。如此者再，乃献之赵王，赵王未取，又薨。清河南宫大有与正君父稚君善者[3]，遇相君，曰："贵为天下母[4]。"是时，宣帝世[5]，元帝为太子，稚君乃因魏郡都尉纳之太子,[6]，太子幸之，生子君上[7]。宣帝崩，太子立，正君为皇后，君上为太子。元帝崩，太子立，是为成帝，正君为皇太后，竟为天下母。夫正君之相当为天下母，而前所许二家及赵王为无天下父之相[8]，故未行而二夫死，赵王薨。是则二夫、赵王无帝王大命，而正君不当与三家相遇之验也。

【注释】

①适：女子出嫁。②豫：通预，预先。③清河：郡名。位于今河北东南部、山东西北部。南宫大有：姓南宫，名大有。稚君：王稚君，王莽的祖父。④天下母：指皇后或皇太后。⑤宣帝：汉宣帝刘询（公元前91～前49年）。公元前74～前49年在位。⑥魏郡：郡名。位于今河北南部、河南北部。都尉：武官名。西汉时职掌一郡的军事。纳：引进。⑦君上：指汉成帝刘骜（áo熬）（公元前52～前7年）。汉元帝太子，公元前32～前7年在位。⑧天下父：指皇帝。

丞相黄次公故为阳夏游徼[1]，与善相者同车俱行，见一妇人年十七八。相者指之曰："此妇人当大富贵，为封侯者夫人。"次公止车，审视之，相者曰："今此妇人不富贵，卜书不用也。"次公问之，乃其旁里人巫家子也，即娶以为妻。其后，次公果大富贵，位至丞相，封为列侯[2]。夫次公富贵，妇人当配之，故果相遇，遂俱富贵。使次公命贱，不得妇人为偶。不宜为夫妇之时，则有二夫、赵王之祸。

【注释】

①阳夏：古时县名。位于今河南省太康县。游徼（jiào）：汉代乡里管巡察盗贼的小官吏。②列侯：爵位名，汉代又称"彻侯"、"通侯"。二十等爵位的最高一级。

夫举家皆富贵之命，然后乃任富贵之事。骨法形体，有不应者，则必别离死亡，不得久享介福[1]。故富贵之家，役使奴僮，育养牛马，必有与众不同者矣。僮奴则有不死亡之相，牛马则有数字乳之性[2]，田则有种孳速熟之谷[3]，商则有居善疾售之货。是故知命之人，见富贵于贫贱，睹贫贱于富贵。案骨节之法，察皮肤之理，以审人之性命，无不应者。

【注释】

①介：大。②字乳：生育。③种孳：庄稼分蘖（niè）多。形容长得茂盛。

赵简子使姑布子卿相诸子[1]，莫吉，至翟婢之子无恤[2]，而以为贵。无恤最贤，又有贵相，简子后废太子而立无恤，卒为诸侯，襄子是矣。相工相黥布当先刑而乃王，后竟被刑乃封王。卫青父郑季与杨信公主家僮卫媪通[3]，生青。在建章宫时，钳徒相之[4]，曰："贵至封侯。"青曰："人奴之道，得不笞骂足矣[5]，安敢望封侯！其后青为军吏，战数有功，超封增官，遂为大将军，封为万户侯[6]。

【注释】

①姑布子卿：人名，姓姑布，名子卿。②翟（dí）：同狄，是当时对北方民族的泛称之一。翟婢之子：指赵简子与翟族婢女所生的儿子。③卫青（？～公元前106年）：字仲卿，西汉名将，河东平阳（位于今山西省临汾县西南）人，汉武帝皇后卫子夫的弟弟。④钳徒：颈上带着铁钳服役的刑徒。⑤笞（chī）：用竹板或荆条打脊背或臀腿。⑥万户侯：汉朝制度，列侯封地大的达万户，小的五六百户。

周亚夫未封侯之时，许负相之[①]，曰："君后三岁而入将相，持国秉[②]，贵重矣，于人臣无两。其后九岁而君饿死。"亚夫笑曰："臣之兄已代侯矣，有如父卒，子当代，亚夫何说侯乎？然既已贵，如负言，又何说饿死？指示我！"许负指其口，有纵理入口，曰："此饿死法也[③]。"居三岁，其兄绛侯胜有罪[④]，文帝择绛侯子贤者[⑤]，推亚夫，乃封条侯，续绛侯后。文帝之后六年[⑥]，匈奴入边，乃以亚夫为将军。至景帝之时，亚夫为丞相，后以疾免。其子为亚夫买工官、尚方甲盾五百被可以为葬者[⑦]，取庸苦之，不与钱。庸知其盗买官器，怨而上告其子。景帝下吏责问，因不食五日，呕血而死。

【注释】

①负：通妇。②秉：权柄。③法：此指骨相。④绛：县名。周勃的封地，位于今山西省曲沃县曲沃镇南。⑤绛侯：此处指周勃。刘邦的大将，因功封为绛侯。⑥后六年：指汉文帝改元后元六年，即公元前158年。⑦工官：官署名，西汉设置。蜀、广汉等郡都设置工官，主造武器、日用品和手工艺品。尚方：官署名，秦朝设置，属少府。主造皇室所用武器及玩物。被：套。

当邓通之幸文帝也，贵在公卿之上，赏赐亿万，与上齐体。相工相之曰："当贫贱饿死。"文帝崩，景帝立，通有盗铸钱之罪，景帝考验，通亡，寄死人家，不名一钱[①]。韩太傅为诸生时，借相工五十钱，与之俱入璧雍之中[②]，相璧雍弟子谁当贵者。相工指倪宽曰："彼生当贵，秩至三公。"韩生谢遣相工，通刺倪宽[③]，结胶漆之交，尽筋力之敬，徙舍从宽，深自附纳之。宽尝甚病，韩生养视如仆状，恩深逾于骨肉。后名闻于天下。倪宽位至御史大夫[④]，州郡丞旨召请，擢用举在本朝，遂至太傅。

【注释】

①名：此处作占有讲。②璧雍：本为西周天子所设的大学。因环境四周是水，环如璧，所以名为璧雍。此处指汉代的太学。③刺：名帖。④御史大夫：秦汉时仅次于丞相的中央最高长官，主要负责监察、司法，兼管重要文书图籍。

夫钳徒、许负及相邓通、倪宽之工，可谓知命之工矣。故知命之工，察骨体之证，睹富贵贫贱，犹人见盘盂之器，知所设用也。善器必用贵人，恶器必施贱者；尊鼎不在陪厕之侧[①]，匏瓜不在堂殿之上[②]，明矣。富贵之骨不遇贫贱之苦，贫贱之相不遭富贵之乐，亦犹此也。器之盛物，有斗石之量，犹人爵有高下之差也[③]。器过其量，物溢弃遗；爵过其差，死亡不存。论命者如比之于器，以察骨体之法，则命在于身形，定矣。

【注释】

①陪厕：厕所。②匏（páo）：此处指的是一种形似匏的粗陋酒壶。瓜：根据文意是指一种粗陋酒壶，疑是“瓠（hù）”之残字。“匏瓠”与“尊鼎”对文，可证。③差（cī）：等级。

非徒富贵贫贱有骨体也，而操行清浊亦有法理。贵贱贫富，命也。操行清浊，性也。非徒命有骨法，性亦有骨法。惟知命有明相，莫知性有骨法，此见命之表证[①]，不见性之符验也[②]。范蠡去越，自齐遗大夫种书曰[③]：“飞鸟尽，良弓藏，狡兔死，走犬烹。越王为人，长颈鸟喙，可与共患难，不可与共荣乐。子何不去?”大夫种不能去，称病不朝，赐剑而死。大梁人尉缭说秦始皇以并天下之计[④]，始皇从其册[⑤]，与之亢礼[⑥]，衣服饮食与之齐同。缭曰：“秦王为人，隆准长目，鸷膺豺声[⑦]，少恩，虎视狼心。居约易以下人，得志亦轻视人。我布衣也，然见我，常身自下我。诚使秦王须得志，天下皆为虏矣。不可与交游。”乃亡去。故范蠡、尉缭见性行之证，而以定处来事之实，实有其效，如其法相。由此言之，性命系于形体，明矣。

【注释】

①表证：表征。②符：古时的一种凭证，双方各执一半。符验：是说“符”的两半可以相互检验。此处指一种可以应验的征象。③种：文种，字少禽（一作子禽），楚国郢（位于今湖北省江陵西北）人，春秋末年越国大夫。④大梁：战国中后期魏国的国都，位于今河南省开封市西北。尉缭：姓失传，名缭，魏大梁人，战国末期秦国大臣。入秦游说，被秦始皇重用任国尉，因此称尉缭。帮助秦国策划，主张用金钱收买六国权臣，打乱其部署，以统一中国。著有《尉缭子》一书。⑤册：通策，计策。⑥亢礼：同抗礼。是说以彼此平等的礼节相待。⑦鸷（zhì）：凶猛的鸟，如鹰之类。膺（yīng）：胸。鸷膺：形容胸部突出。

以尺书所载[①]，世所共见；准况古今，不闻者必众多非一，皆有其实。禀气于天，立形于地，察在地之形，以知在天之命，莫不得其实也。

【注释】

①尺书：即短书。

有传孔子相澹台子羽、唐举占蔡泽不验之文[①]，此失之不审。何隐匿微妙之表也。相或在内，或在外，或在形体，或在声气。察外者遗其内，在形体者亡其声气。孔子适郑[②]，与弟子相失，孔子独立郑东门。郑人或问子贡曰[③]：“东门有人，其头似尧，其项若皋陶，肩类子产[④]。然自腰以下，不及禹三寸，傫傫若丧家之狗[⑤]。”子贡以告孔子，孔子欣然笑曰：“形状未也，如丧家狗，然哉！然哉！”夫孔子之相，郑人失其实。郑人不明，法术浅也。孔子之失子羽，唐举惑于蔡泽，犹郑人相孔子，不能具见形状之实也。以貌取人，失于子羽，以言取人，失于宰予也[⑥]。

【注释】

①澹（tán）台子羽（公元前512年～?）：姓澹台，名灭明，字子羽，春秋时鲁国武城（位于今山东

省费县）人，孔子的学生。相貌丑陋，不被孔子重视。后回去修养德行，南游到长江，有学生三百，名闻于诸侯。②郑：春秋时郑国的都城，位于今河南省新郑县。③问：这里是告诉的意思。④子产（？～公元前522年）：即公孙侨、公孙成了。姓公孙，名侨，字子产，一字子美。郑贵族子国之子，春秋时政治家。郑简公十二年（公元前554年）为卿，二十三年（公元前543年）执政。实行改革，使郑有了新气象。⑤傫（lěi）傫：垂头丧气的样子。⑥宰予（公元前522～前458年）：一名宰我，字子我，春秋时鲁国人，孔子学生。擅长言语著称。曾任齐国临淄大夫。对孔子坚持“三年之丧”的主张表示怀疑。

【译文】

人们都说，天命难知，其实命也是很容易知道的，怎么能知道呢？凭人的面相肌理身形体态就可以知道。因为人命是从上天禀受的，也就有表面征兆出现在肌体上。观察人体表面征兆来认识命运，如同看斗斛来了解容量一般。所谓人体表面征兆，这就是这里将要说的骨法。

古书上说黄帝面似龙颜，眉骨突出；颛顼前额高满，像戴着盾牌；帝喾牙齿骈生，连成一片；帝尧眉毛有八种颜色，帝舜眼中有两个瞳仁，帝禹耳朵有三个窟窿；汤王胳膊上多一截肘子，文王胸脯上有四个乳头；武王眼睛长得特别高，周公后背是弯曲的；皋陶的嘴长而阔，孔子的头顶，中间凹陷而四周凸起。这十二个圣人，有的身居帝王之位，有的辅佐君主，有的忧虑世事，都为世人所共知，儒者所共说，而且其名与事写在经书典籍之中，清楚明白可以相信。至于民间野史传闻，竹帛所载的奇闻异事，那特殊的骨法相貌，就更是不胜枚举了，都不是儒生们所知所见的。例如：造文字的苍颉有四只眼睛，黄帝时当秘书官；晋公子重耳肋骨长成一片，成了诸侯的霸主。苏秦鼻梁高凸，当了六国之相；张仪肋骨长成一片，也当了秦相、魏相。项羽有两个瞳仁，传说是大舜的后裔，曾与高祖平分天下；陈平当年贫苦吃不饱饭，但容貌漂亮，引得众人惊奇，问他“吃了什么东西长得又白又胖”。以及韩信落难，被滕公夏侯婴赏识，免于一斩，也是因为他相貌特别美丽。可见身形体态美丽好看，也是一种骨法。

汉高祖鼻梁高耸，面庞方正，眉骨突出，胡须很美，左腿根有七十二颗黑痣。单父人吕公善于相命，见了高祖身形容貌，很惊奇，因而把自己的女儿嫁给他，这就是吕后。后来生了孝惠帝与鲁元公主。高祖当时任泗上亭长，该当告假归家，与吕后和两个子女生活在乡间。有一老翁经过此地，请求喝口水，因而给吕后看相说：“夫人！天下贵人啊！”让他看子女的相，看见孝惠帝，说：“夫人之所以贵，就因为这个儿子呀！”看鲁公主的相，说：“都不错，都是贵人。”老翁走了，高祖从外面归来，吕后说给高祖听，高祖追上了老翁，挡住他让他给自己相面。老翁说：“刚才夫人子女之相都像您一样，您的相更贵，不可随便说出去！”后来高祖得了天下，正如老翁所言。推此而论，全家之人，都有富贵之相了。

类同而气均，天性体貌，法相骨骼自然相似。气类不同，命相不一样的人，也有两相遭遇的。富贵之男娶得富贵之妻，富贵之女嫁给富贵之夫。两者命相不均齐，如果互相遭遇，那么就会立刻死亡；如果还没有结婚，那么就会有预先死亡之祸。王莽之姑政君许嫁，到了吉期该出嫁时，丈夫就死了。如此发生了两次，于是献给赵王。赵王还没有把她娶过来，又死了。清河有个人名叫南宫大有的与政君的父亲王稚君交往很好，遇见政君给相命说：“贵为天下母，命当为皇太后！”这时，正是宣帝时，元帝为太子。王稚君就通过魏郡都尉把王政君献给了元帝。元帝宠爱她，生了个儿子为君上。元帝驾崩，太子为帝，这就是汉成帝。王政君当了皇太后，终于成了“天下母”。这政君之相该贵为天下母，而前两次所许嫁的赵王两家，是没有为天下父之相，所以尚未出阁那二人就先死了，赵王也一样。这说明那二人与赵王均无帝王的大命，而王政君不应该与这三家相遇合的证验啊。

丞相黄霸，当年曾是阳夏县一名巡捕盗贼的游徼。有一次，他与一位善于相命的人同车而行，见一女子年约十七、八岁，相者指着她说："这女子该当大富贵，为封侯之人的夫人！"黄霸停下车子，仔仔细细地打量那姑娘。相者说："这位女子要是不得富贵的话，相书就该扔了！"黄霸询问她，才知道是邻近一个村里的某巫家之女，就娶来作了自己的妻子。其后，黄霸果真大富大贵，位至丞相，封为列侯。这黄霸该富贵，妇人该当嫁给他，因此两相结合，于是双双富贵。如果黄霸自己命贱，就不能娶命贵的妇人为妻子，若不宜为克妇之时，那就会发生王政君前二夫与赵王的祸患了。这全家都有富贵之命，然后才能担当起全家富贵的事来。若骨法形体之中，有不相适应之人，那就肯定会别离或死亡，不得久享幸福，所以富贵之家，役使奴仆，畜养牛马，肯定有与众不同的在其中。奴仆如有不死亡之相，牛马定有多繁殖之性，田地里只要播种就能生长茂盛而且丰收，搞商贸则有便于囤积、销售畅达的货物。所以知命的人，能从富贵预见贫贱，从贫贱中预见富贵。细察骨节之法，熟精皮肤肌理，用此来考查人的性命，没有看不准的。

赵简子让姑布子卿给几个儿子相面，没有一个吉相，相到翟婢的儿子无恤时说是贵相。无恤最贤能，又有贵相，赵简子后来就废去太子而立无恤为继承人，终于成了诸侯，他就是赵襄子。相工给汉初大将黥布相命，说他应当先受刑罚然后才能封王，后来他果真受了刑罚而后封王。卫青的父亲郑季，与杨信公主家的奴仆卫媪私通，生下卫青。在建章宫时，有钳徒相他的面说："你贵至封侯！"卫青说："作人家奴隶的规矩，能够不挨打受骂就很满足啦，怎么还敢想封侯呢？"其后卫青随军为小吏，战斗中屡建战功，越级赠封，逐步提升至大将军，封为万户侯。周亚夫没有封侯的时候，有位叫做许负的为他看相，说："你再过三年准能封侯，封侯八年为将相，主持国家大政，荣贵之极，人臣无双。其后九年，你将饿死！"亚夫一听笑了，说："我的哥哥已经袭位为侯了。如果父亲死了，儿子自当继承，怎么说我该为侯呢？不过，假如真像你说的那样既然已经尊贵了，又怎么说会饿死呢？请指点给我看！"许负指着他的嘴巴那里有一道纵向的肌理直入口中，说："这就是最终该当饿死的骨法呀！"过了三年，亚夫之兄绛侯周胜有罪，文帝选择老绛侯周勃之子中的贤能者袭封，推举了亚夫，便封为条侯，以继周勃之后。汉文帝后元六年，匈奴入侵，就任命周亚夫为将军反击匈奴。到景帝时，亚夫任为丞相，后来因病免官回家。他的儿子替他置办后事，向尚方官属购得兵甲仪仗五百副，准备用来殉葬。去运取的佣伕很辛苦，却不给工钱。佣伕知道这是非法偷买官物，怀恨上告亚夫之子。景帝交给法吏去查问办理，结果亚夫因此绝食五日，吐血而死。当初邓通被文帝所宠信之时，尊贵在公卿之上，赏赐动辄亿万，与皇帝的富贵差不多。相工相他的面说："你该当贫贱饿死。"文帝去世，景帝即位。邓通有非法私铸钱币之罪，景帝拷问查证，他逃亡了，寄居并死在别人家中，死前身无一文。韩太傅为太学诸生时，借给相工五十钱，就与相工一起到辟雍之中见诸生，看辟雍弟子中谁的命最贵。相工指着倪宽说："那位青年当贵，位至三公！"韩生道谢并送走相工，向倪宽通报了名姓，从此结为莫逆之交。他尽自己一切力量来敬奉倪宽，迁移住宿都寸步不离倪宽，深深地依附着他。倪宽曾患重病，韩生细心照料他就像仆人一样，恩深情重超过骨肉同胞，后来名扬天下。倪宽当官位至御史大夫，州郡长官承其风旨，召请韩生，要求大力提拔他，就把他推荐到汉家朝廷里，一直当到太傅。这钳徒、许负以及给邓通、倪宽相面的相工们，可以称做是知命人了。因而知命之人，审察骨相体貌的征兆，就能看到人的富贵贫贱，就像人们见到盘盂等器皿就知道它的功用一般。美器一定用于贵人，恶器一定用于贱者，大樽大鼎不会置放在厕所旁边，匏瓠之类粗陋的酒器不会放在庙堂之上，这是十分清

楚的。富贵之骨，不会遭遇贫贱之苦；贫贱之相，不会遭逢富贵之乐。容器盛放物品，有几斗几石的定量，就像人的爵禄有高下的等级差别啊，容器过量装盛，必致物溢弃遗；爵禄超过其等级，便死亡难免。论命之人如果拿容器来作比喻，借以察知人的骨相体貌之法，那么，命在于身体形貌，也就是确切无疑的了，不仅富贵贫贱有骨体，而且操行清浊也有法理。贵贱贫富是命，操行清浊是性。

不仅命有骨法，性也有骨法，只知道命有明确的体相，却没人知道性也有骨法：这叫做见到了命的表征，却不见性的符验啊。范蠡离开了越国到了各国，从齐国给越大夫文种去信说："飞鸟没有了，良弓就收藏不用了；狡兔死了，猎犬就会被烹煮了吃掉。越王为人，脖子很长，长着鸟喙式的嘴巴，只能与他共患难，不可以与他共荣华，你为什么不离开那儿呢?"但大夫文种仍没能下决心离开。称病不朝，结果赵王赐他宝剑让他自杀了。大梁人尉缭，进言秦始皇兼并天下的谋略，始皇听从了他的计策，与他平起平坐，衣着饮食和自己完全相同。尉缭说："秦王的骨相是，高鼻梁，长眼睛，突胸脯，发豺声，少恩情，虎视狼心，平时简约容易谦恭下人，一旦得志，便会轻视人。我一介布衣，然而他见了我常常亲自表示恭敬之意。真的让秦王到了得志的那一天，天下之人就都会成为他的奴隶了。不可与他交往下去!"于是逃走了，所以说范蠡与慰缭是见到了性行的证验，用以定下处置未来情况的计策，确实取得了效果，正如其所见的法相。由此看来，性与命都系于身形体貌就非常清楚了。因为民间一般小册子所记载之事，世人所共知共见，况且古今失传的人与事，必定还有很多，又都是言之有据的。人禀气于上天，立形于大地，观察其在地之形体，以知其在天之性命，没有不能掌握其真实情况的。

有的书上记着孔夫子相澹台子羽，唐举相蔡泽没有应验的文字，他俩的失误在于不精通骨法啊。骨法是何等隐秘微妙的表征呀！相或表现于外，或潜藏于内；或在形体，或在声音。看到外部的忘了内部，审察内部时忘了外部，观看形体者难以看其声气。孔子经过郑的都城，与弟子们走失了，独立于郑东门之外，郑人问孔子徒弟子贡，说道："东门有个人，其头像尧，其项似皋陶，肩膀像子产，然而自脑向下，不及禹三寸。疲乏得像条丧家之犬。"子贡将这番话告诉了孔子，孔子高兴地说："身形体貌不是那样。不过说像条丧家犬，说得对，说得对!"这孔子的相，郑人是不掌握其实际的。郑人不明，是因为他掌握的法术太浅了。孔子失于子羽，唐举的失于蔡泽，就像郑人的相孔子，不能完全掌握外在形貌的真实含意，这就是所谓"以貌取人，失之子羽；以言取人，失之宰予"啊！

初禀篇

人生性命该当富贵者，初禀自然之气，养育长大，富贵之命效矣。文王得赤雀，武王得白鱼、赤乌，儒者论之，以为雀则文王受命，鱼、乌则武王受命。文、武受命于天，天用雀与鱼、乌命授之也。天用赤雀命文王，文王不受；天复用鱼、乌命武王也。若此者谓本无命于天，修己行善，善行闻天，天乃授以帝王之命也。故雀与鱼、乌，天使为王之命也，王所奉以行诛者也。如实论之，非命也。命，谓初所禀得而生也。人生受性，则受命矣。性命俱禀，同时并得，非先禀性，后乃受命也。何之明之?弃事尧为司马，居稷官[①]，故为后稷。曾孙公刘居邰[②]，后徙居邠[③]。后孙古公亶甫三子太伯、仲雍、季历[④]。季历生文王昌。昌在襁褓之中，圣瑞见矣。故古公曰："我世当有兴者，其在昌乎！”于是太伯知之，乃辞之吴[5]，文身断发，以让王季。文王受命，谓此时也，天命在人本矣，太王古公见之早也[6]。此犹为未，文王在母身之中已受命也。王者一受命，内以为性，外以为体。体者，面辅骨法[7]，生而禀之。

【注释】

①稷官：古时代主管农业的官。②公刘：传说是后稷的曾孙，周族的领袖。夏代末年曾率周族迁到豳(位于今陕西省彬县东北)，观察地形，兴水利，开荒地，使周族得以安居。邰（tái）：古地名，位于今陕西省武功县西。③邠（bīn）：即豳（bīn），古地名，位于今陕西省彬县东北。④古公亶（dǎn）甫：即周太王古公亶父，古时周族领袖。太伯：古公亶甫的长子，季历的大哥。为让位给季历，躲避到吴越。仲雍：古公亶甫的次子。他与太伯为让位给季历，避到东南方的吴越地区。季历：古公亶甫的小儿子，周文王的父亲。其兄太伯、虞仲让位给季历，得立为君。周武王即位追尊为“王季”。⑤吴：古吴地，位于今江苏省南部。⑥太王：周武王即位后，追尊古公亶甫为“太王”。⑦面辅：面颊。此处指容貌。骨法：骨骼的形状。

吏秩百石以上[1]，王侯以下，郎将大夫以至元士[2]，外及刺史太守[3]，居禄秩之吏[4]，禀富贵之命，生而有表见于面，故许负、姑布子卿辄见其验。仕者随秩迁转，迁转之人，或至公卿，命禄尊贵，位望高大。王者尊贵之率，高大之最也。生有高大之命，其时身有尊贵之奇。古公知之，见四乳之怪也。夫四乳，圣人证也。在母身中，禀天圣命，岂长大之后修行道德，四乳乃生？以四乳论望羊[5]，亦知为胎之时，已受之矣。刘媪息于大泽，梦与神遇，遂生高祖，此时已受命也。光武生于济阳宫，夜半无火，内中光明。军下卒苏永谓公曹史充兰曰：“此吉事也，毋多言。”此时已受命。独谓文王、武王得赤雀、鱼、乌乃受命，非也。

【注释】

①吏秩：官吏俸禄的等级。百石：年俸一百石谷。此处泛指小官。②郎：帝王侍从官的通称。将：领兵作战的高级武官。大夫：指在朝廷中央任有要职，如御史大夫、谏大夫等。元士：指三公（汉时指丞相、太尉、御史大夫）的属吏。③外：京都以外。此处指地方。④居：处于。⑤望羊：同望阳。

上天壹命，王者乃兴，不复更命也。得富贵大命，自起王矣。何以验之？富家之翁，资累千金，生有富骨，治生积货，至于年老，成为富翁矣。夫王者，天下之翁也，禀命定于身中[1]，犹鸟之别雄雌于卵壳之中也[2]。卵壳孕而雌雄生，日月至而骨节强，强则雄自率将雌。雄非生长之后或教使为雄，然后乃敢将雌，此气性刚强自为之矣。夫王者，天下之雄也，其命当王。王命定于怀妊，犹富贵骨生有，鸟雄卵成也。非唯人、鸟也，万物皆然。草木生于实核，出土为栽蘖，稍生茎叶，成为长短巨细，皆由实核。王者，长巨之最也。朱草之茎如针[3]，紫芝之栽如豆[4]，成为瑞矣。王者禀气而生，亦犹此也。

【注释】

①身：此处指母身，娘胎。②别：区分，决定。③朱草：一种茎叶都是红色的草，可作染料，古人认

为它是吉祥物。④紫芝：灵芝草，古人认为它是吉祥物。

或曰："王者生禀天命，及其将王，天复命之，犹公卿以下，诏书封拜，乃敢即位。赤雀、鱼、乌，上天封拜之命也。天道人事，有相命使之义。自然无为，天之道也。命文以赤雀、武以白鱼，是有为也。管仲与鲍叔分财取多，鲍叔不与，管仲不求。内有以相知视彼犹我，取之不疑。圣人起王，犹管之取财也。朋友彼我，无有授与之义，上天自然，有命使之验，是则天道有为，朋友自然也。当汉祖斩大蛇之时，谁使斩者？岂有天道先至，而乃敢斩之哉！勇气备发，性自然也。夫斩大蛇，诛秦、杀项，同一实也。周之文、武受命伐殷，亦一义也。高祖不受命使之将[①]，独谓文、武受雀鱼之命，误矣。"

【注释】

①将：率领。此处是率兵打仗的意思。

难曰："《康王之诰》曰：'冒闻于上帝[①]，帝休，天乃大命文王。'如无命史，经何为言'天乃大命文王'？"所谓"大命"者，非天乃命文王也，圣人动作，天命之意也，与天合同，若天使之矣。《书》方激劝康叔，勉使为善，故言文王行道，上闻于天，天乃大命之也。《诗》曰"乃眷西顾[②]，此惟予度[③]"，与此同义。天无头面，眷顾如何？人有顾睨，以人效天，事易见，故曰"眷顾"。"天乃大命文王"，眷顾之义，实天不命也。何以验之？"夫大人与天地合其德[④]，与日月合其明，与四时合其序，与鬼神合其吉凶，先天而天不违，后天而奉天时。"如必须天有命，乃以从事，安得先天而后天乎？以其不待天命，直以心发，故有"先天"后天"之勤；言合天时，故有"不违""奉天"之文。《论语》曰："大哉，尧之为君！唯天为大，唯尧则之。"王者则天，不违奉天之义也。推自然之性，与天合同。是则所谓"大命文王"也。自文王意，文王自为，非天驱赤雀使告文王，云当为王，乃敢起也。然则文王赤雀及武王白鱼，非天之命，昌炽祐也[⑤]。

【注释】

①冒（xù）：通勖，勉励。②眷：不断地回头看。③度（zhái）：通宅，地方。④大人：此处指"圣王"。⑤炽（chì）：强盛。祐：福祐。此处指吉详的兆头。

吉人举事，无不利者。人徒不召而至，瑞物不招而来，黯然谐合，若或使之。出门闻告，顾睨见善，自然道也。文王当兴，赤雀适来；鱼跃乌飞，武王偶见。非天使雀至白鱼来也，吉物动飞而圣遇也。白鱼入于王舟，王阳曰[①]："偶适也。"光禄大夫刘琨前为弘农太守[②]，虎渡河，光武皇帝曰："偶适自然，非或使之也。"故夫王阳之言"适"，光武之曰"偶"，可谓合于自然也。

【注释】

①王阳：名吉，字子阳，汉皋虞（位于今山东省即墨县东北）人。西汉宣帝时任博士、谏大夫。后与宣帝政见不同，谢病归故里。②光禄大夫：官名。汉时在朝中掌管顾问应对，议论朝政。

【译文】

人的命中该当富贵者，孕育之初就禀受了自然之气，长大成人之后，富贵之命就会实现的。文王得赤雀，武王得白鱼和赤鸟，儒生们说起这件事时，都认为赤雀是文王受命符应，白鱼和赤鸟是武王受命的符应。文王武王从上天接受其命，上天派赤雀与白鱼赤鸟来传达天命。上天让赤雀授命于文王，文王没有接受，就又命白鱼和赤鸟授命于武王。如此说来，是说文武本来没有贵命在上天，而是他们注意修养自己，实行善政，待善行传报于上天，上天才授以帝王之命的。所以那赤雀与鱼鸟，也就是天使之传达帝命的了，王尊奉它以执行诛讨征伐。从实际说来，这并不是“命”，命是最初孕育时就从上天那里自然地禀受到的。人生下来时就受了天性，同时接受了天命。性命都是禀受的，是同时获得的，不是先禀性而后受命啊。怎么来证明它呢？当年弃事奉尧帝，任职司马，主管农事，故称为后稷。其曾孙公刘住在邰，后来迁居邠。后来他的孙子古公亶父，生了三个儿子：太伯、仲雍与季历。季历又生下文王姬昌，姬昌尚在襁褓之中时，圣人的瑞象就已出现了。所以古公亶父说：“我这一代如若有兴起的人，大概就在姬昌身上了！”于是太伯知道了这事，就告辞了，去了老远的吴国，在那里把身上刺了花纹，把头发剪短了，这样来让位与王季。文王受命，也就是在这个时候。天命在人之本初呀，太王古公早就亲眼看见了。这还不算最早。文王在母体之中时，已经受命了。王者一受命，内以为善性，外以为善行，身体面庞骨法，都有表现，生而禀之。吏的奉禄在百石以上，直至王侯以下，从郎、将、大夫直至元士等所有属吏，外及州郡的刺史、太守，凡在享受国家俸禄的位子上的官吏，都禀受着富贵之命，生下来时就有表象征候见于面貌。所以许负、姑布子卿一见面就知其命，入仕做官者随其官阶而升迁调转，迁转之人，或许一直升到三公九卿之类。命禄尊贵者位望高显，王者的命禄是最尊贵的，位望也是最高显的，所以刚一出生就有高显之命。其时，体貌上也就会有尊贵之奇了。古公亶父知道文王的贵命，就是因为见到文王生有四个乳头这样的奇异征象啊。那四个乳头，便是圣人的征兆，在母体中时，就已经禀受了圣命，哪里是长大之后，靠了修身养性，四个乳头才生出来的呢？以文王四乳之象来推论武王的望阳之象，那也一定是为胎儿时就受命上天的了。刘媪在大泽边休息，梦见与神龙交媾，于是生下高祖，此时高祖就已经禀受天命了。光武帝生于济阳宫中，夜半无火，室内却很光明，马前卒苏永对功曹吏充兰说：“这是大吉大利的事，可不能多嘴多舌啊！”这时光武帝已经受命了。偏偏说文王武王是在见到赤雀白鱼赤鸟之时才受命的，这显然是错误。上天一次授命，王者从而兴起，不会再重新授命了。

行到富贵大命的人，自然就起而为王了。拿什么来证明呢？富家主人翁，家积千金。他生来就有富的骨法。治家产，积财货，直至年老，就成为富翁了。那王者就是天下的“富翁”了，他的禀受天命定于胎中，就像鸟雀的雌雄在蛋壳里就已决定了一般，蛋孵化后，雌雄之鸟便生出来了，日月时刻到了，它的骨节就坚强起来，坚强的为雄，自然就会带领雌的，雄的不是在发育长大后，有谁教他该怎样做才让他成为雄的，然后才敢去率领雌的。这是因为生就的气性刚强自然而然地做到的啊。那么王者呢？就是天下之“雄”了。其命当王，王命确定于母胎之中，如同富贵由骨法生，雌雄在卵中已定啊。不仅人和鸟是这样，万物万物都是如此。草

木生于果核种子，出土成为萌芽，逐渐生出茎叶来，它成为长短巨细的植株，都决定于果实种子。王者便是最长最巨的了。朱草的茎像针一样细，紫芝的芽芽如荳一样小，就能长成瑞物。王者禀受天的元气而生，也是如此啊。

有人说："王者出生时就禀受了天命，待到快要登位为王时，上天会再次授命于他。这就像公卿百官要等皇上颁发诏书封拜官职之后才能正式到任一样。赤雀与白鱼赤鸟之类，就是上天封拜帝王时颁发的旨意了。天道与人事相同，天对人本来就有相命使之意啊！"自然无为，才是天道。天命文王用赤雀，天命武王用白鱼赤鸟，这就成了有为之行了。管仲与鲍叔分财利时，他拿多的一份，鲍叔用不着特意给予，管仲也用不着专门去请求。双方心内相互了解，知对方如同自己，也就无所谓索取和给予，用之也就不必犹豫斟酌了。圣人的为王，就如同管仲取财，朋友彼此之间，没有授予之义。上天自然无为，若有命使的符验，那就成了"有为"了，这不是说天道有为而"朋友"反而自然无为了么？当汉高祖斩白蛇之时，是谁命他去斩的呢？怎么能有天道先至，然后才敢去斩的呢？那是他当时勇气备发，也属于天性自然啊。

这斩大蛇与诛秦杀项，是同一种事实，周文周武受命伐商，也是同样的道理。高祖没有受命使他带兵亡秦灭项，偏要说文王武王受雀鱼之命，那可就大错特错啦！有人指责说："《康叔之诰》中说：'功德上报于天帝，天帝高兴，天就大命于文王。'假如没有天命之事，这经书上为什么说'天就大命于文王'呢？"其实所谓"大命"，不是"上天授命文王"的意思，圣人的一举一动，就是天命的意思，都会与天意相合，就像是天使的一样，《尚书》正在激励康叔，勉励他让他行善，所以说成是文王为道，闻报于上天，天就授命于他了。《诗经》中说："天帝眷念着向西部看去，认为那里才是可以考虑授命的地方。"与此是相同意思。天没有头面，怎么去眷顾呢？人是有左顾右盼的动作的，拿人来比喻天，事情就容易说明白，所以说"向西眷顾"，天帝就授命于文王了。"眷顾"之义，其实天是不下命令的，如何说明这个道理呢？那大人与天地是同心同德的，与日月是共同光明的，与四时是同种顺序的，与鬼神是同其吉凶的。大人先天而为，则天不为。大人后天而为，则奉天时。如果大人必须有了天的受命才能去做事，又怎么会有"先天""后天"之说呢？就因其不待天命，直接地由大人自己心思发动，这才有"先天而为"与"后天而行"的勤苦。认为他的行为，符合天意，这才有"天不违"和"奉天时"的说法呀。

《论语》上说："伟大呀，尧的为君主呀！唯有天是崇高的，唯有尧能够效法天！"王者以天为榜样，效法于天而不违背于天，这便是"奉天"的意思。推广这自然之性，与天意相合而相同，这就是"大命于文王"了。从文王这一面说，文王自己有作为，不是天驱使赤雀来下命于文王，教他为王，他才敢起而为王的。如此说来，文王时的赤雀与武王时的白鱼赤鸟，不是天授命之符，而是周室当兴的吉祥征兆啊。吉人作事，没有不利的，众人不召而来，瑞物不求而到，暗暗地相互谐和协调，好像有谁使其如此一般。出门听到吉利话，举目看见吉利物，这是自然而然的。文王该当兴起了，赤雀正好飞来，鱼跃鸟飞，正好被武王看见，不是上天要让赤鸟白鱼来到，是吉祥物自己在动在飞而恰巧被圣王碰遇见了啊。白鱼跳进武王的船中，王吉解释这件事说："那是恰巧偶然碰上的事。"光禄大夫齐琨，从前曾任弘农太守，县中老虎渡河而去，光武皇帝评论此事说："偶尔碰巧发生这种自然而然的事，不是有谁命令老虎渡河而去的。"光武帝这里所说的"偶尔"，王吉在这里所说的"恰巧"，都符合上天无为的自然之道。

本性篇

情性者[①]，不治之本，礼乐所由生也。故原情性之极，礼为之防，乐为之节。性有卑谦辞让，故制礼以适其宜[②]；情有好恶喜怒哀乐，故作乐以通其敬[③]。礼所以制，乐所为作者，情与性也。昔儒旧生，著作篇章，莫不论说，莫能实定。

【注释】

①情：此处指人的喜怒哀乐等情感。性：是指人先天具有的道德属性。王充认为，情和性都是人在娘胎里承受厚薄不同的气所形成的。②宜：和顺，亲善。③通：传达。敬：恭敬。此处是严肃的意思。

周人世硕以为人性有善有恶[①]，举人之善性，养而致之则善长；性恶，养而致之则恶长。如此，则性各有阴阳，善恶在所养焉。故世子作《养书》一篇。密子贱、漆雕开、公孙尼子之徒[②]，亦论情性，与世子相出入，皆言性有善有恶。

【注释】

①世硕：春秋时陈国人，孔门七十弟子之一。著有《世子》二十一篇。②虙（fú）子贱：虙不齐，字子贱。春秋时鲁国人，孔子的学生，孔子称他作君子。曾为单父宰，后世追封为单父侯。漆雕开（公元前540年～?）：姓漆雕，名启，字子开。春秋时鲁国人，孔子的学生。习《尚书》，不愿做官，以德行著称。著《漆雕子》十三篇。公孙尼子：战国初人，孔子的再传弟子。著《公孙尼子》二十八篇，今不传。

孟子作《性善》之篇，以为人性皆善，及其不善，物乱之也。谓人生于天地，皆禀善性，长大与物交接者，放纵悖乱[①]，不善日以生矣。若孟子之言，人幼小之时，无有不善也。微子曰："我旧云孩子，王子不出[②]。"纣为孩子之时，微子睹其不善之性。性恶不出众庶，长大为乱不变，故云也。羊舌食我初生之时，叔姬视之[③]，及堂，闻其啼声而还，曰："其声，豺狼之声也。野心无亲，非是莫灭羊舌氏。"遂不肯见。及长，祁胜为乱[④]，食我与焉。国人杀食我，羊舌氏由是灭矣。纣之恶，在孩子之时；食我之乱，见始生之声。孩子始生，未与物接，谁令悖者？丹朱土于唐宫，商均生于虞室。唐、虞之时，可比屋而封，所与接者，必多善矣。二帝之旁，必多贤也。然而丹朱傲，商均虐，并失帝统，历世为戒。且孟子相人以眸子焉，心清而眸子瞭，心浊而眸子眊[⑤]。人生目辄眊瞭，眊瞭禀之于天，不同气也，非幼小之时瞭，长大与人接，乃更眊也。性本自然，善恶有质[⑥]。孟子之言情性，未为实也。然而性善之论，亦有所缘。或仁或义，性术乖也。动作趋翔，性识诡也，面色或白或黑，身形或长或短，至老极死，不可变易，天性然也。皆知水土物器形性不同，而莫知善恶禀之异也。一岁婴儿，无争夺之心，长大之后，或渐利色[⑦]，狂心悖行，由此生也。

【注释】

①悖（bèi）：违背。乱：祸乱。②王子：此处指商纣王。③叔姬：羊舌食我的祖母。④祁（qí）胜：春秋时晋国大夫祁盈的属官。⑤眊（mào）：眼睛失神，昏乱。⑥质：本质、性质。此处指人所承受的性质。⑦渐（jiān）：浸渍。

告子与孟子同时，其论性无善恶之分，譬之湍水，决之东则东[①]，决之西则西。

夫水无分于东西，犹人无分于善恶也。夫告子之言，谓人之性与水同也。使性若水，可以水喻性，犹金之为金，木之为木也，人善因善，恶亦因恶。初禀天然之姿[②]，受纯壹之质，故生而兆见，善恶可察。无分于善恶，可推移者，谓中人也。不善不恶，须教成者也。故孔子曰："中人以上，可以语上也[③]；中人以下，不可以语上也。"告子之以决水喻者，徒谓中人，不指极善极恶也。孔子曰："性相近也，习相远也。"夫中人之性，在所习焉。习善而为善，习恶而为恶也。至于极善极恶，非复在习。故孔子曰："惟上智与下愚不移。"性有善不善，圣化贤教，不能复移易也。孔子道德之祖，诸子之中最卓者也，而曰"上智下愚不移"，故知告子之言，未得实也。夫告子之言，亦有缘也。《诗》曰："彼妹之子，何以与之？"其传曰："譬犹练丝，染之蓝则青，染之朱则赤。"夫决水使之东西，犹染丝令之青赤也。丹朱、商均已染于唐、虞之化矣[④]，然而丹朱慠而商均虐者，至恶之质，不受蓝朱变也。

【注释】

①决：排除堵塞，导水使行。②姿：通资，资质，本性。③上：上等，高级。此处指仁义道德之类的大道理。④化：改变。

孙卿有反孟子[①]，作《性恶》之篇，以为"人性恶，其善者伪也。性恶者，以为人生皆得恶性也；伪者，长大之后，勉使为善也。"若孙卿之言，人幼小无有善也。稷为儿，以种树为戏；孔子能行，以俎豆为弄[②]。石生而坚，兰生而香。禀善气，长大就成。故种树之戏，为唐司马；俎豆之弄，为周圣师。禀兰石之性，故有坚香之验。夫孙卿之言，未为得实。然而性恶之言，有缘也。一岁婴儿，无推让之心。见食，号欲食之；睹好，啼欲玩之。长大之后，禁情割欲，勉厉为善矣。刘子政非之曰[③]："如此，则天无气也，阴阳善恶不相当，则人之为善安从生？"

【注释】

①孙卿：荀况（约公元前313～前238年），时人尊称为荀卿。战国时赵国人。他是战国时的思想家和教育家。②俎豆：本是祭祀时用的礼器，这里指陈设俎豆，摸拟祭礼的动作。弄：玩弄，戏耍。③刘子政（约公元前77～前6年）：刘向，名更生，字子政，西汉沛（位于今江苏沛县）人。汉皇族楚元王（刘交）四世孙。是西汉著名的经学家、目录学家、文学家。曾任谏大夫、宗正等。用阴阳灾异推论时事政治的得失，屡次上书劾奏外戚专权。成帝时，任光禄大夫，最后终于中垒校尉。

陆贾曰："天地生人也，以礼义之性。人能察己所以受命则顺[①]。顺之谓道。"夫陆贾知人礼义为性，人亦能察己所以受命。性善者，不待察而自善；性恶者，虽能察之，犹背礼畔义。义挹于善[②]，不能为也。故贪者能言廉，乱者能言治。盗跖非人之窃也，庄跷刺人之滥也[③]，明能察己，口能论贤，性恶不为，何益于善？陆贾之言，未能得实。

【注释】

①受命：此处指从天地接受礼义之性。②挹（yì）：酌取，汲取。③刺：斥责，指责。滥：贪。

董仲舒览孙、孟之书[①]，作情性之说曰："天之大经[②]，一阴一阳；人之大经，一情一性。性生于阳，情生于阴。阴气鄙，阳气仁。曰性善者，是见其阳也；谓恶者，是见其阴者也。"若仲舒之言，谓孟子见其阳，孙卿见其阴也。处二家各有见，可也；不处人情性情性有善有恶[③]，未也。夫人情性同生于阴阳，其生于阴阳，有渥有泊。玉生于石，有纯有驳，情性于阴阳，安能纯善？仲舒之言，未能得实。

【注释】

①董仲舒（公元前 179～前 104 年）：西汉哲学家、今文经学大师。广川（位于今河北省枣强县东）人。曾任博士、江都相和胶西相。②大经：常道或不改变的常规。③情性情性：疑重复。

刘子政曰："性，生而然者也，在于身而不发。情，接于物而然者也，出形于外。形外则谓之阳，不发者则谓之阴。"夫子政之言，谓性在身而不发。情接于物，形出于外，故谓之阳，性不发，不与物接，故谓之阴。夫如子政之言，乃谓情为阳，性为阴也。不据本所生起，苟以形出与不发见定阴阳也。必以形出为阳，性亦与物接，造次必于是[①]，颠沛必于是。恻隐不忍不忍[②]，仁之气也[③]。卑谦辞让，性之发也。有与接会，故恻隐卑谦，形出于外。谓性在内不与物接、恐非其实。不论性之善恶，徒议外内阴阳，理难以知。且从子政之言，以性为阴，情为阳，夫人禀情[④]，竟有善恶不也[⑤]？

【注释】

①造次：仓卒，匆促。是：此。此处指本性。②不忍不忍：疑重出。③仁之气：指具有"仁"这种道德属性的气。④情：人性禀受于天，本书时见此义，故疑系"性"之误。⑤不（fǒu）：同否。

自孟子以下至刘子政，鸿儒博生[①]，闻见多矣。然而论情性，竟无定是。唯世硕儒、公孙尼子之徒，颇得其正。由此言之，事易知，道难论也。酆文茂记[②]，繁如荣华；恢谐剧谈[③]，甘如饴密，未必得实。实者人性有善有恶，犹人才有高有下也。高不可下，下不可高。谓性无善恶，是谓人才无高下也。禀性受命，同一实也。命有贵贱，性有善恶。谓性无善恶，是谓人命无贵贱也。

【注释】

①鸿：大。博：学识广泛丰富。②记：记载事物的文章或书籍。③恢：通诙。

九州田土之性，善恶不均，故有黄赤黑之别，上中下之差。水潦不同[①]，故有清浊之流，东西南北之趋。人禀天地之性，怀五常之气，或仁或义，性术乖也[②]；动作趋翔[③]，或重或轻，性识诡也；面色或白或黑，身形或长或短，至老极死不可变易，天性然也。余固以孟轲言人性善者，中人以上者也；孙卿言人性恶者，中人以下者也；扬雄言不性善恶混者，中人也。若反经合道，则可以为教。尽性之理，则未也。

【注释】

①潦（lǎo）：雨水。水潦：此处指水源。②术：道。此处指遵循的原则。③趋：快步走。翔：回翔。此处有缓慢的意思。

【译文】

情感和品性，是治理天下的基本出发点，礼乐制度就由此而产生，因此人们总是探寻情性发展的终极轨迹，定下礼制来加以约束，并且用乐来进行调节。人的品性有卑谦恭让的一面，于是就制定出礼仪来引导其适当发展；人的感情有好恶喜怒哀乐，因而就作出乐曲来沟通相互间的情感。礼之所以制定，乐之所以作出，就是因为人的感情和品性啊！过去的儒学之士，早先的读书先生们，纷纷著书立说，谁都想论证一下人的情性问题，却没有一个人能够确切地论定其是非曲直。周人中有位名叫世硕的认为：人性有善有恶，就其善性来培养发展，那么善就会一天天增长，就其恶性来滋生纵容，那么，恶就会日益增多。这样说来，人性各有阴阳善恶，就看如何去培养了。所以世硕作了《养书》一篇。密子贱、漆雕开、公孙尼子等人，也讨论人的性情问题，观点与世硕相出入，互为表里，都是说人性有善有恶。孟子作性善之篇，认为人性都是善的，至于其不善，那是因为外界事物干扰影响的结果。孟子说人生于天地，都禀赋着善的本性，只是由于有些人长大后与外物相接触时，放纵自己，为非作歹，不善才一天天滋长起来了。

如果真像孟子所说的那样，人幼小之时是没有不善的了。微子说过："我早就说过这孩子呀，王子并不是其中突出的一个。"当纣王还是小孩子的时候，微子启就已经看出了他的不善之性。其人性恶不离于小人，长大了又为恶不改，为乱不变，所以这么说啊。羊舌食我初生之时，祖母叔姬去看他，刚刚来到堂前，听到他的哭声就回头去了，说："他的哭声，是豺狼之声，心地毒野，而六亲不认，除了他没有人能灭我羊舌氏宗族!"于是不肯去看这孩子。等到他长大了，祈胜作乱，羊舌食我参与了，国人杀了食我，羊舌氏一族也由此而灭亡。纣的性恶，在幼小之时，食我的叛乱，表现在刚降生时的哭声。孩子刚出生，还没有与外界接触，是谁教他们为非作歹的呢？尧的儿子丹朱生于尧的宫室，舜的儿子商均长在舜的殿堂，人们说"唐尧虞舜之时，老百姓可以挨家挨户地封赏"，那么，丹朱商均所接触交往的，肯定都是善人，尧舜身旁，肯定都是贤德之人。然而丹朱狂傲商均暴虐，都失去了可以继承的帝位，历代引以为戒。再说，孟子看人是看其眸子，他说是心地纯洁者眸子明亮，心是污浊者眸子浑暗。其实，人生下来就有眸子明亮眸子浑浊的，这明亮与浑浊禀受于上天，只是所禀的元气不同罢了。并不是幼小时明亮，而长大与人交往后才又变得浑浊了的。人性根源于自然，善恶自有其气。可见孟子的谈论人性，也没能说到本质。

不过，性善的理论，也有它的某些根据。或仁或义，是各自的品性与心术相乖违，动作敏捷或呆板，是认识与判断能力有所不，面色的或白或黑，身材的或长或短，从老到死，不可改变，这是天性使然啊。人们都知道水土器物形性不同，而不知道人的善恶在于禀受的元气有所差别啊。告子说："一岁婴儿，无争夺之心，长大之后，由于浸染薰陶于名利色食之中，狂傲的心理，放纵的行为，便由此而生了。"告子和孟子是同一个时代的人，他论人性没有善恶之分，譬如奔流的水，从东面决口就向东流，从西面决口就向西流。这水是不分东西的，人性也是不分善恶的。告子的理论，认为人性与水是相同的。如果人性果真像水一样，可以用水来打

比方，就像金之所以为金，木之所以为木一样。人的善性因承于善，恶性也因承于恶的禀性。人一开始孕育时就禀受了天然的资质，接受了纯洁的、未受世俗浸染的本性，所以一生下来就表现出或恶或善的征兆，其终生善恶都可以看出。而不分善恶，可以推移改变者，是指普通的中人啊。中人不善不恶，要待教育诱导才能成功。所以孔子说："中人以上，可以告诉他仁义道德的根本道理；中人以下，不可以讲给他仁义道德的大道理。"告子拿决水来作比喻的，也只是说中等才智的人，而不是指极善极恶的人说的。孔子说："人性本来是相近的，受到环境影响，通过习染而有越来越大的差别。"这中人的性行，就在平时所习染的了：习善就为善，习恶就为恶了。至于极善极恶之人，就不会再有习染的问题了，所以孔子说"唯有上智和下愚是不可能改变的。"人性有善有不善，圣人的教诲，贤人的帮助，都不能改变它。孔子是道德之祖，诸子之中没有人能超过他。他说"上智下愚不可改变"，因此可见告子的话也不符合人性人情的实质。不过，告子的话也有他的道理，《诗经》中说："那漂亮的人儿呀，拿什么来交往他呢?"这话的旧注中说："譬如一匹素丝，拿蓝草去染就会变青，拿丹砂去染就会变红。"这决水让它向东或向西流，就好像染丝让他成青色或红色一般。丹朱和商均已经接受过尧舜的教化了，然而丹朱狂傲商均暴虐的原因，在于极恶的天性，不会因受外界影响而改变。

荀子有反孟子而作的《性恶》之篇，认为人的本性是恶的，其善是人有意识地作出来的，人为为"伪"啊。所谓性恶，是说人生之初都有恶性；所谓"伪"，是说长大之后强迫自己去从善。按荀子这种理论，人在幼小时就没有善性了。后稷少儿时期，就以种植为游戏，孔子刚会走路时，就摆弄土块瓦片当礼器。石头生来就是坚硬的，兰花生来就是香的，禀受了善气长大就成为善人。所以，幼年时搞种植游戏的人，后来成了唐尧的司马，摆弄"礼器"玩要的人，后来成为周代圣贤之师。禀受了兰花石头之性，因而就有坚硬芳香的效验。如此说来，荀卿的话，也是不符合实际的。

然而性恶之论，也它的某些根据。刚出生的婴儿，没有推让之心，肚子饿了的，就哭啼着要吃；见到好玩的，就吵嚷着要玩。长大之后，就懂得禁束情感，割弃私欲，勉励自己去为善。刘向反对说："这样的话，天就没有阴阳并存的气了。阴阳与善恶不相当，那么，人的为善又是从哪儿来的呢?"陆贾说："天地所生的人呀，以礼义为其本性。人能认识自己所禀受的礼义之性，则顺乎天道；顺天而行礼义，才是做人的根本原则。"陆贾知道人是以礼义为性的，人也能认识自己是受了礼义之性的。其实，本性善的人不待自觉认识就已经是善的了，那本性恶的人，虽然能认识到什么是善，仍然要背礼叛义。义来自善性，他们是做不到义的。所以贪污者也能说廉洁，作乱者也会讲守法。盗跖也曾反对别人的偷窃，庄跻也在指责别人的滥污。其明哲足以认识自己，足以论列圣贤，而因其本性恶不肯为礼义，又何益于善呢？所以陆贾的话，也没有抓住人性的根本。

董仲舒看了荀孟的书，提出了自己的情性之说，认为："天的根本是一阴一阳，人的根本在于有情有性。性生于阳，情生于阴。阴气鄙劣，阳气宽仁。说性善的，是只看见其阳的一面，认为性恶的，是只看见其阴的一面。"照董仲舒的说法，是认为孟子只见阳而荀子只见阴了。如果用以判定二家各有所见，倒也可以；而不分析人的情性总是有善也有恶，这就不确切了。其实，人的情性同生于阴阳，只是其生于阴阳的气有厚薄多少之分罢了。玉生于石，有纯有驳，情性生于阴阳，怎么就能纯粹为善呢？可见董仲舒的理论，也没有揭示实质性的东西。刘子政说："人的本性，是生下来就如此的，只是存在于身体里面而不直接表露在外面而已。人的情感，是接触外界事物时形成的，是直接表露在外面的。表露在外叫作阳，潜藏于体内谓

之阴。”按照刘向的这种说法，认为性是藏于体内而不发的，情是接触外物而表露出来的，所以情谓之阳。性不外露，不与外物相接触，所以是阴。这么说，就是情为阳而性为阴了。这种理论，不是根据情性的最根本源头来立论，而只是以表露或不表露来定阴阳。必定要以表露于外为阳，那么性也与外物交接，紧急关头表现出性，颠沛流离表现出性。人的恻隐不忍，就是一种宽厚之性；谦卑恭让，也是性的外露。正因为与外界有所接触，所以谦卑恻隐才表现于外的。认为性在内不表现于外，看来也不符合实际。不讨论性的善恶，只是说什么外内阴阳，关于性的理论仍然没有能够说明白。再说，如果听从刘向的话，以性为阴、以情为阳，那么，人的禀受性情，到底还有没有善恶之分呢？

从孟子以下直到刘向，鸿儒博生，他们的见识多着呢。然而讨论人性竟没有一个确切的结论，唯有世硕和公孙尼子他们，粗略地接触到问题的实质。由此说来，事情容易认识，而规律原理却难以确定啊。历代繁富众多的文章书籍，多的如繁花一般，其中风趣畅达的见解，读来能让人像吃下蜜糖一样，但却不见得能给人以真理。从实质上说，人性的有善有恶，也就像人才的有高有下，高的不可下，下的不可高。说人性不分善恶，等于说人才没有高下。人的禀性与受命，是同样原理。命有贵贱，性有善恶，都是人在孕育之初就自然确定了的。说性无善恶，也就等于说命无贵贱了。九州土地之性，好坏肥瘠不同，所以有黄土红壤与黑土的区别，有上等、中等、下等田地的差异。水源不同，因而有清流浊流之分，有东西南北的不同流向。人禀受着天地的元气，身怀人伦五常之气，或仁或义，是由于各人的品性与外世原则的相乖离啊。遇事时动作或敏捷或迟缓，或轻率或庄重，是因为各人的认识判断能力有区别啊。肤色的或白或黑，身材的或高或矮，一个人至老直到于死，也不可改变，这是天性决定了如此的啊。人们都知道水土器物的形体与性质不同，而不知人性禀受的善恶也有所区别呀。我向来认为，孟轲所说的人性善者，是指中人以上的人说的；荀卿所说的人性恶者，是就中人以下的人说的；杨雄说人性善恶相混者，是指一般的中人而言的。这些见解如果返回到经典中去符合其基本精神的话，倒是可以用来教化常人的。如果说这些见解已经讲透了性理，那还差的远着呢！

物势篇

儒者论曰：“天地故生人。”此言妄也。夫天地合气，人偶自生也，犹夫妇合气，子则自生也。夫妇合气，非当时欲得生子，情欲动而合，合而生子矣。且夫妇不故生子，以知天地不故生人也。然则人生于天地也，犹鱼之于渊，虮虱之于人也[1]，固气而生，种类相产。万物生天地之间，皆一实也。

【注释】

①虮（jǐ）：虱子卵。

传曰：“天地不故生人，人偶自生。若此，论事者何故云‘天地为炉，万物为铜，阴阳为火，造化为工’乎？案陶冶者之用火烁铜燔器，故为之也。而云天地不故生人，人偶自生耳，可谓陶冶者不故为器，而器偶自成乎？夫比不应事[1]，未可谓喻[2]；文不称实，未可谓是也。”曰：是喻人禀气不能纯一，若烁铜之下形，燔器之得火也，非谓天地生人与陶冶同也。兴喻，人皆引人事。人事有体，不可断绝。以目视头，头不得

不动；以手相足[③]，足不得不摇。目与头同形，手与足同体。今夫陶冶者初埏埴作器，必模范为形，故作之也；燃炭生火，必调和炉灶[④]，故为之地。及铜烁不能皆成，器燔不能尽善，不能故生也。夫天不能故生人，则其生万物，亦不能故也。天地合气，物偶自生矣。夫耕耘播种，故为之也，及其成与不熟，偶自然也。何以验之？如天故生万物，为令其相亲爱，不当令之相贼害也。

【注释】

①应：合适。②喻：使人明白。③相：审察。此处指测量。④调和：和谐，触合。此处指管理好。

或曰："五行之气[①]，天生万物。以万物含五行之气，五行之气更相贼害[②]。"曰：天自当以一行之气生万物，令之相亲爱，不当令五行之气，反使相贼害也。

【注释】

①五行：指金、木、水、火、土五种物质。②更：交替。

或曰："欲为之用，故令相贼害。贼害，相成也。故天用五行之气生万物，人用万物作万事。不能相制，不能相使；不相贼害，不成为用。金不贼木，木不成用；火不烁金，金不成器。故诸物相贼相利。含血之虫相胜服、相啮噬、相啖食者[①]，皆五行气使之然也。"曰：天生万物欲令相为用，不得不相贼害也，则生虎、狼、蝮蛇及蜂、虿之虫，皆贼害人，天又欲使人为之用邪？且一人之身，含五行之气，故一人之行，有五常之操。五常，五常之道也。五藏在内[②]，五行气俱。如论者之言，含血之虫，怀五行之气，辄相贼害。一人之身，胸怀五藏，自相贼也？一人之操，行义之心自相害也？且五行之气相贼害，含血之虫相胜服，其验何在？

【注释】

①含血之虫：这里泛指动物。啮噬（niè shì）：咬。啖（dàn）食：吞食。②藏（zàng）：同脏。五藏：指脾、肺、心、肝、肾。

曰："寅木也，其禽虎也[①]。戌土也，其禽犬也。丑、未亦土也。丑禽牛，未禽羊也。木胜土，故犬与牛羊为虎所服也。亥水也，其禽豕也。巳火也，其禽蛇也，子亦水也，其禽鼠也。午亦火也，其禽马也。水胜火，故豕食蛇。火为水所害，故马食鼠屎而腹胀。"曰：审如论者之言，含血之虫，亦有不相胜之效。午马也。子鼠也。酉鸡也。卯兔也。水胜火，鼠何不逐马？金胜木，鸡何不啄兔？亥豕也。未羊也。丑牛也。土胜水，牛羊何不杀豕？巳蛇也。申猴也。火胜金，蛇何不食猕猴[②]？猕猴者畏鼠也。啮猕猴者犬也。鼠水。猕猴金也。水不胜金，猕猴何故畏鼠也？戌土也。申猴也。土不胜金，猴何故畏犬？东方木也[③]，其星仓龙也[④]。西方金也，其星白虎也[⑤]。南方火也。其星朱鸟也[⑥]。北方水也，其星玄武也[⑦]。天有四星之精，降生四兽之体[⑧]，含血之虫，以四兽为长，四兽含五行之气最较著。案龙虎交不相贼，鸟龟会不相害。以四

兽验之，以十二辰之禽效之⑨，五行之虫以气性相刻⑩，则尤不相应。

【注释】

①禽：此处指动物。虎：汉代把十二地支分别配属十二种动物，即子鼠、丑牛、寅虎、卯兔、辰龙、巳蛇、午马、未羊、申猴、酉鸡、戌狗、亥猪。这种完整的配属，在现有文献中最早见于本篇。②猕（mí）猴：猴的一种，以野果、野菜为食。③按照阴阳五行说法，五方和五行相配属，东方属木，南方属火，中央属土，西方属金，北方属水。④仓：通苍，青色。按阴阳五行的说法，五色与五方相配属，青色属东方，赤色属南方，黄色属中央，白色属西方，黑色属北方。⑤白虎：西方七宿的总称。西方七宿：奎宿，娄宿、胃宿、昴（mào）宿、毕宿、觜（zī）宿、参（shēn）宿连在一起，被认为像只虎，白色属西方，所以用白虎称西方七宿。⑥朱鸟：又称朱雀，南方七宿的总称。⑦玄武：北方七宿的总称。⑧四兽：指龙、虎、鸟、龟。⑨十二辰：十二地支也叫十二辰。⑩气性：此处指五行之气的性质。

凡万物相刻贼，含血之虫则相服，至于相啖食者，自以齿牙顿利①，筋力优劣，动作巧便，气势勇桀。若人之在世，势不与适②，力不均等，自相胜服。以力相服，则以刃相贼矣。夫人以刃相贼，犹物以齿角爪牙相触刺也。力强角利，势烈牙长，则能胜；气微爪短，诛胆小距顿，则服畏也。人有勇怯，故战有胜负，胜者未必受金气，负者未必得木精也。孔子畏阳虎，却行流汗，阳虎未必色白③，孔子未必面青也。鹰之击鸠雀④，鸮之啄鹄雁⑤，未必鹰、鸮生于南方而鸠雀、鹄雁产于西方也，自是筋力勇怯相胜服也。

【注释】

①顿：通钝。②适（dí）：通敌。与适：与之相匹敌，与之相等。③色白：按照阴阳五行的说法，白色属金，青色属木。④鸠（jiū）：斑鸠一类的鸟。⑤鸮（xiāo）：鸱（chī）鸮，猫头鹰一类的鸟。鹄（hú）：天鹅。

一堂之上，必有论者。一乡之中，必有讼者。讼必有曲直，论必有是非。非而曲者为负，是而直者为胜。亦或辩口利舌，辞喻横出为胜①；或诎弱缀路②，蹥蹇不比者为负③。以舌论讼，犹以剑戟斗也。利剑长戟，手足健疾者胜；顿刀短矛，手足缓留者负。夫物之相胜，或以筋力，或以气势，或以巧便。小有气势，口足有便，则能以小而制大；大无骨力，角翼不劲，则以大而服小。鹊食猬皮，博劳食蛇④，猬、蛇不便也。蚊虻之力不如牛马⑤，牛马困于蚊虻，蚊虻乃有势也。鹿之角足以触犬；猕猴之手足以搏鼠。然而鹿制于犬，猕猴服于鼠，角爪不利也。故十年之牛，为牧竖所驱⑥；长仞之象，为越僮所钩⑦，无便故也。故夫得其便也，则以小能胜大；无其便也，则以强服于羸也。

【注释】

①喻：清楚。横出：流畅。②诎（qū）：言语钝拙。缀（chuò）：通辍，中止，停止。路（jiá）：牵绊。缀路：形容迟钝。③蹥蹇（lián jiǎn）：艰难。此处指说话结巴。不比：此处指语言不连贯。④博劳：又称伯劳，是一种鸟。食大型昆虫以及蛙类、蜥蜴类或小型鸟兽等。终年留居我国西南、长江流域以南直达华

南地区。⑤虻（méng）：一种蚊虫，形似蝇而稍长。雌虫刺吸牛等牲畜血液，危害家畜。⑥牧竖：牧童。⑦越：古时族名。秦汉以前就已广泛分布于长江中下游以南，部落众多，故又有百越、百粤之称。钩：扣留。此处是管束的意思。

【译文】

儒生们说："天地是有目的地生出人来的。"这话是十分荒谬的。这天与地相合气，人就偶然地自然出现了，如同夫与妇相合气，儿子就自然而然地出生了一样。夫妇合气，并不是当时就一定要生子，情欲发生而交合，交合了就生出儿子了。可见夫妇不是特意要生子，那么天地也就不是故意要生人了。如此说来，人生于天地之间，也如同于鱼在水中，虮虱在人的身上一样了。因气而生，本种本类自相繁殖，万物生于天地之间，实际原理就只有这么一条。有一种说法："既然说天地不是故意生出人类来，人是偶然自生的，那么，论事者为什么常说'天地为炉，万物为铜，阴阳为火，造化为工'呢？"冶炼或烧窑工人用火来溶铸铜器或烧制陶器，是有目的的行为，而说天地不故意生人，人是偶然自生，可以说成陶冶者不故意制作器皿，器皿也是偶尔自然生成的么？这个比喻不符合情理，不可以成立。文章不切合实际，也不能认为正确。可能有人要辩解说："上述说法是比喻人的禀气不会完会一致，就像溶冶了铜汁灌到模型里，烧制的陶坯得到不同的火候一般，各不相同啊。"——人们打比方，都引用人们熟悉的事例来比喻。人事是一个整体，不可以取其一不及其余。用眼睛看头上的东西，头不得不动；用手去相度脚，脚不得不摇。这是因为头目同身，手足同体呀。现在烧窑者与冶炼者开始和泥作器之时，一定要在模子里作出坯形来，这是有目的的精心作为；燃炭生火，一定要调节炉灶火候，这也是精心作为，及至烧铸结束，铜汁不能皆成合适的铜器，陶坯不能皆成精美的陶器，这就不是主观上所能决定的了。这天不能有意识地生人，那么他的生万物，也都不可能是故意的。天地合气，万物偶然自生。以这耕耘播种，就是特意为之的，及至庄稼的有收成还有没有收成，就是偶然的了。拿什么来证明呢？如果天是有意识地生出万物来的，那么就该让万物相亲相爱，不得让他们互相妨碍与杀害。有人说："金木水火土五行之气，是上天滋生万物的本源。因为万物都含有五行之气，而五行之气本身就是交替循环并且矛盾斗争着的。"那么，我说："天本来就应该只以一行之气来生育万物，那样就能使万物相亲相爱了。不该用五行之气，反而使之相互侵害呀！"有人说："上天希望万物互为世用，所以才使万物互相残害的，相害正所以相存。因此天用五行之气来生万物，人用万物来作万物，不能相互制约则不能相互驱使，不能相互残害则不能互为其用。金不克木，木就不能成其用；火不溶金，金就不能成为器。所以万物都是相互残害而又相互依存的。有血肉之物的相搏击、相吞噬、相厮咬，都是五行之气使之如此的。"我认为，天地生万物，欲令其相互为用，就不该使之相残害。照那么说来，天地生虎狼腹蛇蜂虿。这些毒害人的毒虫，难道天地又想让人为这些毒虫所用么？而且，再说，一人之身，就含有五行之气，所以一人之行，才有人伦五常之操，五常，就是五行的原理体现呀。五脏在体内，五行之气俱全。如果按论者的意思，有血有肉的动物，都怀五行之气，都互相残害着，那么一人之身，怀有心肝脾肺肾，它们就要互相残害了？一人的行为操守，那行义之心，也要相互妨害了？

再说，五行之气相残害，血肉之虫互争胜负，其证验何在呢？回答说：寅是木，其属相配虎；戍为土，其属相配犬；丑未也是土，丑属相配牛，未属相配羊。木胜土，所以犬与牛羊都为虎所征服了。亥是水，其属相配豕，巳为火，其属相配蛇；子也是水，其属相配鼠，午也是

火，其属相配马。水胜火，所以猪能吃蛇，火为水所害，所以马吃了鼠屎会胀肚。那么我说：倘若真的象论者所言，含血之虫也有不相胜的明证。午配马，子配鼠，酉配鸡，卯配兔，鼠何不赶走马？金胜木，鸡何不啄兔？亥配猪，未配羊，丑配牛，土胜水，牛羊何不杀死猪？已为蛇，申为猴，火胜金，蛇为什么不吃掉猕猴？猕猴这东西，怕的是老鼠，而啮猕猴的，是狗。鼠是水，猕猴是金，水不胜金，猕猴何故怕老鼠？戌是土狗，申是金猴，土不胜金，猴何故畏怕狗呢？

东方为木，其星为苍龙；西方为金，其星为白虎；南方为火，其星为朱鸟；北方为水，其星为乌龟（玄武）。天有四星的精气，降生为龙虎凤龟四种动物。

世上血肉之物，以这四种动物为长。这四种动物含五行之气最为明显。考查龙虎相遇并不相互残害，凤龟相逢也不相互妨害。用这四种动物来检验，用十二生肖来查对，说含五行之气的生物，都相残害，气性都相克，倒是特别不相应的。凡万物之间相互残害的，血肉之物相负，以至于相啖食的，自然是凭着各自的齿牙筋力的钝利强弱而定。动作要巧便，气势要勇猛，自然就能取胜。若人生在世，其努力与对方不相适应，自然地要服从对方，以力相服，那就要动刀动枪相互杀害了。人类的以刀枪相杀，犹如动物的以齿角爪牙相抵触或相刺杀啊。力气强、角刺锐、气势猛、牙齿长的，就能胜，气微爪短者被杀，胆小角刺钝的，自然要服从对方了。人有勇怯之分，所以战有胜负之别，胜者，未必禀受了金气；败者，未必禀受了木精。孔子怕阳虎，吓得倒着走，流了一身汗，阳虎也未必色白（金），孔子也未必色青木。老鹰攻击鸠雀，鸮子咬啄鸿雁，不见得必鹰鸮都生于南方，而鸠雀鸿雁都生于西方啊，自是它们肋力勇情的不同而自相胜服啊。

一堂之上，肯定有善于议论的人；一乡之中，必定有精于辞讼的人。讼者必有曲直而论者必有是非，非而曲的一方应负，是而直的一方应胜。但也有伶牙俐齿、纵横驰说的一方胜利，而言辞无力、反应迟钝、说话结巴、逻辑不清的一方失败了的情形。凭舌来论战来争讼，就像用剑戟相争斗。利剑长戟，手足健捷者胜；钝刀短矛，手足笨拙者败。这万物的相互胜服，或借筋力，或凭气势，或靠巧便。小者有气势，口足又便捷，就能以小胜大；大者无骨力，头角翅子不强劲，那就只能以大而服小了。鹊吃刺猬，伯劳啄蛇，因为刺猬与蛇行动都不如前者的敏捷。蚊虻之力不及牛马，却被牛马蚊虻所困：是由于蚊虻多而成势。鹿角足以触死犬，猴手足以抓获鼠，然而鹿却被犬所制，猴则被鼠所服：是因为角爪不锋利呀。所以身壮十围的牛被小牧童所驱使，身长八九尺的象，被越地小僮管束着，都是因为它们躯体不便捷。因此这些万物呀，得其便者能以小而制大，失其便者，就只能以强大而服弱小了。

奇怪篇

儒者称圣人之生，不因人气[①]，更禀精于天。禹母吞薏苡而生禹[②]，故夏姓曰姒。卨母吞燕卵而生卨[③]故殷姓曰子。后稷母履大人迹而生后稷，故周姓曰姬。《诗》曰："不坼不副[④]"，是生后稷。说者又曰：禹、卨逆生，闿母背而出。后稷顺生，不坼不副。不感动母体[⑤]。故曰"不坼不副"。逆生者子孙逆死，顺生者子孙顺亡。故桀、纣诛死，赧王夺邑[⑥]。言之有头足，故人信其说；明事以验证故人然其文。谶书又言[⑦]：尧母庆都野出，赤龙感己[⑧]，遂生尧。《高祖本纪》言：刘媪尝息大泽之陂，梦与神遇。是时，雷电晦冥，太公往视[⑨]，见蛟龙于上。已而有身，遂生高祖。其言神验，文又明著，世儒学者，莫谓不然。如实论之，虚妄言也。

【注释】

①人气：指构成人的气。②薏苡（yǐ）：俗称“药玉米”、“回回米”，一种禾本科植物。其果实可供食用或药用。③卨（xiè）：即契，传说是商的始祖。④不：语助词，无义。坼（chè）：分裂。副（pì）：同疈，分。⑤感（hàn）：通撼，震。⑥赧（nǎn）王：名延，东周最后一个君主，公元前314～前256年在位。秦灭周时，赧王只被迫交出土地和奴隶，未被处死。⑦谶（chèn）：预示吉凶隐语。谶书：指专门记载谶语的书。⑧己（jì）：语助词，无义。⑨太公：对年老男子的尊称。此处指刘邦的父亲。

彼诗言“不坼不副”，言其不感动母体，可也；言其闿母背而出，妄也。夫蝉之生复育也，闿背而出。天之生圣子，与复育同道乎？兔吮毫而怀子，及其子生，从口而出。案禹母吞薏苡，卨母咽燕卵，与兔吮毫同实也。禹、卨之母生，宜皆从口，不当闿背。夫如是，闿背之说，竟虚妄也。世间血刃死者多，未必其先祖初为人者生时逆也。秦失天下，阎乐斩胡亥[①]，项羽诛子婴[②]。秦之先祖伯翳，岂逆生乎？如是，为顺逆之说，以验三家之祖，误矣。

【注释】

①阎乐：秦二世宰相赵高的女婿，当时任咸阳令，奉赵高的命令，迫令胡亥自杀。胡亥：即秦二世，秦始皇的小儿子。公元前210～前207年在位。②子婴：秦二世胡亥的侄子。胡亥死后，赵高立他为皇帝。继位后，便想法杀了赵高，并灭其三族。刘邦兵至霸上（位于今陕西西安东），他素车白马投降，秦亡。在位仅46天。后项羽攻进咸阳，被项羽所杀。

且夫薏苡草也，燕卵鸟也，大人迹土也。三者皆形，非气也，安能生人？说圣者以为禀天精微之气，故其为有殊绝之知[①]。今三家之生，以草，以鸟，以土，可谓精微乎？天地之性，唯人为贵，则物贱矣。今贵人之气，更禀贱物之精，安能精微乎？夫令鸠雀施气于雁鹄，终不成子者，何也？鸠雀之身小，雁鹄之形大也。今燕之身不过五尺，薏苡之茎不过数尺，二女吞其卵实，安能成七尺之形乎？烁一鼎之铜，以灌一钱之形[②]，不能成一鼎，明矣。今谓大人天神，故其迹巨。巨迹之人，一鼎之烁铜也，姜原之身[③]，一钱之形也。使大人施气于姜原，姜原之身小，安能尽得其精？不能尽得其精，则后稷不能成人。

【注释】

①知（zhì）：通智。②形：通型。③姜原：后稷母亲的名字。

尧、高祖审龙之子，子性类父，龙能乘云，尧与高祖亦宜能焉。万物生于土，各似本种。不类土者，生不出于土[①]，土徒养育之也。母之怀子，犹土之育物也。尧、高祖之母，受龙之施，犹土受物之播也。物生自类本种，夫二帝宜似龙也。且夫含血之类，相与为牝牡[②]，牝牡之会，皆见同类之物。精感欲动，乃能授施。若夫牡马见雌牛。雀见雄牝鸡，不相与合者，异类故也。今龙与人异类，何能感于人而施气？

【注释】

①生：本性。②牝（pìn）：雌性动物。牡：雄性动物。牝牡：此处配偶。

或曰："夏之衰，二龙斗于庭，吐漦于地[①]。龙亡漦在，椟而藏之。至周幽王发出龙漦，化为玄鼋[②]，入于后宫，与处女交，遂生褒姒[③]。玄鼋与人异类，何以感于处女而施气乎？夫玄鼋所交非正，故褒姒为祸，周国以亡。以非类妄交，则有非道妄乱之子。今尧、高祖之母不以道接会[④]，何故二帝贤圣，与褒姒异乎。"

或曰："赵简子病，五日不知人。觉言，我之帝所，有熊来，帝命我射之，中，熊死；有罴来，我又射之，中罴，罴死。后问当道之鬼，鬼曰：'熊罴，晋二卿之先祖也[⑤]。'熊罴物也，与人异类，何以施类于人，而为二卿祖？"。夫简子所射熊罴，二卿祖当亡，简子当昌之秋也。简子见之，若寝梦矣。空虚之象，不必有实。假令有之，或时熊罴先化为人，乃生二卿。鲁公牛哀病化为虎。人化为兽，亦如兽为人。玄鼋入后宫，殆先化为人。天地之间，异类之物。相与交接未之有也。

【注释】

①漦（lí）：传说是龙的口水。②鼋（yuán）：通蚖（yuán），蜥蜴。③褒姒：人名，姒姓。据说生下来后被送到褒国抚养，长大后献给周幽王为妃，所以称褒姒。为幽王所宠，继而被立为后，其子伯服被立为太子。④接会：此处是交配的意思。⑤晋二卿：指春秋末晋国的范氏和中行氏。

天人同道，好恶均心。人不好异类，则天亦不与通。人虽生于天，犹虮虱生于人也。人不好虮虱，天无故欲生于人。何则？异类殊性，情欲不相得也。天地夫妇也，天施气于地以生物，人转相生，精微为圣，皆因父气，不更禀取。如更禀者为圣，卨、后稷不圣。如圣人皆当更禀，十二圣不皆然也[①]。黄帝、帝喾、帝颛顼、帝舜之母，何所受气？文王、武王、周公、孔子之母，何所感吞？

【注释】

①十二圣：即黄帝、颛顼、帝喾、尧、舜、禹、皋陶、汤、周文王、周武王、周公、孔丘。

此或时见三家之姓曰姒氏、子氏、姬氏，则因依放[①]，空生怪说，犹见鼎湖之地[②]，而著黄帝升天之说矣。失道之意，还反其字。苍颉作书，与事相连。姜原履大人迹，迹者基也，姓当为"其"下"土"，乃为"女"旁"巨"。非基迹之字，不合本事，疑非实也。以周姬况夏殷，亦知子之与姒，非燕子、薏苡也。或时禹、契、后稷之母适欲怀妊，遭吞薏苡、燕卵，履大人迹也。世好奇怪，古今同情。不见奇怪，谓德不异，故因以为姓。世间诚信，因以为然。圣人重疑[③]，因不复定。世士浅论，因不复辨。儒生是古，因生其说。彼诗言"不坼不副"者，言后稷之生不感动母身也。儒生穿凿，因造禹、契逆生之说。感于龙，梦与神遇，犹此率也。尧、高祖之母适欲怀妊，遭逢雷龙载云雨而行，人见其形，遂谓之然。梦与神遇，得圣子之象也。梦见鬼合之，非梦与神遇乎，安得其实！野出感龙及蛟龙居上，或尧、高祖受富贵之命，龙为吉物，遭加其上，吉祥之瑞，受命之证也。光武皇帝产于济阳宫，凤凰集于地，嘉禾生于屋。圣人之生，奇鸟吉物之为瑞应。必以奇吉之物见而子生谓之物之子，是则光武皇帝嘉禾之精、凤凰之气欤？

【注释】

①放（fǎng）：通仿，模仿。②鼎湖：古时传说黄帝在此铸鼎，鼎成于是乘龙升了天。③重：此处是不轻易的意思。

案《帝系》之篇及《三代世表》，禹，鲧之子也，鲧、稷皆帝喾之子，其母皆帝喾之妃也，及尧，亦喾之子。帝王之妃，何为适草野？古时虽质，礼已设制，帝王之妃，何为浴于水？夫如是，言圣人更禀气于天，母有感吞者，虚妄之言也。实者，圣人自有种世族，仁如文、武各有类。孔子吹律①，自知殷后；项羽重瞳，自知虞舜苗裔也②。五帝、三王皆祖黄帝。黄帝圣人，本禀贵命，故其子孙皆为帝王。帝王之生，必有怪奇，不见于物，则效于梦矣。

【注释】

①律：律管。古时正音的竹管，共十二根，以管的长短确定音的不同高度。孔子吹律：据谶书记载，孔子从小不知道父亲是谁，通过吹律管才知道自己是殷贵族的后裔。②苗裔（yì）：后代。自知虞舜苗裔：传说舜的眼睛有两个瞳仁，故项羽自认为是舜的后代。

【译文】

儒家学者认为：圣人的诞生，不依赖于父母交合时禀受的元阳之气，而是另外禀受精气于天所赋予的某种怪异事物。夏禹的母亲吞了薏苡而生下夏禹，所以夏族就姓谐音的“姒”字了，契的母亲吞下燕子的蛋而生契，因此商族就姓“子”了。后稷的母亲踩着了巨人的脚印而生出后，所以周族的族就姓谐音“姬”字了。《诗经》里说：“不坼不副，是生后稷。”意思是说是分娩时，既没有受横着开坼之苦，也没有受纵着剖裂之痛，就顺利地生下了后稷。于是论者逆推着说：“禹和契一定是逆生倒养，是打开其母亲的后背而出世的，后稷顺生，所以不坼不副，没有特别撼动母亲，所以才有不坼不副的诗句。逆生的人，子孙横逆而死；顺生的人，子孙正常而亡。所以夏商的后代桀纣都是被杀死的，而西周的后代周赧王只是被夺去土地。”说得有头有尾有根有据，所以一般人都轻信它，而且明确地引经据典为证，因而人们也都相信这些记载。谶书上说：“尧的母亲庆都到郊外去，受到赤龙的交感因而生尧。”《史记·高祖本纪》里说：“刘媪曾休息在大泽的堤岸上，梦与神交合，当时雷电交加，天色昏暗。刘太公前往探望，见有蛟龙伏在其身上。”这后来就怀了孕，生下了汉高祖刘邦，话说得很神秘很灵验，有关的书又记载得明明白白，世间儒生及一般学者，也没有不这样说的。要论事实，这些都是荒诞不经奇谈怪论。

那《诗经》中说的“不坼不副”，是指后稷出生时没有撼动损伤母体，这是对的，而要说是打开母亲的后背生孩子，则是妄言胡说了。世间只有蝉蜕，才是开后背而出的呢！天生圣人，跟蝉蜕能一样吗？据说兔子是雌兔舐吮雄兔的毫毛而受孕的，等到它生子，从口中吐出。

契的母亲吞燕子蛋，禹的母亲吞薏苡，跟兔子舐吮毫毛受孕是同一道理。那么禹契之生，也应该从口出，不当开背而生了。如此说来，开背的话，实在是一派胡言呀。再说，世间血染刀刃而死者多得很，不见得其始祖第一个成为人的，都是横生倒养的。秦失天下，闫乐杀死胡亥，项羽杀死子婴，秦的先祖伯翳，难道是逆生倒养的吗？这样说来，儒生们编造出顺逆之说来，拿夏商周三代的祖先作为例证，实在是谎谬啊。而且那薏苡，不过是草，燕子蛋，不过是鸟儿，巨人的脚印，不过是土，三者都是实体，不是精气，怎么能生成人呢？无非是想说圣者是禀受了上天精微神妙之气，因此他具有卓越超凡的智慧。现在三家先祖之生，因草、因鸟、因土，可以算得上精微神妙吗？“天地之性，唯人为贵”，那么万物皆贱。现在贵人之气，原来却是禀受了贱物之精，又怎么能算作神妙呢？而今让斑鸠麻雀施气于大雁天鹅，终不能生子，原因何在？是由于斑鸠麻雀的身形太小，与大雁鸿鹄不相配呀！燕子之身不过数寸，薏苡之茎不过数尺，二女吞其蛋或种子，又怎么能孕育七尺之躯呢？烧熔一鼎铜，拿垭灌到一钱大的模子里，不可能铸成一鼎，这是明摆着的的道理。现在说巨人是天神，所以其脚印特大，留下巨大脚印的人，好比是够铸一鼎的铜，而姜嫄之身等于一钱大的模子，让巨人施气于姜嫄。姜嫄的身子小，又怎么能尽得其精气呢？不能尽得其精气，那么后稷也就不能成人了。尧和汉高祖，真的是龙的儿子的话，子性同于父，龙能乘云，尧与高祖也应该能乘云呀！万物生于土，都各似其本种。其不类同于土者，因为不是由土壤孕育出来的，土只是养育了它们。母亲的怀子，如同土地生育万物，尧和高祖的母亲，受龙的施气，就像土地受到五谷的播种一样。物体生出来之后，自然地相类于同种。这尧与高祖二帝，就应该像龙的本种一样啊！再说，这血肉之躯，都是同类相互为公母雄雌，雌雄交会，皆见于同类事物之间，精气相感、情欲发动，才能相互授施，所以公马见了雌牛，雄雀见了母鸡，不去相互交配，是因为是异类啊！现在龙与人是异类，何能感于人而施其精气呢？有人说：“夏代衰亡之时，有二龙斗于朝廷，吐涎水于地。龙没有了，涎水还在，用个木匣子将那涎水收藏起来。到周厉王时，打开了木匣子，化为一头很大的黑蜥蜴，走进皇帝后宫，与处女交媾，就生下了褒姒。”这黑蜥蜴与人类根本不同，又怎么能感动处女而与其交媾呢？这里与蜥蜴的交合不是正常的，所以褒姒为祸，周代固而灭亡。以异类妄行交配，就会生出非道、妄乱之子。今尧与高祖二人都是贤圣，与褒姒怎么就不一样呢？有人说：“赵简子生病了，五天不省人事，苏醒后对人说：我到了天帝身边，天帝那儿来了头熊，命我射它。射中了，那熊死了。又来了头罴，我又射中了它，罴也死了。后来问当道之鬼，鬼说，熊和罴，是晋国两个卿士范氏与中行民的先祖。”熊与罴，是动物，与人异类，怎么能施气于人而为范氏、中行氏之祖呢？这赵简子射杀的熊罴是两家之祖。这是两家该灭亡，赵氏该振兴之时啊！简子见熊罴，就像睡梦中一般，空虚之气，不必有其实，假如有的话，或许当初熊罴先变成人，这才生下二卿先祖的。鲁国公牛哀生病七日化为虎，人化为兽，也就像兽化为人。黑色蜥蜴进入后宫，大约也是先化为人，再与处女相交合的。天地之间，不同类的东西相互交配，至今还不曾有过。

天人同道，好恶同心，人不会爱上异类，那么天也就不会让异类相交合。人虽生于天地，就像虮虱的生于人；人不好虮虱，天也没有什么理由要生人。何以如此呢？异类性情不同，感情性欲也不相通。天地，等于夫妇，天施气于地，以生万物，人类辗转繁衍，精微元气生出圣人来，都是靠了父亲的阳气，而不是从别的什么东西那儿得来的，如果从别的什么东西那儿领得，那么以禹契后稷就不能成为圣人了。如果圣人都该从别的什么东西身上禀受其气，那么十二位圣人并不都是这样啊。黄帝、颛顼帝、喾帝、舜帝之母该是从什么地方受气的呢？文王、武王、周公、孔子的母亲，又感吞过什么希奇东西呢？这些说法，或许当时有人见三家之姓为姒氏、子氏、姬氏，就借此仿造，空生怪说，就像见到有个叫鼎湖的地方，就附会出黄帝升天的邪说来一般。

这些说法既然已经违背了事理，我们还是回到本字上来讨论吧。苍颉当初作字，总是与事实相联系的。姜嫄踩上了巨人足迹，迹就是基，那么其姓就应该是在其字下面一个土字。现在的姬是女旁加臣，不是基迹之基，不合于本来的事实，我怀疑这是不合实际的。用周代姬姓之字来比况夏商的姓字，也可以知道“子”字与“姒”字，不是燕子和薏苡啊。或许当时禹、契、后稷的母亲正好要怀孕，碰巧吞吃了薏苡、燕子蛋、踩了巨人足迹。世人好奇怪，古今同一心情，不见奇怪，就觉得德行不够特异，因而用这些事物为姓。世人诚实，所以都认为是真的，圣人看重怀疑前人，因而不再更正它；世间读书人浅陋无知，因而不再议论其是非；儒生死守古籍，从而又生出许多离奇解说来。

那《诗经》中说的“不坼不副”，不横裂、不纵剖的意思，是说后稷的诞生很顺利，没有撼动伤害母新的身体。儒生牵强附会，从而造出禹契横生倒养之说来。尧母感于龙，高祖之母梦与龙交合，都是此类怪论。尧和高祖之母，正好要怀孕，恰巧遭逢雷龙，乘云雨而行，人见到它的样子，就说成是这样了。其实，梦与神交，这是得圣子的征兆，梦见鬼来交配，不也同与神交合一样么！从哪儿能证实它呢？到野外去感交于龙，及蛟龙伏在其身。或许是尧和高祖受富贵之命，龙为吉祥物，正巧加于其身，吉祥的瑞物，是受命帝王的佐证啊。光武皇帝生于济阳宫，当时凤凰集于地，嘉禾生于屋。圣人生下来时，自有奇鸟异物来为之瑞应。假如一定要说奇物出现而生子，就说此子为奇物之子，那么，光武皇帝岂不成了嘉禾之精、凤凰之气了吗？考查《大戴礼·世系》与《史记·三代世表》，大禹，是鲧的儿子，契与稷都是帝喾的儿子，其母是帝喾的妃子，帝王之妃怎么要去荒野之地？古时虽说质朴，礼制已经设立出来了，帝王之妃，为什么会在河塘里沐浴呢？这样的话，说圣人另外禀气于天，说圣人之母有所感吞者，都是虚妄的言论者。事实是，圣人自有种族，就像周文王、周武王一样，各有自家的族别，孔子吹律管调音，就知道自己的祖先是商代贵族；项羽双瞳仁，便知道自己是大舜的后代。五帝三王都以黄帝为祖先，黄帝是圣人，本来就禀受贵命于上天，所以其子孙皆为帝王。帝王的诞生，必有怪异，不表现于物体，则出现于梦境。

书虚篇

世信虚妄之书，以为载于竹帛上者，皆贤圣所传，无不然之事，故信而是之，讽而读之。睹真是之传与虚妄之书相违，则并谓短书，不可信用。夫幽冥之实尚可知[①]，沉隐之情尚可定，显文露书，是非易见，笼总并传非实事，用精不专，无思于事也。

【注释】

①幽冥：隐秘。

夫世间传书诸子之语[①]，多欲立奇造异，作惊目之论，以骇世俗之人，为谲诡之书[②]。以著殊异之名。

【注释】

①诸子：指先秦到汉代各派学者及其著作。②谲（jué）诡：怪异。

传书言：延陵季子出游[①]，见路有遗金。当夏五月，有披裘而薪者。季子呼薪者曰："取彼地金来！"薪者投镰于地，瞋目拂手而言曰："何子居之高，视之下[②]，仪貌之壮，语言之野也？吾当夏五月披裘而薪，岂取金者哉！"季子谢之，请问姓字。薪者曰："子皮相之士也[③]，何足语姓名！"遂去不顾。世以为然，殆虚言也。

【注释】

①延陵：春秋时吴地，位于今江苏省常州市。季子：季札，吴王寿梦的小儿子。寿梦见季札很贤能，想立他为吴王，他始终不肯。后来受封延陵，所以号延陵季子。②下：近，浅。③皮：表面。相：观察。

夫季子耻吴之乱，吴欲共立以为主，终不肯受，去之延陵，终身不还，廉让之行终始若一。许由让天下，不嫌贪封侯。伯夷委国饥死[①]，不嫌贪刀钩[②]。廉让之行，大可以况小，小难以况大。季子能让吴位，何嫌贪地遗金？季子使于上国[③]，道过徐[④]。徐君好其宝剑，未之即予。还而徐君死，解剑带冢树而去[⑤]。廉让之心，耻负其前志也。季子不负死者，弃其宝剑，何嫌一叱生人取金于地？季子未去吴乎，公子也[⑥]；已去吴乎，延陵君也。公子与君，出有前后，车有附从，不能空行于涂[⑦]，明矣。既不耻取金，何难使左右，而烦披裘者？世称柳下惠之行，言其能以幽冥自修洁也。贤者同操，故千岁交志。置季子于冥昧之处，尚不取金，况以白日，前后备具。取金于路，非季子之操也。或时季子实见遗金，怜披裘薪者，欲以益之；或时言取彼地金，欲以予薪者，不自取也。世俗传言，则言季子取遗金也。

【注释】

①委：丢弃，放弃。②刀钩：古时两种普通的兵器。此处是便宜的意思。③上国：春秋时南方各国称北方中原各国为上国。④徐：春秋时南方国家，地处今江苏泗洪一带。周初曾强盛过一时，后被楚国打败，周敬王八年（公元前512年），被吴国吞并。⑤带：挂。冢（zhǒng）：高坟。⑥公子：古时称诸侯之子。⑦涂：通途，道路。

传书或言：颜渊与孔子俱上鲁太山。孔子东南望，吴阊门外有系白马[①]，引颜渊指以示之，曰："若见吴昌门乎？"颜渊曰："见之。"孔子曰："门外何有？"曰："有如系练之状。"孔子抚其目而正之，因与俱下。下而颜渊发白齿落，遂以病死。盖以精神不能若孔子，强力自极，精华竭尽。故早夭死。世俗闻之，皆以为然。如实论之，殆虚言也。

【注释】

①吴：指春秋时吴国的都城，位于今江苏省苏州市。阊（chāng）门：即昌门，吴都的西门。

案《论语》之文[①]，不见此言。考六经之传[②]，亦无此语。夫颜渊能见千里之外，与圣人同，孔子、诸子，何讳不言？盖人目之所见，不过十里，过此不见，非所明察，远也。传曰："太山之高巍然，去之百里，不见埵螺[③]，远也。"案鲁去吴，千有余里，使离朱望之[④]，终不能见，况使颜渊，何能审之？如才庶几者，明目异于人，则世宜称亚圣，不宜言离朱。人目之视也，物大者易察，小者难审。使颜渊处昌门之外，望太山之形，终不能见。况从太山之上，察白马之色，色不能见，明矣。非颜渊不能见，孔子亦不能见也。何以验之？耳目之用均也。目不能见百里，则耳亦不能闻也。陆贾曰："离娄之明，不能察帷薄之内；师旷之聪[⑤]，不能闻百里之外。"昌门之与太山，非直帷薄之内、百里之外也。秦武王与孟说举鼎，不任[⑥]，绝脉而死。举鼎用力，力由筋脉，筋脉不堪，绝伤而死，道理宜也。今颜渊用目望远，望远目睛不任，宜盲眇[⑦]，发白齿落，非其致也。发白齿落，用精于学，勤力不休，气力竭尽，故至于死。伯奇放流，首发早白。《诗》云："惟忧用老[⑧]"。伯奇用忧，而颜渊用睛，暂望仓卒，安能致此？

【注释】

①《论语》：儒家经典之一。是孔子弟子及再传弟子关于孔子言行的记录。内容有孔子谈话、答弟子问及弟子之间相互的谈话。②六经：指儒家经典书籍《周易》、《诗经》、《礼记》、《尚书》、《乐经》、《春秋》。六经之传：解释六经的书籍。③埵（duǒ）块：坚硬的土块。④离朱：又称离娄。传说是皇帝时人，能百步之外看清秋天鸟身上长的细毛。⑤师旷：字子野，春秋时晋国乐师。眼瞎，善弹琴，辨音能力很强。聪：听力好。⑥秦武王：名荡，战国时秦国君主。公元前 310～前 307 年在位。力大，好角力。与大力士孟说比举鼎，因膝盖破裂而死。孟说（yuè）：秦武王时著名的大力士。⑦盲眇（miǎo）：瞎眼。⑧用：以，因。

儒书言："舜葬于苍梧，禹葬于会稽者，巡狩年老[①]，道死边土。圣人以天下为家，不别远近，不殊内外，故遂止葬。夫言舜、禹，实也；言其巡狩，虚也。"

【注释】

①巡狩（shòu）：天子视察诸侯所守的地方。

舜之与尧俱帝者也，共五千里之境，同四海之内[①]。二帝之道，相因不殊。《尧典》之篇，舜巡狩东至岱宗，南至霍山[②]，西至太华[③]，此至恒山[④]。以为四岳者[⑤]，四方之中，诸侯之来，并会岳下，幽深远近，无不见者。圣人举事求其宜适也。禹王如舜，事无所改，巡狩所至，以复如舜。舜至苍梧，禹到会稽，非其实也。实舜、禹之时，鸿水未治[⑥]。尧传于舜。舜受为帝，与禹分部，行治鸿水[⑦]。尧崩之后，舜老，亦以传于禹。舜南治水，死于苍梧；禹东治水，死于会稽。贤圣家天下，故因葬焉[⑧]。

【注释】

①四海之内：古人认为中国四周是被大海环绕，故把全国称作四海之内。②霍山：位于今安徽省西

部。主峰白马尖位于安徽霍山县南。古时称南岳。③太华：即华（huà）山，位于今陕西省东部。主峰太华山位于今陕西省华阴县南。古时称西岳。④恒山：地处今河北省曲阳县西北与山西接壤处。古时称北岳。⑤四岳：指东岳泰山、南岳霍山、西岳华山、北岳恒山。⑥鸿：通洪。⑦行：走。此处是到各处去的意思。唯"分部行治"未闻。⑧焉：于此。

吴君高说①："会稽本山名，夏禹巡守，会计于此山，因以名郡，故曰会稽。"夫言因山名郡，可也。言禹巡狩会计于此山，虚也。巡狩本不至会稽，安得会计于此山？宜听君高之说，诚会稽为会计，禹到南方，何所会计？如禹始东死于会稽，舜迹巡狩至于苍梧，安所会计？百王治定则出巡，巡则辄会计，是则四方之山皆会计也。百王太平，升封太山②。太山之上，封可见者七十有二。纷纶湮灭者③，不可胜数。如审帝王巡狩则辄会计，会计之地如太山封者，四方宜多。夫郡国成名，犹万物之名，不可说也，独为会稽立欤？周时旧名吴越也，为吴越立名，从何往哉？六国立名④，状当如何？天下郡国且百余，县邑出万，乡亭聚里⑤，皆有号名，贤圣之才莫能说。君高能说会稽，不能辨定方名，会计之说，未可从也。巡狩考正法度，禹时，吴为裸国，断发文身，考之无用，会计如何？

【注释】

①吴君高：吴平，字君高，东汉会稽人，王充的同乡。与袁康合著《越纽录》，即今《越绝书》。②升：登。封：登泰山筑坛祭天。③纷纶：杂乱。④六国：指战国时齐、楚、燕、韩、赵、魏六国。⑤聚：此处指村落。

传书言：舜葬于苍梧，象为之耕；禹葬会稽，鸟为之田。盖以圣德所致，天使鸟兽报祐之也。世莫不然。考实之，殆虚言也。

夫舜、禹之德不能过尧。尧葬于冀州①，或言葬于崇山②。冀州鸟兽不耕，而鸟兽独为舜、禹耕，何天恩之偏驳也？或曰："舜、禹治水，不得宁处，故舜死于苍梧，禹死于会稽。勤苦有功，故天报之；远离中国③，故天痛之"。夫天报舜、禹，使鸟田象耕，何益舜、禹？天欲报舜、禹，宜使苍梧，会稽常祭祀之。使鸟兽田耕，不能使人祭。祭加舜、禹之墓，田施人民之家，天之报祐圣人，何其拙也，且无益哉！由此言之，鸟田象耕，报祐舜、禹，非其实也。实者，苍梧多象之地，会稽众鸟所居。《禹贡》曰："彭蠡既潴④，阳鸟攸居⑤。"天地之情，鸟兽之行也。象自蹈土，鸟自食苹，土蹶草尽，若耕田状。壤靡泥易，人随种之，世俗则谓为舜、禹田。海陵麋田，若象耕状，何尝帝王葬海陵者邪？

【注释】

①冀州：州名。汉时辖境相当今河北省中南部，山东西端及河南北端。东汉时治所在高邑（位于河北省柏乡县北），末期移治邺县（位于今河北省临漳县西南）。②崇山：即嵩山，位于今河南省登封县北。③中国：指华夏族、汉族地区为中国（因为它地处于各民族之中央）。由于华夏族、汉族多建都在黄河南、北，因此称中原地区为中国。④彭蠡（lǐ）：古时泽名。一说指当今江西省的鄱（pó）阳湖，一说应在长江

北岸，约当位于今湖北省东部安徽省西部一带临江的湖泊。潴（zhū）：水停聚的地方。⑤阳鸟：候鸟。攸（yōu）：通所。

传书言：吴王夫差杀伍子胥，煮之于镬①，乃以鸱夷橐投之于江②。子胥恚恨③，驱水为涛，以溺杀人。今时会稽、丹徒大江④，钱唐浙江⑤，皆立子胥之庙。盖欲慰其恨心，止其猛涛也。夫言吴王杀子胥，投之于江，实也；言其恨恚驱水为涛者，虚也。

【注释】

①镬（huò）：古时称无足的鼎。按现在的说法称大锅。②鸱（chī）夷：皮革做成的口袋，可以盛酒，也可以装人。橐（tuó）：口袋。此处是装的意思。③恚（huì）：愤怒。④丹徒：县名。位于今江苏省镇江市。大江：此处指流经丹徒一带的长江。⑤钱唐：古县名。秦置钱唐县，位于今浙江省杭州市以西灵隐山麓。两汉时为会稽西部都尉所管辖。浙江：钱塘江。

屈原怀恨，自投湘江①，湘江不为涛；申徒狄蹈河而死②，河水不为涛。世人必曰屈原、申徒狄不能勇猛，力怒不如子胥。夫卫菹子路而汉烹彭越③，子胥勇猛不过子路、彭越，然二士不能发怒于鼎镬之中，以烹汤菹汁渖洲旁人。子胥亦自先入镬，乃入江。在镬中之时，其神安居④？岂怯于镬汤，勇于江水哉？何其怒气前后不相副也！且投于江中，何江也？有丹徒大江，有钱唐浙江，有吴通陵江⑤。或言投于丹徒大江，无涛；欲言投于钱唐浙江，浙江、山阴江、上虞江皆有涛⑥。三江有涛，岂分橐中之体，散置三江中乎？人若恨恚也，仇雠未死⑦，子孙遗在，可也。今吴国已灭，夫差无类，吴为会稽，立置太守，子胥之神，复何怨苦？为涛不止，欲何求索？吴、越在时，分会稽郡，越治山阴⑧，吴都今吴，余暨以南属越⑨，钱唐以北属吴。钱唐之江，两国界也。山阴、上虞在越界中⑩，子胥入吴之江，为涛当自上吴界中，何为入越之地？怨恚吴王，发怒越江，违失道理，无神之验也。且夫水难驱而人易从也。生任筋力，死用精魂。子胥之生，不能从生人营卫其身，自令身死，筋力消绝，精魂飞散，安能为涛？使子胥之类数百千人，乘船渡江，不能越水。一子胥之身，煮汤镬之中，骨肉糜烂，成为羹菹，何能有害也？

【注释】

①湘江：河名。发源于广西，主流流经湖南省东部，是湖南省最大河流。屈原自投汨罗，汨罗系湘江支流。②申徒狄：殷末人。③卫：指春秋时卫国。菹（zū）：把人剁成肉酱。卫菹子路：子路任卫大夫孔悝（kuī）宰时，在贵族内讧中被杀，后被剁成肉酱。彭越（？～公元前196年）：字仲，昌邑（位于今山东省金乡县西北）人。汉初大将，封梁王。后被告发谋反，为刘邦所杀。烹（pēng）：用鼎镬煮人。④居：语助词，无义。⑤吴：吴县，古时地名，汉时属会稽郡。位于今江苏省苏州市。通陵江：河名。⑥山阴江：河名。位于今浙江省浦阳江下游。上虞河：河名。位于今浙江曹娥江的支流。⑦雠（chóu）：同仇。仇雠：仇敌。⑧治：政府所在地。此处是建都的意思。山阴：古时县名。因在会稽山之阴（北）而得名。位于今浙江省绍兴市。⑨余暨（jì）：古时县名。位于今浙江省萧山县西。⑩上虞：古时县名。位于今浙江省上虞县。

周宣王杀其臣杜伯[①]，赵简子杀其臣庄子义[②]。其后杜伯射宣王，庄子义害简子。事理似然，犹为虚言。今子胥不能完体，为杜伯、子义之事以报吴王，而驱水往来，岂报仇之义，有知之验哉！俗语不实，成为丹青[③]。丹青之文，贤圣惑焉。夫地之有百川也，犹人之有血脉也。血脉流行，泛扬动静[④]，自有节度。百川亦然，其朝夕往来[⑤]，犹人之呼吸气出入也。天地之性，上古有之。经曰："江、汉朝宗于海[⑥]。"唐、虞之前也，其发海中之时，漾驰而已；入三江之中[⑦]，殆小浅狭，水激沸起，故腾为涛。广陵曲江有涛[⑧]，文人赋之[⑨]。大江浩洋[⑩]，曲江有涛，竟以隘狭也。吴杀其身，为涛广陵，子胥之神，竟无知也。溪谷之深，流者安洋[⑪]，浅多沙石，激扬为濑[⑫]。夫涛、濑，一也。谓子胥为涛，谁居溪谷为濑者乎？案涛入三江，岸沸踊，中央无声。必以子胥为涛，子胥之身聚岸漼也。涛之起也，随月盛衰，大小满损不齐同。如子胥为涛，子胥之怒，以月为节也。三江时风，扬疾之波亦溺杀人。子胥之神，复为风也。秦始皇渡湘水，遭风，问湘山何祠[⑬]。左右对曰："尧之女[⑭]，舜之妻也。"始皇太怒，使刑徒三千人斩湘山之树而履之。夫谓子胥之神为涛，犹谓二女之精为风也。

【注释】

①周宣王（？～公元前782年）：姓姬，名静，一作靖。西周君主，公元前827～前782年在位。杜伯：周宣王的大夫，无罪被杀。②赵简子：本书《订鬼篇》作"燕简公"，可从。燕简公：春秋末燕国君主，公元前504～前493年在位。庄子义：燕简公的大夫，被燕简公所杀。③丹青：绘画用的朱红色和青色。此处指文字记载。④泛：浮行。扬：显示。动静：此处是形容脉博一张一弛。⑤朝夕：即潮汐，早潮与晚潮。⑥汉：指汉水，长江最长支流。源出于陕西省西南部，流经陕西省南部、湖北省西北部和中部。朝宗：诸侯朝见天子，春天朝见叫朝，夏天朝见叫宗。这里此处是比喻长江、汉水涌向大海，或比喻大海涌向长江和汉水。王充在此处是采用后一种说法。⑦三江：由于水经的地区不同而名称各异，因此历来关于三江的解释很多。此处可能是指北江、南江、中江，即指长江的中下游。⑧广陵：古时县名。位于今江苏省扬州市。曲江：即北江。流经现今江苏省扬州市南的一段长江。古时因水流曲折而得名。⑨赋：汉代形成的一种文体，讲究文采，韵节，兼具诗歌与散文的性质。此处是作赋的意思。⑩洋：水大之貌。⑪洋：舒缓之貌。⑫濑（lài）：从沙石上急流而过的水。⑬湘山：一名君山，又名洞庭山。位于今湖南省岳阳县西洞庭湖中。祠（cí）：祭祀。⑭尧之女：传说尧有二女，一叫娥皇，一叫女英。尧将他们嫁给了舜作妻。

传书言：孔子当泗水之葬[①]，泗水为之却流。此言孔子之德，能使水却，不湍其墓也[②]。世人信之。是故儒者称论，皆言孔子之后当封，以泗水却流为证。如原省之，殆虚言也。

【注释】

①当：对着。②湍：这里是冲刷的意思。

夫孔子死，孰与其生？生能操行，慎道应天，死操行绝。天祐至德，故五帝、三王招致瑞应，皆以生存，不以死亡。孔子生时推排不容，故叹曰："凤鸟不至[①]，河不出图[②]，吾已矣夫！"生时无祐，死反有报乎？孔子之死，五帝、三王之死也。五帝、三王无祐，孔子之死独有天报，是孔子之魂圣，五帝之精不能神也。泗水无知，为孔子却流，天神使之。然则孔子生时，天神不使人尊敬？如泗水却流，天欲封孔子之后，孔子生时，功德应天，天不封其身，乃欲封其后乎？是盖水偶自却流。江河之流，有回复之处；百川之行，或易道更路，与却流无以异。则泗水却流，不为神怪也。

【注释】

①凤鸟：凤凰。传说只有天下太平时才出现。②河不出图：相传伏羲时黄河中有龙马负图而出。

传书称：魏公子之德[①]，仁惠下士[②]，兼及鸟兽。方与客饮，有鹯击鸠[③]。鸠走，巡于公子案下。鹯追击，杀于公子之前。公子耻之，即使人多设罗，得鹯数十枚，责让以击鸠之罪。击鸠之鹯，低头不敢仰视，公子乃杀之。世称之曰："魏公子为鸠报仇。"此虚言也。

【注释】

①魏公子：即魏无忌（？～公元前 243 年），战国时魏国贵族。封于信陵（位于今河南省宁陵县），号信陵君。门下有食客三千。②下士：降低身份以谦恭的态度去对待地位低下的人。③鹯（zhān）：即"晨风"，鸟名。一神似鹞的猛禽。

夫鹯物也，情心不同，音语不通。圣人不能使鸟兽为义理之行，公子何人，能使鹯低头自责？鸟为鹯者以千万数，向击鸠蜚去[①]，安可复得？能低头自责，是圣鸟也。晓公子之言，则知公子之行矣。知公子之行，则不击鸠于其前。人犹不能改过，鸟与人异，谓之能悔。世俗之语，失物类之实也。或时公子实捕鹯，鹯得，人持其头，变折其颈，疾痛低垂，不能仰视，缘公子惠义之人，则因褒称，言鹯服过。盖言语之次[②]，空生虚妄之美；功名之下，常有非实之加。

【注释】

①蜚（fēi）：通飞。②次：中间。

传书言：齐桓公妻姑姊妹七人。此言虚也。

夫乱骨肉，犯亲戚，无上下之序者[①]，禽兽之性，则乱不知伦理。案桓公九合诸侯[②]，一正天下，道之以德，将之以威，以故诸侯服从，莫敢不率，非内乱怀鸟兽之性者所能为也。夫率诸侯朝事王室，耻上无势而下无礼也。外耻礼之不存，内何犯礼而自坏？外内不相副，则功无成而威不立矣。世称桀、纣之恶，不言淫于亲戚，实论者谓夫桀、纣恶微于亡秦，亡秦过泊于王莽，无淫乱之言。桓公妻姑姊七人，恶浮于桀、纣，而过重于秦、莽也。《春秋》[③]"采毫毛之美[④]，贬纤芥之恶[⑤]。"桓公恶大，不贬何哉？鲁文姜[⑥]，齐襄公之妹也[⑦]，襄公通焉。《春秋》经曰："庄二年冬[⑧]，夫人姜氏会齐侯于郜[⑨]。"《春秋》何尤于襄公，而书其奸；何宥于桓公，隐而不讥？如经失

之，传家左丘明、公羊、谷梁何讳不言[⑩]？案桓公之过多内宠，内嬖如夫人者六[⑪]，有五公子争立，齐乱，公薨三月乃讣。世闻内嬖六人，嫡庶无别，则言乱于姑姊妹七人矣。

【注释】

①上下：指尊卑、长幼。②九：形容次数多。③《春秋》：儒家经典之一。编年体的春秋史，相传是孔子依据鲁国史官所编的《春秋》整理修订而成。记载鲁隐公元年（公元前722年）至鲁哀公十四年（公元前481年），共242年史事。解释《春秋》的有《左氏》、《公羊》、《谷梁》三传。④采：此处是表彰的意思。⑤纤：纤维。芥：小草。⑥鲁文姜：鲁桓公的夫人，齐僖公的女儿，姓姜，"文"是死后的谥号。⑦齐襄公：春秋时齐国的君主，鲁文姜的异母兄。⑧庄二年：指鲁庄公二年，公元前692年。⑨齐侯：指齐襄公。郜（gào）：古时国名。最初封给周文王之子，所以都位于今山东省成武县东南。春秋时被宋所灭。⑩左丘明：春秋时期史学家。鲁国人，相传曾著《春秋左氏传》。公羊：即公羊高。战国初期齐国人，相传曾著《春秋公羊传》。谷梁：即谷梁赤。战国初期鲁国人，相传著有《春秋谷梁传》。⑪嬖（bì）：受宠的人。

传书言：齐桓公负妇人而朝诸侯。此言桓公之淫乱无礼甚也。

夫桓公大朝之时，负妇人于背，其游宴之时，何以加此？方修士礼[①]，崇厉肃敬，负妇人于背，何以能率诸侯朝事王室？葵丘之会[②]，桓公骄矜，当时诸侯畔者九国。睚眦不得[③]，九国畔去，况负妇人淫乱之行，何以肯留？

【注释】

①士：此处指诸侯。②葵丘：春秋时宋地，位于今河南省兰考与民权境内。葵丘之会：齐桓公建立霸权之后，于桓公三十五年（公元前651年）在葵丘邀集鲁、宋、卫、郑、许、曹等诸侯国相会结盟。③睚（yá）：眼角。眦（zì）：眼眶。睚眦：怒目而视。

或曰："管仲告诸侯，吾君背有疽创，不得妇人，疮不衰愈。诸侯信管仲，故无畔者。"夫十室之邑，必有忠信若孔子。当时诸侯千人以上，必知方术[①]，治疽不用妇人，管仲为君讳也。诸侯知仲为君讳而欺己，必恚怒而畔去，何以能久统会诸侯，成功于霸？

【注释】

①方术：此处指医术。

或曰："桓公实无道，任贤相管仲，故能霸天下。"夫无道之人，与狂无异，信谗远贤，反害仁义，安能任管仲，能养人令之？成事：桀杀关龙逢，纣杀王子比干，无道之君，莫能用贤。使管仲贤，桓公不能用；用管仲，故知桓公无乱行也。有贤明之君，故有贞良之臣。臣贤、君明之验，奈何谓之有乱？

难曰："卫灵公无道之君[①]，时知贤臣。管仲为辅，何明桓公不为乱也？"夫灵公无道，任用三臣[②]，仅以不丧，非有功行也。桓公尊九九之人[③]，拔宁戚于车下[④]，责苞茅不贡运兵攻楚[⑤]，九合诸侯，一匡天下，千世一出之主也，而云负妇人于背，虚矣。

【注释】

①卫灵公：名元。春秋末卫国君主，公元前534～前493年在位。②三臣：指仲叔圉（yǔ）、祝鮀（tuó）、王孙贾等三位卫灵公的大臣。③九九：算术。④宁戚：春秋时齐国人，家境贫穷，给人赶牛车。边喂牛边唱歌，齐桓公听见后很赏识，就提拔他做了官。⑤苞茅：同包茅。包：裹束。茅：菁茅（一种香草）。包茅：成束的菁草茅，祭祀时用来滤酒。它是楚国特产，每年必须向周王室进贡。

说《尚书》者曰："周公居摄[①]，带天子之绶，戴天子之冠，负扆南面而朝诸侯[②]"。户牖之间曰"扆"，南面之坐位也。负扆南面乡坐，扆在后也。桓公朝诸侯之时，或南面坐，妇人立于后也。世谷传云，则曰负妇人于背矣。此则夔一足、宋丁公凿井得一人之语也[③]。唐虞时，夔为大夫，性知音乐，调声悲善[④]。当时人曰："调乐如夔，一足矣。"世俗传言："夔一足。"案秩宗官缺[⑤]，帝舜博求，众称伯夷，伯夷稽首让于夔、龙。秩宗卿官，汉之宗正也[⑥]。断足，足非其理也。且一足之人，何用行也？夏后孔甲田于东萯山[⑦]，天雨晦冥，入于民家，主人方乳。或曰："后来，之子必贵。"或曰："不胜，之子必贱。"孔甲曰："为余子，孰能贱之？"遂载以归。析橑[⑧]，斧斩其足，卒为守者。孔甲之欲贵之子，有余力矣，断是无宜，故为守者。今夔一足，无因趋步，坐调音乐，可也。秩宗之官，不宜一足，犹守者断足，不可贵也。孔甲不得贵之子，伯夷不得让于夔焉。宋丁公者，宋人也。未凿井时，常有寄汲，计之，日去一人作。自凿井后，不复寄汲，计之，日得一人之作，故曰："宋丁公凿井得一人。"俗传言曰："丁公凿井得一人于井中。夫人生于人，非生于土也。穿土凿井，无为得人。推此以论，负妇人之语，犹此类也，负妇人而坐，则云妇人在背。知妇人在背非道，则生管仲以妇人治疽之言矣。使桓公用妇人彻胤服，妇人于背，女气疮，可去以妇人治疽。方朝诸侯，桓公重衣，妇人袭裳[⑨]，女气分隔，负之何益？桓公思士，作庭燎而夜坐[⑩]，以思致士，反以白日负妇人见诸侯乎？

【注释】

①周公居摄：周武王死后，儿子成王年幼，由周公旦代行君主权力。②扆（yǐ）：指帝王宫殿里设在门窗之间的屏风。③夔一足：夔，人名。传说是尧、舜时的乐官。宋：春秋时的宋国，都城在商丘（位于今河南省商丘县南），有今河南东部和山东、江苏、安徽之间的地方。丁公：一个姓丁的老头。语：此处是传说的意思。④调声：乐声。悲善：很动听。⑤秩宗：古时官名。其职务是掌管宗庙祭祀之官。⑥宗正：古时官名。汉时为九卿之一，多由皇族中人担任，其职责是主管皇族事务机关的长官。⑦后：天子，君王。孔甲：夏朝后期的一位君主，在位三十一年。田：通畋，打猎。东萯山：古时山名，具体地理位置待考。⑧析：劈木。橑（liáo）：柴薪。⑨袭裳：衣服上加衣服。⑩燎：植于地上照明的火炬。

传书言：聂政为严翁仲刺杀韩王[①]。此虚也。夫聂政之时，韩列侯也。列侯之三

年，聂政刺韩相侠累。十二年，列侯卒，与聂政杀侠累相去十七年[②]。而言聂政刺杀韩王，短书小传，竟虚不可信也。

【注释】

①聂政（？～公元前397年）：战国时韩国轵（zhǐ）（位于今河南省济源县东南）人。韩烈侯时，严遂与相国侠累（韩傀）争权结怨，求他代为报仇，他入相府刺死侠累。后自杀。严翁仲：严遂，韩烈侯的宠臣。韩王：韩烈侯，战国时韩国君主。公元前400～前387年在位。下文写作韩列侯。②七：韩烈侯三年聂政刺侠累，韩烈侯十三年，韩烈侯死，聂政刺侠累到韩烈侯死之间相隔十年，故疑“十”后之“七”字是衍文。

传书又言：燕太子丹使刺客荆轲刺秦王不得[①]，诛死。后高渐丽复以击筑见秦王[②]，秦王说之，知燕太子之客，乃冒其眼，使之击筑。渐丽乃置铅于筑中以为重。当击筑，秦王膝进[③]，不能自禁。渐丽以筑击秦王颡，秦王病伤三月而死。夫言高渐丽以筑击秦王，实也；言中秦王病伤三月而死，虚也。

【注释】

①燕（yān）：古时国名。本作郾、郾。公元前十一世纪周分封的诸侯国。姬姓。位于今河北省北部和辽宁西端，建都蓟（jì）（位于今北京市西南隅）。秦王：指秦始皇嬴政。②高渐丽：又叫高渐离。战国末年燕国人，擅长击筑。燕太子丹派荆轲刺秦王，他到易水送行。他击筑，荆轲和歌。秦始皇听说他善击筑，命人熏瞎他的眼睛，让他击筑。一为荆轲报仇，二为自身雪耻，在筑内暗藏铅块，扑击秦始皇不中，被杀。筑：古时一种形似筝的十三弦乐器。演奏时，左手按弦的一端，右手拿竹尺敲弦发音。③膝进：战国时人们席地而坐，姿势与跪相近，要挪动位置，常常使用膝盖。膝进，指挪动身体向前靠拢。

夫秦王者，秦始皇帝也。始皇二十年，燕太子丹使荆轲刺始皇，始皇杀轲，明矣。二十一年，使将军王翦攻燕[①]，得太子首。二十五年，遂伐燕而虏燕王嘉[②]。后不审何年，高渐丽以筑击始皇不中，诛渐丽。当二十七年，游天下，到会稽，至琅邪[③]，北至劳、盛山[④]，并海[⑤]，西至平原津而病[⑥]，到沙丘平台[⑦]，始皇崩。夫谶书言始皇还，到沙丘而亡；传书又言病筑疮三月而死于秦。一始皇之身，世或言死于沙丘，或言死于秦，其死言恒病疮。传书之言多失其实，世俗之人不能定也。

【注释】

①王翦（jiǎn）：战国末期秦国著名大将。②燕王喜：战国末燕国君主，公元前254～前222年在位。公元前226年秦将王翦攻燕，兵败，逃往辽东，为取得秦王的谅解，杀太子丹，将其头献给秦始皇。公元前222年，秦军进攻辽东，被虏，燕国亡。③琅邪（láng yá）：郡名。秦时设置，治所在琅邪（位于今山东省胶南县琅邪台西北）。④劳山：山名。或称牢山，今称崂山。位于今山东省崂山县境内。盛山：山名。即成山，又称荣成山。位于今山东省荣成县东北。⑤并（bàng）：通傍，依傍。⑥平原津：古时黄河渡口名，位于今山东省平原县南。⑦沙丘平台：古时地名。位于今河北省广宗县西北大平台。相传殷纣在此筑台，畜养禽兽。公元前210年，秦始皇巡视途中病死于此。

【译文】

世俗之人相信虚妄的书，认为凡写在竹简绢帛上的文字，都是圣贤之人留下来的东西，没有不对的地方，于是就相信它，崇拜它，诵读它，阅览它。一旦见到真实正确的文章与这些虚妄之书不符合，就一律斥责说是“短书杂说，不可相信”。其实，幽微深奥的事理尚且可以探究明白，深曲隐晦的实情尚且可以考查清楚，明明白白的文字，清清楚楚地写在那儿的东西，是非容易看清，却含混笼统不分是非地传播着那些不切实际的东西，这是用心不专，对事物不加思考的原因啊。

这世间传释经籍的书与诸子百家的书，多想标新立异，提出些令触目惊心的论点来震慑世俗之人，写一些古怪离奇的内容，借以树立不同凡响的名声。旧书上说：延陵季子出游，见路上有一块别人丢失的金子，当时正值夏季五月天气，有个披着裘皮砍柴的人，季子就呼唤那砍柴的人说：“把那地上的金块儿捡过来！”砍柴者将手中砍刀摔到地上，瞪着眼睛甩着手说：“为什么你这人坐得那么高，看得却如此卑下，长得仪表非凡，说话却如此鄙俗？我在这夏季五月披着皮衣来砍柴，难道是捡人家金子的人么？”延陵季子向他道歉，打问对方姓名，打柴人说：“你不过是个拿人皮面看人的人，不值得告诉你名字！”就走开了，也不回头看一眼。世人认为这段史事是真的，其实大概是不确实的。这延陵季子以吴国的内乱为耻，吴人想共同立他为君主，他始终不肯接受，离去都城来到延陵地方，终身没有再回吴国。他的谦让之行，始终如一。许由能让出天下，就不会于对封侯有兴趣；伯夷能让出国家，饥饿而死，就不会贪图蝇头小利。清廉退让之行，大者可以说明小者，小者却难以概括大者。延陵季子既然能让出吴王的位置，难道还会贪图地上一块金子？当初季子出使于中原上国，道经徐国，徐君心里喜爱他佩的宝剑，季子没有当即赠予他，出使回程时徐君已死，就解下佩剑悬挂在他墓前树上自己走了。他那颗清廉退让之心，耻于辜负他以前许下的心愿。季子能不辜负死者，怎么会指使陌生之人从地上捡金子呢？当时季子还没离开吴都么？那么他是一位公子；已经离开吴都了么？那么他是延陵地方的君长。公子与君长，出行时前呼后拥，车马随从，不会一个人空行于路，这是明摆着的事。既然不以取金为耻，使唤左右亲侍就可办到，何必要麻烦那位披裘衣之人呢？世人称誉柳下惠的品行，就说他能在清静无人的环境中保持自身的节操呀！贤者品节一致，故尔千岁同心。让延陵季子也生活于幽冥无人知晓的环境中，尚且不会取人之金，何况大天白日、前呼后拥，众人在场的情况下取舍于路么？这不是季子的行为。也许当时季子真的见到地上有遗失的金子，同情那位披着裘衣采薪之人，想借此来接济他一下；或者就是教裘衣砍柴人捡起金子，留作自用，并不是季子想据为己有。世俗传言讹误，就说成是延陵季子攫取黄金了。

旧书上有的说：颜渊和孔夫子一起登上了鲁国的泰山，孔子向东南方望去，看见吴国都城昌门外拴着一匹白马，便拉过颜渊指给他看，说：“你看到吴城的昌门了吗？”颜渊说：“看到了！”孔子又问：“门外可有什么东西？”颜渊说：“好像系着一匹白练的样儿。”孔子蒙住他的眼睛纠正了他的说法，于是就一起下山了。下山后颜渊发白齿落，很快就病死了。大概是他的精神元气比不上孔子，勉强地使用眼力达到了极限，精神元气消耗光了，所以过早的就死去了。世俗听说这事之后，就相信是真的。从实说来，也是虚妄的说法。考查《论语》全书都没有这段记载。考查六经的历代传释之言，也没有这么说的。这颜渊能见千里之外，就与圣人相同了；孔子与诸子何所忌讳而都没有提到这事儿呢？说来人的眼睛的视力，最多也就不过十里远，过此以远就看不见了，不是他能明晰地观察得到的，因为太远了。过去的书上说过：“泰

山的高大呀巍峨高耸，但是离开它走到百里之外，见到它就像小土堆了，这是因为太远的缘故啊。”考查宋国离吴国千里有余，即使让离朱来看它，也不会看到什么。何况让颜渊去看，怎么能够看得真切呢？如果颜渊的才能差不离，目力之好超过了常人，那么世人就应该尊他为亚圣，不该去说离朱之明了。人的目力所见，物大者容易看清，体小者难以察看。让颜渊站在吴都昌门之外，望泰山的形状，毕竟还是看不见的，更何况是从泰山之上，去望吴都昌门外一匹马的颜色呢？颜色见不着，这是肯定无疑的，不但颜渊见不着，孔子也不能见到。为什么呢？耳目的功能一样啊！眼睛不能见百里之外，那么耳朵也不能听百里之外。陆贾说过，离娄的目力，不能细察帷幕内的东西；师旷的听力，不能听清百里外的声音。何况昌门与泰山之间，不仅仅是帷幕之内、百里之外啊。秦武王与孟说比赛举鼎，挺不住，绝脉而死。举鼎用力，力由筋脉，筋脉受不了，伤绝而死，这是合乎情理的。现在颜渊用眼睛远望，望远是目力不够、经受不了，该出现目盲的病，而发白齿落，与这件事则毫无关系。一个人发白齿落，用精力于苦学，勤劳不休，气力衰竭，因此而导致死亡。当年伯奇无辜被流放，头发早白，《诗经》里说：“唯有忧愁让人老。”伯奇是因愁闷烦恼而过早衰老。颜渊用的是眼睛，偶尔地张望了一下，怎么就会发白齿落而死呢？

儒生们的书中说：“大舜葬于苍梧，大禹葬于会稽。他们四处巡游省察，年事已高，中途死在外地。圣人以四海为家，不分远近，不分内外，因而也就就地安葬了。”这里说的舜禹其人，确实是有的，说他们如此巡游视察，则不合乎实际。舜和尧，都是上古帝君，共有五千里方圆的疆土，都在四海之内。二位帝君的统治情况也是相互因承而没有多大区别的。《尚书·尧典》里记载：舜巡视东到岱宗即泰山脚下，南到霍山即天柱山头，西到太华山，北到恒山。认为这四座山分别处于四方之中，周围诸侯的来到，都能集聚于山下，无论多么幽深偏僻，无论是远是近，没有不能朝见的。圣人行事，总是要求其方便于众人。禹统治天下也与舜相同，政事上没有什么改动，巡视所至，也还是和舜一样。所谓舜到苍梧，禹到会稽的说法，不符合当时的实际情况。实际上禹舜时期，洪水还没有治完，尧传位于舜，舜受命为帝，与禹分治一区，到各地平治水土。尧死之后，舜老了，也把帝位传给禹。舜向南方治水，死在苍梧，禹向东方治水，死在会稽。圣贤以天下为家，所以也就安葬在当地了。

吴君高说：“会稽本是山的名称。夏禹视察各地，会计在这座山上。后人因而用山名来命名郡，所以叫做”会稽郡。”这因山名郡的说法，是可以的，说是大禹巡察会计于此山，这就虚假了。禹巡察本来就没有到过会稽山，又何以在此会计呢？就算该相信吴君高的话，会稽真的就是会计的意思，那么禹巡视到南方时，又会计在哪里呢？如果禹刚刚东来，就死在会稽了，舜也巡察，走到苍梧，他在什么地方会计的呢？自古百王在政事上了正轨时就出巡，一巡察就必然要进行会计。这样的话，四方之山都是会计了！百王太平了，就总得到泰山行封禅礼，泰山上封禅遗迹清晰可见者多达七十二处，其余纷纭湮灭者不可胜数。如果帝王巡视就要进行会计，那么会计的地点就会像泰山封禅遗迹者，四面八方应很多很多。这郡国名称的形成，如同万物之名，是难以说清其得名原由的，怎么偏要为一个会稽郡找出解说的话头来呢？周时，这一带的旧名是吴越，为吴越起这个名字的道理，又从哪儿去找呢？六国埋藏起的名字，其背景又是什么呢？天下郡国差不多百十个，县邑超过万数，分亭聚里邑落更不计其数，都各有名号，历代贤圣之人也没有人能解释清楚的。吴君高只能说出会稽是因会计的来历，不能一一论定各地名称，那“会计”之说，看来也就不可相信了。巡视要完善法度，禹时吴人裸体，割去头发，还在皮肤上刺刻龙蛇花纹。视察了也没啥大用，会计干什么呢？

旧书上还说："舜葬于苍梧，象为他耕作；禹葬在会稽，鸟儿为之锄田。"大概是认为圣德所致，天也让鸟兽来报答他们。世人全都相信。但细细考实它，结果都是虚假的。这舜禹的圣德，不会超过尧。尧死后葬在冀州，也有人说是崇山即嵩高山。冀州鸟兽不耕地，而唯独为舜禹耕种，天恩为什么如此不公平呢？也许有人要说："舜禹治水，不得安宁，所以舜死于苍梧而禹死于会稽，劳苦功高，所以上天报答他们。因为他们远离中原，所以上天痛惜他们。"那么，上天报答舜禹，使鸟兽耕种，这对舜禹有什么用处呢？上天要报答舜禹，就该让苍梧人会稽人长久地祭奠他们。能使鸟兽耕田，不能使人祭奠。祭奠是直接加于舜禹之墓，而耕种收获则有利于当地农家。天的报答圣人，怎么会如此愚笨呢？而且一点用处也没有。由此说来，鸟锄地，象耕田，是为的报答福麲舜和禹的话，不符合实际。实际情况是：苍梧是多象的地，会稽为众鸟所趋。《尚书·禹贡》篇说："彭蠡湖中积满了水，这是候鸟来居住的好地方。"天地之情，就是鸟兽活动的原理。象自然是要踩泥巴地的，鸟儿自然是要吃植物种子的。土地被踩踏过了，草籽被吃光了，如同耕过的田地一样。土壤疏松了，泥块打碎了，人随之进行播种，世俗就说成是替舜禹播种的了。"海陵麋田"——若象耕一样，哪里又曾有过帝王葬在海陵的呢？

旧书上说：吴王夫差杀伍子胥，先在大锅中煮，又用皮口袋装着扔进大江。子胥愤怒极了，就驱水为涛，来淹死人。现在会稽郡丹徒县大江边，钱唐县的浙江边，都建造有伍子胥庙。大概是要安抚他的愤怒不平的心，从而制止狂涛恶浪吧。这说吴王杀子胥，扔到江里的事，是真的，说子胥愤怒驱水作浪涛的话，就是假的了。屈原怀恨，自投湘江，湘江不起狂涛。申屠狄投河而死，河水也不起狂涛。如果世人一定要说屈原申屠狄是文人，不能勇猛，力气的愤发不像子胥有气势，这卫国的烹杀子路，汉朝的枉杀彭越，子胥的勇猛不会超过子路彭越，然而他二人不能在大锅中发怒，用沸汤肉汁来溅击一旁的人。而子胥也是先入大锅煮，然后才投进大江的。在锅中之时，他的神灵在哪儿呢？再说，投进江中，到底是哪条江呢？有丹徒县的大江，有钱唐县的浙江，有吴县的通陵江。有人说投于丹徒大江，可那儿却没有狂涛。要说是投在钱唐浙江吧，浙江、山阴江、上虞江三江都都有狂涛。三江有涛，难道是分装了子胥尸体分投于三条江中的么？人如果怀恨复仇的话，仇人未死，其子孙还在，完全可以去找报复的对象。现在吴国早已灭亡，夫差早已断子绝孙，吴国已变成会稽郡，国家在这里设置太守管理。如果子胥神灵，还有什么冤苦呢？还要兴涛不止，他还想索取什么呢？再说，当年吴越两国在时，分治会稽郡土地，越国统领山阴地区，吴国都城在今吴县，余暨以南属越，钱塘以北属吴，钱唐的江水，正是两国国界。山阴江、上虞江都在越国境内。子胥尸投吴江，兴涛应该只在吴国境内，为什么要进入越国地域？怨恨吴王，洩愤越江，违背理情，明摆着不是神验！况且，这水是难以驱动而人是易于听从的。活着的时候用的是筋力，死了的时候靠的是精魂。子胥活着的时候，不能让人听从他来保卫自身性命，以至让自己死去。筋力消散，精魂飞扬，又何以能驱水为涛呢？如果让千百个子胥类的猛士乘船渡江，都不能跨过水去，一个子胥的身体，又是在大锅中煮烂了的，骨肉成了汤汁，又怎么能驱涛为害淹死人呢？周宣王杀了他的臣子杜伯，燕简公杀死他的大臣庄子义，后来杜伯射杀宣王而子义害死简公，事理似乎也差不多，而实际上也是虚假的。现在伍子胥不能保全自身，作杜伯、子义作过的事来报复吴王，却去驱水为涛，这难道是报仇之义么？难道是智慧的表现么？俗语不实，成为史书，史书文字，贤圣也被迷惑了。这地上有百川，就如同人身有血脉。血脉流通，其舒张动静，自有一定的节度。百川也是如此，其潮汐往来，就像人的呼吸，气的出入一样。这是天地本性，上古就是这样。经书上说："江汉朝宗于大海。"即江汉之潮都来自大海。唐虞之前，潮发于大海之中

时，平缓舒展地荡漾着罢了，进入三江之中时，大概是因为地势又小又浅又窄，水被激而沸起，腾涌而上，形成狂涛。广陵县曲江边有涛，文人写颂扬过它。大江浩浩荡荡，曲江一带有狂涛，都是因为那儿地势狭隘的原因。吴县杀了伍子胥，他却跑到广陵县来兴风作浪，伍子胥的神灵，真是无知的啊！溪谷深处，流水安详，一到浅处沙石多，就激扬起来形成湍濑，这涛与濑是同样的道理。说是子胥造出来的涛，那么又是谁在溪谷中兴濑的呢？细看江涛涌入三江时，岸边沸沸扬扬，汹涌澎湃，而江心则悄无声息。一定要认为是子胥兴的涛，难道子胥之身紧贴着江边么？江涛的发动，随着月相的盛衰盈亏而变化，小大满损不一样。假如真是子胥兴涛，难道子胥的愤怒也是随月相为节奏的而变化吗？三江上不时起风，掀起的波浪也会淹死人；子胥之神，难道又成了风不成？秦始皇渡湘水时，碰上了大风，问旁人湘山所祭何神，左右告诉他说是舜帝的两个妃子，尧帝的女儿。秦皇大怒，派刑徒三千人砍光了湘山上的树木，践踏庙宇。如果说子胥的神灵驱水作涛，那就如同说二女之精魂兴风为浪一样可笑呀。

旧书上说：孔子正冲着泗水安葬，泗水为此而改道回流。这表示孔子德行高，能使水让路，不来冲刷墓址。世人都听信这一传言，因而儒生们称道此事，并都以为孔子的后人该当受封，还以泗水让道为根据。如果追根寻源地问一问，这也是虚假不实的话。这孔子死了，比活着时哪个更强些？活着时能努力修行，谨慎地守着先王之道，顺从天意，不违天命，死了之后，一切操行作为都没有了。天总是护卫有高尚德行的人，所以三王五帝都能招致瑞应吉祥，都是本人活着的时候，不在死亡之后。孔子生时，处处推斥排挤不容他，所以他叹息：“凤鸟不至，河不出图，圣王不出，我这就完了么？”难道在他活着时天没有护卫他，死了之后倒反而来报答他么？孔子的死，跟五帝三王的死一样自然而然，五帝三王没有天的护卫，孔子独有天报，这是说孔子灵魂很神验，而五帝三王的精魂不能神了。泗水无知，为孔子回流让路，当然是天神的命令了，然而孔子活着时，天神为什么不使人尊敬他？如果泗水回流表示天想要赐封孔子后代，孔子生时，功德感应上天，天为什么不封赏他本人，却要封赏他的后人呢？这大概是泗水偶尔地自行回流改道吧。江河之水，往往有回流倒退之处，百川流动，也往往改道换路，与倒流没有什么区别，那么泗水的倒流改道，也就不足为奇了。

旧书上说，魏公子无忌的德行好，仁慈宽厚，敬重人士，恩及鸟兽。有一次，他正与客人会饮，有晨风鸟袭击一只斑鸠，斑鸠逃命，躲避于公子桌下。晨风鸟追去，杀鸠于公子面前，公子引以为耻，当即让许多人张设罗网，捕得数十只晨风鸟，追究其击杀斑鸠的罪过。那只袭击斑鸠的晨风鸟，低头不敢仰视，公子便命人杀死了它。世人赞誉这件事说：“魏公子替斑鸠报了仇。”这也是虚假的故事。那晨风鸟，不过是一只小动物而已，它跟人的情感心理不一样，声音语言也”不相同。圣人不能让鸟兽有义理之行，魏公子是何等人也，能够让晨风鸟低头自责？鸟儿中的晨风鸟有成千上万，当时击了斑鸠即行飞走，怎么可能再捕获它？假如能够低头自责，那就该是圣鸟啦。它明白公子的话，那么它也该知道公子平日的行为呀，知道公子的行为，就不会在公子面前袭击斑鸠啦。人还不能改过呢，鸟与人不同，竟要它能悔过！可见世俗的议论，失去事物的特性了。或许当时公子真的捕捉了晨风鸟，晨风鸟被人抓着头，扭折其颈，疼痛低垂，不能抬头仰视。魏公子平时就是慈爱仁义之人，人们就借这话题褒扬他的使鸟儿服罪。看来言语之间，竟有凭空生出的虚妄之美，功名之下，常有不切实际的夸耀之词。

旧书上说，齐桓公“娶”姑姊妹七人。这是虚妄不实之词。这种淫乱亲戚骨肉、不分尊卑上下的行为，纯属禽兽之行，乱伦之举。经考证齐桓公曾多次会合诸侯朝奉王室，匡扶天下确立霸王秩序，率导诸侯凭德行，统领诸侯靠威势，因此诸侯服从，没有谁敢违命。这决不是在

家族内搞淫乱行径的人、干禽兽勾当者所能办得到的。他带领诸侯尊奉周王室，就是耻于上无威严而下无礼义啊。在外面耻于礼的的行都不能允许存在，在内里他又怎么会违背礼义而自我败坏呢？一个人内外不相符，那就会功不成名不就威不立。世称桀纣的罪行恶德，也没有说他俩淫害骨肉同胞，如实而论，桀纣之恶，赶不上亡秦，秦皇之过，轻于王莽，也没有淫乱这一条。齐桓公娶姑姊妹七人，是其恶行超过了桀纣，罪过超过了秦莽了！《春秋》采集毫毛之美，贬斥细微之过，齐桓公有这样的大恶，经文不贬他又是为了什么？鲁文公之妻姜氏，是齐襄公的妹妹。襄公与她私通，《春秋》经文明确地写着："庄二年冬，夫人姜氏在郜私会齐侯。"《春秋》凭什么责备齐襄公写出其奸恶，而为什么却要宽贷齐桓公隐瞒不于讥刺？假如经文失载了，作传注的公羊、谷梁、左丘明又为何都讳而不言呢？考查桓公不过在于多内宠。受宠幸的小妾有六人之多，以至发生五公子争立事件，齐国大乱。齐桓公死后，三个月后才发讣告。世人听说他内宠六人，不分正妻偏房，就传言他淫乱于姑姊妹七人了。旧书上说："齐桓公负妇人而朝诸侯。"这是说桓公淫乱无礼到了认人无法忍受的地步了。这桓公大朝会之时，竟背负妇人于背上，那么游宴之时，又何以过于此呢？正在整顿礼仪秩序却"负妇人于背"，又怎么去带领诸侯呢？怎么去统率他们去朝奉周王呢？史载，葵丘之会，齐桓公面色骄矜，当时诸侯叛走者就有九国。瞪眼睛这种不尊重人的小动作，就使九国诸侯背离他，何况背负妇人这种公然的淫乱行径，诸侯又怎么肯留下来？有人说：当时管仲向诸侯作了解释："我们君主背上有疮，没有妇人的配合，这疮痛就没法减轻没法治愈了。"诸侯相信管仲，就留下来参加朝会了。凡十户人家之间，一定会有忠信如同孔子一般的人在，当时诸侯，千人以上，肯定知道医药方术，治疮是用不着妇人的。管仲为主子隐讳，诸侯知道他为主子隐晦而欺骗众人，必定有人会怀愤而离去，何以能持久地统领朝会诸侯而成就霸业呢？有人说："桓公是无道，但任用了贤相管仲，所以能称霸天下。"这无道之人，与狂徒无异，信任奸佞，疏远贤哲，反仁害义，又怎么能任用管仲呢？怎么能奉养贤士使之成就事业呢？夏桀杀死关龙逢，商纣杀死王子比干，无道之君，没有谁能用贤。若管仲是贤者，齐桓公就不可能用他；能用管仲，由此便可知桓公不是有禽兽行为的人。有贤明的君主，必定有忠良的臣子，臣贤是君良的证明，凭什么非要说说齐桓公有淫乱之行呢？有人会责难说："卫灵公是无道之君，但当时能知道用贤臣。管仲为辅佐，怎么就能说明齐桓公无淫乱行为呢？"那卫灵公无道，任用了三个贤臣，仅仅因此而免于亡国丧身，并不是有什么功德建树。齐桓公尊重会算九九之数的小人物，提拔宁戚于喂牛的奴仆之间，责讨楚王的不向王室按期进贡苞茅，运兵攻楚，九合诸侯，一匡天下，是一位千年百世才出现一个的大有作为的君主，却说他竟背负妇人于背上，可见太荒谬了。

说《尚书》的人讲：周公代理国政时，佩着天子的绶带，戴着天子的帽子，"负扆南面坐着而朝见诸侯"。扆，是指房屋门户与窗户之间，南面就是面朝南，指天子的坐位。负扆南面而坐，扆在背后的意思。齐桓公朝见诸侯的时候，或许就是南向而坐的，有妇人立在他的身后，世俗传说，就成了"背负妇人"了。这就成了和"夔一足"、"宋丁公凿井得一人"的话同一类笑话了。尧舜时代，有位大夫名叫夔，此人精通乐理，能演奏动人乐曲，当时人说："奏乐曲如夔，一人足矣！"世俗相传，说成了"夔一足"，夔只有一只脚。经考证：当时秩宗之官缺员，帝舜广泛征求人选，大家推荐伯夷，伯夷叩头推让给夔、龙二人。秩宗是卿一级的高官，相当于汉代主官皇室宗亲的宗正之官。砍了脚的人，不在推举的范围之内。再说，只有一只脚的人，拿什么来走路呢？夏代君主孔甲，在东鹱山一带围猎，天下雨了，晦阴昏黑，他便躲入民家。恰巧这家人刚刚生了孩子，有人说："君主来临，这个孩子一定尊贵！"有人说：

“他承当不起，这个孩子一定下贱!”孔甲说：“当我的儿子，谁还敢让他下贱呢?”于是就把这个孩子用车载回。长大后，一次劈木头，一失手，斧头砍了自己的脚。终于只得当了名守门奴才。夏代君主孔甲想使他富贵的人，是完全能办到的，可是断了脚没有适合的事可作，就只能当守门人。现在夔只有一只脚，没有可以趋走的，坐着调弄音乐，是可以的。而秩宗之官，不能是独脚，就像守门人用断足者一样：独脚不可贵啊！孔甲不能使他尊贵的独脚人，伯夷也不会让位辞职给他的。宋国有位丁公，家中没有凿井时，常常要到别人家井里去打水，算起来每天得花费一个劳力的功夫。自从家中凿井后，不再去别人家打水了，计算下来，一天少用一个劳动力，相当于多得一个劳动力，所以说：“宋丁公凿井得一人。”世俗传言说：“宋丁公家凿井，在井中得到一个人。”这人嘛，是人生人养的，不是土里井里生长得出来的，穿土凿井，根本不可能得到一个人。由此推想下去，所谓“背负妇人”的话，也是这一类传闻而误的话。“背妇人而坐”，就说成是“背负妇人”，知道妇人伏在背上太不合情理，就生出管仲用妇人治疮痈的话来。如果齐桓公用妇人，让妇人脱去身上的衣服，妇人伏在背上，用“女气”来治疗背上的疮，或者可以说是“妇人治疮”了。当正在朝见诸侯之时，桓公本人穿着厚重礼服，妇人也穿着几层服装，“女气”被分隔着，背负着她有什么用处?齐桓公一心想得贤士，曾在朝堂上设置臣烛，坐着等待来见的人，想以此来招致贤才，反而倒在大白天背负妇人来会见诸侯么?

旧书上说：聂政为严翁仲刺杀了韩王。此话不实。这聂政生活的时代，是韩列侯在位之时。烈侯三年，聂政刺杀了韩相侠累，十二年，烈侯死去。与聂政刺杀侠累，相差十七年之久。可是世俗传言聂政刺杀了韩王，虽属短书小传，但也是虚假不可相信的。

旧书上又说：“燕太子丹派刺客荆轲刺秦王，没有得手。后来高渐离又凭弹击筑乐的技艺得以面见秦王，秦王喜欢他的击筑，知其是燕太子丹的门客，就蒙上他的眼睛让他击筑。高渐离便在筑身里藏了铅块来加重它的份量。当击筑时，秦王越听越高兴，不由自主地一点点靠近高渐离，高渐离举起筑来猛击秦王的额头，秦王因伤致病，三个月便死去了。”这说高渐离用筑击秦王的事，是实有的，说击中秦王，秦王因伤而病三个月就死了，则是虚假不实的事。这里说的秦王，就是秦始皇。始皇二十年，燕太子丹派荆轲刺杀秦始皇，秦始皇杀了荆轲，这已经清楚了。二十一年，秦始皇派将军王翦攻燕，得太子丹之首级。二十五年，便伐燕而俘获燕王嘉。后来不知确切年月，高渐离用筑击打秦始皇，没有击中，高渐离被杀死。当秦始皇二十七年时，巡游天下，到会稽、至琅琊，北抵崂山、荣成山，而后傍海岸西行，行至平原津时得病，到沙丘平台时，秦始皇驾崩死去。那谶书上也说秦始皇到了沙丘死去。旧书上又说是受了筑击的创伤病了三月而死。对秦代一个威名赫赫始皇帝的身世，有的说死在沙丘，有的说死在秦地，有的说他的死是由于长期创伤而病死。旧书所说的，多有失实之处，世俗之人，是无法考证其是非的。

变虚篇

传书曰：“宋景公之时，荧惑守心。公惧，召子韦而问之曰[①]：“荧惑在心，何也?”子韦曰：“荧惑，天罚也[②]，心，宋分野也[③]，祸当君。虽然，可移于宰相。”公曰：“宰相所使治国家也，而移死焉，不祥。”子韦曰：“可移于民。”公曰：“民死，寡人将谁为也?宁独死耳。”子韦曰：“可移于岁。”公曰：“民饥，必死。为人君而欲杀其民以自活也，其谁以我为君者乎？是寡人命固尽也，子毋复言。”子韦退走，北面再拜曰[④]：“臣敢贺君[⑤]。天之处高而耳卑，君有君人之言三，天必三赏君。今夕星必徙三舍[⑥]，君延命二十一年。”公曰：“奚知之?”对曰：“君有三善，故有三赏，星必三徙。三徙行七星，星当一年，三七二十一，故君命延二十一岁。臣请伏于殿下以伺之，星必不徙[⑦]，臣请死耳。”是夕也，火星果徙三舍。如子韦之言，则延年审得二十一岁矣。星徙审，则延命，延命明[⑧]，则景公为善，天祐之也。则夫世间人能为景公之行者，则必得景公祐矣。此言虚也。何则？皇天迁怒[⑨]，使荧惑本景公身有恶而守心，则虽听子韦言，犹无益也。使其不为景公，则虽不听子韦之言，亦无损也。

【注释】

①子韦：宋景公时太史，其职务是掌管观测星象等事。②天罚：古时人把火星看作是凶星，它运行到哪里，地上相应的地方就会受到上天的惩罚，遭受灾祸。③分野：据《淮南子·天文训》记载，我国古代星占术，按二十八宿把天分为二十八个天区，地上各州郡邦国都与天上的一定天区相对应，各天区所发生的天象变化预示着地上相应的地方会出现吉凶。按照这种配属，心宿是宋国的分野。④北面：朝着北面。君主向南坐，臣朝北拜君。⑤敢：谦辞，冒昧。⑥星：指火星。⑦必：果真，如果。⑧明：明确，确实。⑨迁：移。此处是降的意思。

齐景公时有彗星[①]，使人禳之[②]。晏子曰[③]：“无益也，只取诬焉。天道不暗，不贰其命[④]，若之何禳之也？且天之有彗，以除秽也，君无秽德，又何禳焉？若德之秽，禳之何益？《诗》曰：‘惟此文王，小心翼翼，昭事上帝[⑤]，聿怀多福[⑥]；厥德不回[⑦]，以受方国。’君无回德，方国将至，何患于彗？《诗》曰：‘我无所监，夏后及商，用乱之故，民卒流亡。’若德回乱，民将流亡，祝史之为，无能补也。”公说，乃止。

【注释】

①齐景公（？～公元前490年）：名杵臼，春秋时齐国国君。公元前547～前490年在位。彗星：俗称扫帚星，绕太阳旋转的一种星体，通常背着太阳一面拖着一条扫帚状的长尾巴，我国古时叫做妖星。由于古人缺乏科学知识，认为彗星出现是灾祸的预兆。②禳（ráng）：禳解，通过祭祀和祈祷来消除灾祸的迷信活动。③晏子：即晏婴（？～公元前500年），字平仲，夷维（位于今山东省高密）人，春秋时齐国大夫。历仕齐灵公、庄公、景公三世。其言行被战国时人搜集在《晏子春秋》一书中。④贰（èr）：背叛，违反。⑤昭：显著突出。⑥聿（yù）：语助词。怀：此处是招来的意思。⑦厥（jué）：其，他的。厥德：指文王小心侍奉上帝的品德。回：奸邪。

齐君欲禳彗星之凶，犹子韦欲移荧惑之祸也。宋君不听，犹晏子不肯从也。则齐君为子韦，晏子为宋君也。同变共祸[①]，一事二人，天犹贤宋君，使荧惑徙三舍，延二十一年，独不多晏子，使彗消而增其寿，何天祐善偏驳不齐一也？人君有善行，善行动于心，善言出于意，同由共本[②]，一气不异。宋景公出三善言，则其先三善言之前，必有善行也。有善行，必有善政。政善则嘉瑞臻[③]，福祥至，荧惑之星无为守心也[④]。使景公有失误之行，以致恶政，恶政发，则妖异见[⑤]，荧之守心，桑榖之生朝，高宗消桑榖之变，以政不以言；景公却荧惑之异[⑥]，亦宜以行。景公有恶行，故荧惑

守心。不改政修行，坐出三善言，安能动天！天安肯应！何以效之？使景公出三恶言，能使荧惑守心乎？夫三恶言不能使荧惑守心，三善言安能使荧惑退徙三舍？以三善言获二十一年，如有百善言，得千岁之寿乎？非天祐善之意，应诚为福之实也。

【注释】

①变：祸乱，凶兆。②由：此处是来源的意思 ③臻（zhēn）：至，到。④无为：此处的意思是没有理由。⑤妖：妖象。此处指凶兆。⑥却：退。此处是消除的意思。

子韦之言："天处高而听卑，君有君人之言三，天必三赏君。"夫天体也，与地无异。诸有体者，耳咸附于首。体与耳殊，未之有也。天之去人，高数万里，使耳附天，听数万里之语，弗能闻也。人坐楼台之上，察地之蝼蚁，尚不见其体，安能闻其声。何则？蝼蚁之体细，不若人形大，声音孔气不能达也[①]。今天之崇高非直楼台，人体比于天，非若蝼蚁于人也。谓天非若蝼蚁于人也。谓天闻人言，随善恶为吉凶，误矣。四夷入诸夏[②]，因译而通。同形均气，语不相晓，虽五帝三王不能去译独晓四夷，况天与人异体，音与人殊乎！人不晓天所为，天安能知人所行？使天体乎，耳高不能闻人言。使天气乎，气若云烟，安能听人辞！说灾变之家曰："人在天地之间，犹鱼在水中矣。其能以行动天地，犹鱼鼓而振水也。鱼动而水荡气变。"此非实事也。假使真然，不能至天。鱼长一尺，动于水中，振旁侧之水，不过数尺，大若不过与人同，所振荡者不过百步，而一里之外淡然澄静，离之远也。今人操行变气，远近宜与鱼等，气应而变，宜与水均。以七尺之细形，形中之微气，不过与一鼎之蒸火同，从下地上变皇天，何其高也？且景公贤者也。贤者操行，上不及圣，下不过恶人。世间圣人莫不尧、舜，恶人莫不桀、纣。尧、舜操行多善，无移荧惑之效；桀、纣之政多恶，有反景公脱祸之验。景公出三善言，延年二十一岁，是则尧、舜宜获千岁，桀、纣宜为殇子[③]。今则不然，各随年寿，尧、舜、桀、纣，皆近百载。是竟子韦之言妄，延年之语虚也。

【注释】

①孔气：通过小孔的气，形容气极少。②四夷：古时对四方边远地区民族的称呼。诸夏：周代王室所分封的诸国。后来以此泛称中国。③殇（shāng）子：未成年而死的人。

且子韦之言曰："荧惑，天使也，心，宋分野也，祸当君。"若是者，天使荧惑加祸于景公也，如何可移于将相，若岁与国民乎？天之有荧惑也，犹王者之有方伯也[①]。诸侯有当死之罪，使方伯围守其国[②]。国君问罪于臣，臣明罪在君。虽然，可移于臣子与人民。设国君计其言，令其臣归罪于国，方伯闻之，肯听其言，释国君之罪，更移以付国人乎？方伯不听者，自国君之罪，非国人之辜也。方伯不听，自国君之罪，荧惑安肯移祸于国人？若此，子韦之言妄也。曰景公听乎言，庸何能动天[③]？使诸侯不听其臣言，引过自予[④]，方伯闻其言，释其罪，委之去乎？方伯不释诸侯之罪，荧惑安肯徙去三舍！夫听与不听，皆无福善，星徙之实，未可信用。天人同道，好恶不殊，人道不然，则知天无验矣。

【注释】

①方伯：殷周时一方诸侯的领袖。②守：此处是监视的意思。③庸何：怎么。④引：自行承受。予：给予，归。

宋、卫、陈、郑之俱灾也，气变见天。梓慎知之①，请于子产，有以除之②，子产不听。天道当然，人事不能却也。使子产听梓慎，四国能无灾乎？尧遭鸿水时③，臣必有梓慎，子韦之知矣④。然而不却除者，尧与子产同心也。

【注释】

①梓慎：春秋时鲁国大夫，善观天象。据《左传·昭公十七年》载，梓慎见到彗星经过心宿，就预言宋、卫、陈、郑四国要遭火灾。②有：通为。③鸿：通洪。④知（zhì）：通智。

案子韦之言曰："荧惑，天使也，心，宋分野也，祸当君。"审如此言，祸不可除，星不可却也。若夫寒温失和，风雨不时，政事之家，谓之失误所致，可以善政贤行变而复也①。若荧惑守心，若必死犹亡，祸安可除？修政改行，安能却之？善政贤行，尚不能却，出虚华之三言，谓星却而祸除，增寿延年，享长久之福，误矣。观子韦之言景公言荧惑之祸，非寒暑风雨之类，身死命终之祥也②。国且亡，身且死，祆气见于天③，容色见于面。面有容色，虽善操行不能灭，死征已见也。在体之色，不可以言行灭；在天之妖，安可以治除乎④？人病且死，色见于面，人或谓之曰："此必死之征也，虽然，可移于五邻，若移于奴役。"当死之人正言不可，容色肯为善言之故灭，而当死之命肯为之长乎？气不可灭，命不可长。然则荧惑安可却，景公之年安可增乎？由此言之，荧惑守心，未知所为，故景公不死也。

【注释】

①以：用。变：改变。此处指消除灾变。②命：指国家之命、王朝之命。③祆：同妖。妖气：王充认为人和万物都是由"气"构成，灾变也不例外，而且把构成灾变、不吉祥的气称做妖气。此处指不吉祥的征兆。④治：指善政。

且言星徙三舍者，何谓也？星三徙于一舍乎？一徙历于三舍也？案子韦之言曰："君有君人之言三，天必三赏君，今夕星必徙三舍。"若此星竟徙三舍也。夫景公一坐有三善言，星徙三舍，如有十善言，星徙十舍乎？荧惑守心，为善言却，如景公复出三恶言，荧惑食心乎？为善言却，为恶言进，无善无恶，荧惑安居不行动乎？或时荧惑守心为旱灾，不为君薨。子韦不知，以为死祸，信俗至诚之感。荧惑之处星，必偶自当去，景公自不死，世则谓子韦之言审，景公之诚感天矣。亦或时子韦知星行度适自去，自以著己之知，明君臣推让之所致。见星之数七，因言星七舍，复得二十一年，因以星舍计年之数。是与齐太卜无以异也①。齐景公问太卜曰："子之道何能？"对曰：

“能动地。”晏子往见公，公曰：“寡人问太卜曰：‘子道何能？’对曰：‘能动地’。地固可动乎？”晏子嘿然不对[②]，出见太卜曰：“昔吾见钩星在房、心之间，地其动乎？”太卜曰：“然”。晏子出，太卜走见公：“臣非能动地，地固将自动。”夫子韦言星徙，犹太卜言地动也。地固且自动，太卜言己能动之。星固将自徙，子韦言君能徙之。使晏子不言钩星在房、心，则太卜之奸对不觉。宋无晏子之知臣[③]，故子韦之一言，遂为其是。案《子韦书录序秦》亦言子韦曰：“君出三善言，荧惑宜有动。于是候之，果徙舍。”不言三。或时星当自去，子韦以为验，实动离舍，世增言三。既空增三舍之数，又虚生二十一年之寿也。

【注释】

①太卜：官名。周代为掌管占卜的官员之长。②嘿（mò）：同默。对：回答上面的提问。③知：通智。

【译文】

旧书上说：宋景公时期，荧惑星即南方的火星进入东方的星宿心星的位置，形成“荧惑守心”的天变，宋景公非常害怕，召来大臣子韦问道：“荧惑守心，是什么原因啊？”子韦说：“荧惑星是天罚星，心宿是宋的领地。上天对宋要进行惩罚，大祸将要落在君主您的头上。”子韦又说：“不过，可以设法将灾祸转移给宰相。”宋景公说：“宰相是我所任用来治理天下的重臣，而把死亡的灾难转移给他，这不合适。”子韦说：“那可以转移到老百姓身上呀。”景公说：“老百姓都死了。我还给谁当君主呢？还不如我自己去死算了。”子韦又说：“还可以转嫁到当年的收成上。”景公说：“民饥必死，为人君者想杀了百姓而保全自己，那还会有谁愿意拥护我作君主呢？这是我自个儿的命该当完结了，您就别多说了。”子韦急忙退着走了几步，面朝北再拜致贺说：“请允许我向您大王表示祝贺！天虽处于高远之处，但却能听到最低处的一切。您大王有统领万民的三条正确言论，上天一定会给您三次奖赏！今天夜里，荧惑星一定会移开三舍之地！您君王的性命也会相应的延长二十一年。”景公说：“你是怎么知道的？”子韦回答说：“您有三条善言，所以天有三次赏赐，星必然是移动三次，每次一舍，一舍移过七颗星宿，每星当一年，三七二十一年，所以您的寿命可以延长二十一年。我请求伏于殿堂下来等待它。星如果不迁移，我就请求认罪伏法了。”这天夜里，火星果然迁移了三舍之地，与子韦所言相同，那么延年也确实能增二十一岁了。星徙真能延命，延命证明了，那么景公的为善，有天护祐他啊。那么说来，世人只要能为景公之行者，就必定能得景公式的护祐了。这番话也是不切实际的。为什么呢？皇天降怒了，如果宋景公身有过恶而天使荧惑守心以示惩罚，则虽听子韦的话也没有用处；如果景公无过，荧惑守心就不是因为宋景公，那么即使不听子韦之言，也不会有什么损害。

齐景公时出了彗星，派人去祭祀以求免除灾祸。晏子说：“这么做没有好处，只是自找蒙蔽罢了。天道是不糊涂的，不会改动其意旨。为什么要企求它呢？再说，天上有彗星——扫帚星，为的就是要扫除天庭污秽啊！您国王没有污言秽行，怕它干什么？如果确有秽德，那么求又有什么用呢？《诗经》上说：‘只有我们明哲的文王，小心翼翼地恪守天道，光明磊落地事奉上帝，获得了上帝赐予的众多幸福。这样的美德永不违背，就可以接受帮国的朝贺！’国王您没有违德言行，万国都将前来致贺，何必去担心彗星呢？《诗经》上又说：‘我没有别的鉴诫，只有夏朝与商代，因为国家政治混乱，大众都逃亡干净。’如果大王德业败乱，人民终将逃亡，那么祝史祭司的祷告祈求，又能有什么帮助呢？”齐景公听了这番话十分高兴，就中止了禳星的祭祀。齐君的准备免除彗星之凶，也就如同子韦的打算移祸于臣民；宋君不听移祸之论，就像晏子的不肯应和祀祭。这样，齐君等于是子韦，晏子等于是宋君了。同类性质的变异，一样情景的祸患，一事二人，天还是肯定宋景公，使火星退移了三舍，延寿二十一年。独不赞扬晏子，使彗星消失而增其寿？难道天的护祐善人竟是如此地不公平么？人君有善行，善行动于心，善言出于意，理由相同，本质一致，一气不异。宋景公出三条善言，那么他在出这三条善言之前，必有善行。有善行必有善政，政善则嘉瑞齐到，福祥齐集，荧惑之星，也就不会守心了。如果宋景公有失误之行，以致恶政，恶政发则妖出现。荧惑的守心，桑树枸树的生于朝，因政事不因言词。宋景公退荧惑之守心，也应该以行不以言。景公有恶行，所以才有荧惑守心之就，不改政修行，只因说出三句好话，怎么就能感动天地呢？上天又怎么会相信呢？怎么证明这个道理？设使宋景公说出的是三句恶言，能使荧惑蚀去心宿么？如果三句恶言不能使荧惑蚀了心宿，那又怎么能用三句善言使荧惑退移三舍之地呢？靠三句善言获二十一年之寿，如有上百句的善言，能得千岁之寿么？这不是上天护祐善良的本意，也不符合诚心为善者可获得上天善报的实情啊。

子韦所说：天虽处于高远而能听到地下的一切，国君有治国率民的三条善言，上天必然要给他三次赏赐。这个上天，也是一种实体，与地没有什么区别。大凡有躯体的，耳朵都附着在脑袋上，身躯与耳朵远远分开的事，世间还不曾有过。上天距离人世，高数万里之遥，如果天耳附着在天体上，要听数万里外的声音，那是听不见的。人坐在楼台之上，看地上的蝼蚁，尚且见不着其身体，又怎么能听到它的声音？为什么？蚂蚁身子细小，没有人体那么大，其声音语气，不能送达呀。而今上天的高远，不仅只是楼台之高，人体比于天，也不只是蝼蚁之比于人呀。说天能听到人的话，并随其善恶而给予吉凶报应，这就错啦。四夷进入华夏各地，要靠翻译才能沟通。人类形体相同气类一致，语言都不能相通晓，即使是三皇五帝，也不能丢开翻译而自己单独听懂四夷语言，何况天与人形体不同、声音跟人相差甚远呢！人不知天之所为，天又怎么能知道人的所行呢？如果天是一个实体呢？那么耳高不能听见人的话，如果天只是一种气呢？气若云烟，流无定质，又怎么能听懂人的言语？宣扬灾变的人们说：“人在天地之间，如同鱼在水中。他能用自己的言行感动天地，就像鱼能鼓起来振动水一样。鱼一动水即振荡，人一行就使气发生变化。”这不是实事。如果真的这样，其振动也不能传达到天。鱼长一尺，动于水中，振动身旁之水，不过数尺。其身长不过与人差不多，所振荡者，不过百十步，而一里之外，就淡然安然沉静无扰了，那是由于离得远的原因。如果用人的操行改变天的气的话，那么其影响力应该和鱼振动水差不多，气随之作出的反应，也该和水差不多。凭着七尺身材的微小形体，形体中微弱的气息，不过如大鼎下烧的柴火一般，从下地上变皇天，该有多么高呀？再说，景公也是一个贤士，贤士操行，上不及圣人，下不过恶人。世间圣人，莫过于尧舜，世间恶人，莫过于桀纣。尧舜操行多善，没有移去荧惑星的效益；桀纣之政多恶，反而有景公脱险的善报。景公说了三句善言，增寿二十一年，如此看来尧舜应获千年高寿，桀纣应为夭折之夫。现在则不是这样，各随年寿，尧舜桀纣，都活了百岁上下。由此可见，子韦之言是虚的假的，延年的说法也是完全没有根据的。而且子韦说，荧惑星是天的使者，心宿是宋的分野，祸将降临于宋君。如果像这样说的话，天派荧惑来加祸于景公的，怎么又可以移之于将相及年成及人民身上呢？上天有荧惑星，如同王者有方伯呀。诸侯有当死之罪，天子派方伯把他的都城包围起来监视他。国君问臣子罪过在哪里，臣子说明罪在国君，虽然如此，可以移罪于

臣子或人民。如果国君听了大臣的话，令其臣归罪于国民，那么，方伯听了，肯听从君臣之计，把罪责转移到百姓身上么？肯开释国君应有的罪责么？方伯之所以不会听从，是因为那本来就是国君应负之责，不是国民应得之罪啊。方伯不听，因为是国君的罪责，那么荧惑又怎么肯移祸于国人呢？如果这样的话，则子韦之言就是虚妄伪造的。说景公听了子韦的话，这又怎么能感动上天呢？假如诸侯不听大臣的计议，引过自责，方伯听了这种引过自责的话之后，就开释其罪，丢开自己的使命走掉么？方伯不开释诸侯之罪，荧惑又怎么肯移动三舍的距离呢？

其实听从也好，不听从也好，都没有什么祸福报应在其间。星移三舍的话不确实，不可相信。天和人是同样的道理，好恶没有根本的区别。人道不然的事，则知天道也必无其验。宋卫陈郑的同时遭灾，气变见于天上。梓慎知道了，向郑子产请示，说有办法可以消除这次火灾。子产不听。天道该当有灾，人事是不能改变的。如果当时子产听信了梓慎的话，四国就能免灾么？尧帝逢洪水时，臣子中必有子韦、梓慎这样的聪明人，然而不去祀祭以求除却的缘故，在于尧和子产是同样认识：天道自然，不可更改。需加以说明的是：子韦所说是：荧惑是天使，心是宋的分野，祸当降临于君。确实如此的话，祸就不可避免了，星就不可转移了。你看这寒温失和、风雨不调之时，政治家总是由于说是政治失误造成的，可以用善政善行来改变或恢复它。如果荧惑守心就必定要死人，就像亡国之祸，怎么能免除得了呢？修政改行又怎么能变更移徙它呢？善政良行尚且不能立即消除灾变，空口说出三句善言来，就说灾星迁移，大祸必除，而且能增寿延年，享长久之福，那可就大错而特错了。我们看子韦之言于景公，荧惑之祸不是寒暑风雨之类，而是身死命终的大问题。国将亡，君将死时，妖气体现在天上，死色体现于脸上，面有死色，虽有好的操行也不能消除它，死征已见啊！人体之色，都不可以凭言行消除，在天的妖孽，怎么可以治除它呢？人病快死时，死色体现在脸上，或许有人对他说："这是必死的征候。虽如此说，可以移给四邻去，也可以移给奴仆去。"那正当该死的人，正色而言"不可"，那么他的死色可能因为其善言之故而除去么？当死之命可能因为其善言而加长么？气不可灭，命不可长。那么荧惑又怎么可以退却，景公的年岁又怎么可以增加呢？由此说来，这一次的荧惑守心，不知其确指何人何事，所以景公得以不死。

再说，星移三舍是什么意思呢？是星三次移动于一舍呢？还是一次移动了三舍呢？按子韦的说法："君有治国率民的善言三条，上天必定三次恩赐于您；今天夜里星必迁徙三舍。"这么说，星总共迁了三舍之地。这宋景公因有句三善言，星就迁移了三舍，如有十句善言，星就会迁移十舍么？荧惑守心，为善言而退却；如果景公又说出了三句恶言，荧惑岂不要蚀心宿了么？为善言而退，为恶言而进，无恶无善时，荧惑星就定居一处不移不动了么？或许当时荧惑守心为的是旱灾之兆，子韦不明白，认为是要死其君，相信世俗关于至诚感动上苍的话，荧惑所处，星必然会偶然自己应当离去，景公恰好也不当死，世人就说成是子韦之言准确，景公之诚感动了上天。也可能当时子韦知道星的运行度数，该当离开，自己就拿来卖关子，以此来显示自己的智慧，宣传君臣行善所达到的神秘效果。见星之数为七，又说星七为一舍，又得二十一年之寿。因以星舍计算出年数，这和齐太卜伎俩没有什么两样。齐景公问太卜道："你的特长是什么："太卜答："能使地动起来！"晏子去见齐景公，齐景公说："我问太卜有何特长，他说是能使地动。地果真可以动么？"晏子闭口不答，出来后，去见太卜说："昨晚我见到太白星在钩星与基星中间，地是不是要动呀？"太卜说："是的，是的！"晏子告退走了，太卜忙不迭奔到宫中见了齐王，说："我并不能使地动，地本来就该震动。"这子韦说的星徙，就像太卜的说地动一样。太卜说自己能使动地，星本来将会迁徙，子韦是说国君能够移走它。如果当时宴子不说钩星在芒茆之间，那么太卜的奸言没法查出来。宋国没有晏子这样的智臣，所以子韦一言，就被广泛认可了。《子韦书录·序秦》也说：子韦曰："君出三善言，荧移有动。"于是等候它，果有移动，不言三舍之类。或者当时该星本该运行而去，子韦拿来作为验证，实际是移动了，离开了原来的位置，世人增加为三舍，既空增三舍之数，又虚生二十一年之寿。

异虚篇

殷高宗之时，桑榖俱生于朝，七日而大拱①。高宗召其相而问之②，相曰："吾虽知之，弗能言也。"问祖己③，祖己曰："夫桑榖者，野草也，而生于朝，意朝亡乎！"高宗恐骇，侧身而行道④，思索先王之政，明养老之义⑤，兴灭国，继绝世，举佚民⑥。桑榖亡。三年之后，诸侯以译来朝者六国，遂享百年之福。高宗，贤君也，而感桑榖生⑦，而问祖己，行祖己之言，修政改行，桑榖之妖亡，诸侯朝而年长久。修善之义笃，故瑞应之福渥。此虚言也。

【注释】

①拱：两手合围般粗细。②相：商代官名，相当于后代的宰相。③祖己：殷高宗武丁时的贤臣。④侧身：此处是形容小心谨慎。⑤明：阐明，弄清。⑥佚（yì）民：隐居不做官的人。⑦而（néng）：通能。

祖己之言，朝当亡哉！夫朝之当亡，犹人当死。人欲死，怪出；国欲亡，期尽。人死命终，死不复生，亡不复存。祖己之言政，何益于不亡？高宗之修行，何益于除祸？夫家人见凶修善①，不能得吉；高宗见妖改政，安能除祸？除祸且不能，况能招致六国，延期至百年乎！故人之死生，在于命的夭寿，不在行之善恶；国之存亡，在期之长短，不在于政之得失。案祖己之占，桑榖为亡之妖，亡象已见，虽修孝行，其何益哉！何以效之？

【注释】

①家人：指老百姓。

鲁昭公之时，鸜鹆来巢。师已采文、成之世童谣之语①，有鸜鹆之言，见今有来巢之验，则占谓之凶。其后，昭公为季氏所逐，出于齐，国果空虚，都有虚验。故野鸟来巢，师已处之，祸意如占。使昭公闻师已之言，修行改政为善，居高宗之操，终不能消。何则？鸜鹆之谣已兆，出奔之祸已成也。鸜鹆之兆，已出于文、成之世矣。根生，叶安得不茂；源发，流安得不广。此尚为近②，未足以言之。夏将衰也，二龙战于庭，吐漦而去，夏王椟而藏之。夏亡，传于殷；殷亡，传于周，皆莫之发。至幽王之时，发而视之，漦流于庭，化为玄鼋③，走入后宫，与妇人交，遂生褒姒。褒姒归周，厉王惑乱，国遂灭亡。幽，厉王之去夏世，以为千数岁，二龙战时，幽、厉、褒姒等未为人也④，周亡之妖，已出久矣。妖出，祸安得不就？瑞见，福安得不至？若二龙战时言曰："余褒之二君也⑤。"是则褒姒当生之验也。龙称褒，褒姒不得不生，

生则厉王不得不恶，恶则国不得不亡。征已见，虽五圣十贤相与却之[⑥]，终不能消。善恶同实：善祥出，国必兴；恶祥见，朝必亡。谓恶异可以善行除，是谓善瑞可以恶政灭也。

【注释】

①师己：春秋时鲁国大夫。文：鲁文公，名兴，春秋时鲁国国君，公元前626～前609年在位。成：鲁成公，名黑肱，春秋时鲁国国君，公元前590～前573年在位。②近：指预言与灾祸应验相距的时间短。③玄：黑色。鼋（yuán）：通蚖（yuán），蜥蜴。④未为人：未成为人，这里是还没有出生的意思。⑤余：我们。褒：古时国名，也称有褒。姒姓。位于今陕西省勉县东南。褒之二君：褒国的两位君主，即褒国姒氏的两位祖先。⑥五圣十贤：形容圣贤很多。却：此处是阻止的意思。

河源出于昆仑[①]，其流播于九河[②]。使尧、禹却以善政[③]，终不能还者，水势当然，人事不能禁也。河源不可禁，二龙不可除，则桑榖不可却也。王命之当兴也，犹春气之当为夏也。其当亡也，犹秋气之当为冬也。见春之微叶，知夏有茎叶。睹秋之零实，知冬之枯萃[④]。桑榖之生，其犹春叶秋实也，必然犹验之。今详修政改行，何能除之？夫以周亡之祥，见于夏时，又何以知桑榖之生，不为纣亡出乎！或时祖己言之，信野草之占，失远近之实。高宗问祖己之后，侧身行道，六国诸侯偶朝而至，高宗之命自长未终，则谓起桑榖之问，改政修行，享百年之福矣。夫桑榖之生，殆为纣出。亦或时吉而不凶，故殷朝不亡，高宗寿长。祖己信野草之占，谓之当亡之征。

【注释】

①河：黄河。昆仑：昆仑山。古时人认为黄河发源于昆仑山。②播：分散。九河：古时黄河从孟津向北便分为九条河道。③却：使退却，使倒退。④萃（cuì）：通悴，憔悴。

汉孝武皇帝之时[①]，获白麟[②]，戴两角而共觝，使谒者终军议之[③]。军曰："夫野兽而共一角，象天下合同为一也。"麒麟野兽也，桑榖野草也，俱为野物，兽草何别，终军谓兽为吉，祖己谓野草为凶。高宗祭成汤之庙，有蜚雉升鼎而雊[④]。祖己以为远人将有来者[⑤]，说《尚书》家谓雉凶，议驳不同。且从祖己之言，雉来吉也。雉伏于野草之中，草覆野鸟之形，若民人处草庐之中，可谓其人吉而庐凶乎？民人入都，不谓之凶；野草生朝，何故不吉？雉则民人之类。如谓含血者吉[⑥]，长狄来至，是吉也，何故谓之凶？如以从夷狄来者不吉，介葛卢来朝[⑦]，是凶也。如以草木者为凶，朱草蓂荚出[⑧]，是不吉也。朱草蓂荚，皆草也，宜生于野而生于朝，是为不吉，何故谓之瑞？一野之物，来至或出，吉凶异议。朱草蓂荚善草，故为吉，则是以善恶为吉凶，不以都野为好丑也。周时天下太平，越尝献雉于周公[⑨]，高宗得之而吉[⑩]。雉亦草野之物，何以为吉？如以雉所分有似于士，则麏亦仍有似君子[⑪]，公孙术得白鹿[⑫]，占何以凶？然则雉之吉凶未可知，则夫桑榖之善恶未可验也。桑榖或善物，象远方之士将皆立于高宗之庙，故高宗获吉福，享长久也。

【注释】

①汉孝武皇帝：即西汉武帝刘彻（公元前156～前87年）。西汉景帝之子。公元前140～前87年在位。②麟：麒麟，古时传说中的一种动物，其状如鹿，独角，全身鳞甲，尾似牛。多作为吉祥的象征。③终军（？～公元前112年）：字子云，西汉济南（即今山东）人。十八岁被选为博士弟子，上书评论国事，武帝任为谒者给事中，迁谏大夫。后奉命赴南越（位于今两广地区），被杀。死时年仅二十多岁，时称“终童”。④蜚（fēi）：通飞。雉（zhì）：通称野鸡，又有叫山鸡的。⑤远人：此处指远方的使节。⑥含血者：有血气的东西。此处指人和其他动物。⑦介：春秋时的一个小国。地域在当今山东省胶县西南。葛卢：介国君主的名字。⑧朱草、蓂（míng）荚：古人认为是二种象征吉祥的草。⑨越尝：也作越裳，古代南方的一个民族。雉（zhì）：野鸡。⑩高宗：此言周公得雉之吉，以证桑穀之祥，与高宗没有关系，故疑“高宗”是衍文。⑪麇（jūn）：獐子。⑫公孙术：即公孙述（？～公元36年），字子阳，东汉初扶风茂陵（位于今陕西兴平东北）人。新莽时，做导江卒正（蜀郡太守）。后起兵，在益州称帝。汉光武帝建武十二年（公元36年）为汉军所破，被刘秀杀。鹿：据上文，疑“麇”之坏字。

说灾异之家以为天有灾异者，所以谴告王者，信也。夫王者有过，异见于国；不改，灾见草木；不改，灾见于五谷；不改，灾至身。《左氏春秋传》曰：国之将亡，“鲜不五稔”。灾见于五谷，五谷安得熟？不熟，将亡之征。灾亦有且亡五谷不熟之应。天不熟，或为灾，或为福。祸福之实未可知，桑穀之言安可审？论说之家著于书记者皆云[①]：“天雨谷者凶。”书传曰：“苍颉作书，天雨谷，鬼夜哭。”此方凶恶之应和者[②]。天何用成谷之道，从天降而和，且犹谓之善，况所成之谷从雨下乎！极论订之[③]，何以为凶？夫阴阳和则谷稼成[④]，不则被灾害[⑤]。阴阳和者，谷之道也，何以谓之凶？丝成帛，缕成布。赐人丝缕，犹为重厚，况遗人以成帛与织布乎[⑥]！夫丝缕犹阴阳，帛布犹成谷也。赐人帛，不谓之恶，天与之谷何故谓之凶？夫雨谷吉凶未可定，桑穀之言未可知也。

【注释】

①书记：泛指书籍。②方：比拟：说明。应和：感应。③论：研究。订：考查。④阴阳和：此处指风调雨顺。⑤不（fǒu）：同否。被：蒙受。⑥遗（wèi）：送，给。

使畅草生于周之时[①]，天下太平，人来献畅草。畅草亦草野之物也，与彼桑穀何异？如以夷狄献之则为吉，使畅草生于周家[②]，肯谓之善乎！夫畅草可以炽酿[③]，芬香畅达者，将祭灌畅降神[④]。设自生于周朝，与嘉禾、朱草、蓂荚之类不殊矣。然则桑亦食蚕，蚕为丝，丝为帛，帛为衣，衣以入宗庙为朝服，与畅无异，何以谓之凶？卫献公太子至灵台[⑤]，蛇绕左轮。御者曰：“太子下拜。吾闻国君之子，蛇绕车轮左者速得国。”太子遂不下，反乎舍。御人见太子，太子曰：“吾闻为人子者，尽和顺于君，不行私欲，共严承令[⑥]，不逆君安[⑦]。今吾得国，是君失安也。见国之利而忘君安，非子道也。得国而拜，其非君欲。废子道者不孝。逆君欲则不忠，而欲我之行，殆吾欲国之危明也。”投殿将死，其御止之不能禁，遂伏剑而死。夫蛇绕左轮，审为太子速得国，太子宜不死，献公宜疾薨。今献公不死，太子伏剑，御者之占，俗之虚言也。或时蛇为太子将死之妖，御者信俗之占，故失吉凶之实。夫桑穀之生，与蛇绕左轮相似

类也。蛇至实凶，御者以为吉。桑榖实吉，祖己以为凶。

【注释】

①畅草：同鬯（chàng）草，指郁金草。古时酿造祭酒的佐料。②周家：即周王朝廷。③炽（chì）：烹煮。炽酿：造酒。④灌：倒，洒。畅：指加进畅草后酿成的酒。⑤卫献公：名衎（kàn）。春秋时卫国君主，公元前576～前559年及公元前546～前544年在位。灵台：春秋时各国筑于都城附近的高台，用来观天象，测吉凶。⑥共（gōng）：通恭。⑦逆：此处是扰乱的意思。

禹南济于江，有黄龙负舟，舟中之人，五色无主①。禹乃嘻笑而称曰："我受命于天，竭力以劳万民。生，寄也；死，归也。死，归也，何足以滑和②。视龙犹蝘蜓也③。"龙去而亡。案古今龙至皆为吉，而禹独谓黄龙凶者，见其负舟，舟中之人恐也。夫以桑榖比于龙，吉凶虽反，盖相似。野草生于朝，尚为不吉④，殆有若黄龙负舟之异。故为吉而殷朝不亡⑤。

【注释】

①五色无主：恐惧而神色不定。②滑（gǔ）：乱。和：平静。滑和：使平静被搅乱。③蝘（yǎn）蜓：也称"铜石龙子"，类似蜥蜴的爬行动物。生活在庭园内或郊野石缝、草丛间，捕食昆虫。④尚：同倘。⑤故：通固，本来。

晋文公将与楚成王战于城濮①，彗星出楚，楚操其柄，以问咎犯②。咎犯对曰："以彗斗，倒之者胜。"文公梦与成王搏，成王在上，盬其脑③。问咎犯，咎犯曰："君得天而成王伏其罪，战必大胜。"文公从之，大破楚师。向令文公问庸臣，必曰"不胜。"何则？彗星无吉，搏在上无凶也。夫桑榖之占，占为凶，犹晋当彗末，搏在下为不吉也。然而吉者，殆有若对彗见天之诡④，故高宗长久，殷朝不亡。使文公不问咎犯，咎犯不明其吉，战以大胜，世人将曰："文公以至贤之德，破楚之无道。天虽见妖，卧有凶梦，犹灭妖消凶以获福。"殷无咎犯之异知，而有祖己信常之占，故桑榖之文，传世不绝，转祸为福之言，到今不实。

【注释】

①楚成王：名熊恽，春秋时楚国君主。公元前671～前626年在位。城濮（pú）：古时地名。位于今山东省鄄（juàn）城西南临濮集，一说位于今河南省开封县陈留附近。公元前632年晋文公和齐、宋、秦等国联军，在此战败楚国军队。②咎犯：即狐偃，字子犯，春秋时晋国大夫，晋文公的舅舅，所以又称舅犯。③盬（gǔ）：吸饮。④对彗：是处于彗星尾端的意思。见天：是脸向上的意思。诡：奇异。

【译文】

商高宗武丁年间，有桑树与构树共生于宫殿，七天时间，便长到合抱之粗。高宗召来他的宰相，询问这是怎么回事，宰相说："我虽然知道，但是我不能说出来。"又问贤士祖己，祖己说："这桑树与构树，原本是野生的东西，现在竟然生在宫殿中，想必朝廷要灭亡了。"高宗一听，十分恐惧，战战兢兢地改行正道，深思先王的善政，阐明养老的要义，复兴已灭亡了的侯国，恢复破败世家的世袭特权，推举民间有德有才之人，结果桑树构树又共同消失了。三年之后，诸侯通过翻译前来朝拜的就有六国，于是享有百年长寿平安之福。高宗武丁真是位贤君。他有感于桑树构树奇怪的共同生长而询问于祖己，听了祖己的话之后，能修政改行，使桑构的妖变消失，诸侯来朝而年寿长久。他修善之心诚实，所以瑞应来得丰厚。——这是不真实的历史。

祖己说朝廷要灭亡了，一朝的灭亡，就像一人的当死。人之将死，怪异出现，国之将亡，期数已尽。人死命终，死不复生，亡不复存。

听祖己之言改行善政，与国家的不亡有什么相干？高宗修政改行，对免除灭亡之祸有什么帮助？一个人见凶而修善，不得吉祥，高宗见凶而改政，怎能除祸？除祸尚且不能，又又何以能招致六国诸侯来朝？怎么能延长寿命百年之久？所以，人的死生在于命的长短，而不在行为的善恶；国之将亡，在于期数的长短，不在政治的得失。我们看祖己的占卜，桑树构树的共生宫中是国家的不祥之兆，既然这不祥之兆已经出现，即使修善行孝，又有什么用处呢？为什么这样说？春秋鲁昭公时，有八哥鸟儿来京城作巢，贤士师己就根据鲁文公鲁成公的一首童谣，说是如有八哥鸟进城搭窝，国君就将流亡外地。师己见眼下正有八哥在城里作巢，就占卜说是凶险之兆。其后，鲁昭公果然被权臣季民所逐，逃奔齐国，国内果然空虚，正像童谣所说。看来，野鸟来朝，师己处置之，祸事竟与师己的占卜完全相同。如果当时昭公听到师己之占，修行改政而为善，具备高宗的一切摆布手段，最终能消除灾祸吗？不能！为什么呢？八哥之谣早已出现，国君出奔之祸已经到来，八哥凶兆，早在文公成公之时，根子已生，叶儿怎能不茂？源泉已发，水流怎能不深广？这还算比较近的事。还不足以说明兆端与事实之间距离时间之长。夏代即将灭亡时，有两条龙战于朝廷大殿，吐出口水而去。夏王将龙的口水收藏在一个木匣之中。夏亡，传于商；商亡，传于周，都没有人打开看过。到周幽王时，打开来看，龙的口水流将出来，溢于王庭之上，又化为一只玄鼋，即黑色的巨型蜥蜴。走入后宫，与一名处女交合，生下了褒姒。褒姒后来归于周厉王。周厉王就被她惑乱了，周朝便灭亡了。幽厉时期离夏代晚期有一千几百年之遥，二龙相斗时，幽厉与褒姒都没有成人形，西周灭亡的妖兆，出之已久。妖已出现，灾祸怎能不形成？瑞物出现，福运怎会不到来？例如二龙争斗时就说过："我是褒人的两个祖先。"这便是褒姒必当出生的证明。二龙称褒，褒姒就不会不生，褒姒生则厉王就不会不恶，厉王恶则周国必定灭亡。亡兆早已出现，虽有五圣十贤一齐来努力消除，最终消除不了它。善恶是同样的道理：善祥兴，国必兴；恶兆见，国必亡。如果认为恶兆可以用行善来消除，就等于说行恶可以化解瑞应了。河源出于昆仑，其流播散为九河，让尧禹拿善政来遏阻它，最终是阻遏不了的，因为水势是人力不能禁止的啊。河源不可禁，二龙不可除，那么桑树构树之变也是不可改变的。王命的当兴，就如同春气的必当化为夏气；王命的当亡，也正如秋气的必然化为冬气。看见春之嫩叶，就知夏季必有茎叶；看到秋天零落的果实，便知其冬季的必将枯萎憔悴。桑树构树的突然生长，它也与春华秋实一般，其所预兆的事情必然是要应验的。而所谓的慎密地修政改行，又怎么能除掉它呢？既然周亡的征兆，远远地出现在夏代；又怎么能判定桑构之生，不是为纣的灭亡作预示呢？或者当时祖己解释占卜情况时，相信野草不生于朝的卜辞，失去了预兆应验时期的短长。高宗问祖己之后，战战惊惊谨慎行道，追忆先王善政，六国诸侯偶然朝拜来到本朝，高宗的富贵福禄之命自长，远未终了，那么说是由于问了桑构之事，改政修行，享百年之福。这桑构的出现，大概是为纣王而生的，也可能当时吉利而不凶，所以殷朝没有灭亡，高宗寿长，祖己自己相信野草的占辞，自以为是当亡的预兆而

已。

汉武帝时，得到一只白麟，头上长着两只角，却共有一个角尖。就让谒者名叫终军的来讨论这件事。终军说："这野兽本应有两只角，而现在合二为一，象征着天下大一统。"麒麟，是一种野兽。桑树构树，是野生的树木。同为野生，动物与植物有什么区别？终军认为野兽是吉兆，而祖己却认为野草是凶兆。高宗武丁祭于成汤之庙，有一只野鸡飞到大鼎上，停于鼎耳而鸣叫。祖己认为这是将有远人来归服的吉兆。而说《尚书》家则认为野鸡是凶物，双方所持观点截然不同。暂且听从祖己之言，野鸡来到是个吉兆。那么，野鸡是生活在野草之中的，草覆盖野鸡的形象，正如同人民的生活于茅草棚中，能说其人吉利而茅草凶险么？民人进入都城，不视为凶；野草生于朝廷，为什么就不吉利呢？……介国君主葛庐的来朝，是不好的事，如果以草木为凶兆，那么朱草、萱荚的生出，也该是不吉利的了。朱草、萱荚也是草，应当生在郊野，但却生在朝中，这应当是不吉利的了，为什么又说是瑞草呢？同样是野生的东西来到了，或许引出吉凶的不同看法，朱草萱荚是好植物，因而被视为吉，这么看来，其实是以善恶为吉凶，根本不是以都野为好坏啊。

周时天下太平，越人曾献一只野鸡给周公。高宗当年得到野鸡就视为吉利了。野鸡也是草野之物，为什么又成为吉祥物的呢？如果认为野鸡有一副耿介特立的神气像是士子之风，那么獐子就有更多的方面像一个开明君子了。可是公孙述得了一头獐子，让人占卜，却说是凶物。如此看来，野鸡的善恶也不确定了，因此桑构之变是祸是福也不可明验细察了。桑构或许是吉物，象征远方的将士，将皆立于商高宗之朝，高宗就能享吉福、得长久的。以阴阳五行说灾异的人，认为天之所以有灾异，是为了警告王者，这是守信义的表示。这王者如果有错，异事见于国中，不改，灾害见于草木，还不改，灾害见于五谷；再不改，灾害将会加深。《左传》上说："国家将亡，极少有不经五次收成的。"灾害见于五谷，五谷怎能成熟？五谷不能成熟，就是亡国的征兆。亡国之灾也有五谷能成熟的。这庄稼的成熟与否，或为灾异，或为福应，祸福之实不可先知，那么桑树构树的情况又怎么能论定呢？论说之家写在书籍上的，都说天雨谷为凶兆，旧书上就有苍颉作书，天雨粟，鬼夜哭的记录，认为这是凶恶之应。天因其有使谷物顺利成熟之道即风调雨顺之道，从天而降，协调适合，人们尚且认为是大吉利之事，何况已成之谷天外飞来随雨而降呢？追根问底地考查一下，怎么能说是凶兆呢？这阴阳谐调和五谷丰登，否则就是灾害。阴阳调和，是五谷生长的正道，怎么又称之为凶呢？丝已织成帛、麻已织成布；赐人丝缕，人还十分感谢，何况送给人以已成之帛，已织之布呢？这丝缕如阴阳，帛布像成谷，赐人布帛不叫做恶，天给人取谷，为什么要说成凶呢？既然雨谷之吉凶没有定，那么桑构之言的吉凶可信与否也便可以得知了。

就如畅草生于周代，天下太平，人来献畅草，畅草也是草野之物呀，与那桑构有什么区别呢？如果因为是夷狄来献的就视为吉利，那么如果畅草生于周家内地，就肯说它不善么？这畅草可以蒸酿造酒，其芬香畅达者，将祭之时，拿来灌酒降神。假设使其自生于周朝，与嘉禾、朱草、萱荚之类就没有什么不同了。然则桑树也是饲养蚕的必需品，蚕为丝，丝为帛，帛成衣，衣服穿入宗庙者为朝服、礼服，与畅草没有两样，可以接于鬼神，那么桑何以称做凶呢？卫献公的太子到灵台去，蛇绕其车的左轮，驾车人说："太子，快下拜！我听了说国君之子，蛇绕车轮之左者能很快当上国王！"太子听了就是不下车，而直接返回住处去了。驾车人去见太子，太子说："我听说为人子的人的本份，是在君王面前尽孝尽顺尽和，不得有私心私欲，而且要恭谨地按照君命办理一切，不扰乱君王的安宁。现在我如果快要得到国家的话，便是让

国君不安宁了，这不是作人子的本分。见到得国之利而使君父不安，我不会那么做。得国而拜，看来也不是我王的意愿；废子道者不孝，反君欲则必凶，而要我行之，是不是我巴望当国君的念头明显了呢？”便撞向殿柱自杀。他的御者阻止，没能挡住，就伏剑而死了。这蛇绕左轮，假如真是为太子早即位的征兆，太子就该不死，卫献公就该死掉。现在献公没有死，太子却伏剑身亡了，可见驾车人的占卜，是世俗虚言。或者当时之蛇实为太子将死的妖兆，驾车人相信世俗虚言，所以失去了吉凶的实证。那么桑构树的生长，与蛇绕左轮一样，蛇至，实是凶兆，驾车的认为吉利，桑构实为吉，而祖己却认为是凶。

大禹南渡长江，有黄龙夹船而行，船中之人六神无主，十分惊慌，大禹便笑着大声说：“我受命于天，竭尽全力来为万民操劳。活着，是临时寄宿于天地间；死了，是永久回归我老家。死是回归，又何必要惊慌失措呢？我看这两条黄龙，不过跟蜥蜴差不多。”说完那黄龙便离去了，再也没见着。考查古今记录，人们见龙都认为是大吉大利的事，而禹偏说黄龙为凶，因为看到它挟着船，船上的人都很惊慌。这么把桑树构树跟龙相比，吉凶虽相反，其中道理则相似。野草生于朝廷，尚为不吉利，看来有点像黄龙挟舟的变异，所以成了吉利之物而殷商不亡。晋文公与楚成王将在城濮决战，彗星出现在楚国的上空，其柄指向楚国。晋文公拿这天象来问咎犯。咎犯回答说：“两个用扫帚来格斗的人，倒着抓扫帚的人胜。”晋文公又梦见和楚成王肉搏，楚成王伏在他身上吸其脑髓，又问咎犯，咎犯说：“您脸朝上，表示你能见天，他面朝下伏着，象征凶将伏罪。这次决战我们一定能大获全胜！”文公听信了，大破楚军。当初如果晋文公问一位庸人，肯定会说不能取胜，为什么呢？见彗星没有吉利的，肉搏时能被压在上面的也是不吉利的。那桑构之占占为凶，就像晋文公当彗星之末而肉搏时又被压于下的不吉利。然而获胜了，似乎有如咎犯诡对的狡狯，所以高宗长久而商朝不亡。如果晋文公不问咎犯，咎犯不说是吉利，战争获胜了，人们肯定会说：“文公以其至贤之德，破灭楚的无道，天虽有凶兆，卧有凶梦，还是灭妖消凶而得福。”商代没有咎犯应对之才，却有祖己信庸常之占，所以桑构之变传述至今，对转祸为福的问题，始终没有真正准确的说明。

感虚篇

儒者传书言：“尧之时，十日并出，万物燋枯。尧上射十日，九日去，一日常出。”此言虚也。夫人之射也，不过百步矢力尽矣。日之行也，行天星度①。天之去人，以万里数，尧上射之，安能得日？使尧之时，天地相近，不过百步，则尧射日，矢能及之；过百步，不能得也。假使尧时天地相近，尧射得之，犹不能伤日，伤日何肯去？何则？日，火也。使在地之火附一把炬②，人从旁射之，虽中，安能灭之？地火不为见射而灭，天火何为见射而去？此欲言尧以精诚射之，精诚所加，金石为亏③，盖诚无坚，则亦无远矣。夫水与火，各一性也，能射火而灭之，则当射水而除之。洪水之时，流滥中国，为民大害，尧何不推精诚射而除之？尧能射日，使火不为害，不能射河，使水不为害。夫射水不能却水，则知射日之语虚非实也。

【注释】

①行：运行。②附一把炬：附着在一个火把上，意思是点着一个火把。③亏：毁坏。

或曰："日，气也，射虽不及，精诚灭之"。夫天亦远，使其为气，则与日月同；使其为体，则与金石等。以尧之精诚灭日亏金石，上射日则能穿天乎？世称桀、纣之恶，射天而殴地；誉高宗之德，政消桑谷。今尧不能以德灭十日，而必射之，是德不若高宗，恶与桀、纣同也，安能以精诚获天之应也？

传书言："武王伐纣，渡孟津①，阳侯之波②，逆流而击，疾风晦冥③，人马不见。于是武王左操黄钺，右执白旄，瞋目而麾之曰④：'余在，天下谁敢害吾意者！'于是风霁波罢。"此言虚也。武王渡孟津时，士众喜乐，前歌后舞，天人同应，人喜天怒，非实宜也。前歌后舞，未必其实；麾风而止之，迹近为虚。夫风者，气也，论者以为天地之号令也。武王诛纣是乎，天当安静以祐之；如诛纣非乎，而天风者，怒也。武王奉天令，求索己过，瞋目言曰："余在，天下谁敢害吾者？"重天怒，增己之恶也，风何肯止？父母怒，子不改过，瞋目大言，父母肯贳之乎⑤？如风天所为，祸气自然，是亦无知，不为瞋目麾之故止。夫风犹雨也，使武王瞋目以旄麾雨而止之乎？武王不能止雨，则亦不能止风。或时武王适麾之，风偶自止，世褒武王之德，则谓武王能止风矣。

【注释】

①孟津：古渡口，位于今河南省孟津县东。②阳侯：传说是古时陵阳国的诸侯，被水淹死后其神成为波涛之神。③晦冥（huì míng）：昏暗。④麾（huī）：通挥。⑤贳（shì）：赦免。

传书言："鲁襄公与韩战①，战酣日暮，公援戈而麾之②，日为之反三舍。"此言虚也。凡人能以精诚感动天，专心一意，委务积神③，精通于天④，天为变动，然尚未可谓然。襄公志在战，为日暮一麾，安能令日反？使圣人麾日，日终不反，襄公何人，而使日反乎？《鸿范》曰："星有好风⑤，星有好雨⑥。日月之行，则有冬有夏。月之从星，则有风雨。"夫星与日月同精，日月不从星，星辄复变，明日月行有常度，不得从星之好恶也，安得从襄公之所欲？星之在天也，为日月舍，犹地有邮亭，为长吏廨也⑦。二十八舍有分度⑧，一舍十度，或增或减。言日反三舍，乃三十度也。日，日行一度。一麾之间，反三十日时所在度也。如谓舍为度，三度亦三日行也。一麾之间，令日却三日也。宋景公推诚，出三善言，荧惑徙三舍。实论者犹谓之虚。襄公争斗，恶日之暮，以此一戈麾，无诚心善言，日为之反，殆非其意哉！且日，火也。圣人麾火，终不能却；襄公麾日，安能使反？或时战时日正卯⑨，战迷，谓日之暮，麾之转左⑩，曲道日若却。世好神怪，因谓之反，不道所谓也。

【注释】

①鲁阳公：春秋时楚国鲁县（位于今河南省鲁山）县公，即鲁阳文子，楚平王孙司马子期之子。楚君自封为王，其守县的大夫都称公，故又称鲁阳公。韩：韩国。其地望位于今山西省东南角和河南省中部。②援：执，持。③积神：积蓄精神。④精通：感应的意思 ⑤星有好风：古代有人认为，二十八宿中的箕星（东方苍龙七宿的末宿）好刮风。月亮靠近它就要起风。⑥星有好雨：古时有人认为，二十八宿中的毕宿

（白虎七宿的第五宿）好下雨。月亮靠近毕宿就要下雨。⑦长吏：泛指地方官吏。廨（xiè）：官吏办公的地方。⑧分度：我国古时天文学家把一周天分为365度多，二十八宿中，各占的度数有多有少，据《淮南子·天文训》载："星分度；角十二，亢九，氐十五，房五，心五，尾十八，箕十一四分一；斗二十六。牵牛八，须女十二，虚十，危十七，营室十六，东壁九；奎十六，娄十二，胃十四，昴十一，毕十六，觜巂二，参九；东井三十三，舆鬼四，柳十五，星七，张翼各十八，轸十七。"⑨卯：古人用十二地支表方位，卯表正东。⑩左：此处指东方。

传书言："荆轲为燕太子谋刺秦王，白虹贯日。卫先生为秦画长平之事[①]，太白蚀昴[②]。"此言精感天，天为变动也。夫言白虹贯日，太白蚀昴，实也。言荆轲之谋，卫先生之画，感动皇天，故白虹贯日，太白蚀昴者，虚也。夫以箸撞钟，以筭击鼓[③]，不能鸣者，所用撞击之者小也。今人之形不过七尺，以七尺形中精神，欲有所为，虽积锐意[④]，犹箸撞钟、筭击鼓也，安能动天？精非不诚，所用动者小也。且所欲害者人也，人不动，天反动乎？问曰"人之害气，能相动乎？"曰："不能。""豫让欲害赵襄子[⑤]，襄子心动；贯高欲篡高祖[⑥]，高祖亦心动。二子怀精，故两主振感。"曰，祸变且至，身自有怪，非适人所能动也[⑦]。何以验之？时或遭狂人于途，以刃加己，狂人未必念害己身也，然而己身先时已有妖怪矣。由此言之，妖怪之至，祸变自凶之象，非欲害己者之所为也。且凶之人，卜得恶兆，筮得凶卦[⑧]，出门不见吉，占危睹祸气[⑨]，祸气见于面，犹白虹、太白见于天也。变见于天，妖出于人，上下适然，自相应也。

【注释】

①卫先生：战国时秦国人。画：谋画。长平：古时城名。故址位于今山西省高平县西北。②太白：太白星，即金星。昴（mǎo）：二十八宿之一，白虎七宿的第四宿。有较亮的星7颗，俗称"七姊妹星团。"太白蚀昴：古时有人认为，太白是天将，在西方，象征秦。昴宿是赵国的分野。太白星侵蚀昴宿，象征秦将灭赵。③筭（suàn）：计算用的筹。④锐意：此处是精诚的意思。⑤豫让：春秋与战国间晋国人。初为晋卿智瑶的家臣。赵、韩、魏共灭智氏，他改名换姓，躲藏厕所，用漆涂身，吞炭使哑，暗伏桥下，多次谋杀赵襄子，传说每次都因赵襄子事先心动察觉，未能成功。后被捕自杀。⑥贯高：西汉初人，赵王张敖的相。汉高祖经过赵，责骂了张敖，贯高不顾六十岁高龄要杀汉高祖为赵王报仇，因家人揭发，被捕。但却传说因刘邦事先心动察觉而未能成功。⑦适（dí）：通敌。⑧筮（shì）：用蓍草来算卦，预测吉凶。⑨占候：根据天象变化来预测吉凶，此处指通过看人脸上的气色来预测吉凶。

传书言："燕太子丹朝于秦，不得去，从秦王求归。秦王执留之，与之誓曰：'使日再中，天雨粟[①]，令乌白头，马生角，厨门木象生肉足，乃得当。'当此之时，天地祐之，日为再中，天雨粟，乌白头，马生角，厨门木象生肉足。秦王以为圣，乃归之。"此言虚也。燕太子丹何人，而能动天？圣人之拘，不能动天；太子丹贤者也，何能致此！夫天能祐太子，生诸瑞以免其身，则能和秦王之意，以解其难。见拘一事而易，生瑞五事而难。舍一事之易，为五事之难，何天之不惮劳也？汤困夏台，文王拘羑里，孔子厄陈、蔡[②]。三圣之困，天不能祐，使拘之者睹祐知圣，出而尊厚之。或曰："拘三圣者不与三誓，三圣心不愿，故祐圣之瑞无因而至[③]。天之祐人，犹借人以

物器矣，人不求索，则弗与也。”曰：“太子愿天下瑞之时，岂有语言乎？心愿而已。然汤闭于夏台、文王拘于羑里时，心亦愿出；孔子厄陈、蔡，心愿食。天何不令夏台、羑里关钥毁败[4]，汤、文涉出；雨粟陈、蔡，孔子食饱乎？太史公曰：“世称太子丹之令天雨粟，马生角，太抵皆虚言也。”太史公书汉世实事之人，而云“虚言”，近非实也。

【注释】

①粟：谷子，去皮后称小米。也有解释为粮食作物通称的。②厄（è）：陷于穷困。③因：根据。④关：门闩。钥：锁。

传书言：“杞梁氏之妻向城而哭[1]，城为之崩[2]。”此言杞梁从军不还，其妻痛之，向城而哭，至诚悲痛，精气动城，故城为之崩也。夫言向城而哭者，实也；城为之崩者，虚也。夫人哭悲莫过雍门子[3]。雍门子哭对孟尝君，孟尝君为之於邑[4]。盖哭之精诚，故对向之者凄怆感恸也[5]。夫雍门子能动孟尝之心，不能感孟尝衣者，衣不知恻怛[6]，不以人心相关通也。今城，土也。土犹衣也，无心腹之藏[7]，安能为悲哭感恸而崩？使至诚之声能动城土，则其对林木哭，能折草破木乎？向水火而泣，能涌水灭火乎？夫草木水火与土无异，然杞梁之妻不能崩城，明矣。或时城适自崩，杞梁妻适哭。下世好虚，不原其实。故崩城之名，至今不灭。

【注释】

①杞（qǐ）梁（？～公元前550年）：杞一作芑。名殖（一作植），春秋时齐国大夫。杞梁氏之妻：即孟姜。姓姜，字孟。②城为之崩：齐庄公四年（公元前550年）杞梁随庄公攻莒（jǔ），被俘而死。孟姜到郊外迎丧，庄公使人往郊吊唁，她认为违礼，庄公于是亲自往吊其家。③雍门子：姓雍门，名周。战国时齐国人。④於（wū）：同呜。於邑：呜咽。形容悲哀抽噎的样子。⑤凄怆（chuàng）：悲伤。感恸（tòng）：极度悲哀。⑥恻怛（cè dá）：悲忧。⑦藏：同脏，五脏。

传书言：“邹衍无罪，见拘于燕，当夏五月，仰天而叹，天为陨霜。”此与杞梁之妻哭而崩城，无以异也。言其无罪见拘，当夏仰天而叹，实也；言天为之雨霜，虚也。夫万人举口并解吁嗟[1]，犹未能感天，邹衍一人冤而壹叹[2]，安能下霜？邹衍之冤不过曾子、伯奇。曾子见疑而吟，伯奇被逐而歌。疑与拘同，吟、歌与叹等。曾子、伯奇不能致寒，邹衍何人，独能雨霜？被逐之冤，尚未足言。申生伏剑[3]，子胥刎颈，实孝而赐死，诚忠而被诛。且临死时皆有声辞，声辞出口，与仰天叹无异。天不为二子感动，独为邹衍动，岂天痛见拘，不悲流血哉！伯奇冤痛相似而感动不同也？夫熯一炬火爨一镬水[4]，终日不能热也；倚一尺冰置庖厨中，终夜不能寒也。何则？微小之感不能动大巨也。今邹衍之叹，不过如一炬、尺冰，而皇天巨大，不徒镬水，庖厨之丑类也[5]。一仰天叹，天为陨霜，何天之易感，霜之易降也？夫哀与乐同，喜与怒均。衍兴怨痛，使天下霜，使衍蒙非望之赏，仰天而笑，能以冬时使天热乎？变复之家曰[6]：“人君秋赏则温，夏罚则寒。”寒不累时则霜不降，温不兼日则冰不释[7]。一夫冤而一叹，天辄下霜，何气之易变，时之易转也？寒温自有时，不合变复之家。且从变复之说，或时燕王好用刑[8]，寒气应至；而衍囚拘而叹，叹时霜适自下。世见适叹而霜下，则谓邹衍叹之致也。

【注释】

①解：这里是发出的意思。吁嗟（xū jiē）：叹气的声音。②壹：同一。③申生：春秋时晋献公的太子。献公宠爱骊姬，而骊姬想立她的儿子奚齐，便诬陷申生，申生自杀。④熯（hàn）：焚烧。此处是点燃的意思。爨（cuàn）：用火煮东西。镬（huò）：古时指无足的鼎，作用相当于今天的大锅。⑤丑：类似。⑥变复之家：指主张用祭祀祈祷来消除自然灾害和异常现象的人。⑦兼：此处是连续积累的意思。⑧燕王：指燕惠王。

传书言："师旷奏《白雪》之曲[1]，而神物下降，风雨暴至，平公因之癃病[2]，晋国赤地。"或言："师旷《清角》之曲[3]，一奏之，有云从西北起；再奏之，大风至，大雨随之，裂帷幕，破俎、豆[4]，堕廊瓦[5]，坐者散走。平公恐惧，伏乎廊室，晋国大旱，赤地三年，平公癃病。"夫《白雪》与《清角》，或同曲而异名，其祸败同一实也。传书之家，载以为是，世俗观见，信以为然。原省其实，殆虚言也。夫《清角》，何音之声而致此？"《清角》，木音也，故致风。而如木为风，雨与风俱。"三尺之木，数弦之声，感动天地，何其神也！此复一哭崩城，一叹下霜之类也。师旷能鼓《清角》，必有所受，非能质性生出之也。其初受学之时，宿昔习弄[6]，非直一再奏也。审如传书之言，师旷学《清角》时，风雨当至也。

【注释】

①《白雪》：古时乐曲名。商调曲，传说为师旷所作。瑟谱最早见于《神奇秘谱》。②平公：晋平公。名彪，春秋时晋国君主。公元前557～前532年在位。癃（lóng）病：一种手脚不灵活的病。③《清角》：古时曲调名。④俎（zǔ）：古时礼器。祭祀时用来装牛羊等祭品。豆：古时食器、礼器。祭祀时用来装肉食。⑤廊：连于正堂两侧的低屋。⑥宿昔：素常，平素。

传书言："瓠芭鼓瑟[1]，渊鱼出听；师旷鼓琴，六马仰秣[2]。"或言："师旷鼓《清角》[3]，一奏之，有玄鹤二八，自南方来，集于廊门之危[4]；再奏之而列；三奏之，延颈而鸣，舒翼而舞，音中宫商之声[5]，声吁于天[6]。平公大悦，坐者皆喜。"《尚书》曰："击石拊石[7]，百兽率舞。"此虽奇怪，然尚可信。何则？鸟兽好悲声[8]，耳与人耳同也。禽兽见人欲食，亦欲食之；闻人之乐，何为不乐？然而鱼听、仰秣，玄鹤延颈，百兽率舞，盖且其实。风雨之至，晋国大旱，赤地三年，平公癃病，殆虚言也。或时奏《清角》时，天偶风雨，风雨之后，晋国适旱；平公好乐，喜笑过度，偶发癃病。传书之家信以为然，世人观见，遂以为实。实者乐声不能致此。何以验之？风雨暴至，是阴阳乱也。乐能乱阴阳，则亦能调阴阳也。王者何须修身正行，扩施善政？使鼓调阴阳之曲，和气自至，太平自立矣。

【注释】

①瓠（hù）芭：传说是楚国人，善弹琴。瑟（sè）：古时一种像琴的多弦乐器。②六马：很多马。秣(mò)：此处是喂马吃饲料的意思。③清角：疑作清徵。上文言奏“清角”，云起，风雨至。此言玄鹤来，与奏“清角”是两回事。④危：屋脊。⑤宫商：此处以宫商代称宫、商、角、徵、羽五音。⑥吁：惊。⑦石：即石磬（qìng），一种石制的乐器。拊（fǔ）：轻轻地敲击。⑧悲声：动听的声音。

传书言：“汤遭七年旱，以身祷于桑林，自责以六过，天乃雨。”或言：“五年。”“祷辞曰：‘余一人有罪，无及万夫。万夫有罪，在余一人。天以一人之不敏，使上帝鬼神伤民之命’。于是剪其发，丽其手[①]，自以为牲，用祈福于上帝。上帝甚说，时雨乃至。”言汤以身祷于桑林自责，若言剪发丽手，自以为牲，用祈福于帝者；实也。言雨至，为汤自责以身祷之故，殆虚言也。孔子疾病，子路请祷。孔子曰：“有诸?”子路曰：“有之。诔曰[②]：‘祷尔于上下神祇[③]。’”孔子曰：“丘之祷久矣。”圣人修身正行，素祷之日久，天地鬼神知其无罪，故曰“祷久矣”。《易》曰：“大人与天地合其德[④]，与日月合其明，与四时合其叙，与鬼神合其吉凶。”此言圣人与天地鬼神同德行也。即须祷以得福，是不同也。汤与孔子俱圣人也，皆素祷之日久。孔子不使子路祷以治病，汤何能以祷得雨？孔子素祷，身犹疾病。汤亦素祷，岁犹大旱。然则天地之有水旱，犹人之有疾病也。疾病不可以自责除，水旱不可以祷谢去，明矣。汤之致旱，以过乎？是不与天地同德也。今不以过致旱乎？自责祷谢，亦无益也。人形长七尺，形中有五常[⑤]，有瘅热之病[⑥]，深自克责，犹不能愈，况以广大之天，自有水旱之变，汤用七尺之形，形中之诚，自责祷谢，安能得雨邪？人在层台之上[⑦]，人从层台下叩头，求请台上之物。台上之人闻其言，则怜而与之；如不闻其言，虽至诚区区[⑧]，终无得也。夫天去人，非徒层台之高也，汤虽自责，天安能闻知而与之雨乎？夫旱，火变也；湛[⑨]，水异也。尧遭洪水，可谓湛矣。尧不自责以身祷祈，必舜、禹治之，知水变必须治也。除湛不以祷祈，除旱亦宜如之。由此言之，汤之祷祈不能得雨。或时旱久，时当自雨，汤以旱久，亦适自责，世人见雨之下，随汤自责而至，则谓汤以祷祈得雨矣。

【注释】

①丽：拴，系。②诔（lěi）：祭文。此处指向鬼神祈求的祷词。③祇（zhī）：通祇（qí），地神。④大人：这里指圣人。⑤五常：指五行。此处指人体的五脏。我国古时医学把五脏分别配属于五行：肝属木，心属火，脾属土，肺属金，肾属水。⑥瘅（dàn）：古时病名。疟疾的一种。⑦层：一层堆一层的意思。⑧区区：诚挚。⑨湛（yín）：同霪。久雨。

传书言：“仓颉作书，天雨粟、鬼夜哭。”此言文章兴而乱渐见，故其妖变致天雨粟、鬼夜哭也。夫言天雨粟，鬼夜哭，实也。言其应仓颉作书，虚也。夫河出图，洛出书[①]，圣帝明王之瑞应也。图书文章与仓颉所作字画何以异？天地为图书，仓颉作文字，业与天地同，指与鬼神合[②]，何非何恶，而致雨粟、神哭之怪？使天地、鬼神恶人有书，则其出图书，非也；天不恶人有书，作书何非而致此怪？或时仓颉适作书，天适雨粟，鬼偶夜哭。而雨粟，鬼神哭，自有所为[3]。世见应书而至[4]，则谓作书生乱败之象，应事而动也。天雨谷，论者谓之从天而下，变而生。如以云雨论之，雨谷之变，不足怪也。何以验之？夫云雨出于丘山，降散则为雨矣。人见其从上而坠，则谓之天雨水也。夏日则雨水，冬日天寒则雨凝而为雪，皆由云气发于丘山，不从天上降集于地，明矣。夫谷之雨，犹复云布之亦从地起，因与疾风俱飘，参于天[5]，集于地。人见其从天落也，则谓之"天雨谷"。建武三十一年中[6]，陈留雨谷[7]，谷下蔽地。案视谷形，若茨而黑[8]，有似于稗实也。此或时夷狄之地，生出此谷。夷狄不粒食[9]，此谷生于草野之中，成熟垂委于地，遭疾风暴起，吹扬与之俱飞，风衰谷集坠于中国。中国见之，谓之雨谷。何以效之？野火燔山泽，山泽之中，草木皆烧，其叶为灰，疾风暴起，吹扬之，参天而飞，风衰叶下，集于道路，夫天雨谷者，草木叶烧飞而集之类也。而世以为雨谷，作传书者以变怪。天主施气，地主产物。有叶实可啄食者，皆地所生，非天所为也。今谷非气所生，须土以成，虽云怪变，怪变因类，生地之物，更从天集；生天之物，可从地出乎？地之有万物，犹天之有列星也。星不更生于地，谷何独生于天乎？

【注释】

①洛出书：传说夏禹治水时，有神龟负文于背在洛水中出现。洛水：发源于陕西省，流入河南省西部。②指：通旨。意思，意图。③所为：此处表原因。④应：此处是跟随的意思。⑤参：耸立。⑥建武：东汉光武帝年号。建武三十一年：公元55年。⑦陈留：郡名。西汉元狩元年（公元前122年）置郡。郡治所在陈留（位于今河南省开封市东南）。辖境位于今河南省东至民权县、宁陵县，西至开封市、尉氏县，北至延津县，长垣县，南至杞县，睢县等地。⑧茨：即蒺藜。此处指蒺藜子。⑨粒食：以谷米为食。

传书又言："伯益作井，龙登玄云[1]，神栖昆仑。"言龙井有害，故龙神为变也[2]。夫言龙登玄云，实也。言神栖昆仑，又言为作井之故，龙登神去，虚也。夫作井而饮，耕田而食，则一实也。伯益作井，致有变动，始为耕耘者[3]，何故无变？神农之桡木为耒[4]，教民耕耨[5]，民始食谷，谷始播种，耕土以为田，凿地以为井。井出水以救渴，田出谷以拯饥，天地鬼神所欲为也，龙何故登玄云？神何故栖昆仑？夫龙之登玄云，古今有之，非始益作井而乃登也。方今盛夏，雷雨时至，龙多登云。云龙相应，龙乘云雨而行，物类相致，非有为也。尧时，五十之民击壤于涂[6]。观者曰："大哉，尧之德也！"击壤者曰："吾日出而作，日入而息，凿井而饮，耕田而食，尧何等力？"尧时已有井矣。唐、虞之时，豢龙御龙，龙常在朝。夏末政衰，龙乃隐伏。非益凿井，龙登云也。所谓神者，何神也？百神皆是。百神何故恶人为井？使神与人同，则亦宜有饮之欲。有饮之欲，憎井而去，非其实也。夫益殆不凿井，龙不为凿井登云，神不栖于昆仑，传书意妄，造生之也。

【注释】

①玄：深，厚。②变：害。③耕：种田。耘（yún）：除草。④神农：神农氏。传说中农业和医药的发明者。相传远古人以采集渔猎为生，神农用木制成耒、耜，教其农业生产。又传他曾尝百草，发现药材，

教人治病。一说神农氏即炎帝。桡（náo）木：弯曲的木头。耒（lěi）：古时的一种农具，形状像木叉。⑤耨（nòu）：用耨（古时一种锄草工具）来锄草。⑥击壤：相传尧时的一种游戏。壤是类似鞋底状的木板。游戏时，把一块壤放在地上，然后在三四十步外的地方，用另一块木壤去投掷它，投中的算赢。后用"击壤"为歌颂太平盛世之典。涂：通途，道路。

传书言："梁山崩①，壅河三日不流，晋君忧之②。晋伯宗以辇者之言③，令景公素缟而哭之，河水为之流通。"此虚言也。夫山崩壅河，犹人之有痈肿④，血脉不通也。治痈肿者，可复以素服哭泣之声治乎？尧之时，洪水滔天，怀山襄陵⑤。帝尧吁嗟，博求贤者。水变甚于河壅，尧忧深于景公，不闻以素缟哭泣之声能厌胜之⑥。尧无贤人若辇者之术乎？将洪水变大，不可以声服除也？如素缟而哭，悔过自责也，尧、禹之治水以力役，不自责。梁山，尧时山也；所壅之河，尧时河也。山崩河壅，天雨水踊，二者之变无以殊也。尧、禹治洪水以力役，辇者治壅河用自责，变同而治异，人钧而应殊⑦，殆非贤圣变复之实也。凡变复之道，所以能相感动者，以物类也。有寒则复之以温，温复解之以寒。故以龙致雨，以刑逐暑，皆缘五行之气用相感胜之。山崩壅河，素缟哭之，于道何意乎？此或时河壅之时，山初崩，土积聚，水未盛。三日之后，水盛土散，稍坏沮矣⑧。坏沮水流，竟注东去。遭伯宗得辇者之言，因素缟而哭，哭之因流⑨，流时谓之河变起此而复。其实非也。何以验之？使山恒自崩乎，素缟哭无益也。使其天变应之，宜改政治。素缟而哭，何政所改而天变复乎？

【注释】

①梁山：指吕梁山。位于今山西省西部，黄河与汾河之间。②晋君：指晋景公。③伯宗：春秋时晋景公的大夫，贤而好直言。辇（niǎn）：古时一种用人拉挽的车子。④痈（yōng）：一种毒疮，属急性化脓性疾病，多发于背部和颈部，疮面有许多脓泡，非常疼痛。⑤襄：水涨到高处。⑥厌：镇压妖邪。⑦钧：相同。⑧沮（jǔ）：毁坏，败坏。⑨因：于是，就。

传书言："曾子之孝，与母同气。曾子出薪于野，有客至而欲去，曾母曰：'愿留，参方到。'即以右手扼其左臂。曾子左臂立痛，即驰至问母：'臂何故痛？'母曰：'今者客来欲去，吾扼臂以呼汝耳。'盖以至孝，与父母同气，体有疾病，精神辄感。"曰，此虚也。夫"孝悌之至①，通于神明②"。乃谓德化至天地。俗人缘此而说，言孝悌之至，精气相动。如曾母臂痛，曾子臂亦辄痛。曾母病乎，曾子亦病？曾母死，曾子辄死乎？考事，曾母先死。曾子不死矣，此精气能小相动，不能大相感也。世称申喜夜闻其母歌③，心动，开关问歌者为谁，果其母。盖闻母声，声音相感，心悲意动，开关而问，盖其实也。今曾母在家，曾子在野，不闻号呼之声，母小扼臂，安能动子？疑世人颂成④，闻曾子之孝天下少双，则为空生母扼臂之说也。

【注释】

①孝：尽心奉养和顺从父母。悌（tì）：敬爱兄长。②神明：天神和地神。③申喜：春秋战国之际楚国人。④成：通诚。

世称南阳卓公为缑氏令[①]，蝗不入界。盖以贤明至诚，灾虫不入其县也。此又虚也。夫贤明至诚之化，通于同类，能相知心，然后慕服。蝗虫，闽虻之类也[②]，何知何见而能知卓公之化？使贤者处深野之中，闽虻能不入其舍乎？闽虻不能避贤者之舍，蝗虫何能不入卓公之县？如谓蝗虫变，与闽虻异，夫寒温亦灾变也，使一郡皆寒，贤者长一县，一县之界能独温乎？夫寒温不能避贤者之县，蝗虫何能不入卓公之界？夫如是，蝗虫适不入界，卓公贤名称于世，世则谓之能却蝗虫矣。何以验之？夫蝗之集于野，非能普博尽蔽地也，往往积聚多少有处。非所积之地，则盗跖所居；所少之野，则伯夷所处也。集过有多少，则其过县有留去矣。多少不可以验善恶，有无安可以明贤不肖也？盖时蝗自过，不谓贤人界不入，明矣。

【注释】

①南阳：郡名。治所在宛县（位于今河南省南阳市）。汉时辖境相当于当今河南省熊耳山以南叶县、内乡之间和湖北省大洪山以北应山县、郧（yún）县之间。卓公：卓茂（？～公元28年），字子康。西汉末年南阳郡宛县人。缑（gōu）氏：古时县名。治所位于今河南省偃师县东南。密县：古时县名。汉置。治所位于今河南省密县东南三十里。②闽（wén）：通蚊。虻：昆虫名。形似蝇较大，雌性食血。

【译文】

儒生们的旧书上说：尧的时候，天上有十个太阳同时出现，万物焦枯。尧用箭射下九个，九个太阳没有了，一个太阳每天常出来。这个说法是虚假的。

要说人们射箭，不过百步之远，百步之外，箭头的穿射力就消失了。太阳的运行，按二十八宿的星度运行，离开人相距有几万里。尧向上仰射，怎么可能射到太阳呢？如果尧的时代天地相距不过百步，那么尧就能够射着太阳，如果超过了百步，那么尧就射不着太阳了。就算尧时天地相距很近，尧能射着太阳，也还是不能伤害太阳的，太阳又怎么会被射落呢？为什么？因为太阳，本是一团火。那地上的火，点起一把火炬，人们从旁去射火炬，虽有可能射中火苗，但怎么能射灭火呢？地上的火不会被人射灭，那天上的火怎么会射灭的呢？这是想说尧帝用精诚去射它，精诚所加，金石为开嘛，看来，在诚的面前，是没有什么不可克服的困难的。这水与火是各有一性，能射火而灭之的高手，一定能射水而除患。洪水之时，汛滥中国，为民大害。尧何不靠其精诚，射洪水而除之？尧能射日，使火不至为虐，不能射河，使水不至为害，这射水不能退水，那就可知射日的话，也是虚而不实的了。有人说："日是一团火，射虽射不灭，但精诚能灭它。"天也是离人很远的。如果天也是气，则与日月一样，要是天是一种实体，则与金石一样。以尧的精诚，射灭了太阳，射穿了金石，上射太阳就可以穿天么？世人说桀纣的罪恶，上射天而下击地；称誉高宗之德，政治可消桑构之变。现在尧不能以其德政灭天上的十个太阳，而一定要射它，这就是说道德不如商高宗而罪恶与桀纣相同了。这又怎么能凭其精诚获得天的福报呢？

旧书上说：武王伐纣，兵渡孟津，阳侯之波，逆流而击，疾风狂吹，天色昏暗，人马不见。于是，武王左手操黄钺，右手执白旄，瞪大眼睛一挥，大声说道："我在这里！天下有谁敢阻挠我的意志？"一下子风也停了，波也歇了。这也是虚妄的话。

武王渡孟津时，士兵十分高兴得很，前歌后舞，天人相应。人高兴而天发怒，不是实际应有的情况，前歌后舞之说不见得确实，麾风止波之话则近乎于捏造了。这风，原是一种气，论

者以为是天地所发的号令。武王伐纣对么？那么天应当安静地保佑他，如果讨伐纣王是错的，天发狂风，以此来表示发怒。而武王不奉天之令而行，检点自己的过失，反倒睁大眼睛说什么“我在这里！谁敢阻挡”等等，加重天的愤怒，增加自己的罪恶，风又怎么会停下来呢？父母愤怒儿子的不改过，儿子睁眼大喝，父母能因此而免去儿子的过错么？如果风是自然的，天也是自然地刮的，一种自然的祸气运行成这种样子，那么它是无知的，不会因为人的瞪眼而麾就立即停下来。这风，也与雨相同，让武王瞪大眼睛，可以使雨停下来么？武王不能止雨，那么也就不能止风。或许当时武王正好麾动了白旄，风也恰恰在这时停歇下来，世人赞扬武王的德行，就说武王能止风了。

旧书上说：鲁阳公与韩人作战，战斗十分激烈，天晚了，太阳快落下去了，鲁阳公抓着戈一挥，太阳为之倒退了三舍路程。这些记载也是不符合事实的。

凡人要能感动天地者，都在于专心一志，丢开一切杂务，聚精会神，精神上通于天，天为之感动，不过也还不能说定会天随人愿。鲁阳公志在打仗，因为日暮而一挥其戈，怎么就能让太阳倒退三舍路程呢？即使让圣人来挥太阳，太阳也终究不会因他而倒退，鲁阳公是什么人？他能让太阳倒退么？《尚书·鸿范》篇说：“天上的星中，有爱好刮风的箕星，有爱好下雨的毕星。日月的运行，有冬有夏。月亮运行到接近箕星毕星的位置时，就要刮风下雨了。”这星宿和日月是同一种精气，日月不靠近星宿时，星宿自身也是在不断变化的。可见日月运行自有规律，不会随应星宿的好恶，那么又怎么可能听从鲁阳公的希望呢？天上的星宿，是日月运行的旅舍客馆，如同地上有邮亭驿站一样，地上的邮亭驿站是朝廷使节官员外出时的投宿之地。二十八宿就是日月运行的二十八舍，各有分度，一舍为十度，或增或减，基本上就是这样。说太阳一返三舍，就是退回了三十度。太阳，一天运行一度，鲁阳公一挥之间，太阳返回了三十天运行的路程，回到三十天前所在的位置了。如果把一舍视为一度，退三舍也是三天路程了。一挥之间，让太阳退回了三天路程。宋景公推其诚心，说出三句善言，荧惑星为之迁徙三舍，从实而论的人还认为是虚假的。鲁阳公为着与人争斗，讨厌太阳快要落山，天色变暗，抓着他的戈那么一挥，既无诚心，又无善言，太阳就为此退还三舍，看来不是真实的。再说，太阳是一团火。圣人挥火，终归也不能使火退却，鲁阳公麾日，怎么能叫太阳返还呢？或许当时战斗之时，正当卯时，太阳也正在卯方，打仗打得昏了头，以为太阳快下山了，挥动长戈，转入左手弯道，看起来太阳好像在退着走。世人好奇，因而说太阳退回了三舍，其实自己也不知道所说的实际含意是什么。

旧书上说，荆轲为燕太子丹刺秦王，有白虹横贯太阳。卫先生为秦军谋划长平一战，天将星太白金星便蚀了昴星——赵国的分野。这是说人的精诚感动上天，天象也为之变动了。要说白虹横贯白日，太白金星蚀去昴星，这些天象都是有可能，会发生的。但如过说是为了荆轲之谋，卫先生之策，而感动了皇天，才有白虹贯日、太白蚀昴之事，那就是捏造了。

人们用竹筷子撞钟，用竹签儿击鼓，不能敲击出响声来，原因是用以撞击的东西太轻微了。现在人的身体不过七尺，以七尺之躯的精神，希望有所作为，就算你积蓄全部精神气力与意志，还是如同以筷子撞钟，拿竹签儿击鼓啊，怎么能感动苍天呢？不是不精诚的问题，而是用以感动上苍的东西太小太小啦。而且荆轲与卫先生所要刺杀打击的是世间的人，连人都还没有感受到，天怎么就能感受到并作出反应呢？有人问：“人的害气，图谋贼害人的气，能够使对方预有所感么？”回答是不能。“豫让要害赵襄子无恤，无恤为之心动；贯高想劫持汉高祖，高祖也心动了。两个刺客心怀杀机，所以两位在位者都有所振动与感应。”我说，祸变将发生时，自己身上自然会有变故，并不是恰好被别人所振动感应。如何来证明呢？有时你在路上自己走着，有狂人举刀相向，狂人不见得存心要加害于你，然而你自己事先就已经有某种不祥的预感了。由此说来，某种不祥的预感的产生，是自己将有灾祸的征兆，并不是打算祸害自己的人所导致的。将发生凶险的人，占卜得恶兆，算卦得凶卦，出门见不吉，占候遇祸气。祸气现于面，就像白虹贯于日，太白见于天，变异见于天象，妖祥出于人间，上下碰巧，自然相呼应。

旧书上说：燕太子丹朝拜于秦，被扣留不得回国，就向秦王求情要回去，秦王坚持要留下他，对他发誓说："假使太阳能重新回到正午，天上能落下粮食，让乌鸦白头，叫骏马生角，厨门装饰的木象长出肉脚来，你就可以回国了。"在这个时刻，天地护佑太子丹，太阳为之再回到中午，天下了粟子，乌鸦白头了，马头长角了，厨门木象也长出肉足了，秦王因此认为太子丹是位圣人，就放他回去了——这是不可能的事。

燕太子丹是什么重要人物？他竟然能感动上天？圣人被囚禁，都不曾感动过天，太子丹，最多不过一个贤人罢了，凭什么能够这样？这老天既然能护佑太子丹，生出诸种瑞物来求得释放其人，也就应该能和解秦王之意，来解救这个人的灾难。被扣留物执一事，要化解很容易，生出五种瑞应之物可就太难了。放弃一件容易做的事，去干五件不容易事，天为什么就这样地不怕麻烦呢？汤王困于夏台，文王拘于羑里，孔子受困于陈蔡之间，三位圣人受困时，天都不能去解救，使被拘者亲眼看到上天的护佑善人而知道圣人的贤德，出来后仍然尊敬而厚待之。有人说："拘执三圣的人没有发过誓言，三位圣人自己也没有要求，所以护佑性善的瑞应没有降临。天的护佑人，如同借给别人一件东西，人不求索，人家是不会自动给你的。"我说："太子愿天下出现瑞兆之时，难道说了什么吗，不过是心愿而已。然则汤被囚于夏台，文王被囚于羑里之时，心愿也是想出来，孔子受厄于陈蔡之间时，心愿吃个饱。天何不让夏台、羑里的关门钥锁毁败掉，让汤王文王自己逃出来；何不撒粟于陈蔡之间，使孔子吃个饱呢？"太史公司马迁说："世人说太子丹令天撒粟、马生角等等，大抵都是虚言编造的。"太史公是写汉代史实的权威，他说是虚言的，一定不会是真实的。

旧书上说，杞梁氏的妻子向城而哭，城为她崩倒了。这是说杞梁从军不返，其妻苦苦思念他，便对着城而哭，至诚悲恸，精诚撼动城墙，所以城墙就为之坍塌了。这里所说向城而哭的情节，是真实可信的，而说城墙因其哭崩坍，那就是虚假的了。

古人哭泣之悲，莫过于雍门子了。雍门子哭对孟尝君，孟尝君为之抽泣。因为哭者精诚，所以对坐的人也被他的悲怆感动了。这雍门子能感动孟尝君的心，却不能感动孟尝君的衣服，是因为衣服不懂得同情与伤心，不与人心相关相通。现在这城墙，是土筑成的，土也就像衣服，胸中没有心脏，又怎么能作出悲哭感动的事甚至于崩坍呢？如果至诚之声能感动泥土，那么她对着林木哭，能够折草破木么？向着水火哭，能涌水灭火么？那草木水火与土没有区别，那么杞梁之妻不能哭倒城墙就是无疑的了。或者当时城墙正巧自行崩坍了，而杞梁妻正在那儿痛哭。世俗之人好夸张虚假，不考虑是否合乎实际合乎情理，所以哭倒城墙的名声至今流传着。

旧书上说："邹衍无罪，被拘囚于燕国，当时正值夏季五月，他仰天而叹，天为之降霜。"这与杞梁妻的哭崩城墙，没有什么区别。说邹衍无罪被囚，当夏仰天悲叹，都真实可信；说上天因此为他降霜，那就不真实了。这上万的人张开口，大家都来叹气吁嗟，尚且不能感动上天，邹衍一个人，受冤而一叹，怎么就能降霜呢？

邹衍的受冤，没能超过曾子与伯奇。曾子被无端怀疑而吟叹，伯奇因受无端放逐而悲歌。被怀疑、被放逐与被囚禁，是同一性质的遭遇；吟叹、悲歌与吁天，也是同样的冤叹，曾子伯奇不能招致寒冷，邹衍是何许人，他凭什么就能让天降霜呢？被逐之冤，还不足以说明，晋的申生伏剑而死，吴的子胥割颈而亡。真诚的孝顺却被赐死，真诚的忠贞却被诛杀，而且临死之时，二人都有嗟叹之辞。声辞出口，与那仰天嗟叹毫无区别，天没有为二人所感动，偏偏为邹衍所感动，难道老天悲痛于一个人的被囚禁而不伤心于两个人的流血身亡么？为什么冤痛相似而天的反应却不一样呢？你燃起一炬火，去烧热一锅水，终日不能烧开。拿来一尺冰，放在厨房里，终夜不能使厨房变冷。为什么呢？因为微小的感应力，不能感动巨大的东西啊。现在邹衍的叹息，不过如一支火炬，一尺冰块，而苍天巨大，又不仅仅是一口锅，一间厨房这么不值一提的东西。邹衍一仰天长叹，天就为他降下霜来，怎么天就那么容易被感动而霜就那么容易降下来呢？

那么悲哀与快乐相同，喜欢与愤怒相等。邹衍一发怨痛之声，就使上天降下霜来，如果让邹衍蒙受特别奖赏，而仰天大笑，能在冬天使天气热起来么？专搞五行占验的变复家说："人君秋天行赏则天气温和，夏天行赏则天气变寒。"寒气不积累到一定时间，就不会降霜；气温不连着升几天，那么冰就不会融化。一个男子叹了一次，天就下了霜，怎么气候竟如此容易变化？节令又那么容易转换呢？寒温自有时节，并不符合变复家的话。再说，按变复家的理论，或者当时燕王好用刑，寒气应当降临，而正在囚执着，他仰天叹息，叹时霜正好降了下来。世人见他叹息时落了霜，就说成是他邹衍的叹息所致了。

旧书上说："师旷弹奏起《白雪》的曲子，神物便会下降，风雨忽然降临，雨骤风狂，晋平公也因此而病势加重，晋国赤地千里。"又有的说："师旷的《情角曲》，每弹奏一次，就有云从西北方向涌起，再弹一次，大风猛刮，大雨随之而来，撕裂帐幕，砸碎锅碗瓢盆，堕毁屋瓦，坐着听的人都惊散四逃，晋平公被吓得趴在走廊上。晋国大旱，赤地千里。晋平公的病情一天天加重。"这《白雪》与《清角曲》，可能是同曲而异名，它们的祸败是一样的。写书的人记下这些情节，以为是真实确切的，世俗之人看了这些情节，也信以为真，但追索考察其实际情况，就会发现它是虚假的了。

这《清角》之曲到底是一种什么样的声音呢？它竟可以达到如此祸害的地步？有人解释说：清角，是五音中的木声之音，所以能召来风雨。如果木为风的话，雨自然会同时来到。三尺长琴身之木，弹响数根弦发出的声音，就能感动天地，这该是多么神奇呀！这又是一哭崩城、一叹下霜之类的事了。师旷能弹奏《清角》，必有所师承，并不是能从其天性中自发地生长出来的。那么，他初学之时，早晚都要学习弹奏，远不止弹奏一回两回了。如果真像旧书所说的话，师旷在学习、练习奏弹《情角》之时，一定也会有风雨来到了。旧书上说：瓠芭奏瑟时，深渊中的鱼也出水倾听，师旷弹琴时，六马也仰头吃草，竖耳倾听。又有人说：师旷弹起《清角》曲子时，弹了第一遍，就有玄鹤二八一十六只从南方飞来，集于廊门高处；再弹一遍，玄鹤便排成一列；再奏一遍，玄鹤便伸长脖子啼鸣，张开双翅跳舞。其音富有乐感，中于宫商，响彻云天。晋平公非常高兴，在座的人都十分喜欢。《尚书》中也有"击石磬呀拊石磬，百兽起舞乐欣欣"的词句。这些，虽说有点奇怪，倒也有点可信，为什么呢？鸟兽都喜欢听歌，其耳与人耳相同。禽兽见人要吃东西，它也要吃东西，听到人奏的乐曲，为什么不快乐呢？然而这渊鱼出听、六马仰秣、玄鹤延颈、百兽皆舞等等，或许可能是真的，而风雨大至，晋国大旱、赤地千里、晋平公病重等等，恐怕就不可信了。可能当时演奏《情角》之时，天偶然风雨大作，风雨之后，晋国又碰上大旱，晋平公好乐，高兴过度，偶发重病。写书的人信以为真，世人看到这样的记载，也就当成实事了。其实声乐弦乐都不可能达到这个地步，怎么验证呢？风雨暴至，是阴阳错乱所致。音乐能错乱阴阳的话，那也就能调和阴阳了。那么，王者又何必修身正行，善施善政呢？让乐师去演奏调和阴阳之曲，和气就自然来到，岂不是天下很快就太平了么？

旧书上说，汤王碰上了七年干旱，就亲身在桑树林中去做祈祷，从六个方面作自我责备，表示悔过，老天这才下了大雨。还有一种说法：汤王时连旱五年，汤的祷辞是："我一人有罪，不要祸及万夫；万夫有罪，罪过都在我一人。苍天呀，可不要因为我一人的过错，使鬼神伤害了普天之下百姓的命呀！"这时，他又剪下自己的头发指爪，用自己的身子作贡品，来祈祷于上帝。上帝很高兴，及时雨便降下来了。——说商汤亲自在桑林祈祷自责，说商汤亲自剪了头发指爪，用自己的身子祭品来祈福于上苍，这都是真实可信的；说及时雨的来到是他责备自身祷求结果，这就不是事实了。

孔子得病，子路请作祈祷，孔子说："有那么回事么？"子路说："有呀。祷辞中说：祷尔于上下神祇。"孔子听了便说："我孔丘早就祷告过了。"圣人平时注意修身洁行，平日的"祈祷"日久天长，天地鬼神都知道他是无罪无过的，所以孔子才这么说。《易经》上说："大人与天地合其德，与日月合其明，与鬼神合其吉凶。"这就是说，圣人与天地日月鬼神同其德行，如果一定要亲自去祷告，则双方就不叫做"同"了。汤王与孔子都是圣人，都是平时祷告而且祷告的时日很久长，孔子不答应子路的祈祷治病，汤王怎么能用祈祷来求雨呢？疾病不可能因自责而消除，水旱也不可能因自责祷告而消失，这是很明白的事。

汤王时发生数年大旱，这是因为汤王的过失么？那么这位大王就不是与天地合其德了，现在不是已经因其过失而干旱了么，这时来自责谢过，又有什么用处呢？人身长七尺，身中有五常之气，有时患热病等疾症，深深地自我谴责，也不见得会痊愈，何况以广大之天，自有水旱之变，汤王凭七尺之身，身中之诚，来自责祷告，又怎么会得到及时雨呢？人在层台重楼之上，另有人在台底叩头，求上面赐给东西，台上的人如果听到下面的请求，同情他，才会赐给某物，如果听不到，台下人虽有区区至诚，终究还是得不到任何赐予。这上天离人之远，远不是层台重楼所能比相比的，汤王虽然自责，老天又怎么能听到而普降甘霖呢！旱灾，是一种火变；久雨不晴，是一种水变。尧遭洪水，可谓重灾了，尧没有自责或以身祈祷，一定要让舜禹去治水，是懂得水患必须治理的道理。消除水灾不宜祷祭，消除旱灾也不宜靠祈神。由此看来，汤王的祈祷，不能得雨。或者当时干旱已久，这时该当下雨了，而汤王因为旱灾太久了，自己也在自责，两相巧遇，世人见雨降下来了，似乎是汤王自责带来的，就说是汤王祈祷得雨了。

旧书上说，仓颉作书，天上降下谷子，鬼神夜哭。这是说文明发展而世乱渐起，故而发生妖变招致天降谷子而鬼神夜哭。说天雨粟，鬼神夜哭等，或许真有其事，说这是由于仓颉造字引起的，这就不符合事实了。

古来黄河中出《图》，洛水里出《书》，都是圣明帝王的瑞应。图书典册，与仓颉所作文字有什么两样呢？天地河川作图书，仓颉作文字，事业与天地相同，意旨与鬼神符合，有什么错，有什么恶而致于天降谷子鬼神哭呢？如果天地鬼神讨厌人间的文字，那么，出河图洛书便也是错误的了。如果天并不讨厌人间有文字，那么制造文字有什么罪过而出此妖变呢？或者当时仓颉正在造字，天正巧降下了谷子，鬼偶尔在夜间哭泣，而雨粟与鬼哭都各自的原由，世人

不明，见其随着文字的出现而降临，就说造文字生乱败之象，应事而动了。

天降谷子，论者说是从天而降，应变而生。我们如果依照云雨的成因来讨论雨谷的出现，也就不足为怪了。拿什么来证明呢？这云气是从丘陵山岭中生成的，降散下来就成了雨了。人们见雨是从上而坠的，就说成是“天降雨”了。夏天就降水，冬天由于天寒，那就由雨凝结而为雪。雨雪都由云气发自山岳丘陵，不是从天上降下来再集聚到地上的，这是确实无疑的。这“天雨谷”的谷子，也如同云雨的雨也是从地而起的。谷子因与地上的飓风一起飘起，卷向长空，又降地于地。人们见其从空中落下，就说成是“天降谷子”了。光武帝建武三十一年中，陈留县下过一次谷子，谷子集满一地。查看那谷子的形状，似蒺藜种子而稍黑，有点像是稗子。这或许是当时周边夷狄之地，生出这种谷子，而夷狄不吃粮食，这谷子便生于草野之中，自然成熟而委垂于地，碰上疾风暴起，飞卷而上，吹扬直飞，待到风力衰减，谷子降落于地，坠于中原大地，中原人见了，就说是“天雨谷”了。拿什么来证明这件事呢？野火焚烧山泽之时，山泽之中，草木皆焦，其叶为灰，疾风暴起，吹扬起来，参天而飞，风衰叶降，铺满道路。那“天雨谷”，也就是草木叶烧飞扬降集之类。世人认为是雨谷，作旧书的人又认为是变怪。天主宰施气，地主管产物。凡有叶子种子可供啄嚼食者，都是土地所生，不是天所作成。现在谷子不是气所生成，须在土地上才能长成，虽说有变怪，变怪也因其同类而生。生于土地之物，忽从天降，生于上天之物，可以忽从地出么？地上有万物，就像天上有列星，星星不生成于地，五谷怎么能可生于天呢？

旧书上说：伯益掘井，有条龙登上黑云而去，又有神栖歇在昆仑之上。这是说掘井有害，所以出了龙神之变。说龙登乌云，这符合事理。说神栖昆仑，又说是因为伯益掘井而龙去神栖，这是虚假的。

这掘井而饮与耕田而食，是相同性质的事。伯益掘井，就有了变异，那么，最初搞耕种的人，又为什么没听说招致变异呢？传说神农氏揉木为耒，教百姓耕耨，百姓这才开始吃五谷，谷子也才开始播种。耕土为田，掘地作井，井出水解渴，地出粮充饥，这可是天地鬼神都应该做的事，龙为何要登乌云而去，神又为何要远栖于昆仑山上？至于龙登乌云的事，自古皆有，并不是从伯益掘井才开始登云的。现今盛夏季节，雷雨时至，龙大多数是会登上云头而去的。云龙相应，龙乘云雨而行，物类自相召引，不是针对人的有目的行为。尧的时期，有位五十岁的老人在大路上击壤玩耍，观者说：“伟大呀，尧的德行啊！”击壤玩耍的老夫说：“我太阳出山时开始干活儿，太阳下山时回来休息。自己挖了井来饮水，自己耕了田来饱腹，在这里，尧有什么作用呢？”这歌谣证明尧的时候就已经掘井而饮了。唐虞时代，有豢龙的，有御龙的，龙是常常在朝中的，并不神秘。只是到了夏代末期政治混乱，龙才开始隐而不见了。说龙憎恶井而离开人世，不合乎实际。其实呢，伯益并未掘井，龙也不为掘井便登云而去，神也不是栖息于昆仑之山。旧书臆说，是随便想象出来的。

旧书上说，吕梁山崩坍了，堵塞了黄河，三天之内水流不通，晋国君主十分忧虑，晋人伯宗听从辇者的建议，请晋景公穿上白色的孝服，到黄河边去哭奠了三天，河水为之通流。——这话是虚假不实的。

山崩堵塞河道，就像人身上生了臃肿，血脉就不通了一样。难道治疗臃肿的人，可以用穿着孝服哭泣的办法来解决么？尧的时候，洪水滔天，淹没山麓，漫入山腰，帝尧吁叹，广泛征求贤能之士才使水患得以治理。其时水变远远超过这次的河水壅塞，尧的忧虑远远深似晋景公，没听说尧是用穿孝服哭泣的来声音来制服洪水的。是尧时没有贤人提出过像辇者提的这类

办法么？还是因为洪水灾变太大，不可以用丧服与哭声来压服它呢？如果穿上孝服，去悔过自责，当年舜禹的治水，靠的是人力，并不自责。梁山，尧时也有这座山，所壅之河，尧时有这段河。山崩河塞，天雨水涌，二者的变异，没有根本区别。尧禹治洪水靠人力，辇者治河塞靠自责，灾变相同而治法迥异，人智相当而应变措施不同，看来这不是贤圣之人消除灾变恢复正常秩序所应有的举动啊。

凡事物变复的原理，在于同类同气的物体相互感动。有寒就要复之以温，有温就得变之以寒。所以用龙来求雨，用刑罚来解暑。这都是按照五行之气相互感应生尅的原理来压服灾变的办法。山崩壅塞河道，用哭泣的办法，从变复之道上说有什么意思呢？这或许是当时河壅之时，山刚刚崩坍，土石积聚，水流未盛。三天之后，水越积越多了，土块也浸润散体了，渐渐败坏通水了。败坏通水，黄河之水终于东流而去。正好碰上伯宗听从辇者之言，建议景公素服哭奠，哭着哭着，那水自已通流了。水一流，就说是河变由此而复了，其实不对。怎么来验证它呢？如果山常常自崩呢？你素服而哭也没用。如果山崩是应天变，那就该改行政治。只是穿上孝服哭泣一番，而不改行政治，那怎么能促使天变恢复正常呢？

旧书上说，曾子极其孝顺，与母亲同气而相互感通。一次，曾子外出，到郊野捡柴禾。有客人来到他家，见曾子不在，就想走。母亲说："请稍留一下，曾参很快就回来的。"当即用自己的右手去捏左臂。那在外捡柴曾子的左臂立刻疼起来，立即奔回家问她妈："我左臂怎么疼起来了？"母亲告诉他："刚才来了客人要走，我捏臂喊你回来。"大约是认为至孝之人，与父母同气，身体有疼痛，精神相感通。——我说，这肯定是虚假的。

所谓"孝悌之至，通于神明"，是说的德化至于天地神明。世俗之人借此立说，说什么孝悌到了极至，精气神都能相通相感应了。如曾母臂痛，曾子臂也就立刻疼痛起来。那么，曾母病，曾子也要生病么？曾母死，曾子也要随之而死么？考查史实，曾母先死，曾子并没有随其母而死，这说明精气能小相动，不能大相感啊。世人传说申喜夜间听到其母歌声，心中怦然一动，开开门一看，果然是他母亲。大约是他听到了母亲的歌声，声音相感应，心悲而意动，打开门来去问，这大概是事实。现在曾母在家里，曾子在野外，没有听到呼叫之声，母亲稍稍捏了一下手臂，怎么就能感应儿子呢？我怀疑世人喜欢颂扬已成之事与已成之名，听说曾参很孝敬，天下无二，就造出这母亲捏臂的故事来，纯粹是凭空虚构啊。

世人称颂南阳卓公任缑氏县令，飞蝗不入其界。大约是说贤明至诚爱百姓之县官，连飞蝗也不进入他管辖的县界滋扰。这又是一条虚假言论。那贤明至诚的政化，只能通于同类，凡人能相知心，然后才能慕服。蝗虫、蚊虻之类，它有何知何识，竟能明白卓公的政化道德？让贤德之人住在深山野窪草泽之中，蚊虻能不入其舍不为其害么？蚊虻不会避开贤人之宅，为什么蝗虫就知道不入卓公的县界呢？

如果说蝗虫的灾变与蚊虻不一样，那么寒温不应时节也是灾变。如果一个郡都非寒冷，那就请贤能的人去作一县之长，难道他那一县界内就会独独温暖么？既然寒温不能避贤者之县，那么蝗虫为什么就能偏偏不入卓公的县界呢？之所以有这种情况，是由于蝗虫恰好没有入界，而卓公的名声已经传扬在外了，世人借机就吹虚他能退却蝗虫了。拿什么来验证这事呢？那蝗虫在野地里集聚，并不是普遍地、广泛地遮蔽所有土地，往往是有些地方集得多，有些地方聚的少，并不是集的多的肯定为盗跖之宅，积得少的就是伯夷住地。蝗虫的集聚飞过有多有少，其所过县境，也肯定有留有去者，其多少不足以验证县政的好坏，有无也不足以证明县令的贤或不肖。看来是当时蝗虫自己飞过，十分自然，根本没想过贤人县界入还是不入的问题。这是

明摆着的事实。

定贤篇

圣人难知，贤者比于圣人为易知。世人且不能知贤，安能知圣乎？世人虽言知贤，此言妄也。知贤何用？知之如何？

以仕宦得高官身富贵为贤乎①？则富贵者天命也②。命富贵，不为贤；命贫贱，不为不肖。必以富贵效贤不肖，是则仕宦以才不以命也。

【注释】

①仕宦：做官。②天命：即命，分为“寿命”和“禄命”两种。

以事君调合寡过为贤乎？夫顺阿之臣，佞倖之徒是也①。准主而说②，适时而行，无廷逆之郄③，则无斥退之患。或骨体娴丽，面色称媚，上不憎而善生，恩泽洋溢过度，未可谓贤。

【注释】

①佞（nìng）：谄媚逢迎。佞倖之徒：谄媚逢迎而得到宠幸的人。②准主：揣摩君王的意图。③郄（xì）：同隙。间隙，隔阂。

以朝庭选举皆归善为贤乎①？则夫著见而人所知者举多②，幽隐人所不识者荐少③，虞舜是也。尧求，则咨于鲧、共工，则岳已不得。由此言之，选举多少，未可以知实。或德高而举之少，或才下而荐之多。明君求善察恶于多少之间，时得善恶之实矣。且广交多徒，求索众心者，人爱而称之；清直不容乡党，志洁不交非徒④，失众心者，人憎而毁之。故名多生于知谢⑤，毁多失于众意。

【注释】

①庭：通廷。选举：汉代由皇帝下诏书规定中央和地方的主要官吏选拔、举荐人才。归善：称赞。②见：同现。这里指出头露面。③幽：不著名。隐：潜藏，指不出头露面。④非徒：指和自己志向不同的人。⑤谢：拜赐，笼络。

齐威王以毁封即墨大夫①，以誉烹阿大夫②，即墨有功而无誉，阿无效而有名也。子贡问曰：“乡人皆好之，何如？”孔子曰：“未可也。”“乡人皆恶之，何如？”曰：“未可也。不若乡人之善者好之，其不善者恶之。”夫如是，称誉多而小大皆言善者③，非贤也。善人称之，恶人毁之，毁誉者半，乃可有贤。以善人所称，恶人所毁，可以知贤乎？夫如是，孔子之言可以知贤，不知誉此人也者贤？毁此人者恶也？或时称者恶而毁者善也！人眩惑无别也。

【注释】

①齐威王：战国时齐国国君，公元前356～前320年在位。姓田，名因齐，齐桓公之子。继位后，致力于修政整军，任用邹忌为相，田忌为将，孙膑为军师，又罢黜奸吏，从而国势日强。经桂陵（今河南长垣西北）、马陵（今河南范县西）二役，大败魏军，开始称雄诸侯。他还在临淄稷门外大兴稷下之学，招纳各国学者、游士，开展“百家争鸣”，极一时之盛。封：赐给封地。即墨：齐国邑名，位于今山东平度县东南。大夫：治理一邑的地方长官，相当于后来的县令。②阿：齐国邑名，在今山东阳谷县东北。③小大：年少的和年老的，泛指所有的人。

以人众所归附、宾客云合者为贤乎①？则夫人众所归附者，或亦广交多徒之人也，众爱而称之，则蚁附而归之矣②。或尊贵而为利，或好士下客③，折节俟贤④。信陵、孟尝、平原、春申，食客数千，称为贤君⑤。大将军卫青及霍去病，门无一客，称为名将。故宾客之会，在好下之君⑥，利害之贤。或不好士，不能为轻重，则众不归而士不附也。

【注释】

①云合：像云一样聚合，喻人极多。②蚁附：像蚂蚁聚集在一起，喻归附的人很多。③士：指读书人或有才能有胆识的人。下客：以谦逊的态度对待宾客。④折：屈，这里指改变。节：这里指贵族的架子、高傲的态度。俟（sì）：等待。⑤君：封君，有封地的贵族。⑥好下之君：好士下客的封君。

以居位治人，得民心歌咏之为贤乎？则夫得民心者，与彼得士意者，无以异也。为虚恩拊循其民①，民之欲得，即喜乐矣。何以效之？齐田成子、越王勾践是也②。成子欲专齐政，以大斗贷、小斗收而民悦。勾践欲雪会稽之耻③，拊循其民，吊死问病而民喜④。二者皆自有所欲为于他，而伪诱属其民⑤，诚心不加⑥，而民亦说⑦。孟尝君夜出秦关，鸡未鸣而关不闿⑧，下坐贱客鼓臂为鸡鸣⑨，而鸡皆和之，关即闿，而孟尝得出。以鸡可以奸声感，则人亦可以伪恩动也。人可以伪恩动，则天亦可巧诈应也。动致天气⑩，宜以精神⑪，而人用阳燧取火于天⑫，消炼五石，五月盛夏，铸以为器⑬，乃能得火。今又但取刀、剑、恒铜钩之属，切磨以向日，亦得火焉。夫阳燧、刀、剑、钩能取火于日，恒非贤圣亦能动气于天。若董仲舒信土龙之能致云雨，盖亦有以也。夫如是，应天之治，尚未可谓贤，况徒得人心，即谓之贤，如何？

【注释】

①拊：保护，扶养。拊循：抚慰，安抚。②田成子：即田常。③会稽：山名。勾践为吴国打败后曾被困于此。④吊死：慰问死者的亲属。⑤诱属：诱致，引诱招致。⑥加：施加。⑦说：通悦。⑧闿（kāi）：开。⑨下坐：地位低下的人的席位。贱客：指食客。鼓臂为鸡鸣：据十五卷本应作“鼓掌伪鸣”。鼓掌伪鸣：在嘴边运动手掌学鸡叫。⑩天气：指气象的变化。⑪精神：指精诚，诚心诚意。按：王充反对精神可以感动天，这里是指鼓吹“天人感应”者的说法。⑫阳燧：古代向日取火用的凹面铜镜。⑬器：指阳燧。

以居职有成功见效为贤乎？夫居职何以为功效？以人民附之，则人民可以伪恩说

也[①]。阴阳和[②]，百姓安者，时也[③]。时和，不肖遭其安[④]；不和，虽圣逢其危。如以阴阳和而效贤不肖，则尧以洪水得黜，汤以大旱为殿下矣[⑤]。如功效谓事也，身为之者，功著可见；以道为计者[⑥]，效没不章[⑦]。鼓无当于五音，五音非鼓不和。师无当于五服[⑧]，五服非师不亲。水无当于五采，五采非水不章，道为功本，功为道效，据功谓之贤，是则道人之不肖也。高祖得天下，赏群臣之功，萧何为赏首。何则？高祖论功，比猎者之纵狗也。狗身获禽，功归于人。群臣手战，其犹狗也；萧何持重，其犹人也。必据成功谓之贤，是则萧何无功。功赏不可以效贤[⑨]，一也。

【注释】

①说：通悦。取悦，讨好。②阴阳和：阴阳之气调和，指风调雨顺等。王充认为国家的治乱是由自然条件决定的。③时：时势，时运。④不肖：此指不成材的统治者。⑤殿：古代对官吏进行考核，不称职的称为殿。⑥道：此指“先王之道”。关于道和事的关系，王充有专门的论述。⑦章：同彰。明显，众所周知。⑧五服：指五种不同名称的丧服，这里泛指各种亲属关系。⑨“赏”字疑为衍文，“功”字上脱一“是”字。本作“是功不可以效贤，一也。”与下文“此功不可以效贤，二也”，“是功不可以效贤，三也”，文法一致。

夫圣贤之治世也有术，得其术则功成，失其术则事废。譬犹医之治病也，有方，笃剧犹治[①]；无方，才微不愈。夫方犹术，病犹乱，医犹吏，药犹教也。方施而药行，术设而教从，教从而乱止，药行而病愈。治病之医，未必惠于不为医者。然而治国之吏，未必贤于不能治国者，偶得其方，遭晓其术也。治国须术以立功，亦有时当自乱，虽用术，功终不立者；亦有时当自安，虽无术，功犹成者。故夫治国之人，或得时而功成，或失时而无效。术人能因时以立功，不能逆时以致安。良医能治未当死之人命，如命穷寿尽，方用无验矣。故时当乱也，尧、舜用术不能立功；命当死矣，扁鹊行方不能愈病。

【注释】

①笃（dǔ）剧：病情严重。

射御巧技，百工之人[①]，皆以法术，然后功成事立，效验可见。观治国，百工之类也；功立，犹事成也。谓有功者贤，是谓百工皆贤人也。赵人吾丘寿王[②]，武帝时待诏[③]，上使从董仲舒受《春秋》[④]，高才，通明于事，后为东郡都尉[⑤]。上以寿王之贤，不置太守。时军发，民骚动，岁恶，盗贼不息。上赐寿王书曰：“子在朕前时，辐凑并至[⑥]，以为天下少双，海内寡二，至连十余城之势，任四千石之重[⑦]，而盗贼浮船行攻取于库兵[⑧]，甚不称在前时，何也?”寿王谢言难禁。复召为光禄大夫，常居左右，论事说议，无不是者。才高智深，通明多见，然其为东郡都尉，岁恶，盗贼不息，人民骚动，不能禁止。不知寿王不得治东郡之术邪？亡将东郡适当复乱[⑨]，而寿王之治偶逢其时也?

【注释】

①百工：泛指各种手工业。②吾（yú）丘寿王：姓吾丘（即“虞邱”），名寿王，汉武帝时人。③待诏：皇帝的近侍官。④上：皇上，指汉武帝。受：从师受业，学习。⑤东郡：郡名，在今河南东北部及山东西南部。都尉：汉代负责郡中军事的长官。⑥辐（fú）：车轮上的辐条。凑：通辏。车轮的辐条聚集到轮子的中心。辐凑并至：这里形容吾丘寿王富于谋略。⑦四千石：太守、都尉的年俸都是二千石，因为吾丘寿王身兼二职，所以称他为四千石。⑧库兵：库中的兵器。⑨亡：通无。选择连词。亡将：或是，还是。

夫以寿王之贤，治东郡不能立功，必以功观贤，则寿王弃而不选也。恐必世多如寿王之类，而论者以无功不察其贤。燕有谷，气寒，不生五谷。邹衍吹律致气，既寒更为温，燕以种黍，黍生丰熟，到今名之曰：“黍谷”。夫和阴阳，当以道德至诚。然而邹衍吹律，寒谷更温，黍谷育生。推此以况诸有成功之类，有若邹衍吹律之法。故得其术也，不肖无不能；失其数也[①]，贤圣有不治。此功不可以效贤，二也。

【注释】

①数：度数，气数，定数。王充认为，世事的变迁，个人的遭遇，与天象的运行，岁时节候的变化相应，都有一定的度数，是由一种神秘的自然力量注定的，人力是改变不了的。

人之举事，或意至而功不成，事不立而势贯山[①]。荆轲、医夏无且是矣[②]。荆轲入秦之计，本欲劫秦王生致于燕，邂逅不偶[③]，为秦所擒。当荆轲之逐秦王，秦王环柱而走，医夏无且以药囊提荆轲。既而天下名轲为烈士，秦王赐无且金二百镒。夫为秦所擒，生致之功不立，药囊提刺客，益于救主[④]，然犹称赏者，意至势盛也。天下之士不以荆轲功不成，不称其义，秦王不以无且无见效，不赏其志。志善不效成功，义至不谋就事。义有余，效不足，志巨大而功细小，智者赏之，愚者罚之。必谋功不察志，论阳效不存阴计，是则豫让拔剑斩襄子之衣[⑤]，不足识也；伍子胥鞭笞平王尸[⑥]，不足载也；张良椎始皇误中副车，不足记也。三者道地不便，计画不得，有其势而无其功，怀其计而不得为其事。是功不可以效贤，三也。

【注释】

①贯：贯穿，这里指震撼。②夏无且（jū）：秦王政的御医，在荆轲刺秦王时，用药囊投掷荆轲，保护秦王。③邂逅（xiè hòu）：偶尔，一旦。④据上下文意，“益”字前应有“无”字。⑤据说，他谋刺赵襄子未遂而被俘后，要求用剑砍赵襄子的衣服，以表达替智伯报仇的心意，赵襄子满足了他的要求。襄子：赵无恤。⑥伍子胥：伍员。平王：楚平王。

以孝于父、弟于兄为贤乎[①]？则夫孝弟之人，有父兄者也，父兄不慈，孝弟乃章[②]。舜有瞽瞍[③]，参有曾皙[④]，孝立名成，众人称之。如无父兄，父兄慈良，无章显之效，孝弟之名，无所见矣。忠于君者，亦与此同。龙逢、比干忠著夏、殷，桀、纣恶也；稷、契、皋陶忠暗唐、虞，尧、舜贤也。故萤火之明，掩于日月之光；忠臣之声，蔽于贤君之名。死君之难，出命捐身，与此同。臣遭其时，死其难，故立其义而获其名。大贤之涉世也，“翔而有集”，“色斯而举”；乱君之患，不累其身；危国之祸，

不及其家，安得逢其祸而死其患乎？

【注释】

①弟（tì）：同悌。尊敬兄长。②章：同彰。显著，出名。③舜有瞽瞍：传说舜的父亲瞽瞍几次想谋害舜，但舜还是对他竭尽孝道。④参有曾皙：曾参的父亲曾皙经常虐待他，但他仍然非常孝顺父亲。

齐詹问于晏子曰[①]：“忠臣之事其君也，若何？”对曰：“有难不死，出亡不送。”詹曰：“列地而予之[②]，疏爵而贵之，君有难不死，出亡不送，可谓忠乎？”对曰：“言而见用，臣奚死焉？谏而见从，终身不亡，臣奚送焉？若言不见用，有难而死，是妄死也；谏而不见从，出亡而送，是诈伪也。故忠臣者能尽善于君，不能与尽陷于难。”案晏子之对以求贤于世，死君之难，立忠节者不应科矣。是故大贤寡可名之节，小贤多可称之行。

【注释】

①齐侯：指齐景公。下文“詹曰”的“詹”字同此。②列：通裂。分。

可得箠者小[①]，而可得量者少也。恶至大，箠弗能；数至多，升斛弗能[②]。有小少易名之行，又发于衰乱易见之世，故节行显而名声闻也。浮于海者，迷于东西，大也；行于沟，咸识舟楫之迹，小也。小而易见，衰乱亦易察。故世不危乱，奇行不见；主不悖惑[③]，忠节不立。鸿卓之义，发于颠沛之朝；清高之行，显于衰乱之世。

【注释】

①箠：章士钊说，当为“筭”字之形误，下同。筭（suàn）：筹码，古代计数用的器具。②斛（hú）：古代容量单位，汉代以十斗为一斛。③悖（bèi）惑：昏庸，胡作非为。

以全身免害，不被刑戮，若南容惧“白圭”者为贤乎[①]？则夫免于害者幸，而命禄吉也[②]，非才智所能禁，推行所能却也[③]。神蛇能断而复属[④]，不能使人弗断。圣贤能困而复通，不能使人弗害。南容能自免于刑戮，公冶以非罪在缧绁[⑤]，伯玉可怀于无道之国，文王拘羑里，孔子厄陈、蔡，非行所致之难，掩己而至，则有不得自免之患，累己而滞矣[⑥]。夫不能自免于患者，犹不能延命于世也。命穷，贤不能自续；时厄，圣不能自免。

【注释】

①南容：南宫适（kuò），字子容。白圭：原指君王及大臣行礼时拿在手中的一种玉器，大意是：白圭上的污点可以磨掉，言语中的错误却无法挽回。惧白圭：指南宫适被用白圭作比喻的诗句所震惊。②命禄：即禄命。③推：据文意，疑当作“操”方可通。④属（zhǔ）：连接。⑤缧绁（léi xiè）：捆绑犯人的绳索，后喻监狱。⑥累：牵累，损害。滞：阻滞，这里指处于困境。

以委国去位、弃富贵就贫贱为贤乎？则夫委国者，有所迫也。若伯夷之徒，昆弟相让以国，耻有分争之名，及大王亶甫重战其故民①，皆委国及去位者，道不行而志不得也。如道行志得，亦不去位。故委国去位，皆有以也，谓之为贤，无以者，可谓不肖乎？且有国位者，故得委而去之，无国位者何委？夫割财用及让下受分②，与此同实。无财何割？口饥何让？“仓禀实，民知礼节；衣食足，知荣辱。”让生于有余，争生于不足。人或割财助用，袁将军再与兄子分家财③，多有以为恩义。昆山之下④，以玉为石；彭蠡之滨，以鱼食犬豕⑤。使推让之人，财若昆山之玉、彭蠡之鱼，家财再分，不足为也。韩信寄食于南昌亭长，何财之割？颜渊箪食瓢饮，何财之让？管仲分财取多，无廉让之节，贫乏不足，志义废也。

【注释】

①大王：即太王。大王亶甫（dǎn fǔ）：古公亶甫。重战：不轻易开战。②让下受分：让在下位的人得到分给的财物。③袁将军：名字及生平事迹皆不详。④昆山：传说中盛产玉石的山。⑤食：通饲。

以避世离俗，清身洁行为贤乎？是则委国去位之类也。富贵人情所贪，高官大位人之所欲乐，去之而隐，生不遭遇①，志气不得也。长沮、桀溺避世隐居，伯夷、於陵去贵取贱②，非其志也。

【注释】

①遇：遇合，指受到君王的赏识重用。②於陵：战国时齐国地名。这里指隐居于於陵的陈仲子，亦即於陵仲子。

恬憺无欲①，志不在于仕，苟欲全身养性为贤乎？是则老聃之徒也。道人与贤殊科者，忧世济民于难，是以孔子栖栖②，墨子遑遑③。不进与孔、墨合务，而还与黄、老同操，非贤也。

【注释】

①依文例，句前当有“以”字。憺（dàn）：通澹。恬憺：清静无为。②栖栖：忙碌不安的样子。③遑遑：匆忙不安定的样子。

以举义千里①，师将朋友无废礼为贤乎②？则夫家富财饶，筋力劲强者能堪之。匮乏无以举礼，羸弱不能奔远③，不能任也。是故百金之家，境外无绝交④；千乘之国⑤，同盟无废赠，财多故也。使谷食如水火，虽贪吝之人，越境而布施矣⑥。故财少则正礼不能举一，有余则妄施能于千，家贫无斗筲之储者⑦，难责以交施矣。举担千里之人，材策越疆之士⑧，手足胼胝⑨，面目骊黑⑩，无伤感不任之疾⑪，筋力皮革必有与人异者矣。推此以况为君要证之吏，身被疾痛而口无一辞者，亦肌肉骨节坚强之故也。坚强则能隐事而立义，软弱则诬时而毁节。豫让自贼，妻不能识；贯高被箠，身无完肉。实体有不与人同者，则其节行有不与人钧者矣。

【注释】

①举义千里：东汉时盛行重视“名节”、“义气”的风气，如果老师、知交或赏识提拔自己的长官遭遇死亡、判罪、流放等，门徒、好友、属吏就要远道奔丧、护送，叫做“举义千里”或“千里赴义”。能这样做的人，声望就会增高。②将：泛指长官。③羸（léi）弱：瘦弱多病。④境：指郡、县或诸侯国的境界。⑤千乘之国：泛指国势强大的国家。⑥布施：以财物与人。⑦筲（shāo）：古代盛饭的竹器，可容一斗二升（一说五升）。⑧材：当为“杖”之误字。杖策：手拿马鞭。⑨胼胝（pián zhī）：手或脚上磨起硬皮老茧。⑩骊（lí）：黑色。⑪伤感：感染疾病。

以经明带徒聚众为贤乎？则夫经明，儒者是也。儒者，学之所为也。儒者学；学，儒矣。传先师之业，习口说以教，无胸中之造，思定然否之论。邮人之过书[①]，门者之传教也[②]，封完书不遗[③]，教审令不遗误者[④]，则为善矣。传者传学，不妄一言，先师古语，到今具存，虽带徒百人以上，位博士、文学，邮人、门者之类也。

【注释】

①邮人：传递文书的差役。②门者：守门人。教：教令，长官的指示和命令。③封：古代递送的文件，用绳子捆扎后，在绳结上用泥封住，盖上印章，叫做“封泥”或“泥封”。④审：明白，清楚。

以通览古今，秘隐传记无所不记为贤乎[①]？是则传者之次也[②]。才高好事，勤学不舍，若专成之苗裔[③]，有世祖遗文，得成其篇业，观览讽诵。若典官文书，若太史公及刘子政之徒[④]，有主领书记之职，则有博览通达之名矣。

【注释】

①秘隐传记：指珍贵罕见的历史典籍文献。②传：当是“儒”字之误。③专成：即“专城”，指地方长官或有封地的人。又“专成”可能是“容成”之误。容成是传说中黄帝的史官。④刘子政：刘向。

以权诈卓谲[①]，能将兵御众为贤乎？是韩信之徒也。战国获其功[②]，称为名将；世平能无所施，还入祸门矣。“高鸟死，良弓藏；狡兔得，良犬烹。”权诈之臣，高鸟之弓、狡兔之犬也。安平身无宜，则弓藏而大烹[③]。安平之主，非弃臣而贱士，世所用助上者，非其宜也。向令韩信用权变之才，为若叔孙通之事，安得谋反诛死之祸哉？有功强之权[④]，无守平之智，晓将兵之计，不见已定之义，居平安之时，为反逆之谋，此其所以功灭国绝，不得名为贤也。

【注释】

①卓谲（jué）：奇异，变化多端。②战国：谓国家处于战乱的时代。③大：当作“犬”，形近而误。④功：据文意当为“攻”。“功强”与“守平”对文。

辩于口[①]，言甘辞巧为贤乎？则夫子贡之徒是也。子贡之辩胜颜渊，孔子序置于下[②]。实才不能高，口辩机利，人决能称之。夫自文帝尚多虎圈啬夫[③]，少上林尉[④]，张释之称周勃、张相如，文帝乃悟。夫辩于口，虎圈啬夫之徒也，难以观贤。

【注释】

①据本篇文例，句首应补“以”字。②孔子序置于下：孔子把自己的得意门徒分为四类，颜渊排在第一类（德行），子贡排在第二类（言语）。③文帝：汉文帝。多：称赞。虎圈：皇帝园林中养虎的地方。啬（sè）夫：管理虎圈的小吏。④少：斥责。上林尉：管理供皇帝游猎的上林苑的官吏。

以敏于笔，文墨两集为贤乎[①]？夫笔之与口，一实也。口出以为言，笔书以为文。口辩，才未必高；然则笔敏，知未必多也[②]。且笔用何为敏？以敏于官曹事[③]？事之难者莫过于狱，狱疑则有请谳[④]。盖世优者莫过张汤，张汤文深[⑤]，在汉之朝，不称为贤。太史公序累，以汤为酷，酷非贤者之行。鲁林中哭妇，虎食其夫，又食其子，不能去者，善政不苛，吏不暴也。夫酷，苛暴之党也，难以为贤。

【注释】

①文墨雨集：形容文思敏捷，落笔快得像雨点洒下来一样。②知：通智。③曹：汉代官府中分科办事的部门。④谳（yàn）：审判定罪。请谳：汉代下级官吏遇到疑难案件不能决断，请求上级机关审核定案，称为“请谳”。⑤文深：指制定或援用法律条文非常苛刻。

以敏于赋、颂[①]，为弘丽之文为贤乎？则夫司马长卿、杨子云是也。文丽而务巨[②]，言眇而趋深[③]，然而不能处定是非，辩然否之实[④]。虽文如锦绣，深如河、汉，民不觉知是非之分，无益于弥为崇实之化[⑤]

【注释】

①赋、颂：古代的两类文体。②务：事务。这里指作品。③眇：通妙。精微。④辩：通辨。分别，区别。⑤弥：通弭。止。为：通伪。

以清节自守，不降志辱身为贤乎？是则避世离俗，长沮、桀溺之类也。虽不离俗，节与离世者钧，清其身而不辅其主，守其节而不劳其民。大贤之在世也，时行则行[①]，时止则止[②]，铨可否之宜，以制清浊之行。子贡让而止善[③]，子路受而观德。夫让，廉也；受则贪也。贪有益，廉有损，推行之节[④]，不得常清眇也[⑤]。伯夷无可，孔子谓之非。操违于圣[⑥]，难以为贤矣。

【注释】

①行：行动，指出来做官。②止：停止，指去官隐居。③子贡让而止善：鲁国法令规定，谁要是赎回一个在国外当奴隶的人，就可以从官府中领一笔钱作为补偿。子贡赎了一个人，却没有领钱。孔子批评说，要是开了这个先例，以后就不会有赎人的人了，因为赎人白花钱，不补偿，一般人是不愿干的。④推：拒绝，这里指“让”。行：可行，这里指“受”。⑤眇：通杪（miǎo），高。⑥操：指“清节自守，不降志辱身”的操行。圣：指孔子。

或问于孔子曰[①]：“颜渊何人也？”曰：“仁人也，丘不如也。”“子贡何人也？”曰：

"辩人也，丘弗如也。""子路何人也？"曰："勇人也，丘弗如也。"客曰："三子者皆贤于夫子，而为夫子服役，何也？"孔子曰："丘能仁且忍，辩且诎[2]，勇且怯。以三子之能，易丘之道，弗为也。"孔子知所设施之矣。有高才洁行，无知明以设施之，则与愚而无操者同一实也。

【注释】

①或：有人。这里指孔子的学生子夏。②诎（qū）：言语迟钝。

夫如是，皆有非也。无一非者，可以为贤乎？是则乡原之人也[1]。孟子曰："非之，无举也；刺之，无刺也。同于流俗，合于污世，居之似忠信，行之似廉洁，众皆说之，自以为是，而不可与入尧、舜之道。故孔子曰：'乡原，德之贼也。'"似之而非者，孔子恶之。

【注释】

①乡原（yuàn）：亦称"乡愿"。指乡里的言行不符、伪善欺世的人。

夫如是，何以知实贤？知贤竟何用？世人之检，苟见才高能茂，有成功见效，则谓之贤。若此甚易，知贤何难？《书》曰："知人则哲，惟帝难之。"据才高卓异者则谓之贤耳，何难之有？然而难之，独有难者之故也。夫虞舜不易知人，而世人自谓能知贤，误也。

然则贤者竟不可知乎？曰：易知也。而称难者，不见所以知之则难，圣人不易知也，及见所以知之，中才而察之。譬犹工匠之作器也，晓之则无难，不晓则无易。贤者易知于作器，世无别，故真贤集于俗士之间。俗士以辩惠之能[1]，据官爵之尊，望显盛之宠，遂专为贤之名。贤者还在闾巷之间，贫贱终老，被无验之谤。

【注释】

①惠：通慧。

若此，何时可知乎？然而必欲知之，观善心也。夫贤者，才能未必高也而心明，智力未必多而举是[1]。何以观心？必以言。有善心，则有善言。以言而察行，有善言则有善行矣。言行无非，治家亲戚有伦[2]，治国则尊卑有序。无善心者，白黑不分，善恶同伦，政治错乱，法度失平。故心善，无不善也；心不善，无能善，心善则能辩然否。然否之义定，心善之效明，虽贫贱困穷，功不成而效不立，犹为贤矣。

【注释】

①依上句文例，"多"字后应有"也"字。②伦：人伦。中国古代指人与人之间的关系和应当遵守的行为准则。此指尊卑长幼之间的关系，如君臣、父子、夫妇、兄弟、朋友等关系。依下句文例，"治家"

后当有“则”字。

故治不谋功，要所用者是；行不责效，期所为者正。正、是审明，则言不须繁，事不须多。故曰：“言不务多，务审所谓；行不务远，务审所由。”言得道理之心，口虽讷不辩[①]，辩在胸臆之内矣。故人欲心辩，不欲口辩。心辩则言丑而不违，口辩则辞好而无成。

【注释】

①讷（nà）：说话迟钝。

孔子称少正卯之恶曰[①]：“言非而博，顺非而泽。”内非而外以才能饬之[②]，众不能见，则以为贤。夫内非外饬是，世以为贤，则夫内是外无以自表者，众亦以为不肖矣。是非乱而不治，圣人独知之。人言行多若少正卯之类，贤者独识之。世有是非错缪之言[③]，亦有审误纷乱之事。决错缪之言，定纷乱之事，唯贤圣之人为能任之。圣心明而不暗，贤心理而不乱。用明察非，并无不见；用理铨疑，疑无不定。

【注释】

①少正卯：春秋末鲁国人。②饬（chì）：通饰。③缪（miù）：通谬。错误。

与世殊指[①]，虽言正是，众不晓见。何则？沉溺俗言之日久，不能自还以从实也[②]。是故正是之言，为众所非；离俗之礼，为世所讥。《管子》曰[③]：“君子言堂满堂，言室满室。”怪此之言，何以得满？如正是之言出，堂之人皆有正是之知，然后乃满。如非正是[④]，人之乖剌异[⑤]，安得为满？夫歌曲妙者，和者则寡；言得实者，然者则鲜。和歌与听言，同一实也。曲妙人不能尽和，言是人不能皆信。“鲁文公逆祀，去者三人；定公顺祀[⑥]，畔者五人。”贯于俗者，则谓礼为非。晓礼者寡，则知是者希。君子言之，堂室安能满？

【注释】

①指：通旨。意旨，意见。②还：归，返。这里指摆脱。③《管子》：书名。托名春秋时期齐国政治家管仲著，实际上是后人汇集管仲的言行并加以发挥和补充编成的一部书。④正是：指“正是之知”。⑤剌：乃刺之俗体。⑥定公：鲁定公，春秋时鲁国国君，公元前 509～前 495 年在位。顺祀：按照礼法进行祭祀，即把鲁僖公的牌位移到鲁闵公之下。

夫人不谓之满，世则不得见口谈之实语，笔墨之余迹，陈在简策之上，乃可得知。故孔子不王，作《春秋》以明意。案《春秋》虚文业[①]，以知孔子能王之德。孔子，圣人也，有若孔子之业者，虽非孔子之才，斯亦贤者之实验也。夫贤与圣同轨而殊名，贤可得定，则圣可得论也。

【注释】

①虚文：指没有得到实行而只是见于文字的政治主张。

问："周道不弊[①]，孔子不作《春秋》。《春秋》之作，起周道弊也。如周道不弊，孔子不作者，未必无孔子之才，无所起也。夫如是，孔子之作《春秋》，未可以观圣；有若孔子之业者，未可知贤也？"

【注释】

①周道：指西周奴隶制的礼仪制度。

曰：周道弊，孔子起而作之，文义褒贬是非[①]，得道理之实，无非僻之误，以故见孔子之贤，实也。夫无言则察之以文，无文则察之以言。设孔子不作，犹有遗言，言必有起，犹文之必有为也。观文之是非，不顾作之所起，世间为文者众矣，是非不分，然否不定，桓君山论之[②]，可谓得实矣。论文以察实，则君山汉之贤人也。陈平未仕[③]，割肉闾里，分均若一，能为丞相之验也。夫割肉与割文，同一实也。如君山得执汉平[④]，用心与为论不殊指矣。孔子不王，素王之业在于《春秋》。然则桓君山，素丞相之迹存于《新论》者也。

【注释】

①文义：指《春秋》的思想内容。②桓君山：桓谭。③陈平：汉高祖的主要谋臣。④平：衡，指秤。执汉平：指在汉朝廷掌握治理国家的大权。

【译文】

圣人不容易识别，贤人与圣人相比较贤人相对容易识别。一般的人对贤人尚且都不能识别，怎么能识别圣人呢？虽然世上的人说能识别贤人，可这种说法是虚假的。用什么来识别贤人呢？怎么才能识别贤人呢？

官做得很大，自身享受富贵的人就可以称为贤人吗？而富贵是天命决定的。有富贵之命的人，不等于是贤人；命里贫贱，不等于不贤。如果一定要以富贵为标准检验贤与不贤，那么就等于说决定能不能当官被重用的因素在于个人的才能而不在于天命了。

把侍奉君主并且能关系和谐、很少有过错的人称为贤人吗？那些顺从阿谀的臣子，都是谄媚迎逢而得宠幸的小人，他们揣测君主的意图而发表意见，寻找适当的时机见机行事，与君主不曾有因为在朝廷上相互对抗而产生的隔阂，那么他们就不会有被贬职和罢免的危险。有的身姿优美，容貌漂亮可爱，君主非但不讨厌他，反而会产生喜爱的心情，对他的恩惠多到超过限度的地步，这种人能说是贤人吗？

以朝廷选拔和推荐官吏时大家都称赞的人为贤人吗？人如果出头露面多人们就都知道，推荐他的人就会多；不经常出头露面人们就不知道，举荐他的人就会少。虞舜就是这样的人。尧曾经寻求贤人，大家就推荐鲧和共工。而四岳阻止尧的意见，致使尧没有找到像舜这样的贤人。由此说来，荐举之人的多少，不能用来作为识别被举荐人事实上贤与不贤的依据。有的人德行高尚但是推荐他的人少，有的人才能低下但是荐举他的人多。贤明的君主从推举之人多或少这一点了解被推荐人的好或者坏，有的时候可以得到他好还是坏的真实情况，有的时候却不能得到。而广泛地交结各式各样的人，笼络大家的心，这种人人们就会喜欢并且称赞他；清正廉洁而不被乡里之人容纳，心志高远不和与自己志向不同的人结交，失去了众人之心，这种人人们就会憎恶甚至会诋毁他。所以一个人有好名声多半是由于懂得笼络人心而得来的，而有坏名声多半是由于不能讨好众人造成的。齐威王因为别人诽谤即墨大夫而赐给即墨大夫封地，因为别人吹捧阿大夫而烹煮了阿大夫。即墨大夫有功劳但却没人称赞他，阿大夫没有功绩却有好的名声。子贡问孔子说："乡里的人都夸奖他，这样的人怎么样？"孔子说："这还不能肯定。""乡里人都憎恶他，这样的人怎么样？"孔子说："这也还不能肯定。真正的贤人应该是乡里的好人夸奖他，乡里的坏人憎恶他。"如此说来，称赞的人多而所有的人都说好的，这种人不能算贤人。好人称赞他，坏人憎恶谤他，憎恶谤和称赞的人各占一半，这样的人才有可能是贤人。以好人的称赞，坏人的诋毁，可以识别贤人吗？如果这样，根据孔子的言论可以识别贤人。但同样不知道称赞这个人的，是不是好人呢？诋毁这个人的，是不是坏人呢？也许称赞这个人的是坏人，而指责这个人的却是好人呢？因此根据孔子的标准人们照样是迷惑不解而无法识别贤人。

以众人归附的人，宾客像云一样聚集在他门下的人为贤人吗？那些众人归附的人，很可能只是个广泛地结交各种各样的人的人，大家喜欢并且称赞他，门客就会像蚂蚁聚集在一起一样地归附他。有些人处于尊贵的地位，而能给别人带来好处，有些人喜欢交结有本事的人，以谦逊的态度对待门客，放下尊贵的架子以等待贤人的光临。信陵君、孟尝君、平原君、春申君，他们门下所养的宾客有数千人，别人称赞他们是贤明的有封地的贵族。大将军卫青、霍去病，门下没有一个宾客，别人称赞他们是著名的将领。所以宾客的聚集，决定于那些喜好有本事的人、以谦逊态度待人的封君、以及能给人以好处的人的存在。如果不喜欢结交有本事的人，不能给人带来好处，那么众人就不会归附他，有本事的人也不会追随他。

以那些居官在位统治百姓，得到百姓诚心歌颂的人为贤人吗？那些得到百姓诚心歌颂的人，与那些得到有本事的人赞同的人没有什么不同。用虚假的恩惠安抚百姓，百姓的欲望得到满足，于是就高兴而归附他了。用什么来证明这一点呢？用齐国的田成子、越国的君王勾践的行为就可以证明。田成子想要独揽齐国的政权，用大的斗向外借粮食，用小斗往回收粮食，百姓很高兴。勾践想要洗清会稽之耻，于是便安抚他的百姓，慰问死者的亲属，探望有病的人，百姓都很高兴。这两个人都各自另有想要达到的目的，而虚伪地引诱、招致他们的百姓，然不是出于诚心，但百姓也很高兴。孟尝君半夜里要出秦国的边塞关卡，鸡还没叫，因此关卡还没开，孟尝君的一个很卑贱的门客在嘴边鼓动手掌学鸡叫，鸡都应和他而叫，关卡于是开了门，孟尝君得以出关。那些鸡可以用假装的叫声使它产生感应，那么百姓也可以用虚假的恩惠使他们感动。人可以用虚假的恩惠使他们感动，那么天也可以用巧妙的欺骗手段使它产生感应。感动上天招致天上气象的变化，应当凭借精诚的心意，但是人们可以用阳燧从天上取得火，消铄熔炼五石（指丹砂、雄黄、曾青、白矾石、磁石。据说古代铜器须加五石），在五月盛夏的时候，铸成像阳燧（凹面铜镜），就可以从天上取得火了。现在只要把刀、剑和普通的曲刃铜兵器一类的东西拿来，磨擦一下对着太阳，也能从太阳上取得火。凹面铜镜、刀、剑、曲刃铜兵器都能够从太阳上取得火，那么普通的人即使不是圣贤，也能够使得天上的气象发生感应并产生变化了。像董仲舒宣称的摆设用土堆成的龙就能行感应上天而降下雨来，也是有它的理由的。如此说来，能够感应上天的统治者，还不能说是贤人呢，仅仅得到百姓的诚心歌颂，就说

他是贤人，这怎么可以呢？

做官有成就、有功绩、出现好的统治效果，这种人可以算贤人吗？如果是这样的话，那么用什么来检验任职做官的功绩和成效呢？如果是根据百姓依附他，百姓是可以用虚假的恩惠来讨好的。如果是根据阴阳之气调和、百姓安居乐业，那么决定这一切的是时运。时运应合了，即使是不高明的统治者也会碰上太平盛世；时运不和，即使是圣人也会碰到混乱之世。如果把阴阳是不是调和作为检验贤人与非贤人的标准。那么尧就会因为洪水成灾而被贬斥，汤就会由于当时的旱灾而被认为统治才能低下了。如果功绩和成效指的是具体的功绩，那么亲身干这些事的人，他的功绩成效就会显著可见；运用先王之道来出谋划策的人，功绩就会被埋没而不为人所知。鼓声不合于五音，然而五音没有鼓声配合就不和谐。师傅不属于五服之亲，然而五服之亲没有师傅的教导就不会懂得互相亲爱。水不属于五彩，然而五彩没有水来调和，颜色就不鲜明。道是具体功效的根本，具体的功效是道的体现，根据有具体功效的人称为贤人这个标准，那么掌握道的人反倒要被认为是不成器的了。汉高祖刘邦得到天下，奖赏众多臣下的功绩，萧何是受赏之人中的第一名。为什么呢？汉高祖评论功绩大小，用打猎的人驱使狗作比喻。猎狗本身捕获了禽兽，但功绩却要归于驱使他的人。臣下们亲身参战，他们就如同狗；萧何沉着稳健，他就像驱使狗的猎人。一定要根据成就功绩才说他是贤人，那么萧何就没有任何具体的功绩了。根据功绩和奖赏不可以验证贤人，这是第一点原因。

圣人与贤人治理国家有方法，治理国家得法，事业就会成就；不得法，事业就会失败。就像医生治病，有了好的药方，病情再严重也能治好；没有好的药方，仅仅是一点点轻微的疾病也不能治愈。药方就像是治国的方法，疾病就像是国家发生的混乱；医生就像是官吏，药就像是教令。采用了好的药方，药就会发生作用，采取了有效的治国方法，教令就会得到实施，教令得到实施混乱就会被制止，药发生作用病就会痊愈。能治好病的医生，不一定比没治好病的医生高明。如此说来，能够治理好国家的官吏，不见得比没有治理好国家的官吏贤明，只不过是偶然得到了好的药方，碰巧懂得这种治理的方法而已。治理国家必须凭借方法建立功绩。有正碰上社会应当混乱的时期，即使运用了正确的方法，功绩也最终是不能建立的；也有正碰上社会应当安定的时期，即使没有正确的方法，功绩仍然能建立的。所以那些治理国家的人，有的正逢其时而功业成就，有的不逢其时而没有什么功绩。治国有办法的人能够借助时运建立功绩，却不能违背时运使国家达到太平。好医生能够拯救不应当死的人的命，如果命中注定要死亡，寿限已终，即使用了好的药方，也不会生效了。所以如果碰上社会应当混乱的时候，即使尧、舜来治理，也不能建立功业；命里注定非死不可，即使扁鹊来医治，也不能治好他的病。

射箭与驾车这些技艺，从事各种手工业的人，都要凭借规矩方法，然后功业才能完成，事业才能有所成就，功效也才能显现出来。考察一下治理国家的道理，其实也和从事各种手工业的道理一样。功绩得以建立，就像事业有所成就一样。说有功绩的人是贤人，这就等于说各种手工业者都是贤人。赵地的人吾丘寿王，汉武帝时为皇帝的近侍官，皇帝派他跟随董仲舒学习《春秋》，他才学很高，对事理非常通晓，后来做了东郡的都尉。皇帝因为寿王很贤良，不另外派遣太守。当时由于不断兴兵打仗，百姓骚动不安，年成也不好，盗贼很多。皇帝赐给寿王诏书说："您在我跟前时，就像车轮上的辐条齐聚轮子中心一样，有多方面的才能，我认为天下没有人能与您比，海内独一无二。到了拥有统辖十几座县城的权势，担负俸禄四千名的人所担负的重任，你却让盗贼乘船到处攻打夺取库中的武器，而且不能制止，这和以前在我身边时大不一样，这是为什么呢？"寿王为自己的罪责道歉，说骚乱很难禁止。再把他征召为光禄大夫，

经常在皇帝的身边，论说事情评断众议，没有不正确的。吾丘寿王的确才学很高，智慧很深，通晓事理而且见识广博，但是他做东郡都尉时，恰好碰到年景不好，盗贼不断，人民骚动不安的局面却不能制止。不知道是寿王没有找到治理东郡的方法呢？还是东郡尚且正好到了要混乱的时候，而寿王治理东郡恰好碰到这个时候呢？以寿王这样的贤明，治理东郡不能建立功绩，如果一定要根据功绩看是不是贤人，那么寿王将会被舍弃而不能列入贤人之中。恐怕世上有很多像寿王这样的人。而评论者却因为他们没有功绩，就看不到他们的贤能。燕国有山谷，气候寒冷，不能种五谷，邹衍吹奏律这种乐器招来了温暖之气，不久寒冷的山谷变成了温暖的山谷。燕国在这里种黍，黍子生长得茂盛饱满，到今天这个地方还叫黍谷。调和阴阳之气，应当凭借至诚的道德，但是邹衍吹奏律，就可使山谷由寒冷变成温暖，使黍得以生长。根据这种情况来推论各种办得成功的事情，就像邹衍吹奏律一样。所以得到了它的方法，即使不成器的人也没有做不到的时候；失掉了它的度数，即使是圣贤也有做不到的；失掉了它的度数，即使是圣贤也有治理不好的事情。根据功绩不能验证贤人，这是第二个原因。

人们做事情，有的心意尽到了，然而事情却没有成功，事情没有成功，但是气势却震撼山岳。荆轲和御医夏无且就是这样的。荆轲到秦国去的打算，本想劫夺秦王，把他活捉到燕国去，愿望没能实现，并且被秦王抓住。当荆轲追逐秦王之时，秦王绕着柱子跑，御医夏无且用药囊投掷荆轲。后来天下人把荆轲称为壮烈之士，秦王赐给夏无且二百镒金。被秦王抓住，荆轲活捉秦王的功绩没有建立。用药囊投掷刺客，对救秦王没什么帮助，但是人们仍然称赞荆轲，秦王仍然赏赐夏无且，是因为他们的心意尽到了，气势也很磅礴。天下的人不因为荆轲功业未成就不称赞他的义气，秦王不因为夏无且解救自己不见效验就不奖赏他的这番心意。心意好，就不必检验是不是成功，道义尽到了，就用不着考虑事情是不是能办好。道义有余，功效不足，志向远大而功绩很小，明智的人赏赐这样的人，愚昧的人惩罚这样的人。如果只考虑功效，而不分析心意如何，只论表面效果，而不考察内心的意图，那么豫让拔剑砍赵襄子的衣服，就不值得记载了。伍子胥用鞭子抽打楚平王的尸体，也就不值得记载了。张良用大铁锥刺杀秦始皇，结果误中随从他的车辆，也就不值得记载了。这三件事客观环境不利，考虑谋划不周到。虽然有气势但没有实际功效，心中有计划但不能使它们成为现实。根据功绩不能验证贤人，这是第三个原因。

把那些对父亲孝顺，对兄长尊敬的人当作贤人吗？那些孝敬父亲，尊敬兄长的人都是有父亲有兄长的人。而只有当他们的父亲与兄长不慈爱时，孝顺、尊敬的人才能出名。舜有父亲瞽瞍，曾参有父亲曾皙，才成就了他们孝子的名声，众人才会称赞他们。如果没有父亲、兄长、或者父亲、兄长都很慈爱善良，他们的孝顺与尊敬也就不会引人注意，即使孝顺父亲，尊敬兄长的名声也不会显现于世。对于君主忠心的，也与此相同。关龙逢和比干忠于君主的名声在夏、殷两代很著名，是因为夏桀与商纣是很坏的君主。稷、契、皋陶忠于君主的名声在唐尧、虞舜的时代不著名，是因为唐尧、虞舜很贤明。所以萤火虫身上发出的亮光，在阳光和月光下就看不见了；忠臣的名声，在贤明的君主的名声下就被掩盖了。为君主的危难而死，舍弃生命牺牲自己，与这种情况相同。臣子遇到国家混乱之时，而死于君主的危难，因此才能显出忠君的节义而获得忠臣的美名。杰出的贤人处世，像鸟儿那样来回飞翔，察看形势，然后再落到树上，感到惊恐就赶快起飞，昏庸的君主所造成的灾难，就不会连累到他自己；危及国家的灾祸，也不会连累到他的家人，怎么能够遇上灾祸而死于祸乱呢？齐候向晏子问道："忠臣侍奉自己的君主，应该怎么样呢？"晏子问答说："君主有灾难时不为他死，君主避难逃亡不去护

送”。齐候说：“赏给他封地，赏给他爵位使他尊贵，君主有灾难时不为他死，君主避难逃亡时不去护送，这能叫做忠臣吗?”晏子回答说：“臣子的建议如果能被君主采用，君主就一辈子也不会遇到灾难，臣子怎么会遇到为他死的灾祸呢？臣子的劝说如果能被君主听从，君主就一辈子也不会落到逃亡避难的地步，臣子为什么要护送他呢？如果臣子的建议不被君主采用，君主遇到灾难臣子却为他而死，这是白白地送死；臣子劝说君主而君主却不听从，君主逃亡避难臣子却护送他，这是装模作样的行为。所以忠臣能做到尽力给君主提出最好的建议，而不能与君主共同陷入灾难之中。”按照晏子的回答并把它作为标准在世上寻找贤人，那么为君主的灾难而死，从而被世人称作忠贞有节操的那些人就不符合贤人的标准了。所以杰出的贤人很少有值得称道的节操，小的贤人才有许多可赞美的行为。能够用筹码计算的东西，是因为它数目小，能够用升、斛量的东西，是因为它少。数目非常大，用筹码就不能算了；数量太多，升和斛就不能量了。稍微有一点能博取特殊名声的行为，而且又是产生于一个衰乱而容易显示节操的时代，所以节操与行为就显示出来而且名声也传扬出去。飘洋过海的人，辨别不出方向，是因为海洋太大了；在河沟里划船，都知道船应当往哪儿划，是因为河沟太小了。河沟小容易显示出方向，国家衰败混乱也容易显现节操。所以世道如果不是危难混乱的，奇特的行为就显现不出来；君主如果不胡作非为，忠臣的节操也就不会建立起来。崇高的节操，产生于不安定的朝代；清越高迈的行为，显现于衰败混乱的时代。

保全自身免遭灾难，没有遭受刑罚杀戮之事，像南宫适那样震惊于用白圭作比喻的诗句，(指《诗·大雅·抑》中的四句诗：“白圭之玷，尚可磨也；斯言之玷，不可为也。”)，这样的人可以把他们当作贤人吗？那些免遭灾害的人侥幸能够保全自身，是因为他们的禄命好，灾害并不是靠出众的才能、智慧就能禁止，靠高尚的节操行为就能消除掉的。神蛇能使断开了的躯体再次连接起来，但却不能阻止人斩断它；圣贤之人能够使自己从困境中解脱出来，但却不能让人不加害他们。南宫适能够使自身免于刑罚和杀戮之祸，公冶长明明无罪却被囚禁在牢狱之中，蘧伯玉在危乱的国家里能够不表露自己的政治主张，周文王被囚禁在羑里，孔子在陈国、蔡国陷入困境，这些灾难都不是因为本人的操行不好而招致的。突然侵袭到自己，就会有无法避免的祸患来临，使自己受害而陷入困境。对这类祸患自己无法避免，就像不能延长自己在世上的寿命一样。寿命到了头，即使是贤人也不能使它延长，时运注定该陷入困境了，即使是圣人也不能避免。

以那些放弃国家，离开君主的职位，丢弃富贵归于贫贱的人为贤人吗？然而凡是放弃国家者，是因为遭到某种逼迫。就像伯夷这种人，兄弟之间拿国家互相推让，把蒙受争夺王位的坏名声当作耻辱的事情，以及太王古公亶甫不忍心让他原有的百姓遭受战争的苦难，他们都放弃了国家，离开君王的职位，是因为他们治理国家的愿望不能施行并且志向不能够实现。如果他们治理国家的愿望能够施行，志向能够实现，他们也不会离开君主的职位。所以放弃国家，离开君主的职位，都是有原因的，如果因此而称他们为贤人，那么那些没有任何原因放弃仍然在掌握着的国家，实施统治的君主能称为不贤的人吗？况且有国家有君主之位，才能放弃它们，没有国家没有君主之位的，他们该放弃什么呢？那些拿出自己的财物分给臣下，让臣下之人得到财物的情况，同放弃国家，离开君主职位实质相同。没有财物拿什么分？自己还没吃的，还推让什么呢？只有粮仓里装满了粮食，老百姓才能懂得礼节；只有衣服和食物充足，老百姓才能知道什么是荣耀、什么是耻辱。推让的产生是因为有剩余，争斗的产生是因为不充足。有人拿出财物资助别人，袁将军一再把家产分给他哥哥的儿子，这是因为财物很多，有条件实行这

种讲究恩义的行为。在昆山之下，人们把玉看做像石头一样；在彭蠡的湖滨，人们用鱼喂狗喂猪。如果拿出财物分给别人的人，财物多得像昆出的玉、彭蠡之中的鱼，那么家财再如何分给别人，也不值得称赞。韩信在南昌亭的亭长家里白吃饭的时候，他拿什么东西分给别人呢？颜渊穷得只有一竹筐饭一瓢烫时，他有什么财物分给别人呢？管仲分配财物时取多的那份，并不讲究谦让廉洁的节操，因为他既没钱又没吃的，生活不能保障，本来心里想讲究道义也讲究不了了。

以避开现实，远离尘俗，使自身清静、行为纯洁的人为贤人吗？这种人与放弃国家，离开君主职位的人属于同一类。富贵是人本心里所贪恋的，高官显职是人人都想要得到的。甘心情愿地离开这些隐居起来，是因为生不逢时，得不到君主的赏识重用，自己的抱负没能实现。长沮、桀溺避开尘世隐居，伯夷、陈仲子丢弃尊贵自处卑贱，这并非是出自他们的本意。

以恬静淡泊、清心寡欲、本心不在于做官，苟且地保全身体、滋养性情这样的人为贤人吗？如果这样，那么老聃这一类的人都应属贤人了。道家和贤人之所以不同类，在于贤人忧伤世道而希望从苦难中拯救世人，所以孔子忙碌不停，墨子匆忙不定。不进而与孔子、墨子这样的人从事同样的事业，反倒回过来与黄帝、老聃采取同一种操行，这就不是贤人把那些为了师生或朋友之间的道义奔波千里，对待老师、官长、朋友不缺礼数的人当作贤人吗？这种事只有那些家中富裕，财物丰厚，身体强壮有力的人才能够承当。生活贫困就拿不出财物来讲究礼义、体弱多病就不能奔波千里去履行道义，因为他们承受不了这种事。所以有钱的富户，就是远在千里之外的亲友也不会和它断绝来往；强大的国家，与它结盟的盟友不会废弃对它的馈赠，这是由于它们财物多的缘故。如果谷物粮食象火与水那样容易得到，那么即使是再贪婪吝啬的人，也会向天下所有的人施舍。由于财物缺少，所以正常的礼节也讲究不起来，财物有余那么就可以随便地向千家万户施舍。家里贫穷的连很少的一点儿储备都没有，就难以责成他们互相讲究礼节。挑着担子千里奔波的人，拿着马鞭穿过国境千里奔波的人，手掌和脚掌上磨出硬茧，面孔晒得黝黑，也不会染上体力吃不消的疾病，他们的身体必定有与一般人不同的地方。拿这种情况和那些为自己的长官作证的属吏对照，他们之所以自己受刑吃苦而不肯供出一个字，也是因为他们的肌肉骨节坚强。坚强就能隐瞒真相而树立节操，软弱就会在刑罚之下歪曲事实，败坏名节。豫让自己毁伤自己，他的妻子都不认识他；贯高被鞭打，身上没有一块好肉。身体有和普通人不一样的地方，那么他们的节操行为也就有和普通人不同的地方。

以精通经书、带徒弟、纠集门徒讲学的人为贤人吗？精通经书，儒者就是这样。儒者是靠勤奋学习经书才取得成功的。儒者靠的是勤奋学习经书；能够勤奋学习经书，也就会成为儒者。传授前辈老师的学业，把老师讲的东西背记下来，再用它去教授门徒，胸中没有一点儿创见，也不能思考判断论点的正确与不正确。传达文件的差役递送文书，守门人传达长官的指示和命令，封存完整，书简不曾遗失，传达指示明白清楚，转达命令没有遗误的，就是很好的。儒者传授学业，不随便改动一个字，前辈老师说的话，至今全部留存，即使带有一百多个徒弟，做到博士或者文学之职，也只能和传递文书的差役，传达指示命令的守门人是一类人。

以博览古今群书以及珍贵罕见的历史文献，无所不记的人为贤人吗？这类人和儒者是同类的。才学很高，对事物有广泛的兴趣，学习勤奋从不间断，或者是容成的后代，有祖宗留下来的著作。能够继承祖宗的篇章学业，观览诵读；或者是掌管官府图书档案，像司马迁和刘向这样的人，有主管书籍文献的职位，那么就会有博览古今通晓历史的名声。

以权术诈谋变化多端，能够统率士兵驾御众人的人为贤人吗？如果这样，韩信之类的人就

都是贤人了。在国家遭逢战乱之时获得功名，人们称他们为名将；在和平时期他们的才能没有施展的地方，反倒要陷入灾祸之中。高飞的鸟死尽了，好的弓就会被收藏起来；狡猾的兔子被抓获，好的猎犬就会被烹煮了。施用权术诈谋的臣子，就像射高飞的鸟的弓和追逐狡猾的兔子的猎犬一样。在安定和平的时代这种人没有用处，那么就会像好弓一样被掩藏，会像好的猎犬一样被烹煮。安定和平时代的君主，并不是要抛弃有权术的臣子，轻视有战功的将士，而是他们一辈子用来辅助君主的本领，已经不适用了。如果韩信运用善于权变的才能，做出像叔孙通那样的事业来，怎么会有阴谋造反因而被诛杀的灾难呢？有攻打强敌的权谋，却没有守护太平之世的智谋，明晓统领军队的方法，却看不到已经稳定的天下发展的大趋势，处于和平安定的时代，做造反背叛的打算，这就是他之所以功业被抹除，封国被取消的原因，这种人是不能称为贤人的。

以口中善辩，言语甜美，语辞灵巧的人为贤人吗？那么子贡之类的人就都是贤人了。子贡的口才超过颜渊，但是孔子却把子贡的品级排在颜渊之下。事实上才学不是很高，只要口中的言辞机智锋利，人们肯定就会称赞他。汉文帝尚且称赞管理虎圈的小吏，斥责管理上林苑的官吏，张释之举周勃和张相如为例说明不能用利口快舌衡量人，汉文帝才明白过来。那些口中善辩的人，是和管理虎圈的小吏一样的人，难以根据这个判断贤人。

以文章写得很快，写文章时落笔快得如同雨点洒下来一样的人为贤人吗？写文章和言谈实际上是一回事。用嘴说出来是言论，用笔写出来是文章。口中善辩，才学不见得就高，如此说来，文章写得快，智慧也不一定很高。而且文章写得快，是应用在什么地方呢？是应用于对官府文书处理得快吗？官务的事务最难的莫过于审理案件了，审理案件有疑难问题就要请求上级机关审核定案。世上没有比张汤更审断案件的了，张汤制定或援用法律条文非常苛刻，在汉时人们不把他当作贤人。太史公排列人物的高下，把张汤归入酷吏一类。残酷不是贤人应当有的行为。鲁国山林中哭泣的妇人，老虎吃掉了她的丈夫，又吃掉了她的儿子，她都不愿意离开，是因为她认为那里政治不苛刻，官吏不凶暴。残酷是苛刻凶暴一类的品行，难以根据它来判断贤人。

以擅长写赋、颂，创作宏伟华丽的文章的人为贤人吗？那么司马相如、扬雄就都是贤人了。文章华丽而且篇幅很长，言辞精妙，义趣深远，但是却不能判断确定是非、分辨对与错的道理。即使文章写的像精美鲜艳的丝织品，含意像黄河、汉水那样深，人们从中不能明白是非的界限，无益于制止故弄玄虚而崇尚实际的教化。

以坚守清白的节操，不降低志气，不屈辱身份的人为贤人吗？如果这样，那么避开现实远离尘俗，像长沮、桀溺这样的人就都是贤人了。或者虽然不远离世俗，然而节操却和避开现实隐居的人一样，保持自身的清白而不去辅助君主，坚守自己的节操而不去关怀百姓。杰出的贤人在世上，时势适宜做官就出来做官，时势适宜归隐就归隐，权衡一下时势是不是适宜做官，以此确定是保持自身的清白不去做官还是混同世俗而去做官。子贡拒绝钱财，却起到了阻碍别人多行善事的作用；子路收受财物，却起到了勉励别人行善事的作用。拒绝钱财是廉洁的行为，收受财物则是贪心。贪心却对世道人心有好处，廉洁却对世道人心有损害。所以在拒绝收受这个问题上，不能总抱着清高的态度。伯夷一概否定出来做官，孔子认为这种态度不对。操行违背圣人的要求，难以把这种人当做贤人。

有人问孔子说："颜渊是什么样的人呢？"孔子说："他是仁爱的人，我不如他。"又问他："子贡是什么样的人？"孔子说："他是善于辩论的人，我不如他。"再问他："子路是什么样的人？”孔子说：“他是勇敢的人，我不如他。”客人说：“这三个人都比先生好，但他们却为先生奔走效劳，这是为什么呢？”孔子回答说“我孔丘既能仁爱，也能残酷无情；既能辩论，也能言语钝拙；既能勇敢，也能胆怯。用他们三个人的能耐和我这套本领交换，我是不干的。”孔子可以说是知道随机应变处理问题的了。有很高的才能，高尚的品行，却缺乏明智地用随机应变的原则处理问题，那么这种人就和愚昧并且没有操行的人实际上是一样的。

如此说来，人人都有缺点。如果有个人没有一点儿缺点，这个人可以算是贤人吗？如果这样，乡里的老好人都就成了贤人了。孟子说：“要想责备他，却举不出具体的错误来；要想讥刺他，却又无可讥刺。混同于一般的世俗之中，与污浊的尘世混合一气，平日为人好像很忠诚老实，行动起来好像很正直清白，大家都喜欢他，自己也认为自己正确，但实际上和尧舜之道是格格不入的。所以孔子说：‘乡里的老好人是破坏道德的人。’好像是有德行而事实上却没有德行的人，孔子很憎恶他们。”

如此说来，怎样识别真正的贤人呢？识别贤人究竟应该根据什么呢？世俗之人的标准，只要见到才学高的、能耐大的、有成绩有功业、能见到效果的，就称他们为贤人。如果是这样那太容易了，识别贤人有什么难的呢？《尚书》里说：“能识别好人坏人的人就是明智的人，这一点就连舜也感到困难。”根据才能高迈杰出就称他为贤人就行了，这有什么困难呢？但是《尚书》中之所以把它当成一件困难的事情，自有认为它困难的道理。

虞舜不把识别人当作一件容易的事情，而世俗之人却自吹自擂说能够识别贤人，是因为世俗之人的所谓识别是错误的。那么贤人最终是不可识别的吗？我说：“很容易识别。说它难的原因，在于不了解用什么标准来识别贤人，如果不了解用什么标准识别贤人，那么即使是圣人也不容易识别贤人；等到明白了用什么标准来识别贤人，那么就是普通人也可以看得清楚。这就像工匠制作器物，掌握了方法就不难了，不掌握方法就没有容易可言。识别贤人比掌握工匠制作器物的方法还容易。由于世俗之人没有识别的能力，所以真正的贤人被混杂于庸俗的士人之间不能被识别。庸俗的士人凭借能言善辩和小聪明，占据尊贵的官爵，拥有显赫的荣耀，于是就垄断了贤人的名称。真正的贤人却退居在街巷之中，一辈子都贫困卑贱，并被人批评为没有出息。

贤人都像这样，究竟怎样才能被识别呢？如果一定要识别他们，就看一看他们有没有善心。那些贤人，才能不一定要比别人高，但是他们的心能够明辨是非；智力不见得就胜过别人，但是他们做事情不会出错。根据什么看他们的心善不善？必须根据他们的言论。有善心，就会有好的言论。根据言论考察他们的行为，有好的言论就会有好的行为。言论、行为没有不对的，治家则家中长幼有序，治国则尊贵的与卑贱的人之间的关系符合上下等级秩序的要求。没有善心的人，白的和黑的分辨不清，好的与坏的不能区别，政治荒谬混乱，法令制度失去平衡。所以心善就没有搞不好的事情；心不善，就没有能搞好的事情。心善就能够分别是非曲直，是非曲直的道理就能够搞清楚。心善的效验显明，即使他贫穷卑贱、政治上不得意，事业上没有什么成就，他们仍然是贤人。

所以治理国家不一定考虑功效，关键在于所依据的道理是不是正确；行动不一定强调效果，主要看指导行动的动机是不是纯正。动机纯正，道理正确，那么言辞就用不着繁复，事情也用不着做得很多。所以说：“言辞不必追求长篇大论，应当努力使所说的话在理；行为不必好高骛远，应当力求使所做的事符合原则。”言辞得到了道理的根本，虽然说话迟钝不善辩论，但辩论已经在胸中进行过了。所以人要用心辩论，不要用口辩论。用心去辩论，即使言辞不漂

亮也不会违背正道；用口辩论，即使言辞华丽也没有什么用处。

孔子解释少正卯的恶行时说："言论错误却显得很博学，附和错误的东西却又加以修饰。内心不善，而外表却用才能将它掩盖起来，人们看不到他的内心，就会认为他是贤人。"内心不善而外表却打扮得很漂亮，这样世俗之人就会认为他是贤人。那么内心很好，外表却没有自我表露，大家就会认为他不是贤人。是非的标准混乱而得不到统一，只有圣人能正确地判定是非。人们的言论行为大多如同少正卯那样，只有贤明的人能够辨明他们的恶劣。世上有是非颠倒的言论，也有正确与错误混淆不清的事情，明确这些是非颠倒的言论，判定这些混淆不清的事情，只有贤人与圣人才有能力承担。圣人的心能够明辨是非而不会被蒙蔽，贤人的心有条理而不会混乱。用明辨是非的心去观察错误的东西，错误的东西没有不显现的；用有条理的心去解释疑问，疑问没有解释不的。

如果和世俗之人意见不一致，即使说得很正确，大家也不能理解。这是为什么呢？因为沉溺在庸俗议论之中的时间太长了，不能自拔而服从真实的道理。因此正确的言论被众人批评，违背世俗的礼节被世人讥笑。《管子》里面说："君子在堂屋说话，能够符合满堂屋所有人的心意；君子在室内说话，能够符合室内所有人的心意。"这种说法很令人奇怪，言论怎么能让所有的人都满意呢？如果正确的言论出现，堂屋之中的人都有识别正确与错误的能力，这样才能符合他们所有的人的心意。如果不是正确的言论，人们就会批评否定他的言论，怎能做到使人人都满意呢？唱那些旋律精妙的歌，应和的人就少，言论确实无误，同意的人就少。应和唱歌与听信言论，实际上是一样的。旋律精妙，但不是人人都能应和的；言论正确，也不是人人都能同意的。

鲁文公违反祭祖的正常礼节，有三个人因为不满而离去；鲁定公恢复了祭祖的正常礼节，还有五个人因为不满而离去。对于世俗的东西习惯了，就会说礼是错误的。懂得礼的人少，那么知道什么是正确的人也少。君子说话，怎么就能符合满堂满屋的人的心意呢？

听众对言谈者的话不可能全都满意，那么世人就不能知道言谈者所说的真实意义，只有通过笔墨所记录下来的那一点点剩余的内容，排列在简策之上，才能够使别人知道。所以孔子已经没有当上君王，就制作了《春秋》以明确自己的政治主张。考察《春秋》这一业绩中所阐明的没有得到实行的政治主张，就可以知道孔子具备了做君王的品德。孔子是圣人，如果有具备孔子那样业绩的人，即使没有孔子那样的才能，他的业绩也会成为贤人的实际证明。贤人与圣人在本质上是相同的，只不过是名称不同，贤人既然可以确定，那么圣人也就可以议论。

有人责难说："如果西周的礼仪制度不衰败，那么孔子就不会作《春秋》。《春秋》的制作，是因为西周的礼仪制度衰败了。如果西周的礼仪制度不衰败，孔子没有什么制作，那他不见得不具备作为圣人的才能，只是没有原因促成他有所制作而已。如此说来，就孔子制作《春秋》这件事不能够看出他是圣人，有人具备孔子那样的业绩，也不可根据这个就把他当作贤人看待。"

我说，西周的礼仪制度衰败，孔子为此而制作《春秋》，用《春秋》的具体记述来褒扬正确的、贬斥错误的，得出符合礼仪和正道的结论。没有违反义礼或不合道理的错误，因此显现出孔子的贤良，这是确实的情况。没有言论就根据文献记载来考察，没有文献记载就根据言论来考察。即使孔子不制作《春秋》，也会有遗留下来的其他言论，发表言论一定有理由，就像写文章必须有一定的目的一样。考察文章的好坏，并不考虑制作的原因。世上写文章的人多得很，好坏不分，对错不定，桓谭所做的评论，可以说是得到了真实的道理。议论文章并根据文章考察确实的情况，那么就可以确定桓谭是汉时的贤人。陈平没做官的时候，在乡里主持分配祭祀用的肉，分配得很公平，可以把这件事作为他后来作宰相的征验。分配祭祀用的肉与评论文章实际是一样的，如果桓谭得以执掌汉代治理国家的大权，他执政的用心与评论事情不会旨趣不同。孔子没有做君王，素王（指具有圣王的品德而没有王位的人。下句“素丞相”其义略同）的业绩存在于《春秋》之中，那么桓谭《新论》中体现的，同样也可以作为素丞相的业绩看待。

集部

昭明文选

京　都

西都赋　并两都赋序

班孟坚

两都赋序①

或曰②：“赋者，古诗之流也③。”昔成康没而颂声寝④，王泽竭而诗不作⑤。大汉初定，日不暇给。至于武宣之世⑥，乃崇礼官，考文章，内设金马石渠之署⑦，外兴乐府协律之事，以兴废继绝，润色鸿业⑧。是以众庶悦豫，福应尤盛⑨。白麟赤雁芝房宝鼎之歌，荐于郊庙⑩，神雀五凤甘露黄龙之瑞，以为年纪⑪。故言语侍从之臣，若司马相如、虞丘寿王、东方朔、枚皋、王褒、刘向之属⑫，朝夕论思，日月献纳⑬。而公卿大臣御史大夫倪宽、太常孔臧、太中大夫董仲舒、宗正刘德、太子太傅萧望之等，时时间作⑭。或以抒下情而通讽谕⑮，或以宣上德而尽忠孝，雍容揄扬，著于后嗣⑯，抑亦雅颂之亚也⑰。故孝成之世，论而录之⑱。盖奏御者千有余篇，而后大汉之文章，炳焉与三代同风⑲。

【注释】

①两都：指前汉都城长安和后汉都城洛阳。即西都和东都。②或：有的人。③赋：流行于汉代的一种文学体裁。形式上吸取荀卿《赋篇》的体制和《楚辞》修辞的某些特点。有小赋大赋之分。小赋篇幅较短，多以抒情为主。大赋篇幅较长，多以铺张的手法，描写都城、宫宇、苑囿，以及帝王的畋猎、游观、祭祀等。于篇末或寓讽谏之意，间有辨难说理之作。古诗：指以《诗经》为代表的古代诗歌。④成康：指周代的极盛之世。成，周成王，武王子，名诵。康，周康王，成王子，名钊。相传成康时期，制礼作乐，刑措不用，达四十余年。颂声：指盛世的颂扬赞美之声。颂，《诗经》的六义（风、雅、颂、赋、比、兴）之一，用以歌颂仁德之世，将成功告于神明的诗体。寝：止息。⑤王泽：帝王的恩泽。诗：指颂诗。⑥武宣：指汉武帝和汉宣帝。⑦礼官：掌管礼仪之官。文章：指礼乐的法度。石渠：即石渠阁，汉宫中藏书的地方，位于未央宫殿北。⑧乐府：汉代主管音乐的官府。协律：考校音乐之律吕。鸿业：大业，指帝王的事业。⑨众庶：人民，百姓。悦豫：高兴。福应：福祥的征兆。⑩白麟、赤雁、芝房、宝鼎：都是汉武帝时代所得的福应，并令乐府做歌。李善注引《汉书·武帝纪》：“行幸雍，获白麟，作白麟之歌”，“行幸东海，获赤雁，作朱雁之歌”，“甘泉宫内产芝，九茎连叶，作芝房歌”，“得宝鼎后土祠旁，作宝鼎之歌”。荐：进献。郊庙：设在郊外的宗庙。离都城百里为郊。⑪神雀、五凤、甘露、黄龙：都是汉宣帝时代所得的祥瑞之征应。年纪：年号之纪。纪，同记。⑫言语：指文辞著作。侍从：随从皇帝左右。司马相如：汉成都人。字长卿。著有《子虚》、《上林》、《大人》等赋。虞丘寿王：字子贡，以善格五召待诏，迁为侍中中书。东方朔：汉平原厌次人。字曼倩。武帝时待诏金马门，官至太中大夫。著有《答客难》、《非有先生

论》、《七谏》等。枚皋：汉淮阴人。字少孺，枚乘子。有赋一百二十篇，多未传。王褒：汉蜀资中人，字子渊。宣帝时征为郎。著有《圣主得贤臣颂》、《洞箫赋》。刘向：汉宗室，字子政。著有《新序》、《说苑》、《列女传》等。属：辈。⑬论思：议论思索正道。献纳：进呈给皇帝。⑭公卿：都是古代官名。御史大夫：官名，秦置，官位仅次于丞相。主管弹劾、纠察以及掌管图籍秘书。汉继续沿袭。与丞相（大司徒）、太尉（大司马）合称三公。倪宽：李善注引《汉书·倪宽传》："倪宽修（当为"治"，善注避唐高宗讳改作修。用高步瀛说。）《尚书》，以郡选，诣博士孔安国，射策为掌故，迁侍御史。"太常：官名。秦置奉常，汉景帝中元六年改名太常，掌管宗庙礼仪。孔臧：李善注引《孔臧集》："臧仲尼之后，少以才博知名，稍迁御史大夫。辞曰：'臣代以经学为家，乞为太常，专修家业。'武帝遂用之。"太中大夫：官名，秦置，掌管议论。董仲舒：汉广川人。少治《春秋公羊传》，景帝时为博士。武帝时，拜江都相。一生讲学著书，抑黜百家，推尊儒术。宗正：官名，掌管王室亲族的事务。刘德：汉人，字路叔。官至太中大夫，封阳城侯。太子太傅：官名。萧望之：汉东海兰陵人，字长倩。间：乘间，抽空。⑮抒：表达。下情：在下者的意见。讽谕：用委婉的方法来劝说君上。⑯上德：君主的仁德。著：昭著，明显。后嗣：后代。⑰抑：或，或许。雅颂：《诗经》中雅与颂的合称。《诗》之六义分风、赋、比、兴、雅、颂。后来被称为盛世之乐。⑱孝成：即汉成帝，刘骜，字太孙。元帝之子。论：评论。录：指编排目次。⑲千有余篇：高步瀛认为，《汉书·艺文志》曰："凡诗赋百六家千三百一十八篇。"何焯谓七十八家一千零四篇，则专计赋家，除去歌诗二十八家三百一十四篇，因此说一千零四篇。文章：指汉代的礼乐与文辞。炳：光辉灿烂。三代：此指夏商周。风：教化。

且夫道有夷隆，学有粗密，因时而建德者，不以远近易则①。故皋陶歌虞，奚斯颂鲁，同见采于孔氏，列于诗书，其义一也②。稽之上古则如彼③，考之汉室又如此④。斯事虽细，然先臣之旧式，国家之遗美，不可阙也⑤。臣窃见海内清平，朝廷无事，京师修宫室，浚城隍，起苑囿，以备制度⑥。西土耆老，咸怀怨思，冀上之睠顾，而盛称长安旧制，有陋雒邑之议⑦。故臣作《两都赋》，以极众人之所眩曜，折以今之法度⑧。其词曰：

【注释】

①夷隆：衰落与兴盛。因时：顺应时势。②皋陶（yáo）：也作咎繇，传说舜之臣，掌管刑狱之事。虞：即有虞氏，古部落名，居于蒲坂（今山西永济县东南）。此指出自有虞氏的古帝舜。奚斯：春秋鲁僖公臣，鲁公子鱼字。见采：被采纳。孔氏：即孔子。名丘，字仲尼。春秋鲁国陬邑（今山东曲阜）人。曾删《诗》、《书》，定《礼》、《乐》，赞《周易》，修《春秋》，对于古代文化的整理与传播作出了重要贡献。列于诗书：皋陶歌被编次于《尚书》之中，奚斯所做之鲁颂被编入《诗经》之中。列，排列，编次。诗书，是《诗经》与《尚书》的合称。义：道理，意义，原因。此句是说皋陶之歌奚斯之颂虽时代远近不同，却都是赞美各自的君主与国家的，表现了其时其地的礼乐文章，孔子把它们编入诗书，道理是与古之因时立德者重视礼乐的法则相一致的。③稽：考查。上古：指传说中虞舜的时代。彼：指歌颂有虞氏的皋陶。④此：指武宣时期的司马相如等。⑤斯事：指做赋的事。先臣：此指司马相如等。旧式：先代的榜样。遗美：由前代传留下来的美政。阙：同缺，缺少。以上两句言自己做赋之由，是全序的纲领。⑥海内：指天下。清平：清明太平。京师：指东都洛阳。浚（jùn）：加深河道。城隍：城池，护城河。隍，城池无水为隍。起：修建。苑囿：植林木畜禽兽的地方。⑦西土：指西京长安，以其在西，由此得名。耆（qí）老：老人。⑧眩曜：迷惑。折：折服。

有西都宾问于东都主人曰①：盖闻皇汉之初经营也，尝有意乎都河洛矣②，辍而弗

康，实用西迁，作我上都[③]。主人闻其故而睹其制乎[④]？主人曰：未也。愿宾摅怀旧之蓄念，发思古之幽情，博我以皇道，弘我以汉京[⑤]。宾曰：唯唯。

【注释】

①西都宾、东都主人：都是班固做赋虚拟的人物。光武中兴而都洛阳，故以西都为宾，东都为主，假为宾主以相问答。②皇汉：大汉。皇，大。经营：建筑，营造。指汉初建都而言。都：建都。河洛：黄河与洛水。此指河洛之间的洛阳。③弗康：不安。感到不安宁。实用：即是用，因此。作：建造。上都：此指长安。④其：指西都长安。故：旧事。⑤摅（shū）：同抒，抒发。蓄念：酝酿已久的想法。幽情：高雅而深沉的感情。博：通达，见多识广。皇道：伟大的道理。此指高帝定都之计。弘：扩大，开扩。汉京：此指西都长安。

汉之西都，在于雍州，实曰长安[①]。左据函谷二崤之阻，表以太华终南之山[②]；右界褒斜陇首之险[③]，带以洪河泾渭之川[④]。众流之隈，汧涌其西[⑤]。华实之毛，则九州之上腴焉[⑥]；防御之阻，则天地之隩区焉[⑦]。是故横被六合，三成帝畿。周以龙兴，秦以虎视，及至大汉受命而都之也[⑧]。仰悟东井之精，俯协河图之灵，奉春建策，留侯演成[⑨]。天人合应，以发皇明，乃眷西顾，实惟作京[⑩]。

【注释】

①雍州：古代九州之一。今陕西、甘肃、青海之额济纳一带。实：是，此。②据：凭借，依靠。函俗：即函谷关。位于今河南省灵宝县南，为秦之东关。关城在谷中，深险如函，因此得名。东自崤山，西至潼津，通名函谷，号称天险。二崤（yáo）：即崤山。位于今河南省洛宁县西北。因崤有二陵，所以称二崤。阻：险阻，险要。表：标，标志。太华：即西岳华山。位于陕西省渭南县境内。终南：即终南山。秦岭山峰之一。位于陕西西安市南。又称南山。③界：毗连，邻接。褒斜：即褒斜谷，又称褒斜道。位于陕西省西南。是沿褒水、斜水所形成的河谷。南口称褒谷，北口称斜谷，总长四百七十里。通道山势险峻，历代凿山架木，于中绝壁修成栈道，旧时为川陕交通要道。陇首：即陇山，又称陇坻、陇坂。位于今陕西陇县至甘肃平凉一带。山势险峻，为陕甘要隘。④带：以为带。像带子一样蜿蜒环绕。泾渭：泾水与渭水。泾水，有二源，都出自甘肃省境，至泾川县入陕西省境，至高陵县人于渭水。渭水，又称渭河，源出甘肃省渭源县鸟鼠山，至清水县入陕西省境，绕经长安至高陵县会泾水。⑤隈（wēi）：水流弯曲的地方。汧（qiān）涌：水流于河弯处停蓄聚集而后又奔涌而去。⑥毛：指草木。九州：古代分中国为九州。据《书·禹贡》九州为：冀、兖、青、徐、扬、荆、豫、梁、雍。⑦隩（ào）区：四方之土可定居的地方。涹，四方之土可定居者。⑧横被：广及。六合：指四方上下。三：此指周、秦、汉三个朝代。帝畿（jī）：京城所在的地区。约为京城周围方圆千里的地方。龙兴：比喻周政的仁德。虎视：比喻秦政的残暴。都：定都，建都。⑨悟：感悟，理解。东井之精：指传说高祖入秦时出现的一种瑞应。东井，星名，即井宿，为秦的分野。精，指聚于东井的五星。协：协调，符合。河图之灵：按古时迷信的说法，为帝王出现的符应。河图，即河出图，图即八卦。汉郑玄以为帝王圣者受命的祥瑞。灵，灵瑞，祥瑞。此两句都是以谶纬之说证明大汉高祖为受天命而都于长安。奉春：即奉春君娄敬。敬原为戍卒，闻高祖欲都洛阳而求见，以洛阳不便，不如据秦之险固而定都西安，被采纳而得到封号。留侯：即张良，高祖的谋士，辅佐汉灭秦楚，因功封为留侯。演成：引申推衍而使之成功。此指张良引申娄敬建都长安的意见，高祖决定西都长安。⑩天人：天，天命，指五星聚于东井宿的符应。人，人意，指娄敬的建策。合应：相互感应。发：引发，启示。皇明：此指高祖的圣明。眷：眷念。实惟：因此。作京：指在长安建立京都。

于是睎秦岭，睋北阜，挟沣灞，据龙首[①]。图皇基于亿载，度宏规而大起[②]。肇自高而终平，世增饰以崇丽，历十二之延祚，故穷泰而极侈[③]。建金城而万雉，呀周池而成渊[④]。披三条之广路，立十二之通门[⑤]。内则街衢洞达，闾阎且千，九市开场，货别隧分[⑥]。人不得顾，车不得旋[⑦]。阗城溢郭，旁流百廛，红尘四合，烟云相连[⑧]。于是既庶且富，娱乐无疆[⑨]。都人士女，殊异乎五方[⑩]。游士拟于公侯，列肆侈于姬姜[⑪]。乡曲豪举，游侠之雄[⑫]，节慕原尝，名亚春陵，连交合众，骋骛乎其中[⑬]。若乃观其四郊，浮游近县，则南望杜霸，北眺五陵[⑭]。名都对郭，邑居相承[⑮]。英俊之域，绂冕所兴，冠盖如云，七相五公[⑯]，与乎州郡之豪杰，五都之货殖，三选七迁，充奉陵邑[⑰]。盖以强干弱枝，隆上都而观万国也[⑱]。

【注释】

①睎（xī）：远望。秦岭：即长安之南山，包括终南山、太一山等。睋（é）：视。北阜：长安北面诸山，包括九嵏山、嶻嶭山、甘泉山等。挟：带，从旁绕过。澧灞：澧水与灞水。澧水，源出于陕西秦岭山中，北流至西安市西北，纳滈水，分流注入渭水。为关中八川之一。灞水，位于陕西省中部，渭河支流。关中八川之一。②图：图谋，规划。皇基：帝王的基业。③肇（zhào）：始。高：指汉高祖。平：指汉平帝，刘衎。十二之延祚（zuò）：前后承接的十二个皇帝，即自高祖，中经惠帝、高后、文、景、武、昭、宣、元、成、哀，至平帝。延祚，先后相承的帝位。泰：骄纵，奢侈。④雉（zhì）：计算城墙面积的单位。墙长三丈高一丈为一雉。呀：形容大而空的样子。周池：周围环绕的护城河。⑤披：开辟。三条：李善注引《周礼》："匠人营国方九里，旁三门。"每门为一大路，因此为三条。（用李贤说）十二之通门：王城十二门，以示通十二子（子、丑、寅、卯、辰、巳、午、未、申、酉、戌、亥，十二个时辰为十二子）。谓日夜通达无阻。⑥街衢（qú）：四通八达的道路。洞达：通达。闾阎：闾，里门；阎，里中门。九市：李善注引《汉宫阙疏》："长安立九市，其六市在道西，三市在道东。"货别：商品种类有别。隧（suì）分：市中的通道划分出不同商品的出售处所。隧，市场中间的通道。李善注引薛综《西京赋》注："隧，列肆道也。"此句言货物不同，出售的处所也有所别，售同类商品皆集中于一条街道，所以为"货别隧分"。⑦顾：回头。旋：旋转。此句形容车马行人拥挤不堪，熙熙攘攘，没有回头和旋转的余地。⑧阗：与填同，充满。溢：充满，外溢。郭（guō）：外城。三里为城，七里为郭。旁流：遍布。百廛（chán）：各式各样的商店。廛，店铺，作坊。红尘：繁华市区飞扬的尘土。四合：四面围拢，笼罩。⑨庶：众多。⑩士女：男女。五方：东西南北中。此指各地。⑪拟：类似。公侯：指贵族。列肆：各类店铺。此指商人妇，店铺中的妇女。肆，陈物出售之所。侈：奢侈。姬姜：姬，周姓；姜，相传炎帝之后，后稷之母为姜嫄。姬姜二姓常通婚，所以用来指代贵妇人。⑫乡曲：乡下。豪举：据《后汉书·班固传》，"举"作"俊"，指才智过人的人。⑬节：气节。慕：向往。原：指平原君，战国时赵国贵族赵胜。尝：指孟尝君，战国时齐国贵族田文。春：指春申君，战国时楚国贵族黄歇。陵：指信陵君，战国时魏国贵族无忌。连交：联合交结。合众：集合徒众。骋骛：驰逐往来。⑭杜霸：指杜陵与霸陵。杜陵，古地名，位于今陕西西安市东南。原为秦置杜县，宣帝于此筑陵，故改为杜陵。霸陵，地名，汉文帝陵墓所在，位于陕西长安县东。五陵：指葬高帝的长陵，葬惠帝的安陵，葬景帝的阳陵，葬武帝的茂陵，葬昭帝的平陵。皆位于长安之北。⑮名都：此指西都长安。对郭：城郭相对。邑居：城中的宅第，指富贵之家的居处。相承：彼此连接。⑯英俊：指杰出超群的人物。绂冕（fú miǎn）：古时的礼服。喻高官显位。兴：兴建。冠盖：冠，礼帽。盖，车盖。此指官宦。⑰五都：汉以洛阳、邯郸、临淄、宛、成都为五都。货殖：经商。此指商人。三选：即选三等之人。三等之人指七相五公、州郡豪杰以及五都货殖。七迁：即迁上述三等人到七陵。七陵：南杜陵、霸陵、北长陵、安陵、阳陵、茂陵、平陵。充奉：承担供奉、祭祀的任务。陵邑：帝王陵墓所在的地方。⑱强干弱枝：比喻汉代所采取的加强皇室削弱诸侯功臣势力的措施。

封畿之内，厥土千里，逴跞诸夏，兼其所有①。其阳则崇山隐天，幽林穹谷，陆海珍藏，蓝田美玉②。商洛缘其隈，鄠杜滨其足，源泉灌注，陂池交属③。竹林果园，芳草甘木，郊野之富，号为近蜀。其阴则冠以九嵕，陪以甘泉，乃有灵宫，起乎其中④。秦汉之所极观，渊云之所颂叹，于是乎存焉⑤。下有郑白之沃，衣食之源⑥。提封五万，疆场绮分⑦。沟塍刻镂，原隰龙鳞⑧。决渠降雨，荷插成云⑨。五谷垂颖，桑麻铺棻⑩，东郊则有通沟大漕，溃渭洞河，汎舟山东，控引淮湖，与海通波⑪。西郊则有上囿禁苑，林麓薮泽⑫，陂池连乎蜀汉，缭以周墙，四百余里，离宫别馆，三十六所⑬。神池灵沼，往往而在⑭。其中乃有九真之麟，大宛之马，黄支之犀，条支之鸟⑮。踰崐崘，越巨海，殊方异类，至于三万里⑯。

【注释】

①封畿（jī）：京都一带地域。畿，帝王所领之地。逴跞（chuò luò）：超绝。诸夏：周代分封的诸侯国。这里指京畿以外的各个侯国。②崇山：此指长安之南山。隐天：隐没于天。形容山高。穹谷：深谷。③商洛：商，商县，位于陕西省兰田县东南。洛，即上洛县，春秋时晋邑。汉置县。位于在今陕西省商县境。缘：围绕。隈（wēi）：水弯曲之处。鄠（hù）杜：鄠，鄠县，汉初所置，在陕西省。杜，杜阳县，汉置，属扶风郡。位于今陕西麟游县西北。足：山脚。陂（bēi）：池塘。交属：彼此相连。④其阴：此指西京长安的北面。冠：以之为冠冕。九嵕（zōng）：山名。位于陕西省醴泉县东北。有九峰耸峻，山之南麓，即咸阳北坂。陪：陪同，伴随。甘泉：山名。位于陕西淳化县西北。灵宫：指汉代于甘泉山所建之宫，即甘泉宫。起：建造。⑤极观：观览的极点。渊：即王褒，字子渊。汉辞赋家，著有《甘泉颂》。云：即杨雄，字子云。汉文学家，著有《甘泉赋》。⑥郑白：指郑渠与白渠。郑渠，战国时韩国水工郑国为秦所凿。白渠，汉代关中平原的人工灌溉渠道。位于陕西三原县西北。⑦提封：通共，总共。五万：指郑渠与白渠灌溉的土地面积总共有五万井。井，古代授田之区划。相传古代田制，以地方一里，画为九区。其中为公田，八家均私田百亩，同养公田。以形如“井”字，因此而得名。疆场：田界。绮分：纵横交错如罗绮一般。绮，一种细密的丝织品。分，五臣作纷，纷繁。⑧沟塍（shéng）：沟渠和田埂。原隰（xí）：高平之地称为原，低湿之地称为隰。⑨降雨：比喻水渠灌溉田苗，像雨水普降。插：通锸，开渠的工具，似锹。⑩五谷：指黍、稷、菽、麦、稻。垂颖：向下垂的禾穗。颖，禾穗。铺棻：散发香气。敷，布，散发。棻，本作芬，像香气上升。⑪通沟：此指畅行无阻的古运河，与上文田间的沟渠意义有别。大漕：宽大的运输水道。溃渭：决渭引水，以便于漕运。溃，旁决。渭，渭水。洞河：通达黄河。洞，通达。山东：即关东，此处指秦汉时殽山或华山以东。控引：控制。淮湖：水名。淮，淮水，古四渎之一。源出于河南桐柏山，东经安徽江苏入洪泽湖。其下游本流经淮阴涟山入海。湖，似指洪泽湖。李善注此数句：“言通沟大漕既达河渭，又可以汎舟山东，控引淮湖之流，而与海通其波澜。”⑫上囿禁苑：指上林苑。囿、苑，为植林木养鸟兽的地方。林麓：树木丛生的山角。薮泽：湖沼。有水为泽，无水为薮。⑬陂池（pō tuó）：倾斜的样子。蜀汉：二郡名。蜀郡，秦置，汉因之，位于今成都及温江地区一带。汉中郡，秦置，汉因之，位于今陕西南郑县。缭：围绕。周墙：围墙。离宫别馆：古时帝王于正式宫殿之外另筑的宫殿馆舍，以随时游处。⑭神池：李善注引《三秦记》：“昆明池中有神池。”昆明池，汉武帝元狩三年于长安近郊穿地而造。模仿昆明滇池。灵沼：灵异之池沼。凡建离宫别馆的地方皆有美池。⑮九真之麟：九真郡所进献奇兽。九真，秦像郡地。后属南越。汉武帝于元鼎六年间，置九真郡。麟，即大牡鹿。李善注引晋灼《汉书》注：“驹形，麟色，牛角。”大宛之马：大宛国所产的名马。大宛，古国名，为西域三十六国之一，北通康居，南及西南，与大月氏接壤，盛产名马。李善注引《汉书·武帝纪》：“贰师将军广利斩大宛王首，获汗血马。”黄支之犀：黄支国所献的犀牛。黄支，古国名。《汉书·平帝纪》注引应劭：“黄支在日南之

南，去京师三万里。”条支之鸟：条支国所进献的大鸟。条支，西域国名，即阿拉伯，在安息以西，临西海。鸟，即鸵鸟。⑯踰：超过。崐崘：也作崑崙，昆仑，山名。位于新疆西藏之间，西接帕米尔高原，东延入青海省境内。巨海：李善注以为条支国所临的西海。王先谦以为西海即今的红海。殊方：远方，异域。异类：指珍禽异兽。三万里：形容远。

其宫室也，体象乎天地，经纬乎阴阳[①]。据坤灵之正位，仿太紫之圆方[②]。树中天之华阙，丰冠山之朱堂[③]。因瓌材而究奇，抗应龙之虹梁[④]。列棼橑以布翼，荷栋桴而高骧[⑤]。雕玉瑱以居楹，裁金壁以饰珰[⑥]。发五色之渥采，光焰朗以景彰[⑦]。于是左墄右平，重轩三阶，闺房周通，门闼洞开[⑧]。列钟虡于中庭，立金人于端闱[⑨]。仍增崖而衡阈，临峻路而启扉。徇以离宫别寝，承以崇台间馆，焕若列宿，紫宫是环[⑩]。清凉宣温，神仙长年，金华玉堂，白虎麒麟，区宇若兹，不可殚论[⑪]。增盘崔嵬，登降炤烂[⑫]。殊形诡制，每各异观。乘茵步辇，惟所息宴[⑬]。

【注释】

①体：体制。象：取象，象征。天地：指宫室上圆下方。圆像天，方像地。经纬：南北为经，东西为纬。阴阳：指日月运转的规律。意为宫室建筑的结构考虑到四季变化及明暗冷暖。②据：占据。坤灵：地灵。坤，地。正位：中正之地。太紫：二星宿名，太微与紫微。太微，三垣之一，位于北斗之南，轸、翼之北，诸星以五帝座为中心，作屏藩状。紫微，亦三垣之一。李善注引《春秋合诚图》云：“太微，其星十二，四方。”又云：“紫宫，大帝室也。”③中天：天半，形容高。华阙：宫殿门前所立的双柱。汉未央宫北有玄武阙，东有苍龙阙。（据高步瀛《文选李注义疏》引《水经注》）华，形容壮丽。丰：广，大。冠山：指萧何在龙首山上建未央宫。李善注引潘岳《关中记》：“未央宫殿皆疏龙首山土作之。”殿筑于山上，如戴冠冕，因此称“冠”。朱堂：指未央宫殿。④瓌（guī）材：珍奇的梁材。抗：举，竖起。应龙：古代神话中有翼的龙。龙五百年为角龙，千年为应龙。比喻栋梁的形状。虹梁：曲如长虹的栋梁。⑤列：布列。棼橑（fén liáo）：楼阁上的梁和椽。布：与列同义。翼：屋檐两端翘起的部分。荷：承受，负荷。栋桴（fú）：屋梁。栋，正梁。桴，二梁。高骧（xiāng）：高举。⑥玉瑱（tián）：玉制的柱脚石。瑱，通磌，柱脚石。居楹（yíng）：使楹柱居其上。楹，柱。裁：裁制。饰珰（dāng）：用金璧来装饰椽头。珰，椽头的装饰。⑦渥（wò）采：润泽的色彩。景彰：阴影清明。景，同影。彰，明。⑧左墄（cè）：左侧为阶级。墄，也作碱。重轩：两重的楼版。轩，楼版，槛版。三阶：多层的阶级。三与重都是约数。闺房：小室，内室。周通：遍通，四通。门闼（tà）：宫门。⑨列：陈列。钟虡（jù）：悬挂编钟的木架。金人：铜人。据《三辅黄图》载：“始皇收天下兵器，聚之咸阳，销以为钟鐻，高三丈。钟小者皆千石也。销锋镝以为金人十二，立于宫门，坐高三丈。”端闱（wéi）：王宫西北方的门。这里指宫门。⑩徇：环绕。离宫别寝：古代帝王于正式宫殿之外所筑的宫室，以随时游处。焕：光辉闪烁。列宿：众星。⑪清凉、宣温、神仙、长年、金华、玉堂、白虎、麒麟：除神仙殿，以上皆未央宫中殿名。长乐宫有神仙殿。区宇：疆土境域。邦域为区。四方上下为宇。这里指京畿之内的形胜。⑫增盘：增，通层，层层高起的样子。盘，盘盘曲曲，殿阁高耸重叠状。崔嵬（wéi）：高耸的样子。炤（zhào）烂：光辉灿烂。⑬茵：辇轿一类的交通工具。由四人抬其四角而行，乘者坐其上（用李贤、颜师古说）。步辇（niǎn）：以辇代步，乘辇。辇，用人驾的车。乘辇与乘茵，有等次之差。息宴：安息。

后宫则有掖庭椒房，后妃之室，合欢增城，安处常宁，茝若椒风，披香发越，兰林蕙草，鸳鸾飞翔之列[①]。昭阳特盛，隆乎孝成[②]。屋不呈材，墙不露形[③]。裛以藻

绣，络以纶连④。随侯明月，错落其间⑤。金釭衔璧，是为列钱⑥。翡翠火齐，流耀含英。悬黎垂棘，夜光在焉⑦。于是玄墀釦砌，玉阶彤庭⑧。碝碱彩致，琳珉青荧⑨。珊瑚碧树，周阿而生⑩。红罗缅飒，绮组缤纷⑪。精曜华烛，俯仰如神⑫。后宫之号，十有四位⑬。窈窕繁华，更盛迭贵⑭。处乎斯列者，盖以百数⑮。

【注释】

①掖（yē）庭：宫名。在天子左右，为宫人居住。椒房：殿名。以椒涂壁，取其温暖祛恶气，因此得名，为后妃所居。合欢、增城、安处、常宁、茝若、椒风、披香、发越、兰林、蕙草、鸳鸾、飞翔：都是宫殿名。②昭阳：殿名，汉成帝后赵飞燕所居。③屋不呈材，墙不露形：都是形容栋梁墙壁皆以金璧文绣所装饰，珍贵的饰物把梁材与墙壁的原形皆掩盖了。呈，露。④裛（yì）：缠绕。藻绣：华丽的文绣，此指宫室之内五彩缤纷的饰物。络：缠绕。纶连：结札而成的彩饰。李善注引《说文》："纶，纠青丝绶也。"⑤随侯明月：宝珠名。李善注引《淮南子》："随侯之珠和氏之璧，得之而富失之而贫。"高诱注："随侯，汉东国姬姓诸侯也。随侯见大蛇伤断，以药傅而涂之。后蛇于夜中衔大珠以报之。因曰随侯之珠，盖明月珠也。"⑥金釭（gāng）：宫室墙壁横木上的金属环形饰物。⑦悬黎、垂棘、夜光：都是珠璧名。⑧玄墀（chí）：宫殿之地。因以髹漆所涂，因此称玄。釦砌：即在门限上镀金。釦，以金饰物。砌，门限。（用朱骏声、王念孙说）玉阶：白玉所砌之阶。彤庭：用朱漆涂的中庭。⑨碝碱（ruǎn qí）：似玉的石头。彩致：彩色密致。琳珉（lín mín）：似玉的石头。青荧：美石和玉所发出的青光。⑩珊瑚：热带海中的腔肠动物，骨骼相连，形如树枝。因此又名珊瑚树。碧树：指用青石所雕制之树。周阿：四周的殿曲。阿，宫殿的曲处。⑪红罗：红色轻软的丝织品。多用制妇女的衣裙。飒缅（sà shǐ）：衣袖飘动的样子。绮组：细绫的带子。组，绶，带子。缤纷：繁盛的样子。⑫精曜：精彩照耀。华烛：指华美的饰物光辉夺目。俯仰：指一举一动。⑬后宫：指嫔妃。号：爵号，称号。十有四位：十四等。位，等次。汉宫中嫔妃沿秦制，称号分十四等，即：昭仪、婕妤、娙娥、容华、美人、八子、充衣、七子、良人、长使、少使、五官、顺常，以及无涓等。昭仪官阶俸禄皆比丞相，婕妤官阶俸禄比上卿。⑭窈窕（yǎo tiǎo）：美好的样子。繁华：华丽。更：代。盛：盛美、壮美。贵：高贵，华贵。⑮处：居次。

左右庭中，朝堂百寮之位，萧曹魏邴，谋谟乎其上①。佐命则垂统，辅翼则成化②。流大汉之恺悌，盪亡秦之毒螫③。故令斯人扬乐和之声，作画一之歌④。功德著乎祖宗，膏泽洽乎黎庶⑤。又有天禄石渠，典籍之府⑥，命夫惇诲故老，名儒师傅，讲论乎六艺，稽合乎同异⑦。又有承明金马，著作之庭，大雅宏达，于兹为群⑧。元元本本，殚见洽闻⑨。启发篇章，校理秘文。周以钩陈之位，卫以严更之署⑩，总礼官之甲科，群百郡之廉孝⑪。虎贲赘衣，阉尹阍寺，陛戟百重，各有典司⑫。

【注释】

①左右庭中：指庭中的位次，左为上位，右为下位。朝堂：汉代正朝左右百官治事的地方。百寮：百官。寮，通僚。萧曹魏邴（bǐng）：萧，萧何，汉沛人。曹，曹参，汉沛人。魏，魏相，汉济阴定陶人。邴，邴吉，汉鲁国人。谋谟（mó）：谋划。②佐命：辅佐群主的大臣。命，代帝王。古代帝王自称受天命而治。垂统：把统治权传给后代子孙。辅翼：辅助君主之意。成化：完成教化。③流：传播，传布。恺悌（kǎi tì）：和乐的样子。这里指汉代所行的仁德和对人民的宽和政策。荡：荡涤，清除。毒螫（shì）：毒害。螫，毒虫刺人。这里指秦王朝所行的残暴政策和影响。④斯人：指萧何、曹参、魏相、邴吉等佐命辅翼的大臣。扬：发扬，传播。乐和之声：即和乐之声。和，中和，政治和平。乐，乐职，百官各尽其职。

《汉书·王褒传》："益州刺史王襄欲宣风化于众庶。闻王褒有俊才，请与相见，使褒作中和乐职宣布诗。选好事者令依《鹿鸣》之声习而歌之。"画一之歌：指百姓赞扬萧何曹参之歌。李善注引《汉书》："萧何薨，曹参代之。百姓歌之曰：'萧何为法，较若画一。曹参代之，守而勿失。载其清净，人而宁一。'"画一，整齐，明白。⑤著：明显。祖宗：指汉王朝的先君。膏泽：恩泽，恩惠。洽：沾润。黎庶：黎民百姓。⑥天禄：汉阁名，收藏秘书典籍的地方。萧何建。刘向扬雄曾先后校书于此。石渠：汉宫阁名，收藏图籍秘书的地方。萧何建。宣帝甘露三年与诸儒韦玄成梁丘贺等讲论于此。⑦命：使令。惇（dūn）诲：殷勤教诲。故老：此指元老旧臣。名儒：著名的儒者。儒，研究儒家学说的人。师傅：太师太傅的合称。太师、太傅与太保为汉平帝所置三公。太师，予天子以"师道之教训"。六艺：指六经，即《诗》、《书》、《礼》、《乐》、《易》、《春秋》。稽合：考校。⑧承明：承明庐，汉承明殿的旁屋，侍臣值宿所居的地方。李善注引《汉书·严助传》："武帝赐书：君厌承明之庐，劳侍从之事，怀故土，出为郡吏。"张晏："承明庐在石渠阁外。"金马：金马门。汉武帝得大宛马，乃命东门京（人名，善相马者）以铜铸像，立马于鲁班门外，因此称金马门。著作之庭：金马与承明都是汉代帝王处文士之所并词臣待诏之地，所以说是著作之庭。著作，著述。大雅：有大才者。宏达：才识博通之士。李善注引《汉书·武帝纪》："司马相如之伦，皆辨智闳达。"兹：指承明庐金马门。群：众多。上言辅政大臣校书儒臣，这里是说才识宏达的词臣群集于承明之庐与金马之门。⑨元元本本：得典籍的根本。洽：遍，博。⑩周：环绕。钩陈：星名。指后宫。《晋书·天文志》："北极五星，钩陈六星，皆在紫宫中……钩陈，后宫也，大帝之正妃也，大帝之常居也。"严更之署：督行夜鼓的郎署。汉宫周卫，盖郎一层在内，卫卒一层在外，郎所居为署。⑪总：聚集。礼官：掌管礼仪的官。甲科：汉代考试科目名。《汉书·萧望之传》："望之以射策甲科为郎。"注："射策者，谓为难问疑义书之于策，量其大小署为甲乙之科，列而置之，不使彰显。有欲射者，随其所取得而释之，以知优劣。"群：群集，聚集。百郡：各个州郡。孝廉：汉代选举官吏的两种科目。孝，指孝子；廉，指廉洁之士。汉武帝元朔元年初，令郡国举孝廉各一人。这两句是说郎署的人事构成。既集中了经礼官考取的博士弟子，又汇聚了各州郡地方官所推荐的孝廉。⑫虎贲（bēn）：武士。赘衣：即缀衣，官名。掌宫中服御诸物宝货珍膳之类，位比少府侍中。阉（yān）尹：宦官头领。男人去势称阉。阍（hūn）寺：掌早晚开闭宫门的宦官。陛戟：执戟于陛。陛，宫殿的台阶。百重：形容保卫者的队列多。典司：主管的职责。

周庐千列，徼道绮错[1]。辇路经营，修除飞阁[2]。自未央而连桂宫，北弥明光而亘长乐[3]。凌隥道而超西墉，掍建章而连外属[4]。设璧门之凤阙，上觚稜而栖金爵[5]。内则别风之嶕峣，眇丽巧而耸擢[6]。张千门而立万户，顺阴阳以开阖[7]。尔乃正殿崔嵬，层构厥高，临乎未央[8]。经骀盪而出馺娑，洞枍诣以与天梁[9]。上反宇以盖戴，激日景而纳光[10]。神明郁其特起，遂偃蹇而上跻[11]。轶云雨于太半，虹霓回带于棼楣[12]。虽轻迅与僄狡，犹愕眙而不能阶[13]。攀井幹而未半，目眴转而意迷[14]。舍櫺槛而却倚，若颠坠而复稽[15]。魂怳怳以失度，巡回涂而下低[16]。既惩惧于登望，降周流以彷徨[17]。步甬道以萦纡，又杳窱而不见阳[18]。排飞闼而上出，若游目于天表，似无依而洋洋[19]。前唐中而后太液，览沧海之汤汤[20]。扬波涛于碣石，激神岳之嶈嶈[21]。滥瀛洲与方壶，蓬莱起乎中央[22]。于是灵草冬荣，神木丛生[23]。岩峻嶉崒，金石峥嵘[24]。抗仙掌以承露，擢双立之金茎[25]。轶埃堨之混浊，鲜颢气之清英[26]。骋文成之丕诞，驰五利之所刑[27]。庶松乔之群类，时游从乎斯庭[28]。实列仙之攸馆，非吾人之所宁[29]。

【注释】

①周庐：为宫庭宿卫而在四周所设的庐舍。千列：千行。徼（jiào）道：巡行警戒的道路。徼，巡逻，

巡察。绮错：纵横交错。②辇（niǎn）路：宫中大道。经营：周旋往来，环绕曲折。修除：长途。《汉书》此句作“修涂”。“涂”“除”同韵形亦近。飞阁：陡峭的栈道。③未央：未央宫。故址位于今陕西省西安市西北长安故城内西南角。高祖七年，萧何主持营造。桂宫：宫名。位于未央宫北，武帝所造，周回十余里。弥：终。明光：宫名，位于长安之北。亘（gèn）：连接，贯通。长乐：宫名。位于长安之北。本秦兴乐宫，汉予增饰，改名长乐。周围二十里。内有长信、长秋诸殿。④隥（dèng）道：阁道，栈道。西墉（yōng）：西城墙。棍：混同。通达。建章：汉宫名。武帝太初元年建，位于未央宫西。故址位于今陕西长安县西。外属（zhǔ）：与外相连。⑤璧门：汉建章宫的正门。门以玉所饰，因此而得名。之：与。凤阙：阙名。在建章宫东，高二十余丈。上有铜铸凤凰，因此而得名。觚棱：宫殿檐角瓦脊之隆起处。金爵：金雀。爵为雀之通假字。这里指凤阙屋脊上面的铜凤凰。⑥别风：阙名。位于建章宫正门以内。高五十丈。因其高出宫墙可以辨识风向，由此而得名。嶕峣（jiāo yáo）：高耸的样子。眇：高远。丽巧：壮丽而精巧。耸擢（zhuó）：高高耸立。⑦顺：随。阴阳：阴为夕，阳为朝。阖：闭。⑧崔嵬：高耸的样子。层构：重重构筑，形容宫殿的层次。临：居高视下。⑨骀（dài）盪：宫殿名。位于建章宫内。以春日景物骀盪满宫中而得名。馺娑（sà suō）：宫殿名。在建章宫内。馺娑，形容马行之速，一日之间始能遍宫中，以言宫之大，因此得名。洞：穿。枍（yì）诣：宫殿名。位于建章宫中。枍诣，美木名，宫中美木茂盛。因此得名。天梁：宫殿名。在建章宫中。宫梁木高于天，因此而得名。⑩反（fān）宇：殿堂檐边仰起的瓦头。盖戴：覆盖。激日景：指殿堂光色反射日光。日景，日光。纳光：指日光向下射，宫殿又收纳于中。⑪神明：汉台名。位于建章宫内。高五十余丈，有阁道通于上。台上立铜仙人，有承露盘。郁：茂盛，壮观的样子。特起：崛起，突起。偃蹇（yǎn jiǎn）：高耸的样子。上跻（jī）：上升。⑫轶（yì）：超越。太半：大半。形容云雨都处在台小半之下，以言其高。虹霓（ní）：彩虹。回带：盘绕。棼（fēn）楣：殿堂的栋梁。⑬轻迅：轻快。僄（piào）狡：灵活勇猛。愕眙（chì）：惊视。阶：升，登。⑭井幹（hán）：楼名。位于建章宫中。未半：不到楼的半腰。眴（xuàn）转：眼目眩乱。意迷：神志迷惘。⑮舍：舍弃，离开。棂（líng）槛：楼阁上的栏杆。颠坠：头朝下坠落下来。稽：留，止。⑯怳怳（huǎng huǎng）：失意的样子。失度：失其常度。这里指身体失掉平衡。巡：察看，寻找。回途：回路。⑰惩惧：感到苦恼惧怕。登望：登高而望远。降：下降。周流：周行。四周漫步。⑱彷徨（páng huáng）：徘徊不前。甬道：即复道。位于楼阁之间架设的通道。萦纡（yū）：曲折回旋。杳窕（yǎo tiǎo）：幽暗而深邃。⑲飞闼（tà）：楼阁上面的门。飞，形容门闼之高。上出：从楼上外望。游目：随意眺望。天表：天外。洋洋：无所归依的样子。⑳唐中：即中唐。太液：池名。汉武帝于建章宫北治大地，周回十顷，以其所及甚广，因此而得名。沧海：此指太液池。汤汤（shāng shāng）：波涛汹涌的样子。㉑碣（jié）石：海畔之山。此太液池岸之山。激：冲激。神岳：指碣石。㉒滥：泛滥。这里有激荡义。瀛洲：与方壶和下句的蓬莱，都是东海神山名。这里指太液池中像东海三神山而铸的山。中央：指蓬莱山位于瀛洲、方壶山之中央。㉓荣：花，开花。神木：指松柏之类四季常青寿命极长的树木。古人认为常服其籽实可以长生。㉔岩峻：险要。嶕崪（qiú zú）：高峻。峥嵘：高峻。㉕抗：举。擢：拔起，矗立。双立：指神明台和柏梁台相对而立。金茎：汉宫中的铜柱，用来擎承露盘。㉖轶（yì）：超越。埃堨（ài）：尘土。颢（hào）气：洁白而又清鲜之气。颢，白的样子。㉗骋：驰骋。文成：即文成将军。丕诞：荒诞之事。丕，大。诞，虚妄，荒诞。五利：即五利将军。刑：法，法术。此指方术。㉘庶：差不多。松乔：二仙人名。赤松子，神农时为雨师。王乔，亦作王子乔，周灵王太子晋。群类：群辈。时：时常，经常。游从：相随游览。斯庭：此指建章宫。㉙列仙：众仙人。攸（yōu）：所。馆：驻宿，寓居。宁：安，安居。

而乃盛娱游之壮观，奋泰武乎上囿[①]。因兹以威戎夸狄，耀威灵而讲武事[②]。命荆州使起鸟，诏梁野而驱兽[③]。毛群内阗，飞羽上覆，接翼侧足，集禁林而屯聚[④]。水衡虞人，修其营表[⑤]。种别群分，部曲有署[⑥]。罘网连纮，笼山络野[⑦]。列卒周匝，星罗云布[⑧]。于是乘銮舆，备法驾，帅群臣，披飞廉，入苑门[⑨]。遂绕酆鄗，历上兰，六师发逐，百兽骇殚⑩。震震爚爚，雷奔电激⑪。草木涂地，山渊反覆⑫。蹂躏其十二三，乃拗怒而少息⑬。尔乃期门佽飞，列刃钻鍭，要趹追踪⑭。鸟惊触丝，兽骇值锋⑮。机不虚掎，弦不再控，矢不单杀，中必叠双⑯。飑飑纷纷，矰缴相缠⑰。风毛雨血，洒野蔽天。平原赤，勇士厉⑱。猨狖失木，豺狼慑窜⑲。尔乃移师趋险，并蹈潜秽⑳。穷虎奔突，狂兕触蹶㉑。许少施巧，秦成力折㉒。掎僄狡，扼猛噬，脱角挫脰，徒搏独杀㉓。挟师豹，拖熊螭，曳犀犛，顿象罴㉔。超洞壑，越峻崖，蹶崭岩㉕。钜石隤，松柏仆，丛林摧㉖。草木无余，禽兽殄夷㉗。

【注释】

①泰武：大陈武事，大规模地进行夸耀武力。泰，通太。太即大。上囿：指上林苑。②因兹：借此时机。威戎：示威于戎。戎，古时西方的少数民族。夸狄：夸耀于狄。狄，北方的少数民族。③荆州：古代九州之一。这里指荆州之人。起鸟：使鸟儿起飞。诏：与命义同。梁野：梁州之野。梁州，古代九州之一。④毛群：兽类。内阗（tián）：充满苑囿。内，对荆梁二州而言，指京畿苑囿之内。⑤水衡：官名。汉武帝元鼎二年，置水衡都尉、水衡丞，掌管上林苑。虞人：掌管山泽之官。修：治，整治。⑥种别群分：这里指车、骑、步卒分工明晰。部曲：古代军队的编制单位。有署：此指部曲各有专责。署，布置，部署。⑦罘（fú）网：捕捉禽兽的罗网。连纮（hóng）：绳索相连。纮，绳索。络：环绕。⑧列卒：士卒遍布。周匝（zā）：周围。星罗云布：此处形容士卒之众多，武器旗帜之盛。⑨法驾：皇帝的车驾。也称法车。驾六马。帅：同率，带领。披：开。飞廉：馆名。在上林苑中。武帝元封二年筑。飞廉头如爵，身似鹿，有角而蛇尾，豹文。馆上铸飞谦铜像，由此而得名。⑩酆鄗（fēng hào）：都是古地名。酆，古丰邑，周文王所都，位于今陕西户县东。鄗，也做镐，周武王所都，在上林苑中，位于今陕西西安市西南。历：经过。上兰：观名。在上林苑中。诸帝每校猎于此。位于今陕西长安县西。六师：同六军。周制天子六军，诸侯大国三军。后来作为对军队的统称。发逐：奋发争逐。骇殚：惊惧。殚，通惮。⑪震震：形容雷声。爚爚（yuè yuè）：形容电光。⑫涂地：涂于地上。这里形容草木都被士卒所踏，倒伏于地。反复：倾动。这里形容山摇撼，水激荡。⑬十二三：十分之二三。拗（yù）怒：抑制愤怒。拗，抑制。⑭期门：官名。汉武帝建元三年置，掌管执兵出入护卫。佽（cì）飞：官名。汉少府属官，主管弋射。钻鍭（cuán zú）：聚集箭头。鍭，箭头。要趹（jué）：截杀疾奔的野兽。要，拦截，阻击。趹，通赽，疾，奔。这里指狂奔的野兽。⑮触丝：触进罗网。丝，网。值锋：撞到兵刃上。值，与触义同。⑯机：弩机，弓上发箭的装置。此指弓。掎（yǐ）：发射。叠双：成双成对。⑰飑飑（biāo）：众多的样子。矰缴（zēng zhuó）：系有丝绳用以射鸟的短箭。矰，短箭。缴，生丝线。⑱赤：形容禽兽洒血之多。厉：振奋，斗志旺盛。⑲猨狖（yuán yòu）：泛指猿猴。失木：失于木，从树上消失而隐藏起来，形容惊惧。慑（shè）窜：惊惧逃窜。⑳潜秽：深密的林莽。潜，深。秽，草木丛生的地方。㉑触蹶（jué）：自相撞倒。蹶，仆，倒。㉒力折：以力制止。折，制。㉓掎（jǐ）：拖住。僄（piào）狡：指轻捷凶猛的野兽。扼：捉住。猛噬（shì）：凶猛食人的野兽。㉔挟：拖曳。师：通狮。螭（lí）：一种猛兽。顿：捉住。㉕蹶（jué）：颠仆，倾倒。㉖钜石：巨石。钜，通巨。隤（tuí）：降下，下落，仆倒。摧：毁坏。㉗殄（tiǎn）夷：灭尽。

于是天子乃登属玉之馆，历长杨之榭①。览山川之体势，观三军之杀获②。原野萧条，目极四裔，禽相镇压，兽相枕藉③。然后收禽会众，论功赐胙④。陈轻骑以行炰，腾酒车以斟酌⑤。割鲜野食，举烽命釂⑥。飨赐毕，劳逸齐，大路鸣銮，容与徘徊⑦。集乎豫章之宇，临乎昆明之池⑧。左牵牛而右织女，似云汉之无涯⑨。茂树荫蔚，芳草被隄⑩。兰茝发色，晔晔猗猗，若摛锦布绣，烛耀乎其陂⑪。鸟则玄鹤白鹭，黄鹄䴔

鹳，鸧鸹鸨鶂，凫鹥鸿雁，朝发河海，夕宿江汉⑫，沈浮往来，云集雾散⑬。于是后宫乘辇辂，登龙舟，张凤盖，建华旗，祛黼帷，镜清流，靡微风，澹淡浮⑭。櫂女讴，鼓吹震，声激越，謍厉天，鸟群翔，鱼窥渊⑮。招白鹇，下双鹄，揄文竿，出比目⑯。抚鸿罿，御缯缴，方舟并骛，俛仰极乐⑰。遂乃风举云摇，浮游溥览⑱。前乘秦岭，后越九嵕，东薄河华，西涉岐雍⑲。宫馆所历，百有余区⑳。行所朝夕，储不改供㉑。礼上下而接山川，究休祐之所用，采游童之讙谣，第从臣之嘉颂㉒。于斯之时，都都相望，邑邑相属㉓。国藉十世之基，家承百年之业㉔。士食旧德之名氏，农服先畴之畎亩㉕，商循族世之所鬻，工用高曾之规矩，粲乎隐隐，各得其所㉖。

【注释】

①属玉之馆：即属玉馆。属玉，水鸟名。馆上铸有属玉，因此而得名。长杨：宫名。因内有长杨树而得名。旧址位于陕西省周至县东南。榭（xiè）：在高台上盖的屋。②体势：体制形势。三军：指步、车、骑三军。军队的统称。③四裔（yī）：四方边远之地。镇压：一个压着一个。枕藉：枕，枕头；藉，草垫子。④会众：集合部属。胙：祭肉。⑤行炰（páo）：传送烤肉。⑥釂（jué）：饮酒而尽。⑦飨（xiǎng）赐：犒赏。大路：天子乘坐的车。路，与辂通。銮：车上的铜铃，装于轭首或车衡上。铃内有弹丸，车行摇动作响，声似鸾鸟，所以也写作鸾。容与：安逸自得的样子。⑧豫章：观名。在上林苑中。宇：宇下。屋宇之下。昆明之池：汉武帝元狩三年所造，仿昆明滇池。位于长安近郊。池周围四十里，广三百三十二顷。⑨牵牛、织女：昆明池中的牵牛和织女石像。云汉：天河。⑩荫蔚：草木茂盛。⑪兰茝（zhǐ）：兰草与白茝，皆为香草。茝，也作芷。发色：色泽焕发。晔晔（yè yè）：茂盛的样子。猗猗（yī yī）：美盛的样子。摛（chī）锦：舒展锦绣。摛，舒展。锦，用彩色经纬丝织出各种花纹图案的丝织品。布绣：散布出华美的刺绣。烛耀：照耀。陂（bēi）：池塘。此指昆明池。⑫玄鹤：黑鹤，传说鹤千年化为苍，又千年变为黑，称为玄鹤。白鹭：一种水鸟，全身洁白，嘴及脚黑色。黄鹄：即天鹅。形如鹤，色苍黄，一举千里。鵁鹳（jiāo guàn）：二水鸟名。鹳，羽毛灰白，嘴长而直，住于湖江之畔，捕食鱼虾。鸧鸹（cāng guā）：鸟名，大如鹤，青苍色，亦有灰色者。鸨鶂（bǎo yì）：二鸟名。鸨，似雁而大无后趾。鶂，或作鹢，形如鹭而大，羽色苍白，善翔。凫鹥（fú yī）：二鸟名。凫，野鸭。鹥，即鸥，似鸽鸮而小，随潮而翔，迎浪蔽日。鸿雁：鸟名，即雁。古书上认为大者为鸿，小者为雁。⑬云集雾散：形容鸟类众多。⑭后宫：借指跟随天子的嫔妃姬妾。辇辂（zhàn lù）：辇，人拉有帷而可卧之车。辂，大车，天子乘坐的车。此为一物，即卧车。祛（qū）：举起。黼（fǔ）帷：带黑白相间花纹的车帷。镜：照。澹淡：飘浮的样子。⑮櫂（zhào）女：船女。櫂，划船拨水的用具。此代船。讴：歌唱。鼓吹：乐名。謍（yíng）：形容声音大。厉：至。⑯招：举，引。白鹇（xián）：弓弩名。下：落。揄（yú）：引。比目：鱼名。即鲽。古人认为比目鱼一目，须两两相并始能游行。⑰抚：按，执，持。鸿罿（chōng）：大网。御：掌握。缯缴（zēng zhuó）：用绢丝做成的弓弦。方舟：并船。并骛：一同进发。骛，奔驰。俛（fǔ）仰：俯仰，俯仰之间，形容时间短。⑱风举云摇：形容舟船航行的速度，似飙风之高举，行云的飘浮。溥（pǔ）览：遍览。溥，普遍，广泛。⑲乘：登，升。秦岭：即南山，终南山，亦称太一山。位于陕西西安市南。九嵕（zōng）：山名。位于陕西醴泉县东北。有九峰高耸，山的南麓，即咸阳北坂。薄：至。河华：黄河华山。华山，即太华山，世称西岳。位于陕西华阴县南。涉：到达。岐雍：岐山雍水。岐山，山名，位于陕西岐山县东北。山状如柱，所以又称天柱山。雍水，水名，源出于陕西省凤翔县治西北，雍山东南。经岐山为沣水，又东经扶风、武功，入于渭。⑳所历：所经历的宫馆。百有余区：百余所。㉑行所：即行在，行在所，指帝王所至之地。意为帝王虽身居京师，但行止无所不在。储：储蓄，积贮备用。不改：不变换。供：供具，摆设酒食的器具。这里指酒食。㉒礼：祭奠。上下：指天地。接：接近，祭祀。山川：此指山川的神。休佑：美善福佑。讙谣：童谣。游童所讙唱之歌谣，所以称为讙。第：次第，等差。㉓都：指大城市。邑：

指小城市。相属（zhǔ）：相互连接。㉔国：指分封的诸侯之国。藉：凭借，依靠。家：此指大夫之家，卿大夫的采地食邑。㉕旧德：先代的功德。名氏：名位，名号地位。先畴：先人。畎（quǎn）亩：指田野，田地。㉖循：依照，遵守。所鬻（yù）：所出卖的货物。高曾：高祖和曾祖。这里指祖先。

若臣者，徒观迹于旧墟，闻之乎故老，十分而未得其一端，故不能遍举也①。

【注释】

①臣：西都宾自称。旧墟：旧城。这里指长安。遍举：全面说明。

【译文】

有人说道："赋是古诗的变体。"当成康之盛世已成过去，颂扬的歌声即随之停息；先王的恩泽既已竭尽，赞美的诗章也随之消逝。大汉初年忙于百姓生计，其他事业均无暇顾及。直到武帝、宣帝的鼎盛时光，才开始崇尚礼乐考核文章。宫内修金马门召词臣著述，建石渠阁把秘书珍藏；宫外还设立乐府机关，以便将协律作乐之事承当。从而振兴礼乐教化，对大汉的丰功伟绩予以宏扬。于是广大百姓心情舒畅，各种瑞物显示吉祥。白鹿、赤雁、芝房、宝鼎纷纷出现，据以作歌并奉献祖先；神雀、五凤、甘露、黄龙不断降临，据此瑞物而改变纪年。所以凭借文学以侍从君王之臣，如司马相如、虞丘寿王、东方朔、枚乘、王褒、刘向等等，朝朝暮暮议论创作构思缀文，计日计月把作品进献朝廷；而公卿大臣如御史大夫倪宽、太常孔臧、太中大夫董仲舒、宗正刘德、太子太傅萧望之等人，则用从政余闲作赋进呈。有的抒发臣民衷情而通讽喻之意，有的宣扬君父恩德以尽忠孝之心。从容委婉地阐发宣扬，使大汉的业绩在后世昭传，这些词赋的价值与《雅》《颂》相去不远。汉成帝时加以评论并录目汇编，总计进奏御览的作品有千余篇。从此大汉的文章和一般朝代显然不同，它光辉灿烂与夏商周三代是同样辉煌。

道术有时衰落有时兴盛，学问有的浮浅有的精深，顺应时势建德立言的哲人，不以古今不同而改变论述的标准。故皋陶颂舜之歌文词粗疏，奚斯颂鲁之诗内容详尽，同样为孔子采纳编入《诗经》或《书经》，因为它们在"润色鸿业"上意义相等。检验上古既有皋陶歌舜、奚斯颂鲁，考查前汉又有长卿等人歌颂汉武。创作词赋虽属细小之事，但先代词臣的榜样、本朝相传的美政必须予以继承。我见天下太平朝廷无事，东都正在兴修宫室疏浚城池，并且扩建苑囿以完善首都的体制；西都的故老心怀忧思，不但盼望君王怀念原来的京师，而且盛赞长安旧有的体制，议论中流露出鄙薄洛阳的情绪。由于上述缘故，我才创作此赋，尽量叙述西都故老所炫耀的事物，再以东都现行的法度使他们折服。其词为：

有一位长安的客人，向洛阳主人发问："听说汉初营建首都，曾有意选择洛河之滨，后来认为此地，定都并不安宁，所以决定西迁，以长安作为汉都。主人是否了解迁都的故事？是否见过长安的体制？"主人回答说："没有啊。希望客人吐露怀旧的素心，抒发思古之幽情，阐发高祖定都的道理以扩充我的知识，叙述长安的情况以增加我的见闻。"客人说："是的，是的。"

"汉朝西都，位于雍州，名叫长安。左据雄伟险峻的函谷和崤山，以及成为一方标志的太华与终南；右与褒谷、斜谷、龙首山相毗连，围绕着黄河、泾水、渭水等河川。众河曲折蜿蜒，汧水涌流西面。这儿的植物花果繁茂，有九州最肥沃的良田；这儿的防御固若金汤，是最适宜定居的地点。由于此地广连各方，定都于此已有三朝帝王。周朝凭此而如龙飞腾，秦朝借

此而虎视东方；及至大汉受命将都长安的时分，仰视上天有五星相聚于东井，悟到那是汉主入秦的吉象，俯察大地有灵图出现于河滨，知道那是汉受天命的福应，娄敬提出建都长安的良策，张良阐释其议正确的原因，天命与人意相应合，启发了皇帝的圣明，于是眷顾关西，把长安定作京城。

“眺望终南，遥视北山，挟带沣灞二水，依傍龙首之山。希图帝王基业能够绵延亿载，拟定宏伟蓝图而大举兴建。始于高祖终于平帝，历代增建日益壮丽；经过十二位帝王的不断努力，因而豪华至极奢侈无比。建筑金城雉堞上万，疏浚城池注水成渊。三达的道路既平且宽，十二座通门无比庄严。城内街衢通达，里弄近千；九个市场一齐开业，不同的货店列于路边。拥挤的人潮难以回顾，密集的车流不能回旋；行人充满市区、溢出城郭、流入成百上千的商店。滚滚的红尘四处弥漫，浓浓的烟霭连接云天。人口众多、社会富裕超过已往任何时光，百姓的欢乐程度实在是不可估量。京城的男男女女，不同于其他地方。游士衣著可比富贵公侯，商女服饰超过贵族姑娘。乡里的豪强英俊，游侠首领，气节接近于平原君和孟尝君，名望仅次于春申君和信陵君。他们广泛交游，联合徒众，经常在京城驰骋来往。如果观察长安四郊，漫游附近县城，则南望杜霸，北眺五陵；名都城郭相对，甲第楼阁相邻。那是英雄豪杰所居之区域，达官显贵所建之城镇；高冠华盖，往来如云。原来朝廷遴选国家的七相五公、州郡的豪杰英侠、五都的富裕商人，将此三等家庭迁于汉家七陵，担当供奉皇陵的重任。大概是以此加强中央，削弱地方，壮大京都，把国家威严显示于万邦。

“首都直辖地区，约有千里方圆；超过华夏各诸侯国，兼具他们共有的物产。其南是密林深谷，崇山遮天，陆海珍藏，难以计算，美好玉石，产于蓝田。在丹、洛两河的水湾有商县和洛县，在渭、漆两河的下游有鄠县和杜县，清泉汩汩奔流，池塘纵横相连。竹林果园，芳草佳树，郊野之富，接近西蜀。北边有九嵕、甘泉两座名山，并有灵宫耸立在甘泉山巅，在秦汉两代最为壮观，王褒和扬雄都曾经作赋称赞，到如今还保存于宫殿中间。下有郑渠、白渠所灌溉的沃田，那是广大百姓衣食的源泉。共有肥田沃土五万顷，田界纵横似丝织品上花纹一样纷繁，沟塍缭绕犹如刻镂在大地上的图案。平原和低地的田畴块块相连，又好像巨龙身上的密密鳞片。开渠灌溉田地如降喜雨，举锸治水的人群如涌祥云。五谷结籽垂下穗颖，桑林麻田繁荣茂盛。东郊有人工漕渠，通向渭水、黄河；泛舟可达崤山以东，还可控引淮水、湖泊；更与东海展转相接，连通巨浪洪波。西郊则是上林禁苑，山林沼泽连绵不断，倾斜逶迤连接蜀、汉。缭绕围墙四百多里，中有三十六所离宫别馆。珍稀的麒麟来自九真，名贵的骏马进于大宛，黄支国送来了犀牛，条支国把大鸟贡献。有的跨越昆仑高峰，有的横渡大海狂澜。还有一些远方异物，竟颠簸跋涉了几万里远。

“西都的宫室殿堂，体制取象于天地，结构取法于阴阳。据于区域之正位，仿紫微星座而为圆、太微星座而为方。华美的双阙矗立于半天之上，红色的未央宫殿屹立在龙首山岗。用瑰异的材料构建奇巧的式样，横架着形如飞龙、曲如长虹的殿梁。椽桷排列整齐、飞檐就像鸟翼舒张，荷重的栋桴犹如骏马般气势高昂。雕美玉为基石而承接殿柱，裁黄金为璧形而装点瓦珰。殿堂焕发润泽的五彩灿烂辉煌，那彩色的光焰像阳光一般明亮。左边是人登的台阶，右边是车行的平台。栏杆重重，台阶层层。闺房周通，门闼洞开。竖钟架于庭院中，立金人在正门外。就层崖修成门槛，对大路把正门敞开。围绕着的离宫别殿，连接着的崇台宏馆，它们像群星一样璀璨，把未央宫围绕在中间。清凉、宣温、神仙、长年、金华、玉堂、白虎、麒麟，都是富丽豪华的宫殿，区域内像这种壮丽屋宇，不可能把它们全部说完。有的重叠盘曲，崔嵬屹立。有的高低参差，光辉富丽；有的形态特殊，构造奇异，各自显现不同的外观。让帝后乘舆坐辇，四处游历；所到之处，皆可安息。

“后宫则有掖庭、椒房，是后妃居住的地方。合欢、增成、安处、常宁、茝若、椒风、披香、发越、兰林、蕙草，以及鸳鸾与飞翔，这些殿阁都住着妃嫔媵嫱。昭阳宫尤其华丽，它增修于成帝时期。屋宇不露栋梁，四壁不现原墙，锦绣环绕其外，彩饰网络于上，随侯宝珠如同明月，错落其间闪闪发光。壁带上的金釭衔着璧玉，好像金钱排列成行。翡翠玉和玫瑰珠含辉流光，悬黎、垂棘和夜光之璧都在此闪亮，以髹漆涂的殿堂地面，以金玉嵌的宫殿门槛，以白玉砌的阶沿，以红石铺的庭院。杂以碝碱等彩石纹理致密，琳珉等美玉青翠晶莹。还有名贵的珊瑚枝和碧玉般的石雕树，栩栩如生地植于中庭四周转角处。身著红罗衣裙的宫庭美人，长袖飘拂，绮带缤纷。光彩闪耀，容华映人，俯仰举止，飘逸如神。后宫爵号，十有四级，各级女官，姣美华丽，一个更比一个高贵，有爵号的数以百计。

“左右庭中，是百官执事之处。萧何、曹参、魏相、邴吉等人，在那里出善策划良谋。他们辅佐君王能够长传国统，他们协助施政能使教化成功。传布大汉的仁惠，涤荡亡秦的余毒。因此臣僚作和谐之乐，百姓唱《画一之歌》。其功德可以昭告于祖宗先人，其仁惠能够遍施于百姓黎民。又有两座楼阁名天禄、石渠，珍藏着无数典籍秘书，并令元老旧臣及名儒师傅，讲解儒家的六艺，考证经传的同异。又有承明庐和金马门，是词臣著作之庭，才德高尚之士，学问渊博之人，在这里结队成群。他们对学术能够穷源溯本，他们的知识博见广闻；能够精辟地阐发典籍，能够确切地校理秘文。后宫是帝王常居之处，周围有值夜护卫的官署。礼官总管考核全国的甲科举子，选拔州郡的廉孝之士，还有“虎贲”“赘衣”“阉尹”“阍寺”，以及“陛戟”的武士，每人都各有专职。

“值勤的庐舍多达千座，巡行的道路纵横交错。宽阔的辇路循环往复，修长的楼阶上登天桥。未央宫有天桥连接桂宫，经过长乐宫北抵明光宫；西越城墙还通建章宫，并与其附属建筑璧门、凤阙相勾通，凤阙的檐角上铸有金光闪烁的铜凤。别风阙矗立在建章宫旁边，那精美奇巧的结构上凌云烟。建章宫的门户成千上万，随着晦明寒暖而时开时关。它的正殿崔嵬宏壮，层层楼台崇高昂扬，凌驾在未央宫殿之上。它附近有四座大殿，经“骀荡”可达“駊娑”，过“枍诣”能抵“天梁”。屋檐盖着那金饰的瓦珰晶莹闪光，它与日光交相辉映使殿内充满光亮。神明台巍然崛起，崇高的楼顶升入天际，超越了半空中的云雨，它的栋梁上萦绕着虹霓。即使是轻捷勇敢的健儿，也会惊愕呆视而不敢上去。登井幹楼还未及一半，就会使人眼目昏眩心意迷乱，忙离开栏杆靠身向后，像下坠一半又中途得救。心神恍惚失去常度，循着回路下到低处。既害怕登楼去眺望，就下去周游而徜徉。散步于纡回的甬道，那儿幽静昏暗不见阳光，推开高楼之门而向上眺望，就像放眼于云天之外、失去依托而空虚渺茫。俯瞰前面的唐中池和后面的太液池，清波像沧海一样浩荡。碣石的悬崖如白浪翻卷，神山的脚下有涛声轰响。湖水浸漫瀛洲与方丈，蓬莱位于两山的中央。灵草经 冬犹荣，神树遍山丛生。巉岩与险峰高峻，藏金的石山峥嵘。一双铜柱耸入云层，上有高举仙掌承接甘露的铜人。甘露高过人间的埃尘，它是洁白清新空气的精英。少翁的谎言得到信任，栾大的方术能够实行。大概只有赤松子、王子乔一类仙人，能够时常从游于此庭。这儿实际是群仙所居之馆阁，决非我们所能够侧身。

“为了展示游乐之壮观，炫耀武力于上林，借以示威于戎狄，既显神威又练兵。命荆州百姓逐起禽鸟，令梁野农民驱逐野兽。群兽充满林苑，飞禽翳盖云天。鸟翼相接，兽足相连，集于禁林中，聚于草莽间。水衡、虞人，除草立标。军种队列，按标布署。各个部曲，各有任

务。网罗连接，遍布山野。士卒排列成行，布满四周山岗，队伍罗列非常稠密，就像星罗棋布一样。于是天子乘坐专车，率领百官，驰出飞廉门，进入上林苑，绕过鄠县、镐县，经历上兰之观。六军发起追击，百兽受惊乱窜。战车奔驰如雷声轰响，骏马穿梭似闪电掠光。草木倒扑，山渊翻覆。十分之二三的禽兽或被捕获，或被击毙；进攻的广大士兵才控制盛怒，稍事休息。于是期门、佽飞一类勇士，又开始大显威风。一齐举起兵刃，共同拉开雕弓。对狂奔之猛兽狙击，向逃匿之狡兽追踪。鸟惊飞而自投罗网，兽骇极而误触刀锋。机弩从未白发，弓弦决不虚控。羽箭从不单杀，一发必定命中。空中飞着纷纷弋箭，箭尾的丝绳互相绞缠。羽毛随风飘飞，鲜血洒如雨点。血雨落遍绿野，羽毛遮蔽蓝天。兽血已染红平原，勇士却更加勇敢。猿猴躲进密林，豺狼四处逃窜。挥师直奔险地，进入幽林深棘。困虎狂奔乱突，狂兕怒牴猛踢。许少般的快手施展巧技，秦成般的勇士运用神力。将狡兽拖住，把猛兽生擒。扳掉角，拧断颈。徒手搏击，使巨兽毙命。挟着狮豹，拖着熊螭，拽着犀牦，捉住象罴。跨过深壑，越过峻岭；巉岩倒塌，巨石塌崩；压倒松柏，摧毁丛林。草木不存、禽兽斩尽。

“于是天子登上属玉之馆，经历长杨之榭。观览山川之形胜，视察三军之收获。原野萧条，一片空虚。放开目光，向四边望去，只见鸟体遍地堆积，兽躯互相枕藉。然后收集猎物，会合将士，评论功绩，赏赐祭肉。成队的骑兵把烤肉分送，奔驰的车辆将美酒供应。切割鲜肉，在野外进食；燃起烽火，把美酒饮尽。

“飨宴完毕，有劳有逸。天子乘銮舆，缓缓向前驱。集合于豫章屋宇，面对着昆明之池，池上的左右雕像，是牵牛牵着织女。池中烟波浩渺，似银河没有边际。茂林荫翳，芳草披堤，兰草白芷，光艳茂密，好像舒展的锦绣，照耀着昆明池水。飞鸟有玄鹤白鹭，黄鹄鵁鶄，鸧鸹鸨鹓，凫鹥鸿雁，它们早发于河海，暮宿于江汉；在水上浮游，在空中往还；像云一般集中，似雾一样消散。

“于是妃嫔女官，乘卧车，登龙船。凤盖高举，彩旗招展；张开帷帐，照影清流；船随微风，逍遥飘浮。船女歌唱，鼓瑟相伴；声音激越，响彻云天；鸟群在空中翱翔，游鱼潜窥于深渊。美人们拉开白闲之弓，射下对对天鹅；举起有花纹的钓竿，钩比目鱼出清波。撒下捕鱼的网罗，射出丝绳的飞缴。双舟并进，破浪推波；俯仰之间，极度欢乐。于是风飘云摇，浮游遍览。

“先登秦岭峰，后上九嵕山，东临黄河太华，西过岐山雍县。前后所经，百有余馆。行在朝朝暮暮，供应无比丰厚。敬礼天地祭祀山川，竭尽求福之所需用。采集各地的童谣，品评词臣之赞颂。于此之时，都都相望，邑邑相连。藩国奠十世之基，世家承百年之业。士人享祖辈之名位，农夫耕先人之土地，商人经营世代销售的货物，匠人使用祖宗遗留的器具。国家繁荣兴盛，百姓各得其宜。

“我见到的只是长安的陈迹，听到的只是故老的记叙，十分未得其一，故而不能遍举。”

东都赋

班孟坚

东都主人喟然而叹曰：痛乎风俗之移人也[①]。子实秦人，矜夸馆室，保界河山[②]，

信识昭襄，而知始皇矣[3]，乌睹大汉之云为乎[4]？夫大汉之开元也，奋布衣以登皇位[5]，由数朞而创万代，盖六籍所不能谈，前圣靡得言焉[6]。当此之时，功有横而当天，讨有逆而顺民[7]。故娄敬度势而献其说；萧公权宜而拓其制[8]。时岂泰而安之哉？计不得以已也[9]。吾子曾不是睹[10]，顾曜后嗣之末造，不亦暗乎[11]？今将语子以建武之治[12]，永平之事[13]，监于太清，以变子之惑志[14]。

【注释】

①喟（kuì）然：叹息的样子。痛：甚，极。移人：影响别人。②子：相当于"您"。秦人：秦地的人。保界：仗恃，依仗。③昭襄：秦昭襄王。战国时秦王，名稷。④乌：怎么。云为：这里指成就。⑤开元：开创，创始。布衣：平民。⑥数朞（jī）：数年。朞，一周年。⑦有横（hèng）：横行，强横。⑧萧公：萧何，汉沛人。⑨时：通是，此。泰：奢侈。⑩吾子：对谈话对象的美称。曾：竟然。⑪顾：反，反而。曜：炫耀。末造：末代的建造。暗：愚昧，愚妄，无知。⑫语：告诉。治：此指治理很好的政治局面。⑬永平：东汉孝明帝（刘庄）的年号。⑭监：视。太清：本指天道，自然。

往者，王莽作逆[1]，汉祚中缺，天人致诛，六合相灭[2]。于时之乱，生人几亡，鬼神泯绝[3]，壑无完柩，郛罔遗室[4]，原野厌人之肉，川谷流人之血[5]。秦项之灾[6]，犹不克半[7]，书契以来，未之或纪[8]。故下人号而上诉[9]，上帝怀而降监[10]，乃致命乎圣皇[11]。于是圣皇乃握乾符[12]，阐坤珍，披皇图，稽帝文[13]，赫然发愤，应若兴云[14]，霆击昆阳，凭怒雷震[15]。遂超大河，跨北岳[16]，立号高邑，建都河洛[17]。绍百王之荒屯[18]，因造化之荡涤。体元立制，继天而作[19]。系唐统，接汉绪[20]，茂育群生，恢复疆宇[21]。勋兼乎在昔，事勤乎三五。岂特方轨并迹，纷纶后辟[22]，治近古之所务，蹈一圣之险易云尔哉[23]？

【注释】

①王莽：汉元城人，字巨君。②汉祚（zuò）：大汉的帝位。祚，福祚。指帝位。③生人：活人。几亡：几无。几乎不存在。④完柩（jiù）：完整的棺柩。柩，装有尸体的棺材。此言人都遇害而死，暴尸沟壑，汉有完柩。郛（fú）：城郭。外城。罔：无。遗室：乘下的屋室。⑤厌：满，堆积。⑥秦项之灾：秦王项羽造成的灾难。秦昭王时，白起率秦军攻赵，长平之战中，坑赵降卒四十万人。秦始皇多次对六国用兵，杀伤无数。项籍，字羽，秦亡后自立为西楚霸王，与刘邦争天下，伤人惨重。⑦不克半：不能半。此指王莽作逆给天下人造成的灾难之巨大，连秦王项籍所杀的人还赶不上他的一半。⑧书契：指文字。据《尚书·书序》："古者伏羲氏之王天下也，始画八卦，造书契，以代结绳之政，由是文籍生焉。"据《释文》："书者，文字。契者，刻木而书其侧。"未之或纪：未或纪之。从无纪载过。⑨下人：老百姓。号：号叫，哭泣。上诉：向上天哀诉。⑩怀：怜悯，同情。降监：指上帝从上做监视。⑪致命：传达命令。圣皇：指光武帝刘秀。⑫握：持。乾符：天降的符瑞，指河图。⑬阐：开。坤珍：地之符瑞，指洛书。汉儒认为，河图即八卦，洛书即《洪范》，为帝王圣者受天命的符瑞。披：翻开。皇图：与下句之帝文，皆图纬（起于前汉末盛于后汉的占验术数之书）之文。稽：考察。⑭赫然：盛怒的样子。兴云：云雾集拢。喻响应者多。⑮霆：疾雷。昆明：地名。凭怒：愤怒。⑯超：越过。大河：黄河。北岳：即五岳中的北岳恒山。汉时为避文帝刘恒讳，亦名常山。主峰位于今河北省曲阳县西北。⑰立号：建立皇帝的尊号。高邑：地名。位于今河北省柏乡村北。原为鄗，春秋晋邑。战国入赵，汉为侯国。光武帝即位于此，因避讳，改名高邑。河洛：黄河洛水。此指洛阳。⑱绍：继，继续。荒屯：荒废艰难。此指历代帝王被荒废了的艰难

的事业。⑲体元：依天地之元气为法式。体，法式，规矩，此为意动用法。元，天地间的元气，为万物之始。《春秋》："隐公元年。"《公羊传》曰："元年者何？君之始年也。"⑳系：继承。唐统：唐尧的传统。唐，古尧帝，初封于陶，又封于唐，号曰陶唐氏。其在位时为传说中的太平盛世。㉑疆宇：国土。㉒岂特：岂止。方轨：并驾齐驱。方，并。轨，辙，这里代车。㉓所务：全力以赴的事务。蹈：经历。一圣：个别的圣明君主。险易：原指道路的险阻与平坦。这里引申为治乱之法。

且夫建武之元，天地革命①；四海之内，更造夫妇②，肇有父子，君臣初建③，人伦实始，斯乃伏羲氏之所以基皇德也④。分州土，立市朝⑤，作舟舆，造器械⑥，斯乃轩辕氏之所以开帝功也⑦。龚行天罚，应天顺人⑧，斯乃汤武之所以昭王业也⑨。迁都改邑，有殷宗中兴之则焉⑩；即土之中，有周成隆平之制焉⑪。不阶尺土一人之柄⑫，同符乎高祖⑬；克己复礼⑭，以奉终始，允恭乎孝文⑮；宪章稽古，封岱勒成⑯，仪炳乎世宗⑰。案六经而校德⑱，眇古昔而论功⑲。仁圣之事既该，而帝王之道备矣⑳。

【注释】

①且夫：表示进一步发议论的语助词。元：元年。②四海：指天下。③肇（zhào）：开始。④实始：从此始。实，是，此。伏羲氏：古代传说中的部落酋长，始画八卦。基：奠定。皇德：皇帝的功德。⑤市朝：市集。交易买卖的地方。⑥器械：器，此指礼乐之器；械，兵戈之类。⑦轩辕氏：即黄帝。传说姓公孙。居于轩辕之丘，因此而名。他战胜炎帝于阪泉，战胜蚩尤于涿鹿，诸侯尊为天子。开：开创。帝功：帝王之功勋。李善注引《周易》："黄帝尧舜氏，刳木为舟，剡木为楫。"此言光武建元之后所从事的分州立市等，正是黄帝造福于人民建立帝功的措施。⑧龚行：恭敬地奉行。龚，通恭。天罚：上天的惩罚。⑨汤武：指商汤王和周武王。商汤王，名履，子姓，又称天乙。为商朝开国皇帝。夏桀无道，汤伐之，遂有天下。国号商，都于亳（今河南商丘一带）。周武王，文王子，名发。商纣暴虐，武王东征，败纣于牧野，灭殷，都镐。昭：显示，光耀，发扬。王业：帝王之业。此言光武帝攻讨王莽，应天顺人，其功绩与武王讨伐殷纣相同。⑩迁都改邑：指光武帝建都于洛阳，从先都长安来说即为迁与改。殷宗：殷人之祖先。指殷商君主盘庚。其为汤之九世孙祖丁之子。其时王室衰乱，盘庚率众自奄（今山东曲阜）迁至殷（今河南安阳）。商复兴。宗，宗神，指祖先。中兴：指盘庚迁殷以后，殷商之复兴。则：准则，榜样，范例。⑪即：就。土之中：大地之中。此指洛阳。周成：周成王，武王子，名诵。隆平：升平，盛平。⑫阶：因，依靠。尺土：尺寸的封土。一人之柄：使任何一个人都为其臣的权柄。⑬同符：古代以符契为信，因称事之相同者为同符。符，符契，古时朝廷用作凭证的信物，以竹木或金玉为之。剖分为二，各存其一。用时相合，以为信。此句言光武帝没有封地与特权，以布衣而登天子位，而与汉高祖之得天下相同，二帝若符契之相合。⑭克己复礼：克制自己的欲念来恢复周礼。周礼，指传说周公所制定的礼仪制度，实为封建社会的等级制。⑮孝文：汉文帝刘恒，高祖子。⑯宪章：效法先代的典章制度。稽古：考察古时礼仪。封岱（dài）：在泰山之上筑土为坛，以祭祀上天。封，封土为坛，指祭天。岱，指泰山。勒成：把记录成功的铭文雕刻在石碑上。勒，雕刻。⑰炳：光辉闪耀。世宗：汉武帝的庙号。⑱案：遵照，依据。六经：即《诗》、《书》、《礼》、《乐》、《易》、《春秋》。校（jiào）德：校于德。与古帝的仁德相比较。校，较量，比较。⑲眇：视，细看，细察。古昔：指从伏羲氏到世宗等古圣先贤而言。论功：论于功。与古帝之功业相论次。⑳仁圣：仁爱圣明。

至乎永平之际①，重熙而累洽②，盛三雍之上仪，修衮龙之法服③。辅鸿藻，信景铄④，扬世庙，正雅乐⑤，人神之和允洽⑥，群臣之序既肃。乃动大辂，遵皇衢⑦，省方巡狩，躬览万国之有无[8]，考声教之所被，散皇明以烛幽[9]。然后增周旧，修洛邑[10]，扇巍巍、显翼翼[11]，光汉京于诸夏[12]，总八方而为之极[13]。于是皇城之内，宫室光明，阙庭神丽[14]，奢不可踰，俭不能侈[15]。外则因原野以作苑[16]，填流泉而为沼[17]，发蘋藻以潜鱼[18]，丰圃草以毓兽[19]，制同乎梁邹[20]，谊合乎灵囿。

【注释】

①永平：汉明帝年号（公元五十八年至七十五年）。明帝刘庄，光武帝子。②重熙：更加光明。累洽：更加融洽。③三雍：三雍宫，即辟雍、明堂、灵台。为古代帝王宣明政教讲究礼仪的地方。凡朝会、祭祀、庆赏、选士、养老、教学等大典，均在此举行。上仪：隆重之仪礼。修：整治。衮（gǔn）龙：古代帝王祭祀时所用的饰龙礼服。这里指衣上的装饰。法服：此指礼法所规定的天子标准服。④鸿藻：宏大的文章。鸿，大。藻，文章。信：申，申张。景铄（shuò）：大美。景，大。铄，美。⑤扬：彰明。正：整饬。雅乐：正乐，用来郊庙朝会。⑥神人之和：指所祭祀之庙神与生人的和谐关系。允：诚信，确实。⑦大辂（lù）：天子的车。皇衢：驰道。天子驰走车马的正道。⑧省（xǐng）方：视察四方，用来观民风，设教化。巡狩：古时帝王有巡狩之礼，以尊天重民。天子巡视境内，以了解四方之士，诸侯之政。躬览：亲览。⑨声教：声威和教化。所被：所及。烛：照。⑩增：增建。周旧：周王京城的旧制。指洛邑。周成王都洛邑。⑪扇巍巍：炽盛巍峨。显翼翼：雄伟显赫。⑫光：使发出光。诸夏：指所有的诸侯国。⑬八方：指天下。极：中，中正，准则。⑭皇城：此指洛邑。阙庭：城楼和中庭。⑮侈：超过。⑯外：指皇城外。因：就。作：建筑。苑：苑囿。⑰顺：疏通。⑱发：发荣滋长。蘋藻：二水草名。古人用以祭祀。潜鱼：藏鱼。⑲丰：使丰茂。毓（yù）：养育。圃草：博大茂草。圃，博。⑳制：指外苑的规模体制。梁邹：天子田猎的地方。

若乃顺时节而蒐狩[1]，简车徒以讲武[2]，则必临之以王制[3]，考之以风雅[4]。历驺虞，览驷铁[5]，嘉车攻，采吉日[6]，礼官整仪，乘舆乃出[7]。于是发鲸鱼，铿华钟[8]，登玉辂，乘时龙[9]，凤盖棽丽，龢銮玲珑[10]，天官景从，寝威盛容[11]。山灵护野[12]，属御方神[13]，雨师汎洒，风伯清尘[14]。千乘雷起，万骑纷纭，元戎竟野，戈鋋彗云[15]，羽旄扫霓，旌旗拂天[16]。焱焱炎炎，扬光飞文[17]，吐熖生风，欱野歕山[18]。日月为之夺明，丘陵为之摇震[19]。遂集乎中囿，陈师按屯。骈部曲，列校队[20]，勒三军，誓将帅[21]，然后举烽伐鼓[22]，申令三驱[23]，辅车霆激，骁骑电骛[24]。由基发射，范氏施御[25]，弦不睼禽，辔不诡遇[26]。飞者未及翔，走者未及去[27]。指顾倏忽，获车已实[28]，乐不极盘，杀不尽物[29]。马踠余足，士怒未渫[30]。先驱复路，属车案节[31]。于是荐三牺[32]，效五牲[33]，礼神衹，怀百灵[34]。

【注释】

①顺时节：顺应季节。顺，适应。蒐（sōu）狩：都是田猎名称。春猎为蒐，即搜索择取不孕之兽；夏为苗，即为苗除害；秋为狝。狝，杀，以适应深秋肃杀之气；冬为狩，即围守。②简：检阅，检查。车徒：兵车和步卒。讲武：讲习武事。③临：治理，处置。④风雅：指国风与小雅。风指《驺虞》、《驷铁》。雅指《车攻》、《吉日》。⑤历：览，视。驺虞：《诗·国风》的篇名。驷铁：《诗·国风》的篇名。⑥嘉：美，善。车攻：《诗·小雅》篇名。周宣王会诸侯于东都，因田猎而选车徒，诗人作此赞美其事。采：选择。吉日：《诗·小雅》篇名。⑦礼官：掌礼之官。乘舆：指天子。⑧发：举。鲸鱼：撞钟之杵。因刻作鲸鱼形，因此为名。铿（kēng）：击。⑨玉辂（lù）：玉饰的天子之车。时龙：骏马。马之美者曰龙，毛色随四时变

化，因此称“时”。⑩凤盖：饰有凤凰形的伞盖，为帝王仪仗所用。棽（shēn）丽：飘动的样子。龢銮：皇帝车上的铃。龢，通和。玲珑：铃声。⑪天官：天神。景从：如影随形。景，通影。寖威：壮盛的威仪。寖，盛，壮。⑫护野：于山野护卫天子的车驾。⑬属御：属车之御。属车，天子侍从的车。御，驾御车马的人。方神：四方之神。⑭雨师：司雨的神。汎洒：遍洒。风伯：风神。清尘：进扫清除尘埃。⑮元戎：大型兵车。《诗·小雅·六月》云：“元戎十乘。”《传》云：“元，大也。夏后氏曰钩车……殷曰寅车……周曰元戎。”竞：满，遍。戈鋋（yán）：两种武器名。鋋，铁把短矛。慧：扫。⑯羽旄：雉羽和旄牛尾。这两物著于旗竿之首，以为装饰。⑰焱焱（yàn yàn）：火花。这是说光之盛如火花。炎炎：火之光。扬光飞文：形容武器旌旗发出的光辉和跃动的文彩。⑱吐焰生风：形容武器旌旗挥舞跃动，似吐光而生风。欱（hé）野：吮吸山野之气。歕（pēn）山：喷吐山野之气。⑲夺明：失去光辉。⑳骈：并列。部曲：古时军队的编制单位。《汉书·李广传》：“及出击胡，而广行无部曲行陈。”㉑勒：统领，统率。三军：步、车、骑为三军。警将帅：告诫将帅。㉒举烽：高燃起烽火，作为号令。伐鼓：击鼓为号。㉓申令：发布命令。三驱：古时田猎，一为祭祀祖先，二为进御宾客，三为充君庖厨。㉔輶（yóu）车：轻车。霆激：像迅雷之激发。比喻輶车之快。骁（xiāo）骑：勇猛的骑兵。电骛：驰骋像电速。比喻骁骑之快。㉕由基：即养由基，古代善射者。春秋楚人。蹲甲而射，可以射穿七个箭靶；又去柳叶百步而射，百发百中。范氏：古代善御者。施御：驾车。㉖弦：控弦。指射箭。不睼（dī）禽：不迎面射杀飞禽。睼，通题，前额。辔：揽辔，驾车。㉗去：离开。㉘指顾：一指一瞥之间，形容时间短。倏（shū）忽：时间短促。获车：载猎物的车。㉙极盘：尽乐。盘，乐。㉚踠：屈曲，未发挥出来。淶，亦作泄，发泄，消散。㉛先驱：前驱，为天子清路的车马。属（shǔ）车：皇帝的侍从的车。秦汉以来，皇帝大驾属车八十一乘。案节：顿辔徐行。㉜荐：进献。三牺：祭天地宗庙之牺。㉝效：报答，呈献。五牲：指祭祀时所用的麋、鹿、麏（jūn）、狼、兔。㉞神祇（qí）：指天神与地神。

觐明堂，临辟雍①，扬缉熙，宣皇风②，登灵台，考休征③。俯仰乎乾坤，参象乎圣躬④。目中夏而布德，瞰四裔而抗棱⑤。西荡河源，东澹海漘⑥，北动幽崖，南耀朱垠⑦。殊方别区，界绝而不邻⑧，自孝武之所不征⑨，孝宣之所未臣⑩，莫不陆詟水栗，奔走而来宾⑪。遂绥哀牢，开永昌⑫。春王三朝，会同汉京⑬。是日也，天子受四海之图籍，膺万国之贡珍⑭，内抚诸夏，外绥百蛮⑮。尔乃盛礼兴乐，供帐置乎云龙之庭⑯，陈百寮而赞群后，究皇仪而展帝容⑰。于是庭实千品，旨酒万钟⑱，列金罍，班玉觞，嘉珍御，太牢飨⑲。尔乃食举雍彻，太师奏乐⑳。陈金石，布丝竹㉑，钟鼓铿鍧，管弦烨煜㉒。抗五声，极六律㉓，歌九功，舞八佾㉔，韶武备，太古毕㉕。四夷间奏，德广所及㉖，㑹㑊兜离，罔不具集㉗。万乐备，百礼暨，皇欢浃㉘，群臣醉，降烟煴，调元气㉙。然后撞钟告罢，百寮遂退㉚。

【注释】

①觐（jìn）：诸侯秋朝天子的礼。②缉熙：光明，指光明正大的德行。皇风：天子的风范。③灵台：为汉光武帝所建，位于洛阳故城之南。登此台以望气，考察祥瑞之征兆。休：美善，祥瑞。征：征兆，征验。④俯仰：此指观天地之象。俯，察法于地；仰，观象于天。乾坤：天地。参：参比。象：天地之象。圣躬：皇帝自身，指自身之德。此言皇帝观天地之象，思己之德与天地参合统一。⑤中夏：中国。四裔（yī）：即四夷。四方边远地方的其他民族。⑥荡：动。河源：指黄河之源。澹：动。海漘（chún）：海边。⑦幽崖：即幽都，极北之地。⑧殊方：异域远方。界绝：边界不相连接。邻：毗连。⑨孝武：汉武帝。⑩孝宣：汉宣帝。⑪陆詟（zhé）水栗：詟于陆，栗于水。谓武宣所不征所未臣的四夷之人，迫于明帝之威

德，跋山涉水，恐惧畏怯，来汉臣服。来宾：招来而使之宾服。⑫绥：安抚。哀牢：古时西南少数民族名。永平十二年哀牢王柳貌遣子率种人臣服于汉。永昌：汉郡名。汉以哀牢王之地置哀牢博南二县，合益州郡西南都尉所领六县置永昌郡。位于今云南保山县北一带地。⑬三朝（zhāo）：正月初一，为岁、月、日之始，因称三朝。会同：古时诸侯以事朝见帝王曰会，众见曰同。汉京：指洛阳。⑭图籍：地图与户籍。膺：接受。万国：指各诸侯国。⑮诸夏：指各个诸侯国。绥：与抚同义。百蛮：边远地区的蛮夷。蛮，蛮夷，指少数民族。⑯供帐：供设帷帐。云龙之庭：云龙门的门庭。洛阳有云龙门，以云龙为饰，因以为名。⑰群后：指各个诸侯国之王。究：尽。⑱庭实：天子宴请诸侯的食物充满帝庭。旨酒：美酒。钟：酒器。⑲金罍（léi）：酒器。班：列，等次。玉觞（shāng）：玉制的酒杯。御：进用。太牢：指牛。⑳食举：进食的时候举乐。雍彻：乐名。太师：古时乐官之长。㉑金石：此指钟磬之类的乐器。㉒铿鍧（kēng hōng）：钟鼓的声音。烨煜（yè yù）：形容乐声的盛大热烈。㉓抗：举。六律：指古乐黄钟、太蔟、姑洗、蕤宾、夷则、无射。阳为律，阴为吕。阴则为大吕、应钟、南吕、林钟、小吕、夹钟。㉔九功：六府三事之功。据《尚书·大禹谟》："九功惟叙。"《疏》："养民者使水、火、金、木、土、谷此六事惟当修治之；正身之德，利民之用，厚民之生，此三事惟当谐和之。"九功之德皆可歌。八佾（yì）：古时天子之乐。佾，舞列。八八一列，八八六十四人。㉕韶武：韶，传说由舜所做乐曲名。武，颂武王克殷乐曲名。太古：指上古之乐。毕：尽。此言古今之乐皆奏于此。㉖四夷：此指四方夷人之乐。间奏：交替而奏。德广所及：此指明帝仁德影响所及的夷人之乐。㉗僸（jìn）休（mèi）兜离：都是四夷的乐名。罔：无。具集：指四夷之乐都集在洛邑。㉘暨：至，尽。浃（jiā）：沾润，影响。㉙煴烟（yīn yūn）：天地间的蒸气。元气：指人的精神。㉚撞钟：敲击钟鼓，以作号令。

于是圣上睹万方之欢娱，又沐浴于膏泽①，惧其侈心之将萌，而怠于东作也②。乃申旧章，下明诏③，命有司，班宪度④，昭节俭，示太素⑤。去后宫之丽饰，损乘舆之服御，抑工商之淫业，兴农桑之盛务⑥。遂令海内弃末而反本，背伪而归真。女修织纴，男务耕耘⑦，器用陶匏，服尚素玄⑧。耻纤靡而不服，贱奇丽而弗珍⑨，捐金于山，沉珠于渊⑩。于是百姓涤瑕荡秽，而镜至清⑪，形神寂漠，耳目弗营⑫，嗜欲之源灭，廉耻之心生。莫不优游而自得，玉润而金声。是以四海之内，学校如林，庠序盈门⑬，献酬交错，俎豆莘莘⑭，下舞上歌，蹈德咏仁⑮。登降饫宴之礼既毕⑯，因相与嗟叹玄德⑰。谠言弘说，咸含和而吐气⑱，颂曰，盛哉乎斯世⑲。

【注释】

①沐浴：受惠，享受恩泽。膏泽：恩惠。②东作：指农耕。据《尚书·尧典》："寅宾日出，平秩东作。"《传》："岁起于东，而始就耕，谓之东作。"③明诏：圣明的诏书。此指劝农之诏。④有司：主管官吏。班：遍及，颁布。⑤太素：朴素。⑥淫业：此指末业，工商业。盛务：此指农桑之务。⑦织纴（rèn）：纺织。纴，织机。⑧陶匏（páo）：陶，瓦器；匏，瓠，葫芦。素玄：白和黑的颜色。此指朴素的衣服。⑨纤靡（mǐ）：指精细美好的衣饰。贱：以之为低贱，鄙视。弗珍：不珍惜，不稀罕。⑩捐：抛弃。⑪涤暇（xiá）：清除污点。瑕，玉上的斑点，喻过失。镜：照，借鉴，警戒。至清：即太清，指天地间的无形无穷的元气，比喻天道自然。⑫寂漠：指涤除尘虑，解脱嗜欲，是一种虚静的心理状态。弗营：不迷惑。⑬庠序：地方设的学校。盈门：挤满门庭。形容学生多。盈，满。⑭献酬：饮酒时的进献与酬答。俎（zǔ）豆：两种礼器。莘莘（shēn shēn）：众多的样子。⑮下舞：在下列的人舞蹈。上歌：在上座的人讴歌。蹈德：用舞蹈赞美仁德。咏仁：歌咏仁义。⑯登降：揖让。饫（yù）宴：指饮酒之礼。不脱鞋升堂称为饫，脱鞋而上坐者称为宴。⑰玄德：自然无为的品德。玄，玄远，自然无为之道。⑱谠（dǎng）言：美言。弘说：宏论，大道理。含和：内心怀有中和的德。吐气：吐纳天地的元气。⑲盛：盛大，兴旺。斯

世：这个时代。指永平之世。

今论者但知诵虞夏之书①，咏殷周之诗②，讲羲文之易③，论孔氏之春秋，罕能精古今之清浊④，究汉德之所由⑤。唯子颇识旧典，又徒驰骋乎末流⑥。温故知新已难，而知德者鲜矣。且夫僻界西戎，险阻四塞，修其防御，孰与处乎土中⑦，平夷洞达，万方辐凑⑧？秦岭九嵕⑨，泾渭之川⑩，曷若四渎五岳⑪，带河泝洛⑫，图书之渊⑬？建章甘泉，馆御列仙⑭，孰与灵台明堂，统和天人⑮？太液昆明，鸟兽之囿⑯，曷若辟雍海流，道德之富⑰？游侠逾侈，犯义侵礼⑱，孰与同履法度翼翼济济也？子徒习秦阿房之造天⑲，而不知京洛之有制也⑳；识函谷之可关，而不知王者之无外也㉑。

【注释】

①但：只。虞夏之书：指《尚书》。②殷周之诗：指《诗经》。③羲文之易：指《易经》。④古今：古，此指赋开头所谓“唐统”，即唐尧的传统；今，指“汉绪”，即汉光武和汉明帝的典章制度和礼乐教化。清浊：演变。⑤汉德：此指光武和明帝的礼乐教化。所由：由来，渊源。⑥子：指西都宾。⑦孰与：哪赶得上。土中：大地的中心。此指东都洛阳。⑧辐凑：像车辐之凑集于车毂。⑨秦岭：即终南山。位于今陕西省境南。九嵕（zōng）：山名。位于今陕西省醴泉县东北。有九峰耸峻。山之南麓，即咸阳北坂。⑩泾渭：泾水和渭水。泾上游发源在平凉与华亭，至泾川汇合，东南流至陕西彬县，再折而东南至高陵南入渭水。渭为黄河主要支流之一。发源在甘肃渭源县鸟鼠山，东南流至清水县，入陕西省境，横贯渭河平原，东流至潼关，入黄河。⑪曷若：何如。四渎（dú）：指长江、黄河、淮河、济水。古时以其各自单独入海，故曰“渎”。五岳：指中岳嵩山，东岳泰山，西岳华山，南岳衡山，北岳恒山。⑫带河：夹带黄河。泝（sù）洛：上溯洛水。泝，同溯，逆水而上。洛，洛河，源出于陕西洛南县西北部。东入河南，经洛阳，到巩县的洛口，流入黄河。⑬图书：指河图洛书。河图，即八卦，汉儒认为帝王圣者受命之瑞。传说出于黄河。洛书，即《洪范》九畴。传说为天赐夏禹之书，出于洛水。渊：渊薮，来源。⑭建章：指建章宫，汉武帝太初元年建，在未央宫西，位于今陕西长安县西。甘泉：甘泉宫，秦始皇廿七年建甘泉前殿。武帝建元中增广之，建通天、高光、迎风诸殿。馆御：住宿，招待。列仙：众仙。⑮灵台：汉台名。位于长安西北，为观测天象之所。明堂：古代帝王宣明政教的地方。凡朝会、祭祀、庆贺、选士、养老、教学等大典，都在此举行。天人：指天意人事的关系。⑯太液：汉池名。位于今陕西省长安县西。汉武帝于建章宫北治大池。周围十顷，以其所及甚广，因此得名。昆明：汉池名。汉武帝元狩三年象昆明滇池，于长安近郊穿地建之。池周围四十里，广三百三十二顷。以此习水战，打通往身毒之路。鸟兽之囿：畜养鸟兽的苑囿。此指上林苑。⑰辟雍：汉宣扬政教的地方。⑱逾侈：过度奢侈。⑲阿房：秦宫名。造天：至天。极言其高。⑳京洛：即东都洛阳。东周、后汉都建都洛阳，故为京洛。制：制度。㉑函谷：函谷关。位于今河南省灵宝县南，为秦之东关。关城在谷中，深险如函，故名。关：关口，关门。王者：靠仁义治理天下的君主。无外：指仁德教化的影响深广而无限制。以上将东西都做出比较，西重奢侈，东重礼义。

主人之辞未终，西都宾矍然失容①，逡巡降阶，惵然意下②，捧手欲辞③。主人曰：复位。今将授子以五篇之诗。宾既卒业④，乃称曰：美哉乎斯诗！义正乎扬雄，事实乎相如⑤，非唯主人之好学，盖乃遭遇乎斯时也⑥。小子狂简，不知所裁⑦，既闻正道，请终身而诵之⑧。其诗曰：

【注释】

①矍（jué）然：惶恐的样子。②逡（qūn）巡：退开，退去。恷（dié）然：畏惧的样子。③捧手：拱手，以示敬意。④卒业：诵读完毕。⑤事：记叙的事物。⑥非唯：不只是。主人：此指东都主人。⑦小子：西都宾自称。狂简：志大而于事疏略。裁：裁制，节制。⑧正道：指主人所授之诗。

明堂诗

於昭明堂，明堂孔阳①。圣皇宗祀，穆穆煌煌②。上帝宴飨，五位时序③。谁其配之？世祖光武④。普天率土，各以其职⑤。猗欤缉熙，允怀多福⑥。

【注释】

①孔：很，甚。②圣皇：此指汉明帝。宗祀：祭祀祖先。这里指祭祀光武帝于明堂。穆穆：庄严盛美。煌煌：光辉灿烂的样子。③上帝：指天帝太一。宴飨：指神灵享用祭祀的酒食。飨，同享。五位：指五方之神，天帝太一的辅佐之神五帝，即苍帝灵威仰，赤熛帝常怒，黄帝含枢纽，白帝白招拒，黑帝汁光纪。时序：各得其位次。时，通是。④配：配享。⑤率土：疆域以内。⑥猗（yī）欤：感叹词。缉熙：光明。允：诚信，确实。怀：来，致。

辟雍诗

乃流辟雍，辟雍汤汤①。圣皇莅止，造舟为梁②。皤皤国老，乃父乃兄③。抑抑威仪，孝友光明④。於赫太上，示我汉行⑤，洪化惟神，永观厥成⑥。

【注释】

①流：指环绕辟雍的流水，象征汉朝的教化流布四方。汤汤（shāng）：水波激荡的样子。②莅止：临止。造舟为梁：编舟船作为桥梁。造，编，连接。梁，桥梁。③皤皤（pó pó）：老人头发斑白的样子。国老：辞官归去的卿大夫。④抑抑：谦谨的样子。孝友：敬顺父母为孝，爱护兄弟为友。⑤太上：天子。汉行：大汉的德行。⑥厥：其。

灵台诗

乃经灵台，灵台既崇。帝勤时登，爰考休征。三光宣精，五行布序①。习习祥风，祁祁甘雨②。百谷蓁蓁，庶草蕃庑③。屡惟丰年，於皇乐胥④。

【注释】

①三光：指日、月、星。宣精：散发光辉。宣，疏通，散发。精，光辉。五行：指金木水火土。②习习：和煦的样子。祁祁：和顺的样子。③蓁蓁（zhēn zhēn）：繁盛的样子。庶草：百草。蕃庑（wǔ）：滋长茂盛。④屡：数次。乐胥：高兴。胥，语助词。

宝鼎诗

岳修贡兮川效珍，吐金景兮歊浮云①。宝鼎见兮色纷缊，焕其炳兮被龙文②。登祖庙兮享圣神，昭灵德兮弥亿年③。

【注释】

①岳：高大的山。修：治，生长。歊（xiāo）：气上升，升腾。②纷缊（yùn）：纷繁，繁盛。炳：光辉灿烂。③登：升。祖庙：世祖（光武）之庙。享：进享。圣神：指天地之神。弥：终。

白雉诗

启灵篇兮披瑞图，获白雉兮效素乌[①]。嘉祥阜兮集皇都，发皓羽兮奋翘英[②]。容絜朗兮于纯精[③]。彰皇德兮侔周成，永延长兮膺天庆[④]。

【注释】

①灵篇：即瑞图。披：披览。②阜：盛多。翘英：白如玉色的尾巴。③容：指鸟的仪容。絜（jié）朗：清洁明朗。纯精：形容鸟的羽毛毫无杂色。④彰：明，宣扬。皇德：明帝的仁德。皇，此指汉明帝。侔（móu）：相等。周成：即周成王，武王子，名诵。即位年幼，周公摄政，制礼作乐，营东都洛邑。传成王时越裳献白雉。因谓之侔。膺：受。天庆：天降之福。

【译文】

东都主人喟然长叹，说道："风俗真能影响人们的观念。先生确属秦地之人，只知道炫耀壮丽的宫殿，仗恃险固的河山，虽然理解昭襄与始皇，但先生哪里知道大汉的成就光辉灿烂！大汉王朝之开始创建，高祖由平民登上金銮宝殿，经过多年苦战建立了巩固的政权，这是六经所未能记载，前圣所不曾言传。当此之时，高祖进攻横暴的秦王而应天命，讨伐叛乱反逆以顺民心，娄敬衡量时局而建议定都长安，萧何根据形势而兴建壮丽宫殿，这难道是出于奢侈享乐的欲念？全都是形势所迫而不得不然。先生非但认识不到这一点，反把后代求仙、奢侈等事炫耀称赞，岂不是显得过分愚暗？现在，我告诉先生建武时期的政治，永平年间的政事，使先生知道为政应顺应天道并适应自然，以改变先生的糊涂观念。

"昔日王莽作乱篡汉，大汉皇统因此中断，天意人心皆欲诛灭，天下百姓共讨国贼。当时战乱连接，生民几乎死尽，鬼神都将泯绝；沟壑白骨累累全无棺椁收敛，城郭房屋荡然只余断瓦残砖，尸体铺满郊原，鲜血流于谷川。秦、项所造灾祸，未能及此一半，但自有文字以来，从未载此大难。下民哭诉上天，天帝观察人间，传命于圣皇光武。圣皇手持天降之祥符，阐释地现之瑞物，披览皇图，考察帝书；

"在光武帝建武初年，天下革命而重新改变。四海之内，夫妇之道重造，父子之礼始全，君臣之义初建，人伦从此开了新篇，像伏羲氏一样把皇德的基础铺奠。划分州土城池，建立邑镇集市，制作舟船车舆，制造器械用具，这就是轩辕氏所以开创皇业的措施。恭谨地代替上帝惩罚叛逆，适应天命而顺从人意，这乃是商汤、周武宏扬帝业的义举。迁都改邑，有殷王盘庚中兴的准则为据；建都中土，有西周成王隆盛的榜样可依。不凭分封之地与世袭之权，光武与高祖同受符命于苍天；克己复礼而始终遵行，光武与文帝同样地恭敬而谨严；效古法据古礼，刻石碑封泰山，光武与汉武同样礼仪光灿。遵六经而与古帝比较德义，观往昔而与先贤论列功绩。仁圣之事既周全，帝王之道也完备。

"至于明帝永平之际，则越加光明越加协和。于三雍宫举行隆重典礼，明帝将绣龙的礼服穿着。铺叙宏伟的文章，发扬光辉的美德。传颂世祖的庙号，端正庙堂的雅乐。人神的关系的确协和，群臣之序列又很肃穆。于是车驾出动，沿着康庄的皇衢；巡视四方，考核守牧。观览万邦的民风习俗，考察教化的普及程度；广布帝王的神明，照亮幽远的区域。然后扩充周代京城的旧制，增修洛阳的宫室，宏扬巍峨的雄姿，展现雄伟的气势，向藩国显耀汉京的光彩，让它成为统领八方的标志。于是皇城之内，宫室光明，城阙门庭，壮丽神圣，豪华处不越法度，俭朴处也不过分。皇城之外，就原野而建苑囿，疏流泉而为沼湖，蘋藻繁盛以藏鱼，圃草丰茂而养兽，体制同于梁邹，意义合乎灵囿。

“如果顺应时节而猎禽兽，检阅车卒而习武事，则必定按照《礼记》中的《王制》，参考《风》、《雅》中有关田猎的诗。观《驺虞》，阅《驷铁》，赞《车攻》，择《吉日》，礼官整饬威仪，车驾方才出行。于是举起鲸鱼形的钟杵冲撞，铸有篆文的华钟发出巨响，登上用玉装饰的宝车，乘坐六匹骏马所拉的猎车，绣凤的伞盖随风飘动，行进的车马銮铃叮咚，百官小吏像影一般跟从，寝息兵威而隆盛礼容。山林之神在原野护卫，四方之神驾车跟随，雨师遍洒道路，风伯扫除尘灰。千辆兵车起动如雷，上万骑兵你进我随，巨型战车在郊野布满，长戈短矛遮蔽了云天，羽旄上扫霓虹，旌旗掠过苍穹。刀矛挥动只觉火花闪亮，旗帜飘荡但见文彩飞扬，刀枪耀空如喷吐光焰，车马奔过似长风翻卷。山岳和着平野，清气随着回旋。日月因而暗淡，丘陵为之震撼。于是苑囿的中央，集中了全部兵将。部曲相并陈，校队列成行。布置了三军，告戒了将领。然后燃起烽火，战鼓轰鸣，宣布田猎按“三驱”的原则进行。轻车如迅雷激震，骁骑如闪电穿云。由基般的射手弯弓搭箭，范氏般的驭手驾车疾行，不射杀迎面逃来的惊惶之兽，不射杀侧面飞过的恐惧之禽。朝前逃的鸟刚刚起飞就中箭坠落，朝前奔的兽未跑多远就受伤难行。指手弹挥之间，获车已经满盈。寻欢而不极乐，猎物而不杀尽。骏马尚有余力，士卒锐气犹存。先驱已上归途，属车缓缓随行。于是向天地宗庙把三牺进呈，还献上麋鹿麏狼兔等五牲，不仅敬礼天神地祇，而且招徕各种神灵。

“接见诸侯于明堂，宣布政教于辟雍，发扬光明之盛德，显示圣君之仁风。登上高入云端的灵台，考察天降瑞物的吉征，仰观上天又俯看大地，反思皇德是否与天地合一。观览中国而广施仁德，眺望四边而远扬神威，西荡黄河源头，东震大海之滨，北动幽深山崖，南耀红土之境。直到异域殊方，边界隔绝而不相邻之邦；武帝所不曾征讨，宣帝所未能归降，无不既畏又敬，水陆兼程，奔赴中国而俯首称臣。于是哀牢倾服，永昌归顺，春天诸侯朝觐，一齐会聚洛京。这一天，明帝接受四海所呈之版图户籍，受纳万国所贡的异宝奇珍，内安华夏诸侯，外抚蛮邦夷民。继而盛陈礼乐之器，供奉于云龙之庭。百官引各藩王入宫，先行朝觐的礼仪，后瞻君主的圣容。宫庭满陈佳肴千种，美酒万钟，金罍列成队，玉杯排成行，将美味尽用，把三牲遍赏，进餐伴以《雍徹》之乐声，乐师指挥演奏的进行。陈列编钟编磬，布置琴瑟箫笙，钟鼓之声庄重悠永，管弦之声激越热情，五声高奏，六律弹尽，《九功》的歌声嘹亮入云，《八佾》的舞姿优美动人；《韶乐》、《武乐》尽奏，太古之曲毕陈；四夷之乐穿插其间，因大汉声威影响遥远，《僸佅》、《兜离》等曲也来此助欢。万种音乐齐备，行完百种礼仪，皇帝愉悦，群臣沉醉，此时天降烟煴，调和人间元气。然后撞钟宣告礼毕，百官方才谢恩退去。

“君王见万方如此欢乐，享受着上天赐予的恩泽，惟恐奢侈之心萌生，而怠慢于田间劳作。于是重申旧有的制度，下达圣明的诏书，命令有关的臣僚，把具体的章程宣布，崇尚节俭，表彰朴素。摒除后宫的奢侈装饰，减少乘舆的车服用物；贬抑工商之末业，振兴农桑之要务；于是天下百姓弃工商而重农耕，背虚伪而归真诚。妇女精于织纴，男子勤于耕耘；采用陶罐、葫芦等质朴器皿，选择颜色素淡的俭朴衣裙；轻视华美的衣裳而不穿着，鄙弃奇丽的饰品而不以为珍；弃金于山，沉珠于渊。于是百姓涤净污秽观念，取法于天道自然；形神保持澹泊宁静，耳目不为外物浸染。嗜欲之根源去净，廉耻的思想产生。万民之心情优游乐业，自得自尊；万民之品德如玉之润，似金之声。因此，四海之内学校如林，青年学子济济盈门。进献酬答之礼仪往来交错，俎豆之类的礼器陈列繁多，堂下的学子起舞，堂上的师尊咏歌，舞蹈颂扬帝功，歌声赞美仁德。尊卑饮宴之礼已毕，赞叹圣德具备的皇帝。各人陈述良言宏议，内怀中和之

德，吐纳天地元气。最后齐声高颂：多么伟大啊，这圣明的时期！

“如今论者只知诵虞夏之《书》，咏殷周之《诗》，讲伏羲、文王之《易》，论孔丘之《春秋》，很少能通古今之演变，探汉德之渊源。先生对过时的旧章陈典颇有钻研，对往日的奢侈风气又很迷恋，温故知新已属不易，想知当今盛德就更为困难。况且长安与西戎相连，位置偏处西部，四面关塞险阻，借以作为防御，怎比得上东都，居于大地中部，平旷通达，万方归服，有如车轮辐条，都集中于车毂？西都依傍秦岭、九嵕之山，挟带泾水、渭水之川，怎比得上东都四河贯穿，五岳岿然，河图、洛书之瑞，都在水中显现？西都的建章、甘泉，接纳众神列仙，怎比得上东都的灵台、明堂，是宣扬教化之宫，统和天人之殿？西都的太液、昆明之池沼，畜养鸟兽之囿苑，怎比得上东都之辟雍，环水既深且宽，象征道德之富，如同四海无边？西都之游侠逾法越纪，犯礼侵义，怎比得上东都之人共守国家法纪，都有谦恭容仪？先生只知道阿房宫高耸入云，哪里知道东都的制度无比昌明；先生只知道函谷关可以封锁，哪里知道王道的威力无往不胜！”

东都主人的话尚未说完，西都宾客惶恐得变了容颜。他退席下了阶沿，情绪异常低沉，拱手告辞欲还。东都主人说道：“请回来坐下，我将告诉你颂诗五篇。”宾客既已听完，不禁连声称赞：“多美好啊，这些诗篇！意义比扬雄之赋更正，内容比相如之赋更真，不仅是由于主人有丰富学问，更主要的还在于是时代的真实反映。小子志虽大而才鲁钝，不知浅深，已闻诗中所言的正道，定将把它吟诵一生！”

其诗为：

明堂诗

啊！灿烂的明堂，是多么明朗。圣皇祭祀祖先，礼仪庄严辉煌。上帝亲临宴会，五神依次就位。有谁可以作陪？世祖光武皇帝。天下所有诸侯，各尽自已职守。啊，盛德无比光明，必致无限幸福。

辟雍诗

辟雍环绕清流，碧波滚滚滔滔。圣皇亲临雍宫，连接舟船成桥。国老德高望重，有如慈父仁兄。圣皇仪容谦诚，孝友之心光明。啊！显赫光耀的圣君，大汉道德的典型。德化万民如神，必定大功告成。

灵台诗

灵台既已建成，楼台高耸入云。明帝经常登临，考察瑞物吉征。日月星辰明丽，五行井然有序。轻拂的祥风和煦，飘洒舒缓的甘雨。田畴的百谷繁荣，郊原的众草茂盛。连年都获丰收，啊，圣皇是多么欢欣！

宝鼎诗

山岳生产贡品啊，河水献出奇珍。山川放射金光啊，升起朵朵祥云。王洛山发现宝鼎啊，色彩纷呈而交映。焕发灿烂的光辉啊，布满美丽的龙文。进奉宗庙殿堂啊，献于祖先神灵。显示先皇圣德啊，亿年永播清芬。

白雉诗

翻开灵篇啊观看皇图，获取白雉啊献上素乌。不少祥瑞啊集于京城，展翅翘尾啊白如玉英。颜色光洁啊剔透晶莹，显示皇德啊可配周成。千年万载啊受天之福荫！

西京赋

张平子

有凭虚公子者①，心奓体忲②，雅好博古③，学乎旧史氏④，是以多识前代之载⑤。言于安处先生曰⑥：夫人在阳时则舒⑦，在阴时则惨⑧，此牵乎天者也⑨；处沃土则逸，处瘠土则劳，此系乎地者也。惨则鲜于欢，劳则褊于惠⑩，能违之者寡矣⑪。小必有之⑫，大亦宜然⑬。故帝者因天地以致化⑭，兆人承上教以成俗⑮。化俗之本，有与推移⑯。何以核诸？秦据雍而强⑰，周即豫而弱⑱，高祖都西而泰⑲，光武处东而约。政之兴衰，恒由此作⑳。先生独不见西京之事欤？请为吾子陈之：

【注释】

①凭虚公子：赋中虚构的人物。②心奓（chǐ）：欲望过大。奓，通侈。体忲（tài）：奢侈过度。③雅好：本来喜好。雅：素。④旧史氏：即太史，掌文书、典籍、图谱等历史文献的史官。⑤识（zhì）：记住。载：指书籍。⑥安处先生：赋中虚构的人物。⑦阳时：指春夏之时。⑧阴时：指秋冬之时。惨：忧郁，悲伤。⑨牵：关系。⑩褊：少。惠：施恩。⑪违：背离。⑫小：指庶民百姓。⑬大：指帝王。⑭致化：施行教化。⑮兆人：指百姓。兆，古时以百亿为兆，极言其多。承：顺承，接受。⑯推移：变化。⑰雍：州名。古九州之一。包括今陕西中部、北部，甘肃（除去东南部）、青海东南部和宁夏回族自治区一带地方。⑱即：往就。豫：州名。古九州之一。周即豫，此指周平王迁都洛邑。⑲泰：骄纵，奢侈。⑳作：起。

汉氏初都，在渭之涘①。秦里其朔②，实为咸阳③。左有崤、函重险④、桃林之塞⑤，缀以二华⑥。巨灵赑屃⑦，高掌远跖⑧，以流河曲，厥迹犹存。右有陇坻之隘⑨，隔阂华、戎⑩，岐、梁、汧、雍⑪，陈宝、鸣鸡在焉⑫。于前则终南、太一⑬，隆崛崔崒⑭，隐辚郁律⑮，连冈乎嶓冢⑯，抱杜含鄠⑰，欱沣吐镐⑱，爰有蓝田珍玉⑲，是之自出。于后则高陵平原⑳，据渭踞泾㉑，澶漫靡迤㉒，作镇于近㉓。其远则九嵕、甘泉㉔，涸阴冱寒㉕，日北至而含冻㉖，此焉清暑㉗。尔乃广衍沃野㉘，厥田上上㉙，实惟地之奥区神皋㉚。昔者大帝悦秦穆公而觐之㉛，飨以钧天广乐㉜，帝有醉焉。乃为金策㉝，锡用此土㉞，而翦诸鹑首㉟。是时也，并为强国者有六，然而四海同宅西秦㊱，岂不诡哉㊲！

【注释】

①渭：水名。黄河主要支流之一。源出于甘肃渭源县西北鸟鼠山，东南流至清水县，入陕西省境，横贯渭河平原，东至潼关县，流入黄河。涘（sì）：河岸。②里：居。朔：北。③实：是。咸阳：古都邑名。位于今陕西咸阳市东北二十里。公元前三五〇年秦孝公自栎阳迁都于此。④左：东。崤（yáo）：山名。位

于今河南洛宁西北六十里。山势险要。函：指函谷关。位于今河南灵宝县东北。因关在谷中，深险如函而得名。⑤桃林：又名桃林塞、桃原或桃园。位于今河南灵宝县以西、陕西潼关县以东地区。塞：边界险要的地方。⑥缀：连接。二华：指太华山与少华山。都在陕西东部。⑦巨灵：河神。贔屓（bì xì）：用力的样子。⑧高掌远蹠（zhí）：古代传说，太华、少华本为一山，因其挡住河水，河神巨灵用手擘开其上方，用脚踹开其下方，中分为二，于是河水不再绕道而流。⑨右：西。陇坻（dǐ）：陇山的别称。又名陇坂。在六盘山南段，位于今陕西陇县至甘肃平凉一带。山势险峻，为陕甘要隘。坻，山的斜坡。隘：险要狭窄之地。⑩隔阂（hé）：阻绝，不相通。华：华夏。戎：古代对我国西部少数民族的泛称。⑪岐：山名。位于在陕西岐山县东北。梁：山名。位于陕西韩城县境，接邻阳县界。汧（qiān）：山名，即岍山。位于陕西陇县西南。雍：山名。位于陕西。⑫陈宝、鸣鸡：据《史记·封禅书》载：秦文公获若石，于陈仓北阪上城中祭之。其神来时常在夜晚，光辉如流星。集于所祠之城，如雄雉。其声殷殷，野鸡夜鸣。于是用一太牢祭之，名曰“陈宝”。⑬终南：山名。秦岭山峰之一，位于陕西西安市南，又称南山。太一：也写作太乙、太壹。终南山之主峰，位于陕西武功县境。⑭隆崛：高起、突出的样子。崔崒（zú）：高大险峻的样子。⑮隐辚：高峻。郁律：深远。⑯冈：山脊。嶓（bō）冢：山名。位于陕西强宁县北。⑰抱：含：都是围裹、包含的意思。杜：指杜陵。位于今陕西西安市东南。秦时置杜县。汉宣帝在此筑陵，改名杜陵。鄠（hù）：县名。位于今陕西中部。⑱欱（hē）：吮吸。这里指流入。沣（fēng）：水名。源出于陕西秦岭山中，北流至西安市西北，纳潏水，分流注入渭水。吐：流出。镐（hào）：通滈，池名。位于今陕西西安市丰镐村西北。⑲蓝田：县名。位于陕西渭河平原南缘、秦岭北麓，县东有蓝田山，产美玉，因此又称玉山。⑳高陵：高的山丘。㉑据：靠，依托。踞：凭倚。泾：水名。渭河支流，位于陕西中部。源出于宁夏回族自治区南部六盘山东麓，东南流经甘肃省，到陕西高陵县境入渭河。㉒澶（dàn）漫：平坦宽广。靡迤（yǐ）：连绵不绝的样子。㉓镇：镇守。㉔九嵕（zōng）：山名。位于陕西醴泉县东北。有九峰高耸。甘泉：山名。位于陕西淳化县西北，山上建有秦、汉皇帝的离宫，谓之甘泉宫。㉕涸阴：指极北的地方。冱（hù）寒：严寒封冻的景象。冱，藏闭。㉖北至：即夏至。㉗清暑：避暑。㉘广衍：宽广绵长。㉙上上：据《尚书·禹贡》言雍州“厥田惟上上”。指土地为最上等。㉚奥区：内地，腹地。神皋：神灵之地，皋，水边高地。这里泛指关中山川土地。㉛大帝：天帝。秦穆公：春秋时秦国君。为春秋五霸之一。觐（jìn）：会见。㉜飨（xiǎng）：赏赐。钧天广乐：神话中天上的音乐。钧天，上帝居处。㉝金策：金书。策，策书，古代命官、授爵、赐土，用以为符信。㉞锡：赐给。㉟蔚：尽，全。鹑（chún）首：星次名。指朱雀七宿中的井、鬼二宿。古时根据天上星宿的位置划分地面上相应的区域，称为分野。鹑首为秦的分野，指秦地。㊱宅：居。㊲诡：怪，异。

自我高祖之始入也，五纬相汁[①]，以旅于东井[②]。娄敬委辂[③]，干非其议[④]。天启其心[⑤]，人恭之谋[⑥]。及帝图时[⑦]，意亦有虑乎神祇[⑧]，宜其可定[⑨]，以为天邑[⑩]。岂伊不虔思于天衢[⑪]？岂伊不怀归于枌榆[⑫]？天命不滔[⑬]，畴敢以渝[⑭]？于是量径轮[⑮]，考广袤[⑯]；经城洫[⑰]，营郭郛[⑱]。取殊裁于八都[⑲]，岂启度于往旧[⑳]！乃览秦制[㉑]，跨周法[㉒]。狭百堵之侧陋[㉓]，增九筵之迫胁[㉔]。正紫宫于未央[㉕]，表峣阙于阊阖[㉖]。疏龙首以抗殿[㉗]，状巍峨以岌嶪[㉘]。亘雄虹之长梁[㉙]，结棼橑以相接[㉚]。蒂倒茄于藻井[㉛]，披红葩之狎猎[㉜]。饰华榱与璧珰[㉝]，流景曜之韡晔[㉞]。雕楹玉碣[㉟]，绣栭云楣[㊱]。三阶重轩[㊲]，镂槛文棍[㊳]。右平左墄[㊴]，青琐丹墀[㊵]。刊层平堂[㊶]，设切厓隒[㊷]。坻崿鳞眴[㊸]，栈齴迤崄[㊹]。襄岸夷涂[㊺]，修路峻险[㊻]。重门袭固[㊼]，奸宄是防[㊽]仰福帝居[㊾]，阳曜阴藏[㊿]。洪钟万钧[51]，猛虡趪趪[52]。负笋业而余怒[53]，乃奋翅而腾骧[54]。朝堂承东[55]，温调延北[56]。西有玉台[57]。联以昆德[58]。嵯峨崨嶫[59]，罔识所则[60]。若夫长年神仙[61]，宣室玉堂[62]；麒麟朱鸟[63]，龙兴含章[64]。譬众星之环极[65]，叛赫戏以辉煌[66]。正殿路寝[67]，用朝群辟[68]。大夏耽耽[69]，九户开辟[70]。嘉木树庭[71]，芳草如积[72]。高门有闶[73]，列坐金狄[74]。

【注释】

①五纬：金、木、水、火、土五大行星的总名。汁（xié）：通协，协和，和谐。②旅：排列。东井：星名。即井宿。③娄敬委辂：据《汉书·郦陆朱刘叔孙传》：娄敬，齐人，以戍陇西过雒阳，高祖在此，时娄敬正在挽车。于是，他放下车，执意要见高祖，劝说他建都长安。高祖被他所说服，赐姓刘氏，拜为郎中，号奉春君。委，放弃；辂，绑在车辕上以备人牵挽的横木。此指车。④干（gān）：纠正。非：批驳，否定。议：此指劝汉高祖建都洛阳的议论。⑤天启：上天的启示。此指五星聚于东井。⑥惎（jì）：启发，教导。人惎之谋，指娄敬之谋。⑦帝：此指高祖刘邦。图：谋划。⑧神祇（qí）：天地之神。此指上天的启示、征兆。⑨宜：适合。⑩天邑：帝都。⑪虔：恭敬。天衢（qú）：天路。这里指洛阳。衢，四通八达的大路。⑫枌（fén）榆：汉高祖为丰邑枌榆乡人，开始起兵时祷于枌榆神社。后用枌榆为故乡的代称。⑬滔：通谄，疑惑。⑭畴：谁。渝：变更，违背。⑮径轮：指直径和圆周。⑯广袤（mào）：宽广。东西为广，南北为袤。⑰洫：护城河。⑱郭郛（fú）：外城。郛，即郭。⑲裁：体制，格局。八都：八方的都邑。⑳启：开。㉑览：观看。此有参考的意思。㉒跨：超过。㉓百堵：相传周宣王中兴，修复宫室，筑墙百堵。㉔九筵：据《周礼·考工记》，周代明堂九筵。筵，长宽各九尺。㉕紫宫：紫微宫。天帝的居室。迫胁：狭窄。薛综注："天有紫微宫，王者象之。"㉖表：外立。峣（yáo）：高。阙：宫殿前的高建筑物。阊阖（chāng hé）：宫的正门。㉗疏：平整，清理。龙首：山名。位于陕西长安县北。抗：高举。㉘岌嶪（jí yè）：高耸的样子。㉙亘：横贯。雄虹：即彩虹。相传虹有雄雌之别，色艳者为雄虹。㉚棼（fén）：屋栋。橑（lǎo）：屋椽。㉛蒂：花或瓜果跟枝茎相连的部分。茄（jiā）：荷梗。藻井：我国古建筑中顶棚上的一种装饰处理。一般做成方井形、多边形或圆形的凹面，上面绘有荷菱等各种彩饰图案或雕刻。㉜披：散。葩（pā）：花。狎猎：重接层叠。㉝华榱（cuī）：彩椽。榱，椽子。璧珰（dāng）：屋椽上的装饰。珰，即瓦当，椽头的装饰。㉞景：光亮。曜：闪耀。韡（wěi）晔：光明盛美的样子。㉟楹（yíng）：堂前的柱子。磶（xì）：柱脚石。㊱绣：华丽、精美。栭（ér）：即斗栱。云楣：绘有云形图案的横梁。楣，即二梁。㊲重轩：重叠的平台，指殿宇之高。轩，殿堂前檐下的平台。㊳槛（jiàn）：栏杆。文：彩色交错。棍（pí）：屋檐的前板。㊴墄（cè）：台阶的齿磴。㊵青琐（suǒ）：宫门上雕刻的青色图纹。此指宫门。琐，门窗上所雕刻或绘画的连环形花纹。丹墀（chí）：宫殿前的石阶，漆成红色，因此称丹墀。㊶刊：削除。层：累起。堂：高。这里指山上的殿基。㊷设切：安置、镶嵌石头。切通砌。厓隒（yǎn）：都是山边。此指堂基的边缘。㊸坻崿（è）：宫殿的地基或台阶。鳞眴（xún）：无边的样子。㊹栈齴（yǎn）：高峻的样子。巉崄（chán yán）：高峭险峻的样子。㊺襄：高。岸：殿阶。夷：平坦。涂：通途，道路。㊻修：长。㊼袭：重叠。㊽奸宄（guǐ）：为非作歹的人。宄，盗窃或作乱的人。㊾福：通副，相称。帝居：天帝居住的地方。指天宫。㊿阳：阳光照耀。指晴天。曜：炫耀。51洪：大。钧：三十斤为钧。52猛虡（jù）：指悬钟架下所刻饰的兽形。虡，用以悬挂钟馨的木架。趪趪（huáng）：负重用力的样子。53笋业：用以悬钟磬的木架。怒：形容气势强盛、猛烈。54奋：张开。腾骧（xiāng）：奔跃，超越。骧，奔驰。55朝堂：殿名。正殿左右百官治事的地方。国家有大事，都在朝堂会议，承：接受。此为面向的意思。56温调：殿名，即温室。位于未央殿北。延：引申。57玉台：台观名。58联：连接。昆德：殿名。59嵯峨：山高峻的样子。崨嶪（jié yè）：山势高峻的样子。60识：知。则：仿效，取法。61长年、神仙：都是殿名。62宣室：玉堂：都是殿名。63麒麟、朱鸟：宫阙名。64龙兴、含章：殿名。65譬：如。环：环绕。极：指北极星。此指正殿。66叛：焕发。赫戏：光明炎盛的样子。67路寝：天子、诸侯常居治事的正室。68辟：指诸侯。69大厦：殿名。耽耽：深邃的样子。70九户：九门。古时天子所居有九室，每室一户，共为九户。辟：开。71嘉木：美好的树木。树：植立。72积：丛集。繁密茂盛。73闶（kāng）：门高大的样子。74金狄：金人。秦始皇二十一年铸。

内有常侍谒者①，奉命当御②。兰台金马③，递宿迭居④。次有天禄石渠⑤，校文之处⑥。重以虎威章沟⑦，严更之署⑧。徼道外周⑨。千庐内附⑩。卫尉八屯⑪，警夜巡昼。植铩悬瞂⑫，用戒不虞⑬。

【注释】

①常侍：官名。秦置散骑，又置中常侍散骑，随侍皇帝，汉沿袭。东汉改用宦官、从入内宫，侍从左右，主掌文书、诏令。谒者：宫廷内的近侍。②当御：当值，听用。③兰台：宫观名。宫内藏图书的地方。此以官府名代官名。金马：宫门名。因门前铸有铜马，由此而名。这里用官府名代官名。④递、迭：交替，轮流。⑤天禄：殿阁名。宫中藏书的地方，在未央宫内，收藏各地所献的秘书。刘向、扬雄曾先后校书于此。石渠：阁名。宫中藏书的地方，在未央宫殿北，以藏入关所得秦之图籍。其下磨石为渠以导水，故名。成帝时，又于此藏秘书。⑥文：文字。这里泛指书籍。⑦虎威、章沟：巡更的官署名。⑧严更：警夜行的更鼓。署：官署。⑨徼（jiào）道：巡行警戒之路。徼，巡察。外：宫外。周：环绕。⑩庐：卫兵值夜巡警住的小屋。内：指宫内。⑪卫尉：官名。主管宫门警卫。八屯：指宫廷的警卫部队。屯，聚兵驻守的营地。⑫植：立。铩（shā）：兵器名。即长矛。瞂（fá）：盾。⑬不虞：意料之外的事。虞，意料。

后宫则昭阳飞翔①，增成合欢②；兰林披香③，凤皇鸳鸾④。群窈窕之华丽⑤，嗟内顾之所观。故其馆室次舍⑥，采饰纤缛⑦。裛以藻绣⑧，文以朱绿⑨。翡翠火齐⑩，络以美玉⑪。流悬黎之夜光⑫，缀随珠以为烛⑬。金戺玉阶⑭，彤庭辉辉⑮。珊瑚琳碧⑯，瓀珉璘彬⑰。珍物罗生⑱，焕若昆仑⑲。虽厥裁之不广，侈靡逾乎至尊⑳。于是钩陈之外㉑，阁道穹隆㉒。属长乐与明光㉓，径北通乎桂宫㉔。命班尔之巧匠㉕，尽变态乎其中。后宫不移㉖，乐不徙悬㉗。门卫供帐㉘，官以物辨㉙。恣意所幸㉚，下辇成燕㉛。穷年忘归㉜，犹弗能遍㉝。瑰异日新，殚所未见㉞。

【注释】

①后宫：后庭，内宫，妃嫔居处。昭阳、飞翔：宫殿名。②增成、合欢：宫殿名。③兰林、披香：宫殿名。④凤皇、鸳鸾：宫殿名。⑤群：指后宫众妃嫔。窈窕（yáo tiǎo）：美好的样子。⑥馆室：宫室。次舍：内舍，指居息的地方。⑦纤缛（rù）：精细华丽。纤，细；缛，繁密的采饰。⑧裛（yì）：缠绕。藻绣：花纹彩绣。⑨文（wèn）：修饰。朱绿：大红大绿。⑩翡翠：美石。火齐（jì）：玫瑰珠石。⑪络：缠绕，连缀。⑫悬黎：美玉名。⑬随珠：传说中的宝珠。⑭戺（shì）：阶旁所砌的斜石。⑮彤：朱红色。辉辉：光辉闪烁的样子。⑯琳碧：青绿色的玉石。⑰瓀珉（ruǎn mín）：皆为似玉的美石。璘（lín）彬：指玉光色彩缤纷。⑱罗生：分布，排列。⑲焕：光彩四射。昆仑：古代神话传说中西方的仙山，上有珠树、文玉树。⑳逾：超过。至尊：指皇帝。㉑钩陈：本为星宿名，因居于紫微垣中，古时附会为天帝的后宫正妃。所以也用来指称后宫。㉒穹隆：长而曲折的样子。㉓属（zhǔ）：连接。长乐：宫名。明光：殿名。㉔径：直。桂宫：宫名。㉕般、尔：鲁般、王尔、古时传说中的能工巧匠。般通班。㉖后宫不移：意为皇帝无论游幸到哪里，都有他的寝息下榻的地方，而不必携带、迁移后宫妃嫔侍从及所需之物。㉗乐不徙悬：意为宫中到处都有乐伎，皇帝无论到了哪里，都不必随带乐人。徙，移；悬，指悬挂钟磬等乐器的木架。㉘门卫：警卫人员。供帐：供设帷帐。㉙辨：区别。官以物辨。意为皇帝所需各物，都有相应之官为之供应。㉚恣意：随意。幸：古代称皇帝亲临为幸。㉛辇（niǎn）：指帝、后所乘的车。燕：宴饮。㉜穷年：终年。㉝

遍：周遍，穷尽。㉞殚（dān）：尽，全。

惟帝王之神丽①，惧尊卑之不殊②。虽斯宇之既坦③，心犹凭而未摅④。思比象于紫微⑤，恨阿房之不可庐⑥。觋往昔之遗馆⑦，获林光于秦余⑧。处甘泉之爽垲⑨，乃隆崇而弘敷⑩。既新作于迎风⑪，增露寒与储胥⑫。托乔基于山冈⑬，直墆霓以高居⑭。通天眇以竦峙⑮，径百常而茎擢⑯。上辩华以交纷⑰，下刻峭其若削⑱。翔鹍仰而不逮⑲，况青鸟与黄雀⑳！伏櫺槛而频听㉑，闻雷霆之相激㉒。柏梁既灾㉓，越巫陈方㉔。建章是经㉕，是厌火祥㉖，营宇之制㉗，事兼未央㉘。圆阙竦以造天㉙，若双碣之相望㉚。凤骞翥于甍标㉛，咸遡风而欲翔㉜。阊阖之内，别风嶕峣㉝。何工巧之瑰玮㉞，交绮豁以疏寮㉟。干云雾而上达㊱，状亭亭以苕苕㊲。神明崛其特起㊳，井干叠而百增㊴跱游极于浮柱㊵，结重栾以相承㊶。累层构而遂跻㊷，望北辰而高兴㊸。消雰埃于中宸㊹集重阳之清澄㊺。瞰宛虹之长鬐㊻，察云师之所凭㊼。上飞闼而仰眺㊽，正睹瑶光与玉绳㊾。将乍往而未半㊿，怵悼慄而怂竞(51)。非都卢之轻趫(52)，孰能超而究升(53)？驳娑骀荡(54)，焘奡桔桀(55)。枍诣承光(56)，睽罛庨豁(57)。橧桴重棼(58)，锷锷列列(59)。反宇业业(60)，飞檐辙辙(61)。流景内照(62)，引曜日月(63)。天梁之宫(64)，实开高闱(65)旗不脱扃(66)，结驷方蕲(67)。轹辐轻骛(68)容于一扉(69)。长廊广庑(70)，途阁云蔓(71)。闬庭诡异(72)，门千户万。重闺幽闼(73)，转相逾延(74)。望窈窱以径廷(75)，眇不知其所返(76)。既乃珍台蹇产以极壮(77)，墱道逦倚以正东(78)。似阆风之遐坂(79)，横西洫而绝金墉(80)。城尉不弛柝(81)，而内外潜通(82)。前开唐中(83)，弥望广潒(84)。顾临太液(85)，沧池漭沆(86)。渐台立于中央(87)，赫昈昈以弘敞(88)。清渊洋洋(89)，神山峨峨(90)。列瀛洲与方丈，夹蓬莱而骈罗(91)。上林岑以垒嶵(92)，下崭岩以喦龉(93)。长风激于别隯(94)，起洪涛而扬波。浸石菌于重涯(95)，濯灵芝以朱柯(96)。海若游于玄渚(97)，鲸鱼失流而蹉跎(98)。于是采少君之端信(99)，庶栾大之贞固(100)。立修茎之仙掌(101)，承云表之清露(102)。屑琼蕊以朝飧(103)，必性命之可度(104)。美往昔之松乔(105)，要羡门乎天路(106)。想升龙于鼎湖(107)，岂时俗之足慕！若历世而长存，何遽营乎陵墓(108)？

【注释】

①神丽：指宫室的神奇瑰丽。②惧：唯恐。尊：指帝王。卑：指人臣。殊：不同。③宇：指宫室。坦：平坦宽阔。④凭：满，此指愤郁不通之气。摅（shū）：发抒，舒散。⑤比象：比拟象征，仿效。紫微：即紫宫。⑥阿房：秦时宫殿名。规模极宏大。庐：居。⑦觋（mì）：同觅，寻觅。⑧林光：秦时的离宫名。⑨爽垲（kǎi）：高朗干燥。爽，明；垲，燥。⑩隆崇：此为增高的意思。弘：扩大。敷：扩展。⑪作：建造。迎风：馆名。⑫露寒、储胥（xū）：都是馆名。于元封二年增建。⑬托：依托。乔：高。⑭墆（dié）霓：高耸的样子。⑮通天：台名。元封二年建在甘泉宫中。台高三十丈，可望见长安城。眇（miǎo）：高。竦峙：耸立。⑯径：高度。常：古代长度单位。一般说八尺为寻，倍寻为常。即一丈六尺。茎擢（zhuó）：挺拔矗立。⑰辩（bān）华：色彩斑斓华美。辩通斑，驳杂，不纯。⑱刻峭：陡险的样子。⑲鹍（kūn）：大鸟名。即鹍鸡。仰；向上。逮：及，到。⑳青鸟、黄雀：都是小鸟。㉑伏：凭。櫺（líng）槛：指栏杆。櫺，窗或栏杆上刻着花纹的木格。频：同俯，低头。㉒雷霆：疾雷。霆，霹雳。激：声音高亢。㉓柏梁：台名。汉武帝时建，以香柏为梁，香闻数十里，因此为名。灾：太初元年十一月柏梁台遭火灾。㉔越巫陈方：据《汉书·郊祀志》：柏梁台灾后，奥人勇之向武帝献言说："粤俗：有火灾，复起屋，必以大，用胜服之。"于是武帝又造建章宫。越通粤，古代民族名。江浙粤闽之地为越族所居，称为"百

越"。巫：从事通鬼神的迷信职业的人。陈：进献。㉕建章：宫名。武帝太初元年建。经：建造。㉖厌（yā）：厌胜，制服。古时的一种迷信做法。火祥：指火灾。㉗营：建造。制：规模。㉘事：工程。兼：两倍。㉙圜阙（yuán quē）：位于宫殿前的圆柱。圜，同圆。造：至。㉚双碣：即指圆阙。阙必有二，因此称"若双碣"。碣，圆形石碑。㉛骞翥（qiān zhù）：展翅欲飞状。甍（méng）：屋脊。标：末梢，顶端。㉜遡（sù）：向，面临。㉝别风：宫阙名。位于建章宫东，一名凤阙，又名折风。嶕（jiāo）峣：高耸的样子。㉞瑰玮（wěi）：奇丽美好。玮，美好。㉟交：连结。绮；带花纹的丝织物。豁：空虚透明。疏寮（liáo）：透明的小窗。寮，小窗。㊱干：触，冲犯。㊲亭亭：高高耸立的样子。苕苕（tiáo）：高峻的样子。㊳神明：台名。位于建章宫内，台上立铜仙人，有承露盘。崛：高起。特：独。㊴井干（hán）：楼名。高达五十余丈，辇道相连。叠：重叠。增 céng 通层，重。㊵跱（zhì）：安置。游极：游梁，即屋脊上的栋。极，梁。浮柱：承托栋梁的木柱。㊶栾：柱首承梁的曲木。在斗栱之上。㊷构：屋宇。跻（jī）：上升。㊸北辰：北极星。高兴：指兴建高楼。㊹消：散，除。雰（fēn）埃：尘雾。中宸（chén）：天地相接的地方。㊺集：止。重阳：指天。㊻瞰（kàn）：视，远望。宛虹：弧形的虹。宛，屈曲。鬐（qí）：鱼脊形。㊼云师：指云神丰隆。凭：依。㊽飞闼（tà）：门楼上的小屋。闼，小门。㊾瑶光：星名。玉绳：星名。㊿往：指升楼。(51)怵：恐惧。悼慄（lì）：害怕战慄。怂兢：惊恐的样子。(52)都卢：指善爬高的人。轻趫（qiáo）：指轻捷矫健，善于登攀的人。趫，行动轻捷。(53)超：腾跃。究升：升到极点。(54)驭娑骀（sà suō tái）荡：都为宫殿名。(55)奡孖（ào）：高峻深邃的样子。桔（jié）桀：高峻深远的样子。(56)枍（yì）诣、承光：都是殿台名。(57)睽罛（kuí gū）：高峻深邃。(58)橧（zēng）：通增，重叠。桴（fú）：房屋的次栋，即二梁。(59)锷（è）锷烈烈：高耸的样子。(60)反宇：屋沿上仰起的瓦头。业业：高大的样子。(61)飞檐：屋檐上翘似飞举之势。辙辙（niè）：上翘的样子。(62)流景：闪动的光辉。景即影。(63)引：接引，辉映。(64)天梁：宫名。(65)闱（wéi）：宫的中门。(66)旗：此指绣有熊虎图案的旗帜。扃（jiōng）：插旗的环扣，来使旗不动摇。(67)结驷：用四马并辔驾一车。驷，古时一车套四马，所以称四 马之车或车之四马。方：并。蕲（qí）：马衔。此指马。(68)轹（lì）：敲打使发声。辐（fú）：车轮中连接轴心和轮圈的直木条。骛（wù）：奔驰。(69)扉：门扇。(70)庑（wǔ）：堂下周围的廊屋。(71)途阁：指阁道。云蔓：像云气相蔓延的一样。(72)闬（hàn）：墙垣。诡异：奇异多变。(73)闺：内室。幽：深邃。闼：宫中的小门。(74)逾延：周通相连。(75)窅窱（yǎo tiǎo）：同窈窕。幽远深邃状。径廷：度越，穿行。(76)眇：迷茫不清。(77)珍台：台名。位于长安城东。蹇（jiǎn）产：高大雄伟。(78)墱（dèng）道：指阁道。墱，石级。逦（lǐ）倚：曲折伸展。(79)阆（làng）风：山名。相传仙人所居。位于昆化山之巅。遐：长，远。坂：斜坡。(80)横：横渡。绝：度，越。金墉（yōng）：代指西域。金，五行之一。位在西方；墉，城墙。(81)城尉：城门校尉，守城的官。驰：免除，废弃。柝（tuò）：巡夜所敲的木梆。(82)潜通：默通，暗自相通。(83)唐中：池名。在建章宫中，广数十里。(84)弥（mí）望：视野所极的地方，形容阔远。广潒（dàng）：水宽阔荡漾的样子。潒，同荡，荡漾。(85)顾临：回看。太液：池名。位于建章宫北。(86)沧：水青色。漭沆（mǎng hàng）：水广大的样子。(87)渐台：台名。在太液池中，高二十余丈。(88)赫：赤色鲜明的样子。旿旿（hù）：光彩。弘敞：高大宽敞。(89)清渊：青渊海，池名。位于建章宫北。洋洋：水盛大。(90)神山：指太液池中所造三山，用来象征海中瀛洲、蓬莱、方丈三神山，并用金石刻成鱼龙奇禽异兽之类。(91)骈罗：并列分布。(92)林岑、垒崒（zuì）：都为险峻参差的样子。(93)崭（chán）岩、岦嶇（yán yǔ）：都是高峻不齐的样子。(94)长风：大风。激：猛吹。隯（dǎo）：同岛。此指所造的水中假山。(95)石菌：仙草名。古代认为生于海中神山。重涯：池边。(96)濯（zhuó）：洗。灵芝：一种菌类植物。古时以为仙草。朱柯：灵芝的赤色茎。柯，草木的枝茎。(97)海若：传说中的海神。玄渚：池水的幽深的地方。(98)蹉跎（cuō tuó）：失足；颠蹶。(99)少君：人名，方士，姓李。《史记·封禅书》载：李少君以祭祀灶神、不食五谷、退老之术见汉武帝，武帝非常尊信他。于是，亲祀灶神，派遣方士入海寻求蓬莱仙人。端信：正直诚实。(100)栾大：人名。方士。据《史记·封禅书》：汉武帝欲求黄金及不死之药，栾大诡称："黄金可成，而河决可塞，不死之药可得，仙人可致也。"贞固：言行可信，固守正道。贞，言行一致。(101)修茎：高高的铜柱。《三辅黄图》载：汉武帝造神明台，上有承露盘、有铜仙人舒掌捧铜盘、玉杯，以承接云表之露。仙掌：指铜盘。⑩②云表：指天上。⑩③屑：此为研磨成屑的意思。琼蕊（ruǐ）：古时传说中琼树的花蕊，似玉屑。飧（sūn）：晚餐。⑩④度：超越人世而不死。⑩⑤美：赞美，羡慕。松、乔：赤松子与王子乔，传说中的古代仙人。⑩⑥要（yāo）：相约。羡门：传说中的古代仙人。⑩⑦升龙鼎湖：据《史记·封禅书》载：齐人公孙卿对汉武帝说："黄帝采首山铜，铸鼎于荆山下。鼎既成，有龙垂胡髯，下迎黄帝。黄帝上骑，……龙乃上去……后世因名其处曰鼎湖。"武帝听了，慨叹说："嗟乎！吾诚得如黄帝，吾视去妻子如脱屣耳。"⑩⑧遽（jù）：急，匆忙。

徒观其城郭之制，则旁开三门①，参涂夷庭②。方轨十二③，街衢相经④。廛里端直⑤，甍宇齐平⑥。北阙甲第⑦，当道直启⑧。程巧致功⑨，期不陁陊⑩。木衣绨锦⑪，土被朱紫⑫。武库禁兵⑬，设在兰锜⑭。匪石匪董⑮，畴能宅此？

【注释】

①旁：侧。②参（sān）涂：三条道路。参同三；涂同途。夷庭：平坦笔直。夷，平；庭，笔直。③方轨：两车并行。方，并；轨，车轮间的距离。指车。十二：一面三门，路三条，每条路可并行四车，则可以并行十二车。④经：过，历，指交会。⑤廛（chán）里：住宅、市肆区域。⑥甍宇：屋脊。宇，屋檐。⑦北阙：指宫殿的北门楼。甲第：第一等住宅。⑧直启：正门对着大道。⑨程：考核，选择。巧：此指能工巧匠。⑩期：长久。陁（zhì）：塌下，崩颓。陊（duò）：坠落，破败。⑪衣（yì）：穿著。此为加著的意思。绨（tí）锦：色彩绚烂的丝织品。此指色彩华丽如锦绣。绨，质粗厚，平滑而有光泽的丝织品名。⑫被：加著。⑬武库：储藏武器的仓库。禁兵：皇帝武库中的兵器。⑭设：排列。兰锜（yǐ）：兵器架。⑮匪：通非。石：指石显。董：指董贤。

尔乃廓开九市①，通阛带阓②。旗亭五重③，俯察百隧④。周制大胥⑤，今也惟尉⑥。瑰货方至⑦，鸟集鳞萃⑧。鬻者兼赢⑨，求者不匮。尔乃商贾百族⑩，裨贩夫妇⑪。鬻良杂苦⑫，蚩眩边鄙⑬。何必昏于作劳⑭？邪赢优而足恃⑮。彼肆人之男女⑯，丽美奢乎许史⑰。

【注释】

①廓：大。九市：宫中买卖货物的地方。②阛（huán）：环绕市区的墙垣。带：连。阓（huì）：市区的门。③旗亭：市楼。古代建于集市之中，上立旗为观察指挥集市的地方。④隧：市内道路。⑤大胥：官名，即胥师。周制，二十肆中有胥师一人，为掌管市场物价的小官吏。⑥尉：官名，掌管理市场的长丞。⑦方：四方。⑧鳞萃（cuì）：鱼群聚集。鳞，指鱼；萃，聚集。⑨鬻（yù）：卖。兼赢：加倍获利。兼，倍；赢，利。⑩商贾（gǔ）：商人。行为商，坐为贾。⑪裨（pí）贩：小贩。裨，小。⑫鬻良杂苦（gǔ）：使人先见好物，待价钱讲定成交后，再搀进坏东西来骗人。苦，通盬，粗劣。⑬蚩（chī）：欺骗。眩：迷惑。边鄙：指边远地区的人。鄙，边邑。⑭昏（mǐn）：通暋，勉力，强力。⑮邪：欺诈作假。⑯肆人：商贩等市井中人。⑰许：此指汉宣帝的许皇后家。许皇后为元帝生母，其父广汉被封为平恩侯，后又封广汉的两个弟弟为博望侯，乐成侯。史：此指汉宣帝祖母史良娣家。其兄恭，当宣帝即位时已死。于是，封恭之长子为乐陵侯，次子为将陵侯，三子为平台侯。

若夫翁伯浊、质①，张里之家②；击钟鼎食③，连骑相过④。东京公侯⑤，壮何能加⑥！都邑游侠⑦，张赵之伦⑧；齐志无忌⑨，拟迹田文⑩。轻死重气，结党连群。实蕃

有徒[11]，其从如云[12]。茂陵之原[13]，阳陵之朱[14]。赹悍虓豁[15]，如虎如貙[16]。睚眦虿芥[17]，尸僵路隅[18]。丞相欲以赎子罪，阳石污而公孙诛[19]。若其五县游丽辩论之士[20]，街谈巷议，弹射臧否[21]；剖析毫厘，擘肌分理[22]。所好生毛羽，所恶成创痏[23]。

【注释】

①翁伯：人名。汉代富商。浊、质：浊质和质氏，都是汉代的富豪家族。②张里：人名。汉代富豪。③击钟鼎食：义同钟鸣鼎食。古时富贵之家，列鼎而食，吃饭时击钟奏乐。④连骑：车马连接成队。过：访，探望。⑤东京：指东汉京都洛阳。⑥壮：盛大。加：超过。⑦都邑：城市。这里指长安。⑧张、赵：张禁、赵放。汉时长安著名的游侠。⑨齐：等，同。无忌：人名。即魏无忌。战国时期魏贵族。魏安釐王之弟，号信陵君。战国四公子之一。⑩拟：摹拟，仿效。迹：行为，作事。田文：人名，号孟尝君。战国四公子之一。齐国贵族。⑪蕃：众多。⑫云：比喻盛多。⑬茂陵：古代陵墓名，西汉五陵之一。位于今陕西兴平县东北。武帝死后葬于此。原：指原涉。汉时著名侠士。⑭阳陵：古县名。西汉五陵之一。位于今陕西高陵西南。景帝死后葬于此。朱：指朱安世。长安有名的大侠。⑮赹悍：矫捷勇猛。虓（xiāo）豁：震怒威猛。虓，虎怒吼。⑯貙（shū）：别名貙虎。大小似狗，花纹如貍。⑰睚眦（yá zì）：瞪眼睛，怒目而视。虿（chài）芥：梗塞的东西，指积在心中的不快。⑱僵：仆倒。隅：旁边。⑲丞相欲以赎子罪，阳石污而公孙诛：据《汉书·公孙贺传》：武帝时，公孙贺为丞相。其子敬声为太仆，因擅用北军钱千九百万，事发下狱。当时正诏捕阳陵大侠朱安世，急不能得。公孙贺自请逐捕朱安世以赎子敬声之罪。上许之。后果得安世。安世闻贺欲以赎子罪，遂从狱中上书。告敬声与武帝女阳石公主私通，并使人巫祭祠诅祝皇上。于是，公孙贺父子俱死于狱中。污，名声污秽。⑳五县：指五陵。高帝葬长陵，惠帝葬安陵，景帝葬阳陵，武帝葬茂陵，昭帝葬平陵，都设置县。游丽：闲暇游荡。㉑弹（tán）射：用话语指责。臧否（zāng pǐ）：褒贬。㉒擘（bò）肌分理：比喻剖析精细。擘，部分；肌、理，皮肤上的纹理。㉓创痏（chuāng wěi）：创伤好后留下的痕迹。

郊甸之内[1]，乡邑殷赈[2]。五都货殖[3]，既迁既引[4]。商旅联槅[5]，隐隐展展[6]，冠带交错[7]，方辕接轸[8]。封畿千里[9]，统以京尹[10]。郡国宫馆[11]，百四十五。右极盩厔[12]，并卷丰鄠[13]。左暨河华[14]，遂至虢土[15]。上林禁苑[16]，跨谷弥皐[17]。东至鼎湖[18]，邪界细柳[19]。掩长杨而联五柞[20]，绕黄山而款牛首[21]。缭垣绵联[22]，四百余里。植物斯生，动物斯止[23]。众鸟翩翻，群兽駓騃[24]。散似惊波，聚以京峙[25]。伯益不能名[26]，隶首不能纪[27]。林麓之饶[28]，于何不有。木则枞栝棕楠[29]，梓棫楩枫[30]。嘉卉灌丛[31]，蔚若邓林[32]。郁蓊萲莳[33]，橚爽櫹槮[34]。吐葩扬荣[35]，布叶垂阴[36]。草则葴莎菅蒯[37]，薇蕨荔苀[38]；王刍、莔台[39]，戎葵怀羊[40]；苯䔿蓬茸[41]，弥皋被冈[42]。筿簜敷衍[43]，编町成篁[44]。山谷原隰[45]，泱漭无疆[46]。

【注释】

①郊甸：京城附近的郊野。距都城百里为“郊”，郊外二百里之内为“甸”。②乡邑：泛指村镇。乡，县以下行政区域单位；邑，城镇。殷赈（zhèn）：繁盛富裕。③五都：指洛阳、邯郸、临淄、宛、成都五大城市。④迁：出，转卖。引：入，纳进。⑤商旅：行商。联槅（gé）：车辆交错相碰。槅，大车的轭（è）。车上部件，形状略作人字形，驾车时套在牛马的颈部。⑥隐隐、展展：都是象声词，像重车声。⑦冠带：帽子和腰带。借指士族、官吏。⑧辕：车前驾牲畜的直木或曲木，压在车轴上，伸出车箱前端。这里指车。轸（zhěn）：车箱底部后面的横木。车箱底部四周横木也称为轸。此处指车。⑨封畿（jī）：京都

一带地域。封，疆界：畿，京都所辖区域。⑩统：总领，综理。京尹：即京兆尹。京都所在地区的行政长官。⑪郡国：秦代的郡县。到汉初又分为郡与国，都是地方高级行政区划。郡直辖于朝廷，国分封于诸侯王。官馆：指皇帝建于郡国、以便随时游处的离宫别馆。⑫盩厔（zhōu zhì）：县名。位于陕西中部。今作“周至”。并连：连接着。⑬并卷：并连，相接。丰：县名。位于今陕西户县东。鄠：县名，位于今陕西户县北。⑭暨（jì）：及，到。河、华：指黄河、华山。⑮虢（guó）：古国名。有东虢、西虢、北虢之分。此指东虢，位于河南荥阳一带。⑯上林：即上林苑。禁苑：皇帝苑囿。⑰弥（mí）：遍，满。阜：丘陵，土山。⑱鼎湖：位于华阴东。⑲邪：通斜。细柳：地名，位于长安西北。⑳掩：藏蔽。长杨：行宫名，因宫有长杨树而名。故址位于今陕西周至县东南。五柞（zuò）：离宫名，因有五株柞树而名。故址位于今陕西周至县东南。㉑绕：围裹，包环。黄山：也叫黄麓山，位于陕西兴平县北。款：至，留止。牛首：山名。位于陕西鄠县西南。㉒缭垣绵联：缭绕连绵。㉓止：居。㉔駓騃（pī sì）：野兽疾行的样子。㉕京峙：高丘。㉖伯益：舜时掌管山林的官。相传善于畜牧和狩猎，通鸟语。名：叫出名字。㉗隶首：相传为黄帝的大臣，发明算数。纪：计算。㉘林麓：山林。麓，山脚。饶：多，丰足。㉙枞（cōng）、栝（guā）、棕、楠（nán）：都是树木名。㉚梓、棫（yù）、楩（pián）、枫：都是树木名。㉛嘉：美。卉：此指树木。灌丛：树木丛生。灌，丛生。㉜蔚：茂盛的样子。邓林：神话中的树林。㉝郁蓊（wěng）：草木茂盛的样子。薆薱（ài duì）：茂盛。㉞橚（sù）爽、櫹槮（xiāo sēn）：都是草木茂盛的样子。㉟葩：花。荣：草木植物的花，也作花的通称。㊱布：密布。垂：下布。㊲葴（zhēn）、莎、菅、蒯（kuǎi）：都是草名。㊳薇、蕨（jué）、荔、苀（háng）：都是草名。㊴王刍（chú）、莔（máng）台：都是草名。㊵戎葵、怀羊：都是草名。㊶苯䔿（běn zǔn）蓬茸：草茂盛的样子。㊷皋（gāo）：水边高地。㊸篠（xiǎo）：小竹。簜（dàng）：大竹。敷衍：分布蔓延。㊹编：连。町（tīng）：田地。篁（huáng）：竹林。㊺原隰（xí）：广平低湿的地方。隰，低下的洼地。㊻泱（yāng）漭：广大无边的样子。

乃有昆明灵沼①，黑水玄阯②。周以金堤③，树以柳杞④。豫章珍馆⑤，揭焉中峙⑥。牵牛立其左⑦，织女处其右。日月于是乎出入，象扶桑与濛汜⑧。其中则有鼋鼍巨鳖⑨，鳣鲤鲊鲖⑩；鲔鲵鲿鲨⑪，修额短项⑫；大口折鼻⑬，诡类殊种⑭。鸟则鹔鷞鸹鸨⑮，駕鹅鸿鹤⑯；上春候来⑰，季秋就温⑱。南翔衡阳⑲，北栖雁门⑳。奋隼归凫㉑，沸卉軿訇㉒。众形殊声，不可胜论㉓。

【注释】

①昆明灵沼（zhǎo）：指昆明池。②玄阯（zhǐ）：水中黑色的小块陆地。玄，黑色；阯，通沚，小渚。即水中小州。③金堤：如金一样坚固的大堤。④树：栽种。柳杞（qǐ）：树名。指杞柳。⑤豫章：台观名。在昆明池中，都用豫章木建造。⑥揭：高举。峙：耸立。⑦牵牛：昆明池之东西各立牵牛、织女二石人，用来象征天河。⑧扶桑：神话中树木名，传说日出的地方。濛汜（sì）：神话中水池名，传说日没的地方。⑨鼋鼍（yuán tuó）巨鳖（biē）：都是动物名，爬行类。⑩鳣（zhān）鲤鲊鲖（xù tóng）：都是鱼名。⑪鲔鲵鲿鲨（wěi ní cháng shā）：都是鱼名。⑫项：颈的后部。⑬折：曲，弯下。⑭诡：奇异。殊：不同。⑮鹔鷞鸹鸨（sù shuāng guā bǎo）：都是鸟名。⑯駕（jiā）鹅鸿鹤：都是鸟名。⑰上春：农历正月。⑱季秋：秋季的第三个月，即农历九月。就：趋向，接近。⑲衡阳：今湖南市名。旧城南有回雁峰，相传雁到此之后便不再南飞。⑳雁门：指雁门山。位于今山西代县西北。古代以两山对峙，雁度其间而得名。㉑凫（fú）：泛指野鸭。㉒沸卉、軿訇（píng hōng）：鸟奋飞的声音。㉓论：述，说。

于是孟冬作阴①，寒风肃杀②。雨雪飘飘③，冰霜惨烈④。百卉具零，刚虫搏挚⑤，尔乃振天维⑥，衍地络⑦；荡川渎⑧，簸林薄⑨；鸟毕骇⑩，兽咸作⑪。草伏木栖，寓居

穴托⑫。起彼集此，霍绎纷泊⑬在彼灵囿之中⑭，前后无有垠锷⑮。虞人掌焉⑯，为之营域⑰。焚莱平场⑱，柞木剪棘⑲。结罝百里⑳，迒杜蹊塞㉑。麀鹿麌麌㉒，骈田逼仄㉓。天子乃驾雕轸㉔，六骏驳㉕；戴翠帽㉖，倚金较㉗。璇弁玉缨㉘，遗光倏爚㉙。建玄弋㉚，树招摇㉛；栖鸣鸢㉜，曳云梢㉝。弧旌枉矢㉞。虹旃蜺旄㉟。华盖承辰㊱，天毕前驱㊲。千乘雷动㊳，万骑龙趋㊴。属车箠㊵，载猃猲獢㊶。匪唯玩好㊷，乃有秘书㊸。小说九百㊹，本自虞初㊺。从容之求㊻，实俟实储㊼。于是蚩尤秉钺㊽，奋鬣被般㊾。禁御不若㊿，以知神奸(51)。魑魅魍魉(52)，莫能逢旃。陈虎旅于飞廉(53)，正垒壁乎上兰(54)。结部曲(55)，整行伍(56)；燎京薪(57)，骇雷鼓(58)；纵猎徒(59)，赴长莽(60)。迾卒清候(61)，武士赫怒(62)。缇衣韎韐(63)，睢盱拔扈(64)。光炎烛天庭(65)，嚣声震海浦(66)。河渭为之波荡(67)，吴岳为之陁堵(68)。百禽㥄遽(69)，骙瞿奔触(70)；丧精忘魂失归忘趋(71)。投轮关辐(72)，不邀自遇(73)。飞罕潚箾(74)，流镝㩮爆(75)。矢不虚舍(76)铤不苟跃(77)。当足见蹍(78)，值轮被轹(79)。僵禽毙兽，烂若碛砾(80)。但观罝罗之所羂结(81)，竿殳之所揘毕(82)，叉簇之所搀捔(83)，徒搏之所撞挖(84)。白日未及移其晷(85)，已狝其什七八(86)。若夫游鷮高翚(87)，绝阬逾斥(88)。毚兔联猭(89)，陵峦超壑(90)。比诸东郭(91)，莫之能获。乃有迅羽轻足(92)，寻景追括(93)。鸟不暇举(94)，兽不得发(95)。青骹挚于韝下(96)，韩卢噬于緤末(97)。及其猛毅髬髵(98)，隅目高眶(99)。威慑兕虎(100)，莫之敢伉(101)。乃使中黄之士(102)，育获之俦(103)。朱鬘鬘髽(104)，植发如竿(105)；袒裼戟手(106)，奎踽盘桓(107)。鼻赤象(108)，圈巨狿(109)；摣狒猬(110)。批窳狻(111)。揩枳落(112)，突棘藩(113)。梗林为之靡拉(114)，朴丛为之摧残(115)。轻锐僄狡趫捷之徒(116)，赴洞穴，探封狐(117)；陵重巘(118)，猎昆駼(119)；杪木末(120)，擭獑猢(121)；超殊榛(122)，揥飞鼯(123)。是时后宫嬖人昭仪之伦(124)，常亚于乘舆(125)，慕贾氏之如皋(126)，乐《北风》之"同车"(127)。盘于游畋(128)，其乐只且。

【注释】

①孟冬：冬季的第一个月，即农历十月。作：开始，兴起。阴：阴气，寒气。②肃杀：酷烈萧索的样子。③雨（yù）雪：下雪。④惨烈：气候严寒，景象凄厉。⑤刚虫：凶猛的鸟兽。这里指鹰犬。搏挚（zhì）：猛击。⑥振：整理，张设。维：网。⑦衍：展延，舒布。络：网罗。⑧荡：震动。川渎：河川。渎：沟渠。⑨簸（bǒ）：摇动。林薄：草木丛杂的地方。⑩骇：惊散。⑪作：惊起，奔走。⑫寓居：暂寄。⑬霍绎：飞走的样子。霍，涣散、迅速。纷泊：纷繁杂乱的样子。⑭灵：美好。囿（yòu）：皇帝畜养禽兽的园林。⑮垠锷：边际。⑯虞人：掌山泽、苑囿、田猎的官。⑰营域：此指猎场。⑱莱（lái）：草。⑲柞（zé）：砍削树木。剪棘：斩除荆棘。⑳结罝（jū）：布网。罝，捕兽的网。㉑迒（háng）：道路。杜：堵塞。这里指以网堵塞。蹊：小径。㉒麀（yōu）：母鹿。麌麌（yǔ）：鹿群聚的样子。㉓骈田：布集，连属。逼仄：密集拥挤的样子。㉔雕轸：雕饰华丽的车。雕，用彩画装饰。轸，指车。㉕驳：青白相杂毛色的马。㉖翠帽：用翠羽装饰的伞盖。㉗倚：依靠。金较（jué）：用黄金装饰的车较。较，车箱两旁板上的横木，供人扶靠着的，上面用曲钩来装饰。㉘璇（xuán）：美玉。弁（biān）：冠，这里指马笼头。缨：套在马颈上的革带。㉙遗光：光彩照人。倏爚：光辉闪烁的样子。爚，火光。㉚建：立。玄弋（yì）：星名。这里指画有此星之旗。㉛招摇：星名。在北斗杓端。此指画在此星的旗。㉜栖：止息。此为画其形于旗上的意思。鸢（yuān）：即老鹰。㉝曳（yè）：摇曳，飘荡。云梢：此指绘有云彩图案的旗帜。梢，旗旒，即旌旗下边悬垂的饰物。㉞弧旌：绘有弧星图形的军旗，来象征天讨。弧，星名。因形似弓箭，因此而名。枉矢：星名。此指绘有此星图形的旗帜。㉟虹旃（zhān）：绘有彩虹的旗。旃，赤色曲柄的旗。霓（ní）旄：绘有霓虹的旗。霓，虹有一种，即雌虹。旄，杆头用旄牛尾来装饰的旗。㊱华盖：星名。似盖状，在紫微

宫中。此指皇帝车上的伞盖。辰：北极星。㊲天毕：指高张的网。毕，长柄网。又为星宿名，因形状象毕网所以得名。这里取星宿以象征田猎所用的网。㊳乘（shèng）：车辆。㊴龙趋：像龙一样行进。㊵属车：皇帝侍从的车子。簉（zào）：副车。㊶猃（xiǎn）、猲獢（xié xiāo）：均为猎犬名。长嘴者为猃，短嘴者为猲獢。㊷玩好：可供玩赏的东西。㊸秘书：指一些谶纬图箓、神仙方术等书籍。㊹小说：指那些不被封建统治者所重视，登不了大雅之堂的、宣扬封建礼教以外的丛杂著作。㊺虞初：汉河南洛阳人，小说家。㊻求：问。㊼俟（sì）：等待。储：储备。㊽蚩（chī）尤：神话中东方九黎族首领。这里指勇猛的武士。秉：持。钺（yuè）：斧一类的兵器。㊾奋：振，张。鬣（liè）：指须发。般：通斑。斑纹。㊿禁御：禁止防备。不若：不祥，不吉利。若：顺。(51)神奸：指鬼神作怪为害之情。奸，邪恶不正。(52)魑魅魍魉（chī mèi wǎng liǎng）：指各种各样的鬼怪。魑，山神；魅，鬼怪；魍魉，水鬼。(53)陈：排列。虎旅：指护卫皇帝的禁军。飞廉：馆名。馆上铸神禽风廉铜像，因此称飞廉馆。(54)正：端正，整饬。垒壁：本为星名。古代认为是天师的营垒。这里指禁军营垒。上兰：宫观名。(55)结：聚合。部曲：军队的编制单位。代军队。(56)行（háng）伍：军队编制，代称军队。五人为伍，二十五人为行。(57)燎（liǎo）：燃烧。京薪：高大的柴堆。京，高大。(58)豅（xiè）：搚，击。(59)纵：发，放。猎徒：指士卒。(60)长莽：辽远深密的草丛。莽，草木丛生。(61)迾（liè）：天子车驾出行时，清道禁止行人。清候：清戒道路，守候车驾。(62)赫怒：勃然震怒的样子。(63)缇（tí）衣、韎韐（mèi gé）：都是武士服装。缇，丹黄色、浅绛色。韎韐，用茜草染成红色的皮制蔽膝。(64)睢盱（suī xū）：张目仰视。睢，仰目视；盱，张目。拔扈（bá hù）：同跋扈，骄横的样子。(65)烛：照耀。(66)嚣：喧闹声。海浦：通海的河口。(67)波荡：摇动。(68)吴岳：吴山。又名岳山。位于陕西陇县西南。陊（duò）堵：崩塌，倒落。(69)㥄（líng）遽：惊慌失措的样子。(70)骙（kuí）瞿：急遽奔走的样子。奔触：奔驰冲撞。(71)归、趋：指道路，方向。(72)投轮：自触车轮。关：碰撞。(73)邀：阴截，遮拦。(74)罕：捕鸟网。潚箾（sù shuò）：鸟触网挣扎冲撞的样子。(75)镝（dí）：箭。擠摞（pò bó）：箭中物发出的声音。(76)舍：放。(77)铤（chán）：小矛。跃：投刺。(78)当：遇到。蹍（niǎn）：踩，踹。(79)值：逢，遇。轹（lì）：车轮辗过。(80)烂：散乱堆积。碛砾（qì lì）：河滩上的碎石。(81)罝（jū）罗：捕鸟兽用的网。罝，捕兔网。羂（juàn）：用绳索绊取野兽。结：缚。(82)殳（shū）：古时兵器，形如竿，以竹或木为之，一端有棱，长一丈二尺。揘（huāng）毕：撞击。(83)叉蔟（cù）：用刺击的猎具。蔟，通簇。搀捔（zhuó）：刺取。(84)撞挖（bì）：撞倒。挖，推击。(85)晷（guǐ）：日影。(86)狝（xiǎn）：杀伤禽兽。什（shí）七八：十分之七八。什，通十。(87)游：飘荡。鸼（jiāo）：鸟名。翚（huī）：振翼疾飞。(88)阬（gāng）：大土山。斥：沼泽地。(89)毚（chān）兔：狡兔。联猭（chuān）：野兽走的样子。(90)陵：登上。壑：山谷。(91)东郭：东郭㕙，古时传说善跑的兔。《战国策》载，韩国卢是天下骏狗，东郭㕙是海内狡兔。它环山三，腾冈五，韩国卢不能追及。(92)迅羽：指鹰。轻足：指猎犬。(93)景：同影。括：箭的末端。这里指箭。(94)不暇：来不及。举：起飞。(95)发：起跑。(96)青骹（qiāo）：青腿鹰。骹，胫部近足的地方。挚：提取。韝（gōu）：革制臂套，打猎时用来停立猎鹰。(97)韩卢：即韩国卢。良犬名。噬（ahì）：咬。绁（xiè）：同渫，牵犬的绳子。(98)毅：强悍。髬髵（pī ér）：鬃毛竖起的样子。(99)隅目：斜眼怒视。高眶：指眼眶突出。(100)威慑（shè）：用声势和威力相慑服。兕（sì）：古时犀牛一类兽名。(101)伉（kàng）：通抗。抵挡。(102)中黄：古代勇士名。(103)育、获：夏育和乌获，古代著名勇者与力士。俦（chóu）：同辈，同等人物。(104)朱鬓（mà）：用红带饰发。这里指用红带束额。鬓，以带饰发。鬊（jì）：露髻。髽（zhuā）：用麻杂为发髻。(105)植发：把头发扎束使它直立。(106)袒裼（tán xī）：脱衣露体。戟手：用食指、中指指点，其形如戟。这里形容勇武之状。(107)奎踽（jǔ）：迈步的样子。盘桓：回旋周转。(108)鼻：执鼻。赤象：大象。(109)圈：转圈。狿（yán）：兽名。传说此兽身长达百寻。(110)摣（zā）：揪抓。狒（fèi）、猬：都是野兽名。(111)批（zǐ）：捉取。窳（yǔ）、狻（suān）：都是兽名。窳同貐，即猰貐。狻，狻猊，即狮子。(112)揩（kāi）：摩擦，冲撞。枳（zhǐ）落：指枳木丛。枳，树名。似桔树而小，叶多刺。(113)突：触。棘藩：棘大篱笆。棘，带刺的树木。藩：篱笆。(114)梗：带刺的草木。靡拉：毁坏。(115)朴：丛生的树木。摧残：损害，破坏。(116)轻锐：轻捷迅速。僄（piào）狡：轻疾勇猛。趫，矫捷，敏疾。(117)封狐：大狐。封，大。(118)巘（yǎn）：山峰。(119)昆駼（tú）：马的一种。蹄平而小趾

歧出，善于登高。⑫杪（miǎo）：树梢。此为在树梢捉取的意思。木末：树梢。⑫擭（huò）：捕取。獑（chán）猢：猿类兽。⑫殊榛：大榛。榛，树名。⑫揥（dì）：掠取。飞鼯（wú）：即鼯鼠。鼠类，俗称飞鼠。⑫嬖（bì）：宠爱。昭仪：后宫女官名。是妃嫔的第一级。⑫乘舆：皇帝乘坐的车。⑫贾氏之如皋：《左传·昭公二十八年》载魏献子说：从前贾大夫貌丑，娶妻很美，三年不言不笑。贾大夫便为她驾车到如皋射雉，获之，贾氏始笑而言。此指后宫嬖人、昭仪等随皇帝打猎的逸乐。如皋，地名。位于今江苏省境。⑫同车：《诗经·邶风·北风》云："惠而好我，携手同车。"这里取"同车"之义，言与皇帝同车出猎的欢乐。⑫盘：乐。游畋（tián）：出游打猎。畋，打猎。

于是鸟兽殚，目观穷①。迁延邪睨②，集乎长杨之宫。息行夫③，展车马④。收禽举胔⑤，数课众寡⑥。置互摆牲⑦，颁赐获卤⑧。割鲜野飨⑨，犒勤赏功⑩。五军六师⑪，千列百重。酒车酌醴⑫，方驾授饔⑬。升觞举燧⑭，既釂鸣钟⑮。膳夫驰骑⑯，察贰廉空⑰。炙炰夥⑱，清酤嫯⑲；皇恩溥⑳，洪德施㉑；徒御悦㉒，士忘罢㉓。

【注释】

①目观：眼睛的观赏。②迁延：退却的样子。睨（nì）：斜视。③行夫：指士卒。④展：排列，休整。⑤举：积，集。胔（zì）：本为腐肉，这里指死的禽兽。⑥数（shǔ）：清点，计算。课：考查。⑦互：挂肉的架子。摆：分开，排除。牲：此指猎获的死兽。⑧颁赐：分赏。获卤：出猎所获的活禽。卤，通虏，活捉。⑨鲜：此指禽兽。野飨：在野外宴饮。⑩犒：慰劳。勤：劳苦。⑪五军：五营。六师：六军。⑫酒车：装酒肴的车。酌醴（zhuó lǐ）：此指送酒肴。酌，斟酒；醴，甜酒。⑬驾：车。饔（yōng）：熟肉。⑭升：进。觞（shāng）：古时的盛酒器。燧（suì）：火。⑮釂（jiào）：喝尽杯中酒。⑯膳（shàn）夫：官名。掌管皇帝及后妃等的饮食。⑰察、廉：都是检察、巡视之义。贰：此指重复的菜肴。⑱炙（zhì）：烧烤食物。炰（páo）：烹煮食物。夥（huǒ）：多。⑲清酤（gū）：美酒。嫯（zhī）：多。⑳溥（pǔ）：普遍。㉑洪德：盛大的恩德。施：给予。㉒徒御：挽车的人与驾车的人。㉓罢（pí）：通疲。

巾车命驾①，迴旆右移②。相羊乎五柞之馆③，旋憩乎昆明之池④。登豫章，简矰红⑤；蒲且发⑥，弋高鸿⑦；挂白鹄，联飞龙。磻不特絓⑧，往必加双⑨。于是命舟牧⑩，为水嬉⑪。浮鹢首⑫，翳云芝⑬；垂翟葆⑭，建羽旗⑮；齐栧女⑯，纵棹歌⑰；发引和⑱，校鸣葭⑲；奏《淮南》⑳，度《阳阿》㉑；感河马㉒，怀湘娥㉓；惊蛧蜽㉔，惮蛟蛇㉕。然后钓鲂鳢㉖，缅鰋鲉㉗；摭紫贝㉘，搏耆龟㉙；搤水豹㉚，牵潜牛㉛。泽虞是滥㉜，何有春秋！摘漻澥㉝，搜川渎；布九罭㉞，设罜䍡㉟；摷昆鲕㊱，殄水族㊲；蘧藕拔㊳，蜃蛤剥㊴。逞欲畋鼓㊵，效获麑麇㊶。摎蓼浶浪㊷，干池涤薮㊸。上无逸飞㊹，下无遗走㊺。擭胎拾卵，蚳蝝尽取㊻。取乐今日，遑恤我后㊼！

【注释】

①巾车：指掌管巾车的官。巾，指车衣。命驾：令御者驾驶车马。即起驾出发。②回：回转。旆（pèi）：旌旗。移：转。③相（xiāng）羊：同徜徉，留连徘徊。④旋：回返。⑤简：察看，挑选。矰（zēng）红：系上丝用来射鸟的短箭。红，指红丝绳。⑥蒲且（jū）：人名，古代楚国的善射者。发：开弓发箭。⑦弋（yì）：射。⑧磻（bō）：结在箭身丝绳上的石块。特：单独，一个。絓（guà）：挂，附着。指射中。⑨往：指箭飞去。⑩舟牧：掌船官。⑪水嬉：水上的游戏。⑫鹢（yì）首：船头，也指船。古时画鹢首于船头，因此而得名。鹢，水鸟名。⑬翳（yì）：覆盖，遮掩。此为绘饰的意思。云芝：云气和芝草

的图案。⑭翟葆：仪仗名，用雉尾做成的车盖。翟，雉羽；葆，车盖。⑮羽旗：用鸟羽装饰的旌旗。⑯齐:整齐。谐调。栧（yì）：短桨。⑰棹（zhào）歌：鼓棹而歌，即船歌。棹，划船的用具。⑱发：唱起。引：乐曲体裁之一。即序曲。和（hè）：应和。⑲校（jiào）：调音，吹奏。葭（jiā）：通笳。一种管吹乐器。⑳淮南：乐曲名一。㉑度（duó）：按曲歌唱。阳阿：乐曲名一。㉒河冯（píng）：即河伯。古传说中的水神冯夷。㉓湘娥：此指舜的二妃娥皇、女英。传说舜死于苍梧，娥皇、女英寻至洞庭湖，投湘水而死，为湘水神。㉔蝄蜽（wǎng liǎng）：古时传说水中的精怪。㉕惮（dàn）：怕，畏惧。蛟：古时传说似龙的一种水中动物。㉖鲂鳢（fáng lǐ）：都是鱼名。㉗緉（sǎ）：网。鰋（yǎn）、鲉（yóu）：都是鱼名。㉘摭（zhí）：拾取。紫贝：蚌蛤类软体动物名。白质壳上有紫点纹。㉙搏：拾取。耆（qí）龟：老鱼。㉚搤（è）：通扼。掐住，捉住。水豹：水兽名，状似豹。㉛羣（zhí）：绊马。此指绊缚。潜牛：即水犀。形似牛，生活在水中。㉜泽虞：掌管沼泽的官。滥：长期潜网在水中捕鱼。㉝擿（zhì）：探寻，搜索。漻澥（liáo xiè）：小水沟。㉞九罭（yù）：一种带有囊袋用来捕捉小鱼小虾的细眼网。九，言眼多。罭，细眼网。㉟罜麗（zhǔ lù）：小鱼网。㊱摷（zhāo）：抄取。鲲：鱼子。鲕（ér）：小鱼。㊲殄（tiǎn）：灭绝。水族：水中动物的统称。㊳蕖（qú）藕：荷花的地下茎。蘧通蕖，芙蕖，荷花。㊴蜃蛤（shèn gé）：即河蚌。大的为蜃，小的为蛤。剥：去壳取肉。㊵逞欲：力图满足其欲望来求得快意。逞：尽，极。鳼（wén）：捕鱼。㊶郊获：功绩，收效。麑（ní）：幼鹿。麇（yǎo）：幼麋。俗称四不像。㊷摎蓼（jiǎo liǎo）：搜索竭尽。浶浪（láo láng）：惊恐不安。㊸干：空竭。涤：扫荡干净。薮（sǒu）：大泽。㊹逸飞：指逃亡飞走的禽鸟。逸，逃。㊺遗走：此指遗漏跑掉的虫鱼。走，逃跑。㊻蚳蝝（chí yuán）：极微小的生物。蚳，蚁卵。古代用以为酱，供食用。蝝，没长翅的蝗子。㊼遑：暇。恤（xù）：担忧，顾虑到。

既定且宁，焉知倾陁①。大驾幸乎平乐②张甲乙而袭翠被③。攒珍宝之玩好④，纷瑰丽以奓靡。临迥望之广场⑤，程角抵之妙戏⑥。乌获扛鼎⑦，都卢寻橦⑧。冲狭燕濯⑨，胸突铦锋⑩。跳丸剑之挥霍⑪，走索上而相逢⑫。华岳峨峨⑬，冈峦参差。神木灵草⑭，朱实离离⑮。总会仙倡⑯，戏豹舞罴⑰。白虎鼓瑟⑱，苍龙吹篪⑲。女娥坐而长歌⑳，声清畅而蜲蛇㉑。洪涯立而指麾㉒，被毛羽之襳襹㉓。度曲未终㉔，云起雪飞。初若飘飘，后遂霏霏㉕。复陆重阁㉖，转石成雷㉗。礔砺激而增响㉘，磅磕象乎天威㉙。巨兽百寻，是为曼延㉚。神山崔巍，欻从背见㉛。熊虎升而拿攫㉜，猿狖超而高援㉝。怪兽陆梁㉞，大雀踆踆㉟。白象行孕㊱，垂鼻辚囷㊲。海鳞变而成龙㊳，状蜿蜿以蝹蝹㊴。含利飏飏㊵。化为仙车。骊驾四鹿㊶，芝盖九葩㊷。蟾蜍与龟㊸，水人弄蛇。奇幻倏忽㊹，易貌分形。吞刀吐火，云雾杳冥㊺。画地成川，流渭通泾。东海黄公㊻，赤刀粤祝㊼。冀厌白虎，卒不能救。挟邪作蛊㊽，于是不售㊾。尔乃建戏车㊿，树修旃[51]。侲僮程材[52]，上下翩翩。突倒投而跟絓[53]，譬陨绝而复联[54]。百马同辔[55]，骋足并驰[56]。橦末之伎[57]，态不可弥[58]。弯弓射乎西羌[59]，又顾发乎鲜卑[60]。

【注释】

①倾陁：倾覆崩溃。②大驾：皇帝的车乘。平乐：宫馆名。③甲乙：指甲帐、乙帐。汉武帝造帐幕，以甲乙编次。袭：掩藏，遮盖。翠被：用翠羽装饰的被子。④攒：聚集。⑤迥（jiǒng）望：形容视野开阔。迥，远。⑥程：考核，衡量。这里是欣赏的意思。角抵：相互角力的一种技艺。⑦扛（gāng）鼎：百戏节目之一。举鼎或举重。⑧寻橦（chuáng）：百戏杂技之一。橦，木竿。⑨冲狭：百戏杂技的一种。类似今天的穿九圈杂技。燕濯：百戏杂技的一种。即“飞燕点水”。⑩突：冲撞。铦（xiān）：锐利。⑪跳丸剑：杂技名。表演抛弄丸剑。⑫走索：杂技之一。今杂技中的踩软索。⑬华岳：本指西岳华山。这里指做

成假山形状以为戏。⑭神木：指松柏之类四季常青的树木。灵草：指灵芝之类。⑮朱实：红色果实。离离：繁茂下垂的样子。⑯总会：聚合。仙倡：扮成神仙的杂技艺术。⑰豹罴（pí）：假扮豹罴的样子。罴，熊的一种。⑱鼓：弹奏。瑟：一种拨弦乐器。⑲苍龙：青龙。篪（chí）：古时一种管乐器，用竹制成，单管横吹。⑳女、娥：此指娥皇、女英。㉑清畅：清亮奔放。蜲蛇（wēi yí）：同委蛇。回旋曲折。㉒洪涯：相传为三皇时的乐工。指麾（huī）：同指挥。㉓欚褷（shēn shī）：形容羽毛茂盛。㉔曲：按照曲谱歌唱。㉕霏霏（fēi）：纷飞的样子。㉖复陆：即复道。俗称天桥。㉗转石成雷：此指在复道重阁之上转石以拟雷声。㉘礔砺：同霹雳。迅猛的雷声。激：猛烈。增响：重响，连声。㉙磅磕（kē）：雷霆声。㉚曼延：也作漫衍、曼衍或蔓延，百戏杂技之一。㉛欻（xū）：忽然。背：此指巨兽之背。见（xiàn）：通现。㉜拿攫（jué）：张牙舞爪搏斗之相。㉝猿狖（yòu）：泛指猿猴。援：攀附。㉞陆梁：跳跃的样子。㉟大雀：此指鸵鸟。踆踆（qūn）：步履迟重的样子。㊱孕：哺乳。㊲辚囷（qūn）：下垂的样子。㊳海鳞：此指假扮的大鱼。㊴蜿蜿（wǎn）：屈曲。蝹蝹（yūn）：龙蛇行走的样子。㊵含利：古代传说中的神兽。颬颬（xiā）：开口吐气的样子。㊶骊（lí）驾：并驾。骊，并列。㊷芝盖：车盖。九葩：形容绚丽多采。九，言多。㊸蟾蜍（chán chú）：俗称癞蛤蟆。古人以之为长寿灵物。与（yù）：对付，戏弄。㊹倏（shū）忽：迅速。㊺云雾：兴云雾。杳冥：幽暗。㊻东海黄公：据《西京杂记》表演东海人黄公，少时为术，能制蛇御虎，佩赤金刀，以绛缯束发，立兴云雾，坐成山河。及衰老，气力羸惫，饮酒过度，不能复行其术。秦末，有白虎见于东海，黄公乃以赤刀往厌之，术既不行，遂为虎所杀。㊼赤刀：赤金刀。粤祝（zhòu）：粤地人的一种用咒法驱神降怪的迷信活动。祝，通咒。㊽挟：倚仗，自恃。蛊（gǔ）：惑。指巫术。㊾不售：行不通。售，行。㊿戏车：用来表演杂技的车。51旃：旗杆。52侲（zhèn）僮：童子。程：显示。材：技艺。53倒投：倒身下坠的样子。跟：脚后跟。絓：悬挂。54陨绝：坠落。55百马同辔（pèi）：此指童子们在高杆上作出百马同辔奔驰的姿势。百，多；辔，马缰绳。56骋足：尽力奔跑。57伎（jì）：同技。技巧，技艺。58态：情状。弥：极，尽。59弯弓：拉弓。西羌：我国少数民族羌族，居我国西部，汉代泛称为西羌。这里指假作羌人以射之。60顾：回头，回视。发：射。鲜卑：古时东胡的一支。汉初居于辽东，后汉时移于匈奴故地，势力渐盛。

于是众变尽①，心酲醉②；盘乐极，怅怀萃③。阴戒期门④，微行要屈⑤。降尊就卑，怀玺藏绂⑥。便旋闾阎⑦。周观郊遂⑧。若神龙之变化⑨，彰后皇之为贵⑩。然后历掖庭⑪，适欢馆⑫；捐衰色⑬，从嬿婉⑭。促中堂之狭坐⑮，羽觞行而无筭⑯。秘舞更奏⑰，妙材骋伎⑱。妖蛊艳夫夏姬⑲，美声畅于虞氏⑳。始徐进而羸形㉑，似不任乎罗绮㉒。嚼清商而却转㉓，增婵娟以此豸㉔。纷纵体而迅赴㉕，若惊鹤之群罢㉖。振朱屣于盘樽㉗，奋长袖之飒纚㉘。要绍修态㉙，丽服扬菁㉚。眳藐流眄㉛，一顾倾城㉜。展季桑门㉝，谁能不营㉞？列爵十四㉟，竞媚取荣㊱。盛衰无常，唯爱所丁㊲。卫后兴于鬒发㊳，飞燕宠于体轻㊴。尔乃逞志究欲㊵，穷身极娱㊶。鉴戒《唐》诗㊷："他人是媮"㊸。自君作故㊹，何礼之拘㊺？增昭仪于婕妤㊻，贤既公而又侯㊼。许赵氏以无上㊽，思致董于有虞㊾。王闳争于坐侧㊿，汉载安而不渝51。

【注释】

①众变：此指杂技百戏。②酲（chéng）醉：此为陶醉、满足的意思。③怅怀：怅然思恋。萃（cuì）：至，来。④阴戒：暗地里警戒。期门：官名。掌管执兵出入护卫。据《汉书·东方朔传》武帝喜欢微行，与侍中常侍武骑及待诏陇西北地良家子能骑射者期之于殿门，所以有期门之号。⑤微行：不叫人知其尊贵的身分，便装出行。要（yāo）、屈：降低、损坏自己的身分。⑥玺（xǐ）：皇帝印。绂（fú）：系印的绶带，

也代指印。⑦便（pián）旋：回转。闾阎（lǘ yán）：泛指民间。闾，里门；阎，里中门，也指里巷。⑧周：遍。郊遂：泛指郊区的地方。遂，郊外百里为遂。⑨神龙：古时以龙为神物，称龙为神龙。这里指皇帝。变化：是指皇帝或化作微贱的人，或恢复尊贵的地位，变化犹如神龙。⑩彰：显示，表明。后皇：皇帝。⑪历：过。掖庭：宫中旁舍，妃嫔居住的地方。⑫适：往，至。欢馆：皇帝宠幸的妃嫔所居的地方。⑬捐：抛弃。⑭嬿（yàn）婉：美好，指代美女。⑮中堂：堂的正中。狭坐：拥挤地坐在一起。狭，狭窄。⑯羽觞：酒器。左右形如两翼。筭（suàn）：数。⑰秘舞：希奇的舞。更：递，轮流更替。奏：进。⑱妙材：才华出众的人。骋：尽情发挥，表现。⑲妖蛊：媚惑。夏姬：春秋时期郑穆公的女儿，陈大夫御叔的妻子。⑳畅：嘹亮，流畅。此为超过的意思。虞氏：汉代善歌者。㉑徐进：缓缓向前。羸（léi）形：瘦弱的形体。这里指舞女的纤细柔弱。羸，瘦弱。㉒任：堪，胜。罗绮：指以轻软的丝织品裁制的衣服。㉓嚼（jué）：吐。清商：乐曲名。却转：后退转身。㉔婵娟：形态美好。此豸（zhì）：姿态艳冶妩媚。㉕纵体：舞姿。指体态轻举的样子。迅赴：舞姿。迅疾地依节奏互相穿越。㉖罢：归的意思。㉗振：起。此指翘起足跟、只以足尖着鞋的姿势。屣（xǐ）：鞋子。盘樽（zūn）：杯盘。樽，酒杯。㉘奋：挥动。飒缅（shǐ）：长袖舞动的样子。㉙要（yāo）绍：妖娆。修态：姿态美好。㉚扬菁（jīng）：扬起华采。菁，华采。㉛眳（míng）：眉睫之间。藐：扫视的样子。流眄（miǎn）：转动目光观看。眄，斜视。㉜顾：视。倾城：据《汉书·外戚传》李延年歌："北方有佳人，绝世而独立；一顾倾人城，再顾倾人国。宁不知倾城与倾国，佳人难再得。"后用倾城倾国来形容绝色的女子。㉝展季：春秋鲁大夫展禽，字季。鲁僖公时人。因食邑柳下，谥惠，因此又称柳下惠。以行为端正、品行高尚为人所称。桑门：即沙门，佛门。这里指出家的僧徒等。㉞营：惑乱。㉟列爵：分颁爵位。十四：后宫官爵，从皇后以下，共分成十四等。㊱媚：媚惑，用美色来迷惑人。荣：宠爱。㊲丁：当，逢。㊳卫后兴于鬒（zhěn）发：据《汉武故事》载：卫子夫得幸，头解，武帝见其美发，悦之。卫后，字子夫。开始是平阳主歌女，武帝纳之，生太子据，立为皇后。鬒：发黑而稠美。㊴飞燕宠于体轻：《汉纪》载：赵氏善舞，号称"飞燕"，成帝悦之。事由体轻，而封皇后。又据《赵飞燕外传》："飞燕体轻，能为掌上舞。"㊵逞志：极力满足心愿。逞，满足。㊶穷身：终身。㊷鉴戒：引他事当为警戒。《唐》诗：指《诗经·唐风·山有枢》一诗。此诗讥刺嘲笑一个吝啬者虽什么都有，却舍不得享用的行为。㊸他人是媮：《唐风·山有枢》诗中说道："子有衣裳，弗曳弗娄；子有车马，弗驰弗驱。宛其死矣，他人是媮。"意思是说：你有衣裳舍不得穿，你有车马舍不得乘。如果死了，就会被别人享用。媮，通愉，快乐，享受。㊹自君作故：是说不拘泥于前例，由君所创，由君所行，就是制度。故，成例，旧日的典章制度。㊺礼：社会行为的法则、规范、仪式的总称。㊻增昭仪于婕妤（jié yú）：《汉书·外戚传》载：汉成帝宠赵飞燕姊妹，全都封为婕妤。后飞燕立为皇后，而其妹升为昭仪。又元帝传宠幸傅婕妤，乃更号曰昭仪，赐以印绶，在婕妤上。增，加封。婕妤，妃嫔的称号，地位仅次于昭仪。㊼贤：指董贤，靠男色而得宠。公、侯：爵位名。哀帝封董贤为高安侯，后又授以大司马，即三公之职。㊽许赵氏以无上：《汉书·外戚传》载：成帝先宠许美人。后赵氏姊妹擅宠，嫉恨许美人，要挟成帝不得立许美人为皇后。成帝与赵氏相约道："约以赵氏，故不立许氏。使天下无出赵氏上者，毋忧也！"赵氏，指赵飞燕姊妹。㊾思致董于有虞：据《汉书·佞幸传》载：成帝宠幸董贤。一日，在麒麟殿设宴，董贤父子亲属，王闳兄弟侍中中常侍皆在侧。成帝视董贤而笑道："我想效法尧禅位于舜，如何？"意为禅让于董贤。致，给与，让位。董，指董贤。有虞，即舜。其部落名有虞氏，又称虞舜。此是成帝将董贤比为舜。㊿王闳争（zhèng）于坐侧：成帝想要效法尧禅舜的故事，让位于董贤。王闳道："天下乃是高皇帝的天下，非陛下所有。陛下嗣承宗庙，应当传子孙于无穷。统业至重，天子无戏言！"争，通诤。规谏。(51)载：年代。这里指世运。渝：改变，移易。

高祖创业，继体承基[①]。暂劳永逸[②]，无为而治[③]。耽乐是从[④]，何虑何思。多历年所[⑤]，二百余期[⑥]。徒以地沃野丰，百物殷阜[⑦]。岩险周固[⑧]，衿带易守[⑨]。得之者强，据之者久。流长则难竭，柢深则难朽[⑩]。故奢泰肆情[⑪]，馨烈弥茂[⑫]。

【注释】

①继体：继位。②暂劳永逸：暂劳，此指高祖创业的艰劳。永逸，指子孙世代继体承基以享安逸。③无为而治：不求有所作为，从容安逸地进行治理天下。④耽：沉溺。从：追求。⑤所：通数。⑥二百：此指从高祖至于王莽的西汉王朝。期（jī）：一周年。⑦殷阜：富实。阜，多。⑧岩：高峻的山。这里泛指关中地理形势。周：四围。⑨衿带：如衿似带，比喻形势回互环绕的险要的地方。⑩柢（dǐ）：树根。比喻基础。⑪奢泰：奢侈无度。肆情：任意，无所顾忌。⑫馨（xīn）烈：流芳的事业。茂：繁盛。

鄙生生乎三百之外①，传闻于未闻之者②。曾仿佛其若梦，未一隅之能睹③。此何与于殷人屡迁④？前八而后五⑤。居相圮耿⑥，不常厥土。盘庚作诰⑦，帅人以苦⑧。方今圣上⑨，同天号于帝皇⑩，掩四海而为家⑪。富有之业，莫我大也。徒恨不能以靡丽为国华⑫，独俭啬以龌龊⑬，忘《蟋蟀》之谓何⑭。岂欲之而不能⑮，将能之而不欲欤？蒙窃惑焉⑯，愿闻所以辩之之说也。

【注释】

①鄙生：自谦之词。鄙，鄙陋。三百：自汉朝建立至此赋时，已三百余年。②未闻：此指未曾听说的盛事。③一隅：一个角落。比喻见识狭窄。④与（yǔ）：如，似。殷：这里指整个殷商王朝。⑤前八：殷商自始祖契至汤迁国都共八回。后五：据载：自汤至盘庚迁国都五次。⑥相：古地名。位于今河南内黄东南。商王河亶（dǎn）甲从隞迁都于此。圮（pǐ）：毁坏。耿：古都邑名。位于今河南温县东。商王祖乙迁都于此。⑦盘庚：殷商君主。诰（gào）：古时一种用于上对下进行训诫勉励的文告。盘庚准备率臣民迁于殷。臣民安土重迁，群相咨怨。于是盘庚作书告谕，即《尚书·盘庚》三篇。⑧苦：此指迁徙之苦。⑨圣上：此指东汉和帝刘肇。⑩同天号：和天同名。⑪掩：囊括，遍及。⑫国华：国家的光荣。⑬俭啬：节省齐啬。龌龊（wò chuò）：器量小，拘于细节。⑭《蟋蟀》：指《诗经·唐风·蟋蟀》。⑮之：往。⑯蒙：自称的谦词。

【译文】

有位凭虚公子，奢侈无度，体貌安闲骄逸。喜好博知古事，广学太史之记。因此具有丰富的历史知识。他对安处先生说："人在春夏之时舒畅，而在秋冬之季忧烦。这与天气变化紧密相关。居住在肥沃之地，人就恶劳好逸；住在贫瘠地区，人就勤劳朴实。这与地理位置的不同联系紧密。忧烦则少有欢乐，勤劳则不能博施。能够改变这种情况的人，实在太少的了。庶民百姓如此，天子帝王亦然。因此当了帝王的人，必须顺应天时地利，以行政令教化之宜。百姓接受天子教化，从而养成良好风气。转化民风民俗的根本，在于与自然条件相一致。用什么来检验它呢？秦占据雍州之地而强盛，周迁豫州之地而衰败，汉高建都长安而成豪奢，光武东迁洛邑而行检朴。国之兴盛与衰落，经常由此而起。先生恐怕没见过西京的盛况吧？请让我为您细细陈说其事：

"汉朝始建都城是在渭水之滨。秦都居其北面，是为咸阳旧京。东有崤、函重险，桃林要塞，连接着太华、少华二山。传说二华本为一体，黄河被它阻拦。巨灵河神奋臂使力，高处一掌劈为两半；远远一脚踢破山麓，以使河水通流其间。巨灵所留掌印足迹，至今仍然明晰可见。西有陇坂险隘，隔绝华夏西戎；岐梁汧雍诸山，陈宝鸡鸣地点，都在陇山东面。前有太一终南，高耸特起绝险，堆垒参差不齐，山冈与嶓冢相连。怀抱杜陵，包含户县，歙饮沣流，吐

水镐川。又有蓝田宝玉，产于蓝田之山。后有平原丘陵，依借渭河与泾，陵原广博延展，成为国之近镇。远有九嵕甘泉，聚阴而藏严寒，到了夏至之时，仍有冻冰严寒。此乃避暑佳处，秦皇汉武所临。还有广大绵延的沃野，其土地都为最上等级，实在是天下的宝地，神灵群集的地区。传说天帝喜悦秦穆，穆公梦游帝乡获见，并赐钧天广乐盛宴；天帝情欢畅饮而醉，于是为作金书策简；赐他享用下土世祚，尽有鹑首分野河山。在那时，并为天下之强国者，有韩、魏、赵、齐、楚、燕，然而均为嬴秦所并，与同居而任其所裁，如此结局岂不怪哉？

自我汉高祖皇帝，开始进入关中之时。五星呈瑞，排列十分和谐。互相循序运行，共聚秦之分野。娄敬委弃挽车，非难建都洛阳，纵言秦都天府，建都大有其利。上天以五纬开导高祖之心，人臣以正义启发高祖之谋。及至高祖决策建都之时，也曾考虑到天地神灵旨意，择其可安天下之地而为国都。难道不想居于四会五达之地？难道不思归往枌榆之社的故里？而是天命不容置疑，谁敢轻易背离！于是，丈量四周方圆，考察纵横长度。挖掘护城之河，营建外城大郭，选用八方的异制，岂只考循于往古？便参照秦朝的体制，超越周王室的规模。以周宣百堵之室为狭碍仄陋，嫌九筵明堂迫胁而增扩。建紫宫于未央的正中，标立高阙于宫门阊阖。平整龙首之山，营造高高宫殿，其状雄壮而巍峨，岌嶪高峻触天。长梁横架如彩虹，椽栋相连而承接。天花板上绿荷倒垂，红花反披重接相依。椽桷瓦珰采绘玉饰，流光闪耀鲜艳明丽。楹柱尽都雕采，磉磴全用玉璧。所有斗栱横梁，彩绘如织云气。南面砌垒三阶，阶上长廊逶迤。雕镂栏杆，采文櫓梠。殿阶之右平而倾斜，殿阶之左砌有阶齿。宫门青文连琐，阶梯涂以丹漆。削平隆突之土，垒砌殿阶边际。殿阶节级而高起，阶齿有序而重迭。高岸平涂，修长险巇。宫门重重加固，防范奸人盗贼。上可比之于天宫，晴日现而阴日藏。洪钟万钧之重，悬于猛虡之上。筍兽负板托钟架，万钧在身怒气壮。犹如张开双翼欲奋举，腾越驰骋自翱翔。朝堂大殿继列于东面，温调之殿陈列在北沿，西有玉台高观，昆德与之相连。形势嵯峨高峻，取则不能名言。至于宣室、玉堂、神仙、麒麟、朱鸟、长年、龙兴、含章诸殿，犹如众星围绕北极，未央之宫围在其间。焕然光采绚丽，闪耀辉煌灿烂。正殿中之路寝，用以召见群臣；大夏之殿深邃，洞开九户之门。嘉木植于庭中，芳草如积绿茵。高门之殿空旷，列坐十二金人。

正殿大夏之内，设有常侍谒者，奉命充其御用，随时听候使唤。外有兰台、金马，递相宿居当值。次有天禄、石渠，校勘典籍之处。又有虎威、章沟，挝鼓巡更之署。巡警之路环绕宫外，无数警所各宫内附。卫尉主管八屯士卒，戒夜巡昼是其职务。树起根根长矛，悬挂张张盾牌，日夜戒备不懈，严防发生意外。

后宫之殿，则有昭阳、飞翔，增成、合欢，兰林、披香，凤皇、鸳鸾。嫔妃成群，娇美华艳，回目内窥，令人惊叹。所以，那里的闲馆宫殿，郎尉之所，休沐之处，装饰精致繁缛。藻绣环绕，华采红绿。翡翠玫瑰，美玉缭束。悬黎之玉，夜光闪烁；随侯之珠，相缀为烛。黄金砌为扶栏，白玉垒成台阶。中庭涂用丹漆，朱辉相映灿烂！珊瑚琳碧，瓀珉璘彬，如此珍稀之物，触处罗列而生。光华四射，灿若昆仑。虽然后宫诸殿之规格，并不十分宽广宏大，但其奢侈豪华，却已超过皇家。并在钩陈宫外，架起复道如同彩虹，连属长乐与明光，直通北面之桂宫。指令鲁班、王尔等能工巧匠，尽量使其形态变化无穷。后宫不须移动，乐器不必搬迁，门庭护卫，供具张设，但凡天子所需之物，都有专职官员置办。皇帝尽可恣意游幸，下了玉辇即可饮宴。终年乐以忘归，诸宫仍不能游遍。瑰丽珍奇之物，日日变易更换；尽是新备之奇，全为见所未见。

只有帝王宫室，才有如此华丽。后宫竟然如此，恐尊卑无法区别。这些殿宇虽然高大宽

敞，可是群丽之心仍悒郁不畅。她们比象于紫微，嫉恨未住于阿房。寻觅过去遗留之别馆，乃得亡秦所余之林光。它位于高燥的甘泉山上，因此更显得崇高而蜿蔓。既已新建迎风之馆，而又增添储胥、露寒。都把殿基高高扎在山顶，馆阁挺立雄踞在山冈上。通天之台高沙竦峙，度其上下而有百常。其上文采交错纷繁，其下峭壁如使刀削。善翔的鹍鸡仰飞尚不可到，何况那篱间的青鸟与黄雀？凭栏杆而俯听，闻雷霆之激响。柏梁遭受火灾，越巫进献奇方，建章于是营建，用以压服火殃。因此宏扩建章规模，两倍大于汉宫未央。宫门圆阙高竦，笔直挺拔而参天。犹如两座高碣，相对峙而互望。高高屋脊之上，雕凤头举翼张。如迎风而展翅，似借势而翱翔。正门阊阖之内，别风之阙耸立。构建之工多么精巧瑰玮，小窗雕镂空灵文饰绮丽。此门阙指达太空于云雾，亭亭竦峙之状雄伟至极。神明之台特立崛起，井干之楼重叠百层。游梁托于短柱之上，重栾结柱而并相承。层层累构而上升，楼台高筑向北辰。尘埃扬其中宇而消散，上集重阳之气而清澄。鸟瞰宛虹如长鱼之鬐，观察天际云师之依凭。登上台顶小楼而仰望，恰好看清瑶光与玉绳。登楼缘上未得半，惊恐战栗而戒慎。好像无都卢人之轻矫，谁能超然穷至其顶？又有驳娑、骀荡，枍诣、承光，四殿并峙，深邃空旷。重梁叠栋，如崖高张。飞檐反宇，高大雄壮。接引日月流光，折射内照辉煌。天梁之宫，高门洞开。车过旌旗不偃，驷马并驾往来。击辐催马骄健疾驰，一扉之宽容车无隘。长廊兼有广庑，阁道如云延蔓。垣墙庭院奇特，门户千千万万。室幽幽门重重，辗转而通连。朝着幽深之室度越，迷惑而不知如何回返。珍台既崇高又极壮观，阁道高低曲直而向东延，恰似昆仑之上阆风长坡，横跨西城河而越西城廓。守城校尉不懈巡更击柝，城内与城外默然自警觉。台前开辟唐中之池，极目望去辽阔浩荡。临视台后太液之池，沧浪之水漭漭荡漾。渐台耸立于太液中央，光采赫然宏伟敞亮。清渊海水其势洋洋，三座神山巍峨高亢。瀛洲与方丈分列两旁，蓬莱骈罗在其中央。其上崔嵬而险峻，其下参差如齿状。长风鼓浪激于别岛，涌起洪涛而扬其波。淹没池边石菌仙草，洗濯灵芝红色茎柯。海神在深水间浮游，大鲸失水倍受蹉跎。于是采纳少君"却老"之言，完全以为正直可信；渴望栾大"致仙"之举，乃坚守正道而不诬。树起高高的铜柱，犹如神仙的巨掌；临空托举大铜盘，承接云表之清露。将玉花研成粉末，作为朝餐而服用；如此养怡其身，性命必超常度。赞美往昔赤松与王乔，约会羡门于云际天路。想黄帝在鼎湖乘龙升天，这人间难道还值得羡慕？如果能历经世代而长生不老，何必匆匆忙忙营造坟墓？

只见那城廓的建制，每一面都开着三道大门。三条道路平坦端直，四面之路都可并驾齐驱。街道纵横，相纬相经。民区市宅整齐划一，屋脊房檐高下平整。城北那些头等宅第，面临大街直开其门。选择巧匠尽其功技，望其永远都不覆倾。采绘的木构如穿锦绣，涂漆的土建如披朱紫。武库贮藏着禁卫兵器，全都置于架上或袋里。如不是石显与董贤之辈，有谁能居住这样的宅第？

于是，城内开辟九处集市，围墙环通而市门相连。五层市楼之上树起旗幡，站在楼端可察百物货摊。周代之制于市设大胥，而今通呼长丞都尉官。珍奇百货从四方齐聚而至，如鸟之集树鱼之会潭。卖货的人成倍盈利，求购的人接连不断。于是，各种各样的行商坐贾，贱买贵卖的贩夫贩妇。卖时在好货中掺杂恶物，迷惑欺负边民之纯朴。何必勤勤恳恳去作劳？依赖欺假之利足以致富。货摊上那些男男女女，华美胜过许史两大户。

至于翁伯、浊、质之家，马医张里之门。鸣钟列鼎而食，车马结队访问。就是东都公侯，豪壮岂可比伦？还有西京游侠刺客，如张禁与赵放等人。其志向要与魏公子等同，其行事拟同于孟尝君。他们轻生死而重义气，好结党派相连成群。其徒属实在甚为众多，其附从如密集之

层云。茂陵县有原巨先，阳陵县有朱安世，行动轻捷而威猛，骁勇如虎亦如貙。他们怀恨于蒂芥之事，就将有抛野卧路之尸。公孙丞相想得很美，欲捕游侠以赎子罪。朱安世系狱即上书，告发敬声私通之罪。石阳公主虽然受牵累，公孙父子却同命西归。再如五游旅论辩之士，他们大街谈说小巷私议，指责时政褒贬大小官吏；剖析事情细至毫厘，分述问题深入肌理。对于所爱者能让它生出毛羽，对于所恶者则惩留疮痍。

京郊二百里内，乡邑丰饶富盛。五都商业繁荣，货物运出引进。商旅车马联轭，重载展展隐隐。阔商官吏互相往来，并辕接轸而驰骋。京都所辖地区千里，总领之官名曰兆尹。设在郡国的离宫别馆，共计有一百四十五处。右边以周至为其终极，并且包括邑县丰与户。左边直达黄河与华山，延伸到古虢国之领土。专供天子游猎的上林禁苑，跨越川谷而掩取许多陵阜。东至蓝田鼎湖，西北取界细柳。掩翳长杨之宫，连接别馆五柞。围绕槐里之黄山，延至甘泉之牛首。缭绕连蔓，四百余里。植物在此生长，动物在此栖息。众鸟翩翩翻飞，群兽奔走随意。散开犹如卷动的波浪，聚拢好似高岛在隆起。多识鸟兽的伯益不能尽知其名，善于计算的隶首无法准确统计。苑中之物，什么都产。木有枞桧棕楠，梓柞枫楩。嘉木丛生，茂若邓林。葱郁繁盛，高大直挺。吐荣扬花，布叶垂阴。草有葴莎菅蒯，薇蕨荔苀；王刍莔台，戎葵怀羊；畅茂龙茸，覆被高冈；小竹大竹，敷蔓四方；连田接地，成竹成篁。从山谷到原隰，林森森而无疆。

又有昆明神池，黑水渐渍玄渚，周围砌有固堤，堤上栽满柳杞。豫章珍丽之馆，高高耸立池里。牵牛石像玉立其左，织女雕塑处于右壁。日月从池中升起降落，就像起落于扶桑与濛汜。池里则有鼋鼍巨鳖，鳣鲤鲔鲖，鲔鲵鲿鲂，或长额短项，或大口鼻弓。形态各异，各殊其种。鸟有鹔鹴鸹鸨，驾鹅鸿鹍。开春按时北来，秋末南去就温。南飞至于衡阳，北翔栖止雁门。归去野凫，群集鹰隼。盛疾奋速，砰訇有声。形状各不相同，叫嚷各异其鸣。诡质怪章，不胜其论。

到了隆冬时令，阴气勃兴；寒风飒飒，杀气浸淫；大雪飘飘霏霏，冰霜惨烈难忍。草木全都凋零，鹰犬搏挚兽禽。于是整理遮天之网，张开盖地之络。震动川渠，簸扬林薄。鸟受惊吓，兽起奔波。草丛之中埋伏，树林之内藏躲，到处寻求寄居，洞穴最利藏身。在彼受惊而逃，来此群集避祸。鸟飞而兽散，相杂而纷泊。在那广阔的上林苑里，前后左右无垠而无崿。虞官主管苑事，营域划界备猎。焚其草莱，平整场地；砍掉丛杂，剪除荆棘。张挂百里之网，蹊道统统塞闭；群鹿密密麻麻，相聚十分拥挤。天子驾起雕绘华美的车乘，六匹骏马装成食虎之驳。头顶翠羽美饰的伞盖，身靠黄金点缀的车厢。璇玉饰其马冠，美玉饰其鞅靽。六骏迅疾，胜光耀闪。前驱车上树起玄戈旌旗，又建招摇星旗以像天帝。另有鸣鸢栖止之旗，飘带如云摇曳；弧星引箭之旗，以像天讨来此；枉矢妖星之旗，以像降妖之师；曲柄旃旗绣采虹，旄尾饰旗画雌蜺。天子伞盖承着北斗，天毕负网而为前驱。千辆战车如雷轰动，万匹战马似龙腾趋。侍从为副之车上，载着猎犬猃猲獢。所携并非赏玩之物，多有神仙方术秘书。小说之言九百余篇，最早之文来自虞初。从容访求四处收集，是为等待君问而备储。于是，蚩尤般的武士手把铁钺，须发奋举身披虎文之服。用以制止和防御之不测，识别鬼神作怪而为奸。螭魅魍魉等山精水怪，无一能与之相遇交战。在飞廉馆将虎旅排练，在上兰观把垒壁修缮。集结部队，整顿行伍，燃起高高的火把，擂起雷鸣般的猎鼓。纵放捕猎的士卒，奔赴广阔的林莽。警卒清道等候，武士赫然作怒。下系赤黄蔽膝，上着桔黄缇服。双目炯炯圆瞪，威武雄壮跋扈。猎火光焰照亮天庭，欢嚣之声响彻海浦。泾渭二水为之波荡，吴岳两山为之崩裂。鸟兽惊恐怆惶，

匆匆四窜奔突。个个丧精忘魂，不知何处有路。投体猛撞车轮，头入辐间卡住。无须围追堵截，禽兽自找车触。张网罗物脚扑朔，流矢中的声呲哱。箭不凭虚而放，矛不等闲而撮。当足者即遭践踩，值轮者则被辗过。禽僵仆，兽命毙，横堆竖放，积如碎石。只见罗网之所缚绊，竿杖之所扑击，叉矛之所刺杀，徒手之所撞挞。太阳尚未移动其影，已获禽兽十之八七。至于那些游荡野雉，或振翅高飞，或横绝大泽，或逾过小池。狡兔拼命逃跑，登上山岭冈峦，跨过沟壑深涧，可与善跑的东郭逡相比，简值无法能够将它遮掩。于是，有那疾飞的猎鹰，轻捷的猎犬，可以追上日影，可以追及飞箭；使鸟儿无暇举翼，使野兽不遑逃窜；即被青腿猎鹰捕执于所站的臂套之下，或被轻迅韩卢咬死在牵系的套索前面。等到野兽发威剽悍，奋鬣竖毛，张目怒视，威慑虎兕，不敢与之相敌之时，乃使中黄、夏育、乌获一类的勇力之士，红带束其额，或直露其髻，或“杂以麻杂”，发植如竿，露袒其臂，屈肘如戟，张开两脚，回旋步履；绳穿赤象之鼻，圈盛蝘蜒巨兽，揪住狒狒刺猬，活捉　猰雄狮。擦坏围篱枳丛，冲破荆棘藩篱。多刺的草木为之碎毁，树木丛林为之残夷。那些轻锐勇猛，矫健迅疾之士，深入洞穴之中，探寻捉拿大狐；登上重峦迭嶂，猎取善攀昆骒；爬上高高树梢，抓获珍稀獑胡；跃上特立大榛，捎取肉翅飞鼯。当此之时，后宫宠幸婢女，昭仪婕妤之伦，常常紧随天子出行。她们羡慕贾大夫如皋射雉之乐妻，欣喜《北风》诗“携手同车”之宠幸。盘桓田猎之事，其乐发自于心。

于是，鸟兽已尽，所见已穷。乃后退而左右察看，都集中于长杨之宫，暂息士卒，陈列车马。会集死禽活兽，查点统计多寡。置木架以解死牲，将活物分赐大家。割取鲜肉就地宴飨，犒劳辛苦奖赏有功。五营六军将士，列成千行百重。酒车逐排斟酒，香肉双车并送。燃举烽火以行酒，饮尽干杯则鸣钟。膳夫之官驰马巡视，察看是否漏菜授重。炙炮的野味数量极多，佳酿的美酒尽兴去喝。皇上的恩泽普降，天子的大德广博。挽车御马的个个喜悦，捕猎的兵士人人快乐。

掌车之官传令起驾，旌旗右移引队回返，逍遥于五柞之馆，还息于昆明池岸。登临豫章之台，省视缴红劲箭。选拔蒲且之妙手，仰中高飞之鸿雁。带丝之矢穿挂白鹄，双飞野鸭同箭相连。磻矢常不独中，一发双鸟必穿。又命主舟之官，组织水上表演。于是，荡起鹢首为象之舟，图云画芝覆蔽船身。垂悬雉尾饰其伞盖，树起羽旗迎风舒卷。整齐划桨女子之动作，放声高唱船家的山歌。一人引唱众人齐和，调校鸣笳用作伴乐。奏罢《淮南》之曲，再吹楚调《阳阿》。河伯冯夷为之感动，娥皇女英情思大作；蜩螨为之吃惊，蛟蛇为之哆嗦。然后，垂钓鲂鳢，网捞鰋鲉，捡拾紫贝，捕捉老龟，抓住水豹，套获潜牛。湖泽之官乱网滥捕，哪分什么冬夏春秋！寻遍大溪小沟，周索长川浍渎。撒布细孔之网，张设密织罜麗。捞尽鱼子鱼苗，灭绝水生之物。拔掉芙蓉菱藕，剥离蛤蚌之壳。恣情打猎捕鱼，获致鹿儿麇麖。水生陆长倍受惊扰，放干池沼涤荡泽薮。天上没有幸逃之鸟，地下无存脱逃之兽。以至剥胎摸蛋，尽取蚁蝗虫幼。只图取乐眼前，无暇虑及日后。

天下既已稳定安宁，哪知日后还有倾毁？大驾游幸平乐之馆，设甲乙之帐被羽翠。攒聚珍宝玩好之物，缤纷奇丽奢侈华美。亲临宽阔坦荡之广场，考核角力竞技之妙戏。有乌获扛鼎，都卢缘竿；冲跃刀圈，胸抵锋尖；飞燕浴水，跃身跳盘；抛丸要剑，起落纷然；僻絙走索，相错绳间。垒起华山巍峨，冈峦参差错落。上有神木灵草，垂吊彤彤硕果。会集神仙倡优，表演戏豹舞罴。白虎为之鼓瑟，苍龙为之吹篪。女英娥皇放歌，其声清亮飘逸。洪涯站着指挥，身披轻扬羽衣。歌曲尚未终了，乃使云起雪飞。开始飘飘扬扬，后则密密霏霏。复道重阁之上，

转石声响如雷。霹雳声急增巨，磅礚象征天威。又现巨兽长达百寻，其名象形谓之曼延。而有神山崔嵬高大，忽然之间从背涌现。熊虎竞登而相搏斗，猿猴腾跃争相高攀。怪兽种种往来闲逛，大鸟觅食步履蹒跚。庞然白象行且喂奶，垂下长鼻自由舒卷。大鱼瞬间化为巨龙，行动起伏形状蜿蜒。含利之兽漱水作雾，倏忽之间仙车是变。并驾四只仙鹿作马，灵芝伞盖华采闪闪。装作蟾蜍大龟共舞，善水俚儿捉蛇耍玩。奇异变幻实在迅速，须臾之间貌改体变。吞下尖刀吐出烈焰，兴云作雾幽昧晦冥。手指划地立即成川，滔滔之水流渭达泾。有人装成东海黄公，手持赤刀口念越愕。企图镇压凶猛白虎，愕语不灵终难自救。身藏邪术作蛊害人，骗人把戏无处出售。于是造起耍戏之车，树起长长的旗竿。幼僮展其才艺技能，高低上下自如翩翻。突然倒身脚跟挂竿，好像坠落而又复联。忽如百马同辔相牵，尽力奔走而并驱驰。竿头技巧更是高超，情态变幻没有穷极。刚要挽弓射击西羌，而又回头向鲜卑发箭。

至此各种变幻已尽，天子观众满心陶醉。盘游之乐到了极点，怅惘之情复燃死灰。邀约护卫同好等等，微行出宫若贱所为。将其皇印深深藏匿，放弃尊位屈就卑微。遍览近郊远遂之物，往来乡间里巷之内。变化犹如神龙无已，彰明天子龙德高贵。然后历经妃嫔掖庭，前往皇帝欣欢之馆。捐弃华落色衰之女，追逐芳龄美容嬿婉。拥在中堂促迫而坐，鸟形酒樽举次难算。稀见之舞依次进献，妙材骋伎精采表演。妖冶之女美胜夏姬，歌声远比虞公弘婉。始时徐徐趋进，其体柔弱纤纤；仿佛难于自持，不任绮罗衣衫。口吐清爽之曲，欲步将身逆转；更添妖姿媚态，实在柔美冶艳。纷纷纵体轻举，赴节迅疾矫健；宛如惊鸿飞起，成群相随而还。振起红底丝履，舞于杯盘之间。挥举长长双袖，不断滚动舒卷。体态娇媚，善于打扮。衣着艳丽，华采灿烂。眉清目秀，流眄勾男；一顾倾城，绝世之妍。即使洁士展禽，或者佛门僧人，谁不受之迷惑？谁不为之动情？后宫列爵十有四等，竞相献媚获取宠幸。盛衰贵贱不会永恒，唯有帝爱必须当心。卫皇后得宠于发美，赵飞燕获爱于体轻。于是逞其心意，穷其欲情，终其一生，尽其娱兴。以《唐风》诗意为鉴戒，避免死后财物改姓。从君所为开始，当以法度相循；何必拘泥古礼，厚其古而薄今。只要皇帝宠爱，婕妤增号昭仪；董贤位卑为郎，封侯居公要职；孝成皇帝偏爱飞燕，约许天下无出赵氏；孝哀皇帝独宠董贤，欲将天下拱手让之。王闳于旁极力劝谏，汉之国柄方安未易。

高祖创建帝业，继体相袭承基。可谓一劳永逸，无为天下亦治。因之放纵耽乐，有何可虑可思？汉世相传多久？二百一十有四。只因土地肥沃，广野富饶。百物盛产，殷实大好。崤函险隘，周币坚固；如衿如带，易守不负。得之者强盛，据有者久住。水源长远难枯竭，根底深厚难腐朽。因之尽管奢靡纵情，流芳之事仍然多有。

鄙人生于大汉开国三百年后，过去未曾听说的事多有传闻。至今我还仿佛仍在梦中，竟连一隅实情也未亲省。离开东都而归西京，何异盘庚迁回亳城。先是契至成汤八次迁都，后来又五徙乃至于盘庚。河亶甲从隞迁居相地，其子祖乙又迁都于邢耿。邢邑遭乱而被毁坏，不能永保其地为京。盘庚作诰劝民迁都，因受乱苦率众离邢耿。当今圣上，与天同号而称皇，囊括四海为家邦。十分富有的宏伟基业，无人可比我汉室之壮。但恨不能以此奢丽，而使国家得以荣光。偏以节俭吝惜小器度，竟将《唐风·蟋蟀》旨意忘。是想至奢丽而不能？还是能至却又不再想？我深感到有点疑惑而不解，倾听明确的解释是我的希望。

三都赋序一首

左太冲

盖诗有六义焉①，其二曰赋。扬雄曰："诗人之赋丽以则②。"班固曰："赋者，古诗之流也③。"先王采焉④，以观土风。见"绿竹猗猗"，则知卫地淇澳之产⑤，见"在其版屋"⑥，则知秦野西戎之宅⑦。故能居然而辨八方。

【注释】

①六义：风、雅、颂、赋、比、兴。前三者是诗的体裁，后三者是诗的表现方法。②扬雄：字子云，汉代辞赋家。③班固：字孟坚，东汉著名的史学家、文学家。④先王：古代的君王。⑤猗猗（yī）：茂美的样子。⑥版屋：用土打墙盖的房子。版，筑墙的一种方法，两板相夹，在其中填土，然后夯实。⑦西戎：羌族。

然相如赋上林，而引"卢橘夏熟"①；扬雄赋甘泉，而陈"玉树青葱"②；班固赋西都，而叹以出比目③；张衡赋西京，而述以游海若④。假称珍怪，以为润色。若斯之类，匪啻于兹⑤。考之果木，则生非其壤。校之神物，则出非其所。于辞则易为藻饰⑥，于义则虚而无徵⑦。且夫玉卮无当⑧，虽宝非用；侈言无验⑨，虽丽非经⑩。而论者莫不诋讦其研精⑪，作者大氐举为宪章⑫。积习生常，有自来矣⑬。

【注释】

①《上林》：即《上林赋》，司马相如所作。②甘泉：即《甘泉赋》，扬雄所作。③西都：即《西都赋》，班固所作。④张衡：汉代的科学家、文学家。西京：即《西京赋》，张衡所作。海若：海神。⑤匪啻（chì）：不止。⑥藻饰：用华丽词句修饰。⑦虚而无徵：不真实，没有根据。徵，证据。⑧玉卮（zhī）：玉制酒杯。无当：无底。当，底。⑨侈言：夸大之辞。⑩非经：不合常理。⑪诋：指摘、批评。⑫宪章：典范。⑬有自来矣：由来已久，不是一天两天了。

余既思摹二京而赋三都①。其山川城邑，则稽之地图②；其鸟兽草木，则验之方志③；风谣歌舞④，各附其俗⑤；魁梧长者⑥，莫非其旧。何则？发言为诗者，咏其所志也⑦；升高能赋者⑧，颂其所见也。美物者，贵依其本；赞事者，宜本其实。匪本匪实⑨，览者奚信？且夫任土作贡⑩，虞书所著⑪；辨物居方⑫，周易所慎⑬。聊举其一隅，摄其体统⑭，归诸诂训焉⑮。

【注释】

①二京：张衡作《西京赋》、《东京赋》，合称《二京赋》。三都：指左思的《蜀都赋》、《吴都赋》、《魏都赋》。②城邑：大小城市。稽：考核。③方志：地方志。④风谣：民间歌谣。⑤各附其俗：各与本地风俗相符。⑥魁梧长者：指杰出的大人物。⑦所志：志向。⑧升高能赋：登高远望，能将所见到的描述出

来。⑨匪：非。⑩任土作贡：随其土地所产来定贡赋的品种和数量。⑪《虞书》：《尚书》的一部分。⑫辨物居方：令物各得其所。⑬《周易》：即《易经》。⑭摄：抓住。体统：纲要。⑮诂训：故训。

【译文】

《诗经》有六义，第二义叫“赋”。杨雄说：“古代诗人所作之赋，辞藻既精美富丽，思想内容又合乎雅正的准则。”班固说：“赋，是古诗的变体。”古代君王采集地方歌谣，是为了从中考察各地方的风土人情。看了“绿竹猗猗”的诗句，就可知道卫国的淇水岸边盛产绿竹；见了“在其版屋”的诗句，就可知道秦国西部羌人居住版屋的习俗。因此足不出户，通过读诗就能了解各地的不同情况。

然而，司马相如作《上林赋》，竟写了“卢橘夏熟”；杨雄作《甘泉赋》，竟写了“玉树青葱”；班固作《西都赋》，竟写了宫妃垂钓时为钓出比目鱼而惊叹；张衡作《西京赋》，竟写了与海神交游。上述四物，均不是西都所有。作者假借珍怪，作为夸饰。这类描述，不胜枚举。考察赋中所写果木，有的不能生长于该地；考究赋中所写神物，有的不曾存在于该处。从遣词来说，信手拈取辞藻作为修饰是容易的，从表意来说，这些词语所表现的内容却是没有根据的。无底之玉杯，质虽珍贵但毫无用处；浮夸的语言，词藻虽美但不合常理。而评论者不批判他们专门追求形式之精美，辞赋家甚至以此作为创作的典范。习惯成为自然，文坛上这种弊病存在由来已久了。

我想摸仿《二京赋》而作《三都赋》，赋中所写的山川城市，都用地图来核对；赋中所写的鸟兽草木，都用地方志来验证；民谣及土风舞，都与当地风俗相符合；赋中所叙的杰出人物，全部都是当地名流。为什么要这样呢？因为诗是表达作者志向的；登高而赋，是颂扬他亲眼所见的事物；赞美外物，贵在从其本来面目出发；赞美人事，应当符合其实际情况。不合本来面目，脱离实际情况，读者谁还会相信呢？况且按土地所产而纳贡是《虞书》所载，据地方特点而别物是《易经》所言。姑举个别事例以指出过去文坛的弊端，提醒作赋者应抓住不能虚而无徵这个总纲，以古代典籍中的原则作为创作的指导思想。

畋　猎

子虚赋

司马长卿

楚使子虚使于齐[1]。王悉发车骑与使者出畋[2]。畋罢，子虚过奼乌有先生[3]。亡是公存焉[4]。坐定，乌有先生问曰：今日畋，乐乎？子虚曰：乐。获多乎[5]？曰：少。然则何乐？对曰：仆乐齐王之欲夸仆以车骑之众，而仆对以云梦之事也[6]。曰：可得闻乎？

【注释】

①子虚：虚构的人物。②畋（tián）：打猎。③过：拜访。奼（chà）：夸耀。乌有先生：虚构的人物。④亡是公：虚构的人物。存：在，在场。焉：于此。⑤获：猎捕的禽兽。⑥云梦：楚国著名的大沼泽地，跨长江。相传位于今湖北安陆县南。本为二泽，长江北为云，南为梦，方圆八、九百里，后世淤为平地。

子虚曰：可。王车驾千乘[1]，先徒万骑[2]，畋于海滨。列卒满泽，罘网弥山[3]。掩兔辚鹿[4]，射麋脚麟[5]。骛于盐浦[6]，割鲜染轮[7]。射中获多，矜而自功[8]。顾谓仆曰：楚亦有平原广泽，游猎之地，饶乐若此者乎？楚王之猎，孰与寡人乎[9]？仆下车对曰[10]：臣，楚国之鄙人也[11]。幸得宿卫[12]，十有余年[13]，时从出游[14]，游于后园，览于有无[15]，然犹未能遍睹也[16]。又焉足以言其外泽乎[17]？齐王曰：虽然，略以子之所闻见而言之[18]。仆对曰：唯唯[19]。臣闻楚有七泽，曾见其一，未睹其余也。臣之所见，盖特其小小者耳[20]，名曰云梦。云梦者，方九百里[21]，其中有山焉。其山则盘纡茀郁[22]，隆崇嵂崒[23]。岑崟参差[24]，日月蔽亏[25]。交错纠纷[26]，上干青云[27]。罢池陂陀[28]，下属江河[29]。其土则丹青赭垩[30]，雌黄白坿[31]，锡碧金银[32]。众色炫耀[33]，照烂龙鳞[34]。其石则赤玉玫瑰[35]，琳瑉昆吾[36]，瑊玏玄厉[37]，碝石碔砆[38]。其东则有蕙圃[39]：衡兰芷若[40]，芎䓖菖蒲[41]，茳蓠蘪芜[42]，诸柘巴苴[43]。其南则有平原广泽，登降陁靡[44]，案衍坛曼[45]，缘以大江[46]，限以巫山[47]。其高燥则生葴菥苞荔[48]，薛莎青薠[49]。其埤湿则生藏莨蒹葭[50]，东蘠彫胡[51]，莲藕觚卢[52]，菴闾轩于[53]。众物居之[54]，不可胜图[55]。其西则有涌泉清池，激水推移[56]，外发芙蓉菱华[57]，内隐钜石白沙[58]。其中则有神龟蛟鼍[59]，玳瑁鳖鼋[60]。其北则有阴林[61]：其树楩枏豫章[62]，桂椒木兰[63]，檗离朱杨[64]，樝梨梬栗[65]，橘柚芬芳[66]。其上则有鹓鶵孔鸾[67]，腾远射干[68]。其下则有白虎玄豹[69]，蟃蜒貙犴[70]。

【注释】

①乘（shèng）：古代一车四马叫一乘。②徒：士卒。③罘（fú）网弥（mí）山：罗网布满山野。罘，捕兔的网，弥，布满。④掩兔辚鹿：用网捕捉野兔，用车轮辗死麋鹿。⑤脚：捉住小腿。麟：一种大鹿。⑥骛：纵横奔驰。盐浦：海滨的盐滩。⑦割鲜染轮：宰杀的鸟兽的血染红了车轮。⑧矜（jīn）：骄傲，夸耀。自功：自以为有功，自我夸耀。⑨孰与寡人：寡人比较起来谁的游猎更为壮观？⑩下车：表示谦虚的动作。⑪鄙人：浅陋的人。⑫宿卫：在宫里值宿守卫。⑬有：又。⑭时：有时，间或。出游：跟随君王出去游猎。⑮览于有无：有的看见过，指游于后园所见；有的还没有看见过，指游后园尚未遍观的事物，和那些没有出游外泽而言。⑯覩（dǔ）：看过。⑰焉：怎么。外泽：离都城很远的大泽地。⑱略：大致。以：就。⑲唯唯：应答的声音。⑳盖：大概。特：仅，只。㉑方：方圆。㉒盘纡（yū）：迂回曲折。岪（fú）郁：山势曲折。㉓隆崇：山势高耸。嵂崒（lǜ zú）：高峻而险要。㉔岑崟（cén yín）：山势高峻的样子。参差（cēn cī）：山势高低不平。㉕蔽亏：蔽，全隐；亏，半缺。因山势高峻，遮蔽日月；又因其参差不齐，日月才显得或全部遮蔽，或亏缺半见。㉖纠纷：错综杂乱的样子。㉗干：接触，冒犯。㉘罢池（pí tuó）：倾危的样子。㉙属（zhǔ）：连接。㉚丹：朱砂。青：石青，可制颜料。赭（zhě）：赤土。垩（è）：白土。㉛雌黄：矿物名。白坿（fú）：石灰。㉜碧：青色的玉石。㉝众色炫耀：五光十色，光辉夺目。㉞照烂龙鳞：光辉灿烂，像龙鳞闪耀。㉟赤玉：赤色的玉石。玫瑰（méi guī）：一种紫色的宝石。㊱琳：美玉。瑉（mín）：一种仅次于玉的石。昆吾：本山名，出美石，用来代美石名。㊲瑊玏（jiān lè）：次于玉的石名。玄厉：一种黑色的石。㊳碝（ruǎn）石：一种次于玉的石，白如冰，半带赤色。珷玞（wǔ fū）：一种次于玉的石，赤地白文。㊴蕙圃：香草的园圃。㊵衡：杜衡，状似葵，味似蘼芜。兰：兰草。芷：白芷。若：杜若。㊶芎䓖（xiōng qióng）：一种香草，根可入药。菖蒲：多年生草，长在水边，根可入药。㊷茳蓠（jiāng lí）：香草。蘼芜（mí wú）：水草名。㊸诸柘（zhè）：甘蔗。巴苴（jū）：芭蕉。㊹登降：指地势高低。陁（yǐ）靡：斜坡。㊺案衍：地势低下。坛曼：平坦。㊻缘：沿着。㊼巫山：山名，在云梦泽中，一名阳台山，当位于今湖北汉阳境内。㊽葴（zhēn）：马兰。菥（xī）：麦的一种，似燕麦。苞：草名，与茅相似，可用来织席和制草鞋。荔：草名，似蒲但小，根可制刷子。㊾薛：蒿的一种。莎（suō）：也是蒿的一种。青薠（fán）：青色的薠草。㊿埤（bēi）湿：地势低洼潮湿。藏莨（zāng láng）：狼尾草。蒹葭（jiān jiā）：泛指芦苇。51东蔷（qiáng）：草名，像蓬草，子如葵实，可食。雕胡：菰米，茭白尖头的圆颗，可煮食。52觚（gū）卢：葫芦。53奄闾：青蒿，子可治病。轩于：即莸草，一种臭草。54众物：草木众多。居：生长。55图：计算。56推移：波涛鼓动。57外：指清池的表面。发：开放。芙蓉：荷花。菱华：菱花。58钜石：大石。59蛟：龙一类的动物，生活在水中。鼍（tuó）：鼍龙，又名猪婆龙，或称扬子鳄。60玳瑁（dài mào）：龟一类的动物，甲上有花纹，可用来装饰器物。鳖：甲鱼。鼋（yuán）：大鳖。61阴林：山北面的森林。62楩（pián）：黄楩木。柟（nán）：即楠木。豫章：即樟木。63桂椒：树木名。木兰：树木名。64檗（bò）：通称黄蘖。朱杨：赤茎柳。65樝（zhā）：山楂。梬（yǐng）栗：一名梬枣，今称黑枣。66柚（yòu）：柚子。67鹓鶵（yuān chú）：传说中凤凰一类的鸟。孔：孔雀。鸾（luán）：鸾鸟。68腾远：即腾猿，兽名。射（yè）干：兽名，似狐而小。69玄豹：黑豹。70蟃蜒（màn yán）：獌狿，大兽名。貙犴（shū hàn）：猛兽名。

于是乎乃使剸诸之伦[1]，手格此兽[2]。楚王乃驾驯驳之驷[3]，乘雕玉之舆[4]，靡鱼须之桡旃[5]，曳明月之珠旗[6]，建干将之雄戟[7]。左乌号之雕弓[8]，右夏服之劲箭[9]。阳子骖乘[10]，孅阿为御[11]。案节未舒[12]，即陵狡兽[13]。蹴蛩蛩[14]，辚距虚[15]，轶野马[16]，轊陶𬳿[17]，乘遗风[18]，射游骐[19]。倏眒倩浰[20]，雷动猋至[21]，星流霆击[22]，弓不虚发，中必

决眦㉓。洞胸达掖㉔，绝乎心系㉕。获若雨兽㉖，揜草蔽地㉗。于是楚王乃弭节徘徊㉘，翱翔容与㉙。览乎阴林，观壮士之暴怒，与猛兽之恐惧㉚，徼䜣受诎㉛，殚睹众物之变态㉜。

【注释】

①剸（zhuān）诸：吴国的勇士，曾为吴王阖闾刺死吴王僚。伦：类。②格：杀。③狡：一种猛兽。驷（sì）：古代四马合驾一车。④雕玉之舆：有雕刻的玉装饰的车。⑤靡（huī）：同麾（huī），挥动。鱼须：做旌旗上的旒穗的鱼须。桡旃（náo zhān）：曲柄的旗。⑥曳：摇动。明月：珍珠名，用来装饰旗帜。⑦建：高举。干将：利刃。大但无刃的戟叫莫邪，大但有刃的戟叫干将。雄戟：三刃戟。⑧乌号：良弓名。⑨夏服：盛箭器。夏后氏有良弓，名繁弱，其矢亦良，夏服即盛繁弱之箭器。⑩阳子：即孙阳，字伯乐，秦缪公臣，善于相马。骖乘：陪乘的人。古代乘车，尊者居左，驾车的人居中，右边有一人乘坐，以防车子倾倒，为骖乘。⑪孅（xiān）阿：古代善于驾车的人。⑫案节：指马行缓慢且有节奏。⑬陵：践踏。狡：狡捷，狡健。⑭蹴（cù）：践踏。蛩蛩（qióng qióng）：青兽，状似马。⑮距虚：一种野兽。⑯轶（yì）：突击，侵犯。⑰轊（wèi）：践踏。陶駼（tú）：北方的野马。⑱遗风：千里马。⑲游骐：游荡的骐马。骐，一种野兽。⑳倏眒（shū shùn）：动作迅速的样子。㉑雷动：喻楚王车马的气势威猛。动，震。猋（biāo）至：喻楚王车骑奔驰之迅速。猋，暴风。㉒星流：流星的陨坠。霆：闪电。㉓眦（zì）：眼眶。㉔洞：洞穿，贯穿。掖：同腋，腋下。㉕绝：断。心系：连着心脏的血管脉络。㉖雨（yù）：像雨一样降落。㉗揜（yǎn）：掩盖。㉘弭（mǐ）节：按节。指缓行。弭，按，止。节，行军进退的符节。徘徊：缓彳亍徐行。㉙翱翔：自得的样子。㉚暴怒：奋勇。㉛徼（yáo）：截挡。䜣（jù）：疲倦已极。受：接受，收拾。诎（qū）：同屈，筋疲力尽。㉜殚（dān）：尽。变态：富有各种变化的姿态。

于是郑女曼姬①，被阿緆②，揄纻缟③，杂纤罗④，垂雾縠⑤。襞积褰绉⑥，纡徐委曲⑦，郁桡谿谷⑧。衯衯裶裶⑨，扬袘戌削⑩。蜚襳垂髾⑪，扶舆猗靡⑫，翕呷萃蔡⑬。下靡兰蕙⑭，上拂羽盖⑮。错翡翠之威蕤⑯，缪绕玉绥⑰。眇眇忽忽⑱，若神仙之仿佛⑲。

【注释】

①郑女：郑国的女子。相传古时郑国出美女。曼姬：美女。②被：披。阿：细缯。緆（xì）：细布。③揄（yù）：牵引。纻（zhù）：麻布。缟（gāo）：白色的丝织品。④杂：饰。纤罗：细薄的丝织品。⑤雾縠（hú）：像雾一般轻柔的细纱，妇女用来蒙头。⑥襞（bì）积：形容女子腰间裙幅的折叠多。褰（qiān）绉：形容衣服的纹理多。褰，缩；绉，蹙。⑦纡徐：衣服的线条婉曲多姿。⑧郁桡谿谷：女子衣服褶绉深曲的样子好像谿谷。⑨衯衯裶裶（fēn fēn fēi fēi）：衣长的样子。⑩扬：抬起，掀动。袘（yì）：裳裙下端的边缘。戌（xū）削：形容行走时裳裙边缘很整齐的样子。⑪蜚襳（fēi xiān）：飘动着的衣带。蜚同飞。襳，衣上圭形的长带。垂髾（shāo）：原指燕尾形的发髻，这里指衣尾。⑫扶舆：衣服合身而体态婀娜。⑬翕呷（xī xiá）萃蔡：人走路时衣服发出的摩擦声。⑭兰蕙：指地上的花草。⑮羽盖：用羽毛所装饰的车盖。⑯错：交相夹杂。翡：羽毛红色的鸟。翠：羽毛绿色的鸟。威蕤（ruí）：用羽毛做首饰的样子。⑰缪（liáo）绕：缭绕，缠绕。缪同缭。玉绥：用玉装饰的帽带。⑱眇眇：缥缥缈缈的样子。⑲若神仙：比喻女人头饰的高贵华美并非人间所有。

于是乃相与獠于蕙圃①，媻姗教窣②，上乎金隄③。揜翡翠④，射鵔鸃⑤。微矰出⑥，孅缴施⑦。弋白鹄⑧，连驾鹅⑨。双鸧下⑩，玄鹤加⑪。怠而后发⑫，游于清池。浮文鹢⑬，扬旌枻⑭，张翠帷⑮，建羽盖⑯，网玳瑁⑰，钩紫贝⑱。摐金鼓⑲，吹鸣籁⑳，榜人歌㉑，声流喝㉒。水虫骇㉓，波鸿沸㉔。涌泉起㉕，奔扬会㉖；礧石相击㉗，硠硠礚礚㉘，若雷霆之声，闻乎数百里之外。将息獠者㉙，击灵鼓㉚，起烽燧㉛。车按行㉜，骑就队㉝。纚乎淫淫㉞，般乎裔裔㉟。

【注释】

①獠（liáo）：夜间打猎。②媻姗（pán shān）：形容走路缓慢。③金隄（dī）：堤的美称。隄同堤。④掩（yǎn）：覆盖，罩住，用网捕捉禽鸟。⑤鵔鸃（jùn yí）：雉一类的鸟。⑥微：小。矰（zēng）：一种用丝绳系住用来射鸟的短箭。⑦孅缴（zhuó）：拴在箭上的纤细的生丝绳。施：放射。⑧弋（yì）：用带绳的箭来射鸟。白鹄（hú）：一种像鹤的水鸟。⑨驾鹅：野鹅。⑩鸧（cāng）：鸧鸹（guā）。⑪玄鹤：黑鹤。加：被箭射中。⑫怠：倦怠。发：此指发船，泛舟。⑬浮：指泛舟。文鹢（yì）：指画有文彩鹢首的船。古时天子所乘的龙舟，在船头画有鹢首，后乃以鹢做为船的代称。⑭扬：高举。旌：旗子。枻（yì）：船舷。⑮翠帷：绿色的船帷。帷，帷幕。⑯建：建立，竖立。羽盖：用翠鸟之羽所装饰的船盖。⑰网：用网捕捉。玳瑁（dài mào）：一种大海龟，甲片可做为装饰品。⑱钩：钩取。紫贝：贝壳呈紫色而带有黑色花纹的介类动物。⑲摐（chuāng）：敲击。金鼓：大锣或饶钹一类的乐器。⑳籁（lài）：即排箫。㉑榜（bàng）人：船夫。㉒流喝：指歌声悦耳且带有悲凉之音。㉓水虫：指水中鱼鳖之类。㉔鸿沸：波涛大作。鸿，大。㉕起：掀动波浪。㉖奔扬：波涛。会：会合。㉗礧（lèi）石：众石。礧同磊。㉘硠硠礚礚（láng láng kē kē）：水石相击的声音。㉙息獠：停止宵猎。㉚灵鼓：六面鼓。㉛烽燧（suì）：告警的烽火。㉜按行（háng）：按照行列。㉝就队：各归队伍。㉞纚（shǐ）：接连不断。淫淫：形容队列整齐缓步行进的样子。㉟般（pán）：依次相连。裔裔（yì yì）：不断行进。

于是楚王乃登云阳之台①，怕乎无为②，憺乎自持③。勺药之和具④，而后御之⑤。不若大王终日驰骋⑥，曾不下舆⑦，脟割轮焠⑧，自以为娱。臣窃观之，齐殆不如⑨。于是齐王无以应仆也。

【注释】

①云阳之台：台名，又名阳台，位于巫山之下。五臣本做阳云之台。②怕：同泊，安静无事的样子。无为：此指心地泰然无事。③憺（dàn）：同澹。自持：此指保持宁静的心情。④勺药：即芍药。和：调和好的食品。具：备。⑤御：进食。⑥大王：此指齐王。驰骋：驾着车马奔跑。⑦曾：竟。下舆：下车。⑧脟（luán）割：把肉切成一块块。脟，同脔。轮焠（cuì）：在车轮上烤肉。⑨齐：齐王。殆：大概。

乌有生先曰：是何言之过也！足下不远千里，来贶齐国①。王悉发境内之士，备车骑之众，与使者出畋，乃欲戮力致获②，以娱左右③。何名为夸哉？问楚地之有无者，愿闻大国之风烈④，先生之余论也⑤。今足下不称楚王之德厚，而盛推云梦以为高⑥，奢言淫乐而显侈靡⑦，窃为足下不取也。必若所言，固非楚国之美也。无而言之，是害足下之信也。彰君恶，伤私义⑧。二者无一可⑨，而先生行之，必且轻于齐而累于楚矣⑩。且齐东陼钜海⑪，南有琅邪⑫，观乎成山⑬，射乎之罘⑭。浮渤澥⑮，游孟诸⑯。邪与肃慎为邻⑰，右以汤谷为界⑱，秋田乎青丘⑲，彷徨乎海外⑳。吞若云梦者八

九于其胸中，曾不蒂芥㉑。若乃俶傥瑰玮㉒，异方殊类，珍怪鸟兽，万端鳞崪㉓，充牣其中㉔，不可胜记。禹不能名㉕，卨不能计㉖。然在诸侯之位，不敢言游戏之乐，苑囿之大㉗，先生又见客㉘，是以王辞不复㉙。何为无以应哉㉚？

【注释】

①贶（kuàng）：赠赐，赐教。②戮（lù）力：同心合力。致获：获得禽兽。③左右：指使者的左右，不直指使者，以表示尊敬。④风：美好的风俗习尚。烈：光辉的业绩。⑤余论：先贤所遗留下来的高雅的言论。⑥盛推：毫无顾忌地夸耀。高：高谈。⑦奢言：侈谈。⑧彰：彰表，宣扬。私义：个人的品德。⑨可：可行。⑩且：将要。轻：被轻视。累：牵连。⑪陼（zhǔ）：即面临。⑫琅邪：邪同琊，山名，位于今山东诸城县东南一百五十里。其山三面皆海，西南通于陆地。⑬观：游观。成山：山名，位于山东荣城县东。⑭之罘（fú）：山名，位于今山东福山县东北三十五里，与文登县界相连，即今之烟台。⑮渤澥（xiè）：即渤海。⑯孟诸：古时的大泽名，位于今河南商丘东北，虞城西北。今已淤塞。⑰邪：同斜。肃慎：古国名，位于今辽宁、吉林、黑龙江一带。邻：邻接。⑱汤（yáng）谷：即旸谷，日出的地方。⑲田：同畋，畋猎。青邱：海外国名，当指辽东、高丽一带地方。⑳彷徨：徘徊，往来漫步。㉑蒂芥（dì jiè）：比喻微末不足道的事物。㉒俶傥（tì tǎng）：卓越不凡。瑰玮（guī wěi）：奇伟，卓异，指奇珍异产种种可贵的东西。㉓万端：指各地的奇珍异产和珍贵鸟兽。鳞崪（cuì）：像鱼鳞般地聚集一起。㉔充牣（rèn）：充满。㉕禹：夏禹。㉖卨：古“契”字。契为尧司图。㉗苑囿（yòu）：指古代帝王游乐打猎的场所。㉘见客：受到优待的贵宾。见客，被做为贵客优待。㉙辞：语言。复：答复。㉚何为：为何。

【译文】

楚国派遣子虚出使到齐国。齐王出动其全部兵车人马，与各国使节同去打猎。结束后，子虚造访乌有先生，向他夸耀一番。当时亡是公也在那里。子虚坐定之后，乌有先生问道：“今日打猎快乐吗？”子虚回答说：“快乐。”又问：“猎获多吗？”回答：“不多。”乌有先生责问道：“既然不多，那么有何可乐呢？”子虚回答说：“我感到颇有乐趣的是：齐王想以兵车人马之多，向鄙人炫耀，而我却以楚王游猎云梦泽的壮举回敬他。”乌有先生征询道：“我能听听你和齐王的对话吗？”

子虚说：“可以。齐王动用了上千辆车子，精选出上万名将士，到东海之滨大行围猎。士卒遍及泽薮，网罗布满山谷；网罩野兔，车逐逃鹿；箭穿驰麋，手逮麟足。车骑并逐，驰骋海滨盐浦；猎获盈车，鲜血染红轮毂。箭发必中，所获甚富。齐王志满意得，自夸战功卓著。他乐津津地回头问我：‘楚国也有这样的平原广泽、游猎场合，以及如此饶有乐趣的畋猎丰获吗？楚王的出猎与我相比，谁更壮观？’我忙下车回答：‘微臣只是楚国的鄙陋之人，却很幸运，得在宫中宿卫执勤。十多年来，有时候也随楚王出猎。但所到之处，不过宫内园亭。虽然见过一些景观，可是连后园也未能看得周全，又怎能述说京城之外，大泽之中的游猎场面？’齐王执意不舍说：‘既然如此，请就你之所见所闻，简略谈谈。’我只好答应：‘遵命！’微臣听说楚国有大泽七个，所见者只是其一，其余概未见识。而且我所见者，是其最最小的而已，名曰云梦。这云梦泽，方圆九百里。其中有山，风貌各异。盘曲回旋，簇拥紧聚，高峻险绝，峭立参差；经天日月，为山所蔽，或为亏缺；高峰林立，交错纷列。冲天而上，青云相连；山麓绵延，靡陁长坂；陵迟而下，远接江岸。云梦之土土，有朱红青艧，赤泥白土，石黄白坿，色彩耀目；锡玉金银，烂若龙鳞。云梦之石，有赤壁玫瑰之玉石，琳珉昆吾之美石，瑊玏之类的次玉石，黝黑锃亮的玄厉石，红白参半的碝石，红底白采的碔夫石。云梦之东，是香草丛生的花圃：有杜衡与春兰，白芷与若木；有菖蒲荸焠，江蓠蘼芜，芭蕉甘蔗，芬芳馥郁。云梦之南，乃是平原大泽：地势由高而低，绵延倾斜，袤广平坦，一望无际。大江、巫山为其边界。在那隆凸干燥的地方，生长着苞茅马荔，燕麦马兰，籁萧香附，青蒿青蘋。在那低凹潮湿之处，则有狼尾蒹葭，菰蒋东蘠莲藕茭觚，芦笋艾蒿，蔓芋弥皋。众物杂居，难以数计。云梦之西，则有涌泉清池，泉流与池水相激，荡漾推移。芙蓉菱花，竞放于水面；巨石白沙，沉隐于池底。深水之中，有神龟蛟鼍，玳玳黿鳖。云梦之北，则是阴林，树有黄楩楠木，豫章桂树，花椒木兰，黄檗山樆，赤柳山楂，桔柚黎枣，香溢四季。树上鹓鶵栖息，孔鸾巢居，猿猱腾跃，射干攀枝；树下则白虎潜身，黑豹隐迹，獌狿藏形，貙犴蔽翳。

“于是，楚王乃派专诸一类的勇士，徒手搏杀猛兽。自己驾驭训练有素的烈马，乘坐雕玉所饰的车辇，挥举鱼须为旒的曲旃，舞动明珠装饰的旗帜，擎起锋利无敌的长戟，左佩雕饰精美的良弓，右挎夏服盛装的劲箭；伯乐陪乘，孅阿御辇，按辔节行，尚未驰骋，即已威慑着矫健的兽群。脚踢蛩蛩，轮碾距虚，侵突野马，蹋甕騊駼；乘坐千里之驹，追射出游野骐。逐猎的车马真神速，犹如迅雷疾飙，恰似星流电射；箭不虚发，中必破眥；洞穿胸脯，矢透胁腋，断绝血脉，心脏停息。获兽多如雨洒，掩草盖地。于是，楚王按辔缓行，听其翱翔，自由任情，纵览于阴林。观看壮士搏兽之狂怒，目睹猛兽临危之惊惧。对劳倦已极之禽，拦截之；对力竭难行之兽，收取之。但凡鸟兽挣扎的种种情态，逐一得以见识。

“于是，美女曼姬，身披细缯细布之衣，拖拽蕬纻素绢之裙，内服细软绫罗，外穿如雾轻攒。裙褶密而且多，纡徐委曲下垂，皱深犹如溪谷。长衣衯裶，随风扬举；步态轻盈，裳缘整齐。长带飘飞，燕尾垂挺。裳裙合度，体态称匀。举手投足，噏呷有声；下摩兰蕙香草，上拂羽饰车顶。头插翡翠，灿烂鲜明；玉绥绕结，艳昳绝伦。飘飘忽忽，仿佛神仙降临。

“于是，楚王偕同美女曼姬，宵猎于东面之兰圃。盘桓纡进，涌上金堤。网捕翡翠之鸟，射杀五彩鵕鸃。短箭离弦，缴矢长曳；仰中白鹄，连下野鹅；鸧鸹双坠，黑鹤陨落。兴尽翠翠色的船帷，架起羽盖似的船篷。网捞玳瑁，钩钓紫贝。撞击铙钹金鼓，吹奏箫管芦笙；船夫应节而歌，一片欸乃之声。鱼鲛为之惊骇，波涛因之沸涌，涌泉以之喷扬，奔浪激扬合分。磊石随流，相撞相拼，硠硠磕磕，声如雷霆。数百里外，亦闻其声。行猎将息，紧擂灵鼓，点燃烽火；战车按列驱动，将士就队集合；人马相连渐进，依次涌动而行。

“于是，楚王登临阳云之台，神情恬适而无为，心绪淡泊而安然。五味调和齐备，而后入座进餐。不像您齐王，终日驰骋，身不离车，饥则脔割生肉，火炙翻烤而食，还自以为乐。在微臣看来，齐国怕是不如楚！于是，齐王默然，无言以对。”

乌有先生听后说：“你的话为何说得如此过分？你不以千里为远而来，对我齐国必有赐教。齐王调动全国的士卒，准备众多的车骑，与各国使节一同游猎，是想共同努力，猎取更多的野味山珍，让你的左右的人开心地娱乐娱乐，为何说是向你夸耀呢？齐王问楚国有没有这样壮观的狩猎场面，是想听听泱泱大国的高风雅尚，辉煌业绩，以及先生的高谈阔论。可是你却不称美楚王的厚德高义，而大肆推崇楚王的云梦之猎，侈谈其淫乐，张扬其奢靡。我以为你的行为实在不足取。假如楚王果真像您所说的那样，这本来就不是楚国的美事；如果楚王不像你所说的那样，而是你无端虚构的谎言，定将损害你的信誉。上彰君王的过失，下损个人的德义，两者无一可取，你却自以为是，势必受到齐人的轻蔑，并遭到楚国的问罪。况且齐国东临大海，南据琅琊；可往成山游览，可去之罘狩猎；可泛舟于渤海之中，可游猎于孟诸之泽。北与肃慎为邻，东以汤谷为界；秋天可行猎于青丘之上，悠然漫游于大海之外。如此辽阔的齐国，容纳

八九个云梦，也不足为蒂芥。至于那样非凡奇观，异域殊品，珍怪鸟兽，各种各样之物，犹如鱼鳞会聚，充满齐国境内，真是不可枚举。即使聪明博识的夏禹，也不能尽呼其名；就是擅长算计的商契，亦不能尽计其数。可是，由于齐王身处诸侯之位，不便畅谈游猎之乐，苑囿之博且视先生为贵宾，故不想在言辞上回敬于你，这怎么能说是‘无言以对’呢?!”

上林赋

司马长卿

亡是公听然而笑①，曰：楚则失矣，而齐亦未为得也②。夫使诸侯纳贡者，非为财币，所以述职也③。封疆画界者，非为守御，所以禁淫也④。今齐列为东藩，而外私肃慎⑤。捐国逾限，越海而田⑥，其于义固未可也。且二君之论，不务明君臣之义，正诸侯之礼，徒事争于游戏之乐，苑囿之大，欲以奢侈相胜，荒淫相越⑦。此不可以扬名发誉，而适足以贬君自损也⑧。且夫齐楚之事，又乌足道乎⑨？君未睹夫巨丽也，独不闻天子之上林乎⑩？左苍梧，右西极⑪。丹水更其南，紫渊径其北⑫。终始灞浐，出入泾渭⑬；酆镐潦潏⑭，纡余委蛇，经营乎其内⑮；荡荡乎八川分流，相背而异态⑯。东西南北，驰骛往来⑰：出乎椒丘之阙，行乎洲淤之浦⑱；经乎桂林之中，过乎泱漭之野⑲；汩乎混流，顺阿而下，赴隘陿之口⑳。触穹石，激堆埼㉑，沸乎暴怒，汹涌澎湃。滭弗宓汩，偪侧泌㴔㉒，横流逆折，转腾潎洌，滂濞沆溉㉓；穹隆云桡，宛潬胶盭㉔；逾波趋浥，涖涖下濑㉕；批岩冲拥，奔扬滞沛㉖；临坻注壑，瀺灂霣坠㉗；沈沈隐隐，砰磅訇磕㉘；潏潏淈淈，湁潗鼎沸㉙；驰波跳沫，汩濦漂疾㉚。悠远长怀，寂漻无声，肆乎永归㉛。然后灏溔潢漾，安翔徐回㉜；翯乎滈滈，东注太湖，衍溢陂池㉝。于是乎蛟龙赤螭，䱭䲛渐离，鰅鳙鰬魠，禺禺鱋鳎㉞，揵鳍掉尾，振鳞奋翼，潜处乎深岩㉟。鱼鳖讙声，万物众夥㊱。明月珠子，的皪江靡㊲；蜀石黄碝，水玉磊砢，磷磷烂烂，采色澔汗，藂积乎其中㊳。鸿鹔鹄鸨，䴐鹅属玉㊴，交精旋目，烦鹜庸渠，箴疵䴔卢㊵，群浮乎其上；汎淫泛滥，随风澹淡，与波摇荡，奄薄水渚㊶；唼喋菁藻，咀嚼菱藕㊷。

【注释】

①听（yǐn）然：笑的样子。听，与哂通，微笑或大笑。②得：对，正确。③财币：财物。述职：古时诸侯五年朝见天子一次，陈述政事方面的情况。述，陈述；职，诸侯的职权、职责。④禁淫：指防止诸侯越轨放纵的行为。⑤东藩：东面的藩属，指齐国。藩，古代王朝分给诸侯王的封国。私：私通。肃慎：我国古时东北的少数民族，满族的祖先。⑥捐国：离开本土。捐，弃，离开。逾限：越过国境。逾，越。田：同畋，狩猎。⑦二君：此指子虚和乌有先生。君臣之义：古代君王与臣下之间的正确关系与合宜的行为。相胜：互争胜负。相越：互争高下。⑧自损：损害自己的信誉。⑨且夫：况且。乌：怎么，什么。道：称道，炫耀。⑩睹：看见。上林：苑名，位于长安之西，本为秦时所辟之旧苑，至汉武帝时重新扩建，南傍终南山而北滨渭水，周围广三百里，内有七十座离宫，能容千乘万骑。⑪左：指东方。苍梧：汉

代郡名，位于今广西苍梧县。此非实指，代上林苑的东面。右：指西方。西极：指代上林西面之水。⑫丹水：水名，源于陕西商县西北之冢岭山，东流入河南境。更（gēng）：经过。紫渊：即紫泉，上林北的水名，唐人避高祖讳，以泉为渊。径：经过。⑬终始：终始都在上林苑中，不流出苑外。灞：水名，源于陕西兰田县，经长安过灞桥，西北合流浐水而北注于渭水。浐（chǎn）：水名，源于兰田县西南谷中，西北经长安会合灞水，流水渭水。出入：从苑外流入，又向苑外流去。泾：水名，源于甘肃，流入陕西与渭水相合。渭：水名，源于甘肃渭源县西北鸟鼠山，东南流至清水县，入陕西省境，横贯渭河平源，入黄河。⑭酆（fēng）：水名，源于陕西宁陕县东北之秦岭，西北流经长安，纳潏水，又西北分流，并注入渭水。镐：水名，流于长安县南，其下游则由镐池北注于潏水。今镐池为西周都城故址，后瀹为池，久已湮废无存，所以今之镐水仅存上游，北流入渭水，早已不通渭水了。潦（lào）：水名，源于陕西鄠县南，东北入咸阳西南境，注于渭水。潏（jué）：水名，又名沈水，源出秦岭，西北流歧为二支：一支北流为皁水，注于渭水；一支西南流，合镐水注入潏水。⑮纡（yū）余：山水曲折的样子。委蛇（yí）：即纡余。经营：盘绕回旋。⑯八川：又称关中八川。异态：变态多端。⑰驰骛：形容水势纵横奔流的样子。⑱椒丘：尖削的高丘。屈原《离骚》云："步余马于兰皋兮，驰椒丘且焉止息。"阙：一名门观，谓建二台于两旁，上有楼观，中央有缺口以为通道，所以名为阙。渊淤：水中的沙洲。淤同洲。浦：水崖。⑲桂林：桂树之林。泱漭：广大无垠。⑳汩（yù）：水流迅疾的样子。混：同浑。混流即丰流，形容水势浩大丰盛。阿：高耸的丘陵。隘陿：即狭隘。㉑穹石：大石。堆埼（qí）：因沙石壅塞而形成的曲岸。㉒泮（bì）弗：泉水涌出的样子。宓汩（mì yù）：水流迅疾。偪侧（bī zè）：水流相击，汩汩有声。㉓转腾：波浪汹涌的样子。潎洌（piē liè）：水流相击而发出的声音。滂濞（pāng bì）：水流至不平处，轰然作声。㉔穹隆：水势高耸的样子。云桡：水势如云低徊曲折。宛潬（shàn）：形容水流蜿蜒盘曲的样子。膠盭（lì）：水流缠绕的样子。㉕逾波：后浪追前浪。逾，超越。趋浥（yà）：奔流而入深渊。涖涖（lì lì）：水急流声。下濑（lài）：水流下注，在沙滩石碛上形成急湍。濑，湍急之水。㉖拥：同壅，防水的堤。滞沛：浪花四溅的样子。㉗坻（chí）：水中小洲或高地。壑（hè）：深沟。潺濯（chán zhuó）：小水声。霣（yǔn）坠：陨落。水流下坠于壑。㉘沈沈：水深的样子。隐隐：水盛的样子。砰磅（pīng pāng）：水流激荡之声。㉙潏潏：水涌出的样子。湁潗（chì jí）：波浪翻腾的样子。㉚汩漗：水势急转的样子。漂疾：指水势猛悍迅疾的样子。漂同剽。㉛长怀：长归，指水流长归于湖中。寂漻（liáo）：即寂寥，形容无声的状态。肆乎：奔放的样子，形容水势永归的状态。永归：长归于江海。㉜灝溔（yǎo）：大小漫漫，横无际涯的样子。安翔：安然回翔，形容水势迂缓流动的状态。㉝翯（hè）乎：水波泛起白光的样子。滈滈（hào hào）：水势盛大的样子。太湖：指昆明池，位于上林苑的东南方。衍溢：水涨满溢流于外。陂（bēi）池：指太湖之外的小湖泊。㉞赤螭（chī）：雌友。鲠鳙（gèng méng）：鱼名。渐离：旧以为鱼名，但不详其状。鳙（yōng）：鱼名。鰫（yóng）：鱼名，似鲢鱼，呈黑色。鰬（qián）：大鲇鱼。魠（tuō）：一名黄颊鱼，口大，能食小鱼。禺禺：鱼名，皮有毛，黄地黑文。魼鳎（qū tà）：鱼名，比目鱼一类。㉟揵（qián）：扬起。㊱讙声：声音欢闹。夥：多。㊲明月：大珠。的皪（lì）：光彩的样子。江靡：江边。㊳蜀石：仅次于玉的一种石。黄碝（ruǎn）：黄色的碝石。水玉：水晶石。磊砢（luǒ）：玉石累积的样子。磷磷：玉与石色泽灿烂的样子。澔（hào）汗：彩色互相辉映的样子。㊴鸿：大雁。鹔（sù）：即鹔鷞。雁属，头高而颈长，羽毛呈绿色。鸨（bǎo）：比雁略大的一种鸟。驾（jiā）鹅：野鹅。属（zhǔ）玉：鸟名。㊵交精：鸟名。旋目：鸟名。烦鹜：鸟名。庸渠：鸟名，俗名水鸡。箴疵（zhēn cī）：小鸟名。鸰（jiāo）卢：水鸟名，即鸬鹚。㊶汎（féng）淫：浮游不定的样子。泛滥：水漫溢横流。澹淡：漂浮不定。奄薄：群集休息。水渚（zhǔ）：水中沙洲。㊷唼喋（shà zhá）：水鸟咬咂食物的声音。青藻：两种水草的名称。

于是乎崇山矗矗，巃嵷崔巍[①]；深林巨木，崭岩参差[②]。九嵕嶻嶭，南山峨峨[③]；岩陁甗锜，摧萎崛崎[④]。振溪通谷，蹇产沟渎[⑤]。谽呀豁閜，阜陵别隝[⑥]。崴磈嵔廆，丘虚堀礨[⑦]。隐辚郁㠥，登降施靡[⑧]。陂池貏豸，沇溶淫鬻[⑨]；散涣夷陆，亭皋千里，

靡不被筑⑩。掩以绿蕙，被以江蓠⑪；糅以蘼芜，杂以留夷⑫；布结缕，攒戾莎⑬；揭车衡兰，槀本射干⑭，茈薑蘘荷，葴持若荪⑮，鲜支黄砾，蒋苎青薠⑯，布濩闳泽，延曼太原⑰。离靡广衍，应风披靡，吐芳扬烈⑱；郁郁菲菲，众香发越⑲；肸蚃布写，晻薆咇茀⑳。

【注释】

①矗矗（chù chù）：高耸的样子。茏苁（lóng zōng）：高峻的样子。②崭岩：同巉岩，险峻的样子。③九嵕（zōng）：山名，位于陕西醴泉县东北。巀嶭（jié niè）：高峻的样子。南山：即终南山，属秦岭山脉，这里指长安南面终南山的主峰。④岩：险峻。陁（yǐ）：倾斜。甗（yán）：即甑，古代炊器，上大下小，比喻险峻的状态。锜（qí）：釜有足。堀（jué）崎：崎岖。⑤振溪：收敛溪水，振，收的意思。通：流动。蹇（jiǎn）产：曲折的样子。沟渎（dú）：即沟渠。⑥谽呀（hán yā）：大而空的样子。豁閜（xià）：空虚的样子。阜：丘。陵：大丘。隝：即岛。⑦崴磈（wēi kuǐ）：高而险的样子。丘虚（qù）：堆积不平的样子。⑧隐辚：山不平的样子。郁嵔（lěi）：堆积不平的样子。登降：高低不平。施靡（yì mǐ）：倾斜。⑨陂池（pí tuó）：山势倾斜。貏豸（bǐ zhì）：渐渐平坦的样子。沇溶（yǎn róng）：形容水流缓慢的样子。⑩夷陆：广大的平原。亭皋：平坦的水旁地。被（pí）筑：筑地令平。⑪掩：覆盖。绿（lù）：草名，即荩草。被：覆盖。江蓠：香草。⑫糅：参杂。蘼芜（mǐ wú）：香草名。留夷：香草名。⑬结缕：草名，多年蔓生。攒（cuán）：丛聚而生。戾莎（lì suō）：绿色的莎草。戾同莀，深绿色。莎，草名，根可染紫色。⑭揭车：香草名。衡：杜衡。兰：兰草。槀本：一年生草，茎叶有细毛，叶呈羽状，夏开白花，根可入药。射（yè）干：香草，根可入药。⑮茈薑：茈同紫，紫薑，初生的嫩薑。蘘（róng）荷：草名，多年生草。葴（zhēn）持：即葴蒩（zhī），一名寒浆，又名酸浆草，花小而白，茎中心呈黄色，叶苦可食。若：杜若。荪：香草名。⑯鲜支：香草名，可染红色，一名槴支，又名焉支或燕支。黄砾：即黄药，茎高二三尺，柔而有节，似藤叶，大如拳，其根外褐内黄，人皆掤其根，入染蓝缸中，云易变色。蒋：即孤蒲草，俗称为茭，其所结之实即菰米。青薠（fán）：草名。⑰布濩：普遍布满。宏泽：广阔的沼泽地。延曼：蔓延。太原：广阔的田野。⑱离靡：相连不绝的样子。广衍：广泛分布。⑲郁郁：形容香气四溢。发越，发散。⑳肸蚃（xī xiǎng）：香气四溢。布写：传播吐露。晻薆（yǎn ài）：香气散发。咇茀（bié bó）：香气浓郁。

于是乎周览泛观，缜纷轧芴，芒芒恍忽①。视之无端，察之无涯②。日出东沼，入乎西陂③。其南则隆冬生长，涌水跃波④。其兽则㺎旄貘犛，沈牛麈麋⑤，赤首圜题，穷奇象犀⑥。其北则盛夏含冻裂地，涉冰揭河⑦。其兽则麒麟角端，騊駼橐驼⑧，蛩蛩弹骙，駃騠驴骡⑨。

【注释】

①缜纷：众多纷繁的样子。轧芴（wù）：分辨不清。芒芒：眼花缭乱。②无端：无边无际。③东沼：指长安东陂池。西陂：指长安西陂池。④生长：指草木生长。涌水：指波涛起伏。⑤㺎（róng）：牛类，一名封牛。旄：即旄牛。貘（mò）：似熊，毛呈黄黑色，也有白色者，齿锐利，传说能食铜铁。犛（lí）：牛名。生西南边境，毛黑色，可当拂尘。沈牛：即水牛。麈（zhǔ）：似鹿而尾大，头有一角。⑥赤首：古兽名。穷奇：怪兽，状如牛而蝟毛，叫声如嗥狗，能食人。⑦涉：渡。揭：摄衣涉水。⑧角端：兽名，牛类，角长在头顶正中，其角可以制弓。橐驼：即骆驼。因其能负囊橐而驼物，因此而得名。⑨弹骙（diān xī）：野马的一种，毛呈青黑色，上有白鳞，文如鼍鱼。駃騠（jué tí）：马名。

于是乎离宫别馆，弥山跨谷①；高廊四注，重坐曲阁②；华榱璧珰，辇道缅属③；步櫩周流，长途中宿④。夷嵕筑堂，累台增成⑤，岩窔洞房⑥。俯杳眇而无见，仰攀橑而扪天⑦。奔星更于闺闼，宛虹拕于拕轩⑧。青龙蚴蟉于东厢，象舆婉僤于西清⑨。灵圄燕于闲馆，偓佺之伦暴于南荣⑩。醴泉涌于清室，通川过于中庭⑪。盘石振崖，嵚岩倚倾⑫，嵯峨嶕嵘，刻削峥嵘⑬。玫瑰碧琳，珊瑚丛生⑭。瑉玉旁唐，玢豳文鳞⑮。赤瑕驳荦，杂臿其间⑯；朝采琬琰，和氏出焉⑰。

【注释】

①弥山：此指离宫别馆，布满山野。弥，满。跨谷：此指宫馆横跨谿谷。②高廊：行廊，供行走的长廊。四注：围绕四周。曲阁：阁道曲折相连。③华榱（cuī）：彩绘的房椽。华，雕绘的花纹；榱，房椽。璧珰：璧玉镶饰的瓦珰。辇（niǎn）道：可以乘辇行走的阁道。辇，原指人力拉的车，汉以后特指帝王乘坐的车。缅属（lí zhǔ）：连续不断的样子。④步櫩（yán）：可以步行的长廊。櫩，古檐字。周流：周遍。中宿：中道而宿。形容廊道长。⑤夷嵕（zōng）：削平高耸的山峦。夷，平。嵕，高高的山峦。筑堂：构筑殿堂。累台：高台。累，重叠，层层高起。⑥岩窔（yào）：山崖底下。窔，岩底。洞房：从山崖底下潜通于累台上的房间。⑦杳眇（yǎo miǎo）：遥远无垠。橑（liáo）：屋椽。扪：摸。⑧奔星：流星。更：经过。闺闼（tà）：门窗。宛虹：弯曲的虹。拕（tuō）：拖，越过。楯（shǔn）轩：栏轩。⑨青龙：给神仙驾车的兽。蚴蟉（yōu liú）：曲折而行。车厢：正堂东面的侧室。象舆：象驾的銮舆，指神仙所乘的车。婉僤（chán）：蜿蜒而行。西清：西厢清静的地方。⑩灵圄（yǔ）：众仙的称号。燕：闲居。闲馆：清静的馆舍。偓佺（wò quán）：古代仙人名，相传以松子为食而体生毛。伦：一辈，一类。暴（pù）：同曝，晒太阳。南荣：南檐。荣，屋檐两头翘起的部分。⑪通川：灵泉涌出，通流而为川。中庭：庭中。⑫盘石：巨石。振崖：整顿池水的涯岸。振，整理；振与整，古义通用。嵚岩（qīn yán）：高险。倚倾：参差不齐。⑬嵯峨（cuó é）：山势高峻。嶕嶫（jié yè）：山势险峻。刻削：形容石头纹理深刻，轮廓有棱锋，像人工刻削一般。峥嵘：高峻。⑭玫瑰：美玉。碧琳：两种玉名。碧为青绿色的玉，琳为青碧色的玉。⑮瑉（mín）玉：美石宝玉。旁唐：广大的样子。玢豳（fēn bīn）：纹理鲜明。⑯赤瑕：赤玉。驳荦（bó luò）：色彩斑斓。杂臿（chā）：错综夹杂。⑰晁（cháo）采：美玉名。每晨有白虹之气，光彩上腾，因此而得名。琬琰（wǎn yǎn）：美玉名。和氏：美玉名。春秋时卞和所得之玉。

于是乎卢桔夏熟，黄甘橙楱①，枇杷橪柿，亭奈厚朴②，梬枣杨梅，樱桃蒲陶③，隐夫薁棣，答遝离支④，罗乎后宫，列乎北园。貤丘陵，下平原⑤，扬翠叶，扤紫茎，发红华，垂朱荣⑥；煌煌扈扈，照耀巨野⑦。沙棠栎槠，华枫枰栌⑧，留落胥邪，仁频并闾⑨，欃檀木兰，豫章女贞⑩，长千仞，大连抱⑪；夸条直畅，实叶葰楙⑫。攒立丛倚，连卷欐佹⑬；崔错癹委，坑衡閜砢⑭；垂条扶疏，落英幡纚⑮；纷溶箾蔘，猗狔从风⑯；蒞莅卉歙，盖象金石之声，管籥之音⑰。偨池茈虒，旋还乎后宫⑱。杂袭累辑，被山缘谷，循阪下隰⑭。视之无端，究之无穷⑳。

【注释】

①卢桔：桔的一种。卢，黑色，此桔成熟后，核即变黑，因此而得名。黄甘：即黄柑。橙（chéng）：即柚子。楱（còu）：桔的一种，皮有皱纹，又名楱子。②橪（rǎn）：酸小枣。亭奈：即棠梨。厚朴：木名，因皮厚，所以又名重皮，叶四季不凋，红花而青实，其实甘美可食，其皮可入药。③梬（yǐng）枣：即羊枣。④隐夫：即棠棣（dì），果实名山樱桃。薁（yù）棣：即唐棣，一名郁李，落叶灌木，花五瓣而色白，

果实呈紫赤色，其味酸。答遝（dá tà）：木名，果似李。离支：即荔枝。⑤貤（yì）：与迤通，绵延不绝的意思。⑥杌（wù）：动摇不定。华：花。荣：花。⑦煌煌：光彩焕发。⑧沙棠：果名。栎（lì）：橡实。槠（zhū）：木名，果实小于橡实。华：木名，即桦，皮厚而轻柔。枰（píng）：平仲木，即银杏树。栌（lú）：黄栌，落叶乔木，果实扁圆而小。⑨留落：石榴。胥邪：椰子树。仁频：槟榔树。并闾：即椶树，皮可为索。⑩欃（chán）檀：檀木的别种，无香气。木兰：木名，又名杜兰，林兰。豫章：樟树，常绿乔木。女真：冬青树。⑪大连抱：须几个人抱。⑫夸：即荂的简写。荂，花。条：枝条。直畅：形容花朵与枝条生长直达舒展。蔓：硕大的意思。楙：古茂字，茂盛。⑬攒（cuán）立：丛聚地立在一起。丛倚：丛簇地相互依倚。形容树木生长的状态。连卷：卷同蜷，枝柯连接蜷曲。欐佹（lì guǐ）：形容树木枝柯交叉依附而又傍逸斜出。欐，同丽，附著；佹，戾，背离。⑭崔错：茂盛交杂。癹（bá）委：盘纡纠结的样子。坑衡：即抗衡。閜砢（kě luǒ）：扶持相倚的样子。⑮扶疏：枝条四布。落英：落花。幡纚（fān shǐ）：飞扬的样子。⑯纷溶：繁密硕大的样子。箾蔘：萧森，草木茂盛。猗狔（yǐ nǐ）：婀娜多姿。⑰莿莅（liú lì）：风吹草木所发出凄清的声音。金石：指钟磬。籥（yuè）：管乐器，三孔。⑱偨池（cī chí）：参差不齐。旋还：环绕。⑲杂袭：互相因依。累辑：累积。被山：满山遍野。缘谷：沿着山谷。循阪：顺着山坡。下隰（xí）：下到低湿的地方。⑳究：探求。

于是乎玄猿素雌，蜼玃飞蠝①，蛭蜩蠼猱，獑胡縠蛫②，栖息乎其间，长啸哀鸣，翩幡互经③；夭蟜枝格，偃蹇杪颠④；蝓绝梁，腾殊榛⑤；捷垂条，掉希间⑥。牢落陆离，烂漫远迁⑦。若此者数百千处。娱游往来，宫宿馆舍。庖厨不徙，后宫不移，百官备具⑧。

【注释】

①玄猿：黑猿。素雌：白猿。蜼玃（wèi jué）：蜼，长尾猴。玃，大猴。飞蠝（lěi）：即会飞的鼯鼠。②蛭（zhì）：一种能飞的兽，据说身生四翼。蜩（tiáo）：即猖，兽名。蠼猱（jué náo）：狝猴。獑（chán）胡：似猿而足短。縠（gòu）：犬属，腰以上呈黄色。腰以下呈黑色，以猴类为食物。蛫（guǐ）：一种猿类。③翩幡（pián fān）：翩翻。互经：交互往来。④夭蟜（jiāo）：指猿猴在树上共戏姿态。枝格：即枝柯。偃蹇（yǎn jiǎn）：形容猿猴在树上跳跃灵活。颠：树梢顶端。⑤逾：越过。绝梁：断桥。殊榛：奇异的丛木。榛，丛生之木。⑥捷：与接通，接持。垂条：悬垂的枝条。掉：悬挂，投掷。希间：枝条稀疏的空隙。⑦牢落：零星，散漫。陆离：参差不齐的样子。烂漫：此指奔腾跳跃，没有次序的样子，以形容猿猴远跳的状态。⑧娱游：即戏游。宫宿：即，住宿离宫。舍馆：即止宿于别馆。庖（páo）厨：厨房。后宫：指后宫的嫔妃侍女。

于是乎背秋涉冬，天子校猎①。乘镂象，六玉虬②；拖蜺旌，靡云旗③；前皮轩，后道游④。孙叔奉辔，卫公参乘⑤。扈从横行，出乎四校之中⑥。鼓严簿，纵猎者⑦，河江为陆，泰山为橹⑧。车骑雷起，殷天动地⑨。先后陆离，离散别追⑩。淫淫裔裔，缘陵流泽，云布雨施⑪。生貔豹，搏豺狼，手熊罴，足野羊⑫。蒙鹖苏，绔白虎，被班文，跨野马⑬。凌三嵏之危，下碛历之坻⑭，径峻赴险，越壑厉水⑮。椎飞廉，弄獬豸，格虾蛤，铤猛氏⑯，罥騕褭，射封豕⑰。箭不苟害，解鸡陷脑⑱；弓不虚发，应声而倒。

【注释】

①背：去。涉：入。校猎：设置栅栏圈围野兽，然后进行猎取。②镂象：用象牙镶镂车辂的车。虬(qiú)：传说中的无角龙。③拖：曳。蜺旌：即霓旌，云旗。靡：挥动。④皮轩：蒙饰虎皮的车。道游：指天子出游时做为前导的车。⑤孙叔：古代善御者。奉辔（pèi)：执缰，驾车。辔，缰绳。卫公：古代善御者。参乘：指在车右为卫。⑥扈从：即护从，天子的侍卫。横行：纵横行进。四校：栅栏的四周。⑦鼓：击鼓。严簿：森严的卤簿。⑧佉（qū)：围猎禽兽的圈。泰山：大山。櫓：望楼。⑨殷（yǐn)：震。⑩陆离：分散的样子。此处形容车骑卒徒分散开，先后去追逐野兽。别追：分别追逐。⑪淫淫裔裔：行进的样子。缘陵：沿着山陵。流泽：顺着大沼泽。云布雨施：像乌云密布大雨降落。⑫生：活捉。貔（pī)：猛兽名，与豹同类。搏：搏击。手：用手杀。足：用足踏。野羊：羚羊。⑬蒙：冒，戴。鹖（hé）苏：鹖鸟的尾巴，古时用来为冠饰，此指有这种装饰的冠。鹖，鸟名，似雉，好斗，至死不却。苏，尾巴。⑭凌：凌越，登上。三嵕（zōng)：即三成，成即重，三层，重重叠叠，言其高峻。危：指山的至高点。碛(qì）历：崎岖不平。坻（chí)：山坡，坂道。⑮径：经过。壑（hè)：深沟。厉：涉。⑯椎：锤，击杀。飞廉：龙鸟，鸟身鹿头。獬豸（xiè zhì)：兽名，似鹿仅有一角。格：搏斗而杀之。蝦蛤（xiā gé)：猛兽名。铤（chán)：用短矛刺杀。猛氏：兽名，产于蜀中，状如熊而小，毛浅而有光泽。⑰羂（juān)：张罗网而捕之。騕褭（yāo niǎo)：神马名，相传能日行万里。封豕：大猪。⑱苟：任意，随便。害：伤害。解：分，破。脰（dòu)：颈项。

于是乘舆弭节徘徊①，翱翔往来。睨部曲之进退，览将帅之变态②。然后侵淫促节，倏夐远去③。流离轻禽，蹴履狡兽④。轊白鹿，捷狡兔⑤；轶赤电，遗光耀⑥；追怪物，出宇宙；弯蕃弱，满白羽，射游枭，栎飞遽⑦。择肉而后发，先中而命处。弦矢分，艺殪仆⑧。然后扬节而上浮，凌惊风，历骇猋，乘虚无，与神俱⑨。躏玄鹤，乱昆鸡，遒孔鸾，促鵔鸃⑩，拂翳鸟，捎凤凰，捷鹓鶵，掩焦明⑪。道尽途殚，回车而还。消摇乎襄羊，降集乎北纮⑫。率乎直指，晻乎反乡⑬。蹷石阙，历封峦，过䲓鹊，望露寒。下棠梨，息宜春⑭。西驰宣曲，濯鹢牛首⑮。登龙台，掩细柳⑯。观士大夫之勤略，均猎者之所得获⑰。徒车之所辚轹，步骑之所蹂若⑱，人臣之所蹈籍，与其穷极倦𠞰，惊惮詟伏⑲，不被创刃而死者⑳，他他籍籍，填阬满谷，掩平弥泽㉑。

【注释】

①弭，按。节，行军进退的符节。②睨（nì)：注视。部曲：队伍。变态：各种姿态。③侵淫：缓步而进。促节：加快步伐，由慢而快。倏夐（jiǒng)：忽然远去。④流离：使之困苦，指用网捕捉禽鸟，使之困苦而无所逃避。轻禽：飞禽。蹴履：践踏。⑤轊（wèi)：辗轧的意思。⑥轶（yì)：超车。⑦弯：牵引，拉弓。蕃弱：即繁弱，古时的良弓名。满：拉满。白羽：箭的代称。游枭：各处游走的枭羊。即今非洲尚有的狒狒。栎（lì)：击。飞遽（jù)：传说中的神兽，鹿头而龙身。⑧择肉：选择肉肥的禽兽射猎。先中（zhòng)：射中预计的目标。命处：指明的地方。命，名，指出名字。弦分：箭离弦。艺：射箭的准的，箭靶子。殪（yì)：一箭射死。仆：倒毙。⑨扬节：高扬起旌节。上浮：上游于天。惊风：疾风。⑩躏：践踏。玄鹤：黑鹤。乱：惊散。昆鸡：即鹍鸡，鸟名，似鹤，黄白色。遒（qiú)：迫近，一下捕获。孔鸾（luán)：孔雀与鸾鸟。鵔鸃（jùn yì)：有文彩的赤雉，似山鸡而小冠，背毛黄，腹下赤，项绿色，其尾毛红赤。⑪拂：击。翳（yì）鸟：有彩色羽毛的鸟。焦明：南方鸟名。⑫殚（dān)：尽。消摇：即逍遥。襄羊：徜徉。降集：降落而停止。北纮（hóng)：指上林苑的极北的地方。古代以八方为八纮。⑬率乎：照直而往的样子。直指：一直向着所来的方向。晻（yǎn）乎：迅速的样子。反乡：反于帝乡。⑭蹷

(jué)：踏上。石阙：汉代的观名。棠梨：宫名。息：止息。宜春：宫名。⑮宣曲：宫名，位于昆明池西。濯鹢（zhào yì）：持桨行船。牛首：池名，在上林苑西头。⑯龙台：观名，位于陕西鄠县东北，靠近渭水。掩：息。细柳：观名，位于长安县西南，昆明池的南面。⑰勤略：辛勤与收获。均：衡量多少。⑱徒车：卒徒车辆。辚轹（lìnlì）：辗轧。⑲穷极：走投无路。倦𠟭（jì）：疲惫不堪。惊惮（dàn）：恐惧。詟（zhé）伏：匍匐不动。⑳不被创刃：没有遭到兵刃的伤害。㉑他他籍籍：此形容禽兽的尸体纵横交错的样子。掩：盖满。平：广阔的原野。弥：充满。

于是乎游戏懈怠，置酒乎颢天之台，张乐乎膠葛之寓[①]；撞千石之钟，立万石之虡[②]；建翠华之旗，树灵鼍之鼓[③]。奏陶唐氏之舞，听葛天氏之歌[④]；千人唱，万人和；山陵为之震动，川谷为之荡波。巴渝宋蔡，淮南干遮，文成颠歌[⑤]，族居递奏，金鼓迭起[⑥]，铿铃镗鞈，洞心骇耳[⑦]。荆吴郑卫之声[⑧]，韶濩武象之乐，阴淫案衍之音[⑨]，鄢郢缤纷，激楚结风[⑩]，俳优侏儒，狄鞮之倡[⑪]，所以娱耳目，乐心意者，丽靡烂漫于前[⑫]。靡曼美色，若夫青琴宓妃之徒[⑬]，绝殊离俗，妖冶娴都[⑭]；靓妆刻饰，便嬛绰约[⑮]，柔桡嫚嫚，妩媚孅弱[⑯]。曳独茧之褕绁，眇阎易以𨙸削[⑰]；便姗嫳屑，与俗殊服[⑱]。芬芳沤郁，酷烈淑郁[⑲]。皓齿灿烂，宜笑的皪[⑳]；长眉连娟，微睇绵藐[㉑]，色授魂与，心愉于侧[㉒]。

【注释】

①懈（xiè）怠：倦怠。颢（hào）天：太空之间，元气博大。张乐：陈设音乐。膠葛：寥廓。②撞：撞击，敲打。千石：地形容钟之大。虡（jù）：悬挂编钟编磬的木架。③建：举。翠华：用翠羽为旗上的装饰。华，葆。灵鼍（tuó）之鼓：以鼍皮所蒙之鼓。④奏：演奏。陶唐氏之舞：即尧时的舞乐。帝尧初住在陶，后封于唐，为唐侯，因此称陶唐氏。葛天氏之歌：即葛天氏之乐。葛天氏，传说中远古的帝号。⑤巴渝：舞名。淮南：国名，此指该地之乐。干遮：曲名。文成：县名。颠：即滇，今云南，此指该地的歌曲。⑥族居：聚居。族，聚集。⑦铿铃（kēng qiāng）：象声词，钟声。铃，也写用锵。镗鞈（táng tà）：象声词，鼓声。洞心：响彻内心，震撼心灵。骇耳：震耳。⑧荆、吴、郑、卫之声：指荆、吴、郑、卫地方的民间音乐。⑨韶、濩、武、象之乐：泛指古时的音乐，也指庙堂音乐，与荆、吴、郑、卫之声相对。韶，舜乐；濩，汤乐；武，颂武王克殷的武功之乐；象，周公之乐。阴淫案衍：淫靡放纵。淫，放滥；衍，溢，过分。⑩鄢郢（yān yǐng）：都是楚地名，代楚地的乐舞。缤纷：形容飘飘洒洒，舞姿婆娑。激楚：激越高亢的楚地舞乐。结风：指楚地歌舞急切激昂。⑪俳（pái）优：表演杂戏的人。侏儒：杂技艺人，其身材短小。狄鞮（dī mò）：古代西方种族名，即西戎。倡：同娼，古时歌唱的女乐工。⑫丽靡烂漫：形容声音美妙，悦耳动听。⑬靡曼：细嫩润泽，多形容女人的颜色。青琴、宓妃：古代神女名。⑭绝殊：与众不同。离俗：超俗。妖冶：美艳。娴都：雅丽。⑮靓（jìng）妆：用白粉墨黛画妆。刻饰：用胶刷鬓发，使它熨贴整齐。便嬛（pián xuān）：形容女人的姿态轻快优美。绰（chuò）约：柔美的样子。⑯柔桡（náo）：指女人身材苗条纤弱。嫚嫚（yuān yuān）：美好多姿的样子。⑰曳（yè）：拖，拉。独茧：一茧所抽的丝，形容丝色之纯。褕（yú）：襜褕，罩在外面的直襟单衣。绁（yì）：衣裙的边缘。眇：微细的样子。阎易：衣服长大的样子。邺削：即戍削，整齐的样子。⑱便姗：形容女人走路轻盈安详的样子。嫳屑：步履轻盈衣服婆娑。⑲沤（òu）郁：形容香气浓郁。酷烈：香气强烈。淑郁：香气清美。⑳宜笑：露齿而笑。㉑连娟：眉毛弯曲细长。微睇（dì）：眼睛微视。绵藐：远视的样子。㉒色授：美色流露。色，指女色。授，把表情流露于人。魂与：令人心荡神怡。

于是酒中乐酣，天子芒然而思；似若有亡①，曰：嗟乎，此大奢侈。朕以览听余闲，无事弃日，顺天道以杀伐，时休息于此②。恐后叶靡丽，遂往而不返③，非所以为继嗣创业垂统也④。于是乎乃解酒罢猎，而命有司⑤，曰：地可垦辟，悉为农郊，以赡萌隶⑥。隤墙填堑，使山泽之人得至焉⑦。实陂池而勿禁，虚宫馆而勿仞⑧。发仓廪以救贫穷，补不足，恤鳏寡，存孤独⑨。出德号，省刑罚，改制度，易服色⑩，革正朔，与天下为更始⑪。

【注释】

①酒中（zhòng）：饮酒半酣。亡：丢失。②朕（zhèn）：天子自称。览听：处理政事。余闲：余暇。弃日：虚度时日。顺天道：顺应季节变化。古时执政者根据自然季节的变化行事。秋天为万物肃杀的季节，应从事杀伐。③后叶：后代。靡（mí）丽：奢侈。④继嗣：后代，继承人。垂统：继承传统。垂，继承。⑤解酒：撤除酒宴。有司：官吏，各有专司，此指主管苑囿的官吏。⑥垦辟：芟除草木，开为耕田。农郊：城邑以外的农田。赡（shàn）：赡养。萌隶：下层百姓。萌，通氓。⑦隤（tuí）墙：推到围墙。隤同颓。堑（qiàn）：壕沟。山泽之人：指劳动人民。⑧勿仞：不满。不住进。⑨发仓廪（lǐn）：打开国家的粮仓。廪，粮库。补：帮助。不足：贫穷人。恤（xù）：救济。鳏（guān）：老而无妻的人。寡：老而无夫的人。存：养活。孤：幼而丧父的人。独：老而无子的人。⑩德号：对人民有恩德的号令。省刑罚：减轻刑罚。⑪正朔：指历法。正，指岁首正月。朔，指每月初一。

于是历吉日以斋戒，袭朝服，乘法驾，建华旗，鸣玉鸾①。游于六艺之囿，驰骛乎仁义之途，览观《春秋》之林②。射《貍首》，兼《驺虞》，弋玄鹤，舞干戚，载云罕，掩群雅③。悲《伐檀》，乐乐胥④，修容乎《礼》园，翱翔乎《书》圃，述《易》道，放怪兽⑤。登明堂，坐清庙⑥。次群臣，奏得失⑦。四海之内，靡不受获⑨。于斯之时，天下大悦，乡风而听，随流而化⑨；卉然兴道而迁义，刑错而不用⑩。德隆于三王，而功羡于五帝⑪：若此，故猎乃可喜也⑫。若夫终日驰骋，劳神苦形；罢车马之用，抏士卒之精，费府库之财，而无德厚之恩；务在独乐，不顾众庶⑬，忘国家之政，贪雉兔之获，则仁者不由也⑭。从此观之，齐楚之事，岂不衰哉！地方不过千里，而囿居九百。是草木不得垦辟，而人无所食也。夫以诸侯之细，而乐万乘之侈⑮，仆恐百姓被其尤也⑯。

【注释】

①历：选择。斋戒：古代人祭祀前沐浴更衣，不饮酒，不吃荤，不与妻妾同寝，整洁身心，以示虔诚。袭：穿。朝服：君臣朝会所穿的礼服。法驾：指天子的车驾。②六艺：即六经，指诗、书、礼、乐、易、春秋。囿：苑囿。驰骛（wù）：驰骋。涂：道。③貍首：古佚诗篇名。驺（zōu）虞：《诗经·召南》中之一篇。弋（yì）：用带丝线的箭射取。玄鹤：黑鹤。干戚：两种兵器。干，盾牌；戚，斧。载：用车载运。云罕（hǎn）：张在云天的捕鸟的罗网，也指天子出行时所执的旗帜。掩（yǎn）：掩捕。群雅：即群鸦。古鸦作雅。这里指才俊之士。④悲：悲悯，同情。伐檀《诗经·魏风》篇名。乐胥：《诗经·小雅·桑扈篇》云："君子乐胥，受天之祜。"郑玄说："胥，有才智之名也。祜，福也。王者乐臣下有才智、知文章，则贤人在位，庶官不旷，政和而民安，天予之以福禄。"⑤礼园：指以遵循古时礼制为游乐之园地。书圃：天子把《尚书》为园圃进行观赏钻研。⑥明堂：天子接见诸侯的地方。清庙：即太庙。⑦次：次第，依

次。奏：进奏。得失：此指政事的成功与失误。⑧靡（mǐ）：不，无不。获：猎获的禽兽，此喻天下百姓所承受的恩泽。⑨乡（xiàng）风：指顺应国家的教风。乡，向，向往，顺应。风，风尚，风教。听：听从，服从。随流：顺应时世的潮流。化：受到感化，德化。⑩卉然：勃然，兴起的样子。兴道：指振兴仁义之道。迁义：归化于礼义之境。刑错：废置刑罚。错，措，废置。⑪德隆：仁德崇高。德，指天子之德；隆，高。三王：夏商周三代之王，指夏禹、商汤、周文、周武。是儒家理想中的盛世之王。羡：超过。李善注引司马彪说："羡，溢也。"五帝：传说中五个贤君，一般指伏羲、神农、黄帝、尧、舜。⑫若此：像这样。⑬若夫：像那样，指齐楚以畋猎争胜而言。罢：同疲，耗损。用：用度，功能。抏（wán）：耗损。精：精锐。务：专心一意。独乐：天子个人享乐，不体恤人民的疾苦。众庶：百姓。⑭仁者：指仁义之君。由：用，做。⑮居：占有。细：地位低贱。万乘：指天子。⑯被其尤：受到祸害。

于是二子愀然改容，超若自失，逡巡避席①，曰：鄙人固陋，不知忌讳。乃今日见教，谨受命矣②。

【注释】

①愀（qiǎo）然：变色的样子。改容：变颜色。超若：怅然。避席：离开座位。表示惭愧的样子。②固陋：浅陋无知。受命：即受教。

【译文】

无是公开口大笑说："楚王是有过失，然而齐王的举动也不能算是对的。天子要诸侯交纳贡物，并非为了钱财，而是要他们按时来朝，陈述国内的政教得失；在侯国之间垒土为界，标明各自的辖区，并不是为了防备他国入侵，而是为了禁绝诸侯们的奢欲。现在齐国已是天子的东方屏障，却与外面的肃慎私通来往，离弃本上，逾越国界，跨过大海，猎于青丘。这样的行为，对于封侯建邦之义，则是根本不能相就。况且子虚与乌有两位先生的言论，都不是致力于阐明君臣之间的正确关系，端正诸侯对待天子的礼仪法纪，而是只就游猎之乐，苑囿之大展开辩论。双方都想以奢侈相胜，荒淫相争。如此争论，不但不能使自己的国家扬其声威，显其荣誉，而是恰恰相反，既贬毁了国君的名望，也损害你们的诚信。况且，齐楚侯国的游猎之事，又有什么可值得夸耀的？两位先生虽不曾见过更浩大的林苑，更壮观的场面，难道就没听说过天子的上林苑吗？上林之大，东迄苍梧，西至西极，丹水由其南面流过，紫渊与其北面通连。灞水浐水的源流，始终都在苑中；泾水渭水西来，并驰穿苑向东。酆、镐、潦、潏四水，曲曲折折，蜿蜒错综，回转往来，无一远纵。八川竞流，浩荡奔涌，所向各异，变态无方。东西南北，往来奔流；冲出双峰对峙的椒丘，穿过洲渚旗布的涯浦；流经桂树丛生的茂林，淌过无边无际的原野。入川并驰，水盈而流疾。顺着高丘下泻，投向隘狭之口。触撞巨石，溅激壅沙岸头。沸腾暴怒，汹涌旁流。涌浪越盛，流逝越速。泓涛蹙迫，前后相击。逆折横流，回波相越。聆听其声：始则澈洌，继则滂濞，终则沆溉如霹雳。激水乍然穹上，水花如云隆旋；凌空盘旋纠结，而后窊落回川。后波凌越前浪，取向窊陷地方；驰驱沙滩石碛，涖涖形成急湍；拍岸激岩，冲出曲岸；扬扬奔泻，涌聚洒散；临越小岛，注集沟壑；湀瀄其声，陨潭坠谷。潭水沉沉，隐隐有声；乒乓砯礚，鼓怒远闻。潏潏涌漫，淈淈长流；翻波滚浪，如鼎沸腾；长波驰骋，跳沫雾升。湁然转变，迅浪长奔。悠悠远归，安流无闻；放情纵驰，长流海滨。然后，众川汇聚，无边无际，或安然而缓流，或迂回远逝。银色皎洁，熠熠泛光；东注太湖，溢漫池塘。

于是乎巨蛟赤螭，鲉鳣渐离，鳙鳙鰫魠，禺禺魼鳎。竖鳍摇尾，张鳞展翼，潜入深水，岩穴所栖。万物众夥，鱼鳖欢游而有声；大珠小珠，光耀彩烂于江滨。玉有蜀石黄碝，水晶魁垒，磷光灿烂，采耀炜炜。丛积其中，相映生辉。鸟有鸿鹄鹔鸨，駕鹅地鹇，鵁䴖鸀䴉，旋目烦鹜，鹔鸨大雁，以及鸧卢。群浮水表，盈川满湖。凭水势而泛滥，随轻风而飘泊；与涌波齐摇荡，掩草渚共嬉乐；唼喋兮啄菁藻，咀嚼兮食菱角。

于是乎，崇山矗立，崔嵬耸峙。既有深林巨木，又有崭岩参差。九嵕之峰摩天，终南之山接云。或挺拔而险峻，或将坠而倚倾，或似甑之上大下小，或如釜之嵌空珑玲。巍巍险绝，陡峭殊伦。整溪通谷，沟渎诘曲；大谷空旷，开宇广阔，阜陵别岛，旁水错落。山堆垄而起伏，岭绵延而升降。地倾斜而渐平，水缓流而抑扬。山涣散而成平陆，皋原野而广千里，皆为人力之所筑。绿色的蕙草遮覆，芳香的江蓠披扶。间以青葱的留夷，杂以味辛的麋芜。绿莎丛聚成片，结缕四处分布。还有揭车杜蘅，兰草凌霄，乌扇紫姜，蘘荷葴持，杜若荃荪，鲜支黄砾，孤蒲橡芋，蒇草青青，遍布大泽，延曼原湿，连绵广阔，应风披靡，吐放清芬，散香浓烈，馥郁甚盛。众芳远越，弥漫布散，馨香鹔秘。四时晻萲，沁心彻脾。

于是乎，周详广泛地观览，所见实在繁盛难于细加分辨；迷离恍忽，眼花缭乱。视之不见端倪，察之不明涯岸。日月从其东沼升起，落入其西面之陂池。南面气候温和，隆冬草本犹长；水涌流而波扬。兽有犣牦、貘、犛、沉牛、麈、麋、赤首、圜题、穷奇、象、犀。上林之北，虽值盛夏，犹有寒冻，地裂物杀。卷起衣摆，踏冰而涉。兽有麒麟角端，騊駼骆驼，蛩蛩驒騱，駃騠驴骡。

于是乎，离宫别馆，满山跨谷。高阁四周有廊垂注，行道回曲，重庑可坐。美玉饰其瓦珰，华彩绘其椽端；帝所行之道，犹如织丝相连。徒步檐廊，周游而还；经日难至，中必宿餐。削平山峰，筑造堂室；累台层层，房通岩底。俯视其下，不见其地；举手摸椽，扪天可及。流星经过宫门，彩虹架在窗前；青龙曲行于东箱，像车蜿蜒于西堂。灵圉众仙，燕寝清闲之馆；偓佺之伦，曝于南檐之前。醴泉从清室中涌出，通流经中庭过路。以盘石修固其川涯，深岸参差而倾仄，高处嵯峨而峥嵘，似雕如削而峭直。中有玫瑰碧琳，珊瑚之树丛生。珉玉旁唐遍地，文采灿烂若鳞。赤玉光耀斑驳，夹在诸玉之间。朝采琬琰之玉，荆山和氏之璧，于此亦有出产。

于是乎，有夏熟之卢桔，亦有黄柑橙柚，小桔枇杷酸枣，棠梨林檎厚朴，羊枣杨梅樱桃，葡萄常棣郁李，榙樑荔枝俱备；罗列于后宫，遍布于此园；延至于丘陵，下及于平原；高扬其翠叶，摇曳其紫幹；红花盛开，朱荣垂悬，色彩鲜丽缤纷，照耀巨野广原。还有沙棠柞栎，楮木桦树，枫香银杏，留落黄栌，椰子槟榔，棕榈檀木，豫章木兰，冬青常绿。高者千仞，大者合围，荣花枝条，气机畅调；果实翠叶，肥硕繁茂。攒聚丛立而相倚，枝柯连卷而相支。或交错而盘曲，或挺直而横出。垂条扶疏，落花扬抑；挺拔箫森，随风猗狔。树风相激，莿莅作响，似钟如磬，似笛如箫。参差不齐，后宫尽绕。杂树相因，枝柯重积，覆蔽山巅，缘跨谷底，顺着斜坡，下到湿地。视之不见端涯，探究不能穷极。

于是乎，群猿共处，雄者毛黑，雌者毛素。另有仰鼻长尾之蜼，似猕体大之蠷，飞而生子的飞蠝，身长四翼的飞蛭，似猴善缘的蜩兽。还有头上有髦，腰后毛黑的獑胡；人手马足，白尾四角的玃猱；其形似龟，白身红首之蚼；其状类犬，捕食母猴之縠。如此等等，皆栖林间。或长啸怜呼，或翻跳腾跃，或嬉戏柯枝，或蹲卧稍顶。当行围猎，殊状溃散：或凭空而飞跃，或腾跳于大榛，或接持于垂条，或悬挂于疏叶间。寥落参差，崩散远迁。如此奔逃之状，其处

成百上千。天子游猎归来，憩自离宫别馆。庖厨无须迁移，宫女不用随去，百官一应俱全。

于是乎，每年秋天过去，进入寒冷冬季，天子即行狩猎。乘坐象牙镂饰之车，驾用玉饰镳勒之马；五彩羽饰旌幡招展，熊虎图饰云旗飘扬；皮画为饰之车开路，道游之辂后扈。孙叔把缰御马，卫公参乘同驾。护从横行于旁，选自四校精良。仪仗整肃击鼓，激励行猎士卒。江河为其栅栏，大山为其望楼；车骑如雷乍起，震天动地声吼。士卒争先恐后，自行分散，各自为战，逐其所见。部伍分别驱进，或沿陵而上，或顺泽而下，如密云广布，似时雨淋洒。活捉貔豹，搏击豺狼，手擒熊罴，脚踢野羊。武士们头戴鹖尾之冠，下穿白虎文裤，上着斑文单衫，身跨骏捷烈马，攀登重重山巅，俯冲诘屈长陂。径赴险峻，越过沟壑，跨过深堑，徒步涉河。椎击龙雀，戏弄獬豸，搏杀蝦蛤，矛刺猛氏，网捕騕褭，射获封豕。箭不随便放射，射则裂颈穿脑；弓不轻易虚发，发则应声物倒。

于是乎，车驾按节徐行，周旋徘徊，悠然自得，或往或来。观队伍之进退，看将帅变幻各种姿态。然后车速渐快，倏忽远远而去。飞鸟为之惊散，狡兽受其脚踢；车辖冲触白虎，士卒擒获狡兔。其驱驰之迅速，超越红色闪电，甩掉灼灼光注。追逐奇禽异兽，越出领空领土。拉开蕃弱之弓，引满白羽之箭；射中游荡枭羊，旁击怪兽飞遽。选定部位而后射，命中皆为先所指。矢离弓弦飞去，禽兽丧命仆毙。然后扬举旌节，浮游青霄，凌驾疾风，超轶狂飙。升临太空，与仙同调。蹸践玄鹤，冲散昆鸡，追捕孔鸾，逼网赤雉，扑落翳鸟，竿击凤凰，接获鹓鸰，网罩焦鹏。道尽途穷，回车返还。逍遥优游，降集北缘。率性直趋，忽反乡关。登临石阙，历经封峦，越过鳷鹊，了望露寒。下至棠梨之宫，憩息宜青之殿。向西驰去，至宫宣曲，划起鹢首之舟，泛游牛首之池。攀登龙台之观，细柳之观小憩。观看士大夫辛勤智谋之所获，评估猎者们尽力追捕之战绩。至于徒车所撞压，步骑所蹂践，臣下所蹈籍，与其困顿疲惫，恐惧伏慑。不受创伤而死者，尸体纵横而相枕，填坑塞谷，覆盖平原，充满泽湖。

于是乎，游猎倦息，置酒宴于摩天高台，张雅乐于寥廓广宇；撞千石之洪钟，立万石之巨虡；树翠羽为饰之旗，架鼍皮蒙制之鼓；吹奏唐尧时的舞曲，聆听葛天氏之乐歌；千人领唱，万人共和；山岭为之震撼，川谷为之荡波。巴渝之妙舞，宋蔡之名讴，淮南之《干遮》，辽西之新咏，云南之滇歌，诸乐并举递奏，金鼓之声迭起，铿锵镗鞈成韵，令人彻心震耳。吴楚郑卫之新声，韶濩武象之雅乐，淫靡放滥的抒情之音，洒脱飘逸的鄢郢之舞，激越轻快的《激楚》之曲，清柔荡魂的《结风》之咏；俳优精采的表演，狄鞮绝妙的歌声；凡是可以娱悦耳目，赏心乐意的乐舞，美丽精彩的表演，全都进献于跟前。细腻光润的歌舞之女，如神女青琴宓妃再现。绝俗异众，美容俏丽；粉黛艳妆，胶鬓刻饰，体态轻盈绰约，柔婉婀娜多姿；妩媚以动人，纤弱而惬意。身披一色丝绸之单衣，看似宽大而实则整齐，步行端庄而安详，衣裙婆娑以应体；服饰与俗迥异，娇容绝代无比。芬芳浓郁，沁心彻脾；皓齿闪银光，甜笑尤俏丽；长眉弯细，睇视得宜；授人眉目以传情，使人魂销而神驰。以此之魅力，取悦于君侧。

于是酒至中半，乐舞正酣，天子怅惘而思，似乎心有所失。乃对臣下说：唉，这样过于奢侈。我于听览政务之余，闲空无事之时。顺应天时节气，而出游乐打猎；时或来到此处，以作离宫休息。担心后世之君，承此奢靡风气，遂往不知其止，无法返回清世。不能发扬先世传统，穷其原因就在于此。于是乎罢险酒宴，停止行猎，命令上林主管，说苑内土地，可以垦辟，全都作为农耕郊区，用它养活庶民氓隶；推倒苑墙，填平壕堑，让山泽之人，入内耕种生产；充实池塘鱼鳖，勿禁乡民捞取；空出离宫别馆，勿令百官占据；打开谷仓米廪，拯救贫困之民；补助穷若之家，救济鳏寡之人，抚养孤儿独老，世无冻馁之怨。发布益民之号令，减轻惩民之毒刑，改变奢侈之制度，更替殊俗之衣裙；革除乱农之历法，使朝廷同百姓，协力齐心而更新。

于是选择吉日良辰，斋戒虔诚，而后身着朝服，乘用法驾，侍中陪乘，奉车御马。彩旗飘扬，鸾铃叮当。游览于“六艺”之圃，奔驰于仁义之路，观赏于《春秋》之林，演奏射祭之乐《貍首》，兼奏《驺虞》；舞步大舜之曲，弋射《玄鹤》呈祥；挥举干戚之兵，车载云罕之网。广罗群雅，掩取众芳。悲悯《伐檀》者的不遇，心悦“乐胥”者的逢时。按礼法以正容仪，准《书》义而竞翱翔，述《易》理以明阴阳。放释珍禽异兽。登涉朝觐明堂，端坐太室之上，听群臣之上奏，陈政教之得丧。四海之内，莫不获益，皆受其恩光。当此之时，天下欢欣。向其风教，听其召命，随其淳流，受化于心。勃然道兴，迁义就仁。刑罚不用，万姓歌咏。天子恩德，比三王都高；论其功业，比五帝还好。若此为仁义德教而游猎乃可为喜。如果终日驰骋游猎，劳其精神，苦其身体，车马疲惫不堪，士卒锐气耗完，府库财物殆尽，而无恩于百姓。这是只求个人之独乐，不顾人民大众之疾苦；忘怀国家之治理，贪图野味之口福。仁德之君，岂由此路?！从此看来，齐楚游猎之事，怎不可悲可叹？齐楚之地，不过千里，苑囿所占，十之九起。于是，草木之野不能垦辟，广大百姓无粮可食。而以诸侯之弱细，乐于天子之奢举，鄙人实在担心，齐楚两国人民，将有灾难降临。

于是子虚乌有，惘然变色，怅然若失。退而离开坐席，说：“小人孤陋寡闻，妄言不知避忌。今日幸获教诲，谨受先生命意。”

纪　行

北征赋

班叔皮

余遭世之颠覆兮①，罹填塞之厄灾②。旧室灭以丘墟兮，曾不得乎少留。遂奋袂以北征兮③，超绝迹而远游。

【注释】

①颠覆：倾倒。②罹（lí）：遭遇不幸的事。填塞：指王道不通。厄灾：苦难。③奋袂（mèi）：挥袖。袂，衣袖。

朝发轫于长都兮①，夕宿瓠谷之玄宫②。历云门而反顾③，望通天之崇崇④。乘陵冈以登降⑤，息郇邠之邑乡⑥。慕公刘之遗德⑦，及行苇之不伤⑧。彼何生之优渥⑨，我独罹此百殃？故时会之变化兮⑩，非天命之靡常⑪。

【注释】

①发轫（rèn）：启程。轫，制动车轮的木头。车启行须先去轫，因此称启程为“发轫”。长都：即西汉都城长安。②瓠（hú）谷：地名，位于长安西。玄宫：指甘泉宫。秦始皇二十七年作甘泉前殿，汉武帝建元中扩建，建通天、高光、迎风诸殿。③云门：云阳县城门。④通天：通天台，位于甘泉宫中。崇崇：高高的样子。⑤陵冈：山丘。登：升。⑥郇邠（xún bīn）：古国名。位于今山西临猗，春秋时为晋地，邑乡：城郊。⑦公刘：古时周部族的祖先，相传是后稷的曾孙。⑧行苇（háng wěi）：道旁之苇，这里指草木。⑨优渥（wò）：优厚。渥，厚。⑩时会：世运。⑪靡常：无常。靡，无。

登赤须之长坂①，入义渠之旧城②。忿戎王之淫狡，秽宣后之失贞。嘉秦昭之讨贼，赫斯怒以北征③。纷吾去此旧都兮④，騑迟迟以历兹⑤。遂舒节以远逝兮⑥，指安定以为期⑦。涉长路之绵绵兮⑧，远纡回以樛流⑨。过泥阳而太息兮⑩，悲祖庙之不修。释余马于彭阳兮⑪，且弭节而自思⑫。日晻晻其将暮兮⑬，睹牛羊之下来⑭。寤旷怨之伤情兮⑮，哀诗人之叹时。

【注释】

①赤须：地名。即赤须坂，位于北地郡。②义渠：城名。秦昭王时戎王居住的地方。③忿戎王四句：

据《史记·秦本纪》：昭襄王之母宣太后，与戎王私通，生二子。昭王起兵北伐而杀之。灭其国，收其地。秽，淫乱。淫狡，淫乱狡猾。赫，勃然大怒的样子。④纷：心绪缭乱。旧都：此指长安。⑤騑（fēi）：古时驾车的马，在中间的叫服，在两旁的叫騑，也叫骖。兹：代词。指戎王所居住的义渠。⑥舒节：舒展志节。⑦安定：安定郡。位于泾渭之间，距长安三百五十里。⑧绵绵：长而不绝。⑨樛（jiū）流：曲折的样子。⑩泥阳：县名。⑪彭阳：地名。位于安定郡。⑫弭（mǐ）节：缓行。⑬晻（yǎn）晻：太阳无光。⑭牛羊之下来：出于《诗经·王风·君子于役》："日之夕矣，牛羊下来。君子行役，如之何勿思?"意思是："夕阳西下，牛羊还家。丈夫服役，怎不想他?"哀怨徭役之苦。⑮寤（wù）：通悟。感悟。怨旷：无限怨恨。

越安定以容与兮[①]，遵长城之漫漫。剧蒙公之疲民兮[②]，为强秦乎筑怨。舍高亥之切忧兮[③]，事蛮狄之辽患[④]；不耀德以绥远[⑤]，顾厚固而缮藩[⑥]。首身分而不寤兮，犹数功而辞僁。何夫子之妄说兮，孰云地脉而生残[⑦]。

【注释】

①容与：行走的样子。②剧：甚。蒙公：蒙恬。③高：赵高。原先是秦的宦官。秦始皇死于沙丘，他便与丞相李斯假传圣旨，赐长子扶苏死，立胡亥为二世皇帝。旋即杀死李斯，自立为相，独揽大权。亥：秦二世胡亥。切忧：近忧。切，近。④蛮狄：指北方少数民族。⑤绥远：安抚远方的百姓。⑥缮藩：修长城。藩，篱笆，此指长城。⑦首身分四句：据《史记·蒙恬列传》载：秦始皇崩，赵高欲立胡亥为太子，恐蒙恬反对，遣史矫命"以罪赐蒙恬死"。恬不知其故，喟然长叹曰："我何罪于天，无过而死!"良久乃曰："恬罪故当死矣。西起临洮，东至辽东，城堑万余里，不能不绝脉，此乃吾之罪也。"于是吞药自尽，至死不悟。僁（qiān），过。僁，古愆字。夫子，指蒙恬。

登鄣隧而遥望兮[①]，聊须臾以婆娑[②]。闵獯鬻之猾夏兮，吊尉印于朝那[③]。从圣文之克让兮[④]，不劳师而币加[⑤]。惠父兄于南越兮，黜帝号于尉他[⑥]。降几杖于藩国兮，折吴濞之逆邪[⑦]。惟太宗之荡荡兮[⑧]，岂曩秦之所图[⑨]?

【注释】

①障隧：城墙。②婆娑：徘徊。③闵獯（xūn）鬻二句：据《史记·孝文本纪》载：孝文帝十四年，匈奴入边为寇，攻朝那塞，杀北地都尉卬。獯鬻，即猃狁，北方少数民族。猾，扰乱。夏，指古代中国。卬，守边都尉，姓孙。朝那，边塞名。在安定郡。④圣文：指汉文帝。克让：能谦让，此指能施行教化。⑤币：礼物。⑥惠父兄两句：据《汉书·文帝纪》载：南越王尉佗，自立为帝，文帝不以兵伐，而召佗之兄弟，以德怀之，佗自愧，遂称臣。⑦降几杖两句：据《汉书·文帝纪》载：吴王濞失藩臣之礼，称病不朝天子，文帝不征讨，却赐以几杖，表示敬老，使其折服。"杖可以策身，几可以扶己，具是养尊者之物。"⑧太宗：汉文帝庙号。荡荡：广大无边。这里形容文帝之德。⑨曩（náng）：昔。图：谋。

陟高平而周览[①]，望山谷之嵯峨[②]。野萧条以莽荡[③]，迥千里而无家[④]。风猋发以漂遥兮[⑤]，谷水灌以扬波。飞云雾之杳杳[⑥]，涉积雪之皑皑。雁邕邕以群翔兮[⑦]，鹍鸡鸣以哜哜[⑧]。

【注释】

①陟（jī）：登上。高平：高平县，位于安定郡。②嵯（cuó）峨：高峻的样子。③莽荡：旷远。④迥（jiǒng）：远。⑤猋（biāo）：迅疾。漂遥：飞扬。⑥杳（yǎo）杳：深暗幽远。⑦邕（yōng）邕：雁叫声。⑧鹍（kūn）鸡：鸟名。似鹤，黄白色。喈喈（jiē jiē）：喈喈，众鸟齐鸣声。

游子悲其故乡，心怆悢以伤怀[①]。抚长剑而慨息，泣涟落而沾衣。揽余涕以於邑兮[②]，哀生民之多故。夫何阴曀之不阳兮[③]，嗟久失其平度[④]。谅时运之所为兮[⑤]，永伊郁其谁诉[⑥]？

【注释】

①怆悢（chuàng liàng）：悲哀。②於邑：心不平。③阴曀（yì）：谓天下昏乱。曀，阴暗。④平度：和平的法度。⑤谅：信实。⑥伊郁：烦闷。

乱曰[①]：夫子固穷，游艺文兮[②]。乐以忘忧，惟圣贤兮。达人从事，有仪则兮[③]。行止屈申，与时息兮。君子履信，无不居兮。虽之蛮貊，何忧惧兮[④]。

【注释】

①乱：在辞赋篇末总括全篇要旨的话。②夫子：指孔夫子。固穷：安守贫困，不失气节。语出《论语·卫灵公》："君子固穷。"艺文：指六艺。这里泛指儒家经典。③达人：通达知命的人。仪则：法则。④蛮貊（mò）：指边远的少数民族。貊，我国古代北方的少数民族名。

【译文】

我生逢时局动荡啊，深受乱世的祸殃。故园被夷为废墟啊，已不能安居家乡，决心向北方出走啊，要到渺无人迹的遥远他方。

早上从长安启程啊，晚住瓠谷的甘泉宫旁。经过云门而回头望啊，通天台高耸在云层之上。登上了大土山又接着下降，投宿在郇县的邠乡。思慕公刘的仁慈心肠，不忍把路边的花草踩伤。它们生长的条件何等优越，我却偏遇到许多祸殃。原因是形势发生了变化啊，不是天道已不正常。

登上了长长的赤须斜坡，进入了义渠这座旧城。怀恨当年的戎王奸诈荒淫，宣太后也淫秽而不贞。赞叹秦昭王能够讨贼，怀着盛怒而率军北征。我心绪紊乱离开了旧都啊，马慢慢地经过这座古城。

我将纵辔奔驰而远去啊，直到安定郡的治所高平。遥望前面道路茫茫啊，迂回坎坷而又漫长。经过泥阳而深深叹息啊，祖庙不修令我悲伤。我放马在边远的彭阳啊，停下车而暗自思量。日光暗淡将近黄昏啊，见牛羊已经下了山岗。领会到旷夫怨女的痛苦啊，体会到诗人伤感时的悲伤。

进入安定郡境慢慢前进啊，沿着那迢迢的长城。怨蒙恬过分地役使人民啊，为强秦筑下了深重怨恨。不顾赵高、胡亥的深切忧患啊，只去防御辽远的蛮夷敌兵，不发扬恩德安抚远方啊，只修筑城墙来保卫边境。直到临死都不醒悟啊，还述说功劳不把错误承认。他把致死的原因说得多荒唐啊，以为是修城时挖断地脉的报应。登上关塞的烽火台而遥望啊，盘桓不定思绪如麻。追忆当年匈奴乱华啊，吊念都尉孙邛阵亡于朝那。圣明的文帝能克制忍让啊，不兴师讨伐而以恩德感化。给僭号的南越王以恩惠啊，让他自己把帝号撤下；赏赐几杖给吴王刘濞啊，使他叛乱的阴谋难以猝发。思念文帝的恩德广大无边啊，岂是过去的秦朝所能够到达。

登上了高平县而四面观看啊，只见山谷是多么崇高峻险。旷野萧条茫茫无际啊，千里之内都没有人烟。疾风劲吹飘飘于天空啊，溪水倾泻卷起了波澜。浓云密雾在飘荡飞扬啊，皑皑的积雪在闪着寒光。群雁鸣叫着向南飞翔啊，鹍鸡在风中哜哜地哀唱。

远方的游子思念故乡啊，内心充满忧郁悲伤。抚着长剑声声叹息啊，滚滚珠泪沾湿衣裳。试揩眼泪而哽咽抽泣啊，痛心人民的苦难深长。为什么天空阴沉不见太阳啊，国家的法度长期都不得恢复正常，是时运的变化造成了这种情况啊，向谁去倾吐这忧郁的衷肠？

总之：孔子在困苦中能守节操而学艺文啊，能够乐而忘忧只有圣贤。达人行事须按原则啊，一切行动则应适应形势。坚持忠信四海为家啊，虽到蛮荒又有何忧惧。

游 览

登楼赋

王仲宣

登兹楼以四望兮，聊暇日以销忧。览斯宇之所处兮①，实显敞而寡仇②。挟清漳之通浦兮③，倚曲沮之长洲④。背坟衍之广陆兮⑤，临皋隰之沃流⑥。北弥陶牧⑦，西接昭丘⑧，华实蔽野，黍稷盈 畴。虽信美而非吾土兮，曾何足以少留！

【注释】

①宇：指城楼。②显敞：豁亮、宽阔。仇：匹敌。③漳：漳水，流经今湖北漳县，今当阳县。与沮水会合，又经江陵县流入长江。浦：河流入河处。④沮：沮水，流经今湖北保康、南漳、当阳等县，与漳水汇合。长洲：水中长形陆地。⑤坟：高。衍：平。⑥皋：河岸。隰：低洼地。⑦弥：终。陶牧：指春秋时越国大夫范蠡的坟墓。陶，范蠡到陶（今山东定陶）后改名陶朱公。牧，郊外。“江陵县西南有陶朱公冢，其碑云：‘是越之范蠡，而终于陶。’”⑧昭丘：楚昭王墓址。

遭纷浊而迁逝兮①，漫踰纪以迄今②。情眷眷而怀归兮，孰忧思之可任！凭轩槛以遥望兮③，向北风而开襟。平原远而极目兮，蔽荆山之高岑④。路逶迤而修迥兮⑤，川既漾而济深⑥。悲旧乡之壅隔兮，涕横坠而弗禁。昔尼父之在陈兮⑦，有“归欤”之叹音。钟仪幽而楚奏兮⑧，庄舄显而越吟⑨。人情同于怀土兮，岂穷达而异心！

【注释】

①纷浊：指世乱。纷，纷扰；浊，污浊。迁逝：迁徙流亡，指作者避乱于荆州。②纪：古代以十二年为一纪。③轩槛：指城楼上的窗户和栏杆。④荆山：位于湖北武当山东南，汉水的西岸，漳水即发源于此。岑：小而高的山。⑤迥（jiǒng）：远。⑥漾：水流长的样子。济：渡河。⑦尼父：孔丘字仲尼，后世尊称尼父。《论语·公冶长》：“子在陈曰：‘归欤！归欤！……’”此处以孔子的处境自比，表思归之情。⑧钟仪：春秋时楚人。事见《左传·成公九年》：晋景公视察时见到一个囚徒，便问道：“这个戴着帽子的囚徒是什么人?”官吏回道：“此人是郑国所献的楚国俘虏，名钟仪。”晋侯便命人放了他，问他身世知道他是乐官，于是便请他演奏。钟仪拿起琴来演奏了一曲楚国的乐歌。⑨庄舄（xì）：春秋时越人，见《史记·张仪列传》。庄舄本是越国平民，到楚国作了大官，其后不久生了病，楚王问：“庄舄现在富贵了，还想念越国吗?”左右侍从回道：“从一个人生病的呻吟声中可以听得出他是否思念故国。他如果想念越国，呻吟声就会是越音；不想念越国，就会发出楚音。”楚王派人偷听，果然是越音。作者以此自喻。表示不忘故

乡。

惟日月之逾迈兮①，俟河清其未极。冀王道之一平兮，假高衢而骋力②。惧匏瓜之徒悬兮③，畏井渫之莫食④。步栖迟以徙倚兮⑤，白日忽其将匿。风萧瑟而并兴兮，天惨惨而无色⑥。兽狂顾以求群兮，鸟相鸣而举翼。原野阒其无人兮⑦，征夫行而未息。心凄怆以感发兮，意忉怛而憯恻⑧。循阶除而下降兮⑨，气交愤于胸臆⑩。夜参半而不寐兮，怅盘桓以反侧。

【注释】

①逾迈：逝去。孔安国传曰："日月并行过。"②高衢：意即大道。此处用来比喻良好的政治局面。③匏（páo）瓜：与瓠（hú）瓜同属葫芦科。《本草纲目》："瓠之无柄而圆大。形状扁的为匏。"④井渫（xiè）：浚治水井。《周易·井》："井不食，为我心恻。"意谓井水经过浚治，洁净清澈，却无人饮用。这里暗喻修身全洁，却担心君主不加任用。⑤栖迟：游息。徙倚：徘徊。⑥惨惨：暗淡无光的景象。惨，通黪，暗。⑦阒（qù）：寂静无人的景象。"原野阒无农人，但有征夫而已。"。⑧忉怛（dāo dá）：忧劳情形。恻：憯恻，悲痛伤感，憯，同惨。⑨阶除：阶指楼梯。除，宫殿台阶。⑩交：应作狡，乖戾。

【译文】

我登上这高楼极目四望，姑且用闲暇的时光来消除埋藏在心中的忧愁。观看这座楼的位置啊，实在是地势宽敞而开阔没见过什么地方能与它匹敌。它东面傍着清清漳水的出口处啊，西面依傍曲折沮水边的沙洲；背后是高而平的广阔陆地啊，南面低洼处有可供灌溉的河流。北面直抵陶朱公的坟场，西面紧接着楚昭王的墓丘。鲜花和果实遮蔽了原野，谷子与黄米铺满了田畴。虽然景色美好却不是我的故乡啊，怎能值得我在此作短期的停留。

遭遇战乱出外逃亡我流落到楚地，经过十二年的漫长时光。时刻以真挚的心情怀念故乡啊，令人难以忍受的是离恨别愁？凭着栏杆向故乡遥望啊，让北风吹开我的衣裳。对辽阔的平原放眼远眺啊，又被荆山的高峰阻挡了我的视线。道路曲折而且漫长啊，江河深而浩荡难以渡航。悲伤故乡被山川阻隔啊，禁不住眼泪滚滚流淌沾满了衣襟。忆往昔孔子在陈国绝粮啊，感叹地说要归故乡。钟仪被囚在晋国而弹奏楚曲啊，庄舄为官于楚在病中仍把越歌吟唱。怀念故乡是人们共同的心情啊，怎会因穷困或显贵而改变心肠！

想到时光正在流逝不停啊，等候太平盛世却年复一年总不见来临。希望国家统一政局平定啊，好在大道上奔驰前进。我怕像匏瓜一样悬挂无人过问啊，更担心井水淘净却无人饮用。我游息漫步徘徊不定啊，明亮的太阳已倏忽西沉。萧瑟的晚风四面吹起啊，天色已经暗淡四野苍茫不明。野兽慌乱地张望寻找自己的同伴啊，雀鸟鸣叫着飞回树林。原野寂静没有农夫啊，只有赶路的旅人在奔走不停。触景生情内心益发痛楚啊，情绪更加忧愁悲伤。沿着楼梯慢慢下降啊，悲愤的怨气郁结胸膛。直到半夜无以成眠，在床上翻来覆去惆怅不已。

芜城赋

鲍明远

沵迆平原[1]，南驰苍梧、涨海[2]，北走紫塞、雁门[3]。柂以漕渠[4]，轴以昆冈[5]。重江复关之隩[6]，四会五达之庄[7]。当昔全盛之时，车挂轊[8]，人驾肩[9]；廛闬扑地[10]，歌吹沸天[11]。孳货盐田[12]，铲利铜山[13]；才力雄富，士马精妍[14]。故能侈秦法[15]，佚周令[16]，划崇墉[17]，刳浚洫[18]，图修世以休命[19]。是以板筑雉堞之殷[20]，井幹烽橹之勤[21]；格高五岳，袤广三坟[22]；崪若断岸[23]，矗似长云；制磁石以御冲[24]，糊赪壤以飞文[25]。观基扃之固护[26]，将万祀而一君[27]。

【注释】

①沵迆（mí yǐ）：连绵倾斜的样子。平原：指广陵一带平坦的地势。②驰：指通达远方。苍梧：古郡名，位于今广西省境内。涨海：南海的别称。③紫塞：指长城。崔豹《古今注》："秦筑长城，土色紫，汉塞亦然；一云雁门草紫色，故曰紫塞。"雁门：关塞名，位今山西省北部。④柂（duò）以漕渠：把广陵比作船，以漕渠为尾舵。柂，同柁，船舵。漕渠，即邗（hán）沟，今名漕河，是春秋时吴国开凿的运河，东北通射阳湖，西北至京口入淮，流经广陵。⑤轴以昆冈：把广陵比作车，以昆冈为轴心。轴，车轴。昆冈，广陵地面的一座高冈，又名阜冈、昆仑冈、广陵冈，广陵城建在上面。⑥重江复关：江关重叠。隩（ào）：水边幽深曲折的地方。⑦四会五达：四通八达。庄：交通枢纽，康庄大道。⑧挂轊（wèi）：轮毂相撞。形容车多，拥挤。轊，车轴末端。⑨驾肩：肩臂交错相压。形容人多，拥挤。⑩廛（chán）：廛里，居民的住宅。孙诒让《周礼正义》："通言之，廛里皆居宅之称。"闬（hàn）：闾，里巷之门。扑地：遍地。⑪歌：歌唱。吹：吹奏。沸天：沸腾上升，直冲云天，形容歌唱奏乐之声特别喧闹。⑫孳货盐田：从盐田取盐，可滋生钱财。孳，滋生。货，钱财。⑬铲利：采矿取利。铲，开采，发掘。铜山：藏有铜矿的山。⑭士马精妍：军队精良。⑮奓（chǐ）秦法：超越秦代的法令制度。奓，即侈，过分。⑯佚周令：超越周代的法令制度。佚，通轶，超过。古代建造城池都有一定的规格，广陵十分富强，筑城规模超过周秦两代。⑰划：用锥刀刻画，此指大兴土木。崇墉（yōng）：高大城墙。⑱刳（kū）：挖凿。浚（jùn）洫（xù）：深沟，这里指护城河。⑲图：图谋。修世：永世。休命：美好命运。⑳板筑：古代筑墙，以两板夹土，用杵夯实，称为板筑。雉堞（dié）：城上女墙，即城垛。殷：盛大。㉑井幹（hán）：建筑用的井形脚手架。烽橹：城上瞭望峰火的望楼。勤：辛勤。㉒袤（mào）广三坟：幅员辽阔，与三坟相接。三坟，典出不详，李善注援引一说认为三坟即汝坟、淮坟、河坟。李注之坟与渍通，本指水涯，这里借指汝水、淮水、黄河三大水系。㉓崪（zú）：高峻。断岸：断裂而形成的绝壁。㉔制磁石以御冲：用磁石制作城门以防御来犯者的突然袭击。《三辅黄图》："阿房前殿以木兰为梁，磁石为门，怀刃者止之。"磁石吸铁，以之为门，可吸住歹徒的兵刃。㉕赪（chēng）壤：红色泥土。飞文：墙上的图案花纹光彩闪耀。㉖基扃（jiōng）：泛指城阙。基，城基。扃，门闩。固护：牢固。㉗万祀而一君：一家帝王统治万载。祀，年。

出入三代[1]，五百余载，竟瓜剖而豆分[2]。泽葵依井[3]，荒葛罥涂[4]。坛罗虺蜮[5]，阶斗麏鼯[6]。木魅山鬼[7]，野鼠城狐，风嗥雨啸[8]，昏见晨趋[9]。饥鹰厉吻，寒鸱吓雏[10]。伏虣藏虎[11]，乳血飧肤[12]。崩榛塞路[13]，峥嵘古馗[14]。白杨早落，塞草前衰[15]。稜稜霜气[16]，蔌蔌风威[17]。孤蓬自振，惊沙坐飞[18]。灌莽杳而无际，丛薄纷其相依[19]。通池既已夷[20]，峻隅又已颓[21]。直视千里外，唯见起黄埃。凝思寂听[22]，心伤已摧[23]。

【注释】

①出入：经历。三代：据李善注，广陵郡城为汉吴王刘濞所筑，后经魏晋恰好是三代，历时五百多年。②瓜剖：如瓜被剖分。豆分：如豆被分割。以瓜豆为喻形容广陵城的崩毁。③泽葵：水葵，一种水生植物。依井：长满井壁。④葛：一种蔓生的野草。罥（juàn）：缠挂。涂：道路。⑤坛罗虺（huì）蜮（yù）：庭院中居满毒蛇妖狐。坛，古人为祭祀盟誓而筑的土台，此处借指人的宅院。虺，毒蛇。蜮，传说中能含沙射人的短狐。⑥阶斗麏（jūn）鼯（wú）：台阶上有麏和鼯鼠在殴斗。鼯，一种野鼠。⑦木魅（mèi）：树林中的妖怪。⑧嗥（háo）：嚎叫。⑨趋：奔跑。⑩鸱（chī）：鹞鹰。吓（hè）：恐吓。雏：小鸟。⑪虦：当作虥，即白虎。⑫乳血飧（sūn）肤：以血为乳，以肤为飧即以血肉做为饮食。飧，晚饭。肤，皮肉。⑬榛（zhēn）：丛生的树木。⑭峥嵘：阴森。馗（kuí）：九达的大道。⑮塞草：寒草。⑯稜稜：严寒的样子。⑰蔌（sù）蔌：风声劲疾。⑱坐飞：无故而飞。⑲丛薄：草木杂处。纷：杂乱。相依：互相接连在一起。⑳通池：护城河。夷：填平。㉑峻隅：高峻的城角。㉒凝思：思绪凝止。寂听：听觉无声。㉓摧：悲伤到极点。

若夫藻扃黼帐[1]，歌堂舞阁之基[2]；琁渊碧树[3]，弋林钓渚之馆[4]；吴蔡齐秦之声，鱼龙爵马之玩[5]，皆薰歇烬灭[6]，光沉响绝[7]。东都妙姬[8]，南国丽人，蕙心纨质[9]，玉貌绛唇[10]，莫不埋魂幽石[11]，委骨穷尘[12]。岂忆同舆之愉乐[13]，离宫之苦辛哉[14]！天道如何[15]，吞恨者多。抽琴命操[16]，为芜城之歌。歌曰：边风急兮城上寒，井径灭兮丘陇残[17]。千龄兮万代[18]，共尽兮何言[19]！

【注释】

①藻扃黼（fǔ）帐：饰有花纹的门窗和幔帐。藻，状如水草的花纹；扃，泛指门户；黼，古时礼服上黑白相间的花纹。②基：处所。③琁渊：玉池。碧树：玉树。④弋（yì）林：射猎的林苑。钓渚：钓鱼的沙洲。⑤鱼龙爵马之玩：泛指各种技艺。爵，同雀。据颜师古《汉书》注和李善《西京赋》注，古时有变幻鱼龙玩耍雀马的杂技。⑥薰：燃烧香料所散发出的香气。烬：物体燃烧后残存的部分，此处借指火光。⑦光沉响绝：光彩和音响都消失绝迹。⑧东都：指洛阳。妙姬：美女。⑨蕙心：美人的芳心。蕙，本指一种芳草，此处比喻美女心地芳洁。纨（wán）质：细腻轻柔的体质。纨，本指一种细绢，此处比喻人体之美。⑩绛唇：红唇。⑪埋魂幽石：死后埋在幽暗的土石之下。⑫委骨穷尘：葬身在荒僻的地方。委，弃。⑬同舆：嫔妃得宠，与君王同车游玩。⑭离宫：嫔妃失宠后居住的冷宫。以上两句是说形体既亡，得宠之乐、失意之忧亦不复存在，比喻一切盛衰都随时光流逝。⑮天道：指世事变化的法规。⑯抽琴：取出琴。命操：创作歌曲。命，命名；操，琴曲。⑰井径：田间小路。井，井田，泛指田亩。丘陇：土堆、田埂。⑱龄：年。⑲共尽：同归于尽。

【译文】

辽阔倾斜绵绵无际的广陵平原，向南可到苍梧郡、南海边，向北可直达长城畔、雁门关。若把广陵比做巨舟漕河恰似尾舵从芜城旁边缓缓流过，若把广陵比做高车，昆冈像轴心一样控制着平原。有江河、关口重重环绕周围，有康庄大道通往四方八面。在从前广陵全盛时期，车马众多，经常车轴相碰；行人如潮，挤得摩肩擦背。密集的住宅遍地排列，歌声和管乐响彻云

天。有盛产财富的盐田，有获取厚利的铜矿。人才众多实力雄厚，兵马精健。所以一切规模和法令，能够超过兴盛的周秦。城墙修得高，壕渠凿得深。图谋世世代代，享受福运兴隆。城墙和瞭望楼，不断苦心经营，格局高过五岳，广连三水之滨。像陡峭的河岸那么高险，像飞展的长云那么峻挺。用磁石制装城门，防止带刀的人冲进；以赤色的泥土粘贴，城墙绘出飞动的花纹。看墙基和城门都这样牢固，指望千年万代都属一家之君。

经过汉、魏、晋三代五百多年，终于崩裂毁坏如豆剖瓜分。井壁长满泽葵类水生植物，野生的葛藤缠绕着道路。堂上盘踞着毒蛇和短狐，阶沿争斗着獐子和鼯鼠。那些树妖山鬼、野鼠城狐，经常在风雨中怒吼狂呼，于早晚间出没奔走。饥饿的苍鹰在磨嘴捕食，饥寒的鸱枭将小鸟吓唬。处处都藏着猛虎，吞噬人畜的血肉。断落的树枝阻塞着大路，阴森的古道幽深阴郁。白杨树叶过早凋落，城上野草也提前萎枯。霜气凛冽，风声簌簌。蓬草自行飘舞，尘沙无故飞行。草木丛生幽深无边，草树错杂难以区分。城壕已经夷平，城楼已经坍崩。远望千里之外，只见黄尘滚滚。思想凝滞听觉失灵，内心忧伤无比深沉。

至于那绣帐彩门、歌堂舞厅，玉池碧树、猎苑渔汀，各地悦耳的音乐，鱼龙雀马各种玩赏的奇珍，都已经飘散了芬芳，熄灭了余烬，消逝了光辉，沉寂了声音。还有那洛阳的美女，南国的佳人，一个个心地芳洁体态柔嫩，玉貌红唇，到如今也都埋魂在深山幽谷，抛骨在穷乡僻境。哪里还会想到同辇时的欢乐，哪里还能追忆离宫中的酸辛！命运真是难说，抱恨的人太多。取琴来谱新曲，谱成《芜城之歌》。歌词是："北风急啊城上寒，阡陌消失啊陵墓荒残，千秋万代呵，都消亡啊有何可言！"

江 海

海 赋

木玄虚

昔在帝妫①，巨唐之代②。天纲浡潏③，为凋为瘵④。洪涛澜汗⑤，万里无际。长波涾沲⑥，迤涎八裔⑦。于是乎禹也，乃铲临崖之阜陆⑧，决陂黄而相波⑨。启龙门之岝崿⑩，垦陵峦而崭凿。群山既略⑪，百川潜渫⑫。泱漭澹泞⑬，腾波赴势。江河既导，万穴俱流。掎拔五岳⑭，竭涸九州。沥滴渗淫⑮，荟蔚云雾⑯。涓流泱瀼⑰，莫不来注。

【注释】

①帝妫（guī）：指虞舜。②巨：应作臣，形近而误。③天纲：指大水。浡潏（bó yù）：汹涌。④凋：伤害。瘵（zhài）：病，伤害。⑤澜汗：波澜壮阔的样子。⑥涾沲（tà tuó）：重重叠叠。⑦迤延：连续不断。八裔：八方。⑧阜陆：高原。⑨陂潢：积水的池塘。泼：灌。⑩龙门：山名。岝崿（zuó è）：高峻的样子。⑪略：治平。⑫潜渫：深澈疏通。潜，深。渫，同泄。⑬泱漭（yǎng mǎng）：同茫洋，水势深阔的样子。澹泞（dàn nìng）：安稳流动。⑭掎（jǐ）：拔：导引。掎，引。拔，出。⑮沥滴：水向下滴注。渗淫：小水缓缓流动的样子。⑯荟蔚：弥漫的样子。⑰泱瀼（yǎng nǎng）：水静的样子。

於廓灵海①，长为委输②。其为广也，其为怪也，宜其为大也。尔其为状也，则乃浟湙潋滟③，浮天无岸。沖瀜沆漭④，渺瀰湠漫⑤。波如连山，乍合乍散。嘘噏百川⑥，洗涤淮汉。襄陵广舄⑦，㴔嶱浩汗⑧。

【注释】

①於（wū）：叹词。廓：大。灵海：壮美的海。②委输：流去汇合。③浟湙（yóu yì）：水流行的样子。潋（liàn）滟：水满的样子。④沖瀜（chōng róng）：水平远的样子。沆漭（hàng yǎng）：水深广无边际的样子。⑤渺瀰湠（mí tàn）漫：水势旷远的样子。⑥嘘噏（xì）：呼吸，吐纳。指海洋吞吐河水。⑦襄陵：洪水漫过丘陵。广舄（xì）：广大的陆地。⑧㴔嶱（jiāo gě）：水势深广的样子。浩汗：同浩瀚，广大无边的样子。

若乃大明摭辔于金枢之穴①，翔阳逸骇于扶桑之津②。影沙礐石③，荡飏岛滨④。于是鼓怒，溢浪扬浮。更相触搏，飞沫起涛。状如天轮，膠戾而激转⑤；又似地轴⑥，

挺拔而争回。岑岺飞腾而反覆[⑦]，五岳鼓舞而相磓[⑧]。澶濆沦而滀潔[⑨]，郁沏迭而隆颓[⑩]。盘盓激而成窟[⑪]，㴸㴸㴸而为魁[⑫]。㳄泊柏而迆颺[⑬]，磊匒匌而相豗[⑭]。惊浪雷奔，骇水迸集。开合解会，瀼瀼湿湿[⑮]。葩华踧沑[⑯]，澒泞潗渻[⑰]。

【注释】

①大明：指月亮。摝辔（biào pèi）：勒住缰绳。摝，揽。金枢之穴：指西方月亮落下的地方。金，指西方。②翔阳：指太阳。逸骇：形容飞得快。扶桑：日出的地方。③彯：通飘。碏（què）：浪击石声。④飏（yù）：风吹得急。⑤膠戾：歪曲的样子。⑥地轴：传说地有四柱，广十万里，中间有三千六百轴。⑦岺：小而高的山。⑧磓（duī）：撞击。⑨澶（wèi）：乱的样子。濆（fén）沦：水势起伏汹涌。滀潔（chù tà）：水积聚的样子。⑩沏（qiè）迭：水疾流的样子。隆颓：高低不平的样子。⑪盘盓（wū）：旋绕。⑫㴸㴸（qiào tián）：巨浪。㴸（jié）：突出的样子。魁：小土丘。⑬㳄（shǎn）：水流迅疾。泊柏：细浪。迆颺：浪越来越高。⑭磊：大。匒匌（dā kē）：重叠。相豗（huī）：相互撞击。⑮瀼瀼（ráng）湿湿：奔腾开合的样子。⑯葩华：浪花散开的样子。踧沑（cù nǐu）：水流蹴聚的样子。⑰澒泞（dǐng níng）：同汀泞，细流。潗渻（jí xí）：沸腾的样子。

若乃霾曀潜销[①]，莫振莫竦[②]。轻尘不飞，纤萝不动。犹尚呀呷[③]，余波独涌。澎濞灪磈[④]，碨磊山垄[⑤]。尔其枝岐潭瀹[⑥]，渤荡成汜[⑦]。乖蛮隔夷[⑧]，回互万里。

【注释】

①霾曀（mái yì）：昏暗的风雨。②莫竦（sǒng）：不动。③呀呷：波浪相吞食的样子。④澎濞（pì）：水涌声。灪磈（yù huái）：高峻的样子。⑤碨磊（wēi lěi）：不平的样子。⑥枝岐：支流。潭瀹（yuè）：动摇的样子。⑦渤荡：冲刷的样子。汜：水分流后又归主流。⑧乖：隔离。

若乃偏荒速告[①]，王命急宣。飞骏鼓楫，汎海凌山。于是候劲风，揭百尺[②]，维长绡[③]，挂帆席。望涛远决，冋然鸟逝[④]。鹬如惊凫之失侣[⑤]，倏如六龙之所掣[⑥]。一越三千，不终朝而济所届。

【注释】

①偏荒：边荒。②百尺：船上桅竿。③长绡：帆纲。④冋（jiǒng）然：远飞的样子。⑤鹬：鸟飞翔。⑥倏（shū）：疾。掣：引而纵，如离弦的箭。

若其负秽临深[①]，虚誓愆祈[②]，则有海童邀路[③]，马衔当蹊[④]。天吴乍见而仿佛[⑤]，蝄像暂晓而闪尸[⑥]。群妖遘迕[⑦]，眇䁯冶夷[⑧]。决帆摧橦[⑨]，戕风起恶。廓如灵变[⑩]，惚恍幽暮[⑪]。气似天霄，叆霼云布[⑫]，㸌昱绝电[⑬]，百色妖露。呵嗽掩郁[⑭]，矆睒无度[⑮]。飞涝相磢，激势相沏[⑯]。崩云屑雨，浤浤汩汩[⑰]，踔踔湛濼[⑱]，沸溃渝溢[⑲]。濩渮濩渭[⑳]，荡云沃日。

【注释】

①负秽：自身有罪。②愆：失。祈：祷。③海童：传说海中的神童。④马衔：传说中的海怪，马首、

独角、龙形。⑤天昊（hào）：传说中的水神。昊，同昊。⑥蝄（wǎng）像：传说中的水怪。闪尸：闪现出形体。⑦遘（gòu）：遇。迕（wǔ）：犯。⑧眇䁱（yáo）：瞧看的样子。冶夷：妩媚的样子。⑨橦（chuáng）：桅竿。⑩廓：开。⑪惚怳：隐约不清，游移不定，难以捉摸。⑫霭霼（ài fèi）：云气昏暗。⑬儵（shú）昱：迅速的样子。⑭呵㰻（hū）：象声词。形容风云突变。掩郁：变化。⑮矆睒（huò shǎn）：光色闪烁不定。⑯涝：巨浪。磢（chuǎng）：交错。沏（qī）：摩。⑰浤浤（hóng）汩汩（gǔ）：波涛撞击的声音。⑱踸踔（chèn chuō）：忽进忽退的样子。湛瀁（zhàn yào）：波浪腾涌的样子。⑲沸溃渝溢：浪头前拥后退的样子。⑳濩渮濩渭（huò huì huò wèi）：四处波涛涌动的样子。

于是舟人渔子，徂南极东。或屑没于鼋鼍之穴①，或挂罥于岑嶅之峰②。或掣掣泄泄于裸人之国③，或汎汎悠悠于黑齿之邦④。或乃萍流而浮转，或因归风以自反。徒识观怪之多骇，乃不悟所历之近远。

【注释】

①屑没：粉碎沉没。鼋鼍（yuán tuó）：大鳖和扬子鳄。②挂罥（juān）：勾挂。岑嶅（aó）：海中暗礁和小岛。嶅，又作嶅、嶅，多石的小山。③掣掣泄泄：随风飘荡的样子。裸人国：与下文黑齿邦皆为传说的海外异国。④汎汎悠悠：顺水漂流的样子。

尔其为大量也：则南澰朱崖①，北洒天墟②，东演析木③，西薄青徐④。经途瀴溟⑤，万万有余。吐云霓，含龙鱼，隐鲲鳞⑥，潜灵居⑦。岂徒积太颠之宝贝⑧，与随侯之明珠⑨。将世之所收者常闻，所未名者若无。且希世之所闻⑩，恶审其名？故可仿像其色⑪，叆叇其形⑫。

【注释】

①澰（liǎn）：浸。朱崖：最南的地方。②天墟：最北的地方。③演：及。析木：最东的地方，传说是天河的渡口。④薄：迫。青徐：青州、徐州。因近海岸，而被认为是海最西的地方。⑤瀴溟（yīng míng）：绝远、杳冥。⑥鲲鳞：或作昆山，神仙隐居的地方。⑦灵居：神仙的居处。⑧太颠之宝贝：传说殷纣王囚禁文王于羑里，将要选择日期杀掉他。文王的属下太颠、散宜生、南宫适等从水中得到一个大贝，献给纣王，纣王放归文王。⑨随侯之明珠：传说东方随国的侯，见一条巨蛇受伤，就用良药给它敷上，后来大蛇衔水中一颗很大的夜明珠报答随侯，世人称随侯之珠。⑩希世：即稀世，世所罕见。⑪仿像：仿佛，相似。⑫叆叇（ài xì）：不明。

尔其水府之内，极深之庭，则有崇岛巨鳌，峌岘孤亭①，擘洪波②，指太清，竭磐石，栖百灵③。飏凯风而南逝④，广莫至而北征⑤。其垠则有天琛水怪⑥，鲛人之室⑦，瑕石诡晖⑧，鳞甲异质⑨。

【注释】

①峌岘（dié niè）：高耸的样子。②擘：分开。③百灵：很多神仙。④凯风：南风。⑤广莫：北风。⑥天琛：天然的宝贝。琛，珍宝，玉的一种。⑦鲛人：传说中海中的鱼人，会织布，眼泪即成珍珠。⑧瑕石：赤色小块玉。诡晖：颜色多变。⑨异质：各种不同的形状。

若乃云锦散文于沙汭之际①，绫罗被光于螺蚌之节。繁采扬华，万色隐鲜。阳冰不冶②，阴火潜然。熺炭重燔③，吹烱九泉④。朱燉绿烟⑤，腰眇蝉蜎⑥。珊瑚虎珀，群产接连。车渠马瑙⑦，全积如山。鱼则横海之鲸，突扤孤游。戛岩嶅⑧，偃高涛。茹鳞甲，吞龙舟。噏波则洪涟踧䠞⑨，吹涝则百川倒流。或乃蹭蹬穷波⑩，陆死盐田。巨鳞插云，鬐鬣刺天，颅骨成岳，流膏为渊。若乃岩坻之隈⑪，沙石之嵚⑫。毛翼产鷇⑬，剖卵成禽。凫雏离褷⑭，鹤子淋渗⑮。群飞侣浴，戏广浮深。翔雾连轩，泄泄淫淫⑯。翻动成雷，扰翰为林。更相叫啸，诡色殊音。

【注释】

①沙汭（ruì）：沙岸。②冶：销。③熺炭：传说的一种不熄灭的炭。④烱：光。九泉：传说地分九层，每层均有泉，所以有九泉。⑤朱燉（yán）：赤色的火焰。燉，同焰。⑥腰眇：火焰飞腾的样子。蝉蜎：指烟尘飞腾的样子。⑦车渠：产于西域的一种宝石。⑧戛（jiá）：刮。这里为摩擦削平的意思。⑨噏（xī）：同吸。踧䠞（cù sù）：退缩。⑩蹭蹬：失势的样子。意即陷入困境。⑪隈：山水弯曲之处。⑫嵚（qīn）：小山岭。⑬鷇（gòu）：待哺的幼鸟。⑭离褷（xǐ）：刚长出羽毛的样子。⑮淋渗：小鸟刚刚长出羽毛的样子。⑯泄泄淫淫：飞翔的样子。

若乃三光既清，天地融朗。不汎阳侯①，乘蹻绝往。觌安期于蓬莱③。见乔山之帝像④，群仙缥眇，餐玉清涯。履阜乡之留舄⑤，被羽翮之襂纚⑥。翔天沼⑦，戏穷溟。甄有形于无欲⑧，永悠悠以长生。且其为器也，包乾之奥，括坤之区。惟神是宅，亦只是庐。何奇不有？何怪不储？芒芒积流，含形内虚⑨。旷哉坎德⑩，卑以自居。弘往纳来，以宗以都⑪。品物类生，何有何无？

【注释】

①阳侯：水神。②蹻（qiāo）：指仙人驾御的云气。③觌（dí）：相见。安期：传说中的古仙人，居于蓬莱仙境。④乔山：黄帝的葬地。⑤留舄（xì）：传说仙人安期见过秦始皇，始皇送他许多金银。他没有收，临别时留下赤色玉鞋一双作为报答。舄，鞋。⑥羽翮：羽毛织成的衣服。襂纚（shěn shǐ）：毛羽下垂的样子。⑦天沼：与下文穷溟，都是指天池。⑧甄：表。⑨形：形体。⑩坎：指水。《周易》：“坎为水。”⑪宗：尊。都：聚。

【译文】

在遥远的过去，虞舜还身为唐尧大臣的时代。洪水汤汤，汹涌泛滥，伤害百姓，灾难深重。波涛奔腾浩瀚，万里无涯，洪波一浪冲过一浪，茫茫大地一片汪洋。就在此时，大禹出世，率领人们铲平岸边挡住水路的山陵，决开积蓄潦水的塘堤。凿通山势参差的龙门，挖掘山峦陵阜的阻碍。群山就这样得以治理，百川清深通彻，腾波逐浪，争赴而下。江河已理，万水畅流。洪水既退，五岳挺出，大地乾涸，九州显现。水滴浸淫，雾气湿润，涓涓细水，潺潺而流，万流朝东，归向大海。

多么壮美啊！伟大神奇之大海，普天下之江河，源源流入其怀。如此壮阔啊！如此奇异啊！洵为宏大雄伟。大海之状，气象万千。动荡不停，水波涟漪。辽阔无涯，天浮其上，水势深广，深沉漫延。风吹浪高，排山之波，乍一会合，突又散离。吞吐百川，涤荡淮汉，怒潮漫陵，水没海滨。浩浩渺渺，苍茫一片。

至于月亮乘着快马飞速回到西方，太阳又从东方飘然升起。月沉日出之时，狂涛惊沙，浪激石吼，风劲流急，震荡海岸鸟巢。于是狂风掀起巨浪，怒涛飞扬浮涌。白浪冲天相搏击，波涛翻滚溅飞沫，浑如天轮，环旋激转，滚滚不停，又似地轴，挺出大地，盘旋反复。浪高如山，上下飞腾，大如五岳，摇动相碰。忽高忽低，汇合聚集，疾速往前，起伏不平。曲折环旋，形成深邃窟窿，飞浪突起，好似连绵峰峦。小波斜卷疾起，大浪重叠相压。惊涛如走雷，骇浪散复合。忽聚忽散，海水忽合忽离，浪花骤然汇拢，水势沸腾咆哮。

阴云冷风凄雨，悄然隐退，天地万物，寂静无声。轻尘不飞，女萝不动。唯独大海，波浪腾涌，澎湃轰鸣。浪堆山垄，时起时伏。小浦曲渚，涛击浪打，交互错杂，使蛮夷如隔万里之遥，略一回转，又不难相见。

至于偏远之地，有急来告，或君王之命，急须宣达。轻舟摇揖，快如骏马飞驰，浮帆海上，凌历群岛。正遇到强劲风力，竖百尺桅杆，穿系樯绳，悬挂帆席，迎风面向大海，远辞而去。好比飞鸟，振翅而逝，如同孤凫寻求失去的伴侣，惊慌追逐，又似日神纵辔，六龙急驰。一越几千里，不到一整天，已达目的地。

如果是有人身负罪孽，奔临大海，虚誓不实，抛弃忠信，祈祷不诚，欺骗鬼神。那就一定遇到水神海童拦其路，或海怪马衔挡其道。天吴在他身边突然现形，忽又依稀不清，出没无常，或又一闪即逝。群怪聚合，瞄视张望，妖形怪状，兴风作浪，狂飙肆虐。船帆破败，樯桅摧折，神灵作法，变幻莫测。恍惚之间，顿使万里晴空，天昏地黑，一片幽暗。海神喷吐气息，犹如天上云雾，刹时，乌云密布。赤光疾射，转眼消失，有如雷电，光绝无踪。五光十色，施展妖术，忽明忽暗，光色闪烁，千奇百怪。巨浪飞空冲撞，激流沸腾砌磋。如崩云，如碎雨，发出汩汩之声，响彻云霄。波浪吞吐进退，奔腾泛滥，涛声震耳。天边之云，跳跃水中，灿烂阳光，荡漾海面。

正当此刻船夫渔人，往南行驶，风劲波壮，却达东方。有的粉身碎骨，葬身鱼腹。有的触礁撞峰，沉船海岛飘零四散。有的任风摆布，飘泊裸人之国；有的随波逐流，没想到达到黑齿之邦。有的如同飘萍，不能自主，有的巧遇归风，侥幸返回故乡。他们所见神怪之多，惊魂未定；竟忘记所历之遥，远及天涯。

大海无边无际啊！南到珠崖，北涌天墟，东流析木，西接青、徐。辽阔广大，茫茫无垠。要想寻到它的尽头，万万余里，还不能计尽。海上生云霓，海中有龙鱼。鲲鱼暗藏，神仙潜居。岂只有太颠大贝和随侯明珠，人间收藏曾见之宝，至于未知名目之珍，海中应有尽有。稀世罕见，又怎么能叫出它的名字。所以阐述形状，描摹色彩，只能仿佛如此，大略相似罢了！水府海庭，海底深处。水底之中又有巨鳌负戴五山，其势高耸，峙立海中。劈破洪浪前进，山峰直指苍天。山下磐石堆立，山上众神栖居。巨鳌负山南往，朔风狂吹，迎风北进。天涯海角，出产天然宝物，鲛人泣珠，水居海下。玉石色彩变幻，鱼类具有各种不同形状。

岸边细沙层层，堆成天然花纹，如朝霞四布，螺蚌斑斑曲节，色彩鲜艳明亮，好像绫罗上装点着闪光的宝石。五光十色，光华四溢，使万色自惭，暗淡无光。有阳光之下，坚冰不化之地，阴湿的地下之火，暗中燃烧之处。永不熄灭的炭火，火光照亮九泉。红色火苗，升腾上窜，绿色烟雾，飘飘四散。大鲸鱼，横亘海上，高耸突出，单独浮游。行则摧折山岩，进则倒伏巨浪。食鱼鳖，吞龙舟，吸气则海水退缩不进，吐气则百川逆流倒灌。然而大鲸一旦陷入困境，搁浅海滩，困死岸上。巨鳞插入云霄，脊鳍刺破青天，颅骨如山岭，鱼油流成渊。至于悬

崖海湾，沙岸之上，鸟类繁殖，卵破雏出，幼凫胎毛未干，鹤子细毛茸茸。或成群飞翔，或结群戏浴，或浮游海面，或沉要深处，海阔天空，飞翔自得，群鸟振翅，聚响成雷，抖动羽毛，散落化成树林，群鸟欢鸣叫啸，发出的声音奇异美妙。

待到日清月明，大放光芒，天空晴朗，大地清明。波平浪静，乘驾神龙，飞往远方。会见安期，到达蓬莱仙山，飞往桥山，朝圣黄帝陵墓。只见群仙逍遥于清水河畔，餐食琼浆玉液于青青崖旁。穿着安期相赠的始皇的赤玉鞋，披上仙人们羽毛下垂的羽翮服，飞翔天池，遨游北溟。神仙有形无情欲，长生悠悠永不老。深广的海洋无限的器量！包括天之深，容纳地之大。仙人居于此，神灵宅于斯，何奇而不有，什么怪异而不备。茫茫大海，江河总汇。含养万物，不遗巨细。伟域水德！总以卑下自处，无私奉献，来者不拒。江汉朝宗归大海，万物集聚居于此。万物以类相生，大海何所不有！大海何物而无！

物 色

风 赋

宋玉

楚襄王游于兰台之宫[1]，宋玉、景差侍[2]，有风飒然而至。王乃披襟而当之曰："快哉此风！寡人所与庶人共者邪？"宋玉对曰："此独大王之风耳，庶人安得而共之？"王曰："夫风者，天地之气，溥畅而至[3]，不择贵贱高下而加焉。今子独以为寡人之风，岂有说乎[4]？"宋玉对曰："臣闻于师，枳句来巢，空穴来风[5]。其所託者然，则风气殊焉[6]。"

【注释】

①楚襄王：楚怀王之子，又称楚顷襄王。兰台：楚国宫苑名。②景差：楚大夫，以辞赋著称。《史记·屈原贾生列传》："屈原既死之后，楚有宋玉、唐勒、景差之徒者，皆好辞而以赋见称。"③溥（pǔ）畅：到处畅流。溥，通普。④说：理由，道理。⑤枳句（zhī gōu）：枳，树名，似桔。句，曲。《考工记》："桔逾淮为枳。"⑥所托者：所处的环境。

王曰："夫风始安生哉？"宋玉对曰："夫风生于地，起于青蘋之末[1]；侵淫溪谷[2]，盛怒于土囊之口[3]；缘泰山之阿[4]，舞于松柏之下。飘忽淜滂[5]，激扬熛怒[6]，耾耾雷声[7]，迴穴错迕[8]，蹷石伐木[9]，梢杀林莽[10]。至其将衰也，被丽披离[11]，冲孔动楗[12]，眴焕灿烂[13]，离散转移。故其清凉雄风，则飘举升降，乘凌高城，入于深宫。邸华叶而振气[14]，徘徊于桂椒之间[15]，翱翔于激水之上，将击芙蓉之精[16]，猎蕙草[17]，离秦蘅[18]，概新夷[19]，被荑杨[20]，迴穴冲陵[21]，萧条众芳。然后倘佯中庭[22]，北上玉堂[23]，跻于罗帷[24]，经于洞房[25]，乃得为大王之风也。故其风中人状[26]，直憯凄惏慄[27]，清凉增欷[28]，清清泠泠，愈病析酲[29]，发明耳目[30]，宁体便人。此所谓大王之雄风也。"

【注释】

①青蘋：水草名，即大萍。②侵淫：逐渐扩展。溪谷：山谷。③土囊：大山洞。④阿：山弯。⑤淜滂（píng pāng）：大风击物之声。⑥激扬熛（biāo）怒：形容风越刮越猛。耾，迸飞的火焰。⑦耾耾（hóng）：风声。⑧迴穴：打旋。错迕（wǔ）：交错相杂。⑨蹷（guì）：撼动。伐：折。⑩梢杀：击杀。林莽：草木丛生之处。⑪被（pī）丽披离：四面分散。被丽与披离同义。⑫楗（jiàn）：门闩。⑬眴（xuàn）焕：鲜明

的样子。⑭邸（dǐ）：通抵。触动。华：同花。振气：散发香气。⑮桂椒：桂树和花椒树。桂花与花椒皆有浓郁的香气。⑯精：同菁。花。⑰猎：经历。此有掠过之意。蕙草：一种香草。⑱离：分开。秦蘅（héng）：产于秦地的香木。⑲概：古代量米时用以刮平斗斛的工具。此引申为吹平的意思。新荑（yí）：辛荑，一种香木。⑳被（pī）：覆盖。荑杨：初生的嫩杨。㉑冲陵：冲击。㉒倘佯（cháng yáng）：徘徊。㉓玉堂：宫室的美称。北上：古代宫室皆坐北朝南，故风吹进宫室说北上。㉔跻（jī）：上升。罗帷：丝织的帷帐。㉕洞房：深邃的内室。㉖中（zhòng）人：吹到人身上。㉗直：简直。憯凄惏（lín）慄：形容寒冷的样子。㉘欷（xī）：叹息声。㉙析酲（chéng）：解酒。酲，酒病。㉚发明：通畅明晰。

王曰："善哉论事！夫庶人之风，岂可闻乎？"宋玉对曰："夫庶人之风，塕然起于穷巷之间[①]，堀堁扬尘[②]，勃郁烦冤[③]，冲孔袭门，动沙堁，吹死灰，骇溷浊[④]，扬腐余[⑤]，邪薄入瓮牖[⑥]，至于室庐。故其风中人状，直憞溷郁邑[⑦]，殴温致湿[⑧]，中心惨怛，生病造热[⑨]，中唇为胗[⑩]，得目为蔑[⑪]，啗齰嗽获[⑫]，死生不卒[⑬]。此所谓庶人之雌风也。"

【注释】

①塕（wěng）然：风起扬尘的样子。②堀堁（kū kè）：尘埃突起的样子。堀，突起。堁，尘埃。③勃郁烦冤：形容风卷土扬、旋转翻飞的样子。勃郁，蕴积。烦冤，愤懑烦躁。④骇：搅起。溷（hún）浊：恶浊的空气。溷，同混。⑤腐余：腐烂的垃圾。⑥邪：同斜。薄：逼近。瓮牖（yǒu）：用破瓮口做的窗户。牖，窗。⑦憞（dùn）溷：烦乱。郁邑：忧郁。⑧殴：通驱。湿：湿病。⑨惨怛（dá）：忧伤痛苦。⑩胗（zhěn）：唇疮。⑪蔑：眼病。⑫啗（dàn）齰（zé）嗽获：形容中风后嘴巴颤动的样子。啗，吃。齰，咬。嗽，吮。获，通嚄，大声呼唤。⑬死生不卒（cù）：不死不活。卒，同猝，仓卒。

【译文】

楚襄王在兰台宫苑游玩，有宋玉、景差随从。一阵清风飒飒地吹起来，楚王于是敞开衣襟，迎着吹来的清风说："这风吹得真是令人畅快呀！这是寡人和百姓共同享受的吗？"宋玉回答说："这只是大王专有的风呀，百姓怎么能和大王共同享受呢？"

楚王说："这风，是天地间的气体，它普遍地无所阻挡地吹过来，不分富贵贫贱和高低尊卑，都会吹到他们身上。现在你独以为是寡人专有的风，难道有什么道理吗？"宋玉回答说："我从老师那里听说过：枳树分杈的地方，就有鸟雀来筑巢；大地有空隙的地方，风就会吹进来。由于所处的地位、境况如此不同，那么风的气势自然也就不同了。"

楚王问："风一开始是从哪里发生的呢？"宋玉回答说："风是从大地上发生的，在细细的青萍的末梢上刮起来，逐渐进入山谷，到山洞口时就刮得很猛烈，然后沿着大山的曲隅，在松柏树下飞舞，再迅速飘散，吹打在物体上，呼呼作响，风势迅猛激荡，犹如烈火升腾，发出隆隆雷声，又急剧地回旋，杂乱无序撞击，飞沙走石，摧折树木，席卷丛林和草原。等到风势渐渐平息下来的时候，风力慢慢向四面分散，只有透进小孔和动摇门栓的力量了。这时景物则显得鲜明灿烂微风吹拂水波和花木，发出闪烁明丽的光彩，清新凉爽的风，上下飘动轻柔地向四面飘散。"所以那清凉的雄风吹起来，就会上上下下飘动，不断升腾，飞越高大的城墙，吹进深邃的宫室，吹拂草木的花叶，发出阵阵芳香。风在桂树和椒树中间回荡，在急流的浪花上翱翔，摇动着池塘里的荷花，掠过蕙草，分开秦蘅，吹动辛夷，覆盖起幼杨，翻卷着冲击山岩，使芬芳的花草凋零散落。然后在庭院中间徘徊，向北吹进宫殿，飘入罗帷锦帐，再经过深宫中的内室，因此成为大王的风。至此才这种风吹到人的身上，其情状简直使人遍体透凉，清新舒气，清清爽爽，治病解醉，使人耳聪目明，身心轻舒。这就是所说的大王的雄风呀。”

楚王说：“你分析事理，讲的好呵！那么庶民之风，也可说来听听吗？”

宋玉回答说：“那庶民之风，是纷杂地从冷僻的小巷子里刮起来，尘土飞扬，横冲直闯，冲进窗孔，袭击大门，卷起泥沙，吹起死灰，搅起混浊，扬起垃圾，歪歪斜斜，穿过穷人家用破缸口做的窗口，一直进入到平民的住房。所以这种风吹到人的身上，其情状特别使人心烦意乱，忧郁不安。它挟带闷热之气，带来潮湿。它吹进人的心里，使人悲伤愁苦，生病发烧。它吹到人的嘴唇上，嘴唇就会长疮；它碰到人的眼睛，眼睛就会红肿害病。它使人嘴巴抽搐，咬牙呼叫，不死不活，痛苦不已。这就是所说的平民的雌风呀。”

雪 赋

谢惠连

岁将暮，时既昏①；寒风积，愁云繁②。梁王不悦，游于兔园③。乃置旨酒④，命宾友；召邹生⑤，延枚叟⑥；相如末至⑦，居客之右⑧。

【注释】

①昏：日暮，天刚黑。②愁云：指阴云。繁：多，盛。③梁王：西汉梁孝王刘武。兔园：园名，梁孝王所筑。故址位于今河南商丘县东。《西京杂记》卷三：“梁孝王好营宫室苑囿之乐，作曜华之宫，筑兔园。”④旨酒：美酒。旨，味美。⑤邹生：即邹阳，以文辞著称。⑥枚叟：即枚乘，著名辞赋家，所作《七发》尤有名。⑦相如：即司马相如，著名辞赋家。曾客游梁，为梁孝王门客，与邹阳、枚乘等辞赋家交游。所作《子虚赋》、《上林赋》为武帝所重，用为郎。⑧右：古代以右为尊，故称所重者为右。

俄而微霰零①，密雪下。王乃歌“北风”于卫诗②，咏“南山”于周雅③。授简于司马大夫曰：“抽子秘思④，骋子妍辞⑤，侔色揣称⑥，为寡人赋之。”相如于是避席而起⑦，逡巡而揖⑧，曰：“臣闻雪宫建于东国⑨，雪山峙于西域，岐昌发咏于‘来思’⑩，姬满申歌于‘黄竹’⑪；《曹风》以‘麻衣’比色⑫，楚谣以《幽兰》俪曲⑬；盈尺则呈瑞于丰年，袤丈则表沴于阴德⑭。雪之时义远矣哉⑮！请言其始：若乃玄律穷⑯，严气升⑰；焦溪涸⑱，汤谷凝⑲，火井灭⑳，温泉冰；沸潭无涌㉑，炎风不兴；北户墐扉㉒，裸壤垂缯㉓。于是河海生云，朔漠飞沙㉔；连氛累霭㉕，揜日韬霞㉖；霰淅沥而先集㉗，雪纷糅而遂多㉘。其为状也：散漫交错，氛氲萧索㉙；蔼蔼浮浮㉚，瀌瀌弈弈㉛；联扁飞洒，徘徊委积㉜；始缘甍而冒栋㉝，终开帘而入隙㉞；初便娟于墀庑㉟，末萦盈于帷席㊱；既因方而为珪㊲，亦遇圆而成璧；眄隰则万顷同缟㊳，瞻山则千岩俱白㊴。于是台如重璧㊵，逵似连璐㊶；庭列瑶阶㊷，林挺琼树㊸，皓鹤夺鲜，白鹇失素㊹；纨袖惭冶㊺，玉颜掩姱㊻。若乃积素未亏㊼，白日朝鲜，烂兮若烛龙衔耀照昆山㊽；尔其流滴垂冰，缘雷承隅㊾，灿兮若冯夷剖蚌列明珠㊿。至夫缤纷繁骛之貌[51]，皓旰曒洁之

仪[52]；回散萦积之势，飞聚凝曜之奇[53]；固展转而无穷[54]，嗟难得而备知。若乃申娱玩之无已，夜幽静而多怀；风触楹而转响[55]，月承幌而通晖[56]；酌湘吴之醇酎[57]，御狐狢之兼衣[58]；对庭鹍之双舞[59]，瞻云雁之孤飞；践霜雪之交积，怜枝叶之相违[60]；驰遥思于千里，愿接手而同归[61]。

【注释】

①俄而：不久，瞬间。霰：雪珠，雨点下降遇冷而凝成的微小冰粒。零：落。②北风：指《诗经·邶风·北风》一诗曰："北风其凉，雨雪其雱"。这里只取其"雨雪"之意。按：《诗经》中《邶》、《鄘》、《卫》三风实际是卫国一国之风，故文中云"歌'北风'，于卫诗"。③南山：指《诗经·小雅·信南山》一诗曰："上天同云，雨雪雰雰"。此处只取其"雨雪"之意。周雅：指《诗经·小雅》。④抽：引。此为抒发的意思。秘思：深藏于内的文思。⑤妍：美。⑥侔（móu）色揣称（chèn）：摹拟比量。形容摹绘物色，恰到好处。侔，等；揣，量；称，美好。⑦避席：离开坐位。⑧逡巡：后退的样子。揖：拱手为礼。⑨雪宫：战国时齐国离宫名，位于山东临淄县东北。齐地处东方，故云"建于东国"。⑩岐：地名。位于今陕西岐山县东北。相传周族古公亶父自豳（陕西旬邑）迁此建邑。昌：指周文王姬昌。来思：指《诗经·小雅·采薇》一诗末章"昔我往矣，杨柳依依；今我来思，雨雪霏霏"的句子，这里只取其"雨雪"之意。⑪姬满：周穆王名满。申：反复。黄竹：《穆天子传》载：穆王游黄台之丘，大寒，北风雨雪，有冻人，穆王乃作《黄竹歌》三章以哀之。其中有"我徂黄竹，员口閟寒"的句子。此取其天寒雨雪之意。⑫《曹风》：指《诗经·曹风·蜉蝣》篇。麻衣：《曹风·蜉蝣》中有"蜉蝣掘阅，麻衣如雪"的诗句。⑬楚谣：《楚辞》。此指宋玉《讽赋》。《幽兰》：琴曲名。《古文苑》《讽赋》云："乃更于兰房之室，止臣其中，中有鸣琴焉，臣援而鼓之，为《幽兰白雪》之曲"。此取其白雪之意。俪：成对。⑭袤（mào）：本指长，这里是深的意思。表：表明。沴（lì）：大地四时之气反常而生的灾害。阴德：古人常以阴阳之道解释君臣、父子、夫妇之义，以君、父、夫所守的礼法为阳道，臣、子、妻所守的礼法为阴道。并认为社会上这种君臣之道常从自然现象的反常变化中反应出来，如董仲舒说："君德衰微，阴道盛强，侵蔽阳阴，则日蚀应之。"⑮时义：时序意义。⑯玄律：即十二律。本指古乐的十二调，古人又常以十二律应十二月。这里即指后者。穷：尽。⑰严气：寒气。⑱焦溪：《水经注》云："焦泉发于天门之左，南流成溪，谓之焦泉。"涸（hé）：水干竭。此指结冰。⑲汤谷：温泉名。凝：结冰。⑳火井：天然气之井。古多用以煮盐，故又称盐井。㉑沸潭：热潭。《水经注》："曲阿季子庙前，井及潭常沸，故名井曰沸井，潭曰沸潭。"㉒户：门。墐（jǐn）：用泥涂抹。扉：门扇。"北户墐扉"化用《诗经·豳风·七月》"塞向墐户"句意。㉓裸壤：古传说中的裸人国，其人赤身裸体，不穿衣服。垂：挂。缯（zēng）：丝织物的总称。"垂缯"指身上裹起了缯帛等丝织物。㉔朔漠：北方沙漠。㉕氛：雾气。霭：云气浓重的样子。㉖韬（tāo）：掩藏。㉗淅沥：下雪的声音。㉘纷糅（róu）：乱杂的样子。㉙氛氲（yūn）：繁盛的样子。萧索：飘流往来繁密的样子。㉚霭霭：雪浓密的样子。浮浮：飘荡样子。㉛瀌瀌（biāo）弈弈：雪盛貌。㉜徘徊：形容雪回旋飞舞的样子。委积：积聚。㉝缘：沿着。甍（méng）：屋脊。冒：复盖。㉞隙：孔隙。㉟便（pián）娟：轻盈回旋的样子。墀（chí）：台阶。庑（wǔ）：堂下周围的廊屋。㊱萦（yíng）盈：盘旋回舞的样子。帷席：帐幕床铺。㊲因：依，就。珪（guī）：方玉。㊳眄（miǎn）：斜视，看。隰（xí席）：低洼地。缟（gǎo）：白。㊴瞻：向上看。岩：高峻的山崖。㊵台：指楼台。重璧：重迭的玉璧。㊶逵：四通八达的大路。连璐（lù）：连接起来的美玉。璐，美玉。㊷瑶阶：玉阶。瑶，美玉。㊸挺：直立。琼树：玉树。琼，美玉。㊹白鹇（xián）：鸟名。又名银雉；似山鸡而白色。㊺纨（wán）袖：白色细绢的衣袖。纨，白色细绢。冶：艳丽。㊻姱（kuā）：美好。㊼积素：指积雪的白色。亏：毁坏，减损。㊽烛龙衔耀（yào）照昆山：远古神话。烛龙，神龙名。据《山海经·大荒北经》、《淮南子·坠形训》、王逸《楚辞章句·天问》等书记载：烛龙，人面蛇身，赤色，身长千里，目发巨光。西北方有太阳照不到的地方，烛龙口衔火精把那里照亮了。"耀"：

明亮、照耀的意思。这里指发光的东西，即所谓火精或烛。昆山：神话中西北的昆仑山。㊾霤（liù）：屋檐滴水之处。隅：指屋角。㊿冯（píng）夷：传说中的水神河伯。蚌：软体动物，壳内有珍珠层，有的可以产珠。51缤纷繁骛（wù）：各种景象纷至沓来。52皓皓（hào）：明亮。曒（jiǎo）洁：洁白明亮。仪：容态。53凝曜（yào）：光辉凝聚闪耀。曜，明亮。54展转：转移不定，变幻不定。55楹（yíng盈）：厅堂的前柱。56承：接。这里是照射的意思。幌：窗帘。晖：明。57酌：斟酒，饮酒。湘吴之醇酎（zhòu）：指湘吴、两地所产的美酒。《初学记·吴录》云："湘川酃零县水，以作酒，有名。吴兴乌程县若下酒有名。"醇酎，经过反复酿造的好酒。58御：穿着。狐狢（hé）：指狐狢皮裘。狢，同貉，兽名，皮毛为珍贵裘料。兼：加上。59鹍：鹍鸡，鸟名。60违：离。61接手：携手。

邹阳闻之，懑然心服[①]。有怀妍唱[②]，敬接末曲[③]。于是乃作而赋积雪之歌[④]，歌曰："携佳人兮披重幄[⑤]，援绮衾兮坐芳缛[⑥]；燎薰炉兮炳明烛[⑦]，酌桂酒兮扬清曲。"又续而为白雪之歌，歌曰："曲既扬兮酒既陈，朱颜酡兮思自亲[⑧]；愿低帷以昵枕[⑨]，念解珮而褫绅[⑩]；怨年岁之易暮，伤后会之无因[⑪]；君宁见阶上之白雪，岂鲜耀于阳春！"歌卒，王乃寻绎吟玩[⑫]，抚览扼腕[⑬]，顾谓枚叔："起而为乱[⑭]。"

【注释】

①懑（mèn）然：默然。②怀：指构思。妍：美。唱：唱和。③末曲：指司马相如之赋的结尾。④作：起。⑤披：开。幄（wò）：帐幕。⑥援：取。绮衾：华美的被子。芳缛（rù）：好褥子。缛，通褥。⑦燎（liǎo）：烧。薰（xūn）炉：用来熏香或取暖的炉子。炳（bǐng）：点燃。⑧酡（tuó）：饮酒面红的样子。⑨低：垂，放下。昵（nì）：近。⑩珮：玉珮。身上佩带的饰物。褫（chǐ）：解下。绅：束在腰间的大带。⑪因：因缘，机会。⑫寻绎（yì）：推求，探索。吟玩：体会玩味。⑬抚览：抚弄欣赏的样子。扼（è）腕：手握其腕，表示振奋。⑭乱：乐曲的最后一章或辞赋篇末总括全篇要旨的一段。即尾声。

乱曰："白羽白虽，质以轻兮；白玉虽白，空守贞兮[①]；未若兹雪，因时兴灭。玄阴凝不昧其洁[②]，太阳曜不固其节。节岂我名？洁岂我贞？凭云升降，从风飘零；值物赋象[③]，任地班形[④]；素因遇立[⑤]，污随染成，纵心皓然[⑥]，何虑何营[⑦]？"

【注释】

①贞：贞洁。指白玉的坚而不变的性质。《孟子·告子上》云："白羽之白也，犹白雪之白；白雪之白，犹白玉之白与？"吕向云："羽玉虽白，或轻或贞，不如此雪，能与时盛衰。"②玄阴：月亮。昧：掩蔽，隐藏。③值：相遇。赋：赋予，给予。象：形状。④班：等同。⑤遇：所遇之物。立：成。⑥纵心：即不求个人名利得失的放纵旷达之心。皓然：广大无边的样子。⑦营：谋求。

【译文】

一年将尽，时尽黄昏，寒风聚集，阴云沉沉。梁王不悦，便前往兔园游览。于是摆下美酒，吩咐宾友，召来邹阳，请来枚叟，司马相如后到，却居于座位之首。

须臾，天空稀疏地飘零飞洒着雪粒，接着，大雪纷纷降落。梁王于是唱起《诗经·卫风》中的《北风》之诗，又吟诵《诗经·小雅》中《信南山》之章。歌罢，将竹简授于司马大夫道："请抒发你深秘的才思，驰骋你华美的文词，描摹物色，比拟美景，为寡人作一篇雪赋。"司马相如于是离席站起，后退作揖说："臣听说雪宫建在东国，雪山耸立于西域。西岐文王对雪吟

咏‘今我来思，雨雪霏霏’之句，周穆王姬满对雪反复歌唱过‘我徂黄竹’的诗。《诗经·曹风》以麻衣比喻白雪之色，《楚辞·讽赋》以《幽兰》偕《白雪》之曲。雪满一尺则显示出丰年的祥瑞；雪深一丈则表现出阴盛阳衰的灾象。雪对于时节的意义可谓深远呵，姑且容我从它的开始形成说起：当岁月进入冬季，寒气上升，焦溪封冰，汤谷凝冻，火井熄灭，温泉结冰。沸腾的潭水不再喷涌，炎热的南风停息不兴。人们都用泥土封住向北的窗户，连裸人之国也都裹起了帛缯。于是江河湖海兴云作雾，朔北大漠飞沙走石。阴云连绵，雾气沉沉，遮天蔽日，掩藏霞光。先是细小的雪粒淅淅沥沥的聚集飘散，然后雪片纷乱越下越密。那情状是：四散弥漫，交杂错乱，纷纭密集，上下飞舞。团团滚滚，飘飘浮浮，纷纷扬扬从天而降，密密匝匝，联翩飞洒，回旋堆积。一开始则缘着屋脊下落覆盖栋宇，到最后则吹开门帘钻入壁隙。初时则轻盈回旋在阶前廊屋之下，末则萦回飘落在帷帐床席之上。既依方形而为珪玉，又随圆形而成美璧。远望大地则万顷一片缟素，仰视那高山则千峰俱为洁白。楼台如同重重叠叠的玉璧，大道好似连绵不断的美璐。庭院排列着玉阶，林中挺立着琼树。相形之下，皓鹤黯然失色，白鹇失去了素洁。纨袖美女自愧不如；纨袖美女含羞掩面。当那积雪的洁白尚未消损，晴天日出，朝阳明丽辉煌，一片灿烂呵，如同烛龙口衔火珠照耀着昆仑冰峰；当那积雪消融，流滴垂下冰柱，挂满屋檐房角，一片晶莹光洁呵，如同冯夷剖开蚌壳排列着颗颗明珠。至于缤纷繁盛的景象，明亮光洁的仪态，盘旋飘落的气势，飞散聚集、光辉闪耀的奇观，实在是变幻无穷，可使人嗟叹难以尽知。如果反复娱乐玩赏不已，则长夜幽静多有感怀，寒风吹着庭柱而发出声响，明月照着纱窗而满室生辉，这时，倾酌湘、吴酿造的美酒，穿起狐、貉的裘衣，面对庭中鹍鸡双双起舞，仰望天空云中大雁孤飞哀鸣，踏着冰霜交集的雪地，怜惜那树枝与落叶的分离，驰骋遐想于千里之外，希望与思念的人携手同归。

邹阳听了，默然心服。心中构思着美妙的歌辞，恭敬地接续相如雪赋的末曲。于是，他站起身来，吟诵了一首积雪之歌。歌辞是：

携佳人呵掀重幄，拥锦被呵坐芳褥。

燃薰炉呵点明烛，斟桂酒呵扬清曲。

接着，又和续了一首白雪之歌。歌辞是：

歌声飞扬呵酒筵已开，醉颜红晕呵以求欢爱。

愿放下帷帐与君同枕共寝，想赶快解下玉佩又松开衣带。

唯恐年华倏忽迟暮，担心今宵别后无缘再来。

君不见阶上之白雪，岂能鲜耀到春暖花开！

歌罢，梁王揣摩寻思，低吟玩味，抚弄欣赏，以手握腕，神情振奋，看着枚乘说道：“请先生起而作一尾声。”尾声道：

白羽虽白，质地却轻呵；白玉虽白，空有坚硬之性呵。都不如这积雪，随时生灭。月光隐闭，不能掩没它的洁白；太阳照耀，却不能固守它的志节。志节岂是我所追求的名誉？洁白岂是我所固守的品性？我是随云升降，从风飘零。遇到什么物体就变成什么形象，落到什么地方就成为什么形状。洁白，是因遇到的物体干净；污秽，是随外界物体相染而成。只要我把心于浩瀚无际的广袤世界融化为一起，就没有什么忧虑，也没有什么值得营求！

月 赋

谢希逸

陈王初丧应刘①，端忧多暇②。绿苔生阁③，芳尘凝榭④。悄焉疚怀⑤，不怡中夜⑥。乃清兰路⑦，肃桂苑⑧；腾吹寒山⑨，弭盖秋阪⑩。临浚壑而怨遥，登崇岫而伤远⑪。于时斜汉左界⑫，北陆南躔⑬；白露暧空⑭，素月流天⑮。沉吟齐章⑯，殷勤陈篇⑰。抽毫进牍，以命仲宣⑱

【注释】

①陈王：指曹植。曹植曾封陈王。应刘：指应玚和刘桢。属“建安七子”，曹魏的著名文人。和曹植兄弟交谊较深。两人死的时间也相隔不远。②端忧：忧愁烦闷。暇：空闲。③绿苔：即青苔。指杂草青苔之类。④凝：积满。榭：建在台上的敞屋。⑤悄焉：忧愁的样子。疚怀：伤心。⑥怡：乐。中夜：半夜。⑦清：打扫。兰路：生有兰草的路。⑧肃：清除。桂苑：长满了桂树的园林。⑨腾吹：指奏起音乐乘马奔驰。腾，驰，吹，指吹奏笙竽之类乐器。⑩弭（mǐ）盖：停车。弭，停止。盖，车盖，帝王贵族出行时车上用以遮日蔽雨的圆伞。阪（bǎn）：山坡。⑪崇岫（xiù）：高峰。岫，峰峦。⑫斜汉：横斜的天河。汉，天汉，银河。左界：东边的界线。左，古代常以东为左。此指天河在东边形成一条界线。⑬北陆南躔（chán）：太阳运行的轨道由北向南移，即秋冬间的天象。陆，指黄道线，即古人认为太阳绕地运行的轨道。躔，月日星辰运行的度次。⑭暧（ài）：隐蔽，遮盖。⑮素月：明月。素，形容月色洁白。流：移动。⑯沉吟：低诵。齐章：指《诗经·齐风·东方之月》篇。其中有“东方之月兮”的句子。⑰殷勤：反复吟诵。陈篇：指《诗经·陈风·月出》篇。其中有“月出皎兮”的句子。⑱仲宣：王粲的字。在建安七子中成就最高，善于辞赋。

仲宣跪而称曰：“臣东鄙幽介①，长自丘樊②，昧道懵学③，孤奉明恩④。臣闻沈潜既义⑤，高明既经⑥，日以阳德⑦，月以阴灵⑧。擅扶光于东沼⑨，嗣若英于西冥⑩。引玄兔于帝台⑪，集素娥于后庭⑫。朒朓警阙⑬，朏魄示冲⑭。顺辰通烛⑮，从星泽风⑯。增华台室⑰，扬采轩宫。委照而吴业昌⑱，沦精而汉道融⑲。”

【注释】

①东鄙：东方边远之地。王粲是山阳（今属山东）人，处于东方，所以自称东鄙。鄙，边界的地方。幽介：臣下的谦词，即孤陋寡闻、昏愦不明的意思。②丘樊：山林田园。③昧道懵（méng）学：昧于道而懵于学，不学无术的意思。昧，昏暗。懵，不明。④孤奉：恭奉。表谦。明恩：明王的恩命。⑤沈潜：指地。地是沈静在下的，故称“沈潜。”《尚书洪范》“沈潜刚克”。传：“沈潜，谓地”。义：义理。此指法则规律。⑥高明：指天。天是高朗在上的，故称高明。《尚书·洪范》：“高明柔克。”传：“高明，谓天。”经，与上义同义。⑦阳德：阳气。古人认为，日是一种阳性精气所生，故又称太阳。⑧阴灵：阴气。古人认为，月亮是一种阴性精气所生，故又称太阴。⑨擅：占有。扶光：扶桑之光。此指日之光。扶，指扶桑，神话传说中的树名。据《山海经》、《淮南子》等书记载，日出于东方的旸谷，然后从扶桑上拂掠而过，升到高空。东沼：即旸谷，也写作汤谷，神话传说中日出之处。此指月出于东方。⑩嗣：继，生成。若英：

若木之英。若，指若木，神话传说中生长在日入处的树木。英，花。《山海经》上说若木“青叶赤华（花）。”西冥：即昧谷，西方幽暗的山谷，传说为日落之处。《尚书·尧典》传：“昧，冥也，日入于谷而天下冥，故曰昧谷。”此指月生成于西。⑪玄兔：黑兔。指月。张衡《灵宪》云：“月者，阴精之宗，积成为兽，象兔形。”神话传说月中有兔，所以玄兔又作为月亮的代称。帝台：天庭。⑫素娥：月中女神嫦娥。指月。月色白，又称为素娥。后庭：即帝台，指天宫。⑬朒（nǜ）：农历月初月亮出现于东方，即上弦月。朓（tiǎo）：农历月底月亮出现于西方，即下弦月。警：警告，警戒。阙：同缺。朒、朓都是月缺的景象，古人认为，月缺之象是上天叫人君警戒德行上的缺失。⑭朏（fěi）：新月初升，尚未放光。魄：月初出或将没时的微光。示：显示，警告。冲：空虚，引申为谦虚。朏、魄都是月初生的景象，古人认为是上天警示人君要保持虚怀若谷的品德。⑮顺：顺着，沿着。辰：古人把天宫划分为子、丑、寅、卯等十二等分，谓之十二辰。烛：照耀。⑯从星泽风：古代星象家认为，月亮随星辰运行，当它与箕星或毕星相遇时，就会产生风或雨。《尚书》传文云：“月经于箕（星名）则多风，离于毕（星）则多雨。”泽，指雨。⑰台室：指三台，星座名。⑱“委照而吴业昌”句，《初学记·吴录》上说，孙坚夫人吴氏梦月入怀而生孙策，后建立吴国帝业。委，下投。吴业，指三国时东吴的帝业。昌，兴盛。⑲“沦精而汉道融”：《汉书》上说，汉元帝皇后的母亲李氏，梦月入怀而生女，后遂为皇后，婉顺得妇人之道，沦，下落。精，指月亮。融：和洽顺利。

“若夫气霁地表①，云敛天末，洞庭始波，木叶微脱②。菊散芳于山椒③，雁流哀于江濑④；升清质之悠悠⑤，降澄辉之蔼蔼。列宿掩缛⑥，长河韬映⑦；柔祇雪凝⑧，圆灵水镜⑨；连观霜缟⑩，周除冰净⑪。君王乃厌晨欢，乐宵宴；收妙舞，弛清县⑫；去烛房，即月殿⑬；芳酒登⑭，鸣琴荐⑮。

【注释】

①气：云气。霁（jì）：风雨止，云雾散，天放晴，都称为霁。地表：地面，指大地。②木：树。脱：落。“洞庭始波，木叶微脱”化用《楚辞·九歌》“洞庭波兮木叶下”的句意。③山椒：山顶。④流：传布。濑（lài）：水流沙上，指浅水滩。⑤清质：月亮清朗的形体。悠悠：缓慢的样子。⑥列宿（xiù）：群星。缛（rù）：繁盛华丽。⑦长河：指银河。韬（tāo）：隐而不露。⑧柔祇（qí）：地的别称。柔，古人认为大地含蕴不外露，具柔德。祇，地神。⑨圆灵：指天。⑩连观（guàn）：连绵的楼台。观，楼台。缟：白色的生绢，引申为洁白的意思。⑪周：周围，四处。除：阶梯。⑫弛：废去。清县（xuán）：清妙的音乐。县，悬挂钟磬等乐器的架子。此指音乐。⑬即：近。月殿：赏月的楼殿。⑭登：摆上。⑮荐：进献。

“若乃凉夜自凄，风篁成韵①。亲懿莫从②，羁孤递进③。聆皋禽之夕闻④，听朔管之秋引⑤。于是弦桐练响⑥，音容选和⑦。徘徊《房露》⑧，惆怅《阳阿》⑨。声林虚籁⑩，沦池灭波。情纡轸其何托⑪？愬皓月而长歌⑫。”

歌曰：“美人迈兮音尘阙⑬，隔千里兮共明月；临风叹兮将焉歇？川路长兮不可越⑭。”歌响未终，余景就毕⑮；满堂变容⑯，碧遑如失⑰。

【注释】

①篁：竹丛。韵：和谐的声音。②亲懿：至亲。③羁孤：旅居之客与孤独者。④聆（líng）：听。皋禽：指鹤。《诗经·小雅·鹤鸣》有“鹤鸣于九皋”的句子，故称。皋，湖沼。⑤朔管：羌笛或胡笳之类北方少数民族所吹的管乐。秋引：商声，即悲凉凄怆的声音。秋，五音的商。按阴阳五行之说，商、秋均属

金，故称秋为商。又商声凄厉，与秋天肃杀之气相应，所以又称秋为商秋。引，指乐曲。⑥絃桐：指琴。琴身是桐木所制，故称。练响：选择音调。练，选择。⑦音容：指乐曲的风格情调。和：委婉柔和。⑧徘徊：形容乐曲的缓慢沉滞。《房露》：古乐曲名。⑨惆怅：形容乐曲的怨慕忧伤。《阳阿》：古乐曲名。⑩声林：因风吹而发声的树林。虚籁（lài）：空寂无声。籁，泛指自然的声音。⑪纡轸（yū zhěn）：纡曲隐痛。纡，曲。轸，隐。托：寄托。⑫愬（sù）：面向。⑬美人：指所思念的人。迈：遥远。音尘阙：音信隔绝。阙，通缺。⑭川路：道路。川，平野。越：超越。⑮景：同影。就毕：即将隐没。⑯变容：伤心失色。⑰暑湟（huáng）：彷徨惘然的样子。如失：心里好像丢失了什么东西的样子。

又称歌曰①：“月既没兮露欲晞②，岁方晏兮无与归；佳期可以还，微霜沾人衣！”陈王曰：“善。”乃命执事③，献寿羞璧④。敬佩玉音⑤，复之无斁⑥。

【注释】

①称：唱。②晞（xī）：干。③执事：侍从左右以供使呼的人。④寿：以财物赐赠。羞：进献。璧：玉器。⑤佩：牢记在心。玉音：对王粲所作辞赋的褒美之词，言其美妙珍贵。⑥复：指反复吟味。斁（yì）：厌。

【译文】

陈王因为刚刚听到应玚和刘桢的噩耗，忧愁烦闷连日静居无限伤心。馆阁内长遍了绿苔，台榭中积满了灰尘。他满脸忧色满怀愁情，夜半无眠，心中不快。于是清扫长有兰草的道路，整理桂花飘香的园林；在乐声中驰往那寒冷的山林，停车在秋天的坡顶。临着深谷遥望而兴怨，登上高山远眺而伤情。时当深秋，银河倾斜在东天，黄道已经移到了南边，白色的雾气使远空一片朦胧，皎洁的月光从天上流泻地面。陈王低声吟咏《齐风》中的“东风之月”的诗章，反复体味《陈风》中的名篇；叫人献上笔墨和书板，请王仲宣创作《月赋》一篇。

王粲跪着说道：“臣本出生在东方的边远之境，一向孤陋寡闻。成长于田园山林，不明大道缺少学问。陈王要我作文，恐怕辜负恩命。我听说地合于义，天合乎经。太阳具备阳刚的品质，月亮具有阴柔的精神。早上天色微明，月亮让太阳照明；薄暮太阳西沉，月亮接着它上升。明月的光辉照耀着帝台，银光洒满了后庭。残缺的上弦月启示国君应当警惕过错；暗淡的下弦月启示国君应当谦虚反省。月球顺着十二个月的次序运转照明，当它相遇箕星和毕星，就会有风雨产生。它使楼台增加光华，它使宫廷光彩悦人。吴国的孙策因其母梦月入怀而诞生，致使东吴帝业的基础得以奠定；元帝的皇后李氏也因其母梦月入怀而降生，她使汉朝的政治融洽而和顺。

“如果雨过天晴大地澄净，乌云渐渐消逝于天边，洞庭湖风起波涌，树叶渐渐飘零。菊花在山上散布香气，鸿雁在浅滩发出悲鸣。月轮慢慢上升，光色柔和澄明。群星被掩盖了灿烂的光华，银河也隐避了莹洁的形影。大地洁白像铺上了一层积雪，天空纯洁像清彻透明的圆镜。连绵的宫观像霜一样洁白，四周的台阶像冰一样明净。于是君王对白天的娱乐感到厌烦，对晚上的宴会备加喜欢；叫美人不再翩翩起舞，让悦耳的丝管不再声飘于天；离开了烛光辉煌的房间，来到了月华溶溶的殿前；侍者捧上芳香的清酒，乐师进献悠扬幽雅的琴弦。

秋天的凉夜气氛凄清，风吹竹林萧萧成韵。想到至亲好友没有一个在身边，接连来访的是旅客孤人。听到了那孤鹤在夜空中哀鸣，秋风中羌笛的悲怨之声。于是吩咐：琴弦的音调要与此情此景相适合，乐曲的风格要选择委婉与柔和。弹出了低徊婉转的《房露》，又弹起幽怨惆

怅的《阳阿》。使飒飒发声的树林停止了喧响，让涟漪层层的池水平静了微波。郁结不解纡曲隐痛的愁思啊向何处寄托，只有对着天上的明月慷慨高歌。

歌词道："美人遥远啊音讯断绝，相隔千里啊共此明月。临风长叹啊怎能停歇？道路漫长啊不可逾越。"歌声还在荡漾回环，残月已将隐入西天。满座的宾客皆面容凄然，徘徊傍徨内心愁惨若有所失。

接着又唱："月亮已落啊露水将干，岁正迟暮啊无人伴我回还。吉日良辰啊正好归去，微露沾人衣啊莫再迟延！"陈王说："好啊。"立刻命令侍从人员，奉送礼品以璧玉进献。又说"我要牢记你的金玉良言，并且反复吟诵永不厌倦。"

鸟　兽

舞鹤赋

鲍明远

散幽经以验物①，伟胎化之仙禽②。钟浮旷之藻质③，抱清迥之明心④。指蓬壶而翻翰⑤，望昆阆而扬音⑥；帀日域以迴骛⑦，穷天步而高寻⑧；践神区其既远⑨，积灵祀而方多⑩。精含丹而星曜，顶凝紫而烟华；引员吭之纤婉⑪，顿修趾之洪姱⑫；叠霜毛而弄影，振玉羽而临霞。朝戏于芝田⑬，夕饮乎瑶池⑭。厌江海而游泽⑮，掩云罗而见羁⑯。去帝乡之岑寂⑰，归人寰之喧卑⑱。岁峥嵘而愁暮⑲，心惆怅而哀离。

【注释】

①散：分散。此处是翻开的意思。幽经：指《相鹤经》。因出于道家，故称幽经。验：检验、考察。物：指鹤。②伟：壮美，特异。胎化：胎生。古人错误地认为鹤是胎生。仙禽：古人传说鹤是仙鸟，在许多典籍中极力仙化。③钟：聚，集中。浮：轻扬。旷：放达，无拘束。藻质：鹤洁白美丽的形体。藻，华美。④抱：怀着。清：高洁。迥：远。⑤蓬壶：仙山名，即蓬莱。传说是仙人所居。旧题晋王嘉《拾遗记》中有海外三仙山的记载。翻翰：高飞。翰，鸟羽。⑥昆阆（láng）：传说中昆仑山的阆风巅，是神仙居住的地方。扬音：高叫。⑦帀（zā）：周，遍。环绕一周叫一帀。日域：日出之处。迴骛：回旋飞翔。⑧天步：登天之路。日域、天步，是说鹤飞得很远。⑨践：历。神区：神明的区域，即仙境。⑩灵祀：仙人的寿命。灵祀，年寿。⑪引：伸长。员吭：喉咙。员，通圆。纤婉：叫声细长柔婉。⑫顿：停止，站立。修趾：长足。洪：高大。姱（kuā）：美好。⑬芝田：传说仙人种灵芝草的地方。《十洲记》云："钟山仙家耕田种芝草。"钟山，昆仑山的别称。⑭瑶池：古代神话中西王母所居之地。⑮厌：厌弃。泽：聚水的低洼地。⑯掩：捕取。云罗：在极高处所设的罗网，故称云罗。羁：系住。⑰帝乡：天帝之乡，指天上仙境。岑寂：冷清，寂寞。⑱人寰（huán）：人世。喧卑：喧闹而低洼之地。⑲峥嵘：山势高峻险恶，这里比喻岁月的艰难。暮：晚，岁晏。

于是穷阴杀节①，急景凋年②；凉沙振野，箕风动天③；严严苦雾④，皎皎悲泉；冰塞长河，雪满群山。既而氛昏夜歇⑤，景物澄廓⑥；星翻汉迴⑦，晓月将落。感寒鸡之早晨，怜霜雁之违漠⑧；临惊风之萧条⑨，对流光之照灼。唳清响于丹墀⑩，舞飞容于金阁。始连轩以凤跄⑪，终宛转而龙跃。踯躅徘徊，振迅腾摧⑫；惊身蓬集，矫翅雪飞；离纲别赴⑬，合绪相依⑭；将兴中止，若往而归；飒沓矜顾⑮，迁延迟暮⑯；逸翮后尘⑰，翱翥先路⑱；指会规翔⑲，临歧矩步⑳；态有遗妍㉑，貌无停趣㉒；奔机逗节㉓，

角睐分形[24]；长扬缓骛，并翼连声[25]；轻迹凌乱，浮影交横[26]；众变繁姿，参差洊密[27]；烟交雾凝，若无毛质；风去雨还，不可谈悉。既散魂而荡目[28]，迷不知其所之。忽星离而云罢，整神容而自持[29]。仰天居之崇绝[30]，更惆怅以惊思。当是时也，燕姬色沮[31]，巴童心耻[32]；《巾》、《拂》两停[33]，丸剑双止[34]。虽邯郸其敢伦[35]，岂阳阿之能拟[36]！入卫国而乘轩，出吴都而倾市[37]。守驯养于千龄，结长悲于万里[38]。

【注释】

①穷阴：一年将尽的时节，即穷冬。杀节：摧杀万物的季节。②急景：急促的光阴。景，通影。凋年：岁暮，残年。③箕风：箕，星宿名。古代星象家认为月经于箕之度则多风，故称风为箕风。④严严：惨烈。苦雾：寒气。因寒气摧杀万物，故曰苦雾。⑤氛昏：寒冷的夜气。歇：止。⑥澄廓：清明寥阔。⑦翻：改变位置，转移。汉：银河。迴：转。⑧违：离开。漠：北方沙漠之地。⑨萧条：风声消歇。⑩唳：鹤鸣。丹墀（chí）：宫殿前的台阶，因漆成红色，故称丹墀。⑪连轩：飞舞的样子。跄：步趋有节奏。⑫振迅：展翅疾起。腾摧：腾起猛冲。摧：迅猛地冲击过去。⑬纲：行列。赴：奔往。⑭绪：义同纲，也指鹤舞的行列。依：依倚。⑮飒沓：群飞的样子。矜顾：庄严顾视的样子。⑯迁延：徐步退却的样子。⑰逸翮（hé）：迅飞。逸，疾，速；翮，羽茎，指鸟翼。后尘：尘起在后。⑱翱翥（zhù）：飞翔。先路：在路的先头。⑲会：四面会合的交叉路口。规翔：飞得端正。规：规矩。⑳歧：岔路口。矩步：行步有节奏。㉑遗妍：许多美好的姿态。遗，余。㉒停趣：停止舞蹈。趣，通趋。㉓机、节：指舞的节奏。奔：驰。逗：止。㉔角睐（lài）：用眼角互相斜视。睐，旁视。分形：分开队形各退一边。㉕连声：雌雄连鸣。㉖浮影：浮动的舞影。㉗洊（jiàn）密：重叠密集。洊，仍。㉘魂：神。荡：移。㉙持：矜持庄重。㉚崇绝：极其高远。㉛燕姬：燕地的美女。沮：败，毁。㉜巴童：巴渝舞童。相传汉高祖初为汉王，得巴渝人，并矫捷善斗，与之定三秦，灭楚，因存其武乐，名《巴渝舞》。耻：惭愧。㉝《巾》：舞名。汉、魏、晋舞蹈。一说即《公莫舞》，舞者执巾。《拂》：杂舞名。以拂子为舞器，起于江左，旧称吴舞。㉞丸剑：杂伎名。张衡《西京赋》："跳丸剑之挥霍。"丸，指弄铃者；剑，弄刀者。㉟邯郸：赵地舞女。邯郸，即邯郸倡之代称。伦：类比。㊱阳阿：古代著名歌舞伎。《淮南子·俶真》："足蹀阳阿之舞。"高诱注："阳阿，古之名倡也。"拟：比。㊲出吴都而倾市：《吴越春秋》：吴王阖闾小女死，阖闾悲之。葬于城西阊门外。送葬时，舞白鹤于吴市，万人随观。于是，使男女与鹤俱入墓门而埋葬。吴都，即今江苏省苏州市。㊳结：留下。

【译文】

翻开《相鹤经》一一检验那灵物，白鹤乃是壮美的胎生仙鸟。它外聚轻扬旷达的华美资质，内藏纯洁高远的明净之心。向着蓬莱神山展翅高飞，遥望昆、阆仙境发出高叫的声音。环绕日出之处它盘旋翱翔，穷尽升天之路它登高寻觅。踏遍仙境行路远，积累岁月寿延长。眼瞳含红光如明星闪亮，头顶结紫绒似烟华放彩。伸展圆润的长颈叫声纤细柔婉，挺立修长的双足形象高大壮美。整理洁白如霜的羽毛舞弄光影，舒展皎洁似玉的翅膀辉映彩霞。清晨在芝草之上嬉戏，傍晚于瑶池之中饮啄。它厌弃大江大海它游于沼泽，陷身高处罗网而遭捕获。离开高远寂静的天帝之乡，来到低下喧嚣的人间尘世。愁岁月艰难一年又已将尽，悲别乡离群索居心中惆怅。

到了寒冬万物凋零的穷冬之季，光阴匆匆催送残年。荒沙滚滚震旷野，寒风嗖嗖动长天。严寒酷烈的冷气，幽泉皎洁；长河冰封，群山雪漫。不久阴寒夜气消散，景物一片清澈旷阔；群星移动，天河西没，晓风残月，夜幕将落。伤感于寒鸡晓啼，自怜于秋雁南飞；面临疾风的

静寂，正对月光的照耀。于是仙鹤在朱红的台阶上发出清丽的叫声，在华丽的台阁中旋起优美的舞恣。开始翩翩起舞，如凤凰一样步趋有节；继而展转变化，似飞龙起伏升腾。时而驻足徘徊不前，忽而疾起腾飞猛突。敏捷的身姿如飞蓬聚集，矫健的翅膀似白雪纷扬。忽而离群各奔东西，时而结队相联相依。刚刚要起飞，忽又中途停歇，似欲前往，却又半道返还；群聚齐飞，矜持四顾，徐徐后退，步履迟缓。时而展翅迅飞，尘土扬于身后；举翼翱翔，时常居于路前开道。向着四方大道飞得那么规整，面临两歧岔道走得这般稳健。体态美艳非凡，形貌不停转换。奔走合于律度，顿足合于节拍，相互斜视，拉开队形。高扬长颈缓缓而行，比翼齐飞和声共鸣。轻盈的足迹错杂纷乱，飘浮的身影交相纵横。姿态缤纷千变万化，羽翼并连重叠密集。羽色融于烟海，化入云雾，仿佛羽毛不存。如风之离去，似雨之归来，那情状难以用语言形容，令观者神飞魂散。目光不定，茫然不知仙鹤往何而去。忽然似群星离散，云彩休止；严肃神色面容，庄严矜持。仰望天上的故乡高绝遥远，更添惆怅而心有所惊。当此之时，舞姿绰约的燕女比之减色，能歌善舞的巴童自愧莫如。动人的巾舞拂舞不得已为此休停，绝妙的耍铃弄剑只好也成双退避，即是邯郸舞女也不敢与之伦比，阳阿艺伎又岂能和它相较。白鹤进入卫国荣乘大夫之车，舞过吴都招来倾城观者。顺守主人驯养至高寿千年，长留悲鸣于万里长空。

志

归田赋

张平子

游都邑以永久[①]，无明略以佐时。徒临川以羡鱼[②]，俟河清乎未期[③]。感蔡子之慷慨[④]，从唐生以决疑。谅天道之微昧[⑤]，追渔父以同嬉[⑥]。超埃尘以遐逝[⑦]，与世事乎长辞。

【注释】

①都邑：指东汉的都城洛阳。②羡鱼：比喻良好的愿望无法实现。《淮南子·说林训》："临流而羡鱼，不如归家织网。"③河清：此处用《左传·襄公八年》"俟河之清，人寿几何"语意。相传黄河水一千年清一次，古人认为河清是政治清明的征兆。④蔡子：即战国时蔡泽，燕人，善辩多智，入秦，代范雎为相。唐生：即战国时唐举，魏人，善相面，蔡泽曾向他问相，问寿。唐举熟视而笑曰："先生曷鼻、巨肩、魋颜、蹙齃、膝挛，吾闻圣人不相，殆先生乎?"蔡泽知唐举戏之，乃曰："富贵吾自有。吾所不知者寿也。愿闻之。"唐举曰："先生之寿，从今以往者四十三岁。"蔡泽笑谢而去。⑤谅：信，实在。微昧：幽隐不明。此暗指宦官当权，朝政不明。⑥渔父：即指屈原《渔父》诗中的渔人。⑦埃尘：喻污浊的社会现实。遐逝：远去。

于是仲春令月[①]，时和气清，原隰郁茂[②]，百草滋荣。王雎鼓翼[③]，鸧鹒哀鸣[④]。交颈颉颃[⑤]，关关嘤嘤。於焉逍遥，聊以娱情。

【注释】

①令月：吉月。令，善。②原：高的平地。隰：低的平地。郁茂：草木繁盛。③王雎：即雎鸠，水鸟。④鸧鹒：同仓庚，即黄鹂。⑤颉颃：下上飞的样子。

尔乃龙吟方泽[①]，虎啸山丘。仰飞纤缴[②]，俯钓长流。触矢而毙，贪饵吞钩。落云间之逸禽，悬渊沈之鲹鰡[③]

【注释】

①尔乃：于是。方泽：大泽。②纤缴（zhuó）：系在箭上的细丝绳。③鲹（shā）：吹沙小鱼，也写作

鲂、鲨。陆机《毛诗草木鸟兽虫鱼疏》下："似鲫鱼而小，体圆而有黑点，一名重唇籥鲂。常张口吹沙。"鰡（liú）：也是一种小鱼。

于时曜灵俄景①，系以望舒②。极般游之至乐③，虽日夕而忘劬④。感老氏之遗诫，将迴驾乎蓬庐⑤。弹五弦之妙指⑥，咏周孔之图书。挥翰墨以奋藻⑦，陈三皇之轨模⑧。苟纵心于物外，安知荣辱之所如！

【注释】

①曜灵：指太阳。俄：斜。景：通影。②望舒：月神，此指月亮。③般（pán）游：游乐。④劬（qú）：劳苦。⑤蓬庐：茅屋，草舍。⑥五弦：指五弦琴，相传为舜所创制。⑦奋藻：发挥词藻，挥笔写出华美的文章。⑧轨模：法则，规范。

【译文】

我长期地在京城游历，没有高明的谋略以辅佐皇帝。空怀着远大抱负可叹无所作为，何时能盼到清明的时期！蔡泽微时遇到唐举问相问寿，一扫心中的疑虑和不平之气。但是天道实在幽隐难料，只好追随渔父和他同嬉。永辞这纷乱的尘世远游他方，与这污浊世道永远分离。

时光正值仲春佳日，气候温和景色清新。原野上树木繁茂昌盛，郁郁葱葱的百草丰盈。天上雎鸠挥翅，树上黄鹂哀鸣。鸟儿成双成对的飞上飞下，关关嘤嘤欢叫不停。此时此地多么逍遥自在，姑且以良辰美景娱悦心情。

我从容得如蛟龙长吟在大泽，又如猛虎咆哮在山丘。有时我仰空飞射，有时我俯身垂钓长流。飞鸟因触箭从云间坠落，游鱼贪饵在深渊中吞钩。

夕阳刚刚西斜，圆月就已冉冉升起。尽情享受最欢乐的游玩，不知疲倦日竟向暮。有感于老子留下的遗训，转车回驾返蓬庐。五弦琴声传妙趣，诵读周公孔贤书。挥笔写出华美文章，三皇法则勤陈述。且纵此心于物外，怎知眼前之荣与辱。

哀 伤

长门赋 并序

司马长卿

孝武皇帝陈皇后①，时得幸②，颇妒③，别在长门宫④，愁闷悲思。闻蜀郡成都司马相如，天下工为文，奉黄金百斤为相如文君取酒⑤，因于解悲愁之辞⑥。而相如为文以悟主上⑦，陈皇后复得亲幸⑧。其辞曰：

【注释】

①孝武皇帝：姓刘，名彻，孝武是其谥号，通常称汉武帝。陈皇后：名阿娇，长（zhǎng）公主刘嫖（武帝的姑母）之女。刘彻原非太子，因长公主之力而得立为太子，娶阿娇为妃，即帝位后，立阿娇为皇后。②幸：宠爱。③颇妒：武帝后来宠爱妃子卫子夫，陈皇后十分妒嫉，用巫术在后宫设坛，为自己祈祷并诅咒卫子夫。事被发觉，武帝大怒，废了阿娇的皇后之位。受连累被杀者三百多人。④别：另外住在，此指被遗弃谪居。长门宫：汉宫名，在长安城南，陈皇后被废后幽禁于此。⑤取酒：买酒的钱。陈皇后为酬谢司马相如写文章的委婉说法。⑥于：为。⑦悟主上：使皇上醒悟，意思是使武帝回心转意。⑧复得亲幸：重新得到宠爱。

夫何一佳人兮①，步逍遥以自虞②。魂逾佚而不反兮③，形枯槁而独居④。言我朝往而暮来兮，饮食乐而忘人⑤。心慊移而不省故兮⑥，交得意而相亲⑦。

【注释】

①何：多么。佳人：指陈皇后。佳，美，好。②虞：测度，考虑，指陈皇后考虑自己被废而幽禁于长门宫之事。③逾佚（yú yì）：飞扬，失散，形容陈皇后丧魂失魄的样子。反：同返。④形：形体容貌。枯槁：憔悴。⑤人：指陈皇后。⑥慊（qiàn）移：绝情变心。慊，绝，断绝。移，改变。省（xǐng）：顾念。故：旧人，指陈皇后。⑦得意：称心如意的人，指卫子夫。

伊予志之慢愚兮，怀贞悫之欢心①。愿赐问而自进兮②，得尚君之玉音③。奉虚言而望诚兮④，期城南之离宫⑤，修薄具而自设兮⑥，君曾不肯乎幸临⑦。

【注释】

①贞：忠贞，正直。悫（què）：诚实谨慎。欢心：好意，这里指爱情。②赐问：指武帝过问陈皇后。

自进：陈述自己的心情。③尚：承受。玉音：敬称他人的言辞，指武帝的话。④虚言：虚假的话。望诚：希望是真诚的。⑤期：期待，等待。离宫：古代帝王在正式宫殿之外另外建的宫室，以便随时游处。此指长门宫。⑥修：整治，这里是备办的意思。薄具：非薄的肴馔。具，肴馔。⑦曾（zēng）：乃，竟然。幸临：指皇帝到来。

廓独潜而专精兮①，天漂漂而疾风②。登兰台而遥望兮③，神怳怳而外淫④。浮云郁而四塞兮⑤，天窈窈而昼阴⑥。雷殷殷而响起兮⑦，声象君之车音。飘风迴而赴闺兮⑧，举帷幄之襜襜⑨。桂树交而相纷兮⑩，芳酷烈之訚訚⑪。孔雀集而相存兮⑫，玄猿啸而长吟。翡翠胁翼而来萃兮⑬，鸾凤翔而北南⑭。

【注释】

①廓（kuò）：廓然，空旷寂寞的样子。独潜：孤独地幽居。专精：专心致志地守候等待。②漂漂：又作飘飘，风势迅疾的样子。③兰台：台名。④怳怳（huǎng huǎng）：心神不宁的样子。外淫：外游，指魂不守舍。⑤四塞：遮蔽四方。⑥窈窈：幽暗的样子。⑦殷殷（yīn）：象声词，形容雷声。⑧飘风：旋风。赴：奔向，此为吹向。闺：内室，女子的闺房。⑨举：起，动，此指吹动。帷幄：宫室的帷幕。襜襜（chān chān）：摇动的样子。⑩桂树：即桂花树，又叫木犀，开白色、黄色小花，花香味浓烈。交而相纷：枝叶互相交错。⑪訚訚（yīn）：应作誾誾，通馣馣，香味浓烈。⑫集：鸟儿栖止在树上。相存：互相呼唤亲近。存，慰问，抚慰。⑬翡翠：鸟名，又叫翠鸟。羽有蓝、绿、赤、棕等色，雄赤叫翡，雌青叫翠。胁翼：收拢翅膀。胁，敛，收拢。萃：聚集。⑭鸾（luán）凤：鸾鸟和凤凰。鸾，古代传说中的一种凤凰之类的青色神鸟。

心凭噫而不舒兮①，邪气壮而攻中②。下兰台而周览兮③，步从容于深宫④。正殿块以造天兮⑤，郁并起而穹崇⑥。间徙倚于东厢兮⑦，观夫靡靡而无穷⑧。挤玉户以撼金铺兮⑨，声噌吰而似钟音⑩。刻木兰以为榱兮⑪，饰文杏以为梁。罗丰茸之游树兮⑫，离楼梧而相撑⑬。施瑰木之欂栌兮⑭，委参差以槺梁⑮。时仿佛以物类兮⑯，象积石之将将⑰。五色炫以相曜兮⑱，烂耀耀而成光。致错石之瓴甓兮⑲，象瑇瑁之文章⑳。张罗绮之幔帷兮㉑，垂楚组之连纲㉒。

【注释】

①凭噫（píng yì）：愤懑抑郁的样子。②邪气：指不得抒发的忧恨之气。攻中：侵入心中。中，内心。③周：遍。④从（cōng）容：舒缓的样子。⑤块：独立的样子。造：至，到达。⑥郁：壮大的样子。穹（qióng）崇：高峻的样子。⑦间（jiàn）：有时。徙（xǐ）倚：徘徊。⑧靡靡：富丽华美。⑨挤：推。玉户：指殿门。撼：摇动。金铺：门上兽面形的铜制环钮。此指门环。⑩噌吰（zēng hóng）：象声词，多形容钟鼓声。⑪榱（cuī）：椽子，放在檩上架屋瓦的木条。⑫罗：排列。丰茸（róng）：众多的样子。游树：指建筑上的浮柱。⑬离楼：聚集众木的样子。梧：斜柱。⑭施：设，置。瑰木：珍贵的木料。欂栌（bó lú）：柱上承梁的方形短木，即斗拱。⑮委：堆积。参差：长短不齐的样子。槺（kāng）梁：中空的样子。⑯仿佛：恍忽。物类：物体。⑰积石：积石山，古人认为是黄河的发源地。将将（qiāng qiāng）：高峻的样子。⑱炫：光亮的样子。曜，同耀，照耀。⑲致：细密，致密。错石：交错拼成花纹的石头。瓴甓（líng pì）：铺地的砖。⑳瑇瑁（dài mào）：形状似龟的爬行动物，甲壳黄褐色，有黑斑，很光润，可做装饰品。也作玳瑁。文章：花纹。㉑张、挂。罗绮（qǐ）：丝织品。幔帷：帐幕。㉒楚组：楚地出产的丝带。组，丝带，

以楚地出产的为最好。连纲：丝带互相连结起来系在幔帷的总带上。纲，总的丝带。

抚柱楣以从容兮①，览曲台之央央②。白鹤噭以哀号兮③，孤雌跱于枯杨④。日黄昏而望绝兮⑤，怅独托于空堂，悬明月以自照兮，徂清夜于洞房⑥。援雅琴以变调兮⑦，奏愁思之不可长。案流徵以却转兮⑧，声幼妙而复扬⑨。贯历览其中操兮⑩，意慷慨而自卬⑪。左右悲而垂泪兮，涕流离而从横⑫。舒息悒而增欷兮⑬，蹝履起而彷徨⑭。揄长袂以自翳兮⑮，数昔日之諐殃⑯。无面目之可显兮，遂颓思而就床⑰。抟芬若以为枕兮⑱，席荃兰而茝香⑰。忽寝寐而梦想兮⑳，魄若君之在旁。惕寤觉而无见兮㉑，魂廷廷若有亡㉒。众鸡鸣而愁予兮，起视月之精光㉓。观众星之行列兮，毕昴出于东方㉔。望中廷之蔼蔼兮㉕，若季秋之降霜㉖。夜曼曼其若岁兮㉗，怀郁郁其不可再更㉘。澹偃蹇而待曙兮㉙，荒亭亭而复明㉚。妾人窃自悲兮㉛，究年岁而不敢忘。

【注释】

①柱楣（méi）：指梁柱。②曲台：指未央宫中的曲台殿。央央：广大的样子。③噭（jiào）：鸟悲鸣。④孤雌：失偶的雌鸟，喻陈皇后。跱（zhì）：同峙，独立，这里是停落的意思。⑤望绝：望不见。⑥徂（cú）：消逝。洞房：深邃的内室。洞，深。⑦援：引，拿过来。变调：改变它的曲调，弹奏情绪比较激越的曲调。⑧案：通按，弹奏。流徵（zhǐ）：流利的徵音。徵：古代五音之一，善于表现悲哀之情。却转：回转，指变换曲调。⑨幼（yào）妙：轻细曲折。⑩贯：贯穿，概括。历览：依次观览。中操：节操，操守，此指曲调表现的内心感情。⑪卬（áng）：激昂。⑫涕：泪。流离：形容泪流不止的样子。从（zòng）横：纵横，形容泪水交流的样子。⑬舒：吐。息：叹息。悒（yì）：忧郁。欷（xī）：欷歔，哽咽声。⑭蹝（xǐ）履：趿着鞋，指坐而复起。⑮揄（yú）：挥动，扬起。袂（mèi）：衣袖。翳（yì）：遮盖。⑯数（shǔ）：一个一个地计算，此为考虑之意。諐（qiān）殃：过错。諐，愆的古字，过错。⑰颓思：喟然叹息。⑱抟（tuán）：持，凭借。芬若：香草。⑲荃、兰、茝（zhǐ）：都是香草名。⑳寝寐：入睡。㉑惕：迅速。寤觉：醒来。㉒廷廷（guàng）：惶恐，恐惧。㉓精光：月光。精，指月光。㉔毕昴（mǎo）：二十八宿（xiù）之一，有星八颗。毕昴出现于东方在五、六月，意为天要亮了。㉕蔼蔼（ǎi ǎi）：天色暗淡。㉖季秋：秋季的最后一个月。㉗曼曼：同漫漫，漫长。㉘再更：再经受，再忍受。更，经历，经受。㉙澹（tán）：通惔（tán），火烧。偃蹇（yǎn jiǎn）：伫立。㉚荒：天色将亮。亭亭：遥远的样子。㉛妾人：妇女自称。

【译文】

汉武帝的陈皇后，当时经常受到宠爱。后由于爱嫉妒，被废而谪于长门宫，终日苦闷悲愁。听说蜀郡成都的司马相如是全国赞扬的作家，就奉送黄金百斤赠给他与卓文君买酒，并请他为自己作除除悲愁的文章。于是相如写了《长门赋》以启发君王，陈皇后终于重新得到宠爱。其文辞如下：

有一个窈窕佳人啊，在慢步中自己思忖。像灵魂离开了玉体啊，容颜憔悴独居独行。君王许诺他朝去而暮来啊，却在酒宴游乐中忘记了故人。他断情绝意不念故乡啊，交上了新欢并与她非常相亲。

我的性情是多么麻痹愚蠢啊，总相信爱情的欢乐和忠诚。我盼望君王垂询得以进见啊，能听到他那可贵的声音。我把虚假的语言奉做海誓山盟啊，一直痴心在城南的离宫空等。准备了便饭并亲手摆设啊，可君王总是不肯光临。寂寞幽居而专心等待啊，飘飘的疾风在卷着阴云。

登上兰台而遥望啊，我不安的灵魂向他那方飞奔。浮云层层遮盖四野啊，天空幽深而阴沉。雷声隆隆传到耳边啊，好像君王驾幸车轮滚滚的声音。飘风回旋吹进内房啊，使帘幕飞起飘摇不定。桂树的枝叶交错茂盛啊，繁花播送着浓郁的芳馨飘看十里。孔雀双栖而互相慰问啊，黑猿高啸又曼声长吟。翡翠敛翼集于桂林啊，青鸾凤凰却各奔一方。

深深的怨气填满心胸啊，外界的邪气也侵入心中。走下了兰台还四面观望啊，拖着缓慢的步履进入深宫。看正殿矗立直上云霄啊，群楼并起雄伟壮大而巍然高耸。又在东厢徘徊不定啊，观看美好的屋宇连绵无穷。推开玉门震动了门环啊，那噌吰的声音像敲响了金钟。

精雕的杜兰作屋椽啊，彩绘的文杏作屋梁。屋顶的檩子密密排列啊，交叉的斜柱互相支撑。以珍奇的木料作斗拱啊，重叠地承着架空的屋梁。时常思索它与什么相似啊，只有那清寒高峻的积石山岗。五彩斑斓互相辉映啊，灿烂地闪耀着明亮的光芒。铺排致密的石块在地面以构成图案啊，像玳瑁上面的花纹一样。绫罗做的帷幔张于空房啊，楚地编的丝带垂在地上。

抚摸着承门梁的柱子而徘徊啊，看那曲台是多么的深远宽广。美丽的白鹤在嗷嗷地哀鸣啊，孤独的雌鸟栖息于枯杨。日已黄昏终于绝望啊，只好孤单地寄身于空堂。高悬的明月照着我的孤影啊，清美的良夜消逝于深房。拿过玉琴将雅曲改变常调啊，难以尽诉内心深沉的忧伤。弹出流利的徵音抒发哀情啊，琴声是那么清细而悠扬。听罢琴曲体会其中的盛情啊，是那么的悲伤而又激昂。身边之人也悲痛而掉泪啊，泪水淋漓沾湿了衣裳。深深地叹息而饮泪哽咽啊，趿着鞋子又起身彷徨。扬起长袖自遮脸面啊，仔细反省对不起君王的地方。自己觉得脸上无光啊，终于又喟然叹息倒在床上。抟起芬若等香草作枕头啊，床上散发着荃兰和茝草的芳香。

睡时恍惚地进入梦乡啊，魂魄像在君王的身旁。突然醒转一天所见啊，灵魂惶恐像什么离开了身上。雄鸡的叫声给我带来苦痛啊，起身仰视明月的清光。观看繁星排列成行啊，毕星和昴星出现在东方。望庭院黯淡仅有微光啊，好像晚秋降下的寒霜。这黑夜似整年一样漫长啊，我已寸断柔肠无法再把忧伤承当。徘徊伫立等待曙光啊，那遥远的东方已露出曙色。我只是暗暗地忧愁感伤啊，穷年累月都不会把君王遗忘。

叹逝赋 并序

陆士衡

昔每闻长老①，追计平生同时亲故②，或凋落已尽，或仅有存者。余年方四十，而懿亲戚属③，亡多存寡。昵交密友④，亦不半在。或所曾共游一涂，同宴一室，十年之外，索然已尽。以是思哀，哀可知矣。乃作赋曰：

【注释】

①长老：老一代。②平生：少年时代。③懿亲戚属：最近的亲属。④昵交：最亲密的朋友。

伊天地之运流①，纷升降而相袭②。日望空以骏驱③，节循虚而警立④。嗟人生之短期，孰长年之能执⑤？时飘忽其不再，老晼晚其将及⑥。怼琼蕊之无徵⑦，恨朝霞之

难挹[⑧]。望汤谷以企予[⑨]，惜此景之屡戢[⑩]。悲夫！川阅水以成川[⑪]，水滔滔而日度。世阅人而为世[⑫]，人冉冉而行暮[⑬]。人何世而弗新，世何人之能故。野每春其必华[⑭]，草无朝而遗露[⑮]。经终古而常然，率品物其如素[⑯]。譬日及之在条[⑰]，恒虽尽而弗寤[⑱]。虽不寤其可悲，心惆焉而自伤。亮造化之若兹[⑲]，吾安取夫久长。痛灵根之夙陨[⑳]，怨具尔之多丧[㉑]。悼堂构之隤瘁[㉒]，愍城阙之丘荒[㉓]。亲弥懿其已逝[㉔]，交何戚而不忘[㉕]。咨余今之方殆[㉖]，何视天之芒芒[㉗]。伤怀悽其多念，戚貌瘁而鲜欢[㉘]。幽情发而成绪，滞思叩而兴端[㉙]。惨此世之无乐，咏在昔而为言。居充堂而衍宇[㉚]，行连驾而比轩[㉛]。弥年时其讵几[㉜]，夫何往而不残。或冥邈而既尽[㉝]，或寥廓而仅半。信松茂而柏悦，嗟芝焚而蕙叹[㉞]。苟性命之弗殊[㉟]，岂同波而异澜。瞻前轨之既覆，知此路之良难。启四体而深悼[㊱]，惧兹形之将然。毒娱情而寡方[㊲]，怨感目之多颜[㊳]。谅多颜之感目[㊴]，神何适而获怡[㊵]。寻平生於响像[㊶]，览前物而怀之。步寒林以悽恻[㊷]，玩春翘而有思[㊸]。触万类以生悲，叹同节而异时。年弥往而念广[㊹]，涂薄暮而意迮[㊺]。亲落落而日稀，友靡靡而愈索[㊻]。顾旧要於遗存[㊼]，得十一於千百。乐隤心其如忘[㊽]，哀缘情而来宅。托末契於后生[㊾]，余将老而为客[㊿]。

【注释】

①伊（yī）：句首助词，无义。运流：运行。即时间的推移。②升降：地气上升，天气下降。指四季交替。③骏驱：急速运转。④循虚：随天。虚，天空。警立：惊动而立。⑤能执：能持续不断。⑥晼（wǎn）：天将黑。⑦怼（duì）：怨。琼蕊：传说中琼树的花蕊，食之可长生不老。徼：求。⑧朝霞：传说仙人服用朝霞，可长生不老。挹（yì）：酌取。⑨企予：踮起脚跟。⑩戢（jí）：隐没。⑪阅水：水流汇集。阅，汇集。⑫阅人：总聚众人。阅，总聚。⑬冉冉（rǎn）：渐进的样子。⑭华：同花。⑮遗：余。⑯率（shuài）：通常，大凡。如素：如故。素，故。⑰日及：木槿花，朝开而夕谢。⑱寤：通悟。⑲亮：的确。造化：自然界。⑳灵根：灵木之根。比喻祖父。夙陨（sù yùn）：早亡。㉑具尔：兄弟。㉒堂构：旧时比喻父祖的遗业。隤瘁（tuí cuì）：毁坏。㉓愍（mǐn）：哀怜。城阙：宫室。帝王居住之所。丘荒：变成荒丘。指东吴灭亡。㉔弥懿（mí yì）：极亲近。㉕交：朋友。戚：亲近。㉖咨（zī）：嗟叹。殆：危。㉗芒芒：蒙蒙，模糊不清。㉘戚：忧。瘁：同悴。鲜：少。㉙滞思：郁结的思想感情。㉚衍宇：满屋。㉛连驾比轩：车水马龙。㉜弥年：终年。讵（jù）几：岂几许。即无多少。讵，即岂。谢朓《赠王主薄二首》："余曲讵几许。"㉝冥邈：幽远。指死去。㉞柏悦、蕙叹：幸存之意。㉟弗殊：没有不同。㊱启四体：看看手脚。曾子病危，把门徒召在身边，说："看看我的手脚，有没有损伤的地方。从今以后，我知道自己的身体不会再损伤了。"他认为体肤受之于父母，损伤为不孝。㊲毒：痛。方：术。㊳多颜：指死者既多，情忧非一。㊴谅：确实。㊵何适：到何处。获怡：得到欢乐。㊶响像：音容笑貌。㊷悽恻（cè）：悲伤。㊸春翘：春天繁茂的景象。㊹弥往：久远。㊺意迮（zuò）：心中急迫。迮，迫近。㊻靡靡：零落的样子。㊼旧要（yāo）：故友。㊽隤（tuí）心：从心中消失。隤，坠落。㊾末契：对人谦称自己的情谊。㊿客：指死。

然后弭节安怀[①]，妙思天造[②]。精浮神沦，忽在世表[③]。寤大暮之同寐[④]，何矜晚以怨早[⑤]。指彼日之方除[⑥]，岂兹情之足搅[⑦]。感秋华於衰木，瘁零露於丰草[⑧]。在殷忧而弗违[⑨]，夫何云乎识道。将颐天地之大德[⑩]，遗圣人之洪宝[⑪]。解心累於末迹[⑫]，聊优游以娱老[⑬]。

【注释】

①弭（mǐ）节：平缓激动的情绪。弭，安。②天造：天地之始。《易·屯》："天造草昧。"《疏》："言物之初造，其形未著，其体未彰，故在幽冥暗昧也。"③世表：人世之外。④大暮：长夜。寐（mèi）：睡。⑤矜晚怨早：崇尚晚死，哀怨早夭。⑥彼日：指那些亲友死去之日。方除：刚刚过去。除，光阴过去。《诗·唐风·蟋蟀》："日月其除。"⑦搅：乱。⑧零露：露珠零落。秋华、零露，皆比喻人的衰老死亡。⑨殷忧：深切的忧虑。违：避开。⑩颐（yí）：保养。天地大德：指生。《易·系辞下》："天地之大德曰生。"颐天地之大德，即养生。⑪圣人之洪宝：指帝王之位。圣人，古代帝王的谀称。洪宝，即大宝。指帝王之位。《易·系辞下》："圣人之大宝曰位。"⑫心累：心中背德之处。指六情，即恶、欲、喜、怒、哀、乐。累，背。末迹：比喻老年。⑬优游：同优游。悠闲自得。娱老：欢度晚年。

【译文】

过去常听老人追数少年时代的亲朋故友，有的已经死了，有的尚在。在我四十岁时，至亲近戚死去的多，活着的少。那些交往密切的朋友，也多半不在人世。有的曾经一道游玩，有的曾同室共饮，十几年来，已经死尽。因此这心情的悲痛、哀伤，就可想而知了。于是作《叹逝赋》道：

天地之运行流转，四时迅速相互因袭。日月在长空奔驰，季节随天地运行而交替。慨叹人生之短暂，谁能永远不死。时光飞逝不会再来，很快日薄西山老之将及。怨长生灵药琼蕊难求，可恨不死仙露朝霞难取。踮起脚跟遥望太阳升起的地方，可惜此种美景常常隐匿。悲伤呵，河流汇集水滴而成河，河水滔滔日夜奔流不息。世间一代一代相继为世，人渐渐变老而至暮期。人，哪一世而不更新？世上，何人又能不死？田野每逢春天花必开，草叶无一朝而能留下露滴。从古到今无不然，大凡万物皆如此。譬如木槿之花开在枝头，生命虽尽而不语。虽然草木不知其可悲之处，而我的心情却惆怅而感伤。自然之法则确是如此，我又怎能让生命久长。痛心的是祖父早去世，难过的是兄弟多已亡。悲悼那祖业付东流，可怜那吴国宫阙已变荒。近亲密友都已死去，交情多好而令人难忘。嗟叹如今我之生命正危，天像蒙蒙人事何以预想。伤怀凄凄多所愁思，忧颜憔悴很少欢畅。抒发幽情而心绪烦乱，郁怀难抑而感慨万端。悲伤当今没有欢乐，咏叹往昔而发此言：在家时兄弟满堂亲朋盈堂满室，出门时车连车而并驾齐驱。寿终正寝能有几人？亲友多亡岂能保全！有的很早就死亡已尽，有的寥寥只有一半尚存。相信松树茂盛而柏树喜悦，慨叹灵芝被焚而蕙兰悼念。如果生命都是一样，为何同波而异澜？眼看前车既已倾覆，才知人生此路太艰难。曾子弥留时顾全四体深可悲悼，恐怕我的形体亦将已然。伤痛的是欲使心情愉快而无法，难过的是死者各种惨状如在眼前。死者种种惨状确实目睹，神情到那里能得以喜欢？追忆亲友平昔的声容笑貌，睹物思人而无限怀念。漫步寒林心情悲伤，玩赏春花而思绪纷乱。触景生情情更悲，叹节同物同而人非。时隔愈久而思念愈多，人到暮年而心情急迫。亲戚寥落日益稀少，故友无几更加萧索。寻找旧友留存在世者，千中之十而百中之一。欢乐从心中消失得如同遗忘，悲哀随着情绪而久久充满心头。向后生寄托我的情谊，我将老死与你为客。

想此之后静气平心，深思自然生成之理。神游天地，飘然世外。懂得古今人死如同长眠，何必晚死自喜而早夭哀伤？那些亲友死日刚刚过去，此情此景岂能搅乱我心？为寒秋草木凋零而感伤，为芳草之露消而悲哀，陷入深忧而不知解脱，这怎么能说懂得生死之道？将养天年，不慕高官，人到老年要解除情欲之累，悠闲自得欢度晚年。

论 文

文 赋

陆士衡

余每观才士之所作①，窃有以得其用心②。夫放言遣辞，良多变矣，妍蚩好恶③，可得而言；每自属文，尤见其情。恒患意不称物，文不逮意④。盖非知之难，难之难也。故作《文赋》以述先士之盛藻⑤，因论作文之利害所由。它日殆可谓曲尽其妙⑥；至于操斧伐柯，虽取则不远⑦，若夫随手之变，良难以辞逮。盖所能言者，具于此云。

【注释】

①才士：有才能的作家。②用心：指为文之用心，包括意和辞两个方面。③妍蚩好恶：美丑好坏。④意不称物：认识不能正确反映事物。意，指对外物的感受和体验。就主观而言。物，外界事物。就客观而言。陆机此处之物，即我们今天所说的社会存在，并不单指自然事物。文不逮意：语言不能表达对事物的认识。逮：达。⑤先士之盛藻，古代才士的成功之作。盛藻，美文。⑥它日：昔日。指《文赋》写成之前。"'他日'句承'先士盛藻'来，则以'昔日'之解为长。""'他日'得作昔日、往日解。"钱钟书《管锥编》："它日殆可谓曲尽其妙"，是说它日之作殆可谓曲尽其妙。即前人的成功之作，把为文的奥妙委婉曲折地体现了出来。⑦操斧伐柯：比喻见古人之法不远。柯，斧柄。则，法则。

伫中区以玄览①，颐情志于典坟②。遵四时以叹逝③，瞻万物而思纷。悲落叶于劲秋④，喜柔条于芳春⑤。心懔懔以怀霜⑥，志眇眇而临云⑦。咏世德之骏烈⑧，诵先人之清芬⑨，游文章之林府⑩，嘉丽藻之彬彬⑪。慨投篇而援笔⑫，聊宣之乎斯文。

【注释】

①中区：区中，天地之中。玄览：远观。一说指虚静。②颐情志：陶冶思想感情。颐，养。典坟：孔安国《尚书序》："伏羲、神农、黄帝之书，谓之三坟，言大道也。少昊、颛顼、高辛、唐、虞之书，谓之五典，言常道也。"典坟，此泛指典籍。③叹逝：因四季交替、时光流逝而感叹。④劲秋：秋季。因秋天有肃杀万物之威，故称劲秋。⑤柔条：指花草树木柔嫩的枝条。芳春：春天。春天百花盛开，香气袭人，故称芳春。⑥懔懔：同凛凛，寒冷。引申为肃然起敬。怀霜：怀抱霜雪。比喻心地纯洁。⑦眇眇（miǎo）：高远的样子。临云：凌云。比喻志向崇高。⑧世德：世代有德者。骏烈：巨大的功业。烈，功业。⑨清芬：清美芬芳。比喻高尚的品德。⑩林府：李周翰注："林府，谓多如林木，富如府库也。"⑪丽藻：文质并茂的佳作。⑫投篇：放下书。援笔：拿起笔。

其始也[①]，皆收视反听[②]，耽思傍讯[③]。精骛八极，心游万仞[④]。其致也[⑤]。情曈昽而弥鲜[⑥]，物昭晰而互进[⑦]。倾群言之沥液，漱六艺之芳润[⑧]。浮天渊以安流[⑨]，濯下泉而潜浸[⑩]。于是沈辞怫悦，若游鱼衔钩，而出重渊之深[⑪]；浮藻联翩[⑫]，若翰鸟缨缴[⑬]，而坠曾云之峻[⑭]。收百世之阙文[⑮]，采千载之遗韵[⑯]。谢朝华于已披[⑰]，启夕秀于未振[⑱]。观古今于须臾，抚四海于一瞬。

【注释】

①其始：构思的开始。②收视反听：不看不听。指进入虚无境界。③耽思傍讯：深刻思索，广求博采。④精骛八极，心游万仞：形容想象无所不至。精、心，指想象力。八极：极言其远。⑤其致：文思的到来。⑥情曈昽而弥鲜：由暗转明的样子，形容文思到来的情态。情，指文情，文思。⑦物昭晰而互进：物象清晰地涌来。物，指物象，即客观事物在作家头脑中形成的影象，用文字固定下来即是形象。⑧群言：与下文的“文艺”，泛指一切典籍，既包括儒家经典，又包括诸子百家。沥液：与下文的“芳润”，皆指书籍中的精华。⑨天渊：天上的深潭。安流：安然漂流。⑩下泉：地下的泉水。潜浸：水下洗涮。⑪沈辞怫（fú）悦：形容出语有力。怫悦，不高兴。重渊：深渊。⑫浮藻联翩：形容出语轻快。⑬翰鸟：高空的飞鸟。缨缴（zhuó）：射中。缨，古代拴在箭上的生丝绳。缴，系在箭上的生丝绳射鸟用。⑭曾云：即层云。高空的云层。⑮阙文：指古书阙疑之文。⑯遗韵：遗文。阙文指散体，遗韵指韵体。⑰朝华：朝花。华，同花。已披：已开放。披，开。⑱夕秀：晚上未开的蓓蕾。

然后选义按部，考辞就班[①]。抱景者咸叩，怀响者毕弹[②]。或因枝以振叶[③]，或沿波而讨源[④]。或本隐以之显[⑤]，或求易而得难[⑥]。或虎变而兽扰[⑦]，或龙见而鸟澜[⑧]。或妥帖而易施[⑨]，或岨峿而不安[⑩]。罄澄心以凝思，眇众虑而为言[⑪]。笼天地于形内[⑫]，挫万物于笔端[⑬]。始踯躅于燥吻[⑭]，终流离于濡翰[⑮]。理扶质以立干，文垂条而结繁[⑯]。信情貌之不差，故每变而在颜[⑰]。思涉乐其必笑，方言哀而已叹。或操觚以率尔[⑱]，或含毫而邈然[⑲]。

【注释】

①选义按部，考辞就班：即按部就班选择部署义和辞。部、班，皆指次序。②抱景者咸叩，怀响者毕弹：“说明所选之义，所考之辞，皆当使之充分发挥其效用，使意与辞所包含的一切内容均能全部体现出来。抱景、怀响都是一种形象的比喻，不能理解为是指所要描写的事物之形象与声音。”③因枝以振叶：依枝布叶，比喻由本及末，先树要领。④沿波而讨源：沿流溯源，比喻由末及本，最后道破主题。⑤本隐以之显：“从晦到明，逐步阐说。”⑥求易而得难：由易到难，由浅到深。⑦虎变而兽扰：猛虎出山，百兽驯服。扰，伏。此句喻文思“大者得而小者毕举之意。”⑧龙见而鸟澜：蛟龙出水，水鸟惊飞。澜，纷乱的样子。此句喻文思虽根本已立，而辞藻无序。以上二句，一正一反。⑨妥帖：顺当，吻合。易施：行文顺利。⑩岨峿：互相抵触，上下不合牙。不安：不妥帖。⑪眇：细看。此指仔细思考。众虑：许多好的想法。为言：把想法化为语言。⑫笼天地于形内：把万物形象地概括出来。⑬挫万物于笔端：把概括万物的形象，落实在文字上。挫，撮，摘取的意思。⑭踯躅（zhí zhú）：徘徊不进的样子。形容出语不畅。燥吻：干巴的嘴唇。⑮流漓：淋漓。形容出语畅快。濡翰：饱蘸墨汁的笔。⑯理扶质以立干，文垂条而结繁：以树为喻，说明内容是文章的主体，主辞是辅助内容的形式。即要求内容与形式的和谐统一。以树干喻内容，以枝叶喻文辞。⑰信情貌之不差，故每变而在颜：以情绪和颜色为喻，说明内容与形式互为表里。内

容决定形式，形式表现内容。情，内心的情绪。貌，面部表情。以此作比，也包括强调文学的感情因素在内。⑱操觚（hú）：写作。觚，古代用以写作的木简。率尔：不假思索，形容文思敏捷畅达。⑲含毫：吮笔而不能挥毫落墨之状，形容文思迟钝苦涩。邈然：思而杳无所得的样子。

伊兹事之可乐①，固圣贤之所钦。课虚无以责有，叩寂寞而求音。函绵邈于尺素②。吐滂沛乎寸心③。言恢之而弥广，思按之而逾深④，播芳蕤之馥馥⑤，发青条之森森⑥。粲风飞而猋竖⑦，郁云起乎翰林⑧。

【注释】

①兹事：此事，指写作。②绵邈：深远。尺素：短小的篇幅。素，用来书写的绢帛。③滂（páng）沛：指充沛的感情。寸心：古人称心为方寸，极言其小。函、吐二句，言文章以小含大。“夫词有尽而理无穷，物有恒而心靡定。盖作者尺幅含绵邈之思，寸心吐滂沛之情。”④言、思：皆侧重指意。恢、按：皆挖掘之意。逾：通逾，更加。⑤芳蕤（ruí）：指草木之花。馥馥（fù）：芳香之气。⑥青条：指草木之枝叶。⑦粲：鲜明美丽的样子。猋：旋风。⑧郁：云气浓厚的样子。翰林：文采荟萃。

体有万殊①，物无一量②，纷纭挥霍③，形难为状。辞程才以效伎④，意司契而为匠⑤。在有无而僶俛⑥，当浅深而不让。虽离方而遁员⑦，期穷形而尽相⑧。故夫夸目者尚奢⑨，惬心者贵当⑩。言穷者无隘⑪，论达者唯旷⑫。诗缘情而绮靡⑬，赋体物而浏亮⑭。碑披文以相质⑮，诔缠绵而悽怆⑯。铭博约而温润⑰箴顿挫而清壮⑱。颂优游以彬蔚⑲，论精微而朗畅⑳。奏平彻以闲雅㉑，说炜晔而谲诳㉒。虽区分之在兹，亦禁邪而制放㉓。要辞达而理举㉔，故无取乎冗长。

【注释】

①体有万殊：体裁和风格多种多样。②物无一量：客观事物千姿百态，千变万化。量，哲学范畴，指事物存在的规模和发展的程度，是一种可以用量来表示的规定性。③挥霍：迅疾的样子。指变化。④程才：衡量才能。效伎：献出技艺。伎，通技。⑤司契：掌握蓝图。匠：匠师。程才、司契二句是比喻，辞如技工，意如匠师，辞为意所遣，为意所用。⑥有无：取什么，舍什么。僶俛（mǐn miǎn）：努力斟酌。⑦离方遁员：违反写作常规。方员，规矩，指文章法则。员，同圆。⑧穷形尽相：随物赋形，即把事物的形象描绘得淋漓尽致。⑨夸目：喜欢华丽。尚奢：喜欢用浮艳之辞。⑩惬心：切理餍心。贵当：重视言辞切当。⑪言穷：简约严谨。无隘：惜墨如金之意。无，同唯，无义。⑫论达：说得畅达。唯旷：不受拘束。“夸目”、“惬心”、“言穷”、“论达”四句，言作者个性不同，则文的风格也不同，乃申物无一量之义。⑬缘情：抒情。绮靡：细好的丝织物，比喻精妙之言。⑭体物：描绘事物形象。浏亮：明朗清晰。⑮披文：运用文辞。相质：文质相符，没有浮华之辞。⑯缠绵：感情委婉真挚。凄怆：哀痛。⑰博约：内容广博，文字简约。温润：柔和温润，不用激烈之词。⑱顿挫：委婉劝谏。即《诗大序》“主文而谲谏”之意。清壮：词清而理壮。⑲优游：从容。指意。彬蔚：华盛。指辞。⑳精微：指析理精细入微。朗畅：指语言明朗畅达。㉑平彻：平和透彻。指意言。闲雅：从容得体。指辞言。㉒炜晔（wěi yè）：明亮而有光彩。谲诳：指语言奇诡而有诱惑力。以上论十种文体的不同特点。特点是其功用决定的。㉓禁邪：禁止浮艳。制放：制抑放论。㉔辞达理举：“辞达指辞，重在有序；理举指意，重在有物。”

其为物也多姿①，其为体也屡迁②。其会意也尚巧，其遣言也贵妍③。暨音声之迭代[4]，若五色之相宣[5]。虽逝止之无常[6]，固崎锜而难便[7]。苟达变而识次[8]，犹开流以纳泉[9]。如失机而后会[10]，恒操末以续颠[11]。谬玄黄之秩序[12]，故淟涊而不鲜[13]。

【注释】

①物：客观事物，即文学作品的描写对象。多姿：千姿百态。②体：体裁与风格的总称。屡迁：变化多样。"文因物而赋形，故曰屡迁。"③贵妍：崇尚华美。指辞言。④迭代：交替。五音交织才能形成音乐美。⑤五色：指青、赤、黄、白、黑五种颜色。相宣：指五色相配而构成色彩美。⑥逝止无常：因物多姿，体屡迁，故去留无固定格式。逝止，去留。⑦崎锜（qí qí）：不妥帖。难便：难以合适。⑧达变：通变，即通晓文章的变化规律。识次：懂得文章的结构次序。⑨开流纳泉：比喻自然吻合。如泉水入河，融而为一。⑩后会：错过时机硬去凑合。⑪操末续颠：违反组织次序。⑫玄黄：黑色和黄色。⑬淟涊（tiǎn niǎn）：混浊不清。

或仰逼于先条[1]，或俯侵于后章[2]。或辞害而理比[3]，或言顺而义妨[4]。离之则双美，合之则两伤。考殿最于锱铢[5]，定去留于毫芒[6]。苟铨衡之所裁，固应绳其必当[7]。

【注释】

①仰逼于先条：下文与上文相抵触。逼，抵触。先条，上文。②俯侵于后章：上文与下文相矛盾。侵，犯。③辞害：辞不顺。理比：理顺。④义妨：义不顺。辞害理比，言顺义妨，皆为辞意不能相称之病。⑤殿最："第一为最，极下曰殿。"锱铢（zī zhū）：古代很小的重量单位。比喻极轻微处。⑥去留：取舍。毫芒：稻芒和毛尖，比喻极细微处。⑦铨衡：衡量。应绳必当：合乎作文之法度。绳，木匠用来打线的绳墨，此借指法度。

或文繁理富[1]，而意不指适。极无两致[2]，尽不可益[3]。立片言而居要[4]，乃一篇之警策[5]。虽众辞之有条[6]，必待兹而效绩[7]。亮功多而累寡，故取足而不易[8]。

【注释】

①文繁：文辞繁杂。理富：内容繁多。②极无两致：不容有两个中心。"极，中心也。今语所谓中心思想。"③尽不可益：中心说清，不再赘述。④片言：言简意赅的警策之句。居要：树起要领。⑤警策：画龙点睛之笔。⑥有条：有次序，有条理。⑦待兹：指靠警策之句。效绩：发挥作用。⑧功多累寡：下到功夫，毛病就少。

或藻思绮合[1]，清丽芊眠[2]，炳若缛绣[3]，悽若繁纮[4]。必所拟之不殊[5]，乃暗合乎曩篇[6]。虽杼轴于予怀[7]，怵他人之我先[8]。苟伤廉而愆义[9]，亦虽爱而必捐。

【注释】

①藻思：巧妙的构思。即会意尚巧。绮合：有花文的丝织品。比喻巧妙的构思。②芊（qiān）眠：色彩鲜艳。③缛绣：锦绣。比喻辞和意。④悽：动人。繁纮：声调复杂的音乐。即音声迭代。⑤所拟不殊：自己所作并非与众不同。⑥曩篇：前人之作。即"先士盛藻"。⑦杼轴予怀：出自个人的巧思。杼轴，织

造，此以精巧的织造比喻为文。⑧我先：先于我而为。⑨伤廉：有损高洁的人品。愆义：违背道义。

或苕发颖竖①，离众绝致②。形不可逐，响难为系③。块孤立而特峙④，非常音之所纬⑤。心牢落而无偶⑥，意徘徊而不能揥⑦。石韫玉而山辉⑧，水怀珠而川媚⑨。彼榛楛之勿剪⑩，亦蒙荣于集翠⑪。缀《下里》于《白雪》⑫，吾亦济夫所伟⑬。

【注释】

①苕发：芦苇发芽。颖竖：禾苗秀穗。苕发颖竖，喻佳句。②离众绝致：出类拔萃。致，极点。③形不可逐，响难为系：影为形照，形动影移，形难追影；响虽有声，却难以留住。比喻佳句难配。④特峙：卓然独立。即离众绝致。⑤常音：指一般的辞句。纬：编织。此指相配。⑥牢落：无所寄托。无偶：没有与之相配者。⑦徘徊：犹豫不决。揥（dì）：舍弃。⑧韫（yùn）玉：含玉。⑨怀珠：水生蚌，蚌生珠，故曰水怀珠。⑩榛楛（hù）：两种不出奇的灌木。比喻常音。⑪蒙荣："蒙荣者，俗语所谓'附骥'、'借重'。"集翠：鹨来栖。"草木虽有丛杂滥恶，而一旦翠鸟来集，亦可增其美观。喻庸拙之文，亦添荣生色于警策之句也。⑫《下里》：俗曲。喻常调。《白雪》：雅曲。喻佳句。⑬济：相辅相成。伟：奇美。

或托言于短韵①，对穷迹而孤兴。俯寂寞而无友②，仰寥廓而莫承③。譬偏弦之独张④，含清唱而靡应⑤。

【注释】

①托言：寄意。短韵：短文。②寂寞：冷清，单薄。无友：没有照应的对象。③寥廓：空荡，没有配合的对象。④偏弦：一根弦。独张：独奏。⑤清唱：无伴奏之唱。靡应：没有配合呼应。以音乐喻文。

或寄辞于瘁者①，徒靡言而弗华②。混妍蚩而成体③，累良质而为瑕④。象下管之偏疾⑤。故虽应而不和。

【注释】

①瘁（cuì）音：憔悴之音，指缺乏刚健之气，少风骨。即刘勰《风骨》中所说的"风骨不飞"，"负声无力"。②靡言：辞采丰美。即刘勰《风骨》中所说的"丰藻克赡"。弗华：没有思想的光辉。即刘勰《风骨》中所说的"振采失鲜"。③妍蚩：妍，指靡言；蚩，指瘁音。成体：构成一体，即成文。④累良质而为瑕：美玉而为瑕累，比喻美文受瘁音的影响而有缺欠。⑤下管：古代在礼乐活动中，如祭祀等，堂上奏乐，堂下也奏乐，互相配合，以求和谐。堂下吹奏的匏、竹之类的管乐，称为下管。偏疾：比堂上之乐偏快，配合不上。

或遗理以存异①，徒寻虚以逐微②。言寡情而鲜爱③，辞浮漂而不归④。犹弦么而徽急⑤，故虽和而不悲⑥。

【注释】

①遗理：忘掉了内容。理，指文章的思想内容。存异：保留新巧奇诡之辞。②寻虚逐微：舍本逐末，指忽视内容，片面追求形式。③寡情鲜爱：缺乏爱憎的感情。鲜，少。④不归：没有归宿，即语言没有落

实到表达的内容上。⑤纮么：琴弦细小。徽急：弹得快。“鼓琴循纮谓之徽。”⑥悲：感动人。悲易感人，故引申为感动人。

或奔放以谐合①，务嘈囋而妖冶②。徒悦目而偶俗，固高声而曲下③。寤《防露》与《桑间》④，又虽悲而不雅。

【注释】

①奔放：放纵。谐合：和谐。“奔驰放纵其思，以求和合。”②嘈囋（zá）：浮艳之声。妖冶：艳丽而不典雅。③偶俗：迎合世俗趣味。高声曲下：声调很高，曲味低下。④寤：通悟。

或清虚以婉约①，每除烦而去滥②，阙大羹之遗味③，同朱纮之情氾④，虽一唱而三叹⑤，固既雅而不艳。

【注释】

①清虚：指文辞清淡，没有色彩。婉约：简约质朴。②除烦去滥：去掉繁复艳丽的辞藻。③阙：同缺。大羹：不调五味的肉汁，即白水煮肉的老汤。遗味：所缺之味。④朱：深红色的纮，此指瑟声。祭祀鼓瑟，音调简朴、单调。清氾：清散，不繁密，指过于简朴。⑤一唱三叹：一人唱，三人帮腔。典雅，但过于单调。

若夫丰约之裁①，俯仰之形②，因宜适变③曲有微情④。或言拙而喻巧；或理朴而辞轻⑤；或袭故而弥新；或沿浊而更清⑥；或览之而必察⑦；或研之而后精⑧。譬犹舞者赴节以投袂⑨，歌者应纮而遣声⑩。是盖轮扁所不得言⑪，故亦非华说之所能精⑫。

【注释】

①丰约：指内容的详略，文辞的繁简。裁：剪裁。②俯仰：上下，指文辞的位置。形：变化。③因宜：因文而宜。适变：形式适应内容的需要而变。④曲有微情：变化的方式是曲折微妙的。⑤理朴：指意真。辞轻：言辞华美。⑥袭故弥新，沿浊更清：推陈出新，化腐朽为神奇。⑦览之必察：一见便知其妙。⑧研之后精：仔细体味，方知其精。览之必察为显，研之后精为隐。⑨赴节：踏着音乐的节拍。投袂（mèi）：舞动袖子。袂，袖子。⑩应纮：顺应伴奏的节拍。遣声：歌唱。⑪轮扁：事出《庄子》。齐桓公在堂上读书，轮扁在堂下斫轮。轮扁问桓公读的是什么书，桓公说是圣人之言。轮扁问圣人还在吗？桓公说死了。轮扁说那么你读的是圣人的糟魄。桓公生气地说：“你能讲出道理则罢，讲不出道理就砍你的头。”轮扁说，这道理就像我斫轮一样，那不快不慢，得心应手的技巧，用语言说不出来，有术在里边。这术我无法讲给我的儿子，我儿子也无法从我嘴里得到，因此我快到七十岁，还自己斫轮。陆机借用这个寓言，说明写作变化多方，妙不可言。⑫华说：美言。精：透辟。

普辞条与文律①，良余膺之所服②。练世情之常尤③，识前修之所淑④。虽濬发于巧心⑤，或受欰于拙目⑥。彼琼敷与玉藻⑦，若中原之有菽⑧。同橐籥之罔穷⑨，与天地乎并育。虽纷蔼于此世⑩，嗟不盈于予掬⑪。患挈瓶之屡空⑫，病昌言之难属⑬。故踸踔于短垣⑭，放庸音以足曲⑮。恒遗恨以终篇，岂怀盈而自足⑯？惧蒙尘于叩缶⑰，顾

取笑乎鸣玉⑱。

【注释】

①辞条文律：指文章的写作原理和规则。②膺：胸。此指心中。服：牢记。③常尤：常犯的毛病。尤，过失。④前修：前贤，指古代有成就的作家。淑：美好的东西，指前人成功的创作经验。⑤濬发：深深发自。巧心：巧妙之心。⑥蚩（zhī）：同嗤，讥笑。拙目：目光拙劣，指缺乏艺术眼光。⑦琼敷玉藻：比喻佳作。⑧中原：原野之中。菽：豆类的总称。⑨橐籥（tuó yuè）：天地间气。罔穷：无穷无尽。罔，无。⑩纷蔼：众多的样子。⑪掬：一捧。两手捧曰掬。⑫挈（qiè）瓶：提着瓶子打水。比喻才智很小。⑬昌言：恰当的言词。昌，当。难属：难以成文。⑭踸踔（chěn chuō）：瘸腿走路的样子。短垣：矮墙。踸踔于短垣，比喻勉强成文。⑮庸音：平淡之辞。足曲：奏成曲子。音、曲皆比喻文章。⑯遗恨：遗憾。怀盈：心怀满足之情。⑰蒙尘：遮满尘土。叩缶（fǒu）：陶制的打击乐器，发音粗劣。⑱鸣玉：玉石做的打击乐器，发音清脆悦耳。

若夫应感之会，通塞之纪①，来不可遏，去不可止。藏若景灭②，行犹响起。方天机之骏利，夫何纷而不理③？思风发于胸臆，言泉流于唇齿④。纷葳蕤以馺遝⑤，唯毫素之所拟⑥。文徽徽以溢目⑦，音泠泠而盈耳⑧。及其六情底滞⑨。志往神留⑩，兀若枯木，豁若涸流。揽营魂以探赜，顿精爽于自求⑪。理翳翳而愈伏⑫。思轧轧其若抽⑬。是以或竭情而多悔⑭；或率意而寡尤⑮。虽兹物之在我，非余力之所勠⑯。故时抚空怀而自惋⑰，吾未识夫开塞之所由。

【注释】

①应感：灵感。通塞：指文思的通畅与闭塞。会与纪，同义词，规律的意思。②景灭：影灭。像影子消失一样，快而不留一点痕迹。③何纷而不理：有何纷乱而理不清的呢？④思风发于胸臆，言泉流于唇齿：一说，思如风发于胸臆，言如泉流于唇齿。一说，“思风”“言泉”结合成词，谓如风之思，如泉之言。二说皆可通。⑤葳蕤（wēi ruí）：茂盛的样子。馺遝（sà tà）：相继不断。⑥毫素：纸笔。⑦徽徽：华美。溢目：满目。⑧泠泠：清脆的声音。⑨六情：喜、怒、哀、乐、好、恶，此指文思。底滞：阻塞，不畅。⑩志往神留：文思阻塞。“志，心之所之。神，心之灵机。神留者，思不入也。”⑪营魂：精神。探赜（zé）：探求深奥之理。赜，深奥。精爽：心神。“览营魂以探赜，顿精爽而自求”，即集中精神“探奥索隐，钩深致远”，搜求文思。⑫翳翳（yì）：隐晦不清。伏：藏匿。⑬轧轧：难出之状。若抽：如同抽丝。⑭竭情：竭尽全力。多悔：毛病很多。⑮率意：毫不经意。寡尤：毛病很少。⑯兹物：指文。勠（lù）：并力。⑰自惋：自己慨叹。

伊兹文之为用，固众理之所因①。恢万里而无阂②，通亿载而为津③。俯贻则于来叶④，仰观象乎古人⑤。济文武于将坠⑥，宣风声于不泯⑦。涂无远而不弥⑧，理无微而弗纶⑨。配沾润于云雨，象变化乎鬼神⑩。被金石而德广⑪，流管弦而日新⑫。

【注释】

①众理：宇宙间万物之理。②恢：扩大，传播。无阂（hé）：无阻。③通：勾通。津：桥梁。④贻则：传留法则，指把古人的真理传播下来。来叶：后世。⑤观象：取法。⑥济：拯救。文武：文，周文王；武，周武王。此指文武之道。⑦宣：阐发，宣扬。风声：指儒家的诗教。不泯：不被泯灭。⑧涂：道。任

重道远之道，与理对举。弥：合，勾通。⑨纶：包容。⑩沾润：滋润。鬼神：形容文章变化无方。⑪被金石：刻在钟鼎碑碣之上。德广：使德广为传播。⑫流管弦：配上乐曲。日新：日新月异，盛而不衰。

【译文】

每当我阅读前贤那些有才气的文章，私以为理解了他们的作文用心。遣字造句纵然变化无穷，但是文章的优劣总是能够言说的。每当自己作文的时候，这种体会尤其深切。常常苦于胸中之意不能确当表达外表，文词又传达不出胸中之意。这不是理解的困难，是难以解决的困难。因此要撰写《文赋》来称述前贤精美绝伦的佳作，也研讨一番文章所以优劣之原由。到将来庶几可把文章写得尽善尽美。至于前人写作的诀窍，则如照着斧子做斧柄，虽然说标准近在手边，然而临文变化确实也不是语言所能表达的。凡我能用语言说出来的作文之道，全都写在这里了。

久立天地之间内省万物，博览三坟五典陶冶心情。春夏秋冬倏忽而过，时换物迁思绪纷纷。悲哉秋气落叶满地，东风杨柳芳春已临。心意肃然若怀霜雪，情志高远直逼浮云。前辈勋业永记胸间，先人功德常诵常新。文章林府出恭入敬，绝妙佳作文质彬彬。慷慨投篇感叹唏嘘，援笔而书聊撰此文。

开始创作的时候，闭目塞听静思默想，才能心志翱翔神游八方。文思到来的时候，如日初升感情由模糊而渐渐明朗，万物纷呈神态万状。千古精华为我所用，六经芳馨助我文章。上穷碧落天河平静流淌，下极黄泉河水暗自荡漾。有时吐辞有力于是乎，深奥的文词像游鱼上了钓钩一般跃出深渊由我安放，有时出语轻快，高妙的语句如飞鸟中箭一样坠落云霄任用无妨。采集历代的遗文，收取千载的篇章，前人用熟了的文词像开谢了的花，新词丽句恰似蓓蕾含苞待放。纵观古今只在须臾之间，联想四海也只是片刻晨光。

构思之后，选定文章，斟酌用词，事理井然，一丝不苟。有影显影，怀响必叩；文意文词，无所遗漏。说到文章的谋篇：有的振枝以惊叶，找住根本，立意为首；有的寻波而索源，顺流而上，直追源头；有的由隐晦到明白，有的先易而后难。文思大者有时如纲举目张，就像虎威乍作而驯服百兽，文思本根既立而枝叶纷披，一似蛟龙出水使群鸟飞走。选义考词难易不一：有时招之即来，非常顺手，有时煞费苦心辞意不合。静下心来专心思考，思绪纷纷，全凭组织巧妙。尺幅之书，亦大亦小：笼收天地于文章之中，裁写万物于作家笔头。

写作甘苦，略说分由：开始口焦舌干不便著墨，终于墨酣笔畅下笔不休。文意如树木以立干为主，文词像花果靠根深叶茂。诚于中则形于外，内心变化可从颜面探求。写到高兴处会怡然自乐，涉及伤心事不禁长叹。有时候文不加点片刻成章，有时候含毫欲腐终日难就。

文章体裁千差万别，世间事物纷呈万千；而事物还在变化发展，描绘起来委实太难。用字造句凭借才能、技巧而奏效，立意谋篇全仗匠心独运以领先。在有无之间勉力寻求切当的语词，根据需要决定文意的或深或浅。写作要打破常规无法有法，才能够求真创新形相毕现。所以说，喜欢渲染的人往往词藻铺张，为要惬心快意仍需精当去烦。说话淋漓尽致的难免洋洋洒洒，文笔精密准确的无妨纵笔放言。诗主要在于抒发情，言词应当艳丽。赋须铺陈，用词要条清缕晰语言明朗。碑用以刻记功德当文质兼顾。诔用以哀悼死者，必凄凄惨惨。铭事博而文约，和平柔顺。箴抑扬而顿挫清越庄严。颂以颂扬功德，言词必须华美。论为评议事理，需要推敲再三。奏对上陈情叙事应平正典雅。说用以论辩说明，可虚于周旋。十种文体，尽管有如此区别，总起来说务应要言不烦。总而言之，立意要正确，文词要达意，以精当为主，切勿拖

杳散漫。

文章之事，姿态横生，文体各别，变化如神。组织文意，尚新尚巧；遣字造句，贵在华妍，有色有声。音声之变换交错，好像五色之辉丽相争。因为律吕声调去留无形，安排文辞难以合适。倘能识得规律，知其通变，就如开流纳泉，水到渠成；一旦失去机会，本末倒置，就会秩序混乱，头重脚轻。颠倒了前后的次序，就像锦绣错乱，色泽不清。

写作之事，临文多变；有时下文侵犯上文，有时前段影害后段；有时用词不当而影响内容，有时文句虽佳却事理有妨。如有这种情形出现，该分就分，该散就散；合在一起，势难两全。选辞命意，严格把关，一丝一毫，不可随便。去留取舍仔细衡量，这才是真正的考验。

有一种情况：内容庞杂，文词繁富；但是文章宗旨却模糊。文章主旨只能有一个，多了反而有坏处。点睛之语要突出，文章全靠它作主；其他文句纵然条理很清楚，群龙待首唯独主脑不能无。能够做到这一点，功劳大而缺点少，于是大功告成不必改弦更张另外找出路。

还有一种情况：安排辞意美若锦绣，文词清丽讲究。漂亮得满眼色彩斑斓，委婉得令人不禁泪流。果真自己没有独创，实在是暗合而不谋。虽然是自出机杼，毕竟别人用于我也，与其被人诬为全无廉义，宁肯将它割爱丢去。

又是一种情况：个别的文句出类拔萃，鹤立鸡群，好像物形之追影，回声之难寻。佳句孤零零卓然独占，非寻常语句可与比邻。孤芳自赏不免心情落寞，居高临下没有同伴相亲。山中有玉使顽石增添光辉，水里藏珠令河水妩媚动人。榛楛恶木未曾铲除，青鸟为栖丑妇变为娉婷。《下里巴人》与《阳春白雪》同奏，红花绿叶点缀着春的来临。

如果所写文章短小，叙事不多，感情又少。上文下文不能配合，空虚又寂寥；就好像小琴一张，声虽清越却无和弦乐音。

如果文章脱离内容追求新奇，艳词丽句却并不可爱。好好坏坏混为一体，白玉有瑕无人青睐。好像琴弦短小却配以过快的乐曲，虽有伴奏而总不和谐。

如果文章忽视内容只顾词新，徒然舍本趋末弃重就轻。内容空泛无人垂青，游词漂忽不识归径。就像调急弦促，纵然和谐也难以动人。

如果文章放纵文思以求和谐，务使文字妖艳淫侈；仅仅为了追求感官刺激而媚俗悦世，必然会在高歌声中丧失正气。想一想《防露》与《桑间》轻浮之作，虽也动人毕竟格调太低。

如果文章语言质朴缺乏文采，行文时往往就会删烦去滥。犹如缺少太羹肉汁般的回味；又像弦索丁丁平正而散淡。虽然一唱三叹余音在耳，总嫌古朴有余而缺少艺术魅力。

至于文词的繁简，上下文的安排，应根据需要而变通，为表情达意而剪裁。有时质直的语言说明了新巧的意思，有时漂亮的词藻写出朴素的真理来。用成语表述新义，点铁成金更为精彩。考察情物，有时一目了然，有时却蕴藉含蓄。跳舞的人依照节拍而挥袖，歌手们跟着旋律而逞才。其中奥妙所在，轮扁说不清斫轮的道理，更不是美言所能说清楚。

我所见到的全部文章法则，常在心中细细体念。了解了今天作者易患的过错，更加认识到前贤作文之精练。文章虽然是深深发自内心，但往往受到世俗之徒的褒贬。前人的文章美好得像金枝玉叶，又多得像豆子布满了大地中原。更像橐籥之生息无穷，将与天地并存共妍。虽然妙文纷呈于眼前，我掌握的却屈指可数。拿了一只小瓶去打水而屡打屡空，前贤的文章如此美妙要继承实在困难！我所做的就像跛子跳墙，勉强凑一点平庸短文丢人现眼。常常勉为其难而又抱恨终篇，自己心里哪敢满足？羞愧自己像敲打着土制的旧乐器，贻笑于金声玉振的煌煌管弦。

至于说到灵感问题，形踪难觅，神鬼不知，说来就来，说去便去。不来的时候躲藏得踪迹全无，到来的时候犹如闻声而起。灵感突然来到，文思纷纭而又有头绪，文思象风一样从胸中吹出；文词脱口而出像泉水涌自地底。文思汩汩涌来，挥毫马不停蹄；文彩光耀夺目，韵律令人心迷。一旦灵感已去，情思阻滞，志散神弛。痴呆呆如残枝败叶一样毫无生气，像枯竭的河流一样水干见底。在方寸之间彷徨摸索，往灵魂深处挖空心思探寻奥秘。文思模模糊糊难以明朗，思绪盘根错节混乱难理。感情枯竭时即使苦心经营写出来也错误百出，文思敏捷时信手拈来也美妙无比。纵然灵感出现在自已身上，但或去或来总是令人抚胸惋惜扑朔迷离。

说到文章的作用，道理十分恢宏。畅行万里无所阻隔，上下亿载全凭它沟通。给千秋万代立下了准则，向古代圣贤行礼鞠躬。文武之道因文章而不败，风化教育因文章而致功。人生之道，多么广远，它都能指明，道理无微而不通。它的作用像云雨一样滋润万物，像鬼神一样受人供奉。配上乐曲可以传播到四方。让文章之道更能日新月异万世而无穷。

音　乐

舞　赋

傅武仲

楚襄王既游云梦[①]，使宋玉赋高唐之事[②]。将置酒宴饮，谓宋玉曰："寡人欲觞群臣[③]，何以娱之[④]？"玉曰："臣闻歌以咏言[⑤]，舞以尽意[⑥]。是以论其诗不如听其声，听其声不如察其形。激楚、结风，阳阿之舞[⑦]，材人之穷观[⑧]，天下之至妙。噫，可以进乎？"王曰："如其郑何[⑨]？"玉曰："小大殊用[⑩]，郑雅异宜[⑪]。弛张之度[⑫]，圣哲所施[⑬]。是以乐记干戚之容[⑭]，雅美蹲蹲之舞[⑮]礼设三爵之制[⑯]，颂有醉归之歌。夫咸池六英[⑰]，所以陈清庙[⑱]，协神人也；郑卫之乐[⑲]，所以娱密坐[⑳]，接欢欣也。余日怡荡[㉑]，非以风民也[㉒]。其何害哉？"王曰："试为寡人赋之。"玉曰："唯唯。"

【注释】

①楚襄王：楚怀王之子，又称楚顷襄王。云梦：云梦泽，位于今湖北省。②宋玉：战国辞赋家。后于屈原，或称是屈原弟子，曾事顷襄王。高唐之事：楚襄王和宋玉游于高唐之观，见云气奇异，问宋玉。宋玉告诉他，从前先王（指楚怀王）曾游高唐，梦遇巫山神女。③觞（shāng）：向人敬酒。此为宴请之意。④娱：娱乐。此为助兴之意。⑤歌咏言：以歌言志。⑥舞尽意：借舞达意。⑦激楚、结风：皆曲名。阳阿：古代能歌善舞的名妓。一说歌曲名。⑧材人：才人。宫中女官名，多为嫔妃的称号。穷观：观止。此指最美的舞。⑨如其郑何：像郑舞一样怎么办？郑舞盖同郑音。《礼·乐记》："郑卫之音，乱世之音也。"⑩小大殊用：作用大小不同。⑪郑雅异宜：郑音雅乐各有各的作用。郑，指郑声，古代郑地的俗乐。与雅乐相对。郑声感人。⑫弛张：《礼·杂记》："一张一弛，文武之道。"度：法度。⑬圣哲：德才超凡的人。⑭《乐》：即《乐记》。《礼记》中的篇名，是我国古代音乐理论的代表作。干戚：指武舞。古代武舞，手执兵器。干，盾。戚，斧。⑮雅：《诗》中的一种体裁。蹲蹲：舞态。《小雅·伐木》："坎坎鼓我，蹲蹲舞我。"⑯礼：指《礼乐》。三爵之制：指君臣饮酒的礼节。《礼记》孔疏："臣侍君宴，过三爵非礼也。"⑰咸池：古乐名。相传为尧乐。六英：相传为帝喾乐。帝喾，相传为黄帝的曾孙，尧的父亲。⑱清庙：宗庙的通称。⑲郑卫之乐：指郑、卫地方的俗乐。⑳密坐：环坐。指非庄重的场合，座次不按礼仪的严格规定。㉑余日：指听览政事之余。怡（yí）荡：尽情欢乐。㉒风（fěng）民：教化百姓。风，同讽。

夫何皎皎之闲夜兮[①]，明月烂以施光。朱火晔其延起兮[②]，耀华屋而熺洞房[③]。黼帐袪而结组兮[④]，铺首炳以焜煌[⑤]。陈茵席而设坐兮[⑥]，溢金罍而列玉觞[⑦]。腾觚爵之斟酌兮[⑧]，漫既醉其乐康[⑨]。严颜[⑩]和而怡怿兮[⑪]，幽情形而外扬。文人不能怀其藻兮[12]，武毅不能隐其刚[13]。简惰跳踃[14]，般纷挐兮[15]，渊塞沈荡[16]，改恒常兮[17]。

【注释】

①皎皎（jiǎo）：光明的样子。闲夜：安闲的夜晚。稽康《赠秀才入军诗》之五："闲夜肃清，朗月照轩。"②朱火：火红的灯光。晔（yè）：光辉灿烂。③耀（yào）：照耀。熺（xī）：同喜。光明。洞房：深邃的内室。洞，深。④黼（fǔ）帐：绣有斧形花纹的帐子。袪（qū）：张起。结组：丝带相连。组，丝带。⑤铺首：衔门环的底座。炳（bǐng）：明亮。焜煌（hūn huáng）：闪闪发光。⑥茵席：铺有褥子、毯子之类的座位。⑦罍（léi）：古代器皿。用以盛酒或水。觞：古代酒器。⑧腾：同塍，致送。觚、爵（gū jué）：皆酒器名。⑨漫：普遍。乐康：欢乐。康，乐。⑩严颜：君王严肃庄重的面孔。⑪怡怿（yì）：喜悦。⑫怀藻：言谈不露文采。藻，辞采。⑬隐刚：不露刚勇。刚，勇。⑭简惰：懒洋洋的样子。跳踃（xiāo）：跳动，指舞步。踃，跳。⑮般：乱。纷挐（rú）：互相拉着手。⑯渊塞：笃实深远。沈荡：沈醉放荡。⑰恒常：常态。

于是郑女出进[1]，二八徐侍[2]。姣服极丽，姁媮致态[3]。貌嫽妙以妖蛊兮[4]，红颜晔其扬华。眉连娟以增绕兮[5]，目流睇而横波[6]。珠翠的皪而炤耀兮[7]，华袿飞髾而杂纤罗[8]。顾形影[9]，自整装，顺微风，挥若芳[10]，动朱唇，纡清阳[11]，亢音高歌为乐方[12]。歌曰："摅予意以弘观兮[13]，绎精灵之所束[14]。弛紧急之弦张兮[15]，慢末事之骫曲[16]。舒恢炱之广度兮[17]，阔细体之苛缛[18]。嘉关雎之不淫兮[19]，哀蟋蟀之局促[20]。启泰真之否隔兮[21]，超遗物而度俗[22]"。扬激徵，骋清角[23]，赞舞操[24]，奏均曲[25]，形态和，神意协[26]，从容得，志不劫[27]。

【注释】

①郑女：歌妓舞女。郑国多能歌善舞的女子，故称。②二八：女乐以八人为一队。二八即两队。"八"是行列。以八人为行。徐侍：以雍容优美的舞相伴。③姁媮（xū yú）：和悦的样子。致态：意态。致，意态。④嫽（liǎo）妙：俊美。妖蛊：妖冶迷人。⑤连娟：纤细的样子。绕：弯曲。⑥流睇（dì）：转目邪视。睇，邪视。横波：形容目光斜视如水之横流。⑦的皪（lì）：珠光明亮。炤（zhào）耀：光色。⑧袿（guī）：妇女的上衣。髾（shāo）：古代妇女上衣上的装饰，形如燕尾。纤罗：细罗。⑨顾形影：顾影自怜。⑩若芳：杜若的香气。美人佩带杜若，散发芳香的气味。⑪纡：屈曲。清阳：眉宇之间。⑫亢音高歌：引吭高歌。⑬摅（shū）意：放松精神。弘观：放开眼界。⑭绎（yì）：放开。精灵：指人的精神。⑮弛（shǐ）紧急之弦张：放松上紧的琴弦。⑯慢末事之骫（wěi）曲：末事，小事。指歌舞与男欢女爱之事，与朝政大事相比，故称末事。骫曲，曲意逢迎。⑰恢炱（tái）：广大的样子。炱同台。广度：宽广的度量。⑱细体：纤细之形体。指舞女舞蹈的身段。苛缛（rù）：繁杂。⑲关雎（jū）：《诗·国风·周南》中的一篇。《毛诗序》："关雎乐得淑女，以配君子，忧在进贤，不淫其色。"⑳蟋蟀：《诗·唐风》中的一篇。局促：见识小。㉑泰真：构成宇宙的元气。否（pǐ）隔：不通。㉒遗物：指躯体。度俗：超俗。㉓激徵（zhǐ）、清角：皆雅曲名。㉔舞操：曲名。㉕均曲：雅曲名。㉖神意：精神和意态。㉗志不劫：雍容闲雅的样子。劫，迫。

于是蹑节鼓陈[1]，舒意自广。游心无垠，远思长想。其始兴也，若俯若仰，若来若往，雍容惆怅[2]，不可为象[3]。其少进也，若翱若行，若竦若倾。兀动赴度[4]，指顾应声[5]。罗衣从风，长袖交横。骆驿飞散，飒擖合并[6]。鶣鷅燕居[7]，拉揩鹄惊[8]。绰

约闲靡⑨，机迅体轻。姿绝伦之妙态，怀悫素之洁清⑩。脩仪操以显志兮⑪，独驰思乎杳冥⑫。在山峨峨，在水汤汤⑬，与志迁化⑭，容不虚生。明诗表指⑮，喟息激昂⑯。气若浮云⑰，志若秋霜。观者增叹，诸工莫当⑱。

【注释】

①蹑（niè）节：踏着拍节。②雍容：形容舞姿大方、舒缓。惆怅：神态困乏如失志的样子。③象：形象。④兀（wù）动：举止。兀，静止的样子。赴度：随着拍节。⑤指顾：手指目看。指各种舞姿。应声：与乐曲节拍相合。⑥飒擖（jiá）：曲折。合并：指舞蹈动作与伴奏的乐曲相合拍。⑦鶣䴙（piān piāo）：轻盈的样子。燕居：闲居。燕同宴。⑧拉揩（là tà）：举翅。⑨绰约：姿态柔美。闲靡：舒缓的样子。⑩悫（què）素：忠贞纯洁。⑪仪操：仪容和节操。显志：表明志向。⑫驰思：驰骋想象。杳（yǎo）冥：指极深远之处。⑬“在山峨峨”、“在水汤汤”句：《列子·汤问》载，俞伯牙善鼓琴，钟子期善听音。伯牙鼓琴心想高山，钟子期听了说：“善哉！峨峨兮若泰山！”伯牙心想流水，钟子期听了说：“善哉！汤汤乎若江河！”“在山”，“在水”，即志在高山，志在流水。⑭迁化：变化。⑮容不虚生：指舞姿必显其志。即“舞以尽意”。明诗表指：以舞姿表明《诗》的意旨。指，通旨。⑯喟（kuì）息：叹息。喟同喟。⑰气若浮云，志若秋霜：比喻心志高洁。⑱工：乐师。

于是合场递进，按次而俟。埒材角妙①，夸容乃理②。轶态横出③，瑰姿谲起④。眄般鼓则腾清眸⑤，吐哇咬则发皓齿⑥，摘齐行列⑦，经营切儗⑧。仿佛神动⑨，回翔竦峙⑩。击不致㩶⑪，蹈不顿趾⑫。翼尔悠往⑬，闇复辍已⑭。

【注释】

①埒（liè）材角妙：比技艺，斗巧妙。埒、角，互相争比。②夸容：容貌美丽。理：修饰。③轶（yì）态：逸态。④瑰姿：美妙的舞姿。谲（jué）起：变化多姿。⑤眄（miǎn）：斜视。⑥哇（wā）咬：民间歌曲。指郑卫之声。皓齿：洁白整齐的牙齿。⑦摘其行列：指摘排次，齐其行列。⑧经营：往来的样子。切儗（nǐ）：指舞蹈动作皆有所比拟。⑨仿佛：依稀不清。神动：神仙舞动。⑩回翔：旋转若飞。竦峙：时而跳跃，时而静立。⑪击不致筴：黄侃《文选平点》：“击不致筴句，别本筴作‘爽’，是也。”爽，差。此句指动作准确。⑫蹈不顿趾：蹈而不闻顿足之声。形容身体轻捷。⑬翼尔：轻盈的样子。悠往：远去。⑭闇（àn）：同奄，骤然。辍（chuò）已：停止。

及至回身还入，迫于急节。浮腾累跪①，跗蹋摩跌②。纡形赴远③，漼似摧折④。纤縠蛾飞⑤，纷猋若绝⑥。超逾鸟集⑦，纵弛殟殁⑧。蜲蛇姌嫋⑨，云转飘曶⑩。体如游龙，袖如素蜺⑪。黎收而拜⑫，曲度究毕⑬。迁延微笑⑭，退复次列⑮。观者称丽，莫可怡悦。

【注释】

①浮腾：跳跃。累跪：双膝着地前进。②跗（fū）蹋：脚背蹈地。摩跌：双脚后举。③纡形：屈体。④漼（cuǐ）：曲折的样子。摧折：屈体而舞。⑤纤縠（hú）：细纱。⑥纷猋（biāo）：飞扬的样子。⑦超逾（yú）鸟集：形容众舞女共同向前跳，如鸟疾速飞集。输，通逾，向前跃进。⑧殟殁（wēn mò）：舒缓的样子。⑨蜲（wěi）蛇：回旋曲折的样子。姌嫋（rǎn niǎo）：纤细柔弱的样子。⑩飘曶（hū）：飘忽。曶，同忽。⑪素蜺（ní）：白色的蝉翼。⑫黎收：徐徐敛容。黎，徐徐。⑬曲度：乐曲的节奏。究毕：结束。⑭

迁延：后退。⑮次列：按次序排好队列。

于是欢洽宴夜，命遣诸客。扰躟就驾①，仆夫正策②。车骑并狎③，巃嵸逼迫④。良骏逸足⑤，跄捍凌越⑥。龙骧横举⑦，扬镳飞沫⑧。马材不同，各相倾夺⑨。或有逾埃赴辙⑩，霆骇电灭⑪，蹠地远群⑫，闇跳独绝⑬。或有宛足郁怒，般桓不发⑭。后往先至，遂为逐末。或有矜容爱仪⑮，洋洋习习⑯。迟速承意⑰，控御缓急。车音若雷，骛骤相及⑱。骆漠而归，云散城邑⑲。天王燕胥⑳，乐而不泆㉑。娱神遗老㉒，永年之术㉓。优哉游哉，聊以永日㉔。

【注释】

①扰躟（rǎng）：争先恐后。躟，快走的样子。就驾：登车。②正策：执辔。驾驭车马。③并狎（xiá）：互相拥挤。④巃嵸（lóng zōng）：聚集。逼迫：靠得很近。⑤骏：马。逸足：奔跑。⑥跄捍：马疾走的样子。凌越：互相赶超。⑦骧（xiāng）：马头高抬。⑧扬镳（biāo）：指驱马前进。镳，马嚼子。⑨马材：马的资质。倾夺：竞相奔驰。⑩逾埃赴辙：形容马跑得极快。⑪霆骇电灭：形容车马极快，如惊雷闪电。⑫蹠（zhè）地远群：一马当先。蹠，踏。远群，远在众马之前。⑬闇跳独绝：其快无比。闇跳，跑得很快的样子。独绝，无与伦比，独一无二。⑭宛足：缓步。郁（yù）怒：盛怒。般桓：同盘桓。按足不发。⑮矜容爱仪：举止端庄。⑯洋洋：庄重的样子。习习：协调的样子。⑰承意：任意。⑱骛（wù）骤：迅疾。相及：相连。⑲骆漠：奔驰的样子。城邑：城市。⑳燕胥：宴饮。燕，宴饮。胥，助词，无义。㉑泆（yì）：荒淫。㉒娱神：使心情欢乐。遗老：忘记老之将至。㉓永年：长寿，延寿。术：方法。㉔永日：消磨时间。

【译文】

从前楚襄王游罢云梦泽，宋玉写毕《高唐赋》，之后，又将办酒席宴请臣属。襄王对宋玉说："寡人想要欢宴群臣，用什么来助兴？"宋玉答道："臣下听说，唱歌可以传达感情，而跳舞能够尽兴。因此，论诗不如听歌，听歌不如观舞。像《激楚》、《结风》、《阳阿》这类舞蹈，宫中嫔妃眼福之极致叹为观止，真是穷尽了天下之妙。呵！以此献上怎样？"楚襄王又问："与郑乐相比如何？"宋玉说："世间事物，大有大的用处，小有小的用处，俗乐、雅乐各异其趣。'一张一弛，文武之道'，圣哲前贤，相需为用。《乐记》记载有干戚之舞，《雅》诗里赞美翩翩之舞，《礼记》制定了饮酒的规矩，《鲁颂》记录着醉归之歌。古代黄帝、帝喾之乐，雅正端庄，在宗庙演奏，用来协调天人关系；郑卫之乐，热烈奔放，可以用来娱乐宾朋，令人赏心悦目。公务之余暇，轻松一下，又不是用他来教育人民，又有什么害处呢？"楚襄王说："那么且为寡人赋一曲吧！"宋玉说："遵命！"

良夜何等美好，洒满了皎洁的月光。华灯初上，金碧辉煌，将华丽的屋室、内室都照耀。绣帐彩穗高悬，月照门环光映碧霄。褥垫铺展，虚位以待；酒满金樽摆下玉杯，井井有条。浅斟慢酌，四请三邀；酒到微醺，其乐陶陶。君王龙颜有喜色，心中隐情已滔滔。武将纷纷技痒，欲一献身手，文人频频低吟，当场挥毫。简慢惰怠，手舞足蹈，诚实、深思者渐致沉迷放荡，改变了惯常形貌。

于是郑女翩翩而起舞，缓缓移步待君旁。服色艳丽，不禁撩人眼目；意态怡悦，令人心动神摇。多态多姿，光华四溢，眉目传情，分外妖娆。蛾眉弯弯，秋波横扫；珠光宝气，缤纷招

摇；佩饰叮当，罗裙飘飘。形影相顾，衣装轻理；暗香浮动，随风飘渺。朱唇才启，情已先到；放开歌喉，音清声嘹。歌词曰："抒发我的感情，舒展我的思想。使被束缚的精神得到解放。松弛紧绷着的琴弦，来看我跳舞，虽非正经大事，也足以使人心情舒畅。心地广阔而大度，不要为细微末节之事而张皇。赞美《关雎》的乐而不淫，哀叹《蟋蟀》的俭而无当拘泥眼界狭小。观看舞蹈可以疏通阴阳之气，使人忘我超尘绝俗，使人精神高扬。"于是奏《激徵》、弹《清角》、演《均曲》、跳《舞操》；形态和融，精神协调，从容不迫，志得意满且逍遥。

于是，这时放好盘鼓，舞者按鼓声而踏节拍，舞曲清雅令人心舒意广。暇想无边，无拘无束。刚开始时，一俯一仰，或来或往，身段变化，难以名状。舞了一会儿，形如奔走，又如飞翔；忽儿倾倒，忽儿勇猛。静动适度，形神得当。轻罗随风飘摇，长袖纵横舒张。上下翻飞，来来往往，乐声舞姿，配合相当。飘然若燕子归巢，翩然如鸿鹄惊慌；轻盈敏捷，舒徐和畅。舞姿美妙，无与伦比；胸襟忠贞，洁白坦荡。修治仪容节操，以明自己志向，展开想象翅膀，愈高愈远飞翔。志在高山，巍巍若有高山之势；志在流水，则水声汤汤。心之所至，舞步自畅；诚内形外，舞必有当。表达诗样的感情，且仗身段和服装。气高如浮云，志洁若秋霜。观者看了倍赞叹，诸般乐师无人能比上。

单人舞毕，群舞开始，鱼贯而入。争先比技艺，夸容赛服饰。逸态模生，变幻莫测。望盘鼓而眉目有情，唱艳曲见唇红齿白。队列整齐，往来有秩。一动一静，又回又复；仙女下凡，依稀仿佛。鼓点有板有眼，脚趾蹈鼓又轻又疾。舞者飘然而远去，音乐戛然而不作。

等到回身再入舞池，节奏变快旋律飞扬。舞者一会儿纵身跳跃，膝行向前；一会儿脚背着地，一会儿两脚高悬。曲体奋身，舞姿翩然。罗绮飘飘如蚕蛾振翼，轻颖飞扬令人赞叹！舞姿起迈犹如飞鸟掠影，倏忽之间又变得缓慢舒展；曲折飘忽，犹似风吹云卷。体若游龙之蜿蜒，轻如蝉翼而素艳。舞毕敛容礼别，乐曲宣告奏完。舞者含笑退场。依次回归队列；观者无不称善，皆大喜欢。

夜宴已尽兴，席散不留客。襄王下令，套马驾车，挥鞭作别。车骑并驾齐驱，又挤又促迫。骏马快鞭，你超我越。良马昂首阔步，马口横飞吐沫。好马虽多，也相形见绌。有的快步如飞，宛若雷惊电灭；一马当先，岂能顾及驽策。有的胸中似积怒气，故意按足不前；可是一旦奔驰起来，竟然疾足先得。有的举止端庄，看来从容不迫；快慢随意，自控缓急。车声辚辚如远雷翻滚，渐渐远去又若云散四极。君王宴饮，乐不越礼。欢娱身心，延年有术。长生之道优哉游哉，逍遥终日。

长笛赋

马季长

融既博览典雅[①]，精核数术[②]，又性好音，能鼓琴吹笛。而为督邮无留事[③]。独卧钨平阳邬中[④]，有雒客舍逆旅[⑤]，吹笛为《气出》《精列》《相和》。融去京师逾年，暂闻甚悲而乐之。追慕王子渊、枚乘、刘伯康、傅武仲等箫琴笙颂[⑥]，唯笛独无，故聊复备数[⑦]，作《长笛赋》。其辞曰：

【注释】

①典雅：三坟五典与大雅小雅，指古代典籍。②精核数术：精考阴阳度数律历之术。核，覈，考证。③督邮：汉官名，为郡守佐史。无留事：无积案，官事闲暇。④郿平阳邬：地名，汉属右扶风郡，位于今陕西省凤翔县一带。⑤雒（luò）：洛阳。逆旅：客舍。⑥王子渊：名褒，字子渊，汉代辞赋作家，作有《洞箫赋》。枚乘：汉代辞赋作家，刘伯康：名玄，字伯康，汉代辞赋作家，作有《簧赋》。傅武仲：名毅，字武仲，汉代辞赋作家，作有《琴赋》。⑦备数：凑数。自谦之词。

惟籦笼之奇生兮①，于终南之阴崖②。托九成之孤岑兮③，临万仞之石磎④。特箭槁而茎立兮⑤，独聆风于极危。秋潦漱其下趾兮⑥，冬雪揣封乎其枝⑦。巅根跱之槷刖兮⑧，感回飙而将颓⑨。夫其面旁则重巘增石⑩，简积頵砡⑪。兀嵝狋觺⑫，倾昃倚伏⑬。庨窌巧老⑭，港洞坑谷⑮。嶰壑浍峣⑯，峆窞岩覆⑰。运裛窊洼⑱，冈连岭属⑲。林箫蔓荆⑳，森椮柞朴㉑。于是山水猥至㉒，渟涔障溃㉓，颙淡滂流㉔，碓投瀺穴㉕。争湍苹萦㉖，汩活澎濞㉗。波澜鳞沦㉘，窊隆诡戾㉙。瀥瀑喷沫㉚，奔遁砀突㉛。摇演其山㉜、动杌其根者㉝，岁五六而至焉㉞。是以间介无蹊㉟，人迹罕到。猨蜼昼吟㊱，鼯鼠夜叫㊲。寒熊振颔㊳，特麚昏髟㊴。山鸡晨群，野雉晁雊㊵。求偶鸣子㊶，悲号长啸。由衍识道㊷，噍噍讙譟㊸。经涉其左右、唨聒其前后者㊹，无昼夜而息焉。

【注释】

①籦（zhōng）笼：竹名，可作笛。②终南：终南山。秦岭山峰之一，位于陕西省西安市南。③托：附着。九成：九重，九层，形容极高。孤岑：孤峰。④仞：量词，古代八尺为一仞。磎（xī）：山谷。⑤箭、槁：二种竹名。⑥秋潦：秋天的雨水。漱：洗涤，冲刷。下趾：下边的根。⑦揣封：拥附。揣，同抟，积聚的样子。⑧巅根：指扎根在山巅上的竹子。跱（zhì）：同峙，耸立。槷刖（niè yuè）：孤危的样子。⑨回飙：回旋的大风。颓：坠落。⑩面旁：前后左右。重巘（yǎn）：重叠的山峰。巘，山峰。⑪简：多。頵砡（jūn yù）：石峰齐列的样子。⑫兀嵝（wū lǒu）：高耸突出的样子。狋觺（yín níng）：险峻的样子。⑬倾昃倚伏：倾侧倚伏。⑭庨窌（xiāo jiào）：深空的样子。巧老：也作窐寥，空阔沉寂。⑮港洞坑谷：坑谷相通。港洞，相通，相连。⑯嶰（xiè）壑：涧谷沟壑。浍峣（kuài duī）：沟壑深平的样子。⑰峆窞（kǎn dǎn）：山势重叠的样子。岩覆（fú）：悬岩覆下，窟穴深暗。⑱运裛（yì）：回绕缠连。裛，缠绕。窊洼（wū ān）：弯弯曲曲高低不平的样子。⑲冈连：岗岭相接不断。属（zhǔ）：连接。⑳箫：同筱（xiǎo），小竹。蔓荆：木名，生于水边，苗茎蔓延。㉑森椮（shān）：树木茂盛的样子。柞：柞树。朴：丛生的树木。㉒猥至：山水汇集而来。猥：众。㉓渟涔（tíng cén）：池水。障：堤。㉔颙（hán）淡：水波动荡的样子。滂流：涌流。㉕碓：古时舂米的石臼。投：撞击。碓投，形容水流冲击岩穴，如碓舂一般。瀺（chán）穴：水注冲入岩穴。㉖争湍：急浪。苹萦：水流回旋的样子。㉗汩（gǔ）活：水疾流的样子。澎濞（pì）：水流奔腾的声响。㉘波澜鳞沦：波澜泛起，形成鱼鳞似的波纹。沦，指水波纹。㉙窊（wā）隆：低陷与隆起。诡戾：乖违的样子。㉚瀥（hào）瀑：瀑水沸涌的样子。喷沫：喷溅飞沫。㉛奔遁：水流奔走。砀突：冲撞。㉜摇演：摇荡。演，引，也是摇动之意。㉝动杌（wù）：动摇。杌，摇。㉞岁五六而至：一年之中有五六次。㉟间介：空间地带。间介无蹊，是形容山峻水深竹林幽茂路径不通，故人迹罕至。㊱蜼（wěi）：一种长尾猿，黄黑色，尾长数尺。㊲鼯（wú）鼠：森林中一种鼠类，又名大飞鼠，前后肢之间有宽而多毛的飞膜，借以滑翔，尾很长。㊳振颔（hàn）：咬动着大嘴。颔，下巴。㊴特麚（jiā）：大公鹿。昏："眂"视。髟（biāo）：鬐鬣毛下垂的样子。㊵晁：同朝。雊（gòu）：鸣叫。㊶求偶鸣子：雌雄求偶，呼叫雏子。㊷由衍：行走的样子。识道：熟悉的途径。㊸噍噍（jiū jiū）：鸟鸣细碎声。讙譟：喧叫。譟，

同噪。㊹咙聒（máng guō）：声音杂乱。

夫固危殆险巇之所迫也[1]，众哀集悲之所积也[2]！故其应清风也[3]，纤末奋蒴[4]，铮镄营嗃[5]。若絙瑟促柱[6]，号钟高调[7]。于是放臣、逐子、弃妻、离友，彭胥、伯奇、哀姜、孝己[8]，攒乎下风[9]，收精注耳[10]。雷叹颓息[11]，掐膺擗摽[12]。泣血泫流[13]，交横而下[14]。通旦忘寐，不能自御。于是乃使鲁般、宋翟[15]，构云梯，抗浮柱[16]，蹉纤根[17]，跋篾缕[18]，膺陗陁[19]，腹陉阻[20]。逮乎其上[21]，匍匐伐取。挑截本末[22]，规摹彟矩[23]。夔襄比律[24]，子野协吕[25]。十二毕具[26]，黄钟为主[27]。挢揉斤械[28]，刬掞度拟[29]。锪硐隤坠[30]，程表朱里[31]。定名曰笛，以观贤士。

【注释】

①险巇（xī）：艰险崎岖。②集悲：悲鸣之声聚合。③应清风：与清风应和。④纤末：指竹林梢头细尖的样子。奋：迅速。蒴：同梢。⑤铮镄（zhēng huāng）：乐器声。营嗃（hóng xiāo）：大声，意为清风吹动竹林，发出一片宏大和谐声响。⑥絙（gēng）瑟促柱：瑟弦绷得很紧，声调急促，形容清风吹竹发出的声音。瑟多为二十五弦，弦下有支柱，以调节弦长，确定音高。⑦号钟：古琴名。高调：激越的声调。⑧彭胥：彭咸与伍子胥。彭咸是殷贤臣，纣王无道，彭咸谏而不听，后出走。伍子胥是吴国贤臣，吴王无道，伍子胥谏而不听，子胥死。伯奇：是周大夫伊吉甫之子，吉甫听后妻之言将他赶出家门，后投河而死。哀姜：春秋时代鲁哀公夫人，据说她将出嫁到鲁时，哭而过市，市人皆哭，鲁人称她为哀姜。孝己：殷中宗之子，至孝，事亲一夜五起，后中宗听后妻之言，被逐出走。⑨攒（cuán）乎下风：聚集于清风之下。攒，聚集。⑩收精注耳：收其精思，倾注其耳。即全神贯注。⑪雷叹：大声叹息。颓息：指众冤魂叹息竹林之下的情态。⑫掐膺（qiā yīng）：叩击胸膛。擗摽（pǐ biào）：捶胸抚心的动作。⑬泫流：血流滴滴的样子。⑭交横：血泪纵横落下。⑮鲁般：鲁国公输班，春秋时鲁国著名匠人。宋翟：墨翟，春秋时宋国人。⑯抗浮柱：立浮空之柱。抗，立。意为人们将登云梯、立浮柱以伐取山头之竹，将用它来作笛。⑰蹉纤根：脚蹬纤细的草木之根。蹉，蹉踏。⑱跋篾缕：手拔着缕缕细枝茎。跋，同拔。篾，细。⑲陗陁（qiào zhì）：峻峭的山坡。⑳陉阻：山石险峻断裂的地方。㉑逮：及、至。㉒挑截本末：截去根部和梢头。本，根。末，梢。㉓规摹：规制，格局。彟（huò）矩：法度，尺度。意为按着标准取成一定规格尺度。㉔夔、师襄：古代著名乐师。比律：协比音律。㉕子野：春秋晋国乐师，名旷，字子野。协吕：比合律吕。律、吕，指古代的乐律。古氏乐律有阳律、阴律各六，合为十二律。阳六曰“律”，为黄钟、太簇、姑洗、蕤宾、夷则、无射；阴六曰“吕”，为大吕、夹钟、仲吕、林钟、南吕、应钟。㉖十二毕具：十二律都具备。㉗黄钟：阳律之一，它是十二律中的主体。㉘挢：通矫，正。揉：使……弯曲。斤械：斧头之类的用具。㉙刬掞（tuán yàn）：截断削齐。度拟：度量比拟。㉚锪硐（zǒng tóng）：凿通磨光。隤坠：颓落。㉛程表：按一定距离刻孔。朱里：用红漆涂孔口。

陈于东阶[1]，八音俱起[2]。食举雍彻[3]，劝侑君子[4]。然后退理乎黄门之高廊[5]，重丘宋灌[6]，名师郭张[7]，工人巧士[8]，肄业修声[9]。于是游闲公子，暇豫王孙[10]，心乐五声之和[11]，耳比八音之调[12]。乃相与集乎其庭，详观夫曲胤之繁会丛杂[13]，何其富也！纷葩烂漫[14]，诚可喜也！波散广衍[15]，实可异也！掌距劫遌[16]又足怪也！啾咋嘈啐似华羽兮[17]，绞灼激以转切[18]。震郁怫以凭怒兮[19]，耾砀骇以奋肆[20]。气喷勃以布覆兮，乍跱蹠以狼戾[21]。雷叩锻之岌峇兮[22]，正浏溧以风冽[23]。薄凑会而凌节兮[24]，驰趣期而赴蹶[25]。尔乃听声类型，状似流水，又象飞鸿。氾滥溥漠[26]，浩浩洋洋。长矞远引[27]，旋复回皇[28]。充屈郁律[29]，瞋菌碨抰[30]。酆琅磊落[31]，骈田磅唐[32]。取予时适[33]，去就有方[34]。洪杀衰序[35]，希数必当[36]。微风纤妙[37]，若存若亡。荩滞抗绝[38]，中息更装[39]。奄忽灭没[40]，晔然复扬[41]。或乃聊虑固护[42]，专美擅工[43]。漂凌丝簧[44]，覆冒鼓钟[45]。或乃植持縼纆[46]，佁儗宽容[47]。箫管备举，金石并隆[48]。无相夺伦[49]，以宣八风[50]。律吕既和[51]，哀声五降[52]。曲终阕尽[53]，余弦更兴。繁手累发[54]，密栉叠重[55]。蹈踧攒仄[56]，蜂聚蚁同。众音猥积[57]，以送厥终。然后少息暂怠，杂弄间奏[58]，易听骇耳，有所摇演[59]。安翔骀荡[60]，从容阐缓[61]。惆怅怨怼[62]，窳圔窴赦[63]。聿皇求索[64]，乍近乍远。临危自放，若颓复反[65]。蚡缊番纡[66]，缏宛蜿蟺[67]。笢笏抑隐[68]，行入诸变。绞概汩湟[69]，五音代转。挼拿捘臧[70]，递相乘遭[71]。反商下徵[72]，每各异善[73]。

【注释】

①东阶：东阁之阶。②八音：指金、石、丝、竹、匏、土、革、木等八种乐器的声音。③食举：天子进食时所奏之乐。举，奏。雍彻：唱着《雍》诗来撤除宴席。《雍》是《诗经》中《周颂》的一篇。④劝侑君子：以美妙的音乐助君子饮酒。侑：助劝人吃喝。⑤理：理乐，练习演奏。黄门：本为汉代的音乐官署，此指习乐坊所。高廊：廊庑。⑥重丘：县名。宋灌：重丘县中的宋姓、灌姓两个乐师。⑦名师郭张：姓郭姓张的两位有名乐师。⑧巧士：智巧之士。⑨肄业修声：修治学业习练音声。此指练习演奏。⑩暇豫：悠闲快乐。⑪五声：宫、商、角、徵、羽五个音阶。⑫比：便，欣悦。⑬胤（yìn）：同引，乐曲。繁会丛杂：用树木丛生之貌形容各种声音会合。⑭纷葩：盛多的样子。烂漫：色彩鲜丽，这是以花卉盛开之状形容各种声响会合。⑮波散：像水波一样扩散。广衍：扩延散布。衍，溢。这是以水流漫衍之态形容各种声响会合传播。⑯掌（chēng）距：互相凌犯。劫遌（è）：互相胁迫。此处借物体凌犯撞击情态，比喻各种声音交合，互相凌犯。⑰啾咋：声音杂多而又宏大。嘈啐：声音杂乱。此处是用众鸟鸣叫形容笛声。⑱绞灼激：声音缭绕猛烈。切：急切，声响缭绕宏大而转向急切。⑲震：雷。郁怫：繁盛。这里形容声音沉宏。凭：大。⑳耾：大。砀：突然。奋肆：震荡奔放。这句是说声响突然强烈迸出，在空中回荡。㉑跱踬（zhì zhí）：停步踏足，比喻声音跱立，如有所踬踏。狼戾：壮勇，强烈。此处是形容声音拔地而起，非常强烈。㉒叩锻：打铁。砐硞（jí hé）：打铁声。声音像天雷击铁一样，清脆激越。㉓浏漂：风声。象声词。浏：清。声音清亮，随风而出。㉔凑会：会集。节：高峻的样子。繁声汇合翻越高山。㉕趣：向。期：会集。赴踬：奔赴颠仆。繁声汇合，随着山势高低流散。以上几句都是用物形来形容声音。㉖氾滥：水势漫溢的样子。溥（pǔ）漠：水势广远溢漫的样子。氾滥溥漠，水势漫溢无边。㉗宵（mǎn）：视。远引：伸向远方。长宵远引，大水奔流，目送着流向远方。㉘旋：立刻。回：回转。皇：大。旋复回皇，旋即流转回来，发出宏大音响。㉙充屈（jué）：声郁积竟出的样子。郁律：声郁结而不宏畅。㉚瞋：繁盛的样子。菌：郁结的样子。碨抰（wěi yàng）：众声汹汹的样子。瞋菌碨抰，众声汇合繁盛。㉛酆琅（fēng láng）：众声宏大四布的样子。磊落：声音错落分明。㉜骈田：布集连属。磅唐：广大磅礴。㉝取予适时：声调取舍适度。㉞去就有方：声音节度都有规律。去就，取舍。方，法则。㉟洪杀衰（cuī）序：声响增减差次。洪，增。杀，减。衰差。序，次。声响强、弱、增、衰都很有层次。㊱希：同稀，疏。数（cù）：密。希数必当，声响的稀疏、繁密都很允当。㊲微风纤妙：声音像微风一般细微轻弱。㊳荩（jìn）：余。滞：沉滞。抗绝：极微细近于断绝。荩滞抗绝，余声沉滞极微近于消失。㊴中息更装：声音中间稍歇，又复吹奏起来。装，壮，壮盛。㊵奄忽：突然。㊶晔（yè）然：声音高扬。扬：举。㊷聊虑：精心深思。固护：精心专一的样子。㊸专美擅工：专美此器，擅此一工。意为潜研精思地研究笛子，而达到精工善美的程度。㊹漂凌：漂荡凌驾，超过。丝簧：指琴瑟笙簧之类乐器。㊺覆冒鼓钟：掩蔽了鼓钟的声音。覆冒，掩蔽。㊻植持：不动的样子。縼纆（xuán mò）：縼缠，缠绕约束的意思。㊼佁踽（chì yì）：舒缓的样子。㊽隆：高起，隆盛。㊾无相夺伦：各种声响和谐齐出，并无互相扰乱。夺伦，失其伦次。㊿八风：八方之

风。㊶律吕既和：乐律和谐。㊷哀声：悲哀的乐声。五降：《文选旁证》引“林先生曰：五降谓宫商角徵羽五音各种全律半律，唯变宫变徵不可为调，无半律，故音至五降而止。”㊸阕（què）：乐曲终止。㊹繁手累发：手指按动频繁，连连发出音响。㊺密栉叠重：像梳齿一样重叠排比。栉，梳齿。㊻踾踧（fú cù）：声音迫促。攒（cuán）仄：声音密集。㊼猥积：众音杂多。猥：杂多。㊽杂弄间奏：交错演奏，声音复杂。弄，曲。㊾摇演：引动，指声音使人心神为之引动。㊿安翔：声音清扬舒缓。骀（tài）荡：舒缓荡漾的样子。[61]阐缓：闲缓的样子。[62]怨怼（duì）：怨恨。[63]窳窊（yǔ yà）：低回。窴赧（tián nǎn）：悠缓。[64]聿皇：疾骤。求索：乐器相合奏。[65]若颓复反：像是颓下而复返上。指声音先低沉而后上扬的情形。[66]纷纭：相纠纷的样子。缙纡：相纷乱的样子。[67]缠冤：动摇的样子。蜿蟺：盘屈之状。[68]笢笏（mín hù）抑隐：手指按笛孔抑声隐韵。笢笏，手指循按笛孔的样子。[69]绞概：声音相切磨。汩湟（gǔ huáng）：溪水流动的样子。[70]挼（nuó）拿：手指沿笛孔切摩移动。捘（zùn）臧：手指推按掩抑。[71]递相乘遭：手指动作一个接连一个地变换。递，顺次，一个接一个地。綦，回转。[72]反商下徵（zhǐ）：变换商调生出徵调。商、徵，五声音阶中的两个音级。[73]每各异善：各种声调无不奇妙。

故聆曲引者①，观法于节奏，察变于句投②，以知礼制之不可逾越焉。听遳弄者③，遥思于古昔，虞志于怛惕④，以知长戚之不能闲居焉。故论记其义，协比其象⑤，彷徨纵肆，旷瀁敞罔⑥，老庄之概也。温直扰毅⑦，孔孟之方也⑧。激朗清厉⑨，随光之介也⑩。牢刺拂戾⑪，诸贲之气也⑫。节解句断⑬，管商之制也⑭。条决缤纷⑮，申韩之察也⑯。繁缛骆驿⑰，范蔡之说也⑱。剺栎铫㦎⑲晳龙之惠也⑳上拟法于韶箾南籥㉑，中取度于白雪渌水㉒，下采制于延露巴人㉓。是以尊卑都鄙㉔，贤愚勇惧㉕，鱼鳖禽兽，闻之者莫不张耳鹿骇㉖。熊经鸟申㉗，鸱视狼顾㉘，拊噪踊跃㉙。各得其齐㉚，人盈所欲，皆反中和，以美风俗。屈平适乐国㉛，介推还受禄㉜，澹台载尸归㉝，皋鱼节其哭㉞。长万辍逆谋㉟，渠弥不复恶㊱，蒯聩能退敌㊲，不占成节鄂㊳。王公保其位，隐处安林薄㊴。宦夫乐其业㊵，士子世其宅。鱏鱼喁于水裔㊶，仰驷马而舞玄鹤㊷。于时也绵驹吞声㊸，伯牙毁弦㊹，瓠巴聑柱㊺，磬襄弛悬㊻。留视瞠眙㊼，累称屡赞。失容坠席㊽，搏拊雷抃㊾。僬眇睢维㊿，涕洟流漫[51]。是故可以通灵感物，写神喻意[52]，致诚效志，率作兴事[53]，溉盥污涉[54]，澡雪垢滓矣[55]。

【注释】

①曲引：乐曲。引，曲。②句投：句逗，章句。投，古与逗通用，逗，止。③遳弄：小曲、杂曲。④虞志于怛（dá）惕：心情沉浸在忧伤之中。怛惕：忧劳、忧伤。⑤协比：合同一起。象：物象。想象与各种声音相合的物象。⑥旷瀁：幽闲。胡刻本作“㳽”，依六臣本改。敞罔：宽大的样子。⑦温直扰毅：温柔正直，优游弘毅。⑧方：比。⑨激朗清厉：激切明朗清廉耿介。⑩随光之介：卞随、务光的节操。卞随、务光是帝尧时代两个隐士，相传汤伐桀时，曾先和卞随、务光商量，二人皆表示不参与。汤胜桀后，又想把江山让给随、光，随、光又不肯接受，表示自己坚守志节，不参与浊世纷争。⑪牢刺拂戾：心情愤郁乖戾不和顺。牢刺，愤郁。拂戾，不和顺，好斗。⑫诸贲之气：专诸、孟贲的气质。专诸、孟贲是春秋时代两个勇士。专诸曾为吴王阖闾刺杀吴王僚，孟贲，水行不避蛟龙，陆行不避虎狼。⑬节解：形容笛声节奏分明。句断：形容笛声断续分明。⑭管商之制：管仲、商鞅的法制。管仲、商鞅是春秋战国时代两个政治家。管仲是齐桓公的宰相，佐桓公治理天下，九合诸侯，很有法度。商鞅是秦孝公的左庶长，变更秦法，使秦富强。⑮务决缤纷：有条理而疏朗，乱而能理。条决，有条理而疏朗。缤，理。⑯申韩之察：申不害、韩非的明察。申不害、韩非是战国时代两个以法治国的政治家。申不害作韩昭侯宰相时，内修政

教，外应诸侯，十五年国治民强。韩非曾著《孤愤》、《五蠹》、《内外储》、《说难》等篇，十余万言，主张以法治国，其说甚明察。⑰繁缛骆驿：音节繁多，相连不绝。缛，彩饰。骆驿，连续不断的样子。⑱范蔡之说：声音像范雎、蔡泽的说辞。范雎、蔡泽是战国时代两个说客。范雎说秦昭王远交近攻、加强王权之策，说辞中比喻、排比甚多，语句流畅。蔡泽原是燕人，曾游说列国。入秦说范雎，因得见昭王，用为客卿。蔡泽说范雎，说辞亦皇皇大论，滔滔不绝。⑲剺栎铫愅（lí lì tiáo huà）：很有分别节制。剺栎：分别节制的样子。铫愅，节制。⑳哲龙之惠：邓哲、公孙龙的明辨。邓哲、公孙龙是春秋战国时两个哲学家。邓哲是郑国辩士，作《竹刑》篇，操两可之说，设无穷之辞。公孙龙是赵国人，著有《坚白论》、《白马论》等篇，辩论名实，也是一诡辩学者。㉑韶箾：即箫韶，舜乐曲名。南籥：古乐舞名。㉒白雪：也叫阳春白雪，古乐曲名。渌水：古乐曲名。㉓延露巴人：延露、巴人都是古代民间乐曲名。㉔尊卑都鄙：尊者、卑者、美者、陋者。都，美。鄙，陋。㉕贤愚勇惧：贤者、愚者、勇者、怯者。惧，懦，怯。㉖张耳鹿骇：像麋鹿吃惊一样张耳细听。骇，惊恐。㉗熊经鸟申：像熊一样凭木而立，像鸟一样引颈屏声地听。经，凭木而立。申，同伸，伸颈。㉘鸱视狼顾：像鸱鸮一样惊视，像狼一样反顾。㉙拊噪：鸣噪。踊跃：飞舞的样子。㉚各得其齐：各得其心中所适。齐，得其适。㉛屈平适乐国：屈原回到楚王朝廷来享受快乐。屈原是战国时代楚国大夫，因他主张革新政治，受到朝中小人排挤，被楚王逐出朝廷，流浪山泽，后自沉汨罗江死去。此为夸张笛声的作用，意思是说屈原听见笛声，也将改变志节，不投汨罗而返回朝廷了。㉜介推还受禄：介之推回到朝廷，接受晋文公的俸禄。㉝澹台载尸归：澹台灭明把他儿子尸体从江中收回来。《博物志》："澹台灭明之子溺死于江，弟子欲收而葬之。明止之曰：'蝼蚁何亲？鱼鳖何仇？'弟子曰："何夫子之不慈乎？'对曰：'生为吾子，死非吾鬼。'遂不收葬。"意为澹台灭明如果听见了笛声，也将改变观点，把他儿子的尸体从江中收回来。㉞皋鱼节其哭：《韩诗外传》："孔子出行，闻有哭声，甚悲。至，则皋鱼也，被褐拥剑哭于路左。孔子下车而问其故。对曰：'吾少好学，周游天下，吾亲死，一失也；高尚其志，不事庸君，而晚仕无成，二失也；少择交游，寡亲友而老无所托，三失也。夫树欲静而风不止，子欲养而亲不待，往而不可返者，年也。逝而不可追者，亲也。吾于是辞矣。'立哭而死。孔子谓弟子曰：'识矣！'于是门人辞归养亲者一十三人。"意为皋鱼听见笛声，也将改变心情而节制哀哭了。㉟长万辍逆谋：南宫长万中止弑君的阴谋。南宫长万是春秋时宋大夫，当宋鲁之战曾被鲁国俘虏，后被宋国赎回。一次宋湣公出猎，南宫随。猎间，二人下棋游戏，为争行，湣公怒说："你，是鲁国俘虏！"南宫感到羞辱，于是以棋盘打死了湣公。在封建时代，南宫行为是叛逆不道。意为南宫长万听见笛声，也将辍止杀君之心。㊱渠弥不复恶：高渠弥不复有恶心。高渠弥是郑国大夫，郑昭公为太子时，庄公欲以高渠弥为卿。昭公很讨厌，多次向庄公进谏，庄公不听。及昭公即位，高渠弥怕昭公杀自己，于是在一次出猎中，就把昭公射死。意为高渠弥听见笛声，也将不生杀昭公的罪恶之心。㊲蒯聩能退敌：蒯聩听见笛声，因感动而撤退了围城之兵。蒯聩是卫灵公太子，灵公在位时，因与夫人南子有怨，被灵公逐出朝廷。后灵公死，卫人立蒯聩之子辄为君，是为出公。蒯聩闻之，帅兵来围，出公奔鲁，蒯聩取其位，是为庄公。意为蒯聩因闻笛声而自动退了围城之兵。㊳不占成节鄂：陈不占成就节操而增了勇气。《韩诗外传》："陈不占，齐人也。崔杼弑庄公，不占闻君有难，将往赴之。食则失哺，上车失轼。其仆曰：'敌在数百里外而惧怖如是，虽往，其益乎！'不占曰：'死君之难，义也。无勇，私也。'乃驱车而奔之，至公门之外，闻钟鼓之声，遂骇而死。君子谓不占无勇而能行义也，可谓志士矣。"意为像陈不占这样怯懦的人，听了笛声，不仅成就了大义，而且也将增加了勇气。㊴林薄：草木杂生的地方。㊵宦夫：指一般仆隶。㊶鳣鱼喁（yóng）于水裔：鳣鱼在水边嘴向上露出水面。喁，鱼嘴向上露出水面。水裔，水边。㊷仰驷马而舞玄鹤：笛声奏起，使驷马仰首侧听，玄鹤欣然起舞。㊸绵驹吞声：绵驹咽住歌喉。绵驹，春秋时代齐国歌唱家。㊹伯牙毁絃：伯牙摔毁古琴。伯牙，春秋时代著名琴师。《荀子·劝学》篇有"伯牙鼓琴而六马仰秣"的记载。㊺瓠巴聑柱：瓠巴拔下了弦柱。聑，帖的借字。帖柱，使瑟弦松弛，帖于柱下。瓠巴，春秋时楚人，善鼓瑟。《荀子·劝学》篇有"昔者瓠巴鼓瑟，而流鱼出听"的记载。㊻磬襄弛悬：磬襄放下来悬磬。驰，放下。磬襄，春秋时乐师，善鼓磬。㊼留视瞠眙（chēng chì）：笛声使人瞪目呆视。瞠眙，眼睛直视的样

子。㊽失容坠席：失去容仪，坐不安席。㊾搏拊雷抃（biàn）：拍掌欢跃，声音如雷。搏、抃，拍击的动作。抃，鼓掌。㊿僬眇睢维：笛声使人两目开合频眨。焦眇，眼睛眯得很小的样子。瞧维，眼睛睁得很大的样子。51涕洟（yí）流漫：涕泪交流，满面流下。洟，鼻涕。52写神喻意：舒写精神，晓喻志意。53率作兴事：率劝下人，移风易俗。54溉盥（guán）污涉：冲刷去污垢杂秽。溉盥，冲刷、洗涤。污秽，指污杂之思想。55澡雪垢滓：洗涤去污垢杂滓。澡雪，洗涤。垢滓，指思想上的灰尘。

昔庖羲作琴①，神农造瑟②，女娲制簧③，暴辛为埙④，倕之和钟⑤，叔之离磬⑥。或铄金砻石⑦华睆切错⑧，丸挻雕琢⑨，刻镂钻笮⑩。穷妙极巧，旷以日月，然后成器，其音如彼。唯笛因其天姿，不变其材，伐而吹之，其声如此。盖亦简易之义⑪，贤人之业也。若然⑫，六器者⑬，犹以二皇圣哲黈益⑭，况笛生乎大汉，而学者不识其可以裨助盛美⑮，忽而不赞⑯，悲夫！有庶士丘仲⑰，言其所由出，而不知其弘妙。其辞曰：近世双笛从羌起⑱，羌人伐竹未及也。龙鸣水中不见己，截竹吹之声相似。剡其上孔通洞之⑲，裁以当篙便易持⑳。易京君明识音律㉑，故本四孔加以一㉒。君明所加孔后出，是谓商声五音毕。

【注释】

①庖羲：伏羲氏，古代传说中的圣人。②神农：古代传说中的圣人，在伏羲氏之后。③女娲：神话中的女神，她曾有补天育人之功。④暴辛：周平王时诸侯。埙（xūn）：古代吹奏乐器。⑤倕：乐工名。和钟：调和钟声。⑥叔：乐工名。离：理，治理，制作。⑦铄金砻（lóng）石：溶销金属，斫磨玉石。铄，销。砻，磨。⑧华睆（huàn）切错：画刮切磨。此指制造乐器时的一些工序。华，画。睆，刮。切错，切削琢磨。⑨丸挻（shān）雕琢：弯折挻击，细心雕琢。丸，弯折。挻，击。⑩刻镂钻笮：刻削雕镂，钻穿深凿。钻，穿。笮，凿。⑪简易：简要不繁，易于体行。《周易》曰：乾以易知，坤以简能。易则易知，简则易从。易知则有亲，易从则有功。有亲则可久，有功则可大。可久则贤人之德，可大则贤人之业。⑫若然：如此。⑬六器：指上文所说的六种乐器，即：琴、瑟、笙、埙、钟、磬。⑭二皇圣哲黈（tǒu）益：有二皇和圣哲诸人为之创制增益。二皇，指伏羲、神农。圣哲，指倕、叔等名乐工。倕益，增益。⑮裨（bì）助盛美：裨补大汉王朝强盛昌隆的德业。禅，补助。⑯忽而不赞：轻忽了事而不赞颂。忽，轻忽。赞，赞颂。⑰丘仲：人名，汉武帝时善吹笛的乐工。⑱羌（qiāng）：我国古代西部少数民族，善吹笛子。⑲剡（yǎn）：削。⑳裁以当篙（zhuā）便易持：裁截之以当马鞭，很便于携持。篙，马鞭。㉑易京君明：京房，字君明，汉武帝时代的著名学者，对《易经》很有研究，且懂音律。㉒本四孔加以一：笛原四孔，京房为合五声，又增一孔。

【译文】

马融博览群书，熟悉古代典籍，精通天文、历法和占卜之学，又性好音律，善于鼓琴与吹笛。做督邮时，官事闲暇，独居郿县平阳邬官署中。有位洛阳客人，客居舍吹笛，吹秦相和歌《气出》《精列》等曲子。融离开京师一年多，乍闻笛声，甚为悲凉，旋而喜悦。追慕王子渊、枚乘、刘伯康、傅武仲等人，他们作有箫，琴，笙等赋颂，唯独笛子没人写过，聊为凑数，作《长笛赋》。其文辞是：

簕笼美竹之奇材呵，生长在终南山之北崖。寄托于九重孤峙之山峰呵，下临万仞深邃之石谷。箭槁二竹之茎杆挺立呵，独自倾听风声于山巅。秋水冲刷着它的须根呵，冬雪拥封着它的枝叶，竹生山巅多么孤危，经受狂风摇撼像要倾坠。其前后左右是重岚叠岩，怪石堆积，石峰高耸、犬牙交错，倾侧倚伏。溪谷幽邃深空，坑谷相连，沟壑深平，石坎层层，岩穴幽暗。山势蜿蜒回绕缠连，低曲不平，冈连冈，冈岭连绵不断。小竹林与蔓荆丛杂，柞栎与朴木叶茂枝繁。有时山水汇集而来，涧水涨溢，冲决堤防。山洪奔泻，大水涌流，如碓舂米，冲击如堆的石块。急湍争流，惊涛回旋，奔腾喧嚣，汹涌澎湃。波澜起伏，形成鳞般波轮，洪峰涌来，水面忽高忽低。沸涌飞溅，奔腾撞击，摇撼山岩，冲动竹根。此种情形，每年五、六月份就会发生。因此，这里山间隔绝，无路可通，人迹罕至。猿猴白昼长吟，飞鼠夜间号叫。寒熊张着大嘴，老鹿回头振髦。山鸡清晨群飞、野雉拂晓鸣叫。求偶叫雏，悲号长啸。恣意游乐，循径熟道。噍噍啾啾，一片喧闹。飞游在竹林左右，杂鸣在竹林前后。此种情形，昼夜没有停息的时候。

佳竹本来生长在孤危险峻的山峰，听惯飞禽走兽的哀号悲鸣。所以当清风吹来，竹梢振动，发出铮铮响声。像紧瑟急弦，像琴声悠鸣。于是，被流放之臣，被驱逐之子，弃妻离友，诸如彭咸、伍子胥、伯奇、哀姜、孝己、都聚集在竹林清风之下，聚精会神、洗耳倾听。叹息伤神，灰心丧气，捶胸哀痛，抚心悲伤。泣血淋漓，纵横泪下。通宵忘寐，而不能控制自己。于是，人们才使鲁班、宋翟，架云梯，立浮柱，脚蹬草木细根，手攀细竹枝茎，胸脯贴着崖隙，腹部挨紧断壁，爬上山巅，匍匐伐取。截去竹子根稍，按照一定规格尺寸，请夔、襄按律定音，子野协和律吕。十二种乐律都具备，以黄钟之音为主体。用文火矫正弯度，用刀斧使之圆直。依照规矩尺度截断消齐，凿通磨光，系上笛坠装饰。外面刻出笛孔，涂以红漆。定名叫笛，可以用来观察贤士之志。

长笛陈列在东阁之阶，八种乐器一齐合奏。先奏《食举》乐曲开宴，再奏《雍彻》乐章撤下宴席。以此美妙之乐，劝助大人先王进膳。然后退到黄门高廊之下演习，请来重丘县有名的宋、灌两位乐师，还有著名乐师郭氏张氏。招集乐工歌伎，让他们演奏练习。这时，优游闲暇的公子，悠闲逸乐之王孙，心乐五声之和谐，耳悦八音之雅调，也都相互聚集在庭下，仔细欣赏乐曲的美妙。美妙的乐曲犹如树木繁茂丛杂，多么丰富啊！有如繁花盛开，色彩斑斓，实在令人喜悦！又如波面扩散，水流漫衍，实在令人惊异！又如兵器格斗凌犯，相互撞击，又足以使人奇怪！啾咋嘈啐，就像华丽的孔雀鸣叫，声音缭绕激越又转而急切。雷声隆隆撼山岳呵，轰鸣回旋以振荡。气凝于笛而向四方布散呵，笛声乍歇而突然飞迸。有如天雷撞击仿佛打铁之声，声音激切又如寒风凛冽。声音汇集似冲破节奏，刚达到顶点又突然下跌。你听那笛声，犹如看见物体的形象。其状像流水欢快，又像飞鸿飘逸。大水浩瀚无际，任波漾弋，浩浩荡荡，目送着奔向远去。大水忽然回旋，竞相汇集。声音充沛郁积，轰鸣作响。繁声凝结，汹汹竞出。洪音传播，错落分明。布集连属，广大磅礴。声调取舍适度，节奏繁简有方。强弱变化很有层次，声响稀疏繁密允当。有时声音像微风那样纤细轻柔，仿佛存在，又仿佛消亡。余音沉滞近于断绝，稍稍停息复又高扬。乐曲中止消失，复又盛大高昂。真乃精心研制此笛，使之尽善尽美。超过了丝簧，又覆盖了鼓钟。此笛之音响，有时如树木植立引持上升，又像丝绳缠绕不断，轻柔舒缓，宽容和谐。这时又箫管齐奏，钟磬交响，笛声和谐而不错乱，妙曲宣通四面八方。音律既已和谐，哀声五降而息。一曲乐章终止，余弦又重新奏起。两手频频按动，手指像梳齿般振动。声音急迫密集，如蜂聚蚁拥。各种音响繁杂齐鸣，以使笛曲将终。然后少息暂停，杂曲又乘间演奏。变换曲调以新耳目，使人心神有所摇动。清扬舒缓，从容荡漾。惆怅怨恨，低回悠缓。突然节拍轻快，乐器合奏，声音款款忽近忽远。好像居高放任，又像沉下去复又高扬，纷乱纠结，动摇盘屈。手按笛孔，抑声隐韵。笛声出入交换新调，声相切磨如小溪流

水。五音交替，互相变换。手指移动掩抑，动作连续变换。变商下徵，各个声调都异常美妙。

所以，善听乐曲之人，在节奏中观察法度，于乐章之中体察变化，是以知道礼仪法义不可逾越。善听乐曲之人，就会发思古之幽情，心神沉浸在忧伤之中，始知人生忧患而不能闲居独行。因此议论记述笛子的义理，合比它表现的事物形象。其放任恣肆，幽闲宽大，乃老子、庄周的气概。其温和正直，柔顺刚毅，又具有孔孟之大道。其激切明朗、耿介有骨气，又具有卞随、瞀光的节操。其愤郁不平，如专诸孟贲的武勇气概。其节奏分明。如管仲商鞅之决断。其有条不紊，如申不害、韩非的明察。其繁辞彩饰、滔滔不绝，如范雎、蔡泽的说辞。其分别节制，如邓晳、公孙龙的明辨。上效法于《箫韶》《南籥》之帝王乐曲；中取度于《白雪》《渌水》之高雅乐曲，下采制于《延露》《巴人》等民间乐曲，所以尊者、卑者、美者、丑者，以及贤者、愚者、勇者、怯者，甚至鱼、鳖、禽、兽，无不像麋鹿受惊那样张耳细听，像熊攀树引颈直立，像鸟在空中伸足那样注意倾听。都像鸱鸮惊视，恶狼反顾那样被笛声吸引。他们拍手称快，踊跃奋起，个个得以适意，人人之情欲得以满足。从而都达到和谐的境界，使风俗得以淳美。听到那笛声，屈平会回到楚王宫廷享受欢乐，介子推会归入朝廷接受晋文公俸禄，澹台灭明会把儿子尸体从江中收回，皋鱼会改变心绪节制哀哭，南宫长万会中止弑君阴谋，高渠弥也不会再有杀害昭公之恶心，蒯聩会因感动而退去围城之兵，陈不占也会成就大义不再怯懦，王侯公爵将安保其位，隐居处士将乐居山林，仆隶之人将喜欢他的职业，青壮之人将继其家世。笛声会引得鱼喁水面，驷马仰首倾听，玄鹤欣然起舞。在这时候，绵驹咽住歌喉，伯牙毁掉古琴。瓠巴松开弦柱，磬襄放下悬磬。他们都瞠目惊呆，连连称赞笛声之妙。他们激动失去容止，俯仰席间，拍手称快，掌声雷动。两眼开合频眨，涕泪交流，漫漫而下。所以，笛声可以通致神灵 ，感化万物。舒泻精神，晓喻志意，极致精诚，效验志向。劝率臣下，移风易俗。冲刷污秽之思，洗涤垢滓之想。

当代伏羲作琴，神农造瑟，女娲制簧，暴辛为埙，工倕铸钟，匠叔治磬。镕金磨石，画刮切磨，弯折雕琢，镂刻钻凿。极尽巧妙，经年累月，然后成器，其声音才能那样神奇。只有笛子因其天然姿质，不改变其素材，伐下来即可吹奏，其声音竟是如此美妙。这也是简约平易的道理，乃是贤人的事业呵。如此，像上述六种乐器，竟有二皇和圣哲诸人为之创制增益。笛子产生在大汉王朝，而学士不识其可以裨助王业之盛美，轻忽而不赞颂它，是很可悲呵！有庶士丘仲，讲了笛子的出处，而不知笛子的绝妙，他的言词是：近代双笛从羌人创制起，羌人伐竹尚未停息。龙吟水中不见身，截竹吹奏声相似。其上削孔通竹节，形若马鞭易携持。“易京”君明识音律，本是四孔又加一。君明所加孔后出，是谓商声五音具。

琴赋 并序

嵇叔夜

余少好音声，长而玩之[①]。以为物有盛衰，而此无变；滋味有猒[②]，而此不倦。可以导养神气，宣和情志[③]，处穷独而不闷者[④]，莫近于音声也[⑤]。是故复之而不足，则吟咏以肆志；吟咏之不足，则寄言以广意[⑥]。然八音之器[⑦]，歌舞之象，历世才士[⑧]，并为之赋颂。其体制风流[⑨]，莫不相袭。称其材干[⑩]，则以危苦为上[⑪]；赋其声音，则以悲哀为主；美其感化，则以垂涕为贵。丽则丽矣[12]，然未尽其理也。推其所由，似元不解音声；览其旨趣[13]，亦未达礼乐之情也[14]。众器之中，琴德最优[15]。故缀叙所怀[16]，以为之赋。其辞曰：

【注释】

①玩：习。②猒（yàn）：同餍。饱，足。③导养神气：疏导气血，静养精神，是养生以求长寿之法。宣和：舒展，调和。④穷独：指逆境。《孟子·公孙丑》："柳下惠……遗佚而不怨，阨穷而不悯。"又《孟子·尽心》："穷则独善其身，达则兼善天下。"⑤近：过。⑥寄言：托言。广意：阐述思想。⑦八音：古代乐器的统称。指金、石、丝、竹、匏、土、革、木。⑧才士：有才气的文士。⑨体制：指诗赋的体裁。风流：流风余韵，此指传统的形式。⑩材干：制作乐器的材料。⑪危苦：吕延济注："危苦，意生于高竣也。"⑫丽：好。⑬旨趣：宗旨。⑭礼乐：《礼记·文王世子》："凡三王教世子必以礼乐。乐，所以内修也；礼，所以外修也。礼乐交错于中。"又《礼记·乐工记》："故礼以道其志，乐以和其声，政以一其行，刑以防其奸，礼乐刑政，其极一世。"⑮琴德：指琴在教化中的作用。⑯缀叙：写作。

惟椅梧之所生兮[1]，托峻岳之崇冈。披重壤以诞载兮[2]，参辰极而高骧[3]。含天地之醇和兮[4]，吸日月之休光[5]。郁纷纭以独茂兮[6]，飞英蕤于昊苍[7]。夕纳景于虞渊兮[8]，旦晞干于九阳[9]。经千载以待价兮，寂神跱而永康[10]。

【注释】

①椅梧（yī wú）：梧桐之类的树木，适合作琴。一般是以桐木作面板，以梓木作底板，合为音箱。②重壤：厚土。诞载：生长。③参辰极：与北斗星齐高。参，齐。辰极，北斗星。高骧（xiāng）：高高向上。骧，高举。④醇和：天地间的精气。⑤休光：美丽的光辉。⑥郁纷纭：枝叶繁茂的样子。⑦英蕤（ruí）：花絮。昊（hào）苍：苍天。⑧景：影。虞渊：日落之所在。⑨晞（xī）：晒。九阳：九天之崖。⑩待价：待人采伐。寂：悠闲。跱：同峙，耸立。

且其山川形势：则盘纡隐深[1]，确嵬岑嵒[2]。互岭巉岩[3]。岞崿岖崟[4]。丹崖崄巇[5]，青壁万寻。若乃重巘增起[6]，偃蹇云复[7]。邈隆崇以极壮[8]，崛巍巍而特秀[9]。蒸灵液以播云[10]，据神渊而吐溜[11]。尔乃颠波奔突[12]，狂赴争流。触岩觝隈[13]，郁怒彪休[14]。涌沟腾薄[15]。奋沫扬涛[16]。汇汩澎湃[17]，蜿蟺相纠[18]。放肆大川，济乎中州。安回徐迈[19]，寂尔长浮[20]。澹乎洋洋[21]，萦抱山丘。详观其区土之所产毓[22]，奥宇之所宝殖[23]，珍怪琅玕[24]，瑶瑾翕赩[25]，丛集累积，奂衍于其侧[26]。若乃春兰被其东，沙棠殖其西，涓子宅其阳[27]，玉醴涌其前[28]，玄云荫其上[29]，翔鸾集其颠，清露润其肤，惠风流其间[30]。竦肃肃以静谧[31]，密微微其清闲[32]。夫所以经营其左右者[33]，固以自然神丽，而足思愿爱乐矣[34]。

【注释】

①盘纡（yū）：曲折回环。②确嵬（cuī wéi）：高峻的样子。岑嵒：危险之状。嵒同岩。③巉岩：险峻的山石。④岞崿（zuó è）：山高的样子。岖山金（yín）：山石险峻的样子。⑤崄巇（xiǎn xī）：艰险崎岖。⑥重巘（chōng yǎn）：重重叠叠的山峰。⑦偃蹇（jiǎn）：高高的样子。⑧隆崇：高大的样子。⑨崛巍巍：陡

峭的样子。⑩灵液：指水蒸气。⑪神渊：山泉。吐溜：形成水流。溜，流。⑫颠波奔突：水势急湍的样子。⑬触：至。觝（dǐ）：碰撞。隈（wēi）：弯曲的地方。⑭郁怒：盛怒。彪休：愤怒的样子。⑮腾薄：波浪相激。⑯奋沫：激起细碎的浪花。⑰浺汩（jié gǔ）：急流激荡的样子。⑱蜿蟺（wǎn shàn）：盘旋。相纠：缭绕不断。⑲安回：安然回旋。徐迈：缓缓流淌。⑳寂尔长浮：无声地流向远方。㉑澹乎洋洋：水势弥漫。㉒区土：区域。产毓：生长。毓，通育。㉓奥宇：即奥区，深藏珍宝之地。宝殖：繁殖贵重的物产。㉔琅玕（láng gān）：美玉。㉕瑶瑾：美玉。翕赩（xì xì）：光色。㉖奂衍：分散。㉗涓子：齐人，作《琴心》三篇。㉘玉醴：醴泉。扬雄《泰玄赋》："饮玉醴以解渴。"宋玉《笛赋》："醴泉流其右。"㉙玄云：黑云，浓云。㉚惠风：南风。㉛竦：高耸。肃肃：树木上竦的样子。㉜微微：幽静。㉝经营：优游。㉞思愿爱乐：思慕爱恋。

于是遁世之士①，荣期绮季之畴②，乃相与登飞梁③，越幽壑④，援琼枝⑤，陟峻崿⑥，以游乎其下。周旋永望⑦，邈若凌飞。邪睨昆仑⑧，俯阚海湄⑨。指苍梧之迢递⑩，临回江之威夷⑪。悟时俗之多累，仰箕山之余辉⑫。羡斯岳之弘敞⑬，心慷慨以忘归⑭。情舒放而远览，接轩辕之遗音。慕老童于騩隅⑮，钦泰容之高吟⑯。顾兹梧而兴虑⑰，思假物以托心。乃斫孙枝⑱，准量所任⑲。至人摅思⑳，制为雅琴。乃使离子督墨㉑，匠石奋斤㉒。夔襄荐法㉓，般倕骋神㉔。锼会裛厕㉕，朗密调均㉖。华绘彫琢㉗，布藻垂文㉘。错以犀象㉙，籍以翠绿。絃以园客之丝㉚，徽以锺山之玉㉛，爰有龙之象㉜，古人之形：伯牙挥手㉝，钟期听声㉞，华容灼烁，发采扬明㉟，何其丽也。伶伦比律㊱，田连操张㊲，进御君子㊳，新声憀亮㊴，何其伟也。

【注释】

①遁世之士：弃世隐居的人。②荣期：即荣启期。古代传说中的隐士。《列子》："孔子游泰山，见荣启期，行乎郕之野，鹿裘带索，鼓琴而歌。"绮季：四皓之一。传说中的隐士。③飞梁：指飞架于高山间的栈道。④幽壑：深谷。⑤援：攀。琼枝：树名。⑥陟（zhì）：登。峻崿（è）：高陡的山崖。⑦周旋永望：环视，远望。⑧邪睨：平视。⑨俯阚（kàn）：下看。海湄：海滨。⑩指：以手指之。苍梧：指苍梧郡，郡内有九嶷山，相传舜葬于此。迢递：很远。⑪临：下临。回江：弯弯曲曲的江水。威夷：即逶迤，弯曲的样子。⑫仰箕山之余辉：《高士传》记载，尧让位给许由，许由不接受，隐遁中岳，在颍水之南，箕山之下。死后葬在山上，尧封其墓，号曰箕公。嵇康仰慕许由不近名利，隐居山林。⑬斯岳：指许由隐居的中岳衡山。弘敞：高大宽广。⑭慷慨：欢乐。⑮老童：李善注：《山海经》曰："'騩山'，神耆童居之，其音常如钟磬也。'郭璞曰：'耆童，老童也，颛顼之子。'"騩（guī）：騩山。⑯泰容：相传为黄帝的乐师。高吟：高声吟诵，以抒发清高之志。⑰梧：梧桐。兴虑：有所感慨。⑱斫（zhuó）：砍削。孙枝：侧生之枝。⑲准量所任：量材而用。⑳至人：古代指思想道德等某一方面达到最高境界的人。摅（shū）思：抒怀。㉑离子：离朱，传说中黄帝时代的人，眼力极好，百里之外能察秋毫。督墨：掌握标准。墨，木匠做活用以划线的绳墨。㉒匠石：字子伯，有名的工匠。运斤：使用斧子。㉓夔（kuí）：人名，相传为尧舜时的乐官。襄：古代琴师。相传孔子学琴于师襄。荐法：传授制琴的法则。㉔般：鲁班，古代的能工巧匠。倕（chuí）：相传古代的能工巧匠。骋神：施展神通。㉕锼（sōu）：将木雕空。会：合缝。裛（yì）厕：连接密致。㉖朗密：指间距大小。㉗华绘：彩绘。雕琢：雕镂花纹。㉘布藻垂文：点缀上文采。㉙错以犀象：杂嵌犀角象牙为妆饰。㉚絃以园客之丝：用园客缫的丝作琴弦。《列仙传》记载，园客系济阴人。他曾种植五色香草，数十年，香草上生五色神蛾。园客收养神蛾，神蛾变成桑蚕。有一美女夜至，自称为客妻。客与女得百十个蚕茧，放在瓮里，缫六十日，丝乃尽。㉛徽以钟山之玉：用钟山之玉做琴音位的标志。（在琴面上镶嵌十三个圆形标志，用金、玉或贝壳等制成，叫做徽。琴徽是琴曲演奏艺术高度发展的

产物）㉜爰有龙凤之象，古人之形：琴音箱上雕绘着龙凤和古人的形象。《西京杂记》载，赵后有个宝琴叫凤凰。音箱上镶金缀玉，雕绘龙凤和古贤列女的图像。㉝伯牙挥手：于伯牙弹琴。挥手，鼓琴。㉞钟期听音：钟子期听琴。《吕氏春秋》："伯牙鼓琴，钟子期听之，志在泰山，钟子期曰：'善哉，巍巍乎若太山。'须臾，志在流水，子期曰：'汤汤乎若流水。'子期死，伯牙破琴绝弦，终身不复鼓琴，以为世无知音。"㉟华容：指妆饰华美的琴。灼烁（shuò）：艳色。发采：焕发光采。㊱伶伦：传说黄帝时候的人，曾在山谷中取一根竹子，断为两截，吹之，作黄钟之音；又制为十二排箫，吹之，音如凤鸣。据说伶伦所吹之音，为音律之本。比律：制定音律。㊲田连：古代善鼓琴者。操张：弹琴。㊳御：用。㊴新声：清新之声。憀（liáo）亮：声音清彻响亮。

及其初调，则角羽俱起，宫徵相证①。参发并趣，上下累应②，踸踔磥硌③，美声将兴，固以和昶而足耽矣④。尔乃理正声⑤，奏妙曲，扬白雪⑥，发清角⑦。纷淋浪以流离⑧，奂淫衍而优渥⑨。灿奕奕而高逝⑩，驰岌岌以相属⑪。沛腾遻而竞趣⑫，翕韡晔而繁缛⑬。状若崇山，又象流波，浩兮汤汤⑭，郁兮峨峨⑮，怫惘烦冤⑯、纡馀婆娑⑰。陵纵播逸⑱，霍濩纷葩⑲，检容授节⑳，应变合度㉑。兢名擅业㉒，安轨徐步㉓。洋洋习习㉔，声烈遐布㉕。含显媚以送终㉖，飘余响乎泰素㉗。

【注释】

①相证：相验。证，验。②累应：同声相和。③踸踔（chěn chuō）：声音由小到大。《嵇康集校注》："踸踔，初声布散貌。"磥硌（lěi luò）：大声。④和昶（chǎng）：和畅。耽：乐。⑤正声：雅乐。古代以雅乐即"雅颂之声"作为纯正的音乐，称为正声。与"新声"相对。⑥白雪：《阳春白雪》，雅曲。一说"白雪"五十弦琴。⑦清角：弦急，其声清。角，五声之一。⑧淋浪：放荡。流离：放旷。⑨奂：多。淫衍：声音悠长。优渥（wò）：浑厚。⑩灿：明朗。奕奕：很盛的样子。高逝：在空中回荡。⑪驰岌岌以相属：声高急而相连。岌岌，很高的样子。⑫腾遻（è）：腾跃相触。⑬翕（xì）：合。韡晔（wěi yè）：美盛的样子。繁缛：声细。⑭汤汤（shāng shāng）：大水急流的样子。⑮峨峨：山势高峻。⑯怫惘（fú wèi）烦冤：声多而不散。⑰纡馀婆娑：声音回旋四散。⑱陵纵：放任，充分。播逸：向四处布散。⑲霍濩（huò）：波浪声。纷葩（pā）：繁乱之音。⑳检容：敛容。检通敛。授节：用手指按拍节演奏。㉑合度：合于法度。㉒兢名：争名。擅业：指专长琴法。㉓安轨徐步：按照法度从容鼓琴。轨，指琴法。㉔洋洋习习：琴声浑厚清雅。㉕烈：美。遐布：琴声飘扬。布，散。㉖显媚：明朗优美的琴声。送终：终曲。㉗泰素：自然。

若磥高轩飞观①，广夏闲房②；冬夜肃清，朗月垂光。新衣翠粲③，缨徽流芳④。于是器冷弦调⑤，心闲手敏⑥。触攙如志⑦，唯意所拟⑧。初涉《渌水》，中奏《清徵》⑨，雅昶《唐尧》，终咏《微子》⑩。宽明弘润⑪优游躇跱⑫。拊弦安歌⑬，新声代起⑭。歌曰："凌扶摇兮憩瀛州⑮，要列子兮为好仇⑯。餐沆瀣兮带朝霞⑰，眇翩翩兮薄天游⑱。齐万物兮超自得⑲，委性命兮任去留。激清响以赴会⑳，何弦歌之绸缪㉑。"

【注释】

①高轩：高楼长廊。飞观（guàn）：高楼楼台。②广夏：大房子。夏，大殿。闲房：空旷的房屋。③翠粲：色彩鲜艳。④缨徽：一种彩色的带子。流芳：飘香。⑤器冷：调琴弦发出冷冷之音。器，指琴。冷，声音清越。⑥心闲手敏：得心应手。⑦触攙（pī）：手指正反弹拨。攙，同批。反手击。⑧唯意所拟：心到手随。⑨《渌水》、《清徵》：曲名。涉：选奏之意。⑩昶：同畅。唐尧、微子：吕向注："唐尧、微

子，操名也。”操，琴曲的一种。如《龟山操》、《猗兰操》。⑪宽明：宽大贤明，指唐尧、微子之德。弘润：心地宽大，性情仁慈。指唐尧、微子之德。⑫优游蹐跱（zhì）：从容舒缓。戴明扬《嵇康集校注》：“‘蹐跱’即‘跱蹐’……与‘踟蹐’、踟蹰，‘踌躇’，皆相通。”⑬拊（fǔ）弦：弹琴。拊同抚。安歌：慢慢歌唱，与琴声相和。⑭新声：与雅乐相对。代：更代。⑮扶摇：风。憩（qì）：休息。瀛洲：传说中海上的仙山。⑯要（yāo）：同邀。列子：传说中的风仙。《汉书》：“列子名御寇，先庄子，庄子称之。”《庄子》：列子御风，泠然风仙也。”仇（qiú）：同逑，配偶。⑰沆瀣（hàng xiè）：露水。带朝霞：以朝霞为带。⑱眇（miǎo）：远。翩翩：飞舞之状。薄：迫近。⑲齐万物：与万物等同。庄子有《齐物篇》，表现无生死，无是非的虚无主义思想。超自得：超然自得。即超脱，不为外界左右。⑳激：指声调的高亢激烈。清响：清歌，即不用乐器伴奏的独唱。赴会：歌声与琴声相和。㉑弦歌：古诗皆可以配琴瑟等乐器歌咏诵读，称弦歌。绸缪（móu）：缠绵。

于是曲引向阑①，众音将歇。改韵易调，奇弄乃发②。扬和颜，攘皓腕③，飞纤指以驰骛④，纷㒎譶以流漫⑤。或徘徊顾慕，拥郁抑按⑥，盘桓毓养，从容祕玩⑦。闼尔奋逸⑧，风骇云乱。牢落凌厉⑨，布濩半散⑩。丰融披离⑪，斐韡奂烂⑫。英声发越⑬，采采粲粲⑭。或间声错糅⑮，状若诡赴⑯，双美并进⑰，骈驰翼驱⑱。初若将乖⑲，后卒同趣⑳。或曲而不屈，直而不倨。或相凌而不乱，或相离而不殊㉑。时劫掎以慷慨㉒，或怨沮而踌躇㉓。忽飘飖以轻迈㉔，乍留联而扶疎㉕。或参谭繁促㉖，复叠攒仄㉗。从横骆驿，奔遁相逼㉘。拊嗟累赞㉙，间不容息㉚，瑰艳奇伟㉛，殚不可识㉜。

【注释】

①引：乐曲体裁之一，有序奏之意。如《思归引》、《箜篌引》。阑：将尽未尽。②奇弄：奇妙的琴曲。琴曲有畅，有操，有引，有弄。《琴论》：“弄者，情性和畅，宽泰之名。”③攘（rǎng）：捋。皓腕：女子白嫩细腻的手腕。吕向注：“攘，褰袖而出腕。”褰，揭起。④驰骛：形容弹琴时手指敏捷的动作。⑤㒎譶（sè tà）：声繁。流漫：色采相参。此指众音相和。⑥徘徊：“声旋绕。”顾慕、拥郁、抑按：“声驻而下不散也”。⑦盘桓：“谓以指转历于弦上也。”毓养、从容：“谓按息其声也。”碟玩：“谓闲缓而弄也。”⑧闼（tà）尔：迅疾的样子。奋逸：腾起。⑨牢落、凌厉：稀疏的样子。⑩布濩（hù）：分散的样子。半散：分散。《嵇康集校注》：“半与绊通，毛诗传：‘绊，散也。’”⑪丰融披离：声音清晰流畅。⑫斐韡（fěi wěi）奂烂：声音繁盛的样子。⑬英声：美声。英，美。发越：郭璞注《上林赋》：“众香发越”，“香气射散也。”⑭采采粲粲：形容音声很美。⑮间声：俗曲。“间声即奸声，与上文正声对言也。”错糅（róu）：杂糅在一起。⑯诡赴：王念孙《读书杂志》：“诡者，异也；赴，趋也。言间声杂出，若与正声异趋也。”⑰双美：指正声与间声。⑱骈驰翼驱：形容“英声”“间声”错杂，如马奔鸟逐。⑲乖（guāi）：背离。⑳趣：趋，快走。㉑相凌而不乱，相离而不殊：张铣注：“其声虽相凌而志不乱，其声虽相离而志不殊。”凌，交错，殊，绝。㉒劫掎（jǐ）慷慨：昂扬向上之声。㉓怨沮而踌躇：哀怨低回之声。㉔飘飖（yáo）：飘荡。轻迈：风轻轻地吹。㉕留联：声音相续不断。扶疎：声音四处飘散。“疎”胡刻本作“疏”，据五臣本改。㉖参谭：相随的样子。繁促：繁杂而急促。㉗复叠：重叠。攒仄（cuán zè）：声音聚拢。㉘奔遁：奔逃。相逼：紧相跟随。参谭繁促，复叠攒仄，从横骆驿，奔遁相逼，“皆声繁急重叠，从横相连貌。”㉙拊嗟（fǔ juē）：拍手叹美。拊，拍手。累赞：连声赞叹。㉚间不容息：没有喘气的间隙。㉛瑰艳：奇异光艳。奇伟：奇美。伟，美。㉜殚（dān）：尽。瑰艳奇伟，殚不可识，“言琴声之美，不可尽识。”

若乃闲舒都雅①，洪纤有宜②。清和条昶③，案衍陆离④。穆温柔以怡怿⑤，婉顺叙而委蛇[6]。或乘险投会[7]，邀隙趋危[8]。嚶若离鹍鸣清池[9]，翼若游鸿翔曾崖[10]。纷文斐尾[11]，慊缘离缅[12]。微风余音，靡靡猗猗[13]，或搂批擽捋[14]，缥缭潎冽[15]。轻行浮弹[16]，明婳睽惠[17]。疾而不速[18]，留而不滞[19]。翩绵飘邈[20]，微音迅逝。远而听之，若鸾凤和鸣戏云中[21]；迫而察之，若众葩敷荣曜春风[22]。既丰赡以多姿[23]，又善始而令终[24]。嗟姣妙以弘丽[25]，何变态之无穷[26]。

【注释】

①闲舒：舒缓。都雅：闲雅。都，闲。②洪纤：大小。③清和：清朗平和。条昶：通畅。昶，通畅。④案衍：不平的样子。陆离：参差。⑤穆：和。怡怿（yí yì）：欢快。⑥婉：和顺。顺叙：和谐。委蛇：绵延曲折的样子。⑦乘险：凌空。乘，升。险，空。⑧邀隙：入穴。趋危：赴危。⑨嚶（yīng）：鸟鸣声。⑩游鸿：离群之雁。曾崖：高高的山崖。曾，通层。⑪纷文斐（fěi）尾：多有文采。⑫慊缘（qiàn xiāo）离缅（lí）：像初生的羽毛。离缅，羽毛始生的样子。⑬靡靡：形容柔弱的乐声。猗猗（yī）：形容余音袅袅。⑭搂攙擽捋（lōu pī lì luō）：四种弹琴的指法。搂，以指勾弦。攙，反手击弦。擽捋，以指拂弦。⑮缥缭潎冽（piāo liáo piē liè）：皆为状声之词。形容琴声激荡缭绕。⑯轻行浮弹：信手轻弹。⑰明婳（huà）：光明美好。睽（qì）惠：观赏赞美。⑱疾而不速：急而不快。⑲留而不滞：缓而不停。⑳翩绵飘邈：声音飞向远方。㉑鸾凤：鸾鸟和凤凰。和鸣：相互鸣叫。㉒葩（pā）：花。敷荣：开花结果。曜（yào）：放光彩。㉓丰赡（shàn）：繁富。㉔善始令终：善始善终。令，善。谓琴声始终皆美。㉕姣（jiāo）妙：美妙。弘（hóng）丽：声音大而美。㉖变态无穷：变化无穷。傅毅《琴赋》："尽声变之奥妙。"

若夫三春之初，丽服以时[1]。乃携友生[2]，以遨以嬉[3]。涉兰圃[4]，登重基[5]，背长林[6]，翳华芝[7]，临清流，赋新诗。嘉鱼龙之逸豫[8]，乐百卉之荣滋[9]。理重华之遗操[10]，慨远慕而长思[11]。若乃华堂曲宴[12]，密友近宾，兰肴兼御[13]，旨酒清醇[14]。进南荆，发西秦，绍陵阳，度巴人[15]，变用杂而并起[16]，竦众听而骇神[17]。料殊功而比操[18]，岂笙籥之能伦[19]！

【注释】

①丽服以时：穿着合于季节的漂亮服装。②友生：朋友。③以遨以嬉（xī）：即遨嬉，游乐。嬉，乐。④兰圃：长满香草的花圃。⑤重基：高山。⑥长林：高大的树林。⑦翳（yì）：遮蔽。华芝：华盖。华盖，树名。"树直上百丈，无枝，上结丛条如车盖，叶一青一赤，望之斑驳如锦绣，长安称之'丹青树'，亦云'华盖树'。"⑧逸豫：安乐自得。⑨卉：草的总称。荣滋：植物生长繁茂。⑩重（chóng）华：舜。遗操：遗操即指舜操。操，琴曲的一种。⑪远慕长思：指思慕舜之圣德。⑫华堂：华丽的厅堂。曲宴：小规模的宴会。⑬兼御：并用。⑭旨酒：美酒。⑮南荆、西秦、陵阳、巴人：皆曲名。⑯变用：指雅曲和俗曲。《论语·学而》："礼之用，和为贵。"正声为雅乐，雅乐乃教化之用。⑰竦众听而骇神：众人竦耳惊听。⑱殊功比操：功用不同的乐曲轮翻弹奏。⑲笙籥（shēng yuè）：皆为乐器。籥，古管乐器。伦：比。

若次其曲引所宜[1]，则广陵止息，东武太山，飞龙鹿鸣，鹍鸡游弦[2]，更唱迭奏[3]，声若自然，流楚窈窕[4]，惩躁雪烦[5]。下代谣俗，蔡氏五曲[6]。王昭楚妃[7]，千里别鹤[8]。犹有一切[9]，承间簉乏[10]，亦有可观者焉。然非夫旷远者不能与之嬉游[11]；非夫渊静者不能与之闲止[12]；非夫放达者不能与之无吝[13]，非夫至精者不能与之析理

也[14]。若论其体势[15]，详其风声[16]：器和故响逸[17]，张急故声清[18]，间辽故音庳[19]，弦长故徽鸣[20]。性洁静以端理[21]，含至德之和平[22]。诚可以感荡心志[23]，而发泄幽情矣。是故怀戚者闻之[24]，莫不憯懔惨悽[25]，愀怆伤心[26]，含哀懊伊[27]，不能自禁；其康乐者闻之，则欨愉欢释[28]，抃舞踊溢[29]，留连澜漫[30]，嗢噱终日[31]；若和平者听之，则怡养悦悆[32]，淑穆玄真[33]，恬虚乐古[34]，弃事遗身[35]。是以伯夷以之廉，颜回以之仁[36]，比干以之忠[37]，尾生以之信[38]，惠施以之辩给[39]，万石以之讷慎[40]。其余触类而长，所致非一。同归殊途，或文或质。總中和以统物[41]，咸日用而不失。其感人动物，盖亦弘矣。于时也，金石寝声，匏竹屏气[42]。王豹辍讴[43]，狄牙丧味[44]。天吴踊跃于重渊[45]，王乔披云而下坠[46]，舞鸑鷟于庭阶[47]，游女飘焉而来萃[48]，感天地以致和[49]，况跂行之众类[50]？嘉斯器之懿茂[51]，咏兹文以自慰[52]。永服御而不厌，信古今之所贵！

【注释】

①次：排等次。宜：相称。②广陵、止息、东武、太山、飞龙、鹿鸣、鹍鸡、游弦：皆为曲名。③更唱迭奏：交替演奏，互相配合。④流楚：流利清晰的声音。窈窕（yǎo tiǎo）：美好的声音。⑤惩躁雪烦：荡涤心中的烦闷焦躁情绪。⑥蔡氏五曲：俗传蔡邕作《游春》、《渌水》、《坐愁》、《秋思》、《幽居》五曲。《琴书》："邕，嘉平初，入青溪访鬼谷先生，所居山有五曲，一曲制一弄。山之东曲，常有仙人游，故作《游春》；南曲有涧，冬夏常渌，故作《渌水》；中曲即鬼谷先生旧所居也，深邃岑寂，故作《幽居》；北曲高岩，猿鸟所集，感物愁坐，故作《坐愁》；西曲灌木吟秋，故作《秋思》。三年曲成，出示马融，甚异之。"⑦王昭、楚妃：曲名。⑧千里别鹤：别鹤，曲名。因鹤一举千里，故曰千里别鹤。⑨一切：一时权宜。⑩承间簉（zào）乏：在雅曲之中杂进俗曲。簉，杂。李周翰注："言此诸曲权时以承古雅之间，以杂于顿乏之际，以有可观也。"《琴史》："蔡氏五曲，今人以为奇声异弄，难工之操，而叔夜时特谓之淫俗之曲，且曰'承间簉乏，亦有可观'，盖言其非古也。"⑪旷远：心胸开阔，举止无拘束。嬉游：游乐。⑫渊静：深沉而安详。闲止：悠闲相处。止，居。⑬放达：放纵旷达，不拘礼俗。无厸（lìn）：不贪。厸，同吝。⑭至精者：道德修养最纯粹的人。析理：剖析事理。⑮体势：体制。指琴的结构。⑯详：审。风声：指琴的音色。⑰器和：指琴弦松缓。响逸：指琴声浑厚深远。⑱张急：指琴弦上得紧。声清：指琴声清越昂扬。⑲间辽：距离琴首较远的徽位。《学林》："间辽，徽（琴弦音位标志）之远处，若十三徽外近焦尾处声，以手取之，自然庳下。"庳，低下。⑳弦长徽鸣：《志林》："徽鸣者，今之所谓泛声（以左手轻触徽位，发出轻盈虚飘的乐音）也，弦虚而不按乃可泛，故曰弦长则徽鸣也。"㉑洁静：纯洁。静，通净。端理：正直。㉒含：怀。至德：最高尚的操行。和平：心平气和。㉓诚：的确。感荡：感动。心志：意志。㉔怀戚：心中忧闷。戚，忧。㉕憯懔（cǎn lǐn）：哀伤畏惧。惨悽：心中悲伤。㉖愀怆（qiǎo chuàng）：忧伤。㉗懊咿（ào yī）：内悲。㉘昫（xū）愉：和悦的样子。欢释：纵情欢乐。释，纵。㉙抃（biàn）舞：鼓掌舞蹈。踊溢：跳跃。㉚留连：同流连。乐而忘返。澜漫：兴会淋漓的样子。㉛嗢噱（wà jué）：大笑。㉜怡（yí）养：安适愉快。悦悆（yù）：喜乐。悆，通豫，喜。㉝淑穆：恬淡闲适。玄真：归于纯朴之境。㉞恬（tián）虚：恬淡，不追名逐利。乐古：喜欢古道。李善注："庄子曰：'虚静恬淡者，道德之至也。"古道，指老庄之道。㉟弃事遗身：摆脱事累，免于劳身。㊱颜回：孔子弟子，春秋鲁人，字子渊。好学，安贫乐道，一箪食，一瓢饮，不改其乐。《论语·颜渊》："颜回问仁，子曰：'克己复礼为仁。'"仁：原为殷周奴隶主阶级道德规范，用以维护统治阶级内部团结，欺骗劳动人民。经孔子系统发挥，成为儒家思想的核心。把"孝悌"、"忠恕"等作为仁的重要内容，用以维护奴隶制的宗法关系，防止"犯上作乱"。㊲比干：殷末，纣王叔伯父。传说纣淫乱，比干犯颜强谏，纣怒，剖其心而死。忠：忠诚。《荀子·大略》："比干、子胥，忠而君不用。"㊳尾生：古代传说中战国时鲁国坚守信约的人。尾生与女子约会于桥下，女子未来，河水上涨，仍不离去，抱桥柱淹死。信：守信。㊴惠施：战国时宋人。名家代表人物之一。他认

为一切事物的差别、对立，都是相对的。由于过分夸大事物的同一性，结果往往流于诡辩。㊵万石：指西汉万石君石奋。李善注引《汉书》："万石君奋，恭谨，举朝无比。奋长子建，次甲，次乙，庆，皆以驯行孝谨，官至二千石。景帝曰：'石君及四子皆二千石，人臣尊宠，乃举集其门，凡号奋为万石君。'建，郎中令奏下，建读之，惊恐曰：'书马者，与尾而五，今乃四，不足一，谴死矣。'其为谨，虽他皆如是。"讷（nà）慎：慎言，说话慎重。此指过于谨慎，以至达到迂腐的程度。㊶缌（zǒng）：同总。中和：儒家中庸之道，认为能"致中和"。《礼·中庸》："喜怒哀乐之未发谓之中，发而皆中节谓之和。"统：综理。统，理也。言琴合于大道，以理万物，皆可以终日用之，感人动物盖亦大矣。"㊷金、石、匏（páo）、竹：皆为古代制造乐器的材料。金，指钟、铃等金属制的乐器；石，指磬等石制乐器；匏，指笙、竽等葫芦类制乐器；竹，指管篇等竹制乐器。寝声、屏（bǐng）气：指不发声。㊸王豹：古代善于歌唱的人。辍（chuò）讴：停止唱歌。㊹狄牙：即易牙。春秋齐桓公宠臣，会逢迎，善辨味。《淮南子》："淄渑之水合，狄牙尝而知之。"丧味：失去味觉。㊺天吴：传说中的水神。重渊：深渊。《庄子·列御寇篇》："千金之珠，必在九重之渊。"㊻王乔：即王子乔，传说中的古仙人，能腾云驾雾。㊼鹫鹭（yuè zhuó）：凤凰的别名。㊽游女：传说中汉水之神。萃：聚。㊾致和：四时交替，阴阳中和，使万物生长。《礼·中庸》："致中和，天地位焉，万物育焉。"《礼记》："圣人作乐以应天，制礼以应地，此乐者天之和也。""乐者，天地之命，中和之纪。"㊿况：何况。蚑（qí）行：虫类爬行。(51)斯器：指琴。懿（yì）茂：美盛。(52)兹文：指《琴赋》。

乱曰[①]：愔愔琴德[②]，不可测兮。体清心远[③]，邈难极兮。良质美手，遇今世兮。纷纶翕响[④]，冠众艺兮[⑤]。识音者希[⑥]，孰能珍兮？能尽雅琴[⑦]，唯至人兮！

【注释】

①乱：辞赋篇末总括全篇要旨的一段。②愔愔（yīn）：安静和悦的样子。③体清：指琴的本体纯。心远：指鼓琴者之心远离世俗。④纷纶翕响：形容琴声丰富美妙。⑤冠众艺：居众乐之首。⑥识音：知音。⑦雅琴：琴。

【译文】

我从小就喜欢音乐，长大之后还经常学习它。我认为，万物有盛有衰，而音乐却没有这种变化；美味有时会吃腻，而音乐却百听不厌。它可以养生长寿，陶冶性情。使人处于逆境而不忧愁者，莫过于音乐。因此，反复奏乐感到不足，就吟唱诗歌抒发情志；吟唱诗歌感到不足，就撰写辞赋表达自己的心情。但是八种乐器，各种舞蹈的形象，历代有才之士，都为之作赋。但其体裁风格，莫不互相因袭：称赞乐器的制作材料，则以产于高山峻岭为上；描写它的声音，则以悲哀为主；赞美它的感人作用，则以令人垂泪为贵。这些说法美是很美，但没有把乐理讲透。究其根由，大概本来不甚了解音乐；这些说法的宗旨，也没有通晓礼乐之情。在众多乐器之中，琴的品格最优。故把我的体会写出来，为琴作赋。其辞如下：

梧桐生长的地方，在险峻的山岗。它从厚厚的土层中长出呵，接近北斗而高高向上。它采纳天地之精气呵，吸收日月的辉光。它郁郁葱葱独自繁茂呵，花瓣在长空纷纷飘扬。傍晚树影隐没于日落之处呵，清早朝阳晒干树干上的晨霜。生长千年等人采伐呵，静静耸立着永远安康。

梧桐所处的山川地势，盘回迂曲，隐幽深邃，山峰崔嵬，岩石林立。岭峰险峻，怪石竦峙。红崖高耸艰险，青壁陡立万丈。那重峦叠嶂，有如云朵在上空笼罩。山峦高邈矗立，极其

雄壮；奇峰雄险陡峭，拔地而起。雨露之蒸气升腾以播云撒雾，山泉涌泻而形成条条溪流。溪流湍急，奔腾汹涌，碰撞岩石，冲击岸壁，愤怒咆哮。狂流激荡，水沫飞溅，惊涛涌起，汹涌澎湃，放纵奔流。冲出山谷，汇成大川，流于平原。这时大水缓缓流淌，静静地奔向远方。水势变漫，一片汪洋，环绕着这些山丘。详细考察山中的物产，各种珍奇的东西深藏此地。珍奇的宝石，各种美玉，光彩夺目。一丛丛、一堆堆，都围绕在梧桐两侧。树东有兰草披覆，树西有沙棠生长。树南有涓子宅第，树前有清泉流淌。树上笼罩着层层云雾，常有鸾凤栖息树巅。晶莹的露珠滋润着树皮，温煦的和风吹拂树间。梧桐静静地耸立着，环境十分幽静而清闲。这些珍奇所以围绕在梧桐左右，因其环境本来神奇美丽，足以使人思慕爱恋呵！

于是，那些隐居之士，如荣期、绮季等辈，都相与来登栈道、跨深谷、攀琼枝、上山巅，盘桓在梧桐树下。他们环视远望，飘飘然像凌空飞升一般。仰观昆仑，俯视海滨。手指远处是九嶷，下临弯曲迂回之江岸。感叹世俗多烦恼，景仰许由这古代圣贤。羡慕那中岳高大宽阔，心情喜悦乐而忘返。胸怀舒展而遐想，思绪与黄帝之乐曲相连。仰慕騩山的老童，钦佩泰容的歌吟。看见这梧桐而触景生情，想借此物来寄托我的内心。于是砍下侧枝，量材而用。君子借以抒怀，制作为雅琴。使离子掌握标准，匠石抡起斧砍。夔、襄提供制琴法则，般倕施展神通。雕空合缝，紧密衔接，间距调匀。雕刻彩绘，点缀花纹。镶以犀角象牙，嵌上翠绿宝石。以园客之丝作弦，用钟山之玉作徽。刻上龙凤图象，画上古代人物形状。伯牙挥手试琴，钟子期凝神细听。焕然一新，明净闪亮，多么美丽呵！伶伦制定音律，田连弹奏琴曲。进献给君子欣赏，琴声清彻嘹亮。多么美妙呵！

开始调弦时，角羽同时发声，宫徵相互验证。手指参发并弹，上下声调合韵。声音起伏悠扬，将要奏出美妙声音。其音优美和畅，十分动听呵！这才弹雅乐、奏妙曲，《白雪》之声高扬，发出清脆急切的音响。琴声流荡奔放，漫散而浑厚。声音明快富丽，在空中回荡，余音袅袅。琴声跳跃激荡而奋进，众音洪亮而转细。其洪亮之音像高山，其细微之声模拟流水。浩瀚呵，如滔滔江河！凝重呵，如巍巍群山！声音聚积而不散，回旋婉转，余音袅袅。又忽然高纵飘逸，声音像波浪鼓荡，又像繁花纷乱。这时端庄敛容，手指按弦，随着旋律的变化而合乎法度。名不虚传，擅长琴艺，按照琴法从容弹奏，轻柔舒缓，美妙的琴声飞向远方。琴音明丽终一曲，余音飘散，自然消失。

若在高阁崇楼，广厦空室内鼓琴则另有一种情韵，冬夜清冷肃静，明月洒下光辉，歌女华服艳丽，香囊流芳，调弦时琴声泠泠，弹奏时手法多样。五指反击拨弹自然如意，随心所欲而弹奏。开始选奏一曲《渌水》，中间弹奏《清徵》，继而演奏《雅畅》、《唐尧》，最后演奏《微子》。琴声表达出唐尧、微子宽厚贤明，心怀仁慈之德。然后从容舒缓，手弄琴弦口唱歌，一曲新声，随弦而起。歌中唱道：

乘长风呵息瀛洲，邀列子呵结同游。

饮甘露呵披朝霞，翩翩起舞云中走。

摆脱世俗心自得，安天命呵任去留。

高歌一曲琴相和，琴歌和谐意绸缪。

于是，序曲将终，琴音欲止，改韵换调，另奏新曲。这时，歌女脸上露出和悦的笑容，捋起衣袖露出白嫩的手腕，纤细的手指疾速弹拨，各种声音急切参和。有时徘徊缭绕，飘而不散，声音暂驻，抑郁缠绵。又转历揉弦，从容徐徐而拨弹。忽而快速挥弦，有如风起云卷。忽而稀疏激烈，流韵慢慢飘散。琴声清彻流畅，明丽辉煌。美声飘散，纷繁铿锵。有时雅俗相

糅，异曲同趋。双美并奏，二曲和鸣。开始像要背离，最后和谐统一。琴声婉顺而志不屈，琴声刚直而志不倨。雅俗驳杂而不乱，雅俗相离而意不断。时而高昂向上，时而哀怨低回。忽而飘逸轻举，忽而婉转疏散。有时声音紧凑，繁杂而急促，反复重叠，众音聚积。纵横相连，琴声不断，音起音落似争先。令人拍手叫好，连连赞叹，想要喘息，都无空闲。琴声瑰丽雄伟，想要辨识，无法说完。

至于舒缓闲雅的演奏，琴声粗细相宜，曲调清和流畅，高低参差。和悦温柔而欢快，婉转和谐而悠扬。有时声音升入高空而回响，又钻入峡谷而幽咽。像失伴的鹍鸡在清池嘤嘤鸣叫，又像离群的孤雁在悬崖飞翔。文彩繁盛，娓娓动听，像鸟羽相连，流韵翩翩。余音如微风细细，轻柔袅袅而渐息。有时手指勾、拨、击、抚，琴弦发出缥、缭、洌各种声音。有时信手轻弹，声音明快令人赞叹。弦急而音不快，弦缓而声不停。声音联绵飘向远方，琴声细细迅速即逝。在远处听琴声，有如鸾凤在云中嬉戏和鸣；在近处听琴声，宛如百花盛开笑春风。既丰富多彩，又善始而善终。赞叹琴声美妙弘丽，声音变化多么变化无穷！

若在阳春三月之初，穿上春季美丽服装，会同几位好友，去郊外游乐踏青，走过兰蕙馨郁的花圃，登上重重高山，背靠茂密的树林，华盖树枝叶如伞。面对山下清彻的溪流，吟诵新制的诗篇。赞美那游鱼安然自得，喜看那花草欣欣向荣。这时演奏虞舜流传下来的乐章，心中慨然仰慕思索古代圣贤的遗德。若在华丽的客厅摆上小宴，邀请众位密友亲朋，品美味，进佳肴，饮美酒，味清醇。进上南荆楚舞，弹起《西秦》大曲，演奏《陵阳》，弹奏《巴人》，雅乐俗曲交响齐鸣，四座竦耳倾听而激动。想那功能不同的乐器竞相弹奏，雅琴岂是笙绖所伦比！

若再演奏相称的乐曲，犹如《广陵》、《止息》、《东武》、《太山》、《飞龙》、《鹿鸣》、《鹍鸡》、《游弦》等，交替演奏，互相配合，声如自然之音。流畅清晰，优美动听，消愁解闷。下面接着演奏地方民歌，以及蔡氏五曲，《昭君》、《楚妃》、《千里》、《别鹤》，尚且有所变通，在雅乐中杂以俗曲，也很可观的呵。然而，若非豪放者不能与琴同乐，非沉静者不能与琴闲处，非放达者不能以琴忘私，非精纯之人不能以琴明理。考察琴的体制结构，辨析琴的声音，琴弦和缓则声音悠远，琴弦紧张则声音清脆；琴弦间隔远则音低，琴弦距离长则音泛。琴的性质纯洁而正直，合乎品德高尚心平气和之人弹奏。它的确可以激动人心，抒发幽情。所以苦闷的人听琴，无不懔然悲哀、怆然伤心，满怀凄惨，不能自禁。安乐之人听琴，无不喜形于色，手舞足蹈，乐而忘返，终日大笑。要是心气平和之人听琴，就会安适保养，心情愉悦，恬淡闲适，归于淳朴之境；清心寡欲，喜好老庄之道，摆脱世俗，不劳伤心。所以琴会使伯夷保持廉洁，颜回保持仁爱、比干保持忠心，尾生保持信义。惠施以听琴能言善辩，万石以听琴言行谨慎。诸般情况以此类推，还可举出很多。琴所弹奏的乐曲不同，但皆可殊途同归。华美之声婉转艳媚，质仆之声淡薄疏散，都是中和天地之气，使万物统一和谐，终日用之而不可失。琴感人动物，作用很大呵！演奏雅琴之时，金石等乐器失声，匏竹等乐器屏息，王豹停止了歌唱，狄牙味觉失灵。天吴水神跃出深渊听琴曲，王乔仙人驾云而下凡尘。凤凰在阶下翩翩起舞，汉水神女飘然而来聚会。琴声感动天地，中和阴阳，育化万物，何况那些爬行的动物之类。盛赞这雅琴的美盛，咏诵这琴赋以自慰。长久弹奏雅琴百听不厌，难怪古今对它如此珍贵。

尾声曰：

琴的品格：安静和悦，高深莫测。

体性纯洁，远离世俗，远大难尽。

琴质优良，弹者手巧，今世相遇。

美音丰赡，浩瀚丰盛，众乐之冠。

知音者少，爱琴者稀，谁能珍惜？

全解琴音，唯有君子！

情

高唐赋 并序

宋玉

昔者，楚襄王与宋玉游于云梦之台[①]，望高唐之观[②]。其上独有云气，崪兮直上[③]，忽兮改容，须臾之间，变化无穷。王问玉曰："此何气也?"玉对曰："所谓朝云者也。"王曰："何谓朝云?"玉曰："昔者，先王尝游高唐，怠而昼寝，梦见一妇人曰：'妾，巫山之女也。为高唐之客，闻君游高唐，愿荐枕席[④]。'王因幸之[⑤]。去而辞曰[⑥]：'妾在巫山之阳[⑦]，高丘之阻[⑧]，旦为朝云，暮为行雨，朝朝暮暮，阳台之下。'旦朝视之，如言，故为立庙，号曰朝云。"王曰："朝云始出，状若何也?"玉对曰："其始出也，䨴兮若松榯[⑨]；其少进也，晰兮若姣姬[⑩]，扬袂障日[⑪]，而望所思。忽兮改容，偈兮若驾驷马[⑫]，建羽旗[⑬]。湫兮如风[⑭]，凄兮如雨，风止雨霁[⑮]，云无处所。"王曰：寡人方今可以游乎?"玉曰："可。"王曰："其何如矣?"玉曰："高矣，显矣，临望远矣；广矣，普矣[⑯]，万物祖矣。上属于天[⑰]，下见于渊，珍怪奇伟[⑱]，不可称论。"王曰："试为寡人赋之。"玉曰："唯唯[⑲]。"

【注释】

①云梦：云梦泽，位于今湖北省。台：台馆。②高唐：战国时楚国台馆名。观（guàn）：楼台之类。③崪（cuì）：通萃。聚集。④荐枕席：求亲昵。荐，进。⑤幸之：此指与妇人亲昵。幸，古代称帝王亲临为幸。⑥辞：歌词。此用如动词，作歌之意。⑦阳：山南为阳。⑧阻：险峻之处。⑨䨴（duì）：茂盛的样子。榯（shí）：挺拔直立的样子。⑩姣姬：美女。⑪扬袂（mèi）：举袖。袂，袖。鄣（zhàng）日：遮日。鄣，通障。塞。⑫偈（jié）：急驰的样子。驷（sì）马：四匹马拉的车子。⑬建：竖立。羽旗：用五色羽毛做的旗子。⑭湫（qiū）：冷飕飕的样子。⑮雨霁（jì）：雨止。霁，雨止。⑯广、普：广大，普遍。⑰属：连接。⑱伟：美。⑲唯唯（wěi）：恭敬而顺从的答应词。

惟高唐之大体兮[①]，殊无物类之可仪比[②]。巫山赫其无畴兮[③]，道互折而层累[④]。登巉岩而下望兮[⑤]，临大阺之稸水[⑥]；遇天雨之新霁兮，观百谷之俱集[⑦]。濞汹汹其无声兮[⑧]，溃淡淡而并入[⑨]。滂洋洋而四施兮[⑩]，蓊湛湛而弗止[⑪]。长风至而波起兮，若丽山之孤亩。势薄岸而相击兮，隘交引而却会[⑫]。崪中怒而特高兮[⑬]，若浮海而望碣石[⑭]。砾磥磥而相摩兮[⑮]，巆震天之磕磕[⑯]。巨石溺溺之瀺灂兮[⑰]，沫潼潼而高厉[⑱]；水

澹澹而盘纡兮⑲，洪波淫淫之溶潏⑳。奔扬踊而相击兮㉑，云兴声之霈霈㉒。猛兽惊而跳骇兮，妄奔走而驰迈㉓。虎豹豺兕㉔，失气恐喙㉕，雕鹗鹰鹞㉖，飞扬伏窜㉗，股战胁息，安敢妄挚㉘？于是水虫尽暴㉙，乘渚之阳㉚，鼋鼍鳣鲔㉛，交积纵横。振鳞奋翼㉜，蜲蜲蜿蜿㉝。

【注释】

①大体：大观。②仪比：匹敌。仪，匹配。③赫：盛状。无畴：无法估量。畴，通筹。计算。④层累：重叠。形容道路横斜而上。⑤巉（chán）岩：高峻的山石。⑥阺（dǐ）：山坡。稸（xù）：积蓄。⑦百谷：无数水流。谷，两山间的流水道。⑧濞（pì）：大水暴发的声音。汹汹：水波翻腾的样子。⑨溃：水相交流过。淡淡（yǎn）：水安流平满的样子。⑩滂（páng）：大水涌流的样子。洋洋：形容水势很大。四施：四处流淌。⑪蓊（wěng）：聚集。湛湛：水深的样子。⑫薄岸相击，隘交却会：水口很窄，水冲击岸上，卷回来又汇合成流。隘，狭窄。却，退。⑬崪中怒而特高："谓两浪相合聚而中高也。"特，突出。⑭若浮海而望碣石："言此水波涛崪然而起尔，如望碣石以浮海也。"碣石，海边半露出水的山。⑮砾（lì）：碎石。磥磥（lěi）：石头众多的样子。⑯嵤（hóng）：水石相击的声音。礚礚（kē）：象声词。轰击之声。⑰溺溺（nì）：没入水中。瀺灂（chán zhuó）：石在水中出没的样子。⑱沫：水冲击激起的浪花。潼潼（tóng）：高高的样子。高厉：高起。厉，起。⑲澹澹（dàn）：水波动荡的样子。盘纡：水流纡回。⑳淫淫：水流向远方的样子。溶潏（yì）：荡动。㉑扬踊：波涛涌起。㉒霈霈（pèi）：象声词。㉓妄：不辨方向乱跑。驰迈：狂奔。㉔兕（sì）：古代犀牛一类的野兽。㉕恐喙（huì）：吓得不敢叫。喙，兽嘴。㉖鹗（è）：鱼鹰。㉗飞扬：飞走。伏窜：逃避隐匿。㉘妄挚：随便攫取。㉙水虫：指鱼鳖之类。暴：露。指出水登陆。㉚渚（zhǔ）：水中小块陆地。阳：水北曰阳。㉛鼋、鼍（yuán tuó）：皆水中动物。鳣、鲔（zhān wěi）：皆鱼名。㉜翼：鱼腮边的小鬐。㉝蜲蜲（wěi）蜿蜿（wǎn）：盘旋曲折的样子。

中阪遥望①，玄木冬荣②。煌煌荧荧③，夺人目精，烂兮若列星，曾不可殚形④。榛林郁盛⑤，葩华覆盖⑥，双椅垂房⑦，纠枝还会⑧。徙靡澹淡⑨，随波闇蔼⑩，东西施翼⑪，猗狔丰沛⑫。绿叶紫裹⑬，丹茎白蒂⑭，纤条悲鸣，声似竽籁⑮。清浊相和⑯，五变四会⑰。感心动耳，回肠伤气⑱。孤子寡妇，寒心酸鼻。长吏隳官⑲，贤士失志。愁思无已，叹息垂泪。

【注释】

①阪（bǎn）：山坡。②玄木：长在悬崖绝壁上的树木。玄，通悬。荣：开花。③煌煌荧荧：草木之花焕发的光彩。④殚（dān）：尽。⑤榛林：栗树林。郁盛：茂密。⑥葩（pā）、华：花。华，同花。覆盖：指花与花自相覆盖。⑦椅（yī）：梧桐之类的树木。垂房：果实下垂。房，果实。因果皮里分隔开，如房间，故称。⑧纠枝：枝曲而下垂。还会：相交。⑨徙靡：风吹枝条来回摇摆的样子。⑩闇（àn）蔼：昏暗。⑪东西施翼：形容树枝向四面分布，如鸟展翅。⑫猗狔（yī nǐ）：柔弱下垂的样子。丰沛：形容很多。⑬紫裹：紫房。紫色果实。⑭蒂（dì）：同蒂。花及瓜果与枝茎相连的部分。⑮竽、籁（yú lài）：都是古代乐器。竽，簧管乐器，似笙而略大。籁，管乐，三孔。⑯清浊：形容声音清脆和低沉。⑰五变：五音（宫商角徵羽）的变化。四会：张铣注："四会，谓四方之声与之相会合也。"⑱回肠伤气：回肠荡气。形容悲伤已极。⑲长吏：旧称地位较高的官员。隳（huī）官：废官。

登高远望，使人心瘁①。盘岸巑岏②，裖陈硙硙③。磐石险峻，倾崎崖隤④。岩岖参差⑤，从横相追⑥。陬互横牾，背穴偃跖⑦，交加累积，重叠增益，状若砥柱⑧，在巫山之下。仰视山颠，肃何千千⑨。炫耀虹霓，俯视崝嵘⑩，窐寥窈冥⑪，不见其底，虚闻松声。倾岸洋洋，立而熊经⑫。久而不去，足尽汗出，悠悠忽忽，怊怅自失⑬，使人心动，无故自恐。贲育之断⑭，不能为勇。卒愕异物⑮，不知所出，縰縰莘莘⑯，若生于鬼，若出于神。状似走兽，或象飞禽，谲诡奇伟⑰，不可究陈⑱。

【注释】

①心瘁（cuì）：心忧而病。②巑岏（cuán yuán）：山高尖峻大的样子。③裖（zhěn）陈：挺拔整齐地排列。裖，整。如裖衣使之笔挺。硊硊（wéi）：形容山石高峻的样子。④倾崎：倾倒的样子。崎，倾测。崖隤（tuí）：悬崖倒塌。⑤岩岖：山岩崎岖。⑥从横相追：山势纵横，仿佛互相追逐。从，同纵。⑦陬（zōu）互横牾（wǔ），背穴偃跖（zhí）：山角横逆，背深塞人径也。陬，山角。牾，逆。偃跖，"山石之形，背穴偃蹇，如有所蹈也。"⑧砥（dǐ）柱：山名。山在水中，如柱，故名。⑨千千：青青的山色。千，通芊（qiān），青。⑩崝嵘（zhēng róng）：又陡又深的样子。崝，同峥。⑪窐寥（wā liáo）：空深的样子。窐，同洼。窈（yǎo）冥：幽暗的样子。⑫熊经：形容极端恐惧的样子。岩岸欲倾，水流又急，水势很大，人站其上，"如熊攀树而立，其身偻佝。"⑬怊怅（chāo chàng）：惆怅。失意的样子。⑭贲、育：孟贲、夏育，皆战国时勇武决断之士。相传孟贲能生拔牛角，夏育力举千斤。⑮卒愕（è）：促然惊愕。⑯縰縰（xǐ）莘莘（xīn）：形容来来往往很多。⑰谲诡（jué guǐ）：怪异多变。⑱究陈：尽述。

上至观侧，地盖厎平，箕踵漫衍①，芳草罗生②，秋兰茝蕙，江离载菁③，青荃射干④，揭车苞并⑤。薄草靡靡⑥，联延夭夭⑦，越香掩掩⑧，众雀嗷嗷。雌雄相失，哀鸣相号。王鴡鹂黄⑨，正冥楚鸠⑩。姊归思妇⑪，垂鸡高巢⑫，其鸣喈喈⑬，当年遨游，更唱迭和，赴曲随流。

【注释】

①箕踵漫衍：张凤翼注："山形如簸箕之掌，而又宽大。"②罗生：一排排生长。③江离：香草名。载：则。语助词。菁（jīng）：华采。④青荃（quán）、射（yè）干：香草名。⑤揭车：香草名。苞并：丛生。⑥薄草：指丛生的香草。薄，草丛。靡靡：互相依偎的样子。⑦连延：接连不断。夭夭：美好的样子。⑧越香掩掩：同时散发香气。掩掩，同时散发。⑨王雎（jū）：鸟名。雎鸠。鹂黄：黄莺。⑩楚鸠：鸟名。⑪姊归、思妇：鸟名。⑫垂鸡：鸟名。高巢：巢高。⑬喈喈（jiē）：象声词。禽鸟叫声。

有方之士①，羡门高谿②，上成郁林③，公乐聚谷④。进纯牺⑤，祷琁室⑥，醮诸神⑦，礼太一⑧。传祝已具⑨，言辞已毕，王乃乘玉舆，驷仓螭⑩，垂旒旌⑪，旆合谐⑫。细大絃而雅声流⑬，冽风过而增悲哀。于是调讴⑭，令人惏悷憯悽⑮，胁息增欷⑯。

【注释】

①有方之士：方术之士。指古代求仙炼丹，自言能长生不死的人。②羡门高：古代传说中的方士羡门子高。《史记·封禅书》："宋毋忌、正伯侨、允尚、羡门子高、最后，皆燕人，为方仙道，形解销化，依于鬼神之事。"③上成郁林：张凤翼注：上山成仙者，郁然如林。"④公乐聚谷：张凤翼注："共乐于此，聚

而饮食。”谷，食。⑤进：献上。指祭祀。纯牺：吕延济：“谓纯色牺牲也。”牺牲，供祭祀用的家畜的通称。⑥琁（xuán）室：用玉石装饰的房间。琁，玉石。⑦醮（jiào）：祭。⑧礼：祭神以致福。太一：天神。⑨祝：告祭之辞。⑩驷仓螭（chī）：张凤翼注：“谓以螭龙为驷。”驷，四套马的车。螭，蛟龙之类，此指骏马。⑪旒旌（liú jīng）：下边垂有装饰物的旗子。指君王仪仗队的旗。⑫旆（pèi）：古代旗末状如燕尾垂旒，称之为旆。⑬紬（chōu）：抽引，弹拨。大絃：古琴、瑟、琵琶等拨絃乐器。雅声：古指所谓合乎道德规范的音乐。雅，正。⑭调讴：歌唱。⑮惏悷（lín lì）：悲伤。憯（cǎn）悽：凄惨。⑯胁（xié）息：敛缩气息，表示悲痛。欷（xī）：抽咽声。

于是乃纵猎者①，基趾如星②，传言羽猎③，衔枚无声④。弓弩不发，罘罕不倾⑤，涉漭漭⑥，驰苹苹⑦。飞鸟未及起，走兽未及发，何节奄忽⑧，蹄足洒血。举功先得⑨，获车已实。

【注释】

①猎者：指随君王狩猎的士卒。②基趾：山脚。如星：星罗棋布，极言其多。③羽猎：用箭射猎。羽，箭。④衔枚：枚，形状似筷子，两端有带，可系于颈上。古代进军袭击敌人时，令士卒衔在口中，以防止喧哗。⑤罘罕（fú hǎn）：捕鸟兽的网。罕，同罕。捕鸟用的长柄小网。⑥漭漭（mǎng）：宽阔的水面。⑦苹苹：草丛生的样子。⑧节：符节。奄忽：迅疾。⑨举功先得：指百发百中。

王将欲往见，必先斋戒①，差时择日②。简舆玄服，建云旆③，蜺为旌④，翠为盖⑤。风起雨止，千里而逝，盖发蒙⑥，往自会。思万方，忧国害，开贤圣，辅不逮⑦。九窍通郁⑧，精神察滞⑨，延年益寿千万岁。

【注释】

①斋戒：古人于祭祀时，沐浴更衣，戒其嗜欲，以示诚敬。②差时：择时。③云旆：云旗。④蜺（ní）：雌虹（hóng）。相传虹有雌雄之别，色鲜盛者为雄，色暗淡者为雌。雄曰虹，雌曰蜺。⑤翠：翡翠鸟。盖：车盖。状如伞。⑥发蒙：启发蒙昧。⑦开圣贤，辅不逮：李周翰注：“开圣贤之路，以补思虑之不及。”⑧九窍：头部七窍，加前后阴，合称九窍。此泛指人体各器官。郁：郁滞不通。⑨察滞：荡涤精神上的郁塞之气。察，清洁，荡涤。

【译文】

从前，楚襄王与宋玉在云梦泽的台馆游玩。遥望高唐楼台，楼台上方独有一股云气，其状忽而如高峻的山峰直上九天，忽而改变了形状；顷刻之间，变幻无穷。襄王便问宋玉说：“这是什么气啊？”宋玉回答说：“这就是所谓的‘朝云’。”襄王又问：“什么叫朝云？”宋玉回答说：“从前，先王曾到高唐游览，因为疲倦，白天睡着了。睡梦中梦见一位妇人说：“妾是巫山之女，是来高唐观作客的。听说大王您来此游览，想与您同床共枕，于是襄王就和她表示亲昵。巫山之女离开时告诉襄王说：‘妾在巫山南面，住在高坡的险峻之处，早晨变成朝霞，晚上化为流雨，朝朝暮暮，都在高唐台馆之下。’第二天一早前去观看，果如其言。因此便为巫山之女修了座庙，并取名‘朝云’。”襄王问道：“朝云刚出时是什形状呢？”宋玉回答说：“朝云初现之时，郁郁葱葱，如同挺拔的青松；再过一会，光亮照人，好似姣艳的美女，扬袖遮日，遥望思念的人儿；忽而形容改动，变幻迅速，如驰驷马快车，骤然立起五彩旌旗，冷飕飕似风刮，凄凉凉像雨下。风息雨止，不见云霓。”襄王问：“我眼下可以游览高唐吗?”宋玉回答说：“可以。”襄王又问：“高唐现在如何呢?”宋玉回答说：“高大、豁亮，四下远望，广阔无边，万物皆由此兴生。它上接青天，下临深渊，奇美怪异，不可胜言。”襄王说：“你试着为我给高唐胜观赋上一首。”宋玉答应说：“是，是。”

高唐大观的盛景啊，一般东西无法和它相比。巫山巍峩显赫举世无双，道路纵横交错层层重迭。登上陡峻山岩而下望，面临大堤积水。赶上大雨刚停，观看百川汇集，只见山洪汹涌，水波翻腾，轰鸣巨响掩没其他响声；百川之水交叉横流，沟潰谷平，并入深池。汪洋滂湃，四下横溢，洪水汇聚，池深莫测。长风吹来，洪波涌起，浪涛起落，犹如田陇孤零零地附在山梁。惊涛迫岸，水浪相击，遇阻回旋，又相汇聚。激流骤聚，洪峰突起，似漂游过海而望碣石。洪波冲滚、众石相击，声震云天。巨石翻滚，时显时没，浪花飞溅，巨浪掀扬。波纹起伏，旋转迂回，洪波浩荡，奔向远方。洪水奔腾，波涛相击，如云涌跃，响声霈霈。猛兽闻声，惊惶逃窜，狂奔乱突，不知所向。虎豹豺兕，不敢出气；雕鹗鹰鹞，飞逃避藏，发抖屏气，岂敢随意攫取。于是水鳖鱼虾，尽皆出水，纷纷爬出小洲南面。鼋鼍鳣鲔，交相积压，鳞张鬐竖，宛如龙蛇。

置身于半坡，放眼眺望。映入眼帘的是冬树开出冬花，闪烁耀眼，辉煌灿烂，光彩夺目，犹如群星，布满苍穹，难以名状。栗树成林，郁郁葱葱，栗花间杂于绿叶，交相掩映。山桐所结果实成对垂吊，枝条弯曲紧紧相交。树枝随风摇摆，撩起微澜，绿荫浓郁晃动，时掩水波。枝条四下伸展，宛如鸟儿展翅。婀娜多姿，茂密繁盛，绿叶紫果，红茎白蒂。风吹细条，发出声声悲鸣。其声凄婉，好似籁竽之音。清音浊音，相为谐和，五音变幻交织，相会四方之音。扣动心弦，悦耳动听，回肠荡气，令人伤悲。孤儿寡母，闻之寒心，酸鼻欲泣。高官为之罢职，贤士因此丧志，愁思缕缕，流泪叹气。

登高远望，胆战寒。山岩峻峭，盘绕渠岸，笔挺高耸，成排列立。盘石险峻，仿佛悬岸将倾；怪石参差不平，纵横交错，状如相互追逐。山棱石角，旁伸侧出，背掩洞穴，横塞路径。岩石交加，层峦叠嶂，高险倍增，状如中流砥柱，屹立巫山之下。抬头仰望山巅，青葱翠绿，如彩虹高悬，光耀奇目。俯视山谷，陡突高峻，空旷幽暗，深邃莫测，不见谷底，但闻松涛声声。崖岸倾危、面临万丈深谷。站立之处悬危，犹似熊攀高枝，悬吊空中。久立不敢挪步，冷汗直流脚下。迷迷茫茫，不知所措，恍恍忽忽，怅然若失，令人惊心动魄，无端惶惶恐恐。即使有孟贲、夏育之果断，也难作出勇敢无畏的举动。猝然见到怪物，不知从何而来。怪物纷纭众多，好似鬼斧神工雕琢而成。有的状如奔兽，有的形同飞禽，奇形怪状，变化无常，无法详说。

登上大观之侧，地表低宽平坦，状如簸箕足掌，前宽后狭。芳草密布丛生：秋兰芷蕙江离，遍地盛开；青荃射干揭车，密集杂生。芳草萋萋，互相偎依，连绵不断，舒缓绚美。芳香郁发，百鸟齐鸣，雌雄失散，哀叫相唤。王雎黄鹂，正冥布谷，子归思妇，还有垂鸡，高居鸟巢，喈喈啼叫。逍遥戏游，此唱彼和，如歌宛转，声如流水。

方术之士，羡门高誓，上山求仙，众仙济济，在此同乐，共就餐食。祭献上纯色的牲畜，祈祷于玉饰的宫室。祭诸神，敬太一，祈祷之辞备，求福之言毕，于是先王乘玉辇，驾蛟龙，旌旗猎猎，飘展和谐。拨动琴瑟宫弦，流出雅音正声。凛冽寒风掠过，哀愁之情倍增，于是奏乐歌唱，令人凄惨悲凉。敛缩气息，抽泫由此加剧。

于是猎手分置山脚，星罗棋布。发布命令，狩猎开始，衔枚禁哗，弓箭不发，罗网不撤。

涉过漭漭水泽，穿过茂密草坡，飞禽来不及展翅，走兽没能奔逃，刹那之间，蹄足洒血。一举即获，猎物满车。

大王如果想见神女，必须先行斋戒，接着择选吉日，驾乘简车，身着黑服，云霓为旌旗，翠羽为车盖。待到风起雨住，飞越千里，启发蒙昧，相会神女。应该谋思天下大事，考虑国家忧患，广开圣贤之路，以之弥补君王不周。这样的话，才能九窍通畅，心旷神爽，延年益寿，可保江山千秋万岁。

神女赋　并序

宋玉

楚襄王与宋玉游于云梦之浦①，使玉赋高唐之事。其夜，王寝②，果梦与神女遇，其状甚丽。王异之，明日以白玉。玉曰："其梦若何?"王曰："晡夕之后③，精神怳忽，若有所喜，纷纷扰扰，未知何意。目色仿佛④，乍若有记。见一妇人，状甚奇异。寐而梦之，寤不自识。罔兮不乐⑤，怅然失志。于是抚心定气，复见所梦。"玉曰："状何如也?"王曰："茂矣，美矣，诸好备矣；盛矣，丽矣，难测究矣。上古既无，世所未见。瑰姿玮态⑥，不可胜赞。其始来也，耀乎若白日初出照屋梁；其少进也，皎若明月舒其光。须臾之间，美貌横生⑦，晔兮如华⑧，温乎如莹⑨。五色并驰⑩，不可殚形⑪，详而视之，夺人目精。其盛饰也，则罗纨绮缋盛文章⑫，极服妙采照万方⑬。振绣衣，被袿裳⑭，秾不短，纤不长⑮，步裔裔兮曜殿堂⑯。忽兮改容，婉若游龙乘云翔⑰。嫷被服⑱，侻薄装⑲，沐兰泽⑳，含若芳㉑，性和适㉒，宜侍旁，顺序卑㉓，调心扬。"王曰："若此盛矣，试为寡人赋之。"玉曰："唯唯。"

【注释】

①云梦：泽名。先秦两汉称云梦泽。浦：水边。②王寝："王寝"以下数语，即宋玉为襄王讲述的高唐之事。"王寝"前省去"玉曰"。③晡（bū）夕：黄昏。④目色：视力。仿佛：见得不真切。⑤罔：通惘失意。⑥瑰姿：艳丽的姿容。玮（wěi）态：美好的姿态。⑦横生：洋溢而出，充分表露出来。⑧晔（yè）：光辉灿烂。⑨温：温润。莹：玉。⑩五色并驰：五颜六色，闪闪发光。⑪殚（dān）形：详尽形容。⑫罗纨绮缋（qǐ huì）：皆丝织品。文章：文采。⑬万方：即四方。⑭袿（guī）：妇女的上衣。⑮秾（nóng）：衣厚。纤（xiān）：细。"秾不短，纤不长"，指衣服长短肥瘦合体。⑯裔裔（yì）：步履轻盈的样子。曜（yào）：照耀。⑰游龙：游动的龙。比喻婀娜的体态。⑱嫷（tuǒ）：美好。⑲侻（tuì）：合适。⑳沐：涂抹。兰泽：芳香的头油。㉑若芳：杜若的芳香。若，香草名，即杜若。㉒和适：温顺柔和。㉓序卑：温柔恭顺。

夫何神女之姣丽兮①，含阴阳之渥饰②。被华藻之可好兮③，若翡翠之奋翼④。其象无双，其美无极。毛嫱鄣袂⑤，不足程式；西施掩面⑥，比之无色。近之既妖，远之有望。骨法多奇⑦，应君之相⑧。视之盈目，熟者克尚⑨？私心独悦，乐之无量⑩。交希恩踈[11]，不可尽畅[12]。他人莫睹，王览其状。其状峩峩[13]，何可极言？貌丰盈以庄姝兮[14]，苞温润之玉颜[15]。眸子炯其精朗兮[16]，瞭多美而可观[17]。眉联娟以蛾扬兮[18]，朱唇的其若丹[19]。素质干之醲实兮[20]，志解泰而体闲[21]。既姽婳于幽静兮[22]，又婆娑乎人间[23]。宜高殿以广意兮[24]，翼放纵而绰宽[25]。动雾縠以徐步兮[26]，拂墀声之珊珊[27]。望余帷而延视兮[28]，若流波之将澜[29]。奋长袖以正衽兮[30]，立踯躅而不安。澹清静其愔嫕兮[31]，性沈详而不烦[32]。时容与以微动兮[33]，志未可乎得原[34]。意似近而既远兮，若将来而复旋[35]。褰余帱而请御兮[36]，愿尽心之惓惓[37]。怀贞亮之洁清兮[38]，卒与我兮相难[39]。陈嘉辞而云对兮，吐芬芳其若兰。精交接以来往兮[40]，心凯康以乐欢[41]。神独亨而未结兮[42]，魂茕茕以无端[43]，含然诺其不分兮[44]。喟扬音而哀叹。頩薄怒以自持兮[45]，曾不可乎犯干[46]。

【注释】

①姣丽：美丽。②阴阳：天地。地为阴，天为阳。渥（wò）饰：得天独厚的美质。渥，丰厚。③华藻：指华丽的服饰。可好：恰到好处，正合适。④翡（fěi）翠：翡翠鸟。羽毛鲜艳如翡翠。奋翼：展翅而飞。⑤毛嫱（qiáng）：古代的美女。《慎子·威德》："毛嫱、西施，天下之至姣也。鄣袂（mèi）：掩袖。袂，袖。程式：比姿态美。⑥西施：春秋末年越国的美女。由越王勾践献给吴王夫差，成为夫差最宠爱的妃子。传说吴亡后，与范蠡泛舟五湖。⑦骨法：骨相。旧时看相的人，称人的骨骼相貌为"骨法"，认为人的贵贱可从骨法看出来。⑧应君之相：嫔妃之相。⑨克：能。尚：超过。⑩无量：无法计算，形容极多。⑪交希：交情浅。踈：通疏。⑫畅：申。⑬峩峩（é）：美好的样子。峩，通娥。⑭庄姝：庄重而美丽。姝，美好。⑮苞：饱满。温润：温和柔润。本指玉色，此形容人的容色和性情。⑯眸（móu）子：瞳子。精朗：明亮。⑰瞭（liǎo）：眼珠明亮。⑱联娟：微微弯曲的样子。蛾扬：眉扬。形容美女笑得好看的样子。⑲的：鲜明。⑳质干：身段。醲（nóng）实：丰满。醲，通浓。厚。㉑解泰：心闲适平和。体闲：姿态闲雅。㉒姽婳（guǐ huà）：文静美好的样子。幽静：幽隐之处，指神仙居住的地方。㉓婆娑（suō）：盘旋。㉔宜高殿："宜置高殿之上，翼然使放纵自宽也。"㉕翼放纵：形容自由放任。"翼，放纵貌。如鸟之翼，随意放纵。"绰宽：宽绰。㉖雾縠（hú）：其薄如雾的轻纱。縠，轻纱。㉗墀（chí）：台阶。珊珊：形容衣裳磨擦之声。㉘延视：引颈而望。㉙流波：比喻美女晶莹灵活的目光。澜：泛起波澜。㉚正衽（rèn）：整理衣襟使之端正。㉛澹（dàn）：安静的样子。愔嫕（yīn yì）：和善。㉜沈详：沉着。不烦：不躁。㉝容与：悠闲自得的样子。㉞志未可乎得原：心意猜不透。原，本。㉟旋：回。㊱褰（qiān）：揭起。帱（chóu）：床帷。请御：请求陪侍。㊲惓惓（quán）：同拳拳。诚恳亲切之意。㊳贞亮：贞操亮节。㊴相难：感到为难而不相亲近。㊵精交：神交。㊶凯康：同恺慷，和乐。㊷亨：通。结：结爱。㊸茕茕（qióng）：孤独无依的样子。㊹然诺：许诺。㊺頩（píng）：怒色。薄：微。自持：矜持。㊻犯干：干犯。指违礼而求。

于是摇珮饰，鸣玉鸾，整衣服，敛容颜，顾女师[1]，命太傅[2]。欢情未接，将辞而去，迁延引身[3]，不可亲附，似逝未行，中若相首[4]。目略微眄[5]，精彩相授[6]，志态横出，不可胜记。意离未绝，神心怖覆[7]，礼不遑讫，辞不及究[8]。愿假须臾，神女称遽[9]。徊肠伤气[10]，颠倒失据[11]。闇然而暝，忽不知处。情独私怀[12]，谁者可语。惆怅垂涕，求之至曙。

【注释】

①女师：古时教女子妇德的女教师。②太傅：本为辅导太子之官，与女师相类，都是辅导神女的。③迁延：退却。④相首：相向。⑤微眄（miǎn）：悄悄看。⑥精彩：神采。⑦怖覆：因惶恐而反覆。⑧讫、究：尽。⑨遽：急。称遽，言要急于离去。⑩徊肠伤气：形容文辞十分婉转动人。⑪颠倒失据：神魂颠倒。⑫情独私怀：个人内心的思念之情。

【译文】

楚襄王和宋玉在梦云泽畔游览，上宋玉为他陈述了先王游览高唐梦遇神女的传说。那天夜里，襄王睡后，果然梦见与神女相会。神女的容貌非常美丽，令襄王感到惊异。第二天，襄王就把梦中相遇神女之事告诉宋玉。宋玉问："梦遇神女的情景如何?"楚王说："黄昏之后，我就神情恍惚，好像有什么喜事来临，弄得心神不定，不知想些什么，当时眼神昏昏糊糊，但是开始的情景还曾记得。只见一位女子，容貌甚为出众。睡梦中遇见她，醒来后自己却记不起来，令人怏怏不乐，怅然若失。于是平心定气，眼前又重现梦遇神女的神景。"宋玉问："那女子的容貌如何?"襄王答道："丰盈俊美，具备了所有的美；充满朝气，俏丽，简直元法形容。自古没有，当代不见。瑰丽的姿容，完美的形态，实在赞美不尽。神女刚出现时，光彩耀人，宛如旭日初升光照屋梁；稍进一步，皎洁明晰，恰似明月露脸散发柔光。顷刻之间，姿态横生，如花之光采照人，似玉之温和润泽。五彩并放，形容不尽。注目而视，光耀夺目。其服饰之华丽，缕罗绸缎，文彩斑斓，艳服妙彩，光照四方。抖绣衣，着长裙，丰腴而不觉肥短，纤薄而不觉细长。步履轻盈柔美，丰彩映照殿堂。忽然姿容变幻，体态柔婉，宛如游龙腾云翱翔。裘服华美，身着薄装正合体，头抹兰草香油，杜若芬芳，性情温和，宜伴君侧，柔和恭顺，可调心情。"襄王接着说："如此盛美的神女，请为寡人做首神女赋。"宋玉连声应道："是、是。"

那神女是何等的俏丽啊，得天独厚，天生丽质。身穿漂亮合体的衣裳，就像翠鸟展双翅。其貌无双，其美无比。毛嫱掩袖，不配展示姿容；西施遮面，自愧姿色不如。近看俊美，远看漂亮。骨相非凡超群，具有侍君之相。视之怿悦满目，谁能超越其上。我独自喜悦，喜气洋洋。然而交浅恩薄，不能倾诉衷肠。凡人看之不见，大王独览其貌。其貌端庄俊美，语言难以详述。体态丰腴，端庄秀丽，容颜似玉，饱满润泽。眸子清澈明朗，秀目明亮耐看。眉毛弯弯似卧蚕，红唇鲜亮似朱丹。身段丰满盈实，心态安适，体态娴雅。幽处于仙境，徘徊在人间。真该让她高堂大殿抒情怀，就像鸟儿展翅任舒宽。神女飘动着薄雾般的轻纱缓缓而行，擦着上下台阶发出玉响声声。她朝我的床帷引颈探望，两眼好像秋水泛起微波。挥动长袖端正衣襟，徘徊往复心神不安。贤淑文静神态安详，不烦不躁生性恬静。时而转身对我有所表示，她的本心无法猜透。其心似欲亲近，举动却是远离；似要前来，却又返身离去。撩开我的床帐请求陪待，欲献出一片赤诚的心意，却又心怀贞风亮节，始终难与我亲近。说以嘉言美辞对我作答，口溢芳香，浓郁如兰。凭着神交而往来，内心康乐又欢悦。唯在神通，全无接触，灵魂孤独，无缘无故。她心里允诺，口不直言。喟然长叹，哀声高扬。她敛容微怒，矜持庄重，令人不敢冒犯。

于是神女摇动玉佩，鸣响玉铃，整理衣装，收敛面容，回叫女师，命唤太傅，未能承受欢情，就将辞别而去。她引身后退，不能亲近。欲去未行，心有所向，秋波微动，神采传情。心态横生，奥妙难言。然而离去之心尚在，精神惶恐不定。礼节未能尽施，言辞不及毕陈，愿借片刻以求亲近，神女却说要离去。使人内心辗转，离愁难解，神魂颠倒，无所依托。骤然天昏地暗，顿时手脚无措。独怀离情别绪，有谁可诉衷肠。惆怅而泪下，想她到天亮。

登徒子好色赋　并序

宋玉

大夫登徒子侍于楚王，短宋玉曰[①]："玉为人体貌娴丽，口多微辞[②]，又性好色，愿王勿与出入后宫。"王以登徒子之言问宋玉。玉曰："体貌闲丽，所受于天也；口多微辞，所学于师也。至于好色，臣无有也。"王曰："子不好色，亦有说乎[③]？有说则止，无说则退。"玉曰："天下之佳人，莫若楚国；楚国之丽者，莫若臣里；臣里之美者，莫若臣东家之子。东家之子，增之一分则太长，减之一分则太短；著粉则太白，施朱则太赤。眉如翠羽[④]，肌如白雪。腰如束素[⑤]，齿如含贝[⑥]。嫣然一笑，惑阳城，迷下蔡[⑦]。然此女登墙窥臣三年，至今未许也。登徒子则不然。其妻蓬头挛耳[⑧]，齞唇历齿[⑨]，旁行踽偻[⑩]，又疥且痔。登徒子悦之，使有五子。王孰察之，谁为好色者矣。"

【注释】

①短：说人坏话。②微辞：婉转而巧妙的话语。③说：理由。④翠羽：翡翠鸟的青黑色羽毛。⑤素：生绢。⑥贝：白色的海螺。⑦阳城、下蔡：二县名，春秋时楚地，为楚国贵族封邑。⑧挛（luán）耳：蜷耳朵。⑨齞（yàn）唇：齿露唇外。⑩蜎偻（jū lóu）：驼背。

是时，秦章华大夫在侧[①]，因进而称曰："今夫宋玉盛称邻之女，以为美色。愚乱之邪臣，自以为守德。谓不如彼矣。且夫南楚穷巷之妾，焉足为大王言乎？若臣之陋目所曾睹者，未敢云也。"王曰："试为寡人说之。"大夫曰："唯唯[②]。"

【注释】

①章华大夫：章华为楚国地名，大夫原为楚人，到秦做官，此时又出使于楚。②唯（wěi）唯：谦卑的答应。

臣少曾远游，周览九土[①]，足历五都[②]。出咸阳，熙邯郸[③]，从容郑、卫、溱、洧之间[④]。是时，向春之末，迎夏之阳，鸧鹒喈喈，群女出桑。此郊之姝[⑤]，华色含光，体美容冶，不待饰装。臣观其丽者，因称诗曰："遵大路兮揽子祛[⑥]，赠以芳华辞甚妙。"于是处子悦若有望而不来，忽若有来而不见。意密体疏，俯仰异观，含喜微笑，窃视流眄[⑦]。复称诗曰："寤春风兮发鲜荣[⑧]，洁斋俟兮惠音声[⑨]，赠我如此兮，不如无生[⑩]。"因迁延而辞避，盖徒以微辞相感动，精神相依凭。目欲其颜，心顾其义[⑪]，扬诗守礼，终不过差[⑫]。故足称也。

【注释】

①九土：九方之土。相传我国古代分九州，此指全国。②五都：五方的都会，此指全国各地繁华的地方。五，包括东、西、南、北、中。③熙（xī）：同嬉。游戏，玩耍。邯郸：战国时赵国国都，位于今河北省。④从容：举止行为。郑、卫：春秋时的两个国家，位于今河南省和河北省的南部。溱（zhēn）、洧（wěi）：郑国境内的两条河。⑤姝：美女。⑥遵大路：《诗经·郑风》中的一首情歌。袪（qū）：衣袖。“遵大路兮揽子袪”，“谓道路逢子之美，愿揽子之袪与俱归也。”⑦流眄（miǎn）：形容眼光流动，以目传情。⑧寤：见。鲜荣：花。⑨斋：庄重。惠音：佳音。⑩不如无生：李善注引毛诗曰：“知我如此，不如无生。”郑玄解释说：“则己之生，不如不生。无生，恨之辞也。”张凤翼纂注说：“无生，言不受也。”⑪义：指道德观念。⑫过差：过分，越轨。

于是楚王称善，宋玉遂不退。

【译文】

登徒子大夫侍奉在楚王身边，对楚王说宋玉的坏话：“宋玉这人长得漂亮，举止闲雅，能言善辩，而且生性好色，还请大王不要带他出入后宫。”楚王将登徒子说的这番话问宋玉，宋玉回答说：“举止闲雅、容貌俊美，这是老天赐与的；能言巧辩，那是从老师那儿学来的。至于好色，臣无此事。”楚王说：“你不好色，自己能解释清楚吗？有理由澄清就留下，解释不清楚就退下去。”宋玉说：“天下的美人，没有谁赶得上楚国的；楚国的丽人，谁也比不上我家乡的；我家乡的美女，莫过于臣东邻的女子。那女子增加一分就显得太高，减去一分又显得太矮；擦粉则显得太白，涂上胭脂又显得太红。秀眉好似那翡翠的黑羽毛，肌肤宛如那洁白的冰雪，腰肢恰像一束白色的细绢。牙齿如同洁白的海贝。嫣然一笑，颠倒了阳城公子的神魂，迷乱了下蔡王孙的方寸。然而，这样的美女，登上墙头偷看了我三年，臣子至今尚未答理她呢。登徒子则不然。他的妻子蓬头垢面，耳朵卷曲，唇不掩齿，门牙稀疏；走路偏偏倒倒，驼背弯腰；患有疥癣，外加痔疮。登徒子喜欢她，与她生养了五个孩子。请大王细加明察，究竟谁是好色之徒。”

此时，秦国的章华大夫正在旁边，就上前声称道：刚才宋玉盛赞他邻居的女子，视之为天姿绝色。我这愚钝而昏乱之臣，自认为是坚守德操的人。说起来的话，我守德方面就不及宋玉了。再说楚国南部穷乡陋巷的贱女，怎配向大王称道呢？像下臣这种目光短浅的人所看到过的美女，就不敢对大王夸耀。”楚王说：“那就说说你看到的女子吧！”章华大夫连声道：“好、好！

臣年轻之时曾远出遨游，遍览九州各地，经历五方都市；出入于咸阳，戏游在邯郸，逗留于郑国与卫国，溱水与洧水之间。那时暮春即临，夏暖迎来，黄鹂声声啼唱，众女外出采桑。这一带郊外的美女，面色如花，容光焕发，体态柔美，姿容妖艳，全不用修饰与打扮。我看上了其中一位美女，于是颂诗道：“沿着大路向前走啊，我牵着你的衣袖。”我献上芳香的鲜花，道出动听的话语。于是乎那姑娘神魂荡漾在相望而未曾前来，似乎想前来却又不敢接近。一俯一仰，生出异态万端；微微一笑，透出心中喜欢。偷眼暗视，眼波流传。美女也回颂诗道：“春风唤醒万物啊，鲜花吹又生。我洗心洁面，庄重地恭候你求婚的佳音。你却颂以这轻佻的大路诗，真不如不赠。”于是她缓缓告辞而去。彼此仅靠诗句倾诉衷情，只凭精神相互寄托。我多么想端视她的秀容呵，而心中却顾念着礼义。扬诗以传情而持守礼义，终究没有过失之举。因此他值得称赞。”

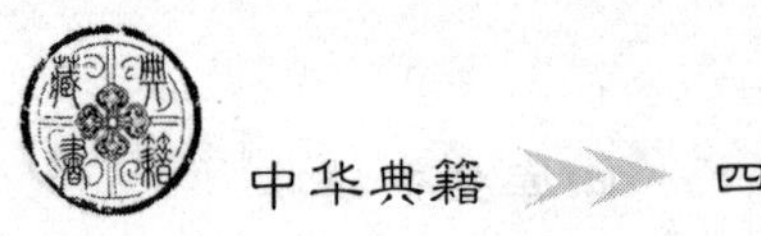

于是得到楚王称赞，宋玉才没有退下。

洛神赋

曹子建

黄初三年[①]，余朝京师[②]，还济洛川[③]。古人有言，斯水之神，名曰宓妃[④]。感宋玉对楚王神女之事[⑤]，遂作斯赋，其辞曰：

【注释】

①黄初：魏文帝曹丕的年号。②京师：京城洛阳。③洛川：洛水。源出陕西，流经河南洛阳，注入黄河。④宓妃（fú fēi）：洛水之神。相传伏羲氏的女儿宓妃，溺死洛水，化为洛神。伏羲氏之“伏”，亦作“宓”。⑤宋玉：战国时楚人，继屈原之后的《楚辞》作家。

余从京域[①]，言归东藩[②]。背伊阙[③]，越轘辕[④]，经通谷[⑤]，陵景山[⑥]。日既西倾，车殆马烦[⑦]。尔乃税驾乎蘅皋[⑧]，秣驷乎芝田[⑨]，容与乎阳林[⑩]，流眄乎洛川[⑪]。于是精移神骇，忽焉思散[⑫]。俯则未察，仰以殊观，睹一丽人，于岩之畔。乃援御者而告之曰：“尔有觌于彼者乎[⑬]？彼何人斯？若此之艳也！”御者对曰：“臣闻河洛之神，名曰宓妃。然则君王所见，无乃是乎？其状若何？臣愿闻之。”

【注释】

①京城：京都地区。②言：语首助词，无义。藩（fán）：古代皇帝分封的屏卫皇室的诸侯。曹植当时封在鄄城，在今山东省，位于洛阳之东，故曰“东藩。”③背：背离。伊阙：山名，位于洛阳南。④轘辕（huán yuán）：山名。位于河南省偃师县东南，古代著名的险关要塞。⑤通谷：山谷名，位于洛阳东南，是古代的险关要塞。⑥陵：登。景山：位于河南偃师县南。⑦殆（dài）：通怠。疲倦。烦：疲劳。⑧尔乃：于是。税（tuō）驾：解马停车。税，通脱。蘅皋（héng gāo）：长满香草的水边高地。蘅，杜蘅。香草名。⑨芝田：长满灵芝的地方。⑩容与：悠闲的样子。阳林：地名。⑪流眄（miǎn）：四处眺望。⑫惊移神骇：惊慌失态。移，变。思散：心神不定。⑬援：手拉。御者：车夫。觌（dí）：见。

余告之曰：“其形也，翩若惊鸿[①]，婉若游龙[②]。荣曜秋菊，华茂春松[③]。仿佛兮若轻云之蔽月[④]，飘飖兮若流风之迴雪。远而望之，皎若太阳升朝霞；迫而察之[⑤]，灼若芙蕖出渌波[⑥]。襛纤得衷[⑦]，修短合度[⑧]。肩若削成，腰如约素[⑨]。延颈秀项，皓质呈露[⑩]。芳泽无加，铅华弗御[⑪]。云髻峨峨[⑫]，修眉联娟[⑬]。丹唇外朗，皓齿内鲜，明眸善睐[⑭]，靥辅承权[⑮]。瑰姿艳逸[⑯]，仪静体闲。柔情绰态，媚于语言[⑰]。奇服旷世，骨像应图[⑱]。披罗衣之璀粲兮，珥瑶碧之华琚[⑲]。戴金翠之首饰，缀明珠以耀躯[⑳]。践远游之文履，曳雾绡之轻裾[㉑]。微幽兰之芳蔼兮[㉒]，步踟蹰于山隅[㉓]。

【注释】

①翩：翩翩，鸟轻快疾飞的样子。此形容丽人的动作神态。惊鸿：惊飞的鸿雁。形容体态轻盈。②婉：体态柔美的样子。遊龙：游动的龙。比喻婀娜多姿。遊同游。③荣：花。曜：照耀。华：花。④仿佛：看不清楚。⑤流风：清风。迫：近。⑥灼：鲜明。芙蕖（fú qú）：荷花。渌（lù）：清澈。⑦秾纤（nóng xiān）：胖瘦、粗细。得衷：适中。衷，同中。⑧修短：高矮。合度：适当。⑨约素：捆着的白绢。形容腰肢丰满而又苗条。⑩颈、项：脖子前部为颈，后部为项。延、秀：长。皓（hào）质：洁白的皮肤。呈露：露在外面。⑪芳泽：香脂。铅华：粉。无加、弗御：都是不用的意思。⑫云髻（jì）：挽起的发髻蓬松如云。峨峨（é）：高耸。⑬联娟：细长弯曲。⑭明眸（móu）：明亮的眼珠。善睐（lài）：顾盼含情。⑮靥（yè）辅：酒涡。权：通颧。两颊。⑯瑰姿：美丽的姿态。⑰绰态：优美大方的姿态。绰，宽。媚于语言：说话含情动人。⑱骨像：体貌。应图：像画儿一样。⑲珥（ěr）：耳环。此作动词用。佩带。瑶碧：美玉。华琚（jū）：雕刻着花纹的玉佩。⑳金翠：金光闪闪的翠羽。翠，翡翠鸟。㉑远游：鞋名。文履：绣花鞋。雾绡（xiāo）：薄纱。轻细如雾。裾（jū）：衣裙。㉒幽兰：兰花。俗称兰草。芳蔼（ǎi）：香气。㉓踟蹰（chí chú）：来回走动。山隅（yú）：山旁。隅，边侧之地。

于是忽焉纵体，以遨以嬉[①]。左倚采旄[②]，右荫桂旗[③]。攘皓腕于神浒兮[④]，采湍濑之玄芝[⑤]。余情悦其淑美兮，心振荡而不怡[⑥]。无良媒以接欢兮，托微波而通辞[⑦]。愿诚素之先达兮[⑧]，解玉佩以要之[⑨]。嗟佳人之信修[⑩]，羌习礼而明诗[⑪]。抗琼珶以和予兮[⑫]，指潜渊而为期[⑬]。执眷眷之款实兮[⑭]，惧斯灵之我欺。感交甫之弃言兮，怅犹豫而狐疑[⑮]。收和颜而静志兮[⑯]，申礼防以自持[⑰]。

【注释】

①焉：同然。纵体：体态轻盈的样子。遨嬉（áo xī）：游戏。②采旄（máo）：彩旗。采，通彩。③桂旗：以桂枝为竿的旗。④攘（rǎng）：捋起。神浒：神水之边。即洛水边。⑤采，同採。湍濑（tuān lài）：水流很急的浅滩。玄芝：黑色的灵芝。⑥振荡：激动。怡：乐。⑦接欢：勾通欢好之情。通辞：传话。⑧诚素：真诚的情意。素，通愫，真情。⑨玉佩：玉石制的佩饰。要（yāo）：通邀，约会。⑩信修：确实美好。⑪羌（qiāng）：发语词，无义。习礼明诗：指有高度的文化素养。⑫抗：举。琼珶（dì）：美玉。和：答赠。⑬潜渊：深渊。期：期约。⑭眷眷：依恋向往的情态。款实：真诚。⑮交甫：郑交甫，神话中的人物。弃言：不能实践诺言。犹豫、狐疑：半信半疑。⑯静志：使心情平静下来。⑰申：申明。礼防：礼义的约束。礼能防乱，故称“礼防”。自持：自己约束自己。

于是洛灵感焉，徙倚傍徨[①]，神光离合，乍阴乍阳[②]。竦轻躯以鹤立，若将飞而未翔[③]。践椒涂之郁烈，步蘅薄而流芳[④]。超长吟以永慕兮，声哀厉而弥长[⑤]。尔乃众灵杂遝[⑥]，命俦啸侣[⑦]，或戏清流，或翔神渚[⑧]，或采明珠，或拾翠羽[⑨]。从南湘之二妃，携汉滨之游女[⑩]。叹匏瓜之无匹兮，咏牵牛之独处[⑪]。扬轻袿之猗靡兮[⑫]，翳修袖以延伫[⑬]。体迅飞凫[⑭]，飘忽若神，陵波微步[⑮]，罗袜生尘。动无常则，若危若安。进止难期，若往若还[⑯]。转眄流精[⑰]，光润玉颜。含辞未吐，气若幽兰华容婀娜，令我忘餐[⑱]。

【注释】

①徙倚：留连徘徊。傍徨：同彷徨，徘徊。②神光：洛神身上放射的光彩。此指身影。离合：若隐若

现。乍阴乍阳：忽去忽来。③竦：引颈举足。④椒涂：长满香椒的路。涂，通途。郁烈：香气浓烈。蘅薄：香草丛生。薄，草木聚生。流芳：飘散着香气。⑤长吟：放声吟咏。永慕：深深的爱慕。哀厉：饱含强烈的感情。弥：更加。⑥众灵：众神。杂遝（tà）：众多纷杂的样子。⑦命俦啸侣：呼朋唤侣。命、啸，呼唤的意思。俦、侣，朋友和伙伴。⑧翔：起舞。渚：水中的小洲。⑨翠羽：翡翠鸟的羽毛。⑩南湘二妃：湘水二女神。相传舜帝南巡，死在苍梧，他的二妃，一曰娥皇，一曰女英，投湘水而死，化为湘水之神。游女：古代传说汉水之滨多美女。⑪匏（fú）瓜：天上星名。它不与其他星相接，故曰“无匹”。匹，配偶。牵牛：牵牛星。传说它与织女星隔河相望，每年七月七日才得相会一次，故曰“独处”。⑫袿（guī）：妇女的上衣。猗（yī）靡：随风飘动的样子。⑬翳（yì）：遮掩。延伫（zhù）：久立等待。⑭体迅：身体轻捷。凫（fú）：野鸭。⑮陵波：水上走。水上行而无迹，故曰陵。陵，通凌。⑯进止难期：若进若退，难以预料。⑰转眄（miǎn）：转动目光。流精：形容目光炯炯有神。⑱华容：美貌。婀娜：柔美的样子。餐：据六臣本改。

于是屏翳收风，川后静波[①]。冯夷鸣鼓，女娲清歌[②]。腾文鱼以警乘，鸣玉鸾以偕逝[③]。六龙俨其齐首[④]，载云车之容裔[⑤]；鲸鲵踊而夹毂，水禽翔而为卫[⑥]。于是，越北沚，过南冈，纡素领，迴清阳[⑦]，动朱唇以徐言，陈交接之大纲[⑧]。恨人神之道殊兮，怨盛年之莫当[⑨]。抗罗袂以掩涕兮，泪流襟之浪浪[⑩]。悼良会之永绝兮[⑪]，哀一逝而异乡。无微情以效爱兮[⑫]，献江南之明珰[⑬]。虽潜处于太阴，长寄心于君王[⑭]。忽不悟其所舍[⑮]，怅神宵而蔽光[⑯]。

【注释】

①屏翳：风神。川后：水神。静波：使波平浪静。②冯（píng）夷：水神名。③文鱼：相传是一种会飞的鱼。警乘：警卫车驾。玉鸾：玉饰的车铃。鸾，通銮。偕逝：一同离去。④六龙：神话传说，神仙出游，用六条龙驾车。俨：庄严的样子。齐首：齐头并进。⑤云车：神话传说，神以云为车。载云车，即登空驾云。容裔：同容与，从容行进的样子。⑥鲸鲵（jīng ní）：鲸鱼。夹毂（gǔ）：护卫在车的两旁。⑦沚（zhǐ）：水中的小块陆地。纡：回。素领：雪白的脖颈。清阳：清秀的眉目。阳当作扬，眉目之间。⑧大纲：指规矩和礼法。⑨莫当：没有相逢。⑩浪浪（láng）：泪珠滚动的样子。⑪悼：感伤。良会：指难得的会见。⑫效爱：表达爱情。⑬明珰（dāng）：明珠制成的耳环。⑭潜处：幽居。太阴：神仙住处。君王：指作者曹植。⑮不悟：不见。所舍：所在。⑯神宵：茫茫的天空。蔽光：隐没了光彩。

于是背下陵高[①]，足往神留[②]，遗情想像[③]，顾望怀愁。冀灵体之复形[④]，御轻舟而上溯[⑤]。浮长川而忘返[⑥]，思绵绵而增慕。夜耿耿而不寐[⑦]，沾繁霜而至曙。命仆夫而就驾[⑧]，吾将归乎东路[⑨]。揽骈辔以抗策[⑩]，怅盘桓而不能去。

【注释】

①背下：离开低处。陵高：登上高处。②足往神留：人走心还在。形容对女神向往之至。③遗情：情思恋恋。想像：想念洛神的形象。④灵体：指洛神。复形：再现。⑤御：驾驭。上溯：逆流而上。⑥长川：指洛水。⑦耿耿：睡不安的样子。⑧就驾：备好车。⑨东路：归东藩之路。⑩骈（fēi）：车辕两旁的马。抗策：举起鞭子。

【译文】

黄初三年，我去京城朝见皇帝，回来时渡过洛川。古人说，洛水之神名叫宓妃。我被宋玉对楚王所说的神女的故事所感动，于是作了这篇赋，其辞为：

我从洛阳京城，向东方藩国回还。离开了伊阙，越过了轘辕，跨过了通谷，翻过了景山。太阳逐渐西下，已是马倦车慢。于是解缰在长着杜蘅的河边，喂马在种着芝草的田间。我散步在阳林，观看那洛川。不觉精神恍惚，心神不定，俯瞰未见什么，仰视出现奇观，看见一个美人，立在山崖旁边。于是拉着车夫告诉他说："你看见那个人吗？她是何人？怎么如此妖艳？"车夫答道："我听说洛水之神，名叫宓妃。君王所见的美人，莫非就是她吧？她的形态怎样？我很想听你说啊！"

我告诉他道："她的形态呀，轻盈宛如惊鸿一样翩翩，像游龙一样柔婉，像秋菊一样荣盛，像春松一样光灿。她若隐若现，好像明月被轻云笼罩；她飘摇不定，好像雪花被流风回旋。远处观看，好像朝霞中的太阳一样皎洁；近处端详，好像清波上的荷花那样明艳。不胖不瘦，高矮合度。两肩轮廓分明，好像削成一般；腰肢袅娜柔软，好像一束白绢。她有着秀长的颈项，白皙的肌肤露于领上。不施膏脂铅粉，自然白嫩芬芳。高髻如云，眉毛弯长。朱唇鲜丽，皓齿洁亮。明亮的眼睛善于顾盼，美丽的酒窝在颧下的脸旁。丰姿美好飘逸，举止文静安详。性情温柔宽和，语言妩媚动人。世上少有她那奇丽的服装，骨格状貌完全符合仙女的图像。身穿绚丽的罗衣，戴着精镂的瑶玉。头上插着金翠的首饰，身上缀着闪光的珠玑。脚上穿着远游的花鞋，腰间系着软软的裙裾。微微散出幽兰的香气，缓缓散步在山的一隅。忽然见她娇体轻捷，一边漫步一边游戏。左边倚着彩旄，右边荫着桂旗。又伸出洁白的双手，在水边采摘黑色的芝草。"

我从心眼里爱慕她的善良美丽啊，感情激动难以控制。没有良媒去转达情意啊，只能托水波去送上。希望我的真情能最先表白啊，解下玉珮作定情的礼物。我赞叹洛神实在美好啊，她知书达礼无谁能够相比。她举起琼玉回答我的情意啊，并指着水府约定欢会的佳期。我满怀真挚的感情啊，又怕被这位神仙所欺。想到郑交甫曾被遗弃啊，不禁又犹豫而且怀疑。终于收敛了笑容冷静了情绪啊，应该礼法来约束自己。

洛神因此深深感动，在那儿徘徊徬徨。她的身影若隐若现，忽暗忽亮。耸立起轻盈的身体，像欲飞的白鹤而未翱翔。她走在充满香气的椒路上，穿过杜蘅时飘过来阵阵芬芳。她放声长吟来表达相思的深情啊，声音是那么悲哀、激越而悠长。于是仙女纷纷出现，她们个个呼朋唤友。有的游戏在清流中间，有的飞翔在沙洲上面。有的在採珍珠，有的登岸把翠羽捡。其中有湘江的两位女神，还有汉滨的那个女仙。洛神感叹匏瓜星没有配偶，同情牵牛星生活孤单。她扬起轻柔飘忽的上衣，用衣袖遮在目上远看。她身体敏捷像只飞凫，她举止轻盈飘飘欲仙。碧波之上作细步，罗袜好像扬起尘烟。她行动没有规则，看上去时危时安。或行或止难以预料，像离去又像回还。她转眼顾盼之间流露出奕奕神采，她光泽温润的容貌就像美玉一般。欲言未言轻轻启齿，散出的香气若幽兰。她那轻盈柔美的姿态，令我饥时忘记进餐。

后来风神停息了飘风，水神平静了波浪。河神奏起鼓乐，女娲吹管抚弦。文鱼飞出水面，负责警卫车辆。众神一同前进，銮铃叮叮啮啮。六龙拉车排列成行，云车前进平稳安详；鲸鲵涌出围绕在两旁，水鸟护卫在上空飞翔。越过北面的小洲，经过南冈，洛神回过白皙的颈项，含情回首张望，她启动朱唇慢慢地讲，诉说交接的礼数纲常："怅恨人神不能同路，虽然正当盛年也未得交往。"她举起罗袖掩面哭泣啊，滚滚的眼泪如雨往下淌。"痛心永远难以欢会啊，

从此分别将天各一方。未能以微情来表示爱慕啊，愿献上江南出产的明珠。虽然此后深居水府之中，但是内心永远怀念着君王。”忽然不见了洛神的去向，形影消逝令我无限怅惘。

于是我离开低低河岸，登上高高山冈；脚步虽然前进，心神还在岸旁。情思恋恋思念她的美貌，回顾岸边更令我愁满胸膛。我希望她仙体重新出现，登上轻舟而逆流上航。飘浮在洛水上忘了返回，绵绵的思绪无限漫长。心神不宁一夜未睡，遍身沾满浓霜直到天露曙光。命仆夫整理好车马，赶回封地奔向东方。当我拉着马缰高高举起马鞭，却又车马徘徊彷徨内心无限惆怅。

劝励

励志诗

张茂先

大仪斡运[①]，天回地游[②]。四气鳞次[③]，寒暑环周[④]。星火既夕[⑤]，忽焉素秋[⑥]。凉风振落[⑦]，熠耀宵流[⑧]。

【注释】

①大仪：太极，大自然。斡运：运转，运动变化。②天回地游：天地回旋，不停地运转。③四气：指一年四时节气春夏秋冬。鳞次：像鱼鳞一样相次循环往复。④环周：寒去暑来，周而复始，无休止。⑤星火：火星。既夕：流向西方。火星于七月黄昏时向西沉下，表明暑去寒来。⑥忽焉：转瞬之间。素秋：肃杀的秋天。素：白色。⑦振落：振动落叶。⑧熠耀（yìyào）：光芒闪闪的样子。宵流：此处指磷火或萤火，在夜间流动。

吉士思秋[①]，实感物化[②]。日与月与[③]，荏苒代谢[④]。逝者如斯[⑤]，曾无日夜。嗟尔庶士，胡宁自舍[⑥]？

【注释】

①吉士：古时贵族男子的美称。②实感物化：被万物的变化感动。③日与月与：日月相循环往复。与，同欤。④荏苒（rěnrǎn）：时光渐渐过去。代谢：更迭，交替。⑤逝者如斯：一去不复回便如此吧！语出《论语·子罕》："子在川上，曰：'逝者如斯夫！不舍昼夜。'"⑥胡宁：怎么宁可，虚词。

仁道不遐，德輶如羽[①]。求焉斯至，众鲜克举[②]。大猷玄漠[③]，将抽厥绪[④]。先民有作[⑤]，贻我高矩[⑥]。

【注释】

①德輶：获取仁德之道，轻而易举。輶：轻。②鲜：少。克：能。③大猷：大道，即最高道德准则。玄漠：玄远幽漠，形容道德幽渺难求。④抽：抽取。厥绪：道德的头绪。厥，其，指大道。⑤先民：古代圣贤。有作：有法度留给后人。⑥贻：遗留，留下。高矩：最高准则。矩，规矩，准则。

虽有淑姿[①]，放心纵逸[②]。田般于游[③]，居多暇日[④]。如彼梓材[⑤]，弗勤丹漆[⑥]。虽劳朴斫⑦，终负素质⑧。

【注释】

①淑姿：美好的姿容。②纵逸：追求逸乐。③田般于游：外出打猎，盘桓游荡。田，袁本、茶陵本作“出”。般，盘桓。田，打猎。④暇日：闲暇之日。此句意思是说游闲度日，虚度时光。⑤梓材：质实的木材。梓，一种落叶乔木，木材轻软耐朽，都愿用以制家具。⑥弗：不。丹漆：用丹漆涂饰。⑦朴：未加工的木材。朴斫：对未加工的木材修理砍削。⑧负：辜负。素质：事物本来的性质。

养由矫矢①，兽号于林②。狡卢萦缴③，神感飞禽④。末伎之妙⑤，动物应心。研精耽道⑥，安有幽深？

【注释】

①养由：养由基。楚国大将，善射。矫矢：举起弓矢。②号：哀号。以上两句本事见《淮南子》：“楚恭王游于林中，有白猿缘木而矫。王使左右射之，腾跃避矢不能中。于是使养由基抚弓而眄，猿乃抱木而长号。”③狡卢：狡且子，古代善射者。缴（zhuó）：系在箭上的生丝绳。④神：神威。以上两句语出《汲冢书》：“狡且子见双凫过之，其不被弋者亦下。”⑤末伎：小技艺。末：微末。⑥研精：探究精义。耽道：耽思道德。

安心恬荡①，栖志浮云②。体之以质，彪之以文③。如彼南亩④，力耒既勤⑤。儦衮至功⑥，必有丰殷⑦。

【注释】

①恬荡：恬淡寂寞。荡：淡。②栖志：寄托志向。浮云：此处比喻志气清高，不随同流俗。③彪：文采，美化。文：文德，仁义。④南亩：此处指农夫。⑤耒：耒耜，此处是以耒耕田之意。⑥儦衮（biāogǔn）：耕植培土。至：致。⑦丰殷：殷实的丰收。殷，众，大。

水积成渊，载澜载清①。土积成山，好蒸郁冥②。山不让尘③，川不辞盈④。勉尔含弘⑤，以隆德声⑥。

【注释】

①载澜载清：或波涛汹涌，或澄明如镜。②好蒸：云雾蒸腾。郁冥：幽深昏暗。③让尘：拒绝微小尘土。④辞盈：拒绝水满。李善注引《管子》：“海不辞水故能成其大，山不辞土故能成其高，士不厌学故能成其圣。”⑤含弘：光大。⑥隆：高崇。德声：道德声誉。

高以下基，洪由纤起。川广自源①，成人在始②。累微以著③，乃物之理。衿牵之长④，实累千里⑤。

【注释】

①川广：广阔的河流。②成人：人的成德。③累微：积累微小之物。④衿牵：牵马的绳索。⑤千里：指千里马。

复礼终朝，天下归仁。若金受砺①，若泥在钧②。进德修业，晖光日新。隰朋仰慕③，予亦何人？

【注释】

①金：金属工具。砺：磨刀石。②钧：制陶器用的转轮。③隰朋：春秋时齐国贤相。仰慕：敬仰羡慕有德之人。

【译文】

大自然变化无穷，天地转动；一年四季，暑寒交替。周而复始，循环无穷。火星西流，秋送金风。凉风吹落黄叶，流萤夜间闪烁。

堂堂男子也开始悲秋，万物凋零触动心情。日月更迭，日月流逝。孔子临川而叹逝，光阴川流不舍昼夜。感叹世上众君子，怎教青丝变白头。

仁德之道，离人不远。纵然其轻如羽，也必须追求才能得到，可是世人少有所获。最高的道德，幽远飘渺；一点点地努力，才能达到。古代圣贤遗有法则，只有虚心向其求教。

即使有着好资质，一味放纵追求逸乐，游戏无度不收敛，平时虚掷时日，犹如木匠功夫很好，也要用丹漆来涂抹。否则即使精心辛勤制作，终于辜负好的本质。

养由基刚矫正弓箭，就在林中号叫；蒲且子用缴箭射中一只大雁，另一只也伤心得往下掉。弓箭不过是小道末技，动物却能神会禽兽能心领。对于人们追求的道，只要深入钻研，何必担心不通？

只要心地安静寂寞恬淡，立志高洁。以质为体，以文采为饰；就好像躬耕南亩，勤于耕种培植，经常培土除草，秋后必获丰收。

积水成川，汇成大浪。积土成山，雾气蒸腾幽深。高山不辞尘土才有其高；大海不辞涓滴才有其深。应当努力发扬志气，才能尚崇道德。

高必以低为基础，大事由小开始。广阔河流自有源头，人们修炼道德也在于始初。细小的积累可成为广大，这个道理是很普通的。千里马如果拴上缰绳反成累赘。有良好资质而不进德修业，这才叫糊涂。

孔子说：一日克己复礼，天下归仁。就像泥钧成器、百炼成金。提高道德修养，未修学业，每天都会有进步。隰朋是古代贤人，他尚且仰慕仁德，我们何人敢不向善？

游　仙

游仙诗

何敬宗

青青陵上松[①]，亭亭高山柏[②]。光色冬夏茂[③]，根柢无凋落[④]。吉士怀贞心[⑤]，悟物思远托。扬志玄云际[⑥]，流目瞩岩石[⑦]。羡昔王子乔[⑧]，友道发伊洛[⑨]。迢递陵峻岳[⑩]，连翩御飞鹤[⑪]。抗迹遗万里，岂恋生民乐[⑫]？长怀慕仙类[⑬]，眩然心绵邈。

【注释】

①青青陵上松：山上松柏茂盛常青。青：茂盛，常青。陵：山。②亭亭：高大，耸立。③冬夏茂：冬夏茂盛，四季常青。④柢（dǐ）：本，树根。凋落：雕谢。凋，雕的异体字。⑤吉士：旧时对男子的美称。贞：坚贞。⑥扬志：高尚的志气。玄云：高空的青云。用以喻隐逸。⑦流目：放眼随意观看。瞩（zhǔ）：望。岩：山崖。⑧王子乔：传说中古代仙人。⑨友道发伊洛：王子乔以道家浮丘公为朋友，从伊河、洛河被接引上嵩高山修炼。伊洛：伊水、洛水，分称伊河、洛河，都位于今河南省西部，而伊河是洛河的支流。⑩迢递：高远。陵：登上。峻岳：高大的山。⑪连翩（piān）：同联翩。鸟飞的样子。也形容连续不断。⑫生民：人民。意人间。⑬仙类：意列仙。仙人辈：即众仙人。类：意辈。

【译文】

青翠茂盛陵上松，高大参天山上柏。颜色常青无冬夏，根深叶茂不凋落。正直之士心志正，感悟松柏心有托。立志高远上青云，品性坚贞同岩石。羡慕古代王子乔，与道为友发伊洛。高山再高敢登临，翩翩飞翔乘飞鹤。行迹高洁弃万里，岂贪尘世欢与乐。长久缅怀列仙愿，神情眩惑不自觉。

招 隐

招隐诗

陆士衡

明发心不夷，振衣聊踯躅[①]。踯躅欲安之[②]，幽人在浚谷[③]。朝采南涧藻，夕息西山足[④]。轻条象云构[⑤]，密叶成翠幄[⑥]。结风伫兰林[⑦]，回芳薄秀木[⑧]。山溜何泠泠[⑨]，飞泉漱鸣玉。哀音附灵波[⑩]，颓响赴曾曲[⑪]。至乐非有假，安事浇醇朴？富贵苟难图，税驾从所欲[⑫]。

【注释】

①踯躅（chíchú）：徘徊不进的样子。②安：哪里。之：往，去。③幽人：隐士。浚谷：深谷。④山足：山麓。⑤轻条：轻柔的枝条。云构：比喻壮丽的大厦。⑥翠幄（wò）：翠绿的帐子。结风：四旋之风。⑦兰林：丛生的兰草。⑧回芳：缭绕的香气。薄：附着。秀木：秀美的林木。⑨山溜：山间细细的水流。泠泠（líng）：形容声音清澈。⑩哀音：悲切动人的音乐。魏晋有以悲为美之音乐理论。⑪颓响：意与“哀音”相近。曾曲：曲折幽深之处。曲：曲折隐秘的地方。⑫税驾：辞却富贵。税通脱。

【译文】

整夜难眠实在是心烦意乱，天已明穿戴整齐犹豫不安。徘徊思索心中想该去哪里？高士远远隐居那幽谷深山。披晨晖南涧之中采集水藻，到傍晚西山脚下休息安眠。树枝儿枝条交错胜似华厦，树叶儿重叠茂盛堪为帐幔。阵阵清风送凉爽轻摇慢荡，夹杂草木馨香充溢满林间。山间小溪撞山石淙淙鸣响，亮晶晶溅玉飞珠耀人眼帘，顺谷势蜿如游龙叮咚作响，哀音袅袅地曲折流向远山。感悟人生寻极乐何必爵禄，又何苦丧我醇朴追逐名利。富与贵如果这样难以求取，抛荣华归隐山林天宽地阔。

游　览

登池上楼

谢灵运

潜虬媚幽姿[①]，飞鸿响远音[②]。薄霄愧云浮[③]，栖川怍渊沈[④]。进德智所拙，退耕力不任。徇禄反穷海[⑤]，卧疴对空林[⑥]。衾枕昧节候，褰开暂窥临[⑦]。倾耳聆波澜，举目眺岖嵚[⑧]。初景革绪风，新阳改故阴。池塘生春草，园柳变鸣禽。祁祁伤豳歌[⑨]，萋萋感楚吟[⑩]。索居易永久[⑪]，离群难处心[⑫]。持操岂独古[⑬]，无闷征在今[⑭]。

【注释】

①潜虬（qiú）：潜在水里长角的小龙。此处以喻隐士。媚：美。意动用法。幽姿：内隐的姿态。②飞鸿：高飞入云的天鹅。喻出仕。③薄霄：迫近云霄。此意仰望薄霄的飞鸿。云浮：浮出天云。此处形容鸿飞之高。④栖川：栖居于河川。此意俯视栖川的潜龙。怍（zuò）：惭愧。渊沈：深潜于水渊。此形容龙潜之深。⑤徇（xùn）禄：获取俸禄。即做官所得的物质待遇。反：《三谢诗》作及，从之。穷海：荒僻的海边。指永嘉郡。⑥卧疴（ē）：患病卧床。空林：指叶落鸟逝，冬日的树林。一片沉寂。⑦褰（qiān）开：掀开。窥临：临窗细看。⑧眺：远望。岖嵚（qīn）：山势高峻的样子。此处指山。⑨祁祁：盛多的样子。豳（bīn）歌：指古代豳人之歌。豳，古国名。位于今陕西、甘肃省境。⑩萋萋：草生长茂盛。楚吟：楚国（位于湖南、湖北省境）诗人的吟咏。⑪索居：过着离别亲友的孤寂生活。⑫处心：安心。⑬持操：指"豳歌"与"楚吟"。操，雅操，乐曲。古：古人，指作豳歌、楚吟的诗人。⑭无闷：无苦闷。征：证明，验证。今：当今。暗指诗人自己。

【译文】

虬龙潜居深潭得以珍惜身姿，鸿鹄高翔云天鸣声飘荡悠长。难得凌空高举愧对云霄浮云，难得栖川潜居愧对碧波幽幽。想建功业自感笨拙缺才少智，退隐耕种只怕力弱难以躬耕。寻求爵禄却远走这遥远海边，卧病在床整日面对草木凋零。倾耳细听远处传来波澜声响，放眼远眺连绵远山穿戴旧装。初春阳光驱逐退却冬日余风，阳光明媚不再是那严冬阴沉。池塘春草吐绿油然茂盛滋长，园柳间南归飞禽啾啾地歌唱。采蘩人众多我想起忧愁豳歌，春草茂盛令我思念愁怅楚吟。孤独日子漫长如年不好排遣，远离朋友心境难宁忧心忡忡。岂能只有古人才会坚守节操，隐退无闷在我身上就是明证。

咏 怀

秋 怀

谢惠连

平生无志意，少小婴忧患①。如何乘苦心②，矧复值秋晏③。皎皎天月明④，弈弈河宿烂⑤。萧瑟含风蝉⑥，寥唳度云雁⑦。寒商动清闺⑧，孤灯暖幽幔⑨。耿介繁虑积⑩，展转长宵半。夷险难豫谋⑪，倚伏昧前算⑫。虽好相如达，不同长卿慢⑬。颇悦郑生偃⑭，无取白衣宦⑮。未知古人心，且从性所玩⑯。宾至可命觞，朋来当染翰⑰。高台骤登践⑱，清浅时陵乱⑲。颓魄不再圆⑳，倾羲无两旦㉑。金石终消毁㉒，丹青暂雕焕。各勉玄发欢㉓，无贻白首叹。因歌遂成赋，聊用布亲串㉔。

【注释】

①少小：年少时。婴：缠绕，困扰。②乘：趁。苦心：心情悲苦。③矧（shěn）：况且。值：遇。秋晏：秋晚。④皎皎：洁白明亮。⑤弈弈：光明盛大。河宿（xiù）：银河星宿。指银河。⑥萧瑟：秋风吹树木的声音。含风：形容凄风之中。⑦寥唳（lì）：雁鸣叫的声音。度云：越过云霄。⑧寒商：指秋风。古以五音对四时，商为秋。清闺：清静的居室。⑨暧（ài）：暗昧。幽幔：幽静的幔帐。⑩耿介：正直而不阿俗。繁虑：多忧。⑪夷险：太平险恶，此指时势的变化。豫谋：豫测，事先估计。⑫倚伏：指祸福互为依存转化。⑬慢：傲慢于世，玩世不恭。⑭郑生：郑均，字仲虞，后汉东平任城人。少好黄老书，崇义笃实。不应州郡辟召，公车特征，再迁尚书。后以病请归，拜议郎。章帝东巡，幸均舍，赐终身享尚书禄。故人称白衣尚书。偃：偃仰，俯仰，指生活悠然自得，不牵于俗事名禄。⑮白衣：与锦衣相对，未仕者所著，犹布衣。⑯性：心性，本性。玩：玩赏，享乐。⑰染翰：染笔于墨，创作诗文。⑱骤：屡次，多次。登践：登临。⑲清浅：指水流。陵乱：指驾舟急驰，划破水波。⑳颓魄：缺月。㉑倾羲：落日。羲，羲和，太阳神的御者。指太阳。㉒金石：指钟鼎碑碣，刻文字于其上，以记事颂功。㉓玄发：黑发，喻指青少年时代。㉔聊：暂且。布：布施，赠与。亲串：亲近友好的人。串：狎近。

【译文】

从来没有什么志趣，少小便被浓浓的忧患感纠缠。正是心怀愁苦，偏遇凋残冷落的秋天？皎皎明月照耀着尘寰，深秋银河光辉璀灿。萧瑟的秋风只听蝉儿哀鸣，云端鸣叫着南迁的大雁。寒风吹动清冷的闺房，孤灯映照着幽深的帐幔。正直不阿难免孤独而忧虑重重，彻夜难眠直到夜半。平安和危险难以预料，福兮祸兮不易事前计算？虽好司马相如放达不拘，又不同他对世人傲慢的态度；颇喜郑均的弃官归隐，却不艳羡他“白衣尚书”的恩眷。未能探知古人的

内心想法，暂依自我天性生活吧。嘉宾到来举杯纵情饮，朋友到来握笔作诗篇。高台之上屡屡登临，清澈的江流时时泛舟。弦月亏缺一月之中不会再圆，落日西倾一日不返。纪功的钟鼎石刻终会消毁，丹青画像也不过一时绚丽光鲜。各自勉励青春时尽情欢娱，无待白头徒然留下许多遗憾。想到这一切即兴成此诗，姑且赠予亲朋好友观看。

哀 伤

七哀诗

曹子建

明月照高楼，流光正徘徊①。上有愁思妇，悲叹有余哀。借问叹者谁？言是客子妻②。君行逾十年③，孤妾常独栖。君若清路尘④，妾若浊水泥⑤。浮沉各异势⑥，会合何时谐。愿为西南风，长逝入君怀⑦。君怀良不开⑧，贱妾当何依⑨。

【注释】

①流光：流动的月光。徘徊：往来行走。②客子：即客荡游在外而不归的人。③君：指客子。逾：过。④路尘：路上的轻尘。此也有四处游动的之意。⑤水泥：水下的污泥。此处有被遗弃遭践踏的之意。⑥浮沉：指得志与失意。势：形势，地位。⑦长逝：此处指长久吹拂。⑧良：确实。⑨当：将。

【译文】

明月照耀着高楼，月光如水洒满屋梁。楼上住个忧愁的妇人，一声声悲叹无尽哀愁。若要询问悲叹者是何人？自称是游子的妻子，夫君远行已逾十载，妾身独自守空房。他好比路上的随风飞扬的尘土，我好比没入水中的浊泥。一浮一沉情形不同，要见面谁知何时？我愿化作那西南长风，长逝暖入我夫君怀中，假如夫君未曾敞心怀，贱妾我依谁度此生？

悼亡诗三首

潘安仁

荏苒冬春谢①，寒暑忽流易②。之子归穷泉③，重壤永幽隔④。私怀谁克从⑤？淹留亦何益⑥？暂轩恭朝命⑦，回心反初役。望庐思其人⑧，入室想所历⑨：帷屏无仿佛⑩，翰墨有余迹⑪。流芳未及歇⑫，遗挂犹在壁⑬。怅恍如或存⑭，周遑忡惊惕⑮。如彼翰林鸟⑯，双栖一朝只⑰。如彼游川鱼⑱，比目中路析。春风缘隙来⑲，晨溜承檐滴。寝息何时忘？沉忧日盈积。庶几有时衰⑳，庄缶犹可击㉑。

【注释】

①荏苒冬春谢：时光流逝，冬去春来。荏苒（rěnrǎn），时光渐渐过去。谢：逝去。②寒暑忽流易：夏去冬来，四时交替，一年匆匆过去。意为诗人为亡妻服丧一年很快期满。③之子归：借指爱妻不幸去世。“归”为委婉说法。穷泉：即泉下，指人死后埋葬的地穴，与“黄泉”义同，都指阴间。④重（chóng）壤：层层土壤，意为地下、泉下，此指人死后埋葬的地方。幽：深。⑤私怀谁克从：反诘句。我倾诉心中深深怀念，有谁能够听得到呢？私：私自。诗人自指。克：能够。从：听取，听从。⑥淹留亦何益：亦反诘句。久留家中，沉溺忧伤，又能有什么益处呢？淹留：滞留。意久留家里。⑦黾俛（mǐn miǎn）：也作黾勉。勤勉，努力。⑧望庐思其人：望见故居还在，思念爱妻已殁。庐：房屋，爱妻生前住过的房屋，即旧居。⑨入室想所历：走进内室，回想爱妻生前活动踪迹。⑩帷屏无仿佛：卧室帐子、屏风等物依旧，而原先生活其间的爱妻踪影却无从寻觅。⑪翰墨有余迹：爱妻生前创作文辞字画仍然还有遗迹保存。翰墨：笔墨，泛指文辞、字画等手迹。余迹：遗迹。⑫流芳：流传美名、美德于后世。歇：尽。⑬遗挂犹在壁：承上“翰墨有余迹”而说，意为亡妻遗墨字画条幅之类还悬挂在墙壁上。⑭怅恍如或存：日夜哀思亡妻，以致神情恍惚迷离，似乎感到她仍健在。怅恍：恍惚，意神思不定。⑮周遑忡惊惕：极度哀伤，心神不定，有时又感到爱妻的确不在人间，故忧愁、恐惧不安。周遑，回遑。意心神不定，惘然若失。忡：忧虑不安。惕：忧惧。⑯翰林鸟：飞鸟停息林中。⑰双栖：成双成对歇宿的鸟。喻指伉俪。⑱游川鱼：河流中游鱼。⑲春风缘隙来：本来春天最容易酣睡，故哀思亡妻而失眠，春天和风沿着房屋缝隙徐徐吹来，自己也觉察得出来。⑳庶几有时衰：多么希望沉痛哀伤有朝一日可以有所减轻。㉑庄缶犹可击：能够效法庄子，强颜达观，妻死不哭，鼓盆而歌。

皎皎窗中月[1]，照我室南端[2]。清商应秋至[3]，溽暑随节阑[4]。凛凛凉风升[5]，始觉夏衾单[6]。岂曰无重纩[7]？谁与同岁寒？岁寒无与同，朗月何胧胧[8]。展转眄枕席[9]，长簟竟床空[10]。床空委清尘，室虚来悲风[11]。独无李氏灵，仿佛睹尔容[12]。抚衿长叹息[13]，不觉涕沾胸。沾胸安能已？悲怀从中起。寝兴目存形，遗音犹在耳。上惭东门吴，下愧蒙庄子[14]。赋诗欲言志，此志难具纪。命也可奈何[15]？长戚自令鄙[16]。

【注释】

①皎皎：形容明亮。②端：正。为端门的略语，正门。③清：气清。指天朗气清。④溽（rù）暑：又湿又热，指盛夏的气候。阑：残，尽，晚。节：季节。⑤凛凛（lǐnlǐn）：形容寒冷。⑥衾（qīn）：被子。⑦纩（kuàng）：絮衣服的新丝棉。⑧朗月何胧胧：本应明朗的月色也变得昏暗，似乎也为愁云笼罩，显得冷漠寒凉。胧胧：微明。⑨展转：同辗转。形容忧思萦牵，卧不安席。眄（miǎn）：斜视。⑩簟（diàn）：竹席。⑪虚：空，空虚。⑫仿佛睹尔容：唯独没有像李夫人那样显示灵应，那怕是隐隐约约再见一见您的尊容也好啊！⑬抚：摸。衿（jīn）：旧时衣服的交领。⑭下愧蒙庄子：典出庄子妻死不哭、鼓盆而歌。庄子，战国时宋国蒙地（位于今河南商丘东北）人，曾做过蒙地方的漆园吏，所以称“蒙庄子”。⑮命也可奈何：生死都由命运注定，人们不能主宰。命，命运。旧为吉凶祸福、生死寿夭等命运。可奈何，无可奈何。⑯长戚：“长戚戚”的略语。语出《论语·述而》：“君子坦荡荡，小人长戚戚。”长（cháng），常。戚戚，忧愁。鄙：小看，瞧不起。

曜灵运天机[1]，四节代迁逝[2]。凄凄朝露凝，烈烈夕风厉[3]。奈何悼淑俪[4]，仪容永潜翳[5]。念此如昨日[6]，谁知已卒岁[7]。改服从朝政[8]，哀心寄私制[9]。茵帱张故房[10]，朔望临尔祭[11]。尔祭讵几时[12]，朔望忽复尽[13]。衾裳一毁撤[14]，千载不复引。亹亹期月周[15]，戚戚弥相愍[16]。悲怀感物来[17]，泣涕应情陨。驾言陟东阜，望坟思纡轸[18]。

徘徊墟墓间，欲去复不忍[19]。徘徊不忍去，徙倚步踟蹰[20]。落叶委埏侧[21]，枯荄带坟隅[22]。孤魂独茕茕[23]，安知灵与无[24]？投心遵朝命[25]，挥泪强就车。谁谓帝宫远？路极悲有余[26]。

【注释】

①曜灵：太阳。运：运转。天机：意为造物奥秘。②四节：指一年四季。逝：往，流逝。③烈烈：通冽冽，意为凛冽，寒冷的样子。厉：意为凌厉。猛烈。④淑：美好。俪（lì）：伉俪，配偶。⑤仪容：仪表。多指好的容貌、姿态、风度等。翳（yì）：遮蔽。⑥念此如昨日：怀念亡妻美好的仪表、音容笑貌，记忆犹新，如同昨日一样。⑦卒岁：度过一年。⑧改服：脱去丧服。古时丧服制，妻死，夫为妻穿丧服一年，叫齐衰（zīcuī）期。从：事奉，供职。⑨制：古时依照丧礼为故去亲人守丧。私制：私丧。⑩茵（yīn）：褥子。帱（chóu）：被单，一说床帐。此“茵帱”连用，可泛指床上用品。张：陈设。⑪朔望：农历每月的初一日和十五日。临尔祭：临祭尔，意为来此祭奠您（亡妻）。⑫尔祭讵几时：祭奠您曾几何时，强调其时间过得很快。讵（jù），曾，曾经。⑬朔望忽复尽：守丧一年，每月初一、十五祭奠很快完了。⑭衾（qīn）：被子。裳：下身的衣服，裙。毁：毁弃。⑮亹亹（wěi wěi）：行进的样子。期（jī）月：一周年。⑯戚戚：忧愁，忧惧。弥：更。愍（mǐn）：哀怜。⑰悲怀感物来：感触亡妻生前所用旧物，悲伤、怀念之情油然而生。⑱纡轸（yū zhěn）：隐痛在心，郁结不解。⑲欲去复不忍：想离开亡妻坟墓而去，又不忍心走开。⑳徙倚（xǐyǐ）：徘徊，流连不去。踟蹰（chíchú）：徘徊不进。㉑委：堆积。埏（yán）：墓道。㉒荄（gāi）：草根。带：围绕。隅：角落。㉓孤魂：孤单长眠地下的死者，此处指亡妻。茕茕（qióng）：孤独无依的样子。㉔灵：“灵魂”的略语。㉕投心遵朝命：竭力抛开思念亡妻之心，依从朝廷任命复职。㉖路极悲有馀：奔赴京城皇宫，路虽远，总可走完，而诗人痛失贤妻的悲哀却永远没有止境。

【译文】

冬来春去季节逐渐变换，时光似流水转眼又一年。亡妻长辞魂归地府，人间地下两相隔。心中的悲哀有谁体谅？滞留家中也难遣悲思。勤勉奉行朝廷的命令，强忍悲哀返回原任。望着旧庐便想起亡妻的倩影，进入房间更加眷念昔日的景况。帐幔屏风间虽已无她的芳踪，书案上却留下了她的手笔遗迹；字里行间芳泽仍存，书法墨迹也仍挂墙上。我恍惚迷离觉得她仿佛还活着，清醒过来只感到无比忧惧。如那林中双飞鸟，如今只剩一只多孤独；又如那比目鱼，并游水中忽然中途分离。春风轻寒徐徐从缝隙间透入，凌晨屋檐水声声滴滴。睡梦中也难忘亡妻，忧思深沉日日积。但愿有朝哀愁减，像庄子那样达观鼓盆而歌不再伤情。

皎洁的月光映窗户，把我这卧室的南端照亮。清冷的西风伴秋季来临，潮湿闷热的夏天已过去。寒意一天天加重秋风起，我开始觉得夏天被条太单薄。难道没有厚被可用？只为无人与我共被度岁寒。冬寒无人与共，明月偏照帘栊。展转不眠凝望身旁的枕席，长席虚设形影相吊。冷清清的床上积灰尘，空荡荡的卧室秋风悲凉。为何你不能像李夫人显灵？哪怕是依稀稍现你的倩影。手抚衣襟长叹息，不知不觉泪水湿襟。泪水滂沱情难止，悲伤深沉满心胸。无论睡着醒来眼前都是你的容颜，耳畔也总是你的轻言笑语。只惭愧我不象东门吴那样坚强，只惭愧我不能如庄子般的达观。挥笔赋诗想倾泻情愫，千头万绪呵恐怕诗歌难言。无可奈何此命运，久久哀伤难释然。

太阳每天不停地运转，四季交替循环。凄清的朝露已渐凝霜，晚风变得越来越凌厉严寒。深深思念我贤伉俪，怎奈美好容颜已经长埋黄泉。回想往昔的情景如昨日，谁知永别已是一年。脱哀服换朝服将把王命赴，寄托哀思姑且再最后祭你一番。吊丧的屏幛陈设于你的旧居，朔望在你灵前遥致祭奠。悼你祭你时日无多，转眼又已经过了一月。丧服孝帏一旦毁，以后便再也不设置。日月流逝一月之期又到，忧伤难解如同大病一般。触物悲伤每升涌，情不自禁泪水涟涟。驾车登上东土山，遥望坟墓顿觉碎心肝。久久徘徊于亡妻坟墓间，忍心要离去竟觉得何等艰难。来回流连实难忍心撒手分离，走走停停思绪牵。落叶堆积墓道侧，草根布满坟茔边。孤寂芳魂竟独处荒郊野外，灵魂究竟有无我长问苍天！无可奈何我赴官职，洒泪登车命驾起程。谁说是去都城的道路遥远，路有尽头悲不止。

赠 答 二

赠山涛

司马绍统

苕苕椅桐树①，寄生于南岳②。上凌青云霓③，下临千仞谷④。处身孤且危，于可托余足⑤？昔也植朝阳，倾枝俟鸾鷟⑥。今者绝世用，倥偬见迫束⑦。班匠不我顾⑧，牙旷不我录⑨。焉得成琴瑟⑩，何由扬妙曲？冉冉三光驰⑪，逝者一何速⑫。中夜不能寐，抚剑起踯躅。感彼孔圣叹⑬，哀此年命促⑭。卞和潜幽冥⑮，谁能证奇璞⑯？冀愿神龙来⑰，扬光以见烛⑱。

【注释】

①苕苕（tiáotiáo）：高耸的样子。椅（yī）桐：木名，即山桐子，属梧桐类。②南岳：衡山，位于今湖南衡山县，为五岳之一。③凌：高升。青云：意为高空。霓：虹。④千仞：极言其深。仞（rèn），旧时长度单位，东汉末为五尺六寸。⑤托足：立足，容身。⑥俟（sì）：等待。鸾鷟（zhuó）：皆为传说中的凤凰一类神鸟。鸾，传说中的凤凰之类鸟。鷟，即"鸑鷟"，亦凤凰之类鸟。⑦倥偬（kǒngzǒng）：困苦。⑧班匠：公输班和匠石，都是旧时著名巧匠。喻指执政大臣。顾：看。⑨牙旷：伯牙和师旷，均是旧时著名乐师。喻指执政大臣。录：录用。⑩琴瑟：两种弦乐器。琴瑟配合演奏，声音和谐悦耳，喻指朋友融洽。⑪冉冉（rǎnrǎn）：渐进的样子。三光：指日、月、星。⑫逝者：意为消逝的时光。⑬踯躅（zhízhú）：住足，踏步不前。感彼孔圣叹：意思是深深感慨那孔子叹惋光阴流逝而不复返的至理名言。⑭年命：寿命。⑮卞和：春秋时楚国人。相传他觅得玉璞，两次献给楚王，皆被误认为虚假，先后被砍去双脚。楚文王即位，他抱璞哭于荆山下，王使人雕琢其璞，果得宝玉，称之为"和氏璧"。幽冥：暗昧，幽阴。⑯奇：奇特，奇异。璞（pú）：蕴藏有玉的石头，也指未雕琢的玉。⑰神龙：旧时相传龙为神物，所以称龙为神龙。喻指山涛。⑱扬光以见烛：意思是山涛就像神话传说中的烛龙衔烛光照幽阴一样。此暗用"烛龙"典故。

【译文】

高大参天的梧桐树，生长在莽莽苍苍的南岳。直上升去青云霞霓，其下面临千仞深渊。处身孤立险危，靠什么立足保平安。昔日生长于向阳平地，等待凤凰栖息枝条舒展。如今不为世人用，处境窘困心中抑郁。能工巧匠不看我，乐工琴师不肯选。我怎能成为优良的琴瑟？从何传播音色美妙的乐曲？日月星辰奔驰循环，光阴流逝如水。夜半不能安然睡，手抚长剑长徘徊。深悟孔圣人叹流光，也哀叹寿命实在太短。识玉的卞和已经蒙冤长辞，谁具慧眼识玉璞？多么希望神龙早日来临，光照阴暗使我脱颖而出。

为贾谧作赠陆机

潘安仁

肇自初创[①]，二仪烟煴[②]。粤有生民[③]，伏羲始君[④]。结绳阐化[⑤]，八象成文[⑥]。芒芒九有[⑦]，区域以分[⑧]。

【注释】

①肇（zhào）：初始。②二仪：同两仪。指天地或阴阳。烟煴（yīnyūn）：同悫瑥、“氤氲”，指万物由相互作用而变化生长之意。③粤：语助词。生民：指人类。④伏羲：即伏羲氏。中国神话中人类的始祖。⑤结绳：相传古代用绳子打结以记事，是文字产生以前的一种辅助记忆的方法。阐化：开创教化。⑥八象：八卦。《周易》用卦爻等符号象征自然变化和人事休咎。⑦芒芒：久远。九有：九州。⑧区域：土地的界限。

神农更王[①]，轩辕承纪[②]。画野离疆[③]，爰封众子。夏殷既袭[④]，宗周继祀[⑤]。绵绵瓜瓞[⑥]，六国互峙[⑦]。

【注释】

①神农：即神农氏。传说中的旧时部落首领，一说即炎帝。传说他用木制作耒耜，教民农业生产。又曾尝百草，发现药材，教人治病。更：更替，代替。②轩辕：黄帝，传说中的古圣贤君。后人认为他是中华民族的祖先。承：顺承。纪：纪年。③画：画分。疆，疆界。④袭：相因，继承。⑤宗周：西周王都镐京。周为诸侯所宗仰，旧王都所在称宗周。祀：祭祀，此处指国家大祭祀。⑥绵绵瓜瓞（dié）：承接上句申说。瓜瓞年年相继，连绵不断，比喻周王朝子孙昌盛，其中有一支到吴，即为古吴国的始祖。⑦六国：指战国时魏、赵、韩、齐、楚、燕，加秦，则称“战国七雄”。此是春秋后期以来，诸侯各国长期互相兼并的结果。其间，古吴国于春秋末期为古越国所灭，而古越国于战国时期为楚国所灭。峙（zhì）：对峙。

强秦兼并，吞灭四隅[①]。子婴面榇[②]，汉祖膺图[③]。灵献微弱[④]，在涅则渝[⑤]。三雄鼎足[⑥]，孙启南吴[⑦]。

【注释】

①四隅：四方。②子婴面榇：意思是秦王子婴自受捆绑，抬着棺材，表示有该死之罪，甘心向刘邦投降。子婴（？—前206）：秦始皇孙。秦二世兄之子。秦二世三年（前207年），越高杀秦二世，立子婴为秦王。面榇（chèn）：典出《左传·僖公六年》：“许男面缚，衔璧，大夫衰趑，士舆榇。”面，为“面缚”的略语。两手反绑，表示有罪，当受绑。榇，为“舆榇”的略语。意思是抬着棺材，表示有罪该死。子婴史事与上述类似。③汉祖膺图：意思是秦朝很快灭亡，汉高祖统一天下，接收了秦地图、法令和户籍等文书。膺（yīng）：受，接受。④灵：指东汉灵帝（156—189）即刘宏。献：指东汉献帝（181—234）即刘协。⑤在涅（niè）：意为“白沙在涅”的略语。意思是白沙与黑色染料混在一起，将一并变为黑色。涅：矿物名。旧时用作黑色染料。渝：变，变为。⑥三雄：指三国时期，魏、蜀、吴三国的君主。鼎足：同鼎

立。喻指三国并峙，如同鼎的三只脚并立。⑦孙启南吴：意思是三国时期吴国据有并开辟南方区域。吴国统治者姓孙，所以史称吴国为孙吴。南吴，也指三国时期的吴国。因其地域位于江南，因得名。

南吴伊何，僭号称王①？大晋统天②，仁风遐扬③。伪孙衔璧④，奉土归疆⑤。婉婉长离⑥，凌江而翔。

【注释】

①僭号称王：意思是吴国孙权超越本分，擅自冒用帝王尊号。僭号（jiàn）：旧指超越本分，冒用帝王尊号。②大晋统天：意思是西晋统一天下。大晋：即晋。公元265年晋武帝（司马炎）代魏称帝，国号晋，史称为西晋。太康元年（280）灭吴，统一全国，所以也称大晋。③仁风：意为仁德的作风和影响。遐（xiá）：远。扬：传播，颂扬。④伪孙：指吴国君主孙皓。衔璧：此用“衔璧”表示吴国君主孙皓俯首投降。⑤奉土归疆：意思是进献、归还疆土。奉：进献。疆：疆土。⑥婉婉：柔美的样子。长离：同长丽。灵鸟。一说即凤凰。喻指陆机。

长离云谁？咨尔陆生①。鹤鸣九皋②，犹载厥声③。况乃海隅④，播名上京⑤。爰应旌招⑥，抚翼宰庭⑦。

【注释】

①咨尔陆生：意思是灵鸟是说谁呢？就是您陆机。陆生：指陆机。②鹤鸣九皋：即“鹤鸣于九皋”的略语。意思是仙鹤在深远的沼泽中鸣叫，其声音远传到天上。喻指陆机贤能，身隐未仕而令誉远扬。九皋（gāo）：九曲的沼泽，称为深泽。③犹载厥声：意思是仙鹤虽然在深泽里鸣叫，但是很远很远的地方也充满着她的声音。④海隅：海边。指吴国。⑤播名上京：意思是陆机美好名声远近传扬，京城洛阳尚且闻名，更何况吴郡家乡。播：传播，传扬。上京：旧时对京城的通称。⑥旌招：典出《孟子·万章下》：“〔招〕士以旂，大夫以旌。”意思是招聘士用有铃铛的旗，招聘大夫用有羽毛的旗。此处指朝廷用旌礼招聘有学问、有德行士大夫陆机出任官职。⑦抚：抚慰。翼：抚佐。宰庭：即宰相府，指杨骏。

储皇之选①，实简惟良②。英英朱鸾③，来自南冈④。曜藻崇正⑤，玄冕丹裳⑥。如彼兰蕙⑦，载采其芳⑧。

【注释】

①储皇：即皇储，也称王储。被确立为皇位的继承者。②简：选；选择。良：指德才兼优的良臣。③英英：俊美，气概不凡。朱：指朱鸟。传说中凤凰一类的鸟。鸾（luán）：指鸾鸟。传说中凤凰一类的鸟。用凤凰一类的朱鸾喻指陆机不凡。④南冈：南方山冈。借指陆机故乡吴郡吴县华亭（位于今上海市松江县西）。⑤曜（yào）：光耀，明亮。藻：文彩。崇正：指太子所居宫殿东宫。⑥玄冕丹裳：意思是陆机任太子洗马官，辅助祭祀时，身着玄冕丹裳特制礼服。实指陆机荣任辅佐太子显贵官职。玄：黑色。冕（miǎn）：意为“冕服”的略语。旧时帝王、诸侯、卿大夫的礼服。丹：朱红色。裳：下身的衣服，裙。⑦如彼兰蕙：意思是陆机好像那兰蕙香草。兰蕙：皆香草名。⑧载采其芳：意思是那兰蕙的芳香采取不尽，暗喻指陆机才华横溢，品德崇高，美不胜收。

藩岳作镇①，辅我京室②。旋反桑梓③，帝弟作弼④。或云国宦⑤，清涂攸失⑥。吾子洗然⑦，恬淡自逸⑧。

【注释】

①藩岳作镇：意思是封司马晏为吴王，让他做镇守吴郡一带的诸侯。藩岳：指诸侯。旧时帝王分封诸侯，用以藩屏皇室。镇：镇守。指镇守一方。②辅我京室：意思是吴王司马晏镇守一方，成为辅佐我晋皇室的诸侯国之一。京室：旧时指皇室。③旋反桑梓：意思是后来陆机任吴王司马晏的辅佐官郎中令，离开京城，随吴王出镇淮南，所以得以返回故土吴郡。旋：归，还。反：返的古字。桑梓：旧时各家房前屋后常栽的两种树木。后用作故乡的代称。④帝弟作弼：意思是陆机做晋惠帝弟吴王司马晏的辅佐官郎中令。弼：(bì)：辅弼，辅佐。⑤宦：左宦的略语。指辅佐诸侯的官。⑥此句当同上句合看。意思是有的说出京城做诸侯国的辅佐官，将失掉清平的仕途。清：清平。涂：通途。意为仕途的略语，指做官的途径。攸(yōu)失：失掉。⑦吾子洗然：意思是先生（陆机）听到上述风言风语，不以为意，态度洒落，处之泰然。吾子：偏义复词，即子，先生，您。尊称陆机。洗然：意为洒然，洒脱，洒落。⑧恬（tián）淡：清静自安。自：自然。逸：安逸，安静。

廊庙惟清①，俊蹋是延②。擢应嘉举③，自国而迁④。齐辔群龙⑤，光赞纳言⑥。优游省闼⑦，珥笔华轩⑧。

【注释】

①廊庙：意为庙堂，指朝廷。清：清明。②俊蹋（yì）：贤能的人。延：聘请，引进。③擢应嘉举：意思是晋武帝明令全国官员广泛举荐贤能，陆机适逢此机遇，应招聘自故土吴郡来到京城洛阳。擢(zhuó)：选拔；提升。④自国而迁：意思是陆机由诸侯国吴国的郎中令高升为朝廷尚书中兵郎，转殿中郎。迁：升迁；升官。⑤齐辔群龙：意思是陆机升为朝廷显宦尚书中兵郎，同当时群贤并驾齐驱。齐：同，并。辔（pèi）：驾御牲口的缰绳。群龙：即一群龙，喻指众多贤人。⑥光赞纳言：意思是陆机因才德兼优，光荣高升为皇帝左右近臣尚书中兵郎，佐助处理国家政务，向上呈报言论、意见，向下传达王命等。纳言：旧时官名。听取下言，向上禀报，得到王命，向下传达。可笼统称作上传下达。⑦优游：悠闲，悠暇自得。省闼（tà）：意为省中，禁中，宫中。⑧珥（ěr）笔：插笔。旧时史官、谏官人朝，或帝王近臣侍从，把笔插在帽子上，以便随时记录、撰述。华轩：有文彩的高级车子，旧时指富贵者乘坐的车子。

昔余与子①，缱绻东朝②。虽礼以宾③，情同友僚④。嬉娱丝竹⑤，抚碑舞韶⑥。修日朗月，携手逍遥。

【注释】

①子：先生，尊称陆机。②缱绻东朝：意思是我（贾谧）和先生（陆机）曾经固结不解、同心合力侍奉东宫，可说是同僚情深。缱绻（qiǎnquǎn）：固结不解。东朝：意为东宫。太子所居之宫，用以借指太子。③虽礼以宾：意思是贾、陆二人互相敬重，都以宾客的礼节相待。④情同友僚：意思是贾、陆二人紧密合作，侍奉太子，曾为同僚，情谊深厚。友僚：僚友。即同僚，古时指在同一官署任职的官吏。⑤嬉：嬉戏。娱：娱乐。丝竹：我国对弦乐器（如琵琶、琴瑟等）与竹制管乐器（如箫、笛等）的总称。也泛指音乐。⑥抚：通拊，拍，击。碑（pí）：同鼙，小鼓。韶：相传为虞舜乐名。

自我离群①，二周于今②。虽简其面③，分著情深④。子其超矣⑤，实慰我心⑥。发

言为诗，俟望好音⑦。

【注释】

①离群：意为离索。都是“离群索居”的略语。意谓离开朋友而孤独地生活。②二周：指二年。③简：意为简阔，疏略。面：见面，面谈。④分著情深：当与上句合看。意思是贾、陆二人分手以后，虽然很少面谈，但是借助书信往来、吟诗唱和，表达同僚深厚情谊。⑤超：高超，美妙。⑥实慰我心：意思是先生（陆机）贤能，所赠诗文皆美妙无比，我读后感到称心如意。慰：犹获。得：称心如意。⑦俟（sì）：等待。音：意音问，信息。

欲崇其高①，必重其层②。立德之柄③，莫匪安恒④。在南称甘⑤，度北则橙⑥。崇子锋颖⑦，不颓不崩⑧。

【注释】

①欲崇其高：意思是人立德应崇高。崇其高：即崇高，雄伟，高大。②必重其层：意思是人立德永无止境，必须更上一层楼。重（chóng）：重叠。层：指重屋，楼层，楼房的层数。③立德之柄：意思是立德的根本就是“谦”。柄：根本。④莫匪安恒：意思是没有谦虚，立德就不能牢固稳定。匪：非的本字，不能。恒：固定不变。⑤甘：通柑，柑橘。⑥度北则橙：意思是相传柑橘生长于江、淮以南则为柑，如果移种到江、淮以北则变为枳、橙了。度：通渡，过，越过。⑦崇子锋颖：意思是我（贾谧）和群贤都推崇先生（陆机）是拔尖人材。崇：尊重，推崇。锋：本指兵器的尖端，也泛指器物尖锐犀利部分。颖：尖端。此喻指陆机是拔尖的杰出人材。⑧不颓不崩：意思是我衷心祝福先生（陆机）永远健康长寿。颓（tuí）：倒塌。骞（qiān）：亏损。颓、骞义近。崩：败坏。

【译文】

洪荒远古混沌初开，天地间元气浑茫。于是万物之灵人类出现，传说最早的人君即伏羲。他结绳而治推行教化，演八卦以成文德。茫茫远荒大地分成九块，区域界线从此得以划分。

神农氏时代之后，轩辕氏纪元顺承。他规划田野划分辽阔的疆土，分封诸侯给他的众子孙。夏朝殷商相承袭，殷商之后周朝继。就像结满大瓜小瓜的瓜藤连绵不断，东周时六国并立对峙。

秦国强盛以武力兼并，吞并六国统一四海。秦王子婴请罪投降，汉高祖奉天承运登基。灵献二帝衰微政权渐移，好像白色的东西渐渐变成黑色的东西。曹刘孙三雄鼎立，孙权开拥兵割据江南地。

试问南吴为什么！竟冒用尊号妄称皇帝。我大晋王朝把天下统一，仁惠之风颂扬万里。孙吴皓终于衔璧出降，江南从此归入我大晋国疆。江南有只长离鸟十分美丽，越过长江向京都翩翩飞。

借问“长离”是谁人？就是您呀——陆生！鹤鸣处于深泽一鸣声闻九天，尚能让古代诗人感慨歌吟；何况您虽身处海滨，名声却在京城广传。于是您旌招应征，辅佐权臣为杨骏。

关于为太子选择师友，的确要选取德才兼备精英。您犹如朱鸾俊美无比，远翔自南方的山冈。您在崇正殿文才闪耀，身著礼服仪态大方。如同幽兰和蕙草，芬芳馥郁香气溢。

吴王如同山岳镇守一方，辅佐捍卫着皇皇京城。您不久回归故土，在吴王手下作辅弼。有人说您身为朝廷京官，怎能丢弃尊官显职接受外任。但您却泰然洒脱，清静淡远不乱方寸。

朝廷用人总是选择贤能，杰出的人才终能被荐引。您被提拔迁以新任，从吴国回到京城。您并驾齐驱列群贤，才华大展辅助尚书令。供职于尚书省优闲自得，执笔代皇上拟诏令。

昔日我和您同在东宫，相互结下了深厚的友谊。虽然以礼相待如宾客，感情深厚既是同僚又是友人。我们一起欣赏丝竹，愉快地击起手鼓跳舞。或趁阳光明媚或踏明月，携手同游共享美景。

自从您离开赴任江南，已经整整两个周年。虽因离别未见面，深情却丝毫没减。您现在被提拔回京都，我无比欣慰乐上心田。作诗抒发我的欢喜，翘足企盼您回赠美妙诗篇。

要想使某事变得高峻，必须重重累增。高尚品德得以树立的根本，难道不在安常守恒？桔树生在南方才结桔，移到北方就化为橙。而您超俗的品德啊，如同南山永不颓崩。

赠　答　三

答灵运

谢宣远

夕霁风气凉[①]，闲房有余清。开轩灭华烛[②]，月露皓已盈。独夜无物役[③]，寝者亦云宁。忽获《愁霖》唱[④]，怀劳奏所成。叹彼行旅艰，深兹眷言情。伊余虽寡慰[⑤]，殷忧暂为轻[⑥]。牵率酬嘉藻[⑦]，长揖愧吾生[⑧]。

【注释】

①霁（jì）：雨刚刚停止。风气：风土气候，也可称天气。②轩（xuān）：窗户。华烛：华美的烛火。③物役：指为人事、外物所牵累。④忽获《愁霖》唱：意思是突然得到灵运所赠《愁霖》诗。谢灵运《愁霖诗序》云："示从兄宣远"。愁霖：久雨。此处以义名篇。唱：歌；吟。此指诗歌。⑤伊余：即余。我。寡：少。⑥殷忧：深忧。⑦牵率：即牵帅。意即牵引，拉着。酬：用诗文相赠答。藻：辞藻。借此指华美的诗篇。⑧长揖愧吾生：即长揖愧于吾生。意思是您的赠诗高超，我的答诗笨拙，实在惭愧对待先生，拱手致敬，略表景仰之情。长揖：旧时不分尊卑的相见礼，拱手高举，自上而下。

【译文】

傍晚久雨初晴天气微凉，空房之中多清冷。打开窗户灭华烛，月色如水满室生辉。孤独的夜晚没有牵累，人们都安睡十分宁静。突然得到您寄来的《愁霖》诗，有感于奔波而把诗作写成。慨叹羁旅行役的艰难，感念您诗中眷恋的依依深情。我在此虽孤寂少安慰，深忧也暂时减轻。才疏学浅勉强酬答您，拱手惭愧我少有才情。

赠 答 四

和谢监灵运

颜延年

弱植慕端操①，窘步惧先迷②。寡立非择方③，刻意藉穷栖④。伊昔遘多幸⑤，秉笔侍两闺⑥。虽惭丹崄施⑦，未谓玄素睽⑧，徒遭良时彀⑨，王道奄昏霾⑩。人神幽明绝⑪，朋好云雨乖⑫。吊屈汀洲浦⑬，谒帝苍山蹊⑭。倚岩听绪风⑮，攀林结留荑⑯。屃予间衡峤⑰，曷月瞻秦稽⑱。皇圣昭天德⑲，丰泽振沉泥⑳。惜无爵雉化，何用充海淮。去国还故里㉑，幽门树蓬藜㉒。采茨葺昔宇㉓，翦棘开旧畦㉔。物谢时既晏㉕，年往志不偕。亲仁敷情昵，兴赋究辞栖㉖。芬馥歇兰若㉗，清越夺琳毂㉘。尽言非报章㉙，聊用布所怀。

【注释】

①弱植：软弱立身之日。指年少之时。植，立。端操：正直的节操。②窘步：急步。先迷：迷失先贤的正道。③寡立：缺少立身之本。方：方正之道。④刻意：遏制情欲。藉：假借，凭借。穷栖：清贫的隐居。⑤伊：语助词。遘（gòu）：遇。⑥秉笔：执笔。两闺：即两闱，两宫。此处指上台和东宫，即武帝和太子。⑦丹崄（huò）：红色的颜料。喻指皇帝的恩泽。⑧玄素：白绢染为黑。喻指变化。⑨徒：只。良时：明时。彀（bì）：邪僻，倾覆。此处指徐羡之等奸臣弄权。⑩奄：急。昏霾（mái）：昏暗的风雨。霾，风雨夹着尘埃。此处指少帝之日的乱世。⑪幽明：鬼域与人间。绝：断绝。⑫云雨：云流雨散。乖：离。⑬吊：吊问。屈：屈原。楚怀王时忠而被逐，投水而死。汀洲：水岸沙洲。永初三年少帝即位，延之被外放任始安郡守，路中做《祭屈原文》。⑭苍山：苍梧山，位于今江苏境内。传说舜南巡，死于此。⑮绪风：相续之风。长风。⑯结：编结。留荑：香草。⑰屃（xì）：举踵。衡峤（qiáo）：衡山。五岳之一，位于今湖南境内。峤，山尖。⑱曷：何。秦稽：秦望山与会稽山。秦望：位于今浙江杭县，秦始皇东游登此山。会稽：位于今浙江绍兴县。谢灵运与颜延之同时因与庐陵王义真过从甚密出为外郡太守，谢在会稽始宁别墅隐居。⑲皇圣：圣皇。此处指宋文帝刘义隆。⑳沉泥：比喻埋没而不得志。㉑国：指始安郡。故里：指建康。㉒幽门：幽居的柴门。蓬藜：蓬草蒺藜。㉓茨：指覆盖屋顶的茅草。葺（qì）：用草盖屋。㉔翦棘：芟除荆棘。棘，荆棘，灌木。旧畦：旧时的田地。㉕谢：凋落，衰败。晏：晚。㉖兴：欣悦。赋：当做“玩”，赏爱。穷：尽。辞栖：言辞凄切感人。栖，当做凄。㉗芬馥：浓郁的芬芳。歇：止。兰若：两种香草。㉘清越：清新激越。夺：取代，超越。琳毂：均为美玉。㉙尽言：尽其所能言。报章：酬答赠诗。章，文章。指赠诗。

【译文】

少时即钦羡节操刚直，恐迷途我前进步履唯艰。孤独处难择方正道，遏制情欲才栖穷山。入仕初我何等幸运，执笔侍候两宫之间。纵然惭愧君恩重难回报，未料到黑白竟然颠倒错乱。清明世竟遭奸邪破坏，王道衰落忽变得天昏地暗。人神不宁祭祀中断，世道乱众友别离如云流雨散。我外放过汨罗吊问屈原，行经九嶷山把舜拜谒。倚危岩静听那谷中长风，攀林木采摘留荑结于襟前。登上衡山翘踵遥望，何月可见会稽名山？圣明主昭示天帝德，施厚恩举我出污泥。可惜不似雀雉幻化，入海投淮一无所献。离始安还故里，蓬蒿和蒺藜重种于门边。采得茅草芦苇修葺老屋，铲除杂草重开垦荒芜旧田。万物凋残时序已晚，年老志未酬不同往年。亲近仁爱抒写衷情，深鉴赏细品味辞多凄楚。诗清芬令兰若无味，诗高韵令琳圭无声。我所写难和诗章，暂以表述我深切怀想。

答颜延年

王僧达

长卿冠华阳①，仲连擅海阴②。殺璋既文府③，精理亦道心④。君子耸高驾，尘轨实为林⑤。崇情符远迹⑥，清气溢素襟⑦。结游略年义⑧，笃顾弃浮沉⑨。寒荣共偃曝⑩，春酝时献斟⑪。聿来岁序暄，轻云出东岑⑫。麦垄多秀色，杨园流好音⑬。欢此乘日暇，忽忘逝景侵⑭。幽衷何用慰，翰墨久谣吟⑮。栖凤难为条⑯，淑贶非所临⑰。诵以永周旋⑱，匣以代兼金⑲。

【注释】

①长卿：司马相如（前179—前117），西汉辞赋家。字长卿，蜀郡成都（位于今四川成都市）人。擅长辞赋，富于文采。冠：位居第一。华（huà）阳：旧时地区名。因为在华山之阳得名。当位于今陕西秦岭以南、四川、云南和贵州一带。②仲连：鲁仲连战国时齐国人。智谋过人，善于排难解纷，周游列国，多有建树。擅（shàn）：胜过，扬名。海阴：海的南边。此处指旧时齐国（当位于今山东一带）。③殺璋（guī zhāng）：通作圭璋。贵重的玉制礼器。此处喻指人品高尚、美好。文府：收藏图书之处。④精理：意即精粹妙理。道心：意为道德观念。⑤尘轨实为林：意思是追随颜的车辙络绎不绝，尘土飞扬，风云际会，君子如林。轨：意为车辙。车轮滚过的痕迹。⑥崇情：指清高的情趣。远迹：指高远踪迹。⑦清：高洁，清高。襟：此处指胸襟。⑧结游：意为交游。略年义：意思是脱略年龄、辈分、仪容状貌不相当。与"忘年"、"忘形"义近。义通仪。仪容状貌。⑨笃（dǔ）：诚笃，忠实。浮沉：意为盛衰。意思是盛年、老年。⑩荣：屋檐两端翘起的部分。意为今飞檐。偃（yǎn）：仰卧。⑪春酝：意即春酒。指春天所酿的酒。献斟：指敬酒劝酒。⑫轻云：即淡云彩。岑（cén）：小而高的山。⑬杨园：园名。流：流传。好音：意思是美丽的黄鸟（黄莺、黄鹂）的鸣叫声婉转动听。⑭忽忘逝景侵：意思是忽略乃至忘记人的寿命将随着光阴流逝而渐近尽头。景：日光，指光阴。侵：渐近。⑮翰（hàn）墨：即笔墨。指文辞。谣：徒歌。即当今无伴奏歌唱。⑯栖凤难为条：意思是不容易选择梧桐树枝让凤凰歇息。喻指颜德才出类拔萃。栖：栖息，歇宿。⑰淑：美好。贶（kuàng）：赐与，给与。临：临摹，指摹仿学习。⑱周旋：旧时行礼进退揖让的动作，表示深深敬意。⑲匣以代兼金：意为颜的赠诗可以替代最好的金子，将其珍藏在匣子里。

【译文】

如相如才华华阳称冠，像仲连智谋名满海南。您华章如圭璋耀文坛，精事理堪称道德模范。更敬您行程远，名流如林与长卿和仲连结伴。情操高且志向远，高洁清气洋溢于胸怀之间。您与我结成忘年之交，情意深不论富贵贫贱。共卧南檐下晒太阳，相劝春酿酒举杯同干。转眼又是春天，轻云袅袅出于东方高山。田埂下麦苗青青多秀美，黄莺歌声流出杨柳园。乘暇日欢赏春景，忘记光阴流逝不回还。慰我幽寂心灵用什么？久久吟诵您赠的华篇。凤凰栖息难选木，您文采高照我难比肩。我将长久吟诵品味，如精金珍藏在锦匣间。

古意赠王中书

范彦龙

摄官青琐闼①，遥望凤皇池②。谁云相去远，脉脉阻光仪③。岱山饶灵异④，沂水富英奇⑤。逸翮凌比海⑥，抟飞出南皮⑦。遭逢圣明后⑧，来栖桐树枝⑨。竹花何莫莫⑩，桐叶何离离⑪。可栖复可食，此外亦何为。岂如鷦鷯者⑫，一粒有余赀⑬。

【注释】

①摄官：暂充官职。自谦之辞。意谓才德低下，不能称职，暂时充数。青琐闼（tà）：青琐门。汉宫门名。此处代指诗人任职的官署。青琐：门上镂饰的青色图纹。闼，门。②凤凰池：禁苑池沼名。魏晋南北朝时设中书省于禁苑，掌管机要，接近皇帝，权重于尚书。此处代指王融任职的中书省。③脉脉（mòmò）：深情凝视的样子。阻：阻隔。光仪：光采仪容。④岱山：泰山，位于今山东省中部。饶：富厚，盛多。⑤沂水：水名，源出山东省沂源县。⑥逸翮（hé）：展翅高飞。陵：超越。北海：地名，位于今山东省境。此处代指三国魏徐干。干北海人，建安七子之一，以诗赋著称，深得魏文帝爱重。⑦抟（tuán）飞：盘旋高飞。南皮：地名。位于属河北省。⑧圣明后：圣明的君主。此处指齐武帝（萧颐）。⑨桐树：梧桐树。此处指凤凰，喻指王融。⑩竹花：指竹实。莫莫：茂盛的样子。⑪离离：分披繁茂的样子。⑫鷦鷯（jiāoliáo）：小鸟名。俗称巧妇鸟。此处诗人自喻。⑬余赀：剩余的财物。

【译文】

我暂充侍郎在青琐门里理事，遥望君居凤凰池。谁说我与知交相隔远，难见焕发的丰采。泰山麓养育出满腹才华的高士，沂水岸滋润智慧神奇的俊杰。飞临北海展翅翔，越过南皮驾疾风。幸逢明主真诚眷顾，得以高居梧桐树枝叶丛。绿竹花芬芳灿烂，翠桐叶繁密茂盛。竹叶可实桐树息，除此还有啥令人希冀？岂知尚有鷦鷯鸟，一粒米吃饱后存节余。

行 旅 下

还都道中作

鲍明远

昨夜宿南陵[①]，今旦入芦洲[②]。客行惜日月，崩波不可留[③]。侵星赴早路[④]，毕景逐前俦[⑤]。鳞鳞夕云起[⑥]，猎猎晓风遒[⑦]。腾沙郁黄雾[⑧]，翻浪扬白鸥。登舻眺淮甸[⑨]，掩泣望荆流[⑩]。绝目尽平原[⑪]，时见远烟浮。倏悲坐还合[⑫]，俄思甚兼秋[⑬]。未尝违户庭[⑭]，安能千里游。谁令乏古节[⑮]，贻此越乡忧。

【注释】

①南陵：江岸的冲要处，不是今天南陵县名。②芦洲：芦荻之洲。③崩波：奔波。留：留止，滞留。④侵星：戴星。⑤毕景：落日。前俦：先行者。⑥鳞鳞：云雾笼罩的样子。⑦猎猎：风声。遒：急。⑧腾沙：飞沙。郁：浓重盛大，作动词，弥漫的意思。⑨舻（lú）：船头。淮甸：浔阳一带的地势。⑩掩泣：掩面而泣。荆流：浔阳九派之水。⑪绝目：极目。⑫倏悲：倏然生悲。还合：指远天的烟云在风日支下，时而消散，时而聚合。⑬俄思：顷刻间的愁思。兼秋：即三秋。⑭违：离。户庭：家门。⑮古节：古贤士的贞节。清静自处，不愿出仕。

【译文】

昨天夜里还在江南津渡口住宿，今天一早船已进入芦狄白沙洲。客行在外十分珍惜日月飞逝的光阴，水波奔流也不能够为谁停留。清晨头戴星月去赶早路，身披夕阳还在追赶同伴飞舟。鱼鳞般的云烟在朦胧的傍晚大地上冉冉升起，晓风猎猎地鼓舟而行吹得刚劲急骤。尘沙腾空而起，弥漫犹如黄雾，波浪翻卷滚滚扬起只只白鸥。登上船头眺望浔阳岸畔郊野，掩面拭泪怅然地凝望荆楚江流。极尽目力遥望去平原浩渺，时时可以看见远处云烟飘浮。倏然悲至坐看云无故迅速聚合，俄尔的思乡别绪甚似超过三秋。从来不曾远离妻儿离开家门外出，哪里能承受千里之外宦游的苦楚！谁让我缺乏古人的节操，留下这如此难熬的远离故乡的忧愁。

乐 府 上

怨歌行

班婕妤

新裂齐纨素，皎洁如霜雪①。裁为合欢扇，团团似明月②。出入君怀袖，动摇微风发③。常恐秋节至，凉风夺炎热。弃捐箧笥中，恩情中道绝④。

【注释】

①新裂：方才裁开。纨（wán）素：精美丝绢。皎洁：洁白。②合欢：古时代对称的图案花纹，象征和美欢乐。汉诗有“合欢襦”、“合欢被”，因上面有合欢图案得名。③怀袖：襟怀衣袖，喻君王的宠爱。④捐：抛弃。箧笥（qiè sì）：小箱子。中道：中途。

【译文】

用齐地产的丝新织成白绢，颜色光亮洁白如同霜雪一样。剪下一块制作成把合欢扇，圆圆的形状如像一轮明媚的月亮。放入君子怀之中和袖之内，轻轻摇动发出阵阵凉风。只是常常担心秋季到来，凉爽秋风送走夏日的炎热。精致的合欢扇就会被弃置于匣盒中，恩情中途就已断绝徒剩我自我哀伤。

乐 府 下

鼓 吹 曲

谢玄晖

江南佳丽地，金陵帝王州。逶迤带渌水①，迢递起朱楼②。飞甍夹驰道③，垂杨荫御沟④。凝笳翼高盖⑤叠鼓送华辀⑥。献纳云台表⑦，功名良可收⑧。

【注释】

①逶迤（wēi yí）：弯弯曲曲延续不绝。②迢递：高峻雄伟。朱楼：漆红的楼阁表示豪贵。③飞甍（méng）：高耸若飞的屋脊。驰道：天子出行的大道。④御沟：流入宫内的河道。⑤凝笳：沉缓的箫管声。翼：伴送。高盖：高高的车盖，豪华的车马。⑥叠鼓：轻敲的鼓声。华辀（zhōu）：华美的车辕，指车。⑦云台：东汉洛阳南宫的高台，明帝将中兴功臣三十二人的像图画其上。表：臣下给皇帝的上书，陈衷情。⑧收：收取。

【译文】

江南大地风光无限美好山河锦绣，金陵都城虎踞帝王之州。弯弯绿水环绕犹如飘带，鳞次栉比遍地都是巍巍的朱楼。大道两旁屋檐高耸，垂杨浓郁掩映御沟。高车徐驶相伴着悠扬的箫声，朱轮来往鼓声悠悠。献纳忠言在云台之上陈述衷情，转瞬之间就可功成名就。

挽　歌

挽歌诗

缪熙伯

生时游国都，死没弃中野①。朝发高堂上②，暮宿黄泉下。白日入虞渊③，悬车息驷马④。造化虽神明⑤，安能复存我⑥？形容稍歇灭⑦，齿发行当堕⑧。自古皆有然⑨，谁能离此者⑩？

【注释】

①没：通殁。死亡。弃：抛弃；引申为埋葬。中野：旷野。②发：生，生长，供养。高堂：大厅堂。③白日：太阳。虞渊：神话传说中日落的地方。见《淮南子·天文训》："日至于虞渊，是谓黄昏。"④悬车息驷马：将近黄昏时分驾车的四匹马才休息。⑤造化：指自然的创造化育。神明：神圣，神灵。⑥安能复存我：意思是哪里能使我死而生复呢？⑦形容稍歇灭：身体、面貌渐渐死灭。形：形体。容：容貌。歇：尽，终止。灭：消亡，灭亡。⑧行：将；快要。堕：落下，脱落。⑨自古皆有然：人有生有死，自古如此。⑩谁能离此者：意思是谁能逃离必然人是要死的规律呢？

【译文】

生前欢欣畅游于国都，死后被凄凉抛弃在荒野。早上还在高堂之上享受着富贵荣华，晚上却已经歇宿于黄泉之下。白日西沉黄昏时分进入虞渊，停下车驾傍晚之前。天地造化虽然神奇，又怎能起死复生把我再留世间？容颜形体天天走向衰老，牙齿头发将要落完。从古至今人生无不如此，谁能逃脱命运的安排？

杂 歌

歌并序

荆轲

燕太子丹使荆轲刺秦王①，丹祖送于易水上②。高渐离击筑③，荆轲歌④，宋如意和之，曰：风萧萧兮易水寒，壮士一去兮不复还！

【注释】

①燕（yān）：太子丹（？一前226），战国末年燕王喜的太子。②祖送：谓送行。祖，古人出行时祭祀路神叫做“祖”。易水：水名，为大清河上源支流，流经今河北省西部。战国末年燕国下都武阳邑（故址在今河北易县东南）即在易水边上。③高渐离：战国末年燕国人，善于击筑，荆轲的好朋友。燕太子丹派荆轲谋刺秦王政，他也到易水送行，他击筑，荆轲和歌。后来秦始皇当政，听说他善击筑，就派人熏瞎了他的双目，使专为始皇击筑。他的筑内暗藏铅块，一次扑击始皇未中，被杀。④荆轲歌：荆轲配合高渐离击筑音乐而高歌。

【译文】

燕国太子丹派遣荆轲前去刺杀秦王嬴政，丹亲自在易水岸边设宴送行。高渐离击筑伴奏，荆轲纵情高歌，宋如意跟着一唱一和。歌词云：

风声萧萧呵易水透寒，
壮士一去呵不再重返回还！

杂诗上

情诗

曹子建

微阴翳阳景[1]，清风飘我衣。游鱼潜渌水，翔鸟薄天飞[2]。眇眇客行士[3]，遥役不得归[4]。始出严霜结[5]，今来白露晞[6]。游子叹黍离，处者歌式微[7]。慷慨对嘉宾，凄怆内伤悲。

【注释】

①微阴：微薄的阴云。翳（yì）：遮蔽。②薄：迫，近。③眇眇（miǎo miǎo）：遥远的样子。客行士：行役在外的人。④遥役：劳役，力役。遥，同徭。⑤始出：刚出征的时候。严霜：寒霜。⑥晞（xī）：干。⑦处者：没有功名的学人。式微：《诗经·邶风》篇名。

【译文】

稀薄的云层遮蔽了阳光，清凉的微风吹动我的衣裳 绿水的鱼儿在清澈的水底漫游，鸟儿在高高的天空边际翱翔。行役之人在遥远的异乡出征服役，时时眷恋着故乡却不能回家。当初离去时原野结满了寒霜，今朝归来又是白露已干之时。游子伤行役之悲而感叹《黍离》，家人盼他回归而歌吟《式微》。对着嘉宾情绪无比激动，内心里激荡着强烈的伤悲。

思友人诗

曹颜远

密云翳阳景[1]，霖潦淹庭除[2]。严霜雕翠草，寒风振纤枯。凛凛天气清[3]，落落卉木疏[4]。感时歌蟋蟀，思贤咏白驹[5]。情随玄阴滞[6]，心与回飙俱[7]。思心何所怀，怀我欧阳子[8]。精义测神奥[9]，清机发妙理。自我别旬朔[10]，微言绝于耳[11]。褰裳不足难[12]，清阳未可俟[13]。延首出阶檐，伫立增想似[14]。

【注释】

①翳（yì）：障蔽。阳景：景同影，日影。②霖潦：连日不断的下雨。除：台阶。③凛凛：寒冷的气息。④落落：稀疏、零落。⑤白驹：曲出《诗·小雅·白驹》："皎皎白驹，食我场苗"。《诗·序》认为这首诗是讽刺周宣王不能用贤而作，后以"白驹"一词代指阻塞贤路。⑥玄阴：冬天里，农历立冬到立春这一段时间。⑦回飙：打转的暴风。⑧欧阳子：即欧阳建，字坚石。⑨精义：高深的理论。⑩旬朔：十天或一月的时间，这里代指时日。⑪微言：精微之话语。⑫褰（qiān）：撩起，用手提起。褰裳出见《诗·郑风·褰裳》："子惠思我，褰裳涉溱。"⑬清阳：清指目，阳同扬，指眉。此处指人的眉清目秀，代指欧阳建。俟：等待。⑭想似：表示思念之深。

【译文】

乌云层层厚密遮蔽了太阳光，阴雨之后积水淹没了院子。严霜摧败了原野的碧草，冷冽的寒风吹动着小草的细叶枯枝。天气越来越寒冷清肃，花草树木也越来越稀疏凋敝。感情随着岁月迁逝唱起了《蟋蟀》，怀念贤友的心潮起伏吟起了《白驹》。冬天来了，情感也郁塞不通，思念却仍与旋风飘卷在一起。我心中想着的到底是谁？是为我亲爱的欧阳建兄弟而痛苦。想起他精研微义文章达神妙之境，阐发枢机言语之中自有精深道理。同你分别以来，这旬月再无人说起精微之言。撩起衣四处走走并不困难，只是不可能再有机缘同你相遇。走下阶檐之下去举头远望，觉得越来越思念你。

杂 诗 下

时 兴

卢子谅

亹亹圆象运[①]，悠悠方仪廓[②]。忽忽岁云暮，游原采萧藿[③]。北逾芒与河[④]，南临伊与洛[⑤]。凝霜沾蔓草，悲风振林薄[⑥]。摵摵芳叶零[⑦]，蕊蕊芬华落[⑧]。下泉激冽清[⑨]，旷野增辽索。登高眺遐荒，极望无崖崿[⑩]。形变随时化[⑪]，神感因物作[⑫]。澹乎至人心[⑬]，恬然存玄漠[⑭]。

【注释】

①亹亹（wěi wěi）：形容行进的状态。圆象：指天，古人认为天圆地方。②方仪：指地。古人将天地称作两仪，地称方仪。③萧藿：艾蒿和藿香，皆为香草。④逾：超越、跨过。芒：芒水，又称黑水，在今陕西省周至县东南。河：黄河。⑤伊：伊河，源出河南庐氏县东南，流经伊川与洛阳，后与洛河会合。洛：洛河，源出陕西洛南县西北，东入河南，纳入伊河。⑥悲风：凄厉的寒风。薄：草木交错丛生。⑦摵摵（shè）：树叶飘落的声音。摵，也作“槭”。⑧蕊蕊（ruì）：花瓣飘落的样子。芬华：指花朵。⑨下泉：往下流的泉水。激冽：指泉水激急而寒冷。⑩极望：望不到尽头。崿（è）：山崖。⑪形变：形体变化。《庄子》“形变而有生”，意谓形体变化能显示生命的活力。⑫神感：神情心态。物作：万物生长。⑬澹：恬静，安定。至人：道家认为超脱俗念人生返朴归真的人。⑭恬然：安闲、舒适。玄漠：玄道，清静无为之道。

【译文】

浑圆的天体在一刻不停无休止地运转，方正的大地四望悠悠辽阔广袤无疆。一年转瞬之间又将过去，漫步原野采摘艾蒿藿香。往北跨过了芒山与黄河，往南来到了伊水和洛河。严霜沾湿了滋蔓丛生的野草，凄厉的寒风吹得草木前仰后合。摵摵声中美丽的树叶又经凋零，蕊蕊声中朵朵香花飘飘降落。低处潺潺的流泉寒凉而清澈，空旷的原野显得分外辽远萧索。登高极目眺望那遥远的地方，平平坦坦没有山崖陡坡。万物随着时令形态也发生变化，精神被外物感动而激荡郁勃。至性之人心境恬澹，清静无为安于闲适淡泊。

斋中读书

谢灵运

昔余游京华[①]，未尝废丘壑[②]。矧乃归山川[③]，心迹双寂寞[④]。虚馆绝诤讼[⑤]，空庭来鸟雀。卧疾丰暇豫[⑥]，翰墨时间作[⑦]。怀抱观古今[⑧]，寝食展戏谑[⑨]。既笑沮溺苦[⑩]，又哂子云阁[⑪]。执戟亦以疲[⑫]，耕稼岂云乐[⑬]。万事难并欢，达生幸可托。

【注释】

①京华：京城。刘宋时首都建康（今南京）。②废：止，忘却。丘壑：指山水，隐逸之所。③矧（shěn）：何况。山川：指永嘉郡。④心迹：心路历程。寂寞：闲静，淡泊。⑤虚馆：空闲的衙署。绝：断绝。诤讼（zhēng sòng）：纠纷打官司。⑥卧疾：卧病。暇豫：闲暇逸乐。⑦翰墨：笔墨，代文章。汲黯，西汉人，学黄老言，治吏民，收清静，多病，卧阁不出，岁余，东海大治。⑧怀抱：心中的志向。古今：指古今典籍。⑨寝食：废寝忘食。展：展卷而读。戏谑（xuè）：游玩说笑，形容读书时获得的精神享受。⑩沮（jǔ）溺：春秋时的两个隐士长沮与桀溺。两人远仕途，愿过劳动者的生活。⑪哂（shěn）：讥笑。子云：杨雄，字子云，西汉文学家，王莽时为大夫，校书天禄阁。⑫执戟：指郎官，这里指杨雄，他在汉成帝时以献四大赋拜为郎。汉时郎官地位仅是执戟侍卫之臣。

【译文】

昔日我在京师做官的时候，从不曾忘记日后隐居丘壑在山水间消磨。何况我这已经回归永嘉的山川，心境悠然行事宁静身心都已趋于寂寞。衙署虚静没有争讼之声，庭院空空只有一群鸟雀翻飞。卧床养病颇多闲暇的逸乐，不时提笔写作诗赋文章。怀抱高志可以纵览古今图书，睡觉吃饭时时舒卷看书取笑戏谑。既笑长沮桀溺种地辛苦，又嘲扬雄跳下那校书的天禄阁。当个小官一天到晚疲于奔命，春种秋收也谈不上有何快乐。人间万事难得都让人顺心高兴，幸有轻物养生之道还可以寄托。

骚 上

九歌四首

屈平

东皇太一

吉日兮辰良[①]，穆将愉兮上皇[②]。抚长剑兮玉珥[③]，璆锵鸣兮琳琅[④]。瑶席兮玉阗[⑤]，盍将把兮琼芳[⑥]。蕙肴蒸兮兰藉[⑦]，奠桂酒兮椒浆[⑧]。扬枹兮拊鼓[⑨]，疏缓节兮安歌[⑩]，陈竽瑟兮浩倡[⑪]。

【注释】

①兮（xī）：语气助词。辰良：即良辰，美好时光。②穆：恭敬。将：很快，马上。上皇：即东皇太一，楚人称天为皇。③珥（ěr）：剑柄上端向两侧突出的部分，状如两耳。④璆锵（qiú qiāng）：玉相撞的声音。琳琅（lín láng）：美玉。⑤瑶席：光润洁白如玉的席子。玉阗（zhèn）：压席的玉器。阗，通镇。⑥盍：通合。把：持。琼芳：美玉般的香花。⑦蕙肴蒸：用蕙草包裹着祭肉。蕙，香草名。肴蒸，祭祀用的肉。兰藉：用兰草垫底。兰，香草名。⑧奠：敬献给神灵。桂酒、椒浆：用桂、椒等香料泡的酒。桂、椒，都是香木名。⑨枹（fú）：鼓槌。拊：敲击。⑩疏缓节：鼓乐的节奏舒缓。安歌：迎神的巫人安详地唱着歌，这里是歌舞开始的场面。⑪浩倡：放声歌唱。

灵偃蹇兮姣服，芳菲菲兮满堂[①]。五音纷兮繁会[②]，君欣欣兮乐康[③]。

【注释】

①芳菲菲：香气浓郁。②五音：古人把音分成五个音阶，从低到高分别称为宫、商、角、徵、羽。繁会：错杂合奏。③君：指刚刚降临的东皇太一。欣欣：喜悦的样子。康：安乐。

【译文】

吉祥的日子美好的时光，恭恭敬敬地祭尊贵的上皇。玉镶的宝剑手按抚，周身佩玉响丁作当。玉镇压在瑶席上，琼花供在神座旁请神享馨香。把祭肉兰蕙垫献上，置办上桂酒椒子汤。鼓槌高举频频击鼓，轻歌曼舞节拍疏多么庄重安详，竽瑟齐奏人们放声歌唱。

华服巫女翩翩舞，浓郁的芳香飘满殿堂。各种音调错杂合奏成交响，东皇太一终于降临喜洋洋。

云中君

浴兰汤兮沐芳[①]，华采衣兮若英[②]。灵连蜷兮既留[③]，烂昭昭兮未央[④]。蹇将憺兮

寿宫[5]，与日月兮齐光[6]。龙驾兮帝服[7]，聊翱游兮周章[8]。

【注释】

①兰汤：芳香的兰草泡成的洗澡水。沐芳：用香水洗头发。古人祭祀之前，斋戒沐浴，表示虔诚。②华采衣：颜色艳丽的衣服。若英：像花朵一样鲜艳。③灵：指云神。连蜷（quán）：回环曲折的样子。既留：云神降临，停留在巫者身上。④烂昭昭：光明的样子。未央：没有穷尽。⑤蹇：楚地方言中的语气助词。憺（dàn）：指云神降临后安享祭祀。寿宫：供神的地方。⑥齐光：一同光辉。⑦龙驾：乘坐龙驾的车。帝服：衣着服饰如同天帝。⑧聊：姑且。翱游：翱翔。周章：周游。

灵皇皇兮既降[1]，猋远举兮云中[2]。览冀州兮有余[3]，横四海兮焉穷[4]。思夫君兮太息[5]，极劳心兮忡忡[6]。

【注释】

①皇皇：光明的样子。②猋（biāo）远举：云神忽然又远远飞去。猋，迅疾的样子。③冀州：指全中国。上古中国分为九州，冀州为九州之首，故以冀州代指中国。有余：云神的灵光远超出中国之外。④四海：指九州以外的广大世界。古人以为九州之外都是大海。焉穷：哪里能有穷尽。⑤夫：指示代词，彼。太息：深深叹气。⑥极劳心：心中极度忧烦。忡忡（chōng）：忧愁的样子。

【译文】

我沐浴了芳香四溢的兰汤，再穿上那鲜艳美丽的衣裳。神灵啊回旋曲折终于降临我身上，闪耀灿烂光芒变幻无穷景象。享受祭祀你将要降临神堂，带来的光辉与日月一样。乘驾龙车身穿天帝服装，你在天上翱翔尽情周游四面八方。

神灵啊光明显赫已经降临，忽然间又向遥远的无际飞荡。你的光芒不仅遍及九州有余，更纵横四海无所不往。思念你啊我在声声叹息，盼望你啊我在万分忧伤。

湘君

君不行兮夷犹[1]，蹇谁留兮中洲[2]？美要眇兮宜修[3]，沛吾乘兮桂舟[4]。令沅湘兮无波[5]，使江水兮安流[6]。望夫君兮未来[7]，吹参差兮谁思[8]？

【注释】

①君：指湘君。夷犹：犹豫彷徨。②谁留：为谁停留。③要眇：美丽的样子。宜修：妆扮得适宜。④沛：迅速的样子。吾：女巫自称。祭祀湘君时由女巫妆扮成湘夫人迎湘君。桂舟：桂木造的船。⑤沅湘：沅水和湘水，都位于湖南境内。⑥江：指长江。⑦夫：指示代词，彼。君：指湘君。未：归。⑧参差：也称“篸篨”，即古时的排箫。它是由参差不齐的竹管编排成的，所以称为“参差”。

驾飞龙兮北征[1]，邅吾道兮洞庭[2]。薜荔拍兮蕙绸[3]，荪桡兮兰旌[4]。望涔阳兮极浦[5]，横大江兮扬灵[6]。扬灵兮未极[7]，女婵媛兮为余太息[8]。横流涕兮潺湲[9]，隐思君兮陫侧[10]。

【注释】

①飞龙：龙舟。北征：沿湘水北上。诗意是湘夫人不见湘君归来，而北上寻找。②邅（zhān）：转向，楚地方言。③薜荔拍：用薜荔装修的舱壁。薜荔，香草名。拍，舱壁。蕙绸：用蕙草装饰的帐幔。蕙，香草名。绸，帱的假借字，帐幔。④承：衍文。荃桡（ráo）：用荃装饰的桨。荃，香草名。桡，船桨。兰旌（jīng）：用兰草装饰的旗。⑤涔（cén）阳：地名，在今湖南省。极浦：遥远的水滨。⑥横：横渡。扬灵：船行如飞。灵，舲的假借字，装有窗户的船。⑦极：终止。⑧女：侍女。婵媛：惦念，牵挂。余：扮演湘夫人的女巫自称。⑨潺湲（chán yuán）：水流动的样子，此处指眼泪流动。⑩隐思君：暗中思念湘君。陫（fěi）侧：亦作“悱恻”，内心苦楚。

桂棹兮兰枻[①]，斫冰兮积雪[②]。采薜荔兮水中，搴芙蓉兮木末[③]。心不同兮媒劳[④]，恩不甚兮轻绝[⑤]。石濑兮浅浅[⑥]，飞龙兮翩翩[⑦]。交不忠兮怨长[⑧]，期不信兮告余以不闲[⑨]。

【注释】

①桂棹（zhào）：用桂木做的桨。兰枻（yì）：用木兰做的船舷。枻，船舷。②斫（zhuó）：砍，敲打。砍开水面的冰雪，以便船畅通运行。③采薜荔兮水中，搴（qiān）芙蓉兮木末：薜荔本生于陆地，芙蓉生于水中，此二句用水中采薜荔，树上摘荷花比喻不可能找到湘君。搴，拔取。④媒劳：媒人没做成。⑤恩不甚：恩爱不深。轻绝：轻易分离。⑥石濑（lài）：石滩上的急流。浅浅：水流迅疾的样子。⑦翩翩：飞行的样子。⑧怨长：使人长久怨恨。⑨期：约会。不信：不守信约。不闲：没有空闲。

朝骋骛兮江皋[①]，夕弭节兮北渚[②]。鸟次兮屋上[③]，水周兮堂下[④]。捐余玦兮江中[⑤]，遗余佩兮澧浦[⑥]。采芳洲兮杜若[⑦]，将以遗兮下女[⑧]。时不可兮再得，聊逍遥兮容与[⑨]。

【注释】

①骋骛（wù）：奔走。江皋：江边。②弭节：放下马鞭，让车子缓行。弭，停止。节，马鞭。渚：水中小洲。③次：栖息。此句写不见湘君，只见鸟来，衬托出湘夫人的思念之苦。④周：环绕。⑤捐：弃。玦（jué）：环形而有缺口的玉器。⑥遗：丢下。佩：佩带的装饰品。澧浦：澧水之滨。澧，水名，在今湖南省。以上两句是说，因湘君不至，只好将迎神用的玉器丢掉。⑦芳洲：长满芳草的水中陆地。杜若：香草名。⑧遗（wèi）：赠送。下女：指湘君的侍女。将礼物赠给神的侍女，表示虽然见不到湘君，而情意仍未断绝。⑨逍遥：游荡。容与：徘徊不前。

【译文】

湘君你总是犹豫不前为哪桩？到底为谁留在洲中央？我修饰好容貌前来迎接你，驾着桂木龙舟迅速启航。我令沅江湘江切莫掀波涛，让长江的洪流平静向前淌。盼望你哟为何还不来，吹起排箫为谁思绪悠长？

驾着龙舟哟我向北航行，为驶向洞庭湖调转航向。薜荔船舱蕙草帐幕，兰草为旗荪草船桨。眺望涔阳浦口在那遥远地方，船行如飞横渡大江神采飞扬。神驰远眺思绪无尽，侍女们声声叹息为我哀伤。我的眼泪不住地淌，因为思念你啊百转愁肠。

桂木棹啊木兰桨，划破那如层冰积雪的水光。寻找你如同水中采薜荔，又如同摘取荷花在

树梢上。两人心不相连请媒徒劳，彼此恩爱不深姻缘易轻抛！急流在石间奔腾，龙船在江上飞速地摇。相交不贞怨恨必深，不如期赴约还说没空闲。

早晨我在江岸驾着车马驰骋，傍晚停鞭在江北小洲留宿。只见小鸟栖息堂屋之上，流水环绕着殿堂四周。我要把玉佩抛进江里，将琼琚丢在澧水旁。从香岛采来香花香草，送给我身旁美丽的姑娘。良辰美景不再来，姑且徘徊消磨时光。

湘夫人

帝子降兮北渚①，目眇眇兮愁予②。袅袅兮秋风③，洞庭波兮木叶下。登白薠兮骋望④，与佳期兮夕张⑤。鸟何萃兮蘋中⑥，罾何为兮木上⑦？

沅有芷兮澧有兰⑧，思公子兮未敢言⑨。慌忽兮远望⑩，观流水兮潺湲。

麋何为兮庭中⑪，蛟何为兮水裔⑫？朝驰余马兮江皋，夕济兮西澨⑬。闻佳人兮召予，将腾驾兮偕逝⑭。

筑室兮水中，葺之兮以荷盖⑮。荪壁兮紫坛⑯，播芳椒兮成堂⑰。桂栋兮兰橑⑱，辛夷楣兮药房⑲。罔薜荔兮为帷⑳，擗蕙櫋兮既张㉑。白玉兮为镇㉒，疏石兰兮为芳㉓。芷葺兮荷屋㉔，缭之兮杜衡㉕。合百草兮实庭㉖，建芳馨兮庑门㉗。九嶷缤兮并迎㉘，灵之来兮如云㉙。

捐余袂兮江中㉚，遗余褋兮澧浦㉛。搴汀洲兮杜若㉜，将以遗兮远者㉝。时不可兮骤得㉞，聊逍遥兮容与。

【注释】

①帝子：指湘夫人。传说湘夫人是帝尧之女。②眇眇（miǎo）：极目远望而又看不清楚。③袅袅（niǎo）：风吹树木的样子。④白薠（fán）：草名。骋望：纵目远望。⑤佳：佳人，指湘夫人。期：约会。夕张：黄昏时陈设迎神器具。张，陈设。⑥萃：聚集。蘋：水草名。⑦罾（zēng）：鱼网。⑧芷（zhǐ）：香草名。⑨公子：即帝子，指湘夫人。⑩慌忽：亦作“恍惚”，隐隐约约，辨识不清。⑪麋（mí）：鹿类动物。⑫水裔：水边。⑬澨（shì）：水边。⑭腾驾：驾车奔腾。偕逝：同往。⑮葺（qì）：用草盖房子。荷盖：荷叶覆盖屋顶。⑯荪壁：荪草装饰墙壁。紫坛：用紫贝铺砌中庭。坛，中庭，楚地方言。⑰播：敷，散布。成堂：用芳椒和泥涂饰堂壁。成，装饰。⑱桂栋：用桂木做栋梁。兰橑（lǎo）：用兰木做屋椽。橑，屋椽。⑲辛夷：一种香木。楣（méi）：门上的横梁。药：香草名，即白芷。⑳罔：同网，此处用作动词，指编结。帷：帷帐。㉑擗（pǐ）：剖开。櫋（mián）：屋檐板，此处指用剖开的蕙草装饰屋檐。㉒疏：陈列。石兰：香草名。为芳：飘出芳香气体。㉓芷葺：用香芷覆盖。荷屋：荷叶做的帐幕。屋，通幄。㉔缭：缠绕。㉕建芳馨：陈设芳香之物。庑（wǔ）：走廊。㉖灵：指众神。㉗袂（mèi）：衣袖。虽然举行了盛大的迎神仪式，而湘夫人终不肯来，湘君只好投物江中。㉘褋（dié）：单衣。㉙汀（tīng）：水中或水边的平地。㉚远者：远方的人，指心中思念的湘夫人。㉛骤得：屡次得到。

【译文】

湘夫人已经降临北洲上，我望穿秋水不见心中愁伤。秋风轻吹天气初凉，洞庭生波落叶飘荡。登上白薠草坡报目远望，与夫人约会在今晚上。为什么山鸟落水草中？为什么鱼网挂在树梢上？

沅水边长着芷草澧水有兰花，我思念湘夫人啊向谁倾诉。神思迷惘惆怅眺望，只看见沅澧二水静静淌。

为什么麋鹿在庭院中寻食？为什么蛟龙游戏在河岸上？早晨我在江岸纵马驰骋，傍晚我渡到大江西岸旁。听说湘夫人在召唤我，我将驾飞车同她同往。

我们在湘水中建起住房，采集荷叶盖在屋顶上。荃草装饰墙壁紫贝铺砌庭院，四壁涂饰香椒气味芳香作为厅堂。木兰做椽桂木做梁，辛夷门框白芷卧房。编织薜荔香草为帐幔，蕙草的隔扇置中央。用雪白的美玉压住生席，陈列石兰散发芳香。荷叶屋顶上加盖香芷，芬芳杜衡绕屋四方。庭院里布满百草，种种香花陈列门前走廊。九嶷山的众神一起出迎，接走了湘夫人神灵如彩云飘荡。

算了，我只有将外衣抛江中，我要把内衣丢在澧水之滨。在小洲采香花香草，送给那远方的人。相见的时机不会再有，暂且自由自在清闲解闷。

骚　下

九　章

屈　平

涉　江

余幼好此奇服兮[①]，年既老而不衰。带长铗之陆离兮[②]，冠切云之崔巍[③]。被明月兮佩宝璐[④]。世混浊而莫余知兮，吾方高驰而不顾[⑤]。驾青虬兮骖白螭[⑥]，吾与重华游兮瑶之圃[⑦]。登昆仑兮食玉英[⑧]，与天地兮比寿[⑨]，与日月兮齐光[⑩]。哀南夷之莫吾知兮[⑪]，旦余济乎江湘[⑫]。

【注释】

①奇服：奇异的服装，喻德行高尚，超俗。②长铗（jiá）：长剑。陆离：修长的样子。③切云：一种高帽。崔巍：高耸的样子。④被：同披。明月：夜光珠。璐（lù）：美玉。⑤高驰：飞奔到高远的境地。⑥虬（qiú）、螭（chī）：传说中龙那样的神兽。骖（cān）：在两边驾车的马，此处用作动词，指把白螭安在辕两边驾车。⑦重华：古帝虞舜的名。瑶之圃：天国中盛产美玉的花园。⑧玉英：玉的花朵。⑨比寿：寿命同样长。⑩齐光：一样有光辉。⑪南夷：屈原流放江南时见到的尚未开化的土著人。⑫江：长江。湘：湘江。

乘鄂渚而反顾兮[①]，欸秋冬之绪风[②]。步余马兮山皋[③]，邸余车兮方林[④]。乘舲船余上沅兮[⑤]，齐吴榜以击汰[⑥]。船容与而不进兮[⑦]，淹回水而疑滞[⑧]。朝发枉渚兮[⑨]，夕宿辰阳[⑩]。苟余心其端直兮[⑪]，虽僻远之何伤！

【注释】

①乘：登上。鄂渚：古地名，在今武昌西面。②欸（āi）：叹息。绪风：余风。③步余马：让我的马慢慢走。山皋（gāo）：山边有水草的地方。④邸（dǐ）：通抵，到达。方林：古地名。⑤上：逆流而上。沅：沅水，在今湖南省境内。⑥吴榜：用桨划船。吴，即锞，划船用具。榜，划船。汰（tài）：水波。⑦容与：行进迟缓的样子。⑧回水：回旋的流水。疑滞：即凝滞，停滞不前。⑨枉渚：地名，在今湖南省常德县附近。⑩辰阳：地名，在今湖南省辰溪县西。⑪端直：正直。

入溆浦余儃佪兮[①]，迷不知吾之所如[②]。深林杳以冥冥兮[③]，乃猿狖之所居[④]。山峻高以蔽日兮，下幽晦以多雨。霰雪纷其无垠兮[⑤]，云霏霏而承宇[⑥]。哀吾生之无乐兮，幽独处乎山中。吾不能变心而从俗兮[⑦]，固将愁苦而终穷[⑧]。

【注释】

①溆（xù）浦：溆水之滨。溆，溆水，在今湖南省。儃佪（chán huí）：徘徊。②如：往。③杳（yǎo）：幽深。④狖（yòu）：长尾猿。⑤霰（xiàn）：雪珠。垠（yín）：边际。⑥霏霏（fēi）：云气盛多的样子。承宇：连接着屋檐。宇，屋檐。⑦从俗：随大流。⑧终穷：终生困顿。

接舆髡首兮[①]，桑扈臝行[②]。忠不必用兮，贤不必以[③]。伍子逢殃兮[④]，比干菹醢[⑤]。与前世而皆然兮[⑥]，吾又何怨乎今之人？余将董道而不豫兮[⑦]，固将重昏而终身[⑧]！

【注释】

①接舆：春秋时楚国的隐士。髡（kūn）：古代的一种刑罚，剃掉头发。传说接舆佯狂，自己剃掉头发，避世不仕。②桑扈：古代的隐士。臝（luǒ）行：裸体而行，表示愤世嫉俗。臝，同裸。③以：用。④伍子：即伍子胥，春秋时吴国的重要谋臣，曾劝吴王夫差灭越，夫差不听，逼他自杀。⑤比干：殷纣王时的贤臣，因忠言直谏而被纣王剖腹挖心。菹醢（zū hǎi）：古代的一种酷刑，把人剁成肉酱。⑥与前世：以前所有的时代。与，“举”的假借字，全部。⑦董道：正道。不豫：不犹豫。⑧重昏：重又陷入黑暗之中。

【译文】

我从小爱好奇装异服，年纪已老爱好仍然不改。长长宝剑腰间挂，高高冠冕直冲云天。佩着美玉身带明月宝珠。世道混浊无人了解我，我要远走高飞不再回顾。驾驭青龙白龙的飞车，与帝舜同游美玉园圃。登上昆仑山品尝玉花，和天地一样长寿，与日月一样辉煌。悲叹南方蛮夷不了解我，清晨我渡过了湘水和长江。

我登上鄂渚后回顾走过的路程，叹息秋冬余风徒添悲凉。我的马儿在山湾上徐徐行，我的车子在方林中停留。登上小船驶向沅水上游，船桨齐划啊拍击着火面。船行迟缓难以再走，在湍急漩涡中停滞不前。早上辞别枉渚，晚上留宿辰阳。只要我心怀正直，即使放逐僻远之地又有何伤。

进入溆浦后我踌躇徘徊，心里迷茫不知归向何处。幽深的山林幽暗阴深，只有猿猴在此居住。高峻的山岭遮天蔽日，山下昏暗阴雨茫茫。大雪纷飞无边无际，乌云弥漫布满天上。可怜我的生活没有一点乐趣，一人孤独地住在山里。我不能改变心志随从世俗，宁肯忧愁穷困终生。

以前接舆装疯剃掉头发，隐士桑扈总是裸体而行。忠臣不一定被提拔，贤士也难以被人任用。伍员耿直遭遇祸殃，比干忠诚剁成肉泥。以前的世道就是这样，我何必怨恨今人呢！我将坚守正道毫不犹豫，宁愿终生处境艰难！

卜　居

屈平

屈原既放，三年不得复见。竭知尽忠，蔽鄣于谗①，心烦意乱，不知所从。乃往见太卜郑詹尹曰②：“余有所疑，愿因先生决之。”詹尹乃端策拂龟③，曰：“君将何以教之。”

【注释】

①鄣：同障。谗：谗言。②太卜：掌管占卜的最高长官。郑詹尹：太卜的姓名。③端：摆正。策：用于占卜的蓍草。拂龟：掸去龟壳上的尘土。

屈原曰：“吾宁悃悃款款朴以忠乎①？将送往劳来斯无穷乎②？宁诛锄草茅以力耕乎③？将游大人以成名乎④？宁正言不讳以危身乎⑤？将从俗富贵以媮生乎⑥？宁超然高举以保真乎⑦？将呢訾栗斯喔咿嚅唲以事妇人乎⑧？宁廉洁正直以自清乎⑨？将突梯滑稽如脂如韦以洁楹乎⑩？宁昂昂若千里之驹乎⑪？将泛泛若水中之凫乎⑫？与波上下偷以全吾躯乎⑬？宁与骐骥抗轭乎⑭？将随驽马之迹乎⑮？宁与黄鹄比翼乎⑯？将与鸡鹜争食乎⑰？此孰吉孰凶？何去何从？世混浊而不清：蝉翼为重，千钧为轻⑱；黄钟毁弃⑲，瓦釜雷鸣⑳；谗人高张㉑，贤士无名。吁嗟嘿嘿兮，谁知吾之廉贞！

【注释】

①悃悃（kǔn）、款款：心志专一的样子。朴以忠：质朴而忠诚。②送往劳来：追随世俗，到处周旋迎逢。斯：就。无穷：不会穷困。③诛锄草茅：清除田地中的野草。力耕：辛勤耕作。④游：游说。大人：指掌握大权的人物。⑤正言不讳：对国君忠言直谏。⑥媮（yú）：通愉，快乐。⑦超然高举：品行高洁，超出世俗。保真：保全本性。⑧呢訾（zú zī）、栗斯：阿谀奉承的样子。喔咿（wō yī）、嚅唲（rú ér）：强作笑颜的样子。妇人：指楚怀王的宠妃郑袖。⑨自清：使自己清白。⑩突梯滑（gǔ）稽：圆滑的样子。如脂如韦：像油脂一样滑润，像熟牛皮一样柔软。韦，熟牛皮。洁楹（yíng）：测量柱子。柱子是圆形，测量时必须随顺圆面，以此比喻趋炎附势，与奸党同流合污。洁，絜的假借字，测量圆形。楹，柱子。⑪昂昂：气概高昂。⑫泛泛：随波漂浮的样子。⑬偷：苟且。⑭与骐骥（qí jì）抗轭（è）：和骏马并驾。骐骥，良马。抗，举。轭，车辕前用来驾马的横木。⑮驽（nú）马：劣马。⑯黄鹄（hú）：天鹅。比翼：并翅齐飞。⑰鹜（wù）：鸭子。⑱钧：古代重量单位，三十斤为一钧。⑲黄钟：古乐十二律之首，声音最宏大。喻贤士。⑳瓦釜（fǔ）：陶器，不宜奏乐。喻善于进谗言的坏人。㉑高张：指身居高位。

詹尹乃释策而谢，曰：“夫尺有所短，寸有所长①；物有所不足，智有所不明；数有所不逮，神有所不通②。用君之心，行君之意③，龟策诚不能知此事。”

【注释】

①尺有所短，寸有所长：比喻事物各有长处和短处。②数有所不逮，神有所不通：有些事物是占卜推测不到，神灵不能知晓的。数，卦数。逮，达到。③用君之心，行君之意：太卜劝屈原自作主张，自行其志。君，指屈原。

【译文】

屈原已经被流放，三年不能朝见楚王。他为了君国贡献全部智慧忠诚，但他的进取却受排挤诽谤。他心烦意乱不知何去何从，于是去见管卜筮的郑詹尹。屈原说："我心中有疑惑，特来请先生帮我决定取舍。"詹尹忙把卜筮工具准备好，说道："您有什么要占卜？"

屈原十分激动地对他讲："是应诚实勤恳朴实忠厚，还是周旋逢迎媚世取巧？应该勤于耕作除草助苗，还是游说权贵建功树名？应该不惜性命忠言直谏，还是追求富贵可耻偷生？应该远走高飞保全本性，还是笑脸奉承屈己众俗？奴颜婢膝般去巴结郑袖？应该廉洁正直便自己清白，还是趋炎附势没有骨气，像那油脂光滑牛皮柔韧？应该气概高昂像千里驹？还是像野鸭浮游不定，随波逐流苟且保身？我应该与骐骥并驾齐驱？还是紧步那劣马的后尘？我应该与天鹅比翼高飞？还是去与鸡鸭争夺饮食？这到底哪样凶险哪样吉祥，我应该选择什么方向又如何行？这个世道如此浑浊不清。有人说千钧轻于蝉翼，精美的黄钟被毁坏抛弃，瓦锅却作为乐器响如雷般敲响，坏人身居高位好人埋没难扬名。啊！我不说了、再也不会说了！谁能了解我廉洁正直的品行？"

詹尹放下蓍草道歉道："衡量事物长短并不存在绝对，万事万物各有缺欠，聪明的人有时也不明事理，数量也有难达到的高度，神灵有时也有不知之物。坚持你的志向，实行你的主张，龟壳蓍草实在不能知这些事项。"

七

七 发

枚叔

楚太子有疾①，而吴客往问之②，曰："伏闻太子玉体不安③，亦少间乎④？"太子曰："惫⑤，谨谢客。"客因称曰⑥："今时天下安宁，四宇和平，太子方富于年⑦。意者久耽安乐⑧，日夜无极⑨，邪气袭逆⑩，中若结轖⑪。纷屯澹淡⑫，嘘唏烦酲⑬。惕惕怵怵⑭，卧不得瞑⑮。虚中重听⑯，恶闻人声。精神越渫⑰，百病咸生⑱。聪明眩曜⑲，悦怒不平。久执不废⑳，大命乃倾㉑。太子岂有是乎？"太子曰："谨谢客，赖君之力，时时有之㉒，然未至于是也。"客曰："今夫贵人之子，必宫居而闺处㉓，内有保母㉔，外有傅父㉕，欲交无所㉖。饮食则温淳甘膬㉗，腥醲肥厚㉘。衣裳则杂遝曼暖㉙，燂烁热暑㉚。虽有金石之坚，犹将销铄而挺解也㉛，况其在筋骨之间乎哉？故曰：纵耳目之欲，恣支体之安者㉜，伤血脉之和㉝。且夫出舆入辇㉞，命曰蹶痿之机㉟。洞房清宫㊱，命曰寒热之媒。皓齿娥眉㊲，命曰伐性之斧㊳。甘脆肥脓㊴，命曰腐肠之药。今太子肤色靡曼㊵，四支委随㊶，筋骨挺解，血脉淫濯㊷，手足堕窳㊸；越女侍前，齐姬奉后，往来游宴㊹，纵恣于曲房隐间之中㊺。此甘餐毒药，戏猛兽之爪牙也。所从来者至深远㊻，淹滞永久而不废㊼，虽令扁鹊治内㊽，巫咸治外㊾，尚何及哉！今如太子之病者，独宜世之君子㊿，博见强识，承间语事[51]，变度易意[52]，常无离侧，以为羽翼。淹沉之乐[53]，浩唐之心[54]，遁佚之志[55]，其奚由至哉[56]！"太子曰："诺。病已，请事此言[57]。"

【注释】

①楚太子：赋中为形成问答体而假设的人物。②吴客：假设人物。问：问候。③伏闻：我伏在下边听说，"我听说"的一种谦词。玉体：贵体。④少间（jiàn）：稍有好转。⑤惫：衰弱乏力。⑥因：乘机，就着的意思。称：进言。⑦方富于年：未来的岁月正多，正年轻。⑧意者：想来，料想。耽：沉溺，迷恋。⑨无极：没有尽头。⑩袭逆：侵袭。逆，迎着而来。⑪中：指胸中。轖（sè）：车箱间的横木交错之处，此处形容郁结不通的胸腔。⑫纷纯澹淡：昏愦烦闷的样子。⑬嘘唏：叹息之声。烦酲（chéng）：内心烦躁，似酒醉未解。酲，酒醉。⑭惕惕怵（chù）怵：胆战心惊的样子。⑮瞑：睡。⑯虚中：胸中之气衰竭。重听：失去听觉。⑰越渫（xiè）：耗散。⑱咸：都。⑲聪：耳。明：眼睛。眩曜：昏惑迷乱。⑳执：此指持续不变。废：止。㉑大命：即生命。倾：倾覆，陨坏，这里指不能保存。㉒时时有之：指随时常有这样的病。㉓宫居而闺处：居住在深宫内院。闺，宫中小门。㉔保母：照顾生活的妇女。㉕傅父：教习的师傅。㉖欲

交无所：想外出交游也没有机会。㉗温淳：味道浓厚。僎（cuì）：同脆。㉘䏰（chéng）：肥的肉。醲（nóng）：淳厚的酒。㉙杂颎（tà）：众多的样子。曼：轻细柔美。㉚鬵（qián）烁（shuò）热暑：非常热。鬵、烁，都是炽热的意思。㉛销铄（shuò）：熔化。挺解：弛解。㉜恣支体之安：放纵身体的安逸。恣，同纵，放任。支，同肢。㉝伤血脉之和：损害身体内部器官的调和。血脉，指身体内部器官。㉞出舆入辇：出入都乘车，不步行。舆、辇，都是宫廷中的车。㉟命曰：名叫。蹶痿：身体瘫痪不能走路的病。机：意为征兆的意思。㊱洞房清宫：深邃的房舍，清凉的宫殿。㊲皓齿娥眉：指美女。娥眉，即蛾眉。㊳伐：砍。性：性命。㊴肥脓：肥肉浓酒。㊵靡曼：细嫩。㊶委随：不灵活。㊷淫濯：阻滞不通。㊸堕窳（yǔ）：懒散无力。㊹往来游宴：往来于游赏宴会之中。㊺曲房隐间：深曲的房子，隐蔽的秘室。㊻所从来者：跟从而来的影响。㊼淹滞：拖延。废：停止。㊽扁鹊：先秦名医，姓秦氏，名越人。㊾巫咸：古代神巫，传说能祷祝于神而替人去除疾病。㊿独宜世之君子：只应该由社会上的君子。独，只。宜，应该。51承间：乘机会。语：谈论。事：指事情的道理。52变度易意：改变做法，改变心意，指改变太子的生活方式和思想感情。53淹沉之乐：令人沉溺的娱乐。54浩唐之心：放肆的心。浩唐，即浩荡。55遁佚之志：颓废的意志。56奚由：从哪里来。57请事此言：请让我照你这话去做。

客曰："今太子之病，可无药石针刺灸疗而已，可以要言妙道说而去也①，不欲闻之乎？"太子曰："仆愿闻之②。"

【注释】

①要言妙道：切实而精妙的道理。说：劝诱，说服。去：指除病。②仆：我，自称用的谦词。

客曰："龙门之桐①，高百尺而无枝，中郁结之轮菌②，根扶疏以分离③。上有千仞之峰，下临百丈之溪，湍流溯波④，又澹淡之⑤。其根半死半生，冬则烈风漂霰飞雪之所激也⑥，夏则雷霆霹雳之所感也。朝则鹂黄鳱鴠鸣焉⑦，暮则羁雌迷鸟宿焉⑧。独鹄晨号乎其上⑨，鹍鸡哀鸣翔乎其下⑩。于是背秋涉冬⑪，使琴挚斫斩以为琴⑫，野茧之丝以为弦，孤子之钩以为隐⑬，九寡之珥以为约⑭。使师堂操《畅》⑮，伯子牙为之歌⑯。歌曰：'麦秀蔪兮雉朝飞⑰，向虚壑兮背槁槐，依绝区兮临回溪'。飞鸟闻之，翕翼而不能去⑱；野兽闻之，垂耳而不能行；蚑蟜蝼蚁闻之⑲，拄喙而不能前⑳。此亦天下之至悲也㉑。太子能强起听之乎？"太子曰："仆病，未能也。"

【注释】

①龙门：山名，位于今陕西山西之间。桐：梧桐，古人认为其木质宜于制琴。②中：指树干之中。轮菌：纹理盘曲。③扶疏：散布，指树根在土中向四外伸展。④湍（tuān）：急流。溯（sù）波：逆流之波。⑤又澹淡之：又冲击摇荡着树根。澹淡，此为摇荡的意思。⑥烈风：冬天凛冽的寒风。漂：同飘。霰：雪组。激：刺激。⑦鹂黄、鳱鴠（hàn dàn）：都是鸟名。鸣焉：在此鸣叫。⑧羁雌：失去配偶的雌鸟。迷鸟：迷途的鸟。⑨独鹄（hú）：孤鸿。⑩鹍（kūn）鸡：像鹤一样的鸟。⑪背秋涉冬：过了秋天进入冬天。⑫琴挚：春秋时鲁国的太师，又称太师挚或师挚，因为掌音乐、善弹琴，又称琴挚。斫：砍。⑬钩：衣带上的钩。隐：琴上的饰物。⑭九寡：《烈女传》载，鲁国有个女琴师，不幸早年失去丈夫，自己与九个儿子生活。珥：妇女戴在耳上以为饰物的珠。约：琴徽，琴上指示音阶的标志。孤子、九寡都是愁苦之人，用他们的东西制琴，琴的声音会更凄凉。⑮师堂：又称师襄，字子京，孔子曾向他学琴。畅：尧时的琴曲。操：弹奏。⑯伯子牙：即伯牙，春秋时著名的琴师。⑰麦秀蔪（jiān）兮雉朝飞：麦子结穗生芒时雉鸟在早

晨飞过。秀，结穗。忾，麦芒。雉，俗称野鸡。⑱翕（xī）翼：收敛起翅膀。翕，合，敛。⑲蝖蠸：爬行的小虫。⑳拄喙（huì）：把嘴支在地上。拄，支。喙，鸟嘴。㉑至悲：指最悲痛感人的音乐。

客曰："犓牛之腴①，菜以笋蒲②；肥狗之和③，冒以山肤④。楚苗之食⑤，安胡之饭⑥，抟之不解，一啜而散⑦。于是使伊尹煎熬⑧，易牙调和⑨，熊蹯之胹⑩，勺药之酱⑪，薄耆之炙⑫，鲜鲤之鲙⑬，秋黄之苏⑭，白露之茹⑮。兰英之酒⑯，酌以涤口⑰，山梁之餐⑱，豢豹之胎⑲。小饭大歠⑳，如汤沃雪㉑。此亦天下之至美也。太子能强起尝之乎？"太子曰："仆病，未能也。"

【注释】

①犓（chú）牛：小牛。腴：腹部肥肉。②菜以笋蒲：掺和上竹笋和蒲菜。菜，指用菜掺和。蒲，香蒲，嫩茎可食。③和：羹汤。④冒以山肤：铺上石耳菜。冒，铺上。山肤，石耳菜。⑤楚苗之食：楚国产的米做的饭。楚苗，楚地的禾苗。⑥安胡：又称雕胡，即菰米。⑦一啜（chuò）而散：一吃到口里就化了。啜，吃。⑧伊尹：商朝宰相，相传伊尹善于烹调。煎熬：指烹调食物。⑨易牙：春秋时人，相传以善辨五味而得到齐桓公宠信。调和：指调和五味。⑩熊蹯（fán）：熊掌。胹（ér）：烂熟的肉。⑪勺药之酱：五味调和的汤汁。勺药，应读为"酌略"，指调和五味。酱，汤汁。⑫薄耆之炙（zhì）：兽脊上的薄肉片加以烧烤。炙，烤肉。⑬鲙（kuài）：鱼肉片。⑭秋黄之苏：秋天叶子变黄的紫苏草。苏，紫苏草，古代以之调味。⑮白露之茹：白露以后的蔬菜，白露以后，菜肥而甜。茹，蔬菜。⑯兰英之酒：以兰草浸泡的酒。酒用兰草浸泡后气味芬芳。⑰酌以涤口：酌兰英之酒而漱口。涤口，漱口。⑱山梁之餐：野鸡做的菜。山梁，指野鸡，《论语》有"山梁雌雉"的话，后即以"山梁"代野鸡。⑲豢豹之胎：豢养的豹子胎。此指用豹胎做菜，古人认为是最珍贵的食品。⑳小饭大歠（chuò）：少吃饭多喝汤。歠，饮，指喝汤。㉑如汤沃雪：像把沸水浇在雪上一样，形容感到非常爽快舒畅。汤，沸水。沃，浇灌。

客曰："钟岱之牡①，齿至之车②，前似飞鸟，后类距虚③。穱麦服处④，躁中烦外⑤。羁坚辔⑥，附易路⑦。于是伯乐相其前后，王良、造父为之御⑧，秦缺、楼季为之右⑨。此两人者，马佚能止之⑩，车覆能起之⑪。于是使谢千镒之重⑫，争千里之逐。此亦天下之至骏也。太子能强起乘之乎？"太子曰："仆病，未能也。"

【注释】

①钟岱：古属赵国的两个地方，以产马著名。牡：雄性的马，此指好马。②齿至之车：岁齿适中的马驾的车子。齿至，指马的岁齿适中。③后类距虚：后面的马像距虚。类，像。距虚，一种善于奔驰的兽。④穱（jué）：俗名龙爪粟，饲料中之精者，一说稻田中所种之麦称"穱麦"。服处：饲养。⑤燥中烦外：马养肥了就易内心烦躁而外表极想奔驰。⑥羁：指系上。辔：马缰绳。⑦附：遵循。易路：容易走的坦途。⑧王良：春秋时晋国最善于驾车的人，为赵简子驾车。造父：周穆王的驾车者，曾驾八骏载穆王西游。御：驾车。⑨秦缺、楼季：都是古代的著名勇士。右：指车右的卫士。古代驾车者立于车左，一勇士立于车右充当卫士。⑩马佚：马惊逸了。佚，同逸，指惊逸。⑪起：指扶起。⑫使射千镒之重：可以使他们下千镒的重大赌注与别人赛马。射，赌博。镒，古重量单位，一镒为二十四两。

客曰："既登景夷之台①，南望荆山②，北望汝海③，左江右湖④，其乐无有。于是使博辩之士⑤，原本山川⑥，极命草木⑦，比物属事⑧，离辞连类⑨；浮游览观，乃下置

酒于虞怀之宫⑩。连廊四注⑪；台城层构⑫，纷纭玄绿，辇道邪交⑬，黄池纡曲⑭。溷章白鹭⑮，孔鸟鶤鹄⑯，鹓鶵䴔䴖⑰，翠鬣紫缨⑱。螭龙德牧⑲，邕邕群鸣⑳。阳鱼腾跃㉑，奋翼振鳞㉒。漃漻薵蓼㉓，蔓草芳苓㉔。女桑河柳㉕，素叶紫茎㉖。苗松豫章㉗，条上造天。梧桐并闾㉘，极望成林。众芳芬郁㉙，乱于五风㉚。从容猗靡㉛，消息阳阴㉜。列坐纵酒㉝，荡乐娱心㉞。景春佐酒㉟，杜连理音㊱。滋味杂陈，肴糅错该㊲。练色娱目㊳，流声悦耳㊴。于是乃发《激楚》之结风㊵，扬郑卫之皓乐㊶。使先施、征舒、阳文、段干、吴娃、闾娵、傅予之徒㊷，杂裾垂髾㊸，目窕心与㊹；揄流波㊺，杂杜若㊻，蒙清尘㊼，被兰泽㊽，宴服而御㊾。此亦天下之靡丽皓侈广博之乐也㊿。太子能强起游乎?”太子曰：“仆病，未能也。”

【注释】

①景夷之台：景夷台，即章华台，春秋时楚国所建，位于今湖北省监利县。②荆山：山名，位于今湖北南漳县西。③汝海：即汝水，源出河南嵩县，向东流入淮河。④左江右湖：左边是长江，右边是洞庭湖。⑤博辩之士：学问渊博善论辩的人。⑥原本山川：考究山川的本源。原本，推究本源。⑦极命草木：尽量指出草木的名称。极，尽。命，名。⑧比物属事：把同类事物排比连缀起来。属，连缀。⑨离辞连类：把事物按类编成文辞。⑩虞怀之宫：虞怀宫，虞即娱，虞怀即娱心，宫以娱心命名。⑪连廊四注：宫室的回廊四面接连。注，通，连。⑫台城层构：城上有台之类的建筑物，层层地修造出来。⑬辇道邪交：可以通行车辆的大道纵横交错。⑭黄池：即潢池，围绕城墙的积水池，即护城河。纡曲，委婉曲折。⑮溷(hùn)：水边的翠鸟。⑯孔鸟：孔雀。鶤鹄（kūn hú）：鶤即鶤鸡，鹄即鸿鹄。⑰鹓鶵（yuān chú）：一种高冠彩羽的珍禽。䴔䴖：一种似凫的鸟，脚高嘴丹，头有红毛如冠。⑱翠鬣（liè）：翠绿色的头顶上的毛。⑲螭(chī)龙：按原意螭为雌龙，龙为雄龙，此指雌鸟和雄鸟。德牧：本意德为凤凰头上的花纹，牧为牛腹下的花纹，此指鸟的头上和腹下的花纹。⑳邕邕（yóng）：群鸟和鸣的声音。㉑阳鱼：即鱼。有人说鸟属阴，鱼属阳，故谓鱼为阳鱼。㉒奋翼振鳞：奋起鳍和鳞。翼，此指鱼鳞。㉓漃漻（jí liáo）薵蓼（chóu liǎo）：形容草木纷披之状。㉔蔓草：细茎的草。芳苓：芳香的苓草。苓，一种草名，即药草中的苍耳。㉕女桑：柔嫩的小桑树。河柳：长在水边的柳树。㉖素叶紫茎：颜色单一的叶和紫色的茎干，与上句相连，素叶指女桑的叶，紫茎指河柳。㉗苗松：苗山之松。豫章：即樟树。㉘并闾：棕榈树。㉙众芳：指众多草木。芬郁，香气浓郁。㉚乱于五风：被五方（东西南北中）之风所乱。㉛从容：树木在风中摇曳生姿的从容姿态。猗(yī)靡：随风飘舞的样子。㉜消息阳阴：树叶被风吹动，正反两面时隐时现。消息，本意为消灭和生息，此处引申为隐和现。㉝列坐纵酒：众人按次序坐下来纵情饮酒。㉞荡乐娱心：乐声飘荡快人心意。㉟景春：战国时的纵横家，善于辞令。佐酒：陪着饮酒。㊱杜连：又名田连，古代善于弹琴的人。理音：调音，指奏乐。㊲肴：肉食。糅：指饭。错：错杂，指各式各样。该：具备。㊳练色：经过精心选择的美色。㊴流声：流行的音乐。㊵激楚：歌曲名。结风：歌曲结尾的余声。㊶郑卫：春秋时的郑卫二国，都以产生新的音乐而著名。皓乐：悠扬清脆的乐声。㊷先施、征舒、阳文、段干、吴娃、闾娵（zōu）、傅予：都是古代美女名。先施即西施。㊸杂裾垂髾（shāo）：穿着各不相同的衣裙，垂着燕尾形的发髻。裾，衣的前后襟，泛指衣裙。髾，燕尾形的发髻。㊹目窕心与：用目光挑逗传情，心中暗暗相许。窕，同挑，挑逗。心与，心中相许。㊺揄流波：引水以洁身。揄，引水。㊻杂杜若：衣上杂有杜若的香味。杜若，一种香草。㊼蒙清尘：身上像蒙盖着一层薄雾。清尘，指薄雾。㊽被兰泽：头发上沐以芳香的油。被，通披，披沐之意。兰泽，如兰草之香的油。㊾宴服：闲居之服，与朝服相对，如今所谓便服。御：入侍。㊿靡丽：美妙。皓侈：巨大的奢侈。皓，同浩，浩大。广博：盛大，无穷无尽。

客曰：“将为太子驯骐骥之马①，驾飞軨之舆②，乘牡骏之乘③，右夏服之劲箭④，

左乌号之雕弓⑤。游涉乎云林⑥，周驰乎兰泽⑦，弭节乎江浔⑧。掩青苹⑨，游清风⑩，陶阳气⑪，荡春心⑫。逐狡兽⑬，集轻禽⑭。于是极犬马之才⑮，困野兽之足⑯，穷相御之智巧⑰。恐虎豹，慴鸷鸟⑱。逐马鸣镳⑲，鱼跨麋角⑳；履游麕兔㉑，蹈践麖鹿㉒。汗流沫坠，冤伏陵窘㉓，无创而死者，固足充后乘矣㉔。此校猎之至壮也㉕。太子能强起游乎？”太子曰：“仆病，未能也。”然阳气见于眉宇之间，侵淫而上㉖，几满大宅㉗。

【注释】

①驯骐骥之马：驯服的骏马。②飞軨：车轴上的一种装饰，车动则随而飞扬，此代指豪华的车。③乘：前一个“乘”字是动词，乘坐的意思，后一个“乘”字是名词，指四匹马拉的车子。④右夏服之劲箭：右手拿着夏后氏箭袋中的锐箭。夏，指夏后氏，传说夏后氏有良弓，名繁弱。服，通箙字，盛箭的袋子。劲箭，锐利的箭。⑤乌号：相传是黄帝使用的好弓。雕弓：有花纹的弓。⑥游涉：随意经过的意思。云林：云梦大泽的林中。古楚国有云梦泽，是一块很大的沼泽地带，位于今湖北长江两岸。⑦兰泽：出产兰草的大泽。⑧弭节：缓步行进。江浔：江边。⑨掩青苹：休息于草地上。掩，息。苹，一种草名。⑩游清风：迎着清风。⑪陶阳气：舒展在春天的气息之中。陶，畅，舒展。阳气，春天的气息。⑫荡春心：荡漾着春天的心情。指心情愉悦。⑬逐狡兽：追赶不容易猎获的兽。⑭集轻禽：许多支箭攒射轻捷善飞的鸟。⑮极犬马之才：尽猎犬和奔马的技能。⑯困野兽之足：追逐得野兽奔跑乏力，无处逃遁。⑰相御：相马的及驾车的。⑱慴鸷鸟：威慑凶猛的鸟。⑲逐马鸣镳（biāo）：飞奔的马口嚼系的铃发出响声。⑳鱼跨麋角：鱼因受惊而跳越，麋因受惊逃跑而互相碰撞。㉑履游麕（jūn）兔：践踏麕和兔。麕，即麕子。㉒蹈践麖（jīng）鹿：践踏麖和鹿。麖，大鹿。㉓冤伏陵窘：指野兽逃匿窜伏，被追逐得急迫困窘。㉔固足充后乘矣：已经足够装满后边跟随的车辆了。㉕校猎之壮：打猎的壮观景象。校猎，以木栅遮拦禽兽从而猎取之，此处泛指打猎。㉖侵淫而上：指眉目间的喜色逐渐扩展上来。侵淫，逐渐。㉗几满大宅：几乎布满了整个面部。大宅，面部的别称。

客见太子有悦色，遂推而进之曰：“冥火薄天①，兵车雷运②，旍旗偃蹇③，羽旄肃纷④。驰骋角逐，慕味争先⑤。徼墨广博⑥，观望之有圻⑦。纯粹全牺⑧，献之公门⑨。”太子曰：“善，愿复闻之。”

【注释】

①冥火薄天：黑夜中火光冲天。冥，黑夜。薄，迫近。②雷运：车辆运行，其声如雷。③旍：同旌。偃蹇（yǎn jiǎn）：高的样子，此处形容旌旗高举。④羽旄：装饰在旗上的翠羽牛尾。肃纷：既整齐而又纷繁。⑤慕味争先：打猎的人喜好禽兽作美味佳肴而奋勇争先。⑥徼墨广博：因打猎而焚烧的田野很广阔。徼，边界。墨，烧田。古人为猎取禽兽往往纵火除土，叫做烧田，烧田则土黑，故称墨。⑦观望之有圻：远远望去才能看见边界。指打猎的区域非常广阔。圻，边界。⑧纯粹全牺：毛色纯躯体完整的牲畜。牺，祭祀用的牲畜。⑨公门：诸侯之门。

客曰：“未既①，于是榛林深泽②，烟云暗莫③，兕虎并作④。毅武孔猛⑤，袒裼身薄⑥，白刃磑磑⑦，矛戟交错。收获掌功⑧，赏赐金帛；掩苹肆若⑨，为牧人席⑩。旨酒佳肴，羞炰脍炙⑪，以御宾客⑫。涌触并起⑬，动心惊耳。诚必不悔，决绝以诺⑭；贞信之色⑮，形于金石⑯；高歌陈唱⑰，万岁无斁⑱。此真太子之所喜也，能强起而游乎？”太子曰：“仆甚愿从，直恐为诸大夫累耳⑲。”然而有起色矣。

【注释】

①未既：还没有完。既，尽。②榛林：丛林。深泽：深远的沼泽。③暗莫：即暗漠，阳暗的样子。④兕（sì）：独角野牛。⑤毅武孔猛：刚毅勇武的人非常强悍。孔，非常，极。⑥袒裼（xī）：袒露着身子。身薄：以身体迫近。指空手擒搏野兽。⑦硙硙（ái）：同皑皑，形容刀光雪亮。⑧收获掌功：按收获记录功劳。掌，主，等于说掌管，此指记录下来。⑨掩苹肆若：压倒青苹，铺上杜若。掩，压倒。肆，铺陈。若，杜若。⑩为牧人席：给参加射猎的官员设席饮宴。牧人，掌畜牧的官，此指参加射猎的官员。⑪羞：有滋味的食物。炰（páo）：烹煮食物。脍：细切肉。⑫御：供给，此指款待。⑬涌触：当作涌觞，指酒满杯。并起，一齐站起来。⑭决绝以诺：决定实行已经答应了的事情。以，同已。⑮贞信之色：忠贞诚实的表情。⑯形于金石：如同铭刻在金石上一样。⑰陈唱：歌唱起来。陈，陈列。⑱万岁无斁（yì）：永远不会厌倦。斁，厌倦。⑲直恐为诸大夫累耳：指自己有病，虽然愿意去田猎，只恐怕成为各位大夫的累赘罢了。

客曰："将以八月之望①，与诸侯远方交游兄弟，并往观涛乎广陵之曲江②。至则未见涛之形也。徒观水力之所到，则恤然足以骇矣③观其所驾轶者④，所擢拔者，所扬汩者⑤，所温汾者⑥，所涤汔者⑦，虽有心略辞给⑧，固未能缕形其所由然也⑨。穀兮惚兮⑩，聊兮栗兮⑪，混汩汩兮⑫；忽兮慌兮⑬，崄兮傥兮⑭，浩瀇瀁兮⑮，慌旷旷兮⑯。秉意乎南山⑰，通望乎东海；虹洞兮苍天⑱，极虑乎涯㵐⑲。流揽无穷⑳，归神日母㉑。汩乘流而下降兮㉒，或不知其所止㉓。或纷纭其流折兮㉔，忽缪往而不来㉕。临朱汜而远逝兮㉖，中虚烦而益殆㉗。莫离散而发曙兮，内存心而自持㉘。于是澡概胸中㉙，洒练五藏㉚，澹澉手足㉛，鐏濯发齿㉜。揄弃恬怠㉝，输写淟浊㉞，分决狐疑㉟，发皇耳目㊱。当是之时，虽有淹病滞疾，犹将伸伛起躄㊲，发瞽披聋而观望之也㊳。况直眇小烦懑、酲醲病酒之徒哉㊴？故曰发蒙解惑㊵，不足以言也。"太子曰："善，然则涛何气哉㊶？"

【注释】

①望：夏历每月十五。八月十五潮水最盛。②广陵：今扬州。曲江：当时广陵附近的地名。③恤（xù）然：惊恐的样子。④观其所驾轶者：看到水势所凌驾所超越的。⑤扬汩（gǔ）：指水力播扬、激荡。⑥温汾：指水聚结、滚动。⑦涤汔（qì）：指波涛冲涮涤荡。从"观其所驾轶者"至此，全是描写江涛汹涌的种种姿态。⑧心略：指心中的智巧。辞给：动听的声音。⑨固未能缕形所由然也：指不能详尽地描写出江涛从始至终的形象。缕形，详尽地描写出。⑩穀惚：恍惚。⑪聊栗：心惊胆战。⑫混汩汩：大水滔滔滚滚。⑬忽慌：与穀惚同义。⑭崄傥（tì tǎng）：同倜傥，卓异，突出，形容浪涛突起。⑮瀇瀁（wǎng yǎng）：水深广的样子。⑯慌旷旷：空阔无边的样子。⑰秉意：集中注意。秉，执。南山：指江涛所发源的地方。⑱虹洞兮苍天：水连天啊天连水。虹洞，天水相连的样子。⑲极虑：穷思极想，此指无法想象。㵐（sì）：水边。⑳流揽：即流览。㉑归神日母：心神随着江涛东流而归向太阳的出处。日母，太阳。㉒汩乘流而下降：潮头顺着江流涌去。汩，水流迅急的样子。㉓或不知其所止：有的潮头不知它奔向哪里才停止。㉔或纷纭其流折：有许多潮头纷乱曲折地奔流。㉕忽缪（móu）往而不来：忽然纠缠在一起流去而不返回。缪，纠结。㉖临朱汜而远逝：潮头冲临南方的水涯然后向远处流逝而去。朱汜，南方水涯。㉗中虚烦而益殆：心中空虚烦躁而且更加倦怠。中，内心。殆，同怠。这是写观涛者看到潮头远逝以后内心的感受。㉘莫离散而发曙兮，内存心而自持：是说从傍晚就心中散乱无主，到天亮才将心收拢而控制住自己。莫，暮。内，

指自己。存心，收心。㉙澡、概：都是洗涤的意思。概，通溉。㉚洒：洗。练：漂。藏，通脏。㉛澹澉（gǎn）：荡涤。㉜䪻（huì）濯：洗涤。䪻，洗脸。㉝揄：脱。恬：安逸。㉞输写：排除。写，通泻。㉟分决：分析决断，指清楚明白。㊱发皇耳目：使耳目明朗。皇，明。㊲伸伛（yǔ）起躄（bì）：使驼背伸直，使跛足立起。㊳发瞽披聋：使瞎子的眼睛复明，使聋子的耳朵打通。披，开。㊴况直眇小烦懑（mèn）、酲醲病酒之徒哉：何况只是有一些小的烦闷和昏醉患酒病的一些人呢？直，只。眇，小。烦懑，烦躁郁闷。酲醲，沉醉。病酒，患酒病。㊵发蒙解惑：启发愚蒙，解除疑惑。㊶何气：什么样的气象。

客曰："不记也[①]。然闻于师曰，似神而非者三：疾雷闻百里；江水逆流，海水上潮；山出内云，日夜不止[②]。衍溢漂疾[③]，波涌而涛起。其始起也，洪淋淋焉[④]，若白鹭之下翔。其少进也，浩浩溰溰[⑤]，如素车白马帷盖之张[⑥]。其波涌而云乱，扰扰焉如三军之腾装[⑦]。其旁作而奔起也[⑧]，飘飘然如轻车之勒兵[⑨]。六驾蛟龙[⑩]，附从太白[⑪]。纯驰浩蜺[⑫]，前后骆驿。颙颙卬卬[⑬]，椐椐强强[⑭]，莘莘将将[⑮]。壁垒重坚[⑯]，沓杂似军行[⑰]。訇隐匈礚[⑱]，轧盘涌裔[⑲]，原不可当[⑳]。观其两傍，则滂渤怫郁[㉑]，暗漠感突[㉒]。上击下律[㉓]，有似勇壮之卒，突怒而无畏。蹈壁冲津，穷曲随隈[㉔]，逾岸出追[㉕]，遇者死，当者坏。初发乎或围之津涯[㉖]，荄轸谷分[㉗]，回翔青篾[㉘]，衔枚檀桓[㉙]，弭节伍子之山[㉚]，通厉骨母之场[㉛]。凌赤岸，篲扶桑[㉜]，横奔似雷行[㉝]。诚奋厥武[㉞]，如振如怒[㉟]。沌沌浑浑[㊱]，状如奔马。混混庉庉[㊲]，声如雷鼓。发怒蓬沓[㊳]，清升逾跇[㊴]，侯波奋振[㊵]，合战于藉藉之口[㊶]。鸟不及飞，鱼不及回，兽不及走。纷纷翼翼[㊷]，波涌云乱。荡取南山[㊸]，背击北岸[㊹]。覆亏丘陵[㊺]，平夷西畔[㊻]。险险戏戏，崩坏陂池[㊼]，决胜乃罢[㊽]。㶉汩潺湲[㊾]，披扬流洒[㊿]，横暴之极，鱼鳖失势，颠倒偃侧[51]，茕茕櫂櫂[52]，蒲伏连延[53]。神物怪异，不可胜言。直使人踣焉[54]，洄暗凄怆焉[55]。此天下怪异诡观也。太子能强起观之乎？"太子曰："仆病，未能也。"

【注释】

①不记：指没有记载下来。②山出内云：山吞吐云气。出内，出纳，放出和收起，指吞吐。内，通纳。③衍溢：水满的样子。漂疾：水流得快。④淋淋：水自上而下的样子。⑤浩浩溰溰（qí）：深广而洁白。溰溰，高而白的样子。⑥帷盖之张：张开车帷盖。⑦腾装：奋起装束。⑧旁作而奔起：横出扬起。⑨轻车：兵车的一种，此指将军所乘之车。勒兵：指挥军队。⑩六驾蛟龙：驾着六条蛟龙的车子。⑪附从太白：跟从在河神之后。太白，河神。⑫纯驰浩蜺：单单一条白色的虹在奔驰。浩，通皓。⑬颙颙（yóng）卬卬：浪涛高大的样子。⑭椐椐（jū）强强：浪涛相随的样子。⑮莘莘将将：浪涛相激的样子。⑯壁垒重坚：指浪涛象军营壁垒，重叠而坚固。⑰沓杂：众多纷纭的样子。军行：军队的行列。⑱訇（hōng）隐匈礚：形容声大，涛声轰隆。⑲轧盘涌裔：广阔无边，波涛奔腾。轧，轧块，形容无边无际。盘，盘礴，广大的样子。涌裔：波涛前进的样子。⑳原不可当：江涛渊源而来，势不可当。原，来源。㉑滂渤怫郁：水势激涌的样子。㉒暗漠感突：水势冲起的样子。㉓上击下律：指浪涛向上如搏击，向下如巨石从高处滚下。律，当作硉（lù），石从高处滚下。㉔穷曲随隈：遍及江湾曲折的地方。隈，水边弯曲的地方。㉕逾：跨越。出：超出。追：通堆，指沙堆。㉖或围：地名。或，通域。㉗荄（gāi）轸谷分：浪涛如山陇之相隐，川谷的区分。荄，通陔（gāi），山陇。轸，隐。㉘回翔青篾：回旋而过青篾。回翔，回旋。青篾，地名。㉙檀桓：地名。㉚弭节：缓缓行进。伍子之山：伍子山，因纪念伍子胥而得名的山。㉛通厉：远奔。骨母：当是"胥母"之误，胥母为古吴国地名。㉜篲：扫帚，此作动词。扶桑：神话中东方日出之处。㉝横奔似雷行：指江涛横奔像迅雷奔行。㉞诚奋厥武：确实奋发了它的威武。㉟如振如怒：像发威象愤怒。

振，通震，威。㊱沌沌浑浑：浪涛相逐的样子。㊲混混狏狏（tún）：浪涛的声音。㊳发怒蓷（zhì）沓：发怒的时候，是因受到阻碍而沸腾。蓷，滞碍。沓，沸腾而出。㊴清升：指清波上扬。逾陧（yì）：超越，腾起。㊵侯波：阳侯之波，即大波，传说中阳侯是大波之神。㊶藉藉：想象中的地名。㊷翼翼：壮健的样子。㊸荡取南山：水势冲荡南山。㊹背击北岸：反过来冲击北岸。㊺覆亏：颠覆破坏。㊻平夷：扫平。畔：岸。㊼陂（pí）池：通陂陁，斜坡，此指堤岸。㊽决胜乃罢：指江涛冲决一切取得胜利然后罢休。㊾飏（jié）汩潺湲（chán yuán）：水波相击潺湲而流。湲，水波相击。潺湲，水流之声。㊿披扬流洒：波涛汹涌飞扬，浪花洒溅。51颠倒偃侧：指鱼鳖颠颠倒倒，横仰竖卧。偃，仰跌。52茎茎湲湲：形容鱼鳖在水中横竖颠倒难以游动的样子。53蒲伏：通匍匐，伏地爬行。连延：连绵不断。54直使人踣（bó）焉：指看到这种情况简直使人惊倒。踣，向前跌倒。55洄暗：惊骇失智的样子。

客曰："将为太子奏方术之士[①]，有资略者[②]，若庄周[③]、魏牟[④]、杨朱[⑤]、墨翟[⑥]、便絜[⑦]、詹何之伦[⑧]，使之论天下之精微[⑨]，理万物之是非，孔、老观览[⑩]，孟子持筹而算之[⑪]，万不失一[⑫]。此亦天下要言妙道也。太子岂欲闻之乎？"于是太子据几而起曰[⑬]："涣乎若一听圣人辩士之言[⑭]。"涊然汗出[⑮]，霍然病已。

【注释】

①奏：进。方术之士：此指博学而有理论的人。②资略：才智。③庄周：庄子，名周，战国时道家学派的代表人物。④魏牟：即魏公子牟，战国时人，与公孙龙交好。⑤杨朱：战国时思想家，主张"为我"，与墨子的"兼爱"学说对立。⑥墨翟：即墨子，墨子学派的创始人。⑦便絜：即絜渊，楚人，老子弟子，属道家学派，著《絜子》十三篇，今不传。⑧詹何：战国时的思想家，与魏牟同时代人。伦：一类人。⑨精微：精辟微妙的道理。⑩孔、老览观：让孔子、老子评断以上诸人的理论。览观，此为评断的意思。⑪筹：古代计数的一种工具。⑫万不失一：指通过这许多才智之士的论辨分析，孔子老子的评断，孟子的核算，所有的问题都不会错了。⑬据几：扶着几案。⑭涣乎：形容豁然开朗。⑮涊（niǎn）然：汗出的样子。

【译文】

楚国的太子有病，吴国的客人去问候他，吴客说："我听说太子贵体欠安，现在稍微好些了吗？"楚太子说："还是衰弱无力，非常感谢你的关心。"吴客趁着这个机会进言说："现在正值天下安宁，四海升平，太子年龄正年轻。我料想太子恐怕是长期沉溺于安乐生活，日夜没有节制；邪气侵袭，胸中郁结堵塞。昏愦烦闷，如酒醉未醒，时而发出叹息之声；又往往心惊胆战，躺下也不能入睡；胸中之气衰竭、听觉失灵，厌恶听见人声；精神涣散，好像各种疾病一齐生。耳目昏惑迷乱，喜怒不定；这样长久持续下去而不止，就会保不住生命。太子你是不是这样的情况呢？"太子说："谢谢你的关心。托国君的福，我虽然有时有这样的病，但还没有你说的这么严重。"

吴客说："现在那些贵族的子弟，一定要住在深宫内院，在宫室之中有照顾生活的寙姆，在宫室之外有教习礼仪的师傅，想外出交游也没机缘。吃的是味浓香甜食品，还有肥肉浓酒。穿的是那些轻细柔美，保暖发热的衣衫。这样即使坚如金石，也还是要熔化而分解的，更何况血肉之躯呢？所以说：放纵对声色的贪欲，放任身体的安逸，势必要损害身体内部器官的调和。而且，出入都乘着车轿，这就叫做瘫痪的预兆；住着深邃的房屋，清凉的宫殿，这就叫做寒热之病的媒介；贪恋妖艳的美女，这就叫做伤害性命的利斧；甜脆的食物，肥肉浓酒，这就叫做腐烂肚肠的毒药。现在太子的皮肤细嫩，四肢不灵，筋骨弛散，血脉不通，手足也懒散无

力；又有越国的美女服侍于前，齐国的娇娃事奉于后，往来游乐宴饮，放纵情欲于深宫之中。这有如甘心去吃毒药，戏要猛兽的爪牙呀！身体的亏损由来已久，拖延时日而不改过，即使让扁鹊那样的名医来医治身体的内部，让巫咸那样的神巫在外为之祈祷，也还是来不及保全性命。现在象太子这样的病人，大概只有请社会上的君子，有广博的知识、极强的记忆，乘机向你谈论事物的道理，使你改变生活方式，改变主意，而且要经常在你身边，成为你的辅佐；那么，在你身上就不会出现，沉湎享乐，意志涣散，恣意放纵。”太子说：“可以。等我病好了，就照你的话去办理。”

吴客说：“现在太子的病，可以不用药物、扎针、烧艾来治疗，而用中肯精深的道理就可以给您除掉疾病，您不想听听这个道理吗？”楚太子说：“我愿意听听。”吴客说：“龙门山上的梧桐树，高达百尺而不分枝，树干中纹理盘曲而又细密，树根在土壤中向四周延伸而扩展。上有千仞的高峰，下临百丈深渊；湍急的逆流冲击摇荡着它的根基。它的根一半已死一半仍活着。冬天凛冽的寒风、飘动的雪珠、纷飞的大雪侵凌它，夏天闪电霹雳摇撼触击它，早晨则有黄鹂鳷鹊在它上面鸣叫，傍晚则有失偶的雌鸟、迷失方向的鸟雀在它上面棲息。孤独的黄鹄清晨在梧桐树上啼号，鷤鸡在梧桐树下飞翔哀鸣。就这样经历了不知多少岁月，让琴挚砍伐桐树来制成琴。于是，当秋去冬来，让太师挚砍下它而制成琴，用野蚕的丝来作琴弦，用孤儿的衣带上的钩来作琴的装饰，用养了九个孩子的寡妇的耳环来作琴的琴徽。让师堂弹奏《畅》的琴曲，让伯子牙为他配歌。歌词是：“当麦子结穗生芒时，野鸡在早晨飞起；向着空谷啊，离开枯槁的槐树而远去；凭依的是穷绝的地域啊，面临的是迂回曲折的水溪。”飞鸟听了这歌声，合拢翅膀而不飞走；野兽听了这歌声，耷拉耳朵而不再行走；缠蜂、蝼蛄、蚂蚁之类的爬虫听了这歌声，张开嘴而不能向前爬去。这也算是天底下最感人的悲伤音乐了。太子能勉强起身来听听这音乐吗？”太子说：“我有病，不能起身来听啊。”

楚客说：“煮熟小牛腹部的肥肉，拌上笋子和香蒲；用肥狗肉熬作汤，再铺上一层石耳菜。用楚国产的稻米做饭，或是用菰米做饭，米粘成团，一吃到口就会化开。于是让伊尹来掌杓烹饪，由易牙来调味，有烂熟的熊掌，有五味调和的汤汁，有烤烧的的兽背上的薄肉，有新鲜鲤鱼和肉片，再配上秋天叶子变黄了的紫苏，还有秋露时节的蔬菜。用兰花浸泡的酒，喝一口来嗽口。然后就吃野鸡这样鲜美的食物，和家养的豹子的胎仔这样的珍馐。少吃饭，多喝汤，这犹如开水浇在雪上一样畅快。这是天下最美的饮食了，太子能勉强支起身体来尝尝吗？”太子说：“我有病，不能起来尝啊。”

吴客说：“登上景夷台之后，南望荆山，北望汝水，左长江右洞庭，这种登临之乐，真是无可比拟的了。于是让博学善辩之士，考究山川的本原，尽数草木的名称，并把它们排列归纳，编成文辞而以类相连。然后周游观览，下台到虞怀宫摆设酒宴。这里，宫中崇廊四面相连，城上的高台层层迭起，色泽深绿，一片缤纷，城下道纵横交错，护城河曲折委婉。鸟儿有混章、白鹭、孔雀、鵷胡、鶟鶄、紫粉，有的头上有绿色的毛，有的脖颈上有紫色的缨。有的雌雄并棲、腹背都生着美丽的花纹，成群成群的发出嘤嘤的鸣声。清净的水里，鱼儿翻腾跳跃，张开背鳍，抖动鳞片。清净的水里，或水边，长满薲草、水蓼、蔓草、莲花。柔嫩的桑与水边的柳，长着颜色单纯的叶和紫色的茎。松树、樟树，枝条伸向天空；梧桐、棕榈，茂密成林，无边无际，郁郁葱葱；众多草木芳香浓郁，随五方之风吹散而飘远；树木在风中从容摇曳，树叶正反两面，在风中时隐时现。宾客们依次而坐纵情饮酒，飘荡的音乐娱人心情。让景春那样善于辞令之人来劝酒，让杜连那样善于弹琴的人来奏乐。宴席上，各种美味错杂陈列，各种肉肴样样俱精。精选的美女让人看了高兴，流行的乐曲使人感到动听。这时引发《激楚》迅急音调，高唱郑卫一带所作的悠扬清脆的歌声。再让美女西施、征舒、阳文、段干、吴娃、闾埛、傅予那样的俊男美女，穿着各种色彩的衣裙，垂着燕尾形的发髻，彼此眼神挑逗、以心相许。这些俊男美女引流水洗身，衣上散发着杜若这样的香风，身上象蒙履上一层薄雾，脸上再擦上兰膏，穿着便服来侍奉。这也是天下最奢侈华丽、豪华、盛大的宴乐了。太子能勉强支起身体游乐一番吗?”太子说：“我有病，不能啊。”

吴客见太子面带笑容，就进一步说：“夜里篝火照天，兵车运行，如雷声回旋。旌旗高举，旌旗上装饰的鸟羽和牛尾，整齐而色彩纷繁。打猎的人竟相追逐，个个为得到美味而奋勇争先。为拦捕野兽而焚烧的野地非常广阔，便凭借着火光，可以望到广野的边缘。打猎归来，将那些毛色纯粹又躯体完整的牲畜向诸侯之门进献。”太子说：“你说得好。我愿意再继续听你讲讲打猎。”

吴客说：“准备为太子驯服骐骥一样的良马，驾起豪华轻便的猎车，让太子你乘上矫健的骏马拉的车子。右边拿着盛在夏后氏箭袋里的利箭，左边拿着黄帝使用的乌号雕弓。经过云梦泽的树林漫步，围绕生有兰草的洼地到处驰骋，顺着江边缓步而行。来到青𦱤草地休息，迎面吹来阵阵清风。春天的气息令人陶醉，荡涤尽心中的感伤情绪。然后追逐不易猎获的野兽，许多支箭把轻捷的飞鸟射中。于是尽猎犬骏马追逐奔跑的能力，使野兽被追逐得足力困乏逃跑不成，相马的和驾车的也都竭尽其才智技巧。这场面使虎豹惶恐，猛禽畏惧。飞奔的骏马，马衔上的铃铛发出阵阵响声，惊吓得游鱼潜入水中，惊吓得麋鹿跳越而互相碰撞。麋子兔子被踩在脚下，遭受践踏的还有大鹿小鹿。这些野兽汗流于身而口沫下坠，四处躲藏而窘迫已极。没有创伤而累死吓死的，也足够装满随从的车辆了。这就是最雄伟壮观的田猎。太子能勉强支起身体去田猎吗?”太子说：“我有病，不能啊。”不过太子的喜色从眉额之间，渐渐溢出，并且逐渐扩展，几乎布满整个面部。

吴客说：“射猎之事还未完呢。这时，在那丛林深处和沼泽之间，烟雾弥漫，野牛老虎一齐出现。刚毅勇武的打猎的人，非常强悍，赤身与猛兽搏斗。长矛大戟交错，刀光闪闪。打猎的人获取猎物，按数计功，赏赐金银与绢帛。再压倒野地的青苹，铺上香草杜若，为庆贺射猎的官吏摆设宴席。有美味的酒可口的菜，举凡美味、烹煮、生冷、烘烤的食物应有尽有，这些全用来款待宾客。大家斟满酒杯，一齐站来畅饮，宾客说着入耳动听的语言，一个个忠诚不二，绝无悔反。他们对太子忠实可靠的表情，就象深深镂刻在金石上一般，左右宾客高声歌唱起来，似乎永远也不会厌倦。这才是太子真正所喜欢的事啊，太子能勉强支起身体去参加游乐吗?”太子说：“我很愿意跟着去，只恐牵累大家罢了。”这样看来，太子的病有起色了。

吴客说：“将要在八月十五，我们与诸侯及远方来的朋友、兄弟，一起到广陵去观看长江的浪涛。刚到时还看不到江涛的形状，但是只看到水力所到之处，就足以使人惊恐害怕了。望着那水力所凌驾的，所拔举的，所激荡的，所聚结的，所涤荡的种种形状，即使是心有智慧，口善言辞的人才，也难以自始至终详尽细腻地形容出来。江涛初起时的江面，浩渺无际看不真切啊，令人心惊胆战，既而随着汩汩的涛声，许多浪头滚滚而来，正在人们恍恍惚惚之时，忽然巨涛突起，声势浩大，江涛翻涌，茫茫一片，空阔无边。这时，集中注意力看那江涛起源的南山，再一直望到江涛所归之东海，浩瀚江面，波涛汹涌，水天相连，即使是极目远望，也难以看到它的边际。再回望四周，观赏无穷的江涛之景，最终集中注意力于东方日出之处，江涛迅疾地顺着江流直向下游泻去，谁也不知它奔向哪里才平缓。江涛忽而纠缠纷乱起来，向上游

逆行而不见其返回。江涛冲向南岸而后消失，使人心神紧张，并有些怠倦。气势宏大的晚潮刚去，同样气势宏大的早潮又来，让人对江涛的印象极深，念念不忘。这时，人们心中受到涤荡，五脏受到冲洗，再将手足、头发、牙齿清洗，去掉懒散，排除身上的污秽，解除心中的困惑，耳目全然一新。在此时，即使久疾缠身之人，也能伸直驼背，抬起跛脚，张开盲眼，竖起聋耳来观看江涛了，更何况是小病、烦闷、沉醉病酒之人呢？所以说，观涛可以使人头脑清醒，解除疑惑，这本来就用不着再细说了。”太子说：“你说得太好了！那么，江涛究竟是一种什么样的气象呢？”

吴客说：“这是未见记载的。但从我老师那里听说，江涛看上去似有神助而其实并非神助的特点有三：涛声似打雷的声音百里之外可以听见；江水倒流，浪涛也倒行而上扬；山口吞吐云气，昼夜不断。其时，江水又平又满而流得很快，然后涌起波涛。江涛开始的时候，洪浪滚滚而下，像许多白鹭向下飞旋。稍进一步，江涛浩浩荡，白茫茫一片，像白车白马，张开白色的帷幔。当江涛翻涌如云样的纷扰，此时就很像三军整装向前。当江涛从两旁掀起而向上翻滚，飘飘荡荡，就像将军乘着轻便的战车指挥军队一般；又像六条蛟龙所驾的车子，跟随着海神。忽而但见江涛或停驻不行，或急驰不止，变得巨大磅礴，连续不断，或前或后，高大昂扬，纵横四涌，相互撞击，像壁垒重叠而坚固的营盘，其众多纷纭，又像军队的行列。此时江涛轰鸣，汹涌沸腾，无边无际，不可阻当。再看两旁江岸，江涛激怒翻滚，左冲右突，上涌如搏击，下降如巨石投向深渊，又像那勇壮的士卒，奔闯发怒而无所畏惧，冲击营垒，抢占渡口。遍及江湾小港，跨越江岸，超出沙堆。遭遇它的会死亡，抵挡它的要毁于一旦。江涛开始的时候从域围水边出发，遇上山陇或川谷而回转分流，在青篾盘旋缓流，到檀桓无声急进，到伍子山缓缓行进，而后又远奔到胥母的战场阵前。它凌跨赤峰，扫过扶桑。如雷霆疾行横奔滚滚向前。确实是奋发威武，像愤怒，像狂颠。相互追逐，状如奔马，轰轰隆隆，如打雷击鼓响声震天。一遇阻碍，即从旁涌溢而出，有如发怒，清波升起，一浪涌过一浪，巨浪奋起，在籍籍之地的江口会合交战。这时鸟来不及起飞，鱼来不及回转，野兽来不及逃走。纷乱交错，如波涛翻涌乱云飞渡。此时江涛冲荡南山，反过来又撞击北岸，颠覆破坏了山丘，也扫平了西岸的农田。此时浪涛高峻，冲毁堤防，获得胜利才渐次衰歇。待稍歇之后，江涛又相击涌起，任意泛滥，水花四溅，横暴之极。鱼鳖都不能自主，东倒西歪，颠颠倒倒，起伏不停，危急狼狈之极。水中的神物也感到奇怪，这种种景象真难以尽述，真让人吓倒，惊骇失智，心境悲凉。这算得上天下最奇怪的景象了，太子能勉强支起身体去观赏一番吗？”太子说：“我还是有病，不能观看。”

吴客说：“那么我将为太子推荐博学的有理论的人，其中有才智的像庄周、魏牟、杨朱、墨翟、便胥、詹何一类人。让他们论述天下精辟微妙的道理，明辨万物的是非。让孔子、老子陈述其学说，以供太子观览，让孟子筹划一切，这样，所有的问题就一点不会错了。这也是天下最切实精妙的道理了，太子难道不想听听吗？”于是太子扶着几案而起身说：“我现在恍然明白醒悟，好像已经听到了圣人和辩士的言论了。”这时太子出了一身透汗，忽然之间，病就好了。

上　书

上书秦始皇

李斯

臣闻吏议逐客[①]，窃以为过矣[②]。昔穆公求士[③]，西取由余于戎[④]，东得百里奚于宛[⑤]，迎蹇叔于宋[⑥]，来邳豹公孙支于晋[⑦]。此五子者，不产于秦，穆公用之，并国三十，遂霸西戎[⑧]。孝公用商鞅之法[⑨]，移风易俗，民以殷盛[⑩]，国以富强，百姓乐用，诸侯亲服[⑪]，获楚魏之师，举地千里[⑫]，至今治强[⑬]。惠王用张仪之计[⑭]，拔三川之地[⑮]，西并巴蜀[⑯]，北收上郡[⑰]，南取汉中[⑱]，包九夷[⑲]，制鄢郢[⑳]，东据成皋之险[㉑]，割膏腴之壤[㉒]，遂散六国之从[㉓]，使之西面事秦，功施到今[㉔]。昭王得范雎[㉕]，废穰侯[㉖]，逐华阳[㉗]，强公室[㉘]，杜私门[㉙]，蚕食诸侯，使秦成帝业。此四君者，皆以客之功。由此观之，客何负于秦哉！向使四君却客而弗纳[㉚]，疏士而弗用，是使国无富利之实，而秦无强大之名也。

【注释】

①吏：指朝臣。逐客：赶走客卿。②窃："个人"表谦之词。过：错误。③穆公：秦穆公，嬴任好，公元前660至621年在位。春秋五霸之一。秦始皇第十九代祖。士：指经国之才。④由余：秦穆公时大夫。原为晋人，后逃到西戎。西戎王遣其使秦，穆公使人离间由余与西戎王关系，迫其投降秦国，并为统一西戎出谋划策，取得成功。戎：西戎。当时西部地区的少数民族。⑤百里奚：秦穆公时大夫。⑥蹇(jiǎn)叔：秦穆公时上大夫。原为宋人。《史记》："百里奚谓穆公曰：臣不及臣友蹇叔贤，而世莫知。穆公使人厚币迎蹇叔，以为上大夫。"⑦来：招徕。邳（pī）豹：原为晋国大夫邳郑之子。因晋惠公杀其父，逃往秦国，为穆公所用。公孙支：即秦国大夫子桑。原为晋人，料夷吾不能安定晋国而投秦，劝穆公救晋灾荒以争取民心。⑧霸西戎：为西戎之长，即变西戎为属国。⑨孝公：秦孝公，嬴渠梁，秦穆公第十四代孙。公元前361至338年在位。商鞅（yāng）：战国时政治家，改革家。卫国人，姓公孙，名鞅，也叫卫鞅。因功封于商，故称商君，亦称商鞅。⑩殷盛：富足强盛。⑪亲服：亲近归服。⑫获楚、魏之师：孝公22年，商鞅击魏，俘魏公子卬，魏军大败，割河西之地以求和。同年秦军又南攻楚国。举：占领。⑬治强：安定强盛。治与"乱"相对。⑭惠王：嬴驷。孝公之子，即位初号惠文君，至14年改为惠王元年。秦称王自惠文君始。公元前337年至311年在位。张仪：战国时纵横家。与苏秦同时，善于游说。任秦相，助惠文君称王，以"连横"破坏苏秦之"合纵"，瓦解齐楚联盟，夺取汉中之地，遂使秦国更加强大。武王即位，仪不被信任，赴魏，不久病死。⑮三川之地：指今河南洛阳一带，因境内有黄河、伊河、洛河，故称"三川"。拔三川之地，乃武王之事，时张仪已死。此恐李斯误记。⑯巴蜀：皆四川之地。巴，

即今以重庆为中心的地带。蜀，即今以成都为中心的地带。⑰上郡：魏地。郡治在今陕西榆林东南。魏国战败，请和，向秦献上郡十五县地。李善注："孝王纳上郡，此云惠王，疑此误也。"⑱汉中：位于今陕西汉中地区。秦惠王13年，攻楚汉中，取地六百里，置汉中郡。⑲包：席卷。九夷：指当时楚国境内的少数民族。九，虚数。⑳制：控制。鄢（yān）：位于今湖北省宜城县。郢（yǐng）：当时楚都，位于今湖北江陵县。㉑成皋（gāo）：当时周朝都邑以东之西塞，即今河南荥阳县的虎牢。㉒膏腴（yú）：肥沃。㉓从（zòng）：同纵。指六国"合从"拒秦之盟。六国：韩、魏、燕、赵、齐、楚。㉔功:功业。施：延续。㉕昭王：秦昭襄王嬴则，武王异母弟。公元前306年至251年在位。秦武王死后，昭王由养母芈（mǐ）八子和他的异父弟魏冉拥立为王。而实权控制在养母等手中。范雎（jū）：字叔游，魏国人，秦相，封应侯。㉖穰（ráng）侯：魏冉封号。冉曾为秦相，封于穰邑，故称穰侯。㉗华阳：名芈戎，宣太后同父弟，因封于华阳，故称华阳君。穰、芈皆因宣太后之关系而专权。昭王用范雎之计，废太后，赶走华阳君、穰侯及其帮手高陵、径阳（皆昭王之弟）二君。㉘公室：指秦王室。㉙私门：与公室相对，指穰、芈等人的势力。㉚向使：倘使。却：退。弗纳：不接受。

今陛下致昆山之玉①，有和随之宝，垂明月之珠②，服太阿之剑③，乘纤离之马④，建翠凤之旗⑤，树灵娀之鼓⑥。此数宝者，秦不生一焉，而陛下悦之何也？必秦国之所生然后可，则夜光之璧不饰朝廷⑦，犀象之器不为玩好⑧，而赵卫之女不充后庭⑨，骏良駃騠不实外厩⑩，江南金锡不为用，西蜀丹青不为采⑪。所以饰后宫充下陈⑫，娱心意悦耳目者，必出于秦然后可，则是宛珠之簪⑬，傅玑之珥⑭，阿缟之衣⑮，锦绣之饰，不进于前；而随俗雅化⑯，佳冶窈窕⑰，赵女不立于侧也。

【注释】

①陛下：对帝王之尊称。昆山：昆仑山的简称。昆仑山北麓的和阗，以产美玉著名。故和阗玉亦称"昆山之玉"。②和：指和氏璧。楚人卞和在山中发现的一块宝玉。随：随侯之珠。随侯乃春秋姬姓诸侯，他见大蛇被腰斩，便将蛇接在一起，并敷上药。后来此蛇口中含珠报答随侯，此珠便称随侯之珠，即明月之珠。③服：佩带。太阿：宝剑名。据《越绝书·外传记》载：楚王令风胡子之吴，见欧冶子、干将作剑，二人凿茨山，泄其溪，取铁英做铁剑三把：第一把名龙渊，第二把名太阿，第三把名工布。④纤离：骏马名。⑤翠凤：一种珍奇之鸟。翠羽之旗，用翠凤的羽毛做装饰的旗帜。⑥灵娀（tuó）之鼓：用鼍龙皮蒙的鼓。娀同鼍，即鼍龙。⑦夜光：玉名，夜里光亮可鉴。饰：装饰。⑧犀象：犀牛角与象牙。玩好：玩赏之物。⑨后庭：后宫。⑩駃騠（jué tí）：骏马的名字。古代北方之名马。外厩（jiù）：马棚。设在宫外，故称外厩。⑪丹青：丹砂、青雘之类，皆绘画之颜料，多产西蜀地区。丹青常作为"画"的代称。⑫下陈：站在后列的姬妾。⑬宛珠：宛地出产的珠子，一说小珠。簪（zān）：妇女插发髻的首饰。⑭傅：附着。玑（jī）：不圆的珠子。珥（ér）：女子的珠耳饰，也叫铤、珰。⑮阿缟：又白又细的丝织品。一说齐国东阿（今山东东阿）出产的白色丝织品。⑯随俗雅化：闲雅变化而能随俗。⑰佳冶：美好艳丽。窈窕（yǎo tiǎo）：美好。《诗经·关雎》："窈窕淑女，君子好逑。"

夫击瓮叩缶①，弹筝搏髀②，而歌呼呜呜快耳者③，真秦之声也；《郑》《卫》《桑间》《韶虞》《武象》者④，异国之乐也。今弃叩缶击瓮而就《郑卫》⑤，退弹筝而取《韶虞》，若是者何也？快意当前，适观而已矣⑥。今取人则不然，不问可否，不论曲直，非秦者去，为客者逐。然则是所重者在乎色乐珠玉，而所轻者在乎民人也。此非所以跨海内制诸侯之术也⑦。

【注释】

①瓮（wèng）：汲水之瓦器。缶：小口大肚的瓦罐。秦人以瓮缶为打击乐器。②筝：古代秦地的弦乐器。搏髀（bì）：拍大腿打拍子。髀，人的腿股。③呜呜：如同咿咿呀呀，含贬义。④郑卫：指郑国、卫国的民间乐曲。桑间：即今河南濮阳地区。当时此地民歌十分动听。韶虞：相传是歌颂虞舜的乐曲。武象：表演作战的舞乐曲。周代武王乐曲称武，乐舞称象。⑤就：从。引申为采纳。⑥快意适观：即赏心悦目。⑦跨海内：指统一天下。制诸侯：征服诸侯。术：方法。

臣闻地广者粟多，国大者人众，兵强者则士勇。是以太山不让土壤，故能成其大①；河海不择细流②，故能就其深；王者不却众庶③，故能明其德。是以地无四方，民无异国，四时充美④，鬼神降福，此五帝三王之所以无敌也。今乃弃黔首以资敌国⑤，却宾客以业诸侯⑥，使天下之士退而不敢西向，裹足不入秦。此所谓藉寇兵而赍盗粮者也⑦。夫物不产于秦，可宝者多；士不产于秦，愿忠者众。今逐客以资敌国，损民以益仇，内自虚而外树怨诸侯，求国无危，不可得也。

【注释】

①让：拒绝。②择：挑拣，引申为嫌弃。③众庶：广大平民。④四时：四季。充美：富足美好。⑤黔（qián）首：黎民百姓。资：帮助。⑥却：拒绝。业：成就其业，用如动词。⑦藉寇兵：借给敌寇兵。藉，同借。赍（jī）盗粮：送给强盗粮食。

【译文】

臣下听说大臣们建议驱逐客卿，我个人认为这是一种的错误的意见。

从前秦穆公招揽人才，他挖取了西方戎国的由余，获得了东方宛地的百里奚，迎来了宋国的蹇叔，召来了晋国的丕豹、公孙支。这五位贤士，都不生在秦国，但穆公任用了他们，因而兼吞了三十个诸侯国家，终于成为西方诸侯的霸主。秦孝公采用了商鞅变法的主张，移风易俗，百姓得以富足，国家得以强盛，百姓乐于为国效力，诸侯亲近归服，大败了楚国、魏国的军队，攻占了上千里的地方，直到如今依然政绩显赫、国家强盛。秦惠王采用了张仪连横的策略，攻占了三川一带的地方，西面兼并巴、蜀，北面接收上郡，南面攻取汉中，席卷九夷，控制鄢郢，东面占据成皋的要塞，割取肥沃的土地，这样就拆散了六国的合纵联盟，迫使六国向西事奉秦国，功业延续直到今天。秦昭王得到了范雎，罢黜穰侯，赶走华阳君，加强了王室的权力，削弱了豪门的势力，吞食诸侯，建立帝国基业。这四位君主，都借助客卿的功劳。由此看来，客卿有什么对不起秦国的地方呢？假使从前这四位君主拒绝客卿而不接纳，疏远人才而不任用，这就会使当今的秦国没有富足的实力和强大的名声了。

如今陛下得到了昆山的美玉，占有和、随的宝物，悬挂明月似的珍珠，佩带太阿的名剑，跨上纤离的骏马，扬起翠凤的彩旗，树起灵娀的巨鼓。这几样宝物，没有一件是产于秦国的，但陛下却如此喜爱它们，这是什么原因呢？假如一定要秦国出产的然后才可用，那么这些夜里发光的宝玉，就不会用来装饰宫廷；犀角、象牙制成的器具，就不会用来充当玩好；而赵、卫两国的美女，就不会充满后宫；笭理一类的骏马，就不会养满马棚；江南的金锡不会用来作器用，西蜀的丹青不会用来作彩色。假若用来装饰后宫珍宝，充作姬妾美女，赏心悦目的玩物，定要秦国出产的然后才可用，那么这些嵌有宛珠的发簪、缀有珠玉的耳环、东阿白绢制成的衣

服、锦绣华丽的装饰，就不会呈现在君王的面前；而那些打扮雅致入时，艳丽苗条的赵女，也不会侍立于君王的身边。

那敲击陶罐、瓦器，弹奏竹筝，拍击大腿打拍子，而且以呜呜地歌唱用以悦耳的，这是真正的秦国音乐。郑卫、桑间之音，韶虞、武象之乐，是异国他乡的音乐。如今抛弃敲击陶罐、瓦器而听取郑卫之音，停止弹奏竹筝而采用虞舜的韶乐，为什么这样做呢？无非为赏心悦目而已。现在陛下选用人材却不是这样，不问可否，不论曲直，不是秦国的就除去，是客卿的就驱逐，这就表明陛下所看重的是美色、音乐、珍珠、宝玉，而所轻视的是人才。这不是统一天下、征服诸侯的做法。

臣下听说地域辽阔的国家粮食就富裕，国家广大的人口就众多，武器精良的士兵就勇敢。因此，泰山不拒绝尘土，所以能积累它的高大；黄河、大海不排斥细小的流水，所以能蓄成它的渊深；当君王的不拒绝百姓，所以能显示他的德行。因此只要能做到地域不分四方，百姓不分国别，那么一年四季必定丰衣足食，鬼神也会降赐洪福，这就是五帝三王之无敌于天下的原因所在。现在陛下却抛弃百姓去帮助敌国，驱逐宾客去成就诸侯的功业，使天下的贤士，退缩而不敢西向，裹住脚步不进入秦国，这就是所谓的借兵器给敌寇和送粮草与盗贼啊！

不出产在秦国的物品，可宝贵的很多；不生长在秦国的贤士，愿意效忠的很多。如今驱逐客卿去帮助敌国，减少百姓去增添敌国的利益，对内使自己陷于空虚，对外又与诸侯各国结下怨仇，想以此求得秦国没有危机，是不可能的。

笺

与魏文帝笺

繁休伯

正月八日壬寅①，领主簿繁钦②，死罪死罪。近屡奉笺，不足自宣③。顷者鼓吹④，广求异妓⑤。时都尉薛访车子⑥，年始十四，能喉啭引声⑦，与笳同音⑧。白上呈见，果如其言。即日故共观试，乃知天壤之所生，诚有自然之妙物也。潜气内转，哀音外激，大不抗越，细不幽散⑨，声悲旧笳，曲美常均⑩。及与黄门鼓吹温胡⑪，迭唱迭和，喉所发音，无不响应。曲折沉浮，寻变入节⑫。自初呈试，中间二旬，故欲呪其所不知⑬，尚之以一曲，巧竭意匮，既已不能。而此孺子遗声抑扬，不可胜穷；优游转化，余弄未尽⑭。既其清激悲吟，杂以怨慕，咏北狄之遐征，奏胡马之长思⑮，凄入肝脾，哀感顽艳⑯。是时日在西隅⑰，凉风拂衽，背山临溪，流泉东逝。同坐仰叹，观者俯听，莫不泫泣殒涕⑱，悲怀慷慨。自左呪史谣、謇姐名娼⑲，能识以来，耳目所见，佥曰诡异⑳，未之闻也。窃惟圣体，兼爱好奇，是以因笺，先白委曲。伏想御闻㉑，必含馀欢。冀事速讫，旋侍光尘㉒，寓目阶庭，与听斯调㉓，宴喜之乐，盖亦无量。钦死罪死罪。

【注释】

①正月：指建安十七年（212年）正月。②主簿：官名，汉代中央及郡县官署皆设有此官。为典领文书，办理事务之职。③宣：张扬。④鼓吹：演奏鼓吹乐的乐队。主要乐器有鼓、钲、箫、笳。汉初边军用之，以壮声威。魏晋以后，牙门督将五校皆得具鼓吹。此泛指歌舞班子。⑤异妓：卓越奇特的音乐、艺术方面的人才。⑥都尉：官名。薛访：人名。车子：驾车之人。⑦喉啭（zhuàn）：形容人的声音宛转动听。⑧笳：古管乐器。汉时流行于塞北和西域一带，汉乐常用，近似于现代的箫。⑨抗：高。越：超过。幽散：断绝。⑩均：古代乐器调律器，调整音之清浊或高低。常均，此指一般典调。⑪黄门：集训歌伎乐工之所。温胡：乐师的名字。⑫变：乐曲的变化。节：节奏、节拍。⑬呪：同傲。⑭弄：乐一曲曰弄。⑮北狄征、胡马思：古歌曲名。北狄，是我国古代北部一个少数民族。胡，先秦时我国东北部的一个少数民族。后分为乌桓、鲜卑两族。⑯顽艳：指顽顿之人与美好之人。⑰隅：角落。日在西隅即夕阳西下。⑱泫：水滴下垂的样子。特指流泪。殒（yǔn）：同陨，落下。⑲呪：通颠，左呪、史谣、謇姐都是当时的乐人名。⑳佥（qiān）：皆。诡异：奇异。㉑御：进用、奉进。㉒光尘：对他人风采的敬称。㉓斯调：喉转之声，用喉咙发出的音乐之声。

【译文】

正月八日三时许，主簿繁钦，大胆妄为。近来多次向您奉笺，仍不足以表白我的心意。近日，这里的乐工们正在广为搜求奇异的音乐人才，恰时有都尉薛访的车夫，年龄刚刚十四岁，善为喉啭发声，与胡笳之音相同。说与主上听后便召见其人，果然像所说的那样。当天便共同观试，乃知天地之中，确实有自然奇妙的事物。下运其气，胸中转动，哀怨之声，激发于外，高音不过头，低音不绝声，声悲好像昔日之胡茄，比平时演奏的乐曲更加美妙动听。等到与黄门鼓吹温胡和声合唱，喉头发出的乐音无不产生回响。顿挫沉郁，曲变有节。自从最初呈试后，间隔了二十来天，温胡傲慢地用车子所不熟悉的曲子来难为他，想胜他一曲，费尽心机，还是没有达到目的。而这孩子余音袅袅，悠然宛转，优游不迫，变化无穷，曲尽而余音不尽。到了清澈悲吟之处，杂以怨慕之情。当他歌咏北狄远征，胡马长思等古歌时，铺测动人，令人肝肠寸断，感人之深，无分顽艳。当时，日薄西山，凉风吹衣，背山临溪，流水东去。同坐之人都赞叹不已，观者俯首而听，无不泪流满面，悉怀慷慨！自有左啶、史诓、謇姐等精通音乐的乐人以来，耳闻目睹者都说稀奇异常，闻所未闻。我暗自思忖，您爱好广泛，因此先写信禀告，说明原委。我想您听了之后，一定余兴不尽。希望尽快结束西征，恭候大驾早日到来，观看于庭阶之上，闻听此乐，宴饮嬉乐，其乐无穷。钦死罪死罪。

书

答苏武书

李少卿

子卿足下①：勤宣令德②，策名清时③，荣问休畅④，幸甚幸甚⑤！远托异国，昔人所悲，望风怀想，能不依依⑥！昔者不遗，远辱还答⑦，慰诲勤勤，有逾骨肉⑧。陵虽不敏，能不慨然⑨！

【注释】

①子卿：李陵，字少卿。足下：敬辞。称对方。古时下称上，或同辈相称，皆用足下。②令德：美德。③策名：孔颖达《左传》："策名委质"疏：古之仕者，于所臣之人书已名于策，以明系属之也。"即出仕。清时：清平之世。④休畅：吉庆畅快。书信中寒暄语。⑤幸甚：幸运得很。非分而得谓之幸。⑥望风：远望。怀想：心想。依依：依恋。⑦不遗：不忘。辱：谦词，承蒙。还答：回答。此前李陵给苏武写信，苏武有回信。"还答"指此。⑧慰诲：恤问教诲。勤勤：殷切。逾：超过。骨肉：指父母兄弟等至亲。⑨不敏：迟钝，谦词。

自从初降，以至今日，身之穷困①，独坐愁苦，终日无睹②，但见异类③。韦韝毳幕④，以御风雨。膻肉酪浆⑤，以充饥渴。举目言笑，谁与为欢⑥？胡地玄冰⑦，边土惨裂⑧，但闻悲风萧条之声⑨。凉秋九月，塞外草衰。夜不能寐，侧耳远听，胡笳互动⑩，牧马悲鸣，吟啸成群⑪，边声四起⑫。晨坐听之⑬，不觉泪下。嗟乎子卿⑭！陵独何心，能不悲哉！与子别后，益复无聊。上念老母，临年被戮⑮；妻子无辜⑯，并为鲸鲵⑰。身负国恩⑱，为世所悲。子归受荣⑲，我留受辱，命也如何！身出礼仪之乡，而入无知之俗，违弃君亲之恩⑳，长为蛮夷之域㉑，伤已㉒！令先君之嗣㉓，更成戎狄之族㉔，又自悲矣！功大罪小，不蒙明察㉕，孤负陵心，区区之意，每一念至，忽然忘生㉖。陵不难刺心以自明㉗，刎颈以见志㉘，顾国家于我已矣㉙。杀身无益，适足增羞㉚，故每攘臂忍辱㉛，辄复苟活㉜。左右之人，见陵如此，以为不入耳之欢，来相劝勉。异方之乐㉝，只令人悲，增忉怛耳㉞。嗟乎子卿！人之相知，贵相知心。前书仓卒㉟，未尽所怀㊱，故复略而言之㊲：

【注释】

①穷困：非单指经济，也包括整个处境。②无睹：无所见。③异类：指匈奴。④韦韝（wéi gōu）：皮套

袖，泛指皮衣。毳幕：毡帐。⑤膻（shān）肉：指牛羊肉。酪（lào）浆：指牛马羊的奶及其制品。⑥谁与：与谁。⑦胡地：指北方少数民族所居之处。玄冰：厚冰。冰厚，色似黑，故称玄冰。⑧惨裂：大的裂痕。⑨萧条：指风吹草木落叶声。⑩胡茄：古代吹奏乐器。汉代流行于塞北和西域一带，是汉魏鼓吹乐中的主要乐器。⑪吟啸：指胡笳声，马嘶声。⑫边声：边塞的各种声音，如风吼、马嘶、战鼓、号角等。⑬之：指边声。⑭嗟乎：叹息声。⑮临年：达到一定年纪。此指老年。戮：杀。⑯无辜（gū）：无罪。⑰鲸鲵（jīng ní）：比喻杀戮。《左传·宣公十二年》："古者明王伐不敬，取其鲸鲵而封之，以为大戮。"封，即用土筑高坟而埋之。⑱负：背，辜负。国恩：国家的恩惠，天子的恩泽。⑲子：古代男子的尊称。受荣：享受荣华。⑳违弃：违背。君亲之恩：指封建社会君臣父子关系。㉑蛮夷：泛指四境少数民族。此蛮夷之域，指匈奴之地。域，邦国。㉒已：矣，叹词。㉓先君：旧时自称去世的父亲。嗣：子孙。㉔戎狄：指匈奴。戎，我国古代少数民族泛称之一，曾分布在不同的方位，把戎同西方联在一起的称西戎。狄，我国古代民族名，因主要居于北方，故称北狄。战国后期西戎与北狄融合为匈奴。㉕蒙：受，被。明察：观察真确，不受蒙骗。㉖孤负：辜负。区区：诚挚。忘生：不想活。㉗刺心：指自杀。自明：指自己说明自己的气节。㉘刎颈（wěng jǐng）：自己割断脖子。㉙顾：回想。㉚适：恰好。羞：耻辱。㉛攘（rǎng）臂：捋袖伸臂，表示愤怒。㉜辄（zhé）就：复汉。㉝异方之乐：指胡乐。㉞忉怛（dāo dá）：心里悲伤。㉟前书：上次来信。仓卒：仓促。㊱所怀：心中所想，即想法。㊲略而言之：简略地说。

昔先帝授陵步卒五千[①]，出征绝域[②]，五将失道[③]，陵独遇战[④]。而裹万里之粮[⑤]，帅徒步之师[⑥]，出天汉之外[⑦]，入强胡之域[⑧]。以五千之众，对十万之军，策疲乏之兵[⑨]，当新羁之马[⑩]。然犹斩将搴旗[⑪]，追奔逐北[⑫]，灭迹扫尘[⑬]，斩其枭帅[⑭]。使三军之士，视死如归。陵也不才[⑮]，希当大任[⑯]，意谓此时，功难堪矣[⑰]。匈奴既败，举国兴师[⑱]，更练精兵，强逾十万[⑲]。单于临阵，亲自合围[⑳]。客主之形[㉑]，即不相如，步马之势，又甚悬绝[㉒]。疲兵再战[㉓]，一以当千，然犹扶乘创痛[㉔]，决命争首[㉕]，死伤积野，余不满百，而皆扶病[㉖]不任干戈[㉗]。然陵振臂一呼，创病皆起[㉘]，举刃指虏[㉙]，胡马奔走[㉚]；兵尽矢穷[㉛]，人无尺铁，犹复徒首奋呼[㉜]，争为先登[㉝]。当此时也，天地为陵震怒，战士为陵饮血[㉞]。单于谓陵不可复得，便欲引还[㉟]。而贼臣教之[㊱]，遂便复战。故陵不免耳[㊲]。

【注释】

①先帝：指汉武帝。步卒：步兵。②绝域：极远的地方。③五将：《汉书·武帝纪》："天汉二年，将军李广利出酒泉，公孙敖出西河，骑都尉李陵将步卒五千出居延，时无五将，未审陵书之误，而《武纪》略之。"失道：失约，未按约定时间到达指定地点。④独遇战：指友军未至，单独与匈奴兵遭遇而战。⑤裹：包扎。此指携带。万里之粮：指繁重军需。⑥帅：率。⑦天汉：汉王朝的美称。⑧强胡：指匈奴。域：地区。⑨策：驱动。疲乏之兵：步兵长途跋涉，故称疲乏之兵。⑩当：抵挡。羁（jī）：马络头。新羁之马指刚出征的骑兵，与疲乏之兵相对。⑪搴（qiān）旗：拔旗。搴，拔取。⑫奔：逃跑。北：败北。追奔逐北，即追击败北之敌。⑬灭迹扫尘：形容杀敌之快。⑭枭（xiāo）帅：魁首。指匈奴将领。⑮不才：没有才能。自谦之辞。⑯希：希少，引申为不足。⑰堪：胜。⑱举国：全国。兴师：发兵。⑲逾：超过。⑳合围：军事包围。此指指挥军事包围。㉑客主：指敌我双方。客，指李陵军。主，指匈奴军。㉒悬绝：极悬殊。㉓再战：第二次交战。㉔扶乘：扶战车。创痛：重伤。㉕决命：拼命。《汉书》："陵与单于连战，士卒矢伤，三创者载辇，两创者将车，一创者持兵。"争首：争先。㉖扶病：带病免强行动。㉗不任：不能胜任。干戈：兵器。㉘创病：伤者病者。㉙虏：指匈奴。㉚胡马：指匈奴骑兵。奔走：逃跑。㉛兵：兵器。矢：箭头。兵矢，泛指兵器。㉜徒首：光着头，没有盔甲。㉝先登：争抢前冲。㉞饮血：喝血，此形容极度悲愤。

血，血泪。㉟引还：带兵撤退。㊱贼臣：指管敢。《李陵传》："军候管敢为军旅候，被校尉笞之五十，乃亡入匈奴。于时匈奴与陵战，至塞，恐汉有伏兵，欲引还。敢曰：'汉无伏兵。'匈奴因大进新兵。陵战兰干山，汉军败，弓矢并尽，陵于是遂降。"㊲不免：未得幸免。

昔高皇帝以三十万众，困于平城，当此之时，猛将如云①，谋臣如雨，然犹七日不食，仅乃得免。况当陵者，岂易为力哉②？而执事者云云③，苟怨陵以不死④。然陵不死，罪也；子卿视陵，岂偷生之士，而惜死之人哉⑤？宁有背君亲，捐妻子，而反为利者乎⑥？然陵不死，有所为也，故欲如前书之言，报恩于国主耳⑦。诚以虚死不如立节⑧，灭名不如报德也⑨。昔范蠡不殉会稽之耻⑩，曹沫不死三败之辱⑪，卒复勾践之仇，报鲁国之羞。区区之心，切慕此耳⑫。何图志未立而怨已成⑬，计未从而骨肉受刑⑭，此陵所以仰天椎心而泣血也⑮！

【注释】

①高皇帝：指汉高祖刘邦。平城：汉置平城县，故城在今山西大同东。如云、如雨：极形容其多。②当陵者：指匈奴围陵之兵。为力：致力。③执事者：指朝廷执政之人。④苟：草率，随便。⑤惜死：怕死。⑥宁有：岂有。背：背离。捐：舍弃。⑦前书：指李陵给苏武的前一封信。⑧虚死：白死，死得无价值。立节：树立名节。⑨灭名：使名声泯灭。报德：报答别人的恩德。此指报答皇恩。⑩范蠡（lí）：字少伯，春秋时越国大夫。殉（xùn）：为正义而献出生命。会稽（jī）：山名，位于今浙江绍兴县东南二十里。吴越为世仇。句践乃越王允常之子。允常曾与吴王阖庐互相攻伐，为阖庐所败。允常死，吴乘越发丧再度伐越，为勾践所败，阖庐受伤而死。三年后，阖庐之子夫差，报父仇，兴兵大败越军，攻入越国，勾践率五千残兵退守会稽。接受大夫文种建议，派文种至吴屈辱求和。提出"愿以金玉、子女赂君之辱。请勾践女女于王，大夫女女于大夫，士女女于士；越国之宝器毕从；寡君帅越国之众以从君之师徒。唯君左右之。"夫差听太宰嚭之谏而赦越。越王勾践卧薪尝胆，招贤纳谏，终于强大起来，灭掉吴国。"会稽之耻"，"复践之仇"即指此。⑪曹沫：即曹刿。春秋时鲁国武士。三败：三次败北。《史记》："曹沫者，鲁人，以勇力事鲁庄公。为鲁将与齐战，三战三北。庄公惧，乃献遂邑之地以和，犹复以为将。齐桓公许与鲁会于柯。桓公与庄公既盟于坛上，曹沫执匕首劫齐桓公。桓公问曰：子将何欲？曹沫曰：齐强鲁弱，而大国侵鲁亦已甚矣。今鲁城坏压境，君其图之，桓公乃许尽还鲁之侵地。""三败之辱、报鲁国之羞"即指此。⑫切慕：深深地羡慕。⑬何图：那想。志：报国之志。指"驱丑虏，翻然南驰。"⑭计：计谋。指以屈求伸。骨肉：骨肉至亲，指母亲、妻、子。受刑：受到刑罚，指处死。《汉书》："公孙敖捕得生口，言陵教单于为兵以备汉，于是陵家母弟妻子皆伏诛。"⑮仰天椎（zhuī）心：形容悲愤到极点。椎，捶击。泣血：谓因亲丧而哀伤之极。

足下又云：汉与功臣不薄。子为汉臣，安得不云尔乎①？昔萧樊囚絷②，韩彭俎醢③，晁错受戮④，周魏见辜⑤，其余佐命立功之士⑥，贾谊亚夫之徒⑦，皆信命世之才⑧，抱将相之具⑨，而受小人之谗，并受祸败之辱⑩，卒使怀才受谤⑪，能不得展⑫。彼二子之遐举⑬，谁不为之痛心哉！陵先将军⑭，功略盖天地⑮，义勇冠三军⑯，徒失贵臣之意⑰，到身绝域之表⑱。此功臣义士所以负戟而长叹者也！何谓不薄哉？

【注释】

①安得：怎能。云尔：如此说。②萧：萧何，汉初大臣，位至相国。樊：樊哙（fán kuài）：汉初将领。

囚縶（zhí）：囚拘，关押。《史记》："萧何为民请曰：长安地狭，上林中多空弃地，愿令民得入田，收藁为兽食。上大怒曰：相国多受贾人财物，乃请吾苑。遂下廷尉械击之。"又曰："高祖病，有人恶樊哙党吕氏，即曰：上一日宫车晏驾，则哙欲以兵尽诛戚氏、赵王如意之属。高祖大怒，乃使陈平载绛侯代将，而即军中斩哙。陈平畏吕氏，执哙诣长安。""萧樊囚縶"即指此。③韩：韩信。汉初诸侯王。原属项羽，后归刘邦，被任为大将。彭：彭越。汉初诸侯王。汉朝建立，封彭为梁王，成为地方割据势力。菹醢（zū hǎi）：把人剁成肉酱。《史记》："陈稀反，韩信在长安欲应之。事觉，吕后使武士缚信，斩于长安钟室。""彭越反，高祖赦之，迁处蜀道，著青衣，行至郑，逢吕后从长安来，越泣曰：愿处故昌邑。后许诺。既至，白上曰：彭越壮士也，今徙蜀，自遗患，不如诛之。令其舍人告越反，遂夷三族。""韩彭菹醢"指此。④晁（cháo）错：西汉政论家。文帝时任太常掌故，景帝即位任御史大夫。坚持"重本抑末"政策，并建议景帝削弱王侯势力，加强中央集权，遭到诸王侯的反对与仇根，吴、楚、赵等七国以清君侧为名造反，要求杀掉晁错。其政敌袁盎、窦婴等乘机报复，进言杀晁错以平息叛乱，于是晁错被斩于东市。"晁错受戮"指此。⑤周：指周勃，汉初大臣。秦末从刘邦起义，以军功为将军，封绛侯。惠帝时任太尉，文帝时任右丞相。魏：指魏其侯窦婴，西汉大臣，窦太后之侄。见辜：被治罪。《汉书》："周勃为丞相十余月，上乃免丞相就国。岁余，每河东尉守行县至绛，绛侯勃自畏恐诛，常被甲，令家人持兵以自卫。其后，人有上书告勃欲反，下廷尉捕治之。""窦婴，景帝时，吴楚反，拜婴为大将军。七国破，封婴为魏其侯。坐灌夫骂丞相田铻，不敬，遂论婴弃市。""周魏见辜"指此。⑥佐命：古代帝王建立王朝，自称承天受命，故称辅佐之臣为佐命。⑦贾谊：西汉文学家、政治家。才华横溢，时称"贾生"。初受李斯学生吴公的赏识与推荐，被文帝召为博士，不久迁为太中大夫。但遭到包括周勃、灌婴在内的元老和新贵的嫉妒，诬之为"专欲擅权"，"纷乱诸事"，于是文帝不让他再参与朝政，贬为长沙王太傅。后虽被召回，但文帝见他"不问苍生问鬼神"，仍无意要他参政。终于抑郁而死，年仅三十三岁。亚夫：指周亚夫，周勃之子，西汉名将，严于治军。景帝时任太尉，平定吴楚七国之乱，迁为丞相。《汉书》："周亚夫谏上不用，因谢病免相。亚夫子为父买官尚方甲楯五百，被召诣廷尉，责问曰：君侯欲反乎？亚夫曰：所买乃葬器也，何谓反乎？吏侵之，益怒，遂入廷尉，不食五日，欧血而死。"⑧信：的确，确实。命世：名世，即闻名于世。⑨抱：怀有。具：才具，才干。⑩谗：进谗言，说坏话。祸败：灾祸与失败。⑪卒：终。谤：毁谤。⑫能：才能。展：施展。⑬二子：指贾谊、周亚夫。遐举：指功业。⑭先将军：指李广。⑮功略：功绩谋略。盖天地：天地之上。⑯义勇：正义勇敢。冠：在……之上。用如动词。⑰贵臣：指卫青。⑱刭（jǐng）身：自杀。刭，以刀割颈。表：外。《汉书》载：元狩四年，大将军霍去病击匈奴，欲捉单于，李广为前将军。卫青知单于所居，便自将部下精兵，而令李广远出东道。李广不悦云：臣结发而与匈奴战，愿打前锋，卫青不听，广意色愠怒，引兵出东道，因迷途而落后于大将军。大将军欲报告天子问罪。广谓其部下曰：结发与匈奴大小十余战，今有幸随大将军与单于交兵，而大将军却令吾率部绕道远行，又迷途，岂非天意！且广年六十余，终不复对刀笔之吏。于是引刀自刭。"徒失"二句，即指此。

且足下昔以单车之使①，适万乘之虏②，遭时不遇③，至于伏剑不顾④，流离辛苦⑤，几死朔北之野⑥。丁年奉使⑦，皓首而归。老母终堂⑧，生妻去帷⑨。此天下所希闻⑩，古今所未有也。蛮貊之人⑪，尚犹嘉子之节⑫，况为天下之主乎？陵谓足下，当享茅土之荐⑬受千乘之赏⑭。闻子之归，赐不过二百万，位不过典属国⑮，无尺土之封⑯，加子之勤⑰。而妨功害能之臣⑱，尽为万户侯，亲戚贪佞之类⑲，悉为廊庙宰⑳。子尚如此，陵复何望哉？且汉厚诛陵以不死㉑，薄赏子以守节㉒，欲使远听之臣㉓，望风驰命㉔，此实难矣。所以每顾而不悔者也。陵虽孤恩㉕，汉亦负德㉖。昔人有言：'虽忠不烈，视死如归㉗。'陵诚能安，而主岂复能眷眷乎㉘？男儿生以不成名，死则葬蛮夷中，谁复能屈身稽颡㉙，还向北阙㉚，使刀笔之吏㉛，弄其文墨邪㉜？愿足下勿复望陵[33]！

【注释】

①单车：谓人少，与“万乘”相对。使：使臣。②适：去到。万乘：言甲兵之多。虏：对敌方的蔑称，此指匈奴。③遭：遇。时不遇：不佳的时运。④伏剑：指自杀。不顾：义无返顾，言坚决。⑤流离：流落。⑥几：几乎。朔北：北方。朔，北方。此指匈奴境内。《汉书》：“汉遣苏武以中郎将持节送匈奴使留在汉者。匈奴方欲使送武，会匈奴缑王、长水虞常反匈奴中，常以告武副使张胜，胜许以货物与常。一人夜告之，缑王等死，虞常生得。匈奴使卫律治其事。张胜以告武，武曰：事如此，必及我。卫律召武受辞，武谓惠等：屈节辱身，虽生，何面目以归汉？引佩刀以自刺。卫律惊，自抱持武。武气绝半日复息。乃徙武北海上无人处。⑦丁年：壮年。奉使：奉命出使。⑧终堂：寿终正寝。⑨生妻：年轻的妻子。去帷：指改嫁。⑩希：同稀。⑪蛮貊（mò）：指匈奴。貊，古代北方少数民族名。⑫尚犹：尚且还。嘉：赞许。⑬茅土：古代皇帝社祭之坛用五色土建成：东方青土，南方赤土，西方白土，北方黑土，中央黄土。分封诸侯时，把五种颜色的土用茅草包好，授给被封之人，以作为分得土地的象征。后称封诸侯为授茅土。享茅土即封诸侯。荐：举荐。⑭千乘（shèng）：古代一车四马为一乘，诸侯大国地方百里，出车千乘，称千乘之国。⑮典属国：掌管与少数民族交往事务的官。⑯尺土之封：指封侯。⑰加子：封建时代，官吏功勋大子孙也可以承袭一定的特权。所谓封妻荫子。勤：功劳。⑱妨功害能：损害功臣，谗害贤能的人。妨，损害。⑲亲戚：指皇亲国戚。贪佞：贪婪巧言谄媚之人。⑳悉：皆。庙宰：朝官。㉑厚诛陵：指杀戮陵之老母。以不死：因陵不为气节而死。厚诛陵以不死，为因果句。㉒薄赏：指赐不过二百万，位不过典属国。㉓远听之臣：李陵自指。㉔望风：自远瞻望其人。驰命：火速从命。指归汉。㉕孤恩：辜负皇恩。㉖负德：违背道德。㉗虽忠不烈，视死如归：张铣注：“昔人虽有忠心不能烈勇者，尚能感节义视死如归。”㉘眷眷：深深怀念。㉙稽颡（sǎng）：古时一种跪拜礼。㉚北阙：古代宫殿北面的门楼，为臣子等候朝见或上书之处。旧用为朝廷的别称。㉛刀笔吏：管狱讼的官吏。这种人笔利如刀，能杀伤人，故称刀笔吏。㉜弄文墨：舞文弄墨。此指玩弄文字技巧以害人。㉝勿复：不要再。望陵：指希望李陵归汉。

嗟乎子卿！夫复何言！相去万里，人绝路殊[1]。生为别世之人，死为异域之鬼，长与足下生死辞矣[2]！幸谢故人[3]，勉事圣君[4]。足下胤子无恙，勿以为念，努力自爱[5]。时因北风，复惠德音。李陵顿首。

【注释】

①人绝：人往来断绝。路殊：路不通。②长：长久。生死辞：生死相别，即永别。③故人：李善注：“故人谓任立政、大将军霍光、上官桀等。”④勉：努力。圣君：圣明之国君，指汉皇。胤（yìn）子：儿子。胤，后代。此指苏武之子。⑤自爱：自己爱护自己。即自己保重。

【译文】

子卿足下：您回国后努力发扬美德，在太平盛世做官，官运亨通，幸运得很，幸运得很！寄身遥远的异国他乡，这是前人最悲伤的事。怀乡远眺，思念亲朋，怎能不生依恋之情？您不忘旧交，老远地给我回信，劝慰我、教诲我，是那样的殷勤、恳切，超过骨肉亲情。即使我再愚笨，对此怎能不感动吗？

自从当初投降到今日，我总是穷困潦倒，时时独坐愁苦。终日看不到一点儿故国景象，只见到异国的风物人情。我只能以皮衣、毡帐遮风避雨，用羊肉和牲畜的乳汁来充饥解渴。即使

想举目谈笑，又与谁共乐呢？塞外的冬天，厚厚的冰雪，土地冻裂，只能听见朔风那凄厉悲凉的声音。到了深秋九月，塞外草木凋零，我总是夜不能寐，侧耳远听：胡笳声声，此起彼伏，成群的牧马发出悲凉的叫声，胡笳声、马叫声交织成一片，响彻四面八方。清晨坐听这悲凉的声音，我不禁潸然泪下。嗨咳，子卿！我该是何等心肠能不伤悲呢！

与您分别之后，我更加无聊。念及老母临老之年还遭杀戮，妻子儿女无罪，同时被诛。我辜负了汉朝的恩德，成为世人心目中可悲的人物。您回到汉朝享受荣华富贵，我留在匈奴蒙受耻辱，这是怎样的命运啊！我出身在礼义之邦，而进入这愚昧无知的地方，背弃了国君、亲人的恩德，长时间生活在蛮夷之地，已悲伤极了！又让先父的嗣子变成匈奴的族人，自己就更加悲伤了！我功大罪小，却不为皇上所明察，辜负了我的一片拳拳之心。每当我想到这里，便萌发出轻生的念头。其实，我剖腹来表白心迹，刎颈自杀以表明志向，这并非难事。然而国家对我已经恩断义绝，我自杀也无益，恰恰会增加羞辱。因此，我往往因忍受屈辱而捋袖奋臂感到愤慨时，马上又恢复平静而苟活下来。周围的人看见我这样，就用那不堪听取的异国之乐劝慰我。而异国之乐只能令人悲伤，增加我更多的痛苦而已。

嗨咳，子卿！人的相互了解，贵在彼此知心。上一封信写得匆忙，未能把心里的话说完，所以再简略地说一说。

从前，先帝给我五千步兵，征讨遥远的匈奴之地。有五位将领贻误战机，只有我独自率军与匈奴作战。而我携带着远征万里的大量粮饷，率领步兵，远离汉朝的疆域之外，进入强大的匈奴境内。以五千兵卒，对付匈奴的十万大军；驱策疲乏的步兵，抵当精力旺盛的骑兵。在这种情况下，还能斩将夺旗，追杀败逃之敌；并且像清除痕迹，打扫灰尘一样，斩杀敌军的勇将，使全军将士都能视死如归。我虽然没有才干，但希望能担当重任。我认为此时功大，别人是难以比拟的。匈奴已遭失败，便全国发兵，重新训练精兵，使强敌超过了十万，并且单于亲临战场，指挥合围。这时敌我双方所处形势已经不能相比了，而我方步兵与匈奴的骑兵力量对比又很悬殊。疲惫不堪的士兵再次交战，一个人要抵当上千人。但是他们还是扶着战车、忍着伤痛战斗，一个个拼命争先。死伤遍野，剩下的还不满一百人，并且都是带病在身，连武器也拿不动。但是当我振臂一呼，伤的病的士兵全都站了起来，挥刀杀向敌人，匈奴的骑兵纷纷奔逃。后来，兵器用完了，箭射光了，战士手无寸铁。但是，他们还是在没有一点儿披挂的情况下奋力呐喊，争先恐后地冲向敌人。在这个时候，天地为我震怒，战士为我泣血，单于也认为我李陵不可能被捉住，便打算带兵撤退。可是，投奔匈奴的贼臣却向单于出谋献策，于是单于便传令继续作战。所以，我败降匈奴也就再所难免了。

从前汉高祖率领三十万大军尚被围困在平城。当时猛将如云，谋士如雨，可是还七天吃不上东西，后来也只仅仅免强脱身，何况是我李陵呢！难道就我这点力量是容易对付匈奴的吗？汉朝的执政官员对我议论纷纷，随便责怪我不为守节而死。但是，我不死节虽然有罪，您看我又岂是苟且偷生贪生怕死之人吗？难道有背离国君、父母，抛掉妻子、儿女，反而为自己去追求名利的人吗？我之所以不死，是想有所作为的啊！所以，我内心的想法正如上封信中所说，是等待时机向国君报恩的啊！我确实认为，无价值地死去倒不如树立名节，死去灭名不如报答国君的恩德。从前范蠡不为会稽之耻而自杀，曹沫不为三次失败而寻死，最后，范蠡终于报了越王勾践之仇，曹沫也终于雪了鲁国三败之耻。我的拳拳之心，深切地羡慕他们这样的人啊！何曾料到壮志未酬而怨恨已成，事未成而骨肉已遭诛戮。这就是我之所以仰天捶胸极其悲伤的原因。

足下又说："汉朝对待功臣不薄。"您作为汉朝的臣子，怎能不这样说呢！过去萧何、樊哙被关押，韩信、彭越遭杀戮，晁错被斩于东市，周勃、窦婴被治罪；其余辅佐国君建有功勋的大臣，贾谊、亚夫之辈，都的确是著名于当世的人才，有着将相的才能，但却受到小人的谗言，皆遭受祸败的耻辱。结果使怀才的人遭受诽谤，能力得不到施展。贾谊、亚夫二人的死，谁不为之痛心呢！我的先祖父李广文韬武略盖天地，忠义骁勇冠三军，只因为失去权贵的欢心，而自刎于边塞之外。这就是功臣义士之所以负戟长叹的原因，怎能说是"不薄"呢！

且足下过去以使臣的身分，单车直入有万乘兵车的匈奴，赶上不好的时机，甚至于拔剑自杀而不顾惜性命；后来又颠沛流离，历尽艰辛，几乎死在塞北的荒野上。壮年奉命出使，直到满头白发才回国，老母寿终正寝，年轻妻子离家改嫁。这样的遭遇真是天下奇闻，古往今来所没有的。匈奴人尚且还嘉许您的气节，何况是作为天下之主的汉朝皇帝呢？我以为您足应当封侯的，获得千乘的赏赐。但听说您回国之后，受到赏赐不过二百万钱，官位不过典属国，没有尺土封地，没有封妻荫子之赏。而那些迫害功臣谗害贤能的小人，却都成了万户侯；皇亲国戚贪婪谄媚之徒，个个都是朝廷重臣。您尚且如此，我又有何希望呢！

而且，汉朝因为我不能死节而大肆诛杀我全家，因为您能够坚守节操而给予微薄的赏赐，想让远在外面的臣子听到这样的消息后，马上归来为汉朝奔走效力，这实在太难了。这正是我之所以时时念及汉朝而又不后悔留在匈奴的原因。我李陵虽然辜负了汉朝的恩德，而汉朝对我也是背恩弃德的。从前有人说过这样的话："忠于国君的人，即使不很刚烈，也能视死如归。"我如果真的为了汉朝安于献身，但是皇上又岂能眷眷念及我的功德呢？大丈夫活着不能保持名节，死后就葬身在蛮夷之地算了。哪一个还能再回到汉朝，屈身扣头向皇上请罪，让那些舞文弄墨的官吏去罗织罪名呢？愿您再不要对我抱什么希望了。

嗨咳，子卿！我还有什么好说的呢！相隔万里，往来断绝，各自所走的道路不同。我活着为另一个世界上的人，死后为异国的鬼，永远同您生离死别了啊！希望您代我向各位老朋友致意，望他们努力侍奉圣明的君主。您的嗣子安然无恙，不要挂念。愿您多多保重！敬请常借北来之风，再赐佳音。李陵叩首。

报任少卿书

司马子长

太史公牛马走[①]，司马迁再拜言，少卿足下[②]：曩者辱赐书[③]，教以顺于接物，推贤进士为务[④]。意气勤勤恳恳[⑤]，若望仆不相师[⑥]，而用流俗人之言[⑦]，仆非敢如此也。仆虽罢驽[⑧]，亦尝侧闻长者之遗风矣[⑨]顾自以为身残处秽[⑩]，动而见尤[⑪]，欲益反损[⑫]，是以独郁悒而与谁语[⑬]。谚曰："谁为为之？孰令听之[⑭]？"盖钟子期死，伯牙终身不复鼓琴。何则？士为知己者用，女为说己者容[⑮]。若仆大质已亏缺矣[⑯]，虽才怀随和[⑰]，行若由夷[⑱]，终不可以为荣，适足以见笑而自点耳[⑲]。书辞宜答[⑳]，会东从上来，又迫贱事[㉑]，相见日浅[㉒]，卒卒无须臾之间[㉓]，得竭至意。今少卿抱不测之罪[㉔]，涉旬月[㉕]，迫季冬[㉖]；仆又薄从上上雍[㉗]，恐卒然不可为讳[㉘]，是仆终已不得舒愤懑以晓左右[㉙]，

则长逝者魂魄私恨无穷[30]。请略陈固陋[31]，阙然久不报[32]，幸勿为过[33]。

【注释】

①太史公：汉代史官太史令的通称。牛马走：像牛马一样被驱使的仆人。走，犹仆。司马迁自谦之辞。②少卿：任安，字少卿，汉武帝时期人。足下：称呼对方的敬辞。古时下称上或同辈相称都用“足下”。③曩（nǎng）：从前。赐书：恩赐书信。客套话。④推贤进士：即推举贤才。⑤意气：态度语气。⑥望：怨。仆：司马迁谦称。⑦流俗：世俗。⑧罢驽（nú）：疲弱的劣马。比喻才能低劣。罢，通疲。驽，劣马。⑨侧闻：在旁闻知，表示曾有所闻的谦辞。侧，旁边。⑩顾：只是。身残：指遭腐刑。处秽：背负恶名。宫余之人为世所贱，“诟莫大于宫刑”，因此称“处秽”。⑪见：被。尤：过错。⑫欲益反损：想要做有益的事，反而招来损害。⑬郁悒（yì）：不通。心情郁结。⑭谁为：为谁。孰令：令孰。孰，谁。⑮说：同悦。喜欢。容：修饰打扮。⑯大质：身体。亏缺：指受腐刑。⑰随和：指随侯珠与和氏璧，皆为战国时价值连城的珍宝。⑱由夷：许由和伯夷。都是古代品德高尚的人。⑲适：恰恰。点：玷污。点，通玷。⑳书辞：此指任少卿的来信。㉑迫：急迫。贱事：琐事。㉒浅：近，指时间少。㉓卒卒（cù）：匆促。卒，通猝。间：同闲。空闲的时间。㉔不测：没有办法预测，谓生死不可知。㉕涉旬月：过十天一个月。㉖迫：近，靠近。冬季：十二月。㉗薄：迫近。㉘卒然：极短的时间。讳：忌讳之言，此指死。㉙愤懑（mèn）：抑郁不平的情绪。左右：指任安。不直指其名，而称其左右，谦词。㉚魂魄：指在天之灵。㉛固陋：褊狭浅陋之见。谦辞。㉜阙然：指隔很久。报：答复。㉝幸：希冀。为过：见责。

仆闻之：修身者，智之符也[1]；爱施者，仁之端也[2]；取与者，义之表也[3]；耻辱者，勇之决也[4]；立名者，行之极也[5]。士有此五者，然后可以托于世，而列于君子之林矣。故祸莫侘于欲利[6]，悲莫痛于伤心，行莫丑于辱先，诟莫大于宫刑[7]。刑余之人，无所比数[8]，非一世也，所从来远矣。昔卫灵公与雍渠同载，孔子适陈[9]；商鞅因景监见，赵良寒心[10]；同子参乘，袁丝变色[11]。自古而耻之。夫以中才之人[12]，事有关于宦竖，莫不伤气[13]，而况于慷慨之士乎[14]！如今朝廷虽乏人，奈何令刀锯之余[15]，荐天下豪俊哉！

【注释】

①符：信，此为凭证。②端：开始。③取与：索取和给予。表：标记。④“耻辱者”句：如何对待耻辱，是判断一个人是否勇敢的标准。⑤立名：树立名誉。《史记·伯夷传》载：“闾巷之人，欲砥行立名者，非附青云之士，恶能施于后世哉？”⑥侘（cǎn）：同惨。欲利：欲望和名利。⑦诟（gòu）：耻辱。⑧刑余之人：刑后余生者，此指宦者。比数：放在一起计算。⑨卫灵公：卫国的国君。前534—493年在位。⑩商鞅：政治家，曾协助秦孝公变法。景监：秦孝公宠幸的太监。赵良：孝公时的贤士。⑪同子：指汉文帝宦官赵谈，因与迁父同名，因此避父讳而改称“同子”。袁丝：袁盎，字丝，汉文帝时人。官至太常，以敢直谏闻名朝野，后被梁王派人刺死。《史记·袁盎列传》载，盎任中郎时，见赵谈陪乘，伏文帝车前阻谏说：“我听说天子只能与天下英雄豪杰同车，圣朝现在虽缺人才，陛下也不能同宦者同车！”⑫中才：中才之人，指一般人。⑬宦竖：宦官。竖，小臣。伤气：挫伤志气。⑭慷慨：指气节高尚。⑮刀锯之余：受过刑的人，此指宦者。

仆赖先人绪业[1]，得待罪辇毂下[2]，二十余年矣。所以自惟[3]，上之不能纳忠效信，有奇策才力之誉，自结明主；次之又不能拾遗补阙[4]，招贤进能，显岩穴之士[5]；

外之又不能备行伍，攻城野战，有斩将搴旗之功[⑥]；下之不能积日累劳，取尊官厚禄[⑦]，以为宗族交游光宠[⑧]。四者无一遂，苟合取容[⑨]，无所短长之效[⑩]，可见如此矣。向者，仆常厕下大夫之列[⑪]，陪外廷末议[⑫]，不以此时引维纲[⑬]，尽思虑[⑭]，今以亏形，为扫除之隶[⑮]，在阘茸之中[⑯]，乃欲仰首伸眉[⑰]，论列是非，不亦轻朝廷羞当世之士邪[⑱]？嗟呼！嗟呼！如仆尚何言哉！尚何言哉！

【注释】

①先人：指迁父谈。绪业：前人未竟的事业。②待罪：作官的谦词。辇毂（niǎn gǔ）：皇帝的车驾。辇毂下，京城的代称。③自惟：自思。④拾遗补阙：指讽谏。此指举荐被漏下的人才。⑤显：与隐相对，指出仕。岩穴之士：隐士。⑥备：充任。行伍：古时军队编制，五人为伍，二十五人为行，故以行伍泛指军队。搴（qiān）旗：作战时勇敢地拔掉敌人的旗，插上己方的旗。⑦尊官：指高官。⑧宗族：家族。交游：指朋友。光宠：争光取宠。⑨苟合：苟且迎合。取容：得到容纳。指保留现在的官职。⑩短长：偏义复词，即无所建树。⑪厕（cè）：间杂。谦词。下大夫：周朝太史属下大夫。谦词。⑫外廷：外朝。汉代时分外朝官与内朝官，太史令属外朝官。末议：微末的意见。谦词。⑬维纲：国家的法律。⑭思虑：思考，此处指智谋。⑮以：同已。亏形：此指受宫刑。扫除之隶：地位低下的人。⑯阘茸（tà rǒng）：卑贱。此处指卑贱之人。⑰伸眉：形容得意。⑱当世：指权贵。

且事本末未易明也[①]。仆少负不羁之行，长无乡曲之誉，主上幸以先人之故，使得奏薄伎[②]，出入周卫之中[③]。仆以为戴盆何以望天[④]？故绝宾客之知，亡室家之业[⑤]，日夜思竭其不肖之才力[⑥]，务一心营职[⑦]，以求亲媚于主上[⑧]。而事乃有大谬不然者夫[⑨]。

【注释】

①本末：原委。②薄伎：小技。伎，同技。③周卫：宫禁之中。皇帝周围有许多护卫和侍从人员，因称。④戴盆望天：此处指忙于职内事物，无暇顾他。⑤室家：家庭。此指家中的事。⑥不肖："生子不象父母曰不肖"。此为谦词。肖，似。此处指德才俱差。⑦务：勉力从事。营职：做本职内的事。⑧亲媚：亲爱。⑨大谬不然：大错特错，不像想象的那样。

仆与李陵[①]，俱居门下[②]，素非能相善也。趣舍异路[③]，未尝衔杯酒[④]，接殷勤之余欢。然仆观其为人，自守奇士，事亲孝，与士信[⑤]，临财廉[⑥]，取与义[⑦]。分别有让[⑧]，恭俭下人[⑨]，常思奋不顾身，以殉国家之急[⑩]。其素所蓄积也，仆以为有国士之风[⑪]。夫人臣出万死不顾一生之计，赴公家之难[⑫]，斯以奇矣。今举事一不当[⑬]，而全躯保妻子之臣[⑭]，随而媒孽其短[⑮]，仆诚私心痛之。且李陵提步卒不满五千[⑯]，深践戎马之地，足历王庭[⑰]，垂饵虎口[⑱]，横挑强胡，仰亿万之师[⑲]，与单于连战十有余日[⑳]，所杀过当[㉑]。虏救死扶伤不给[㉒]，旃裘之君长咸震怖[㉓]，乃悉徵其左右贤王[㉔]，举引弓之人[㉕]，一国共攻而围之；转斗千里，矢尽道穷，救兵不至，士卒死伤如积[㉖]，然陵一呼劳军[㉗]，士无不起，躬自流涕[㉘]，沬血饮泣[㉙]，更张空拳，冒白刃，北向争死敌者[㉚]。陵未没时，使有来报，汉公卿王侯[㉛]，皆奉觞上寿[㉜]。后数日，陵败书闻[㉝]，主上为之食不甘味，听朝不怡[㉞]。大臣忧惧，不知所出[㉟]。仆窃不自料其卑贱[㊱]，见主上惨怆怛

悼[37]，诚欲效其款款之愚[38]，以为李陵素与士大夫绝甘分少[39]，能得人死力，虽古之名将，不能过也。身虽陷败[40]，彼观其意，且欲得其当而报于汉[41]。事已无可奈何，其所摧败[42]，功亦足以暴于天下矣。仆怀欲陈之，而未有路，适会召问，即以此指推言陵之功[43]，欲以广主上之意，塞睚眦之辞[44]。未能尽明，明主不晓，以为仆沮贰师[45]，而为李陵游说[46]，遂下于理[47]。拳拳之忠，终不能自列。因为诬上，卒从吏议[48]。家贫，货赂不足以自赎[49]；交游莫救[50]，左右亲近[51]，不为一言。身非木石[52]，独与法吏为伍，深幽囹圄之中，谁可告诉者？此真少卿所亲见，仆行事岂不然乎[53]？李陵既生降，坠其家声；而仆又佴之蚕室[54]，重为天下观笑[55]。悲夫！悲夫！事未易一二为俗人言也[56]。

【注释】

①李陵：汉朝名将李广的孙子。②俱居门下：李陵曾为侍中，司马迁任太史令，均为可以出入宫门的官，故云“俱居门下”。③趣舍：行止。此喻志向。④衔：含，饮。⑤与士：同士人交往。⑥临财：在财物面前。⑦取与：索取与付出。⑧分别：区分长幼卑尊。让：谦让。⑨下人：甘居人下。⑩徇：舍身以从其事。⑪国士：全国推重的人才。⑫公家之难：国家之难。⑬举事不当：此指李陵降匈奴事。⑭全躯：保全性命。⑮媒孽（niè）：酒孽，用于酿酒发酵。此为膨胀、酿成。⑯提：率领。步卒：步兵。据《汉书·李陵传》：“陵对‘无所事骑，臣愿以少击众，步兵五千人涉单于庭。’上壮而许之。”⑰王庭：单于所居之处，号称王庭。⑱垂饵（ěr）：下钓饵。此处指李陵想诱敌深入。“深践戎马之地，足历王庭”，皆为垂饵之举。⑲仰：指仰攻。当时李陵被匈奴包围在山中，敌人居高因称仰。⑳有：又。㉑过当：极言杀敌之多。㉒不给：供应不上，即顾不得。㉓旃（zhān）裘：匈奴人所穿的衣服，这里指匈奴。㉔左右贤王：左贤王、右贤王。都是匈奴王的号。㉕举：征集。引弓之人：善射者。㉖如积：成堆。㉗劳军：慰劳军队。据《史记·孝文纪》：“帝亲劳军勤兵，申教令。”㉘躬自：自身。㉙沬（huì）血：血流满面。沬，洗脸。㉚死敌：拼死杀敌。㉛公卿王侯：泛指皇帝以下的高官。㉜奉觞（shāng）：恭敬地端起酒杯。上寿：祝寿。这里指祝捷。㉝败书：指李陵失败的奏章。闻：被知道。㉞听朝：皇帝上朝听大臣奏报，称听朝。㉟不知所出：想不出办法。㊱其：自己。㊲惨怆（chuàng）怛（dá）悼：悲哀伤心。㊳款款：忠实恳切的样子。㊴绝甘：甘美的东西不吃。分少：应分的东西少要。㊵败彼：指败于匈奴。彼，指匈奴。㊶当：适当时机。㊷摧败：指挫败匈奴。㊸指：意。推：举。㊹睚眦：怒目而视。㊺沮：毁谤。贰师：指贰将军李广利。㊻游说（shuì）：给人作说客。㊼理：大理，掌刑法的官。下于理，即交法庭审判。㊽吏议：狱吏的判决。㊾货赂：财物。汉律可用钱赎罪。㊿交游：指亲友。[51]左右亲近：指皇上身边的近臣。[52]身：司马迁自指。[53]行事：往事。[54]佴（èr）：次，居留。蚕室：腐刑后所居的地方。刑后怕风寒，须居温暖之密室。室如养蚕之屋，故称“蚕室”。佴，诸本作“茸”。茸，推。推置蚕室之中。[55]观笑：见笑。[56]一、二：罗列之意，犹逐一。

仆之先，非有剖符丹书之功[1]，文史星历[2]，近乎卜祝之间[3]，固主上所戏弄，倡优所畜[4]，流俗之所轻也[5]。假令仆伏法受诛[6]，若九牛亡一毛，与蝼蚁何以异[7]？而世又不与能死节者[8]，特以为智穷罪极[9]，不能自免，卒就死耳。何也？素所自树立使然也[10]。人固有一死，或重于太山，或轻于鸿毛，用之所趋异也[11]。太上不辱先[12]，其次不辱身，其次不辱理色[13]，其次不辱辞令[14]，其次诎体受辱[15]，其次易服受辱[16]，其次关木索被棰楚受辱[17]，其次剔毛发婴金铁受辱[18]，其次毁肌肤断肢体受辱[19]，最下腐刑，极矣[20]。传曰：“刑不上大夫[21]。”此言士节不可不勉励也。猛虎在深山，百兽震恐，及在槛阱之中[22]，摇尾而求食，积威约之渐也[23]。故士有画地为牢，势不可入，削

木为吏，议不可对，定计于鲜也。今交手足[24]，受木索，暴肌肤[25]，受榜箠[26]，幽于圜墙之中[27]。当此之时，见狱吏则头枪地[28]，视徒隶则正惕息[29]，何者？积威约之势也。及以至是言不辱者，所谓强颜耳，曷足贵乎！且西伯，伯也，拘于羑里[30]；李斯，相也，具于五刑[31]；淮阴，王也，受械于陈[32]；彭越张敖，南面称孤，系狱抵罪[33]；绛侯诛诸吕，权倾五伯，囚于请室[34]；魏其，大将也，衣赭衣，关三木[35]；季布为朱家钳奴[36]；灌夫受辱于居室[37]。此人皆身至王侯将相，声闻邻国，及罪至罔加[38]，不能引决自裁，在尘埃之中[39]，古今一体[40]，安在其不辱也[41]？由此言之，勇怯，势也；强弱，形也。审矣！何足怪乎？夫人不能早自裁绳墨之外[42]，以稍陵迟至于鞭箠之间[43]，乃欲引节[44]，斯不亦远乎[45]？古人所以重施刑于大夫者，殆为此也。

【注释】

①剖符：剖开的信符。丹书：即丹书铁券。②文史星历：为太史令掌管的事。星指天文，历指法。③卜：掌管占卜的官。祝：祭祀时司礼的人。④倡优：古时以舞乐戏谑为业的艺人。倡，乐人；优，戏人。畜：养。⑤流俗：世俗。⑥假令：假使。伏法：因犯法而被处死刑。⑦亡：失掉。⑧死节者：为气节而献身的人。⑨特：不过。⑩素所树立使然也：意为平时安身立命的东西使之然，即自己那被人轻贱的职务和工作使之然。⑪趋：方向。⑫太上：最上。⑬理色：泛指脸面。理，肌理。色，脸上的气色。⑭辞令：言词。⑮诎体：使身体受曲。诎，同屈。⑯易服：改换衣服。古时罪犯穿紫红色衣服。⑰木索：枷索。即木枷和绳索。箠（chuí）楚：打犯人的刑具。箠，刑杖。楚，荆条。⑱剔毛发：剃光头，称为髡（kūn）刑。剔，同剃。婴金铁：用铁圈套脖颈，称为钳刑。婴，缠绕。⑲毁肌肤：在犯人脸上刻上字，或叫打金印。断肢体：断足，称为刖刑。⑳腐刑：即宫刑。割掉男子的生殖器。㉑刑不上大夫：刑法不施加给大夫。㉒槛（jiàn）：养兽的笼子。阱（jǐng）：捕兽的陷阱。㉓威约：威力的制约。渐：逐步形成的结果。㉔交手足：手足受绑。㉕暴：同曝。暴肌肤，指剥衣受刑。㉖榜箠：用荆条抽打。榜，击。㉗幽：囚禁。圜（huán）墙：监狱。圜，通环。㉘枪地：头叩地。枪，同抢。㉙惕息：恐惧得不敢出气。㉚西伯：指周文王。伯，方伯，即一方之长。文王曾为西方诸侯之长。羑（yǒu）里：殷纣王囚禁王文的地方。位于今河南汤阴境内。㉛李斯：秦国相。具五刑：最残酷的刑法。五刑，五种刑法的总称，即墨、劓、刵、宫、大辟。㉜淮阴：淮阴侯韩信。械：桎梏。陈：楚地。㉝彭越：刘邦的功臣。张敖：刘邦功臣赵王张耳之子，娶高祖长女鲁元公主。张耳死，敖嗣立赵王。后被人告以谋反而被捕下狱。孤：战国时候王自称之词。系狱：被捕下狱。㉞绛侯：指绛侯周勃，汉初功臣。诸吕：指刘邦妻吕后之亲族吕产、吕禄等。倾：压倒，超过。五伯：五霸。权倾五伯，指周勃拥有立新皇帝的权力。请室：大臣待罪之室。㉟魏其：指汉景帝时大将军窦婴，封魏其侯。赭（zhě）衣：囚服。古代囚服紫红色。三木：头、手、脚上的刑具，即枷、手铐、脚镣。㊱季布：楚人。据《史记·季布列传》载，布初事项羽，数窘刘邦。项羽灭，刘邦以重金悬赏季布，称敢藏匿者罪三族。周氏与季布定计，使布髡钳为奴，卖给鲁地大侠朱家。朱家心知是季布，便去洛阳见汝阴滕公。言：“季布何罪之有，臣各为其主耳。”求其向皇帝请赦。“上乃赦布，召见谢，拜郎中。”㊲灌夫：字仲儒，颍阴人。居室：后改称“保宫”，少府所属的官署名。㊳罔加：法律制裁。罔，同网。㊴自裁：自杀。尘埃之中：指牢狱。㊵一体：一样。㊶安：那里。㊷绳墨：指法律。㊸陵迟：衰颓。㊹引节：殉节。㊺远：指为时已晚。

夫人情莫不贪生恶死[1]，念父母，顾妻子，至激于义理者不然[2]，乃有所不得已也。今仆不幸，早失父母，无兄弟之亲，独身孤立[3]，少卿视仆于妻子何如哉[4]？且勇者不必死节，怯夫慕义，何处不勉焉[5]！仆虽怯懦欲苟活，亦颇识去就之分矣[6]。何至自沈溺缧绁之辱哉[⑦]？且夫臧获婢妾[⑧]，由能引决，况仆之不得已乎[⑨]？所以隐忍苟活，幽于粪土之中而不辞者[⑩]，恨私心有所不尽，鄙陋没世，而文彩不表于后世也[⑪]。

【注释】

①人情：人之常情。②义理：经义名理，此指信念。③孤立：孤独一人于世。④何如：如何。⑤勇者不必死节："言勇烈之人，不必死于名节也，造次自裁耳。"怯夫：懦夫。勉：勉励自己不要受辱，即受辱前自尽。⑥去就：指舍生取义。分（fèn）：名分。⑦沈溺：深陷。缧绁（léi xiè）：捆绑犯人的绳索，囚禁。⑧臧获：古时骂奴婢的贱称。《方言》："海岱之间，骂奴曰臧，骂卑曰获。"⑨引决：自裁，自杀。⑩粪土之中：指监牢。因其污秽故称。辞：离开，指自裁。⑪文彩：文章。指撰著的《史记》。

古者富贵而名摩灭，不可胜记，唯倜傥非常之人称焉[①]。盖文王拘而演《周易》[②]；仲尼厄而作《春秋》[③]；屈原放逐，乃赋《离骚》[④]；左丘失明，厥有《国语》[⑤]；孙子膑脚，《兵法》修列[⑥]；不韦迁蜀，世传《吕览》[⑦]；韩非囚秦，《说难》《孤愤》[⑧]；《诗》三百篇，大鹎圣贤发愤之所为作也[⑨]。此人皆意有郁结[⑩]，不得通其道[⑪]，故述往事，思来者。乃如左丘无目，孙子断足，终不可用，退而论书策，以舒其愤[⑫]，思垂空文以自见[⑬]。

【注释】

①倜傥（tì tǎng）：出类拔萃。②《周易》：即《易经》。儒家重要经典之一。③仲尼：孔丘，字仲尼。厄：困厄。《春秋》：春秋时期鲁国的编年体史书。《史记·孔子世家》载，孔丘周游列国，遭到围攻，绝粮困厄，感慨道："吾道不行矣，吾何以见于后世哉？乃因史记（指鲁国史书）而作《春秋》。"④屈原：名平，字原，又自云名正则，字灵均。战国时楚人，伟大的诗人。约生于前340年，约卒于前278年。他忠于楚国，颇受重用，后遭谗言，被革职流放，作《离骚》。《离骚》：屈原所作抒情长诗。⑤左丘：左丘明。《国语》：是一部国别史，起自西周末，止自春秋各国的历史。⑥孙子：战国时期军事家。传说著兵法八十九篇，今未传。《史记·孙子列传》载，孙膑与庞涓俱学兵法，涓事魏惠王，自以为能不及孙，乃阴使人召孙。孙至，涓恐其贤于己，乃以法断其足。故称孙膑。齐国使者田忌善待孙膑，并推荐给齐威王。威王学兵法于膑。后来魏攻赵，赵求救于齐，威王欲遣膑为将，膑曰：刑余之人不可，荐由忌为将，他为军师，运筹帷幄大破魏军。膑（bìn）：古代酷刑之一，即剔掉膝盖骨。修列：编成。⑦不韦：吕布韦。战国末期的巨商。《史记·吕布韦列传》载，秦庄襄王即位三年薨，立太子政为王，即后来的秦始皇。政尊不韦为相国，号仲父。始皇十年因罪罢官，后又奉命蜀，途中饮鸩而死。《吕览》：又名《吕氏春秋》。吕布韦为相时命门客们所作。⑧韩非：战国时韩国公子。作有《韩非子》。《史记·韩非列传》载，韩弱，非数以书谏韩王，然韩王不用，于是作《说难》、《孤愤》等十余万言。秦王见《孤愤》、《王蠹》之书，曰："寡人得见此人与游，死无恨矣。"李斯告知此书乃韩非所作，秦发兵攻韩，韩王派非使秦。斯进谗言，秦王听信，将非下狱治罪。斯遣人送药逼其自杀。⑨诗三百篇：《诗经》三百零五篇，也称《诗》三百。大鹎（zhǐ）：大致。⑩郁结：思虑烦冤不得舒展。⑪道：指信仰，理想。⑫策：古代书简名。⑬垂：流传下去。

仆窃不逊[①]，近自托于无能之辞，网罗天下放失旧闻[②]，略考其行事[③]，综其终始[④]，稽其成败兴坏之纪[⑤]，上计轩辕，下至于兹[⑥]，为十表[⑦]，本纪十二[⑧]，书八章[⑨]，世家三十[⑩]，列传七十[⑪]，凡百三十篇，亦欲以究天人之际[⑫]，通古今之变，成一家之言。草创未就[⑬]，会遭此祸[⑭]，惜其不成，已就极刑而无愠色[⑮]。仆诚以著此书藏诸名山，传之其人[16]，通邑大都[17]，则仆偿前辱之责，虽万被戮[18]，岂有悔哉？然此可为智者道，难为俗人言也。

【注释】

①窃：私下。表示个人意见之谦词。逊：恭顺。②近：指近些时间，即开始撰写《史记》的时间。无能：吕延济注："无能，犹不才也。"无能之辞，拙劣的文辞。自谦。放失：散失。旧闻：历史遗留下来的传闻。③略：大略。考：考察。行事：指史实。④综：综合析理。终始：始末。⑤稽：考核。纪：纲纪，此处指道理、规律。⑥轩辕（xuān yuán）：即黄帝。⑦表：是各个历史时期的简单大事记，是全书叙事的脉络和补充。⑧本纪：除《秦本纪》外，叙述历代最高统治者的政迹。⑨书：是个别事件的始末文献。⑩世家：主要叙述贵族侯王的历史。⑪列传：主要是各种不同类型，不同阶层人物的传记。⑫天人之际：天道人事的相互关系。⑬草创：起草。⑭会遭：遭遇。此祸：指因李陵事件受腐刑。⑮惜：悲痛。愠色：怨恨流露于外的表情。⑯其人：指与己志同道合的人。⑰通：流布。邑：指小城。大都：大城。⑱戮（lù）：羞辱。

且负下未易居[1]，下流多谤议[2]，仆以口语遇此祸[3]，重为乡党所笑，以污辱先人，亦何面目复上父母丘墓乎？虽累百世，垢弥甚耳[4]！是以肠一日而九回，居则忽忽若有所亡[5]，出则不知其所往。每念斯耻，汗未尝不发背沾衣也。身直为闺阁之臣[6]，宁得自引深藏于岩穴邪[7]？故且从俗浮沉，与时俯仰[8]，以通其狂惑。今少卿乃教以推贤进士，无乃与仆私心刺谬乎[9]！今虽欲自雕琢，曼辞以自饰[10]，无益于俗不信[11]，适足取辱耳。要之死日[12]，然后是非乃定。书不能悉意[13]，略陈固陋，谨再拜[14]。

【注释】

①负下：负罪之下。居：处。②下流：喻地位低下。谤议：毁谤的话。③口语：指为李陵说话。④垢：污垢，指腐刑之辱名。⑤忽忽：指精神恍惚。亡：失。⑥直：仅，只。闺閤（gé）：宫中小门。⑦宁得：岂能。自引：自己引身而退。⑧俯仰：随宜应付。⑨刺（là）谬：相背。刺，乖戾。⑩曼辞：美辞。⑪不信：不为所信。⑫要之：总之。⑬悉意：尽意。⑭固陋：指鄙陋之见。

【译文】

仆人太史公司马迁再拜陈言——少卿足下：前次蒙您屈尊写信给我，教我慎重待人接物，并把推荐贤才引进良士作为自己的任务。来信情意是那样的恳切，似乎抱怨我没有按您的意见行事，却采纳了一般人的意见。我是不敢这样做的啊！我虽然才能低劣，但也曾经在旁听说过前贤遗教。只是觉得自己受了宫刑，处在可耻的污秽地位，动不动就要受到指责。本想做点有益的事，反而会把事情搞糟。因此自己心情郁结，无处诉说。俗话说："为谁去做呢？让谁来听呢？"所以钟子期死后，伯牙终身不再弹琴。为什么？因为男士只为了解自己的人去效劳，女子只为爱自己的人去打扮。像我这样的人，身体已经伤残了，即使有随侯之珠、和氏之璧那般宝贵的才华，有许由、伯夷那样嘉美的德行，终究也不能引以为荣，而恰恰足以遭人耻笑玷污自己而已。来信本应及早答复，可正赶我随皇帝东巡才回到长安，又忙于公私琐事，彼此相见的时间很少，整天忙忙碌碌，没有一点儿闲空得以详尽地说明自己的心意。现在您又遭了难以意料的大罪，再过一个月，就接近十二月了，到时我又不得不随皇帝巡幸到雍地去，恐怕转

眼间就会发生不可避讳的事情。这样，我终究已不可能得以抒发内心的愤懑之情来明告您了，您也会因得不到回信而抱恨无穷。因此，请允许我简略地陈述一下鄙陋之见。久不回信，希望您不要责怪。

我听说过这样的话；讲求自身修养，是聪明的表现；爱人好施，是积德的开始；取与得当，是守义的标志；对待耻辱，是勇敢的考验；树立名望，是品行的终极目标。士人具备了这五种德行，然后才能立足社会，进入君子的行列。因此，灾祸没有比贪图私利更为凄惨，悲哀没有比伤心更为痛苦，行为没有比使祖先受辱更为丑恶，耻辱没有比遭宫刑更绝顶的了。受了宫刑的人，没有肯相与为伍，这不是一个朝代如此，由来已久啊！从前，卫灵公出游与宦官雍渠同车，孔子感到耻辱而逃往陈国；商鞅依靠宦官景监的引见而得秦孝公重用，赵良为此寒心；宦官赵谈做文帝的参乘，袁盎便发怒谏阻。自古以来人们都以与宦官并列为耻。那些才能一般的人，只要遇有与宦官牵连的事，没有不感到耻辱的，更何况是有远大抱负、意志刚烈的人呢！当今虽然朝廷缺乏人材，但怎能让我这样受过宫刑的人来举荐天下的豪杰呢！我依靠先人遗留下来的事业，得以在京城任职，已有二十多年了。因此自己常想：用最高的标准要求，我不能进献忠信，博得奇谋异才的名声，以此取得贤明君主的宠信；其次，又不能替皇帝拾遗补阙，招贤举能，使山岩洞穴中的隐士得以显名；对外，又不能投身行伍，亲自攻城野战，建立斩将拔旗的功劳；用最低的标准要求，又不能积功累劳，取得高官厚禄，以此为亲友争光取宠。以上四项没有一项有所成就，苟且迎合以取得皇帝的收容，没有什么大的贡献可言，可见我的一生只能这样了。当初我曾经位居下大夫行列，陪奉朝廷官员只发表一些微不足道的意见，那时没有利用机会申明国家法度，充分尽献智谋。现在身体已经残废，地位也很低下，处于卑贱人之列，却想翘首扬眉，评论朝廷是非，这岂不是蔑视朝廷，羞辱了当今的士人吗？可叹啊，可叹！像我这样的人还有什么话可说，还有什么呢！

况且，事情的原委是不容易对人讲明白的。我年少时行为放纵不拘，长大后在乡里又无美誉。幸亏皇上因为我先父的功业，使我有机会奉献微不足道的技艺，出入于守卫森严的宫禁之中。我感到头上顶戴盆子怎么能望天呢？所以，我断绝了宾客的交往，忘掉了家庭的私事，日夜想着献出自己微薄的才力，专心一意在朝廷供职，以期求得皇上的恩宠。而事情却不像所想象的那样！我与李陵同在宫中任职，平素并没有什么交情。理想志趣各不相同，从未在一起饮过酒，也没有深厚的私人交情。但是我看他的为人，的确是一个自守节操的奇才：他侍奉父母很孝敬，与士子交往守信用，面对财物能讲廉洁，在索取与给与方面很重道义，分别尊卑长幼颇有谦让之礼，恭敬谦和甘居人下，时常想着奋不顾身，为解国家的危难而殉职。他平素所修养的品德，我以为已具有国家杰出人才的风度。作为人臣，能够出生入死，不顾个人安危，奔赴国家的危难，这已经是很了不起的了。如今行事稍有一点不当之处，那些只知保护自己顾全妻子儿女的大臣，便乘机夸大其缺点以酿成大的罪名。我实在为他感到痛心！况且，李陵率领步卒不足五千，深入匈奴，到达单于所居之处，好似垂饵虎口。他气势凌厉地向强大的匈奴挑战，迎战众多的敌军，同单于连续作战十多天，李陵军杀已过半。致使敌人救死扶伤都来不及，匈奴的首领也都十分震惊惧怕。于是，全部调集左右贤王的军队，征集所有能张弓射箭的人参战，全国动员共同包围攻打李陵的军队。李陵率军转战千里，箭尽路绝，而救兵不到，士兵死伤成堆。但是，当李陵大声一呼，鼓动军士的时候，士兵无不站起身来，流着眼泪，淌着鲜血，吞声饮泣地强忍悲痛，又举起空拳，冒着敌人的刀刃，向北与敌人拼死搏斗。李陵的军队没有全军覆没的时候，有使者来朝廷报告，汉王朝的公卿王侯都举杯祝贺进军的胜利。后来过了几天，李陵战败的消息传来，皇上为此食不甘味，临朝听政也很不高兴。大臣们忧虑恐惧，一筹莫展。我没有估量自己的地位卑贱低微，看见皇上悲哀痛心，的确想献出自己诚恳忠实之心。我以为李陵平时与士大夫相处，总是好吃的食物自己不吃，应分的东西自己少要，故使战士拼死效力，即使是古代名将，也不超过他啊。而今他虽然兵败被俘，但看他的意思却是想等待适当的机会来报效汉朝。失败已是无可奈何了，但他所挫败众多敌人的战功，也足以显示于天下啊！我心里很想说说这一看法，却没有机会。恰好碰上皇上召问，就按此意申说李陵的功劳，想以此来宽慰皇上的心，堵塞那些毁谤之言。我还没有把话讲明白，英明的皇上也不明察我的真正用意，就以为我是在有意诋毁二师将军李广利，而为李陵辩护，于是将我交给法官处置。耿耿忠心，始终不能自己把它陈述出来，因此就被定为“欺蒙皇上”的罪名，最后依判为腐刑。我家境清贫，财产不够用来赎罪；结交的朋友也没有谁出面相救，皇上身边亲近之臣也不肯替我说句好话。人非木石，孤立无援同狱吏周旋，囚禁在监狱中，向谁去诉说呢？这真是您亲眼看见的情况，我的行事难道不是这样吗？李陵既然是活着投降匈奴，败坏了世代名将的声誉；而我又随后遭腐刑，入蚕室，更为天下人耻笑。可悲呀！可悲呀！这件事情是不容易逐一逐二地对一般人说清楚的。

我的先辈没有因功勋卓著从而享有剖符丹书的特殊待遇。作为掌管史籍、天文、历法的太史令，不过是近似掌占卜、祭祀的人，本来是供皇上取乐开心的，如乐工伶人一样养起来，为社会上一般人所看不起。假使我犯了法遭杀戮，如同九牛一毛，与死去小小的蝼蚁有何不同呢？而社会上的人还认为我的死，又不如那些守节操而死的人，只认为是智虑穷尽，罪大恶极，不能自赎，最后受死而已。为什么呢？是平时自己所处的地位才使我落到如此地步啊！人本来都是要死的，有的人死得重于泰山，有的人死得轻于鸿毛。这是因为死的情况有所不同啊！做人首先应该不使先人受辱，其次是不使自身受辱，其次是不使脸面受辱，其次是不受训斥之辱，其次是屈身下跪受辱，其次是改穿囚服受辱，其次是戴上刑具、遭刑杖痛打受辱，其次是头发剃光、颈子用铁圈锁上受辱，其次是毁坏肌肤、砍断肢体受辱，最坏的是遭腐刑，使人之受辱达到极点了！《礼记》说：“刑不上大夫。”这话对于士人的节操不可不加以勉励啊！猛虎在深山时，百兽都惊恐害怕；及至关进笼子，掉入陷阱之中，便会摇着尾巴要食吃。这是长期用威力制约逐渐造成的结果。所以画地为牢，士人绝对不进；削木为吏，士人绝对不与之对答。于是士人早有不等受辱就自杀的打算。如今犯人手足被捆绑，颈上戴枷锁铁索，剥去衣服裸露肌肤，遭受鞭打，囚禁在大牢之中。当这个时候，看见了狱吏就叩头，看见狱卒就吓得不敢出声息。为什么呢？这是长期用威刑管制之后必然造成的结果。人到了这个地步，还说没有受辱，真是所谓厚颜无耻啊！这种人哪里值得尊重呢？况且，周文王是西方诸侯之长，而被拘囚在羑里；李斯是一国之相，受五刑而死；淮阴侯韩信封为楚王，在陈地上手铐脚镣；彭越、张敖南面称王，获罪亦下大牢；绛侯周勃诛杀吕后家族，权势超过了五霸，却被囚于请罪之室内；魏其是大将，竟穿上赭色囚服，戴上枷锁、手铐、脚镣；名将季布，剃光头发，颈项锁上铁圈，卖身为朱家的奴隶；灌夫也被拘系在居室中受侮辱。这些人都位至王侯将相，名声传扬于邻国，等到获罪而法网加身的时候，却不能自尽，结果被囚禁在监牢里。古往今来都一样，哪有不受辱呢？由此说来，勇敢与怯懦，是权势决定的；坚强和软弱，是具体情况形成的。这是很明白的道理，有什么奇怪的呢？一个人不能及早地自尽于法网加身之前，因为稍稍迟疑，以至于遭受鞭笞的时候，才想自尽守节，这不太晚了吗？古人之所以对于大夫施刑十分慎重，大概就是为了这个吧。

人之常情莫不贪生怕死，他们总要思念父母与妻子儿女的。至于为义理所激发而死的人，就不是这样，他们是有不得已而违背人情的地方。如今我很不幸，很早就失去了父母，又无兄弟等亲人，孑然一身孤独生活。少卿您看我对妻子、儿女的态度又怎样呢？况且，勇敢的人不一定都为节义而死，怯懦的人如羡慕节义，他什么情况下不勉励自己为节义而死呢！我虽然怯懦，想苟且偷生，但也知道舍生取义的道理，为什么自己甘心遭受被囚禁的耻辱呢！并且，奴婢侍妾尚能自尽，何况我处在不得已的情况，不是更该一死吗？我之所以勉力忍住自己的感情而苟活世上，幽禁在监牢里而不离去，是因为我的心愿还未能了结，如果含恨了此一生，我的文章就不能传给后世了。

在古代，富贵而名声泯灭的人，多得无法记述。只有少数出类拔萃者才受到后人称道。周文王囚在羑里而推演八卦为六十四卦，写成《周易》；孔子遭到厄运而写成《春秋》；屈原被流放，才写成了《离骚》；左丘明眼睛失明，才有《国语》传世；孙子受膑刑而断了双脚，才编写《兵法》一书；吕不韦发配蜀地，才有《吕览》传世；韩非被囚禁于秦国，才有《说难》、《孤愤》传世；《诗》三百篇，大都是圣贤发愤的作品。这些人都是思想上有郁结不解之处，不能够实现自己的理想，所以追述往事，寄希望未来的人了解他们的志向抱负。就如左丘明失明，孙子断足，终究不为当权者重用，于是退下来阐发己见写成书策，以抒发愤懑之情，想让自己的著作流传后世，以表明自己的志向抱负。

我不自量力，近来借助于笨拙的文笔，搜罗天下遗事旧闻，并对前人的行事略加考证，综合事情的始末，寻找历史上成败兴衰的规律。上自轩辕，下至现在，写成十表、十二本纪、八书、三十世家、七十列传，总共一百三十篇。想弄清天人关系，通晓古今变化，成为一家之言。起草的东西尚未完成，便遭此大祸。虽然很痛惜书稿还没有写成，就已身受极刑，却没有丝毫怨恨的表情。我果真写成了此书，能藏于名山，传给志同道合的人，广泛流传在社会上，就可以偿还以前受辱而不死的债了，即使是被诛万死，岂会有后悔之心吗？然而，这种想法只能与有才智的人讲，难以对一般人说啊。

而且，我在身负重罪的情况下很不易处，地位低下的人往往容易遭受毁谤、非议。我因给李陵辩解而遭此祸患，更为乡里的人所讥笑，玷辱了先人，我还有什么脸面再上父母的坟地去呢？即使再过百世，也难以洗去这种耻辱。因此，愁肠一日而九回转，在家时神情恍惚，若有所失；外出时茫然不知自己往何处去。每当想起所遭受的这种耻辱，未尝不汗流浃背，湿透衣裳。我简直成了像宦官一样的宫帏之臣，又怎能自己退居山林，去过隐士的生活呢？所以我暂且与世浮沉，与时人应付周旋，以抒发自己的所谓狂与惑。如今您竟教我举荐贤士，恐怕与我内心的想法有矛盾吧！而今即使我想美化自己，用美丽的文辞来掩饰自己；对于改变世俗的看法是没有用的，不可能取得别人的信任，恰好足以招致屈辱罢了。总之，到人死的一天，才能论定是非。这封信不能完全表达我的意思，只是大略陈述一下自己的鄙薄之浅见。谨再拜。

与山巨源绝交书

嵇叔夜

康白：足下昔称吾于颍川[①]吾常谓之知言[②]。然经怪此意，尚未熟悉于足下[③]，何从便得之也[4]？前年从河东还[5]，显宗、阿都说足下议以吾自代[6]，事虽不行[7]，知足下故不知之。足下傍通[8]，多可而少怪[9]，吾直性狭中[10]，多所不堪，偶与足下相知耳。间闻足下迁[11]，惕然不喜[12]，恐足下羞庖人之独割[13]，引尸祝以自助[14]，手荐鸾刀[15]，漫之膻腥[16]，故具为足下陈其可否。

【注释】

①足下：敬称。称：称说。此指山涛说嵇康不愿出来作官。颍川：指山涛堂叔山嵚。古时常以作官地方、籍贯等代人名，山嵚为颍川太守。②知言：知己之言。③经：常常。怪：奇怪。此意：指嵇康不愿出仕之意。熟悉：了解得清楚。④何从：从何，从何处。之：此指嵇康不愿为官之素志。⑤河东：地名，位于今山西夏县西北。⑥显宗：公孙崇，字显宗，谯国人，为尚书郎。阿都：阿都，吕仲悌，东平人。以吾自代：此指山涛拟让嵇康代替自己的职务。当时山涛正任选曹郎。⑦不行：不成。⑧傍通：博通事理。⑨可：许可。怪：责怪。⑩狭中：心地狭窄，不宽容。中，指内心。⑪间：近来。迁：调动官职。此指升官。山涛先为吏部郎，后升为大将军从事郎中。⑫惕然：忧惧的样子。⑬庖（páo）人：厨师。⑭尸祝：祭祀时读祝辞的人。⑮荐：进。鸾刀：把上装饰响铃的刀。⑯漫：沾污。

吾昔读书，得并介之人[1]，或谓无之，今乃信其真有耳。性有所不堪，真不可强。今空语同知有达人[2]，无所不堪，外不殊俗，而内不失正，与一世同其波流[3]，而悔吝不生耳[4]。老子庄周，吾之师也[5]，亲居贱职[6]；柳下惠东方朔[7]，达人也，安乎卑位。吾岂敢短之哉[8]！又仲尼兼爱，不羞执鞭[9]，子文无欲卿相[10]，而三登令尹[11]，是乃君子思济物之意也[12]。所谓达能兼善而不渝[13]，穷则自得而无闷[14]。以此观之，故尧舜之君世[15]，许由之岩栖[16]，子房之佐汉[17]，接舆之行歌[18]，其揆一也[19]。仰瞻数君[20]，可谓能遂其志者也。故君子百行，殊途而同致[21]，循性而动[22]，各附所安[23]。故有处朝廷而不出，入山林而不返之论。且延陵高子臧之风[24]，长卿慕相如之节[25]，志气所托，不可夺也[26]。

【注释】

①并：指兼善天下。介：独。指独善其身。并介之人，既能兼善天下，又能独善其身的人。②同知：共知，公认。达人：通达的人。③同其波流：即随波逐流。④悔吝：悔恨。⑤老子：李耳，字伯阳。庄周：庄子名周。⑥亲居：身居。贱职：卑下之职。指柱下史、漆园吏。⑦柳下惠：即展禽，名获，字季，春秋时鲁国人。居于柳下，卒谥惠，故称柳下惠。东方朔：字曼倩，汉武帝时人。⑧短：轻贱。⑨执鞭：指赶车。《论语·述而》云："孔子曰：'富而可求也，虽执鞭之士，吾亦为之。'"⑩子文：春秋时楚人，官至令尹。卿相：天子诸侯所属的高级官员，此处指令尹，楚国最高官职，相当于宰相。⑪三登令尹：三次登上令人高位。《论语·公冶长》云："子张问：'令尹子文，三仕为令尹，无喜色；三已之，无愠色。旧令尹之政，必以告新令尹，何如？'子曰：'忠矣！'"⑫济物：济世。⑬兼善：使大家都有好处。《孟子·尽心篇》云："古之人得志，泽加于民；不得志，修身见于世。穷则独善其身，达则兼善天下。"渝：变。⑭穷：指仕途不通。无闷：无忧。⑮尧：唐尧。舜：虞舜。君世：作当世的国君。⑯许由：尧时隐士。岩栖：指隐居深山。⑰子房：张良，字子房。佐：辅助。⑱接舆：即陆通，楚国隐士。⑲揆（kuí）：道理。⑳仰瞻：举目观看。有景仰之意。㉑殊途同致：殊途同归。㉒循性：顺着本性。循，顺着。㉓附：附和，归附。㉔延陵：地名，位于今江苏武进县，吴公子季札所居之地，以地代名，故称季札为延陵。高：以……为高。子臧：春秋时曹国的公子。㉕长卿：西汉辞赋家司马相如字长卿。㉖夺：改变。

吾每读尚子平台孝威传[①]，慨然慕之，想其为人。少加孤露[②]，母兄见骄，不涉经学[③]。性复疏懒[④]，筋驽肉缓[⑤]，头面常一月十五日不洗，不大闷痒[⑥]，不能沐也[⑦]。每常小便，而忍不起，令胞中略转乃起耳[⑧]。又纵逸来久[⑨]，情意傲散。简与礼相背[⑩]，懒与慢相成，而为侪类见宽[⑪]，不攻其过[⑫]。又读《庄老》，重增其放[⑬]。故使荣进之心日颓[⑭]，任实之情转笃[⑮]。此由禽鹿少见驯育[⑯]，则服从教制[⑰]，长而见羁[⑱]，则狂顾顿缨[⑲]，赴蹈汤火，虽饰以金镳[⑳]，飨以嘉肴[㉑]，逾思长林[㉒]，而志在丰草也。

【注释】

①尚子平：东汉人。台孝威：台佟，字孝威。②孤：嵇康幼而丧父，故云。露：瘦弱。③涉：及。经学：指儒家六经。④疏懒：懒散。⑤筋驽（nǔ）：筋骨不灵活。驽，原来指劣马，此处指迟钝。肉缓：肌肉松懈。缓，松弛。⑥闷痒：大痒。⑦沐：洗发。⑧胞：膀胱。胞，通脬。⑨纵逸：放纵。⑩简：举止随便。⑪侪类：朋辈。⑫攻：批评。⑬庄、老：《庄子》、《老子》。⑭荣进：求荣上进。⑮任实：放任。转笃（dǔ）：加强。笃，厚实。⑯由：同犹。禽鹿：《索隐》云："禽鹿，犹禽兽也。"⑰教制：管教约束。⑱羁：拴缚。⑲狂顾：急剧摆头。顿缨：挣断束缚的绳索。⑳金镳（biāo）：金饰的马嚼子。㉑飨（xiǎo）：用酒食来款待人，此指喂养。嘉肴：美食，此处指精饲料。㉒逾：通愈。更加。长林：高树林。

阮嗣宗口不论人过[①]，吾每师之[②]，而未能及。至性过人[③]，与物无伤[④]，唯饮酒过差耳[⑤]。至为礼法之士所绳，疾之如雠，幸赖大将军保持之耳[⑥]。吾不如嗣宗之贤，而有慢弛之阙[⑦]，又不识人情，憭于机宜[⑧]；无万石之慎[⑨]，而有好尽之累[⑩]，久与事接[⑪]，疵衅日兴[⑫]，虽欲无患，其可得乎[⑬]？

【注释】

①阮嗣宗：阮籍，字嗣宗。竹林七贤之一。②师：学。之：指代阮籍口不论人过的长处。③至性：纯真的天性。④与物无伤：待人接物，没有相害之心。⑤过差：过分。⑥绳：制裁。此为弹劾。疾：恨。雠：仇。保持：保护。⑦慢弛：散慢。阙：缺点。⑧憭：暗昧，不清楚。机宜：事理。⑨万石：石奋。汉景帝时人。⑩好尽：言则尽情，不知避讳。累：毛病。⑪事接：与人事接触。⑫疵：病。衅：隔阂，嫌隙。⑬得：能。

又人伦有礼，朝廷有法，自惟至熟[①]，有必不堪者七[②]，甚不可者二[③]：卧喜晚起，而当关呼之不置，一不堪也[④]。抱琴行吟，弋钓草野，而吏卒守之，不得妄动，二不堪也[⑤]。危坐一时，痹不得摇，性复多虱，把搔无已，而当裹以章服，揖拜上官，三不堪也[⑥]。素不便书，又不喜作书，而人间多事，堆案盈机，不相酬答，则犯教伤义，欲自勉强，则不能久，四不堪也[⑦]。不喜吊丧，而人道以此为重，已为未见恕者所怨，至欲见中伤者，虽瞿然自责，然性不可化，欲降心顺俗，则诡故不情，亦终不能获无咎无誉如此，五不堪也[⑧]。不喜俗人，而当与之共事，或宾客盈坐，鸣声聒耳，嚣尘臭处，千变百伎，在人目前，六不堪也[⑨]。心不耐烦，而官事鞅掌，机务缠其心，世故繁其虑，七不堪也[⑩]。又每非汤武而薄周孔、在人间不止，此事会显，世教所不容，此甚不可一也[⑪]。刚肠疾恶，轻肆直言，遇事便废，此甚不可二也[⑫]。以促中小心之性[13]，统此九患，不有外难，当有内病[14]，宁可久处人间邪！又闻道士遗言[15]，饵术黄精[16]，令人久寿[17]，意甚信之[18]；游山泽，观鱼鸟，心甚乐之。一行作吏，此事便废[19]，安能舍其所乐，而从其所惧哉！

【注释】

①惟：思，想。②堪：能忍受。③不可：不可为。④当关：守卫之差役。⑤抱琴数句：行吟，漫步歌吟。《楚辞·渔父》云："屈原既放，游于江潭，行吟泽畔。"弋（yì）：用带绳的箭射鸟。草野：野外。吏卒：听差。⑥危坐：端坐。痹（bì）：手脚麻木。摇：动。性：身体。裹：穿，含贬义。章服：官服。揖拜：拱手拜见。上官：上级长官。⑦不便：不习惯。书：写信札。机：同几。犯教伤义：有伤礼教。⑧瞿然：惊惧的样子。化：彻底改变。降心：违心。诡故：违背本性。不情：不心甘情愿。咎：过。⑨聒（guō）：宣噪。百伎：指各种手段。伎，伎俩。⑩鞅（yāng）掌：繁忙的样子。机物：政务。⑪非：非难。汤：商汤。武：周武王。周：周公。孔：公子。⑫刚肠：倔强。疾恶：疾恶如仇。发：指发脾气，发火。⑬促中：心胸狭隘。⑭内病：自身疾病。⑮道士：此指精于养生之道的人。遗言：传言。⑯饵：服用。术、黄精：均为药名。⑰久寿：长寿。⑱意：内心。⑲此事：指游山泽等事。废：止。

夫人之相知，贵识其天性，因而济之[1]。禹不逼伯成子高，全其节也[2]；仲尼不假盖于子夏，护其短也[3]，近诸葛孔明不逼元直以入蜀[4]；华子鱼不强幼安以卿相[5]。此可谓能相终始，真相知者也。足下见直木必不可以为轮[6]，曲者不可以为桷[7]，盖不欲以枉其天才[8]，令得其所也[9]。故四民有业[10]，各以得志为乐，唯达者为能通之[11]，此足下度内耳[12]。不可自见好章甫，强越人以文冕也[13]；已嗜臭腐，养鸳雏以死鼠也[14]。吾顷学养生之术[15]，方外荣华[16]，去滋味[17]，游心于寂寞[18]，以无为为贵。纵无九患[19]，尚不顾足下所好者，又有心闷疾，顷转增笃[20]，私意自试[21]。不能堪其所不乐。自卜已审[22]，若道尽涂穷则已耳[23]。足下无事冤之[24]，令转于沟壑也[25]。

【注释】

①因：循。济：成全。②禹不胇（bí）句：《庄子》云：尧治理天下时，伯成子高立为诸侯。尧让位给舜，舜让位给禹，伯成子高便辞却诸侯，退而自耕于野。禹问其故，子高曰："昔尧治天下，不赏而民劝，不罚而民畏；今则赏罚而民且不仁，德自此衰，刑自此立，后世之乱，自此始矣！耕而不顾。"胇，同逼。节：操节。③仲尼句：《孔子家语》云：孔子欲出门，天将下雨而无伞，弟子建议借于子夏，孔子曰，子夏生活困难，故较吝啬，不要为难他，交友扬其长避其短，"故能久也。"子夏，卜商字子夏，孔子弟子。假盖，借伞。④诸葛句：《三国志·蜀志》：诸葛亮与徐庶同侍刘备，后庶母为操所缚，庶辞备而入曹，诸葛亮并没有阻止。诸葛亮，字孔明。徐庶，字元直。⑤华子鱼：华歆，字子鱼，魏文帝即位，拜为相国。幼安：管宁，字幼安。⑥轮：车轮。⑦桷（jué）：方形的椽子。⑧枉：屈。天才：天性。⑨令：让。⑩四民：指士、农、工、商。⑪达者：通达的人。通：明了。⑫度内：度量之内，想象得到。⑬见好：喜欢。章甫：冠名。越人：古越地（今闽、浙一带）人。文冕：饰有花纹的帽子，指章甫。⑭臭腐：指腐烂发臭的食物。鸳雏：传说中与鸾凤同类的鸟。亦作鹓雏。⑮顷：最近。⑯方：正。外：疏远。外荣华，以荣华富贵视为身外之物。⑰去：远离。滋味：美味。⑱游心：指心神往来、贯注于某一境地。寂寞：安静。⑲纵：即使。九患：指"七不堪"、"二甚不可"。⑳增笃：加重。㉑自试：自问。㉒卜：占卜，此指考虑。审：决定。㉓道尽涂穷：走投无路。㉔无事：无用。冤：委屈。㉕转于沟壑：指死亡。

吾新失母兄之欢，意常凄切，女年十三，男年八岁，未及成人，况复多病，顾此炊炊，如何可言？今但愿守陋巷[2]，教养子孙，时与亲旧叙阔[3]，陈说平生[4]，浊酒一杯[5]，弹琴一曲，志愿毕矣[6]。足下若嬲之不置[7]，不过欲为官得人，以益时用耳[8]。足下旧知吾潦倒粗疏[9]，不切事情，自惟亦皆不如今日之贤能也[10]。若以俗人皆喜荣华，独能离之[11]，以此为快，此最近之，可得言耳。然使长才广度，无所不淹[12]，而能不营[13]，乃可贵耳。若吾多病困[14]，欲离事自全[15]，以保余年，此真所乏耳，岂可见黄门而称贞哉[16]！若趣欲共登王涂[17]，期于相致，时为欢益[18]，一旦迫之，必发其狂疾[19]，自非重怨，不至于此也。

【注释】

①女、男：指嵇康的子女。顾：回想。炊炊（làng làng）：惆怅。②陋巷：狭小简陋的地方。守陋巷，指过贫苦生活。③亲旧：亲友。叙阔：叙说离别之情。阔，阔别。④平生：指往事。⑤浊酒：指自作的米酒。⑥毕：完成，指完全满足。⑦嬲（niǎo）：纠缠。不置：不放。⑧益：利于。时用：为世所用，指为当政者所用。⑨旧知：此指“昔称吾子颖川”事。粗疏：举止不自检，不拘礼法。⑩不切事情：疏远世事。贤能：贤能之人，此指当朝官员。⑪离之：此指离弃俗人追求的荣华富贵。⑫淹：贯通。⑬营：谋求。⑭病困：病累。⑮离事：指不入官场。⑯黄门：太监。贞：贞节。⑰趣：催促。王涂：仕途。登王途，指作官。⑱欢益：欢乐。⑲狂疾：发疯。

野人有快炙背而美芹子者，欲献之至尊[1]，虽有区区之意[2]，亦已疏矣[3]，愿足下勿似之。其意如此，既以解足下[4]，并以为别[5]。嵇康白[6]。

【注释】

①野人：居于田野的人，指农夫。快：以……为快。炙背：烤背。美：以……为美。芹子：芹菜。②区区：至诚。③疏：不合事理。④解：摆脱。⑤别：告别，即绝交。⑥白：告语。

【译文】

嵇康敬启：您过去对山嵚称道我不愿做官，我曾说那是知己的话，但是我常常奇怪那时您还不很了解我不愿做官的心意，您又从哪里得知我的志趣呢？前年我从河东回来，显宗、阿都听说：您拟议让我接替您的职位。这件事虽然没有实现，但由此知道您根本不了解我的志趣。您通达事理善于应变，凡事多加许可而很少责怪；我却秉性耿直心胸狭窄，很多事情都不能忍受，因此我只是偶然与您互相有所了解而已。近来听说您高升了，我惊惧不安深感不快，恐怕您独自当官感到羞愧，要拉我去当您的助手，就如同厨子独自宰割感到羞愧，要拉尸祝去帮忙一样，让我与您一起手举环上有铃的刀，沾染上一身羊膻气。所以请让我全面地向您陈述一下这件事可做或不可做的道理。

我过去读书，只有既能兼善天下又能独善其身者。那时我认为或许没有这样的人，现在才相信真有其人。因为生性对某些事情不能忍受的人，确实不能勉强他去改变本性。现在空说公认有这样一种通达的人，这种人什么都能忍受，他表面上与世俗没有差异，而内心却没有失去正道，他可以与世俗随波逐流，而没有遗憾。老子、庄周是我的老师，他们都亲自担任过卑下的职位；柳下惠、东方朔是通达的人，他们都安心处于低下的职位。我怎敢非议他们啊！又如孔子为了实现其博爱的理想，即使执鞭赶车也不感到耻辱；子文不想当宰相，却三次高登令尹的宝座。这是君子有拯世救民的心意啊。这些君子确实像常言所说的那样，官位显达的时候能造福天下而始终不改变他的心志，穷愁潦倒的时候能怡然自得而不忧愁。由此看来，尧、舜之所以统治天下，许由之所以栖居岩穴，张良之所以辅佐刘邦建立汉朝，接舆之所以边行边歌劝孔子归隐，他们的原则是一致的。仰望这几位君子，可以说他们都能够实现其各自的志向。所以君子虽有各种不同的行为，但他们都是通过不同的道路而走向同一个目标，他们都是遵循自己的本性而行动，各得所安。因此也就有居住朝廷而不离去，进入山林而不返回的议论。又如延陵季子崇尚子臧的高风，司马长卿仰慕蔺相如的气节，这种基于志向、气质而形成的寄托，是不能以强力改变的。

我每次读尚子平、台孝威的传记，总是非常赞叹地羡慕他们，思念他们做人的清高。加上我从小失去慈父无所荫庇，被母亲、兄长溺爱而骄纵狂放，因此从来就不沾经书的边。再说我天性又很懒散，以致筋骨不灵活，肌肉很松弛，经常一月或半月不洗头、不洗脸，不是浑身发痒，是不会洗澡的。每当小便的时候经常强忍不起，总要左右翻身使尿在膀胱中胀得忍不住了才肯起身小便。又因我骄纵放逸由来已久，性情孤傲散漫，举止随便与礼法互相背离，懒散与傲慢相辅相成，但却被同辈的亲朋所宽容，不批评我这些过错。我又爱读《老子》、《庄子》，更助长了我放纵的本性。所以我当官求荣的进取心日益丧失，而放纵任性的性情日益加重。这就像野鹿从小被人驯服教育，就会服从管教制约；如果野鹿长大了而再拴缚它，那就会疯狂四顾拼命挣断束缚它的绳索，即使赴汤蹈火也在所不惜，即使给套上金子的笼头，用精美的饲料来喂养，它也会更加思念茂密的森林而向往丰美的草地。

阮嗣宗从不议论别人的过失，我常想学习他的这种长处，但始终不能学到。他天性纯厚超过常人，待人接物没有伤害之心，只是饮酒过分而已。但竟致被维护礼法的人所弹劾，痛恨嗣宗就像痛恨仇敌一样，幸亏大将军把他保护了下来。我的资质不如嗣宗，而有散漫的缺点；又不懂得人情世故，不明处事之道；没有石奋的谨慎，却有尽情直言的累赘。这样长久地接触人事，引起别人怨恨的事就会日益增多，虽然不想招来祸患，那又怎么可能呢？

再说人伦自有礼制，朝廷自有法纪，这些我都充分地想过了，不堪忍受的事有七个方面，特别不可做的事有两个方面。我睡觉喜欢晚起，而把门的差役要不停地喊我起来，这是不能忍受的第一个方面。我喜欢抱琴弹奏漫步吟诗，又钓鱼射鸟，而跟班的吏卒要守着我，使我不能随意行动，这是不能忍受的第二个方面。当官的要长时间端端正正地坐着，腿脚麻木了也不能随便摇动，再加上我身上的虱子又多，要不停地搔痒，但却必须身穿官服，向上级长官作揖迎拜，这是不能忍受的第三个方面。我平素不习惯写应酬书信，也不喜欢写应酬书信，但官场事多，公文书信堆满案上，不互相应酬，就触犯礼教有伤礼义，想勉强自己去做，则又不能持久，这是不能忍受的第四个方面。我不喜欢吊丧，而世俗人情对此却很看重，这方面我已经被不肯宽恕我的人所怨恨了，甚至还有对我恶意中伤的人。我即使也曾惊恐不安并责备自己，但因本性难移，想抑制本性去顺从世俗，而违背本性又不符合我的意愿，而且也终究不能获得这样的处境，即既没有过失也没有荣誉。像这样的情况，是我不能忍受的第五个方面。我不喜欢庸俗之辈，但又必须与他们一起同事，有时宾客满座，闹声刺耳，在这种声音嘈杂、尘埃飞扬、臭气冲天的场所，千奇百怪的花招伎俩，都暴露在眼前，这是不能忍受的第六个方面。我的个性是很不耐烦的，而当官的事务纷繁忙乱，政事要务使人心事重重难以解脱，人情世故又令人心烦意乱，这是不能忍受的第七个方面。我又常常非难商汤和周武王，鄙薄周公和孔子，

在官场还不停止这种议论，就会张扬出去，必为当今的礼教所不容，这是特别不可做的第一点。我秉性刚直嫉恶如仇，轻率放肆心直口快，这种脾气遇到事情便要发作，这是特别不可做的第二点。以我心胸狭窄的性格，再加上这九个祸患。即使没有外来的灾难，也必然会有内在的隐患，这叫我怎样长久地生活在官场中呢？我又听说道士的遗教，服食术与黄精，可以使人延年益寿，我很相信这种说法。漫游山水，观赏鱼鸟，是我非常乐意的事。一旦作官，这些赏心乐意的事便都废弃了，我怎么能舍弃自己所喜欢的事情，而去做那些自己所畏惧的事情呢！

人们的互相了解，贵在了解彼此的天性，因而成全对方。禹不逼迫伯成子高从政，是为了成全他的节操。孔子不向子夏借用伞盖，是为了掩饰他吝啬的短处。诸葛亮不强逼徐庶归入刘备一方，毕歆不勉强管宁当宰相。这些人可以说是能相处始终，是真正的相知。您知道直木是一定不能做车轮的，曲木是不能当椽子的，大概是人们不想损害这些天生的材料，而让它们各得其所。所以士、农、工、商各有各的职业，他们都各以实现自己的志愿为乐事，这个道理只有知识通达的人才能通晓，这是您识度之内能明白的事。不能像那个愚蠢的宋国商人一样，因为自己喜欢殷代的礼帽，就把有花纹的礼帽强制性地推销给越人；也不能像那只猫头鹰，因为自己喜欢腐烂发臭的食物，就用死鼠去喂养鹓薵。我最近学了养生之术，正在疏远荣华，舍弃美味，心意已进入了清静恬淡的境界，以清静无为为贵。纵然没有当官的九个祸患，我尚且不屑一顾您所喜好的爵禄。我又有胸闷的毛病，最近不断加重，我内心自问，决不能忍受这些自己所不乐意的事。我自己反复思考过，除非走投无路方可罢休。可是您平白无故地要委屈我当官，就是叫我走向绝路。

我刚失去母亲和兄长，内心常常感到凄凉悲切。女孩十三岁，男孩八岁，都没有成人，况且又多病，顾及这些无限惆怅，有啥可说！现在只愿居住简陋的家巷，教养子孙；常与亲朋故旧叙谈阔别之情，陈说平生的经历，饮一杯米酒，弹一只琴曲，就满足我的志愿了。您如果纠缠我不放，那也不过是想替官方争得人才，对时世有所补益罢了。但您本来知道我是一个潦倒不堪粗浅疏漫的人，不切合事理世情，我自己也想我各方面都不如今天在朝的贤士能人。如果认为世俗的人都喜爱荣华富贵，而我独能抛弃荣华富贵，并且以此为快意的事，这话最切合我的本意，我认可这种说法。但假使那本是一个才能出众，气度博大、无所不通的人，而又能不钻营仕途，那才是真正的可贵。至于像我这样多病多累的人，只是想躲避政事保全自己，以此保全今后残余的岁月，这是真正缺乏当官的才能气度啊！怎么能见到太监而称赞他们的贞节呢！如果您催逼我与您共同登上仕途，希望把我招去，时时与您相见而得到欢乐与补益，那么只要您一旦来逼迫我，我就一定会发疯的。如果不是有深仇大怨，想来是不至于这样做的。

有个农夫感到太阳晒背很舒服，又觉得芹菜很好吃，想把这两个发现奉献给君王，他虽然是出于一片至诚之心，但也太不着边际了。希望您不要像那个农夫一样。我的想法就是这样。我写这封信，既是为了摆脱您对我的纠缠，也是与您告别。嵇康启。

设　论

答客难

东方曼倩

客难东方朔曰："苏秦张仪壹当万乘之主①，而身都卿相之位②，泽及后世也③。今子大夫修先王之术④，慕圣人之义，讽诵《诗》《书》百家之言⑤，不可胜记，著于竹帛⑥，唇腐齿落⑦，服膺而不可释⑧，好学乐道之效⑨，明白甚矣，自以为智能海内无双，则可谓博闻辩智矣。然悉力尽忠，以事圣帝，旷日持久，积数十年，官不过侍郎⑩，位不过执戟⑪，意者尚有遗行邪⑫？同胞之徒⑬，无所容居，其故何也？"

【注释】

①苏秦：战国时东周洛阳人，字季子，纵横家代表人物。初游说秦惠王并吞天下，不用。后游说齐楚燕韩赵魏六国合纵抗秦，佩六国相印，为纵约之长。纵约为张仪所破，遂至齐为客卿。张仪：战国纵横家代表人物，系魏国贵族后代。相秦惠王时，以连横之策游说六国，使六国被纵约而共同事秦。秦惠王死，武王立，六国诸侯闻仪不为武王所信任，皆复合纵以抗秦。仪离秦去魏，为魏相一年而卒。当：遇。万乘：万辆车。万乘之主，指君王。②都：居。③泽：恩泽。即指皇帝或官吏给予臣民的"恩惠"。④大夫：指东方朔。修：以……为美。⑤诗书：《诗经》、《尚书》，这里泛指儒家经典。百家：诸子百家。⑥著于竹帛：指著书。古代无纸，书籍或写于帛上，或刻于竹片上。⑦唇腐齿落：指到死。⑧服膺：牢记于心。膺，胸。释：废置。指忘记。⑨乐道：喜欢儒家之道。⑩侍郎：官名。秦汉时期郎中令的属官有侍郎，掌侍从，为宫廷近侍。⑪执戟（jǐ）：汉官名，主管宿卫诸殿门。⑫意者：想来。遗行：失德。行，指德行。⑬同胞：亲兄弟。徒：辈，类。

东方先生喟然长息，仰而应之曰："是故非子之所能备①。彼一时也，此一时也，岂可同哉②？夫苏秦张仪之时，周室大坏，诸侯不朝，力政争权③，相擒以兵④，并为十二国⑤，未有雌雄，得士者强，失士者亡，故说得行焉。身处尊位，珍宝充内⑥，外有仓廪⑦，泽及后世⑧，子孙长享⑨。今则不然。圣帝德流⑩，天下震慑，诸侯宾服⑪，连四海之外以为带，安于覆盂⑫，天下平均⑬，合为一家，动发举事，犹运之掌⑭，贤与不肖⑮，何以异哉？遵天之道⑯，顺地之理⑰，物无不得其所。故绥之则安⑱，动之则苦；尊之则为将，卑之则为虏⑲，抗之则在青云之上，抑之则在深渊之下，用之则为虎，不用则为鼠；虽欲尽节效情，安知前后⑳？夫天地之大，士民之众㉑，竭精驰

说[22]，并进辐凑者[23]，不可胜数，悉力慕之[24]，困于衣食，或失门户。使苏秦张仪与仆并生于今之世，曾不得掌故[25]，安敢望侍郎乎！传曰：'天下无害，虽有圣人无所施才；上下和同，虽有贤者无所立功。'故曰时异事异。"

【注释】

①是故：此中原故。备：备知，全面了解。②彼一时也，此一时也：指时间不同，情况也不同，不能相混。《孟子·公孙丑下》："彼一时也，此一时也，五百年必有王者兴。"同：混同。③力政：用武力相争伐。④相擒：指相互争战。擒，捉拿。兵：指武力。⑤十二国：指鲁、卫、齐、宋、楚、郑、燕、赵、韩、魏、秦、中山等十二国。⑥充内：充满内府。⑦仓廪：指储粮库。⑧泽：恩惠。⑨长享：长期享受。⑩德流：指道德高影响深远。光，广。⑪宾服：古代指诸侯或边远部落按时朝贡，表示服从。⑫覆盂（yú）：覆置的盂，比喻稳固，不可动摇。盂，盛饮食或其他液体的圆口器皿。⑬平均：平衡。⑭动发：开始行动。举事：办大事。⑮贤：德才兼备的人。⑯天道：自然。⑰地理：山川土地的环境形势。⑱绥（suí）：安抚。⑲尊：使之尊。卑：使之卑。虏：指奴隶。⑳尽节效情：尽忠效力。㉑士民：古时四民之一，即脱离生产的读书人。㉒驰说：游说。㉓辐（fú）凑：也作辐辏。车辐凑集于毂上，此喻人聚于一处。㉔之：此指天子之德。㉕掌故：官名。汉设此官，掌文献制度等故旧的事。

"虽然，安可以不务修身乎哉？诗曰：'鼓钟于宫，声闻于外。''鹤鸣九皋，声闻于天。'苟能修身，何患不荣？太公体行仁义，七十有二，乃设用于文武，得信厥说，封于齐七百岁而不绝[1]。此士所以日夜孳孳[2]，修学敏行而不敢怠也[3]。譬若鹡乂，飞且鸣矣[4]。传曰：'天不为人之恶寒而辍其冬，地不为人之恶险而辍其广，君子不为小人之匈匈而易其行[5]。''天有常度，地有常形，君子有常行[6]；君子道其常，小人计其功[7]。'《诗》云：'礼义之不愆，何恤人之言？[8]''水至清则无鱼[9]，人至察则无徒[10]。冕而前旒，所以蔽明[11]；黈纩充耳，所以塞聪[12]。明有所不见，聪有所不闻，举大德，赦小过，无求备于一人之义也。枉而直之，使自得之[13]；优而柔之，使自求之[14]；揆而度之，使自索之[15]。盖圣人之教化如此，欲其自得之；自得之，则敏且广矣。"

【注释】

①体行：身体力行。②孳孳（zī）：努力不懈。③敏：勉。④鹡乂：鸟名。⑤辍：止。匈匈：吵嚷声。行：指行为。⑥常度：定法。常行：公认的行为准则。⑦道：行。计：计较。⑧愆：失。恤：惧，忧。⑨至清：清澈到极点。⑩徒：众。⑪冕：冠。前旒（liú）：指帝王冕前垂下的玉串。蔽明：遮当视线。⑫黈：黄色。纩（kuàng）：丝绵。塞聪：阻当听力。聪，灵敏的听觉。⑬枉而直之：使曲变直。枉，曲。⑭优而柔之：使之宽和从容。⑮揆度：度量。

"今世之处士[1]，时虽不用，块然无徒[2]，廓然独居[3]，上观许由[4]，下察接舆[5]，计同范蠡[6]，忠合子胥[7]，天下和平，与义相扶[8]，寡偶少徒[9]，固其宜也，子何疑于予哉？若夫燕之用乐毅[10]，秦之任李斯[11]，郦食其之下齐[12]，说行如流[13]，曲从如环，所欲必得，功若丘山，海内定，国家安，是遇其时者也，子又何怪之邪？语曰：'以管窥天[14]，以蠡测海[15]，以筳撞钟[16]，岂能通其条贯[17]，考其文理[18]，发其音声哉！犹是观之[19]，譬由鼱鼩之袭狗[20]，孤豚之咋虎[21]，至则靡耳[22]，何功之有？今以下愚而非处士[23]，虽欲勿困，固不得已。此适足以明其不知权变[24]，而终惑于大道也[25]。"

【注释】

①处士：未步入仕途的人。②块然：孤独的样子。③廓然：空寂的样子。④许由：上古时的高士，隐于箕山。相传尧让以天下，不受，遁耕于箕山之下。尧又召为九州长，由不欲闻之，洗耳于颍水之滨。⑤接舆：传说为春秋时期楚国隐士，佯狂避世。因其迎孔子之车而歌，故称"接舆"。晋《高士传》始称其姓陆，名通，字接舆。⑥范蠡（lí）：字少伯，春秋时期越国大夫。越为吴败，其辅佐越王勾践，励精图治，终灭吴国。蠡视勾践能同患难，不能同富贵，则功成隐退，离越入齐，更名经商，至陶为富豪，世称陶朱公。⑦子胥：伍子胥，名员，春秋时期吴国大夫。曾帮助阖闾刺杀吴王僚，夺取王位，整军经武，国势日盛。吴王夫差打败越国，越王请和，子胥苦谏不可，夫差听信伯嚭谗言，强迫子胥自杀。成为"文死谏"之典型。⑧与义相扶：指行为符合于义。⑨寡偶少徒：寡偶与少徒同义，此指文"块然无徒，廓然独居。"⑩乐毅：战国时期燕将。魏乐羊之后，贤而好兵。自魏使燕，燕昭王任为上将，联赵楚韩魏，总领五国之兵伐齐，下齐七十余城，封昌国君。⑪李斯：秦代时政治家。楚国上蔡（今河南上蔡西南）人。初为郡之小吏，后从荀卿学。战国末入秦。秦之贵族排外，建议逐客，李斯上书劝阻，被秦王采纳。秦统一六国后任丞相。⑫郦食其（lì yì jī）：秦汉时陈留高阳乡（今河南杞县）人，秦末农民战争时归刘邦，曾献计克陈留，封广野君。楚汉战争时，说服齐王田广归汉，下齐七十余城。⑬说行如流：形容游说像流水，极顺，极易。⑭管：指竹筒。⑮蠡：指蚌壳。⑯莛（tíng）：同莛，草茎。⑰条贯：系统，此指整体。⑱文理：条理。⑲犹是观之：由此看来。⑳譬由：譬如。鼱鼩（yáo chú）：一名地鼠，形似鼠而小，大可二寸，尾短鼻尖，在田间作穴。㉑孤豚（tún）：小猪。咋：咬。㉒靡：灭。㉓下愚：最愚蠢的人。㉔权变：随机应变。《史记·苏秦列传》载："苏秦兄弟三人，皆游说诸侯以显名，其术长于权变。"㉕大道：全局的道理。

【译文】

有客诘难东方朔说："苏秦、张仪一遇大国之君便身居卿相之位，皇恩施及后代，现在您学习先王之道术，仰慕圣人之德，诵读《诗经》、《书经》与诸子百家之书，多不胜数，又有著述传世，以至于神形疲惫，唇焦齿落。这些学问铭记于心，片刻不忘，您好学乐道如此，其结果却毫无用处，这问题难道不是很明显吗！自以为聪明才智海内无双，也称得上博闻辩智之士了。纵然尽力效忠，事奉圣上，旷日持久，达几十年之久，可是官爵不过是侍郎，地位不过是个执戟侍卫；想来德行还有失捡点吧？连亲兄弟都无处容纳，到底是什么原因呢？"

东方先生长长叹了一声气，抬头回答说："其中原因不是您所能详知的啊！所谓彼一时，此一时也，岂可同日而语！苏秦、张仪之时，周天子已毫无权威，诸侯们不再甘心称臣，各自以实力图强，争权夺利，以致互相吞食，兼并而为十二国，一时不分高低。在这种形势之下，得士者强，失士皆亡，所以游说之士能够发迹；他们身处显要地位，珍珠财宝充塞私囊，粮食堆满仓库，恩惠施及后代，子孙长期享用。现在则不然。圣上德泽，流布天下，八方威服，诸侯来朝，四海内外，连成一片，天下安定，江山稳固，人人均富，犹如一家，国家有什么事，处理起来易如反掌。所以圣贤之辈与凡庸之徒，显示不出什么差别！大家遵循天道顺从地理，天下事物，各得其宜。所以稳定就是安乐，动乱等于苦难。尊重你的时候，便是将官；贬斥你的时候，就成囚犯。被人提拔就平步青云，被人排挤却可致深渊。用你时像老虎一样威武，不用时像耗子一样委琐。即使你想尽忠效力，又那里去施展个人才干呢？天地之大，读书人之多，竭尽其力，游说者争先恐后而来，数不胜数。大家景慕天子之大德而尽力效其忠诚，结果是衣食无著，甚至遭来杀身之祸！假使苏秦、张仪与我同生于当世，恐怕他们连掌故这样的卑

职都难以得到，怎敢奢望作侍郎呢？《左传》说：‘天下太平，纵然出圣人，也不能施展其才能；上下和谐，即便有能人，也难以建功立业。’所以说，时代不同，对待事物也应该不同。

“即使如此，难道就可以不去修身进业了吗？《诗经》说：‘敲钟于宫中，钟声传宫外。’又说：‘鹤鸣深泽之中，声闻九天之外。’如果致力修身，又何必担心得不到荣华富贵呢？姜太公身体力行仁义之道达七十二年，终于施其才能为文王武王所用，申张其说，封于齐地，影响延续七百年。这就是读书人所以夜以继日、孜孜不倦、勤于修身进业而不敢怠慢的原因所在！犹如鹡义，边飞边叫！《荀子·天论》说：‘天不因为人们厌恶寒冷而取消冬季，地不因为人们厌恶险阻而不广大，君子不因为小人议论纷纷而改变言行。’‘天有一定的规律，地有一定的形状，君子就是要正道直行。君子奉行常道，小人计较功名。’《诗经》说：‘按礼义行事不犯过错，何必害怕别人说长道短！’所以说：‘水太清就无鱼，人苛求就无友。帽前垂滳，用来遮挡视力，耳畔悬球，用来防碍听力。眼睛明亮而有所不见，耳朵聪敏而有所不闻。要看到人家的大德，原谅人家的小过。就是对人不要求全责备的意思。‘曲的使它直，使各得其所；难断的使其能决断，使它合乎需要；按照才性而用人，使它各得其所。’圣人如此教导，要得其所宜，只有这样，便能得心应手。

“当今尚未做官的读书人，每每是时代不用人，傲岸孤独，避世而处。上学许由，下仿接舆，机变不亚于范蠡，忠贞如同伍子胥。现今天下和平，百姓之心与仁义之道相符，贤才少为世用，这是十分自然的事情。先生您何必为我的处境生疑呢？当初，燕昭王重用乐毅而破齐，秦王任用李斯吞并六国，郦食其到齐国劝说齐王归汉，游说顺利如流水，言听计从似绕环，想做的都能做到，功高如山，四海安定，国家稳固，那是他们赶上了那个时代了。您先生又有什么奇怪的呢？古人说：‘用细管看长天，拿贝壳来量大海，以小枝条来撞洪钟。’怎么能看得清、核得准、敲得出声音呢？由此看来，譬如要田鼠去捕狗，叫小猪去咬虎，刚到跟前就已经耷拉耳朵、吓倒在地了。怎么可能成功呢！今天，以我这样的下愚之才而来否定您，要回答得圆满是不可能的。这正好说明我不懂通变而始终有惑于道理了。”

辞

秋风辞 并序

汉武帝

上行幸河东[①]，祠后土[②]，顾视帝京欣然[③]。中流与群臣饮燕[④]，上欢甚。乃自作《秋风辞》曰[⑤]：

【注释】

①上：指汉武帝。行幸：谓皇帝巡视。幸，古代称皇帝亲临为幸。这里指汉武帝亲自巡行河东。河东：古地名。因黄河经此作北南流向，本地区在黄河以东而得名。位于今山西省西南部。②祠（cí）：祭祀。后土：古代对地神或土神的称呼。此指后土祠，汉武帝时立于汾阴脽上。③帝京：帝王的京城，此指长安。④中流：河流的中间。饮燕：宴饮。《诗经·小雅·鹿鸣》云："我有旨酒，嘉宾式燕以敖。"《疏》："我有旨美之酒，与此嘉宾，用之燕饮以遨游也。"燕，通宴。⑤辞：古代文体的一种。指楚辞一类的诗歌，可用以歌唱的韵文。此句以上为序。

秋风起兮白云飞[①]，草木黄落兮雁南归。兰有秀兮菊有芳，携佳人兮不能忘。泛楼舡兮济汾河[②]，横中流兮扬素波[③]。箫鼓鸣兮发棹歌[④]，欢乐极兮哀情多。少壮几时兮奈老何。

【注释】

①兮（xī）：语气词，相当于"啊。"②泛：飘浮。楼舡（xiāng）：有楼的大船。汾河：又称汾水，位于今山西省，黄河支流，源出于山西宁武县管涔山。③横：横渡。素波：白色的波浪。④箫鼓：箫鼓之乐。箫，竹制管乐器，古时称排箫为箫。发：唱起。棹（zhào）歌：划船时唱的歌。棹，船桨。

【译文】

圣上亲临河东巡行，春祭土地之神。回首观望京城，欣欣然泛舟中流，会同群臣宴饮，圣上非常高兴，于是自作《秋风辞》：

秋风乍起啊白云飞，草木飘零啊雁南归。兰蕙花开啊菊芬芳，君臣同饮啊乐难忘。汾河之中啊楼船荡漾，泛舟中流啊白浪飞扬。箫鼓响起啊启棹高唱，欢乐之极啊情兼哀伤。少壮几时啊老奈何。

序

豪士赋序

陆士衡

夫立德之基有常，而建功之路不一。何则？循心以为量者存乎我，因物以成务者系乎彼[①]。存夫我者，隆杀止乎其域[②]，系乎物者，丰约唯所遭遇[③]。落叶俟微风以陨，而风之力盖寡[④]，孟尝遭雍门而泣，而琴之感以末[⑤]。何者？欲陨之叶无所假烈风[⑥]，将坠之泣不足繁哀响也[⑦]。是故苟时启于天，理尽于民[⑧]，庸夫可以济圣贤之功[⑨]，斗筲可以定烈士之业[⑩]。故曰才不半古，而功已倍之，盖得之于时势也。历观古今[⑪]，徼一时之功，而居伊周之位者有矣[⑫]。夫我之自我[⑬]，智士犹婴其累[⑭]，物之相物[⑮]，昆虫皆有此情[⑯]。夫以自我之量而挟非常之勋[⑰]，神器晖其顾眄[⑱]，万物随其俯仰[⑲]，心玩居常之安[⑳]，耳饱从谀之说[㉑]，岂识乎功在身外、任出才表者哉[㉒]？

【注释】

①成务：成就事业。②隆杀（shài）：隆重和减省。域：指自身。③遭遇：际遇。④俟（sì）：等待。陨（yǔn）：坠落。⑤孟尝：孟尝君，即田文。战国时齐国贵族。雍门：也称雍门子周，名周，因居住齐国西城门雍门，故称。⑥假：借助。⑦哀响：指悲凉的乐声。⑧理：指处理政事。民：指人事。⑨庸夫：见识浅陋的人。济：成就。⑩斗筲（shāo）：喻才短识浅。烈士：有气节和壮志的人。⑪历：普遍。⑫徼（yāo）：通邀，求取。一时：短期。伊、周：指伊尹、周公，古时都称为贤相。伊尹，商初大臣，名伊，尹是官名。一说名挚，辅佐商汤。周公，西周初年政治家。姬姓，周武王之弟，名旦，因其采邑在周（今陕西岐山北），故称周公，辅佐成王。⑬自我：自己肯定自己。⑭婴：遭受。⑮相物：谓物都互相轻视。⑯昆虫：此指众虫。⑰挟（xié）：带着。⑱神器：借代帝位。顾眄（miǎn）：回头看。⑲俯仰：一举一动。⑳玩：喜好，乐于。居常：守常不变。㉑从谀（sǒng yú）：怂恿。㉒身外：自身以外。任出才表：职位重要而才能不够用。

且好荣恶辱，有生之所大期[①]；忌盈害上，鬼神犹且不免[②]；人主操其常柄[③]，天下服其大节[④]，故曰天可雠乎[⑤]？而时有渚服荷戟，立于庙门之下[⑥]，援旗誓众，奋于阡陌之上[⑦]。况乎代主制命，自下财物者哉[⑧]？广树恩不足以敌怨[⑨]，勤兴利不足以补害[⑩]，故曰代大匠斫者，必伤其手[⑪]。且夫政由宁氏，忠臣所为慷慨[⑫]，祭则寡人，人主所不久堪。是以君奭鞅鞅，不悦公旦之举[⑬]；高平师师，侧目博陆之势[⑭]。而成王不遣嫌吝于怀⑮，宣帝若负芒刺于背⑯，非其然者与？嗟乎！光于四表，德莫富焉⑰；王曰叔父，亲莫昵焉⑱。登帝大位，功莫厚焉⑲；守节没齿，忠莫至焉⑳。而倾侧颠沛，仅而自全㉑，则伊生抱明允以婴戮㉒，文子怀忠敬而齿剑㉓，固其所也㉔。因斯以言，夫以笃圣穆亲，如彼之懿㉕，大德至忠，如此之盛，尚不能取信于人主之怀，止谤于众多之口，过此以往，恶睹其可㉖？安危之理，断可识矣㉗。又况乎饕大名以冒道家之忌㉘，运短才而易圣哲所难者哉㉙？

【注释】

①好荣恶（wù）辱：喜欢荣耀厌恶耻辱。《荀子·荣辱》云："材性智能，君子小人一也。好荣恶辱，好利恶害，是君子小人之所同也。"有生：民众。大期：共同的意愿。②忌：憎恶。盈：此指自满自骄。③人主：君主。常柄：固定的权柄。④服：信服。大节：基本的法纪。⑤天：天命，此指君主。⑥渚（xuàn）服：黑色礼服。荷（hè）：扛。戟（jǐ）：古时兵器。此化用任章谋刺汉宣帝典故，事见《汉书·梁丘贺传》，代郡太守任宣坐谋反诛，宣之子章为公车丞，亡在渭城界中，夜玄（渚）服入庙居郎间，执戟立庙门，待汉宣帝至，欲为逆。被发觉，章伏诛。⑦援：执。誓众：出兵时告诫将士。阡陌（qiān mò）：田间小路。借用陈涉起义推翻强秦典故，事见贾谊《过秦论》，陈涉蹑足行伍之间，俯起阡陌之中，斩木为兵，揭竿为旗，山东豪俊遂并起而亡秦族矣。⑧财：通裁，裁决。⑨树恩：广施恩泽。敌怨：报复仇怨。⑩勤：致力于。兴利：意为创办利益。⑪代斫（zhuó）：意为代替有名的木工斫木头，借指代替别人做自己难以胜任的事情。语出《老子》："夫代大匠斫者，希有不伤其手矣。"⑫宁氏：宁喜，又称宁子。春秋时卫国的大臣。慷慨：愤慨激昂。这里用卫献公时大政交由大臣宁氏掌管典故，事见《左传·襄公二十六年》，卫献公使与宁喜言，曰：苟反，政由宁氏，祭则寡人。⑬君奭（shì）：召（shào）公，姬姓，名奭。君为尊称。因其采邑在召（今陕西岐山西南），故称。西周初年大臣，辅佐周武王灭商，被封于燕，成王时任太保。鞅鞅（yāng）：同怏怏，形容郁郁不乐。公旦：周公，姬姓，周武王之弟，成王之叔，名旦，因采邑在周（今陕西岐山北），故称。西周初年政治家，辅助周武王灭商。成王年幼时，由他摄政，并任成王太师。⑭高平：高平侯，指魏相。师师：相效法。博陆：博陆侯，指霍光。据《汉书·魏相传》，魏相通过平恩侯许伯向汉宣帝奏封事，进言应损夺霍氏权势，破散其阴谋，以固皇帝万世之基，汉宣帝从其议，后任命魏相为丞相，封高平侯。又据《汉书·霍光传》载，霍光为汉武帝、昭帝、宣帝三朝重臣，秉政二十年，官至大司马大将军，封博陆侯。光死，子禹袭封。三年后，光的子孙谋反，宗族尽诛灭。⑮成王：周成王，西周国王，姬姓，名诵。嫌：嫌疑。吝：鄙吝。⑯宣帝：汉宣帝（前91—前49），刘询，西汉皇帝。负芒：背负芒刺。芒刺于背：即芒刺在背。都形容极度不安。芒刺：草木茎叶、果壳上的小刺。⑰光：通广，充满。四表：指四方极远的地方。⑱昵（nì）：亲近。⑲大位：帝位。⑳没齿：终身。㉑倾侧：困顿，颠沛。㉒伊生：伊尹，商初大臣，名伊，尹是官名。明允（yǔn）：明察而诚信。婴戮（lù）：遭到杀戮。㉓文子：文种，春秋末年越国大夫。字少禽，楚国郢（今湖北江陵县西北）人。齿剑：指自杀。㉔固其所也：本来为臣下所疑惑不解。㉕笃（dǔ）：诚笃。穆：和美。懿（yì）：美德。㉖过此以往：除此以外。恶（wū）：哪里。㉗断：断然。㉘饕（tāo）：贪。㉙圣哲：有超人的道德和才智的人。

身危由于势过，而不知去势以求安；祸积起于宠盛，而不知辞宠以招福。见百姓之谋己，则申宫警守①，以崇不畜之威②；惧万民之不服，则严刑峻制③，以贾伤心之怨④。然后威穷乎震主，而怨行乎上下⑤，众心日痛，危机将发，而方偃仰瞪眄⑥，谓足以夸世，笑古人之未工，亡己事之已拙，知囊勋之可矜，暗成败之有会⑦。是以事穷运尽，必于颠仆⑧，风起尘合⑨，而祸至常酷也。圣人忌功名之过己⑩，恶宠禄之逾

量，盖为此也。

【注释】

①申宫：守宫。②畜（xù）：通蓄，积聚。③严刑峻制：刑法严厉。④贾（gǔ）：招致。⑤震主：使帝王震惊恐惧。⑥偃（yān）仰：骄傲。瞪眄（dèng miǎn）：傲视的样子。⑦会：运会，时运机会。⑧颠仆：倾倒。⑨风起尘合：喻世道动乱。⑩忌：畏惧。

夫恶欲之大端，贤愚所共有，而游子殉高位于生前，志士思垂名于身后，受生之分[①]，唯此而已。夫盖世之业，名莫大焉；震主之势，位莫盛焉；率意无违[②]，欲莫顺焉。借使伊人颇览天道[③]，知尽不可益[④]，盈难久持[⑤]，超然自引[⑥]，高揖而退[⑦]，则巍巍之盛[⑧]，仰邈前贤[⑨]，洋洋之风[⑩]，俯冠来籍[⑪]，而大欲不乏于身，至乐无愆乎旧[⑫]，节弥效而德弥广[⑬]，身逾逸而名逾劭[⑭]。此之不为，彼之必昧[⑮]，然后河海之迹堙为穷流[⑯]，一篑之衅积成山岳[⑰]，名编凶顽之条[⑱]，身粻荼毒之痛[⑲]，岂不谬哉？故聊赋焉，庶使百世少有寤云[⑳]。

【注释】

①受生：禀性。生，通性。②率意：肆意。无违：没有违背。③伊人：此人。天道：指自然规律。④尽不可益：此为世运已尽不可增加。⑤盈：满溢，过渡。⑥超然：高远的样子。自引：自行引退。⑦高揖：形容谦让。⑧巍巍：高大。⑨邈（miǎo）：远。⑩洋洋：美善。⑪籍：史籍。⑫无愆（qiān）：没有丧失。⑬效：竭尽。⑭劭（shào）：美。⑮昧：贪图。⑯河、海：指黄河与沧海。堙（yīn）：堵塞。穷流：枯竭的河流。⑰一篑（kuì）：一筐。衅（xìn）：罪过，过失。⑱条：指史籍的条目。⑲粻（yàn）：同餍，饱受。荼（tú）毒：毒害。⑳庶：希望。百世：指久远的岁月。寤：醒悟。

【译文】

树立德行的基础有固定规律，而建立功业的道路却各不相同。为什么呢？依循内心以成就德行这决定于我，依靠外物以成就事业这决定于彼。内心修养的高低取决于自我；建树功勋的大小取决于机遇。落叶等着微风吹来掉下，而微风的力量是很小的；孟尝君遇到雍门周就哭泣起来，而琴声的感人还在其次。为什么这么说呢？将要落下的树叶，不需要凭藉猛烈风力；将要掉下的眼泪，不能禁受得烦劳哀乐的感染。所以假如时运能够行之于天，道理又能够尽于人事，那么平庸之辈也可以成就圣贤的功勋，才识短浅的人也可以建立烈士的大业，所以说“才能不及古人的一半，而功效却倍于古人”，这是因为得益于时势机遇缘故。遍观古今，求取一时功业，而居伊尹、周公之位的人大有人在。

自己对自己过高估量，聪明的人尚会遭受其累；一物对他物进行役使，连昆虫都会有这种情形。以自我不大的能量，而拥有不同寻常的功勋，连居于帝位的人都要仰承他的顾盼才能发出光辉，世间万物都要随着他的心意俯仰，一心轩守常不变的安乐，耳中充满奉承怂恿的话，哪里能够认识功勋超出了自身所具有的实际才能，重任也超出了自己才能所能负荷的范围呢？至于说喜欢荣耀讨厌耻辱，这是人们最大的相同；嫉恨满盈和身居上位的人，鬼神尚且不免有这种感情。人主掌握着生杀的权柄，天下之臣服膺其基本法纪，所以古书上说“天意是可以仇恨的吗”。而不时有身穿黑衣执着戟的人，站在庙门之下准备行刺人主，不时有举着旗帜告诫众人的人，起兵于田野之中，何况在那里代替主上拟定诏命，身居下位而裁断大事的人呢！广泛地树立恩德不足以抵敌怨恨，勤于兴办有好处的事情不足以弥补祸患，所以说代替大匠去砍削木头的人，一定会砍伤自己的手。而且以前卫国的政事由宁氏主持，忠臣为之慷慨不平；祭祀则由寡人负责，人主不能长久地忍受。所以君奭心中不高兴，不高兴传说的周公将废成王自立的举动；高平侯魏相起而效法，怒视博陆侯霍光的威势。而周成王不排除诽谤之言，内心对周公怀着嫌疑鄙吝；汉宣帝碰到霍光，就像有芒刺在背，不就是这样的吗？

哎呀！光辉普照四方，道德没有谁像周公那样圣德丰厚；周成王称叔父周公，同天子的关系没有谁象他那样亲近；霍光拥立幼主登上了大位，功劳没有谁像他那样厚重；坚持操守直到死去，没有谁像霍光那样忠诚至极。而一经困顿倾覆，仅仅保住了自己的性命。那么伊尹怀抱明达守信的品格而遭到杀害，文种怀抱忠诚谨敬的品格却遭赐剑自杀，就是本该如此的了。如此说来，以周公这样厚圣和亲，那样完美，大德至忠，像霍光这样隆盛，尚且不能取信于人主之心，止住众多之口的诽谤，还不如这种情况的人，哪能看到他可以安然存在呢！安危的道理，断然可以知道的了。又何况那些为贪得大名而冒犯道家的忌讳，凭藉短浅的才智去改变圣贤哲人也难以避免的不幸遭遇呢！身危由于拥有过分的权势，而不知去掉权势以谋求安全；祸患堆积起于宠遇过分，而不知去掉宠遇以招来福运。看见百姓图谋反对自己，就防护宫室警戒保卫，以提高自己没有积德的威势；害怕万民不服自己，就施行严刑峻法，以招致心灵受伤的怨恨。然后威势登峰造极使帝王恐惧，而怨恨蔓延于上上下下。众心一天天崩坏，危机就要发生，却仍在那里俯仰自得傲视一切，自认为足可以向世人夸耀自己的功德才能，讥笑古人没有达到完美的程度，忘记自己的事情已经办得十分笨拙，知道过去所建的功勋值得夸耀，不明白成败都有际会。所以等到事穷运尽的时候，必然会颠仆倒台；风起尘合之时，来到的灾祸常常是很残酷的。圣人顾忌功名超过自己实际所具有的才能，讨厌宠遇利禄超过一定的限量，大概就是这种原因吧！

情有所恶心有所欲这两个重要方面，是贤明的人和愚笨的人所共有的。而远游求仕的人只顾生前追求高位，志士则想身后留传美名，禀性的差别，只不过如此而已。建立了压倒当世的功业，名声没有谁比这更大；有使主人恐惧的权势，地位没有谁比这更显赫；任意行事没有阻碍，欲望没有谁比这更顺。假使这个人能稍微观察一直天道，知道运气完了不能增加，盈满难以长久地维持，以超然的姿态自我保持距离，高高地一揖功遂身退，那么崇高的盛举，抬头可以轻视前代贤人，美盛的风貌，低头可以位居将来史籍记载的首位，而最大的欲望不会缺乏，最大的欢乐不会使过去的日子蒙上过失，节操越高洁而道德越广大，身体越超逸而名声越美好，这样的事情不肯去做，那样的事情必然不明白其中的坏处，然后江河大海之流就将被堙塞不通，小罪潜滋暗长如同一筐土一筐土逐渐堆积就会堆积成山岳，名字将被编入书中凶顽的条目，身体将会饱尝刑法残害的痛苦，这哪里能不荒谬呢！所以姑且写下这篇赋，希望能使世世代代的人们稍微有所醒悟。

颂

酒德颂

刘伯伦

有大人先生①，以天地为一朝②，万期为须臾③。日月为扃牖④，八荒为庭衢⑤。行无辙迹⑥，居无室庐⑦。幕天席地⑧，纵意所如⑨。止则操卮执觚⑩，动则挈榼提壶⑪。唯酒是务⑫，焉知其余⑬。有贵介公子⑭，搢绅处士⑮。闻吾风声⑯，议其所以。乃奋袂攘襟⑰，怒目切齿。陈说礼法⑱，是非锋起⑲。先生于是方捧罂承槽⑳，衔杯漱醪㉑。奋髯细踞㉒，枕曲藉糟㉓。无思无虑，其乐陶陶㉔。兀然而醉㉕，豁尔而醒㉖。静听不闻雷霆之声，熟视不睹泰山之形。不觉寒暑之切肌㉗，利欲之感情㉘。俯观万物，扰扰焉如江汉之载浮萍㉙。二豪侍侧㉚焉如蜾蠃之与螟蛉㉛。

【注释】

①大人：古时称有德之人。先生：对人之敬称。②天地：指开天辟地以来。一朝：一日。③期（jī）：周年。须臾：片刻。④扃（jiōng）：门。牖（yǒu）：窗。⑤八荒：八方极远的地方。庭衢（qú）：庭院中四通八达的小道。⑥辙迹：辙印。⑦室庐：房屋。⑧幕天席地：把天当帐篷，把地当床铺。用以形容心胸旷达。⑨纵意：任意。如：往。⑩卮（zhī）：古时盛酒器具，圆形。觚（gū）：古时饮酒器具。⑪挈（qiè）：提。榼（kè）：古时的一种盛酒器。⑫务：勉力从事。⑬焉知：哪知，即不知。⑭贵介："尊贵"。介，大。公子：对官宦人家子弟的称呼。⑮搢绅（jìn shēn）：也作"缙绅"，古时高级官吏的装束，作为官宦之代称。处士：旧称有才德而隐居不仕的人。⑯吾：刘伶自指。风声：传闻的消息，这里指饮酒的名声。⑰乃：于是。奋袂（mèi）：卷袖。攘（rǎng）襟：撩起衣襟。奋袂攘襟，要打架的姿势。⑱礼法：封建社会的礼仪法度。⑲是非：主要指非，即批评意见。锋起：如群蜂齐飞，形容众多。锋，同蜂。⑳于是：在这时。罂（yīng）：酒瓮。槽：贮酒器。㉑衔杯：饮酒。漱醪（láo）：指饮酒，与衔杯义近。漱，含。醪，浊酒。㉒奋髯（rán）：抖动着胡子，形容悠闲自得。髯，两腮上的胡子。细踞（jī jū）：坐地两腿伸直岔开，以示放荡不拘礼法。㉓曲（qū）：酒母。藉：垫着。糟：酒糟。㉔陶陶：和乐的样子。㉕兀（wù）然：昏昏无知。㉖豁尔：由幽暗顿至光明，此指极速清醒的样子。㉗切：接触。㉘利欲：获取名利的欲望。利，嗜好。感：动。感情，动心。㉙扰扰焉：纷乱的样子。江汉：长江及其支流汉江，这里泛指江河。㉚二豪：指公子和处士。㉛焉如：何如。蜾蠃（guǒ luǒ）：蜂的一种，体青黑，细腰。常用泥土在墙或树上作窝，扑螟蛉作为幼虫食物，产卵后将窝口用泥封上。古代误认为蜾蠃养螟蛉为己子。螟蛉（míng líng）：蛾的幼虫。

【译文】

有这样一位大人先生，他认为：从开天辟地到如今只是一天，一万年只是短短一个瞬间，太阳和月亮也只是宇宙巨屋的门窗，四面八方辽阔的大地只是一个小小的庭院而已。大人先生行走时没有车轮的辙迹，居住也不用房屋，把天作为帐幕，把地作为坐席，他所到之处，任凭意趣而为。休息的时候就拿着盛酒、饮酒的器具，活动的时候就提着酒跱和酒壶，只是忙着饮酒，哪里还知道其他的什么事情呢？

有叫贵介公子与搢绅处士的人，听到对先生的狂放无羁的名声，议论了先生的狂放不遵礼法，就挽起衣袖，撩起衣襟，对先生怒目而视，恨得咬牙切齿，他们到处宣讲名教礼法，于是众多学说纷然杂陈就像是群蜂齐飞纷纷而起。但大人先生这时正捧着酒罐在酒槽之下接酒，口衔杯子痛饮浊酒，悠悠然摆动胡子，坐在地上两足直伸，头枕酒母，身靠酒糟。昏昏觇觇地醉去，又清清爽爽地醒来，静心听不闻雷霆的声响，仔细观看不见泰山的形状，肌肤感觉不到冷热的变化，情志不为利欲所变动。我俯观世上的万物，纷乱啊，就像长江、汉水飘载的浮萍；而两位权贵在旁边侍立啊，就像蜾蠃与螟蛉哪样的一对可怜虫！

论

过秦论

贾 谊

秦孝公据殽函之固[①]，拥雍州之地[②]，君臣固守，以窥周室，有席卷天下，包举宇内，囊括四海之意，并吞八荒之心[③]。当是时也，商君佐之[④]，内立法度，务耕织，修守战之具，外连衡而斗诸侯[⑤]。于是秦人拱手而取西河之外。孝公既没，惠文、武昭[⑥]，蒙故业，因遗策[⑦]，南取汉中，西举巴蜀[⑧]，东割膏腴之地[⑨]，收要害之郡。诸侯恐惧，会盟而谋弱秦，不爱珍器重宝肥饶之地，以致天下之士，合从缔交[⑩]，相与为一。当此之时，齐有孟尝，赵有平原，楚有春申，魏有信陵[⑪]，此四君者，皆明智而忠信，宽厚而爱人，尊贤而重士，约从离横[⑫]，兼韩魏燕赵宋卫中山之众[⑬]。于是六国之士，有宁越、徐尚、苏秦、杜赫之属为之谋[⑭]，齐明、周最、陈轸、召滑、楼缓、翟景、苏厉、乐毅之徒通其意[⑮]，吴起、孙膑、带佗、兒良、王廖、田忌、廉颇、越奢之伦制其兵[⑯]。尝以十倍之地，百万之众，叩关而攻秦[⑰]。秦人开关而延敌，九国之师遁逃而不敢进[⑱]。秦无亡矢遗镞之费[⑲]，而天下诸侯已困矣。于是从散约解[⑳]，争割地而赂秦。秦有余力而制其弊[㉑]，追亡逐北[㉒]，伏尸百万，流血漂橹，因利乘便，宰割天下，分裂河山，强国请伏[㉓]，弱国入朝。施及孝文王庄襄王，享国之日浅，国家无事。

【注释】

①秦孝公：嬴渠梁，秦穆公第十四代孙。公元前361至338年在位。殽（yáo）：山名，位于今河南西部。又作崤。函：函谷关，位于今河南灵宝县境。殽函乃为秦时险要关隘。②雍州：古九州之一。指秦统治的主要地区，当包括陕西的东部、北部，以及甘肃的部分地区。③八荒：八方荒远之地。《说苑》："八荒之内有四海，四海之内有九州。"席卷、囊括、包举、并吞，皆义近，含迅速、全部占有之意；天下、宇内、四海、八荒，都是指整个中国，排比用之，以突显秦国君臣之气概。④商君：商鞅。战国政治家，改革家。卫国人，姓公孙，名鞅，也叫卫鞅。因功封于商，所以称商君，也叫商鞅。入秦后说秦孝公以强国之术，提出"治世不一道，便国不法古"的主张，被孝公任为左庶长开始变法。推行法制，注重耕战，对外破坏六国联合，执政十年，使秦一跃而成为当时的强国。佐：辅佐。⑤连衡：也作"连横"。秦与东方六国即齐、楚、燕、韩、赵、魏分别定立盟约，以期利用六国矛盾各个击破。是破坏"合纵"的策略。斗：使之斗。⑥惠文：秦惠文君，名驷，孝公之子，公元前337年至前331年在位。武：秦武王，名荡，

惠文之子。公元前311至307年在位。昭：秦昭襄王，又称昭王，名则，武王异母弟。公元前307至前251年在位。⑦因：袭，沿用。⑧举：收取。巴、蜀：均位于今四川之地。巴，即当今以重庆为中心的地带；蜀，即当今以成都为中心的地带。⑨膏腴（yú）：肥沃。指六国之地。⑩合从（zòng）：六国联合抗秦曰“从”。合从与“连衡”相对，是一种策略。从同纵。缔交：缔结同盟。⑪孟尝：孟尝君田文，齐国贵族田婴之子。为齐相，名闻天下。平原：平原君赵胜，战国赵武灵王之子，封于平原，因此号为平原君，相赵。春申：春申君黄歇，楚国贵族，相楚二十余年。信陵：信陵君无忌。战国魏昭王之少子，信陵是其封号。以上四人，号称战国四大公子，各招养食客几千人。其中魏公子信陵君最有名。⑫约从：相约“合从”。离横：拆散“连横”。⑬兼：聚合。韩：建国于平阳，位于今山西临汾地区，后迁都郑，即当今河南新郑一带。魏：建国于安邑，位于今山西夏县，后迁都大梁，即当今河南开封地区。燕：建国于蓟，位于今北京大兴县地。赵：建国于邯郸，位于今河北邯郸地区。齐：建国于临淄。即当今山东淄博地区。楚：建国于郢，位于今湖北江陵县地。宋、卫、中山：均为当时小国，分别属于齐、魏、赵。宋，位于今河南商丘一带；卫，位于今河北濮阳一带；中山，位于今河北定县一带。⑭宁越：战国赵国中牟人，发愤读书十三年，周威公曾召为师。徐尚：战国宋国人。苏秦：东周洛阳人，主张合纵抗秦，当时佩六国相印，为“纵约长”。杜赫：周人，以安天下说周昭文君。⑮齐明：东周朝臣，后出仕秦、楚、韩三国，与周最、楼绥等人合纵结交。周最：东周成君之子，仕于齐。陈轸（zhěn）：夏人，仕秦亦仕楚。召（shào 邵）滑：楚人，为楚王治理越池。楼缓：魏国丞相。翟景：魏国人，事迹不详。苏厉：苏秦之弟，仕于齐。乐毅：战国魏将乐羊之后，贤明而精通兵法。先任官魏，后为官燕。⑯吴起：卫国人，战国著名军事家。孙膑（bìn）：齐国人，孙武之后，战国中期著名军事家。带佗（tuó）：楚国大将。火（ní）良、王廖：均为军事家。田忌：齐国大将。廉颇：赵国大将。伦：类。“之伦”，与上文“之属”、“之徒”义近，均之辈、之流的意思，然无贬义。制：统制，指挥。⑰叩关：攻击函谷关。叩，击。⑱九国之师：即前文之韩、魏、燕、楚、齐、赵、宋、卫、中山等。⑲矢：箭杆之全部称矢。镞（zú）：金属箭头。⑳从散约解：指六国“合从”抗秦联盟瓦解。㉑制其弊：利用六国衰败而分别控制之。㉒逐北：追击败北之敌。军队吃败仗称败北。㉓请伏：请求臣服。伏通服。

及至始皇①，奋六世之余烈②，振长策而御宇内③，吞二周而亡诸侯，履至尊而制六合④，执敲扑以鞭笞天下⑤，威震四海。南取百越之地，以为桂林、象郡。百越之君，俯首系颈⑥，委命下吏⑦。乃使蒙恬北筑长城而守藩篱⑧，却匈奴七百余里⑨，胡人不敢南下而牧马⑩，士不敢弯弓而报怨⑪。于是废先王之道，燔百家之言⑫，以愚黔首⑬。隳名城⑭，杀豪俊，收天下之兵聚之咸阳⑮，销锋镝铸以为金人十二⑯，以弱天下之民⑰。然后践华为城⑱，因河为池⑲，据亿丈之城⑳，临不测之溪以为固㉑，良将劲弩㉒，守要害之处，信臣精卒，陈利兵而谁何㉓。天下已定，始皇之心，自以为关中之固㉔，金城千里㉕，子孙帝王，万世之业㉖。

【注释】

①始皇：嬴政。公元前246年至前210年在位。始皇为后期称号，前期称秦王。②奋：发扬。余烈：遗留的功业。③振长策而御宇内：以牧马喻指统治天下。振，挥动。长策，长鞭。御，驾御，控制。④履：足登其位。至尊：皇帝宝座。履至尊即登帝位，改称皇帝。制：控制。六合：天地与四方，泛指天下。⑤敲扑：棍棒。鞭笞（chī）：鞭打。笞，竹板。此处用如动词。⑥俯首系颈：古人表示降服，自以绳束颈。⑦委命：把性命交出去。此处指听命。下吏：指秦的地方小官吏。⑧蒙恬（tián）：秦始皇的大将。藩篱：篱笆。边塞。⑨却匈奴：匈奴首领冒顿畏秦，率部北移。却，退。⑩牧马：喻指骚扰，侵略。⑪士：指匈奴军士。报怨：指报被驱赶之仇。⑫燔（fán）：烧。百家：指诸子百家。李善注引《史记》：“李斯曰：

请废博士官所职，天下敢有藏《诗》、《书》百家语者，诣守尉杂烧之。”于公元前213年，秦始皇下令焚烧除农、占卜等以外的一切典籍。⑬愚：使之愚。黔首：百姓。黔，黑色。⑭隳（huī）：毁。⑮咸阳：秦都（位于今陕西咸阳市东北）。⑯销：毁。锋、鍉（dí）：兵刃、箭矢，泛指一切兵器。铸金人：李善注引《史记·秦始皇本纪》：“始皇收天下兵，聚之咸阳，以销锋鍉为钟鐻（乐器），金人十二，各重千石，置宫庭中。”⑰弱天下民：削弱人民反抗力量。⑱践：登。华：华山。践华，犹言据守华山作为帝都东城。⑲河：黄河。池：护城河。因河为池，故称以黄河为护城河。⑳亿丈之城：指华山。㉑不测之溪：指黄河。㉒劲弩（nǔ）：强有力的弓。弩，用机栝发箭的弓。㉓谁何：呵问是谁，即盘问。是古代中的成语。何通呵。㉔关中：秦以函谷关为门户。关中指秦雍州之地。㉕金城：喻指城廓坚不可摧。㉖万世之业：《史记·秦始皇本纪》：“朕为始皇帝，后世以计数，二世三世至于万世，传之无穷。”

始皇既没，余威震于殊俗。然而陈涉①，瓮牖绳枢之子②，氓隶之人③，而迁徙之徒也④，材能不及中庸，非有仲尼墨翟之贤⑤，陶朱猗顿之富⑥，蹑足行伍之间⑦，俛起阡陌之中⑧，率罢散之卒⑨，将数百之众，转而攻秦，斩木为兵⑩，揭竿为旗⑪，天下云集而响应，赢粮而景从⑫，山东豪俊，遂并起而亡秦族矣⑬。

【注释】

①陈涉：即陈胜。中国历史上第一次大规模农民起义的领袖。公元前209年，陈胜、吴广率戍卒九百人起义，反抗暴秦，震撼全国。②瓮牖（yǒu）：用破瓮作窗。绳枢：用绳子拴门轴。瓮牖绳枢，形容出身卑贱。③氓（máng）隶：雇农。④迁徙：罚以戍边的士卒。迁，谪罚。⑤墨翟（dí）：春秋后期思想家，墨家创始人。⑥陶朱：范蠡，辅佐越王勾践灭吴后，辞官至陶（位于今山东定陶）经商，自号陶朱公。猗（yī）顿：鲁国人。⑦蹑足：涉足，参加。行伍：军队。⑧俛起：俯仰，指劳作。⑨罢（pí）散：疲惫而涣散。罢通疲。⑩斩：砍断。兵：兵器。⑪揭竿：举竿。斩木为兵，揭竿为旗。⑫赢粮：担粮。景从：影从。景同影。如影随身。云集：像云一般聚拢。与响应、景从，均为名词作状语。⑬秦族：指嬴氏之族。

且夫天下非小弱也①，雍州之地，殽函之固自若也。陈涉之位，非尊于齐楚燕赵韩魏宋卫中山之君也②，锄耰棘矜③，非铦于钩戟长铩也④；谪戍之众⑤，非抗于九国之师也⑥，深谋远虑，行军用兵之道，非及曩时之士也⑦。然而成败异变，功业相反。试使山东之国与陈涉度长絜大⑧，比权量力，则不可同年而语矣⑨。然秦以区区之地⑩，致万乘之权⑪，招八州而朝同列⑫，百有余年矣。然后以六合为家⑬，殽函为宫，一夫作难而七庙隳⑭，身死人手⑮，为天下笑者，何也？仁义不施，而攻守之势异也⑯。

【注释】

①天下非小弱：指秦之天下并未减少疆土削弱力量。②尊：指地位或辈分高。此用如动词。③耰（yōu）：碎土的工具。棘矜：带刺的木棒。④铦（xiān）：锋利。长铩（shā）：大矛。⑤谪戍之众：指陈涉吴广所率的九百戍卒。谪，贬官或流放。谪戍，指征发戍边。⑥抗：高出之意。⑦曩（nǎng）时之士：指上文所言宁越、徐尚等六国之士。曩，从前。⑧度（duó）长：量长短。絜（xié）大：比粗细。絜，帀。引申为比量。⑨同年而语：相提并论，意为“同日而语”。⑩区区：小小的样子。⑪万乘之权：帝王之权。周制，天子兵车万乘，诸侯兵车千乘，故万乘称帝王。⑫招：招令，即“招之即来，挥之即去”之招。一说攻取。八州：指秦雍州以外的各州。旧时中国为九州。朝同列：指朝秦。原秦与六国同为诸侯，地位相同

(同列)，而今六国对秦称臣，所以说“朝同列”。⑬六合为家：把天地四方皆作为自己的家产，即率土之滨莫非王土。⑭作难：发难。指一举反抗。七庙：指天子宗庙。周制，天子宗庙奉祀七代祖先。⑮身死人手：指自己为人所杀。秦二世为赵高所害，子婴为项羽所杀。⑯攻守之势异：当年进攻与现在防守的形势不同。攻，指进攻诸侯，夺取天下。守，指秦始皇统一六国，保守皇权。

【译文】

秦孝公依据殽山、函谷关的险要形势，拥有雍州的土地，君臣们牢固地加以驻守，而暗中图谋东周王朝的政权。秦孝公想要如卷席似的卷收天下，像打包似的裹取宇内，像装袋似的填装四海，像吞吃似的吞并八荒。正当这个时候，商鞅辅助秦孝公，在内建立法令制度，尽力于耕种、纺织，修缮进攻与防守的器械，对外采用连横的谋略，使诸侯各国自相斗争，于是秦人拍手掌一般轻易地夺得了黄河以西的大片土地。

秦孝公死后，惠文王、武王、昭襄王，继承了旧有的基业，遵守秦孝公遗留的策略，向南攻取汉中，向西占据巴、蜀，向东割取了丰腴的土地，袭取了险要的地区。诸侯各国惊惶畏惧，会集结盟以谋求削弱秦国，各国不惜用珍贵的器具、重要的宝物与肥沃的土地，来吸纳天下的人才，采用合纵的策略，缔结盟约，互相援助，成为一体。在这个时候，齐国有孟尝君，赵国有平原君，楚国有春申君，魏国有信陵君，这四位尊贵的人物，皆聪慧明达而忠诚信义，对人宽松厚道而爱护备至，尊敬贤人而器重才士；他们用合纵的策略破坏秦国的连横策略，并且还有韩、魏、燕、楚、齐、赵、宋、卫、中山的众多力量。于是六国的才士，有宁越、徐尚、苏秦、杜赫这些人替他们出谋画策；有齐明、周最、陈轸、召滑、楼缓、翟景、苏厉、乐毅这些人传达他们的意见；有吴起、孙膑、带陀、兒良、王廖、田忌、廉颇、赵奢这些人统领他们的军队。诸侯各国曾凭借比秦国大十倍的地方和百万大军，攻打函谷关而进击秦国。秦军开关迎敌，九国的军队畏惧退却而不敢前进。秦国没有一点箭镞的耗费，可是天下的诸侯已陷入了困境，于是合纵的盟约分崩离析，诸侯各国争相割让土地以贿赂秦国。这样秦国就有余力利用诸侯的弱点来制服他们，追赶溃败逃跑的将士，杀得他们横尸百万，流淌的鲜血飘浮起大的盾牌；秦国趁着这有利的形势，割据天下的土地，分裂诸侯的河山，于是强国请求归服，弱国入秦朝拜。一直到孝文王、庄襄王，他们在位治国的时间很短，国家平静无事。

到了秦始皇，大大弘扬了六代祖先遗留下来的功业，挥动长鞭来纵横天下，吞并了东周和西周，消灭了各国诸侯，登上了天子的宝座，控制着整个的天下，用严刑峻法统治天下的人民，威势震慑四海。向南夺得了百越许多部落的土地，来改设为桂林郡和象郡。百越部落的首领，俯首低头地把绳索套在脖子上表示降服，把性命交给秦国的下级官吏掌握。秦始皇又指派蒙恬在北方修筑万里长城作为防守边疆的屏障，把匈奴击退了七百多里，致使胡人不敢南下放牧马群，胡兵也不敢张弓搭箭来报仇雪恨。于是秦始皇又废弃了古代明王的治国之道，焚烧了诸子百家的著述，以此使老百姓愚昧无知；毁坏名城，杀戮豪杰，收缴天下的兵器，集中到咸阳，熔化刀剑和箭头，铸成十二个巨大的铜人，用来削弱天下百姓的反抗力量。然后据守华山作为城墙，凭借黄河作为护城河，据守华山这座亿丈之高的城墙，下临黄河这条深不可测的护城河，以此作为拱卫帝都的险固。良将手持强劲的机弩，防守险要的地方；忠信的大臣率领精兵，摆列着锋利的武器谁敢问津秦国。天下已经平定，在秦始皇的心目中，自认为关中的坚固，如千里铜铸的城墙，将是子子孙孙万世称帝的基业。

秦始皇去世之后，他的余威还震慑着边远之地。然而，陈涉仅仅是一个用破瓮当作窗户、

用绳索拴着门板的贫寒子弟，是被人雇用种田的人，是被征发服役的人。才能比不上中等资质的人，既没有孔子、墨子的贤德，也没有陶朱、猗顿的财富，在行伍里行走奔跑，在田野间随时应付，带领着疲惫松散的士兵，统率着几百人的队伍，由征发服役转而攻击秦国，砍伐树木作为武器，高举竹竿作为旗帜，天下的百姓像浮云似的会合屯集，像回声似的应声而起，带上粮食像影子似地紧跟着他，殽山以东的志士也共同奋起，推翻了秦王朝的统治。

且说那秦朝的一统天下并没有改变与衰弱，雍州的地形，殽山、函谷关的险固，也依然一如往昔。陈涉的地位，并不比齐、楚、燕、赵、魏、宋、卫、中山的国君尊崇；锄头铁耙、棘木的矛柄，并不比钩戟长矛锋利；被征召服役的壮丁，并不比九国的军队威猛；深谋远虑、行军用兵的法则，也不如过去的谋臣与名将。但是，成功与失败却有非常的变化，功业的成败也恰恰相反。如果拿殽山以东的诸侯之国，与陈涉比较一下长短与大小，权衡一下权势与力量，那么确实是不能相提并论的。然而，秦国以很小的地方，终于获得万乘大国的威势，攻占八州的土地而使同列的诸侯来朝拜，已有一百多年了。然后把整个天下合为一家，以殽山与函谷关当作秦国内宫。可是陈涉一人起事而秦国的七代宗庙变成废墟，秦王子婴死在他人手中，被普天下的人们所讥笑，这究竟是为什么呢？这是因为不以仁义施政，攻取天下与守护天下面临的情况是各不相同的。

四子讲德论

王子渊

褒既为益州刺史王襄作《中和》《乐职》《宣布》之诗[①]，又作传[②]，名曰《四子讲德》，以明其意焉。

【注释】

①益州：地名。位于今四川省境内。刺史：官名。州郡的军政长官。王襄：人名。汉宣帝时为益州刺史。中和：与“乐职”、“宣布”皆王褒所作诗篇名。②传：解说经艺的文字。此处指解说颂诗意旨及作者意图之文。

微斯文学问于虚仪夫子曰[①]：“盖闻国有道[②]，贫且贱焉，耻也。今夫子闭门距跃[③]，专精趋学有日矣。幸遭圣主平世，而久怀宝[④]，是伯牙去钟期[⑤]，而舜、禹遁帝尧也[⑥]。于是欲显名号，建功业，不亦难乎？”

【注释】

①微斯：与“虚仪”，均为虚拟人名。文学：指文章博学之士。②有道：是说政治清明，社会安宁。③距跃：是说不问世事。④怀宝：是说怀藏才德，不用于世。⑤伯牙：人名。传说为春秋时精于琴艺者。钟期：即钟子期，伯牙之知音者。⑥舜：古帝名，原为尧臣，受尧禅而为帝。禹：古帝名，原为尧臣，受舜禅为帝。帝尧：即唐尧，古帝名，名放勋。以其子丹朱无德，而禅位于舜。

夫子曰："然，有是言也。夫蚊虻终日经营[①]，不能越阶序[②]，附骥尾则涉千里[③]，攀鸿翮则翔四海[④]。仆虽嚚顽[⑤]，愿从足下。虽然，何由而自达哉？"

【注释】

①蚊虻：两种小昆虫名，均吸食人与动物的血液。经营：往来周旋。②阶序：阶庭与屋墙。③骥：良马。④鸿翮：鸿雁的翅膀。翮，鸟翅膀的毛管，指翅膀。⑤嚚（yín）顽：愚蠢而顽固。

文学曰："陈恳诚于本朝之上，行话谈于公卿之门。[①]"

夫子曰："无介绍之道，安从行乎公卿？"

文学曰："何为其然也？昔宁戚商歌以干齐桓[②]，越石负刍而寤晏婴[③]，非有积素累旧之欢[④]，皆涂觏卒遇[⑤]，而以为亲者也。故毛嫱西施[⑥]，善毁者不能蔽其好；嫫姆倭傀[⑦]，善誉者不能掩其丑。苟有至道[⑧]，何必介绍？"

【注释】

①话谈：谈话。意游说，发表政见。公卿：三公九卿。指朝廷贵官显宦。②宁戚：或作"宁越"，春秋时人，曾经被齐桓公聘为上卿，后迁国相。商歌：悲歌。商，五音（宫、商、角、徵、羽）之一，依五行说，商与春秋都属金，所以商为秋，秋则悲。干：干谒，求官。齐桓：春秋五霸之一，齐侯，名小白。任管仲为相，九合诸侯，一匡天下，终为盟主。③越石：即越石父，春秋时人，有贤名。负刍（chú）：背草。晏婴：人名。春秋时齐人，任齐卿，后相景公，名显诸侯。④积素：积久的真情。累旧：长期的交谊。⑤涂觏：路见。卒（cù）遇：偶然相遇。⑥毛嫱（qiáng）：与"西施"皆古代美女名。⑦嫫（mó）姆：与"倭傀"皆古代丑妇名。⑧至道：极高的道术。

夫子曰："咨[①]，夫特达而相知者[②]，千载之一遇也。招贤而处友者，众士之常路也。是以空柯无刃[③]，公输不能以斲[④]；但悬曼矰[⑤]，蒲苴不能以射[⑥]。故膺腾撇波而济水[⑦]，不如乘舟之逸也[⑧]；冲蒙涉田而能致远[⑨]，未若遵涂之疾也[⑩]。才蔽于无人[⑪]，行衰于寡党[⑫]，此古今之患，唯文学虑之。"

【注释】

①咨：感叹词。②特达：独能与人相通。③空柯：谓斧子无刃。柯，斧子把。此指斧子。④公输：古时巧匠名。斲（zhuó）：削。意为将木头制成器物。⑤但：徒，空。悬：缴，系于短箭上以弋射的丝绳。曼：无。矰（zēng）：系上丝绳用以射鸟的短箭。⑥蒲苴：旧时善弋射者。⑦膺腾：意思以胸腾跃于水上，指泅渡。撇波：拍击波涛。撇，击，拍击。⑧逸：放逸，疾速。⑨冲蒙：冲撞于草木之中。蒙，蒙茏，丛生的草木。⑩遵涂：循路而行。⑪无人：意为无人赏识。⑫寡党：缺少朋友。

文学曰："唯唯，敬闻命矣。"

于是相与结侣，携手俱游，求贤索友，历于西州[①]。有二人焉，乘辂而歌[②]。倚輗而听之[③]：咏叹中雅[④]，转运中律[⑤]，啴缓舒绎[⑥]，曲折不失节。问歌者为谁？则所谓浮游先生陈丘子者也[⑦]。于是以士相见之礼友焉[⑧]。礼文既集[⑨]，文学、夫子降席而称曰："俚人不识[⑩]，寡见鲜闻[⑪]，曩从末路[⑫]，望听玉音[⑬]，窃动心焉[⑭]。敢问所歌何诗？

请闻其说。”浮游先生陈丘子曰：“所谓《中和》《乐职》《宣布》之诗，益州刺史之所作也。刺史见太上圣明，股肱竭力，德泽洪茂，黎庶和睦，天人并应，屡降瑞福⑮，故作三篇之诗以歌咏之也。”

【注释】

①西州：指西蜀。②乘辂（lù）：乘车。③倚輗（ní）：倚靠车辕。輗，车辕前的横木，指车辕。④中雅：符合雅乐。雅，指合乎规范的正乐。⑤中律：符合乐律。律，定音的仪器，此处指律吕、乐律。⑥啴（chǎn）缓：舒缓柔和的样子。舒绎：与啴缓义同。⑦浮游先生：与“陈丘子”都是虚拟的人名。⑧士：士人，有道德有学问的人。士相见之礼，指士人相见所行的礼仪。⑨礼文：礼仪。既集：意礼毕。⑩俚（lǐ）人：鄙俚之人，浅陋之人。⑪鲜闻：见闻很少。鲜，少。⑫曩（nǎng）：往昔。末路：最后一段路程。⑬玉音：金玉之声。此处指歌声。⑭窃：表谦之词。⑮瑞福：示以福祉的祥瑞。

文学曰：“君子动作有应，从容得度①。南容三复白珪②，孔子睹其慎戒③；太子击诵《晨风》④，文侯谕其指意⑤。今吾子何乐此诗而咏之也⑥？”

【注释】

①从容：举动。得度：符合常度。②南容：人名。孔子学生南宫适，字子容。由于其为人谨慎自重，善于明哲保身，孔子把侄女嫁给他。三复：多次诵读。白珪：白玉。此指《诗经·大雅·抑》中的诗句：“白圭之玷（污点），尚可磨也。斯言之玷，不可为也。”表示谨言慎行，自珍自重。③慎戒：谨慎自戒。④太子击：人名，战国时魏文侯之子。晨风：《诗经·秦风》篇名。《诗序》讽刺秦康公忘穆公旧业，弃其贤臣之作。后失意之臣常以《晨风》抒发遭时不遇之情。⑤文侯：魏文侯。战国时魏君，名斯。敬贤任能，称誉于诸侯。国家大治。指意：意图。⑥吾子：第二人的尊称。乐：爱好。

先生曰：“夫乐者感人密深，而风移俗易。吾所以咏歌之者，美其君术明而臣道得也①。君者中心，臣者外体。外体作，然后知心之好恶；臣下动，然后知君之节趋②。好恶不形，则是非不分；节趋不立，则功名不宣。故美玉蕴于碔砆③，凡人视之忕焉④，良工砥之⑤，然后知其和宝也⑥。精练藏于矿朴⑦，庸人视之忽焉，巧冶铸之⑧，然后知其干也⑨。况乎圣德巍巍荡荡，民氓所不能命哉⑩！是以刺史推而咏之，扬君德美，深乎洋洋，罔不覆载⑪，纷纭天地⑫，寂寥宇宙⑬。明君之惠显，忠臣之节究⑭。皇唐之世⑮，何以加兹⑯！是以每歌之，不知老之将至也。”

【注释】

①君术：君道。君主治理天下的方略。②节趋：节操志向。③碔砆（wǔ fū）：似玉的美石。④忕（tū）：忽略。⑤良工：治玉的工匠。砥：砥砺，磨治。⑥和宝：珍宝。和，指传说中楚人卞和，其发现宝玉，世称和氏璧。⑦精练：指金。矿朴：指未加冶炼的矿石。矿，当作矿。朴，当作璞。⑧巧冶：炼金的工匠。⑨干：本体。⑩命：名，认识。⑪覆载：天覆地载。抚育滋润。⑫纷纭：形容众多。⑬寂寥：形容广远。⑭究：穷尽。⑮皇唐：指古帝唐尧。⑯加兹：超越今日。

文学曰：“《书》云：迪一人①，使四方若卜筮②。夫忠贤之臣，导主志，承君惠，摅盛德而化洪[3]，天下安澜[4]，比屋可封[5]，何必歌咏诗赋可以扬君哉？愚窃惑焉。”

【注释】

①迪：导，引导。一人：指君主。②卜筮：以龟甲或蓍草预测吉凶。③摅（shū）：舒展，广施。化洪：教化宏大。④安澜：水波平静。喻指太平。⑤比屋：屋宇并列，一家接一家。可封：可以封赏，可以表彰。比屋可封，意教化普施，民众都有德行，家家可以表彰。

浮游先生色勃眥溢[1]，曰：“是何言与？昔周公咏文王之德而作《清庙》[2]，建为《颂》首[3]；吉甫叹宣王穆如清风[4]，列于《大雅》[5]。夫世衰道微，伪臣虚称者，殆也[6]。世平道明，臣子不宣者[7]，鄙也。鄙殆之累[8]，伤乎王道。故自刺史之来也[9]，宣布诏书，劳来不怠，令百姓遍晓圣德，莫不霑濡[10]。厖眉耆耇之老[11]，咸爱惜朝夕，愿济须臾，且观大化之淳流[12]。于是皇泽丰沛[13]，主恩满溢，百姓欢欣，中和感发，是以作歌而咏之也。传曰：‘诗人感而后思，思而后积，积而后满[14]，满而后作，言之不足，故嗟叹之，嗟叹之不足，故咏歌之，咏歌之不厌，不知手之舞之足之蹈之也。’此臣子于君父之常义[15]，古今一也。今子执分寸而罔亿度[16]，处把握而却寥廓[17]，乃欲图大人之枢机[18]。道方伯之失得[19]，不亦远乎？”

【注释】

①色勃：表情激怒。眥（zì）溢：眼珠突出于眼眶，形容大怒的样子。眥，眼眶。②周公：姓姬名旦，文王之子，辅武王灭纣。武王死，成王年幼，又为摄政。为周代礼乐制度的创立者。清庙：《诗经》篇名。③颂：《诗经》之一体。④吉甫：即尹吉甫，周宣王的重臣，姓兮名甲，曾经率师北伐猃狁至太原。传曾作《烝民》等诗。宣王；周宣王，周中兴之君，名静。用尹吉甫等贤臣，北伐猃狁，南征荆蛮，周以重振。穆：和美。穆如清风，为《烝民》中的诗句。⑤大雅：《诗经》中之一体。⑥殆：危殆，过错。⑦宣：谓宣扬君主盛德。⑧累:忧患，祸害。⑨刺史：指益州刺史王襄。⑩沾濡（rú）：受到滋润。⑪厖（máng）眉：眉毛花白。形容年老的样子。耆耇（qí gǒu）：老年人。⑫大化：博大的教化。淳流：淳厚流行。⑬丰沛：丰厚盛多。⑭满：愤懑。满通懑。⑮常义：基本的原则。⑯分寸：形容少。亿度：尺丈。形容多。⑰把握：形容狭小。寥廓：形容辽阔。⑱大人：指皇帝。枢机：户枢与门阃。枢主开，机主闭。此喻指权谋机要。⑲道：引导。方伯：诸侯。失得：失败与成功。此谓避免失败争取成功。

陈丘子见先生言切，恐二客惭，膝步而前曰：“先生详之：行潦暴集[1]，江海不以为多；鳣鳝并逃[2]，九罭不以为虚[3]。是以许由匿尧而深隐[4]，唐氏不以衰[5]；夷齐耻周而远饿[6]，文武不以卑[7]。夫青蝇不能秽垂棘[8]，邪论不能惑孔墨[9]。今刺史质敏以流惠[10]，舒化以扬名[11]，采诗以显至德[12]，歌咏以董其文[13]，受命如丝[14]，明之如缗[15]，《甘棠》之风[16]，可倚而俟也[17]。二客虽窒计沮议[18]，何伤[19]？”顾谓文学夫子曰：“先生微矜于谈道[20]，又不让乎当仁[21]，亦未巨过也[22]。愿二子措意焉[23]。”

【注释】

①行潦（liǎo）：雨水。②鳣鳝（qiú shàn）：均鱼名。即泥鳅与鳝鱼。③九罭（yù）：鱼网。④许由：古隐者：传唐尧欲让天下于许由，许由逃于箕山之下。⑤唐氏：唐尧。尧，封于陶，又封于唐，所以称唐

氏。⑥夷齐：伯夷叔齐，古时孤竹君的两个儿子。两人都不愿继承王位而逃于周。周武王伐殷，两人叩马谏阻。殷灭，不愿食周粟而饿死于首阳山。⑦文武：周文王与周武王。⑧秽：污秽，玷污。垂棘：美玉名。⑨孔墨：孔子与墨子，都是古代智者。孔子为儒家学派创始人，墨子为墨家学派创始人。⑩质敏：质实聪敏。流惠：传播恩惠。⑪舒化：推广教化。⑫采诗：采集民歌，以了解民众对王政的反映。至德：至高的仁德。⑬董：董正，校正。⑭受命：承受王命。丝：指钓鱼的丝线。此喻指细小。⑮缗（mín）：钓丝。李善注："《礼记》曰：'王言如丝，其出如纶；王言如纶，其出如綍（大绳）。'郑玄曰：'言出弥大也。'"⑯甘棠：《诗经·召南》篇名。歌颂周武王贤臣召伯奭之诗。甘棠之风，指《甘棠》诗所颂美的贤德之风。⑰倚：立。俟：待。⑱二客：指微斯文学与虚仪夫子。窒计：指拙于计谋。窒，塞，不通达。沮议：短于议论。诅，败，不胜任。⑲何伤：意为无伤于正理。⑳微矜：稍有骄矜。谈道：谈论正道。㉑让：谦让。当仁：当行仁义之事。㉒巨过：大的错误。㉓措意：意思是不要在意。措，放置，废弃。

夫子曰："否。夫雷霆必发，而潜底震动[①]，枹鼓铿锵[②]，而介士奋竦[③]。故物不震不发，士不激不勇。今文学之言，欲以议愚感敌[④]，舒先生之愤，愿二生亦勿疑。"于是文绎复集[⑤]，乃始讲德。

【注释】

①潜底：幽隐之处。指冬眠的虫类。②枹（fú）鼓：以鼓槌击鼓。枹，鼓槌。铿锵：鼓声。③介士：甲士，披甲的士兵。奋竦（sǒng）：奋勇跳跃。④议愚：议论其愚钝。感敌：使对手感奋，刺激论敌。敌，对手，论敌。指浮游先生。⑤文绎：意为理清文思。绎，寻绎，使之成为系统。

文学夫子曰："昔成康之世[①]，君之德与？臣之力也？"

先生曰："非有圣智之君，恶有甘棠之臣[②]？故虎啸而风寥戾[③]，龙起而致云气，蟋蟀俟秋吟，蜉蝣出以阴[④]。《易》曰：'飞龙在天[⑤]，利见大人。鸣声相应，仇偶相从[⑥]。人由意合，物以类同。是以圣主不遍窥望而视以明[⑦]，不殚倾耳而听以聪[⑧]。何则？淑人君子[⑨]，人就者众也[⑩]。故千金之裘，非一狐之腋[⑪]；大厦之材，非一丘之木；太平之功，非一人之略也。

【注释】

①成康：周成王与周康王。成王，名诵，以周公旦为相，立制度，兴礼乐，颂声作，营东都，而民和睦。康王，成王子，名钊。成康之世，刑措不用四十余年，所以史称盛世。②甘棠：指颂美周召伯奭贤德之诗。甘棠之臣，称贤德之臣。③谬戾（lì）：风声。④蜉蝣（fú yóu）：昆虫名，生长期极短。⑤飞龙：喻指居高位者。⑥仇偶：配偶。⑦明：视力好。⑧殚（dān）：竭力。聪：听力好。⑨淑人：良善之人。⑩就：靠近。⑪腋（yè）：指狐腿与腹部相接处的毛皮。

"盖君为元首，臣为股肱，明其一体，相待而成。有君而无臣，《春秋》刺焉[①]。三代以上，皆有师傅；五伯以下[②]，各自取友。齐桓有管鲍隰宁[③]，九合诸侯，一匡天下[④]。晋文公有咎犯赵衰[⑤]，取威定霸，以尊天子。秦穆有王由五羖[⑥]，攘却西戎[⑦]，始开帝绪。楚庄有叔孙子反[⑧]，兼定江淮[⑨]，威震诸夏[⑩]。勾践有种蠡渫庸[⑪]，克灭强吴[⑫]，雪会稽之耻[⑬]。魏文有段干田翟[⑭]，秦人寝兵[⑮]，折冲万里[⑯]。燕昭有郭隗乐毅[⑰]，夷破强齐，困闵于莒[⑱]。夫以诸侯之细，功名犹尚若此，而况帝王选于四海，羽翼百姓哉!

【注释】

①春秋：史书名。孔子据鲁史所编，为儒家经典之一。其于记事之中寓寄褒贬之意。刺：讽刺。②五伯：五霸。指春秋时左右诸侯的五个盟主，即齐桓公、晋文公、秦穆公、楚庄公、宋襄公。③管鲍：管仲、鲍叔牙。管仲，名夷吾，齐颍上人，相齐桓公，助其富国强兵，称霸诸侯。鲍叔牙，春秋齐人，事齐桓公，荐管仲为相，使其终成霸业。隰（xí）宁：隰朋、宁戚。隰朋，春秋齐人，以公族为大夫，助管仲相桓公。管仲病危，向桓公荐朋自代。④匡：匡正。一匡天下，意思是使天下诸侯皆尊周天子，进臣子之礼。⑤晋文公：春秋时晋国君主，名重耳。由于晋内乱，流亡十九年。以秦穆公之助，返国为君。用狐偃、赵衰、贾佗、先轸等为辅，尊周室，成霸业。咎犯：即晋文公之舅狐偃，字子犯。咎，与舅同。随文公出亡十九年。文公即王位，霸诸侯，偃多为之谋。赵衰（cuī）：春秋晋人，字子余，随文公出亡十九年，与狐偃共为之谋，文公即王位，为原大夫，佐其定霸业于天下。⑥秦穆：春秋时秦国君主，姓嬴，名任好。任百里奚、蹇叔，励精图治，益国十二，遂霸西戎。王由：五廖、由余。王廖，春秋秦人，为穆公内史，以谋取由余。由余，本春秋晋人，亡入戎。为戎王使秦，穆公留之，以其策伐西戎，遂称霸业。⑦攘却：排除，征服。西戎：指旧时西部少数民族之国。⑧楚庄：春秋时楚国君主，名旅。先后灭庸，伐陈、宋，围郑，伐陆浑戎，观兵于周境，遂成霸业。叔孙：依李善注当作“孙叔”，即孙叔敖，楚庄王贤臣。⑨江淮：长江淮水。指江淮流域地区。⑩诸夏：指周王分封的诸侯国。⑪勾践，春秋时越国君主。为吴王夫差所败，困于会稽，屈膝求和，卧薪尝胆，发愤图强，终于灭吴，称霸中国。种蠡（lǐ）：文种、范蠡。文种，春秋时楚之邹人，为越大夫，勾践败，使种讲和于吴。勾践任以国政，及灭吴，种为谋居多。范蠡：春秋时楚三户人，字少伯，与文种共事勾践，为谋二十余年，终灭吴，雪会稽之耻，称上将军。渫庸：或作“泄庸”、“世庸”、“舌庸”，春秋时越大夫，与文种、范蠡共事勾践，为谋灭吴。⑫强吴：指吴王夫差。⑬会稽：山名。位于今浙江绍兴东南。春秋时勾践败于夫差，困守于此。⑭段干：即段干木，战国时魏之贤人。弃世隐居，魏文侯礼敬之。田翟（zhái）：田子方、翟璜。田子方，战国时魏人，名无择，其贤德与段干木齐名，魏文侯曾以为友。⑮寝兵：罢兵。⑯折冲：使敌人战车撤回。意为击溃敌人。冲，战车。⑰燕昭：战国时燕君主。燕为齐所破，昭王礼贤下士，用郭隗、乐毅等，大败齐军，尽复故土。郭隗（wěi）：战国时燕人，事燕昭王。昭王为造宫室，待以师礼。乐毅：战国时燕人，昭王以为亚卿，后拜上将军，举五国兵伐齐，下七十余城，封昌国，号昌国君。⑱闵：指齐湣王。闵，同湣。莒（jǔ）：地名。今位于山东省境。

“故有贤圣之君，必有明智之臣。欲以积德，则天下不足平也。欲以立威，则百蛮不足攘也①。今圣主冠道德②，履纯仁③，被六艺④，佩礼文⑤，屡下明诏，举贤良，求术士⑥，招异伦⑦，拔俊茂⑧。是以海内欢慕，莫不风驰雨急⑨，袭杂并至⑩，填庭溢阙⑪。含淳咏德之声盈耳⑫，登降揖让之礼极目⑬，进者乐其条畅，怠者欲罢不能⑭。偃息匍匐乎《诗》《书》之门⑮，游观乎道德之域，咸洁身修思⑯，吐情素而披心腹⑰，各悉精锐以贡忠诚⑱，允愿推主上⑲，弘风俗而骋太平，济济乎多士，文王所以宁也。

【注释】

①百蛮：指旧时边地的少数民族。②冠：以为冠冕。意崇尚。③履：以为履。意施行。纯仁：纯厚仁义。④被：披。意研习。六艺：指礼乐射御书数。⑤佩：饰。礼文：礼节仪式。⑥术士：通晓儒术的人。⑦异伦：异等。特异出众的人。⑧俊茂：才智杰出的人。⑨风驰：与雨集均为形容俊才迅疾而至。⑩袭杂：意为接连不断。⑪填：充满。庭：殿庭。阙：楼阙。建于皇宫前，中间有道路。⑫含淳：意为吟咏淳厚之

德。⑬登降：尊卑。揖让：意为宾主相见行揖礼。极目：满目。⑭怠者：怠惰者。⑮偃息：安卧而息止。匍匐（pú fú）：伏地而行。⑯洁身：净化身心。⑰情素：真情实感。披：披露。⑱悉：尽。精锐：精心锐思。⑲推：拥戴，爱戴。

“若乃美政所施，洪恩所润，不可究陈。举孝以笃行[①]，崇能以招贤，去烦蠲苛以绥百姓[②]，禄勤增奉以厉贞廉。减膳食，卑宫观，省田官，损诸苑[③]，疏繇役[④]，振乏困，恤民灾害，不遑游晏[⑤]。闵耄老之逢辜[⑥]，怜缞绖之服事[⑦]，恻隐身死之腐人[⑧]，凄怆子弟之缧匿[⑨]。恩及飞鸟，惠加走兽，胎卵得以成育，草木遂其零茂。恺悌君子[⑩]，民之父母，岂不然哉？

【注释】

①孝：孝廉。孝顺廉洁之士。举孝廉，为汉代选举官吏的一种办法。笃行：意为忠实施行孝道。②去烦：去掉烦琐的法令。蠲（juān）苛：革除苛细的法令。绥：安抚。③损：当作捐，捐弃。苑：苑囿。旧时皇家养兽之所。④疏：放宽，免除。繇役：旧时征发的力役。⑤不遑（huáng）：无暇。⑥闵：哀怜，怜悯。逢辜：犯罪。⑦缞绖（cuī dié）：以麻作的丧服与丧带。缞，披于胸前；绖，佩于腰间，此处指居丧者。服事：服繇役之事。⑧腐人：受腐刑的罪人。身死之腐人，指因受刑、饥寒或疾病而死于狱中的罪人。⑨凄怆（chuàn）：悲叹。缧（léi）匿：以隐匿他人之罪而被拘于狱中者。子弟之缧匿，意为由于隐瞒父兄之罪而被拘于狱中者。⑩恺（kǎi）悌：和乐简易。

“先生独不闻秦之时耶？违三王，背五帝，灭《诗》《书》，坏礼义；信任群小，憎恶仁智，诈伪者进达[①]，佞谄者容入。宰相刻峭[②]，大理峻法[③]。处位而任政者，皆短于仁义，长于酷虐，狼挚虎攫[④]，怀残秉贼[⑤]。其所临莅，莫不肌栗慴伏[⑥]，吹毛求疵，并施螫毒[⑦]。百姓征彸[⑧]，无所措其手足。嗷嗷愁怨[⑨]，遂亡秦族。是以养鸡者不畜睸[⑩]，牧兽者不育豺，树木者忧其蠹，保民者除其贼。故大汉之为政也，崇简易，尚宽柔，进淳仁，举贤才，上下无怨，民用和睦。

【注释】

①诈伪：奸诈虚伪。进达：受提拔而显达。②宰相：指秦相商鞅、李斯等。刻峭：严酷。③大理：掌刑狱之官。峻法：严于执法。④狼挚：如狼捕捉食物。与“虎攫”皆喻指凶狠残酷。挚，持。⑤怀残：怀有残害好人之心。秉贼：与“怀残”义同。⑥肌栗：肌肉发抖。慴（zhé）：畏惧屈服。⑦螫（shì）毒：毒害。⑧征彸（zhōng）：恐惧。或作“怔忪”。⑨嗷嗷：嘈杂之声。⑩狸（lí）：野猫。

“今海内乐业，朝廷淑清[①]。天符既章[②]，人瑞又明[③]。品物咸亨[④]，山川降灵。神光耀晖，洪洞朗天[⑤]。凤皇来仪[⑥]，翼翼邕邕[⑦]。群鸟并从，舞德垂容[⑧]。神雀仍集[⑨]，麒麟自至。甘露滋液，嘉禾栉比[⑩]。大化隆洽[⑪]，男女条畅[⑫]。家给年丰，咸则三壤[⑬]。岂不盛哉！昔文王应九尾狐而东夷归周[⑭]，武王获白鱼而诸侯同辞[⑮]，周公受秩鬯而鬼方臣[⑯]，宣王得白狼而夷狄宾[⑰]。夫名自正而事自定也。今南郡获白虎[⑱]，亦偃武兴文之应也[⑲]。获之者张武，武张而猛服也[⑳]。是以北狄宾洽[㉑]，边不恤寇[㉒]，甲士寝而旌旗仆也[㉓]。”

【注释】

①淑清：善良清明。②天符：上天的符瑞。章：鲜明。③人瑞：人事的祥瑞。④品物：物类，万物。亨：通。意思是自由生长，无所阻碍。⑤洪洞：交错相通。朗天：指朗照天空。⑥来仪：意为展示容仪。⑦翼翼：凤凰飞翔的样子。邕邕（yōng yōng）：凤凰和鸣的声音。⑧舞德：意为仰首而舞。⑨仍集：频频来集。⑩栉（zhì）比：意为密接相连，可梳篦齿一般。⑪大化：广大的教化。隆洽：兴隆普洽。⑫条畅：这里是说通达教化条理。这句是说无分男女，都接受大化的滋润。⑬三壤：旧时土地依其肥瘠，分上中下三等，按此缴纳赋税。⑭九尾狐：神狐名。指周文王所受之祥瑞。东夷：旧时东方的少数民族。⑮白鱼：指周武王伐殷时所得祥瑞。同辞：意为顺同其伐纣誓辞。⑯周公：姬旦。文王子，助武王灭纣。又辅佐年幼的成王，平武庚管蔡叛乱，建东都洛邑，制礼乐，定制度。秬鬯（jù chàng）：黑黍香草。指周公所得祥瑞。鬼方：远方。指边远地区的少数民族。⑰宣王：周宣王。白狼：指周宣王所得祥瑞。夷狄：指边远地区的少数民族。宾：宾服。⑱南郡：郡名。位于今湖北江陵一带。白虎：指汉宣帝时所获祥瑞。⑲偃武：停止武事。兴文：振兴文教。应：瑞应。⑳武张：武威张扬。猛服：猛敌降服。㉑北狄：旧时北部一个少数民族。宾洽：宾服和洽。㉒恤寇：忧虑敌人入侵。㉓寝：止息。仆：倒。

文学夫子曰："天符既闻命矣，敢问人瑞。"

先生曰："夫匈奴者，百蛮之最强者也①。天性桥蹇②，习俗杰暴③，贼老贵壮，气力相高。业在攻伐，事在猎射，儿能骑羊，走箭飞镞④，逐水随畜，都无常处。鸟集兽散，往来驰骛，周流旷野，以济嗜欲⑤。其耒耜则弓矢鞍马⑥，播种则扞弦掌拊⑦，收秋则奔狐驰兔，获刈则颠倒殪仆⑧。追之则奔遁，释之则为寇。是以三王不能怀⑨，五伯不能绥，惊边抓士⑩，屡犯刍荛⑪，诗人所歌⑫，自古患之。今圣德隆盛，威灵外覆，日逐举国而归德⑬，单于称臣而朝贺。乾坤之所开，阴阳之所接，编结沮颜⑭，焦齿枭瞯⑮，翦发黥首⑯，文身裸袒之国⑰，靡不奔走贡献，欢欣来附，婆娑呕吟⑱，鼓掖而笑⑲。夫鸿均之世⑳，何物不乐？飞鸟翕翼㉑，泉鱼奋跃㉒。是以刺史感懑舒音㉓，而咏至德。鄙人黯浅㉔，不能究识，敬遵所闻，未克殚焉㉕。"

于是二客醉于仁义，饱子盛德，终日仰叹，怡怿而悦服㉖。

【注释】

①百蛮：指旧时四方的少数民族。②桥蹇（jiāo jiǎn）：骄傲不顺。③杰暴：凶猛强悍。④镞（zú）：箭头。⑤济：满足。⑥耒耜（lěi sì）：旧时一种像犁的农具。木把叫耒，犁头叫耜。⑦扞（hàn）弦：拉弓。掌拊（fǔ）：掌握弓把。⑧获刈（yì）：收割。殪（yì）仆：指猎物被射中而倒。⑨怀：怀来。以德感化，使之来归。⑩抓（wù）：动，摇。⑪刍荛（chú ráo）：牲畜吃的草。⑫诗人：指《诗经》作者。⑬日逐：匈奴王号。⑭编结：编发辫。沮颜：刻面，脸上面花纹。⑮焦（jiāo）齿：黑齿。枭瞯（xiāo xián）：似枭之碧眼深陷。⑯翦发：光头。黥（qíng）首：指雕题，以丹青于额上雕刻花纹。⑰文身：于身躯上雕饰花纹。裸袒：裸体。⑱婆娑（suō）：舞姿优美的样子。呕吟：歌唱。⑲鼓掖：鼓起腋窝。大笑的样子。掖通腋。⑳鸿钧：太平。㉑翕翼：收敛翅膀。飞鸟和乐的样子。㉒奋跃：跳跃。泉鱼和乐的样子。㉓感懑：感愤。指心情郁结，一吐为快。舒音：抒写诗歌。㉔鄙人：自我谦称。黯（yǎn）浅：愚昧浅薄。㉕殚：尽，足。㉖怡怿（yì）：喜悦。

【译文】

王褒已经为益州刺史王襄作《中和》、《乐职》、《宣布》等诗，又作传，题名叫《四子讲德》，以此表明他写诗的目的。

微斯文学问虚仪夫子说："听说如果国家政治清明，君子贫穷而且卑微，就是一种耻辱。而今夫子闭门不行，集中精神研究学问，已颇有一段时间了。有幸遭遇圣明君主与太平盛世，却长久地怀才不露，这就像是伯牙离开钟期，舜、禹逃离帝尧一样，想因此而光显名号，建立功业，不也是难事吗？"

夫子说："是的，有这样的说法。那蚊虻整天来回飞舞，不能超过中堂两边的台阶、墙壁之间。但蚊虻攀附在千里马的尾巴之上，就能行程千里；依附在鸿雁的羽根之上，就能翱翔四海。在下尽管愚蠢顽固，却希望能跟从您飞黄腾达。虽然如此，还是不知道什么是自荐的途径？"

文学说："在国君面前表述自己竭诚效忠的心意，在公卿之门通过言谈，显示自己的才能。"夫子说："没有介绍的途径，又怎么通达公卿之门呢？"文学说："为什么一定要那样的呢？从前宁戚以一曲悲歌，求得齐桓公的赏识；越石父背负柴草，而使晏婴对自己的才能志向有所知觉。他们之间并没有亲密交往的欢爱之情，都是路途之上萍水相逢偶然相遇，而各自认为是亲近的人。所以毛嫱、西施，长于谗毁的人不能掩盖她们的美丽；嫫母，倭傀，善于赞美的人不能掩蔽她们的丑陋，只要有至高无上的明道，又何必要通过介绍？"

夫子说："唉！那些运用特殊的方式而彼此相知的人，是一千年才能遇上一次的；通过招贤的方式而和睦相处的，那是很多士人正常的途径。因此空有斧柄而没有斧刃，巧匠公输般也不能用来砍削木料；只悬挂有弓弦而没有飞箭，神射蒲苴子也不能以此来射中飞鸟。因而靠胸膛腾跃击波而渡水的，不如乘舟渡水的快捷；冲过草丛、越过水田也能到达远方，不如沿着大道奔驰的迅速。与之同理，才能因无人介绍而被湮没，做事因缺乏知音的帮助而衰败。这是古今之人共同的忧患，希望文学能思考这个问题。"

文学说："是的，是的，恭敬地听从您的教诲。"于是互相结成伙伴，携手同游，共同寻找贤人与朋友，经历西州的时候，见有二位先生，乘坐在辂车上吟唱。文学、夫子靠着车轭聆听他们的吟唱，咏叹的音调合乎古代的雅乐，歌声的运转符合古乐的音律，歌声和缓悠扬，曲折而不失节拍。询问歌唱的人是谁？就是所谓的浮游先生与陈丘子。于是彼此以士人相见的礼节表示交好的心意。礼节仪式既已完毕，文学、夫子从坐席上退下来称赞说："鄙人没有见识，见闻很少，方才从道路的末端，仰闻美玉般的歌声，私下暗暗为之心动。冒昧地请问所歌咏的是什么诗歌？请求能聆听有关的讲解。"浮游先生，陈丘子说："所谓的《中和》、《乐职》、《宣布》之诗，是益州刺史所作的诗歌。刺史见天子圣明，臣下竭力，天子的恩泽洪大茂盛，百姓和睦，天人共同感应，多次降下吉祥的福兆，因此作诗三篇，来歌咏天子的圣明。"

文学说："君子的举动要得当，宜从容不迫才能适度。南容三次重复诵读'白圭之玷，尚可磨也；斯言之玷，不可为也'。孔子因而发现他有敬慎戒言的心意；魏太子击诵读《晨风》一诗，魏文侯明白他诵诗所指的意思。而今先生为什么喜爱这些诗歌而吟咏呢？"

先生说："那音乐感动人心广泛而深刻，因而能移风易俗，我之所以吟唱这些诗歌，是礼赞君道昭明而臣道有得。君主是人体居中部位的心脏，臣子是人的外体，通过外体的所作所为，然后才觉察内心的所好所恶，通过臣下的所作所为，然后才知道君上的法度趋向。所好所恶不显露出来，是非就不能区分；法度趋向不建立，功名就不能宣扬。因而美玉蕴藏在似玉的璞石之中，一般的人都会忽视它；经过巧匠的磨砺加工，而后才知道它是和氏的宝玉；纯金属蕴含在矿石之中，一般的人都会忽视它；经过巧匠的熔化提炼，然后才明白矿石中含有金属的本体。更何况是圣君的盛德，巍巍乎像高山，荡荡乎像江河，老百姓不知道怎样赞颂他！因此刺史以古推今而歌咏圣上，颂扬君主的盛德之美，比汪洋大海还要广阔，没有什么不能覆盖承载，即使是天地万物的众多，宇宙的空旷辽阔，也没有例外。明君显扬恩德，忠臣竭尽操持，即使伟大的唐尧时代，也没有什么可以超过当今！所以每当吟诵这些诗歌的时候，乐而忘忧，不知道暮年即将来临。”

文学说：“《尚书》说：‘君王务德，有事于四方，就象卜筮一样，没有人不相信。’忠贞贤能的臣子，辅导君主的志意，承受君主的恩惠，弘扬君主的盛德而演化洪大，天下安泰，人人皆贤，家家都有可受封爵的德行。为什么定要吟唱诗赋，才能宣扬君王的盛德呢？鄙人私下对此感到疑惑不解。”

浮游先生发怒变颜睁大眼睛说：“这是什么话！以往周公歌咏文王之德而作《清庙》，立为《颂》诗之首；尹吉甫咏叹周宣王的美德像清风一般淳和，列为《大雅》之诗。在世道衰微的时代，虚伪的臣子妄加称颂，是危险的；太平盛世政治清明，臣子不宣扬美德；是失职的。失职与危险的害处，都要伤害王道；所以自从刺史来上任，宣布君王的诏命，规劝勉励不敢懈怠，使百姓普遍明晓圣上的恩德，无人不沾圣恩，连眉毛花白长寿的老人，都珍视一朝一夕的光阴，希望经过很短的时间，想要亲自看到圣德大化淳厚的风尚。于是皇帝的恩泽丰盛而充沛，君主的赐予盛极而满溢，百姓欢欣鼓舞，内心舒畅感激不已，因此作诗而歌咏圣德。古籍说：‘诗人有感受而后有思念，有情思然后有情感的蓄积，有蓄积然后达到感情的丰满，有感情的丰满然后有创作诗歌的欲望。感觉语言之不足以表述，因而用感叹来表达；觉得感叹之不足以表达，因此用歌咏来表达；感到歌咏也不能满足表达的欲望，就不知不觉地以手舞足蹈来表达自己的满腔激情了。’这是臣子对君父的大义，古往今来是一样的。现在您只知道一分一寸，却不知道无限是什么，只懂得把握之内，却不知道高远广阔的宇宙，却想评论天子的近要之官。称道刺史的得失，不是相差太远了吗？”

陈丘子见先生言论过于耿直，恐怕二位客人羞愧难当，跪着行进到面前说：“请为先生详细地阐述一下这个道理。流荡的大地积水暴涨汇集，但江海并不因此满溢；泥鳅、黄鳝一起逃逸，而捕捉小鱼的细眼网并不由此而虚空。因此许由躲避帝尧而深自隐藏，唐尧不因此而衰落；伯夷、叔齐耻食周粟而远避挨饿，文王，武王不因而名声受损。苍蝇不能玷污垂棘的宝璧，邪论不能迷惑孔子与墨子。而今刺史真诚勤奋地来传布君王的恩惠，以伸展教化来宣扬君王的美名，以采录诗歌来显扬君王至高无上的盛德，以吟诵诗歌来使文治与教化步入正道。接受君王的命令犹如细丝，宣扬光大君王的圣意一如组合的丝绳，像《甘棠》那样颂扬贤臣教化的美好风尚，可以确有把握指日可待。二位客人虽然阻挡非难您的议论，那又有什么关系呢！”回头又对文学、夫子说：“先生在谈论王道的时候，态度有些过于刻薄了一些，又以仁义为己任，即使对师长也不谦让，这也不算很大的过失。希望二位客人对此有所留意。”

夫子曰：“不，雷霆辟柏，而潜伏在地下的蛰虫就会蠢动；击鼓铿锵，而披甲的勇士就会振奋竦立。所以事物不震动不萌发，士兵不激励不勇敢。而今文学的言论，只是想通过评述对方的不足来激发论辩的对手，借此舒发先生的愤激之情，希望二位也不要多心。”于是文治教化的寻究探讨再一次争论，才开始讲论王德。

文学、夫子说：“从前周成王、周康王的大治时代，是依靠君王的美德？还是依靠臣子的

贤达?”先生说：“没有圣明的君王，哪来《甘棠》所咏的贤臣！所以猛虎长啸而寒风凛凛，蛟龙兴起而云气漫漫；蟋蟀须等到秋日才吟唱，蜉蝣须在阴湿之地才生长。《易经》说：“飞龙在天的景象，对贤臣谒见君王有利。”鸟儿鸣叫的声音互相呼应，情侣配偶互相依偎，人由意气相投而合，物因种类一致而同。因此圣主无需到处窥视观望，而明察万物；不必谒尽精神侧耳细听，而听闻天下。为什么会这样呢？这是因为善人君子，人们愿意趋附的很多。所以价值千金的皮裘，不是只靠一只狐狸腋下的皮毛；高楼大厦的材料，不能只靠一座丘山的木料；太平盛世的功勋，不只是靠一个人的谋略。

君王是人体的头脑，臣子是人体的四肢，明白君臣是一个总体，只有互相依存才能相辅相成，因而君王有德而臣子无功，《春秋》对此加以讽喻。夏、商、周三代以上，帝王都有师傅；五霸以下，君王各自求取朋友，齐桓公有管仲、鲍叔牙、隰朋、宁戚，多次聚集诸侯，统一匡正天下；晋文公有咎犯、赵衰，取得威势确定霸主的地位，并因此尊奉周天子；秦穆公有王廖、由余、五羖大夫，攻伐击退西戎，开始创建帝业；楚庄王有孙叔敖、子反，兼并平定长江、淮河一带，威名震动周王室分封的华夏之国；越王勾践有文种、范蠡、渫庸，克服消灭强大的吴国，洗刷了退居会稽山的耻辱；魏文侯有段干木、田子方、翟璜，秦人为之不再进兵，其尚德好贤的威力称得上折冲万里；燕昭王有郭隗、乐毅，削平攻取强大的齐国，使齐闵王被围困在莒地。以诸侯地位的低微，尚且有这样的功绩，更何况是被四海之众推崇的帝王，有百姓万民的爱戴辅佐啊！

所以有贤能圣明的君主。一定会有贤明智能的臣子，如果想以积久的德行来治理天下，那么天下安定之后尚有余德；如果要以建立的威势来征服四疆，那么征服百蛮之后尚有余威。当今圣明的君主以道德为冠冕，以善良仁爱为鞋履，以《六经》为服饰，以礼仪为佩戴；多次下达英明的诏书，贤良推举，征求儒生，招引出众之士，选拔俊茂之才。因此四海之内的人士欢欣仰慕，无不像风一样地奔突而来，像雨一样地汇聚而至，鱼龙混杂纷至沓来，连朝廷与宫阙都容纳不下。韵味淳厚的咏德之声淤塞满耳，升降作揖谦让的礼仪令人目不暇接，奋进者因仕途的通畅而欢欣鼓舞，懈怠者即使想知难而退也欲罢不能。在《诗》、《书》的门庭之内任意卧息，在道德的范围之内游玩观赏，都洁身自好，修养情思，吐露胸怀而推心置腹，各人都竭精竭虑地奉献自己的赤诚之心；都诚心诚意地甘愿推广主上的明德，弘扬淳美风俗而在太平盛世纵马奔驰充分发挥自己的才能。人才众多，并且都庄严而恭敬，这就是周文王之所以能得到安宁的缘故啊。

至于美政所施行的，大恩所滋润的，不能一一完全论及。略述其要：推举孝道以此督促行为诚笃，崇尚才能以此招引贤士，免除苛捐杂税以此抚恤百姓，奖励勤劳的官吏增加他们的薪俸，以此勉励贞洁清廉的官吏；减少饮食的花费，降低宫阙修建的标准，减省管理农事的官员，缩小众多苑园的规模，减少征役的次数，振济贫穷困苦的民众，怜恤人民的灾害，不留连于游乐宴会；怜念高龄老人的遭遇苦境，免除身穿孝服者的劳役之事，同情身亡狱中的腐尸之人，哀怜因替父母隐瞒而被囚禁的子弟。真可谓恩德遍及于飞鸟，德惠加于奔兽，兽类胎中的幼体与鸟类产下的鸟蛋能够成长发育，草木顺其本性茁壮成长。《诗经》说：‘平易近人的君子啊，是百姓的父母。’当今的圣君难道不正是如此的么？

先生唯独没有听说秦朝时代的状况吗？违弃三王，背离五帝，灭绝《诗》、《书》，毁坏礼义，信任结党的小心，憎恶仁智的贤士，奸诈虚伪的人仕途通达，用花言巧语迷惑君主的人被吸纳进入朝廷。宰相刻薄严急，刑部执法森严，身居官位而执政的人，都仁义不足，而残酷、暴虐有余，他们像虎狼一样地张牙舞爪地攫取，怀有伤残之心。凡他们所到之处，人们无不肌肤战栗，恐惧折伏，他们吹毛求疵，像蜂、蝎似地刺、毒并施，百姓惶恐窘急，连手足都不知道该放在什么地方。由于百姓们发出痛苦的哀号声，愁怨交集，这样就导致秦朝的灭亡。因此养鸡的人不畜养野猫，放牧牛羊的人不养育豺狼，栽种树林的人担忧蛀虫，保护民众的人清除民众的盗贼。伟大的汉朝治理政事，崇尚简易、宽柔，进用淳厚仁爱之士，举用贤明之才，上下没有怨恨，民众因而和睦。

当今四海之内的人们各乐其业，朝廷美好清宁，天降的符瑞既已昭彰，人间的瑞祥也非常鲜明，众物都通达顺利，山川降下神灵，神光耀辉，弥漫无际亮彻天空；凤凰来归，飞翔的姿态安详而恭敬，鸣叫的声音和雅而动听，百鸟一起跟从凤凰起舞，舞姿翩翩仪容万千，都是为了传布显扬君王的美德；神雀依然飞集，麒麟自动到来，甘露的神液润泽浓郁，嘉美的稻禾像梳齿那样密密的排列着。阴阳变化的生气隆盛而周遍，男女之间通顺和畅，家家富裕年年丰足，上、中、下田的税收都有一定的法则，这难道不是盛世的景象吗？以往周文王感应了九尾狐的吉兆，东方的夷人因而归顺了周朝；周武王获得了白鱼，八百诸侯因而同辞相应；周公旦接受了黑黍酿成的祭酒，鬼方因而称臣；周宣王得到了白狼，夷、狄因而宾服。古人说名正则言顺顺，言顺则事成。而今在南郡抓获了白虎，也就是停止武备振兴文治的感应。擒获白虎者张扬武功，武功张扬而凶猛者归服，因此北狄宾服和协，边境不再忧虑进犯的盗寇，披甲的士兵得以安息而旌旗仆地。”

文学、夫子说：“天降的符瑞既已敬闻受告，冒昧请问人间的祥瑞又是什么?”先生说：“匈奴是蛮族之中最强大的部族，天性傲慢，本性强暴，卑贱老弱，贵重壮健，崇高气力，以攻伐、射猎作为生计。儿童即能骑羊，飞箭射物。追逐水草，随着畜群迁徙，没有经常定居的都城。他们像飞鸟一样聚集，像野兽一般地散开，骑马往来，交错奔驰，流窜在旷野之中，以满足他们的爱好欲望。他们耕种的工具就是弓箭鞍马，播撒的谷物就是张弓射箭，秋天的收获就是奔跑的狐狸、兔子，割取的庄稼就是射倒的野兽。追赶他们就奔驰逃跑，释放他们就为盗作乱。因此三王不能怀柔，五霸不能安抚，劫掠边关骚扰士卒，多次侵袭以劳动为生的平民。周代的诗人为此而悲歌，匈奴是自古以来的祸患。当今皇上的美德兴隆盛大，天威覆盖外域，日逐王全国慕德归顺，匈奴单于自称臣下而朝拜祝贺。凡天地开创、阴阳交接而生成的异族，诸如编发结辫，以刀刻面、黑齿、恶视、雕额、纹身、赤身露体的国家，无不奔跑而来献礼进贡，兴高彩烈地来归附，婆娑起舞，咏吟歌唱，和附着鼓声互相叉着别人的胳膊跳跃而嘻闹。在这样的太平盛世，还有什么事物不快乐的？飞鸟敛翅自在安闲，泉水中的鱼儿欢快地跳跃。因而刺史感激不已，抒发心声而歌咏明君的至上美德。鄙人昏暗不明浅薄无知，不能尽识其义，只是遵奉所听说的略陈一二，未能尽意。”

于是二位客人被仁义所陶醉，为盛德所满足，整日仰天慨叹，满心舒畅而心悦诚服。

养生论

嵇叔夜

世或有谓神仙可以学得，不死可以力致者；或云上寿百二十，古今所同，过此以

往①，莫非妖妄者②。此皆两失其情③，请试粗论之。

【注释】

①过此：意为超过上寿百二十。②妖妄：怪诞虚妄，荒诞无稽。③两失：意思是学神仙可以不死之论与过上寿皆为妖妄之说。情：实际情况。

夫神仙虽不目见，然记籍所载①，前史所传，较而论之②，其有必矣。似特受异气，禀之自然，非积学所能致也。至于导养得理③，以尽性命，上获千余岁，下可数百年，可有之耳。而世皆不精④，故莫能得之。何以言之？夫服药求汗⑤，或有弗获；而愧情一集⑥，涣然流离⑦。终朝未餐⑧，则嚣然思食⑨；而曾子衔哀⑩，七日不饥。夜分而坐，则低迷思寝⑪；内怀殷忧⑫，则达旦不瞑⑬。劲刷理鬓⑭；醇醴发颜⑮，仅乃得之；壮士之怒，赫然殊观⑯，植发冲冠⑰。由此言之，精神之于形骸⑱，犹国之有君也。神躁于中⑲，而形丧于外，犹君昏于上，国乱于下也。

【注释】

①籍记：书籍。②较：意为约。③导养：导引养生。导，导引，旧时道家的一种养生术。④不精：意思是不知导养之理的精妙。⑤服药：服食丹药。指旧时道家的养生法。⑥愧情：羞愧之心。⑦涣然：流汗的样子。流离：意为淋漓，下滴。⑧终朝：从天明至早餐之时。⑨嚣（aó）然：饥饿而忧愁的样子。⑩曾子：孔子弟子，名参，字子舆。以贤德闻名。衔哀：含悲。⑪低迷：模模胡胡。⑫殷忧：深忧。⑬瞑：古眠字。⑭劲刷：意梳理头发。⑮醇醴（chún lǐ）：纯厚之酒。⑯赫然：盛怒的样子。⑰植发：竖发。⑱形骸（hái）：形体。⑲躁：急躁，不安静。

夫为稼于汤之世①，偏有一溉之功者，虽终归焦烂，必一溉者后枯。然则一溉之益，固不可诬也②。而世常谓一怒不足以侵性，一哀不足以伤身，轻而肆之③，是犹不识一溉之益，而望嘉谷于旱苗者也。是以君子知形恃神以立，神须形以存，悟生理之易失④，知一过之害生⑤。故脩性以保神，安心以全身，爱憎不栖于情，忧喜不留于意，泊然无感⑥，而体气和平⑦。又呼吸吐纳⑧，服食养身⑨，使形神相亲，表里俱济也⑩。

【注释】

①为稼：种田。汤：商汤王，殷之开国之君。汤之世，指汤大旱之时。②诬：轻视。③肆：放肆，放纵。④生理：养生之理。此处指生命。⑤一过：指一怒一哀之过分。⑥泊然：恬静的样子。⑦体气：气质，心理状态。⑧吐纳：吐故纳新。指旧时道家一种养生法。⑨服食：服食丹药。⑩俱济：互为补助。

夫田种者，一亩十斛，谓之良田，此天下之通称也。不知区种可百余斛①。田种一也，至于树养不同，则功收相悬②。谓商无十倍之价，农无百斛之望，此守常而不变者也。且豆令人重，榆令人瞑③，合欢蠲忿④，萱草忘忧⑤，愚智所共知也。薰辛害目⑥，豚鱼不养⑦，常世所识也。虱处头而黑⑧，麝食柏而香⑨；颈处险而瘿⑩，齿居晋而黄⑪。推此而言，凡所食之气，蒸性染身⑫，莫不相应。岂惟蒸之使重而无使轻⑬，

害之使暗而无使明[14]，薰之使黄而无使坚[15]，芬之使香而无使延哉[16]？故神农曰[17]“上药养命，中药养性”者，诚知性命之理，因辅养以通也[18]。而世人不察[19]，惟五谷是见，声色是耽[20]。目惑玄黄[21]，耳务淫哇[22]。滋味煎其府藏[23]，醴醪鬻其肠胃[24]。香芳腐其骨髓，喜怒悖其正气[25]。思虑销其精神，哀乐殃其平粹[26]。

【注释】

①区（ōu）种：旧时一种耕种法，似为后世堰种之法。②相悬：相去很远。悬。远。③榆：指榆树钱。瞑（míng）：闭眼。这里是说睡眠。④合欢：植物名。传说见之可以使人忘掉忿恨。蠲（juān）：除去。⑤萱（xuān）草：草名。传说见之可以使人忘忧。⑥薰辛：味荤而辣，指大蒜。薰同荤。⑦豚鱼：即河豚。肉味鲜美，而血液与肝脏有剧毒。⑧黑：意为虱因处黑发之间而变黑。⑨麝（shè）：动物名，即香獐子。其雄者肚脐与生殖器之间有腺囊，能分泌麝香。柏：木名。乔木，叶鳞片状。⑩瘿（yǐng）：颈部的瘤子。⑪晋：地名。位于今山西一带。黄：指色黄而脆。⑫蒸性：熏陶性情。蒸，蒸薰，薰陶。⑬轻：意为体轻。⑭害：意为润泽，影响。⑮黄：意为黄则必脆。⑯芬：意为薰。延：意为延年益寿。⑰神农：指《神农百草经》。神农，古帝名。传说神农教民耕种，尝百草为民除病。其书为我国最早的药物学著作。原作已亡佚。⑱辅养：辅助养生。意思是以服药辅佐养生。⑲不察：意思是不明了服药养生之理。⑳声色：音乐与美色。㉑玄黄：指彩色的丝帛。㉒淫哇：邪恶的音乐。㉓滋味：美味，指鱼肉之类。府藏：五腑六脏，内脏。㉔醴醪（láo）：指酒。醴，甜酒；醪，汁滓相混之酒。鬻（zhǔ）：今“煮”字。㉕悖（bèi）：违背。正气：指人体内的元气。㉖殃：祸害，残害。平粹：平和纯粹，指性情。

夫以蕞尔之躯[1]，攻之者非一涂[2]，易竭之身，而外内受敌[3]。身非木石，其能久乎？其自用甚者[4]，饮食不节，以生百病；好色不倦，以致乏绝；风寒所灾，百毒所伤，中道夭于众难[5]，世皆知笑悼[6]，谓之不善持生也[7]。至于措身失理[8]，亡之于微，积微成损，积损成衰，从衰得白，从白得老，从老得终，闷若无端[9]。中智以下，谓之自然。纵少觉悟，咸叹恨于所遇之初[10]，而不知慎众险于未兆[11]。是由桓侯抱将死之疾[12]，而怒扁鹊之先见[13]，以觉痛之日，为受病之始也。害成于微而救之于著，故有无功之治；驰骋常人之域[14]，故有一切之寿[15]。仰观俯察[16]，莫不皆然。以多自证，以同自慰，谓天地之理仅此而已矣。纵闻养生之事，则断以所见，谓之不然。其次狐疑，虽少庶几[17]，莫知所由。其次，自力服药，半年一年，劳而未验，志以厌衰，中路复废。或益之以畎浍[18]，而泄之以尾闾[19]。欲坐望显报者[20]，或抑情忍欲，割弃荣愿[21]，而嗜好常在耳目之前[22]，所希在数十年之后[23]，又恐两失[24]，内怀犹豫，心战于内[25]，物诱于外[26]，交赊相倾[27]，如此复败者[28]。

【注释】

①蕞（zuì）尔：小的样子。②一涂：一个途径。非一涂，指五谷、声色、滋味、醴醪，等等。③外内：外体内心。外，指耳目、腑脏、肠胃、骨髓；内，指正气、精神、平粹。④自用：指主观自信，任意而行。⑤中道：指中年。夭：夭折，短命。众难：指滋味、醴醪、喜怒、哀乐等。⑥笑悼：嘲笑悲怜。⑦持生：摄生，养生。⑧措身：安身，置身。意思是安排生命。失理：指失于养生之理。⑨闷若：闷然，模胡不清。无端：不知其端绪之所由。指不知怎样由亡之无微而至从老得终的缘由。⑩叹恨：叹息遗憾。所遇：指逢遇之事。所遇之初，指当初耽溺之滋味醴醪等。⑪众险：指多种伤身之患。若府藏为滋味所煎，

赐胃为醴醪所煮等。未兆：未显形迹之时。⑫由：与犹通。桓侯：或以为齐桓侯，或以为晋桓侯。⑬扁鹊：旧时战国时名医，原名秦越人，渤海郡郑人。传说曾为齐桓侯治病。⑭驰骋：往来，历观。常人：指不通养生之理的人。⑮一切：指长短不定之时。⑯仰观：指仰观天文。俯察：指俯察地理。此句指遍观天下之人。⑰庶几：相近，近乎。指近乎养生之事。⑱畎浍（quǎn kuài）：田间排水之沟渠。⑲尾闾：指海水泄出之处。⑳显报：显著的功效。指延年长生。㉑荣愿：荣禄之愿。㉒嗜好：嗜好之物。如滋味醴醪等。㉓所希：指延年长生。㉔两失：指目前之嗜好与所希之长生。㉕心战：指物欲之好与长生之志彼此矛盾斗争。㉖物：外物。指滋味醴醪之类。㉗交赊：交，近，指耳目之前的嗜好之物；赊，远，指长远的服药延寿之事。相倾：相互倾轧。㉘败：败坏。指败坏养生之事。

夫至物微妙①，可以理知，难以目识，譬犹豫章②，生七年然后可觉耳。今以躁竞之心③，涉希静之涂④，意速而事迟，望近而应远，故莫能相终。夫悠悠者既以未效不求⑤，而求者以不专丧业，偏恃者以不兼无功⑥，追术者以小道自溺⑦，凡若此类，故欲之者万无一能成也⑧。善养生者则不然矣。清虚静泰，少私寡欲。知名位之伤德，故忽而不营，非欲而强禁也⑨。识厚味之害性，故弃而弗顾，非贪而后抑也。外物以累心不存⑩，神气以醇白独著⑪，旷然无忧患⑫，寂然无思虑⑬。又守之以一⑭，养之以和⑮，和理日济⑯，同乎大顺⑰。然后蒸以灵芝，润以醴泉⑱，晞以朝阳⑲，绥以五弦⑳，无为自得㉑，体妙心玄㉒，忘欢而后乐足，遗生而后身存㉓。若此以往，恕可与羡门比寿㉔，王乔争年㉕，何为其无有哉？

【注释】

①至物：至妙之物。指养生之理。②豫章：木名，樟类。③躁竞：浮躁竞进。指急于求成。躁进之心，指服药者的主观愿望。④希静：淡薄平静。指无所贪求。涂：通途。希静之涂，指长生之道。⑤悠悠：周流的样子。悠悠者，指来去匆匆的常人。⑥偏恃：片面依恃。偏恃者，指片面贪求一事者。不兼：指不兼顾于他事。⑦追术：追求法术。追术者，指苟以法术贪取长生者。小道：指邪门歪道。⑧能成：能够成就延寿长生。⑨强禁：指勉强抑制名位之欲。⑩外物：指声色之类。累心：意为销蚀心灵。⑪神气：精神元气。醇白：朴素淡泊。独著：意为独能著明于外。⑫旷然：心胸开阔的样子。⑬寂然：清静的样子。⑭一：指道，即旧时道家认为构成天地万物的基本理念。⑮和：平和，淡泊。⑯和理：指中和之道与自然之理。日济：日益增进。⑰大顺：大理，天理。指旧时道家所追求自然朴素无所牵累的精神境界。⑱醴泉：甘美之泉。⑲晞（xī）：晾干。⑳绥：安抚。五弦：五弦琴。传为舜所作，以奏南风之诗。㉑无为：任物自然，不强有为。指旧时道家倡导的处世态度。自得：自然得意。㉒体妙：形体微妙。心玄：心灵深远。㉓遗生：忘掉生命的存在。㉔恕：推想。羡门：古仙人名。㉕王乔：古仙人名。传说为周灵王太子晋。

【译文】

世上有人认为神仙可以学成，长生不死可以通过努力达到成仙的目的。也有人说："最高的寿命为一百二十岁，古今莫不如此，凡是超过了这个年纪的，都是不真实的。"这两种说法都违背实际情况。请让我简略地论述一下这个问题。

神仙虽然不曾亲眼见过，但从书籍中所记载的和前代史籍中所留传的情况看来，可以明白地说，神仙是一定存在的。可能是特别得到了天地间灵异之气的滋养，受之于自然，不是人为的不断学习所能达到这个目的的。至于导引摄养合理，以尽量延长生命，最长的活到千多岁，短的可活到数百岁，这种情形是完全可能出现的。可是世人都不精通于此道，所以没有一个能够得到这样的长寿。为什么这样说呢？服药求汗，有人不能如愿；而羞愧之情一旦聚集在心里，汗却一股脑儿涌了出来。一个早上没有吃饭，就像饿得不得了似的想要进食；而曾子在服丧期间心怀哀痛，七天汤水不进也不觉得饥饿。坐到半夜时分，就垂下头来迷迷糊糊地想要睡觉；可是内心怀着深切的忧虑，却可以直到天亮也不困倦。用硬梳梳理鬓发使之劲挺上竖，喝酒使脸色发红，只不过能稍微达到一点目的；壮士震怒的时候，脸色完全不同于普通人，鬓发上竖能够把帽子顶起来。如此说来，精神对于形体来说，就像一个国家之有君王一样。精神烦躁于胸中，形体就会失色于外表，就像国君昏聩于上，国家则会混乱于下一样。

在商汤王时代种植谷物，禾苗偏偏被浇过一次水的，虽然最后仍免不了焦烂，但一定会比别的禾苗后枯，那么浇过一次水的益处，就是不能忽视的了。而世人常常以为生一次气不足以损伤性命，悲伤一次也不足以侵害身体，不加以重视而放任自己，这就好比看不到给禾苗灌溉一次的好处，却期望遭旱的禾苗长成五谷一样。因此君子知道形体要凭借精神才能树立，精神也须依靠形体才能存在；深悟养生之理很容易丧失，知道一次过度的悲喜也会损害生命。所以注意涵养性情以保护精神，注意安定内心以保全身体。爱憎不留存于感情之中，忧喜不存留于心意之内。清静无为没有哀乐之感，而情绪心理也因此变得心平气和。又施行呼吸吐纳之法，服食丹药来保养身心，使形体与精神互相依存，这样表里就可以达到长存的目的了。

种田的人，一亩能收获十斛，就称它是良田，天下的人一般都是这样说的。不知采用分区耕种的方法，一亩可以收获百多斛。同样是种地，由于种植的方法不同，那彼此的收获就有了很悬殊的差异。认为商人不会得到十倍的价格，农民不会有收获百斛的希望，这真是墨守常规而不懂得变通的人。再说大豆吃多了使人体重增加，吃了榆叶榆果使人总想睡觉，合欢让人消除怨恨，萱草让人忘却忧愁，这是愚笨的和聪明的人都知道的。有辛辣气味的蔬菜吃多了损伤眼睛，猪肉鱼腥吃多了不养人，这也是世上普通人都知道的。虱子在头发中就变成黑色，麝常吃柏叶就身上有了香气，人居山险脖子容易长瘤，人居晋地牙齿容易变黄。根据这些情况推广而言，凡所进的食物之气，都可以影响性命熏染身心，没有不产生相应的变化的，哪里只是对人产生影响，使身体变重而不使身体变轻，损害眼睛使它变暗而不使之变明，薰之使牙齿变黄而不使之变得牢固，薰之使麝变香而不使人延年益寿呢？

因此神农说："上等药物是滋养生命的，中等药物是涵养本性的"，确然知道了性命的道理，是靠了辅助摄养来达到的。可是世人不明白这个道理，只是一味食用五谷，一味沉溺于声色。双眼迷惑于五彩玄黄，两耳只顾听淫邪的歌曲。味美的食物煎熬其腑脏，甘甜的美酒烹煮其肠胃。芳香美味腐蚀其骨髓，喜怒之情淆乱其元气。思虑消磨其精神，哀乐损伤其性情。以一个微小的身躯，承受着来自四面八方的攻击；以百年易于耗竭的身体，而外面里面同时受敌。人的身体并没有木头石块那样坚硬，这样下去又能维持多久呢？

那些放任其性厉害的人，饮食不加节制，因而生出百病；好色不知满足，以致形神之气乏绝。风寒所导致的危害，百毒所造成的损伤，最终使人在众多灾难的夹击下中年丧命。世人都知道讥笑和哀掉，认为这些人是不善于养生的。至于养身违反道理的人，总是失之于细微之间，细微的小事积聚起来就造成了损害，损害积累起来就造成了病弱，从衰弱发展到长出白发，从长出白发直至到老迈，从老迈最终走向死亡，却稀里糊涂地好像并不知道这一切是怎么开始的。中等才智以下的人，认为这样逐渐地死亡是自然的。即便有稍稍明白养生之道的人，也都只是感慨最初遇到众多的危险时不谨慎，而不知在众多的危险还没有出现迹象时就采取慎重的态度。这就像蔡桓侯已经患上致命的疾病，却因为扁鹊早早地发现了疾病而生气，等到病

重感觉到了疼痛时，才认为是刚刚得了疾病似的。损害形成于细微的时候，等到已经明显了才来救治，因此有治病不能治好的时候。沟中流进的细流，可是身心的消耗却像从尾闾中排出的海水，却还在那里妄想取得明显效验的人。还有压制隐忍情欲，割舍抛开安乐，但是声色美味等嗜好却常在耳目之前，所期望达到的长生的效验又要在数十年之后才能见到，既不愿失去眼前的嗜好，又害怕失去长远的效验，心情怀着犹豫，矛盾相争于心内，嗜好之物引诱于心外，两种错杂互相倾覆，就这样养生之事终归失败的。

非同寻常的事物是十分微妙的，其道理可以弄清楚，却难以亲眼看到，就像豫章树需要长到七年之后，然后才能加以辨别一样。如今以浮躁争进、急于求成的心理，步入虚静无为之途，心中希望快点可是事情进展迟缓，希望近期达到目标而效应却很遥远，因此没有一个人能够坚持到底。很多的人既因一时未见到成效而不再去追求，而追求养生之道的人又因为不能专心致志而半途将养生之事放弃；有所偏执的人因不能够全面兼顾养生之事而毫无功效，追求物欲法术的人则因执着于微末的技艺而自我沉溺。凡是像上面所提及的这些人，所以想要得到长生的一万人中也是不可能有一人取得成功的。善于养生的人，就不是如此了。他们清静虚无，沉静安泰，很少有个人的情欲。深知名号地位损害德行，所以毫不在意决不追求，决不是心中想要追求却勉强抑制自己。知道美味损伤本性所以决然放弃不予顾念，不是心中贪恋而后压抑自己。外物因为它们累心而不被存念，精神因为纯静空明而独自显明。心中豁朗没有忧患存在，神情宁静没有任何思虑。又守之以道，养之以自然平和之气，和气与道一天天趋向成功，与天理自然达到同一。而后用灵芝来蒸熏，用美泉来浸润，沐浴在朝阳之中，悠闲地弹起五弦琴，不求有为，悠然自得，体悟神妙深幽的意境，忘掉了欢乐而后得到充分的欢乐，忘掉了生命而后获得生命的长在。像这样下去，大概就可以同羡门比较寿命，同王乔论争年岁了，为什么还担心不能长寿呢？

吊　文

吊屈原文

贾谊

谊为长沙王太傅[①]，既以谪去[②]，意不自得[③]，及渡湘水[④]，为赋以吊屈原[⑤]。屈原，楚贤臣也，被谗放逐，作《离骚赋》[⑥]，其终篇曰："已矣哉！国无人兮，莫我知也[⑦]。"遂自投汨罗而死[⑧]。谊追伤之，因自喻。其辞曰：

【注释】

①长沙王：汉初所封的异姓王之一。所辖之地位于今湖南东部，都临湘，位于今长沙附近。太傅：与三公之一的太傅不同，此职仅对诸侯王有辅导之责，没有实际权力。②谪（zhé）：古时官吏因罪而被降职或流放。长沙王太傅，与贾谊原任的大中大夫为同一级，然由中央到地方当时认为是被贬。③意不自得：意谓不得志。④湘水：水名，又名湘江。是湖南省最大的河流。⑤为赋：指写此篇《吊屈原文》。⑥《离骚赋》：即屈原所作的《离骚》。离，遭遇；忧，忧愁。⑦终篇：指《离骚》完篇。莫我知：莫知我。⑧汨（mì）罗：汨罗江。汨水发源于江西修水，西南流入湖南，与发源于岳阳的罗水合流，所以称汨罗江。

恭承嘉惠兮，俟罪长沙[①]。侧闻屈原兮，自沉汨罗。造托湘流兮[②]，敬吊先生。遭世罔极兮[③]，乃殒其身[④]。呜呼哀哉[⑤]！逢时不祥！鸾凤伏窜兮，鸱枭翱翔[⑥]。阘茸尊显兮[⑦]，谗谀得志。贤圣逆曳兮[⑧]，方正倒植[⑨]。世谓随夷为溷兮[⑩]，谓跖蹻为廉[⑪]。莫邪为钝兮[⑫]，铅刀为铦[⑬]。吁嗟默默[⑭]，生之无故兮[⑮]！斡弃周鼎[⑯]，宝康瓠兮[⑰]。腾驾罢中[⑱]，骖蹇驴兮[⑲]。骥垂两耳，服盐车兮[⑳]。章甫荐履[㉑]，渐不可久兮。嗟苦先生，独离此咎兮[㉒]！

【注释】

①俟罪：待罪。②造：到。托：寄身。这句言至湘水，托流而吊。③罔极：言无中正。中正，正直。④殒（yǔn）身：丧命。⑤呜呼哀哉：古时祭文中常用的感叹之辞，表示对死者的悲悼。⑥鸱枭（chī xiāo）：猫头鹰之类的猛禽。俗谓不祥之鸟。⑦阘茸（tà róng）：无能之辈。⑧逆曳：横拖倒拽。⑨方正：品行正直不阿的人。倒植：指本末倒置。⑩随、夷：指卞随与伯夷。卞随，商朝贤臣，商汤欲让位于卞随，卞随不受。伯夷反对武王伐纣，不食周粟。古人认为他们是高尚的人。溷（hún）：浊。⑪跖（zhí）：柳跖，春秋时鲁国人。蹻（qiāo）：庄蹻，战国时楚人。跖蹻皆因反抗当时统治者而诬为"盗"。⑫莫邪（yē）：旧时有名的宝剑。⑬铦（xiān）：锋利。⑭吁嗟：嗟叹。默默：不得意。⑮生：先生，此处指屈原。⑯斡（wò）：转

过来。鼎：旧时以为立国的重器。如“定鼎”、“问鼎”。周鼎，比喻宝器。⑰宝：珍重，以……为宝。康瓠（hù）：空瓦器。⑱腾驾：驰车，快车。罢：疲。⑲骖（cān）参：车辕之外的马。旧时车辕内套两马，车辕外再加马匹曰骖。蹇（jiǎn）驴：瘸驴。蹇，跛。⑳骥（jì）：千里马。服：驾御。㉑章甫：旧时士阶层之冠。存履：垫鞋。荐，垫。冠当加首，而以荐履，比喻不肖在上而贤人在下。㉒嗟：咨嗟。苦，劳苦。离：遭遇。咎（jiù）：灾难。

讯曰：已矣！国真莫我知兮，独壹郁其谁语[①]？凤漂漂其高逝兮[②]，固自引而远去[③]。袭九渊之神龙兮[④]，沕深潜以自珍[⑤]。偭蟂獭以隐处兮[⑥]，夫岂从暇与蛭螾[⑦]？所贵圣人之神德兮，远浊世而自藏。使骐骥可得系而羁兮[⑧]，岂云異夫犬羊。般纷纷其离此尤夸[⑨]，亦夫子之故也[⑩]，历九州而相其君兮[⑪]，何必怀此都也[⑫]？凤凰翔于千仞兮[⑬]，览德辉而下之[⑭]。见细德之险征兮[⑮]，遥曾击而去之[⑯]。彼寻常之汙渎[⑰]，岂能容夫吞舟之巨鱼[⑱]？横江湖之鳣鲸兮[⑲]，固将制于蝼蚁[⑳]。

【注释】

①壹郁：抑郁。谁语：语谁，对谁说。②漂漂：高飞的样子。逝：往。③自引：自己引退。④袭：察。九渊：深渊。⑤沕（mì）：潜藏的样子。自珍：自己保全自己。⑥偭（miǎn）：背，离。蟂（xiāo）：食鱼之水兽。獭（tǎ）：食鱼之水兽。隐处：隐居。⑦蛭（zhì）：水虫。螾（yǐn）：同蚓，蚯蚓。⑧使：假使。骐骥：骏马。羁（jī）：马络头，此用如动词，羁绊。⑨般：盘桓。纷纷：形容乱状。尤：罪过。⑩夫子：指屈原。⑪相：考察，选择。一说辅佐。君：指国君。⑫此都：指楚都郢。⑬千仞：极言其高。仞，旧时以八尺为一仞。⑭德辉：德政的光辉。⑮细德：苛细的贪婪追求，此处指奸佞之辈的行为。险征：危险的征兆。⑯曾：高高上飞之意。⑰寻常：八尺为寻，十尺为常。寻常，形容短小。污渎（dú）：浊水沟。⑱吞舟：形容鱼大，能吞下船。⑲鳣（zhān）：鳇鱼，无鳞，长达四五米。⑳制：辖制。蝼：蝼蛄。

【译文】

贾谊做长沙王太傅，被贬谪离京后，心中闷闷不乐。等到渡过湘水，作了一篇赋用来哀吊屈原。屈原，是楚国的贤臣。被别人进了谗言，被放逐，作了一篇《离骚》赋，篇尾写道：“算了吧！国内没有人啊，没有人能够理解我。”于是自投汨罗江而死。贾谊感叹此事，并用以比喻自己。其辞云：

恭顺地接受美好的恩赐啊，待罪长沙。侧耳听说屈原啊，自己投入了汨罗。来到这里把吊文托付湘水啊，敬吊先生。碰上了混乱无常的世道啊，以致夺去了他的生命。呜呼哀哉！竟遇上这么个不吉祥的时候。鸾凤逃避隐藏啊，鸱枭高高地翱翔。小门小草既尊又显啊，进谗阿谀的人得志昂扬。圣贤被倒拖着走啊，方正之士被颠倒安置。世人认为卞随、伯夷混浊不清啊，却说盗跖、庄跻是廉洁之士。莫邪让说成钝刀啊，铅刀被认为很锐利。唉唉只有俯首低眉沉默不语，先生竟无故遭到了这样的灾难啊！周鼎被抛弃，破瓦器被当成宝贝啊。驾起了疲牛，套起了跛驴啊。良马耷拉着两耳，吃力地拉着盐车啊。礼帽被当做草鞋，渐渐地不能支持多久啊。唉呀实在苦了先生，怎么就偏偏遇上了这样的灾难啊！

［尾声］算了吧！国内没有人理解我啊，独自忧郁能对谁把心事倾诉？凤凰展翅高高地飞走了啊，本是自己引退而远远离开。潜藏在九重深渊的矫龙啊，深深地潜藏以自我爱惜。远离蟂和水獭以隐居啊，哪还会和蛤蟆及蚂蟥蚯蚓在一起？所可贵的是圣人神圣的德行啊，远离污浊尘世而好自潜藏。如果骐骥能把它拴起来套上笼头，那岂不是同犬羊没什么分别？在一片混

乱中有了这个过失啊，也是由于夫子你自己的原因。走遍九州来辅佐贤君啊，何必苦苦恋着这个郢都。凤凰翱翔在千仞高天啊，见到有德行的光辉才肯下来。一看德行卑劣有危险的征兆啊，就搏击长空高飞逝去。那宽不过平常的死水沟啊，岂能容忍吞得下船的大鱼？横行在江湖之中的鳣鲸啊，这时自然要受控于蝼蛄和蚂蚁。